한림일본학자료총서
아사히신문 외지판 13

아사히신문
외지판(조선판)
기사명 색인 _ 제8권

This publication has been executed with grant from
the Japan Foundation(Support Program for Japanese Studies Organizations),
National Research Foundation of Korea grant funded
by the Korean Government(2017S1A6A3A01079517)
and the fund of the Institute of Japanese Studies, Hallym University.

한림대학교 일본학연구소는 이 책을 간행함에 있어
출판비용의 일부를 일본국제교류기금과 한국연구재단으로부터 지원받았고,
한림대학교 일본학연구소 발전기금을 사용하였습니다.

한림일본학자료총서
아사히신문 외지판 13

아사히신문 외지판(조선판)

기사명 색인 _제8권

1929.01. ~ 1929.12.

한림대학교 일본학연구소
서정완 외 21인

서문: 『아사히신문 외지판(조선판) 기사명 색인 제8권』을 간행하며
1929.1~1929.12 / 6

범례 / 17

1929년

〈아사히신문 외지판(조선판) 기사명 색인 - 1929.1~1929.12 -〉을 간행하며

한림대학교 일본학연구소 소장

서 정 완

1. 「기사명 색인」 제13권, 「조선판」 제8권을 간행하며

한림대학교 일본학연구소는 일본을 중심으로 한 동아시아 관련 연구 수행과 성과는 물론이고 독자적으로 구축한 일본학 인프라를 학계와 사회에 제공하는 이른바 연구소의 사회적 역할을 매우 중요한 과업으로 생각하고 있다.

이를 구체적으로 실천한 성과의 첫 번째가 한국도서관협회에 정식으로 등록된 국내 유일의 일본학 전문도서관인 '일본학도서관'의 설치와 운영이다. 일본학도서관이 보유한 6만 5천 점이 넘는 일본 관련 전문 서적, 그리고 지명관(池明觀) 초대 소장, 세키구치 에이치(関口榮一) 교수가 본 연구소 일본학도서관에 기증한 서적, 뿐만 아니라 본 연구소가 주도해서 한림대학교 일송도서관 장서로 들여놓은 故 오에 시노부(大江志乃夫) 교수, 故 아베 타카시(阿部猛) 교수의 기증 서적 약 3만 점을 합치면 한림대학교는 10만 점이 넘는 일본학 전문 서적을 보유한 국내에서 유일무이한 기관이다. 도서자료의 규모와 질에서 한국의 일본연구를 대표할 수 있는 인프라라 할 수 있으며, 학계와 사회에 공헌하기에 충분한 양과 질을 갖추고 있다고 말할 수 있다.

그리고 두 번째는 일본학 데이터베이스 구축이다. 크게 두 가지 주요사업이 있는데, 하나는 아래에서 보는 바와 같이 일본학도서관의 질적 제고를 꾀하는 신문 자료와 주로 제국일본과 근대라는 시대를 조사하기 위한 문헌자료 인프라의 구축이다.

【주요신문자료】

『京城日報』, 『京城新報』, 『한성신보(漢城申報)』, 『読売新聞』, 『朝日新聞』, 『朝日新聞外地版』, 『毎日新聞外地版』, 『横浜毎日新聞』, 『仮名読新聞』, 『台湾日日新報』, 『台湾民報』, 『大連新聞』, 『大陸新報』, 『上海新報』, 『帝国大学新聞』, 『占領期琉球諸島新聞集成』, 『占領期新興新聞集成』, 『近代沖縄新聞集成』, 『時局新聞』, 『愛国新聞』, 『図書新聞』, 『日本労働新聞』, 『日本新聞』 등

【주요문헌자료】

『十五年戦争極秘資料集』, 『十五年戦争重要文献シリーズ』, 『特高警察関係資料集成』, 『出版警察資料』, 『出

版警察概観』,『出版警察報』,『外事警察資料』,『外事警察報』,『外事警察概況』,『外事月報』,『外務省警察史』,『文部省思想統制関連資料集成』,『情報局関連極秘資料』,『教化運動』,『朝鮮公論』,『言論報國』,『満蒙』,『優生学』,『南洋庁公報』,『南洋庁統計年鑑』,『南洋群島』,『植民地社会事業関係資料集(朝鮮編・台湾編・満洲満州国編)』,『雑誌朝鮮社会事業』,『朝鮮治安関係資料集成』,『朝鮮総督府帝国議会説明資料』,『満洲開拓関係雑誌集成』,『特審月報』,『占領期雑誌資料大系(大衆文化編・文学編)』,『田健治郎日記』,『新亜細亜』,『日本植民地文学精選集(朝鮮編・南洋群島編・樺太編)』,『映画検閲時報』,『映画公社旧蔵戦時統制下映画資料集成』,『伊藤博文文書』,『木戸孝允関係文書』,『木戸幸一日記』,『朝鮮憲兵隊歴史』,『植民地帝国人物叢書(朝鮮編・満州編・台湾編・解題)』,『朝鮮総督府及所属官署職員録』,『靖国神社忠魂史』,『在日朝鮮人関係資料集成(戦前編・戦後編)』,『内閣調査室海外関係史料「焦点」』,『学園評論』,『守礼の光』,『今日の琉球』,『朝鮮戦争下公安関係資料』,『文教時報』,『文教の朝鮮』,『沖縄教育』,『文化生活 文化普及会版』,『占領下の奄美・琉球における教員団体関係史料集成』,『戦後初期沖縄開放運動資料集』,『旅行満州』,『コレクション・モダン都市文化』,『会館芸術』,『戦後博覧会資料集成』,『買売春問題資料集成戦(前編戦)』,『同時代史』,『新異國叢書』,『植民地朝鮮下におけるハンセン病資料集成』,『植民地教育史研究年報』,『地域のなかの軍隊』,『北海道立文書館所蔵 戦後千島関係資料』,『満洲総合文化雑誌 藝文 第1期(全22巻)』,『外務省茗荷谷研修所旧蔵記録 戦中期植民地行政史料 教育・文化・宗教篇』,『社史で見る日本経済史』,『近世日本国民史』外 다수

(한편 전근대 관련해서는『新訂増補 国史大系』,『平安遺文』,『鎌倉遺文』,『新訂増補故実叢書』,『増補続史料大成』등도 있다)

위의 모든 소장 자료는 일본학연구소 장서검색시스템은 물론이고 본교 일송도서관 검색시스템을 통해서 검색작업이 가능하다. 그리고 신문 자료 중『京城日報』하고『京城新報』는 교내 일송도서관 전산망을 통해서 열람할 수 있으며,『요미우리신문(読売新聞)』,『아사히신문(朝日新聞)』,『近代沖縄新聞集成』은 연구소에 비치된 전용 단말기를 통해서 검색 및 열람을 할 수 있다. 나머지는 모두 도서 상태로 열람이 제공된다. 참고로『요미우리신문』은 1874년 창간호부터 1980년대까지 모든 지면에 대해서 자유롭게 문자열 검색을 할 수 있으며,『아사히신문』은 전체에 대해서 검색과 열람을 할 수 있다. 이 외에 메이지시대부터 현재까지 일본 국내의 모든 재판 판례에 대한 검색을 할 수 있는 데이터베이스도 이용 가능하다.

이상의 자료에 더해서 일본학 데이터베이스 구축의 또 다른 트랙이『아사히신문 외지판 기사명 색인』에 대표되는 1차 자료의 전산화 작업을 통해서 데이터베이스를 구축하는 작업이다. 현재 이 작업은 '한림일본학총서', '한림일본학연구총서', '한림일본학자료총서', '아시아를 생각하는 시리즈' 등으로 대표되는 연구소 출판산업과 연계해서 진행하고 있으며, 이『아사히신문 외지판 기사명 색인』은『계간삼천리 해제집』과 함께 '한림일본학자료총서'로서 간행되고 있다. 1935년부터 1945년까지를 수록한 <남선판>은 이미 완간하였으며, 현재 1915년부터 1935년까지를 수록하는 <조선판>이 진행 중이며, 이 권은 1928년도를 수록한다. 2021년 3월에 1928년을 담은 제6권과 1929년을 담은 제7권을 간행하게 되면, 1930년~1935년까지 총 6년분이 남는다. 제8권 이후는 앞으로 2년 이내 완간을 목표로 하고 있으며, 최

종적으로는 1915년~1945년까지 30년 동안 한반도에서 배포된 『아사히신문 외지판』 기사명 색인에 대해 자유 문자열로 자유롭게 검색할 수 있는 데이터베이스를 구축해서 본 연구소 홈페이지에 공개하는 것을 최종목표로 삼고 있다.

이상의 사업을 통해서 국내 일본연구, 일본학의 기초를 튼튼하게 만드는 데 미력하나마 공헌하기를 바란다.

2. 「조선판」 제8권의 구성·내용과 제작 일지

1) 구성과 내용

'鮮滿附録'과 '鮮滿版'이라는 이름으로 간행이 시작된 이른바 '아사히신문 외지판'은 1925년 4월 1일부터 1935년 2월 10일까지 '朝鮮朝日'라는 이름으로 간행되었다. 1928년 첫 호인 1월 5일자에도 '大阪朝日新聞附録「朝鮮朝日」'라는 제목으로 간행되고 있다. 그러다가 7월 1일자부터는 '서북판(西北版)'과 '남선판(南鮮版)'으로 나뉜 2판제(版制)로 간행되는데, 1929년에도 이러한 체제는 그대로 유지되고 있다.

1929년은 세계사적으로는 1월 31일에 스탈린이 트로츠키를 국외로 추방해서 독재체제를 확립한 한 해였다. 그리고 10월 24일 뉴욕 증시가 대폭락을 해서 '검은 목요일'이라고 불리는 대공황이 시작된 한 해이기도 했다.

한편 대일본제국의 본체 즉 일본 국내에서는 1928년에 일본공산당 당원을 대거 검거한 3.15사건이 있었고, 이와 관련해서 치안유지법이 강화되고 특별고등경찰이 전국에 설치되는 등, 이른바 사상범에 대한 단속과 규제가 현저하게 강화된 해였는데, 1929년에도 이러한 기조는 그대로 유지되었다. 4월 16일에 일본공산당 당원 일제 검거가 이루어진 '4.16사건' 등이 바로 그것이다. 1925년에 소련과 수교를 한 일본이 스탈린 독채제체가 확립된 것과 거의 같은 시기에 빨간색으로 물든 사상이 침투하는 데에 매우 신경질적이면서도 단호한 반응을 보인 것이다. 식민지조선에서는 11월 3일에 광주학생운동이 시작되어 이듬해 3월까지 전국에서 시위가 벌어졌는데, 이는 3.1독립운동 이후 가장 큰 규모의 항일운동이었다. 이처럼 일본은 마르크주의 사상 침투에 대한 경계와 단속, 그리고 항일운동이라는 저항에 직면한 한해였다.

이하에서는 『大阪朝日新聞附録　朝鮮朝日』을 통해서 1929년이 어떻게 보도되고 어떻게 설명되고 있는지, 어떤 문제를 다루고 있는지에 대해서 몇 가지 주요 사건과 기사를 통해서 조감해보겠다. 이를 통해서 당시 식민지 조선의 사회와 총독부 시정 방향 등을 엿볼 수 있을 것이다.

<조선박람회>

1929년 1년 내내 보도가 이어지는 사건 중 하나가 조선박람회이다.

조선박람회는 대일본제국의 산업과 과학기술, 사법과 사회, 군사력 등 근대국가 체제의 확립을 내외에 과시하는 것을 목적으로 한 박람회이다. 구체적으로는 도쿄, 오사카, 나고야 등 내지의 주요 도시의

발전상을 보여주기 위한 도쿄관(東京館), 오사카관(大阪館), 나고야관(名古屋館) 등이 있으며, 여기에 황해도관, 강원도관, 전라남도관, 경상북도관, 함경남도 특설관 등 식민지 조선을 비롯한 대만, 가라후토(樺太, 사할린), 만몽(滿蒙) 등 확장한 대일본제국의 영토를 대상으로 한 전시관을 마련하였다. 이들 외에 사회경제관, 산업북관, 산업남관, 사법경무위생관, 기계전기관, 해군관, 육군관, 문화주택, 생명보험의 탑 등을 설치해서 각 분야의 선진성을 과시하려 했다.

실제로 1930년 3월에 조선총독부가 조선박람회를 기념해서 간행한 『조선박람회기념사진첩(朝鮮博覽會記念寫眞帖)』 서(序)는 "조선총독부 시정 이래, 20년을 거듭한 해를 돌이켜 보건대, 각 분야의 시설과 그 경영은 매우 진보하여 문화, 산업, 경제 등 순조로운 발달을 이룩하여 이전 시대에 비하면 전혀 새로운 면목을 일신했다고 할 수 있다."는 내용으로 시작된다. 여기서 말하는 '이전 시대'란 당연히 병합 이전을 말한다. 국사편찬위원회 홈페이지 <1920년대 사회상>에서 '조선박람회'를 다음과 같이 설명하고 있다.

1915년의 시정 5년 기념 조선 물산 공진회가 일본의 조선 통치를 내외에 널리 알리기 위한 것이었다면, 조선 박람회는 산업 진흥에 보다 방점이 찍혀 있었다. 조선 총독부는 20년간의 통치 실적을 일본 본국에 보임으로써, 조선 산업에 대한 일본인들의 투자를 이끌어 내기 위하여 조선 박람회를 개최했던 것이다. 동시에 박람회는 식민지 백성들에게 '문명'한 제국의 통치 업적을 각인시키는 공간이기도 했으므로, 조선 총독부는 조선인 관람객 수를 늘리기 위하여 각종 수단을 총동원하였다. 일본 제국주의 역시 '산업'과 '제국'의 전시를 목적으로 조선 박람회를 개최했던 것이다.

결국 조선박람회는 조선총독부에 의한 식민통치가 얼마나 성공적이었는가를 대내외에 과시하여 식민통치를 더욱 견고하고 정당화하려는 데 주요 목적이 있었으며, 이는 대일본제국의 위관(偉觀)을 내외에 널리 알리는 일이기도 했던 것이다. 그래서인지 여타 신문 매체하고 서로 경쟁이라도 하듯이 『아사히신문 외지판』 즉 『大阪朝日新聞附錄 朝鮮朝日』도 예외없이 1929년 내내 상당한 비중과 집중으로 보도하고 있다. 1929년 연초인 1월 6일(남선)에 '박람회 전경' 사진을 게재하고 있는 것이 좋은 예이다. 이후 간간히 보도하다가 6월 말부터는 개회가 임박해서인지 그 보도 주기가 매우 빨라진다.

06.26(서북, 남선) 병합 후 20년의 치적을 여실이 한 자리에 모으는 조선박람회, 이를 성공시키기
　　　　　　　　위해서 도쿄의 재계 유력자를 초대
07.02(서북) 조선박람회 때까지 개통을 기대하며 현상금을 내걸로 공사를 서두르는 금강산철도 공사
07.23(남선) 조선박람회에서 신라예술전을 대구상품진열소(大邱商品陳列所)에서 9월 15일부터
08.03(서북, 남선) 조선박람회장의 조감도 (사진) / 조선박람회 대만관의 준비 진척되다
08.09(서북, 남선) 박람회 개최까지 전염병을 절멸시켜야 한다, 현재 이질이 많다

08.14(서북, 남선) 다가온 조선박람회, 회장 입구가 될 광화문의 단장

08.16(서북, 남선) 다가온 조선박람회, 소박하지만 결코 놓칠 수 없는 심세관(審勢館)[1]과
　　　　　　　사회경제관(社會經濟館) / 완성된 가라후토관(樺太館) (사진)

08.17(서북, 남선) 다가온 조선박람회, 호랑이가 출몰하던 시절부터 비행기가 날아다니는 현재를
　　　　　　　보여주는 교통건축토목관(交通建築土木館) / 가장 먼저 준공한 전라남도관 (사진)

08.18(서북, 남선) 다가온 조선박람회, 경찰이나 재판의 실황을 알리는
　　　　　　　사법경찰위생관(司法警察衛生館) / 현무문(玄武門)을 재현한 평안남도관 (사진)

08.27(서북, 남선) 다가온 조선박람회, 근대 과학전(科学戰) 꽃이라 할 수 있는
　　　　　　　육군관(陸軍館)과 해군관(海軍館)

09.12(부록) 시정 20년 조선박람회 기념호

09.13(서북, 남선) 조선 통치에서 한 시대의 획을 그은 시정 20주년을 기념하다

09.14(서북, 남선) 조선박람회 잡관(雜觀)

09.19(서북, 남선) 만주 주둔군 위문을 겸해서 조선박람회 견학단이 교토(京都)에서 130명

10.02(서북, 남선) 조선박람회 개회식에 간인노미야(閑院宮)[2] 전하 태림(台臨)

10.03(서북, 남선) 조선박람회 개회식. 간인노미야 전하 태림

10.08(서북) 간인노미야 전하의 동정, 청일전쟁 당시를 회상하심

【그림1】 조선박람회 개회식

---

1) 조선 각 도의 주요 산물을 실물 또는 모형, 사진으로 꾸민 전시관. 520평이며 가장 많은 비용이 투입된 진열관이라는 점을 통해서 조선총독부의 의중을 짐작할 수 있다.
2) 고토히토(載仁) 친왕. 프랑스에 유학하여 육군사관학교, 육군기병학교, 육군대학교를 졸업 후 귀국. 러일전쟁에서는 만주군 총사령부 소속 무관으로 종군. 1912년 육군대장을 거쳐서 1919년에 원수에 오름. 1931년부터 1940년까지 참모총장을 역임.

<척무성(拓務省) 논란>

4월과 5월을 중심으로 기사가 3건 확인되는 사건이라 보도된 횟수와 비중은 크지 않지만, 사안의 중요성을 고려할 때 간과할 수 없는 기사이기에 두 번째로 들고자 한다.

이 건은 1929년부터 1942년까지 존속한 척무성이 식민지 조선을 관리하고 총독이 척무성 산하에 예속되는 통치기구의 개편을 둘러싸고 조선총독부를 중심으로 강하게 반발한 사안을 4월 18일(서북, 남선), 5월 4일(서북, 남선), 5월 21일(남선) 보도하고 있다.

척무성이 설치되기까지의 역사적 경과를 간략하게 살펴보면, 1896년 3월 31일에 칙령으로 공포된 척식무성관제(拓殖務省官制)에 의해서 4월 2일, 첫째는 대만총독부를 감독하고, 둘째로 내무성 소관인 홋카이도(北海道) 관련 정무를 담당하는 척식무성(拓殖務省)이 설치되었으나, 이듬해 9월 2일 행정정리를 이유로 폐지되었다. 그러다가 러일전쟁 승리로 가라후토, 관동주(關東州)를 손에 넣고, 조선에 대한 실질적인 지배권을 획득하자 1910년 6월 22일 내각 직속인 척식국(拓殖局)이 설치되었다. 그 후, 1929년 6월 10일 척무성관제가 칙령으로 공포되어 척무성(拓務省)이 설치되었으며, 조선총독부, 대만총독부, 관동청, 가라후토청, 남양청의 통치업무를 통독(統督)하고 해외 이식민(移植民)의 모집과 지도 등의 사무행정을 담당했으며, 남만주철도주식회사, 동양척식주식회사에 대한 감독도 수행하였다. 1942년 11월 대동아성(大東亞省) 설치에 맞물려서 흥아원(興亞院)과 대만사무국(對滿事務局) 등과 함께 흡수, 폐쇄되었다.

이러한 내용에 대해서 조선총독부를 중심으로 강경한 반대를 표한 것이 아래 기사이다.

04.18(서북, 남선) 조선을 식민지 취급하는 것은 언어도단, 동민회 간부가 탈퇴하고 척식성 신설에 맹렬히 반대

조선을 "식민지 취급"하는 것은 언어도단이며, 척무성 신설에 맹렬히 반대한다는 기사인데, 핵심은 식민지 조선의 총독과 총독부가 척무성 산하에 예속되어 총독부의 자주권이 침해당하는 것은 용납할 수 없다는 이른바 지배권력 내부에서 벌어지는 권력투쟁과 같은 것이었다. 일본은 대한제국을 병합하는 과정에서 1910년 5월 30일 제3대 통감에 육군대신(陸軍大臣) 데라우치 마사타케(寺内正毅)를 임명하고, 6월 3일에 각의(閣議) 결정으로 대한제국에 대한 시정방침과 총독의 권한을 확정했는데, 그 핵심은 병합 후 식민지 조선이 되는 대한제국에 대해서 당분간 대일본제국 헌법을 적용받지 않는 예외적 운영을 하고, 천황의 대권 하에 총독이 천황 직속하에서 모든 업무를 총괄하고 법률사항에 대한 명령을 발하는 권한을 갖는 매우 강력하고 특수한 위상을 총독에게 부여하는 것이었다. 여기에 대한제국 합병은 식민지배가 아니며, 대한제국의 황제가 천황에 통치를 위임한 것이라는 논리를 명분으로 앞세운 것이다. 수많은 문서를 통해서 '식민지 조선'을 '식민지'로 규정하는 사실과도 모순되며, 이러한 충돌은 대일본제국이 팽창을 거듭하면서 권력구조에 모순과 균열이 생기고 있음을 여실히 드러내는 것이라 볼 수 있는데, 아래 기사 본문에서 조선은 "사정이 다르지만"이라는 단서를 붙이면서까지 총독과 총독부의 위상을 지키기 위해서는 조선은 식민지가 아니라는 명분을 내세울 수밖에 없었던 것이다.

예속은 바람직하지 않다

'조선총독'이 일개 평 대신으로 격하되어 예속되는 것은 바람직하지 않다

척무성이라는 기구를 왜 만들지 않으면 안 되는가? 여기에는 두 가지 시점이 있다. 일본의 식민지에는 조선(사정이 다르지만)을 비롯해서 관동주, 대만, 남양이 있는데 이들은 각각 총독 또는 장관이 통치임무를 맡고 있다. 그런데 각 식민지가 서로 다른 입장에서 통치되고 있어서 상호간에 연락이라는 것이 거의 없다. 정부로서는 식민정책이라는 커다란 견지에서 사무행정적으로 이들을 통일해서 감독·지도를 해야 하는 필요성이 있으며, 게다가 이민문제나 식량문제라는 국가적인 중요문제도 식민지통치와 밀접한 관계가 있기에...(중략) 다른 하나는 큰 소리로 말할 수는 없지만 이른바 대신병(대신이 되지 못해서 환장하는 병)에 걸린 환자를 대상으로 한 구제책으로 밥만 축내는 대신이라도 좋으니...

게다가 위 기사가 지적하는 두 가지 시점 중 전자는 척무성 신설에 이르는 공식적인 필요성을 열거한 것이고, "다른 하나"가 비공식적이나 실질적인 목적인데 요즘으로 말하면 낙하산 자리 돌리기 행태가 있음을 꼬집고 있는 점에 주목하지 않을 수 없다. 다시 말해서 부도덕한 이유, 정당하지 못한 목적으로 만들어지는 척무성 아래에 조선총독부가 예속되는 것은 언어도단이라는 것이다.

05.04(서북, 남선) 척식성관제에 맹렬 반대, 야마나시 총독 시종일관 침묵, 중추원회의 벽두의 긴장

위 5월 4일자 기사도 4월 18일자 기사하고 상통하며, "조선을 척식성 관할 하에 두는 것은 명백하게 (조선을) 식민지 취급하는 일로 일한병합의 정신에 반하며, 조선 통치에 중대한 악영향을 끼치는 것"이라고까지 단언하고 있다. 결국 이 사건은 조선총독부의 반대가 관철되어 척무성이 조선총독부에 대한 직접적인 감독권은 갖지 못했는데, 이에 대한 안도와 기쁨의 기사가 아래 5월 21일자이다.

05.21(남선) "조선 즉 일본제국", 이 의식을 명확하게 환기했다는 점이 기쁘다, 척식성관제 반대운동 위원들이 목적을 관철한 데에 대해 기쁨을 말하다

여기서 말하는 "조선 즉 일본제국(朝鮮即日本帝国)"은 조선을 통치하는 조선총독부는 바로 일본제국의 본체이다, 즉 일본제국에 대한 어떠한 제약이나 도전도 용납되지 않는다, 천황의 대권에 의해 강력하고 특수한 위상을 부여받은 것이 조선의 총독이고 총독부이다, 고로 조선총독부를 척무성에 예속시키는 행위는 일본제국의 자주성을 침해하는 행위이다, 는 논법을 가능케 한다.

<식민통치와 내선융화>

식민통치 20주년을 맞이하면서 성공적인 통치를 선전하기 위해서 조선박람회에 큰 공을 들인 조선총독부였으나, 1929년 기사를 살펴보면 '내선융화(内鮮融和)'에 상당한 신경을 쓰면서 식민정책을 추진

하고 있다는 점을 확인할 수 있다. 구체적으로는 2월 24일자에서 조선인에게 선거권 부여에 관한 기사가 있은 후에 3월 9일에는 일제에 의한 식민통칭의 상징인 경성신사(京城神社)에 단군을 합사하는 기사가 실렸고, 4월 20일에는 총독 스스로가 내선융화는 쉽지 않다고 생각하며 앞으로 주의 깊게 지켜보겠다는 기사를 싣고 있는 등이 이를 뒷받침해준다. 마지막 12월 6일자는 이토 히로부미를 모시는 절을 세워서 사상선도(思想善導)와 내선융화(內鮮融和)를 꾀한다는 기사이다.

02.24(서북, 남선) 조선인에게 선거권을 부여할 의사는 없는가?

03.09 조선의 조상신 단군을 경성신사에 합사하다 "내선융화는 신앙에서부터"

04.20 내선융화는 쉽지 않다고 보다, 총독부는 이 점을 매우 주시하고 있다

12.06(서북, 남선) 고 이토 히로부미(故伊藤博文) 공작을 모시는 절을 건립해서 사상선도,
　　　　　　　 내선융화를 꾀하다

이하, 대표적인 화제별로 몇 가지 유형으로 정리하면 다음과 같다.

① 교육환경 개선에 대한 선전

01.12(서북) 평양여자고등보통학교 모범적 기숙사

03.24(서북, 남선) 조선인학교 폐지를 명령 난폭한 민국 정부, 총독부에서는 형세를 관망

03.27 경성제국대학의 제1회 졸업식(사진)

05.10(서북) 1面1校 실현까지 서당의 개선을 시행, 극력 선동(鮮童)의 교육에 노력하다, 평안북도의
　　　　 당면 교육방침

06.12(서북) 【평양】서당에 적당한 교원을 배정해서 점차 개선할 예정이다 고평남(高平南) 참여관
　　　　 시찰담

07.27(서북) 평양고등보통학교에 군사교육을 도입, 조선 전체에서 실시 전에 시험적으로 실지, 평안
　　　　 남도의 새로운 시도

07.27(남선) 평안남도보통학교 7개 학교를 신설

09.27(서북, 남선) 경성제대 후임 총장은 학내에서 기용할 것인가 수입할 것인가, 양쪽이 대립해서
　　　　　　　 미결상태

10.08(남선) 학내에서 기용하자는 여론을 중시해서 결국 시가 기요시(志賀 潔) 박사를 임명, 경성
　　　　 제대 총장 결정되다

11.20(서북) 제1회 여자중등학교연합음악회

② 중등학교 야구대회

07.20(서북, 남선) 수비에 관해서는 전혀 문제가 없는 경성사범, 기량 미지주인 청주고등보통학교

07.26(남선) 다크호스, 첫 출전인 새 진출 학교 등 흥미로운 진용 대구고보(大邱高普), 부산제일상업
　　　　 (釜山一商) 진남포상공(鎭南浦商工) 신의주상업(新義州商業)

07.26(서북) 물이 오른 우승후보 배재고보(培材高普), 얕볼 수 없는 광주(光州中學)하고 부산제이상
　　　　업(釜山二商)

08.01(서북, 남선) 평양중학 결전에서 승리, 경성사범 한을 삼키다

08.04(서북, 남선) 평양 상공에 찬란하게 빛나는 영광, 계림에 패권을 노리며 갑자원(甲子園)으로
　　　　목표는 오로지 전구 제패, 전국중등야구 조선예선의 막 열다

08.06(서북, 남선) 조선중등학교 야구예선대회에서 우승한 평양중학교팀

③ 축음기, 라디오, 영화를 통한 내선융화

01.24(남선) 축음기 근래에 판매가 잘 되고 있다

03.05(남선) 조선아동영화협회 설치

05.28(남선) 라디오로 관보(官報)를 방송, 교육과 농업위생 등도, 경성방송국의 큰 영단

08.09(남선) 라디오 청취자는 약 1만 명

09.04(서북) 평양 기생이 샤미센(三味線) 연습

12.21(서북, 남선) 계속 이어가는 라디오 대학강좌 1월 말부터 3월에 걸쳐서 교수 면면도 새롭게

④ 콜레라 방역을 통해서 위생을 주도하는 식민권력 이미지 제고

08.11(서북, 남선) 콜레라에 대한 대규모 방역반을 조직해서 엄중 경계

08.25(서북, 남선) 부관연락선에서 콜레라 소동

09.17(서북, 남선) 콜레라 드디어 인천에 상륙, 폭발적인 발생, 6명 심하게 토하고 4명 사망

09.18(서북, 남선) 콜레라의 위협 다가오다, 첫 발생 이후 13명 중 7명 사망하고 현재 환자 5명, 의
　　　　심자 1명

09.19(서북, 남선) 콜레라 차차 경성으로 접근, 18일에 새로 2명 발병

⑤ 기타

07.23(남선) 경성신사(京城神社) 조영(造營)이 천황가에서 탕금(帑金) 하사

09.11(서북, 남선) 조선의 간이보험 1월 1일부터 실시, 박람회를 이용해서 대선전

11.08(서북, 남선) 조선인 의원은 결국 총사직을 단행, 평양상의(平壤商議)의 의원 문제 분규에 이름

12.05(남선) 경성부(京城府)가 운영하는 공적 전당포(公設質屋) 드디어 이번 달 20일경부터 개업

12.21(서북, 남선) 평양부(平壤府)의 공적 전당포하고 공설 숙박소 25일경에 낙성식을 거행, 드디어
　　　　연내 개업

⑤의 11월 8일 평양상의 문제는 의원 구성이 기존 내지인 20명, 조선인 10명인이었는데 조선 측에서 이는 부당하고 차별적이기 때문에 의원 정원을 각각 15명으로 바꿀 것을 요구한 것에 대해서 내지측은 조선 측 요청을 실질적으로 무시하는 조선인 1명 증원 안을 제시하자, 이에 대해 분노한 조선 측 의원이 총사직을 단행한 사건이다. 아울러 9월 11일자 간이보험은 조선박람회장에 '생명보험의 탑'이 건립되었는데, 바로 이 기사에서 말하는 박람회를 이용해서 적극적으로 홍보한다는 건이다.

<여성 비행가 박경원>

윤종찬 감독에 두 사람 모두 고인이 된 배우 장진영과 김주혁이 주연을 맡은 영화 <청연(靑燕)>의 주인공 박경원에 대한 기사가 그녀의 사진과 함께 2월 26일과 27일 확인이 된다.

기사에서 보듯이 박경원이 고향 대구에 귀향했는데, 그 배경에는 후원회에서 '향토방문비행'을 희망하는 건이었으며, 논의해서 4월 이후에 실현될 것 같다는 희망적이고 낙관적인 추측으로 기사를 매듭짓고 있다.

> 02.26(남선) 박경원(朴敬元) 양의 향토방문 비행: 조선의 대구 출신 여성 2등 비행사가 후원회의 요청으로 향토방문비행을 논의하기 위해서 부산을 거쳐 대구로 향했다. "향토방문비행은 저의 오랜 꿈이었습니다. 후원회에서 꼭 비행을 해주면 좋겠다는 요청이 있어서 일단 귀향을 했지만, 비행에 대해서는 논의를 해봐야 하며, 아마도 4월 이후에 실행될 것으로 생각합니다"라고 말하고, 1주일 동안 고향에 머문 후 일본으로 돌아간다고 한다.
> 02.27 향리에 돌아온 여성 비행가 박경원 양 드디어 방문비행을 준비하다

청연 즉 푸른 제비라는 뜻을 가진 비행기를 1931년에 소유하게 되는 과정에서 당시 일제 체신장관인 고이즈미 마타지로(小泉又次郎, 일본의 전 총리 고이즈미 준이치로의 외조부)의 도움을 받았는데, 이런 전력과 그녀의 마지막 비행이 일제의 만주국 건국 1주년 기념행사인 일만친선황군위문(日滿親善皇軍慰問)이였다는 점 등이 확인되면서 권기옥과는 전혀 정반대의 평가를 얻어서 '한국 최초의 여성 비행사'라는 타이틀이 정식으로 인정되지 않고 있으며, 이런 평가 때문에 영화 <청연>도 흥행에 성공하지 못했다.

【그림2】 1929.2.27.자 박경원 기사

이상에서 본 것처럼, 1929년은 조선총독부 시정 20주년을 맞이해서 조선에 대한 식민지배가 성공적이었으며, 그들의 성공적인 통치로 식민지 조선이 발전했다는 공을 내외는 물론이고 본국의 권력의 중추에 알리기 위한 조선박람회가 큰 비중을 차지하고 있다. 이와 더불어서 조선에 대한 식민통치는 각종 학교 증축 등을 통해서 사상선도와 내선융화를 위한 기초인프라를 구축하는 데 진력하면서, 갑자원(甲子園) 즉 내지를 중심으로 하는 중등학교야구대회 조선예선대회를 통해서 예속관계를 반복적으로 주입하고 있다. 문화생활에서는 라디오와 축음기의 보급을 통해서, 사회위생 분야에서는 콜레라 방역을 통해서, 사상종교 면에서는 경성신사에 단군을 합사하는 등의 융화를 상징하는 보여주기를 통해서 상하관계에 입각한 융화 아닌 '융화'를 꾀한 한해가 1929년이었다고 할 수 있다.

2) 제작 일지

한림대학교 일본학연구소 일본학DB 사업의 일환으로 〈한림일본학자료총서〉로서 간행되는 『아사히신문 외지판(조선판) 기사명 색인』 제8권(1929.1~1929.12)은 연구소장이 총괄기획과 전체조율을 담당하고, 심재현 연구원/사서와 박상진 인턴직원이 색인 추출작업과 출판간행을 위한 전체 구성에 대한 편집작업을 담당하였다.

그리고 한림대학교 학부생으로 구성된 일본학연구소 연구보조원이 데이터 입력과 신뢰성 확보를 위한 총 세 차례에 걸친 검증작업을 통해서 오타와 기사 누락 최소화하는 작업을 수행하였다.

작업 참가자는 다음과 같다.

· 1차 입력
이윤상(12), 김건용(13), 박상진(13), 정중근(14), 백현지(14)
허성진(14), 고하연(15), 김유진(15), 김지훈(15), 최평화(16)
김채연(17), 유 성(17), 이하림(17)

· 1차, 2차 검수
이윤상(12), 김건용(13), 박상진(13), 정중근(14), 백현지(14)
허성진(14), 고하연(15), 김유진(15), 김지훈(15), 최평화(16)
김채연(17), 유 성(17), 이하림(17)

· 3차 검수
장덕진(14), 안덕희(16), 김채연(17), 이예린(17), 안소현(17)

마지막으로 이 책을 간행함에 있어서 일본국제교류기금(JapanFoundation)이 함께 해주었다. 깊이 감사드린다.

3. 데이터 현황

『아사히신문 외지판 (조선판) 기사명 색인』은 데이터 검색을 쉽게 할 수 있도록 모든 기사에 일련번호를 부여하고 있으며, 이번 13권(조선판 8권)에서는 164,118~182,614를 수록하였다. 색인어는 일본어 한자음을 가나다순으로 정리하였으며, 총 2,743개이다.

朝日新聞 外地版(조선판) 기사명 색인 제8권 1929.01.~1929.12.
범 례

1. 본 DB는 『朝日新聞 外地版 朝鮮朝日』 중 1928.01.~1928.12.의 기사를 대상으로 하였다.

2. 본 DB는 일련번호, 판명, 간행일, 면수, 단수, 기사명 순으로 게재하였다.

3. 신문이 휴간, 결호, 발행불명인 경우 해당날짜와 함께 休刊, 缺號, 發行不明이라 표기하였다.

4. DB작업 시 색인어 입력을 병행하였다.

5. 기사명 입력은 원문의 줄 바꿈을 기준으로 '/'로 구분을 두었다.

   예) 關東廳移置問題

   旅順より大連へとの議

   第一困難なるは廳舍舍宅の設備 (이하 기사 본문)

   → 關東廳移置問題/旅順より大連へとの議/第一困難なるは廳舍舍宅の設備

6. 광고 및 訂正, 取消, 正誤 등 신문내용의 수정을 알리는 기사는 생략하였다.

7. 연재물기사(번호와 저자명이 기입된 기사)는 '제목(편수)/저자명'의 형태로 입력하였다.
   이어지는 부제목은 생략하였다.

   예) 朝鮮道中記(57) 貴妃の靈に遭ふ 顔が四角で腕が達者 これが大邱一番の歌ひ女 大阪にて瓢齊
   (이하 기사 본문)

   → 朝鮮道中記(57)/大阪にて瓢齊翁

8. 연관기사(연계기사)는 '기사명1/기사명2/기사명3'의 형태로 표시한다. 이때 하나의 기사명 내에
   서는 상기의 줄 바꿈 표시인 '/' 대신 '스페이스(공백)'를 사용하였다. 또한, 기사명 전체를 이탤
   릭체(기울임꼴)로 변환하였다.

   예) 朝鮮の土を踏むのは今度が最初 家內に敎はる積り机上の學問は駄目 何の事業も無く慚愧の至
   りです (이하 기사본문)

   → *朝鮮の土を踏むのは今度が最初 家內に敎はる積り机上の學問は駄目/何の事業も無く慚愧の至り
   です*

9. 기사명의 내용과 문맥이 이어지는 기사는 '상위 기사명(하위 기사명/하위 기사명)' 형태로 입력
   하였다.

10. 괄호로 묶어서 입력한 하위 기사명은 '슬래쉬(/)'로 구분하였다.

    예) 米穀收用と影響 朝鮮の各地方に於ける 大邱地方 慶山地方 金泉地方 浦項地方 (이하 기사본문)

    → 米穀收用と影響/朝鮮の各地方に於ける(大邱地方/慶山地方/金泉地方/浦項地方)

11. 신문기사에 있는 숫자, !, ?, ´, "", 「」 등의 기호는 모두 전각으로 입력하였다. 단, '()'와 '슬래쉬(/)'는 반각으로 입력하였다.

12. 촉음과 요음은 현행 표기법에 맞게 고쳐서 입력하였다.

예) ちよつと → ちょっと, ﾆｭｰｽ → ニュース, ２ケ月 → ２ヶ月

13. 기사명에 사용된 '◆', '……' '＝'와 같은 기호들은 생략하고 중점은 한글 아래아(·)로 입력하였다.

14. 한자는 원문에 약자로 표기되어있어도 모두 정자로 통일해서 입력할 것을 원칙으로 했다. 단 오늘날 일본에서 쓰이는 이체자(異體字)는 원문대로 입력하였다.

15. 이체자 중 PC에서 입력이 불가능한 경우 현대에서 통용되는 한자로 표기, 범례에 표기하는 형태를 취하였다.

아사히신문 외지판(조선판) 기사명 색인

1929년

1929년 1월 (조선아사히)

일련번호	판명		간행일	면	단수	기사명
164118	朝鮮朝日	西北版	1929-01-06	1	01단	昭和四年の新政は産業により繡かれる建設時代に入った朝鮮を表現しうる唯一の大博覽會/今日の內鮮融和は口から産業に移る民間の聲援を得て立派に成功を收め度い/博覽會場全景　飛行機から見た/府民も呼應して新朝鮮の建設に努力/各方面に期待さる　兒島商工課長談
164119	朝鮮朝日	西北版	1929-01-06	1	06단	年頭の辭/山梨總督談
164120	朝鮮朝日	西北版	1929-01-06	1	08단	落穗集(九十八)/下村海南
164121	朝鮮朝日	西北版	1929-01-06	1	08단	金谷司令官新年試筆
164122	朝鮮朝日	西北版	1929-01-06	1	10단	下村專務が丸山學院に寄附
164123	朝鮮朝日	南鮮版	1929-01-06	1	01단	昭和四年の新政は産業により繡かれる 建設時代に入った朝鮮を表現しうる唯一の大博覽會/今日の內鮮融和は口から産業に移る民間の聲援を得て立派に成功を收め度い/博覽會場全景　飛行機から見た/府民も呼應して新朝鮮の建設に努力/各方面に期待さる　兒島商工課長談
164124	朝鮮朝日	南鮮版	1929-01-06	1	06단	年頭の辭/山梨總督談
164125	朝鮮朝日	南鮮版	1929-01-06	1	08단	落穗集(九十八)/下村海南
164126	朝鮮朝日	南鮮版	1929-01-06	1	08단	金谷司令官新年試筆
164127	朝鮮朝日	南鮮版	1929-01-06	1	10단	下村專務が丸山學院に寄附
164128	朝鮮朝日	西北・南鮮版	1929-01-06	2	01단	自轉車を驅って巡察や搜査に平南警察官の活動/その成績が期待される
164129	朝鮮朝日	西北・南鮮版	1929-01-06	2	01단	京城平壤間搬送電話三月ごろ竣工
164130	朝鮮朝日	西北・南鮮版	1929-01-06	2	01단	全北道の旱害救濟補助が決定
164131	朝鮮朝日	西北・南鮮版	1929-01-06	2	01단	間島地方支那側官憲近く大異動
164132	朝鮮朝日	西北・南鮮版	1929-01-06	2	01단	社會事業の一切を繰延/お金が無い
164133	朝鮮朝日	西北・南鮮版	1929-01-06	2	02단	警察官異動
164134	朝鮮朝日	西北・南鮮版	1929-01-06	2	02단	春川公會堂敷地が決定
164135	朝鮮朝日	西北・南鮮版	1929-01-06	2	02단	全北普通校一面一校いよいよ實現
164136	朝鮮朝日	西北・南鮮版	1929-01-06	2	02단	初等教員合格者
164137	朝鮮朝日	西北・南鮮版	1929-01-06	2	02단	馬賊潛入の危險地に警官が急行
164138	朝鮮朝日	西北・南鮮版	1929-01-06	2	03단	盜電の取締平壤府が勵行
164139	朝鮮朝日	西北・南鮮版	1929-01-06	2	03단	年始の客に巧みに化け/鏡餅を盜む
164140	朝鮮朝日	西北・南鮮版	1929-01-06	2	03단	蟻の樣に續く朝鮮神宮參拜者
164141	朝鮮朝日	西北・南鮮版	1929-01-06	2	04단	學生團が排日宣傳のビラを撒布
164142	朝鮮朝日	西北・南鮮版	1929-01-06	2	04단	スケート會の雄/安東の選手決定
164143	朝鮮朝日	西北版	1929-01-08	1	01단	落穗集(九十九)/下村海南

일련번호	판명		간행일	면	단수	기사명
164144	朝鮮朝日	西北版	1929-01-08	1	01단	冬眠より覺めた朝鮮の僧侶たち/一千萬圓の巨資を擁し今後積極的に活動
164145	朝鮮朝日	西北版	1929-01-08	1	01단	田家の朝入選印畵/永登浦/松村玉仙氏撮影
164146	朝鮮朝日	西北版	1929-01-08	1	03단	平壤の支那人靑天白日旗一齊に揭揚
164147	朝鮮朝日	西北版	1929-01-08	1	04단	短歌/橋田東聲選
164148	朝鮮朝日	西北版	1929-01-08	1	04단	朝鮮電氣の生氣嶺擴張許可される
164149	朝鮮朝日	西北版	1929-01-08	1	04단	感懷と希望/池上政務總監談
164150	朝鮮朝日	西北版	1929-01-08	1	04단	童話(上)/山の魔神に浚はれて天晴れ名人となった/慶州の刀鍛冶金祥榮
164151	朝鮮朝日	西北版	1929-01-08	1	05단	途上にて/川上喜久子
164152	朝鮮朝日	西北版	1929-01-08	1	05단	蛇の島元山の沖合絶海の孤島/當り年の蝮屋さん 朝鮮のは殊に肺病に效く
164153	朝鮮朝日	西北版	1929-01-08	1	06단	朝鮮無産者のため氣を吐く黃君/堺の市議戰に出馬/朝鮮人が一致せば當選確實
164154	朝鮮朝日	西北版	1929-01-08	1	08단	朝窰注文の叺が十萬枚忠南が納入
164155	朝鮮朝日	西北版	1929-01-08	1	08단	女工の盟休無事に解決
164156	朝鮮朝日	西北版	1929-01-08	1	08단	滿洲小豆に不正を發見木浦驛で
164157	朝鮮朝日	西北版	1929-01-08	1	09단	朝鮮博多間貨物は增加
164158	朝鮮朝日	西北版	1929-01-08	1	09단	住宅を與へ失業問題を解決/小倉市に創立された『日鮮互助昭和會』
164159	朝鮮朝日	西北版	1929-01-08	1	10단	若林大尉の慘殺實情陸軍省が調査
164160	朝鮮朝日	西北版	1929-01-08	1	10단	不足料金の取立に弱る安東の郵便局
164161	朝鮮朝日	西北版	1929-01-08	1	10단	運動界(氷滑選手權大會/學童氷滑大會)
164162	朝鮮朝日	西北版	1929-01-08	1	10단	會(安東新年互禮會)
164163	朝鮮朝日	西北版	1929-01-08	1	10단	人(高橋貞二氏(安東商工會議所會頭)/鹿野宏氏(平北警察部長)/淺利警務局長)
164164	朝鮮朝日	南鮮版	1929-01-08	1	01단	落穗集(九十九)/下村海南
164165	朝鮮朝日	南鮮版	1929-01-08	1	01단	冬眠より覺めた朝鮮の僧侶たち/一千萬圓の巨資を擁し今後積極的に活動
164166	朝鮮朝日	南鮮版	1929-01-08	1	01단	田家の朝入選印畵/永登浦/松村玉仙氏撮影
164167	朝鮮朝日	南鮮版	1929-01-08	1	03단	釜山消防出初式
164168	朝鮮朝日	南鮮版	1929-01-08	1	04단	短歌/橋田東聲選
164169	朝鮮朝日	南鮮版	1929-01-08	1	04단	當り年の蝮屋さん 朝鮮のは殊に肺病に效く/蛇の島元山の沖合絶海の孤島
164170	朝鮮朝日	南鮮版	1929-01-08	1	04단	感懷と希望/池上政務總監談
164171	朝鮮朝日	南鮮版	1929-01-08	1	04단	童話(上)/山の魔神に浚はれて天晴れ名人となった/慶州の刀鍛冶金祥榮

일련번호	판명		간행일	면	단수	기사명
164172	朝鮮朝日	南鮮版	1929-01-08	1	05단	途上にて/川上喜久子
164173	朝鮮朝日	南鮮版	1929-01-08	1	06단	電氣府營に關し遂に商議が出動 然し期成會
164173	朝鮮朝日	南鮮版	1929-01-08	1	06단	では應ぜず飽まで當初の方針で進む/例により緊張を極む釜山府民大會
164174	朝鮮朝日	南鮮版	1929-01-08	1	07단	朝鮮無産者のため氣を吐く黃君/堺の市議戰に出馬/朝鮮人が一致せば當選確實
164175	朝鮮朝日	南鮮版	1929-01-08	1	08단	大時化南鮮一帶に
164176	朝鮮朝日	南鮮版	1929-01-08	1	08단	朝窒注文の叺が十萬枚忠南が納入
164177	朝鮮朝日	南鮮版	1929-01-08	1	08단	大邱の遠乘會
164178	朝鮮朝日	南鮮版	1929-01-08	1	09단	朝鮮博多間貨物は增加
164179	朝鮮朝日	南鮮版	1929-01-08	1	09단	住宅を與へ失業問題を解決/小倉市に創立された『日鮮互助昭和會』
164180	朝鮮朝日	南鮮版	1929-01-08	1	10단	滿洲小豆に不正を發見木浦驛で
164181	朝鮮朝日	南鮮版	1929-01-08	1	10단	他殺の死體年は二十五六
164182	朝鮮朝日	南鮮版	1929-01-08	1	10단	氷滑選手權大會
164183	朝鮮朝日	南鮮版	1929-01-08	1	10단	人(高橋貞二氏(安東商工會議所會頭)/鹿野宏氏(平北警察部長)/淺利警務局長/澤慶次郎氏/園田山林部長/尾間立顯氏(總督府囑託))
164184	朝鮮朝日	西北・南鮮版	1929-01-08	2	01단	新春漫畫欄/人造人間/池田永一治
164185	朝鮮朝日	西北・南鮮版	1929-01-08	2	01단	京城內の八門のおはなし(1)/蜿蜒四里の大城壁/聳え立つかずかずの門/それには幾多の詠嘆を秘め低徊去りやらぬ憶ひがする
164186	朝鮮朝日	西北・南鮮版	1929-01-08	2	02단	生きるに甲斐なき趣味なき生活/仕事も趣味で精が出る/土居さんの人生哲學
164187	朝鮮朝日	西北・南鮮版	1929-01-08	2	03단	南大門(上は現在/下は明治二十七、八年ごろ)
164188	朝鮮朝日	西北・南鮮版	1929-01-08	2	06단	三漁業組合平南が指定
164189	朝鮮朝日	西北・南鮮版	1929-01-08	2	06단	鎭南浦の移出は百萬石を突破/二月上旬に祝賀會
164190	朝鮮朝日	西北・南鮮版	1929-01-08	2	06단	三縣連絡の遊覽道路を設く/十三日熊本市で協議/大々的に運動を起す
164191	朝鮮朝日	西北・南鮮版	1929-01-08	2	07단	平壤無煙炭昨年移出高二十三萬屯
164192	朝鮮朝日	西北版	1929-01-09	1	01단	落穗集(百)/下村海南
164193	朝鮮朝日	西北版	1929-01-09	1	01단	民衆の教化には迷信が必要だとて/鄭鑑錄を眞向に翳し天道教が布教に努むる
164194	朝鮮朝日	西北版	1929-01-09	1	01단	『田家朝』入選印畫/京城府平洞/山澤三造

일련번호	판명		간행일	면	단수	기사명
164195	朝鮮朝日	西北版	1929-01-09	1	04단	童話(下)/山の魔神に浚はれて天晴れ名人となった/慶州の刀鍛冶金祥榮
164196	朝鮮朝日	西北版	1929-01-09	1	05단	遞信幹部異動濃厚となる
164197	朝鮮朝日	西北版	1929-01-09	1	05단	二つの溫泉名が高まる『松興と細川』
164198	朝鮮朝日	西北版	1929-01-09	1	05단	廿師團管下の徵兵檢査
164199	朝鮮朝日	西北版	1929-01-09	1	05단	特科隊の新兵たちが九日に來鮮
164200	朝鮮朝日	西北版	1929-01-09	1	06단	不良靑年の犯罪が增加/前科ものゝ罪も增した
164201	朝鮮朝日	西北版	1929-01-09	1	06단	俳句/鈴木花蓑選
164202	朝鮮朝日	西北版	1929-01-09	1	06단	郵便局員の妻萬引を働く
164203	朝鮮朝日	西北版	1929-01-09	1	06단	學童たちの寄生蟲驅除徹底的に行ふ
164204	朝鮮朝日	西北版	1929-01-09	1	07단	寒風に吹かれ望樓で頓死/消防手殉職
164205	朝鮮朝日	西北版	1929-01-09	1	07단	京城內の門のおはなし(2)/加藤淸正が堂々と乘り込んだ南大門/京城の築城と同時に建造/崇禮の文字は安定大君の筆
164206	朝鮮朝日	西北版	1929-01-09	1	08단	平壤の獸疫非常に減少
164207	朝鮮朝日	西北版	1929-01-09	1	09단	人(橫田章一等主計正(新任龍山第二十師團經理部長)/岸川益一氏(本社門司支局編輯部員))
164208	朝鮮朝日	南鮮版	1929-01-09	1	01단	落穗集(百)/下村海南
164209	朝鮮朝日	南鮮版	1929-01-09	1	01단	民衆の敎化には迷信が必要だとて/鄭鑑錄を眞向に翳し天道敎が布敎に努むる
164210	朝鮮朝日	南鮮版	1929-01-09	1	02단	專門學校に昇格を/京城齒科から總督府に申請
164211	朝鮮朝日	南鮮版	1929-01-09	1	03단	獻上の花瓶/見事に出來上る
164212	朝鮮朝日	南鮮版	1929-01-09	1	03단	釜山の府營バス近く認可申請
164213	朝鮮朝日	南鮮版	1929-01-09	1	04단	遞信幹部異動濃厚となる
164214	朝鮮朝日	南鮮版	1929-01-09	1	04단	俳句/鈴木花蓑選
164215	朝鮮朝日	南鮮版	1929-01-09	1	04단	二つの溫泉名が高まる『松興と細川』
164216	朝鮮朝日	南鮮版	1929-01-09	1	04단	童話(下)/山の魔神に浚はれて天晴れ名人となった/慶州の刀鍛冶金祥榮
164217	朝鮮朝日	南鮮版	1929-01-09	1	05단	廿師團管下の徵兵檢査
164218	朝鮮朝日	南鮮版	1929-01-09	1	05단	特科隊の新兵たちが九日に來鮮
164219	朝鮮朝日	南鮮版	1929-01-09	1	05단	薩張り要領を得ぬ會社側の辯明/釜山瓦電の算定基礎で佐久間專務逃げを張る
164220	朝鮮朝日	南鮮版	1929-01-09	1	06단	未練男が妻を殺し義母を傷つく
164221	朝鮮朝日	南鮮版	1929-01-09	1	06단	郵便局員の妻萬引を働く
164222	朝鮮朝日	南鮮版	1929-01-09	1	06단	學童たちの寄生蟲驅除徹底的に行ふ
164223	朝鮮朝日	南鮮版	1929-01-09	1	07단	寒風に吹かれ望樓で頓死/消防手殉職

일련번호	판명		간행일	면	단수	기사명
164224	朝鮮朝日	南鮮版	1929-01-09	1	07단	京城內の門のおはなし(２)/加藤淸正が堂々と乘り込んだ南大門/京城の築城と同時に建造/崇禮の文字は安定大君の筆
164225	朝鮮朝日	南鮮版	1929-01-09	1	08단	平壤の獸疫非常に減少
164226	朝鮮朝日	南鮮版	1929-01-09	1	09단	人(橫田章一等主計正(新任龍山第二十師團經理部長)/岸川益一氏(本社門司支局編輯部員))
164227	朝鮮朝日	西北・南鮮版	1929-01-09	2	01단	ホテル(１)/ローマンス/給仕のMさん
164228	朝鮮朝日	西北・南鮮版	1929-01-09	2	01단	慌しき浮世の善惡をその儘にこゝ一箇所にちゞめた大京城驛に現れる世相
164229	朝鮮朝日	西北・南鮮版	1929-01-09	2	03단	統營埋築の株式の割當/殆ど決定す
164230	朝鮮朝日	西北・南鮮版	1929-01-09	2	04단	新刊紹介(『極東時報(十二月三十日號)』)
164231	朝鮮朝日	西北・南鮮版	1929-01-09	2	04단	故鄕の流轉
164232	朝鮮朝日	西北版	1929-01-10	1	01단	落穗集(百一)/下村海南
164233	朝鮮朝日	西北版	1929-01-10	1	01단	道立師範を廢し直轄師範を設ける/いよいよ今議會へ提出/三年計劃で經費は卅二萬七千圓
164234	朝鮮朝日	西北版	1929-01-10	1	01단	煙草の密輸が增すばかり/近く監視員の增員を申請する事にきまる
164235	朝鮮朝日	西北版	1929-01-10	1	01단	三九旅團の觀兵式/盛んなる空中分列式行はる
164236	朝鮮朝日	西北版	1929-01-10	1	02단	平壤飛行隊本年入營兵
164237	朝鮮朝日	西北版	1929-01-10	1	02단	平安南北道の生牛の初移出
164238	朝鮮朝日	西北版	1929-01-10	1	02단	新義州木材組合總會
164239	朝鮮朝日	西北版	1929-01-10	1	03단	平安南道の獻上品發送
164240	朝鮮朝日	西北版	1929-01-10	1	03단	無煙炭移出十四萬餘トン
164241	朝鮮朝日	西北版	1929-01-10	1	03단	火田民に對し集約農法を獎勵/指導部落を設置して旣定計劃の實現に努む
164242	朝鮮朝日	西北版	1929-01-10	1	04단	大同橋の下に公設スケート場
164243	朝鮮朝日	西北版	1929-01-10	1	04단	惜しまれる小森組頭の勇退
164244	朝鮮朝日	西北版	1929-01-10	1	04단	俳句/鈴木花蓑選
164245	朝鮮朝日	西北版	1929-01-10	1	04단	安東守備分列式
164246	朝鮮朝日	西北版	1929-01-10	1	05단	陸軍の衛生調査
164247	朝鮮朝日	西北版	1929-01-10	1	05단	輿論を喚起し目的を貫徹する/いよいよ具體化した平壤における大同江改修問題
164248	朝鮮朝日	西北版	1929-01-10	1	05단	博覽會と共に美術展を開催し大宣傳を試みんとす/學務局も心を動かす
164249	朝鮮朝日	西北版	1929-01-10	1	05단	お茶のあと
164250	朝鮮朝日	西北版	1929-01-10	1	05단	安義間遠滑延期

일련번호	판명		간행일	면	단수	기사명
164251	朝鮮朝日	西北版	1929-01-10	1	06단	牡丹台野話
164252	朝鮮朝日	西北版	1929-01-10	1	06단	強盗押入る
164253	朝鮮朝日	西北版	1929-01-10	1	06단	各地を荒した強盗捕まる
164254	朝鮮朝日	西北版	1929-01-10	1	06단	京城内の門のおはなし(3)/鼻下長の閑人が女權彈壓の血祭に/大安門を大漢門と改稱す/支那から離れた喜びの獨立門
164255	朝鮮朝日	西北版	1929-01-10	1	07단	傳道婦人が誘拐を企つ
164256	朝鮮朝日	西北版	1929-01-10	1	07단	駈落者捕まる
164257	朝鮮朝日	西北版	1929-01-10	1	08단	正月賭博を檢擧
164258	朝鮮朝日	西北版	1929-01-10	1	08단	平壤の初火事
164259	朝鮮朝日	西北版	1929-01-10	1	08단	鎮南浦の大停電
164260	朝鮮朝日	西北版	1929-01-10	1	09단	咸興消防出初式
164261	朝鮮朝日	西北版	1929-01-10	1	09단	安東消防出初式
164262	朝鮮朝日	西北版	1929-01-10	1	09단	會(平壤義勇消防組新年宴會)
164263	朝鮮朝日	西北版	1929-01-10	1	09단	人(小山關東憲兵隊長/中野警務課長夫人)
164264	朝鮮朝日	南鮮版	1929-01-10	1	01단	落穗集(百一)/下村海南
164265	朝鮮朝日	南鮮版	1929-01-10	1	01단	道立師範を廢し直轄師範を設ける/いよいよ今議會へ提出/三年計劃で經費は卅二萬七千圓
164266	朝鮮朝日	南鮮版	1929-01-10	1	01단	火田調査の委員を設く/今後極力指導啓發し奥地資源開發を行ふ
164267	朝鮮朝日	南鮮版	1929-01-10	1	02단	大田商議は却下か條件が不利で當局頭を捻る
164268	朝鮮朝日	南鮮版	1929-01-10	1	03단	準備教育の實狀を調査
164269	朝鮮朝日	南鮮版	1929-01-10	1	03단	『此際連袂辭職し府民の輿論に從へ』/俄然強硬な意見が出る/電氣問題で釜山商議に暗流漲る
164270	朝鮮朝日	南鮮版	1929-01-10	1	04단	大禮記念博の朝鮮受賞者
164271	朝鮮朝日	南鮮版	1929-01-10	1	04단	鐵道不要地の拂下を行ふ
164272	朝鮮朝日	南鮮版	1929-01-10	1	04단	電車線路の敷設替請願/七ヶ條の理由を擧げ南大門通の住民から
164273	朝鮮朝日	南鮮版	1929-01-10	1	05단	山林愛護の宣傳を行ふ
164274	朝鮮朝日	南鮮版	1929-01-10	1	05단	俳句/鈴木花蓑選
164275	朝鮮朝日	南鮮版	1929-01-10	1	05단	皇室へ獻上の白鳥を物色
164276	朝鮮朝日	南鮮版	1929-01-10	1	06단	佐久間常務の說明は不得要領のみならず驚くべき不合理をさらけ出す/低燭光に薄く高燭光には厚い 釜山電燈動力の料金改正に批難の聲起る
164277	朝鮮朝日	南鮮版	1929-01-10	1	06단	お茶のあと

일련번호	판명		간행일	면	단수	기사명
164278	朝鮮朝日	南鮮版	1929-01-10	1	06단	京城內の門のおはなし(３)/鼻下長の閑人が女權彈壓の血祭に/大安門を大漢門と改稱す/支那から離れた喜びの獨立門
164279	朝鮮朝日	南鮮版	1929-01-10	1	07단	外國館を建設し多くの出品物の陳列を計劃
164280	朝鮮朝日	南鮮版	1929-01-10	1	08단	博覽會と共に美術展を開催し大宣傳を試みんとす/學務局も心を動かす
164281	朝鮮朝日	南鮮版	1929-01-10	1	09단	營業方針の大刷新/東拓は近く一大活躍を行ふ
164282	朝鮮朝日	西北・南鮮版	1929-01-10	2	01단	ホテル(２)/ローマンス/コクテルの語源
164283	朝鮮朝日	西北・南鮮版	1929-01-10	2	01단	廿師團の觀兵式/白雪紛々たる中で擧行さる
164284	朝鮮朝日	西北・南鮮版	1929-01-10	2	01단	浮浪者の救濟に特に力を盡す
164285	朝鮮朝日	西北・南鮮版	1929-01-10	2	02단	無電規則の改正を企劃
164286	朝鮮朝日	西北・南鮮版	1929-01-10	2	02단	故鄕の流轉
164287	朝鮮朝日	西北版	1929-01-11	1	01단	落穗集(百二)/下村海南
164288	朝鮮朝日	西北版	1929-01-11	1	01단	旱魃に役立った水利組合の有難さ/これこの通
164288	朝鮮朝日	西北版	1929-01-11	1	01단	りとばかり/土地改良部からその實狀を發表
164289	朝鮮朝日	西北版	1929-01-11	1	01단	發明協會支部を平南道に設置の交涉を始む
164290	朝鮮朝日	西北版	1929-01-11	1	02단	天然氷採取の許可を申請
164291	朝鮮朝日	西北版	1929-01-11	1	02단	景氣のよい平壤の花柳界
164292	朝鮮朝日	西北版	1929-01-11	1	02단	伸び行く大平壤/今年は多事多忙で目論まれる事業のかずかず
164293	朝鮮朝日	西北版	1929-01-11	1	03단	梨花學堂が學則を改正
164294	朝鮮朝日	西北版	1929-01-11	1	03단	結局のところ五厘値下か/教科書値下について最後の交涉を試みる
164295	朝鮮朝日	西北版	1929-01-11	1	04단	航路標識の設備に力瘤を入れる
164296	朝鮮朝日	西北版	1929-01-11	1	04단	燈台監視船を二隻ふやす
164297	朝鮮朝日	西北版	1929-01-11	1	04단	獻上の花瓶立派に出來上る
164298	朝鮮朝日	西北版	1929-01-11	1	05단	少年の手で硯を謹製し畏き邊へ獻上
164299	朝鮮朝日	西北版	1929-01-11	1	05단	金融組合の利下げ/肥料購入を圓滑ならしめる
164300	朝鮮朝日	西北版	1929-01-11	1	05단	成績のよい新義州職業紹介
164301	朝鮮朝日	西北版	1929-01-11	1	05단	海苔が出來すぎて相場が下る/豊作かへって祟る
164302	朝鮮朝日	西北版	1929-01-11	1	06단	保安司令部安東縣に新設

일련번호	판명		간행일	면	단수	기사명
164303	朝鮮朝日	西北版	1929-01-11	1	06단	漁業組合理事官選平北道知事が人物を詮衡中
164304	朝鮮朝日	西北版	1929-01-11	1	06단	昨年に比して五割を增す/値段も割合にたかい/滿洲粟の鮮內輸入量
164305	朝鮮朝日	西北版	1929-01-11	1	06단	短歌/橋田東聲選
164306	朝鮮朝日	西北版	1929-01-11	1	07단	昭和の王祥氷上の鯉釣
164307	朝鮮朝日	西北版	1929-01-11	1	07단	淸津無電局の完成多少遲れる
164308	朝鮮朝日	西北版	1929-01-11	1	07단	記念メダルを署員に贈る
164309	朝鮮朝日	西北版	1929-01-11	1	07단	各課要求額に斧鉞を加へ歲入出の平均をとる/平北道明年度の豫算
164310	朝鮮朝日	西北版	1929-01-11	1	08단	平北水産總代會
164311	朝鮮朝日	西北版	1929-01-11	1	08단	安東の豆粕
164312	朝鮮朝日	西北版	1929-01-11	1	08단	流氷のために一晝夜漂ふ
164313	朝鮮朝日	西北版	1929-01-11	1	08단	大金を奪ひ二名を射殺/不逞漢捕まる
164314	朝鮮朝日	西北版	1929-01-11	1	09단	夜霧/雪の京城附近を押しつゝむ/人の顔も判らぬ迷信說盛に流布さる
164315	朝鮮朝日	西北版	1929-01-11	1	09단	鴨綠江上流に馬賊現はる/支那側の討伐により續々と下流にむかふ
164316	朝鮮朝日	西北版	1929-01-11	1	09단	嫉妬から三人殺傷
164317	朝鮮朝日	西北版	1929-01-11	1	09단	惡思想鼓吹の書物を編纂
164318	朝鮮朝日	西北版	1929-01-11	1	10단	商店を荒す
164319	朝鮮朝日	西北版	1929-01-11	1	10단	內地渡航票を僞造し賣却
164320	朝鮮朝日	西北版	1929-01-11	1	10단	强盜押入る
164321	朝鮮朝日	西北版	1929-01-11	1	10단	もよほし(新義州商店繁榮會議會/平壤の文化生活講演會)
164322	朝鮮朝日	西北版	1929-01-11	1	10단	人(粟野俊一氏(安東滿鐵地方事務所長)/炳克莊氏(東邊道尹)/平尾壬五郞氏(遞信局監理課長)/宮尾舜治氏(東拓總裁)/澤田豊丈氏(東拓理事)/樫村武雄氏(安東領事)/志賀潔博士(城大醫學部長)/佐々木淸綱氏(釜山辯護士)/今井源良氏(釜山辯護士)/佐々木朝紡工場長/渡邊豊日子氏(總督府農務課長))
164323	朝鮮朝日	南鮮版	1929-01-11	1	01단	落穗集(百二)/下村海南
164324	朝鮮朝日	南鮮版	1929-01-11	1	01단	旱魃に役立った水利組合の有難さ/これこの通りとばかり/土地改良部からその實狀を發表
164325	朝鮮朝日	南鮮版	1929-01-11	1	01단	『田家朝』入選印畫/京城府平洞/山澤三造氏作
164326	朝鮮朝日	南鮮版	1929-01-11	1	04단	航路標識の設備に力瘤を入れる

일련번호	판명		간행일	면	단수	기사명
164327	朝鮮朝日	南鮮版	1929-01-11	1	04단	汽船便を廢し鐵道で輸送
164328	朝鮮朝日	南鮮版	1929-01-11	1	04단	釜山女子高普愈近く新築
164329	朝鮮朝日	南鮮版	1929-01-11	1	04단	短歌/橋田東聲選
164330	朝鮮朝日	南鮮版	1929-01-11	1	04단	新川大橋を改修
164331	朝鮮朝日	南鮮版	1929-01-11	1	04단	燈台監視船を二隻ふやす
164332	朝鮮朝日	南鮮版	1929-01-11	1	04단	道當局は調停の意思をほのめかす/結局效果なしと觀らる/瓦電府營問題いよいよ深刻となる
164333	朝鮮朝日	南鮮版	1929-01-11	1	05단	梨花學堂が學則を改正
164334	朝鮮朝日	南鮮版	1929-01-11	1	05단	海苔が出來すぎて相場が下る/豊作かへって祟る
164335	朝鮮朝日	南鮮版	1929-01-11	1	05단	城大醫院の助手を増員
164336	朝鮮朝日	南鮮版	1929-01-11	1	05단	結局のところ五厘値下か/教科書値下について最後の交渉を試みる
164337	朝鮮朝日	南鮮版	1929-01-11	1	06단	趣味の家庭(1)/夫婦お揃ひで句作に精進/慌しい旅を續けながら新田さんの詩囊は搖ぐ
164338	朝鮮朝日	南鮮版	1929-01-11	1	06단	記念メダルを署員に贈る
164339	朝鮮朝日	南鮮版	1929-01-11	1	07단	府民の公憤は愈よ高まり辯護士團調査を始む 香椎會頭の不敬事件/府民大會を引續いて開く
164340	朝鮮朝日	南鮮版	1929-01-11	1	07단	慶南水産會評議員會議
164341	朝鮮朝日	南鮮版	1929-01-11	1	07단	四月から營業開始大邱府營バス
164342	朝鮮朝日	南鮮版	1929-01-11	1	07단	土地所有者の受益稅負擔大邱府で計劃
164343	朝鮮朝日	南鮮版	1929-01-11	1	08단	郵便所を新設
164344	朝鮮朝日	南鮮版	1929-01-11	1	08단	清津無電局の完成多少遅れる
164345	朝鮮朝日	南鮮版	1929-01-11	1	08단	夜霧/雪の京城附近を押しつゝむ/人の顔も判らぬ迷信說盛に流布さる
164346	朝鮮朝日	南鮮版	1929-01-11	1	09단	佐田至弘氏內地講演行脚
164347	朝鮮朝日	南鮮版	1929-01-11	1	09단	晋州師範を大邱に移し慶南北道を統一して官立師範學校を新設
164348	朝鮮朝日	南鮮版	1929-01-11	1	09단	高女と小學の増築により七十七萬圓の大増加/京城學校組合の豫算
164349	朝鮮朝日	南鮮版	1929-01-11	1	10단	松田黎光氏退鮮
164350	朝鮮朝日	南鮮版	1929-01-11	1	10단	高麗朝時代の篝火台發見
164351	朝鮮朝日	南鮮版	1929-01-11	1	10단	強盜押入る
164352	朝鮮朝日	南鮮版	1929-01-11	1	10단	もよほし(朝鮮奬學會誌發行委員會)
164353	朝鮮朝日	南鮮版	1929-01-11	1	10단	人(李堝公殿下/平尾壬五郎氏(遞信局監理課長)/宮尾舜治氏(東拓總裁)/澤田

일련번호	판명		간행일	면	단수	기사명
164353	朝鮮朝日	南鮮版	1929-01-11	1	10단	豊丈氏(東拓理事)/樫村武雄氏(安東領事)/志賀潔博士(城大醫學部長)/佐々木清綱氏(釜山辯護士)/今井源良氏(釜山辯護士)/佐々木朝紡工場長/渡邊豊日子氏(總督府農務課長))
164354	朝鮮朝日	西北・南鮮版	1929-01-11	2	01단	ホテル(3)/ローマンス/大倉翁の受難
164355	朝鮮朝日	西北・南鮮版	1929-01-11	2	01단	空から見た大京城/北部はでもまだ良い/とても貧弱な南部一帶
164356	朝鮮朝日	西北版	1929-01-12	1	01단	落穗集(百三)/下村海南
164357	朝鮮朝日	西北版	1929-01-12	1	01단	就任後着手した諸懸案の經過/悉く順調に運んでゐる/池上政務總監はかたる
164358	朝鮮朝日	西北版	1929-01-12	1	02단	水口、靑木の二知事勇退/園田、今村の兩氏が其後任に擬せらる
164359	朝鮮朝日	西北版	1929-01-12	1	03단	民謠/北原白秋選
164360	朝鮮朝日	西北版	1929-01-12	1	03단	總督叱らる/可愛い少年から/師範給費の廢止を心配しさすがの山梨サンもギャフンと參る
164361	朝鮮朝日	西北版	1929-01-12	1	04단	鶴龜の獻上硯/總督府に到着近く獻上する
164362	朝鮮朝日	西北版	1929-01-12	1	04단	黃海方面の漁場を調査
164363	朝鮮朝日	西北版	1929-01-12	1	04단	萬一咸興署の失態とわかれば由々敷問題が起らう/消防出初式參列問題
164364	朝鮮朝日	西北版	1929-01-12	1	05단	平壤女子高普校の模範的寄宿舍
164365	朝鮮朝日	西北版	1929-01-12	1	05단	顔面や頭部をめちゃめちゃに 楊宇霆氏慘殺の光景/楊系人物を拘禁
164366	朝鮮朝日	西北版	1929-01-12	1	06단	上原師團長の國境守備隊視察
164367	朝鮮朝日	西北版	1929-01-12	1	06단	近來珍しい好況振/平壤における朝鮮人の商況
164368	朝鮮朝日	西北版	1929-01-12	1	06단	土曜の半休を愈實施する平壤の各銀行
164369	朝鮮朝日	西北版	1929-01-12	1	07단	道廳に一任し解決を見る/紛糾をつゞけてゐた鍾城方面の穀檢問題
164370	朝鮮朝日	西北版	1929-01-12	1	07단	氷上の渡河や積雪中の塹壕掘鑿/防寒具の研究も行ふ七七聯隊の耐寒演習
164371	朝鮮朝日	西北版	1929-01-12	1	07단	京釜線は第一位/十二月中の鮮內鐵道の業績
164372	朝鮮朝日	西北版	1929-01-12	1	07단	平北の柞蠶前途有望/造林の見込あるは二萬町步
164373	朝鮮朝日	西北版	1929-01-12	1	07단	今年は特に雪が多く六日も降續く/豊年の前兆だと喜ぶ
164374	朝鮮朝日	西北版	1929-01-12	1	08단	御大典記念に同志貯蓄會

일련번호	판명		간행일	면	단수	기사명
164375	朝鮮朝日	西北版	1929-01-12	1	08단	醫學校新設で自決のほかない平南の醫學講習所生徒
164376	朝鮮朝日	西北版	1929-01-12	1	08단	馬賊國境に出沒頻りに良民を脅かし漸次南に向って下る
164377	朝鮮朝日	西北版	1929-01-12	1	08단	牡丹台野話
164378	朝鮮朝日	西北版	1929-01-12	1	09단	慶南産米穀良都/釀造用米として好評を博す
164379	朝鮮朝日	西北版	1929-01-12	1	10단	大阪問屋筋の商品見本市
164380	朝鮮朝日	西北版	1929-01-12	1	10단	平北西面に普通校新設
164381	朝鮮朝日	西北版	1929-01-12	1	10단	肺疫發生地の交通遮斷を廢止
164382	朝鮮朝日	西北版	1929-01-12	1	10단	清津靑訓の演習
164383	朝鮮朝日	西北版	1929-01-12	1	10단	運動界(鳳凰山へ初登山/武道の寒稽古)
164384	朝鮮朝日	西北版	1929-01-12	1	10단	人(李鍝公殿下/矢野忠南警察部長/古橋慶北內務部長/笠神京日編輯局長/岩井本府建築課長/李起華氏(平壤高普教諭)/井上東萊署長/篠田李王職次官/草間財務局長夫人/安達欽久氏(前鮮銀鎭南浦支店支配人))
164385	朝鮮朝日	南鮮版	1929-01-12	1	01단	落穗集(百三)/下村海南
164386	朝鮮朝日	南鮮版	1929-01-12	1	01단	就任後着手した諸懸案の經過/悉く順調に運んでゐる/池上政務總監はかたる
164387	朝鮮朝日	南鮮版	1929-01-12	1	02단	水口、靑木の二知事勇退/園田、今村の兩氏が其後任に擬せらる
164388	朝鮮朝日	南鮮版	1929-01-12	1	03단	民謠/北原白秋選
164389	朝鮮朝日	南鮮版	1929-01-12	1	03단	總督叱らる/可愛い少年から/師範給費の廢止を心配しさすがの山梨サンもギャフンと參る
164390	朝鮮朝日	南鮮版	1929-01-12	1	04단	京釜線は第一位/十二月中の鮮內鐵道の業績
164391	朝鮮朝日	南鮮版	1929-01-12	1	04단	普通學校の內容を充實
164392	朝鮮朝日	南鮮版	1929-01-12	1	04단	馬山中學設立認可を申請/光英福壽寺住職が來る新學期から開校
164393	朝鮮朝日	南鮮版	1929-01-12	1	05단	趣味の家庭(2)/旅愁をセロでなぐさめた城大
164393	朝鮮朝日	南鮮版	1929-01-12	1	05단	教授の竹井さん/奧さんは名だゝるピアニスト
164394	朝鮮朝日	南鮮版	1929-01-12	1	05단	顔面や頭部をめちゃめちゃに　楊宇霆氏慘殺の光景/楊系人物を拘禁
164395	朝鮮朝日	南鮮版	1929-01-12	1	06단	飛行根據地大邱に新設か
164396	朝鮮朝日	南鮮版	1929-01-12	1	06단	一大行列をつくって大示威運動を起

일련번호	판명		간행일	면	단수	기사명
164396	朝鮮朝日	南鮮版	1929-01-12	1	06단	す/屋內運動から戰線へ！！/電氣府營問題はつひに爭議化す
164397	朝鮮朝日	南鮮版	1929-01-12	1	07단	民意を尊重し大に努める/取引所、會議所問題で今村殖産局長は語る
164398	朝鮮朝日	南鮮版	1929-01-12	1	07단	美人看守サンの募集にこまる/京城では間に合はずこゝもと朝鮮博は大惱み/昨今しきりに首をひねる
164399	朝鮮朝日	南鮮版	1929-01-12	1	09단	入學願ひをわすれるな
164400	朝鮮朝日	南鮮版	1929-01-12	1	09단	釜山府協議員會
164401	朝鮮朝日	南鮮版	1929-01-12	1	09단	露店魚商人が道府廳に押かけ道路使用許可を陳情
164402	朝鮮朝日	南鮮版	1929-01-12	1	09단	今年は特に雪が多く六日も降續く/豊年の前兆だと喜ぶ
164403	朝鮮朝日	南鮮版	1929-01-12	1	10단	左義長を兼て消防の演習
164404	朝鮮朝日	南鮮版	1929-01-12	1	10단	慶北道の警官異動相當廣汎な範圍で行はれる
164405	朝鮮朝日	南鮮版	1929-01-12	1	10단	直木博士が近く京城へ
164406	朝鮮朝日	南鮮版	1929-01-12	1	10단	寄附金募集の方策を協議
164407	朝鮮朝日	南鮮版	1929-01-12	1	10단	人(李鍝公殿下/矢野忠南警察部長/古橋慶北內務部長/笠神京日編輯局長/岩井本府建築課長/李起華氏(平壤高普教諭)/井上東萊署長/篠田李王職次官/草間財務局長夫人/石川ゆり子さん)
164408	朝鮮朝日	西北・南鮮版	1929-01-12	2	01단	內地へ內地へ！！/暮から正月にかけて朝鮮人の渡航者激增
164409	朝鮮朝日	西北・南鮮版	1929-01-12	2	01단	浮浪者の救濟を池上總監が視察して激勵す
164410	朝鮮朝日	西北・南鮮版	1929-01-12	2	01단	お茶のあと
164411	朝鮮朝日	西北・南鮮版	1929-01-12	2	01단	遞信局增員
164412	朝鮮朝日	西北・南鮮版	1929-01-12	2	01단	賣物に出たロシヤ領事館
164413	朝鮮朝日	西北・南鮮版	1929-01-12	2	02단	王領事の慰撫で支那商工業者引揚を斷念す
164414	朝鮮朝日	西北・南鮮版	1929-01-12	2	02단	雫の聲
164415	朝鮮朝日	西北・南鮮版	1929-01-12	2	02단	金融組合大會十月中旬ごろ京城府で開催
164416	朝鮮朝日	西北・南鮮版	1929-01-12	2	03단	傳染病豫防令施行の細則一日から實施
164417	朝鮮朝日	西北・南鮮版	1929-01-12	2	03단	晉州電氣が配電所廢合
164418	朝鮮朝日	西北・南鮮版	1929-01-12	2	03단	殖産銀行が債券を募集
164419	朝鮮朝日	西北・南鮮版	1929-01-12	2	04단	移出米豆の檢査
164420	朝鮮朝日	西北・南鮮版	1929-01-12	2	04단	煙草賣捌會社勞金問題解決

일련번호	판명		간행일	면	단수	기사명
164421	朝鮮朝日	西北・南鮮版	1929-01-12	2	04단	葉煙草收納成績
164422	朝鮮朝日	西北・南鮮版	1929-01-12	2	04단	新刊紹介(『實業時論(新年號)』)
164423	朝鮮朝日	西北・南鮮版	1929-01-12	2	04단	故鄉の流轉
164424	朝鮮朝日	西北版	1929-01-13	1	01단	落穗集(百四)/下村海南
164425	朝鮮朝日	西北版	1929-01-13	1	01단	いろんな難關が前途に橫はりおいそれとは實現せぬ/難しい內鮮共學問題
164426	朝鮮朝日	西北版	1929-01-13	1	01단	朝紡分工場を平壤に設置/敷地は近くまとまる/明年から操業を開始
164427	朝鮮朝日	西北版	1929-01-13	1	01단	何處へでも行くよ/知事に復活の今村氏は語る
164428	朝鮮朝日	西北版	1929-01-13	1	02단	靑訓の耐寒行軍
164429	朝鮮朝日	西北版	1929-01-13	1	02단	遞信局關係の異動行はる
164430	朝鮮朝日	西北版	1929-01-13	1	03단	總督府辭令(十二日)
164431	朝鮮朝日	西北版	1929-01-13	1	03단	浮標倉庫は愈移轉する
164432	朝鮮朝日	西北版	1929-01-13	1	03단	明年度から工事に着手/平壤驛の改築
164433	朝鮮朝日	西北版	1929-01-13	1	03단	拐帶した大金を懷に滿洲に落延んとしたいてい新義州で捕る/とても嚴重を極める國境の警備
164434	朝鮮朝日	西北版	1929-01-13	1	04단	平南道の豫算編成內容は大體前年と大差ない
164435	朝鮮朝日	西北版	1929-01-13	1	04단	平壤圖書館の圖書閱覽數
164436	朝鮮朝日	西北版	1929-01-13	1	04단	鎭南浦電氣の電燈電力料金値下/犧牲的の値下とて一般の注意を惹く
164437	朝鮮朝日	西北版	1929-01-13	1	04단	救濟團體の國道補助金
164438	朝鮮朝日	西北版	1929-01-13	1	05단	茂山の消防出初式/八日擧行
164439	朝鮮朝日	西北版	1929-01-13	1	05단	營業時間の改正を要望/鮮內金融組合
164440	朝鮮朝日	西北版	1929-01-13	1	05단	新義州の貿易輸入超過を續く
164441	朝鮮朝日	西北版	1929-01-13	1	05단	安東支那街の現在戶數
164442	朝鮮朝日	西北版	1929-01-13	1	06단	殖銀貯蓄課の分離を行ひ貯蓄銀行にせよとの意見漸次有力となる
164443	朝鮮朝日	西北版	1929-01-13	1	06단	俳句/鈴木花蓑選
164444	朝鮮朝日	西北版	1929-01-13	1	07단	鎭南浦産業組合理事は津守郡守
164445	朝鮮朝日	西北版	1929-01-13	1	07단	機業講習生徒募集
164446	朝鮮朝日	西北版	1929-01-13	1	07단	新義州の屠獸著しく增す
164447	朝鮮朝日	西北版	1929-01-13	1	07단	火災防止の宣傳を行ふ
164448	朝鮮朝日	西北版	1929-01-13	1	07단	鎭南浦の貿易
164449	朝鮮朝日	西北版	1929-01-13	1	07단	この上旱魃が續けば給水をとめる賴りない釜山の水道
164450	朝鮮朝日	西北版	1929-01-13	1	08단	行政區劃の變更配合必要に應じて實施す

일련번호	판명		간행일	면	단수	기사명
164450	朝鮮朝日	西北版	1929-01-13	1	08단	る意向
164451	朝鮮朝日	西北版	1929-01-13	1	08단	自殺を企つ
164452	朝鮮朝日	西北版	1929-01-13	1	08단	軍服を着た支那人強盜
164453	朝鮮朝日	西北版	1929-01-13	1	08단	天然痘發生
164454	朝鮮朝日	西北版	1929-01-13	1	08단	朝鮮人商人の聯合賣出し
164455	朝鮮朝日	西北版	1929-01-13	1	08단	牡丹台野話
164456	朝鮮朝日	西北版	1929-01-13	1	09단	零下四十二度とても寒い正月
164457	朝鮮朝日	西北版	1929-01-13	1	09단	二月に入って發起人會を開き總ての陣立を整へる/朝鮮博咸南道協贊會
164458	朝鮮朝日	西北版	1929-01-13	1	09단	*部下のために二頭目射殺さる 掠奪品分配の事から今後の行動注目さる/匪賊達が鮮内に入り込めば徹底的に退治る*
164459	朝鮮朝日	西北版	1929-01-13	1	10단	咸興本年の初産
164460	朝鮮朝日	南鮮版	1929-01-13	1	01단	落穗集(百四)/下村海南
164461	朝鮮朝日	南鮮版	1929-01-13	1	01단	いろんな難關が前途に横はりおいそれとは實現せぬ/難しい內鮮共學問題
164462	朝鮮朝日	南鮮版	1929-01-13	1	01단	火田民調查委員任命委員會も決定
164463	朝鮮朝日	南鮮版	1929-01-13	1	02단	營業時間の改正を要望/鮮內金融組合
164464	朝鮮朝日	南鮮版	1929-01-13	1	02단	大京城の姿(1)/京城井塚生
164465	朝鮮朝日	南鮮版	1929-01-13	1	03단	釜山商銀の總會
164466	朝鮮朝日	南鮮版	1929-01-13	1	03단	遞信局關係の異動行はる
164467	朝鮮朝日	南鮮版	1929-01-13	1	04단	總督府辭令(十二日)
164468	朝鮮朝日	南鮮版	1929-01-13	1	04단	何處へでも行くよ/知事に復活の今村氏は語る
164469	朝鮮朝日	南鮮版	1929-01-13	1	04단	馬鈴薯栽培と叺製造を行はせる/旱害民を救ふために全北道が副業を獎勵
164470	朝鮮朝日	南鮮版	1929-01-13	1	05단	大邱發展策座談會草分け實業家が集って
164471	朝鮮朝日	南鮮版	1929-01-13	1	05단	俳句/鈴木花蓑選
164472	朝鮮朝日	南鮮版	1929-01-13	1	05단	行政區劃の變更配合必要に應じて實施する意向
164473	朝鮮朝日	南鮮版	1929-01-13	1	06단	彼の音/釜山青い鳥
164474	朝鮮朝日	南鮮版	1929-01-13	1	06단	仁川の獻上花瓶
164475	朝鮮朝日	南鮮版	1929-01-13	1	06단	入學試驗日の統一を協議
164476	朝鮮朝日	南鮮版	1929-01-13	1	06단	電氣府營を中心とし知事と意見を交換/不敬事件をも問題とす期成會の幹部連が知事を訪問
164477	朝鮮朝日	南鮮版	1929-01-13	1	07단	淑明女高普に補習科新設
164478	朝鮮朝日	南鮮版	1929-01-13	1	08단	雪解けから海苔の被害
164479	朝鮮朝日	南鮮版	1929-01-13	1	08단	この上旱魃が續けば給水をとめる頼りな

일련번호	판명		간행일	면	단수	기사명
164479	朝鮮朝日	南鮮版	1929-01-13	1	08단	い釜山の水道
164480	朝鮮朝日	南鮮版	1929-01-13	1	09단	調停の申出はこれを諒とするが調停は言明出來ぬ 水口知事は語る/瓦電會社の先願權認められまい
164481	朝鮮朝日	南鮮版	1929-01-13	1	09단	購買組合は廢止できない/工業振興策を講ずる/總監不況對策を語る
164482	朝鮮朝日	南鮮版	1929-01-13	1	09단	糞尿塵芥まで寒さで凍る/さすがの人夫たちもこれが運搬に大弱り
164483	朝鮮朝日	南鮮版	1929-01-13	1	10단	慶北警察官の異動せまる
164484	朝鮮朝日	南鮮版	1929-01-13	1	10단	割當電話は全く引張凧
164485	朝鮮朝日	西北・南鮮版	1929-01-13	2	01단	單獨基地許可方針を緩め弊害の續出を防ぐ/總督府の方針決る
164486	朝鮮朝日	西北・南鮮版	1929-01-13	2	01단	雫の聲
164487	朝鮮朝日	西北・南鮮版	1929-01-13	2	01단	仁川築港の修築計劃案
164488	朝鮮朝日	西北・南鮮版	1929-01-13	2	02단	ハルピンにて粟輸出組合組織滿鐵、國際運輸などが援助することに決る
164489	朝鮮朝日	西北・南鮮版	1929-01-13	2	02단	旱水害救濟土木補助支出にきまる
164490	朝鮮朝日	西北・南鮮版	1929-01-13	2	03단	故鄕の流轉
164491	朝鮮朝日	西北・南鮮版	1929-01-13	2	04단	手形交換高增加を示す
164492	朝鮮朝日	西北・南鮮版	1929-01-13	2	04단	年度替りから活動を開始/牧島水産試驗場
164493	朝鮮朝日	西北・南鮮版	1929-01-13	2	04단	郵便所を新設
164494	朝鮮朝日	西北・南鮮版	1929-01-13	2	04단	中谷氏の自祝宴
164495	朝鮮朝日	西北版	1929-01-15	1	01단	落穗集(百五)/下村海南
164496	朝鮮朝日	西北版	1929-01-15	1	01단	帆船到着地の稅關に銀行出張所を設け其場で露貨と換算する 練取引でロシア官憲實大となる/日貨で取引を行ひたいものだ 取扱の改正について李東一商會支配人談
164497	朝鮮朝日	西北版	1929-01-15	1	01단	徵稅その他の主問題を研究する/水曜日毎に會合する/府勢擴張準備調査會
164498	朝鮮朝日	西北版	1929-01-15	1	01단	今年は雪が少なく郵便の遞送はうまくはこぶ
164499	朝鮮朝日	西北版	1929-01-15	1	02단	西平壤驛の工事に着手
164500	朝鮮朝日	西北版	1929-01-15	1	03단	激勵の電報關稅自主問題で
164501	朝鮮朝日	西北版	1929-01-15	1	03단	安東海關が新稅則制定
164502	朝鮮朝日	西北版	1929-01-15	1	03단	朴經錫氏が道評議員辭職
164503	朝鮮朝日	西北版	1929-01-15	1	04단	釜山港頭に大國旗揭揚を計劃す
164504	朝鮮朝日	西北版	1929-01-15	1	04단	效果あれば常用の方針/花柳病豫防藥

일련번호	판명		간행일	면	단수	기사명
164505	朝鮮朝日	西北版	1929-01-15	1	04단	景氣のよい平北道の生牛/內地方面の需要多く/どしどしと移出さる
164506	朝鮮朝日	西北版	1929-01-15	1	04단	新義州高普校生徒百名を募集
164507	朝鮮朝日	西北版	1929-01-15	1	04단	守備隊の行軍
164508	朝鮮朝日	西北版	1929-01-15	1	04단	柴足面內に散在の古墳を調査愈よ近く着手する
164509	朝鮮朝日	西北版	1929-01-15	1	05단	兇惡あくなき匪賊も鮮內に潜入すればすぐ警戒網にひつ掛る/とても嚴重を極める國境の警備
164510	朝鮮朝日	西北版	1929-01-15	1	05단	人事相談がふえた昨年中平壤署で取扱った數
164511	朝鮮朝日	西北版	1929-01-15	1	05단	新義州の防火宣傳/驛前にて
164512	朝鮮朝日	西北版	1929-01-15	1	06단	就學願書の受付
164513	朝鮮朝日	西北版	1929-01-15	1	06단	愈開校した夜學校開成學寮
164514	朝鮮朝日	西北版	1929-01-15	1	06단	日本海々戰の/記念碑を建設艦隊根據地鎭海に碑文は東鄕元師を煩はす
164515	朝鮮朝日	西北版	1929-01-15	1	07단	火田調査委員會/第一回を開く
164516	朝鮮朝日	西北版	1929-01-15	1	07단	一人一ヶ年に三十圓もかせぐめつぼう評判のよい/平北初等校の實科教育
164517	朝鮮朝日	西北版	1929-01-15	1	07단	新義州附近で耐寒飛行を決行/各務ヶ原飛行隊の計劃
164518	朝鮮朝日	西北版	1929-01-15	1	08단	漸く解決の曙光を認む/厚昌の運材爭議
164519	朝鮮朝日	西北版	1929-01-15	1	08단	咸興附近の氣違ひ日和
164520	朝鮮朝日	西北版	1929-01-15	1	08단	夜警團組織/沙里院署管內に
164521	朝鮮朝日	西北版	1929-01-15	1	09단	牡丹台野話
164522	朝鮮朝日	西北版	1929-01-15	1	09단	結氷期に雨新義州の天候
164523	朝鮮朝日	西北版	1929-01-15	1	09단	寄附金募集に苦情が多い/今後父兄に對してはなるべく寄附させぬ
164524	朝鮮朝日	西北版	1929-01-15	1	09단	馬賊さわぎ咸南道對岸の
164525	朝鮮朝日	西北版	1929-01-15	1	09단	强盗捕まる
164526	朝鮮朝日	西北版	1929-01-15	1	10단	他人の山林を賣り飛ばす
164527	朝鮮朝日	西北版	1929-01-15	1	10단	運動界(氷上競技選手權大會/零下三十度の酷寒に猛寒稽古)
164528	朝鮮朝日	西北版	1929-01-15	1	10단	もよほし(平壤土木建築組合總會/滿鐵の衛生講習會)
164529	朝鮮朝日	西北版	1929-01-15	1	10단	人(茅野正大少佐(新義州憲兵分隊長)/立山唯雄氏(憲兵少尉)/中村第三十九旅團長/齋藤茂一郎氏(新鮮銀鎭南浦支店長))
164530	朝鮮朝日	南鮮版	1929-01-15	1	01단	落穗集(百五)/下村海南

일련번호	판명		간행일	면	단수	기사명
164531	朝鮮朝日	南鮮版	1929-01-15	1	01단	釜山の電氣府營爭議 瓦電會社膺懲の熱烈な叫びを擧げ 聽衆を極度に熱狂さす 盛況を極めた第八回釜山府民大會/芥川氏留置され 各方面に衝動を與ふ 營業妨害の嫌疑にて/釜山署長が部長を訪ひ長時間打合す
164532	朝鮮朝日	南鮮版	1929-01-15	1	02단	大京城の姿(2)/京城井塚生
164533	朝鮮朝日	南鮮版	1929-01-15	1	03단	殖銀貯蓄課の分離を行ひ貯蓄銀行にせよとの意見漸次有力となる
164534	朝鮮朝日	南鮮版	1929-01-15	1	04단	屋外運動を認めぬ 營業妨害ビラの配布と共に/香椎氏を告發か期成會では告發狀を起草中
164535	朝鮮朝日	南鮮版	1929-01-15	1	05단	忠北無盡の社長を物色
164536	朝鮮朝日	南鮮版	1929-01-15	1	05단	氷上選手權朝鮮大會
164537	朝鮮朝日	南鮮版	1929-01-15	1	05단	緊縮第一主義で京城學校組合の豫算を編成
164538	朝鮮朝日	南鮮版	1929-01-15	1	05단	火田調査委員會第一回を開く
164539	朝鮮朝日	南鮮版	1929-01-15	1	06단	內田領事が總督を訪ひ/滿洲狀況を報告
164540	朝鮮朝日	南鮮版	1929-01-15	1	06단	財政が許せば移轉改築を行ふ/候補地も旣にきまる/釜山病院の改築問題
164541	朝鮮朝日	南鮮版	1929-01-15	1	07단	燈台名を改稱
164542	朝鮮朝日	南鮮版	1929-01-15	1	07단	日本海々戰の記念碑を建設/艦隊根據地鎭海に碑文は東鄉元師を煩はす
164543	朝鮮朝日	南鮮版	1929-01-15	1	08단	農事改良の施設を行ふ東拓の新事業
164544	朝鮮朝日	南鮮版	1929-01-15	1	08단	連絡飛行の打合を行ふ
164545	朝鮮朝日	南鮮版	1929-01-15	1	09단	紫雲英栽培を大いに獎勵
164546	朝鮮朝日	南鮮版	1929-01-15	1	09단	寄附金募集に苦情が多い/今後父兄に對し
164546	朝鮮朝日	南鮮版	1929-01-15	1	09단	てはなるべく寄附させぬ
164547	朝鮮朝日	南鮮版	1929-01-15	1	09단	慶南産米穀良都/釀造用米として好評を博す
164548	朝鮮朝日	南鮮版	1929-01-15	1	10단	珍しい商賣プレイガイド
164549	朝鮮朝日	南鮮版	1929-01-15	1	10단	線路に大石
164550	朝鮮朝日	南鮮版	1929-01-15	1	10단	二時間停電
164551	朝鮮朝日	南鮮版	1929-01-15	1	10단	會長の一派が會計に暴行/大邱勞働會紛擾
164552	朝鮮朝日	南鮮版	1929-01-15	1	10단	人(吉岡重實氏(釜山實業家)/板垣馬山府尹/中島文雄氏(京城帝大敎授)/西崎慶南財務部長)
164553	朝鮮朝日	西北・南鮮版	1929-01-15	2	01단	土の煙管と「ケリシ」の禮/幾世流/雜話

일련번호	판명		간행일	면	단수	기사명
164554	朝鮮朝日	西北・南鮮版	1929-01-15	2	01단	道知事異動の打明話/青木君は豪傑笑で辭職勸告を快諾/水口君は　悄れて退く腕の喜三郎によって復活の今村前滋賀縣知事の事ども
164555	朝鮮朝日	西北・南鮮版	1929-01-15	2	04단	波の音/釜山靑い鳥
164556	朝鮮朝日	西北・南鮮版	1929-01-15	2	04단	雫の聲
164557	朝鮮朝日	西北・南鮮版	1929-01-15	2	05단	電氣料金の改訂は本日中に發表
164558	朝鮮朝日	西北・南鮮版	1929-01-15	2	05단	東京相撲を中繼放送十五日から中入後の取組を
164559	朝鮮朝日	西北・南鮮版	1929-01-15	2	06단	郵貯激增す
164560	朝鮮朝日	西北・南鮮版	1929-01-15	2	06단	納稅觀念の作文を募集
164561	朝鮮朝日	西北・南鮮版	1929-01-15	2	06단	故鄕の流轉
164562	朝鮮朝日	西北版	1929-01-16	1	01단	大池、香椎兩氏に公職の辭職を勸告　大池氏考慮の旨を答ふ　釜山實業界三巨頭の凋落せまる/香椎氏を告發す　不敬事件にて/府營自動車の豫算を可決　使用條例をもともに總額は二百卄一萬圓
164563	朝鮮朝日	西北版	1929-01-16	1	01단	童謠/北原白秋選
164564	朝鮮朝日	西北版	1929-01-16	1	01단	寫眞說明(上十三日鴨綠江上スケート場で開催された安東氷上競技大會における壯快なるスピードー千五百メートル競技の光景、下十三日新義州公會堂で開催された受國婦人會支部の新年互禮會)
164565	朝鮮朝日	西北版	1929-01-16	1	02단	皇室へ獻上の白鳥を捕ふ
164566	朝鮮朝日	西北版	1929-01-16	1	03단	朝鮮物産の取引打合せ內地代表者が
164567	朝鮮朝日	西北版	1929-01-16	1	04단	江界鄕軍揉める/岡村會長に對する反感から
164568	朝鮮朝日	西北版	1929-01-16	1	04단	工業を指導丸澤、野田兩博士
164569	朝鮮朝日	西北版	1929-01-16	1	04단	參議を招待し懇談を遂ぐ/總督の好意に對して參議連は大いに喜ぶ
164570	朝鮮朝日	西北版	1929-01-16	1	05단	省城稅新設に當業者弱る
164571	朝鮮朝日	西北版	1929-01-16	1	05단	煙草密輸に必罰主義/目下法令の改正につき研究
164572	朝鮮朝日	西北版	1929-01-16	1	05단	吉林延吉間の國道を改修/章氏の陸行によってその機會をはやめる
164573	朝鮮朝日	西北版	1929-01-16	1	05단	五十錢タクの成功を見て/われがちに願ひ出る平壤昨今の自動車界
164574	朝鮮朝日	西北版	1929-01-16	1	06단	兩切外小函糊付折疊機を發明
164575	朝鮮朝日	西北版	1929-01-16	1	07단	優良店員表彰式/新義州商店繁榮會にて行ふ

일련번호	판명		간행일	면	단수	기사명
164576	朝鮮朝日	西北版	1929-01-16	1	07단	遊戯の研究
164577	朝鮮朝日	西北版	1929-01-16	1	07단	牡丹台野話
164578	朝鮮朝日	西北版	1929-01-16	1	08단	珍しやビールが/昨今よく出る贅澤になった結果か/あたゝかい室內で冷たいビールもまんざらでない
164579	朝鮮朝日	西北版	1929-01-16	1	08단	滿鐵主催の鐵道警備會議
164580	朝鮮朝日	西北版	1929-01-16	1	08단	平壤憲兵隊が寫眞を研究
164581	朝鮮朝日	西北版	1929-01-16	1	08단	順川、軍隅里間乘合自動車
164582	朝鮮朝日	西北版	1929-01-16	1	09단	情深い醫師貧患者を救ふ
164583	朝鮮朝日	西北版	1929-01-16	1	09단	長安寺住職の罪狀明白となり/遂に檢事局に送らる幾多の醜事實ばれる
164584	朝鮮朝日	西北版	1929-01-16	1	09단	製鑵職工達の同盟罷業により咸南北兩道に對する/石油供給全く斷たる
164585	朝鮮朝日	西北版	1929-01-16	1	10단	平壤工業協會總會
164586	朝鮮朝日	西北版	1929-01-16	1	10단	商埠行政督辨更迭行はる
164587	朝鮮朝日	西北版	1929-01-16	1	10단	もよほし(安東靑訓入所式/安東鄕軍職合分會總會)
164588	朝鮮朝日	南鮮版	1929-01-16	1	01단	釜山の電氣府營爭議 大池、香椎兩氏に公職の辭職を勸告 大池氏考慮の旨を答ふ 釜山實業界三巨頭の凋落せまる/府營自動車の豫算を可決 使用條例をもともに總額は二百廿一萬圓/香椎氏を告發す 不敬事件にて/牧ノ島の府民大會 電氣府營のメートルを揚ぐ
164589	朝鮮朝日	南鮮版	1929-01-16	1	01단	大京城の姿(3)/京城井塚生
164590	朝鮮朝日	南鮮版	1929-01-16	1	03단	朝鮮物産の取引打合せ內地代表者が
164591	朝鮮朝日	南鮮版	1929-01-16	1	03단	參議を招待し懇談を遂く/總督の好意に對して參議連は大いに喜ぶ
164592	朝鮮朝日	南鮮版	1929-01-16	1	04단	童謠/北原白秋選
164593	朝鮮朝日	南鮮版	1929-01-16	1	04단	皇室へ獻上の白鳥を捕ふ
164594	朝鮮朝日	南鮮版	1929-01-16	1	05단	煙草密輸に必罰主義/目下法令の改正につき研究
164595	朝鮮朝日	南鮮版	1929-01-16	1	05단	地場銀行の總會きまる
164596	朝鮮朝日	南鮮版	1929-01-16	1	05단	十四日入城した/內田奉天領事
164597	朝鮮朝日	南鮮版	1929-01-16	1	06단	兩切外小函糊付折疊機を發明
164598	朝鮮朝日	南鮮版	1929-01-16	1	06단	歐米視察を歸鮮後知る慶南財務部長
164599	朝鮮朝日	南鮮版	1929-01-16	1	07단	思ったよりも入貨は少い
164600	朝鮮朝日	南鮮版	1929-01-16	1	07단	春川郵便局が自動消印機設備
164601	朝鮮朝日	南鮮版	1929-01-16	1	07단	專門校以上の軍事教練の查閲

일련번호	판명		간행일	면	단수	기사명
164602	朝鮮朝日	南鮮版	1929-01-16	1	07단	珍しやビールが/昨今よく出る贅澤になった結果か/あたゝかい室內で冷たいビールもまんざらでない
164603	朝鮮朝日	南鮮版	1929-01-16	1	08단	波の音/釜山青い鳥
164604	朝鮮朝日	南鮮版	1929-01-16	1	08단	順治病院長/森路氏辭職す
164605	朝鮮朝日	南鮮版	1929-01-16	1	08단	チブスの大豫防/京畿道當局死物狂ひとなる
164606	朝鮮朝日	南鮮版	1929-01-16	1	09단	長安寺住職の罪狀明白となり/遂に檢事局に送らる幾多の醜事實ばれる
164607	朝鮮朝日	南鮮版	1929-01-16	1	10단	新幹會支部第四回大會又も計劃さる
164608	朝鮮朝日	南鮮版	1929-01-16	1	10단	運動界(氷上大會の選手權決る/スケート大會/京城の籃球試合)
164609	朝鮮朝日	南鮮版	1929-01-16	1	10단	もよほし(安東靑訓入所式)
164610	朝鮮朝日	南鮮版	1929-01-16	1	10단	人(橫田陸軍一等主計正(第二十師團經理部長)/岸本信太氏(海軍燃料廠長))
164611	朝鮮朝日	西北・南鮮版	1929-01-16	2	01단	朝鮮で生産の枕木が漸次もちひ出さるまだ北海道産と太刀打が出來ぬ/價格において大ぶん開きがある
164612	朝鮮朝日	西北・南鮮版	1929-01-16	2	01단	火田調査委員會/當面の問題について大に調査研究をとぐ
164613	朝鮮朝日	西北・南鮮版	1929-01-16	2	01단	お茶のあと
164614	朝鮮朝日	西北・南鮮版	1929-01-16	2	02단	專賣局にてモヒを製造
164615	朝鮮朝日	西北・南鮮版	1929-01-16	2	02단	煙草賣上高
164616	朝鮮朝日	西北・南鮮版	1929-01-16	2	02단	表彰される教育功勞者/漸く內定を見る
164617	朝鮮朝日	西北・南鮮版	1929-01-16	2	02단	故鄉の流轉
164618	朝鮮朝日	西北・南鮮版	1929-01-16	2	03단	鮮滿視察團の誘引に努む
164619	朝鮮朝日	西北・南鮮版	1929-01-16	2	03단	官立師範の設置を運動
164620	朝鮮朝日	西北・南鮮版	1929-01-16	2	03단	竊盜事件がウンと減る
164621	朝鮮朝日	西北・南鮮版	1929-01-16	2	04단	齒科醫試驗を朝鮮で行ふ
164622	朝鮮朝日	西北版	1929-01-17	1	01단	木材伐採設備を完全なるものとし/今後益々飛躍させる近く營林署長の打合會を開く
164623	朝鮮朝日	西北版	1929-01-17	1	01단	洋灰の拂底で諸工事遲る/會社側の工場壙張で今後拂底は見るまい
164624	朝鮮朝日	西北版	1929-01-17	1	01단	京城に出來た京城美容學校教室
164625	朝鮮朝日	西北版	1929-01-17	1	02단	信號によって氣象を報知
164626	朝鮮朝日	西北版	1929-01-17	1	03단	平北水産會の豫算額減る
164627	朝鮮朝日	西北版	1929-01-17	1	03단	ますますふえる/支那魚商々船の不關港出入

일련번호	판명		간행일	면	단수	기사명
164628	朝鮮朝日	西北版	1929-01-17	1	04단	幹事五名を互選し活躍する新義州商店繁榮會
164629	朝鮮朝日	西北版	1929-01-17	1	04단	平壤慈惠病院改築を計劃
164630	朝鮮朝日	西北版	1929-01-17	1	04단	『二氏の銃殺は當然の歸結』間島方面における支那官邊の觀測談
164631	朝鮮朝日	西北版	1929-01-17	1	04단	京城、福岡間に大型を用ひ/京城大連間に小型を日本空輸技術部長談
164632	朝鮮朝日	西北版	1929-01-17	1	05단	牡丹台野話
164633	朝鮮朝日	西北版	1929-01-17	1	05단	品質のよい鴨緑江天然氷
164634	朝鮮朝日	西北版	1929-01-17	1	05단	和服地の切屑をひろく集め犯罪搜査に應用
164635	朝鮮朝日	西北版	1929-01-17	1	05단	農事諸機械を極東に配給勞農政府の計劃
164636	朝鮮朝日	西北版	1929-01-17	1	06단	頭をひねって道勢縮圖を考案/平北道の朝鮮博對策
164637	朝鮮朝日	西北版	1929-01-17	1	06단	お茶のあと
164638	朝鮮朝日	西北版	1929-01-17	1	06단	公賣會販賣所
164639	朝鮮朝日	西北版	1929-01-17	1	06단	元山咸興間電話線增設
164640	朝鮮朝日	西北版	1929-01-17	1	06단	育兒院支部の新築を計劃
164641	朝鮮朝日	西北版	1929-01-17	1	07단	露國官憲の横暴に日支人大弱り怨嗟の聲次第に昂まる/支那官憲は暴に報ゆるに暴を以てするの手段に出づ
164642	朝鮮朝日	西北版	1929-01-17	1	07단	獸皮の取引で安州郡大に賑ふ/價格も倍以上に上り素晴しいを見す
164643	朝鮮朝日	西北版	1929-01-17	1	07단	新義州管內の煙草賣上高
164644	朝鮮朝日	西北版	1929-01-17	1	07단	咸興靑訓の野外演習
164645	朝鮮朝日	西北版	1929-01-17	1	08단	繩生産組合鎭南浦に生る
164646	朝鮮朝日	西北版	1929-01-17	1	08단	國民黨入黨を盛んに勸誘
164647	朝鮮朝日	西北版	1929-01-17	1	08단	朝鮮人歸化は有利となる
164648	朝鮮朝日	西北版	1929-01-17	1	08단	猛威を揮ふ京城の猩紅熱/積極的豫防が出
164648	朝鮮朝日	西北版	1929-01-17	1	08단	來ずさすが當局も弱る
164649	朝鮮朝日	西北版	1929-01-17	1	09단	長老派教會が教勢を擴充
164650	朝鮮朝日	西北版	1929-01-17	1	09단	平壤の氣違日和こんなあたゝかさは全くレコードやぶり
164651	朝鮮朝日	西北版	1929-01-17	1	09단	六棟を全燒
164652	朝鮮朝日	西北版	1929-01-17	1	09단	國境日支官憲新年の交歡
164653	朝鮮朝日	西北版	1929-01-17	1	09단	天然痘蔓延
164654	朝鮮朝日	西北版	1929-01-17	1	10단	民聲報幹部二名を檢束
164655	朝鮮朝日	西北版	1929-01-17	1	10단	短歌/橋田東聲選

일련번호	판명		간행일	면	단수	기사명
164656	朝鮮朝日	西北版	1929-01-17	1	10단	墜落死體を發見
164657	朝鮮朝日	西北版	1929-01-17	1	10단	各地を飮み荒す
164658	朝鮮朝日	西北版	1929-01-17	1	10단	運動界(氷上競技の記錄を破る)
164659	朝鮮朝日	南鮮版	1929-01-17	1	01단	釜山の電氣府營爭議 議論百出したが結局府尹に一任す水口知事調停に乘出す果して知事が如何に算盤をとるか/示威行列遂に駄目となる 草梁の不始末に鑑み不許可の方針をとる/國粹會員が反省を促す香椎氏に對し
164660	朝鮮朝日	南鮮版	1929-01-17	1	01단	短歌/橋田東聲選
164661	朝鮮朝日	南鮮版	1929-01-17	1	01단	大京城の姿(4)/京城井塚生
164662	朝鮮朝日	南鮮版	1929-01-17	1	02단	相もかはらず緊縮方針を踏襲/二萬七千餘圓の增加京城學校組合の豫算
164663	朝鮮朝日	南鮮版	1929-01-17	1	03단	京城會議所の明年度豫算
164664	朝鮮朝日	南鮮版	1929-01-17	1	04단	お茶のあと
164665	朝鮮朝日	南鮮版	1929-01-17	1	04단	京畿道の補習教育好成績を收む
164666	朝鮮朝日	南鮮版	1929-01-17	1	04단	鐵道局の旅客會議
164667	朝鮮朝日	南鮮版	1929-01-17	1	05단	波の音/釜山青い鳥
164668	朝鮮朝日	南鮮版	1929-01-17	1	05단	京城に出來た京城美容學校教室
164669	朝鮮朝日	南鮮版	1929-01-17	1	05단	二月上旬には漁業令公布
164670	朝鮮朝日	南鮮版	1929-01-17	1	06단	最初からサボる火田調査委員會批難を受く
164671	朝鮮朝日	南鮮版	1929-01-17	1	07단	新式の電車近く京電で運轉
164672	朝鮮朝日	南鮮版	1929-01-17	1	07단	猛威を揮ふ京城の猩紅熱/積極的豫防が出來ずさすが當局も弱る
164673	朝鮮朝日	南鮮版	1929-01-17	1	08단	旅裝解く暇も惜んで京城を隈なく視察/學究人の面目を發揮す/都市計劃の權威者直木工學博士
164674	朝鮮朝日	南鮮版	1929-01-17	1	08단	魚市場府營の輿論高まる/認可期限滿了を機に當局の態度注意を惹く
164675	朝鮮朝日	南鮮版	1929-01-17	1	09단	府有地を借入れ魚の立賣を繼續すべく計劃
164676	朝鮮朝日	南鮮版	1929-01-17	1	10단	靴を專門に盜みまはる
164677	朝鮮朝日	南鮮版	1929-01-17	1	10단	元山咸興間電話線增設
164678	朝鮮朝日	南鮮版	1929-01-17	1	10단	巡査殺しに無期の判決
164679	朝鮮朝日	南鮮版	1929-01-17	1	10단	貰ひ子を蹴殺す/圖太い支那女
164680	朝鮮朝日	南鮮版	1929-01-17	1	10단	人(新田朝鐵常務/池上總監/赤松索夫氏(群山商業會議所會頭)/土井寬申氏(法務局行刑課長))

일련번호	판명		간행일	면	단수	기사명
164681	朝鮮朝日	西北・南鮮版	1929-01-17	2	01단	朝鮮の産業と朝鮮の航空遞信囑託航空兵中佐/佐藤求己氏談
164682	朝鮮朝日	西北・南鮮版	1929-01-17	2	01단	農業倉庫を三ヶ所に建設/場所はまだ決らぬ初年度は試驗的に
164683	朝鮮朝日	西北・南鮮版	1929-01-17	2	01단	仁川の貿易振はず十二月の成績
164684	朝鮮朝日	西北・南鮮版	1929-01-17	2	01단	全鮮工業協會發起人會議
164685	朝鮮朝日	西北・南鮮版	1929-01-17	2	02단	調停官を新設し小作爭議の解決につとめる
164686	朝鮮朝日	西北・南鮮版	1929-01-17	2	02단	二千萬圓の貯蓄銀行設立は案外に早いと觀らる
164687	朝鮮朝日	西北・南鮮版	1929-01-17	2	03단	金融制度の調査委員會
164688	朝鮮朝日	西北・南鮮版	1929-01-17	2	03단	大豆と米の到着量增す
164689	朝鮮朝日	西北・南鮮版	1929-01-17	2	04단	年二回施行醫師其他の試驗
164690	朝鮮朝日	西北・南鮮版	1929-01-17	2	04단	故郷の流轉
164691	朝鮮朝日	西北版	1929-01-18	1	01단	府の協議機關を議決機關とす其他の政務方針につき池上總監聲明書を發表
164692	朝鮮朝日	西北版	1929-01-18	1	01단	新義州名物のスケート/新義州中學生の練習
164693	朝鮮朝日	西北版	1929-01-18	1	02단	六萬圓の面債を起して發電機をすゑつける
164694	朝鮮朝日	西北版	1929-01-18	1	03단	新關稅率の實施を發表
164695	朝鮮朝日	西北版	1929-01-18	1	03단	郡農會の成績を審査
164696	朝鮮朝日	西北版	1929-01-18	1	03단	乙密台附近を保安林とし化石の發掘を防いで風致の保護に努める
164697	朝鮮朝日	西北版	1929-01-18	1	04단	船體構造の講習會計劃
164698	朝鮮朝日	西北版	1929-01-18	1	04단	俳句/鈴木花蓑選
164699	朝鮮朝日	西北版	1929-01-18	1	04단	建築取締規則改正を立案
164700	朝鮮朝日	西北版	1929-01-18	1	04단	高等講習への平南道の出席者
164701	朝鮮朝日	西北版	1929-01-18	1	04단	平壤へも着陸し旅客郵便を輸送する日本空輸會社の計劃
164702	朝鮮朝日	西北版	1929-01-18	1	05단	チヨンボクの惡評を「龜の尾」により雪ぐ/旣に內地で好評を博す/平北道のすばらしい
164702	朝鮮朝日	西北版	1929-01-18	1	05단	産米改良振り
164703	朝鮮朝日	西北版	1929-01-18	1	05단	行懸りを棄て醫專として近く認可されさうな平南道立平壤醫學校
164704	朝鮮朝日	西北版	1929-01-18	1	05단	南京政府の言は何者かの惡宣傳だ/張學良氏は贊成である/吉會線問題につき四元氏は語る

일련번호	판명		간행일	면	단수	기사명
164705	朝鮮朝日	西北版	1929-01-18	1	06단	定員四十名に五百名超過朝鮮人巡査募集
164706	朝鮮朝日	西北版	1929-01-18	1	07단	稅關派出所の建築延期を陳情
164707	朝鮮朝日	西北版	1929-01-18	1	07단	新義州府內昨年の建築
164708	朝鮮朝日	西北版	1929-01-18	1	08단	メリケン粉がウン騰貴關稅自主により
164709	朝鮮朝日	西北版	1929-01-18	1	08단	實彈命中して警官卽死を遂ぐ/攻防演習中の出來事
164710	朝鮮朝日	西北版	1929-01-18	1	08단	懸賞金づきで頭目の首を覘ふ/まったく神出鬼沒で始末におへぬ大金子
164711	朝鮮朝日	西北版	1929-01-18	1	09단	密輸入の大檢擧/最近酒精の密輸が盛となる
164712	朝鮮朝日	西北版	1929-01-18	1	10단	中野初太郎氏
164713	朝鮮朝日	西北版	1929-01-18	1	10단	運動界(滿洲氷上競技安東の選手決る/氷上競技は延期/スケート大會)
164714	朝鮮朝日	西北版	1929-01-18	1	10단	人(草間財務局長/松島惇氏(釜山郵便局長))
164715	朝鮮朝日	西北版	1929-01-18	1	10단	半島茶話
164716	朝鮮朝日	南鮮版	1929-01-18	1	01단	府の協議機關を議決機關とす其他の政務方針につき池上總監聲明書を發表
164717	朝鮮朝日	南鮮版	1929-01-18	1	01단	とてもハイカラなでっかい電車京電で近く運轉する
164718	朝鮮朝日	南鮮版	1929-01-18	1	03단	民間飛行家に對して補助金を與へ幹線外を飛行させる
164719	朝鮮朝日	南鮮版	1929-01-18	1	04단	先進大都市の保安衛生の狀態を視察する
164720	朝鮮朝日	南鮮版	1929-01-18	1	04단	釜山の電氣府營爭議 問題が長引けば府政の運用を阻みかつ府の平和をみだすこれを憂へ水口知事調停に乘出す/總會を機會に一齊攻擊を行ひ目的を貫徹せんとす期成會勇躍して準備/芥川氏釋放さる無名で祝品の持込み靑天白日を祝福さる/釜山西部の府民大會 舌端火を吐く熱辯をふるふ
164721	朝鮮朝日	南鮮版	1929-01-18	1	05단	大京城の姿(5)/京城井塚生
164722	朝鮮朝日	南鮮版	1929-01-18	1	06단	滿洲動搖の對策か/寺內參謀長單身北行の使命
164723	朝鮮朝日	南鮮版	1929-01-18	1	06단	娼妓の生血をしぼる遣手婆を全廢させ籠の鳥を大にいたはる/小松本町署長スゴウデをふるふ
164724	朝鮮朝日	南鮮版	1929-01-18	1	07단	杉村檢事正退官と決る
164725	朝鮮朝日	南鮮版	1929-01-18	1	07단	俳句/鈴木花蓑選
164726	朝鮮朝日	南鮮版	1929-01-18	1	07단	慶尙北道の評議會決る

일련번호	판명		간행일	면	단수	기사명
164727	朝鮮朝日	南鮮版	1929-01-18	1	08단	金融組合の改善案成る/これに基き改善する金融制度委員會終る
164728	朝鮮朝日	南鮮版	1929-01-18	1	08단	都市的命脈の行詰りを打開せよ/京城の將來について直木博士熱辯を揮ふ
164729	朝鮮朝日	南鮮版	1929-01-18	1	09단	大邱の圓タク合同愈具體化し/關係代表が集合して近く協議會をひらく
164730	朝鮮朝日	南鮮版	1929-01-18	1	10단	土木關係で本府に交渉大邱府尹出發
164731	朝鮮朝日	南鮮版	1929-01-18	1	10단	改悛生徒に復校を許す
164732	朝鮮朝日	南鮮版	1929-01-18	1	10단	土木事件の關係者保釋
164733	朝鮮朝日	南鮮版	1929-01-18	1	10단	人(草間財務局長/松島惇氏(釜山郵便局長)/鬼頭鍵治郎氏(荻原專賣局會計主任殿父))
164734	朝鮮朝日	南鮮版	1929-01-18	1	10단	半島茶話
164735	朝鮮朝日	西北・南鮮版	1929-01-18	2	01단	四錢で一日をくらす支那の自由勞働者/朝鮮人々夫は不足がち朝鮮土木協會の勞働者生活調査
164736	朝鮮朝日	西北・南鮮版	1929-01-18	2	01단	在滿朝鮮人の優遇につき種々打合せを行った/生田内務局長語る
164737	朝鮮朝日	西北・南鮮版	1929-01-18	2	02단	關稅引上は影響無い/鮮支貿易につき當局の觀測
164738	朝鮮朝日	西北・南鮮版	1929-01-18	2	03단	タオル織布が盛んとなり/本年は七百萬打の大生産を豫想さる
164739	朝鮮朝日	西北・南鮮版	1929-01-18	2	03단	堤防嵩置きに反對を唱ふ
164740	朝鮮朝日	西北・南鮮版	1929-01-18	2	03단	輸出入ともに增加を示す平壤の貿易狀況
164741	朝鮮朝日	西北・南鮮版	1929-01-18	2	04단	新刊紹介(『恒星』(一月號))
164742	朝鮮朝日	西北・南鮮版	1929-01-18	2	04단	故鄕の流轉
164743	朝鮮朝日	西北版	1929-01-19	1	01단	朝鮮官界未曾有の大異動斷行さる噂の如く五知事勇退し/新進有爲の人を拔擢す(渡邊京畿道知事/須藤慶尙南道知事/今村慶尙北道知事/園田平安南道知事/馬野咸鏡南道知事)
164744	朝鮮朝日	西北版	1929-01-19	1	02단	喜びを語する人々　いろはのいの字から始めたい園田知事語る/咸南汝を玉にす大いにやるよ馬野知事語る
164745	朝鮮朝日	西北版	1929-01-19	1	02단	知事サンでもへこませる/朝鮮に請願令を實施實現まで日時を要す
164746	朝鮮朝日	西北版	1929-01-19	1	04단	大堤防の築造を東柳草島民から其筋へ陳情
164747	朝鮮朝日	西北版	1929-01-19	1	04단	制水工事の調査を續く
164748	朝鮮朝日	西北版	1929-01-19	1	04단	沙里院面電の買收を交渉/西鮮電氣會社

일련번호	판명		간행일	면	단수	기사명
164748	朝鮮朝日	西北版	1929-01-19	1	04단	つひに誠意を披瀝するに至る
164749	朝鮮朝日	西北版	1929-01-19	1	04단	內鮮間航行の船會社が大恐慌/大連汽船割込により石炭商も脅威を受く
164750	朝鮮朝日	西北版	1929-01-19	1	04단	國境飛行を中止し平壤上空で耐寒飛行を行ふ
164751	朝鮮朝日	西北版	1929-01-19	1	05단	牛馬なくては運びきれぬ奧地における木材/秘められた牛馬の力
164752	朝鮮朝日	西北版	1929-01-19	1	05단	中華商會長更迭
164753	朝鮮朝日	西北版	1929-01-19	1	05단	平北水産會が本年も活躍
164754	朝鮮朝日	西北版	1929-01-19	1	06단	北支見本展示會
164755	朝鮮朝日	西北版	1929-01-19	1	06단	築堤撤廢の要なし平安水利組合飽迄も頑張る
164756	朝鮮朝日	西北版	1929-01-19	1	06단	肺ヂストマの治療を開始
164757	朝鮮朝日	西北版	1929-01-19	1	06단	贅澤に類する事柄は後廻しだ/藤原平南內務部長は道廳舍改築を否認す
164758	朝鮮朝日	西北版	1929-01-19	1	07단	咸南道議の補缺官選か
164759	朝鮮朝日	西北版	1929-01-19	1	07단	お茶のあと
164760	朝鮮朝日	西北版	1929-01-19	1	07단	多少の膨脹は免れぬ平南道明年度の豫算
164761	朝鮮朝日	西北版	1929-01-19	1	08단	歸州寺住職再選
164762	朝鮮朝日	西北版	1929-01-19	1	08단	官立師範を平壤に設置か間違なきものとして道當局は頗る樂觀す
164763	朝鮮朝日	西北版	1929-01-19	1	08단	少年坑夫慘死す
164764	朝鮮朝日	西北版	1929-01-19	1	08단	自動車ポンプ川中に墜落/八名負傷す
164765	朝鮮朝日	西北版	1929-01-19	1	08단	チプス蔓延
164766	朝鮮朝日	西北版	1929-01-19	1	08단	爆藥使用の密漁船檢擧
164767	朝鮮朝日	西北版	1929-01-19	1	09단	上原師團長守備隊檢閱
164768	朝鮮朝日	西北版	1929-01-19	1	09단	お天氣師捕まる
164769	朝鮮朝日	西北版	1929-01-19	1	09단	漂流中救助さる
164770	朝鮮朝日	西北版	1929-01-19	1	09단	牡丹台野話
164771	朝鮮朝日	西北版	1929-01-19	1	10단	主家の品物を橫領し賣却
164772	朝鮮朝日	西北版	1929-01-19	1	10단	短歌/橋田東聲選
164773	朝鮮朝日	西北版	1929-01-19	1	10단	人(李鍝公殿下/內藤確介氏(採木公司理事長)/橋本秀久氏(採木公司總務課長))
164774	朝鮮朝日	西北版	1929-01-19	1	10단	半島茶話
164775	朝鮮朝日	南鮮版	1929-01-19	1	01단	朝鮮官界未曾有の大異動斷行さる噂の如く五知事勇退し/新進有爲の人を拔擢す(渡邊京畿道知事/須藤慶尙南道知事/今村慶尙北道知事/園田平安南道知事/馬野咸鏡南道知事)

일련번호	판명		간행일	면	단수	기사명
164776	朝鮮朝日	南鮮版	1929-01-19	1	01단	喜びを語する人々 いろはのいの字から始めたい園田知事語る/一生懸命努めるどうか宜敷く今村新知事談/咸南汝を玉にす大いにやるよ馬野知事語る/カ一杯に働らく京城府尹となった松井氏談
164777	朝鮮朝日	南鮮版	1929-01-19	1	04단	上水道補助の交付を申請
164778	朝鮮朝日	南鮮版	1929-01-19	1	04단	知事サンでもへこませる/朝鮮に請願令を實施實現まで日時を要す
164779	朝鮮朝日	南鮮版	1929-01-19	1	04단	短歌/橋田東聲選
164780	朝鮮朝日	南鮮版	1929-01-19	1	04단	釜山の電氣府營爭議 業務妨害の廉を以て小原府議を告訴す 瓦電の佐久間常務から事件の成行は一般の注意を惹く/總督府の意向を含んで知事調停に乘出すか
164781	朝鮮朝日	南鮮版	1929-01-19	1	05단	京城電氣の發展策/二百萬圓を投じ設備を充實
164782	朝鮮朝日	南鮮版	1929-01-19	1	05단	內鮮間航行の船會社が大恐慌/大連汽船割込により石炭商も脅威を受く
164783	朝鮮朝日	南鮮版	1929-01-19	1	06단	馬山府尹の專斷を憤慨糺彈の火の手をあぐ/府民代表が知事を訪ひ種々陳情をなす
164784	朝鮮朝日	南鮮版	1929-01-19	1	06단	發電認可の申請をなす
164785	朝鮮朝日	南鮮版	1929-01-19	1	07단	京城婦人を美化すべき/美容學校開校式
164786	朝鮮朝日	南鮮版	1929-01-19	1	07단	京城電氣の配當は据置
164787	朝鮮朝日	南鮮版	1929-01-19	1	07단	お茶のあと
164788	朝鮮朝日	南鮮版	1929-01-19	1	07단	預金貸出しともに增加
164789	朝鮮朝日	南鮮版	1929-01-19	1	07단	愼重な態度で運動を續く
164790	朝鮮朝日	南鮮版	1929-01-19	1	08단	浦項無盡總會
164791	朝鮮朝日	南鮮版	1929-01-19	1	08단	土幕生活者の轉住問題近く解決/立行けるやうにして追々と轉住せしめる
164792	朝鮮朝日	南鮮版	1929-01-19	1	08단	波の音/釜山青い鳥
164793	朝鮮朝日	南鮮版	1929-01-19	1	09단	主家の品物を橫領し賣却
164794	朝鮮朝日	南鮮版	1929-01-19	1	09단	紳士賭博の檢擧を行ふ
164795	朝鮮朝日	南鮮版	1929-01-19	1	10단	爆藥使用の密漁船檢擧
164796	朝鮮朝日	南鮮版	1929-01-19	1	10단	鱈の放流試驗
164797	朝鮮朝日	南鮮版	1929-01-19	1	10단	人(李鍝公殿下/內藤確介氏(採木公司理事長)/重村本府科學館長/綾田東拓技師長/大澤藤十郎氏(群山實業家)/渡邊豊日子氏(本府農務課長))
164798	朝鮮朝日	南鮮版	1929-01-19	1	10단	半島茶話
164799	朝鮮朝日	西北・南鮮版	1929-01-19	2	01단	昨年の對內外貿易は著しき增加を示す/對

일련번호	판명		간행일	면	단수	기사명
164799	朝鮮朝日	西北・南鮮版	1929-01-19	2	01단	支關係も影響少なく各方面ともに滅法よい成績をあぐ
164800	朝鮮朝日	西北・南鮮版	1929-01-19	2	02단	買收されて收入減朝鐵の上半期における豫想
164801	朝鮮朝日	西北・南鮮版	1929-01-19	2	02단	生牛の移出活氣を呈す
164802	朝鮮朝日	西北・南鮮版	1929-01-19	2	02단	灣內は不漁で灣外が豊漁鎮海灣の鱈漁
164803	朝鮮朝日	西北・南鮮版	1929-01-19	2	02단	肥料用叺の大量生産慶南三郡にて
164804	朝鮮朝日	西北・南鮮版	1929-01-19	2	02단	錦江架橋の調査を行ふ
164805	朝鮮朝日	西北・南鮮版	1929-01-19	2	03단	一新女子高普校舍落成す
164806	朝鮮朝日	西北・南鮮版	1929-01-19	2	03단	一面一校と忠南の方針
164807	朝鮮朝日	西北・南鮮版	1929-01-19	2	03단	收入を增す局線の營業成績
164808	朝鮮朝日	西北・南鮮版	1929-01-19	2	04단	直木博士の指導を受け市街地計劃實施
164809	朝鮮朝日	西北・南鮮版	1929-01-19	2	04단	慶南の鰤漁終熄に近づく
164810	朝鮮朝日	西北・南鮮版	1929-01-19	2	04단	總督府圖書館十二月の閲覽者
164811	朝鮮朝日	西北・南鮮版	1929-01-19	2	04단	五行時事
164812	朝鮮朝日	西北版	1929-01-20	1	01단	見込ついたものから順次手をつけたい/異動はあれで一段落だ池上政務總監東上の途下關で語る
164813	朝鮮朝日	西北版	1929-01-20	1	01단	平壤府營電氣近く値下げ/まだ具體的の數字は決らぬが目下研究中
164814	朝鮮朝日	西北版	1929-01-20	1	01단	國境稅關の監督權移管を清津商業會議所から/總督府に對し陳情す
164815	朝鮮朝日	西北版	1929-01-20	1	01단	空地連絡の必要上/將校に航空知識を習得さす
164816	朝鮮朝日	西北版	1929-01-20	1	02단	薰茸家屋の整理を行ふ
164817	朝鮮朝日	西北版	1929-01-20	1	02단	財産とてなく親分肌でとほす 後進の途を拓くため勇退した李學務局長/在鮮二十二年その間大過なくすごして滿足に思ふ 青木前平南道知事談/勤まるかどうか懸念に堪へぬ金全南知事談/金全南道知事/首腦部異動で湧きかへる平南道々廳/水口前知事は某會社に就職か
164818	朝鮮朝日	西北版	1929-01-20	1	03단	齒科と眼科の診療を行ふ
164819	朝鮮朝日	西北版	1929-01-20	1	03단	楊氏の銃殺は當然であり/日本に影響を及さぬ在平壤支那人の觀測
164820	朝鮮朝日	西北版	1929-01-20	1	04단	成績のよい肥料資金の償還
164821	朝鮮朝日	西北版	1929-01-20	1	04단	グルーバー氏鐵道施設を視察
164822	朝鮮朝日	西北版	1929-01-20	1	04단	安東警察廳改稱
164823	朝鮮朝日	西北版	1929-01-20	1	04단	東拓、殖銀の農事改良低資

일련번호	판명		간행일	면	단수	기사명
164824	朝鮮朝日	西北版	1929-01-20	1	05단	昨年末國境を通過の外人
164825	朝鮮朝日	西北版	1929-01-20	1	05단	南北統一で大赦か安東新義州兩署警戒を行ふ
164826	朝鮮朝日	西北版	1929-01-20	1	05단	清津無電局は天馬山に建設か/解氷期をまって着工諸般の準備着々進む
164827	朝鮮朝日	西北版	1929-01-20	1	05단	短歌/橋田東聲選
164828	朝鮮朝日	西北版	1929-01-20	1	06단	氷滑に相撲に萬丈の氣を吐く/スポーツの
164828	朝鮮朝日	西北版	1929-01-20	1	06단	都市安東昨今スケートは全盛
164829	朝鮮朝日	西北版	1929-01-20	1	06단	間島大豆の出廻り遲る
164830	朝鮮朝日	西北版	1929-01-20	1	06단	石油ガソリン供給の途まったく絶たれ發動機の運轉に大支障　ライジングサンの爭議愈惡化す/元山の運送夫盟休を斷行船員や運送店員等が仲仕となって對抗す
164831	朝鮮朝日	西北版	1929-01-20	1	07단	牡丹台野話
164832	朝鮮朝日	西北版	1929-01-20	1	07단	强盜殺人の重罪を犯した不逞朝鮮人つかまる
164833	朝鮮朝日	西北版	1929-01-20	1	08단	賭博を檢擧
164834	朝鮮朝日	西北版	1929-01-20	1	09단	喜多實氏一門が平壤で演能
164835	朝鮮朝日	西北版	1929-01-20	1	10단	運動界(學童氷滑大會正選手決る/安東の卓球大會)
164836	朝鮮朝日	西北版	1929-01-20	1	10단	氷を無斷で採取
164837	朝鮮朝日	西北版	1929-01-20	1	10단	大孤山方面に馬賊出沒す
164838	朝鮮朝日	西北版	1929-01-20	1	10단	金錢の爭ひで一名を斬り二名をなぐる
164839	朝鮮朝日	西北版	1929-01-20	1	10단	もよほし(平壤審美社記念畵會/平壤の麻雀競技會)
164840	朝鮮朝日	西北版	1929-01-20	1	10단	人(李堈公殿下/森脇英土氏(平北警務課長))
164841	朝鮮朝日	南鮮版	1929-01-20	1	01단	釜山の電氣府營爭議　桑原、香椎兩氏がきのふ正式に會見　無條件で知事に一任す結局買收價格で府は讓步するか/互讓をすれば解決が早い　知事一任はよからう池上政務總監は語る/第十二回府民大會　各辯士相變らず熱辯を揮ふ/善處を決議釜山の國粹會/料金値下を拒絶す釜山の自動車
164842	朝鮮朝日	南鮮版	1929-01-20	1	02단	適材適所主義だから批難はないと思ふ人員は三十數名に及ぶ大異動につき中村總務課長は語る/經理課長は局內で詮衡/財產とてなく親分肌でとほす 後進に途

일련번호	판명		간행일	면	단수	기사명
164842	朝鮮朝日	南鮮版	1929-01-20	1	02단	を拓くため 勇退した李學務局長/資本家を探し事業を起したい米田前京畿道知事談/地方稼ぎは最初だ抱負とてない林全北知事談/勤まるかどうか懸念に堪へぬ金全南知事談
164843	朝鮮朝日	南鮮版	1929-01-20	1	03단	お醫者が少なく一萬三千人に僅一名の割合
164844	朝鮮朝日	南鮮版	1929-01-20	1	03단	動物愛護のため/巡視員を派し牛馬の虐待を防ぐこの成績はめつぼうよい/京城動物虐待防止會活躍
164845	朝鮮朝日	南鮮版	1929-01-20	1	04단	土地改良の配當は五分强
164846	朝鮮朝日	南鮮版	1929-01-20	1	05단	大京城の姿(6)/京城井塚生東水畫伯繪
164847	朝鮮朝日	南鮮版	1929-01-20	1	05단	高文付の學士樣三十名を總督府で採用する
164848	朝鮮朝日	南鮮版	1929-01-20	1	06단	一番だけは大白鳥/鑑別の結果判明
164849	朝鮮朝日	南鮮版	1929-01-20	1	07단	まるで春だ釜山昨今の天候
164850	朝鮮朝日	南鮮版	1929-01-20	1	08단	萬病水の製劑停止/衛生上危險ありとの理由で
164851	朝鮮朝日	南鮮版	1929-01-20	1	08단	運送人夫の盟休船員や臨時雇人夫が仲仕となって對抗す
164852	朝鮮朝日	南鮮版	1929-01-20	1	08단	朝博會期中の催物きまる食ひちがはぬやうに統一をつけてひらく
164853	朝鮮朝日	南鮮版	1929-01-20	1	09단	寒氣と共に賭博ふえる
164854	朝鮮朝日	南鮮版	1929-01-20	1	09단	裡里小學休校す/猩紅熱の續發で巳むを得ず
164855	朝鮮朝日	南鮮版	1929-01-20	1	10단	短歌/橋田東聲選
164856	朝鮮朝日	南鮮版	1929-01-20	1	10단	大邱高女に猩紅熱發生
164857	朝鮮朝日	南鮮版	1929-01-20	1	10단	人(李堈公殿下/田中本府鑛務課長/橋本寬氏(釜山地方法院長)/澤山寅彦氏(釜山實業家))
164858	朝鮮朝日	南鮮版	1929-01-20	1	10단	半島茶話
164859	朝鮮朝日	西北・南鮮版	1929-01-20	2	01단	波の音/釜山靑い鳥
164860	朝鮮朝日	西北・南鮮版	1929-01-20	2	01단	北滿洲方面の貨物運輸のためハルピンに出張員を新設することに決る
164861	朝鮮朝日	西北・南鮮版	1929-01-20	2	01단	雫の聲
164862	朝鮮朝日	西北・南鮮版	1929-01-20	2	02단	大邱婦人の慈善鍋廿六日から催す
164863	朝鮮朝日	西北・南鮮版	1929-01-20	2	02단	素晴しい好成績/慶南道の漁業/漁村大に賑ふ
164864	朝鮮朝日	西北・南鮮版	1929-01-20	2	02단	海洲電氣の配電事業許可さる
164865	朝鮮朝日	西北・南鮮版	1929-01-20	2	03단	各道畜産/主任會議

일련번호	판명		간행일	면	단수	기사명
164866	朝鮮朝日	西北・南鮮版	1929-01-20	2	03단	著しく低下した平安北道昨年の養鼈/今後ウンと指導する
164867	朝鮮朝日	西北・南鮮版	1929-01-20	2	04단	故郷の流轉
164868	朝鮮朝日	西北版	1929-01-22	1	01단	知事の異動に伴ふ高等官の大異動　その範圍廣汎にわたる二十一日付を以て發表/今回の異動は順當な步み　中村、小河兩氏だけは榮進の首位を占める/先輩の人々に教へを乞ふ　山本財務部長談
164869	朝鮮朝日	西北版	1929-01-22	1	02단	動く人（1）/金全南知事
164870	朝鮮朝日	西北版	1929-01-22	1	03단	絲價の低落で春鼈激減か相場を維持するため/積立金の蓄積を希望
164871	朝鮮朝日	西北版	1929-01-22	1	03단	感興の人口/激增をきたす
164872	朝鮮朝日	西北版	1929-01-22	1	04단	國情偵察員の撲滅を計劃
164873	朝鮮朝日	西北版	1929-01-22	1	04단	激戰を豫想/咸興學議選擧
164874	朝鮮朝日	西北版	1929-01-22	1	04단	風土病と戰ひながら國境の警備を行ふ/軍人や家族は氣の毒だ/國境を視察した波田中佐は語る
164875	朝鮮朝日	西北版	1929-01-22	1	05단	本年度から內申制採用/安東の中學校
164876	朝鮮朝日	西北版	1929-01-22	1	05단	愛林思想の標語を募集
164877	朝鮮朝日	西北版	1929-01-22	1	05단	禁酒と斷煙の宣傳を行ひ同時に料理屋雇女の廢止運動をも起す
164878	朝鮮朝日	西北版	1929-01-22	1	05단	農事講習會
164879	朝鮮朝日	西北版	1929-01-22	1	05단	朝鮮農會總會/出席者人選
164880	朝鮮朝日	西北版	1929-01-22	1	06단	新義州法院多忙を極む
164881	朝鮮朝日	西北版	1929-01-22	1	06단	敬臨普通校の擴張を行ふ
164882	朝鮮朝日	西北版	1929-01-22	1	06단	安東の小學校校名を改む
164883	朝鮮朝日	西北版	1929-01-22	1	06단	安東海關監督更迭
164884	朝鮮朝日	西北版	1929-01-22	1	06단	平壤繁榮會總會
164885	朝鮮朝日	西北版	1929-01-22	1	06단	勸農共濟組合各地に設置
164886	朝鮮朝日	西北版	1929-01-22	1	07단	新義洲會議所/明年度豫算
164887	朝鮮朝日	西北版	1929-01-22	1	07단	朝鮮出身者が市議戰に乘出し/敗れたりといへども見事二百三票を獲得
164888	朝鮮朝日	西北版	1929-01-22	1	07단	病母弟妹を殘し/軍務をはげむ平壤聯隊の中井君/遠く神戶から平壤に入營/近く救濟の途が講ぜられる
164889	朝鮮朝日	西北版	1929-01-22	1	07단	平南昨年中の傳染病患者
164890	朝鮮朝日	西北版	1929-01-22	1	08단	樹木伐採跡審査會/成績優良地を近く表彰する
164891	朝鮮朝日	西北版	1929-01-22	1	08단	社會事業には特に力を入れる/平壤府の

일련번호	판명		간행일	면	단수	기사명
164891	朝鮮朝日	西北版	1929-01-22	1	08단	明年度事業
164892	朝鮮朝日	西北版	1929-01-22	1	08단	內鮮人共同で陶器會社を起す/その前途有望視さる
164893	朝鮮朝日	西北版	1929-01-22	1	09단	夫婦を毆り昏倒せしむ/支那人の強盜
164894	朝鮮朝日	西北版	1929-01-22	1	09단	生活苦から自殺を企てる
164895	朝鮮朝日	西北版	1929-01-22	1	09단	息子と喧嘩し自殺を企つ
164896	朝鮮朝日	西北版	1929-01-22	1	09단	戶每檢病で痘瘡を發見
164897	朝鮮朝日	西北版	1929-01-22	1	09단	駐在所製擊の犯人を捕ふ
164898	朝鮮朝日	西北版	1929-01-22	1	10단	二少女殺し遂に捕まる
164899	朝鮮朝日	西北版	1929-01-22	1	10단	泥醉の結果路上で凍死
164900	朝鮮朝日	西北版	1929-01-22	1	10단	飛び降りて重傷を負ふ
164901	朝鮮朝日	西北版	1929-01-22	1	10단	不逞漢捕る
164902	朝鮮朝日	西北版	1929-01-22	1	10단	氷上競技大會/安東の選手
164903	朝鮮朝日	西北版	1929-01-22	1	10단	人(鈴木間島總領事/石本平南道警察部長/金新全南知事/波田重一中佐(陸軍軍務局員))
164904	朝鮮朝日	南鮮版	1929-01-22	1	01단	知事の異動に伴ふ高等官の大異動 その範圍廣汎にわたる二十一日付を以て發表 /今回の異動は順當な步み 中村、小河兩氏だけは榮進の首位を占める
164905	朝鮮朝日	南鮮版	1929-01-22	1	01단	お茶のあと
164906	朝鮮朝日	南鮮版	1929-01-22	1	03단	南朝鮮鐵道の工事進捗す
164907	朝鮮朝日	南鮮版	1929-01-22	1	03단	四萬圓からの開きがあり 交涉決裂の形となる雲岩水電問題の會見 /漸く解決の曙光を認めるに至る
164908	朝鮮朝日	南鮮版	1929-01-22	1	03단	氣違日和/餘りに暖かくて炭の賣行が惡い/こゝもと炭屋が大弱り一方學校は炭が要らず大喜び
164909	朝鮮朝日	南鮮版	1929-01-22	1	04단	北鮮魚油を嚴重檢査/內地側の要望を容れて行ふ
164910	朝鮮朝日	南鮮版	1929-01-22	1	05단	波の音/釜山靑い鳥
164911	朝鮮朝日	南鮮版	1929-01-22	1	05단	十九日擧行の龍山中學軍事敎練査閱
164912	朝鮮朝日	南鮮版	1929-01-22	1	06단	釜山の電氣府營爭議 強軟兩論が出て一向纏りがつかぬ然し大會は引續き開く 知事調停乘出しと期成會の意向/須藤新知事が調停するか とにかく一兩日中に調停案が提出される/今俄かに成立はおぼつかぬものと觀測さる
164913	朝鮮朝日	南鮮版	1929-01-22	1	07단	郵便遞送便の增加を要望/統營懇話會から
164914	朝鮮朝日	南鮮版	1929-01-22	1	07단	本府某大官も召喚取調を受く/今後擴大

일련번호	판명		간행일	면	단수	기사명
164914	朝鮮朝日	南鮮版	1929-01-22	1	07단	の模樣ある墓地拂下の贈賄事件
164915	朝鮮朝日	南鮮版	1929-01-22	1	08단	木浦海運が朝汽と合併
164916	朝鮮朝日	南鮮版	1929-01-22	1	09단	慶一銀行が六十萬圓減資 今後極力整理する/未回收の貸付は相當整理されて行くだらう
164917	朝鮮朝日	南鮮版	1929-01-22	1	09단	朝鮮出身者が市議戰に乘出し/敗れたりといへども見事二百三票を獲得
164918	朝鮮朝日	南鮮版	1929-01-22	1	09단	波が高く深海で沈沒發動機船の引揚は困難/噂の衝突は根據が薄弱 顚覆したらしい
164919	朝鮮朝日	南鮮版	1929-01-22	1	10단	八道溝製擊の噂つたはり鮮內に續々避難
164920	朝鮮朝日	西北・南鮮版	1929-01-22	2	01단	歐洲と日本の喜劇/成瀨無極
164921	朝鮮朝日	西北・南鮮版	1929-01-22	2	01단	光榮の表彰を轉機に 五郎劇から大衆娛樂劇へ 曾我乃家五郎/喜劇怪物の髀殘された新傾向二つ 澀谷天外
164922	朝鮮朝日	西北・南鮮版	1929-01-22	2	03단	雫の聲
164923	朝鮮朝日	西北・南鮮版	1929-01-22	2	04단	旱水害による地租免除額/九十五萬餘圓に上る洪水の被害は少ない
164924	朝鮮朝日	西北・南鮮版	1929-01-22	2	04단	我輩は朝鮮人蔘である
164925	朝鮮朝日	西北・南鮮版	1929-01-22	2	05단	京城各銀行の爲替受拂高
164926	朝鮮朝日	西北版	1929-01-23	1	01단	釜山の電氣府營爭議 大切な瀨戶際に道の首腦部が替り問題解決上不利となる 結局新任知事が調停の勞を執る/成行に應じ善處して行く社長邸で協議の結果瓦電重役の方針決る/飽迄方針を拔げぬ期成會の幹部會にてきまる/大興電氣が密陽電氣を結局買收するか
164927	朝鮮朝日	西北版	1929-01-23	1	01단	採氷の話(1)/難かしい試驗の後やうやく許される本年の品質は特によい
164928	朝鮮朝日	西北版	1929-01-23	1	02단	國境郵便局長異動行はる
164929	朝鮮朝日	西北版	1929-01-23	1	03단	總督府辭令(廿一日付)
164930	朝鮮朝日	西北版	1929-01-23	1	03단	靑木前知事訣別
164931	朝鮮朝日	西北版	1929-01-23	1	03단	中野前知事政界入りか/前途を祝ってくれと意味ありさうに笑ふ
164932	朝鮮朝日	西北版	1929-01-23	1	04단	兵事相談增加す平壤憲兵隊の
164933	朝鮮朝日	西北版	1929-01-23	1	04단	短歌/橋田東聲選
164934	朝鮮朝日	西北版	1929-01-23	1	04단	退官の四氏に總督も同情身のふり方についてとくに力瘤を入れる
164935	朝鮮朝日	西北版	1929-01-23	1	05단	牡丹台野話
164936	朝鮮朝日	西北版	1929-01-23	1	05단	筆記試驗を廢止し人物を本位とし入學させる

일련번호	판명		간행일	면	단수	기사명
164937	朝鮮朝日	西北版	1929-01-23	1	05단	純朝鮮物産の宣傳を行ふ
164938	朝鮮朝日	西北版	1929-01-23	1	06단	咸南の昨年は豐漁つゞき水揚七百萬圓に上り各地の漁民は大喜び
164939	朝鮮朝日	西北版	1929-01-23	1	06단	金氏に對して詰腹を切らせる慶尙合同銀行總會に取締役解任案を提出/金氏を告訴か 名譽毀損罪で徐相顯氏から
164940	朝鮮朝日	西北版	1929-01-23	1	07단	鐵道局異動は當分行はぬ大村局長は局外から輸入するを嫌ふため
164941	朝鮮朝日	西北版	1929-01-23	1	08단	平壤繁榮會總會
164942	朝鮮朝日	西北版	1929-01-23	1	08단	新關稅の實施で朝鮮の對支貿易に大影響か
164943	朝鮮朝日	西北版	1929-01-23	1	08단	大和と朝日安東二校改稱
164944	朝鮮朝日	西北版	1929-01-23	1	08단	常設館へ入場禁止安東の高女校
164945	朝鮮朝日	西北版	1929-01-23	1	08단	見本市展示會安東で開催
164946	朝鮮朝日	西北版	1929-01-23	1	08단	平南水産會總會
164947	朝鮮朝日	西北版	1929-01-23	1	09단	京城淸津間の電話は近く開通試驗の結果によって通話を開始する意向
164948	朝鮮朝日	西北版	1929-01-23	1	09단	電燈料値下は自發的に行ふか社會政策的見地から平壤府が調査を急ぐ
164949	朝鮮朝日	西北版	1929-01-23	1	09단	十七種醫藥と所要材料を整へ奥地の救急箱を充實
164950	朝鮮朝日	西北版	1929-01-23	1	09단	前年に比べて約三割膨脹した平壤港昨年中の貿易
164951	朝鮮朝日	西北版	1929-01-23	1	09단	雪の鳳凰へ登山
164952	朝鮮朝日	西北版	1929-01-23	1	09단	駈落者捕る
164953	朝鮮朝日	西北版	1929-01-23	1	10단	安東の局面打開策研究
164954	朝鮮朝日	西北版	1929-01-23	1	10단	民聲報幹部を吉林へ護送
164955	朝鮮朝日	南鮮版	1929-01-23	1	01단	釜山の電氣府營爭議 大切な瀬戸際に道の首腦部が替り問題解決上不利となる結局新任知事が調停の勞を執る/成行に應じ善處して行く社長邸で協議の結果瓦電重役の方針決る/飽迄方針を拔げぬ期成會の幹部會にてきまる/大興電氣が密陽電氣を結局買收するか
164956	朝鮮朝日	南鮮版	1929-01-23	1	01단	國境郵便局長異動はる
164957	朝鮮朝日	南鮮版	1929-01-23	1	02단	總督府辭令(廿一日付)
164958	朝鮮朝日	南鮮版	1929-01-23	1	02단	一面一校と慶北の方針
164959	朝鮮朝日	南鮮版	1929-01-23	1	02단	限外發行を見ずに終る鮮銀の新方針
164960	朝鮮朝日	南鮮版	1929-01-23	1	02단	勞働宿泊室勞働者は大助り

일련번호	판명		간행일	면	단수	기사명
164961	朝鮮朝日	南鮮版	1929-01-23	1	03단	上水道斷水を更に二時間延長窮乏に陥った釜山
164962	朝鮮朝日	南鮮版	1929-01-23	1	03단	お母さんの代理で/記者を引見し少しも威嚴を崩さず應接する五歳の淳子ちゃん 林全北知事の留守宅訪問
164963	朝鮮朝日	南鮮版	1929-01-23	1	04단	統營附近も水飢饉制限給水にも不平をいはぬ
164964	朝鮮朝日	南鮮版	1929-01-23	1	04단	短歌/橋田東聲選
164965	朝鮮朝日	南鮮版	1929-01-23	1	05단	大京城の姿(7)/京城井塚生 東木畫伯繪
164966	朝鮮朝日	南鮮版	1929-01-23	1	05단	金氏に對して詰腹を切らせる慶尙合同銀行總會に取締役解任案を提出/金氏を告訴か名譽毀損罪で徐相顯氏から
164967	朝鮮朝日	南鮮版	1929-01-23	1	07단	京城淸津間の電話は近く開通試驗の結果によって通話を開始する意向
164968	朝鮮朝日	南鮮版	1929-01-23	1	07단	退官の四氏に總督も同情身のふり方についてとくに力瘤を入れる
164969	朝鮮朝日	南鮮版	1929-01-23	1	07단	青い島
164970	朝鮮朝日	南鮮版	1929-01-23	1	08단	讀者慰安/朝日活寫會/大阪朝日新聞社
164971	朝鮮朝日	南鮮版	1929-01-23	1	08단	公州の道路擴張
164972	朝鮮朝日	南鮮版	1929-01-23	1	08단	京東鐵道の重役きまる
164973	朝鮮朝日	南鮮版	1929-01-23	1	08단	鐵道建設の免許取消し
164974	朝鮮朝日	南鮮版	1929-01-23	1	09단	スケート大會
164975	朝鮮朝日	南鮮版	1929-01-23	1	09단	鐵道局異動は當分行はぬ大村局長は局外から輸入するを嫌ふため
164976	朝鮮朝日	南鮮版	1929-01-23	1	09단	碎氷機を備へ漁船に氷を供給機械は既に注文ずみ仁川水産會社の施設
164977	朝鮮朝日	南鮮版	1929-01-23	1	10단	豪農の宅へ強盗押入る
164978	朝鮮朝日	南鮮版	1929-01-23	1	10단	二棟を燒く
164979	朝鮮朝日	南鮮版	1929-01-23	1	10단	大賭博檢擧
164980	朝鮮朝日	南鮮版	1929-01-23	1	10단	衝突の結果船體を兩斷
164981	朝鮮朝日	南鮮版	1929-01-23	1	10단	東海線兵營驛貨物取扱開始
164982	朝鮮朝日	南鮮版	1929-01-23	1	10단	人(山本犀藏氏(總督府遞信局長)/松本專賣局長/澤田豊丈氏(東拓理事))
164983	朝鮮朝日	西北・南鮮版	1929-01-23	2	01단	我輩は朝鮮人蔘である紅蔘のおひたちの卷
164984	朝鮮朝日	西北・南鮮版	1929-01-23	2	01단	三者を打って一丸となし二特別會計をつくる府協議會改善の要點
164985	朝鮮朝日	西北・南鮮版	1929-01-23	2	01단	お茶のあと
164986	朝鮮朝日	西北・南鮮版	1929-01-23	2	02단	配車事務打合會當面の重要事項につき協議

일련번호	판명		간행일	면	단수	기사명
164987	朝鮮朝日	西北・南鮮版	1929-01-23	2	02단	官鹽販賣高
164988	朝鮮朝日	西北・南鮮版	1929-01-23	2	03단	專賣各支局の製造豫定高
164989	朝鮮朝日	西北・南鮮版	1929-01-23	2	03단	東拓貸出高昨年十二月の
164990	朝鮮朝日	西北・南鮮版	1929-01-23	2	04단	十二月中內地へ移出の生牛
164991	朝鮮朝日	西北・南鮮版	1929-01-23	2	04단	內地産古米が鮮內に移入鮮米不作から
164992	朝鮮朝日	西北・南鮮版	1929-01-23	2	04단	優良妓生の表彰式を擧行
164993	朝鮮朝日	西北版	1929-01-24	1	01단	在滿蒙朝鮮人を保護するため東亞保民會を組織して援助方を議會に請願す
164994	朝鮮朝日	西北版	1929-01-24	1	01단	動く人(2)/靑木平南知事
164995	朝鮮朝日	西北版	1929-01-24	1	01단	ダイヤの如く光る出世頭/一人は中村總務課長一人は洪慶北參與官(中村總督府總務課長/洪慶尙北道參與官)
164996	朝鮮朝日	西北版	1929-01-24	1	03단	お茶のあと
164997	朝鮮朝日	西北版	1929-01-24	1	03단	新舊山林部長事務引繼を行ふ
164998	朝鮮朝日	西北版	1929-01-24	1	03단	電熱被服を着けずに離着陸を研究平壤空軍の耐寒飛行
164999	朝鮮朝日	西北版	1929-01-24	1	04단	朝鮮漁業令御裁可二十六日發布
165000	朝鮮朝日	西北版	1929-01-24	1	04단	參謀本部員が國境を視察
165001	朝鮮朝日	西北版	1929-01-24	1	04단	本社五十周年記念の大廉賣デーを催す/四十の代表商店が參加/新義州商店繁榮會大に意氣込む
165002	朝鮮朝日	西北版	1929-01-24	1	04단	採氷の話(2)/四十人の人夫で一日五百貫採る滅法ボロいともいへぬ
165003	朝鮮朝日	西北版	1929-01-24	1	05단	電燈と水道の消費者會を開き其決議にもとづいて値下げの運動を行ふ
165004	朝鮮朝日	西北版	1929-01-24	1	05단	食堂飲食店を嚴重取締る
165005	朝鮮朝日	西北版	1929-01-24	1	05단	衛生思想普及宣傳今年は特別に大々的に行ふ
165006	朝鮮朝日	西北版	1929-01-24	1	05단	伐材作業は順調に進む
165007	朝鮮朝日	西北版	1929-01-24	1	06단	民謠/北原白秋選
165008	朝鮮朝日	西北版	1929-01-24	1	06단	好績を擧げた騎馬警官隊
165009	朝鮮朝日	西北版	1929-01-24	1	06단	優良漁業者表彰
165010	朝鮮朝日	西北版	1929-01-24	1	07단	白旗團と稱し擾亂を企つ
165011	朝鮮朝日	西北版	1929-01-24	1	07단	豫算外國庫の負擔となるべき契約で議會へ提出の國庫補助金の年度割
165012	朝鮮朝日	西北版	1929-01-24	1	07단	益々擴大する元山の罷業仁川釜山海員組合が極力應援するらしい
165013	朝鮮朝日	西北版	1929-01-24	1	08단	牡丹台野話
165014	朝鮮朝日	西北版	1929-01-24	1	09단	鴨綠江氷上で靑訓の攻防演習

일련번호	판명		간행일	면	단수	기사명
165015	朝鮮朝日	西北版	1929-01-24	1	09단	獰猛な強盗つひに捕まる
165016	朝鮮朝日	西北版	1929-01-24	1	09단	紙袋に成功し更にブラシ製造安東普通校における實科教育の成績良好
165017	朝鮮朝日	西北版	1929-01-24	1	10단	強盗捕まる
165018	朝鮮朝日	西北版	1929-01-24	1	10단	痘瘡又發見
165019	朝鮮朝日	西北版	1929-01-24	1	10단	もよほし(鎭南浦商議役員會/青木前知事の告別宴)
165020	朝鮮朝日	西北版	1929-01-24	1	10단	半島茶話
165021	朝鮮朝日	南鮮版	1929-01-24	1	01단	在滿蒙朝鮮人を保護するため東亞保民會を組織して援助方を議會に請願す
165022	朝鮮朝日	南鮮版	1929-01-24	1	01단	ダイヤの如く光る出世頭/一人は中村總務課長一人は洪慶北參與官(中村總督府總務課長/洪慶尙北道參與官)
165023	朝鮮朝日	南鮮版	1929-01-24	1	02단	お茶のあと
165024	朝鮮朝日	南鮮版	1929-01-24	1	02단	新舊山林部長事務引繼を行ふ
165025	朝鮮朝日	南鮮版	1929-01-24	1	02단	小作慣行の狀況を調査
165026	朝鮮朝日	南鮮版	1929-01-24	1	03단	民謠/北原白秋選
165027	朝鮮朝日	南鮮版	1929-01-24	1	03단	朝鮮漁業令御裁可二十六日發布
165028	朝鮮朝日	南鮮版	1929-01-24	1	03단	水産檢査打合會議
165029	朝鮮朝日	南鮮版	1929-01-24	1	03단	本紙五十年記念で優待券を配布/大々的の勉强をする京城の四活動常設官
165030	朝鮮朝日	南鮮版	1929-01-24	1	04단	勞働宿泊室初めての客
165031	朝鮮朝日	南鮮版	1929-01-24	1	04단	釜山上水道の斷水を延長一方節水を宣傳してもちこたへんと圖る/幾分緩和か
165032	朝鮮朝日	南鮮版	1929-01-24	1	04단	新舊知事會見の結果いかんによりとるべき態度をきめる府議緊急懇談會にて方針を決定/知事、內務局長總督に對し陳情府營問題解決につき/委員三名を大邱へ派遣し新知事に陳情させる
165033	朝鮮朝日	南鮮版	1929-01-24	1	05단	動力の値下その他を交渉
165034	朝鮮朝日	南鮮版	1929-01-24	1	05단	寄附金により表忠寺再建
165035	朝鮮朝日	南鮮版	1929-01-24	1	06단	靑い鳥
165036	朝鮮朝日	南鮮版	1929-01-24	1	06단	共榮自動車に爭議勃發す
165037	朝鮮朝日	南鮮版	1929-01-24	1	06단	旱害救濟の膳立が出來てゐると須藤知事語る
165038	朝鮮朝日	南鮮版	1929-01-24	1	07단	朝鮮事情を參酌し獨自の都市計劃令を研究中
165039	朝鮮朝日	南鮮版	1929-01-24	1	07단	益々擴大する元山の罷業仁川釜山海員組合が極力應援するらしい

일련번호	판명		간행일	면	단수	기사명
165040	朝鮮朝日	南鮮版	1929-01-24	1	08단	大邱府の豫算案總額九十萬圓
165041	朝鮮朝日	南鮮版	1929-01-24	1	08단	稅關派出所舊馬山に設置
165042	朝鮮朝日	南鮮版	1929-01-24	1	09단	讀者慰安/朝日活寫會/大阪朝日新聞社
165043	朝鮮朝日	南鮮版	1929-01-24	1	09단	豫算外國庫の負擔となるべき契約で議會へ提出の國庫補助金の年度割
165044	朝鮮朝日	南鮮版	1929-01-24	1	09단	蓄音機近頃めつぽう賣れ行がよい管絃樂は大受け放送プロの惡評から
165045	朝鮮朝日	南鮮版	1929-01-24	1	10단	人(水口前慶南知事/宮尾舜治氏(新任東拓總裁))
165046	朝鮮朝日	南鮮版	1929-01-24	1	10단	半島茶話
165047	朝鮮朝日	西北・南鮮版	1929-01-24	2	01단	我輩は朝鮮人蔘である本體は人間に判らぬ
165048	朝鮮朝日	西北・南鮮版	1929-01-24	2	01단	組合員以外の預金取扱廢止か金組業務監督規程は四月早々發表される
165049	朝鮮朝日	西北・南鮮版	1929-01-24	2	01단	雫の聲
165050	朝鮮朝日	西北・南鮮版	1929-01-24	2	01단	輸送貨物は大激增本月中旬現在
165051	朝鮮朝日	西北・南鮮版	1929-01-24	2	02단	佛國總領事更迭行はる
165052	朝鮮朝日	西北・南鮮版	1929-01-24	2	02단	優良なる石灰岩層鮮內で發見す
165053	朝鮮朝日	西北・南鮮版	1929-01-24	2	03단	海岸地帶の活用を直木博士が釜山府に建言す
165054	朝鮮朝日	西北・南鮮版	1929-01-24	2	04단	電氣事業の取締令改正
165055	朝鮮朝日	西北・南鮮版	1929-01-24	2	04단	慶北九龍浦がポンプ購入
165056	朝鮮朝日	西北版	1929-01-25	1	01단	漲る『朝日』氣分本紙が生れて五十年　迫害と戰ひつゝ種痘の必要を說き頑迷固陋の徒を救うた　人類愛の權化池錫永氏の事ども/平壤の內外は朝日氣分で大いに賑ひを見やう本紙創刊五十年記念
165057	朝鮮朝日	西北版	1929-01-25	1	03단	平北穀物協會支部を設置
165058	朝鮮朝日	西北版	1929-01-25	1	03단	見越輸入增加し新義州驛の倉庫は滿腹の姿
165059	朝鮮朝日	西北版	1929-01-25	1	04단	首腦部の異動で平北道の豫算査定は遲延か
165060	朝鮮朝日	西北版	1929-01-25	1	04단	昨今の新義州/電氣會社貯水池の結氷
165061	朝鮮朝日	西北版	1929-01-25	1	05단	動く人(3)/山本財務部長
165062	朝鮮朝日	西北版	1929-01-25	1	05단	俳句/鈴木花蓑選
165063	朝鮮朝日	西北版	1929-01-25	1	06단	思想取締講習會平南道の計劃
165064	朝鮮朝日	西北版	1929-01-25	1	06단	勞働會に所屬の人夫は一切使はぬ運送店側から會へ通告元山の埠頭人夫罷業益々惡化す/應援警察官元山に繰込む
165065	朝鮮朝日	西北版	1929-01-25	1	07단	牡丹台野話

일련번호	판명		간행일	면	단수	기사명
165066	朝鮮朝日	西北版	1929-01-25	1	07단	保護願ひが滅法ふえる
165067	朝鮮朝日	西北版	1929-01-25	1	07단	平南としては異狀がない道の區域變更につき藤原内務部長は語る
165068	朝鮮朝日	西北版	1929-01-25	1	07단	モヒ患者の治療所を設置/經費を豫算に計上平南の新しい計劃
165069	朝鮮朝日	西北版	1929-01-25	1	08단	平安南道の評議員人選
165070	朝鮮朝日	西北版	1929-01-25	1	09단	安東幼稚園が入園兒童を募集
165071	朝鮮朝日	西北版	1929-01-25	1	09단	東京において龜の尾宣傳
165072	朝鮮朝日	西北版	1929-01-25	1	09단	德川聯隊長が總指揮をし耐寒飛行を行ふ
165073	朝鮮朝日	西北版	1929-01-25	1	09단	陽德鄉軍の總會
165074	朝鮮朝日	西北版	1929-01-25	1	09단	平安北道に工場設置か片倉製絲の計劃
165075	朝鮮朝日	西北版	1929-01-25	1	09단	平壤基督教揉める基督申報の記事掲載問題で
165076	朝鮮朝日	西北版	1929-01-25	1	10단	親殺しに對し無期を求刑
165077	朝鮮朝日	西北版	1929-01-25	1	10단	少年チポ捕まる
165078	朝鮮朝日	西北版	1929-01-25	1	10단	運動界(安東三度優勝す全滿スケート競技大會にて/スケート大會參加きまる/スケート競技會)
165079	朝鮮朝日	西北版	1929-01-25	1	10단	もよほし(新義州の支那時局講演會/靑木、金兩氏送別會)
165080	朝鮮朝日	南鮮版	1929-01-25	1	01단	漲る『朝日』氣分本紙が生れて五十年 花房公使一行も王都京城に入れず府外清水館に居を構ふ極端な鎖國主義をとった京城府/電線に書面を縛って先方に届けんとし着かぬからとて暴れるとてもふるった五十年前の釜山/寫眞に殘されたる五十年前の釜山/今の盛り場に猛獸が飛出した全く隔世の感がある釜山の長老大池氏談/創立されてこゝに五十年朝鮮で最古をほこる釜山商業會議所生立
165081	朝鮮朝日	南鮮版	1929-01-25	1	04단	渡邊鷹治郎翁が五十年前の昔話(1)/鮮支兩國人のために巡査までなぐられいつも泣寢入りに終る
165082	朝鮮朝日	南鮮版	1929-01-25	1	05단	俳句/鈴木花蓑選
165083	朝鮮朝日	南鮮版	1929-01-25	1	08단	慶南各校の入學試驗期日愈よきまる
165084	朝鮮朝日	南鮮版	1929-01-25	1	09단	香椎氏召喚は時日の問題告發人や參考人を召致し取調を行ふ
165085	朝鮮朝日	南鮮版	1929-01-25	1	09단	關水内務部長當分滯留し知事の調停を助けるこれで解決を促進か/電氣問題は引繼だ水口前慶南知事大邱で語る

일련번호	판명		간행일	면	단수	기사명
165086	朝鮮朝日	南鮮版	1929-01-25	1	09단	讀者慰安/朝日活寫會/大阪朝日新聞社
165087	朝鮮朝日	南鮮版	1929-01-25	1	10단	優良兒童の表彰式延期
165088	朝鮮朝日	南鮮版	1929-01-25	1	10단	人(菊池秋雄氏(京都帝大教授)/松島悼氏(釜山郵便局長)/石鎭衡氏(前全南知事)/松下芳三郎氏(新任咸南警察部長))
165089	朝鮮朝日	西北・南鮮版	1929-01-25	2	01단	靑い鳥
165090	朝鮮朝日	西北・南鮮版	1929-01-25	2	01단	熟練乘務員に勤續手當を給し永く其職に留まらす目下鐵道局で調査中
165091	朝鮮朝日	西北・南鮮版	1929-01-25	2	01단	平壤高女校に高等科設置いろいろの事情から時機を見て實施する/授業料徵收規程改正平壤高女校の
165092	朝鮮朝日	西北・南鮮版	1929-01-25	2	02단	朝博觀覽者の便宜を圖り鐵道汽船割引
165093	朝鮮朝日	西北・南鮮版	1929-01-25	2	02단	海員法の改正は議會を通過すれば實施する
165094	朝鮮朝日	西北・南鮮版	1929-01-25	2	03단	優良保線區の表彰を行ふ
165095	朝鮮朝日	西北・南鮮版	1929-01-25	2	03단	鐵道養成入學試驗
165096	朝鮮朝日	西北・南鮮版	1929-01-25	2	04단	滿洲粟輸入增加を示す
165097	朝鮮朝日	西北・南鮮版	1929-01-25	2	04단	前年における全鮮工産物
165098	朝鮮朝日	西北・南鮮版	1929-01-25	2	04단	命令航路の對策を考究朝郵支店長らが
165099	朝鮮朝日	西北・南鮮版	1929-01-25	2	04단	米の出廻り不振を極む
165100	朝鮮朝日	西北版	1929-01-26	1	01단	『朝日』は映ゆる五十年記念慶びと催/花房公使一行も王都京城に入れず府外淸水館に居を構ふ極端な鎖國主義をとった京城府
165101	朝鮮朝日	西北版	1929-01-26	1	03단	小作人大擧して道と本府へ押かけ問題解決について陳情不二西鮮農場の小作爭議惡化す/局長に諭され哀號を叫び一同土下座して泣く本府に陳情した農民
165102	朝鮮朝日	西北版	1929-01-26	1	05단	新義州安東の軍教を視察
165103	朝鮮朝日	西北版	1929-01-26	1	05단	民謠/北原白秋選
165104	朝鮮朝日	西北版	1929-01-26	1	05단	木關問題で激勵の電報
165105	朝鮮朝日	西北版	1929-01-26	1	06단	黃金時代を現出か第二回全日本氷上競技大會
165106	朝鮮朝日	西北版	1929-01-26	1	06단	蘆草の栽植は失敗に歸し平壤醫學校の財源は遂に思惑外れとなる
165107	朝鮮朝日	西北版	1929-01-26	1	06단	朝鮮以外では開業させぬ免許狀の效力は狹い平壤醫學校の卒業者
165108	朝鮮朝日	西北版	1929-01-26	1	06단	職業紹介所利用を宣傳
165109	朝鮮朝日	西北版	1929-01-26	1	06단	自動車規則の改正を行ふ

일련번호	판명		간행일	면	단수	기사명
165110	朝鮮朝日	西北版	1929-01-26	1	07단	協成銀行總會
165111	朝鮮朝日	西北版	1929-01-26	1	07단	安東の木材界不況時に入る
165112	朝鮮朝日	西北版	1929-01-26	1	07단	航空路標議の移轉を要望
165113	朝鮮朝日	西北版	1929-01-26	1	07단	郵便所の新設請願平壤局管下で六十所に上る
165114	朝鮮朝日	西北版	1929-01-26	1	07단	牡丹台野話
165115	朝鮮朝日	西北版	1929-01-26	1	08단	滿鐵獎學と安東の志願兵
165116	朝鮮朝日	西北版	1929-01-26	1	08단	平壤府が理事官增員
165117	朝鮮朝日	西北版	1929-01-26	1	08단	試驗制度で判任官を採用
165118	朝鮮朝日	西北版	1929-01-26	1	08단	平南評議會召集
165119	朝鮮朝日	西北版	1929-01-26	1	08단	初等校雄辯大會
165120	朝鮮朝日	西北版	1929-01-26	1	08단	國境の衛生的設備は全くなってゐない優良なる公醫が必要だ陸軍省醫務局神林軍醫の視察談
165121	朝鮮朝日	西北版	1929-01-26	1	09단	國粹會の手で人夫募集か/その數は大體二百名/元山の人夫盟休事件
165122	朝鮮朝日	西北版	1929-01-26	1	09단	チーハー賭博元締捕まる
165123	朝鮮朝日	西北版	1929-01-26	1	10단	鎭南浦稅關構內の火事
165124	朝鮮朝日	西北版	1929-01-26	1	10단	新義州署管內昨年の火災
165125	朝鮮朝日	西北版	1929-01-26	1	10단	平南の火事
165126	朝鮮朝日	西北版	1929-01-26	1	10단	猩紅熱豫防注射
165127	朝鮮朝日	西北版	1929-01-26	1	10단	暴行を加へ金品を強奪す
165128	朝鮮朝日	西北版	1929-01-26	1	10단	松葉杖に縋り盜みを働く
165129	朝鮮朝日	南鮮版	1929-01-26	1	01단	『朝日』は映ゆる五十年記念慶びと催/その時の面積は現在の約五分の二/人口も四分の一だった/せまかった五十年前の京城府
165130	朝鮮朝日	南鮮版	1929-01-26	1	02단	渡邊鷹治郎翁が五十年前の昔話（２）/日淸役に勝ってからまさに主客顚倒し日本人はのさばり返る
165131	朝鮮朝日	南鮮版	1929-01-26	1	03단	火田の整理は何より急務山は總て百年計劃だ渡邊山林部長は語る
165132	朝鮮朝日	南鮮版	1929-01-26	1	04단	義州金鑛の創立相談會
165133	朝鮮朝日	南鮮版	1929-01-26	1	05단	朝鮮博覽會の事務局を新設し愈二月に入ってから本腰で準備にかゝる
165134	朝鮮朝日	南鮮版	1929-01-26	1	05단	雲岩水電は圓滿解決南電から八萬圓を提供して
165135	朝鮮朝日	南鮮版	1929-01-26	1	06단	職制改革は行はぬ澤田東拓駐在理事はかたる

일련번호	판명		간행일	면	단수	기사명
165136	朝鮮朝日	南鮮版	1929-01-26	1	06단	釜山の電氣府營爭議「必ずや公正なる裁斷が下されやう此際特に自重されたい」期成會からステートメント發表/府民の運動を一時中止し解決まで成行を觀る期成會の方針きまる
165137	朝鮮朝日	南鮮版	1929-01-26	1	07단	民謠/北原白秋選
165138	朝鮮朝日	南鮮版	1929-01-26	1	07단	東洋觀光團近く來鮮する
165139	朝鮮朝日	南鮮版	1929-01-26	1	08단	釜山電車複線計劃それに伴ふ道路の改廢實施
165140	朝鮮朝日	南鮮版	1929-01-26	1	08단	牧の島から三案を請願
165141	朝鮮朝日	南鮮版	1929-01-26	1	08단	仁川高女校遂に休校す猩紅熱のため
165142	朝鮮朝日	南鮮版	1929-01-26	1	08단	米相場に失敗し行金を費消す横領行員自首
165143	朝鮮朝日	南鮮版	1929-01-26	1	09단	讀者慰安/朝日活寫會/大阪朝日新聞社
165144	朝鮮朝日	南鮮版	1929-01-26	1	09단	仁取の期間を更に延長し其間に方針を樹てる當局の態度注視さる
165145	朝鮮朝日	南鮮版	1929-01-26	1	09단	强盗護送の巡査をなぐり昏倒させて逃走す犯人の實弟が兇行
165146	朝鮮朝日	南鮮版	1929-01-26	1	09단	廿六戸を全燒す/麗水の大火事損害は十萬圓
165147	朝鮮朝日	南鮮版	1929-01-26	1	09단	水の手惡く廿二戸全燒釜山の大火事
165148	朝鮮朝日	南鮮版	1929-01-26	1	10단	アービン博士取調を受く
165149	朝鮮朝日	南鮮版	1929-01-26	1	10단	人(新貝肇氏(遞信事務官)/佐藤求己氏(遞信局囑託)/澤田豊丈氏(東拓理事)/荻原三郎氏(釜山運輸事務所長)/河合朝鮮民報社長/若松兎三郎氏(元仁取社長)/富出儀作氏(京城實業家))
165150	朝鮮朝日	西北・南鮮版	1929-01-26	2	01단	高麗燒の話(1)/靑磁だけは眞似の出來ぬ特殊の味合をもつ粘土がよいからだ
165151	朝鮮朝日	西北・南鮮版	1929-01-26	2	01단	釜山大漁港の設計書成る內港から先に着手か有力者の意向きまる
165152	朝鮮朝日	西北・南鮮版	1929-01-26	2	01단	木浦學校組合賦課率改正
165153	朝鮮朝日	西北・南鮮版	1929-01-26	2	01단	鎭海驅逐隊木浦に入港
165154	朝鮮朝日	西北・南鮮版	1929-01-26	2	01단	全南植桑數五百三十萬本
165155	朝鮮朝日	西北・南鮮版	1929-01-26	2	02단	旅行團體の平壤誘引朝鮮博覽會の開催を機會に
165156	朝鮮朝日	西北・南鮮版	1929-01-26	2	02단	活牛內地移出增加を示す
165157	朝鮮朝日	西北・南鮮版	1929-01-26	2	02단	局線の在貨はウンと減る
165158	朝鮮朝日	西北・南鮮版	1929-01-26	2	02단	靑い鳥
165159	朝鮮朝日	西北・南鮮版	1929-01-26	2	03단	鐵道局辭令

일련번호	판명		간행일	면	단수	기사명
165160	朝鮮朝日	西北・南鮮版	1929-01-26	2	03단	荷物事故防止週間
165161	朝鮮朝日	西北・南鮮版	1929-01-26	2	03단	在鮮歐米人
165162	朝鮮朝日	西北・南鮮版	1929-01-26	2	03단	新幹會本部が內容を改革
165163	朝鮮朝日	西北版	1929-01-27	1	01단	賑かにフタをあけた新義州の廉賣デー各商店何れも妍を競ふ本紙創刊五十周年の記念催し
165164	朝鮮朝日	西北版	1929-01-27	1	01단	その時の面積は現在の約五分の二/人口も四分の一だった/せまかった五十年前の京城府
165165	朝鮮朝日	西北版	1929-01-27	1	02단	水利事業熱が平北に勃興/産米龜の尾の好評は水利事業に原因する
165166	朝鮮朝日	西北版	1929-01-27	1	03단	步兵砲兵/聯合演習
165167	朝鮮朝日	西北版	1929-01-27	1	04단	安中の教諭に滿鐵から奬學金
165168	朝鮮朝日	西北版	1929-01-27	1	04단	高過る小賣物價の引下を計劃/淸津商業會議所が
165169	朝鮮朝日	西北版	1929-01-27	1	04단	平安北道の各種爭議
165170	朝鮮朝日	西北版	1929-01-27	1	04단	またも小作人が大擧道廳に押かけ谷知事に對して陳情す/不二西鮮農場における小作爭議
165171	朝鮮朝日	西北版	1929-01-27	1	04단	童謠/北原白秋選
165172	朝鮮朝日	西北版	1929-01-27	1	05단	産米檢査の移管は財源の關係上あまり喜ばぬ
165173	朝鮮朝日	西北版	1929-01-27	1	05단	平北の奧地は頗る有望だ/馬賊の蠢動は少ない/平南警察部長視察談
165174	朝鮮朝日	西北版	1929-01-27	1	05단	穀物檢査料激增を示す
165175	朝鮮朝日	西北版	1929-01-27	1	06단	牡丹臺野話
165176	朝鮮朝日	西北版	1929-01-27	1	06단	赤穗義士の記念講演會
165177	朝鮮朝日	西北版	1929-01-27	1	06단	靑訓の設置は遠くはない朝鮮人の入所もよい平南道學務課長の談
165178	朝鮮朝日	西北版	1929-01-27	1	07단	安實銀行の成績
165179	朝鮮朝日	西北版	1929-01-27	1	07단	平南道視學一名を增員/平壤府は新設
165180	朝鮮朝日	西北版	1929-01-27	1	07단	平壤府の豫算案學校組合だけは編成を終る
165181	朝鮮朝日	西北版	1929-01-27	1	07단	平安南道の教員大異動
165182	朝鮮朝日	西北版	1929-01-27	1	08단	護身用短銃を書記長が携帶す身邊の危險を感じて惡化した元山の爭議
165183	朝鮮朝日	西北版	1929-01-27	1	08단	面の廢合を斷行/總數廿二ヶ面に及ぶ/平南道の新しき計劃
165184	朝鮮朝日	西北版	1929-01-27	1	08단	平中の軍事査閱

일련번호	판명		간행일	면	단수	기사명
165185	朝鮮朝日	西北版	1929-01-27	1	08단	江界の武道大會
165186	朝鮮朝日	西北版	1929-01-27	1	08단	大同警察署の寒稽古納會成績
165187	朝鮮朝日	西北版	1929-01-27	1	08단	認可遅れる行政區域擴張の
165188	朝鮮朝日	西北版	1929-01-27	1	09단	平南各校生産品展
165189	朝鮮朝日	西北版	1929-01-27	1	09단	見るに堪へぬ踊りををどらせ平壤水曜會攻擊さる國粹會平壤支部起つ
165190	朝鮮朝日	西北版	1929-01-27	1	10단	普通學校を十一校新設
165191	朝鮮朝日	西北版	1929-01-27	1	10단	契約金騙取
165192	朝鮮朝日	西北版	1929-01-27	1	10단	靴泥棒捕る
165193	朝鮮朝日	西北版	1929-01-27	1	10단	強盗捕まる
165194	朝鮮朝日	西北版	1929-01-27	1	10단	新義州管内昨年の火災
165195	朝鮮朝日	西北版	1929-01-27	1	10단	會(安東商店協會總會)
165196	朝鮮朝日	西北版	1929-01-27	1	10단	人(菊山嘉男氏(慶北内務部長)/多田榮吉氏(平北道評議員))
165197	朝鮮朝日	南鮮版	1929-01-27	1	01단	渡邊鷹治郎翁が五十年前の昔話(３)/引揚げの在留邦人を支那兵隊と間違へ發砲した幼稚な我兵隊
165198	朝鮮朝日	南鮮版	1929-01-27	1	02단	モヒ患者の福音/注射液を發見/たいていの患者は完全になほる
165199	朝鮮朝日	南鮮版	1929-01-27	1	03단	改正した漁業令/二十六日付を以て發布さる
165200	朝鮮朝日	南鮮版	1929-01-27	1	03단	各課競爭の姿で新機軸を出すべく大馬力をかけて研究中/朝鮮博覽會の準備愈本腰となる
165201	朝鮮朝日	南鮮版	1929-01-27	1	04단	香椎會頭の責任を問ひ仲人に一切を委す/釜山商議總會賑ふ
165202	朝鮮朝日	南鮮版	1929-01-27	1	04단	先進組合の長所を採る/慶南漁業組合
165203	朝鮮朝日	南鮮版	1929-01-27	1	05단	京都大禮博の京城受賞者
165204	朝鮮朝日	南鮮版	1929-01-27	1	05단	童謠/北原白秋選
165205	朝鮮朝日	南鮮版	1929-01-27	1	05단	忠北道區劃擴張を運動/整理に怯えて
165206	朝鮮朝日	南鮮版	1929-01-27	1	06단	繼續して許可か釜山露店魚市/場問題となる
165207	朝鮮朝日	南鮮版	1929-01-27	1	06단	馬山の大雪
165208	朝鮮朝日	南鮮版	1929-01-27	1	06단	仁川の勞働組合では人夫の募集を阻みつひに檢束騷ぎを演ず元山の埠頭勞働者の盟休と仁川
165209	朝鮮朝日	南鮮版	1929-01-27	1	07단	とてもでかい新式の電車/十五日試運轉を行ふ/許可あり次第に運轉
165210	朝鮮朝日	南鮮版	1929-01-27	1	07단	知事さんの卵/採用方針きまる/詮衡は京

일련번호	판명		간행일	면	단수	기사명
165210	朝鮮朝日	南鮮版	1929-01-27	1	07단	城と東京の二箇所において行ふ
165211	朝鮮朝日	南鮮版	1929-01-27	1	08단	孝行娘の鄭サン/今回表彰さる/幼い身で母を助け朝は暗い内から夜遅く迄/手傳ってうむ處を知らぬ
165212	朝鮮朝日	南鮮版	1929-01-27	1	09단	五十七個の金銀時計/列車に置忘る/呑氣な父さん
165213	朝鮮朝日	南鮮版	1929-01-27	1	09단	爆藥を携へ野獸を追ふ
165214	朝鮮朝日	南鮮版	1929-01-27	1	09단	妹尾章氏逝く
165215	朝鮮朝日	南鮮版	1929-01-27	1	10단	釜山の大火は失火と判る
165216	朝鮮朝日	南鮮版	1929-01-27	1	10단	もよほし(龍山實業親和會總會)
165217	朝鮮朝日	南鮮版	1929-01-27	1	10단	人(水口隆三氏(前慶南知事)/曾根誠三少佐(各務ヶ原航空隊付)/松澤國治氏(新全北警察部長)/松島惇氏(新任釜山郵便局長)/須藤素氏(新慶南知事)/入江滿鐵理事/板垣馬山府尹/馬野咸南知事/今村公美氏(新任慶北知事)/須藤素氏(新任慶南知事)/河野節夫氏(新任警察部長)/美座流石氏(新任慶南警察部長)/古橋卓四郎氏(新任江原道內務部長)/菊山嘉男氏(新任慶北內務部長))
165218	朝鮮朝日	南鮮版	1929-01-27	1	10단	半島茶話
165219	朝鮮朝日	西北・南鮮版	1929-01-27	2	01단	高麗燒の話(2)/百に對する三四割は成功/製造法が難かしく簡單にはまゐらぬ
165220	朝鮮朝日	西北・南鮮版	1929-01-27	2	01단	青い鳥
165221	朝鮮朝日	西北・南鮮版	1929-01-27	2	01단	慶南評議會は三月に延期
165222	朝鮮朝日	西北・南鮮版	1929-01-27	2	01단	京城學校組合會議
165223	朝鮮朝日	西北・南鮮版	1929-01-27	2	01단	減收を示す鐵道中旬業績
165224	朝鮮朝日	西北・南鮮版	1929-01-27	2	01단	新刊紹介(『華城の光』/『滿蒙之情勢』)
165225	朝鮮朝日	西北版	1929-01-29	1	01단	電燈電力料金がめっぽう安くなり京城釜山の次に位する新義州電氣會社値下げを斷行す
165226	朝鮮朝日	西北版	1929-01-29	1	01단	全鮮の各校に朝鮮語科を正科として設くべく/國粹會が運動を起す
165227	朝鮮朝日	西北版	1929-01-29	1	01단	鴨綠江の天然氷採取作業
165228	朝鮮朝日	西北版	1929-01-29	1	03단	運賃拂戻しをさらに延期
165229	朝鮮朝日	西北版	1929-01-29	1	03단	警官駐在所の區域變更を行ふ面の廢合にともなひ
165230	朝鮮朝日	西北版	1929-01-29	1	03단	鎭南浦商議の評議員會議
165231	朝鮮朝日	西北版	1929-01-29	1	04단	徵收金激增す/新義州檢事局における狀況
165232	朝鮮朝日	西北版	1929-01-29	1	04단	平壤府尹から弔電を奉る

일련번호	판명		간행일	면	단수	기사명
165233	朝鮮朝日	西北版	1929-01-29	1	04단	辭令(廿六日付)
165234	朝鮮朝日	西北版	1929-01-29	1	04단	出來得る限り費用をかけ各種の展覽會を開く/平南道陳列所の計劃
165235	朝鮮朝日	西北版	1929-01-29	1	04단	朝鮮産煙草の見越輸出ふえる/支那新關稅の實施で
165236	朝鮮朝日	西北版	1929-01-29	1	05단	新義州中學の第一回武道大會
165237	朝鮮朝日	西北版	1929-01-29	1	05단	肺ヂストマの根絶を計劃
165238	朝鮮朝日	西北版	1929-01-29	1	05단	標語入りの自動押捺機/各郵便局で使用
165239	朝鮮朝日	西北版	1929-01-29	1	05단	新義州中學の入學試驗きまる
165240	朝鮮朝日	西北版	1929-01-29	1	06단	犬の皮の需要ウンと増す
165241	朝鮮朝日	西北版	1929-01-29	1	06단	懇々とさとされた上/旅費を惠んで貰ひ不二農場の小作人歸る/李範昇事務官のなさけによって
165242	朝鮮朝日	西北版	1929-01-29	1	07단	平南の郡守會議
165243	朝鮮朝日	西北版	1929-01-29	1	07단	不潔極まる平壤の舊市街
165244	朝鮮朝日	西北版	1929-01-29	1	07단	『感激するのみ』下村博士の寄附で鎭南浦商工學校長喜ぶ
165245	朝鮮朝日	西北版	1929-01-29	1	08단	雫の聲
165246	朝鮮朝日	西北版	1929-01-29	1	08단	花柳病豫防藥平南で試用
165247	朝鮮朝日	西北版	1929-01-29	1	08단	平壤の火事
165248	朝鮮朝日	西北版	1929-01-29	1	08단	天然痘蔓延
165249	朝鮮朝日	西北版	1929-01-29	1	09단	月給を盜む
165250	朝鮮朝日	西北版	1929-01-29	1	09단	解氷をまって大活動を始める平南道の漁業監視船
165251	朝鮮朝日	西北版	1929-01-29	1	09단	牡丹臺野話
165252	朝鮮朝日	西北版	1929-01-29	1	10단	刑事と稱して人妻に暴行
165253	朝鮮朝日	西北版	1929-01-29	1	10단	不逞漢捕る
165254	朝鮮朝日	西北版	1929-01-29	1	10단	生活難から實子を殺す
165255	朝鮮朝日	西北版	1929-01-29	1	10단	露國式手銶で夫婦を殺す
165256	朝鮮朝日	西北版	1929-01-29	1	10단	人(田中平南道警務課長/靑木戒三氏(前平南知事)/鈴木平壤郵便局監督課長)
165257	朝鮮朝日	南鮮版	1929-01-29	1	01단	多木氏激怒して認可取消を要望し同時に聲明書を發表す 雲岩水電問題遂に暗礁に乘上ぐ/痛烈きはまる言辭を連ね手嚴しくたゝきつく多木氏の聲明書內容/虻蜂とらずに終りたくはない亥角水利組合長の談/南鮮電氣は樂觀す百萬圓提供を夢と見なす
165258	朝鮮朝日	南鮮版	1929-01-29	1	01단	奈良朝文學雜誌/萬葉時代/城大法文學部か

일련번호	판명		간행일	면	단수	기사명
165258	朝鮮朝日	南鮮版	1929-01-29	1	01단	ら發行
165259	朝鮮朝日	南鮮版	1929-01-29	1	02단	大京城の姿(8)/京城、井塚生東水畵伯繪
165260	朝鮮朝日	南鮮版	1929-01-29	1	03단	辭令(廿六日付)
165261	朝鮮朝日	南鮮版	1929-01-29	1	03단	山梨總督から弔電を奉る
165262	朝鮮朝日	南鮮版	1929-01-29	1	03단	私立學校の規定を改正
165263	朝鮮朝日	南鮮版	1929-01-29	1	03단	朝鮮觀光團の誘引に努むべく鐵道局馬力をかける
165264	朝鮮朝日	南鮮版	1929-01-29	1	04단	羅針盤修正台/汝矣島に新設す
165265	朝鮮朝日	南鮮版	1929-01-29	1	04단	雫の聲
165266	朝鮮朝日	南鮮版	1929-01-29	1	05단	『感激するのみ』下村博士の寄附で鎭南浦商工學校長喜ぶ
165267	朝鮮朝日	南鮮版	1929-01-29	1	05단	學生々活の最後をかざる卒業論文提出終る/京城大學の文學部
165268	朝鮮朝日	南鮮版	1929-01-29	1	05단	氷上の活躍
165269	朝鮮朝日	南鮮版	1929-01-29	1	07단	新知事と會見しその上で今後の方針を決る
165270	朝鮮朝日	南鮮版	1929-01-29	1	07단	慶南道知事着任
165271	朝鮮朝日	南鮮版	1929-01-29	1	07단	五百餘萬圓を一箇年間で增加
165272	朝鮮朝日	南鮮版	1929-01-29	1	07단	朝鮮産煙草の見越輸出ふえる支那新關稅の實施で
165273	朝鮮朝日	南鮮版	1929-01-29	1	07단	山林愛護をテーマとした映畵脚本の募集は月末迄締切を延期
165274	朝鮮朝日	南鮮版	1929-01-29	1	08단	寫眞說明(國際聯盟アヘン委員會で世界的に確認されたモヒ中毒全治の新注射液を發見した京畿道衛生課長周防正李氏)
165275	朝鮮朝日	南鮮版	1929-01-29	1	08단	家業を抛って道區劃變更の阻止につとむ
165276	朝鮮朝日	南鮮版	1929-01-29	1	08단	京城の火事
165277	朝鮮朝日	南鮮版	1929-01-29	1	08단	自警團を組織し嚴重警戒する强盜の頻出で
165278	朝鮮朝日	南鮮版	1929-01-29	1	09단	强盜を捕ふ
165279	朝鮮朝日	南鮮版	1929-01-29	1	09단	馬山に强盜
165280	朝鮮朝日	南鮮版	1929-01-29	1	09단	大阪方面からモヒ密移入し大仕掛の小賣を行ふ
165281	朝鮮朝日	南鮮版	1929-01-29	1	09단	崖から飛降り自殺を遂ぐ
165282	朝鮮朝日	南鮮版	1929-01-29	1	10단	犬泥捕まる
165283	朝鮮朝日	南鮮版	1929-01-29	1	10단	出稼朝鮮人が舊正で歸鮮
165284	朝鮮朝日	南鮮版	1929-01-29	1	10단	もよほし(馬野咸南知事送別會/龍山中學の武道大會)
165285	朝鮮朝日	南鮮版	1929-01-29	1	10단	人(寺澤峇齩氏(大連ヤマトホテル支配人)/松坂佐一氏(京城帝大助教授)/白井成允氏(京城帝大教授)/矢橋郎胤氏(大邱日報副社

일련번호	판명		간행일	면	단수	기사명
165285	朝鮮朝日	南鮮版	1929-01-29	1	10단	長)/品川基幸氏(同上營業局長)/田中平南道警務課長/靑木戒三氏(前平南知事))
165286	朝鮮朝日	南鮮版	1929-01-29	1	10단	半島茶話
165287	朝鮮朝日	西北版	1929-01-30	1	01단	警官護衛の下に運搬作業をつゞけ滯貨はだんだんと減る元山における埠頭人夫盟休事件
165288	朝鮮朝日	西北版	1929-01-30	1	01단	代表的商店が全部參加しすこぶる景氣のよい新義州府の廉賣デー
165289	朝鮮朝日	西北版	1929-01-30	1	01단	休憩中協議纏らず再開直ちに散會 大混亂後の衆議院/對支、滿蒙問題で議場は怒罵の巷 重要質問を打切った衆議院豫算總會
165290	朝鮮朝日	西北版	1929-01-30	1	02단	東拓平壤支店建築すゝむ
165291	朝鮮朝日	西北版	1929-01-30	1	02단	大同署管內共同基地を整理/四期にわかちて行ふ
165292	朝鮮朝日	西北版	1929-01-30	1	03단	短歌/橋田東聲選
165293	朝鮮朝日	西北版	1929-01-30	1	03단	醫療機關の充實を圖る
165294	朝鮮朝日	西北版	1929-01-30	1	04단	卒業後に入學試驗/平南では明年から實施する
165295	朝鮮朝日	西北版	1929-01-30	1	04단	情理を盡した說諭で代表者が悄げ込みとんだ悲喜劇を演出す不二農場の社長と小作人の會見/水利組合費の地主負擔と小作料折半は當然の要求であると觀らる
165296	朝鮮朝日	西北版	1929-01-30	1	04단	氷上競技大會新義州において擧行
165297	朝鮮朝日	西北版	1929-01-30	1	05단	司令官に上申書/順序を經ずに提出し捕はる
165298	朝鮮朝日	西北版	1929-01-30	1	06단	元山の大爭議(１)/調停すべきはずの會議所が乘出し勞働組合潰滅を企つ市民もまた問題の渦中に投ず
165299	朝鮮朝日	西北版	1929-01-30	1	07단	動く人(４)/菊山內務部長
165300	朝鮮朝日	西北版	1929-01-30	1	09단	モヒ中患者の救濟を行ふ/昨年安東で行倒れた患者卅六名にのぼる
165301	朝鮮朝日	西北版	1929-01-30	1	09단	勞働者のため慰安會をひらき主從が胸襟を開いて意見の交換を行ふ
165302	朝鮮朝日	西北版	1929-01-30	1	09단	牡丹臺野話
165303	朝鮮朝日	西北版	1929-01-30	1	10단	珍藝問題で警告す/置屋業者と藝妓を呼び出し
165304	朝鮮朝日	西北版	1929-01-30	1	10단	全安東柔道大會
165305	朝鮮朝日	西北版	1929-01-30	1	10단	人(上原第二十師團長/飛行第一聯隊曾根少佐)

일련번호	판명		간행일	면	단수	기사명
165306	朝鮮朝日	南鮮版	1929-01-30	1	01단	休憩中協議纏らず再開直ちに散會 大混亂後の衆議院/對支、滿蒙問題で議場は怒罵の巷重要質問を打切った衆議院豫算總會
165307	朝鮮朝日	南鮮版	1929-01-30	1	01단	期成會の幹部が須藤知事を訪問し調停につき懇談をなす知事の乗出しは多少おくれる/引繼ぎの上で態度をきめたい電氣府營問題につき須藤新慶南知事の談
165308	朝鮮朝日	南鮮版	1929-01-30	1	01단	舊京城府廳の敷地賣却は意外に早く纏まるか公債肩替も近く解決
165309	朝鮮朝日	南鮮版	1929-01-30	1	03단	博覽會のため特別運輸班/鐵道局の計劃
165310	朝鮮朝日	南鮮版	1929-01-30	1	03단	元山の大爭議(１)/調停すべきはずの會議所が乗出し勞働組合潰滅を企つ市民もまた問題の渦中に投ず
165311	朝鮮朝日	南鮮版	1929-01-30	1	04단	晋州師範校の生徒募集は中止 官立師範設立により廢校となる前提とし/立入って話せぬ早晩實現する慶南道當局談
165312	朝鮮朝日	南鮮版	1929-01-30	1	04단	短歌/橋田東聲選
165313	朝鮮朝日	南鮮版	1929-01-30	1	05단	辭令(二十八日附)
165314	朝鮮朝日	南鮮版	1929-01-30	1	05단	初等校長の奏任官/昇進の途は愈/二月頃開ける
165315	朝鮮朝日	南鮮版	1929-01-30	1	05단	情理を盡した說諭で代表者が悄げ込みとんだ悲喜劇を演出す不二農場の社長と小作人の會見/水利組合費の地主負擔と小作料折半
165315	朝鮮朝日	南鮮版	1929-01-30	1	05단	は當然の要求であると觀らる
165316	朝鮮朝日	南鮮版	1929-01-30	1	06단	渡邊京畿道知事の着任(二十八日京城驛で)
165317	朝鮮朝日	南鮮版	1929-01-30	1	06단	舊韓國將校の優遇を請願
165318	朝鮮朝日	南鮮版	1929-01-30	1	07단	大邱體育協會制度を變更
165319	朝鮮朝日	南鮮版	1929-01-30	1	07단	お茶のあと
165320	朝鮮朝日	南鮮版	1929-01-30	1	08단	結局多木氏の眞意を確め其上で提議を容れる/東津水利の方針決る
165321	朝鮮朝日	南鮮版	1929-01-30	1	08단	教員資格認定規則を改正
165322	朝鮮朝日	南鮮版	1929-01-30	1	08단	忠北道區域擴張運動の大體方針決る
165323	朝鮮朝日	南鮮版	1929-01-30	1	09단	仁川署管內をさかんに荒した二人組の強盜捕まる
165324	朝鮮朝日	南鮮版	1929-01-30	1	10단	馬山府尹の糺彈演說會開催を申合す
165325	朝鮮朝日	南鮮版	1929-01-30	1	10단	飛行機上から鐵道の敷地を撮影し所謂空中測量を行ふ
165326	朝鮮朝日	南鮮版	1929-01-30	1	10단	舊馬山を襲った強盜は中學を卒へた前科者
165327	朝鮮朝日	南鮮版	1929-01-30	1	10단	もよほし(全鮮旅館協會役員會)

일련번호	판명		간행일	면	단수	기사명
165328	朝鮮朝日	南鮮版	1929-01-30	1	10단	人(須藤新慶南知事/美座新慶南警察部長/伊達新平北內務部長/松浦城大總長/上原第二十師團長/飛行第一聯隊曾根少佐)
165329	朝鮮朝日	西北・南鮮版	1929-01-30	2	01단	高麗燒の話(3)/あの色合は他國で出せぬ/高麗燒こそ超弩級の世界的美術品である
165330	朝鮮朝日	西北・南鮮版	1929-01-30	2	01단	新學士さんの賣れ口がなく就職難にへこたる內地賣込みは失敗
165331	朝鮮朝日	西北・南鮮版	1929-01-30	2	01단	會社銀行/木浦海運が解散し朝鮮汽船會社の買收に應ず
165332	朝鮮朝日	西北・南鮮版	1929-01-30	2	02단	成績のよい共榮自動車會社
165333	朝鮮朝日	西北・南鮮版	1929-01-30	2	03단	低利資金の各道別の償還金額
165334	朝鮮朝日	西北・南鮮版	1929-01-30	2	04단	京城電氣の配當きまる
165335	朝鮮朝日	西北・南鮮版	1929-01-30	2	04단	漢城銀行の總會
165336	朝鮮朝日	西北版	1929-01-31	1	01단	議會より/守屋榮夫代議士が朝鮮人の優遇を說き田中首相『御希望に副ふ』と答ふ/池上總監は叮嚀過ぎて注意さる
165337	朝鮮朝日	西北版	1929-01-31	1	01단	道廳移轉阻止運動全鮮各地に起る/各道區劃改正の聲明で思はざる波紋をゑがく
165338	朝鮮朝日	西北版	1929-01-31	1	01단	養豚を奬め農家の懷をふくらす平安南道の副業奬勵
165339	朝鮮朝日	西北版	1929-01-31	1	01단	宣川、博川から內地へ移出する生牛が滅法多くなり輸送能力不足を告ぐ
165340	朝鮮朝日	西北版	1929-01-31	1	02단	家屋稅賦課の調査を行ふ
165341	朝鮮朝日	西北版	1929-01-31	1	03단	平南の造林奬勵
165342	朝鮮朝日	西北版	1929-01-31	1	03단	慈惠醫院の建築を計劃
165343	朝鮮朝日	西北版	1929-01-31	1	03단	平壤府に公設質屋明年から實施すべく研究中
165344	朝鮮朝日	西北版	1929-01-31	1	04단	製菓品評會へ出品を勸誘
165345	朝鮮朝日	西北版	1929-01-31	1	04단	籾が不足して精米業者ら弱る/操業休止の向もある
165346	朝鮮朝日	西北版	1929-01-31	1	04단	景品剩餘金を警察に寄附
165347	朝鮮朝日	西北版	1929-01-31	1	04단	元山の大爭議(2)/ライジングサンの荷扱ひ拒絶から埠頭人夫解雇となり遂に今回の爭議を惹き起す
165348	朝鮮朝日	西北版	1929-01-31	1	05단	安東の就學兒童
165349	朝鮮朝日	西北版	1929-01-31	1	05단	鎭守使自ら陣頭に立ち馬賊討伐に向ふ
165350	朝鮮朝日	西北版	1929-01-31	1	06단	狹い氷上で離着陸を行ひ立派な成績を擧ぐ平壤空軍耐寒飛行/新義州附近で耐寒飛行か

일련번호	판명		간행일	면	단수	기사명
165351	朝鮮朝日	西北版	1929-01-31	1	06단	俳句/鈴木花蓑選
165352	朝鮮朝日	西北版	1929-01-31	1	06단	鑛業權侵害控訴審は原告の主張通らずつひに却下を言渡さる全鮮の視聽を集めた平安水利問題
165353	朝鮮朝日	西北版	1929-01-31	1	07단	鎭南浦土地總會
165354	朝鮮朝日	西北版	1929-01-31	1	07단	殉職消防手に一時金下付さる
165355	朝鮮朝日	西北版	1929-01-31	1	07단	寄附した金の取戻しをはかりやかましく批難さる/鎭南浦商議の珍問題
165356	朝鮮朝日	西北版	1929-01-31	1	08단	大々的の害獸狩/多數を捕獲す
165357	朝鮮朝日	西北版	1929-01-31	1	09단	盜伐バレる
165358	朝鮮朝日	西北版	1929-01-31	1	09단	妾を縛って射殺した匪賊/近く公判に附せらる
165359	朝鮮朝日	西北版	1929-01-31	1	09단	醫生の誤診でチプス發生
165360	朝鮮朝日	西北版	1929-01-31	1	09단	スケート選手/重傷を負ふ
165361	朝鮮朝日	西北版	1929-01-31	1	09단	社金橫領の駈落者捕る
165362	朝鮮朝日	西北版	1929-01-31	1	10단	一萬圓詐取の犯人捕まる
165363	朝鮮朝日	西北版	1929-01-31	1	10단	氷上競技の成績
165364	朝鮮朝日	西北版	1929-01-31	1	10단	もよほし(鎭南浦穀物商組合總會/滿鮮かるた藤八拳大會)
165365	朝鮮朝日	西北版	1929-01-31	1	10단	人(衡藤泰氏(大同署長)/田浦敏明氏(平南道高等課警部補)/厚地法人氏(新任平北地方課長)/渡邊肆郎氏(江原道理事官)/金瑞圭氏(新任全南知事)/山本坂太郎氏(新任慶南財務部長)/園田寬氏(新任平南知事)/藤原喜藏氏(平南內務部長))
165366	朝鮮朝日	西北版	1929-01-31	1	10단	半島茶話
165367	朝鮮朝日	南鮮版	1929-01-31	1	01단	議會より/守屋榮夫代議士が朝鮮人の優遇を說き田中首相『御希望に副ふ』と答ふ/池上總監は叮嚀過ぎて注意さる
165368	朝鮮朝日	南鮮版	1929-01-31	1	01단	道廳移轉阻止運動全鮮各地に起る/各道區劃改正の聲明で思はざる波紋をゑがく
165369	朝鮮朝日	南鮮版	1929-01-31	1	01단	*委員をあげて交涉に當る舊京城府廳舍敷地の處分が愈本腰となる/舊府廳跡の買收を協議*
165370	朝鮮朝日	南鮮版	1929-01-31	1	01단	研究と調査の機關を設け/釜山大漁港の築造を極力調査研究を行ふ
165371	朝鮮朝日	南鮮版	1929-01-31	1	03단	元山の大爭議(2)/ライジングサンの荷扱ひ拒絶から埠頭人夫解雇となり遂に今回の爭議を惹き起す
165372	朝鮮朝日	南鮮版	1929-01-31	1	04단	砂防工事を全北道が起す

일련번호	판명		간행일	면	단수	기사명
165373	朝鮮朝日	南鮮版	1929-01-31	1	04단	俳句/鈴木花蓑選
165374	朝鮮朝日	南鮮版	1929-01-31	1	04단	群山商議の豫算
165375	朝鮮朝日	南鮮版	1929-01-31	1	05단	全北井邑に靑訓
165376	朝鮮朝日	南鮮版	1929-01-31	1	05단	豊國洋灰を三菱で販賣
165377	朝鮮朝日	南鮮版	1929-01-31	1	05단	『補助金さへ貰へば經營には差支へぬ』高女道移管論を反駁し松井府尹メンタルテストに及第
165378	朝鮮朝日	南鮮版	1929-01-31	1	06단	煙草倉庫新築
165379	朝鮮朝日	南鮮版	1929-01-31	1	07단	靑い鳥
165380	朝鮮朝日	南鮮版	1929-01-31	1	07단	石塚技師に記念品を贈る
165381	朝鮮朝日	南鮮版	1929-01-31	1	07단	河村釜山檢事正
165382	朝鮮朝日	南鮮版	1929-01-31	1	07단	近くきまる朝鮮銀行總會
165383	朝鮮朝日	南鮮版	1929-01-31	1	08단	採用人物は本府より多い/遉がに鐵道だけある/だが人物選定に弱る
165384	朝鮮朝日	南鮮版	1929-01-31	1	08단	道立醫院の内容を充實しこれに伴ひ醫師や藥劑師を養成する
165385	朝鮮朝日	南鮮版	1929-01-31	1	08단	畜牛を賣って食料を買ふ悲惨な全北農民
165386	朝鮮朝日	南鮮版	1929-01-31	1	08단	刑務所にラヂオ慰安と修養のために設ける
165387	朝鮮朝日	南鮮版	1929-01-31	1	09단	汽船の火事
165388	朝鮮朝日	南鮮版	1929-01-31	1	09단	ゴミ溜を漁る年の若い浮浪人/京城本町署のために四十九名とらへらる
165389	朝鮮朝日	南鮮版	1929-01-31	1	10단	猩紅熱のため裡里校休業
165390	朝鮮朝日	南鮮版	1929-01-31	1	10단	村田孚氏宅に泥棒はいる
165391	朝鮮朝日	南鮮版	1929-01-31	1	10단	スケート選手/重傷を負ふ
165392	朝鮮朝日	南鮮版	1929-01-31	1	10단	人(林茂樹氏(全北知事))
165393	朝鮮朝日	南鮮版	1929-01-31	1	10단	半島茶話

1929년 2월 (조선아사히)

일련번호	판명		간행일	면	단수	기사명
165394	朝鮮朝日	西北版	1929-02-01	1	01단	資本家の肝煎で新勞働團體を起し舊團體と對抗をはかる/罷業團の結束はますますかたい
165395	朝鮮朝日	西北版	1929-02-01	1	01단	不景氣挽回の對策を研究/まづ委員會を設置し具體事項を附議する
165396	朝鮮朝日	西北版	1929-02-01	1	01단	米國政府から栗材の調査方を平南道に依賴し來る
165397	朝鮮朝日	西北版	1929-02-01	1	01단	七百町歩に桑苗を植栽
165398	朝鮮朝日	西北版	1929-02-01	1	02단	元山の大爭議(3)/支店長や社員達が埠頭にとび出し靑汗をながして働く全市の商取引は全く中止さる
165399	朝鮮朝日	西北版	1929-02-01	1	03단	海員養成所の入所生徒を募集
165400	朝鮮朝日	西北版	1929-02-01	1	03단	童謠/北原白秋選
165401	朝鮮朝日	西北版	1929-02-01	1	03단	製絲工場を設置か郡是製絲の重役視察を行ふ
165402	朝鮮朝日	西北版	1929-02-01	1	04단	朝鮮唯一の地震觀測所/竣工を告ぐ
165403	朝鮮朝日	西北版	1929-02-01	1	04단	有害物調べ/賣藥類の成績が惡く廢棄品の六割を占む
165404	朝鮮朝日	西北版	1929-02-01	1	04단	白しぼり油と配合化學肥料を日陞公司工場で造る
165405	朝鮮朝日	西北版	1929-02-01	1	06단	モヒ患者の福音/注射液を發見/たいていの患者は完全になほる
165406	朝鮮朝日	西北版	1929-02-01	1	06단	電報事務の事故無しデー
165407	朝鮮朝日	西北版	1929-02-01	1	06단	平壤驛の機關車/明秋あたりから建築に着手
165408	朝鮮朝日	西北版	1929-02-01	1	06단	平壤鐵道管內昨年中の乘降客
165409	朝鮮朝日	西北版	1929-02-01	1	07단	矮林作業の試驗を行ふ
165410	朝鮮朝日	西北版	1929-02-01	1	07단	モヒ中毒者を十年計劃で根絶/平安北道事業に着手
165411	朝鮮朝日	西北版	1929-02-01	1	07단	安東の麻雀大會
165412	朝鮮朝日	西北版	1929-02-01	1	08단	林業功勞者の表彰を行ふ
165413	朝鮮朝日	西北版	1929-02-01	1	08단	運動系(卓球選手權大會/氷滑大會にて安東組氣を吐く)
165414	朝鮮朝日	西北版	1929-02-01	1	08단	主從を招き懇親會/釜山府職業紹介所の主催で
165415	朝鮮朝日	西北版	1929-02-01	1	08단	龍井の殺人事件は手懸りがなく日支官憲が競爭で犯人の逮捕に努む
165416	朝鮮朝日	西北版	1929-02-01	1	09단	牡丹台野話
165417	朝鮮朝日	西北版	1929-02-01	1	09단	唐松の播種場陽德に設ける

일련번호	판명		간행일	면	단수	기사명
165418	朝鮮朝日	西北版	1929-02-01	1	10단	黑鉛精鍊所二棟燒く/損害は十萬圓
165419	朝鮮朝日	西北版	1929-02-01	1	10단	平壤の火事
165420	朝鮮朝日	西北版	1929-02-01	1	10단	普通校の教員/燒死を遂ぐ
165421	朝鮮朝日	西北版	1929-02-01	1	10단	夫と其情婦の殺害を企て情婦の家を燒く
165422	朝鮮朝日	西北版	1929-02-01	1	10단	袋叩きにして所持金强奪
165423	朝鮮朝日	西北版	1929-02-01	1	10단	警官を射殺/匪賊の餘罪判る
165424	朝鮮朝日	南鮮版	1929-02-01	1	01단	府尹と香椎氏が須藤知事を訪問し調停を無條件で一任す 問題の調停案は中旬頃に發表か/關水事務官が調停案をつくる 面會時間をさだめてもっぱら成案を急ぐ
165425	朝鮮朝日	南鮮版	1929-02-01	1	01단	學務局長には誰がなる(所謂自稱候補者が押すな押すなの有樣)
165426	朝鮮朝日	南鮮版	1929-02-01	1	01단	多木氏の眞意がどこにあるか判斷に苦しむ
165427	朝鮮朝日	南鮮版	1929-02-01	1	02단	元山の大爭議(3)/支店長や社員達が埠頭にとび出し膏汗をながして働く全市の商取引は全く中止さる
165428	朝鮮朝日	南鮮版	1929-02-01	1	03단	童謠/北原白秋選
165429	朝鮮朝日	南鮮版	1929-02-01	1	03단	各面情勢の調査を行ふ
165430	朝鮮朝日	南鮮版	1929-02-01	1	03단	朝鮮唯一の地震觀測所/竣工を告ぐ
165431	朝鮮朝日	南鮮版	1929-02-01	1	04단	京南鐵道が社債を募集
165432	朝鮮朝日	南鮮版	1929-02-01	1	04단	朝鮮鐵道が新線を敷設
165433	朝鮮朝日	南鮮版	1929-02-01	1	04단	自動車を買收し/慶南道が經營せんと計劃す
165434	朝鮮朝日	南鮮版	1929-02-01	1	05단	慶南穀物業者/大會を開く
165435	朝鮮朝日	南鮮版	1929-02-01	1	05단	大京城の姿(9)/文化の大波のためすり減らされた痛ましい姿の南大門/でも靜かに眠ってゐればいい
165436	朝鮮朝日	南鮮版	1929-02-01	1	06단	手形發行は御免蒙りたい/萬事は着任の上で今村慶北知事語る
165437	朝鮮朝日	南鮮版	1929-02-01	1	07단	朝鮮博覽會の宣傳に着手
165438	朝鮮朝日	南鮮版	1929-02-01	1	08단	官立專門校長會議
165439	朝鮮朝日	南鮮版	1929-02-01	1	08단	修身教科書の改訂を行ふ/普通學校用の
165440	朝鮮朝日	南鮮版	1929-02-01	1	08단	主從を招き懇親會/釜山府職業紹介所の主催で
165441	朝鮮朝日	南鮮版	1929-02-01	1	08단	入學試驗は昨年通り行ふ/兒童の負擔輕減に十分意をもちひる
165442	朝鮮朝日	南鮮版	1929-02-01	1	08단	有害物調べ/賣藥類の成績が惡く廢棄品の六割を占む

일련번호	판명		간행일	면	단수	기사명
165443	朝鮮朝日	南鮮版	1929-02-01	1	08단	金利引下げの議纏まらず/更めて協議會を開く/地元は別に會合する
165444	朝鮮朝日	南鮮版	1929-02-01	1	09단	公州の陳情員
165445	朝鮮朝日	南鮮版	1929-02-01	1	10단	金融關係の規則を改正
165446	朝鮮朝日	南鮮版	1929-02-01	1	10단	京城府聯合靑年團長會議
165447	朝鮮朝日	南鮮版	1929-02-01	1	10단	米の群山へ米を逆移入
165448	朝鮮朝日	南鮮版	1929-02-01	1	10단	裡里の火事
165449	朝鮮朝日	南鮮版	1929-02-01	1	10단	人(山崎眞雄氏(大邱府尹)/山本阪太郎氏(新慶南財務部長)/布施勝治氏(大每北平特派員)/西崎鶴司氏(本府事務官)/上內彦策氏(新任全南警察部長)/岡崎全南內務部長/權重殖氏(新任忠南道理事官)/見野平壤郵便局郵便課長)
165450	朝鮮朝日	西北・南鮮版	1929-02-01	2	01단	鳴呼試驗地獄(2)/高等普通學校へは容易にはいれぬ/中學は苦勞がいらぬ女子高普もなかなか難かしい
165451	朝鮮朝日	西北・南鮮版	1929-02-01	2	01단	貨物自動車京仁間をかよふ/輸送時間は約二時間
165452	朝鮮朝日	西北・南鮮版	1929-02-01	2	01단	大邱府營自動車/起債が解決すれば開業する
165453	朝鮮朝日	西北・南鮮版	1929-02-01	2	01단	春川面議員の補選を行ふ
165454	朝鮮朝日	西北・南鮮版	1929-02-01	2	01단	朝鮮軌道の對抗策協議
165455	朝鮮朝日	西北・南鮮版	1929-02-01	2	02단	區劃變設で春川面起つ
165456	朝鮮朝日	西北・南鮮版	1929-02-01	2	02단	大邱各校入學試驗
165457	朝鮮朝日	西北・南鮮版	1929-02-01	2	02단	朝博を機會に補助を受け都市紹介を計畫
165458	朝鮮朝日	西北・南鮮版	1929-02-01	2	03단	故鄕の流轉
165459	朝鮮朝日	西北版	1929-02-02	1	01단	元山の大爭議は淸津にまで波及し 勞働界に動搖を來す人夫供給の依賴から端を發し/元山會議所の行爲を遺憾とし 近く調査を行った上注意を發するらしい
165460	朝鮮朝日	西北版	1929-02-02	1	01단	元山の大爭議(4)/强大なる團結力と豊富なる資力で常に資本家を虐める/勞働團體に會議所反感を起す
165461	朝鮮朝日	西北版	1929-02-02	1	02단	訴訟を取下げ電興と桑谷氏の紛擾解決す
165462	朝鮮朝日	西北版	1929-02-02	1	03단	靑天白日旗を一齊に揭揚記念日の安東
165463	朝鮮朝日	西北版	1929-02-02	1	03단	傳道講演會
165464	朝鮮朝日	西北版	1929-02-02	1	03단	大邱平壤の二ヶ所へ官立師範を建設し/道立の師範を廢止する/大部分の教師は官立に轉職さす
165465	朝鮮朝日	西北版	1929-02-02	1	04단	朝鮮博の出品物/新義州から百六十五點
165466	朝鮮朝日	西北版	1929-02-02	1	04단	安東商店協會總會

일련번호	판명		간행일	면	단수	기사명
165467	朝鮮朝日	西北版	1929-02-02	1	04단	靑年會を組織し朝鮮人靑年のために思想の善導に努める
165468	朝鮮朝日	西北版	1929-02-02	1	05단	短歌/橋田東聲選
165469	朝鮮朝日	西北版	1929-02-02	1	05단	鎭南浦の學校組合會
165470	朝鮮朝日	西北版	1929-02-02	1	06단	歌舞音曲を一切停止し遙拜式を行ふ
165471	朝鮮朝日	西北版	1929-02-02	1	06단	共同墓地の擴張を行ふ
165472	朝鮮朝日	西北版	1929-02-02	1	06단	某々策士らの芝居が當り手續濟みの寄附金を寄附者の手にかへす
165473	朝鮮朝日	西北版	1929-02-02	1	06단	酒と賭博のない平南の平和郷大同郡南串面碧兄島/農民組合創立二周年を迎へ優良農民の表彰式を擧ぐ
165474	朝鮮朝日	西北版	1929-02-02	1	07단	朝鮮各地の金婚夫婦
165475	朝鮮朝日	西北版	1929-02-02	1	07단	漁業視察の範圍を擴大
165476	朝鮮朝日	西北版	1929-02-02	1	07단	電燈料値下の調査着々と進む/結局四月から實施か
165477	朝鮮朝日	西北版	1929-02-02	1	08단	牡丹台野話
165478	朝鮮朝日	西北版	1929-02-02	1	08단	遺失物の總決算/平壤署管內で七百九十二件
165479	朝鮮朝日	西北版	1929-02-02	1	08단	犯罪は少い平壤の舊年末
165480	朝鮮朝日	西北版	1929-02-02	1	08단	貧困者に對し米魚を寄附
165481	朝鮮朝日	西北版	1929-02-02	1	09단	辭令(三十日府)
165482	朝鮮朝日	西北版	1929-02-02	1	09단	盜電から火事
165483	朝鮮朝日	西北版	1929-02-02	1	09단	小型の汽車を走らせて世界を見物さす朝鮮博覽會コドモの國
165484	朝鮮朝日	西北版	1929-02-02	1	10단	近く一騷動起るか/全北の不二農場の空氣惡化
165485	朝鮮朝日	西北版	1929-02-02	1	10단	軍資金强要の强盜捕まる
165486	朝鮮朝日	西北版	1929-02-02	1	10단	舊年末の特別警戒
165487	朝鮮朝日	西北版	1929-02-02	1	10단	半島茶話
165488	朝鮮朝日	南鮮版	1929-02-02	1	01단	大邱平壤の二ヶ所へ官立師範を建設し/道立の師範を廢止する/大部分の教師は官立に轉職さす
165489	朝鮮朝日	南鮮版	1929-02-02	1	01단	釜山の電氣爭議/府營電氣に經驗のある上野平壤府屬の聘し事務の處理を囑託す/今後運動を差控へ 成行きを觀る期成會の方針
165490	朝鮮朝日	南鮮版	1929-02-02	1	01단	元山の大爭議(4)/强大なる團結力と豊富なる資力で常に資本家を虐める/勞働團體に會議所反感を起す

일련번호	판명		간행일	면	단수	기사명
165491	朝鮮朝日	南鮮版	1929-02-02	1	02단	京城府の遙拜式 訓練院で行ふ/歌舞音曲は一切停止し靜肅を旨とする
165492	朝鮮朝日	南鮮版	1929-02-02	1	03단	辭令(三十日付)
165493	朝鮮朝日	南鮮版	1929-02-02	1	03단	小型の汽車を走らせて世界を見物さす朝鮮博覽會コドモの國
165494	朝鮮朝日	南鮮版	1929-02-02	1	04단	小作制度の調査を行ひ/小作官を各地に配し小作爭議を緩和する
165495	朝鮮朝日	南鮮版	1929-02-02	1	04단	元山會議所の行爲を遺憾とし/近く調査を行った上注意を發するらしい
165496	朝鮮朝日	南鮮版	1929-02-02	1	05단	寧越の電話/申込を受理
165497	朝鮮朝日	南鮮版	1929-02-02	1	06단	朝鮮各地の金婚夫婦
165498	朝鮮朝日	南鮮版	1929-02-02	1	06단	慶北道評議會/延期となる
165499	朝鮮朝日	南鮮版	1929-02-02	1	06단	更始一新して安全主義で漸進する方針である/宮尾東拓總裁は語る
165500	朝鮮朝日	南鮮版	1929-02-02	1	07단	面書記採用の標準を高む
165501	朝鮮朝日	南鮮版	1929-02-02	1	07단	短歌/橋田東聲選
165502	朝鮮朝日	南鮮版	1929-02-02	1	07단	重役問題は保留と決る/慶尙合銀總會
165503	朝鮮朝日	南鮮版	1929-02-02	1	08단	近く一騷動起るか/全北の不二農場の空氣惡化
165504	朝鮮朝日	南鮮版	1929-02-02	1	08단	警察官を增員し/釜山署の司法能率をあげる
165505	朝鮮朝日	南鮮版	1929-02-02	1	08단	御用商人と結託し五萬圓を詐取 鐵道消費掛主事と御用商人拘引さる/その內容は知らぬ居川主事拘引で庶務課長談
165506	朝鮮朝日	南鮮版	1929-02-02	1	08단	青い鳥
165507	朝鮮朝日	南鮮版	1929-02-02	1	09단	今村知事着任す
165508	朝鮮朝日	南鮮版	1929-02-02	1	09단	犬の爆死から爆藥を發見
165509	朝鮮朝日	南鮮版	1929-02-02	1	10단	流行性感胃猖獗を極む
165510	朝鮮朝日	南鮮版	1929-02-02	1	10단	强盗殺人に死刑を求刑
165511	朝鮮朝日	南鮮版	1929-02-02	1	10단	盜電から火事
165512	朝鮮朝日	南鮮版	1929-02-02	1	10단	人(松浦鎭次郎氏(城大總長))
165513	朝鮮朝日	南鮮版	1929-02-02	1	10단	半島茶話
165514	朝鮮朝日	西北・南鮮版	1929-02-02	2	01단	嗚呼試驗地獄(3)/今年の考査方針は大體昨年どほり期日統一も行はれる/一人で數校の受驗は出來ない
165515	朝鮮朝日	西北・南鮮版	1929-02-02	2	01단	新義州高女の認可はまだ來ぬ/近く府尹が出城して認可發令をうながす
165516	朝鮮朝日	西北・南鮮版	1929-02-02	2	01단	犯罪の手口表/京畿道刑事課で愈作成する

일련번호	판명		간행일	면	단수	기사명
165517	朝鮮朝日	西北・南鮮版	1929-02-02	2	01단	公設質屋全鮮四十三箇所に設置する
165518	朝鮮朝日	西北・南鮮版	1929-02-02	2	02단	馬賊來襲を恐れて伐採運材作業に支障を來す
165519	朝鮮朝日	西北・南鮮版	1929-02-02	2	02단	足が六本ある珍らしい牛
165520	朝鮮朝日	西北・南鮮版	1929-02-02	2	02단	木浦汽船の買收價格は十七萬五千圓
165521	朝鮮朝日	西北・南鮮版	1929-02-02	2	02단	印紙稅集合檢査
165522	朝鮮朝日	西北・南鮮版	1929-02-02	2	03단	平北中等校の雄辯大會は延期
165523	朝鮮朝日	西北・南鮮版	1929-02-02	2	03단	安東神社の鳥居
165524	朝鮮朝日	西北・南鮮版	1929-02-02	2	03단	景品つきで増燈を勸誘す
165525	朝鮮朝日	西北・南鮮版	1929-02-02	2	03단	故鄕の流轉
165526	朝鮮朝日	西北版	1929-02-03	1	01단	治維法案は委員附託となる『事後承諾』で緊張した二日の衆議院本會議
165527	朝鮮朝日	西北版	1929-02-03	1	01단	課稅を許されて地方廳の台所潤ふ/地方稅の課率改めらる稅制整備と財源難を考慮して(課稅率)
165528	朝鮮朝日	西北版	1929-02-03	1	01단	目先のことに捉はれる事なく永遠の計劃を樹てる園田平南知事は語る
165529	朝鮮朝日	西北版	1929-02-03	1	01단	低利資金を皆濟す懷具合の頗るよい平北農民
165530	朝鮮朝日	西北版	1929-02-03	1	02단	良米『龜の尾』に標記を押す
165531	朝鮮朝日	西北版	1929-02-03	1	02단	普通學校增設
165532	朝鮮朝日	西北版	1929-02-03	1	02단	延平島漁港の修築を計劃
165533	朝鮮朝日	西北版	1929-02-03	1	03단	龍井民議選擧激戰を演ず
165534	朝鮮朝日	西北版	1929-02-03	1	03단	府郡庶務主任會議
165535	朝鮮朝日	西北版	1929-02-03	1	03단	安東の火事が逐年減少す
165536	朝鮮朝日	西北版	1929-02-03	1	03단	元山の大爭議(5)/姑息な人夫募集は遂に失敗に終り/好餌で組合員を釣るあらゆる策を弄する會議所
165537	朝鮮朝日	西北版	1929-02-03	1	04단	向上會と講演會
165538	朝鮮朝日	西北版	1929-02-03	1	04단	信川長淵間の敷地を買收/朝鐵の黃海線
165539	朝鮮朝日	西北版	1929-02-03	1	04단	俳句/鈴木花蓑選
165540	朝鮮朝日	西北版	1929-02-03	1	04단	初等校敎員の試驗合格者
165541	朝鮮朝日	西北版	1929-02-03	1	05단	元山の爭議と平南の勞働團體/續々と聲援狀を送る
165542	朝鮮朝日	西北版	1929-02-03	1	05단	沙里院醫院の工事に着手
165543	朝鮮朝日	西北版	1929-02-03	1	05단	運河ではなく大排水溝だ野田內務部長談
165544	朝鮮朝日	西北版	1929-02-03	1	05단	安東の氷上選手權大會/二つの日本新記錄をさへつくる/運動日和に惠まれ大盛況を呈す

일련번호	판명		간행일	면	단수	기사명
165545	朝鮮朝日	西北版	1929-02-03	1	06단	黄海道明年度豫算を査定
165546	朝鮮朝日	西北版	1929-02-03	1	06단	東拓農民が總裁に陳情
165547	朝鮮朝日	西北版	1929-02-03	1	07단	築港工事の準備調査か
165548	朝鮮朝日	西北版	1929-02-03	1	07단	官選評議員の辭退をなす
165549	朝鮮朝日	西北版	1929-02-03	1	07단	陸軍地方馬檢査
165550	朝鮮朝日	西北版	1929-02-03	1	07단	安東運送運搬同業組合の總會
165551	朝鮮朝日	西北版	1929-02-03	1	08단	禁酒禁煙同盟會と飲食店の喧譁/仲居の排斥運動から飲食店酒幕が憤って
165552	朝鮮朝日	西北版	1929-02-03	1	08단	男は減少して女は却って增す/朝鮮人の國外移住者/平南道昨年中の調べ
165553	朝鮮朝日	西北版	1929-02-03	1	08단	長淵警察署改築
165554	朝鮮朝日	西北版	1929-02-03	1	09단	不正の桝にて穀物を詐取
165555	朝鮮朝日	西北版	1929-02-03	1	09단	釣錢を强奪
165556	朝鮮朝日	西北版	1929-02-03	1	09단	金岡夫妻殺し容疑者つかまる/被害者と嘗て爭った大工に嫌疑がかゝる
165557	朝鮮朝日	西北版	1929-02-03	1	10단	武道を勵む平壤尚武會員
165558	朝鮮朝日	西北版	1929-02-03	1	10단	馬賊の頭目の行方を探す
165559	朝鮮朝日	西北版	1929-02-03	1	10단	海州の猩紅熟
165560	朝鮮朝日	西北版	1929-02-03	1	10단	列車の中で風紀を紊す/平壤の中等學生
165561	朝鮮朝日	西北版	1929-02-03	1	10단	半島茶話
165562	朝鮮朝日	南鮮版	1929-02-03	1	01단	治維法案は委員附託となる『事後承諾』で緊張した二日の衆議院本會議
165563	朝鮮朝日	南鮮版	1929-02-03	1	01단	課税を許されて地方廳の台所潤ふ/地方稅の課率改めらる稅制整備と財源難を考慮して(課稅率)
165564	朝鮮朝日	南鮮版	1929-02-03	1	01단	釜山の電氣府營爭議　兩氏の意見を詳細聽取し算定基礎につき質問　知事と當事者會見す/問題解決の要點に觸れたらしい　近く再度會見
165565	朝鮮朝日	南鮮版	1929-02-03	1	02단	對支外交の好轉をひたすら賴む/釜山水産業者
165566	朝鮮朝日	南鮮版	1929-02-03	1	03단	京城銀行組合利下率決る
165567	朝鮮朝日	南鮮版	1929-02-03	1	03단	統營の靑訓
165568	朝鮮朝日	南鮮版	1929-02-03	1	03단	元山の大爭議(5)/姑息な人夫募集は遂に失敗に終り/好餌で組合員を釣るあらゆる策を弄する會議所
165569	朝鮮朝日	南鮮版	1929-02-03	1	04단	受命航路の經濟調査
165570	朝鮮朝日	南鮮版	1929-02-03	1	04단	俳句/鈴木花蓑選
165571	朝鮮朝日	南鮮版	1929-02-03	1	04단	改正民事令來月中に發令

일련번호	판명		간행일	면	단수	기사명
165572	朝鮮朝日	南鮮版	1929-02-03	1	04단	宮尾東拓總裁入城/一日夜京城驛で撮影
165573	朝鮮朝日	南鮮版	1929-02-03	1	05단	『短期間だけ』の條件をつけ學務局長を引受けた/松浦城大總長は語る
165574	朝鮮朝日	南鮮版	1929-02-03	1	05단	郵貯增加す
165575	朝鮮朝日	南鮮版	1929-02-03	1	05단	京城藥學校が昇格を計劃
165576	朝鮮朝日	南鮮版	1929-02-03	1	06단	滿洲栗の移入增加を示す
165577	朝鮮朝日	南鮮版	1929-02-03	1	06단	免許漁業の出願期日に選れるなと通告
165578	朝鮮朝日	南鮮版	1929-02-03	1	06단	安東の氷上選手權大會/二つの日本新記錄をさへつくる/運動日和に惠まれ大盛況を呈す
165579	朝鮮朝日	南鮮版	1929-02-03	1	07단	新造車輛計劃數
165580	朝鮮朝日	南鮮版	1929-02-03	1	07단	四十日で命數終る釜山の水道水飢饉依然つづく
165581	朝鮮朝日	南鮮版	1929-02-03	1	08단	大邱商議評議員會
165582	朝鮮朝日	南鮮版	1929-02-03	1	08단	夜番が眠って火事を起す
165583	朝鮮朝日	南鮮版	1929-02-03	1	09단	月謝の滯納が處理できず/新學年をひかへて慶南道頭を惱ます
165584	朝鮮朝日	南鮮版	1929-02-03	1	09단	頗る耳よりな/ダンスクラブ噂の影法師が踊る/一體いつ京城にダンスのクラブが組織されるのか
165585	朝鮮朝日	南鮮版	1929-02-03	1	10단	優良面表彰
165586	朝鮮朝日	南鮮版	1929-02-03	1	10단	釜山の酷寒
165587	朝鮮朝日	南鮮版	1929-02-03	1	10단	もよほし(統營の雄辯大會)
165588	朝鮮朝日	南鮮版	1929-02-03	1	10단	人(高橋利三郎氏(遞信事務官))
165589	朝鮮朝日	西北・南鮮版	1929-02-03	2	01단	朝鮮紙の話(1)/人蔘と共に我輩は名高い模造紙が出來てもトンとこたへない
165590	朝鮮朝日	西北・南鮮版	1929-02-03	2	01단	後方連絡鐵道には援助を惜まぬ長尾氏の出願により統營市民大いに喜ぶ
165591	朝鮮朝日	西北・南鮮版	1929-02-03	2	01단	雫の聲
165592	朝鮮朝日	西北・南鮮版	1929-02-03	2	02단	辭令(三十一日附)
165593	朝鮮朝日	西北・南鮮版	1929-02-03	2	04단	混合列車の大改善/釜山運送事務所で計畫を進む
165594	朝鮮朝日	西北版	1929-02-05	1	01단	餘興氣分で質問終始し/四日を以て質問打切/衆議院の豫算總會
165595	朝鮮朝日	西北版	1929-02-05	1	01단	小作人の酷使をこの際斷然廢止し小作制度をも改正する/平南道孟山郡山間部地方の陋習
165596	朝鮮朝日	西北版	1929-02-05	1	01단	山崎府尹が事態を憂へ/いよいよ調停に起つ取敢ず本府と打合す

일련번호	판명		간행일	면	단수	가사명
165597	朝鮮朝日	西北版	1929-02-05	1	01단	思った程寒くなく全く案外です/夫君と共に來壤した園田平南知事夫人談
165598	朝鮮朝日	西北版	1929-02-05	1	02단	應援の意味で釜山に派遣上野平壤府屬を
165599	朝鮮朝日	西北版	1929-02-05	1	03단	景氣の惡い載寧鳳山の米
165600	朝鮮朝日	西北版	1929-02-05	1	03단	運轉手試驗
165601	朝鮮朝日	西北版	1929-02-05	1	03단	平南に新設の普通學校は十一校と決る
165602	朝鮮朝日	西北版	1929-02-05	1	04단	鴨緑江の飛行中止/陵羅島附近で近く實施する
165603	朝鮮朝日	西北版	1929-02-05	1	04단	廢校となる黃海道師範校
165604	朝鮮朝日	西北版	1929-02-05	1	03단	四つの新記錄をのこし未曾有の大盛況裡に終了を告ぐ/第二回全日本氷上選手權大會
165605	朝鮮朝日	西北版	1929-02-05	1	05단	寧邊農學校が學年を延長
165606	朝鮮朝日	西北版	1929-02-05	1	05단	平南中等校の入學試驗きまる/その方法は前年通り
165607	朝鮮朝日	西北版	1929-02-05	1	06단	各地の敬悼久邇宮御葬儀(新義州/安東縣/鎭南浦)
165608	朝鮮朝日	西北版	1929-02-05	1	06단	全市をあげて朝日氣分みなぎる/新義州の廉賣デーと活動寫眞の特別公開
165609	朝鮮朝日	西北版	1929-02-05	1	07단	誠意を以て合併に努める船橋里と平壤府
165610	朝鮮朝日	西北版	1929-02-05	1	07단	減稅特令の適用を陳情/新義州會議所から首相と總督に對し
165611	朝鮮朝日	西北版	1929-02-05	1	07단	初等學校長が奏任官になれる/多年の懸案であった優遇令は勅令で發布
165612	朝鮮朝日	西北版	1929-02-05	1	08단	南端から北端へ伊達平北內務部長着任
165613	朝鮮朝日	西北版	1929-02-05	1	08단	牡丹台野話
165614	朝鮮朝日	西北版	1929-02-05	1	09단	滿洲靑年聯盟初回支部長會議
165615	朝鮮朝日	西北版	1929-02-05	1	09단	支那官廳の改廢
165616	朝鮮朝日	西北版	1929-02-05	1	09단	具體化した於之屯水利組合/創立委員會を開いてすべての準備を整ふ
165617	朝鮮朝日	西北版	1929-02-05	1	10단	朝鮮消防協會/平南支部發會式
165618	朝鮮朝日	西北版	1929-02-05	1	10단	强盜捕まる
165619	朝鮮朝日	西北版	1929-02-05	1	10단	天然痘蔓延
165620	朝鮮朝日	西北版	1929-02-05	1	10단	平南孟山郡に痲疹はやる
165621	朝鮮朝日	西北版	1929-02-05	1	10단	平壤の火事
165622	朝鮮朝日	西北版	1929-02-05	1	10단	もよほし(平壤の英語雄辯大會)
165623	朝鮮朝日	南鮮版	1929-02-05	1	01단	餘興氣分で質問終始し/四日を以て質問打切/衆議院の豫算總會
165624	朝鮮朝日	南鮮版	1929-02-05	1	01단	三百萬圓の金が利子無しで借れる/われ

일련번호	판명		간행일	면	단수	기사명
165624	朝鮮朝日	南鮮版	1929-02-05	1	01단	もわれもと押かける/朝鮮博覽會場に臨時銀行を設置
165625	朝鮮朝日	南鮮版	1929-02-05	1	01단	まるで島德藏氏を大藏大臣にすゑたやう/とてもお役人あがりとは思へぬ/商賣氣たっぷりな宮尾東拓總裁
165626	朝鮮朝日	南鮮版	1929-02-05	1	03단	山崎府尹が事態を憂へ/いよいよ調停に起つ取敢ず本府と打合す
165627	朝鮮朝日	南鮮版	1929-02-05	1	04단	大阪朝日創刊五十周年/祝賀映畫大會
165628	朝鮮朝日	南鮮版	1929-02-05	1	04단	頰が凍って物もいへない/とても勤務の辛い京城各署の交通係
165629	朝鮮朝日	南鮮版	1929-02-05	1	05단	紀元節奉祝式
165630	朝鮮朝日	南鮮版	1929-02-05	1	05단	地元民が會合し大に反對の氣勢をあぐ/多木氏に對し最後の通告
165631	朝鮮朝日	南鮮版	1929-02-05	1	06단	初等學校長が奏任官になれる/多年の懸案であった優遇令は勅令で發布
165632	朝鮮朝日	南鮮版	1929-02-05	1	06단	重役全部が連袂辭職す慶尚合銀の紛擾
165633	朝鮮朝日	南鮮版	1929-02-05	1	07단	釜山の敬悼
165634	朝鮮朝日	南鮮版	1929-02-05	1	07단	松尾、居川の驚くべき奸策/鐵道局の被害は少い
165635	朝鮮朝日	南鮮版	1929-02-05	1	07단	四つの新記錄をのこし未曾有の大盛況裡に終了を告ぐ/第二回全日本氷上選手權大會
165636	朝鮮朝日	南鮮版	1929-02-05	1	08단	上級船客が殆んど獨占/海陸連絡電話
165637	朝鮮朝日	南鮮版	1929-02-05	1	09단	公州市民は漸く安堵す
165638	朝鮮朝日	南鮮版	1929-02-05	1	09단	釜山大漁港その緒につく
165639	朝鮮朝日	南鮮版	1929-02-05	1	09단	現在の道立をその儘使用/大邱官立師範
165640	朝鮮朝日	南鮮版	1929-02-05	1	10단	モルヒネ大密賣/又も檢擧さる
165641	朝鮮朝日	南鮮版	1929-02-05	1	10단	釜山の強盜
165642	朝鮮朝日	南鮮版	1929-02-05	1	10단	京城の火事/九戶を全燒す
165643	朝鮮朝日	南鮮版	1929-02-05	1	10단	機關車說線/五時間運轉杜絕
165644	朝鮮朝日	南鮮版	1929-02-05	1	10단	半島茶話
165645	朝鮮朝日	西北・南鮮版	1929-02-05	2	01단	火曜日のペーヂ(探偵小說家の呪文　甲賀三郎/耽綺社打明け話　土師淸二)
165646	朝鮮朝日	西北・南鮮版	1929-02-05	2	04단	師の御恩卒業生に對してはしみじみとさとし/就職口の世話までされる巢立を前に控へた京城の二高女
165647	朝鮮朝日	西北・南鮮版	1929-02-05	2	05단	教科書値下は一割內外か/學務局の強い主張に書籍會社遂に折れる
165648	朝鮮朝日	西北・南鮮版	1929-02-05	2	05단	師範の教員は決して失業せぬ/三年後に

일련번호	판명		간행일	면	단수	기사명
165648	朝鮮朝日	西北·南鮮版	1929-02-05	2	05단	悉く新設の官立師範に轉職さす
165649	朝鮮朝日	西北·南鮮版	1929-02-05	2	07단	高層氣象の觀測を計畫
165650	朝鮮朝日	西北·南鮮版	1929-02-05	2	07단	積極的方針で營業を行ふ仁川水産會社
165651	朝鮮朝日	西北·南鮮版	1929-02-05	2	07단	朝鮮美術展/秋に開催する
165652	朝鮮朝日	西北·南鮮版	1929-02-05	2	07단	將校優遇案採擇ときまる
165653	朝鮮朝日	西北·南鮮版	1929-02-05	2	07단	保民會援助は採決となる
165654	朝鮮朝日	西北·南鮮版	1929-02-05	2	07단	肺ヂストマの保卵者調べ
165655	朝鮮朝日	西北版	1929-02-06	1	01단	前年度にくらべ二割一分五厘減收/收穫高は一三、五一一、七二五石/昨年度鮮內の米實收高
165656	朝鮮朝日	西北版	1929-02-06	1	01단	輸出稅引上の阻止を電請/新義州會議所から政府及鮮滿要路に
165657	朝鮮朝日	西北版	1929-02-06	1	02단	平安南道の內地渡航者/八割は勞働者
165658	朝鮮朝日	西北版	1929-02-06	1	03단	元山の大爭議(完)/中以下の商賣人が旣に悲鳴をあぐ/問題は罷業團の食糧/兩者は日一日とつかれを見す
165659	朝鮮朝日	西北版	1929-02-06	1	04단	交通事故の防止を宣傳
165660	朝鮮朝日	西北版	1929-02-06	1	04단	低級な劍劇物は次第にすたれモダン物が喜ばる/昨年中平壤の興行しらべ
165661	朝鮮朝日	西北版	1929-02-06	1	04단	內鮮共學とし修業年限は四年/近く認可指令がある/平壤府の靑年訓練所
165662	朝鮮朝日	西北版	1929-02-06	1	04단	民謠/北原白秋選
165663	朝鮮朝日	西北版	1929-02-06	1	05단	制限制帽を一齊に着用/平南の運轉手
165664	朝鮮朝日	西北版	1929-02-06	1	05단	鐵道記者團が九州を視察
165665	朝鮮朝日	西北版	1929-02-06	1	05단	迷信打破の注意を發す
165666	朝鮮朝日	西北版	1929-02-06	1	06단	平北道評議員會
165667	朝鮮朝日	西北版	1929-02-06	1	06단	道立病院の敷地決定/地方負擔額の割當もきまる
165668	朝鮮朝日	西北版	1929-02-06	1	06단	動く人(5)/伊達平北內務部長
165669	朝鮮朝日	西北版	1929-02-06	1	06단	氣溫は何等變りなく/氣流も割合によい/冷却機の研究は必要だ/各務ヶ原飛行隊員の耐寒飛行談
165670	朝鮮朝日	西北版	1929-02-06	1	07단	牡丹台野話
165671	朝鮮朝日	西北版	1929-02-06	1	07단	滿洲粟輸送協議
165672	朝鮮朝日	西北版	1929-02-06	1	08단	平壤局から記念品を贈る
165673	朝鮮朝日	西北版	1929-02-06	1	09단	株式組織で共同購買組合/平南孟山邑に設置し/粗惡な物品を退治る
165674	朝鮮朝日	西北版	1929-02-06	1	09단	商品陳列所を牡丹台に設置し/平南道の重要物産を廣く紹介せんと計劃

일련번호	판명		간행일	면	단수	기사명
165675	朝鮮朝日	西北版	1929-02-06	1	10단	電話呼出しに屋號は禁物
165676	朝鮮朝日	西北版	1929-02-06	1	10단	モヒ注射を嚴重取締る
165677	朝鮮朝日	西北版	1929-02-06	1	10단	强盗を種に警察を欺く
165678	朝鮮朝日	西北版	1929-02-06	1	10단	もよほし(平南警官教習所入所式/平南道林業講習會)
165679	朝鮮朝日	南鮮版	1929-02-06	1	01단	調停案を携へて關水氏が近く入城　當局の諒解をもとめる　うまく運べば本月中に調停案提出/冷靜な態度で成行を監視する期成會役員會の方針/釜山愛市演說會　期成會最後の叫びを擧げる
165680	朝鮮朝日	南鮮版	1929-02-06	1	01단	元山の大爭議(完)/中以下の商賣人が旣に悲鳴をあぐ/問題は罷業團の食糧/兩者は日一日と疲れを見せる
165681	朝鮮朝日	南鮮版	1929-02-06	1	02단	無斷貸出しの責任を負ひ/總辭職を斷行
165682	朝鮮朝日	南鮮版	1929-02-06	1	03단	靑訓規定の調査を急ぐ
165683	朝鮮朝日	南鮮版	1929-02-06	1	03단	夢のやうで心細い釜山上水道の法基里貯水池
165684	朝鮮朝日	南鮮版	1929-02-06	1	03단	金の問題からこぢれ出し富平水利閘門工事はまたも不安を抱かす
165685	朝鮮朝日	南鮮版	1929-02-06	1	04단	お茶のあと
165686	朝鮮朝日	南鮮版	1929-02-06	1	05단	內鮮對抗氷上競技/內地側選手を迎へて漢江リンクにて行ふ
165687	朝鮮朝日	南鮮版	1929-02-06	1	07단	五十名の警官を增員せねばならぬ釜山警察
165688	朝鮮朝日	南鮮版	1929-02-06	1	07단	前年度にくらべ二割一分五厘減收/收穫高は一三、五一一、七二五石/昨年度鮮內の米實
165688	朝鮮朝日	南鮮版	1929-02-06	1	07단	收高
165689	朝鮮朝日	南鮮版	1929-02-06	1	08단	魚市場改善の警告を發し/積弊の根絶をはかる/釜山水産會社睨まる
165690	朝鮮朝日	南鮮版	1929-02-06	1	08단	南朝鮮鐵道全線起工式
165691	朝鮮朝日	南鮮版	1929-02-06	1	08단	大阪朝日創刊五十周年/祝賀映劃大會
165692	朝鮮朝日	南鮮版	1929-02-06	1	08단	民謠/北原白秋選
165693	朝鮮朝日	南鮮版	1929-02-06	1	09단	京城を荒した强盗二名捕まる/十數件の犯罪を自白
165694	朝鮮朝日	南鮮版	1929-02-06	1	10단	鐵道記者團が九州を視察
165695	朝鮮朝日	南鮮版	1929-02-06	1	10단	前例のない肥料共同購入
165696	朝鮮朝日	南鮮版	1929-02-06	1	10단	教科書の値下決る/各科を通じ一律に一錢下げ
165697	朝鮮朝日	南鮮版	1929-02-06	1	10단	一部落を全燒す/新武洞の火事

일련번호	판명		간행일	면	단수	기사명
165698	朝鮮朝日	南鮮版	1929-02-06	1	10단	大垣丈夫氏逝く
165699	朝鮮朝日	西北・南鮮版	1929-02-06	2	01단	朝鮮紙の話(2)/上等すぎて紙魚でさへも食べることを憚かる價格も減法に高い
165700	朝鮮朝日	西北・南鮮版	1929-02-06	2	01단	電話使用數の激增に堪へかね/自動交換機設置の可否を近く研究する
165701	朝鮮朝日	西北・南鮮版	1929-02-06	2	01단	雫の聲
165702	朝鮮朝日	西北・南鮮版	1929-02-06	2	01단	早急には行かぬ四府議決機關
165703	朝鮮朝日	西北・南鮮版	1929-02-06	2	02단	植林年限を短縮し十餘年後に禿山をなくする
165704	朝鮮朝日	西北・南鮮版	1929-02-06	2	02단	拔け目のない宣傳を行ふ/考案された朝鮮博の目新らしい宣傳の方法
165705	朝鮮朝日	西北・南鮮版	1929-02-06	2	03단	全羅南道の産繭額番付
165706	朝鮮朝日	西北・南鮮版	1929-02-06	2	03단	醫學講習所の生徒募集は中止
165707	朝鮮朝日	西北・南鮮版	1929-02-06	2	04단	專門學校令を適用される京城齒科醫專
165708	朝鮮朝日	西北・南鮮版	1929-02-06	2	04단	殖産局長が漁業狀況視察
165709	朝鮮朝日	西北版	1929-02-07	1	01단	支那關稅引上も割合に影響少い　先月は見越輸出が多く　近年まれな活況を呈す/市民大會にて對策を練る　支那輸出稅附加稅で安東側大恐慌を來る/徹底的に峻拒し目的を達する市民大會決議
165710	朝鮮朝日	西北版	1929-02-07	1	01단	慘憺たる試驗地獄
165711	朝鮮朝日	西北版	1929-02-07	1	04단	事業着手を可決す/於之屯水利組合の創立總會
165712	朝鮮朝日	西北版	1929-02-07	1	04단	平壤、兼二浦間に連絡自動車を設け/連絡をより密接にする/平壤を中心とする交通網の計劃
165713	朝鮮朝日	西北版	1929-02-07	1	04단	本年の筏材は例年よりも多い/平南奧地の伐材狀況
165714	朝鮮朝日	西北版	1929-02-07	1	05단	咸興電氣は料金値下か
165715	朝鮮朝日	西北版	1929-02-07	1	05단	賭博をやれば違約金を徵收し/それを財産に積立つ/變った賭博の取締り
165716	朝鮮朝日	西北版	1929-02-07	1	05단	俳句/鈴木花蓑選
165717	朝鮮朝日	西北版	1929-02-07	1	05단	殖銀商銀の帳尻
165718	朝鮮朝日	西北版	1929-02-07	1	06단	官選評議員/噂の顔ぶれ
165719	朝鮮朝日	西北版	1929-02-07	1	06단	平壤電興の第二回拂込
165720	朝鮮朝日	西北版	1929-02-07	1	06단	他力本願の大宣傳/朝鮮博と咸南道當局の意向
165721	朝鮮朝日	西北版	1929-02-07	1	06단	安東驛長の更迭

일련번호	판명		간행일	면	단수	기사명
165722	朝鮮朝日	西北版	1929-02-07	1	06단	素晴しい實習地　平北各學校の盛な實科教育/兒童や生徒に手藝による利益金を興へる
165723	朝鮮朝日	西北版	1929-02-07	1	07단	七月ごろ開くモヒ患者療養所/一切無料で治療して退院後正業に就かす
165724	朝鮮朝日	西北版	1929-02-07	1	07단	檢擧率が滅法好い/平安南道昨年中の犯罪統計
165725	朝鮮朝日	西北版	1929-02-07	1	07단	死體燒却時間に差がある/內地人と朝鮮人
165726	朝鮮朝日	西北版	1929-02-07	1	08단	牡丹台野話
165727	朝鮮朝日	西北版	1929-02-07	1	08단	ケシ栽培は嚴禁と決る
165728	朝鮮朝日	西北版	1929-02-07	1	08단	衛生狀態は割合によい/昨今の平南道
165729	朝鮮朝日	西北版	1929-02-07	1	08단	殉職警官の記念碑移轉
165730	朝鮮朝日	西北版	1929-02-07	1	08단	飢ゑと寒さに救ひを乞ふ/敗慘者が增すばかり/新義州警察でこずる
165731	朝鮮朝日	西北版	1929-02-07	1	09단	火の粉飛散の防止を研究/危險な機關車
165732	朝鮮朝日	西北版	1929-02-07	1	09단	痘瘡蔓延す
165733	朝鮮朝日	西北版	1929-02-07	1	09단	昨年中の行倒れ
165734	朝鮮朝日	西北版	1929-02-07	1	09단	マラリヤの根絶を期し/健康診斷を行ふ
165735	朝鮮朝日	西北版	1929-02-07	1	10단	强盜殺人の不逞漢/新義州に護送
165736	朝鮮朝日	西北版	1929-02-07	1	10단	お茶のあと
165737	朝鮮朝日	西北版	1929-02-07	1	10단	基督靑年幹事不穩の言を弄す
165738	朝鮮朝日	西北版	1929-02-07	1	10단	卓子シュガー
165739	朝鮮朝日	西北版	1929-02-07	1	10단	もよほし(咸興のかるた大會)
165740	朝鮮朝日	西北版	1929-02-07	1	10단	人(園田實氏(新任平南知事)/馬野咸南道知事/藤原喜藏氏(平南內務部長)/長谷川龜四郎氏(平壤女高普校長)/長富平壤商議副會頭夫人/三浦一男氏(平南道警察部高等課詰)/藤原平南道內務部長)
165741	朝鮮朝日	南鮮版	1929-02-07	1	01단	支那關稅引上も割合に影響少い/先月は見越輸出が多く近年まれな活況を呈す
165742	朝鮮朝日	南鮮版	1929-02-07	1	01단	定界標京城府外で發見/正史には見えぬ五里區間のもの/適當な方法で大切に保存す
165743	朝鮮朝日	南鮮版	1929-02-07	1	03단	慶南の鷄卵
165744	朝鮮朝日	南鮮版	1929-02-07	1	04단	一萬頓の硫安を朝鮮窒素が毎年製造の豫定
165745	朝鮮朝日	南鮮版	1929-02-07	1	04단	脫兎のやうな勢ひも失せ/龍頭蛇尾に終りさう雲岩水電の地元代表
165746	朝鮮朝日	南鮮版	1929-02-07	1	04단	『値段や包裝に考慮の要がある』朝鮮の物産に對する內地側當業者の批判

일련번호	판명		간행일	면	단수	기사명
165747	朝鮮朝日	南鮮版	1929-02-07	1	05단	大京城の姿(１０)/京城井塚生挿繪右川生
165748	朝鮮朝日	南鮮版	1929-02-07	1	06단	釜山警察署に應援警官を派す
165749	朝鮮朝日	南鮮版	1929-02-07	1	06단	盛り澤山な建議案/慶南水産會において可決す
165750	朝鮮朝日	南鮮版	1929-02-07	1	06단	俳句/鈴木花蓑選
165751	朝鮮朝日	南鮮版	1929-02-07	1	07단	慶南の靑訓
165752	朝鮮朝日	南鮮版	1929-02-07	1	07단	接戰また接戰物凄い迄の緊張ぶりを見せた/內鮮對抗氷上競技(五千米/二千米リレー)
165753	朝鮮朝日	南鮮版	1929-02-07	1	08단	朝鮮無煙炭鑛/第四回株主總會
165754	朝鮮朝日	南鮮版	1929-02-07	1	09단	正確な發音を練習させる普通學校の教科を入念に改訂を加へて
165755	朝鮮朝日	南鮮版	1929-02-07	1	09단	二十五年前の死刑囚逮捕さる/當時破獄逃走した男
165756	朝鮮朝日	南鮮版	1929-02-07	1	10단	各專門學校の卒業式決る
165757	朝鮮朝日	南鮮版	1929-02-07	1	10단	專檢受驗の手數料輕減
165758	朝鮮朝日	南鮮版	1929-02-07	1	10단	大邱第二小學に腦脊髓膜炎發生
165759	朝鮮朝日	南鮮版	1929-02-07	1	10단	不良運轉手衝突して逃ぐ
165760	朝鮮朝日	南鮮版	1929-02-07	1	10단	もよほし(木浦麻雀會春季競技大會/須藤知事披露宴)
165761	朝鮮朝日	西北・南鮮版	1929-02-07	2	01단	朝鮮紙の話(３)/建物器具を下層民に貸し相當の釜税をとる紙になるプロセス
165762	朝鮮朝日	西北・南鮮版	1929-02-07	2	01단	叺の暴落にも頓着せずにヤケを起さんとする農民に製造繼續を奬む
165763	朝鮮朝日	西北・南鮮版	1929-02-07	2	02단	ゴルフリンク/京城府外往十里に新設する
165764	朝鮮朝日	西北・南鮮版	1929-02-07	2	03단	煙草耕作地新しく指定す
165765	朝鮮朝日	西北・南鮮版	1929-02-07	2	03단	委員を選定し對策を練る/區劃變更と春川
165766	朝鮮朝日	西北版	1929-02-08	1	01단	附加税問題にはあくまでも反對し　目的の貫徹に邁進する　新義州會議所の役員會できまる/木材と豆粕の打擊は多い　安東在住の實業家は輸出附加税に大反對
165767	朝鮮朝日	西北版	1929-02-08	1	01단	私立探偵挿話(１)/夫の亂行の數々を居ながらに知る/油斷も隙もない奧樣/結局夫君は頭をかいて降參
165768	朝鮮朝日	西北版	1929-02-08	1	02단	郵便局所にラヂオ設置
165769	朝鮮朝日	西北版	1929-02-08	1	02단	純朝鮮物産の使用を獎勵/舊正に宣傳を行ふ/平壤物産獎勵會活躍
165770	朝鮮朝日	西北版	1929-02-08	1	03단	宗教法案に大反對/平壤基督教團體の幹部起つ

일련번호	판명		간행일	면	단수	기사명
165771	朝鮮朝日	西北版	1929-02-08	1	03단	教員試驗に合格
165772	朝鮮朝日	西北版	1929-02-08	1	04단	大小幾多の建築で今年の平壌經濟界は賑はん
165773	朝鮮朝日	西北版	1929-02-08	1	04단	朝鮮海事協會を社團法人組織とし各種の重要事業を行ふ/總督府當局は一般の同情を希望
165774	朝鮮朝日	西北版	1929-02-08	1	05단	農業開發の質問を行ふ守屋榮夫代議士
165775	朝鮮朝日	西北版	1929-02-08	1	05단	應ぜぬ場合は收用法適用/平元線の敷地買收で最後的の交涉を行ふ
165776	朝鮮朝日	西北版	1929-02-08	1	05단	醫學講習會出席者を人選
165777	朝鮮朝日	西北版	1929-02-08	1	05단	會社創立の手續を完了/京釜軌道會社
165778	朝鮮朝日	西北版	1929-02-08	1	06단	殉職憲兵を祀る護境神社
165779	朝鮮朝日	西北版	1929-02-08	1	06단	迷信の資料を集めて朝鮮博へ出品/平南道の變った計劃
165780	朝鮮朝日	西北版	1929-02-08	1	06단	御卽位式後最初の紀元節/總督府では盛んな拜賀式を擧行する
165781	朝鮮朝日	西北版	1929-02-08	1	07단	移出牛を改善し/より以上の販路を擴張する
165782	朝鮮朝日	西北版	1929-02-08	1	07단	極貧者に金品寄附/新義州基督教婦人會の美擧
165783	朝鮮朝日	西北版	1929-02-08	1	07단	短歌/橋田東聲選
165784	朝鮮朝日	西北版	1929-02-08	1	07단	記念俳句を募集
165785	朝鮮朝日	西北版	1929-02-08	1	07단	警備の手薄に乘じて不逞團何事をか劃策
165786	朝鮮朝日	西北版	1929-02-08	1	08단	手がるに作れる實來中尉發明の天然色寫眞
165787	朝鮮朝日	西北版	1929-02-08	1	08단	新義州の通關を早くして列車の遲延を防ぐ
165788	朝鮮朝日	西北版	1929-02-08	1	08단	賭博と喧嘩の惡風が一掃され部落民の懷がふとる/貯金組合を續々組織
165789	朝鮮朝日	西北版	1929-02-08	1	08단	情夫殺しの公判きまる
165790	朝鮮朝日	西北版	1929-02-08	1	09단	鐵道豫定地の空中撮影を平壌空軍が行ふ
165791	朝鮮朝日	西北版	1929-02-08	1	09단	不良少年の盜み
165792	朝鮮朝日	西北版	1929-02-08	1	09단	教師の宅を專門に荒す
165793	朝鮮朝日	西北版	1929-02-08	1	09단	不逞漢捕る
165794	朝鮮朝日	西北版	1929-02-08	1	10단	夫の毒殺を企てゝ失敗す
165795	朝鮮朝日	西北版	1929-02-08	1	10단	檢事も同情し猶豫を求む/實弟殺し公判
165796	朝鮮朝日	西北版	1929-02-08	1	10단	お茶のあと
165797	朝鮮朝日	西北版	1929-02-08	1	10단	知人の妾を誘拐
165798	朝鮮朝日	西北版	1929-02-08	1	10단	運動界(平北警察部の寒稽古納會/平壌の卓球大會)
165799	朝鮮朝日	西北版	1929-02-08	1	10단	半島茶話

일련번호	판명		간행일	면	단수	기사명
165800	朝鮮朝日	南鮮版	1929-02-08	1	01단	朝鮮海事協會を社團法人組織とし各種の重要事業を行ふ/總督府當局は一般の同情を希望
165801	朝鮮朝日	南鮮版	1929-02-08	1	01단	京城組合銀行金利引下げ/殖銀、鮮銀は貸出の利子引下は行はない
165802	朝鮮朝日	南鮮版	1929-02-08	1	01단	釜山會議所の三評議員辭職す/會頭の不敬事件から癎癪玉を破裂させて
165803	朝鮮朝日	南鮮版	1929-02-08	1	01단	手がるに作れる寶來中尉發明の天然色寫眞
165804	朝鮮朝日	南鮮版	1929-02-08	1	02단	大京城の姿(１１)/あはれ大京城府も餘命幾何もない直木博士の言やよし/ハイデルベルヒ並に早くなれ
165805	朝鮮朝日	南鮮版	1929-02-08	1	03단	農業開發の質問を行ふ守屋榮夫代議士
165806	朝鮮朝日	南鮮版	1929-02-08	1	03단	短歌/橋田東聲選
165807	朝鮮朝日	南鮮版	1929-02-08	1	03단	會社創立の手續を完了/京驥軌道會社
165808	朝鮮朝日	南鮮版	1929-02-08	1	04단	慶南道評議員會
165809	朝鮮朝日	南鮮版	1929-02-08	1	04단	玄人はだしの閨秀餘技展/蓋をあけて早々から押すな押すなの盛況
165810	朝鮮朝日	南鮮版	1929-02-08	1	05단	新義州の通關を早くして列車の遲延を防ぐ
165811	朝鮮朝日	南鮮版	1929-02-08	1	06단	鐵道豫定地の空中撮影を平壤空軍が行ふ
165812	朝鮮朝日	南鮮版	1929-02-08	1	06단	御卽位式後最初の紀元節/總督府では盛んな拜賀式を擧行する
165813	朝鮮朝日	南鮮版	1929-02-08	1	06단	お茶のあと
165814	朝鮮朝日	南鮮版	1929-02-08	1	06단	大邱專賣工場荒刻工場落成す
165815	朝鮮朝日	南鮮版	1929-02-08	1	07단	記念俳句を募集
165816	朝鮮朝日	南鮮版	1929-02-08	1	07단	カルメンとイサク/三十年ぶりで母子が相會ふ
165817	朝鮮朝日	南鮮版	1929-02-08	1	07단	大阪朝日創刊五十年/祝賀觀劇會
165818	朝鮮朝日	南鮮版	1929-02-08	1	07단	やさしい針供養
165819	朝鮮朝日	南鮮版	1929-02-08	1	08단	新國劇京城劇場に來り好劇家を唸らす/本紙讀者を優遇
165820	朝鮮朝日	南鮮版	1929-02-08	1	08단	知人の妾を誘拐
165821	朝鮮朝日	南鮮版	1929-02-08	1	08단	死體燒却時間に差がある/內地人と朝鮮人
165822	朝鮮朝日	南鮮版	1929-02-08	1	09단	夫の毒殺を企てゝ失敗す
165823	朝鮮朝日	南鮮版	1929-02-08	1	09단	水産會社に氷値下を要求/應じない場合には適當な方法に出る
165824	朝鮮朝日	南鮮版	1929-02-08	1	10단	檢事も同情し猶豫を求む/實弟殺し公判
165825	朝鮮朝日	南鮮版	1929-02-08	1	10단	『新羅野』を創刊
165826	朝鮮朝日	南鮮版	1929-02-08	1	10단	教師の宅を專門に荒す

일련번호	판명		간행일	면	단수	기사명
165827	朝鮮朝日	南鮮版	1929-02-08	1	10단	人(遠藤正臣氏(大阪鐵道局運輸課長)/山本賴雄氏(同上副參事))
165828	朝鮮朝日	南鮮版	1929-02-08	1	10단	半島茶話
165829	朝鮮朝日	西北・南鮮版	1929-02-08	2	01단	朝鮮紙の話(４)/巾を利かすパルプまじり優良品を作る一面/安物をも製造せよ
165830	朝鮮朝日	西北・南鮮版	1929-02-08	2	01단	局員總掛りで聽取者を勸誘し經營難から脫出する/京城放送局の意氣込
165831	朝鮮朝日	西北・南鮮版	1929-02-08	2	01단	雲の聲
165832	朝鮮朝日	西北・南鮮版	1929-02-08	2	01단	北滿在住の朝鮮人/伊藤總督府事務官の視察談
165833	朝鮮朝日	西北・南鮮版	1929-02-08	2	02단	休日がつゞく行樂に狩獵に狩獵場の案內
165834	朝鮮朝日	西北・南鮮版	1929-02-08	2	02단	金組と銀行の年末帳尻高
165835	朝鮮朝日	西北・南鮮版	1929-02-08	2	03단	減少を示す/群山の移出米
165836	朝鮮朝日	西北・南鮮版	1929-02-08	2	03단	預金高が增加し貸出しが減る
165837	朝鮮朝日	西北・南鮮版	1929-02-08	2	03단	關釜連絡船に代船が就航
165838	朝鮮朝日	西北・南鮮版	1929-02-08	2	03단	城大聽講生と選科生募集
165839	朝鮮朝日	西北・南鮮版	1929-02-08	2	04단	全鮮手形交換高
165840	朝鮮朝日	西北版	1929-02-09	1	01단	濟南事件の交渉決裂の狀態に陷る/交渉は決裂だ 衷心遺憾に堪へぬ 王氏亢奮して語る/決裂した譯ではない 堀內書記官はかたる
165841	朝鮮朝日	西北版	1929-02-09	1	01단	最近の政治行動に妥協の餘地なし/きのふ床次氏を訪問して中西氏新黨を脫黨
165842	朝鮮朝日	西北版	1929-02-09	1	01단	黃海道の水利事業
165843	朝鮮朝日	西北版	1929-02-09	1	01단	私立探偵挿話(２)/立派な毛皮外套を十分間で盜まる/品物は手に返った/然し犯人はいまだにわからぬ
165844	朝鮮朝日	西北版	1929-02-09	1	03단	西面普通校の開校を運動
165845	朝鮮朝日	西北版	1929-02-09	1	03단	俳句/鈴木花蓑選
165846	朝鮮朝日	西北版	1929-02-09	1	03단	水稻は增加し陸稻は減少す/平北米實收高
165847	朝鮮朝日	西北版	1929-02-09	1	04단	仁川デー/思ひ起す廿五年前露國軍艦自爆し/殘骸を港內に橫たふ/大瞻極まる我陸軍の敵前上陸/わするべからざる記念日來る
165848	朝鮮朝日	西北版	1929-02-09	1	05단	平南道は十五人/奏任待遇たり得る初等校長
165849	朝鮮朝日	西北版	1929-02-09	1	06단	大靑島の捕鯨事業
165850	朝鮮朝日	西北版	1929-02-09	1	07단	公醫講習會
165851	朝鮮朝日	西北版	1929-02-09	1	07단	事故なしデー良成績をあぐ

일련번호	판명		간행일	면	단수	기사명
165852	朝鮮朝日	西北版	1929-02-09	1	07단	馬賊討伐の演習を行ふ/國境警備の警官千名を總動員し
165853	朝鮮朝日	西北版	1929-02-09	1	07단	牡丹台野話
165854	朝鮮朝日	西北版	1929-02-09	1	08단	新しい汽動車數台を購入して乘車賃金を値下する价川輕便鐵道の勉强
165855	朝鮮朝日	西北版	1929-02-09	1	08단	誠意をもって道治に盡す/不渡手形は出さない/園田新任平南知事談
165856	朝鮮朝日	西北版	1929-02-09	1	09단	公産婆新設
165857	朝鮮朝日	西北版	1929-02-09	1	09단	成績のよい平壤府營電車
165858	朝鮮朝日	西北版	1929-02-09	1	09단	餘った教師を定員外とし見習をやらせる
165859	朝鮮朝日	西北版	1929-02-09	1	10단	保険に似た黃海の家畜救濟
165860	朝鮮朝日	西北版	1929-02-09	1	10단	孟山、北倉の煙草收納高
165861	朝鮮朝日	西北版	1929-02-09	1	10단	平南道最近の外人居住數
165862	朝鮮朝日	西北版	1929-02-09	1	10단	列車に挾まれ卽死をとぐ
165863	朝鮮朝日	西北版	1929-02-09	1	10단	郵貯詐取犯人/釜山で捕る
165864	朝鮮朝日	西北版	1929-02-09	1	10단	畜産の輸入を嚴重取締る
165865	朝鮮朝日	西北版	1929-02-09	1	10단	守備隊の耐寒行軍
165866	朝鮮朝日	西北版	1929-02-09	1	10단	靑訓の軍隊見學
165867	朝鮮朝日	南鮮版	1929-02-09	1	01단	濟南事件の交渉決裂の狀態に陷る/交渉は決裂だ衷心遺憾に堪へぬ 王氏亢奮して語る/決裂した譯ではない 堀內書記官はかたる
165868	朝鮮朝日	南鮮版	1929-02-09	1	01단	最近の政治行動に妥協の餘地なし/きのふ床次氏を訪問して中西氏新黨を脫黨
165869	朝鮮朝日	南鮮版	1929-02-09	1	01단	打續く不況で歲入が減り/支那關稅問題も響く/總督府山林部大弱り
165870	朝鮮朝日	南鮮版	1929-02-09	1	01단	極貧者に對し白米を贈る
165871	朝鮮朝日	南鮮版	1929-02-09	1	02단	頗る簡便な土地改良契
165872	朝鮮朝日	南鮮版	1929-02-09	1	02단	陋劣なる策動と惡宣傳に憤慨して 再び瓦電の膺懲を叫ぶ 期成會主催の府民大會大に賑ふ/會社側につき調査を始む 在外早く出來さうな 電氣府營問題調停案
165873	朝鮮朝日	南鮮版	1929-02-09	1	03단	道評議員の水産視察を知事に建議する/文科の志願者減少を示し 理科は增加す
165874	朝鮮朝日	南鮮版	1929-02-09	1	03단	新進の花形を二人もむかへ陣容を新たにし/シーズンに入れば大いに活躍する總督府の野球部
165875	朝鮮朝日	南鮮版	1929-02-09	1	04단	俳句/鈴木花蓑選
165876	朝鮮朝日	南鮮版	1929-02-09	1	05단	馬賊討伐の演習を行ふ/國境警備の警官

일련번호	판명		간행일	면	단수	기사명
165876	朝鮮朝日	南鮮版	1929-02-09	1	05단	千名を總動員し
165877	朝鮮朝日	南鮮版	1929-02-09	1	05단	新稅率は大苦痛/財源に大きな影響を與へる
165878	朝鮮朝日	南鮮版	1929-02-09	1	05단	創立二周年記念放送/十一日から二週間にわたり
165879	朝鮮朝日	南鮮版	1929-02-09	1	06단	三議員に對し留任勸告か
165880	朝鮮朝日	南鮮版	1929-02-09	1	06단	仁川デー/思ひ起す廿五年前露國軍艦自爆し/殘骸を港內に横たふ/大膽極まる我陸軍の敵前上陸/わするべからざる記念日來る
165881	朝鮮朝日	南鮮版	1929-02-09	1	07단	貯金詐欺犯人逮捕/安東縣から京城に護送さる
165882	朝鮮朝日	南鮮版	1929-02-09	1	08단	安直なスキ燒を食べさせ面白く遊ばせる/朝博と畜産協會の計劃
165883	朝鮮朝日	南鮮版	1929-02-09	1	09단	初日から滿員/本紙愛讀者優遇の新國劇二黨は好評
165884	朝鮮朝日	南鮮版	1929-02-09	1	09단	馬山の火事/十三戸を燒く
165885	朝鮮朝日	南鮮版	1929-02-09	1	10단	中樞院參議に假處分執行
165886	朝鮮朝日	南鮮版	1929-02-09	1	10단	滅法ふえた空巣ねらひ
165887	朝鮮朝日	西北・南鮮版	1929-02-09	2	01단	魚油の話(1)/内地相場を見事に蹴落し/一躍花形となって化粧廻しを頂戴す
165888	朝鮮朝日	西北・南鮮版	1929-02-09	2	01단	山間地帯の死亡率が多い/江原道鐵原は第一位
165889	朝鮮朝日	西北・南鮮版	1929-02-09	2	01단	雫の聲
165890	朝鮮朝日	西北・南鮮版	1929-02-09	2	02단	一反歩から五百圓/黃海の海苔養殖有望視さる
165891	朝鮮朝日	西北・南鮮版	1929-02-09	2	02단	タラの遠海移動の說は覆されんとす
165892	朝鮮朝日	西北・南鮮版	1929-02-09	2	02단	早害民救濟の工事を急ぐ
165893	朝鮮朝日	西北・南鮮版	1929-02-09	2	03단	支那領事館增員を行ふ
165894	朝鮮朝日	西北・南鮮版	1929-02-09	2	03단	全南の面廢合
165895	朝鮮朝日	西北・南鮮版	1929-02-09	2	03단	群山水産校廢校
165896	朝鮮朝日	西北・南鮮版	1929-02-09	2	03단	倉庫貨物出入高
165897	朝鮮朝日	西北版	1929-02-10	1	01단	首相の態度を詰り議場極度に騷ぐ 議長の振鈴にも納らず首相は身を以て退場/騷ぎ納まらず採決に至らず散會
165898	朝鮮朝日	西北版	1929-02-10	1	01단	關稅引上により二十九萬圓の損害/輸出業にとって大打擊/會議所が聯合して大反對をやる
165899	朝鮮朝日	西北版	1929-02-10	1	01단	五十餘萬圓の斧鉞を加へ漸く辻褄をあはす/平北明年度の豫算

일련번호	판명		간행일	면	단수	기사명
165900	朝鮮朝日	西北版	1929-02-10	1	02단	昭和水利の膳立成る
165901	朝鮮朝日	西北版	1929-02-10	1	03단	短歌/橋田東聲選
165902	朝鮮朝日	西北版	1929-02-10	1	03단	平壤各學校の卒業式決る
165903	朝鮮朝日	西北版	1929-02-10	1	04단	平元線沿線に警官駐在所
165904	朝鮮朝日	西北版	1929-02-10	1	04단	心配引受數が五千餘件に上る平壤警察署における/昨年中の人事相談數
165905	朝鮮朝日	西北版	1929-02-10	1	04단	高松宮殿下の御婚儀御內定/德川喜久子姫と
165906	朝鮮朝日	西北版	1929-02-10	1	04단	官立に昇格する/道立平壤師範
165907	朝鮮朝日	西北版	1929-02-10	1	05단	品質のよい平壤の天然氷
165908	朝鮮朝日	西北版	1929-02-10	1	05단	平壤憲兵隊異動
165909	朝鮮朝日	西北版	1929-02-10	1	05단	極貧者無料診療
165910	朝鮮朝日	西北版	1929-02-10	1	06단	農家が副業に鹽叺を製造/喧嘩賭博がなくなり農家の懷がふくれる
165911	朝鮮朝日	西北版	1929-02-10	1	06단	土木事業の大恩人/鈴木勅任技師/九日付で退官
165912	朝鮮朝日	西北版	1929-02-10	1	06단	加藤大將から平中へ額を寄附
165913	朝鮮朝日	西北版	1929-02-10	1	06단	鎭海灣內の鱈漁場整理
165914	朝鮮朝日	西北版	1929-02-10	1	07단	産業增殖の模型を製作
165915	朝鮮朝日	西北版	1929-02-10	1	07단	安東各銀行の金利引下げ
165916	朝鮮朝日	西北版	1929-02-10	1	07단	回收成績の頗る好い/肥料購入資金
165917	朝鮮朝日	西北版	1929-02-10	1	07단	遂安金鑛の大改善を行ひ近く採鑛を始める/京城の米人が經營
165918	朝鮮朝日	西北版	1929-02-10	1	07단	素晴しい迷信/麻疹流行で傳はる/その內變り種二つ
165919	朝鮮朝日	西北版	1929-02-10	1	08단	義州農學校が經濟農場を計劃
165920	朝鮮朝日	西北版	1929-02-10	1	08단	殉職警官の遺骨
165921	朝鮮朝日	西北版	1929-02-10	1	08단	朝博に出品の平北特産品
165922	朝鮮朝日	西北版	1929-02-10	1	08단	給料を騙取
165923	朝鮮朝日	西北版	1929-02-10	1	09단	牡丹台野話
165924	朝鮮朝日	西北版	1929-02-10	1	09단	民を慘殺し警官を傷つけ家を燒き金を奪ふ/不逞の公判開かる
165925	朝鮮朝日	西北版	1929-02-10	1	09단	平壤一月中の犯罪發生數
165926	朝鮮朝日	西北版	1929-02-10	1	09단	金岡夫妻告別式
165927	朝鮮朝日	西北版	1929-02-10	1	09단	物騷な龍井
165928	朝鮮朝日	西北版	1929-02-10	1	10단	平壤の強盜
165929	朝鮮朝日	西北版	1929-02-10	1	10단	強盜を目的で徘徊中捕る
165930	朝鮮朝日	西北版	1929-02-10	1	10단	人(金鳳基氏(平北高等課長)/茅根龍夫氏(新義州署司法主任)/伊藤正懋氏(新義州

일련번호	판명		간행일	면	단수	기사명
165930	朝鮮朝日	西北版	1929-02-10	1	10단	府尹)/文部省普通教育視察團/杉村逸郎氏(前釜山地方法院檢事正)/室田義文氏(貴族院議員))
165931	朝鮮朝日	西北版	1929-02-10	1	10단	半島茶話
165932	朝鮮朝日	南鮮版	1929-02-10	1	01단	*首相の態度を詰り議場極度に騷ぐ　議長の振鈴にも納らず首相は身を以て退場/騷ぎ納まらず採決に至らず散會*
165933	朝鮮朝日	南鮮版	1929-02-10	1	01단	高松宮殿下の御婚儀御内定/德川喜久子姫と
165934	朝鮮朝日	南鮮版	1929-02-10	1	01단	『面議の選擧を普選とせよ』民情報告に現はれた/民間の熱心なる希望
165935	朝鮮朝日	南鮮版	1929-02-10	1	01단	回收成績の頗る好い/肥料購入資金
165936	朝鮮朝日	南鮮版	1929-02-10	1	02단	新會社の創立に愈よ着手する/雲岩水電問題
165937	朝鮮朝日	南鮮版	1929-02-10	1	03단	短歌/橋田東聲選
165938	朝鮮朝日	南鮮版	1929-02-10	1	03단	多木氏が更に公開狀發表
165939	朝鮮朝日	南鮮版	1929-02-10	1	04단	土木事業の大恩人/鈴木勅任技師/九日付で退官
165940	朝鮮朝日	南鮮版	1929-02-10	1	04단	船舶職員試驗
165941	朝鮮朝日	南鮮版	1929-02-10	1	04단	不正度量衡の取締を行ふ
165942	朝鮮朝日	南鮮版	1929-02-10	1	04단	私立探偵挿話(1)/夫の亂行の數々を居ながらに知る/油斷も隙もない奧樣/結局夫君は頭
165943	朝鮮朝日	南鮮版	1929-02-10	1	04단	をかいて降參
165943	朝鮮朝日	南鮮版	1929-02-10	1	05단	外人觀光團一行/三十八名京城に來る
165944	朝鮮朝日	南鮮版	1929-02-10	1	05단	鮮銀幹部の異動
165945	朝鮮朝日	南鮮版	1929-02-10	1	05단	産業增殖の模型を製作
165946	朝鮮朝日	南鮮版	1929-02-10	1	05단	鎭海灣內の鱈漁場整理
165947	朝鮮朝日	南鮮版	1929-02-10	1	06단	公設質屋に反對し釜山の營業者結束し陳情か
165948	朝鮮朝日	南鮮版	1929-02-10	1	06단	評議員さらに一名辭職し會頭の不敬事件から釜山商業會議所動搖
165949	朝鮮朝日	南鮮版	1929-02-10	1	07단	紀元節奉祝の城大音樂會
165950	朝鮮朝日	南鮮版	1929-02-10	1	07단	お茶のあと
165951	朝鮮朝日	南鮮版	1929-02-10	1	08단	大阪朝日新聞創刊五十周年記念祝賀催し
165952	朝鮮朝日	南鮮版	1929-02-10	1	08단	故障水道栓を容易に修繕せず/京城府水道課怨まる
165953	朝鮮朝日	南鮮版	1929-02-10	1	08단	京城協贊會活動を開始
165954	朝鮮朝日	南鮮版	1929-02-10	1	08단	全北道から忠南に抗議/渡航題問につき

일련번호	판명		간행일	면	단수	기사명
165955	朝鮮朝日	南鮮版	1929-02-10	1	09단	持兇器強盜出沒し慶南道の郡部/全く怯え切る
165956	朝鮮朝日	南鮮版	1929-02-10	1	10단	物騷な京城コソ泥頻出す
165957	朝鮮朝日	南鮮版	1929-02-10	1	10단	強盜を目的で徘徊中捕る
165958	朝鮮朝日	南鮮版	1929-02-10	1	10단	寒さ盛り返す
165959	朝鮮朝日	南鮮版	1929-02-10	1	10단	人(杉村逸郎氏(前釜山地方法院檢事正))
165960	朝鮮朝日	南鮮版	1929-02-10	1	10단	半島茶話
165961	朝鮮朝日	西北・南鮮版	1929-02-10	2	01단	魚油の話(２)/頗る簡單に造り出される/我國の魚油製造はまだ幼稚なものだ
165962	朝鮮朝日	西北・南鮮版	1929-02-10	2	01단	專務取締役を新たに設け軌道電氣も經營する/朝鮮鐵道の定款改正
165963	朝鮮朝日	西北・南鮮版	1929-02-10	2	01단	雫の聲
165964	朝鮮朝日	西北・南鮮版	1929-02-10	2	01단	內地酒を壓倒し漸次優勢を示す朝鮮産の酒
165965	朝鮮朝日	西北・南鮮版	1929-02-10	2	02단	利益金增加/朝鐵下半期成績
165966	朝鮮朝日	西北・南鮮版	1929-02-10	2	02단	各港輸出入の通關貿易額
165967	朝鮮朝日	西北・南鮮版	1929-02-10	2	02단	昨年の通常郵便
165968	朝鮮朝日	西北・南鮮版	1929-02-10	2	02단	全鮮穀商聯合大會
165969	朝鮮朝日	西北・南鮮版	1929-02-10	2	02단	鮮滿連絡電話一月中の通話數
165970	朝鮮朝日	西北・南鮮版	1929-02-10	2	03단	朝日巡回活寫會
165971	朝鮮朝日	西北版	1929-02-12	1	01단	舊稅を供託して實力で輸出を行ふ安東邦商の態度硬化す/支那の輸出增稅問題遂に重大化
165972	朝鮮朝日	西北版	1929-02-12	1	01단	今年中に必ず實現を見る/平壤府營乘合自動車/車台は三輛乃至五輛
165973	朝鮮朝日	西北版	1929-02-12	1	01단	眞面目に勉強する者が極めて少ない/平安南道の內外留學生
165974	朝鮮朝日	西北版	1929-02-12	1	01단	平中卒業生の志望しらべ
165975	朝鮮朝日	西北版	1929-02-12	1	02단	イキな制服を着用させる
165976	朝鮮朝日	西北版	1929-02-12	1	02단	鮮內敎育功勞者總督より表彰さる紀元節の佳き日をトしかゞやかしき功勞者十名の功績(功勞者の略歷)
165977	朝鮮朝日	西北版	1929-02-12	1	03단	お茶のあと
165978	朝鮮朝日	西北版	1929-02-12	1	03단	騎馬警官の行軍
165979	朝鮮朝日	西北版	1929-02-12	1	04단	仲居雇女の取締を一層嚴重に取締る事に決定
165980	朝鮮朝日	西北版	1929-02-12	1	04단	官立師範の內示きたる
165981	朝鮮朝日	西北版	1929-02-12	1	04단	解決が永引けばさらに市況は沈衰 府尹の態度注目を惹く 元山勞働會幹部の收容で
165981	朝鮮朝日	西北版	1929-02-12	1	04단	動搖す/新人夫を集め作業を續く漸く常態

일련번호	판명		간행일	면	단수	기사명
165981	朝鮮朝日	西北版	1929-02-12	1	04단	*に復した ライジングサン工場*
165982	朝鮮朝日	西北版	1929-02-12	1	05단	陸相から表彰
165983	朝鮮朝日	西北版	1929-02-12	1	05단	降雪のため交通機關停止
165984	朝鮮朝日	西北版	1929-02-12	1	05단	安東守備隊の壯烈な攻防演習
165985	朝鮮朝日	西北版	1929-02-12	1	05단	『集金式預入は民業壓迫である』と銀行側は內地同樣/その禁止方を要望す
165986	朝鮮朝日	西北版	1929-02-12	1	06단	氣の利いた朝鮮建とし館內に喫茶所を設く/牡丹台の陣列所分館
165987	朝鮮朝日	西北版	1929-02-12	1	06단	少年の犯罪漸次增す/活動寫眞からの感化が多い
165988	朝鮮朝日	西北版	1929-02-12	1	07단	平壤より
165989	朝鮮朝日	西北版	1929-02-12	1	07단	遠洋漁船の建造は補助金少額のために少ない
165990	朝鮮朝日	西北版	1929-02-12	1	07단	哀れな同胞に白米を贈る
165991	朝鮮朝日	西北版	1929-02-12	1	07단	牡丹台野話
165992	朝鮮朝日	西北版	1929-02-12	1	08단	運動界(スケート納會/スケート大會)
165993	朝鮮朝日	西北版	1929-02-12	1	08단	焚寄せ網を咸北道に申請/本場の和歌山縣から許否はまだ決しない
165994	朝鮮朝日	西北版	1929-02-12	1	08단	國境警備の活寫を映寫し警官と家族を慰安/活寫班奧地に向ふ
165995	朝鮮朝日	西北版	1929-02-12	1	08단	營林作業所の暴行一味の判決
165996	朝鮮朝日	西北版	1929-02-12	1	09단	プン毆って死に至らす
165997	朝鮮朝日	西北版	1929-02-12	1	09단	痘瘡を發見
165998	朝鮮朝日	西北版	1929-02-12	1	09단	貯金詐欺の餘罪取調べ
165999	朝鮮朝日	西北版	1929-02-12	1	10단	駈落者捕る
166000	朝鮮朝日	西北版	1929-02-12	1	10단	僞造紙幣を平壤で發見
166001	朝鮮朝日	西北版	1929-02-12	1	10단	僞造貨發見
166002	朝鮮朝日	西北版	1929-02-12	1	10단	子供を轢き殺す
166003	朝鮮朝日	西北版	1929-02-12	1	10단	もよほし(滿鐵家庭慰安活寫會/平壤の農事講習會)
166004	朝鮮朝日	西北版	1929-02-12	1	10단	人(野田步兵第七十七聯隊長/阿部明治太郎氏(新任平南財務部長)/中村第三十九旅團長/橫田昇氏(第二十師團經理部長))
166005	朝鮮朝日	西北版	1929-02-12	1	10단	雫の聲
166006	朝鮮朝日	南鮮版	1929-02-12	1	01단	粟檢査廢止から大いに不便を感じ檢査機關の設置を協議/結局全滿米穀組合の手で實施か
166007	朝鮮朝日	南鮮版	1929-02-12	1	01단	本町筋一部の反對にあひ合同デパート行悩む/解決後新計劃を樹つ

일련번호	판명		간행일	면	단수	기사명
166008	朝鮮朝日	南鮮版	1929-02-12	1	01단	內地米を朝鮮で精白してさらに內地へ移出
166009	朝鮮朝日	南鮮版	1929-02-12	1	02단	裡里管內の內地渡航者
166010	朝鮮朝日	南鮮版	1929-02-12	1	02단	鮮內教育功勞者總督より表彰さる紀元節の佳き日をトしかゞやかしき功勞者十名の功績(功勞者の略歴)
166011	朝鮮朝日	南鮮版	1929-02-12	1	03단	靜肅に奉祝/釜山の紀元節
166012	朝鮮朝日	南鮮版	1929-02-12	1	03단	寫眞說明(京城西大門の救世軍本部では舊正月の三日間食ふに食なき可憐な朝鮮人に溫いご飯と心ばかりのお正月の御馳走を施與して喜びをわかった)
166013	朝鮮朝日	南鮮版	1929-02-12	1	04단	殖銀の成績
166014	朝鮮朝日	南鮮版	1929-02-12	1	05단	私立探偵揷話(２)/立派な毛皮外套を十分間で盜まる/品物は手に返った然し犯人はいまだにわからぬ
166015	朝鮮朝日	南鮮版	1929-02-12	1	05단	日本海々戰の記念塔進捗
166016	朝鮮朝日	南鮮版	1929-02-12	1	05단	土地問題と自治制促進/仁川府の協議
166017	朝鮮朝日	南鮮版	1929-02-12	1	06단	大阪朝日新聞創刊五十周年記念祝賀催し
166018	朝鮮朝日	南鮮版	1929-02-12	1	06단	慶尙南道穀商大會
166019	朝鮮朝日	南鮮版	1929-02-12	1	06단	辭職評議員に辭表撤回を特別議員から持出す/結局もの別れとなる
166020	朝鮮朝日	南鮮版	1929-02-12	1	07단	須藤知事の瓦電視察/時節柄で世人の注意を惹く
166021	朝鮮朝日	南鮮版	1929-02-12	1	08단	金融組合の利下率協議
166022	朝鮮朝日	南鮮版	1929-02-12	1	08단	釜山組合銀行金利引下げ
166023	朝鮮朝日	南鮮版	1929-02-12	1	08단	私刑を加へ重傷を負はす
166024	朝鮮朝日	南鮮版	1929-02-12	1	09단	『集金式預入は民業壓迫である』と銀行側は內地同樣/その禁止方を要望す
166025	朝鮮朝日	南鮮版	1929-02-12	1	09단	大阪商船側の排斥により恩田朝郵社長辭職か/當の本人は憤慨の態
166026	朝鮮朝日	南鮮版	1929-02-12	1	10단	四人組强盜通行人を襲ふ
166027	朝鮮朝日	南鮮版	1929-02-12	1	10단	お茶のあと
166028	朝鮮朝日	南鮮版	1929-02-12	1	10단	山野瀧三氏逝く
166029	朝鮮朝日	南鮮版	1929-02-12	1	10단	人(富田儀作氏(京城實業家)/後藤眞咲氏(本府林産課長)/加藤木保次氏(慶南農務課長)/西本計三氏(專賣局事業課長)/土師盛貞氏(遞信局海事課長)/森義信氏(遞信局庶務課長))
166030	朝鮮朝日	南鮮版	1929-02-12	1	10단	雫の聲
166031	朝鮮朝日	西北版	1929-02-13	1	01단	滿洲、沿海州材の關稅を愈引上げる/一

일련번호	판명		간행일	면	단수	기사명
166031	朝鮮朝日	西北版	1929-02-13	1	01단	率に從價三分を課稅/總督府と政府側の折衝全く終る
166032	朝鮮朝日	西北版	1929-02-13	1	01단	抗議付納稅で輸出を行ふ輸出附加稅の徵收に間島では反對を聲明
166033	朝鮮朝日	西北版	1929-02-13	1	01단	新義州郊外に製絲工場を設け當初二百釜の豫定で六月頃から操業する
166034	朝鮮朝日	西北版	1929-02-13	1	03단	申分なき種牛部落/その施設は名實共に備はる
166035	朝鮮朝日	西北版	1929-02-13	1	03단	俳句/鈴木花蓑選
166036	朝鮮朝日	西北版	1929-02-13	1	04단	着々改良の實績を擧ぐ平北の穀物檢査
166037	朝鮮朝日	西北版	1929-02-13	1	04단	御下賜金並に表彰狀傳達
166038	朝鮮朝日	西北版	1929-02-13	1	04단	とてもお話にならぬ國境の通信事務/出來得るかぎり改善慰安を行ふ/國境を視察した鈴木監督課長談
166039	朝鮮朝日	西北版	1929-02-13	1	05단	私立探偵挿話(3)/妾宅づきの生きた珍品を貰ひ受け/不當なる貸付を行ふ/紊亂を極めたる銀行員の內幕
166040	朝鮮朝日	西北版	1929-02-13	1	05단	平壤より
166041	朝鮮朝日	西北版	1929-02-13	1	05단	一騷ぎの後總豫算通過/民政黨の反對動議大差で敗る
166042	朝鮮朝日	西北版	1929-02-13	1	06단	田は增加し畑は反對に減少
166043	朝鮮朝日	西北版	1929-02-13	1	07단	寧邊と博川に電氣供給の競願/三會社の中いづれが權利をにぎり得るか
166044	朝鮮朝日	西北版	1929-02-13	1	07단	衛生試驗所と細菌檢查所設置/極力細菌檢查を行ひ/傳染病の絶滅を期す
166045	朝鮮朝日	西北版	1929-02-13	1	07단	紀元節に表彰された長谷川平壤女子高普校長
166046	朝鮮朝日	西北版	1929-02-13	1	08단	箕城券取締再選
166047	朝鮮朝日	西北版	1929-02-13	1	08단	牡丹台野話
166048	朝鮮朝日	西北版	1929-02-13	1	09단	新中の軍教查閲
166049	朝鮮朝日	西北版	1929-02-13	1	09단	防犯係を設け犯罪を防ぐ殺伐事件頻出のため平壤警察躍起となる
166050	朝鮮朝日	西北版	1929-02-13	1	10단	發疹チブスの原因をなす風の研究を行ふ
166051	朝鮮朝日	西北版	1929-02-13	1	10단	電車が第一平壤の交通事故
166052	朝鮮朝日	西北版	1929-02-13	1	10단	半島茶話
166053	朝鮮朝日	西北版	1929-02-13	1	10단	實兄を殺す
166054	朝鮮朝日	西北版	1929-02-13	1	10단	柔道大會は延期
166055	朝鮮朝日	南鮮版	1929-02-13	1	01단	滿洲、沿海州材の關稅を愈引上げる/一

일련번호	판명		간행일	면	단수	기사명
166055	朝鮮朝日	南鮮版	1929-02-13	1	01단	率に從價三分を課税/總督府と政府側の折衝全く終る
166056	朝鮮朝日	南鮮版	1929-02-13	1	01단	外國の使臣も式に參列し總督府に於て嚴かに紀元節拜賀式を擧行
166057	朝鮮朝日	南鮮版	1929-02-13	1	01단	折角の大將の禮裝もぴったりと身につかず態度はまるで手品師のやう拜賀式當日の山梨總督閣下
166058	朝鮮朝日	南鮮版	1929-02-13	1	03단	俳句/鈴木花蓑選
166059	朝鮮朝日	南鮮版	1929-02-13	1	04단	賣買價格は意外にも算盤の桁高まる 期成會では前途を樂觀 調停案の作成は安外早き見込み/露骨きはまる逆宣傳に憤慨し更に府民大會を開き 會社膺懲の叫を擧ぐ
166060	朝鮮朝日	南鮮版	1929-02-13	1	05단	私立探偵挿話(3)/妾宅づきの生きた珍品を貰ひ受け/不當なる貸付を行ふ/紊亂を極めたる銀行員の內幕
166061	朝鮮朝日	南鮮版	1929-02-13	1	05단	朝鮮中央電氣會社
166062	朝鮮朝日	南鮮版	1929-02-13	1	05단	一騷ぎの後總豫算通過/民政黨の反對動議大差で敗る
166063	朝鮮朝日	南鮮版	1929-02-13	1	07단	道當局の希望を容れて府民大會を開催せぬ
166064	朝鮮朝日	南鮮版	1929-02-13	1	07단	表彰狀の傳達式
166065	朝鮮朝日	南鮮版	1929-02-13	1	07단	大同江岸に繰綿大工場/朝鮮紡織の計劃
166066	朝鮮朝日	南鮮版	1929-02-13	1	07단	月尾島の新設備/諸工事の入札は愈近く行ふ
166067	朝鮮朝日	南鮮版	1929-02-13	1	08단	淸州に靑訓
166068	朝鮮朝日	南鮮版	1929-02-13	1	08단	實兄を殺す
166069	朝鮮朝日	南鮮版	1929-02-13	1	08단	御大典記念の慶南の造林
166070	朝鮮朝日	南鮮版	1929-02-13	1	08단	涎の出さうな土産を物色/朝鮮博の開會を前にその考案に頭を捻る
166071	朝鮮朝日	南鮮版	1929-02-13	1	09단	火事と見ればすぐ知らせでないと大火になる/南大門消防署の注文
166072	朝鮮朝日	南鮮版	1929-02-13	1	10단	蠶種製造見込高
166073	朝鮮朝日	南鮮版	1929-02-13	1	10단	半島茶話
166074	朝鮮朝日	南鮮版	1929-02-13	1	10단	人(萩原勝千代大佐(羅南野砲第二十五聯隊長)/渡邊誠中左(龍山第二十師團附參謀))
166075	朝鮮朝日	西北・南鮮版	1929-02-13	2	01단	魚油の話(4)/その用途を十年前に知るちと恥かしい話だが當時は幼稚であった
166076	朝鮮朝日	西北・南鮮版	1929-02-13	2	01단	まづ實業校に軍事教官を派す/今のところ金がなく希望を充たされない
166077	朝鮮朝日	西北・南鮮版	1929-02-13	2	01단	東拓朝鮮還元說まだ容易にそこまで運ばぬ
166078	朝鮮朝日	西北・南鮮版	1929-02-13	2	02단	工場主に對し記念旗贈呈

일련번호	판명		간행일	면	단수	기사명
166079	朝鮮朝日	西北・南鮮版	1929-02-13	2	02단	鑿業傳習所の擴張を行ひ大に鑿業を獎勵
166080	朝鮮朝日	西北・南鮮版	1929-02-13	2	02단	ラヂオ機械を燈台に配布
166081	朝鮮朝日	西北・南鮮版	1929-02-13	2	02단	私鐵連帶貨物出入
166082	朝鮮朝日	西北・南鮮版	1929-02-13	2	03단	故鄕の流轉
166083	朝鮮朝日	西北・南鮮版	1929-02-13	2	03단	朝日巡回活寫會
166084	朝鮮朝日	西北版	1929-02-14	1	01단	簡易生命保險の法律案決定し十三日衆議院に提出す/いよいよ近く審議さる
166085	朝鮮朝日	西北版	1929-02-14	1	01단	錦をかざって鄕土を訪問/朝鮮最初の女飛行家朴孃の鄕土訪問飛行
166086	朝鮮朝日	西北版	1929-02-14	1	01단	零下十餘度の國境で酷寒と戰ひ警察官が演習を行ふ
166087	朝鮮朝日	西北版	1929-02-14	1	01단	平壤署昨年の救護取扱數
166088	朝鮮朝日	西北版	1929-02-14	1	01단	平壤銀行團の金利引下げ
166089	朝鮮朝日	西北版	1929-02-14	1	02단	今年は特に盛大に行ふ平壤陸軍記念日
166090	朝鮮朝日	西北版	1929-02-14	1	02단	私立探偵挿話(4)/新婚間もなく妻の過去の噂を聞き惱みに惱む靑年技師/ついに結婚悲劇の幕を閉づ
166091	朝鮮朝日	西北版	1929-02-14	1	03단	入院患者の增加で安東滿鐵病院が擴張を計劃
166092	朝鮮朝日	西北版	1929-02-14	1	03단	鳳山炭坑が差押へらる千圓餘の鑛稅滯納で斯界で不思議がる
166093	朝鮮朝日	西北版	1929-02-14	1	04단	平北昨年度の秋鑿共同販賣價格
166094	朝鮮朝日	西北版	1929-02-14	1	04단	短歌/橋田東聲選
166095	朝鮮朝日	西北版	1929-02-14	1	05단	密輸入が激減す人絹移入が盛となった結果
166096	朝鮮朝日	西北版	1929-02-14	1	05단	附加稅の拒否を海關長に對し通告 邦商の態度益々硬化 實施期日以後の情勢注意を惹く/大連と營口は問題でなく安東のみ問題となりその成行は注目さる/强制的通關の方法をとる安東の邦商集合して增稅問題對策を協議
166097	朝鮮朝日	西北版	1929-02-14	1	06단	舊正月に必要なる品を局員に販賣
166098	朝鮮朝日	西北版	1929-02-14	1	08단	關稅增徵に反對し商議聯合會から政府へ要望/朝鮮紅蔘は大打擊支那の關稅引上により
166099	朝鮮朝日	西北版	1929-02-14	1	08단	大邱の郊外で太刀洗機墜落し搭乘者二名ともに慘死 耐寒飛行四台中の一機/宮下中尉は優秀な將校
166100	朝鮮朝日	西北版	1929-02-14	1	08단	規則の煩雜と迷信的觀念から基地規則の改正方を陳情すべく同志糾合
166101	朝鮮朝日	西北版	1929-02-14	1	10단	三民主義の教科書を使用

일련번호	판명		간행일	면	단수	기사명
166102	朝鮮朝日	西北版	1929-02-14	1	10단	病弱兒童の調査を行ふ
166103	朝鮮朝日	西北版	1929-02-14	1	10단	慶南海苔は稀有の豊作
166104	朝鮮朝日	西北版	1929-02-14	1	10단	電線盗まる
166105	朝鮮朝日	西北版	1929-02-14	1	10단	浮浪者狩り
166106	朝鮮朝日	西北版	1929-02-14	1	10단	實弟殺しに猶豫の判決
166107	朝鮮朝日	南鮮版	1929-02-14	1	01단	簡易生命保險の法律案決定し十三日衆議院に提出す/いよいよ近く審議さる
166108	朝鮮朝日	南鮮版	1929-02-14	1	01단	問題の調停案淨書を終る/あす關水事務官一行/本府當局を訪問する
166109	朝鮮朝日	南鮮版	1929-02-14	1	01단	運合委員會で細目協定を行ふ/運送店合同問題愈進む
166110	朝鮮朝日	南鮮版	1929-02-14	1	01단	多木氏との交渉打切/東津電氣委員會から打電す
166111	朝鮮朝日	南鮮版	1929-02-14	1	01단	關稅增徵に反對し商議聯合會から政府へ要望/朝鮮紅蔘は大打擊 支那の關稅引上により
166112	朝鮮朝日	南鮮版	1929-02-14	1	02단	鳳山炭坑が差押へらる千圓餘の鑛稅滯納で斯界で不思議がる
166113	朝鮮朝日	南鮮版	1929-02-14	1	03단	短歌/橋田東聲選
166114	朝鮮朝日	南鮮版	1929-02-14	1	03단	忠清南道の官選評議員
166115	朝鮮朝日	南鮮版	1929-02-14	1	04단	十五年計劃で畜牛を增殖
166116	朝鮮朝日	南鮮版	1929-02-14	1	04단	陸軍機を無償拂下/朝鮮人に對しては最初の事
166117	朝鮮朝日	南鮮版	1929-02-14	1	04단	舊正月に必要なる品を局員に販賣
166118	朝鮮朝日	南鮮版	1929-02-14	1	05단	粟の移入は增加を示す
166119	朝鮮朝日	南鮮版	1929-02-14	1	05단	山道公州面長辭表を提出す
166120	朝鮮朝日	南鮮版	1929-02-14	1	05단	忠南道評議會
166121	朝鮮朝日	南鮮版	1929-02-14	1	05단	御內帑金下賜さる/京城八團體へ
166122	朝鮮朝日	南鮮版	1929-02-14	1	05단	大邱の郊外で太刀洗機墜落し搭乘者二名ともに慘死 耐寒飛行四台中の一機/宮下中尉は優秀な將校
166123	朝鮮朝日	南鮮版	1929-02-14	1	06단	錦をかざって鄕土を訪問/朝鮮最初の女飛行家朴孃の鄕土訪問飛行
166124	朝鮮朝日	南鮮版	1929-02-14	1	06단	釜山學校組合/明年度豫算
166125	朝鮮朝日	南鮮版	1929-02-14	1	07단	全南道評議會
166126	朝鮮朝日	南鮮版	1929-02-14	1	07단	大邱公設運動場/今村新任知事が計劃を樹つ
166127	朝鮮朝日	南鮮版	1929-02-14	1	08단	朝郵航路の改善につき釜山商議の研究
166128	朝鮮朝日	南鮮版	1929-02-14	1	08단	京城劇場全燒す消防手一名燒死をとぐ火

일련번호	판명		간행일	면	단수	기사명
166128	朝鮮朝日	南鮮版	1929-02-14	1	08단	鉢の火から發火し大事に至る/模範兵として表彰を受け消防組でも模範人物　故福田氏のことゞも/再建築を決議か急遽重役會を開き對策協議
166129	朝鮮朝日	南鮮版	1929-02-14	1	09단	實弟殺しに猶豫の判決
166130	朝鮮朝日	南鮮版	1929-02-14	1	09단	京城本町から南山頂上へケーブルを敷設する/朝鮮では最初の試み
166131	朝鮮朝日	南鮮版	1929-02-14	1	10단	氣違ひの子が實父を斬る
166132	朝鮮朝日	南鮮版	1929-02-14	1	10단	人(上內金南警察部長)
166133	朝鮮朝日	南鮮版	1929-02-14	1	10단	故山野氏の遺骨
166134	朝鮮朝日	西北・南鮮版	1929-02-14	2	01단	魚油の話(完)/容器の罐は弊害頗る多い製品檢査の要がある値段も相當よい方だ
166135	朝鮮朝日	西北・南鮮版	1929-02-14	2	01단	朝博に關する四箇條を決議し關係方面と交渉開始
166136	朝鮮朝日	西北・南鮮版	1929-02-14	2	01단	自給自足で學校へ總督府の副業奬勵は大當り
166137	朝鮮朝日	西北・南鮮版	1929-02-14	2	01단	雫の聲
166138	朝鮮朝日	西北・南鮮版	1929-02-14	2	01단	輕氣球を場げて上層氣象觀測
166139	朝鮮朝日	西北・南鮮版	1929-02-14	2	02단	各地の競馬/日割きまる
166140	朝鮮朝日	西北・南鮮版	1929-02-14	2	02단	鮮內營林署長會議
166141	朝鮮朝日	西北・南鮮版	1929-02-14	2	02단	人蔘耕作許可
166142	朝鮮朝日	西北・南鮮版	1929-02-14	2	02단	南鮮鐵道の成績
166143	朝鮮朝日	西北・南鮮版	1929-02-14	2	02단	故鄉の流轉
166144	朝鮮朝日	西北・南鮮版	1929-02-14	2	03단	朝日巡回活寫會
166145	朝鮮朝日	西北版	1929-02-15	1	01단	近く發起人を選定し具體的の案を考究/經費の出所も大體決る/朝鮮博覽會の平安北道協贊會
166146	朝鮮朝日	西北版	1929-02-15	1	01단	ラヂオ聽取の勸誘を行ふ優秀機械の購入には特別に便宜をはかる
166147	朝鮮朝日	西北版	1929-02-15	1	01단	西鮮勞働組合組織
166148	朝鮮朝日	西北版	1929-02-15	1	01단	私立探偵挿話(５)/家出人所在捜査や拐帯犯人の追跡/これは一番難かしく一通りの苦勞では成功せぬ
166149	朝鮮朝日	西北版	1929-02-15	1	02단	優良保線區/鐵道局から表彰
166150	朝鮮朝日	西北版	1929-02-15	1	02단	平壤府電が賃金を改正
166151	朝鮮朝日	西北版	1929-02-15	1	03단	刺戟材料が少なく新義州客月の金融頗る緩漫
166152	朝鮮朝日	西北版	1929-02-15	1	03단	荷主側委員と非公式に會見し運送店側委員長から合同の諒解を求める

일련번호	판명		간행일	면	단수	기사명
166153	朝鮮朝日	西北版	1929-02-15	1	04단	平壤より
166154	朝鮮朝日	西北版	1929-02-15	1	04단	俳句/鈴木花養選
166155	朝鮮朝日	西北版	1929-02-15	1	04단	金融組合の事務所改善
166156	朝鮮朝日	西北版	1929-02-15	1	05단	平壤府營公設質屋/明年度豫算に經費を計上す
166157	朝鮮朝日	西北版	1929-02-15	1	05단	第二世池上理財課で働く/ものやさしくて而も溫厚な紳士/課長の林さんも無條件で褒める
166158	朝鮮朝日	西北版	1929-02-15	1	06단	輕氣球を飛ばせ上層氣象觀測
166159	朝鮮朝日	西北版	1929-02-15	1	06단	『增稅の對策を講ぜられよ』高橋氏から電報
166160	朝鮮朝日	西北版	1929-02-15	1	06단	權利を得るも實現期は判らぬ/平壤府營乘合自動車
166161	朝鮮朝日	西北版	1929-02-15	1	06단	平南道最近の人口の動き戸數も人口もともに昨年よりも多少增加
166162	朝鮮朝日	西北版	1929-02-15	1	07단	牡丹台野話
166163	朝鮮朝日	西北版	1929-02-15	1	08단	御內帑金下賜さる/平北の二團體
166164	朝鮮朝日	西北版	1929-02-15	1	08단	マラリヤ熱の治療を開始
166165	朝鮮朝日	西北版	1929-02-15	1	08단	平壤女子高普卒業生志望調べ
166166	朝鮮朝日	西北版	1929-02-15	1	08단	元山一月中の橫斷航路貿易總額
166167	朝鮮朝日	西北版	1929-02-15	1	08단	看護婦人會の記念祝賀會
166168	朝鮮朝日	西北版	1929-02-15	1	09단	雛人形の賣行き勅題に困んだものが受ける
166169	朝鮮朝日	西北版	1929-02-15	1	09단	平北物産の大宣傳/朝鮮博覽會の會期中に行ふ
166170	朝鮮朝日	西北版	1929-02-15	1	09단	煙草密耕作の取締のため專賣吏を任命
166171	朝鮮朝日	西北版	1929-02-15	1	09단	三戸を燒く
166172	朝鮮朝日	西北版	1929-02-15	1	09단	十三人が共謀しスリを働く
166173	朝鮮朝日	西北版	1929-02-15	1	10단	妾のつくった料理を食ひ本妻死亡す
166174	朝鮮朝日	西北版	1929-02-15	1	10단	痘瘡蔓延す
166175	朝鮮朝日	西北版	1929-02-15	1	10단	火藥類を持つ怪漢を捕ふ
166176	朝鮮朝日	西北版	1929-02-15	1	10단	墜落機燒却
166177	朝鮮朝日	西北版	1929-02-15	1	10단	憲兵俱卓球大會
166178	朝鮮朝日	西北版	1929-02-15	1	10단	半島茶話
166179	朝鮮朝日	南鮮版	1929-02-15	1	01단	未曾有の早魃で釜山地方は水飢饉　適當な節水方法がなく湯屋に朝湯廢止と隔日休業を懇談/釜山鎭まで水くみに通ふ　近年稀な水不足に鐵道側は大に弱る/朝風呂を廢止す　隔日休業も近く斷行の豫定
166180	朝鮮朝日	南鮮版	1929-02-15	1	01단	東拓木炭取扱高
166181	朝鮮朝日	南鮮版	1929-02-15	1	01단	私立探偵插話(4)/新婚間もなく妻の過去

일련번호	판명		간행일	면	단수	기사명
166181	朝鮮朝日	南鮮版	1929-02-15	1	01단	の噂を聞き悩みに悩む青年技師/ついに結婚悲劇の幕を閉づ
166182	朝鮮朝日	南鮮版	1929-02-15	1	02단	大邱南旨間に軌道を計劃
166183	朝鮮朝日	南鮮版	1929-02-15	1	02단	刺戟材料が少なく新義州客月の金融頗る緩漫
166184	朝鮮朝日	南鮮版	1929-02-15	1	03단	平北物産の大宣傳/朝鮮博覽會の會期中に行ふ
166185	朝鮮朝日	南鮮版	1929-02-15	1	03단	廿日までには發表できる本府當局は形式的に目を通すだけのこと/重役會を開催し何事か協議す
166186	朝鮮朝日	南鮮版	1929-02-15	1	04단	京城劇場の解散論/重役や大株主の間におこる
166187	朝鮮朝日	南鮮版	1929-02-15	1	04단	俳句/鈴木花蓑選
166188	朝鮮朝日	南鮮版	1929-02-15	1	05단	第二世池上理財課で働く/ものやさしくて而も溫厚な紳士/課長の林さんも無條件で褒める
166189	朝鮮朝日	南鮮版	1929-02-15	1	05단	お茶のあと
166190	朝鮮朝日	南鮮版	1929-02-15	1	06단	石津龍輔氏來釜し瓦電會社重役と頻りに往復
166191	朝鮮朝日	南鮮版	1929-02-15	1	06단	雛人形の賣行き勅題に困んだものが受ける
166192	朝鮮朝日	南鮮版	1929-02-15	1	06단	荷主側委員と非公式に會見し運送店側委員長から合同の諒解を求める
166193	朝鮮朝日	南鮮版	1929-02-15	1	07단	寫眞說明(十三日佛境の京城劇場の火事と消防中殉職した勇敢な京城消防組第一係長福田宗太郎氏)
166194	朝鮮朝日	南鮮版	1929-02-15	1	07단	看護婦人會の記念祝賀會
166195	朝鮮朝日	南鮮版	1929-02-15	1	08단	マラリヤ熱の治療を開始
166196	朝鮮朝日	南鮮版	1929-02-15	1	08단	煙草密耕作の取締のため專賣吏を任命
166197	朝鮮朝日	南鮮版	1929-02-15	1	08단	壯絶な最期を語る軍刀と帽子 陸軍側と官民有志がしめやかに通夜をなす/二勇士の告別式 八十聯隊の營庭で擧行する/墜落機燒却/僚機歸隊す
166198	朝鮮朝日	南鮮版	1929-02-15	1	09단	早魃と酷寒で流感猖獗を極め釜山府を中心として郡部に新患者續出す
166199	朝鮮朝日	南鮮版	1929-02-15	1	09단	妾のつくった料理を食ひ本妻死亡す
166200	朝鮮朝日	南鮮版	1929-02-15	1	09단	火藥類を持つ怪漢を捕ふ
166201	朝鮮朝日	南鮮版	1929-02-15	1	09단	空巢覘ひの片割れ捕る
166202	朝鮮朝日	南鮮版	1929-02-15	1	10단	十三人が共謀しスリを働く
166203	朝鮮朝日	南鮮版	1929-02-15	1	10단	三戸を燒く

일련번호	판명		간행일	면	단수	기사명
166204	朝鮮朝日	南鮮版	1929-02-15	1	10단	痘瘡蔓延す
166205	朝鮮朝日	南鮮版	1929-02-15	1	10단	人(山澤和三郎氏(專賣局製造課長))
166206	朝鮮朝日	南鮮版	1929-02-15	1	10단	半島茶話
166207	朝鮮朝日	西北・南鮮版	1929-02-15	2	01단	青い鳥
166208	朝鮮朝日	西北・南鮮版	1929-02-15	2	01단	仁川港の貿易額/總額で三十一萬餘圓を減少
166209	朝鮮朝日	西北・南鮮版	1929-02-15	2	01단	仁川銀行團の金利引下げ
166210	朝鮮朝日	西北・南鮮版	1929-02-15	2	01단	京城ハーモニカ合奏團生る
166211	朝鮮朝日	西北・南鮮版	1929-02-15	2	02단	新羅の古蹟を天下に紹介/朝博を機會に
166212	朝鮮朝日	西北・南鮮版	1929-02-15	2	02단	公州面長の後任を詮衡
166213	朝鮮朝日	西北・南鮮版	1929-02-15	2	02단	高山郡守の留任を熱望
166214	朝鮮朝日	西北・南鮮版	1929-02-15	2	03단	新刊紹介(『朝鮮及滿洲』『極東時報』『ゲラ』)
166215	朝鮮朝日	西北・南鮮版	1929-02-15	2	03단	故鄕の流轉
166216	朝鮮朝日	西北・南鮮版	1929-02-15	2	03단	朝日巡回活寫會
166217	朝鮮朝日	西北版	1929-02-16	1	01단	大仕掛なモヒの製造工場を新設し全鮮一萬の患者に賣る/同時に密賣、密輸入は嚴罰に處す/モヒ患者絶滅計劃案愈よ成る
166218	朝鮮朝日	西北版	1929-02-16	1	01단	安東驛の輸出手續は在來通りと決定
166219	朝鮮朝日	西北版	1929-02-16	1	01단	大豆の減收と支那側の活躍で間島地方大弱り
166220	朝鮮朝日	西北版	1929-02-16	1	01단	高松宮殿下三度朝鮮へ
166221	朝鮮朝日	西北版	1929-02-16	1	01단	官立平壤師範船橋里設置/猛運動開始
166222	朝鮮朝日	西北版	1929-02-16	1	02단	平南で新設の視學委員制/書堂も改善
166223	朝鮮朝日	西北版	1929-02-16	1	02단	吉瑛義君廣島高師を首席で卒業
166224	朝鮮朝日	西北版	1929-02-16	1	03단	普通學校の新設を陳情
166225	朝鮮朝日	西北版	1929-02-16	1	03단	春の半島運動界陣容(上)/卒業期を控へて選手爭奪に血眼/庭球は硬球が擡頭しやう
166226	朝鮮朝日	西北版	1929-02-16	1	04단	平壤高女に研究科設置
166227	朝鮮朝日	西北版	1929-02-16	1	04단	お茶のあと
166228	朝鮮朝日	西北版	1929-02-16	1	04단	遞信局委託生目下募集中
166229	朝鮮朝日	西北版	1929-02-16	1	04단	平壤より
166230	朝鮮朝日	西北版	1929-02-16	1	05단	仁川學組新豫算/編成を終る
166231	朝鮮朝日	西北版	1929-02-16	1	05단	放送時間を改正し內容充實に努む/二周年を迎へた/JODKの計劃
166232	朝鮮朝日	西北版	1929-02-16	1	06단	順調に進めば五、六月頃に府の經營に移らう/釜山の電氣問題
166233	朝鮮朝日	西北版	1929-02-16	1	06단	消防訓練
166234	朝鮮朝日	西北版	1929-02-16	1	07단	朝鮮水電送電を開始

일련번호	판명		간행일	면	단수	기사명
166235	朝鮮朝日	西北版	1929-02-16	1	07단	麗水築港起工式/廿六日擧行
166236	朝鮮朝日	西北版	1929-02-16	1	07단	全南郡守ちかく異動/相當廣範圍
166237	朝鮮朝日	西北版	1929-02-16	1	07단	學校敎師が家庭を巡回指導/候補敎育の改善を平南で本年中實施
166238	朝鮮朝日	西北版	1929-02-16	1	08단	大邱組銀も預金利下げ/三月から實施
166239	朝鮮朝日	西北版	1929-02-16	1	08단	平南よりの朝鮮博出品
166240	朝鮮朝日	西北版	1929-02-16	1	08단	猩紅熱に强い朝鮮人仁川ではやゝ下火
166241	朝鮮朝日	西北版	1929-02-16	1	08단	第七原田丸流氷で坐礁
166242	朝鮮朝日	西北版	1929-02-16	1	09단	牡丹台野話
166243	朝鮮朝日	西北版	1929-02-16	1	09단	全半燒卅三戶龍井の火事
166244	朝鮮朝日	西北版	1929-02-16	1	09단	宮下、江藤兩氏を惜しむ横山飛行聯隊長
166245	朝鮮朝日	西北版	1929-02-16	1	10단	辭書專門賊
166246	朝鮮朝日	西北版	1929-02-16	1	10단	偽造鮮銀券大同で發見
166247	朝鮮朝日	西北版	1929-02-16	1	10단	もよほし(各道水産主任官會議/海事思想普及活寫會)
166248	朝鮮朝日	西北版	1929-02-16	1	10단	人(岡崎全南內務部長/政吉信氏(全南實業家)/上原兵太郎中將(第二十師團長))
166249	朝鮮朝日	西北版	1929-02-16	1	10단	半島茶話
166250	朝鮮朝日	南鮮版	1929-02-16	1	01단	大仕掛なモヒの製造工場を新設し全鮮一萬の患者に賣る/同時に密賣、密輸入は嚴罰に處す/モヒ患者絶滅計劃案愈よ成る
166251	朝鮮朝日	南鮮版	1929-02-16	1	01단	順調に進めば五、六月頃に府の經營に移らう/釜山の電氣問題
166252	朝鮮朝日	南鮮版	1929-02-16	1	01단	春の半島運動界陣容(上)/卒業期を控へて選手爭奪に血眼/庭球は硬球が擡頭しやう
166253	朝鮮朝日	南鮮版	1929-02-16	1	02단	仁川學組新豫算/編成を終る
166254	朝鮮朝日	南鮮版	1929-02-16	1	03단	高松宮殿下三度朝鮮へ
166255	朝鮮朝日	南鮮版	1929-02-16	1	04단	模範林造成/釜山府協議會
166256	朝鮮朝日	南鮮版	1929-02-16	1	04단	お茶のあと
166257	朝鮮朝日	南鮮版	1929-02-16	1	04단	遞信局委託生目下募集中
166258	朝鮮朝日	南鮮版	1929-02-16	1	04단	吉瑛義君廣島高師を首席で卒業
166259	朝鮮朝日	南鮮版	1929-02-16	1	05단	私立探偵挿話(5)/家出人所在捜査や拐帶犯人の追跡/これは一番難かしく一通りの苦勞では成功せぬ
166260	朝鮮朝日	南鮮版	1929-02-16	1	05단	朝鮮水電送電を開始
166261	朝鮮朝日	南鮮版	1929-02-16	1	05단	麗水築港起工式/廿六日擧行
166262	朝鮮朝日	南鮮版	1929-02-16	1	05단	大邱組銀も預金利下げ/三月から實施
166263	朝鮮朝日	南鮮版	1929-02-16	1	05단	全南郡守ちかく異動/相當廣範圍
166264	朝鮮朝日	南鮮版	1929-02-16	1	06단	放送時間を改正し內容充實に努む/二周

일련번호	판명		간행일	면	단수	기사명
166264	朝鮮朝日	南鮮版	1929-02-16	1	06단	年を迎へたJODKの計劃
166265	朝鮮朝日	南鮮版	1929-02-16	1	06단	*航空界の犧牲者二勇士の告別式　きのふ大邱聯隊で執行/太刀洗で本葬を行ふ　宮下江藤兩氏特別に進級す/無邪氣な子供皆を泣かす　宮下未亡人談/宮下、江藤兩氏を惜しむ横山飛行聯隊長*
166266	朝鮮朝日	南鮮版	1929-02-16	1	07단	猩紅熱に强い朝鮮人仁川ではやゝ下火
166267	朝鮮朝日	南鮮版	1929-02-16	1	09단	醫學講習所の醫專昇格を陳情/生徒代表道廳を訪問
166268	朝鮮朝日	南鮮版	1929-02-16	1	09단	人(阿部吉助氏/松本專賣局長/大村友之丞氏(京城商業會議所書記長)/岡崎全南內務部長/政吉信氏(全南實業家)/上原兵太郎中將(第二十師團長)/賀田直治氏(京城實業家)/關水武氏(京畿道內務部長)/須藤慶南知事/水口前慶南知事)
166269	朝鮮朝日	南鮮版	1929-02-16	1	10단	新式武器の一大模擬戰龍山練兵場で
166270	朝鮮朝日	南鮮版	1929-02-16	1	10단	第七原田丸流氷で坐礁
166271	朝鮮朝日	南鮮版	1929-02-16	1	10단	全半燒卅三戸龍井の火事
166272	朝鮮朝日	南鮮版	1929-02-16	1	10단	もよほし(光州公普校學藝會)
166273	朝鮮朝日	南鮮版	1929-02-16	1	10단	半島茶話
166274	朝鮮朝日	西北・南鮮版	1929-02-16	2	01단	青い鳥
166275	朝鮮朝日	西北・南鮮版	1929-02-16	2	01단	馬鈴薯の栽培を獎勵し其他農村救濟に努む/京畿道の方針
166276	朝鮮朝日	西北・南鮮版	1929-02-16	2	01단	金肥使用法ビラを配布
166277	朝鮮朝日	西北・南鮮版	1929-02-16	2	01단	海苔有望全羅南道沿岸
166278	朝鮮朝日	西北・南鮮版	1929-02-16	2	02단	魚類運搬業/取締規則を設く
166279	朝鮮朝日	西北・南鮮版	1929-02-16	2	02단	牡蠣四萬圓慶南生産高
166280	朝鮮朝日	西北・南鮮版	1929-02-16	2	02단	米の優良種/慶南で配布
166281	朝鮮朝日	西北・南鮮版	1929-02-16	2	02단	標語入押捺機
166282	朝鮮朝日	西北・南鮮版	1929-02-16	2	02단	鎮南浦貿易
166283	朝鮮朝日	西北・南鮮版	1929-02-16	2	02단	平壤驛業績
166284	朝鮮朝日	西北・南鮮版	1929-02-16	2	03단	故鄕の流轉
166285	朝鮮朝日	西北・南鮮版	1929-02-16	2	03단	週刊朝日/懸賞文藝募集
166286	朝鮮朝日	西北・南鮮版	1929-02-16	2	03단	朝日巡回活寫會
166287	朝鮮朝日	西北版	1929-02-17	1	01단	中等學校長の大異動行はれん時期は五、六月頃にならう
166288	朝鮮朝日	西北版	1929-02-17	1	01단	時代錯誤だと認可がなく難産の平壤醫學校/內務、學務の意見相違から
166289	朝鮮朝日	西北版	1929-02-17	1	01단	平南の新事業は道路改修や築港、産業獎

일련번호	판명		간행일	면	단수	기사명
166289	朝鮮朝日	西北版	1929-02-17	1	01단	勵等/豫算總額二百四十四萬圓
166290	朝鮮朝日	西北版	1929-02-17	1	01단	俳句/鈴木花蓑選
166291	朝鮮朝日	西北版	1929-02-17	1	02단	春の半島運動界陣容(下)/新進選手の出現を期待さる〉陸競界/興味は重鎭の鐵道と總督府
166292	朝鮮朝日	西北版	1929-02-17	1	03단	平壤の普通學校入學者激增
166293	朝鮮朝日	西北版	1929-02-17	1	03단	香しくない官吏採用試驗
166294	朝鮮朝日	西北版	1929-02-17	1	03단	本年の學事視察者決定(視察團)
166295	朝鮮朝日	西北版	1929-02-17	1	04단	成行を注目/輸出附加稅問題
166296	朝鮮朝日	西北版	1929-02-17	1	04단	平壤より
166297	朝鮮朝日	西北版	1929-02-17	1	04단	調停案作成に罐詰め會議/釜山電氣府營問題できのふ最後の密議
166298	朝鮮朝日	西北版	1929-02-17	1	05단	女學生達の斷髮が廢れる女性らしくないと上級生ほど少ない
166299	朝鮮朝日	西北版	1929-02-17	1	05단	清津の商人は冷淡
166300	朝鮮朝日	西北版	1929-02-17	1	06단	アンナさんの幼な朋輩/アメリカ仕込の三品惠造氏
166301	朝鮮朝日	西北版	1929-02-17	1	06단	新義州でも銀行利下げ
166302	朝鮮朝日	西北版	1929-02-17	1	06단	大同、寧遠の郡廳舍新築
166303	朝鮮朝日	西北版	1929-02-17	1	06단	新義州高女新設認可さる
166304	朝鮮朝日	西北版	1929-02-17	1	07단	本社を訪問
166305	朝鮮朝日	西北版	1929-02-17	1	07단	上等兵の自轉車ドロ
166306	朝鮮朝日	西北版	1929-02-17	1	07단	木關問題は希望通解決/條件つきで
166307	朝鮮朝日	西北版	1929-02-17	1	08단	管保事務の法律案提出
166308	朝鮮朝日	西北版	1929-02-17	1	08단	北鎭の天然痘旣に四十名
166309	朝鮮朝日	西北版	1929-02-17	1	08단	自動車全盛で壓迫される鐵道/歐米視察の佐瀨技師十六日橫濱で語る
166310	朝鮮朝日	西北版	1929-02-17	1	08단	春川小學校に猩紅熱發生
166311	朝鮮朝日	西北版	1929-02-17	1	08단	牛を賣って强奪さる
166312	朝鮮朝日	西北版	1929-02-17	1	09단	牡丹台野話
166313	朝鮮朝日	西北版	1929-02-17	1	09단	昨年中の屠殺數全鮮五十二萬頭
166314	朝鮮朝日	西北版	1929-02-17	1	10단	お茶のあと
166315	朝鮮朝日	西北版	1929-02-17	1	10단	もよほし(遞信講習生採用試驗)
166316	朝鮮朝日	西北版	1929-02-17	1	10단	人(宮尾舜治氏(東拓總裁)/岡田信氏(東拓理事)/吉原重成氏(元鐵道省電氣局長)/秋本豊之進氏/鐵道局出入記者團)
166317	朝鮮朝日	南鮮版	1929-02-17	1	01단	調停案作成に罐詰め會議/釜山電氣府營問題できのふ最後の密議
166318	朝鮮朝日	南鮮版	1929-02-17	1	01단	中等學校長の大異動行はれん時期は五、

일련번호	판명		간행일	면	단수	기사명
166318	朝鮮朝日	南鮮版	1929-02-17	1	01단	六月頃にならう
166319	朝鮮朝日	南鮮版	1929-02-17	1	01단	時代錯誤だと認可がなく難産の平壌醫學校/內務、學務の意見相違から
166320	朝鮮朝日	南鮮版	1929-02-17	1	01단	俳句/鈴木花蓑選
166321	朝鮮朝日	南鮮版	1929-02-17	1	02단	本年の學事視察者決定(視察團)
166322	朝鮮朝日	南鮮版	1929-02-17	1	02단	春の半島運動界陣容(下)/新進選手の出現を期待さるゝ陸競界/興味は重鎭の鐵道と總督府
166323	朝鮮朝日	南鮮版	1929-02-17	1	03단	馬山の私立中學/改めて認可申請か
166324	朝鮮朝日	南鮮版	1929-02-17	1	03단	香しくない官吏採用試驗
166325	朝鮮朝日	南鮮版	1929-02-17	1	03단	管保事務の法律案提出
166326	朝鮮朝日	南鮮版	1929-02-17	1	04단	アンナさんの幼な朋輩/アメリカ仕込の三品惠造氏
166327	朝鮮朝日	南鮮版	1929-02-17	1	04단	釜山の公設質屋四年度から中央へ設置
166328	朝鮮朝日	南鮮版	1929-02-17	1	05단	女學生達の斷髪が廢れる女性らしくないと上級生ほど少ない
166329	朝鮮朝日	南鮮版	1929-02-17	1	05단	南鮮電氣で新會社創立/いよいよ着手
166330	朝鮮朝日	南鮮版	1929-02-17	1	06단	活動寫眞や機械人形で農事改良實況を紹介/朝博に朝鮮農會で特設館
166331	朝鮮朝日	南鮮版	1929-02-17	1	06단	黃金町東部發展促進策/期成會で具體的に決定
166332	朝鮮朝日	南鮮版	1929-02-17	1	07단	春川小學校に猩紅熱發生
166333	朝鮮朝日	南鮮版	1929-02-17	1	08단	工業協會創立總會は四月中旬頃
166334	朝鮮朝日	南鮮版	1929-02-17	1	08단	十周年記念として各種競技會開催/朝鮮體育會の計劃
166335	朝鮮朝日	南鮮版	1929-02-17	1	08단	自動車全盛で壓迫される鐵道/歐米視察の佐瀬技師十六日横濱で語る
166336	朝鮮朝日	南鮮版	1929-02-17	1	08단	昨年中の屠殺數全鮮五十二萬頭
166337	朝鮮朝日	南鮮版	1929-02-17	1	09단	精米工場燒く
166338	朝鮮朝日	南鮮版	1929-02-17	1	09단	牛を賣って强奪さる
166339	朝鮮朝日	南鮮版	1929-02-17	1	09단	橋に放火す架替を望みつゝ
166340	朝鮮朝日	南鮮版	1929-02-17	1	10단	北鎭の天然痘旣に四十名
166341	朝鮮朝日	南鮮版	1929-02-17	1	10단	お茶のあと
166342	朝鮮朝日	南鮮版	1929-02-17	1	10단	本社を訪問
166343	朝鮮朝日	南鮮版	1929-02-17	1	10단	人(宮尾舜治氏(東拓總裁))
166344	朝鮮朝日	西北・南鮮版	1929-02-17	2	01단	靑い鳥
166345	朝鮮朝日	西北・南鮮版	1929-02-17	2	01단	朝鮮も米穀法の施行區域とせよ/建議案提出か
166346	朝鮮朝日	西北・南鮮版	1929-02-17	2	01단	夥しい在米の處分に苦む

일련번호	판명		간행일	면	단수	기사명
166347	朝鮮朝日	西北・南鮮版	1929-02-17	2	01단	雫の聲
166348	朝鮮朝日	西北・南鮮版	1929-02-17	2	01단	郵便所新設
166349	朝鮮朝日	西北・南鮮版	1929-02-17	2	01단	朝鮮税關の輸入品檢査
166350	朝鮮朝日	西北・南鮮版	1929-02-17	2	02단	安東圖書館カード式に
166351	朝鮮朝日	西北・南鮮版	1929-02-17	2	02단	道路に米突標
166352	朝鮮朝日	西北・南鮮版	1929-02-17	2	02단	肥料改良奬勵費
166353	朝鮮朝日	西北・南鮮版	1929-02-17	2	02단	會社銀行(朝鮮運輸計算)
166354	朝鮮朝日	西北・南鮮版	1929-02-17	2	02단	故郷の流轉
166355	朝鮮朝日	西北・南鮮版	1929-02-17	2	03단	朝日巡回活寫會
166356	朝鮮朝日	西北版	1929-02-19	1	01단	今後七十年間に金百萬圓を蓄積し教育改善資金にあてる/咸興公立尋高兒童保護會の努力
166357	朝鮮朝日	西北版	1929-02-19	1	01단	商工會議所新令の要點/議員の任期は三年/定數は現行通り卅名以內(議員の任期/議員定數/顧問制度)
166358	朝鮮朝日	西北版	1929-02-19	1	01단	醫學講習所に高等科を新設し將來醫學校實現の際/そのまゝ入學させる
166359	朝鮮朝日	西北版	1929-02-19	1	01단	海外視察校長
166360	朝鮮朝日	西北版	1929-02-19	1	01단	新義州高女開校の準備
166361	朝鮮朝日	西北版	1929-02-19	1	02단	成績のよい自警團
166362	朝鮮朝日	西北版	1929-02-19	1	02단	時代遲れの白衣を廢めて色衣を着用せよと全鮮的に運動する
166363	朝鮮朝日	西北版	1929-02-19	1	03단	お茶のあと
166364	朝鮮朝日	西北版	1929-02-19	1	03단	平壤より
166365	朝鮮朝日	西北版	1929-02-19	1	04단	飛行隊檢閱
166366	朝鮮朝日	西北版	1929-02-19	1	04단	面電賣却論で押着を起す
166367	朝鮮朝日	西北版	1929-02-19	1	04단	共同墓地の整理を行ふ/今月から四期に分ち平壤警察署管內で
166368	朝鮮朝日	西北版	1929-02-19	1	04단	幼稚園の合併失敗に歸す/宗教國語の相違から鎭南浦の寄附金問題
166369	朝鮮朝日	西北版	1929-02-19	1	04단	總ての膳立も成り本腰で出品勸誘に內地、滿洲、關東廳と手分けして博覽會氣分漲ぎる/事務局の職制決定五部に分つ/昭和産業博へ新義州から出品
166370	朝鮮朝日	西北版	1929-02-19	1	05단	法服を脱ぎ棄て納豆賣る元判事/更生に名も相應しい『正月堂』/主人は美しい美智子夫人
166371	朝鮮朝日	西北版	1929-02-19	1	06단	貿易商夫婦慘殺事件が迷宮に入る/脱出巡査自殺を企つ

일련번호	판명		간행일	면	단수	기사명
166372	朝鮮朝日	西北版	1929-02-19	1	06단	駐在所强盜容疑者捕る
166373	朝鮮朝日	西北版	1929-02-19	1	07단	爲替橫領から兵卒自殺す
166374	朝鮮朝日	西北版	1929-02-19	1	07단	酷寒の下に壯烈な警備演習/馬賊襲擊を想定に平北警官の聯合で
166375	朝鮮朝日	西北版	1929-02-19	1	07단	貯金を割いてあはれな一家へ生活の足しにと贈る/平壤聯隊の模範兵卒
166376	朝鮮朝日	西北版	1929-02-19	1	07단	元農務技手が爲替を變造/鮮滿で二千圓詐取/新義州署に捕はる
166377	朝鮮朝日	西北版	1929-02-19	1	09단	道づれの少年僧を僧侶が棒で毆り現金と通帳を强奪
166378	朝鮮朝日	西北版	1929-02-19	1	09단	もよほし(長谷川氏晩餐會/柔劍道講習會/渡邊知事披露宴/東拓移住民組合總會)
166379	朝鮮朝日	西北版	1929-02-19	1	09단	人(金鷹基氏(平北高等警察課長)/鹿野宏氏(平北警察部長)/橋本秀久氏(採木公司總務課長)/澤山少佐(平中配屬敎官)/大田平三郞氏(朝鮮鐵道社長)/松永安左衛門氏(東邦電力社長)/鈴木萬次郞氏(朝鐵重役))
166380	朝鮮朝日	西北版	1929-02-19	1	10단	平北の天然痘/患者五十一名
166381	朝鮮朝日	西北版	1929-02-19	1	10단	獵銃を强奪
166382	朝鮮朝日	西北版	1929-02-19	1	10단	專賣局員の公金盜まる/旅館に投宿中
166383	朝鮮朝日	西北版	1929-02-19	1	10단	袋叩きにして死に至らす
166384	朝鮮朝日	西北版	1929-02-19	1	10단	半島茶話
166385	朝鮮朝日	南鮮版	1929-02-19	1	01단	總ての膳立も成り本腰で出品勸誘內地、滿洲、關東廳と手分けして博覽會氣分漲ぎる/慶南道でも朝鮮博の協贊會 生產品の紹介に努む/事務局の職制決定五部に分つ
166386	朝鮮朝日	南鮮版	1929-02-19	1	01단	本月中には成否が決る 釜山電氣府營問題最後の調停案提示/調停價格は六百卅萬圓位か 紳士的態度を望む 生田內務局長語る
166387	朝鮮朝日	南鮮版	1929-02-19	1	02단	大邱府の公會堂/敷地きまる
166388	朝鮮朝日	南鮮版	1929-02-19	1	03단	慶北署長大異動
166389	朝鮮朝日	南鮮版	1929-02-19	1	03단	光州警察署昇格
166390	朝鮮朝日	南鮮版	1929-02-19	1	03단	春川面の協議員補選
166391	朝鮮朝日	南鮮版	1929-02-19	1	03단	農會長任免
166392	朝鮮朝日	南鮮版	1929-02-19	1	03단	時代遲れの白衣を廢めて色衣を着用せよと全鮮的に運動する
166393	朝鮮朝日	南鮮版	1929-02-19	1	04단	タブレットの自働授受機發明に成功す淺井鐵道技手
166394	朝鮮朝日	南鮮版	1929-02-19	1	04단	朝鐵敷設豫定線は四ヶ年に二百マイル黃

일련번호	판명		간행일	면	단수	기사명
166394	朝鮮朝日	南鮮版	1929-02-19	1	04단	海道に主力を注ぐ/總會に赴く大川社長の談
166395	朝鮮朝日	南鮮版	1929-02-19	1	05단	法服を脱ぎ棄て納豆賣る元判事/更生に名も相應しい『正月堂』/主人は美しい美智子夫人
166396	朝鮮朝日	南鮮版	1929-02-19	1	05단	內地商工視察團
166397	朝鮮朝日	南鮮版	1929-02-19	1	05단	商工會議所新令の要點/議員の任期は三年/定數は現行通り卅名以內(議員の任期/議員定數/顧問制度)
166398	朝鮮朝日	南鮮版	1929-02-19	1	05단	元農務技手が爲替を變造/鮮滿で二千圓詐取/新義州署に捕はる
166399	朝鮮朝日	南鮮版	1929-02-19	1	06단	大規模の製絲工場設置の計劃/釜山鎭に
166400	朝鮮朝日	南鮮版	1929-02-19	1	07단	事情を知った者の强盜目的か/容疑者一名を取調/煙草元賣捌支店長慘殺事件
166401	朝鮮朝日	南鮮版	1929-02-19	1	07단	世界の粹を集め全鮮一の大病院に手術室と講義室は今春完成/城大附屬病院の設備
166402	朝鮮朝日	南鮮版	1929-02-19	1	08단	七名乘組の發動機船遭難か出漁後四日も不明
166403	朝鮮朝日	南鮮版	1929-02-19	1	09단	二名の辻强盜
166404	朝鮮朝日	南鮮版	1929-02-19	1	09단	土地收用調停
166405	朝鮮朝日	南鮮版	1929-02-19	1	10단	水道管の破裂多く減水甚しい/大邱上水道
166406	朝鮮朝日	南鮮版	1929-02-19	1	10단	お茶のあと
166407	朝鮮朝日	南鮮版	1929-02-19	1	10단	群山會議所で旅商隊組織
166408	朝鮮朝日	南鮮版	1929-02-19	1	10단	もよほし(京師演奏會)
166409	朝鮮朝日	南鮮版	1929-02-19	1	10단	人(大田平三郎氏(朝鮮鐵道社長)/松永安左衞門氏(東邦電力社長)/鈴木萬次郎氏(朝鐵重役)/齋藤吉十郎氏(朝鮮紡織專務))
166410	朝鮮朝日	南鮮版	1929-02-19	1	10단	半島茶話
166411	朝鮮朝日	西北・南鮮版	1929-02-19	2	01단	米穀法を台鮮に施行/移入稅を課稅する/全國農會大會で可決
166412	朝鮮朝日	西北・南鮮版	1929-02-19	2	01단	滿洲材輸入の附加稅影響
166413	朝鮮朝日	西北・南鮮版	1929-02-19	2	01단	高らかに叫ぶ婦人の全き解放へ/日本婦人社會運動の跡/嚴とほる生
166414	朝鮮朝日	西北・南鮮版	1929-02-19	2	03단	城大圖書館/書庫を增築
166415	朝鮮朝日	西北・南鮮版	1929-02-19	2	03단	雫の聲
166416	朝鮮朝日	西北・南鮮版	1929-02-19	2	04단	城津靑年團表彰せらる
166417	朝鮮朝日	西北・南鮮版	1929-02-19	2	04단	壽杯を贈る金婚夫婦追加
166418	朝鮮朝日	西北・南鮮版	1929-02-19	2	04단	成績のよい廣德面有林

일련번호	판명		간행일	면	단수	기사명
166419	朝鮮朝日	西北·南鮮版	1929-02-19	2	04단	大阪朝日新聞創刊五十周年記念
166420	朝鮮朝日	西北·南鮮版	1929-02-19	2	04단	朝日巡回活寫會
166421	朝鮮朝日	西北·南鮮版	1929-02-19	2	05단	海州幼稚園設立許可を申請
166422	朝鮮朝日	西北·南鮮版	1929-02-19	2	05단	新義州府で公債を發行/負債償還に
166423	朝鮮朝日	西北·南鮮版	1929-02-19	2	06단	靑い鳥
166424	朝鮮朝日	西北·南鮮版	1929-02-19	2	06단	「龜の尾」種の包裝に標記
166425	朝鮮朝日	西北·南鮮版	1929-02-19	2	07단	不二農場の爭議未解決
166426	朝鮮朝日	西北·南鮮版	1929-02-19	2	07단	京城諸銀行爲替受拂高
166427	朝鮮朝日	西北版	1929-02-20	1	01단	學校類似の教育施設をも監督/私立學校の規則改正/全鮮を通じ二百廿餘ヶ所に對し
166428	朝鮮朝日	西北版	1929-02-20	1	01단	拓殖省新設を甚だ厄介視/要は拓相の人物如何/總督府方面の觀測
166429	朝鮮朝日	西北版	1929-02-20	1	01단	前年度より膨脹を来し總額二百十二萬餘圓/平北の四年度豫算
166430	朝鮮朝日	西北版	1929-02-20	1	02단	江界面の明年度豫算
166431	朝鮮朝日	西北版	1929-02-20	1	02단	議事變更動議で平南評議會混亂を呈す
166432	朝鮮朝日	西北版	1929-02-20	1	03단	短歌/橋田東聲選
166433	朝鮮朝日	西北版	1929-02-20	1	03단	地方稅の賦課規則を平南で改正
166434	朝鮮朝日	西北版	1929-02-20	1	03단	國境警備の辛苦を具さにフ井ルムにをさめ活動寫眞班かへる
166435	朝鮮朝日	西北版	1929-02-20	1	04단	黃海道の御大典記念事業と經費
166436	朝鮮朝日	西北版	1929-02-20	1	04단	面の廢合と反對の運動
166437	朝鮮朝日	西北版	1929-02-20	1	04단	電氣料金から得る利益を府政に流用/電興會社よりの電力引受けと平壤府のうまい計劃
166438	朝鮮朝日	西北版	1929-02-20	1	05단	平北の道路綱改修の調査
166439	朝鮮朝日	西北版	1929-02-20	1	05단	朝鮮軌道は二年後竣工
166440	朝鮮朝日	西北版	1929-02-20	1	05단	解氷期迫り相當紛糾か抗議付輸出手續
166441	朝鮮朝日	西北版	1929-02-20	1	06단	牡丹台野話
166442	朝鮮朝日	西北版	1929-02-20	1	06단	平壤公立醫學校收入
166443	朝鮮朝日	西北版	1929-02-20	1	06단	入試手數料增徵
166444	朝鮮朝日	西北版	1929-02-20	1	06단	江界學校組合區域を變更
166445	朝鮮朝日	西北版	1929-02-20	1	07단	幼兒に多い流感の罹病者/平壤で既に千餘名
166446	朝鮮朝日	西北版	1929-02-20	1	07단	平北の天然痘益々猛威を揮ふ迷信から種痘を喜ばす/すでに五十名突破
166447	朝鮮朝日	西北版	1929-02-20	1	07단	朝鮮博便り 畜犬共進會や動物愛護デー 子供の乘馬場もつくり 鮮內の畜産を宣傳/すばらしい內地での前人氣牧山技師の土産話/兩

일련번호	판명		간행일	면	단수	기사명
166447	朝鮮朝日	西北版	1929-02-20	1	07단	*切煙草の製造機備付現場で卽賣*
166448	朝鮮朝日	西北版	1929-02-20	1	08단	商品陳列分館を牡丹台に設置
166449	朝鮮朝日	西北版	1929-02-20	1	09단	各地だより(平壤/成川/安東縣)
166450	朝鮮朝日	西北版	1929-02-20	1	09단	『受驗』の講話DKで放送
166451	朝鮮朝日	西北版	1929-02-20	1	09단	不穩の貼紙
166452	朝鮮朝日	西北版	1929-02-20	1	10단	解決見込立たぬ元山大爭議
166453	朝鮮朝日	西北版	1929-02-20	1	10단	僞造鮮銀券行使が平壤に頻出
166454	朝鮮朝日	西北版	1929-02-20	1	10단	本社五十周年記念活寫會平壤、鎭南で
166455	朝鮮朝日	西北版	1929-02-20	1	10단	おめでた
166456	朝鮮朝日	西北版	1929-02-20	1	10단	もよほし(平壤勝繼棋戰)
166457	朝鮮朝日	西北版	1929-02-20	1	10단	半島茶話
166458	朝鮮朝日	南鮮版	1929-02-20	1	01단	學校類似の教育施設をも監督/私立學校の規則改正/全鮮を通じ二百廿餘ヶ所に對し
166459	朝鮮朝日	南鮮版	1929-02-20	1	01단	拓殖省新設を甚だ厄介視/要は拓相の人物如何/總督府方面の觀測
166460	朝鮮朝日	南鮮版	1929-02-20	1	01단	蝙蝠屋敷の舊法院を奪合ひ大京城の眞ん中に捨てられた裁判所跡
166461	朝鮮朝日	南鮮版	1929-02-20	1	02단	*調停案は妥當を期す釜山電氣府營問題 須藤知事の歸來談/今明日中提出する假契約も締結*
166462	朝鮮朝日	南鮮版	1929-02-20	1	03단	砂防工事の事業を開始
166463	朝鮮朝日	南鮮版	1929-02-20	1	03단	短歌/橋田東聲選
166464	朝鮮朝日	南鮮版	1929-02-20	1	04단	慶北道の新豫算編成を終はる三百六十萬圓
166465	朝鮮朝日	南鮮版	1929-02-20	1	04단	帝國農會長矢作氏京城へ
166466	朝鮮朝日	南鮮版	1929-02-20	1	04단	『受驗』の講話DKで放送
166467	朝鮮朝日	南鮮版	1929-02-20	1	04단	慶南中等校卒業式日割
166468	朝鮮朝日	南鮮版	1929-02-20	1	05단	京東鐵道總會
166469	朝鮮朝日	南鮮版	1929-02-20	1	05단	旱魃續きで水きゝん深刻な釜山
166470	朝鮮朝日	南鮮版	1929-02-20	1	05단	*朝鮮博便り 畜犬共進會や動物愛護デー 子供の乘馬場もつくり 鮮內の畜産を宣傳/すばらしい內地での前人氣牧山技師の土産話/兩切煙草の製造機備付現場で卽賣*
166471	朝鮮朝日	南鮮版	1929-02-20	1	06단	國境警備の辛苦を具さにフ井ルムにをさめ活動寫眞班かへる
166472	朝鮮朝日	南鮮版	1929-02-20	1	06단	京城劇場の再興善後策
166473	朝鮮朝日	南鮮版	1929-02-20	1	06단	黃塵渦卷く釜山の暴風
166474	朝鮮朝日	南鮮版	1929-02-20	1	07단	讀者優待觀劇會/大邱で開く
166475	朝鮮朝日	南鮮版	1929-02-20	1	07단	砂防工事費慶北の割當

일련번호	판명		간행일	면	단수	기사명
166476	朝鮮朝日	南鮮版	1929-02-20	1	07단	統營阪神間直通航路の開拓を請願
166477	朝鮮朝日	南鮮版	1929-02-20	1	07단	就學兒童の狩出を行ふ都會の入學難に比べ郡部はまるで反對
166478	朝鮮朝日	南鮮版	1929-02-20	1	08단	解決見込立たぬ元山大爭議
166479	朝鮮朝日	南鮮版	1929-02-20	1	08단	麥畑から黃金の佛像
166480	朝鮮朝日	南鮮版	1929-02-20	1	09단	惡性の流感猛威を揮ふ京畿道で千五百人豫防注意書を配る
166481	朝鮮朝日	南鮮版	1929-02-20	1	09단	僞造鮮銀券行使が平壤に頻出
166482	朝鮮朝日	南鮮版	1929-02-20	1	09단	五戶を全燒/馬山の火事
166483	朝鮮朝日	南鮮版	1929-02-20	1	10단	平壤飛行隊全南偵察飛行
166484	朝鮮朝日	南鮮版	1929-02-20	1	10단	おめでた
166485	朝鮮朝日	南鮮版	1929-02-20	1	10단	穀物倉庫燒く
166486	朝鮮朝日	南鮮版	1929-02-20	1	10단	もよほし(公醫打合會/平壤勝繼棋戰)
166487	朝鮮朝日	南鮮版	1929-02-20	1	10단	人(井內勇氏(鮮銀理事)/須藤慶南知事/水口隆三氏(前慶南知事)/關水事務官/松尾喜一氏(下關運事船舶係主任)/成富全南高等課長/小川賢三氏(本社員))
166488	朝鮮朝日	南鮮版	1929-02-20	1	10단	半島茶話
166489	朝鮮朝日	西北・南鮮版	1929-02-20	2	01단	積極方針に出る木浦海運を買收した朝鮮汽船
166490	朝鮮朝日	西北・南鮮版	1929-02-20	2	01단	專賣支局に人事相談所
166491	朝鮮朝日	西北・南鮮版	1929-02-20	2	01단	安東方面で酒類の値上
166492	朝鮮朝日	西北・南鮮版	1929-02-20	2	01단	燈台を修理
166493	朝鮮朝日	西北・南鮮版	1929-02-20	2	01단	電燈而營調査
166494	朝鮮朝日	西北・南鮮版	1929-02-20	2	02단	平壤商工協會/大賣出計劃
166495	朝鮮朝日	西北・南鮮版	1929-02-20	2	02단	郡是工場工事進む
166496	朝鮮朝日	西北・南鮮版	1929-02-20	2	02단	京城諸銀行/一月中業績
166497	朝鮮朝日	西北・南鮮版	1929-02-20	2	02단	大阪朝日新聞創刊五十周年記念/修羅八荒全卷活動寫眞
166498	朝鮮朝日	西北・南鮮版	1929-02-20	2	02단	朝日巡回活寫會
166499	朝鮮朝日	西北・南鮮版	1929-02-20	2	03단	週刊朝日懸賞文藝募集
166500	朝鮮朝日	西北・南鮮版	1929-02-20	2	03단	一月中の煙草賣渡高
166501	朝鮮朝日	西北・南鮮版	1929-02-20	2	03단	輸移出果實檢查手數料
166502	朝鮮朝日	西北・南鮮版	1929-02-20	2	04단	輸移出入增加
166503	朝鮮朝日	西北・南鮮版	1929-02-20	2	04단	滿洲材活躍
166504	朝鮮朝日	西北・南鮮版	1929-02-20	2	04단	棉花販賣數
166505	朝鮮朝日	西北・南鮮版	1929-02-20	2	04단	故鄕の流轉
166506	朝鮮朝日	西北版	1929-02-21	1	01단	昭和五年度に官立醫專として設立する府の眞意か/平壤の醫專昇格問題

일련번호	판명		간행일	면	단수	기사명
166507	朝鮮朝日	西北版	1929-02-21	1	01단	參政權を我等に與へよ國民協會員連署し政府へ建白書提出
166508	朝鮮朝日	西北版	1929-02-21	1	01단	電氣を使ひ各種の模型や奇拔な宣傳をやる遞信局の博覽會出品
166509	朝鮮朝日	西北版	1929-02-21	1	01단	商工會設立/咸興で計劃
166510	朝鮮朝日	西北版	1929-02-21	1	02단	中等教員大淘汰/噂さ傳はる
166511	朝鮮朝日	西北版	1929-02-21	1	03단	仁川南商業道立移管と中學設置陳情
166512	朝鮮朝日	西北版	1929-02-21	1	03단	滿鮮地方の事業はもう殆ど行詰りだ/今後はシベリア進出/官尾東拓總裁の視察談
166513	朝鮮朝日	西北版	1929-02-21	1	04단	咸興昇格後の府廳舍問題
166514	朝鮮朝日	西北版	1929-02-21	1	04단	大谷光暢師九月に來鮮
166515	朝鮮朝日	西北版	1929-02-21	1	04단	鮮米格付の退下を防げ移出制限對策も緊要/天日穀商聯合會長歸來談
166516	朝鮮朝日	西北版	1929-02-21	1	05단	受驗に關する講演を放送
166517	朝鮮朝日	西北版	1929-02-21	1	05단	短歌/橋田東聲選
166518	朝鮮朝日	西北版	1929-02-21	1	05단	遊戲用空氣銃ピストルの輸入を禁止
166519	朝鮮朝日	西北版	1929-02-21	1	05단	平壤より
166520	朝鮮朝日	西北版	1929-02-21	1	06단	大旱害から餓死に迫る農民に救ひの手
166521	朝鮮朝日	西北版	1929-02-21	1	06단	組合側の調停陳情を兩局長とも突放す/知事に懇談したらよからうと元山の勞働爭議
166522	朝鮮朝日	西北版	1929-02-21	1	07단	牡丹台野話
166523	朝鮮朝日	西北版	1929-02-21	1	07단	沿海州鰯買出のが減り淸津港が寂びれる勞農の措置を批難
166524	朝鮮朝日	西北版	1929-02-21	1	07단	十七日間も荒海を漂流發動船漸く救はる命からがら仁川に入港
166525	朝鮮朝日	西北版	1929-02-21	1	09단	新入學の兒童は早く届出よ
166526	朝鮮朝日	西北版	1929-02-21	1	09단	坐礁した第七原田丸救助は困難/乘組員無事
166527	朝鮮朝日	西北版	1929-02-21	1	10단	平壤附近に麻疹猖獗/死亡率も高い
166528	朝鮮朝日	西北版	1929-02-21	1	10단	お茶のあと
166529	朝鮮朝日	西北版	1929-02-21	1	10단	二人組强盜
166530	朝鮮朝日	西北版	1929-02-21	1	10단	一萬數千圓の明太の眼球
166531	朝鮮朝日	西北版	1929-02-21	1	10단	慶南普通校學級增加と教員の採用
166532	朝鮮朝日	西北版	1929-02-21	1	10단	人(今井警部補(平壤署高等係)/平井少佐(第四十旅團副官)/渡邊豊日子氏(山林部長))
166533	朝鮮朝日	西北版	1929-02-21	1	10단	半島茶話
166534	朝鮮朝日	南鮮版	1929-02-21	1	01단	滿鮮地方の事業はもう殆ど行詰りだ/今後はシベリア進出/官尾東拓總裁の視察談

일련번호	판명		간행일	면	단수	기사명
166535	朝鮮朝日	南鮮版	1929-02-21	1	01단	參政權を我等に與へよ國民協會員連署し政府へ建白書提出
166536	朝鮮朝日	南鮮版	1929-02-21	1	01단	電氣を使ひ各種の模型や奇拔な宣傳をやる遞信局の博覽會出品
166537	朝鮮朝日	南鮮版	1929-02-21	1	01단	鮮米格付の退下を防げ移出制限對策も緊要/天日穀商聯合會長歸來談
166538	朝鮮朝日	南鮮版	1929-02-21	1	03단	短歌/橋田東聲選
166539	朝鮮朝日	南鮮版	1929-02-21	1	03단	仁川南商業道立移管と中學設置陳情
166540	朝鮮朝日	南鮮版	1929-02-21	1	03단	中等教員大淘汰/噂さ傳はる
166541	朝鮮朝日	南鮮版	1929-02-21	1	04단	大谷光暢師九月に來鮮
166542	朝鮮朝日	南鮮版	1929-02-21	1	04단	受驗に關する講演を放送
166543	朝鮮朝日	南鮮版	1929-02-21	1	04단	大旱害から餓死に迫る農民に救ひの手
166544	朝鮮朝日	南鮮版	1929-02-21	1	04단	朝鮮蹴球團上海遠征
166545	朝鮮朝日	南鮮版	1929-02-21	1	05단	京城部計研究會/來月初旬總會
166546	朝鮮朝日	南鮮版	1929-02-21	1	05단	組合側の調停陳情を兩局長とも突放す/知事に懇談したらよからうと元山の勞働爭議
166547	朝鮮朝日	南鮮版	1929-02-21	1	06단	六百米の新線を京電が敷設
166548	朝鮮朝日	南鮮版	1929-02-21	1	06단	京電廳舍移轉と現舍屋處分/注目をひく
166549	朝鮮朝日	南鮮版	1929-02-21	1	06단	統營內灣の浚渫に着手
166550	朝鮮朝日	南鮮版	1929-02-21	1	07단	郵便所事務開始
166551	朝鮮朝日	南鮮版	1929-02-21	1	07단	預金の利下げ京畿金組で
166552	朝鮮朝日	南鮮版	1929-02-21	1	07단	十七日間も荒海を漂流發動船漸く救はる命からがら仁川に入港
166553	朝鮮朝日	南鮮版	1929-02-21	1	08단	電氣問題で功勞を殘し釜山を去る/關水武氏
166554	朝鮮朝日	南鮮版	1929-02-21	1	08단	普通學校增設を釜山から陳情/慶南普通校學級增加と教員の採用
166555	朝鮮朝日	南鮮版	1929-02-21	1	09단	新入學の兒童は早く届出よ
166556	朝鮮朝日	南鮮版	1929-02-21	1	09단	坐礁した第七原田丸救助は困難/乘組員無事
166557	朝鮮朝日	南鮮版	1929-02-21	1	09단	平壤附近に麻疹猖獗/死亡率も高い
166558	朝鮮朝日	南鮮版	1929-02-21	1	09단	一夜に十六戶襲うた强盜/身柄を送局
166559	朝鮮朝日	南鮮版	1929-02-21	1	10단	京畿府內に竊盜が每日五六件
166560	朝鮮朝日	南鮮版	1929-02-21	1	10단	お茶のおと
166561	朝鮮朝日	南鮮版	1929-02-21	1	10단	一萬數千圓の明太の眼球
166562	朝鮮朝日	南鮮版	1929-02-21	1	10단	二人組强盜
166563	朝鮮朝日	南鮮版	1929-02-21	1	10단	もよほし(統營懇話會)
166564	朝鮮朝日	南鮮版	1929-02-21	1	10단	人(天日常次郎氏(京取社長)/樺太實業視察

일련번호	판명		간행일	면	단수	기사명
166564	朝鮮朝日	南鮮版	1929-02-21	1	10단	團/山田勇雄氏(平南毎日編輯局長)/今井警部補(平壤署高等係)/渡邊豊日子氏(山林部長)/李源南氏母堂)
166565	朝鮮朝日	南鮮版	1929-02-21	1	10단	半島茶話
166566	朝鮮朝日	西北・南鮮版	1929-02-21	2	01단	新義州に製絲工場山十、片倉が
166567	朝鮮朝日	西北・南鮮版	1929-02-21	2	01단	全鮮工業協會設立の準備
166568	朝鮮朝日	西北・南鮮版	1929-02-21	2	01단	産業組合を全南で組織
166569	朝鮮朝日	西北・南鮮版	1929-02-21	2	01단	淸州高普卒業生
166570	朝鮮朝日	西北・南鮮版	1929-02-21	2	01단	平北産米の不正移出を嚴重取締る
166571	朝鮮朝日	西北・南鮮版	1929-02-21	2	02단	普通學校に農業補習科/平南の計劃
166572	朝鮮朝日	西北・南鮮版	1929-02-21	2	02단	衣料品低落穀類は騰貴/京城の物値
166573	朝鮮朝日	西北・南鮮版	1929-02-21	2	02단	朝日巡回活寫會
166574	朝鮮朝日	西北・南鮮版	1929-02-21	2	03단	安養に電燈
166575	朝鮮朝日	西北・南鮮版	1929-02-21	2	03단	昭和水利起工
166576	朝鮮朝日	西北・南鮮版	1929-02-21	2	03단	平南一月中金組の成績
166577	朝鮮朝日	西北・南鮮版	1929-02-21	2	03단	平壤對外貿易
166578	朝鮮朝日	西北・南鮮版	1929-02-21	2	04단	粟小口建變更
166579	朝鮮朝日	西北・南鮮版	1929-02-21	2	04단	事件發生數
166580	朝鮮朝日	西北・南鮮版	1929-02-21	2	04단	故鄕の流轉
166581	朝鮮朝日	西北版	1929-02-22	1	01단	內地にもない十大路を造る愈よ四年から九ヶ年計劃で大京城の都計を實行
166582	朝鮮朝日	西北版	1929-02-22	1	01단	淸津無電局は愈よ来月から着工/有線連絡をも裝置し航行船舶は頗る便宜
166583	朝鮮朝日	西北版	1929-02-22	1	01단	各道の評議會/開會の日程
166584	朝鮮朝日	西北版	1929-02-22	1	01단	道路改修問題の質問で賑ふ平北評議會
166585	朝鮮朝日	西北版	1929-02-22	1	02단	豫想された波瀾もなく朝鐵總會終る
166586	朝鮮朝日	西北版	1929-02-22	1	02단	金剛山探勝の便をはかり登山道を改修する/電鐵の建設も急ぐ
166587	朝鮮朝日	西北版	1929-02-22	1	02단	運送合同の實行進捗す/一驛一店によらず運合委員と荷主側會見で
166588	朝鮮朝日	西北版	1929-02-22	1	03단	學級增加と敬臨校新築/平壤學校豫算
166589	朝鮮朝日	西北版	1929-02-22	1	04단	各稅の增額で平北の財源增加を來す
166590	朝鮮朝日	西北版	1929-02-22	1	04단	川岸侍從武官廿四日安東着
166591	朝鮮朝日	西北版	1929-02-22	1	04단	學校組合費增額を陳情
166592	朝鮮朝日	西北版	1929-02-22	1	04단	寧邊農學校移轉の運動
166593	朝鮮朝日	西北版	1929-02-22	1	04단	會社銀行(朝鐵總會)
166594	朝鮮朝日	西北版	1929-02-22	1	05단	朝鐵未拂ひ配當金處分
166595	朝鮮朝日	西北版	1929-02-22	1	05단	咸興平野電化の計劃の內容
166596	朝鮮朝日	西北版	1929-02-22	1	05단	泣き面に蜂の三百餘名の農夫/不作から

일련번호	판명		간행일	면	단수	기사명
166596	朝鮮朝日	西北版	1929-02-22	1	05단	大山師をくはだてほうぼうの態でかへる
166597	朝鮮朝日	西北版	1929-02-22	1	06단	朝鮮博の全國主任者會議　四月十二日から三日間諸般の打合をなす/朝鮮博へ淸津の出品/仁川でも協贊會組織方法を協議
166598	朝鮮朝日	西北版	1929-02-22	1	06단	各地だより(咸興/平壤)
166599	朝鮮朝日	西北版	1929-02-22	1	07단	俳句/鈴木花蓑選
166600	朝鮮朝日	西北版	1929-02-22	1	07단	朝鮮物産市場を阪神に設く
166601	朝鮮朝日	西北版	1929-02-22	1	07단	自動車經營と十七哩計劃/朝鐵の決定事業
166602	朝鮮朝日	西北版	1929-02-22	1	08단	學校內にブラシ製造工場を設く
166603	朝鮮朝日	西北版	1929-02-22	1	08단	氷上渡河はもう危險！
166604	朝鮮朝日	西北版	1929-02-22	1	08단	靑年團の雄辯大會/DKで放送
166605	朝鮮朝日	西北版	1929-02-22	1	08단	お茶のあと
166606	朝鮮朝日	西北版	1929-02-22	1	08단	巡回衛生講話會
166607	朝鮮朝日	西北版	1929-02-22	1	09단	牡丹台野話
166608	朝鮮朝日	西北版	1929-02-22	1	09단	京津直通電話三月に開始
166609	朝鮮朝日	西北版	1929-02-22	1	09단	モヒ狩りを京城で行ふ
166610	朝鮮朝日	西北版	1929-02-22	1	09단	ピストル密輸
166611	朝鮮朝日	西北版	1929-02-22	1	09단	胎兒の腕を鎌で切落し母も死亡す
166612	朝鮮朝日	西北版	1929-02-22	1	10단	平壤鐵道病院病室全燒す
166613	朝鮮朝日	西北版	1929-02-22	1	10단	學校のボヤ
166614	朝鮮朝日	西北版	1929-02-22	1	10단	生徒募集
166615	朝鮮朝日	西北版	1929-02-22	1	10단	もよほし(滿鐵地方事務所長會議/安東在鄉軍人會聯合分會/載寧麻雀大會
166616	朝鮮朝日	西北版	1929-02-22	1	10단	人(玄俊鎬氏(湖南銀行專務)/金信錫氏(同取締役))
166617	朝鮮朝日	西北版	1929-02-22	1	10단	半島茶話
166618	朝鮮朝日	南鮮版	1929-02-22	1	01단	釜山電氣府營假契約成立すきのふ調停案を提示　價格六百四十萬圓か/調停價格はけふ發表す 調印は談笑裡に終る 三月瓦電總會で決定/桑原府尹經過報告　緊急懇談會で
166619	朝鮮朝日	南鮮版	1929-02-22	1	01단	全南豫算は三百二十萬餘圓/前年より九萬餘圓增/審議の評議會開かる
166620	朝鮮朝日	南鮮版	1929-02-22	1	01단	高女道移管卽時實現を全鮮的に連絡して/猛運動をおこす
166621	朝鮮朝日	南鮮版	1929-02-22	1	03단	前年度と大差ない全北の豫算
166622	朝鮮朝日	南鮮版	1929-02-22	1	03단	運送合同の實行進捗す/一驛一店によらず運
166623	朝鮮朝日	南鮮版	1929-02-22	1	03단	合委員と荷主側會見で

일련번호	판명		간행일	면	단수	기사명
166623	朝鮮朝日	南鮮版	1929-02-22	1	03단	會社銀行(朝鐵總會)
166624	朝鮮朝日	南鮮版	1929-02-22	1	04단	玄俊鎬氏辭表を撤回
166625	朝鮮朝日	南鮮版	1929-02-22	1	04단	各道の評議會/開會の日程
166626	朝鮮朝日	南鮮版	1929-02-22	1	04단	群山府營住宅五十戶新築/敷地問題も解決す
166627	朝鮮朝日	南鮮版	1929-02-22	1	04단	淸酒品評會仁川で開催
166628	朝鮮朝日	南鮮版	1929-02-22	1	05단	釜山府制十五年記念祝賀計劃
166629	朝鮮朝日	南鮮版	1929-02-22	1	05단	學校組合議員の改選
166630	朝鮮朝日	南鮮版	1929-02-22	1	05단	俳句/鈴木花蓑選
166631	朝鮮朝日	南鮮版	1929-02-22	1	05단	全州裡里間廣軌改造/六月中竣工
166632	朝鮮朝日	南鮮版	1929-02-22	1	05단	蔚山水組の設立は認可
166633	朝鮮朝日	南鮮版	1929-02-22	1	05단	南原團扇の組合を組織
166634	朝鮮朝日	南鮮版	1929-02-22	1	05단	京城女子技藝成績展覽會
166635	朝鮮朝日	南鮮版	1929-02-22	1	06단	騎馬巡査を釜山に設く
166636	朝鮮朝日	南鮮版	1929-02-22	1	06단	*朝鮮博の全國主任者會議　四月十二日から三日間諸般の打合をなす/仁川でも協贊會組織方法を協議*
166637	朝鮮朝日	南鮮版	1929-02-22	1	06단	お茶のおと
166638	朝鮮朝日	南鮮版	1929-02-22	1	06단	內地にもない十大路を造る愈よ四年から九ヶ年計劃で大京城の都計を實行
166639	朝鮮朝日	南鮮版	1929-02-22	1	07단	朝鐵未拂ひ配當金處分
166640	朝鮮朝日	南鮮版	1929-02-22	1	07단	自動車經營と七十哩計劃/朝鐵の決定事業
166641	朝鮮朝日	南鮮版	1929-02-22	1	07단	モヒ狩りを京城で行ふ
166642	朝鮮朝日	南鮮版	1929-02-22	1	08단	慶南北對抗陸上大競技開催の打合
166643	朝鮮朝日	南鮮版	1929-02-22	1	08단	朝鮮物産市場を阪神に設く
166644	朝鮮朝日	南鮮版	1929-02-22	1	08단	二人組の針金强盗
166645	朝鮮朝日	南鮮版	1929-02-22	1	08단	支店長殺し犯人捕はる組仕ら三名の兇行/金庫を窺って失敗
166646	朝鮮朝日	南鮮版	1929-02-22	1	09단	三兒を絞殺/土中に埋めた犯人釜山で捕はるけふ大阪へ議送す
166647	朝鮮朝日	南鮮版	1929-02-22	1	09단	總督府雇蹴殺さる口論のすゑ
166648	朝鮮朝日	南鮮版	1929-02-22	1	09단	廿四戶を全燒し死傷者數名
166649	朝鮮朝日	南鮮版	1929-02-22	1	09단	學校のボヤ
166650	朝鮮朝日	南鮮版	1929-02-22	1	10단	靑年團の雄辯大會/DKで放送
166651	朝鮮朝日	南鮮版	1929-02-22	1	10단	人(日下部少將(寧兵司令官)/玄俊鎬氏(湖南銀行專務)/金信錫氏(同取締役))
166652	朝鮮朝日	南鮮版	1929-02-22	1	10단	半島茶話
166653	朝鮮朝日	西北・南鮮版	1929-02-22	2	01단	粟增殖補助金交付
166654	朝鮮朝日	西北・南鮮版	1929-02-22	2	01단	植林事業の普及を圖る

일련번호	판명		간행일	면	단수	기사명
166655	朝鮮朝日	西北・南鮮版	1929-02-22	2	01단	昭和水利實測に着手
166656	朝鮮朝日	西北・南鮮版	1929-02-22	2	01단	學校組合の戸別割負擔
166657	朝鮮朝日	西北・南鮮版	1929-02-22	2	01단	現金賣買を清津で實行
166658	朝鮮朝日	西北・南鮮版	1929-02-22	2	02단	慶北線の小荷物運賃値下を陳情
166659	朝鮮朝日	西北・南鮮版	1929-02-22	2	02단	井邑郡で增繭の計劃
166660	朝鮮朝日	西北・南鮮版	1929-02-22	2	02단	自動車事故平南に多い
166661	朝鮮朝日	西北・南鮮版	1929-02-22	2	02단	大阪朝日新聞創刊五十周年記念/修羅八荒全卷活動寫眞
166662	朝鮮朝日	西北・南鮮版	1929-02-22	2	03단	朝日巡回活寫會
166663	朝鮮朝日	西北・南鮮版	1929-02-22	2	03단	酷寒のため紫雲英全滅
166664	朝鮮朝日	西北・南鮮版	1929-02-22	2	03단	郵便爲替取扱高
166665	朝鮮朝日	西北・南鮮版	1929-02-22	2	03단	穀物檢查數
166666	朝鮮朝日	西北・南鮮版	1929-02-22	2	04단	看護婦募集
166667	朝鮮朝日	西北・南鮮版	1929-02-22	2	04단	故鄕の流轉
166668	朝鮮朝日	西北版	1929-02-23	1	01단	京城神社の主柱式
166669	朝鮮朝日	西北版	1929-02-23	1	01단	毎年十二、三校宛の普通校を新設する昭和四年度から八ヶ年間に平北道で普及充實
166670	朝鮮朝日	西北版	1929-02-23	1	01단	鴨江上流の森林鐵道はいよいよ建設着手/第一期延長四十哩
166671	朝鮮朝日	西北版	1929-02-23	1	01단	東京新義州間長距離飛行/金飛行士計劃
166672	朝鮮朝日	西北版	1929-02-23	1	01단	平北評議會諮問の事項
166673	朝鮮朝日	西北版	1929-02-23	1	02단	朝鮮博に間島館設置
166674	朝鮮朝日	西北版	1929-02-23	1	02단	教育費の問答で終る/平南評議會第四日
166675	朝鮮朝日	西北版	1929-02-23	1	03단	航路標識傳習生
166676	朝鮮朝日	西北版	1929-02-23	1	03단	いぢらしい試驗
166677	朝鮮朝日	西北版	1929-02-23	1	04단	平壤飛行隊現地戰術
166678	朝鮮朝日	西北版	1929-02-23	1	04단	小學卒業生の九分通りは中等學校志望/京城府內で千六百名
166679	朝鮮朝日	西北版	1929-02-23	1	04단	朝鮮博だより/子供の國の機關車は平壤無煙炭を使用するに決定
166680	朝鮮朝日	西北版	1929-02-23	1	05단	高い茂山の薪
166681	朝鮮朝日	西北版	1929-02-23	1	06단	新義州中學志願百五十九名
166682	朝鮮朝日	西北版	1929-02-23	1	06단	農村問題で賑かな/平北評議會
166683	朝鮮朝日	西北版	1929-02-23	1	06단	支那人側が內地商人を壓倒/安東における狀況
166684	朝鮮朝日	西北版	1929-02-23	1	06단	天然痘黃海道に發生
166685	朝鮮朝日	西北版	1929-02-23	1	07단	梅丸は沈んだが危く助かった船員八名/悲壯な森藤船長の手記
166686	朝鮮朝日	西北版	1929-02-23	1	07단	長山串國有林を再び入札

일련번호	판명		간행일	면	단수	기사명
166687	朝鮮朝日	西北版	1929-02-23	1	07단	平壤の電氣を全部府營とする電興との假契約締結/三月から料金も値下
166688	朝鮮朝日	西北版	1929-02-23	1	07단	嬰兒を蒸燒し膽を食った癩患者の控訴公判
166689	朝鮮朝日	西北版	1929-02-23	1	08단	犯罪現場を撮影して不正水産業者を取締る
166690	朝鮮朝日	西北版	1929-02-23	1	08단	短歌/橋田東聲選
166691	朝鮮朝日	西北版	1929-02-23	1	09단	馬賊襲撃に備へるため警備機關緊張す
166692	朝鮮朝日	西北版	1929-02-23	1	09단	平南移出牛
166693	朝鮮朝日	西北版	1929-02-23	1	09단	三日間も材木の下敷/危く助った平壤の少年
166694	朝鮮朝日	西北版	1929-02-23	1	10단	倉庫を燒く
166695	朝鮮朝日	西北版	1929-02-23	1	10단	化粧品値上/安東で實行
166696	朝鮮朝日	西北版	1929-02-23	1	10단	人(長澤喜代司氏(新義州商議副會頭)
166697	朝鮮朝日	西北版	1929-02-23	1	10단	半島茶話
166698	朝鮮朝日	南鮮版	1929-02-23	1	01단	京城神社の主柱式
166699	朝鮮朝日	南鮮版	1929-02-23	1	01단	釜山の電氣府營問題 假契約內容と買收價格發表六百四十三萬五千餘圓但し密陽電氣は除く/假契約內容 買收價格算定 /近く大會を開いて報告 期成會側の態度/價格の廉いのは意外である 會社は紳士的に出たい 大池重役の談/廿四日買收案附議手續を急ぐ
166700	朝鮮朝日	南鮮版	1929-02-23	1	03단	鎭海驅逐隊東海岸警備
166701	朝鮮朝日	南鮮版	1929-02-23	1	04단	短歌/橋田東聲選
166702	朝鮮朝日	南鮮版	1929-02-23	1	04단	四年度豫算四十八萬餘圓/釜山府學校組合
166703	朝鮮朝日	南鮮版	1929-02-23	1	04단	假契約を終へて
166704	朝鮮朝日	南鮮版	1929-02-23	1	05단	梅丸は沈んだが危く助かった船員八名/悲壯な森藤船長の手記
166705	朝鮮朝日	南鮮版	1929-02-23	1	05단	小學卒業生の九分通りは中等學校志望/京城府內で千六百名
166706	朝鮮朝日	南鮮版	1929-02-23	1	06단	五十年記念會其他を協議/釜山商議
166707	朝鮮朝日	南鮮版	1929-02-23	1	07단	寫眞/二兒を絞殺して釜山へ逃走中捕れた長田榮吉(三十八)と護送の緒方巡査
166708	朝鮮朝日	南鮮版	1929-02-23	1	07단	朝鮮博だより/子供の國の機關車は平壤無煙炭を使用するに決定
166709	朝鮮朝日	南鮮版	1929-02-23	1	07단	嬰兒を蒸燒し膽を食った癩患者の控訴公判
166710	朝鮮朝日	南鮮版	1929-02-23	1	09단	豊德水利組合設立認可さる
166711	朝鮮朝日	南鮮版	1929-02-23	1	09단	陸軍記念日に模擬戰/步兵八十聯隊
166712	朝鮮朝日	南鮮版	1929-02-23	1	09단	萬全を圖る大邱公會堂設計の內容
166713	朝鮮朝日	南鮮版	1929-02-23	1	09단	航路標識傳習生
166714	朝鮮朝日	南鮮版	1929-02-23	1	09단	犯罪現場を撮影して不正水産業者を取締る

일련번호	판명		간행일	면	단수	기사명
166715	朝鮮朝日	南鮮版	1929-02-23	1	10단	長山串國有林を再び入札
166716	朝鮮朝日	南鮮版	1929-02-23	1	10단	天然痘黄海道に發生
166717	朝鮮朝日	南鮮版	1929-02-23	1	10단	三日間も材木の下敷/危く助った平壤の少年
166718	朝鮮朝日	南鮮版	1929-02-23	1	10단	六棟を燒く松汀里の火事
166719	朝鮮朝日	南鮮版	1929-02-23	1	10단	人(有賀殖銀頭取/河合朝鮮民報社長/平尾壬伍郎氏(遞信局監埋課長))
166720	朝鮮朝日	南鮮版	1929-02-23	1	10단	半島茶話
166721	朝鮮朝日	西北・南鮮版	1929-02-23	2	01단	村の燈台/旱魃を知らぬ電化の理想鄕疲弊のドン低から近代的農村へ山口縣下の高森町
166722	朝鮮朝日	西北・南鮮版	1929-02-23	2	01단	朝鮮牛を三百萬頭と增す方針
166723	朝鮮朝日	西北・南鮮版	1929-02-23	2	01단	見込のない對支水産貿易
166724	朝鮮朝日	西北・南鮮版	1929-02-23	2	01단	農事懇談會/平北各地で
166725	朝鮮朝日	西北・南鮮版	1929-02-23	2	02단	送電綿架設工事に着手
166726	朝鮮朝日	西北・南鮮版	1929-02-23	2	02단	內地渡航者
166727	朝鮮朝日	西北・南鮮版	1929-02-23	2	02단	安東適齡者
166728	朝鮮朝日	西北・南鮮版	1929-02-23	2	02단	平壤府內郵便取扱數
166729	朝鮮朝日	西北・南鮮版	1929-02-23	2	03단	大阪朝日新聞創刊五十周年記念/修羅八荒全卷活動寫眞
166730	朝鮮朝日	西北・南鮮版	1929-02-23	2	03단	滿洲材は影響が少い
166731	朝鮮朝日	西北・南鮮版	1929-02-23	2	04단	故鄕の流轉
166732	朝鮮朝日	西北版	1929-02-24	1	01단	朝鮮人に選擧權を與へる意思はないか簡易保険特別委員會で行はれた一問一答(坂東幸太郎君(民致)/草間財務局長/坂東君/草間局長/坂東君/草間局長/坂東君/草間局長/坂東君/草間局長/坂東君/赤尾藤吉郎君(致友)/草間局長/板谷順助君(致友)/草間局長)
166733	朝鮮朝日	西北版	1929-02-24	1	01단	總督府辭令
166734	朝鮮朝日	西北版	1929-02-24	1	02단	廢校となる道師範他に利用す
166735	朝鮮朝日	西北版	1929-02-24	1	02단	山階侯が學術御研究のため朝鮮の禁鳥獸を狩獵せしめらる
166736	朝鮮朝日	西北版	1929-02-24	1	02단	安義方面の製材事業は將來期待するに足る/渡邊山林部長談
166737	朝鮮朝日	西北版	1929-02-24	1	03단	總督府辭令
166738	朝鮮朝日	西北版	1929-02-24	1	03단	活躍する支那商人/平壤府內で八百十五名
166739	朝鮮朝日	西北版	1929-02-24	1	03단	戰蹟記念標安東驛と鎭江山上
166740	朝鮮朝日	西北版	1929-02-24	1	04단	平北の棉作獎勵/自給自作

일련번호	판명		간행일	면	단수	기사명
166741	朝鮮朝日	西北版	1929-02-24	1	04단	俳句/鈴木花養選
166742	朝鮮朝日	西北版	1929-02-24	1	04단	安東の防水堤工事
166743	朝鮮朝日	西北版	1929-02-24	1	04단	寫眞は去る二十日夜鳥有に歸した平壌鐵道病院病舎
166744	朝鮮朝日	西北版	1929-02-24	1	05단	新大同郡守豊田長智氏
166745	朝鮮朝日	西北版	1929-02-24	1	05단	平壌からの自動車賃改正
166746	朝鮮朝日	西北版	1929-02-24	1	05단	平壌より
166747	朝鮮朝日	西北版	1929-02-24	1	06단	爭議の打撃は内地人側も甚大/元山の財界は不安を增すばかり/一荷主は語る
166748	朝鮮朝日	西北版	1929-02-24	1	06단	國境警備の慰問品を贈る
166749	朝鮮朝日	西北版	1929-02-24	1	06단	海外派遣員一行
166750	朝鮮朝日	西北版	1929-02-24	1	06단	仁川聯合靑年本年の事業/最近のもののみ決定す
166751	朝鮮朝日	西北版	1929-02-24	1	07단	平南で蘆草增殖斷念
166752	朝鮮朝日	西北版	1929-02-24	1	07단	朝鮮博に製鐵特設館設置するか
166753	朝鮮朝日	西北版	1929-02-24	1	07단	誤れる思想の傳播を防ぐ程度/鮮内の取扱
166754	朝鮮朝日	西北版	1929-02-24	1	07단	本紙五十年記念/讀者優待活寫會三月二、三兩日平壌府/同四、五兩日鎮南浦
166755	朝鮮朝日	西北版	1929-02-24	1	08단	說教第一世遂に捕まる/きのふ白晝巣鴨署に二十九歳の壯漢
166756	朝鮮朝日	西北版	1929-02-24	1	08단	龍井に强盗押入る
166757	朝鮮朝日	西北版	1929-02-24	1	08단	三名壓死/寺洞里炭坑で
166758	朝鮮朝日	西北版	1929-02-24	1	08단	平南の腸チブス患者二十數名
166759	朝鮮朝日	西北版	1929-02-24	1	08단	滿洲に牛疫發生す
166760	朝鮮朝日	西北版	1929-02-24	1	09단	平南道昨年の被害一萬件
166761	朝鮮朝日	西北版	1929-02-24	1	09단	解氷近し暖氣のため
166762	朝鮮朝日	西北版	1929-02-24	1	09단	妾を射つ
166763	朝鮮朝日	西北版	1929-02-24	1	09단	猩紅熱下火
166764	朝鮮朝日	西北版	1929-02-24	1	09단	强盗殺人犯清溪で捕ふ
166765	朝鮮朝日	西北版	1929-02-24	1	10단	五年目に捕はれた賊
166766	朝鮮朝日	西北版	1929-02-24	1	10단	兵士が子供を助く
166767	朝鮮朝日	西北版	1929-02-24	1	10단	帆船衝突して沈沒
166768	朝鮮朝日	西北版	1929-02-24	1	10단	遊戲用空氣銃を輸入禁止す
166769	朝鮮朝日	西北版	1929-02-24	1	10단	もよほし(教育研究會/褒賞授與式)
166770	朝鮮朝日	西北版	1929-02-24	1	10단	人(大津駿氏(採木公司參事)/田中平南勞務課長/小川費三氏(本社記者))
166771	朝鮮朝日	西北版	1929-02-24	1	10단	半島茶話
166772	朝鮮朝日	南鮮版	1929-02-24	1	01단	朝鮮人に選擧權を與へる意思はないか簡易保險特別委員會で行はれた一問一答

일련번호	판명		간행일	면	단수	기사명
166772	朝鮮朝日	南鮮版	1929-02-24	1	01단	(坂東幸太郎君(民致)/草間財務局長/坂東君/草間局長/坂東君/草間局長/坂東君/草間局長/坂東君/草間局長/坂東君/赤尾藤吉郎君(致友)/草間局長/板谷順助君(致友)/草間局長)
166773	朝鮮朝日	南鮮版	1929-02-24	1	01단	總督府辭令
166774	朝鮮朝日	南鮮版	1929-02-24	1	01단	廢校となる道師範他に利用す
166775	朝鮮朝日	南鮮版	1929-02-24	1	02단	山階侯が學術御研究のため朝鮮の禁鳥獸を狩獵せしめらる
166776	朝鮮朝日	南鮮版	1929-02-24	1	02단	廿四日の協議會でいよいよ決定を見る/釜山の電氣府營
166777	朝鮮朝日	南鮮版	1929-02-24	1	02단	遞信局は暗に安いとほのめかし內務局は强硬な態度を持す
166778	朝鮮朝日	南鮮版	1929-02-24	1	03단	海外派遺員一行
166779	朝鮮朝日	南鮮版	1929-02-24	1	04단	仁川聯合靑年本年の事業/最近のもののみ決定す
166780	朝鮮朝日	南鮮版	1929-02-24	1	04단	俳句/鈴木花蓑選
166781	朝鮮朝日	南鮮版	1929-02-24	1	04단	朝鮮博に製鐵特設館設置するか
166782	朝鮮朝日	南鮮版	1929-02-24	1	04단	期成會は府協議會の結果を待つ
166783	朝鮮朝日	南鮮版	1929-02-24	1	04단	寫眞は去る二十日夜烏有に歸した平壤鐵道病院病舍
166784	朝鮮朝日	南鮮版	1929-02-24	1	05단	「どぢよう」研究を動物學會で發表
166785	朝鮮朝日	南鮮版	1929-02-24	1	05단	全南消防組聯合發會式光州で擧行
166786	朝鮮朝日	南鮮版	1929-02-24	1	05단	馬山の耕地處分圓滿に解決
166787	朝鮮朝日	南鮮版	1929-02-24	1	06단	京城の讀者慰安活寫會 廿(廿)六日より三日間開く/釜山の讀者優 待第二新國劇の觀劇毎日好況をつゞく
166788	朝鮮朝日	南鮮版	1929-02-24	1	07단	居直り强盜/二人を斬る
166789	朝鮮朝日	南鮮版	1929-02-24	1	08단	大阪朝日新聞創刊五十周年記念/活動寫眞
166790	朝鮮朝日	南鮮版	1929-02-24	1	08단	防火宣傳/二十七日京城で大々的に行ふ
166791	朝鮮朝日	南鮮版	1929-02-24	1	08단	艀顚覆し十名方行不明/內地渡航の朝鮮人
166792	朝鮮朝日	南鮮版	1929-02-24	1	08단	爭議の打擊は內地人側も甚大/元山の財界は不安を增すばかり/一荷主は語る
166793	朝鮮朝日	南鮮版	1929-02-24	1	08단	說教第一世遂に捕まる/きのふ白晝巢鴨署に二十九歲の壯漢
166794	朝鮮朝日	南鮮版	1929-02-24	1	10단	大賑ひの綱引
166795	朝鮮朝日	南鮮版	1929-02-24	1	10단	釜山地方の流感下火
166796	朝鮮朝日	南鮮版	1929-02-24	1	10단	帆船衝突して沈沒

일련번호	판명		간행일	면	단수	기사명
166797	朝鮮朝日	南鮮版	1929-02-24	1	10단	猩紅熱下火
166798	朝鮮朝日	南鮮版	1929-02-24	1	10단	強盗殺人犯淸溪で捕ふ
166799	朝鮮朝日	南鮮版	1929-02-24	1	10단	人(石森久彌氏(朝鮮公論社長)/小林道生少將(咸興旅團長)/中村孝太郎少將(平壤旅團長)/田中平南警務課長/小川費三氏(本社記者))
166800	朝鮮朝日	南鮮版	1929-02-24	1	10단	半島茶話
166801	朝鮮朝日	西北・南鮮版	1929-02-24	2	01단	村の燈台/農村振興策に新案『結婚媒介』道具の中に繩綯器や蓆縞器花嫁さんが副業の先達/富山縣股林課副業主任技師/三宅治一氏の談
166802	朝鮮朝日	西北・南鮮版	1929-02-24	2	01단	帆立貝淸津東海岸で夥だしく採集
166803	朝鮮朝日	西北・南鮮版	1929-02-24	2	01단	鮮銀の貸出一千廿餘萬圓
166804	朝鮮朝日	西北・南鮮版	1929-02-24	2	01단	安東商人打擊
166805	朝鮮朝日	西北・南鮮版	1929-02-24	2	01단	製肥會社の設立計劃
166806	朝鮮朝日	西北・南鮮版	1929-02-24	2	01단	朝鮮農會總會
166807	朝鮮朝日	西北・南鮮版	1929-02-24	2	01단	貨物輸送減少
166808	朝鮮朝日	西北・南鮮版	1929-02-24	2	02단	故鄕の流轉
166809	朝鮮朝日	西北・南鮮版	1929-02-24	2	03단	朝日巡回活寫會
166810	朝鮮朝日	西北版	1929-02-26	1	01단	國境關稅三分一減の契約撤回を通告 國民政府から支那側稅關に朝鮮對滿貿易に大打擊とし總督府で對策を講ず/更に指示なき限り布告は見合す 強制通關をなすと日本側の態度强硬/五萬圓の滿蒙特設館/平北協贊會
166811	朝鮮朝日	西北版	1929-02-26	1	01단	朝博だより/殺到する各地の出品申込前景氣頗る良し
166812	朝鮮朝日	西北版	1929-02-26	1	03단	咸興だより
166813	朝鮮朝日	西北版	1929-02-26	1	03단	間島だより
166814	朝鮮朝日	西北版	1929-02-26	1	03단	朝鮮人實業家內地視察團/廿四日出發す
166815	朝鮮朝日	西北版	1929-02-26	1	04단	利益金處分案異議なく可決/殖銀株主總會/(利益金分配案)
166816	朝鮮朝日	西北版	1929-02-26	1	04단	有望な「ワカサギ」大いに獎勵
166817	朝鮮朝日	西北版	1929-02-26	1	04단	運合問題は第二回の會合で完全な諒解成立す/廿八日頃全鮮運合委員會を開くなほ相當の波瀾はあらう
166818	朝鮮朝日	西北版	1929-02-26	1	05단	關稅增徵緩和の交涉進まず
166819	朝鮮朝日	西北版	1929-02-26	1	05단	木關問題はほゞ目的を達した大津委員會議長談
166820	朝鮮朝日	西北版	1929-02-26	1	05단	羅南中學卒業生

일련번호	판명		간행일	면	단수	기사명
166821	朝鮮朝日	西北版	1929-02-26	1	06단	內地を視察/聯業紹介の關係者
166822	朝鮮朝日	西北版	1929-02-26	1	06단	元山學組費豫算十四萬圓
166823	朝鮮朝日	西北版	1929-02-26	1	06단	一時的閑散安東の油房業
166824	朝鮮朝日	西北版	1929-02-26	1	06단	清津商店の現金制度は實施が困難
166825	朝鮮朝日	西北版	1929-02-26	1	07단	牡丹台野話
166826	朝鮮朝日	西北版	1929-02-26	1	07단	採木公司材三十五萬尺締
166827	朝鮮朝日	西北版	1929-02-26	1	07단	「エビ」漁船/本年は七十五隻
166828	朝鮮朝日	西北版	1929-02-26	1	07단	王子製紙工場を增設
166829	朝鮮朝日	西北版	1929-02-26	1	07단	安東からも參加するクロスカンツリーレース
166830	朝鮮朝日	西北版	1929-02-26	1	07단	海州の豫算
166831	朝鮮朝日	西北版	1929-02-26	1	07단	就職難から實業學校志望が多い/平北では商業學校募集人員が倍加か
166832	朝鮮朝日	西北版	1929-02-26	1	08단	無煙炭の採取高八萬屯
166833	朝鮮朝日	西北版	1929-02-26	1	08단	茂山電氣の設立請願
166834	朝鮮朝日	西北版	1929-02-26	1	08단	平北に水産試驗場設置說高まる
166835	朝鮮朝日	西北版	1929-02-26	1	09단	延吉交涉署の職權範圍
166836	朝鮮朝日	西北版	1929-02-26	1	09단	檢擧で活躍/緊張する元山署
166837	朝鮮朝日	西北版	1929-02-26	1	09단	海州の猩紅熱蔓延
166838	朝鮮朝日	西北版	1929-02-26	1	09단	咸南勞働會元山に生る
166839	朝鮮朝日	西北版	1929-02-26	1	10단	商銀增員理事渡邊、上野の兩氏認可さる
166840	朝鮮朝日	西北版	1929-02-26	1	10단	氷詰め嬰兒一ヶ月後發見
166841	朝鮮朝日	西北版	1929-02-26	1	10단	原田丸救助/仁川へ入港
166842	朝鮮朝日	西北版	1929-02-26	1	10단	二人組の强盜押入る
166843	朝鮮朝日	西北版	1929-02-26	1	10단	もよほし(長谷川校長表彰祝賀會/黃海道評議會)
166844	朝鮮朝日	西北版	1929-02-26	1	10단	人(西田平南道視學/藤井關東廳理事官/深澤兵器製造所長/尾崎三郎氏(安東警察署長)/關水京畿道內務部長務父)
166845	朝鮮朝日	南鮮版	1929-02-26	1	01단	*國境關稅三分一減の假契約回を通告 國民政府から支那側稅關に朝鮮對滿貿易に大打擊とし總督府で對策を講ず/更に指示なき限り布告は見合す 强制通關をなすと日本側の態度强硬/五萬圓の滿蒙特設館/平北協贊會*
166846	朝鮮朝日	南鮮版	1929-02-26	1	01단	朝博だより/殺到する各地の出品申込前
166846	朝鮮朝日	南鮮版	1929-02-26	1	01단	景氣頗る良し
166847	朝鮮朝日	南鮮版	1929-02-26	1	03단	利益金處分案異議なく可決/殖銀株主總會
166848	朝鮮朝日	南鮮版	1929-02-26	1	03단	電氣買收の府協議會を開く/桑原府尹の

일련번호	판명		간행일	면	단수	기사명
166848	朝鮮朝日	南鮮版	1929-02-26	1	03단	說明後十一名の委員附託
166849	朝鮮朝日	南鮮版	1929-02-26	1	03단	成績の良い一日一錢貯金や/資金造成貯金/利益金處分案
166850	朝鮮朝日	南鮮版	1929-02-26	1	04단	有望な「ワカサギ」大いに獎勵
166851	朝鮮朝日	南鮮版	1929-02-26	1	05단	元山學組費豫算十四萬圓
166852	朝鮮朝日	南鮮版	1929-02-26	1	05단	盛大に行はれる麗水築港起工式/麗水港の完城は明年夏
166853	朝鮮朝日	南鮮版	1929-02-26	1	05단	貞廣老人が苦心の骨佛/けふ開眼供養
166854	朝鮮朝日	南鮮版	1929-02-26	1	06단	朝鮮人實業家內地視察團/廿四日出發す
166855	朝鮮朝日	南鮮版	1929-02-26	1	06단	米穀法改正の必要矢作專士談
166856	朝鮮朝日	南鮮版	1929-02-26	1	06단	運合問題は第二回の會合で完全な諒解成立す/廿八日頃全鮮運合委員會を開くなほ相當の波瀾はあらう
166857	朝鮮朝日	南鮮版	1929-02-26	1	07단	水稅問題の紛爭解決す
166858	朝鮮朝日	南鮮版	1929-02-26	1	07단	朴孃の鄉土訪問飛行四月下旬に決行か
166859	朝鮮朝日	南鮮版	1929-02-26	1	08단	朝鮮の獻穀田耕作地決る
166860	朝鮮朝日	南鮮版	1929-02-26	1	08단	鎭海養魚場三月三日竣工式
166861	朝鮮朝日	南鮮版	1929-02-26	1	08단	驅逐艦釜山に入港/驅逐隊初巡航
166862	朝鮮朝日	南鮮版	1929-02-26	1	09단	女學校出の就職希望者が多い/事務員やタイピストが大部分
166863	朝鮮朝日	南鮮版	1929-02-26	1	09단	美しい女給の爭奪戰やスキ燒きでお客を釣るカフェー
166864	朝鮮朝日	南鮮版	1929-02-26	1	09단	檢擧で活躍/緊張する元山署
166865	朝鮮朝日	南鮮版	1929-02-26	1	09단	商銀增員理事渡邊、上野の兩氏認可さる
166866	朝鮮朝日	南鮮版	1929-02-26	1	10단	短歌會盛會
166867	朝鮮朝日	南鮮版	1929-02-26	1	10단	身許不明の投身
166868	朝鮮朝日	南鮮版	1929-02-26	1	10단	寫眞は鍾路通り李方を襲った强盜殺人犯人金福童(十九)
166869	朝鮮朝日	西北・南鮮版	1929-02-26	2	01단	大社會の産物か强盜の出沒と警察術の進步/室伏高信
166870	朝鮮朝日	西北・南鮮版	1929-02-26	2	01단	强盜と時代的考察/現代階の會社事象/石濱知行
166871	朝鮮朝日	西北・南鮮版	1929-02-26	2	02단	マラリヤ撲滅と旺盛な研究慾で「蚊」の研究に沒頭/小林城大教授のはなし
166872	朝鮮朝日	西北・南鮮版	1929-02-26	2	03단	殖銀でも債券發行か
166873	朝鮮朝日	西北・南鮮版	1929-02-26	2	03단	耐旱耐寒の農作法を研究/水原で打合會を開く
166874	朝鮮朝日	西北・南鮮版	1929-02-26	2	03단	シネマランド/ウィットに富む「水陸突破死物狂」たしかに傑作と言へやう

일련번호	판명		간행일	면	단수	기사명
166875	朝鮮朝日	西北・南鮮版	1929-02-26	2	05단	すっかり春めいて賑ふ街頭や公園/京城のこのごろ
166876	朝鮮朝日	西北・南鮮版	1929-02-26	2	05단	朝日巡回活寫會
166877	朝鮮朝日	西北・南鮮版	1929-02-26	2	07단	平北屠殺數
166878	朝鮮朝日	西北版	1929-02-27	1	01단	關稅三分の一減稅撤廢問題 關稅三分の一減撤廢に反對安東地方緊張す/事態重大化で支那側も請訓實施期日は未定/滿鮮相携へて大々的運動/各會議所も對策を講ず/强制通關や調査研究安東商議の態度/會寧通過の貨物が停頓/撤廢による被害は甚大
166879	朝鮮朝日	西北版	1929-02-27	1	02단	朝鮮に參政權實施の請願/多木条次郎氏から
166880	朝鮮朝日	西北版	1929-02-27	1	02단	朝鮮は有力な電氣の供給地/水力流量の基本調査/三月末で終了
166881	朝鮮朝日	西北版	1929-02-27	1	02단	朝鮮最初の農家生計調査/京畿道農會の試み
166882	朝鮮朝日	西北版	1929-02-27	1	04단	簡易生命保險法案は原案可決
166883	朝鮮朝日	西北版	1929-02-27	1	04단	殖銀の債券一千萬圓發行/利率五分五厘
166884	朝鮮朝日	西北版	1929-02-27	1	04단	當面の問題に對する有賀殖銀頭取の意見(漢銀株肩替問題/增配問題/拂込問題/證券金融問題/理事增員)
166885	朝鮮朝日	西北版	1929-02-27	1	04단	平壤を中心として宗教改革の運動/キリスト教青年信者の叫び/その成行が注目さる
166886	朝鮮朝日	西北版	1929-02-27	1	05단	措置宜しきを得ない會計/總督府關係の分
166887	朝鮮朝日	西北版	1929-02-27	1	05단	三月中の煙草製造豫定
166888	朝鮮朝日	西北版	1929-02-27	1	06단	平壤より
166889	朝鮮朝日	西北版	1929-02-27	1	06단	短歌/橋田東聲選
166890	朝鮮朝日	西北版	1929-02-27	1	06단	總督府辭令(廿五日付)
166891	朝鮮朝日	西北版	1929-02-27	1	07단	愈よ三月一日からDKの放送時間改正/今後はファンも滿足しやう
166892	朝鮮朝日	西北版	1929-02-27	1	07단	電氣府營案は三月に入って決定か審査中の委員會
166893	朝鮮朝日	西北版	1929-02-27	1	07단	聖旨を傳へて在滿部隊を慰問した川岸侍從武官
166894	朝鮮朝日	西北版	1929-02-27	1	07단	春川管內の煙草賣上高/樹齡三十年
166895	朝鮮朝日	西北版	1929-02-27	1	08단	牡丹台野話
166896	朝鮮朝日	西北版	1929-02-27	1	09단	請負能力と工事量適當に考慮するに決す

일련번호	판명		간행일	면	단수	기사명
166897	朝鮮朝日	西北版	1929-02-27	1	09단	朝鮮兒童映畵協會を設置/すでに脚本執筆中
166898	朝鮮朝日	西北版	1929-02-27	1	09단	殺人犯人捕はる
166899	朝鮮朝日	西北版	1929-02-27	1	10단	商工振興策懸賞論文を大邱で募集
166900	朝鮮朝日	西北版	1929-02-27	1	10단	自轉車を使用さす平南の警官
166901	朝鮮朝日	西北版	1929-02-27	1	10단	風土病撲滅のため調査書配布
166902	朝鮮朝日	西北版	1929-02-27	1	10단	人(井森賢三氏(專賣局開城出張所長)/北島大尉(飛行第六聯隊附))
166903	朝鮮朝日	南鮮版	1929-02-27	1	01단	關稅三分の一減稅撤廢問題關稅三分の一減撤廢に反對安東地方緊張す/事態重大化で支那側も請訓實施期日は未定/滿鮮相携へて大々的運動/各會議所も對策を講ず/强制通關や調査研究安東商議の態度/會寧通過の貨物が停頓/撤廢による被害は甚大
166904	朝鮮朝日	南鮮版	1929-02-27	1	02단	朝鮮に參政權實施の請願/多木条次郎氏から
166905	朝鮮朝日	南鮮版	1929-02-27	1	02단	朝鮮は有力な電氣の供給地/水力流量の基本調査/三月末で終了
166906	朝鮮朝日	南鮮版	1929-02-27	1	02단	朝鮮最初の農家生計調査/京畿道農會の試み
166907	朝鮮朝日	南鮮版	1929-02-27	1	04단	簡易生命保險法案は原案可決
166908	朝鮮朝日	南鮮版	1929-02-27	1	04단	殖銀の債券一千萬圓發行/利率五分五厘
166909	朝鮮朝日	南鮮版	1929-02-27	1	04단	當面の問題に對する有賀殖銀頭取の意見(漢銀株肩替問題/增配問題/拂込問題/證券金融問題/理事增員)
166910	朝鮮朝日	南鮮版	1929-02-27	1	04단	多數の來賓を迎へて盛大に擧行/麗水港修起工式
166911	朝鮮朝日	南鮮版	1929-02-27	1	05단	措置宜しきを得ない會計/總督府關係の分
166912	朝鮮朝日	南鮮版	1929-02-27	1	05단	三月中の煙草製造豫定
166913	朝鮮朝日	南鮮版	1929-02-27	1	05단	江原道廳の移轉防止を春川繁榮會から陳情
166914	朝鮮朝日	南鮮版	1929-02-27	1	05단	內地人を覘ふ賊捕はる
166915	朝鮮朝日	南鮮版	1929-02-27	1	06단	鄕里に歸った女流飛行家朴孃/愈々訪問飛行の準備
166916	朝鮮朝日	南鮮版	1929-02-27	1	06단	商工振興策懸賞論文を大邱で募集
166917	朝鮮朝日	南鮮版	1929-02-27	1	07단	變更の場合は豫じめ發表して意見を問ふとの總督の言明を得た
166918	朝鮮朝日	南鮮版	1929-02-27	1	07단	全國で有數のリンクに斯界の權威を招いて設計に當らす計劃
166919	朝鮮朝日	南鮮版	1929-02-27	1	08단	總督府辭令(廿五日付)

일련번호	판명		간행일	면	단수	기사명
166920	朝鮮朝日	南鮮版	1929-02-27	1	08단	大邱の土木事件豫審終結す
166921	朝鮮朝日	南鮮版	1929-02-27	1	09단	春川管內の煙草賣上高
166922	朝鮮朝日	南鮮版	1929-02-27	1	09단	聖旨を傳へて在滿部隊を慰問した川岸侍從武官
166923	朝鮮朝日	南鮮版	1929-02-27	1	09단	電氣府營案は三月に入って決定か審査中の委員會
166924	朝鮮朝日	南鮮版	1929-02-27	1	09단	請負能力と工事量適當に考慮するに決す
166925	朝鮮朝日	南鮮版	1929-02-27	1	10단	短歌/橋田東聲選
166926	朝鮮朝日	西北・南鮮版	1929-02-27	2	01단	村の燈台/各地のニュース三つ九州にまた『新しい村』(十二家族を移住させ理想的な農村經營)/女學生が畑作り勤勞の精神を養ふ爲三重縣の試み/みかん百萬貫時外れに出荷
166927	朝鮮朝日	西北・南鮮版	1929-02-27	2	01단	水利組合區域內の小作料標準は自ら別個の問題だ/松村土地改良部長談
166928	朝鮮朝日	西北・南鮮版	1929-02-27	2	01단	米および粟輸移出入高二月中旬の
166929	朝鮮朝日	西北・南鮮版	1929-02-27	2	02단	故鄕の流轉
166930	朝鮮朝日	西北・南鮮版	1929-02-27	2	03단	大阪朝日新聞創刊五十周年記念/修羅八荒全卷活動寫眞
166931	朝鮮朝日	西北・南鮮版	1929-02-27	2	03단	朝日巡回活寫會
166932	朝鮮朝日	西北版	1929-02-28	1	01단	電氣問題につき各種の質問續出し 結局秘密委員會に附す 極度に緊張した平壤府協議會/釜山の電氣府營問題 我を押し通せば社長が立場を失ふ 痛し痒しの反對重役連 瓦電重役連の態度注目を惹く/係員數名を增員し電氣府營の準備に着手する
166933	朝鮮朝日	西北版	1929-02-28	1	01단	絲價の低落と天候不順により平安北道の特産たる柞蠶の産繭額減少す
166934	朝鮮朝日	西北版	1929-02-28	1	01단	第二次行財政整理を斷行/新年度に入ると共に各方面に手入を行ふ
166935	朝鮮朝日	西北版	1929-02-28	1	03단	殖銀城津支店新築
166936	朝鮮朝日	西北版	1929-02-28	1	03단	成績のよい城津靑年訓練所
166937	朝鮮朝日	西北版	1929-02-28	1	04단	釜山商議の祝賀會創立滿五十年で擧行の意向
166938	朝鮮朝日	西北版	1929-02-28	1	04단	民謠/北原白秋選
166939	朝鮮朝日	西北版	1929-02-28	1	04단	入學試驗期を控へて大入り滿員/盛況の總督府圖書館
166940	朝鮮朝日	西北版	1929-02-28	1	04단	新國劇の俳優ら四名無慙の燒死を遂げ十餘名が重輕傷を負ふ釜山の國際館劇場丸燒けとなる/判明せる死傷者/再築は難か

일련번호	판명		간행일	면	단수	기사명
166940	朝鮮朝日	西北版	1929-02-28	1	04단	しい唯一の劇場を失って春の演藝界さびれる
166941	朝鮮朝日	西北版	1929-02-28	1	05단	石炭積込みに不便を感じ貯炭場と棧橋設置を城津から本府に要望
166942	朝鮮朝日	西北版	1929-02-28	1	05단	雇員や傭人達が夥しく罷める上級者は嚙りつく鐵道局における退職調べ就職地獄を如實に物語る
166943	朝鮮朝日	西北版	1929-02-28	1	05단	朝鮮博覽會の咸南協贊會會員募集豫定數
166944	朝鮮朝日	西北版	1929-02-28	1	06단	評判のよい工學院の卒業生
166945	朝鮮朝日	西北版	1929-02-28	1	07단	石油と木材の打擊が太い/八十萬圓增收となる/朝鮮特別關稅の撤廢
166946	朝鮮朝日	西北版	1929-02-28	1	07단	公立小學校に入學志願者殺到
166947	朝鮮朝日	西北版	1929-02-28	1	07단	茂山郡內の窮民を救濟
166948	朝鮮朝日	西北版	1929-02-28	1	08단	忠南評議會
166949	朝鮮朝日	西北版	1929-02-28	1	08단	平壤より
166950	朝鮮朝日	西北版	1929-02-28	1	08단	一杯機嫌で絞首台に上る死ぬ迄手數をかけた狂暴なる強盜殺人犯
166951	朝鮮朝日	西北版	1929-02-28	1	08단	モダンチゲ京城に生れる
166952	朝鮮朝日	西北版	1929-02-28	1	09단	特別所得稅賦課規則を平北で制定
166953	朝鮮朝日	西北版	1929-02-28	1	09단	預けた娘が行方不明
166954	朝鮮朝日	西北版	1929-02-28	1	09단	自宅に放火犯人捕はる
166955	朝鮮朝日	西北版	1929-02-28	1	09단	男女五名で阿片を強奪
166956	朝鮮朝日	西北版	1929-02-28	1	09단	大阪朝日新聞創刊五十周年記念/修羅八荒全卷活動寫眞
166957	朝鮮朝日	西北版	1929-02-28	1	10단	牛疫發生か
166958	朝鮮朝日	西北版	1929-02-28	1	10단	家出男縊死
166959	朝鮮朝日	西北版	1929-02-28	1	10단	拳銃密輸團浦る
166960	朝鮮朝日	西北版	1929-02-28	1	10단	幼兒の片腕と生首を發見
166961	朝鮮朝日	西北版	1929-02-28	1	10단	駐在所に押入り妻女を脅迫した強盜捕まる
166962	朝鮮朝日	西北版	1929-02-28	1	10단	方面委員の活動を期す
166963	朝鮮朝日	西北版	1929-02-28	1	10단	もよほし(平壤師範學藝會/農民講座)
166964	朝鮮朝日	南鮮版	1929-02-28	1	01단	釜山の電氣府營問題 我を押し通せば社長が立場を失ふ 痛し痒しの反對重役連 瓦電重役連の態度注目を惹く/係員數名を增員し電氣府營の準備に着手する
166965	朝鮮朝日	南鮮版	1929-02-28	1	01단	第二次行財政整理を斷行/新年度に入ると共に各方面に手入を行ふ
166966	朝鮮朝日	南鮮版	1929-02-28	1	01단	雇員や傭人達が夥しく罷める上級者は嚙りつく鐵道局における退職調べ就職地獄

일련번호	판명		간행일	면	단수	기사명
166966	朝鮮朝日	南鮮版	1929-02-28	1	01단	を如實に物語る
166967	朝鮮朝日	南鮮版	1929-02-28	1	02단	新重役が決定し慶尙合同銀行の紛糾解決す
166968	朝鮮朝日	南鮮版	1929-02-28	1	03단	愈よ三月一日からDKの放送時間改正/今後はファンも滿足しやう
166969	朝鮮朝日	南鮮版	1929-02-28	1	03단	歩み寄る事を雙方申合せ本府の意向をたゞす京仁取合併問題再燃
166970	朝鮮朝日	南鮮版	1929-02-28	1	04단	電信電話事務開始/全南竹橋郵便所
166971	朝鮮朝日	南鮮版	1929-02-28	1	04단	二百五十戸の移民を收容
166972	朝鮮朝日	南鮮版	1929-02-28	1	04단	雲岩水電は愈近く認可
166973	朝鮮朝日	南鮮版	1929-02-28	1	04단	群山府明年度豫算內示會
166974	朝鮮朝日	南鮮版	1929-02-28	1	05단	石油と木材の打擊が太い/八十萬圓增收となる/朝鮮特例關稅の撤廢
166975	朝鮮朝日	南鮮版	1929-02-28	1	05단	民謠/北原白秋選
166976	朝鮮朝日	南鮮版	1929-02-28	1	06단	入學試驗期を控へて大入り滿員/盛況の總督府圖書館
166977	朝鮮朝日	南鮮版	1929-02-28	1	07단	居眠りを搖り起す出しも入れもせぬ郵便貯金
166978	朝鮮朝日	南鮮版	1929-02-28	1	07단	釜山商議の祝賀會創立滿五十年で擧行の意向
166979	朝鮮朝日	南鮮版	1929-02-28	1	07단	新國劇の俳優ら四名無慙の燒死を遂げ十餘名が重輕傷を負ふ釜山の國際館劇場丸燒けとなる/再築は難かしい唯一の劇場を失って春の演藝界さびれる/判明せる死傷者
166980	朝鮮朝日	南鮮版	1929-02-28	1	08단	一杯機嫌で絞首台に上る死ぬ迄手數をかけた狂暴なる强盜殺人犯
166981	朝鮮朝日	南鮮版	1929-02-28	1	09단	モダンチゲ京城に生れる
166982	朝鮮朝日	南鮮版	1929-02-28	1	09단	送電區域の延長を出願
166983	朝鮮朝日	南鮮版	1929-02-28	1	09단	郡山學校組合明年度豫算附議
166984	朝鮮朝日	南鮮版	1929-02-28	1	09단	大阪朝日新聞創刊五十年祝賀觀劇會
166985	朝鮮朝日	南鮮版	1929-02-28	1	10단	おコモの大群が殺到して物貴ひデー大賑ひ
166986	朝鮮朝日	南鮮版	1929-02-28	1	10단	お茶のあと
166987	朝鮮朝日	南鮮版	1929-02-28	1	10단	評判のよい工學院の卒業生
166988	朝鮮朝日	南鮮版	1929-02-28	1	10단	幼兒の片腕と生首を發見
166989	朝鮮朝日	南鮮版	1929-02-28	1	10단	家出男縊死
166990	朝鮮朝日	西北・南鮮版	1929-02-28	2	01단	朝鮮博覽會だより　飛機を內地に飛ばせ美しいビラを撒く全鮮の自動車をも應用宣傳の方法について頭をひねる/日獨の選手を朝鮮に招聘/體育大會に參加を交

일련번호	판명		간행일	면	단수	기사명
166990	朝鮮朝日	西北・南鮮版	1929-02-28	2	01단	*涉/四年度は十二校 一面一校で漸進する 慶南道/慶北では十八校を新設する*
166991	朝鮮朝日	西北・南鮮版	1929-02-28	2	01단	慶南の四年度豫算三百四十八萬圓
166992	朝鮮朝日	西北・南鮮版	1929-02-28	2	01단	東華敎が敎勢を振興
166993	朝鮮朝日	西北・南鮮版	1929-02-28	2	01단	私立學校規則改正で嚴重取締る
166994	朝鮮朝日	西北・南鮮版	1929-02-28	2	02단	百十五台の自轉車拾物
166995	朝鮮朝日	西北・南鮮版	1929-02-28	2	02단	平北道立醫院增設は困難
166996	朝鮮朝日	西北・南鮮版	1929-02-28	2	03단	平北生牛增産の計劃
166997	朝鮮朝日	西北・南鮮版	1929-02-28	2	03단	町總代組長に感謝狀贈呈

1929년 3월 (조선아사히)

일련번호	판명		간행일	면	단수	기사명
166998	朝鮮朝日	西北版	1929-03-01	1	01단	特惠關稅撤廢を斷行する事となり 支那側から通告を發す あくまでも初志をつらぬかんとす/我領事館から正式に抗議 抗議付輸出入許可證を發行從來通り扱ふ/『この不當なる命令を撤回せよ』新義州商業會議所が各方面に檄をとばす/各地方と提携し極力反對して阻止に努める
166999	朝鮮朝日	西北版	1929-03-01	1	01단	『産米改良計劃は內地米壓迫だ』米穀需給調節委員會でその緩和策を論議さる/産米改良の中止を提唱 斷じて出來ぬ相談と池上總督はねつける/朝鮮人に對し米食を獎勵して壓迫程度を緩和せよ 川崎克君意見を出す
167000	朝鮮朝日	西北版	1929-03-01	1	03단	失言から大賑ひ平安北道の評議會幕を閉づ
167001	朝鮮朝日	西北版	1929-03-01	1	04단	平南金組の金利引下/三月一日から
167002	朝鮮朝日	西北版	1929-03-01	1	04단	馬野咸南知事が突如本府を訪問し/元山爭議の打合をなす/結局最後の態度を決定するか
167003	朝鮮朝日	西北版	1929-03-01	1	05단	工事請負の請願をなす
167004	朝鮮朝日	西北版	1929-03-01	1	05단	家庭研究所安東に設ける
167005	朝鮮朝日	西北版	1929-03-01	1	05단	平壤飛行隊が全南で演習
167006	朝鮮朝日	西北版	1929-03-01	1	06단	新義州中學校の軍事教練査閱
167007	朝鮮朝日	西北版	1929-03-01	1	06단	簡保郵便物の法律案可決
167008	朝鮮朝日	西北版	1929-03-01	1	06단	朝鮮及台灣の施政調査會/設置建議案提出
167009	朝鮮朝日	西北版	1929-03-01	1	07단	思ひ切った手段に出るか/馬野知事は苦悶して何事も言へぬと逃ぐ
167010	朝鮮朝日	西北版	1929-03-01	1	07단	俳句/鈴木花蓑選
167011	朝鮮朝日	西北版	1929-03-01	1	08단	大田高女校の入學志願者減る
167012	朝鮮朝日	西北版	1929-03-01	1	08단	養苗講習會
167013	朝鮮朝日	西北版	1929-03-01	1	08단	模擬市街戰の兩軍編成愈きまる/平壤各校の見學人員大約八千人にのぼる
167014	朝鮮朝日	西北版	1929-03-01	1	08단	約廿三萬圓が煙となった/其上死者八名を出す平南道昨年中の火災
167015	朝鮮朝日	西北版	1929-03-01	1	09단	本紙讀者招待/活動寫眞會
167016	朝鮮朝日	西北版	1929-03-01	1	09단	水利組合聯合會/平北で組織か
167017	朝鮮朝日	西北版	1929-03-01	1	09단	平南の栗樹を米國へ送付
167018	朝鮮朝日	西北版	1929-03-01	1	10단	三萬九百圓の增加を示す/平壤の學校費
167019	朝鮮朝日	西北版	1929-03-01	1	10단	優良林に獎勵金/平南道が交付して表彰する
167020	朝鮮朝日	西北版	1929-03-01	1	10단	護送の女に斬りつける/忰の敵だとて

일련번호	판명		간행일	면	단수	기사명
167021	朝鮮朝日	西北版	1929-03-01	1	10단	粟米百俵を窮民に寄贈
167022	朝鮮朝日	西北版	1929-03-01	1	10단	運動界(平壤の卓球試合)
167023	朝鮮朝日	西北版	1929-03-01	1	10단	もよほし(新義州高普卒業式)
167024	朝鮮朝日	西北版	1929-03-01	1	10단	人(小田省吾氏(本府視學委員京城帝大教授)/高橋正氏(新任大田郡守)/劉榮坡氏(平壤支那人商議會長))
167025	朝鮮朝日	南鮮版	1929-03-01	1	01단	釜山の電氣府營問題 釜山の重役連が社長の立場を察し 賣却に同意するだらう 事態の成行につき消息通の觀測/府民大會を開き調停案の内容を發表 協議會附議に先立ち
167026	朝鮮朝日	南鮮版	1929-03-01	1	01단	圖書館に特別室成年以下は絶對に入れない
167027	朝鮮朝日	南鮮版	1929-03-01	1	01단	海戰記念塔の上棟式決る
167028	朝鮮朝日	南鮮版	1929-03-01	1	02단	商業會議所會員資格の納稅額を一定
167029	朝鮮朝日	南鮮版	1929-03-01	1	02단	『産米改良計劃は內地米壓迫だ』米穀需給調節委員會でその緩和策を論議さる/産米改良の中止を提唱 斷じて出來ぬ相談と池上總監はねつける/朝鮮人に對し米食を獎勵して壓迫程度を緩和せよ 川崎克君意見を出す
167030	朝鮮朝日	南鮮版	1929-03-01	1	03단	短距離飛行は結局實現か會社側も一般も希望/實際飛ぶのは五月末
167031	朝鮮朝日	南鮮版	1929-03-01	1	03단	特惠關稅を撤廢/關稅自主の見地から重ねて稅關に通知す/實力を以て對抗し朝鮮側で通關の手續をとる
167032	朝鮮朝日	南鮮版	1929-03-01	1	04단	航空機關士の試驗を行ふ
167033	朝鮮朝日	南鮮版	1929-03-01	1	04단	平壤飛行隊員歡迎の準備
167034	朝鮮朝日	南鮮版	1929-03-01	1	05단	朝鮮博覽會だより/六萬圓もする風俗人形を三越から借入れて朝鮮博に陳列する
167035	朝鮮朝日	南鮮版	1929-03-01	1	06단	南朝鮮鐵道の敷設起工式
167036	朝鮮朝日	南鮮版	1929-03-01	1	06단	全北中學校の卒業式決定
167037	朝鮮朝日	南鮮版	1929-03-01	1	07단	風變りな水族館水産課の計劃/佛教大會を博覽會中に開く
167038	朝鮮朝日	南鮮版	1929-03-01	1	07단	馬野咸南知事が突如本府を訪問し元山爭議の打合をなす結局最後の態度を決定するか/思ひ切った手段に出るか馬野知事は苦悶して何事も言へぬと逃ぐ
167039	朝鮮朝日	南鮮版	1929-03-01	1	07단	簡保郵便物の法律案可決
167040	朝鮮朝日	南鮮版	1929-03-01	1	07단	朝鮮及台灣の施政調査會/設置建議案提出
167041	朝鮮朝日	南鮮版	1929-03-01	1	08단	全鮮銀行聯合大會
167042	朝鮮朝日	南鮮版	1929-03-01	1	08단	黃金の雨降った降った久し振に降る/但

일련번호	판명		간행일	면	단수	기사명
167042	朝鮮朝日	南鮮版	1929-03-01	1	08단	し水道に影響ない
167043	朝鮮朝日	南鮮版	1929-03-01	1	08단	群山の人口
167044	朝鮮朝日	南鮮版	1929-03-01	1	09단	群山商議の役員表彰式
167045	朝鮮朝日	南鮮版	1929-03-01	1	10단	俳句/鈴木花蓑選
167046	朝鮮朝日	南鮮版	1929-03-01	1	10단	九名の生死氣遣はれる發勵船行方不明
167047	朝鮮朝日	南鮮版	1929-03-01	1	10단	雨を冒して不良狩り
167048	朝鮮朝日	南鮮版	1929-03-01	1	10단	半島茶話
167049	朝鮮朝日	西北・南鮮版	1929-03-01	2	01단	全州の利下は急轉直下に解決/貸付の方は近く決定
167050	朝鮮朝日	西北・南鮮版	1929-03-01	2	01단	蠶業取締所を新義州に移轉し/各地に乾繭場を設置平北の蠶業獎勵方針
167051	朝鮮朝日	西北・南鮮版	1929-03-01	2	01단	增殖組合を增設し産米をより一層增殖させる
167052	朝鮮朝日	西北・南鮮版	1929-03-01	2	01단	旱害による窮民調査/京畿道で行ふ
167053	朝鮮朝日	西北・南鮮版	1929-03-01	2	02단	副業と節約を農村に獎勵
167054	朝鮮朝日	西北・南鮮版	1929-03-01	2	02단	文化住宅地群山府の計劃
167055	朝鮮朝日	西北・南鮮版	1929-03-01	2	02단	各店任意に値引し現金賣を行ふ安東の各商店
167056	朝鮮朝日	西北・南鮮版	1929-03-01	2	02단	草根木皮も食へぬ悲惨を極める慶北の旱害民
167057	朝鮮朝日	西北・南鮮版	1929-03-01	2	03단	故鄕の流轉
167058	朝鮮朝日	西北・南鮮版	1929-03-01	2	03단	鷄王國/江東金融組合が副業として獎勵/つひに有名となる
167059	朝鮮朝日	西北版	1929-03-02	1	01단	特惠關稅撤廢の實施延期となる　安東會議所では撤廢を永久に阻止すべく努む/商議聯合會を安東で開き　關稅研究會をも設置　安東會議所の新計劃/平壤の打擊は全鮮中最も多い　減稅撤廢による損害十七、八萬圓にのぼる
167060	朝鮮朝日	西北版	1929-03-02	1	01단	平壤學校組合明年度豫算
167061	朝鮮朝日	西北版	1929-03-02	1	01단	短歌/橋田東聲選
167062	朝鮮朝日	西北版	1929-03-02	1	02단	成績のよい主婦及市日貯金
167063	朝鮮朝日	西北版	1929-03-02	1	02단	李前學務局長は起訴猶豫となる　その他は有罪ときまる墓地事件の豫審終結す/京城の私邸に李氏を訪ひ　屈託のない心もちで其當時の事情を聞く/山林拂下など出來ぬ相談です從つて收賄などせぬ/借用證書を入れて借りたまでだ　金は五千圓位/この事件と辭職と何等關係ない
167064	朝鮮朝日	西北版	1929-03-02	1	03단	朝鮮の實業團大阪を視察

일련번호	판명		간행일	면	단수	기사명
167065	朝鮮朝日	西北版	1929-03-02	1	03단	安東第一小學兒童文庫の擴張
167066	朝鮮朝日	西北版	1929-03-02	1	04단	甜菜技術員會議
167067	朝鮮朝日	西北版	1929-03-02	1	04단	マラリヤの絶滅を圖る
167068	朝鮮朝日	西北版	1929-03-02	1	04단	官立師範學校の前途杞憂にたへず當局の上京を促し來る/福士學務課長は四日東上する
167069	朝鮮朝日	西北版	1929-03-02	1	05단	水原と平壤を御視察あそばす/來月十五日に仁川へ御上陸の高松宮殿下
167070	朝鮮朝日	西北版	1929-03-02	1	05단	平壤より
167071	朝鮮朝日	西北版	1929-03-02	1	07단	牡丹台野話
167072	朝鮮朝日	西北版	1929-03-02	1	07단	『教員の任免は公平を缺く道當局は怪しからぬ』學校組合會議で難詰/教員問題で道廳へ 平壤學校組合議員押かける
167073	朝鮮朝日	西北版	1929-03-02	1	09단	就學兒童の眼疾を檢査
167074	朝鮮朝日	西北版	1929-03-02	1	09단	義明校の同盟休校/昇格問題から
167075	朝鮮朝日	西北版	1929-03-02	1	09단	心中を企て男だけ絶命す
167076	朝鮮朝日	西北版	1929-03-02	1	09단	大阪朝日新聞創刊五十周年記念/修羅八荒全卷活動寫眞
167077	朝鮮朝日	西北版	1929-03-02	1	10단	平壤の火事
167078	朝鮮朝日	西北版	1929-03-02	1	10단	僞造紙幣の頻出に弱る
167079	朝鮮朝日	西北版	1929-03-02	1	10단	收入印紙の不正賣買
167080	朝鮮朝日	西北版	1929-03-02	1	10단	割腹自殺を遂ぐ
167081	朝鮮朝日	西北版	1929-03-02	1	10단	犬の皮暴騰
167082	朝鮮朝日	西北版	1929-03-02	1	10단	李夏榮子爵
167083	朝鮮朝日	西北版	1929-03-02	1	10단	人(中村第三十九旅團長、野田七十七聯隊長、若松旅團副官/三浦一男氏(平南道高等課警部)/赤木京師校長)
167084	朝鮮朝日	南鮮版	1929-03-02	1	01단	水原と平壤を御視察あそばす/來月十五日に仁川へ御上陸の高松宮殿下
167085	朝鮮朝日	南鮮版	1929-03-02	1	01단	特惠關稅の撤廢は延期 安東會議所は撤廢の永久的阻止に努める/當分形勢を觀望し外務省の交涉の結果をまつ
167086	朝鮮朝日	南鮮版	1929-03-02	1	01단	短歌/橋田東聲選
167087	朝鮮朝日	南鮮版	1929-03-02	1	01단	全北標準米の査定を改善
167088	朝鮮朝日	南鮮版	1929-03-02	1	02단	全羅北道の明年度豫算/相當新味を示す
167089	朝鮮朝日	南鮮版	1929-03-02	1	02단	李前學務局長は起訴猶豫となる その他は有罪ときまる基地事件の豫審終結す/京城の私邸に李氏を訪ひ 屈託のない心もちで其當時の事情を聞く/山林拂下など出來ぬ

일련번호	판명		간행일	면	단수	기사명
167089	朝鮮朝日	南鮮版	1929-03-02	1	02단	*相談です従って收賄などせぬ/借用證書を入れて借りたまでだ 金は五千圓位/この事件と辭職は何等關係ない*
167090	朝鮮朝日	南鮮版	1929-03-02	1	03단	優良吏員の表彰を行ふ
167091	朝鮮朝日	南鮮版	1929-03-02	1	03단	子供達の交通歌/京城府內の各學校に配布す
167092	朝鮮朝日	南鮮版	1929-03-02	1	03단	とてもでつかい/朝鮮の鳥瞰圖吉田畫伯が描きあげ/東京の鮮滿案內所に掲げる 畫伯の一行調査のため來鮮
167093	朝鮮朝日	南鮮版	1929-03-02	1	04단	東洋第一の淡水養魚池竣工式を擧行
167094	朝鮮朝日	南鮮版	1929-03-02	1	05단	海員養成所の入學試驗は六箇所で行ふ
167095	朝鮮朝日	南鮮版	1929-03-02	1	05단	官立師範學校の前途杞憂にたへず當局の上京を促し來る/福士學務課長は四日東上する
167096	朝鮮朝日	南鮮版	1929-03-02	1	06단	市民大會をけふ開催し/市民の意見を纏めてあす本會議にかける
167097	朝鮮朝日	南鮮版	1929-03-02	1	06단	朝博會期中に水産製品卽賣會
167098	朝鮮朝日	南鮮版	1929-03-02	1	07단	讀者慰安デー成功を收む/京城の映畫會
167099	朝鮮朝日	南鮮版	1929-03-02	1	08단	通常京畿道評議會
167100	朝鮮朝日	南鮮版	1929-03-02	1	08단	學組評議員の選擧人名簿
167101	朝鮮朝日	南鮮版	1929-03-02	1	08단	年額二萬圓の補助では燒石に水依然台所がくるしい/うかびあがれぬDK
167102	朝鮮朝日	南鮮版	1929-03-02	1	08단	京城劇場は再築/株主總會で可決さる 位置はまだきまらぬ
167103	朝鮮朝日	南鮮版	1929-03-02	1	09단	朝鮮無煙炭は無配當と決る
167104	朝鮮朝日	南鮮版	1929-03-02	1	09단	全鮮委員會の召集を行ひ/運合の具體案を協議一方非合同派も活躍
167105	朝鮮朝日	南鮮版	1929-03-02	1	10단	岡山村建設の恩人のため祝賀會を開く
167106	朝鮮朝日	南鮮版	1929-03-02	1	10단	鐵道不用地の拂下を行ふ
167107	朝鮮朝日	南鮮版	1929-03-02	1	10단	總會無效の訴訟提起か
167108	朝鮮朝日	南鮮版	1929-03-02	1	10단	雇員殺しの犯人捕まる
167109	朝鮮朝日	南鮮版	1929-03-02	1	10단	李夏榮子爵
167110	朝鮮朝日	西北・南鮮版	1929-03-02	2	01단	內地渡航者を嚴重取締る再航者の友人帶同は/だんだん影をひそめる
167111	朝鮮朝日	西北・南鮮版	1929-03-02	2	01단	お茶のあと
167112	朝鮮朝日	西北・南鮮版	1929-03-02	2	01단	中樞院參議が內地を視察
167113	朝鮮朝日	西北・南鮮版	1929-03-02	2	02단	淸津無電局近く工事に着手
167114	朝鮮朝日	西北・南鮮版	1929-03-02	2	02단	古建築物の調査を行ふ
167115	朝鮮朝日	西北・南鮮版	1929-03-02	2	02단	忠全鐵道再燃しまたまた本腰の運動を開始

일련번호	판명		간행일	면	단수	기사명
167116	朝鮮朝日	西北・南鮮版	1929-03-02	2	02단	新酒唎酒會
167117	朝鮮朝日	西北・南鮮版	1929-03-02	2	02단	仁川學校組合明年度豫算
167118	朝鮮朝日	西北・南鮮版	1929-03-02	2	02단	モヒ患者の治療は成績頗る良好
167119	朝鮮朝日	西北・南鮮版	1929-03-02	2	03단	育雛競技會
167120	朝鮮朝日	西北・南鮮版	1929-03-02	2	03단	成川金組の貯金契約高
167121	朝鮮朝日	西北・南鮮版	1929-03-02	2	03단	平南陳列所の牡丹台分館
167122	朝鮮朝日	西北・南鮮版	1929-03-02	2	03단	大邱便り
167123	朝鮮朝日	西北・南鮮版	1929-03-02	2	03단	朝日巡回活寫會
167124	朝鮮朝日	西北版	1929-03-03	1	01단	特惠が撤廢さるれば百三十萬圓の損害 徑路の變更を豫想さるもしさうなれば取引が激減する/安東商議から田中首相に請願 特惠關稅撤廢に關し/特惠撤廢の反對を聲明
167125	朝鮮朝日	西北版	1929-03-03	1	01단	お土産建議案六十五件提出され/さすがの議員サンも全くあつけにとらる
167126	朝鮮朝日	西北版	1929-03-03	1	02단	義明學校の盟休惡化し首謀者檢束さる
167127	朝鮮朝日	西北版	1929-03-03	1	02단	總督府の台所しらべ/『鑛業權無償讓與は不當だと認める』當局の辯明相立たず/會計檢査院持前の眼を光らす平壤における炭田拂下の檢討
167128	朝鮮朝日	西北版	1929-03-03	1	03단	平北畜産聯合總會
167129	朝鮮朝日	西北版	1929-03-03	1	03단	道路を改修
167130	朝鮮朝日	西北版	1929-03-03	1	03단	內地商工視察團/一日本社を參觀
167131	朝鮮朝日	西北版	1929-03-03	1	04단	評判のよい授産會の製品
167132	朝鮮朝日	西北版	1929-03-03	1	04단	籾道外移出を絶對に禁じ出來ねば檢査をせよ/平北米改善の聲起る
167133	朝鮮朝日	西北版	1929-03-03	1	05단	陸軍記念日に聯合演習を行ふ
167134	朝鮮朝日	西北版	1929-03-03	1	05단	十一年度迄に一面一校を實現/平安南道の方針決る
167135	朝鮮朝日	西北版	1929-03-03	1	05단	今後の平壤は五倍にふくれる區域擴張認可となり/大平壤建設に努める
167136	朝鮮朝日	西北版	1929-03-03	1	06단	平北道農會總會
167137	朝鮮朝日	西北版	1929-03-03	1	06단	煙草耕作の奬勵金交付
167138	朝鮮朝日	西北版	1929-03-03	1	06단	童謠/北原白秋選
167139	朝鮮朝日	西北版	1929-03-03	1	07단	不眞面目だと學務課長を叱り議場はために混亂す/平壤の學組會議賑ふ
167140	朝鮮朝日	西北版	1929-03-03	1	07단	穀類購入費の借入れ纏る
167141	朝鮮朝日	西北版	1929-03-03	1	07단	食糧展覽會へ朝鮮から出品
167142	朝鮮朝日	西北版	1929-03-03	1	07단	鑛業調査機關の設置に關する建議案を提出

일련번호	판명		간행일	면	단수	기사명
167143	朝鮮朝日	西北版	1929-03-03	1	07단	牡丹台野話
167144	朝鮮朝日	西北版	1929-03-03	1	08단	窮民を救ふ
167145	朝鮮朝日	西北版	1929-03-03	1	08단	農村を棄てゝ鑛山、鐵道へ壯年者の出稼ふえる/平安南道昨今の狀況
167146	朝鮮朝日	西北版	1929-03-03	1	08단	外鹽輸入稅の廢止を延期して熟田の增加をはかり/專賣制の確立を期す
167147	朝鮮朝日	西北版	1929-03-03	1	09단	罰金や阿片をまきあげて逃走
167148	朝鮮朝日	西北版	1929-03-03	1	09단	强盗殺人に死刑を求む
167149	朝鮮朝日	西北版	1929-03-03	1	10단	崖から墜落し卽死を遂ぐ
167150	朝鮮朝日	西北版	1929-03-03	1	10단	墳墓あらしの一味の判決
167151	朝鮮朝日	西北版	1929-03-03	1	10단	朝鮮海峽に大時化起る
167152	朝鮮朝日	西北版	1929-03-03	1	10단	平南江西郡に腦脊髓膜炎
167153	朝鮮朝日	西北版	1929-03-03	1	10단	安東支那側の市政公署を廢止
167154	朝鮮朝日	西北版	1929-03-03	1	10단	內地藝妓同樣明し制採用/平壤のキーサン
167155	朝鮮朝日	西北版	1929-03-03	1	10단	人(張書翰氏(延吉交涉員)/藤原平南內務部長/左藤航空兵中左(遞信局))
167156	朝鮮朝日	南鮮版	1929-03-03	1	01단	釜山の電氣府營問題 見張番を置いて終日密議をこらす容易に意見がー致せぬ湯田溫泉における瓦電の重役會/調停案內容を詳細說明し 問題の經過をも報告最終の釜山府民大會/府協議會を愈けふ開き 可決する豫定
167157	朝鮮朝日	南鮮版	1929-03-03	1	01단	堆肥增産里品評會
167158	朝鮮朝日	南鮮版	1929-03-03	1	01단	農村子弟を內地へ派遣して農業を見習はせる
167159	朝鮮朝日	南鮮版	1929-03-03	1	02단	南原の都市計劃
167160	朝鮮朝日	南鮮版	1929-03-03	1	02단	京南鐵道の工事で賑ふ
167161	朝鮮朝日	南鮮版	1929-03-03	1	02단	總督府の台所しらべ/『鑛業權無償讓與は不當だと認める』當局の辯明相立たず/會計檢查院持前の眼を光らす平壤における炭田佛下の檢討
167162	朝鮮朝日	南鮮版	1929-03-03	1	03단	鑛業調查機關の設置に關する建議案を提出
167163	朝鮮朝日	南鮮版	1929-03-03	1	03단	京畿道評議會/一日から開かる
167164	朝鮮朝日	南鮮版	1929-03-03	1	04단	金堤小學校の改築を行ふ
167165	朝鮮朝日	南鮮版	1929-03-03	1	04단	東洋一の養魚場/愈けふ竣工式
167166	朝鮮朝日	南鮮版	1929-03-03	1	05단	干拓事業勃興す補助の增額で大に活氣づく
167167	朝鮮朝日	南鮮版	1929-03-03	1	05단	全北各消防に補助金交付
167168	朝鮮朝日	南鮮版	1929-03-03	1	05단	議論百出して議纒まらず 得るところなく散會運合全鮮委員會揉む/不誠意を摘

일련번호	판명		간행일	면	단수	기사명
167168	朝鮮朝日	南鮮版	1929-03-03	1	05단	發し從業員のために氣勢をあぐ
167169	朝鮮朝日	南鮮版	1929-03-03	1	06단	內地商工視察團/一日本社を参觀
167170	朝鮮朝日	南鮮版	1929-03-03	1	06단	慶尚南道評議會
167171	朝鮮朝日	南鮮版	1929-03-03	1	06단	南原農學校の實現に努む
167172	朝鮮朝日	南鮮版	1929-03-03	1	06단	食糧展覽會へ朝鮮から出品
167173	朝鮮朝日	南鮮版	1929-03-03	1	07단	京東鐵道の總會
167174	朝鮮朝日	南鮮版	1929-03-03	1	07단	非衛生極まる不良井戸が多い
167175	朝鮮朝日	南鮮版	1929-03-03	1	07단	內部の改造を行ひ立派にする/京城のパゴダ公園
167176	朝鮮朝日	南鮮版	1929-03-03	1	08단	七階建のホテル京城驛前に建築工事を起す
167177	朝鮮朝日	南鮮版	1929-03-03	1	08단	光州麗水間の鐵道が開通せば利便がすくなくない根津南鮮鐵道社長談
167178	朝鮮朝日	南鮮版	1929-03-03	1	08단	外鹽輸入稅の廢止を延期して熟田の增加をはかり/專賣制の確立を期す
167179	朝鮮朝日	南鮮版	1929-03-03	1	08단	童謠/北原白秋選
167180	朝鮮朝日	南鮮版	1929-03-03	1	09단	朝博水族館は淡水魚だけ
167181	朝鮮朝日	南鮮版	1929-03-03	1	09단	全南の流感八萬人尚蔓延の兆あり警戒に努む
167182	朝鮮朝日	南鮮版	1929-03-03	1	10단	陸軍の感冒
167183	朝鮮朝日	南鮮版	1929-03-03	1	10단	平壤の演習機/光州に着く
167184	朝鮮朝日	南鮮版	1929-03-03	1	10단	朝鮮海峽に大時化起る
167185	朝鮮朝日	南鮮版	1929-03-03	1	10단	手付金詐取
167186	朝鮮朝日	南鮮版	1929-03-03	1	10단	十七棟を全燒す
167187	朝鮮朝日	南鮮版	1929-03-03	1	10단	崖から墜落し卽死を遂ぐ
167188	朝鮮朝日	南鮮版	1929-03-03	1	10단	釜山府立病院耳鼻咽喉新科長
167189	朝鮮朝日	南鮮版	1929-03-03	1	10단	もよほし(南鮮婦人かるた大會)
167190	朝鮮朝日	南鮮版	1929-03-03	1	10단	人(根津嘉一郎氏(南朝鐵社長)/澤田豊丈氏(東拓理事))
167191	朝鮮朝日	西北・南鮮版	1929-03-03	2	01단	取引所の取締問題となる/京仁取合併成立迄に當局の方針がきまる
167192	朝鮮朝日	西北・南鮮版	1929-03-03	2	01단	統軍亭戰跡を地方費で經營か/道評議會で可決さる
167193	朝鮮朝日	西北・南鮮版	1929-03-03	2	01단	女高普の設置を期して宣川地方運動を起す
167194	朝鮮朝日	西北・南鮮版	1929-03-03	2	02단	漁業組合の官選理事で好成績を收む
167195	朝鮮朝日	西北・南鮮版	1929-03-03	2	02단	小才の利く人が多い鐵道庶務課長の人物詮衡觀
167196	朝鮮朝日	西北・南鮮版	1929-03-03	2	03단	平南道農會の明年度事業
167197	朝鮮朝日	西北・南鮮版	1929-03-03	2	03단	胎封を移祀
167198	朝鮮朝日	西北・南鮮版	1929-03-03	2	04단	會期六十日の育雛競技會

일련번호	판명		간행일	면	단수	기사명
167199	朝鮮朝日	西北・南鮮版	1929-03-03	2	04단	大田のお祝
167200	朝鮮朝日	西北・南鮮版	1929-03-03	2	04단	朝鮮の春は運動具店から季節が近づく
167201	朝鮮朝日	西北版	1929-03-05	1	01단	特惠撤廢による朝鮮に反ぼす影響 想像もつかめ程大きい新義州商業會議所の影響しらべ
167202	朝鮮朝日	西北版	1929-03-05	1	01단	役牛があつまる禁山の牛疫免疫地帯
167203	朝鮮朝日	西北版	1929-03-05	1	01단	總督府の台所しらべ/過誤伐採の代償が餘りに安すぎる其辯明は首肯できぬ/王子製紙に對する立木拂下を/會計檢査院が不當とみとめる
167204	朝鮮朝日	西北版	1929-03-05	1	03단	水害で大崇り天圖鐵道貨物に現れた數字
167205	朝鮮朝日	西北版	1929-03-05	1	04단	國防デーと咸興の催し
167206	朝鮮朝日	西北版	1929-03-05	1	04단	修正を加へて原案を可決/電興の重役に通知す平壤の電氣統制問題
167207	朝鮮朝日	西北版	1929-03-05	1	04단	入學志願者が激增を示し試驗地獄を現出する/平壤府內の各中等校
167208	朝鮮朝日	西北版	1929-03-05	1	05단	昭和産業博平南の出品
167209	朝鮮朝日	西北版	1929-03-05	1	05단	初年兵教育檢閱
167210	朝鮮朝日	西北版	1929-03-05	1	05단	平壤の演習機松汀里に出發す
167211	朝鮮朝日	西北版	1929-03-05	1	05단	咸興學祖議員定員を增加
167212	朝鮮朝日	西北版	1929-03-05	1	05단	爭議警戒の警官を慰勞
167213	朝鮮朝日	西北版	1929-03-05	1	06단	共同基地の美化を宣傳
167214	朝鮮朝日	西北版	1929-03-05	1	06단	色んな方法で牛の改良を圖る/平北畜産聯合の計劃
167215	朝鮮朝日	西北版	1929-03-05	1	06단	平北の農事を朝博で紹介
167216	朝鮮朝日	西北版	1929-03-05	1	06단	義州、新義州間自動車任割引
167217	朝鮮朝日	西北版	1929-03-05	1	06단	朝鮮博覽會の平北協贊會
167218	朝鮮朝日	西北版	1929-03-05	1	06단	牛疫發生す
167219	朝鮮朝日	西北版	1929-03-05	1	07단	平北中等學校卒業式決る
167220	朝鮮朝日	西北版	1929-03-05	1	07단	辭令(東京電話)
167221	朝鮮朝日	西北版	1929-03-05	1	07단	安東の擬國會
167222	朝鮮朝日	西北版	1929-03-05	1	07단	見舞の禮狀を兒童が出す
167223	朝鮮朝日	西北版	1929-03-05	1	07단	平壤より
167224	朝鮮朝日	西北版	1929-03-05	1	07단	牡丹台野話
167225	朝鮮朝日	西北版	1929-03-05	1	08단	無許可流筏を嚴重取締る
167226	朝鮮朝日	西北版	1929-03-05	1	08단	妓生の盟休
167227	朝鮮朝日	西北版	1929-03-05	1	08단	地方教化研究會咸興郡各面を打って一丸となし組織する
167228	朝鮮朝日	西北版	1929-03-05	1	08단	會員組織で赤貧者を救濟/三ヶ年を經過

일련번호	판명		간행일	면	단수	기사명
167228	朝鮮朝日	西北版	1929-03-05	1	08단	すれば出資金を會員に返す
167229	朝鮮朝日	西北版	1929-03-05	1	09단	二人組強盜
167230	朝鮮朝日	西北版	1929-03-05	1	09단	大虎を倒す
167231	朝鮮朝日	西北版	1929-03-05	1	09단	貯金騙取犯人東京へ護送
167232	朝鮮朝日	西北版	1929-03-05	1	09단	平南昨年中の自殺者調べ
167233	朝鮮朝日	西北版	1929-03-05	1	10단	紙幣を改竄
167234	朝鮮朝日	西北版	1929-03-05	1	10단	岩石崩壞し卽死
167235	朝鮮朝日	西北版	1929-03-05	1	10단	四月に入って一齊植木
167236	朝鮮朝日	西北版	1929-03-05	1	10단	もよほし(平壤七七聯隊活寫會)
167237	朝鮮朝日	西北版	1929-03-05	1	10단	人(上野彦八氏(平壤府廳)/小田城大教授/永松中佐(海軍平壤鑛業部)/中村三十九旅團長/平壤飛六和田少佐以下三十名
167238	朝鮮朝日	西北版	1929-03-05	1	10단	半島茶話
167239	朝鮮朝日	南鮮版	1929-03-05	1	01단	釜山電氣府營問題 滿場一致を以て電氣府營案を可決 多年の懸案解決を見る 釜山府協議會平穩無事に終る/殘る問題は株主總會だけそれも結局は買收に應するものと觀らる/關係方面の報告し 府協議會の名で謝意を表す
167240	朝鮮朝日	南鮮版	1929-03-05	1	01단	慶尙北道の明年度豫算
167241	朝鮮朝日	南鮮版	1929-03-05	1	02단	忠北評議會
167242	朝鮮朝日	南鮮版	1929-03-05	1	02단	總督府の台所しらべ/過誤伐採の代償が餘りに安すぎる其辯明は首肯できぬ/王子製紙に對する立木拂下を/會計檢査院が不當とみとめる
167243	朝鮮朝日	南鮮版	1929-03-05	1	03단	慶北道の評議會/三百八十萬圓の地方費可決
167244	朝鮮朝日	南鮮版	1929-03-05	1	03단	辭令/東京電話
167245	朝鮮朝日	南鮮版	1929-03-05	1	03단	全鮮各局の現金出納高
167246	朝鮮朝日	南鮮版	1929-03-05	1	04단	內地と台灣の林業を視察
167247	朝鮮朝日	南鮮版	1929-03-05	1	04단	今後の交涉は注意を惹く/京仁取雙方の出方で本府の方針もきまる
167248	朝鮮朝日	南鮮版	1929-03-05	1	04단	簡易な無電漁場に設ける
167249	朝鮮朝日	南鮮版	1929-03-05	1	05단	林務主任官會議
167250	朝鮮朝日	南鮮版	1929-03-05	1	05단	農業倉庫は三箇所/米穀檢査所々在地に建設か
167251	朝鮮朝日	南鮮版	1929-03-05	1	05단	內地産蠶種の移入禁止撤廢問題養蠶期切迫で擡頭し全北道の問題となる/鮮內産は劣惡で使用に堪へぬ當業者の言分/本府の方針を守るだけだ道當局の言分

일련번호	판명		간행일	면	단수	기사명
167252	朝鮮朝日	南鮮版	1929-03-05	1	06단	お茶のあと
167253	朝鮮朝日	南鮮版	1929-03-05	1	06단	朝鮮兒童映畫協會を設置すでに脚本執筆中
167254	朝鮮朝日	南鮮版	1929-03-05	1	07단	青い鳥
167255	朝鮮朝日	南鮮版	1929-03-05	1	07단	國際館の再築は重役の意見纏り次第きまる
167256	朝鮮朝日	南鮮版	1929-03-05	1	07단	京城本町通の春衣賣出し
167257	朝鮮朝日	南鮮版	1929-03-05	1	08단	養魚場の竣工式
167258	朝鮮朝日	南鮮版	1929-03-05	1	08단	キネマランド/各館ともに映畫を選擇し特に力瘤を入れる/京城各館の出し物
167259	朝鮮朝日	南鮮版	1929-03-05	1	08단	請負師の御難/てんで仕事がなくその上内地の同業者が/入り込んで仕事を奪ふ
167260	朝鮮朝日	南鮮版	1929-03-05	1	09단	商議會員の年齡しらべ
167261	朝鮮朝日	南鮮版	1929-03-05	1	09단	貯金帳を種に詐欺を働く
167262	朝鮮朝日	南鮮版	1929-03-05	1	10단	義金を醵出し窮民を救ふ
167263	朝鮮朝日	南鮮版	1929-03-05	1	10단	驛員自殺をとぐ
167264	朝鮮朝日	南鮮版	1929-03-05	1	10단	大虎を斃す
167265	朝鮮朝日	南鮮版	1929-03-05	1	10단	人(深澤松藏氏(平壤兵器支廠長)/今村殖産局長/矢島衫造氏(總督府地方課長))
167266	朝鮮朝日	南鮮版	1929-03-05	1	10단	半島茶話
167267	朝鮮朝日	西北・南鮮版	1929-03-05	2	01단	鬼潮と批判/早教育の得失/東大教授文學博士吉田熊次
167268	朝鮮朝日	西北・南鮮版	1929-03-05	2	02단	書物の工藝/新村出
167269	朝鮮朝日	西北・南鮮版	1929-03-05	2	03단	村の燈台/內職の叺作りで台所や便所/浴場などを改善/福岡縣築上郡黑土村の婦人會
167270	朝鮮朝日	西北・南鮮版	1929-03-05	2	04단	雫の聲
167271	朝鮮朝日	西北・南鮮版	1929-03-05	2	05단	優秀は汽船を就航せしめ/麗水と下關をつなぐ別府南鮮鐵道專務談
167272	朝鮮朝日	西北・南鮮版	1929-03-05	2	07단	製氷並の冷凍場/敷地愈きまり近く工を起す
167273	朝鮮朝日	西北・南鮮版	1929-03-05	2	07단	優良採種畓
167274	朝鮮朝日	西北・南鮮版	1929-03-05	2	07단	大邱府償の借替を行ふ
167275	朝鮮朝日	西北・南鮮版	1929-03-05	2	07단	光州各校卒業式
167276	朝鮮朝日	西北版	1929-03-06	1	01단	市內電車線路の環狀線計劃を樹つ明後年頃から實施する 平壤府の行政區域擴張に伴ふ計劃/平壤府に編入の大同郡の一部/行政區域の擴張祝賀會
167277	朝鮮朝日	西北版	1929-03-06	1	01단	醫學講習所を復活せしめ醫學校舍を使用さす/總督の說示できまる

일련번호	판명		간행일	면	단수	기사명
167278	朝鮮朝日	西北版	1929-03-06	1	01단	臨時關稅研究委員會を設置し根本的解決策を研究/安東會議所の新計劃
167279	朝鮮朝日	西北版	1929-03-06	1	03단	元山の學校豫算
167280	朝鮮朝日	西北版	1929-03-06	1	04단	司法官更迭
167281	朝鮮朝日	西北版	1929-03-06	1	04단	俳句/鈴木花蓑選
167282	朝鮮朝日	西北版	1929-03-06	1	04단	元山勞働會と連絡をとり何事かを金つ
167283	朝鮮朝日	西北版	1929-03-06	1	05단	セメント工場海鴨面に設置か敷地の無償讓渡を/申込み設置を熱望
167284	朝鮮朝日	西北版	1929-03-06	1	05단	兒童藝術研究會/京城に生れる
167285	朝鮮朝日	西北版	1929-03-06	1	05단	釜山電氣府營問題 議論はあつたが兎も角も纏まつたこの上は總會が難關だ 重役會議の內容を大池氏が語る/總督府當局の諒解を得るため重要な案件を携へて 桑原府尹京城に向ふ
167286	朝鮮朝日	西北版	1929-03-06	1	06단	朝博黃海協贊會
167287	朝鮮朝日	西北版	1929-03-06	1	06단	蠅の驅除を早くから行ふ
167288	朝鮮朝日	西北版	1929-03-06	1	06단	難關を通つて再び開會か幕切が惡かつたゞけに/運合問題困難視さる
167289	朝鮮朝日	西北版	1929-03-06	1	07단	牡丹台野話
167290	朝鮮朝日	西北版	1929-03-06	1	07단	賭博を防ぎ貯金を奬める
167291	朝鮮朝日	西北版	1929-03-06	1	08단	支那勞働者に壓倒される朝鮮人勞動者を救ふ 平安北道の社會問題/支那商人達の活動制限を陳情 朝鮮商人悲鳴をあぐ
167292	朝鮮朝日	西北版	1929-03-06	1	08단	粗惡な酒を權柄づくで支軍が押賣る
167293	朝鮮朝日	西北版	1929-03-06	1	09단	不遜な言を憤つて毆る校長毆打事件
167294	朝鮮朝日	西北版	1929-03-06	1	09단	先月の外國人國境通過數
167295	朝鮮朝日	西北版	1929-03-06	1	10단	修機廠主任は被害者目潰し狙擊犯人の取調進む
167296	朝鮮朝日	西北版	1929-03-06	1	10단	病氣平癒の祈禱で罰金剩へ病人は死ぬ
167297	朝鮮朝日	西北版	1929-03-06	1	10단	コソ泥檢擧
167298	朝鮮朝日	西北版	1929-03-06	1	10단	僞造紙幣をまたも發見
167299	朝鮮朝日	西北版	1929-03-06	1	10단	侵入した賊が面長を毆る
167300	朝鮮朝日	西北版	1929-03-06	1	10단	京城府內のチブス終熄
167301	朝鮮朝日	西北版	1929-03-06	1	10단	人(豊田兵智氏(新任大同郡守))
167302	朝鮮朝日	南鮮版	1929-03-06	1	01단	釜山電氣府營問題 議論はあつたが兎も角も纏まつたこの上は總會が難關だ 重役會議の內容を大池氏が語る/總督府當局の諒解を得るため重要な案件を携へて 桑原府尹京城に向ふ

일련번호	판명		간행일	면	단수	기사명
167303	朝鮮朝日	南鮮版	1929-03-06	1	01단	輕氣球を飛ばせ上層氣流觀測
167304	朝鮮朝日	南鮮版	1929-03-06	1	01단	鮮內集散地在庫米二月廿日現在
167305	朝鮮朝日	南鮮版	1929-03-06	1	02단	棉作增收の集中的指導
167306	朝鮮朝日	南鮮版	1929-03-06	1	02단	梵魚寺水源地完成を告ぐ
167307	朝鮮朝日	南鮮版	1929-03-06	1	03단	ダイトンの移入を增す
167308	朝鮮朝日	南鮮版	1929-03-06	1	03단	國有林拂下
167309	朝鮮朝日	南鮮版	1929-03-06	1	03단	滿洲粟移入を特定賃率で扱ふ
167310	朝鮮朝日	南鮮版	1929-03-06	1	03단	一面一校の繰延は不可朝鮮人議員が反對し/慶南道の當局と論戰
167311	朝鮮朝日	南鮮版	1929-03-06	1	04단	株式組織で製氷所設置
167312	朝鮮朝日	南鮮版	1929-03-06	1	04단	お茶のあと
167313	朝鮮朝日	南鮮版	1929-03-06	1	05단	浦項港浚渫の促進を運動
167314	朝鮮朝日	南鮮版	1929-03-06	1	05단	大邱藥令市場移轉を陳情
167315	朝鮮朝日	南鮮版	1929-03-06	1	05단	朝鮮博覽會だより まづ驛の前に大廣告塔を建設京城朝鮮博協贊會の宣傳の手初めきまる/朝鮮博を機會に滿蒙の事情を大に紹介する
167316	朝鮮朝日	南鮮版	1929-03-06	1	05단	司法官更迭
167317	朝鮮朝日	南鮮版	1929-03-06	1	06단	山本宣治氏刺し殺さる東京市の寄宿先にて 兇漢は右傾團體員か/犯人自首す
167318	朝鮮朝日	南鮮版	1929-03-06	1	06단	兒童藝術研究會/京城に生れる
167319	朝鮮朝日	南鮮版	1929-03-06	1	06단	優良なる映畫を推薦して朝鮮事情を宣傳
167320	朝鮮朝日	南鮮版	1929-03-06	1	06단	青い鳥/在釜山一記者
167321	朝鮮朝日	南鮮版	1929-03-06	1	07단	寫眞說明(京城松月洞の山に住んでゐる土窟十數家族は今度立退きを命ぜられたが土窟代表者鄕外十二名は四日朝西大門署を訪ひ立退きの延期方を嘆願し)
167322	朝鮮朝日	南鮮版	1929-03-06	1	08단	運動界(ラグビー聯盟戰)
167323	朝鮮朝日	南鮮版	1929-03-06	1	08단	難關を通って再び開會か幕切が惡かったゞけに/連合問題困難視さる
167324	朝鮮朝日	南鮮版	1929-03-06	1	09단	列車で頓死
167325	朝鮮朝日	南鮮版	1929-03-06	1	09단	釜山の火事今野氏邸全燒
167326	朝鮮朝日	南鮮版	1929-03-06	1	09단	應授人夫ら全部引揚ぐ
167327	朝鮮朝日	南鮮版	1929-03-06	1	09단	嬰兒の死體
167328	朝鮮朝日	南鮮版	1929-03-06	1	09단	京城府內のチブス終熄
167329	朝鮮朝日	南鮮版	1929-03-06	1	10단	コソ泥檢擧
167330	朝鮮朝日	南鮮版	1929-03-06	1	10단	野積の米を四百叺燒く
167331	朝鮮朝日	南鮮版	1929-03-06	1	10단	俳句/鈴木花蓑選
167332	朝鮮朝日	南鮮版	1929-03-06	1	10단	神尾社會課長歌集を出版

일련번호	판명		간행일	면	단수	기사명
167333	朝鮮朝日	南鮮版	1929-03-06	1	10단	もよほし(仁川の陸軍記念日講演)
167334	朝鮮朝日	南鮮版	1929-03-06	1	10단	人(大池忠助氏(朝鮮ガス電氣重役)/水野巖氏/關水新京畿道內務部長/別府丑太郎氏(南朝鮮鐵道專務)/石塚峻氏(總督府農務課技師)/大山淸氏(專賣局技師)/矢作榮藏博士(帝國農會長)/佐久間棧次郎氏(朝鮮ガス常務))
167335	朝鮮朝日	西北・南鮮版	1929-03-06	2	01단	農村/勤儉/美談/失った田地を買ひ戻す汗と涙の二十年間
167336	朝鮮朝日	西北・南鮮版	1929-03-06	2	01단	農産物擔保の貸出しを利用し經濟戰線へ進出する/在滿鮮農の躍進ぶり
167337	朝鮮朝日	西北・南鮮版	1929-03-06	2	01단	無盡賴母子を嚴重取締り弊害を未然にふせぐ/近く平南道令を公布
167338	朝鮮朝日	西北・南鮮版	1929-03-06	2	01단	めでたく産聲を揚げた平北森林組合聯合會
167339	朝鮮朝日	西北・南鮮版	1929-03-06	2	02단	內地渡航者春と共に増加
167340	朝鮮朝日	西北・南鮮版	1929-03-06	2	02단	出品米豆の豫選を行ふ
167341	朝鮮朝日	西北・南鮮版	1929-03-06	2	02단	元山淸津間の直通電話近く開通
167342	朝鮮朝日	西北・南鮮版	1929-03-06	2	03단	東海岸鐵道の工事進捗す
167343	朝鮮朝日	西北・南鮮版	1929-03-06	2	03단	滿鐵消費組合安東支部役員改選
167344	朝鮮朝日	西北・南鮮版	1929-03-06	2	03단	小農資金貸付額
167345	朝鮮朝日	西北版	1929-03-07	1	01단	後任學務局長は結局內地人採用か池上政務總監から交渉 一人二役で精勤の松浦城大總長/東支鐵道と連絡をとり割引をも行ふ
167346	朝鮮朝日	西北版	1929-03-07	1	01단	汽車や汽船を走らせたり飛行機を飛ばせたり咸南のドエライ宣傳/各種團體の大會は廿七種朝鮮博覽會開催を機會としてひらく/慶南道勢を映畫に朝鮮博を機會に大宣傳する
167347	朝鮮朝日	西北版	1929-03-07	1	01단	民謠/北原白秋選
167348	朝鮮朝日	西北版	1929-03-07	1	03단	公會堂を兼た郷軍集會所咸興に建てる
167349	朝鮮朝日	西北版	1929-03-07	1	03단	朝鮮將校に對し位記を傳達
167350	朝鮮朝日	西北版	1929-03-07	1	04단	初等校新設運動盛となる
167351	朝鮮朝日	西北版	1929-03-07	1	04단	前年に比して三十萬圓を増し色んな新事業を行ふ/平壤府の明年度豫算
167352	朝鮮朝日	西北版	1929-03-07	1	04단	ラヂオをとほして體操を指導相當に成績がよい
167353	朝鮮朝日	西北版	1929-03-07	1	05단	滿鐵の中學校入學考査打合會
167354	朝鮮朝日	西北版	1929-03-07	1	05단	鴨綠江暖氣で解氷を始む
167355	朝鮮朝日	西北版	1929-03-07	1	05단	食料品展へ平南から出品

일련번호	판명		간행일	면	단수	기사명
167356	朝鮮朝日	西北版	1929-03-07	1	05단	滿浦鐵對岸の支那奧地に牛疫
167357	朝鮮朝日	西北版	1929-03-07	1	05단	瓦電買收資金は殖産銀行から借る金利は六分二三厘見當/二十ヶ年間に均等償還を行ふ
167358	朝鮮朝日	西北版	1929-03-07	1	05단	柳細工を奬め賭博を防止するその成績は頗るよい
167359	朝鮮朝日	西北版	1929-03-07	1	06단	大盛況を呈した平壤の讀者招待活寫會
167360	朝鮮朝日	西北版	1929-03-07	1	06단	箕林里の都計と船橋里の道路改修とを行ふ
167361	朝鮮朝日	西北版	1929-03-07	1	07단	朝鮮人校長の採用を陳情
167362	朝鮮朝日	西北版	1929-03-07	1	07단	總督府辭令(五月)
167363	朝鮮朝日	西北版	1929-03-07	1	07단	行營に郵便所
167364	朝鮮朝日	西北版	1929-03-07	1	07단	稅金の高は全鮮第一府勢擴張にともなふ平壤府
167365	朝鮮朝日	西北版	1929-03-07	1	08단	十二回に互り火をつける
167366	朝鮮朝日	西北版	1929-03-07	1	08단	俳優志願の若者捕まる
167367	朝鮮朝日	西北版	1929-03-07	1	08단	傍らの獵銃が倒れかゝりその拍子に發砲したパ氏の死因漸く判る
167368	朝鮮朝日	西北版	1929-03-07	1	08단	釣錢を强奪
167369	朝鮮朝日	西北版	1929-03-07	1	08단	平壤に强盜金貸の宅を襲ふ
167370	朝鮮朝日	西北版	1929-03-07	1	08단	牡丹台野話
167371	朝鮮朝日	西北版	1929-03-07	1	09단	預った金の橫領を企つ
167372	朝鮮朝日	西北版	1929-03-07	1	09단	警官と稱して金品を强奪
167373	朝鮮朝日	西北版	1929-03-07	1	09단	拐帶雇員は浦潮へ逃走
167374	朝鮮朝日	西北版	1929-03-07	1	09단	十八の靑年が身長二尺五寸
167375	朝鮮朝日	西北版	1929-03-07	1	10단	睪丸を蹴り死に至らしむ
167376	朝鮮朝日	西北版	1929-03-07	1	10단	母を殺した夫婦の公判近く開廷
167377	朝鮮朝日	西北版	1929-03-07	1	10단	仁川の强盜
167378	朝鮮朝日	西北版	1929-03-07	1	10단	陸軍記念日と大邱の催し
167379	朝鮮朝日	西北版	1929-03-07	1	10단	人(藤沼警部(平南道高等課))
167380	朝鮮朝日	南鮮版	1929-03-07	1	01단	國防熱をそゝる陸軍記念日のポスター/後任學務局長は結局內地人採用か　池上政務總監から交涉　一人二役で精勤の松浦城大總長
167381	朝鮮朝日	南鮮版	1929-03-07	1	01단	朝鮮博覽會だより　各種團體の大會は廿七種朝鮮博覽會開催を機會としてひらく/慶南道勢を映畫に朝鮮博を機會に大宣傳する
167382	朝鮮朝日	南鮮版	1929-03-07	1	03단	朝鮮將校に對し位記を傳達
167383	朝鮮朝日	南鮮版	1929-03-07	1	04단	東支鐵道と連絡をとり割引をも行ふ

일련번호	판명		간행일	면	단수	기사명
167384	朝鮮朝日	南鮮版	1929-03-07	1	04단	瓦電買收資金は殖産銀行から借る金利は六分二三厘見當/二十ヶ年間に均等償還を行ふ
167385	朝鮮朝日	南鮮版	1929-03-07	1	04단	出入商人が盛に/虚榮心を唆り娘達の財布をしぼる弊害が多いとて今後斷然/貯金管理所へ出入を禁止
167386	朝鮮朝日	南鮮版	1929-03-07	1	05단	全鮮でたれが一番金持か年收二十二萬餘圓釜山の兩班が第一番
167387	朝鮮朝日	南鮮版	1929-03-07	1	05단	民謠/北原白秋選
167388	朝鮮朝日	南鮮版	1929-03-07	1	06단	總督府辭令(五月)
167389	朝鮮朝日	南鮮版	1929-03-07	1	06단	立退料請求の調査を行ふ
167390	朝鮮朝日	南鮮版	1929-03-07	1	06단	準備委員を設置し貯蓄銀行の設立準備を急ぐ
167391	朝鮮朝日	南鮮版	1929-03-07	1	06단	犯罪の癌 モヒ中毒患者や惡辣なる雑業者京城から漸次姿を消す刑務所はモヒ患者で大入り滿員/夫の持歸った人蔘を賣りへそくり金をつくる あきれた高等官夫人
167392	朝鮮朝日	南鮮版	1929-03-07	1	07단	大海戰記念塔上棟式決る
167393	朝鮮朝日	南鮮版	1929-03-07	1	07단	模擬戰の實狀や兵營の一日などを放送する
167394	朝鮮朝日	南鮮版	1929-03-07	1	07단	歷戰墾話會京城に生れる
167395	朝鮮朝日	南鮮版	1929-03-07	1	07단	ラヂオをとほして體操を指導相當に成績がよい
167396	朝鮮朝日	南鮮版	1929-03-07	1	08단	青い鳥/在釜山一記者
167397	朝鮮朝日	南鮮版	1929-03-07	1	08단	伏見宮殿下の御來鮮なく使附將校が檢閲
167398	朝鮮朝日	南鮮版	1929-03-07	1	08단	京城劇場は再建築資本を倍加し委員會で決る
167399	朝鮮朝日	南鮮版	1929-03-07	1	08단	商議聯合會へ京城からも出席/夫の持歸った人蔘を賣りへそくり金をつくるあきれた高等官夫人
167400	朝鮮朝日	南鮮版	1929-03-07	1	09단	故李夏榮子葬儀
167401	朝鮮朝日	南鮮版	1929-03-07	1	10단	睾丸を蹴り死に至らしむ
167402	朝鮮朝日	南鮮版	1929-03-07	1	10단	仁川の强盗
167403	朝鮮朝日	南鮮版	1929-03-07	1	10단	繼母を慘殺か前科者の低能繼子引致さる
167404	朝鮮朝日	南鮮版	1929-03-07	1	10단	人(土師貞盛氏(遞信局海事課長)/兵頭儁氏(內務省專務官))
167405	朝鮮朝日	西北・南鮮版	1929-03-07	2	01단	村の燈台/都會色を反映するモダン田園/栽培から出荷まで一切組合員の手で蔬菜類專門に生きる/木和の笛堂
167406	朝鮮朝日	西北・南鮮版	1929-03-07	2	01단	鮮滿台航路の補助は自發的に復活してもらひたい台灣總督府當局の談/逆コース

일련번호	판명		간행일	면	단수	기사명
167406	朝鮮朝日	西北・南鮮版	1929-03-07	2	01단	*の實施を釜山商議から台灣側へ要望*
167407	朝鮮朝日	西北・南鮮版	1929-03-07	2	01단	道農會副會長任免行はる
167408	朝鮮朝日	西北・南鮮版	1929-03-07	2	01단	木浦高女の學級增加認可さる
167409	朝鮮朝日	西北・南鮮版	1929-03-07	2	02단	全羅南道の教育研究會
167410	朝鮮朝日	西北・南鮮版	1929-03-07	2	02단	平壤より
167411	朝鮮朝日	西北・南鮮版	1929-03-07	2	02단	腦脊髓膜炎の注射を行ふ
167412	朝鮮朝日	西北・南鮮版	1929-03-07	2	03단	藥品檢查を行ふ
167413	朝鮮朝日	西北・南鮮版	1929-03-07	2	03단	無線電信所新設を計劃
167414	朝鮮朝日	西北・南鮮版	1929-03-07	2	03단	安東勞働組合擁護團と合併す
167415	朝鮮朝日	西北・南鮮版	1929-03-07	2	03단	二月中群山の移出米調べ
167416	朝鮮朝日	西北・南鮮版	1929-03-07	2	03단	大邱日報社の重役選擧終る
167417	朝鮮朝日	西北・南鮮版	1929-03-07	2	03단	食料品展へ出品
167418	朝鮮朝日	西北版	1929-03-08	1	01단	昭和水利組合の貯水池を利用して尨大な水力電氣を計劃/平安南道に水力電氣熱勃興す
167419	朝鮮朝日	西北版	1929-03-08	1	01단	モガと尼サンたちが遂に握手しました時代のたはむれでせう/尼寺？料亭？淸涼寺の卷
167420	朝鮮朝日	西北版	1929-03-08	1	02단	咸北評議會
167421	朝鮮朝日	西北版	1929-03-08	1	03단	學級を增し收容難を緩和
167422	朝鮮朝日	西北版	1929-03-08	1	04단	陸軍記念日と平壤の催し
167423	朝鮮朝日	西北版	1929-03-08	1	04단	新義州府が府債を發行し脊負ひきれぬ借金を返濟することに決る
167424	朝鮮朝日	西北版	1929-03-08	1	05단	*第一日は大盛況新義州の本社愛讀者招待會/鎮南浦の招待會*
167425	朝鮮朝日	西北版	1929-03-08	1	05단	支那人苦力の奧地移住ふえる
167426	朝鮮朝日	西北版	1929-03-08	1	06단	景氣のよい平壤方面の犬皮
167427	朝鮮朝日	西北版	1929-03-08	1	06단	鍊買出し船を二十隻出す諸般の打合せを終り出帆の準備をいそぐ
167428	朝鮮朝日	西北版	1929-03-08	1	06단	於之兎水利に反對する者多くその前途あやぶまる/經費過重に理由から
167429	朝鮮朝日	西北版	1929-03-08	1	06단	平壤より
167430	朝鮮朝日	西北版	1929-03-08	1	07단	鎮南浦商議の臨時役員會
167431	朝鮮朝日	西北版	1929-03-08	1	07단	金利引下げ新義州各銀行
167432	朝鮮朝日	西北版	1929-03-08	1	07단	*橘川理事長がDKを引退する理事會席上で聲明す 後任はまだきまらぬ/GK理事長の候補者たる淸進局長の話*
167433	朝鮮朝日	西北版	1929-03-08	1	08단	牡丹台野話
167434	朝鮮朝日	西北版	1929-03-08	1	08단	俳句/鈴木花簑選

일련번호	판명		간행일	면	단수	기사명
167435	朝鮮朝日	西北版	1929-03-08	1	08단	臨時委員會で關稅を研究
167436	朝鮮朝日	西北版	1929-03-08	1	08단	公設質屋と細民の住宅二大社會政策的施設/京城府營を以て行ふ
167437	朝鮮朝日	西北版	1929-03-08	1	09단	運動界(安東の卓球大會/安東柔道大會)
167438	朝鮮朝日	西北版	1929-03-08	1	09단	不逞漢の殺人發覺
167439	朝鮮朝日	西北版	1929-03-08	1	10단	咸興の火事
167440	朝鮮朝日	西北版	1929-03-08	1	10단	安東の火事
167441	朝鮮朝日	西北版	1929-03-08	1	10단	平北の痘瘡
167442	朝鮮朝日	西北版	1929-03-08	1	10단	氷が割れて三名川中へ一名行方不明
167443	朝鮮朝日	西北版	1929-03-08	1	10단	もよほし(鎭南浦商工學校卒業式)
167444	朝鮮朝日	西北版	1929-03-08	1	10단	人(上原第二十師團長/深澤平壤兵器製造所長)
167445	朝鮮朝日	南鮮版	1929-03-08	1	01단	毒瓦斯！！突撃！！ 肉彈相うつ白兵戰壯絶快絶の一大模擬戰 陸軍記念日當日龍山原頭で行ふ/開戰前の雨軍の形勢/陸軍記念日と大邱の催し
167446	朝鮮朝日	南鮮版	1929-03-08	1	02단	公設質屋と細民の住宅二大社會政策的施設/京城府營を以て行ふ
167447	朝鮮朝日	南鮮版	1929-03-08	1	03단	知事と衝突して豫算案返上を可決原案執行の腹をかたむ/慶尚南道評議會極度にもめる
167448	朝鮮朝日	南鮮版	1929-03-08	1	04단	釋明など噂だよ豫定の上京だ福士學務課長談
167449	朝鮮朝日	南鮮版	1929-03-08	1	04단	金モールいかめしい海員をのぞみ養成所入りがふえる
167450	朝鮮朝日	南鮮版	1929-03-08	1	04단	積極的に大活動/朝鮮教育會評議員會で決る
167451	朝鮮朝日	南鮮版	1929-03-08	1	05단	俳句/鈴木花蓑選
167452	朝鮮朝日	南鮮版	1929-03-08	1	05단	結局殖銀が引受る/釜山府の瓦電買收資金調達
167453	朝鮮朝日	南鮮版	1929-03-08	1	06단	地久節/女學生の朝鮮神宮參拜
167454	朝鮮朝日	南鮮版	1929-03-08	1	06단	兩班の一族が棍棒で入りみだれて闘ひ/遂に重傷者五名を出す/大家族制度沒落にからまる悲劇
167455	朝鮮朝日	南鮮版	1929-03-08	1	07단	引退するDKの橘川理事長
167456	朝鮮朝日	南鮮版	1929-03-08	1	08단	米國觀光團近く仁川港へ
167457	朝鮮朝日	南鮮版	1929-03-08	1	08단	海事々務取扱打合會を開く
167458	朝鮮朝日	南鮮版	1929-03-08	1	08단	博覽會出品の全國協議會
167459	朝鮮朝日	南鮮版	1929-03-08	1	08단	嬰兒を殺す

일련번호	판명		간행일	면	단수	기사명
167460	朝鮮朝日	南鮮版	1929-03-08	1	09단	二ヶ月の間に廿萬圓を煙にすこれぢゃあいけぬと火災防止で頭を捻る/愚な迷信を嚴重取締る
167461	朝鮮朝日	南鮮版	1929-03-08	1	09단	橘川理事長がDKを引退する理事會席上で聲明す/後任はまだきまらぬ/GK理事長の候補者たる淸進局長の話
167462	朝鮮朝日	南鮮版	1929-03-08	1	10단	岩石崩壞し四名卽死/肉塊散亂して慘狀をきはむ
167463	朝鮮朝日	南鮮版	1929-03-08	1	10단	平壤の痘瘡
167464	朝鮮朝日	南鮮版	1929-03-08	1	10단	人(大角鉞氏(大阪驛長)/福士末之助氏(總督府學務課長)/上原第二十師副長)
167465	朝鮮朝日	西北・南鮮版	1929-03-08	2	01단	村の燈台/内地卵よりチヤン玉大玉よりも高い小玉/鷄卵界の奇現象
167466	朝鮮朝日	西北・南鮮版	1929-03-08	2	01단	府協議會員の四年制を熱望し全鮮に魁けて運動か
167467	朝鮮朝日	西北・南鮮版	1929-03-08	2	01단	朝鮮商議側は別の方法で解決し努める
167468	朝鮮朝日	西北・南鮮版	1929-03-08	2	01단	一齊に操業大邱の製絲工場
167469	朝鮮朝日	西北・南鮮版	1929-03-08	2	01단	東津水利組長愈近く辭職
167470	朝鮮朝日	西北・南鮮版	1929-03-08	2	02단	新義州通過の外國人調べ
167471	朝鮮朝日	西北・南鮮版	1929-03-08	2	02단	思想に關する書物を購入
167472	朝鮮朝日	西北・南鮮版	1929-03-08	2	02단	仁川驛二月の業積不振を極む
167473	朝鮮朝日	西北・南鮮版	1929-03-08	2	03단	平南道の屠畜數
167474	朝鮮朝日	西北・南鮮版	1929-03-08	2	03단	度量衡器の檢査
167475	朝鮮朝日	西北・南鮮版	1929-03-08	2	03단	平北運轉手試驗
167476	朝鮮朝日	西北・南鮮版	1929-03-08	2	03단	安東天杯傳達式
167477	朝鮮朝日	西北版	1929-03-09	1	01단	關稅問題につき頗る熱心に協議し當局へ建議の件を可決/臨時全滿洲商工會議所聯合會
167478	朝鮮朝日	西北版	1929-03-09	1	01단	かゝる惡制を永遠に阻止せよ可決した建議の内容
167479	朝鮮朝日	西北版	1929-03-09	1	03단	激減を示す天圖鐵道の成績
167480	朝鮮朝日	西北版	1929-03-09	1	03단	水に虐げられた人のたのしい安住の地新興の氣分みなぎり理想的な樂園/麻浦の卷
167481	朝鮮朝日	西北版	1929-03-09	1	04단	講演會を開き鷺業を奬勵/頽勢の挽回をはかる平安北道の新い試み
167482	朝鮮朝日	西北版	1929-03-09	1	04단	民謠/北原白秋選
167483	朝鮮朝日	西北版	1929-03-09	1	04단	平壤、鎭南浦の靑年訓練所
167484	朝鮮朝日	西北版	1929-03-09	1	05단	農民組合
167485	朝鮮朝日	西北版	1929-03-09	1	05단	入學試驗始まる京城第一第二兩高女

일련번호	판명		간행일	면	단수	기사명
167486	朝鮮朝日	西北版	1929-03-09	1	06단	農村の靑年が鐵道工夫となり人氣も滅法荒くなる/山浦氏平元線視察談
167487	朝鮮朝日	西北版	1929-03-09	1	07단	活寫を應用咸興道を紹介
167488	朝鮮朝日	西北版	1929-03-09	1	07단	陸軍ばかりの記念とせず國家の記念としたい/金谷朝鮮軍司令官談
167489	朝鮮朝日	西北版	1929-03-09	1	08단	栗里水利の設計完成す
167490	朝鮮朝日	西北版	1929-03-09	1	08단	龍井各中學の入學志願者減る
167491	朝鮮朝日	西北版	1929-03-09	1	08단	平壤より
167492	朝鮮朝日	西北版	1929-03-09	1	08단	公醫講習會
167493	朝鮮朝日	西北版	1929-03-09	1	08단	牡丹台野話
167494	朝鮮朝日	西北版	1929-03-09	1	09단	元山病院を道立病院に移管を近く陳情
167495	朝鮮朝日	西北版	1929-03-09	1	09단	元山府廳前の大砲盜まる口徑四吋の立派な物/犯人はまだわからぬ
167496	朝鮮朝日	西北版	1929-03-09	1	09단	國防思想を宣傳
167497	朝鮮朝日	西北版	1929-03-09	1	09단	姦夫姦婦が本夫を殺す
167498	朝鮮朝日	西北版	1929-03-09	1	10단	惡魔除けのマジナヒ流行
167499	朝鮮朝日	西北版	1929-03-09	1	10단	生々しい足と手
167500	朝鮮朝日	西北版	1929-03-09	1	10단	夫の毒殺を企てゝ失敗す
167501	朝鮮朝日	西北版	1929-03-09	1	10단	平安南道の遺失物調べ
167502	朝鮮朝日	西北版	1929-03-09	1	10단	人(佐藤平壤署長/中村高等法院檢事長/衛藤大同署長/伊達四男氏(平北道內務部長)/坂本咸興憲兵隊長)
167503	朝鮮朝日	南鮮版	1929-03-09	1	01단	豫算外の事項に言及する事は不可道當局の主張は正しい 豫算返上に關する總督府の見解/結局罷免か返上贊成者に對する慶尙南道當局の意向/諮問する必要を認めぬと慶南知事は言明す
167504	朝鮮朝日	南鮮版	1929-03-09	1	01단	入學試驗始まる京城第一第二兩高女
167505	朝鮮朝日	南鮮版	1929-03-09	1	03단	釜山電車の改善を要望
167506	朝鮮朝日	南鮮版	1929-03-09	1	03단	釜山府廳舍の改築きまる
167507	朝鮮朝日	南鮮版	1929-03-09	1	03단	一個聯隊の銃は三千しかなかった實に激しい戰ひだった 山梨總督感慨深げに當時を語る/陸軍ばかりの記念とせず國家の記念としたい 金谷朝鮮軍司令官談/聯合演習參觀心得誘導將校に就で聞けばよい
167508	朝鮮朝日	南鮮版	1929-03-09	1	04단	外米買つけ
167509	朝鮮朝日	南鮮版	1929-03-09	1	04단	衛生費減少は穩當でない
167510	朝鮮朝日	南鮮版	1929-03-09	1	04단	近年稀に見る膨脹を來す總額六百七十五萬圓/京城府の明年度豫算

일련번호	판명		간행일	면	단수	기사명
167511	朝鮮朝日	南鮮版	1929-03-09	1	05단	禿山地帶で栽培を試む
167512	朝鮮朝日	南鮮版	1929-03-09	1	05단	講話資材を募集
167513	朝鮮朝日	南鮮版	1929-03-09	1	05단	民謠/北原白秋選
167514	朝鮮朝日	南鮮版	1929-03-09	1	06단	支那勞働者の群仁川へ多數上陸す
167515	朝鮮朝日	南鮮版	1929-03-09	1	07단	釜山と下關に電氣裝飾を行ひ杂やナフキンも造る/朝鮮博の新宣傳方法
167516	朝鮮朝日	南鮮版	1929-03-09	1	07단	青い鳥/釜山一記者
167517	朝鮮朝日	南鮮版	1929-03-09	1	08단	京中龍中の入學志願者
167518	朝鮮朝日	南鮮版	1929-03-09	1	08단	朝鮮神宮祈年祭
167519	朝鮮朝日	南鮮版	1929-03-09	1	08단	警官駐在所新築
167520	朝鮮朝日	南鮮版	1929-03-09	1	08단	支那人を密航せしむ
167521	朝鮮朝日	南鮮版	1929-03-09	1	08단	連絡飛行演習開始の準備
167522	朝鮮朝日	南鮮版	1929-03-09	1	09단	試驗地獄ゆゑに/釜山商議副會頭の令息が家出/自殺の恐れありと各方面に保護願
167523	朝鮮朝日	南鮮版	1929-03-09	1	09단	元山府廳前の大砲盜まる口徑四吋の立派な物/犯人はまだわからぬ
167524	朝鮮朝日	南鮮版	1929-03-09	1	09단	ダンスホールソシヤル倶樂部京城本町署に出願す/許可か否かはわからぬ
167525	朝鮮朝日	南鮮版	1929-03-09	1	10단	京城バスの料金値下げ
167526	朝鮮朝日	南鮮版	1929-03-09	1	10단	人(佐藤求已氏(遞信局囑託航空兵中佐)/土師盛貞氏(總督府海事課長)/板垣只二氏(馬山府尹)/西崎鶴太郎氏(鎭南浦實業家)/矢作榮藏博士(帝國農會長)/林奉天總領事/中村高等法院檢事長/衛藤大同署長/坂本咸興憲兵隊長)
167527	朝鮮朝日	西北・南鮮版	1929-03-09	2	01단	近海に重きを置きたいと思ふ航路補助問題につき土師海事課長は語る
167528	朝鮮朝日	西北・南鮮版	1929-03-09	2	01단	朝鮮の祖先神檀君を京城神社に合祀する
167529	朝鮮朝日	西北・南鮮版	1929-03-09	2	01단	遞信從業員に年金を支給
167530	朝鮮朝日	西北・南鮮版	1929-03-09	2	02단	全鮮第三位の咸興水利の認可を出願す
167531	朝鮮朝日	西北・南鮮版	1929-03-09	2	02단	お茶のあと
167532	朝鮮朝日	西北・南鮮版	1929-03-09	2	03단	咸鏡南道の内地留學生
167533	朝鮮朝日	西北・南鮮版	1929-03-09	2	03단	婦女子の就職に力を入れる釜山職業紹介所
167534	朝鮮朝日	西北・南鮮版	1929-03-09	2	03단	條件付で可決す東津水利の豫算總會揉める
167535	朝鮮朝日	西北・南鮮版	1929-03-09	2	04단	請願郵便所設置
167536	朝鮮朝日	西北・南鮮版	1929-03-09	2	04단	守備隊員の交替
167537	朝鮮朝日	西北・南鮮版	1929-03-09	2	04단	憲兵の異動
167538	朝鮮朝日	西北・南鮮版	1929-03-09	2	04단	東津水利組合竣工式近く擧行

일련번호	판명		간행일	면	단수	기사명
167539	朝鮮朝日	西北・南鮮版	1929-03-09	2	04단	裡里署の落成式
167540	朝鮮朝日	西北・南鮮版	1929-03-09	2	04단	陸軍記念日と群山の催し
167541	朝鮮朝日	西北・南鮮版	1929-03-09	2	04단	氷の國境も春めき立つ
167542	朝鮮朝日	西北版	1929-03-10	1	01단	摑み合や亂鬪で議場は大混亂選擧區制案上程からきのふの衆議院本會議
167543	朝鮮朝日	西北版	1929-03-10	1	01단	七種差等稅提唱から議場極度に混亂し結局取消して鳧がつく滿鮮商工會議所聯合大會賑はふ
167544	朝鮮朝日	西北版	1929-03-10	1	01단	モボもモガも細君も一度でも往十里へそして感謝して下さい肥臭いなど笑ってはいけません
167545	朝鮮朝日	西北版	1929-03-10	1	02단	防水堤の築造を滿鐵に要望することに決る
167546	朝鮮朝日	西北版	1929-03-10	1	03단	二月中元山の手形交換高
167547	朝鮮朝日	西北版	1929-03-10	1	04단	火災保險の契約內容を嚴重に調べる
167548	朝鮮朝日	西北版	1929-03-10	1	04단	壞れ玩具にお禮龍井幼稚園の催し
167549	朝鮮朝日	西北版	1929-03-10	1	05단	鐵道不要地整理
167550	朝鮮朝日	西北版	1929-03-10	1	05단	咸興學祖/議員改選
167551	朝鮮朝日	西北版	1929-03-10	1	05단	家庭を訪問し就學を勸誘教育に一向無關心な/平南道中和郡の現狀
167552	朝鮮朝日	西北版	1929-03-10	1	06단	京城放送局の理事長決る
167553	朝鮮朝日	西北版	1929-03-10	1	06단	新義州からの木材發送數
167554	朝鮮朝日	西北版	1929-03-10	1	06단	靈泉、西鐘兩面の代表が絶對に反對舍人、萬泉兩面は考慮/オシトン水利反對緩和水泡に歸す
167555	朝鮮朝日	西北版	1929-03-10	1	06단	試驗苦朝早くからお宮に參り合格を祈願する女子高普を皮切りに平壤の入學試驗始る
167556	朝鮮朝日	西北版	1929-03-10	1	07단	平中卒業生志望しらべ
167557	朝鮮朝日	西北版	1929-03-10	1	07단	俳句/鈴木花蓑選
167558	朝鮮朝日	西北版	1929-03-10	1	07단	平壤女子高普寄宿舍竣工
167559	朝鮮朝日	西北版	1929-03-10	1	08단	牡丹台野話
167560	朝鮮朝日	西北版	1929-03-10	1	08단	腦脊髓膜炎
167561	朝鮮朝日	西北版	1929-03-10	1	08단	野球界の花形三名が學窓を巢立つ平壤中學校の卒業式
167562	朝鮮朝日	西北版	1929-03-10	1	09단	契約書原案の字句を多少修正滿場一致を以て可決/平壤府電氣統制問題
167563	朝鮮朝日	西北版	1929-03-10	1	09단	助興稅新設
167564	朝鮮朝日	西北版	1929-03-10	1	09단	官吏の細君が俳優と駈落
167565	朝鮮朝日	西北版	1929-03-10	1	10단	滿洲八景の一位を期し安東力を入れる

일련번호	판명		간행일	면	단수	기사명
167566	朝鮮朝日	西北版	1929-03-10	1	10단	死體を遺棄生後一月の嬰兒
167567	朝鮮朝日	西北版	1929-03-10	1	10단	不身持の夫を訴ふ扶養料二萬五千餘圓を請求
167568	朝鮮朝日	西北版	1929-03-10	1	10단	旱害救濟義損金
167569	朝鮮朝日	西北版	1929-03-10	1	10단	人(井上主計氏(新義州稅關長)/橋口政義氏(平北保安課長)/高野貞治氏(平壤憲兵隊長))
167570	朝鮮朝日	南鮮版	1929-03-10	1	01단	摑み合や亂鬪で議場は大混亂選擧區制案上程から九日の衆議院本會議
167571	朝鮮朝日	南鮮版	1929-03-10	1	01단	法令に本づいて解任を斷行するか本府もその不法に驚く 慶尙南道評議會の豫算返上問題/職務怠慢との非難が起り一般の同情を失って贊成者立場をなくす/原案執行の認可指令來る
167572	朝鮮朝日	南鮮版	1929-03-10	1	03단	內地の農村で一年間修業三靑年歸鮮す
167573	朝鮮朝日	南鮮版	1929-03-10	1	03단	モガと尼サンたちが遂に握手しました時代のたはむれでせう/尼寺？料亭？/淸凉寺の卷
167574	朝鮮朝日	南鮮版	1929-03-10	1	04단	補助を與へて模範部落に
167575	朝鮮朝日	南鮮版	1929-03-10	1	04단	京城放送局の理事長決る
167576	朝鮮朝日	南鮮版	1929-03-10	1	04단	諸般の準備全く成り近く開校の彰德家庭女學校
167577	朝鮮朝日	南鮮版	1929-03-10	1	05단	『京城電軌買收の調査費を計上せよ』協議會から府に提案す/結局何等かの名目で計上するか
167578	朝鮮朝日	南鮮版	1929-03-10	1	05단	産聲をあげた朝鮮航空研究所ガソリンの供給から自動車輸送をも行ふ
167579	朝鮮朝日	南鮮版	1929-03-10	1	06단	理髮營業/資格試驗
167580	朝鮮朝日	南鮮版	1929-03-10	1	06단	釜山卸商同盟役員きまる
167581	朝鮮朝日	南鮮版	1929-03-10	1	07단	靑い鳥/釜山一記者
167582	朝鮮朝日	南鮮版	1929-03-10	1	08단	米の消費が減少し栗や甘藷は反對に增加する
167583	朝鮮朝日	南鮮版	1929-03-10	1	09단	退院直後の身を押して受驗し靜養室で疲れを養ふ全く見るに忍びぬ試驗地獄/京城の二高女校の入學試驗
167584	朝鮮朝日	南鮮版	1929-03-10	1	09단	俸給を割いて白米を惠む同情深い警官
167585	朝鮮朝日	南鮮版	1929-03-10	1	09단	死體を遺棄生後一月の嬰兒
167586	朝鮮朝日	南鮮版	1929-03-10	1	10단	農事及畜産功勞者表彰
167587	朝鮮朝日	南鮮版	1929-03-10	1	10단	俳句/鈴木花蓑選
167588	朝鮮朝日	南鮮版	1929-03-10	1	10단	船夫を殺す

일련번호	판명		간행일	면	단수	기사명
167589	朝鮮朝日	南鮮版	1929-03-10	1	10단	鐵棒をもって毆り殺さる
167590	朝鮮朝日	南鮮版	1929-03-10	1	10단	一萬圓奇附
167591	朝鮮朝日	南鮮版	1929-03-10	1	10단	旱害救濟義損金
167592	朝鮮朝日	南鮮版	1929-03-10	1	10단	人(竹內健次郎氏(慶南道內務部長)/松岡滿鐵副社長/綾田東拓技師長/田口龍山署長/朝香台灣海事課長)
167593	朝鮮朝日	西北・南鮮版	1929-03-10	2	01단	朝鮮博覽會だより 近代醫學の發達振を公開性病の模型をも陳列變った趣向の衛生館/朝鮮博に國防館科學的武器其他を陳列する/刑務所製品の卽賣を行ふ
167594	朝鮮朝日	西北・南鮮版	1929-03-10	2	02단	稅令改正により市街收益調査を命ず有力な資料ができる
167595	朝鮮朝日	西北・南鮮版	1929-03-10	2	03단	音樂團を派遣し燈台守を慰安
167596	朝鮮朝日	西北・南鮮版	1929-03-10	2	03단	兵器製造所に活寫映寫室
167597	朝鮮朝日	西北・南鮮版	1929-03-10	2	04단	放送種目を五つも增しDK大いに勉强
167598	朝鮮朝日	西北・南鮮版	1929-03-10	2	04단	咸興面の下水溝改修
167599	朝鮮朝日	西北・南鮮版	1929-03-10	2	04단	初等學校の寄生蟲調べ
167600	朝鮮朝日	西北・南鮮版	1929-03-10	2	04단	咸興靑訓の査閲
167601	朝鮮朝日	西北版	1929-03-12	1	01단	平壤府對電興の電氣統制の契約書其全文十六條より成る/兩者の間に契約を可決さる
167602	朝鮮朝日	西北版	1929-03-12	1	01단	水も山も春めく陽氣になった牡丹台
167603	朝鮮朝日	西北版	1929-03-12	1	03단	信託會社の創立促進を會議所聯合會で可決直に滿鐵に要望する
167604	朝鮮朝日	西北版	1929-03-12	1	04단	參政權獲得の請願は駄目請願委員會において政府參考送付となる
167605	朝鮮朝日	西北版	1929-03-12	1	04단	我國の投資に想到するなれば特惠なんか當を得ぬ安東代表山下氏の談
167606	朝鮮朝日	西北版	1929-03-12	1	05단	選擧區制案特別委員にもつひに附託されず質問續行の衆議院本會議
167607	朝鮮朝日	西北版	1929-03-12	1	05단	平北の穀物檢査
167608	朝鮮朝日	西北版	1929-03-12	1	05단	平壤より
167609	朝鮮朝日	西北版	1929-03-12	1	06단	安東奉天を委員として實現運動を起す
167610	朝鮮朝日	西北版	1929-03-12	1	06단	朝博見物など到底出來ぬ咸南北地方民
167611	朝鮮朝日	西北版	1929-03-12	1	06단	平壤會議所明年度豫算
167612	朝鮮朝日	西北版	1929-03-12	1	06단	佛教學校を平壤に建設
167613	朝鮮朝日	西北版	1929-03-12	1	06단	牡丹台野話
167614	朝鮮朝日	西北版	1929-03-12	1	07단	平壤高普校の卒業生志望調べ
167615	朝鮮朝日	西北版	1929-03-12	1	07단	平壤各校卒業式

일련번호	판명		간행일	면	단수	가사명
167616	朝鮮朝日	西北版	1929-03-12	1	07단	短時日の間に一齊に植林/樹苗も早く送付する平南道の變った試み
167617	朝鮮朝日	西北版	1929-03-12	1	07단	氷上交通を禁止す鴨綠江の解氷期愈々近づく
167618	朝鮮朝日	西北版	1929-03-12	1	08단	臨時全滿會議所聯合會/八日安東にて
167619	朝鮮朝日	西北版	1929-03-12	1	08단	計劃中の勞働會元山に生れる
167620	朝鮮朝日	西北版	1929-03-12	1	08단	集約耕集法で甜菜增收を圖る技術員會で方法を協議平南道の新しき試み
167621	朝鮮朝日	西北版	1929-03-12	1	09단	關節が腫れあがる奇妙な病氣茂山地方にはやる
167622	朝鮮朝日	西北版	1929-03-12	1	10단	髑髏十個を密輸す課稅の方法なく當局大弱り
167623	朝鮮朝日	西北版	1929-03-12	1	10단	平北の農家最近調査の戶口
167624	朝鮮朝日	西北版	1929-03-12	1	10단	平壤の火事
167625	朝鮮朝日	西北版	1929-03-12	1	10단	放火犯人に十年を求刑
167626	朝鮮朝日	西北版	1929-03-12	1	10단	大同橋から投身し自殺
167627	朝鮮朝日	西北版	1929-03-12	1	10단	安東馬車收容所
167628	朝鮮朝日	西北版	1929-03-12	1	10단	人(朝鮮人巡査の內地見學團/鳥飼平中校長/梶本平壤郵便局長/李平南産業課長)
167629	朝鮮朝日	南鮮版	1929-03-12	1	01단	評議員十四名を豫定どほり解免し知事から事由書を發表　豫算返上問題やうやく鳧がつく/知事の發した評議員解免事由/補缺選擧は急がぬ道當局の意向
167630	朝鮮朝日	南鮮版	1929-03-12	1	02단	深刻化した釜山の入學難
167631	朝鮮朝日	南鮮版	1929-03-12	1	02단	緬羊の染色を軍隊で研究
167632	朝鮮朝日	南鮮版	1929-03-12	1	02단	選擧區制案特別委員にもつひに附託されず質問續行の衆議院本會議
167633	朝鮮朝日	南鮮版	1929-03-12	1	03단	新味を見せた全北評議會
167634	朝鮮朝日	南鮮版	1929-03-12	1	03단	無産者使用の諸車稅を輕減し所得稅附加稅を加ふ京畿道大いに奮發す
167635	朝鮮朝日	南鮮版	1929-03-12	1	04단	大邱府營バス可決さる
167636	朝鮮朝日	南鮮版	1929-03-12	1	04단	飛行開始の準備に着手
167637	朝鮮朝日	南鮮版	1929-03-12	1	04단	新幹會大會の禁止を命ず
167638	朝鮮朝日	南鮮版	1929-03-12	1	04단	朝博の大廣告塔京城驛前に建てる/理想的な文化住宅建築協會から朝鮮博へ出品/朝鮮博覽會へ全北の出品
167639	朝鮮朝日	南鮮版	1929-03-12	1	05단	寫眞說明(上は十日龍山原頭において擧行された陸軍記念日の聯合演習觀戰の三將軍(向って右から金谷軍司令官、山梨總督、上原第二十師團長)/下は同演習の呼物たるタンクの猛烈なる活躍ぶり)

일련번호	판명		간행일	면	단수	기사명
167640	朝鮮朝日	南鮮版	1929-03-12	1	05단	啓星女學院が生徒二十名募集
167641	朝鮮朝日	南鮮版	1929-03-12	1	05단	朝鮮體協が水上部新設
167642	朝鮮朝日	南鮮版	1929-03-12	1	05단	スカールを購入
167643	朝鮮朝日	南鮮版	1929-03-12	1	06단	不穏文書で高普生檢擧
167644	朝鮮朝日	南鮮版	1929-03-12	1	06단	參政權獲得の請願は駄目請願委員會において政府參考送付となる
167645	朝鮮朝日	南鮮版	1929-03-12	1	06단	これも試驗地獄/金組理事の試驗始まる/適任者多く詮衡に苦む
167646	朝鮮朝日	南鮮版	1929-03-12	1	08단	不敵の强盗に十二年求刑
167647	朝鮮朝日	南鮮版	1929-03-12	1	08단	青い鳥/釜山一記者
167648	朝鮮朝日	南鮮版	1929-03-12	1	09단	大邱醫專の建議案を提出か知事の意向を聞知しひそかに準備を進む
167649	朝鮮朝日	南鮮版	1929-03-12	1	09단	故李子爵盛大な葬儀
167650	朝鮮朝日	南鮮版	1929-03-12	1	09단	大同橋から投身し自殺
167651	朝鮮朝日	南鮮版	1929-03-12	1	10단	放火犯人に十年を求刑
167652	朝鮮朝日	南鮮版	1929-03-12	1	10단	髑髏十個を密輸す課税の方法なく當局大弱り
167653	朝鮮朝日	南鮮版	1929-03-12	1	10단	もよほし(京城經學院の釋尊祭)
167654	朝鮮朝日	南鮮版	1929-03-12	1	10단	人(朝鮮人巡査の內地見學團/鳥佀平中校長/梶本平壤郵便局長/李平南産業課長/安積得也氏(內務省社會局事務官)/金森太郎氏(山梨縣警察部長)/佐藤恒太郎氏(商銀釜山支店支配人)/藤原慶南高等課長)
167655	朝鮮朝日	西北・南鮮版	1929-03-12	2	01단	高き香に咲く開國文化の華/さまざまのロマンスを織りこんで蘇った貴い歷史の展覽會(主なる陳列品)
167656	朝鮮朝日	西北・南鮮版	1929-03-12	2	01단	免疫地區を新設し過剰注射藥を牛に注射する
167657	朝鮮朝日	西北・南鮮版	1929-03-12	2	02단	黃海道明年度地方費豫算
167658	朝鮮朝日	西北・南鮮版	1929-03-12	2	03단	蠣養植權の所有確認を總督府に陳情
167659	朝鮮朝日	西北・南鮮版	1929-03-12	2	05단	府尹の交際費增加されやうやく浮み上る
167660	朝鮮朝日	西北・南鮮版	1929-03-12	2	07단	農事改良に主力を注ぐ東拓裡里支店
167661	朝鮮朝日	西北版	1929-03-13	1	01단	人殺し等と叫び騒ぎに騒ぎぬく野黨議事の延長を策す 選擧案と衆議院本會議/騒げば騒ぐほど/五時間に亘る武當濟君の長演說つひに發言を禁じて十一時四十分散會す/元田議長つひに正式辭表を提出きのふ本會議散會後に政友會は大狼狽
167662	朝鮮朝日	西北版	1929-03-13	1	01단	貨物運輸成績が近頃めっぽう惡く集貨に

일련번호	판명		간행일	면	단수	기사명
167662	朝鮮朝日	西北版	1929-03-13	1	01단	汗みどろとなる運送店合同行悩みが直接原因か
167663	朝鮮朝日	西北版	1929-03-13	1	02단	奉天大會戰を偲ぶ攻防戰飛機も人亂れて戰ふ/觀衆四萬と註せらる/安東新義州の功防演習
167664	朝鮮朝日	西北版	1929-03-13	1	04단	順川、軍隅里間乘合自動車開通/その前途有望視さる
167665	朝鮮朝日	西北版	1929-03-13	1	04단	高松宮殿下奉迎準備着々と進捗す
167666	朝鮮朝日	西北版	1929-03-13	1	04단	附加稅が影響し間島大豆の荷動き少くなる
167667	朝鮮朝日	西北版	1929-03-13	1	05단	新義州府內に乘合自動車
167668	朝鮮朝日	西北版	1929-03-13	1	05단	附加稅問題が大いに祟り買收價額に影響して圖們鐵道前途を憂慮
167669	朝鮮朝日	西北版	1929-03-13	1	05단	看板をかへて高等醫學講習所生徒六十名を募集し/愈四月から開校する
167670	朝鮮朝日	西北版	1929-03-13	1	06단	お土産建議案八件を提出
167671	朝鮮朝日	西北版	1929-03-13	1	06단	鎭南浦の貿易高
167672	朝鮮朝日	西北版	1929-03-13	1	07단	平壤高女の入學者發表
167673	朝鮮朝日	西北版	1929-03-13	1	07단	海蘭河水利近く工事を起す
167674	朝鮮朝日	西北版	1929-03-13	1	07단	俳句/鈴木化蓑選
167675	朝鮮朝日	西北版	1929-03-13	1	07단	間島中央學校新入學生を募集
167676	朝鮮朝日	西北版	1929-03-13	1	07단	手形交換所鎭南浦に設置
167677	朝鮮朝日	西北版	1929-03-13	1	07단	流行性感冒平南道に流行
167678	朝鮮朝日	西北版	1929-03-13	1	07단	安東高等女學校の盛大な音樂會
167679	朝鮮朝日	西北版	1929-03-13	1	08단	牡丹台野話
167680	朝鮮朝日	西北版	1929-03-13	1	08단	鴨緑江の解氷弗々始まる
167681	朝鮮朝日	西北版	1929-03-13	1	08단	平南江西郡の腦脊髄膜炎五十三名に上る
167682	朝鮮朝日	西北版	1929-03-13	1	08단	馬賊が金を拂ひ官憲は金品を掠める/支那奥地の鮮農弱る
167683	朝鮮朝日	西北版	1929-03-13	1	09단	煽動記事で檢束を受く
167684	朝鮮朝日	西北版	1929-03-13	1	09단	交通事故や盗難事故の防止を注意す
167685	朝鮮朝日	西北版	1929-03-13	1	10단	國境地方に猛烈な黄砂
167686	朝鮮朝日	西北版	1929-03-13	1	10단	氷の割目から河中に墜落危ふく救はる
167687	朝鮮朝日	西北版	1929-03-13	1	10단	鎭南浦における米穀在庫高
167688	朝鮮朝日	西北版	1929-03-13	1	10단	もよほし(安東高女送別學藝會)
167689	朝鮮朝日	西北版	1929-03-13	1	10단	人(加藤一二氏(平北衛生課長)/久保海軍大佐(鎭海灣要港部參謀長)/高野平壤憲兵隊長)
167690	朝鮮朝日	南鮮版	1929-03-13	1	01단	人殺し等と叫び騷ぎに騷ぎぬく野黨議事

일련번호	판명		간행일	면	단수	기사명
167690	朝鮮朝日	南鮮版	1929-03-13	1	01단	の延長を策す 選擧案と衆議院本會議/騷げば騷ぐほど/五時間に亙る武當濟君の長演說つひに發言を禁じて十一時四十分散會す/元田議長つひに正式辭表を提出きのふ本會議散會後に政友會は大狼狽
167691	朝鮮朝日	南鮮版	1929-03-13	1	01단	貨物運輸成績が近頃めっぽう惡く集貨に汗みどろとなる運送店合同行惱みが直接原因か
167692	朝鮮朝日	南鮮版	1929-03-13	1	03단	雲巖水電道營をふりかざして當局に肉薄す
167693	朝鮮朝日	南鮮版	1929-03-13	1	04단	瓦電最後の株主總會召集さる 事業讓渡其他の件を附議する事に決定す/各重役の盡力で結局は承認するものと觀測
167694	朝鮮朝日	南鮮版	1929-03-13	1	04단	俳句/鈴木化蓑選
167695	朝鮮朝日	南鮮版	1929-03-13	1	04단	水に虐げられた人のたのしい安住の地/新興の氣分みなぎり理想的な樂園/麻浦の卷
167696	朝鮮朝日	南鮮版	1929-03-13	1	06단	條件は大體釜山と同樣/密陽事業議渡
167697	朝鮮朝日	南鮮版	1929-03-13	1	06단	サルムソンを當分の間用ひる月末ごろ試驗を行ふ/德留京城營業主任談
167698	朝鮮朝日	南鮮版	1929-03-13	1	06단	酷寒と匪賊と/戰ひながら國境をまもる實況を活寫にをさむその試寫會ひらかる/觀る者悉く警官に感謝す
167699	朝鮮朝日	南鮮版	1929-03-13	1	06단	大邱府の明年度豫算
167700	朝鮮朝日	南鮮版	1929-03-13	1	07단	水産試驗費を新設計上す
167701	朝鮮朝日	南鮮版	1929-03-13	1	08단	靑い鳥/釜山一記者
167702	朝鮮朝日	南鮮版	1929-03-13	1	08단	某官吏が絲を操って大芝居を打ったか知事自ら不審をたゞす豫算返上可決と裏面のカラクリ/聲明書を發表し苦しまぎれの釋明を試みる
167703	朝鮮朝日	南鮮版	1929-03-13	1	09단	黃砂がふり寒さぶり返しまた暖くなる
167704	朝鮮朝日	南鮮版	1929-03-13	1	09단	朝鮮酒の品評會相當よい成績をあぐ 釜山府初めての試み/なほ一段改良の餘地があらう審査長は語る
167705	朝鮮朝日	南鮮版	1929-03-13	1	10단	盟休解決す丁字屋洋服店の
167706	朝鮮朝日	南鮮版	1929-03-13	1	10단	漁業組合の新設に補助
167707	朝鮮朝日	南鮮版	1929-03-13	1	10단	かるた大會
167708	朝鮮朝日	南鮮版	1929-03-13	1	10단	人(小松京城本町署長/矢橋良胤氏(大邱日報新主幹))
167709	朝鮮朝日	西北・南鮮版	1929-03-13	2	01단	專任ガイダー六十名を養成しお客サンを案内する京城協贊會の新計劃/音樂器や

일련번호	판명		간행일	면	단수	기사명
167709	朝鮮朝日	西北・南鮮版	1929-03-13	2	01단	映畵を國際娛樂文化協會から出品
167710	朝鮮朝日	西北・南鮮版	1929-03-13	2	01단	高利地方債の借換を行ひ/財政を緩和する
167711	朝鮮朝日	西北・南鮮版	1929-03-13	2	01단	朝鮮博宣傳用の縣賞圖案決る
167712	朝鮮朝日	西北・南鮮版	1929-03-13	2	02단	汝矣島の連絡道路工事に着手す
167713	朝鮮朝日	西北・南鮮版	1929-03-13	2	02단	博川寧邊に電氣を供給
167714	朝鮮朝日	西北・南鮮版	1929-03-13	2	02단	釜山通過の來往人調べ
167715	朝鮮朝日	西北・南鮮版	1929-03-13	2	03단	三嘉水利組合認可となる
167716	朝鮮朝日	西北・南鮮版	1929-03-13	2	03단	朝鮮側から新義州も加る
167717	朝鮮朝日	西北・南鮮版	1929-03-13	2	03단	蒙利面積の擴張を行ふ大正水利組合
167718	朝鮮朝日	西北・南鮮版	1929-03-13	2	03단	とてもヘンテコな珍しい名前/就學兒童名簿から
167719	朝鮮朝日	西北・南鮮版	1929-03-13	2	03단	朝日巡回活動寫眞
167720	朝鮮朝日	西北版	1929-03-14	1	01단	殖銀に金融組合課を新設し統制させる/中央會は結局沙汰やみ全鮮金融組合の統制案ほゞ決る
167721	朝鮮朝日	西北版	1929-03-14	1	01단	支那關稅問題解決を建議/鮮滿商議聯合會の決議に本づいて提出す
167722	朝鮮朝日	西北版	1929-03-14	1	01단	朝水の隧道工事大に進む
167723	朝鮮朝日	西北版	1929-03-14	1	02단	釋王寺方面に電燈がつく
167724	朝鮮朝日	西北版	1929-03-14	1	02단	關稅問題を追うて間島へ(1)/スチブンソン時代を偲ぶ豆汽車が走る/而も一時間八哩の速力
167725	朝鮮朝日	西北版	1929-03-14	1	03단	わが國を見縋り關稅問題抗議を握りつぶす
167726	朝鮮朝日	西北版	1929-03-14	1	03단	二月中は金融緩漫/新義州における金融の狀態
167727	朝鮮朝日	西北版	1929-03-14	1	04단	おすゝめ藥を試用させる
167728	朝鮮朝日	西北版	1929-03-14	1	04단	苗木購入の資金を無利子で融通し養苗を獎勵
167729	朝鮮朝日	西北版	1929-03-14	1	04단	地方見學團を組織して回游見學/地方の紹介とこれが開發を促進せんとす
167730	朝鮮朝日	西北版	1929-03-14	1	05단	二等當選朝博宣傳繪葉書圖案
167731	朝鮮朝日	西北版	1929-03-14	1	05단	運材を終へて流筏の準備
167732	朝鮮朝日	西北版	1929-03-14	1	05단	總督府辭令
167733	朝鮮朝日	西北版	1929-03-14	1	06단	一番多いのは職業の相談/僻地に迄就職難及ぶ平南昨年の人事相談
167734	朝鮮朝日	西北版	1929-03-14	1	06단	犬の皮の暴騰で本業に犬飼を始る者が多い/犬皮の取引盛んとなる
167735	朝鮮朝日	西北版	1929-03-14	1	07단	平安水利の平地部工事
167736	朝鮮朝日	西北版	1929-03-14	1	07단	お茶のあと

일련번호	판명		간행일	면	단수	기사명
167737	朝鮮朝日	西北版	1929-03-14	1	07단	入學合格者は約三分の一平壤女子高普
167738	朝鮮朝日	西北版	1929-03-14	1	07단	漁船を乗切り船體は二分し三名行方不明
167739	朝鮮朝日	西北版	1929-03-14	1	08단	三道溝に馬賊現れ官兵と交戰死者十一名出す
167740	朝鮮朝日	西北版	1929-03-14	1	08단	雇人共謀し大金を拐帶
167741	朝鮮朝日	西北版	1929-03-14	1	08단	百圓を橫領配達夫の惡事
167742	朝鮮朝日	西北版	1929-03-14	1	08단	間島に潜行し不良漢何事か頻りに劃策す
167743	朝鮮朝日	西北版	1929-03-14	1	08단	線絲布其他の輸入稅率を改正/內地商人側は大儲け安東の影響は少ない
167744	朝鮮朝日	西北版	1929-03-14	1	08단	金銀鑛脈を發見/その含有量割合に多い/愈近く發掘に着手する
167745	朝鮮朝日	西北版	1929-03-14	1	09단	淸津敦賀間の直通命令航路は請願委員會において審議の結果採擇さる
167746	朝鮮朝日	西北版	1929-03-14	1	10단	馬匹の奇病平南江西に流行
167747	朝鮮朝日	西北版	1929-03-14	1	10단	公金竊取の犯人わかる
167748	朝鮮朝日	西北版	1929-03-14	1	10단	慶北道の記念植樹
167749	朝鮮朝日	西北版	1929-03-14	1	10단	新選手を迎へ陳容を改む平壤鐵道野球部
167750	朝鮮朝日	西北版	1929-03-14	1	10단	人(島村中佐(飛行第六聯隊)/六角大阪驛長/伊藤新任平北道內務部長)
167751	朝鮮朝日	南鮮版	1929-03-14	1	01단	*解免の事由書を再び諺文で印刷し知事から地方民へ配布 解免議員の逆宣傳に備へるため/私人としては何等隔りがない逆宣傳は遺憾千萬だ 須藤慶南知事は語る*
167752	朝鮮朝日	南鮮版	1929-03-14	1	01단	取締令を活用し不正粗惡肥料の絶滅を圖る
167753	朝鮮朝日	南鮮版	1929-03-14	1	01단	モボもモガも細君も一度でも往十里へ/そして感謝して下さい肥臭いなど笑ってはいけません
167754	朝鮮朝日	南鮮版	1929-03-14	1	02단	釜山府の明年度豫算
167755	朝鮮朝日	南鮮版	1929-03-14	1	03단	釜山憲兵隊長勇退に內定
167756	朝鮮朝日	南鮮版	1929-03-14	1	03단	京城會議所の臨時評議員會議
167757	朝鮮朝日	南鮮版	1929-03-14	1	03단	信用のために協調的に解決する/遂に意見一致を見る京城の土地拂下問題
167758	朝鮮朝日	南鮮版	1929-03-14	1	04단	慶北道の豫算可決さる
167759	朝鮮朝日	南鮮版	1929-03-14	1	04단	九龍浦突堤延長/地元民から總督府へ要望す
167760	朝鮮朝日	南鮮版	1929-03-14	1	05단	朝鮮博の宣傳歌當選者きまる(國境節一等當選市來壽吉氏/國境節三等當選竹森喜久馬氏/郡々逸一等當選板野すみれ氏)
167761	朝鮮朝日	南鮮版	1929-03-14	1	05단	金融組合の發達を圖りその活躍を助成

일련번호	판명		간행일	면	단수	기사명
167762	朝鮮朝日	南鮮版	1929-03-14	1	06단	青い鳥/釜山一記者
167763	朝鮮朝日	南鮮版	1929-03-14	1	06단	高敞高普が所有地賣却
167764	朝鮮朝日	南鮮版	1929-03-14	1	06단	殖銀に金融組合課を新設し統制させる/中央會は結局沙汰やみ全鮮金融組合の統制案ほゞ決る
167765	朝鮮朝日	南鮮版	1929-03-14	1	06단	釜山郊外で大貝塚を發見/當局の諒解を得て此程發掘に着手す
167766	朝鮮朝日	南鮮版	1929-03-14	1	06단	家屋の新築や改築がふえるばかり建築界滅法景氣づく
167767	朝鮮朝日	南鮮版	1929-03-14	1	07단	二等當選朝博宣傳繪葉書圖案
167768	朝鮮朝日	南鮮版	1929-03-14	1	07단	仁川の競馬新馬競技も行ふ
167769	朝鮮朝日	南鮮版	1929-03-14	1	08단	總督府辭令
167770	朝鮮朝日	南鮮版	1929-03-14	1	08단	支那勞働者が續々入込む
167771	朝鮮朝日	南鮮版	1929-03-14	1	08단	朝鮮海峽は稀有の時化
167772	朝鮮朝日	南鮮版	1929-03-14	1	08단	家庭の事情を知った者か内地人が二人まじる釜山府の五人組強盜/有力なる容疑者つひに強竊盜二件を自白す
167773	朝鮮朝日	南鮮版	1929-03-14	1	09단	漁船を乘切り船體は二分し三名行方不明
167774	朝鮮朝日	南鮮版	1929-03-14	1	09단	旱害地視察
167775	朝鮮朝日	南鮮版	1929-03-14	1	09단	男ばかりの三つ子出産
167776	朝鮮朝日	南鮮版	1929-03-14	1	09단	木浦運協野球行事
167777	朝鮮朝日	南鮮版	1929-03-14	1	10단	もよほし(各道酒造技術員會議)
167778	朝鮮朝日	南鮮版	1929-03-14	1	10단	人(穗積眞六郎氏(總督府税務課長))
167779	朝鮮朝日	南鮮版	1929-03-14	1	10단	十字路
167780	朝鮮朝日	西北・南鮮版	1929-03-14	2	01단	總督、知事へ建議書/慶南道水産會から近く提出
167781	朝鮮朝日	西北・南鮮版	1929-03-14	2	01단	清津局長の後任と異動
167782	朝鮮朝日	西北・南鮮版	1929-03-14	2	01단	全鮮肥料技術官會義
167783	朝鮮朝日	西北・南鮮版	1929-03-14	2	01단	田中氏夫妻の大演奏會
167784	朝鮮朝日	西北・南鮮版	1929-03-14	2	02단	慶南道畜産技術員會議
167785	朝鮮朝日	西北・南鮮版	1929-03-14	2	02단	木浦の貿易
167786	朝鮮朝日	西北・南鮮版	1929-03-14	2	02단	木浦の豫算
167787	朝鮮朝日	西北・南鮮版	1929-03-14	2	02단	水電發生の見込み地點
167788	朝鮮朝日	西北・南鮮版	1929-03-14	2	02단	お米が倉庫に唸ってゐる
167789	朝鮮朝日	西北・南鮮版	1929-03-14	2	03단	繪に添へて/吉田初三郎
167790	朝鮮朝日	西北版	1929-03-15	1	01단	國境の重要地に無線電信局を設け/匪賊の出沒にそなへる支那官憲候補地の調査を行ふ
167791	朝鮮朝日	西北版	1929-03-15	1	01단	海路によりゴム靴を輸出か/關税問題に

일련번호	판명		간행일	면	단수	기사명
167791	朝鮮朝日	西北版	1929-03-15	1	01단	崇られた平壤の當業者が計劃
167792	朝鮮朝日	西北版	1929-03-15	1	01단	非買同盟解決す/會議所と警察の斡旋により
167793	朝鮮朝日	西北版	1929-03-15	1	01단	新義州、義州間乘合自動車値下げを行ふ
167794	朝鮮朝日	西北版	1929-03-15	1	01단	寄附金で建築か來年から開校の新義州高女
167795	朝鮮朝日	西北版	1929-03-15	1	02단	平北産米豆の道外移出高
167796	朝鮮朝日	西北版	1929-03-15	1	02단	新義州管內の天然氷採取數量
167797	朝鮮朝日	西北版	1929-03-15	1	02단	關稅問題を追うて間島へ(2)/滿目たゞ渺茫として茶褐色の畑ばかり樹木らしい影すら見ぬ
167798	朝鮮朝日	西北版	1929-03-15	1	03단	各守備隊へ初年兵入營
167799	朝鮮朝日	西北版	1929-03-15	1	03단	平壤より
167800	朝鮮朝日	西北版	1929-03-15	1	03단	朝鮮人の生活狀態を活寫に收め/鮮內各地で公開する
167801	朝鮮朝日	西北版	1929-03-15	1	04단	賣行のよい平北の蜂蜜羊羹/今後は販路の擴張に一層力こぶを入れる
167802	朝鮮朝日	西北版	1929-03-15	1	04단	閱覽者が多く夜間も開館する/成績のよい平壤圖書館
167803	朝鮮朝日	西北版	1929-03-15	1	05단	衛生狀態が頗る良い/昨今の平壤府
167804	朝鮮朝日	西北版	1929-03-15	1	05단	風呂敷手巾の製造を獎勵
167805	朝鮮朝日	西北版	1929-03-15	1	05단	安東高女校の卒業生志望調べ
167806	朝鮮朝日	西北版	1929-03-15	1	06단	新義州附近の鴨綠江解氷初入船を見る
167807	朝鮮朝日	西北版	1929-03-15	1	06단	『お靜かになさい』と猫撫聲で金を强要明け方まですわりこむ京城に初めて現れた說敎强盜/物的證據なく捜査は頗る困難　犯人はすでに逃走か釜山五人組强盜事件
167808	朝鮮朝日	西北版	1929-03-15	1	07단	靑年同盟事件豫審終結し六名は有罪ときまる/二名だけ免訴となる
167809	朝鮮朝日	西北版	1929-03-15	1	08단	結婚詐欺だと娘の父親を告訴
167810	朝鮮朝日	西北版	1929-03-15	1	08단	犯罪減少す二月中の平壤
167811	朝鮮朝日	西北版	1929-03-15	1	09단	一箇年の産卵八萬を算し支那卵を壓倒
167812	朝鮮朝日	西北版	1929-03-15	1	09단	農民を騙し所持金を卷あぐ
167813	朝鮮朝日	西北版	1929-03-15	1	09단	靑年小作人を各地に派し/産業を視察せしめて農村の開發を行ふ
167814	朝鮮朝日	西北版	1929-03-15	1	10단	陣列棚破りの犯人捕まる
167815	朝鮮朝日	西北版	1929-03-15	1	10단	賭博犯人は馬賊の頭目
167816	朝鮮朝日	西北版	1929-03-15	1	10단	平北の痘瘡猖獗を極む
167817	朝鮮朝日	西北版	1929-03-15	1	10단	元山の火事五戶を全燒す

일련번호	판명		간행일	면	단수	기사명
167818	朝鮮朝日	西北版	1929-03-15	1	10단	人(干治功氏(安東支那水上警察廳長)/中村第三十九旅團長/石本平南警察部長/田中平南警務課長/野村治一郎氏(尼ヶ崎汽船專務)/吉村謙一郎氏(朝郵專務)/村越才次郎氏(釜山局監督課長))
167819	朝鮮朝日	南鮮版	1929-03-15	1	01단	中等校の新設と普通校授業料全免/道路網完成を急ぐこと京畿道評議會から意見書を提出
167820	朝鮮朝日	南鮮版	1929-03-15	1	01단	急進と穩和の兩派が反目/愈こじれだしてきた京城の土地拂下問題
167821	朝鮮朝日	南鮮版	1929-03-15	1	01단	京仁取合併か制度改正か/仁取營業期間滿了で總督府當局頭を捻る
167822	朝鮮朝日	南鮮版	1929-03-15	1	01단	度量衡器の檢査を施行
167823	朝鮮朝日	南鮮版	1929-03-15	1	02단	『カマイッソー』の一聲に進行の電車が停る/正直な電車ではないか/永登捕に行きたがる京城の電車
167824	朝鮮朝日	南鮮版	1929-03-15	1	03단	通學乘車券を嚴重取締る
167825	朝鮮朝日	南鮮版	1929-03-15	1	03단	石エサンの傳習所技術を磨いて支那人に對抗
167826	朝鮮朝日	南鮮版	1929-03-15	1	04단	四十二萬本の植樹を行ふ
167827	朝鮮朝日	南鮮版	1929-03-15	1	04단	聯合會を組織し漁業低資を解決せんと努む
167828	朝鮮朝日	南鮮版	1929-03-15	1	04단	朝鮮人の生活狀態を活寫に收め/鮮內各地で公開する
167829	朝鮮朝日	南鮮版	1929-03-15	1	05단	茨城縣下石岡町大火/十五日午前零時迄に一千餘戶を燒失す
167830	朝鮮朝日	南鮮版	1929-03-15	1	05단	十二年繼續で道路網をつくる/工費五百萬圓を投じ慶南道の新しい事業
167831	朝鮮朝日	南鮮版	1929-03-15	1	06단	明年度は十二校/慶尙南道の普通校建設豫定
167832	朝鮮朝日	南鮮版	1929-03-15	1	06단	『お靜かになさい』と猫撫聲で金を强要明け方まですわりこむ京城に初めて現れた說教强盜/物的證據なく捜査は頗る困難 犯人はすでに逃走か釜山五人組强盜事件
167833	朝鮮朝日	南鮮版	1929-03-15	1	07단	青い鳥/釜山一記者
167834	朝鮮朝日	南鮮版	1929-03-15	1	08단	海戰記念塔の上棟式を擧行す
167835	朝鮮朝日	南鮮版	1929-03-15	1	08단	賣口のよい京城工學院の卒業生
167836	朝鮮朝日	南鮮版	1929-03-15	1	09단	女中の天下男は顏色なし/職業探しは一向減らず/われがちに押しかける
167837	朝鮮朝日	南鮮版	1929-03-15	1	10단	電氣府營の資金起債大體まとまる

일련번호	판명		간행일	면	단수	기사명
167838	朝鮮朝日	南鮮版	1929-03-15	1	10단	配給主事らの豫審終結し有罪ときまる
167839	朝鮮朝日	南鮮版	1929-03-15	1	10단	仁川の朝鮮博出品きまる
167840	朝鮮朝日	南鮮版	1929-03-15	1	10단	人(須藤慶南知事/成田榮信氏(前代議士)/加茂正雄博士(京大教授)/田村釜山水上署長/竹井三郎氏(京城實業家)/岡本釜山署長/野村治一郎氏(尼ヶ崎汽船專務))
167841	朝鮮朝日	西北・南鮮版	1929-03-15	2	01단	對滿貿易には特に力瘤を入れ/阪神地方と對抗する愛知縣輸出物産協會
167842	朝鮮朝日	西北・南鮮版	1929-03-15	2	01단	敷地使用は不許可/仁川の製氷會社は不成立か
167843	朝鮮朝日	西北・南鮮版	1929-03-15	2	01단	平壤各銀行先月末帳尻
167844	朝鮮朝日	西北・南鮮版	1929-03-15	2	01단	慶尙南道の緣故林拂下
167845	朝鮮朝日	西北・南鮮版	1929-03-15	2	02단	平北産の牛は評判がよい
167846	朝鮮朝日	西北・南鮮版	1929-03-15	2	02단	局線と商船の連絡割引券/發賣方を要望
167847	朝鮮朝日	西北・南鮮版	1929-03-15	2	02단	魚群の捜査に/飛行機を使用まづ慶尙北道で行ふ/その成績次第では各地にこれが使用方を奬勵する
167848	朝鮮朝日	西北・南鮮版	1929-03-15	2	02단	電氣供給を出願
167849	朝鮮朝日	西北・南鮮版	1929-03-15	2	02단	國境名物の氷上橇引場ぐ
167850	朝鮮朝日	西北・南鮮版	1929-03-15	2	03단	教育講習會本年度の豫定
167851	朝鮮朝日	西北・南鮮版	1929-03-15	2	03단	學事視察團四年度の豫定
167852	朝鮮朝日	西北・南鮮版	1929-03-15	2	03단	三月に入って增加を示す仁川米豆移出入
167853	朝鮮朝日	西北・南鮮版	1929-03-15	2	03단	朝日巡回活動寫眞
167854	朝鮮朝日	西北・南鮮版	1929-03-15	2	04단	新刊紹介(『實業時論』『朝鮮及滿洲』)
167855	朝鮮朝日	西北版	1929-03-16	1	01단	出來得るだけ早く寺刹令を改正し/僧侶の行動を束縛する若し背けば嚴重に處分
167856	朝鮮朝日	西北版	1929-03-16	1	01단	關稅問題を追うて間島へ(3)/出荷見合せなんかは私の命令ではない鈴木總領事苦衷を語る
167857	朝鮮朝日	西北版	1929-03-16	1	02단	賴母子、無盡を無屆では出來ない/今後は許可がいる平南道令を公布す
167858	朝鮮朝日	西北版	1929-03-16	1	02단	朝鮮實業社平壤に生れる
167859	朝鮮朝日	西北版	1929-03-16	1	03단	新義州中學の講堂を建築
167860	朝鮮朝日	西北版	1929-03-16	1	03단	賃金値上を要求し料理屋附の車夫運動を起す
167861	朝鮮朝日	西北版	1929-03-16	1	04단	安東魚菜市場愈近く建築
167862	朝鮮朝日	西北版	1929-03-16	1	04단	平壤圖書館の二月中の閲覽者
167863	朝鮮朝日	西北版	1929-03-16	1	04단	安東圖書館の閲覽者增加

일련번호	판명		간행일	면	단수	기사명
167864	朝鮮朝日	西北版	1929-03-16	1	04단	世界の名勝地を汽車の窓から見物/モダン停車場も建つとてもハイカラな朝博子供の國
167865	朝鮮朝日	西北版	1929-03-16	1	05단	周圍に植樹し駐在所を美化す
167866	朝鮮朝日	西北版	1929-03-16	1	05단	關稅問題の經過を報告
167867	朝鮮朝日	西北版	1929-03-16	1	05단	約六十人の生徒を募集/平壤醫學講習所
167868	朝鮮朝日	西北版	1929-03-16	1	06단	平壤より
167869	朝鮮朝日	西北版	1929-03-16	1	06단	お膳立が終れば利率その他を定む當業者の泣付は取合ぬ/公營質屋に對する總督府の方針
167870	朝鮮朝日	西北版	1929-03-16	1	07단	三商議會頭が東京にて落合ひ支那關稅問題解決の運動を起す事に決る
167871	朝鮮朝日	西北版	1929-03-16	1	07단	馬場淸津府尹再び辭表を提出/御眞影燒失事件にてふかく責任をかんじ
167872	朝鮮朝日	西北版	1929-03-16	1	08단	安東高女の護身術教授
167873	朝鮮朝日	西北版	1929-03-16	1	08단	猩紅熱の豫防注射を行ふ
167874	朝鮮朝日	西北版	1929-03-16	1	08단	鎭南浦學祖豫算を可決
167875	朝鮮朝日	西北版	1929-03-16	1	08단	手におへぬ平南道の火田民/最長の定住期は十年最短は僅かに四、五年
167876	朝鮮朝日	西北版	1929-03-16	1	09단	總豫算案原案通り成立す/貴族院大多數で可決
167877	朝鮮朝日	西北版	1929-03-16	1	09단	氷の割目から河中に墜落
167878	朝鮮朝日	西北版	1929-03-16	1	09단	不作の流言頻りに傳はる
167879	朝鮮朝日	西北版	1929-03-16	1	09단	モルヒネの密輸ばれる
167880	朝鮮朝日	西北版	1929-03-16	1	10단	嬰兒の死體犬が衛へ出す
167881	朝鮮朝日	西北版	1929-03-16	1	10단	裡里に猩紅熱
167882	朝鮮朝日	西北版	1929-03-16	1	10단	四棟十戶を燒失す京城の宵火事
167883	朝鮮朝日	西北版	1929-03-16	1	10단	もよほし(鎭南浦の軍隊映畫會/朝鮮史講座)
167884	朝鮮朝日	西北版	1929-03-16	1	10단	人(蠟山政道氏(東京帝大教授)/河野傳一大佐(工兵第二十大隊長)/萩原平南高等課長/三浦警部(平南高等課))
167885	朝鮮朝日	南鮮版	1929-03-16	1	01단	出來得るだけ早く寺刹令を改正し/僧侶の行動を束縛する若し背けば嚴重に處分
167886	朝鮮朝日	南鮮版	1929-03-16	1	01단	公園になる龍山の孝昌園/李王職との交涉も圓滿に終りいよいよ近日工事に着手する
167887	朝鮮朝日	南鮮版	1929-03-16	1	04단	學組に對して懇談を拒絶　府議の態度愈硬化す　光熙門土地問題惡化/適宜の處置で責められない渡邊知事の談
167888	朝鮮朝日	南鮮版	1929-03-16	1	04단	世界の名勝地を汽車の窓から見物/モダ

일련번호	판명		간행일	면	단수	기사명
167888	朝鮮朝日	南鮮版	1929-03-16	1	04단	ン停車場も建つとてもハイカラな朝博子供の國
167889	朝鮮朝日	南鮮版	1929-03-16	1	05단	窮民救濟の工事に着手
167890	朝鮮朝日	南鮮版	1929-03-16	1	05단	優良農家の表彰を行ふ
167891	朝鮮朝日	南鮮版	1929-03-16	1	05단	『吾人の意見を尊重すべし』京畿道の評議會員が言外に不平を洩らす
167892	朝鮮朝日	南鮮版	1929-03-16	1	06단	石油の輸入が減法ふえる/關稅關係から
167893	朝鮮朝日	南鮮版	1929-03-16	1	06단	都市の立法的指導を受く權威者を招き
167894	朝鮮朝日	南鮮版	1929-03-16	1	06단	群山に出品協會
167895	朝鮮朝日	南鮮版	1929-03-16	1	07단	總豫算案原案通り成立す/貴族院大多數で可決
167896	朝鮮朝日	南鮮版	1929-03-16	1	07단	旱害地方に救濟金交付
167897	朝鮮朝日	南鮮版	1929-03-16	1	07단	お膳立が終れば利率その他を定む當業者の泣付は取合ぬ/公營質屋に對する總督府の方針
167898	朝鮮朝日	南鮮版	1929-03-16	1	07단	朝鮮神宮祈年祭
167899	朝鮮朝日	南鮮版	1929-03-16	1	07단	結局無配か朝鮮郵船の成績
167900	朝鮮朝日	南鮮版	1929-03-16	1	08단	慶南漁業組合聯合協會の總會
167901	朝鮮朝日	南鮮版	1929-03-16	1	08단	群山圖書館は實現困難か
167902	朝鮮朝日	南鮮版	1929-03-16	1	08단	子供を振放し海へ飛込み直に救助さる
167903	朝鮮朝日	南鮮版	1929-03-16	1	08단	府廳舍建築の見込みが立った下水溝もうまく運ぶ/桑原釜山府尹は語る
167904	朝鮮朝日	南鮮版	1929-03-16	1	09단	郡守署長の異動を發表
167905	朝鮮朝日	南鮮版	1929-03-16	1	09단	裡里に猩紅熱
167906	朝鮮朝日	南鮮版	1929-03-16	1	10단	四棟十戶を燒失す京城の宵火事
167907	朝鮮朝日	南鮮版	1929-03-16	1	10단	郡の雇が公金拐帶またしても東萊郡廳の御難
167908	朝鮮朝日	南鮮版	1929-03-16	1	10단	死體を掘出し着衣を剝ぐ
167909	朝鮮朝日	南鮮版	1929-03-16	1	10단	群山の爭議圓滿に解決
167910	朝鮮朝日	南鮮版	1929-03-16	1	10단	公魚の卵盜まる
167911	朝鮮朝日	南鮮版	1929-03-16	1	10단	不作の流言頻りに傳はる
167912	朝鮮朝日	南鮮版	1929-03-16	1	10단	人(吉村朝郵專務/野村治一郎氏/マッカレー氏(米國ダラー汽船會社員)/チェンバレン氏(同社神戸旅客係長)/松本伊織氏(總督府水産課長))
167913	朝鮮朝日	西北・南鮮版	1929-03-16	2	01단	村の燈台/『共同一致』の美しい實り(上)/復興への勇ましい行進曲/和歌山縣の模範村伊都郡大谷村/米參貯藏器發明
167914	朝鮮朝日	西北・南鮮版	1929-03-16	2	01단	出來得る限り勸誘に努む/簡保議會通過

일련번호	판명		간행일	면	단수	기사명
167914	朝鮮朝日	西北・南鮮版	1929-03-16	2	01단	に關し本府遞信當局の談
167915	朝鮮朝日	西北・南鮮版	1929-03-16	2	01단	裁構法を朝鮮に實施して貫ひたいと請願す
167916	朝鮮朝日	西北・南鮮版	1929-03-16	2	01단	プロ編成には決してこまらぬ放送さしてくれろと藝人がDKに押かく
167917	朝鮮朝日	西北・南鮮版	1929-03-16	2	02단	大邱商議會頭辭表を提出
167918	朝鮮朝日	西北・南鮮版	1929-03-16	2	03단	平壤空軍の將校現地演習
167919	朝鮮朝日	西北・南鮮版	1929-03-16	2	03단	産婆看護婦試驗
167920	朝鮮朝日	西北・南鮮版	1929-03-16	2	03단	朝日巡回活動寫眞
167921	朝鮮朝日	西北版	1929-03-17	1	01단	新學期をひかへて見當すらつかず全く五里霧中にまよふ頗る心細い朝鮮教育令
167922	朝鮮朝日	西北版	1929-03-17	1	01단	小運送直營の勇氣もなく繼續承認、新規承認で當分の間お茶を濁す
167923	朝鮮朝日	西北版	1929-03-17	1	01단	海員ホーム具體化するか
167924	朝鮮朝日	西北版	1929-03-17	1	01단	平南水産會の總代會議員選擧
167925	朝鮮朝日	西北版	1929-03-17	1	01단	高松宮殿下奉迎準備/遺憾なく整ふ
167926	朝鮮朝日	西北版	1929-03-17	1	02단	粟模範作圃平安北道に設く
167927	朝鮮朝日	西北版	1929-03-17	1	02단	關稅問題を追うて間島へ(完)/秩序ある支那商人にどうして對抗する/支那娘の極端なモガ振
167928	朝鮮朝日	西北版	1929-03-17	1	03단	實力によって貿易を行ふ營口の邦商人
167929	朝鮮朝日	西北版	1929-03-17	1	03단	朝鮮側は好景氣/滿洲は振はぬ鴨綠江の流筏
167930	朝鮮朝日	西北版	1929-03-17	1	04단	愈近く設計/昭和水利組合
167931	朝鮮朝日	西北版	1929-03-17	1	04단	取引所問題が愈よ好轉し/近く有利に解決する本府當局の腹きまる
167932	朝鮮朝日	西北版	1929-03-17	1	04단	飮ませておいて/扨と開き直る馬野知事の小手捌きさすがの議員さんたちもこれには出鼻をくじかれる
167933	朝鮮朝日	西北版	1929-03-17	1	05단	結黨式を擧げて續々立候補の名乗りをあぐ
167934	朝鮮朝日	西北版	1929-03-17	1	06단	陸軍異動
167935	朝鮮朝日	西北版	1929-03-17	1	06단	長津江大水電事業に一抹の暗雲が漂ふ/米國の窒肥製造計劃で會社はつひに二の足を踏んだか
167936	朝鮮朝日	西北版	1929-03-17	1	07단	飛行犧牲者の記念碑建設/寄附締切延期
167937	朝鮮朝日	西北版	1929-03-17	1	08단	平南産林檎の檢査を行ふ
167938	朝鮮朝日	西北版	1929-03-17	1	09단	新義州、渭原間乘合自動車延長
167939	朝鮮朝日	西北版	1929-03-17	1	09단	電車貨物取扱認可となる/すべての荷扱ひは全部平壤府で行ふ
167940	朝鮮朝日	西北版	1929-03-17	1	09단	漁業勞働者が待遇改善を要求/出漁期を

일련번호	판명		간행일	면	단수	기사명
167940	朝鮮朝日	西北版	1929-03-17	1	09단	控へてその成行注目の的となる
167941	朝鮮朝日	西北版	1929-03-17	1	10단	妻を撲殺す
167942	朝鮮朝日	西北版	1929-03-17	1	10단	永興の火事
167943	朝鮮朝日	西北版	1929-03-17	1	10단	人(鹿野宏氏(平北警察部長))
167944	朝鮮朝日	南鮮版	1929-03-17	1	01단	新學期をひかへて見當すらつかず全く五里霧中にまよふ頗る心細い朝鮮教育令
167945	朝鮮朝日	南鮮版	1929-03-17	1	01단	取引所問題が愈よ好轉し/近く有利に解決する本府當局の腹きまる
167946	朝鮮朝日	南鮮版	1929-03-17	1	01단	陸軍異動
167947	朝鮮朝日	南鮮版	1929-03-17	1	03단	自動車を改善し事故の防止に努むべく通牒
167948	朝鮮朝日	南鮮版	1929-03-17	1	03단	朝鮮人警官を內地に派遣
167949	朝鮮朝日	南鮮版	1929-03-17	1	04단	DK臨時社員總會
167950	朝鮮朝日	南鮮版	1929-03-17	1	04단	殖銀の貯蓄金利引下げ
167951	朝鮮朝日	南鮮版	1929-03-17	1	04단	朝鮮神宮祈年祭/十五日執行
167952	朝鮮朝日	南鮮版	1929-03-17	1	05단	商業銀行の支店長異動
167953	朝鮮朝日	南鮮版	1929-03-17	1	06단	昨年に比して減少を示す藥令市の賣上
167954	朝鮮朝日	南鮮版	1929-03-17	1	06단	小運送直營の勇氣もなく繼續承認、新規承認で當分の間お茶を濁す
167955	朝鮮朝日	南鮮版	1929-03-17	1	06단	半島球界の古豪/相ついで引退/代って新進が加はりまったく面目を一新する總督府鐵道局野球チーム
167956	朝鮮朝日	南鮮版	1929-03-17	1	06단	*府が賴りとした學祖の態度硬化し嚴正中立說有力となる　深刻化した光煕門通の土地問題/買收解決せば期成會解散/六月一日から營業開始か*
167957	朝鮮朝日	南鮮版	1929-03-17	1	06단	全北道協議會無事閉會す
167958	朝鮮朝日	南鮮版	1929-03-17	1	07단	朝鮮人優遇は重なる事業大邱府の豫算
167959	朝鮮朝日	南鮮版	1929-03-17	1	07단	異議なく承認か朝鮮の株主は續々と東上す
167960	朝鮮朝日	南鮮版	1929-03-17	1	08단	京城漢江通の火事/十五日夜
167961	朝鮮朝日	南鮮版	1929-03-17	1	08단	珠算進級試驗
167962	朝鮮朝日	南鮮版	1929-03-17	1	08단	お茶のあと
167963	朝鮮朝日	南鮮版	1929-03-17	1	08단	京釜線安養に說教强盜現はる/猫撫聲で金を强要し說教して悠々と逃走
167964	朝鮮朝日	南鮮版	1929-03-17	1	09단	山陽線急行車顚覆事件/關釜及び九州線を臨時に仕立てゝ/旅客をそれぞれ輸送下り線のみ漸く復舊
167965	朝鮮朝日	南鮮版	1929-03-17	1	10단	店主從業員が朝博を見物
167966	朝鮮朝日	南鮮版	1929-03-17	1	10단	卒業式(京城醫學專門學校)
167967	朝鮮朝日	南鮮版	1929-03-17	1	10단	五人組强盜捕まる/長端郡長道面を荒し

일련번호	판명		간행일	면	단수	기사명
167967	朝鮮朝日	南鮮版	1929-03-17	1	10단	た兇賊
167968	朝鮮朝日	南鮮版	1929-03-17	1	10단	僞造紙幣を大邱で行使
167969	朝鮮朝日	南鮮版	1929-03-17	1	10단	もよほし(釜山新酒品評會)
167970	朝鮮朝日	南鮮版	1929-03-17	1	10단	人(金谷朝鮮軍司令官/須藤慶南知事/山本遞信局長/新貝肇氏(遞信事務官)/韓李王職長官)
167971	朝鮮朝日	西北・南鮮版	1929-03-17	2	01단	商船の遺方は亂暴千萬だ 私は絶對にやめない恩田朝郵社長は語る/郵船系は贊成だ 商船は恐しい吉田氏は語る
167972	朝鮮朝日	西北・南鮮版	1929-03-17	2	01단	河川港灣の調査費計上
167973	朝鮮朝日	西北・南鮮版	1929-03-17	2	02단	眠のすこやかな孃さん方/釜山高女の努力
167974	朝鮮朝日	西北・南鮮版	1929-03-17	2	02단	東京大連間の空の旅は一晝夜/蔚山飛行場を視察の新海遞信局事務官談
167975	朝鮮朝日	西北・南鮮版	1929-03-17	2	03단	朝日巡回活動寫眞
167976	朝鮮朝日	西北・南鮮版	1929-03-17	2	04단	本年中には發布できぬ航空各種規則
167977	朝鮮朝日	西北・南鮮版	1929-03-17	2	04단	警官講習所入所
167978	朝鮮朝日	西北・南鮮版	1929-03-17	2	04단	新刊紹介(『朝鮮公論』/『實業之朝鮮』/『朝鮮』/『朝鮮地方行政』/『交通』)
167979	朝鮮朝日	西北版	1929-03-19	1	01단	普天教々主らの罪惡をさらけ出し/教內の改革をこゝろむ結局は分裂するものと觀測さる
167980	朝鮮朝日	西北版	1929-03-19	1	01단	四分の一しか入學できぬ/平安北道の學齡兒童殆ど書堂に入學する
167981	朝鮮朝日	西北版	1929-03-19	1	01단	海路による强制通商/安東の輸出組合では見合す
167982	朝鮮朝日	西北版	1929-03-19	1	02단	成績のよい肥料叺の製造
167983	朝鮮朝日	西北版	1929-03-19	1	02단	學校盟休の原因につき內鮮人議員の議論/議長の機轉でをさまる咸鏡南道評議會の飛んだ波瀾劇
167984	朝鮮朝日	西北版	1929-03-19	1	03단	內地人校長を十三名解職/黃海道の異動
167985	朝鮮朝日	西北版	1929-03-19	1	04단	平北道の土地改良三萬五千二百餘町步に達す
167986	朝鮮朝日	西北版	1929-03-19	1	04단	咸興女學校の新築問題となり新選學校組合議員がどう扱ふか注目さる
167987	朝鮮朝日	西北版	1929-03-19	1	04단	全國自慢品の粹をあつめ櫻花滿開の候平壤で/陳列大會を開催する
167988	朝鮮朝日	西北版	1929-03-19	1	05단	平元線一部の準備工事竣功す
167989	朝鮮朝日	西北版	1929-03-19	1	06단	新任羅南野砲聯隊長秋田大佐
167990	朝鮮朝日	西北版	1929-03-19	1	06단	平壤より

일련번호	판명		간행일	면	단수	기사명
167991	朝鮮朝日	西北版	1929-03-19	1	06단	平壤の貿易
167992	朝鮮朝日	西北版	1929-03-19	1	06단	お茶のあと
167993	朝鮮朝日	西北版	1929-03-19	1	06단	國境で現地戰術
167994	朝鮮朝日	西北版	1929-03-19	1	06단	自作經濟農經營者選拔
167995	朝鮮朝日	西北版	1929-03-19	1	06단	平中の新入學生
167996	朝鮮朝日	西北版	1929-03-19	1	07단	平壤箕林里の都計事業に着手/まづ埋立工事を行ふ道路網をも完成する
167997	朝鮮朝日	西北版	1929-03-19	1	07단	新義州の公債成立利率年六分パーにて契約す
167998	朝鮮朝日	西北版	1929-03-19	1	07단	水電と窒肥の模型を出品
167999	朝鮮朝日	西北版	1929-03-19	1	07단	咸興學組議員選擧
168000	朝鮮朝日	西北版	1929-03-19	1	07단	豫算案附議の新義州府協議會
168001	朝鮮朝日	西北版	1929-03-19	1	08단	司法官優遇の請願書提出
168002	朝鮮朝日	西北版	1929-03-19	1	08단	平南道各署の犯罪發生數
168003	朝鮮朝日	西北版	1929-03-19	1	08단	平壤憲兵隊に護境神社
168004	朝鮮朝日	西北版	1929-03-19	1	08단	穀物市場を銀市場に併合/建銘柄を安東精選一等粟に變更する
168005	朝鮮朝日	西北版	1929-03-19	1	09단	七十歳の老人嫁に逃られ檢事局に泣付く
168006	朝鮮朝日	西北版	1929-03-19	1	09단	雪と雨とが例年より少い
168007	朝鮮朝日	西北版	1929-03-19	1	09단	自動車に轢かる
168008	朝鮮朝日	西北版	1929-03-19	1	09단	綿に包んで嬰兒を棄つ
168009	朝鮮朝日	西北版	1929-03-19	1	10단	安州の火事
168010	朝鮮朝日	西北版	1929-03-19	1	10단	元山の火事
168011	朝鮮朝日	西北版	1929-03-19	1	10단	堤防の新設を陳情
168012	朝鮮朝日	西北版	1929-03-19	1	10단	メートル法の宣傳を行ふ
168013	朝鮮朝日	西北版	1929-03-19	1	10단	もよほし(茂山郡學校評議會)
168014	朝鮮朝日	西北版	1929-03-19	1	10단	人(高橋芳藏氏(滿電安東支店長)/古市金彌氏(新義州警察署長)/一松藤平氏(新義州地方法院判事)/谷多喜磨氏(平安北道知事)/菊池良樹氏(文部省實業補習教育主事)/長谷川平壤慈惠醫院事務官/武久少佐(步兵七十七聯隊副官))
168015	朝鮮朝日	西北版	1929-03-19	1	10단	半島茶話
168016	朝鮮朝日	南鮮版	1929-03-19	1	01단	普天教々主らの罪惡をさらけ出し/教内の改革をこゝろむ結局は分裂するものと觀測さる
168017	朝鮮朝日	南鮮版	1929-03-19	1	01단	三十數件の議案を提出三月一ぱいかゝる/京城府の豫算協議會
168018	朝鮮朝日	南鮮版	1929-03-19	1	01단	商業會議所の評議員區別存置稅が多い

일련번호	판명		간행일	면	단수	기사명
168019	朝鮮朝日	南鮮版	1929-03-19	1	01단	朝鮮博慶北道協贊會評議員會
168020	朝鮮朝日	南鮮版	1929-03-19	1	01단	二十人の給仕採用に六百名應募/いたま
168020	朝鮮朝日	南鮮版	1929-03-19	1	01단	しい試驗地獄
168021	朝鮮朝日	南鮮版	1929-03-19	1	02단	棒杭は立ったが一向に着工せぬ麥酒工場/恭平翁のどえらい道藥幽靈のやうな永登浦のビール工場
168022	朝鮮朝日	南鮮版	1929-03-19	1	04단	大廟內貫通の道路に反對
168023	朝鮮朝日	南鮮版	1929-03-19	1	04단	土木事業に補助交付/慶南道が七萬四千圓を支出
168024	朝鮮朝日	南鮮版	1929-03-19	1	05단	十三歳の獨逸少年が見事に京中へ入學/將來は醫師として立つヘルマン・シールバオム君の事共
168025	朝鮮朝日	南鮮版	1929-03-19	1	05단	青い鳥/釜山一記者
168026	朝鮮朝日	南鮮版	1929-03-19	1	05단	畜産技術官會議
168027	朝鮮朝日	南鮮版	1929-03-19	1	05단	海員免許狀の差別待遇を撤廢/總督府當局の努力で今期議會を無事通過
168028	朝鮮朝日	南鮮版	1929-03-19	1	05단	四十二萬圓の大膨脹をきたす釜山府明年度の豫算
168029	朝鮮朝日	南鮮版	1929-03-19	1	06단	朝博協贊會の役員きまる
168030	朝鮮朝日	南鮮版	1929-03-19	1	07단	消防係長表彰さる
168031	朝鮮朝日	南鮮版	1929-03-19	1	07단	メートル法の宣傳を行ふ
168032	朝鮮朝日	南鮮版	1929-03-19	1	07단	司法官優遇の請願書提出
168033	朝鮮朝日	南鮮版	1929-03-19	1	07단	堆肥增産の聯合品評會
168034	朝鮮朝日	南鮮版	1929-03-19	1	08단	古埠水利組長結局重任か
168035	朝鮮朝日	南鮮版	1929-03-19	1	08단	自動車賣込みの/大競爭行はる年度がはりを控へて/自動車屋さんが各官廳へ日參して口説き立てる
168036	朝鮮朝日	南鮮版	1929-03-19	1	08단	仁川署管內に細民が多い/働きたくとも職なく救濟策に頭をひねる
168037	朝鮮朝日	南鮮版	1929-03-19	1	09단	國際館劇場總會
168038	朝鮮朝日	南鮮版	1929-03-19	1	09단	十萬圓の損害請求
168039	朝鮮朝日	南鮮版	1929-03-19	1	10단	猫自殺をはかる
168040	朝鮮朝日	南鮮版	1929-03-19	1	10단	卒業式(京城法學專門學校/京城第一高等女學校/朝鮮藥學校/京畿道公立師範學校)
168041	朝鮮朝日	南鮮版	1929-03-19	1	10단	もよほし(武岡女史の告別音樂會)
168042	朝鮮朝日	南鮮版	1929-03-19	1	10단	人(平野大邱憲兵分隊長/今村慶北道知事)
168043	朝鮮朝日	南鮮版	1929-03-19	1	10단	半島茶話
168044	朝鮮朝日	西北・南鮮版	1929-03-19	2	01단	火曜のペ–ヂ/寒いシカゴからナイヤガラ瀑布へ/正宗白鳥

일련번호	판명		간행일	면	단수	기사명
168045	朝鮮朝日	西北・南鮮版	1929-03-19	2	01단	變った警務館/國境警備や強盜になる迄消防の發達史など所狹きまでに陣列
168046	朝鮮朝日	西北・南鮮版	1929-03-19	2	04단	古は科書を賣却し節約を敎かる學生の不景氣
168047	朝鮮朝日	西北・南鮮版	1929-03-19	2	05단	勤儉自制の精神により學童に貯金獎勵
168048	朝鮮朝日	西北・南鮮版	1929-03-19	2	06단	新刊紹介(『文敎の朝鮮』)
168049	朝鮮朝日	西北版	1929-03-20	1	01단	京仁取の合倂に反對する事となり直ちに當局に陳情する/仁川府勢振興會理事會大に賑ふ
168050	朝鮮朝日	西北版	1929-03-20	1	02단	咸南道水害の救濟費調べ
168051	朝鮮朝日	西北版	1929-03-20	1	02단	修正案は少數で否決/中途から茶番化した昨日の區制案委員會
168052	朝鮮朝日	西北版	1929-03-20	1	04단	新義州木組の記念祝賀會
168053	朝鮮朝日	西北版	1929-03-20	1	04단	大理石鑛を發見す鴨綠江沿岸で
168054	朝鮮朝日	西北版	1929-03-20	1	04단	俳句/鈴木化蕘選
168055	朝鮮朝日	西北版	1929-03-20	1	04단	平壤より
168056	朝鮮朝日	西北版	1929-03-20	1	04단	わづかに二ヶ月間で運轉手を養成/約二三割は合格する
168057	朝鮮朝日	西北版	1929-03-20	1	05단	洪水被害と道路復舊咸南道の調査
168058	朝鮮朝日	西北版	1929-03-20	1	05단	於之屯水利の反對を陳情/四千名は立退を憂へ仕事も手につかない
168059	朝鮮朝日	西北版	1929-03-20	1	05단	無籍露國人の入國が多い
168060	朝鮮朝日	西北版	1929-03-20	1	05단	鎭南浦府の豫算案可決
168061	朝鮮朝日	西北版	1929-03-20	1	05단	果然元山爭議問題が議場にもち出され/哀れや社會主事槍玉にあげられ議長の氣轉であやふくすくはる/咸鏡南道評議會の一幕
168062	朝鮮朝日	西北版	1929-03-20	1	06단	陽氣の加減か家出が多い/なやましい春はまづ人事相談所に訪れる
168063	朝鮮朝日	西北版	1929-03-20	1	07단	淸明節記念植樹
168064	朝鮮朝日	西北版	1929-03-20	1	07단	お茶のあと
168065	朝鮮朝日	西北版	1929-03-20	1	07단	櫻と唐松の苗木を配布
168066	朝鮮朝日	西北版	1929-03-20	1	08단	昨今の平壤は冬眠からさめて俄かに活氣をていす大同江も全く解氷す
168067	朝鮮朝日	西北版	1929-03-20	1	08단	南浦港修築費貴院を通過
168068	朝鮮朝日	西北版	1929-03-20	1	08단	基地整理に贊意を表し土地を寄附す
168069	朝鮮朝日	西北版	1929-03-20	1	08단	大砲竊取犯人判明然しとつくに姿をくらます
168070	朝鮮朝日	西北版	1929-03-20	1	08단	平壤の感冒殆んど終熄す

일련번호	판명		간행일	면	단수	기사명
168071	朝鮮朝日	西北版	1929-03-20	1	09단	債券の利札で六千圓儲く
168072	朝鮮朝日	西北版	1929-03-20	1	09단	とても素晴しい代表的の迷信/大同警察
168072	朝鮮朝日	西北版	1929-03-20	1	09단	署のしらべさすがに朝鮮の田舎らしい
168073	朝鮮朝日	西北版	1929-03-20	1	09단	ダンス遂に許可されん
168074	朝鮮朝日	西北版	1929-03-20	1	09단	煙草小賣店の店頭を改善
168075	朝鮮朝日	西北版	1929-03-20	1	10단	老錬選手を招聘し陳容を立直す平壤實業野球
168076	朝鮮朝日	西北版	1929-03-20	1	10단	投身自殺す
168077	朝鮮朝日	西北版	1929-03-20	1	10단	晉州の鹽種製造所燒く
168078	朝鮮朝日	西北版	1929-03-20	1	10단	もよほし(堆肥品評會賞品授與式)
168079	朝鮮朝日	西北版	1929-03-20	1	10단	半島茶話
168080	朝鮮朝日	南鮮版	1929-03-20	1	01단	京仁取の合併に反對する事となり直ちに當局に陳情する/仁川府勢振興會理事會大に賑ふ
168081	朝鮮朝日	南鮮版	1929-03-20	1	01단	修正案は少數で否決/中途から茶番化した昨日の區制案委員會
168082	朝鮮朝日	南鮮版	1929-03-20	1	01단	釜山高女校の道立移管を陳情/實現まで引續いて猛烈な運動を行ふ
168083	朝鮮朝日	南鮮版	1929-03-20	1	01단	わづかに二ケ月間で運轉手を養成/約二三割は合格する
168084	朝鮮朝日	南鮮版	1929-03-20	1	02단	二疊敷のオンドルに百五十名詰かける/設備らしい設備もない見るも悲慘を極める土幕民學校
168085	朝鮮朝日	南鮮版	1929-03-20	1	03단	煙草小賣店の店頭を改善
168086	朝鮮朝日	南鮮版	1929-03-20	1	04단	豫算を附議釜山府協議會
168087	朝鮮朝日	南鮮版	1929-03-20	1	04단	內地通漁團の制限を陳情/壓迫が激しくなって東海岸悲鳴をあげる
168088	朝鮮朝日	南鮮版	1929-03-20	1	04단	俳句/鈴木化養選
168089	朝鮮朝日	南鮮版	1929-03-20	1	05단	刑務所長の異動を行ふ
168090	朝鮮朝日	南鮮版	1929-03-20	1	05단	各地飛行場の設備に着手
168091	朝鮮朝日	南鮮版	1929-03-20	1	05단	朝鮮蹴球協會役員きまる
168092	朝鮮朝日	南鮮版	1929-03-20	1	05단	電車線路の中央敷設替愈決定を見る
168093	朝鮮朝日	南鮮版	1929-03-20	1	06단	嬰兒六人分の困まり/開腹手術によって摘出する
168094	朝鮮朝日	南鮮版	1929-03-20	1	06단	この悲慘事草根木皮を食ひやうやく露命を繋ぐ 悲慘を極める旱害民/全北旱の害民間島へ志す
168095	朝鮮朝日	南鮮版	1929-03-20	1	07단	卒業式(京城帝大法文學部/京城師範學校)
168096	朝鮮朝日	南鮮版	1929-03-20	1	07단	理想的な大劇場釜山座のあと地に建築す

일련번호	판명		간행일	면	단수	기사명
168096	朝鮮朝日	南鮮版	1929-03-20	1	07단	る/國際館劇場は結局解散か
168097	朝鮮朝日	南鮮版	1929-03-20	1	08단	晋州の蠶種製造所燒く
168098	朝鮮朝日	南鮮版	1929-03-20	1	08단	面民の負擔を出來るだけ輕減/十四普通校の割當に京畿道頭をなやます
168099	朝鮮朝日	南鮮版	1929-03-20	1	08단	十四の花嫁が夫の毒殺を圖る/早婚にからんだ悲劇
168100	朝鮮朝日	南鮮版	1929-03-20	1	09단	十字路
168101	朝鮮朝日	南鮮版	1929-03-20	1	09단	牛が暴れて數名を傷つく
168102	朝鮮朝日	南鮮版	1929-03-20	1	10단	大砲竊取犯人判明然しとつくに姿をくらます
168103	朝鮮朝日	南鮮版	1929-03-20	1	10단	强盗を種に警察を欺く人を食った狂言
168104	朝鮮朝日	南鮮版	1929-03-20	1	10단	半島茶話
168105	朝鮮朝日	西北・南鮮版	1929-03-20	2	01단	簡保の準備は四月から着手する朝郵の問題は遺憾だ山本遞信局長歸來談
168106	朝鮮朝日	西北・南鮮版	1929-03-20	2	01단	いたる處大好評 鹽田事務官談/觀客誘引策を當局に建議 京城商議から/煙草に關する珍品を出品
168107	朝鮮朝日	西北・南鮮版	1929-03-20	2	02단	四年度の追加豫算衆議院へ提出
168108	朝鮮朝日	西北・南鮮版	1929-03-20	2	03단	增資せねば效力を失ふ地方の小銀行
168109	朝鮮朝日	西北・南鮮版	1929-03-20	2	03단	雜誌「朝鮮」を城大で發行
168110	朝鮮朝日	西北・南鮮版	1929-03-20	2	03단	朝日巡回活動寫眞
168111	朝鮮朝日	西北・南鮮版	1929-03-20	2	04단	朝鮮水産館寄附金で建築
168112	朝鮮朝日	西北・南鮮版	1929-03-20	2	04단	大邱警察署の建築案通過
168113	朝鮮朝日	西北・南鮮版	1929-03-20	2	04단	頗る有利な大邱府營公設質屋
168114	朝鮮朝日	西北・南鮮版	1929-03-20	2	04단	忠淸北道の教員大移動
168115	朝鮮朝日	西北・南鮮版	1929-03-20	2	04단	新刊紹介(『GOLFER』『ゲラ』『金融組合』)
168116	朝鮮朝日	西北版	1929-03-21	1	01단	民政死力を盡して議事の妨害につとめ混亂又混亂議事未了で けふ祭日に拘らず開會す小選擧區制案上程の衆議院本會議/死をもって阻止に場內は殺氣立つ民政全員擧げて壇上に守衛軍と隨所に揉合ふ/議長の權限でけふ開會/民政黨側の騷擾者四十二名を告發す きのふ政新兩派から東京地方裁判所に對し提起/檢事議長を訪ふ
168117	朝鮮朝日	西北版	1929-03-21	1	04단	妨害は開會前速記錄により民正黨反駁す/その非は與黨にありと信ずる 無産黨の聲明/更に卅五名追加告發
168118	朝鮮朝日	西北版	1929-03-21	1	05단	新義州府の明年度豫算
168119	朝鮮朝日	西北版	1929-03-21	1	05단	石炭液化事業研究所設置

일련번호	판명		간행일	면	단수	기사명
168120	朝鮮朝日	西北版	1929-03-21	1	05단	貴族救濟案を議會へ提出/日韓併合條約に基き二百五十萬圓を支出
168121	朝鮮朝日	西北版	1929-03-21	1	06단	京城淸津間の電話開通は四月一日から
168122	朝鮮朝日	西北版	1929-03-21	1	07단	四月一日から面の廢合を行ふ現在の百六十五面が結局百四十七面となる
168123	朝鮮朝日	西北版	1929-03-21	1	07단	「伸行く咸南」朝鮮博で映寫
168124	朝鮮朝日	西北版	1929-03-21	1	07단	お茶のあと
168125	朝鮮朝日	西北版	1929-03-21	1	07단	連絡飛行の時間表愈內定を見る
168126	朝鮮朝日	西北版	1929-03-21	1	08단	平壤より
168127	朝鮮朝日	西北版	1929-03-21	1	08단	解雇から形勢惡化/龍井の靴下職工の同盟罷業
168128	朝鮮朝日	西北版	1929-03-21	1	08단	各道の評議會終了を告ぐ/旱害救濟と教育費がいちじるしく目立つ
168129	朝鮮朝日	西北版	1929-03-21	1	08단	童謠/北原白秋選
168130	朝鮮朝日	西北版	1929-03-21	1	08단	平安北道內に居住の外人
168131	朝鮮朝日	西北版	1929-03-21	1	09단	支那海關吏が食鹽の沒收わが附屬地で
168132	朝鮮朝日	西北版	1929-03-21	1	09단	戰鬪射擊を實施
168133	朝鮮朝日	西北版	1929-03-21	1	09단	煉炭會社が平壤に生れる
168134	朝鮮朝日	西北版	1929-03-21	1	09단	犯罪手口カード平壤、大同兩署で作り/科學的の搜査を行ふ
168135	朝鮮朝日	西北版	1929-03-21	1	10단	もよほし(沙里院の諸藝溫習會/安東の音樂會)
168136	朝鮮朝日	西北版	1929-03-21	1	10단	人(江橋飛行第六聯隊長/松井平壤府尹/藤原平南內務部長/安尾第三十九旅團副官)
168137	朝鮮朝日	西北版	1929-03-21	1	10단	半島茶話
168138	朝鮮朝日	南鮮版	1929-03-21	1	01단	民政死力を盡して議事の妨害につとめ混亂又混亂議事未了で けふ祭日に拘らず開會す小選擧區制案上程の衆議院本會議/死をもって阻止に場內は殺氣立つ 民政全員擧げて壇上に守衛軍と隨所に揉合ふ/議長の權限でけふ開會/民政黨側の騷擾者四十二名を告發 きのふ政新兩派から東京地方裁判所に對し提起/檢事議長を訪ふ
168139	朝鮮朝日	南鮮版	1929-03-21	1	04단	妨害は開會前速記錄により民正黨反駁す/その非は與黨にありと信ずる 無産黨の聲明/更に卅五名追加告發
168140	朝鮮朝日	南鮮版	1929-03-21	1	05단	モヒ專賣制度骨拔にされ/善後策打合せのため淺利局長急遽上京す
168141	朝鮮朝日	南鮮版	1929-03-21	1	05단	貴族救濟案を議會へ提出/日韓併合條約

일련번호	판명		간행일	면	단수	기사명
168141	朝鮮朝日	南鮮版	1929-03-21	1	05단	に基き二百五十萬圓を支出
168142	朝鮮朝日	南鮮版	1929-03-21	1	07단	京仁取合併反對を總督府に陳情
168143	朝鮮朝日	南鮮版	1929-03-21	1	07단	連絡飛行路に大邱も加る
168144	朝鮮朝日	南鮮版	1929-03-21	1	07단	大邱學組議員選擧切迫す
168145	朝鮮朝日	南鮮版	1929-03-21	1	07단	京城電氣が發電所增設
168146	朝鮮朝日	南鮮版	1929-03-21	1	07단	何等新鮮味なしとて散々こきおろし/前途の多難を思はせる緊張裡に開會した京城府協議會
168147	朝鮮朝日	南鮮版	1929-03-21	1	07단	童謠/北原白秋選
168148	朝鮮朝日	南鮮版	1929-03-21	1	08단	金剛山電鐵が發電所新設
168149	朝鮮朝日	南鮮版	1929-03-21	1	08단	百萬圓からの金がころげこむ朝鮮博覽會の建築で/請負師サンは大當り
168150	朝鮮朝日	南鮮版	1929-03-21	1	08단	連絡飛行の從業員入城
168151	朝鮮朝日	南鮮版	1929-03-21	1	08단	注目される朝郵總會/社長更迭その他問題山積し
168152	朝鮮朝日	南鮮版	1929-03-21	1	08단	連絡飛行の時間表愈內定を見る
168153	朝鮮朝日	南鮮版	1929-03-21	1	09단	京電舊社屋を繁榮會へ讓渡する
168154	朝鮮朝日	南鮮版	1929-03-21	1	09단	兒童愛護の宣傳を行ふ
168155	朝鮮朝日	南鮮版	1929-03-21	1	09단	慶北道在勤の奏任校長候補者
168156	朝鮮朝日	南鮮版	1929-03-21	1	10단	夫の亂行から自殺を企つ
168157	朝鮮朝日	南鮮版	1929-03-21	1	10단	事實を否認し急所をはづす海賊事件公判
168158	朝鮮朝日	南鮮版	1929-03-21	1	10단	半島茶話
168159	朝鮮朝日	西北・南鮮版	1929-03-21	2	01단	副業を獎勵して授業料を支辨させ/農家の經濟を緩和する京畿道でまづ其可能性を調べる
168160	朝鮮朝日	西北・南鮮版	1929-03-21	2	02단	各道林務主任會議
168161	朝鮮朝日	西北・南鮮版	1929-03-21	2	03단	咸興病院が擴張を計劃
168162	朝鮮朝日	西北・南鮮版	1929-03-21	2	03단	多賀博士が設計を擔任昭和水利組合
168163	朝鮮朝日	西北・南鮮版	1929-03-21	2	03단	朝日巡回活動寫眞
168164	朝鮮朝日	西北・南鮮版	1929-03-21	2	04단	爲替と貯金の內地流失高
168165	朝鮮朝日	西北・南鮮版	1929-03-21	2	04단	全國敎育大會
168166	朝鮮朝日	西北・南鮮版	1929-03-21	2	04단	府郡屬試驗の合格者發表
168167	朝鮮朝日	西北・南鮮版	1929-03-21	2	04단	江界の初筏本月末頃着く
168168	朝鮮朝日	西北・南鮮版	1929-03-21	2	04단	憲兵の採用試驗
168169	朝鮮朝日	西北版	1929-03-22	1		休刊
168170	朝鮮朝日	南鮮版	1929-03-22	1		休刊
168171	朝鮮朝日	西北・南鮮版	1929-03-22	2		休刊
168172	朝鮮朝日	西北版	1929-03-23	1	01단	平南道における面廢合の範圍決る/愈よ四月一日から實施/この結果多少負擔が

일련번호	판명		간행일	면	단수	기사명
168172	朝鮮朝日	西北版	1929-03-23	1	01단	輕減される
168173	朝鮮朝日	西北版	1929-03-23	1	01단	列車時間表の改正を行ひ/歐亞連絡の便
168173	朝鮮朝日	西北版	1929-03-23	1	01단	を圖る/滿洲線も同時に斷行
168174	朝鮮朝日	西北版	1929-03-23	1	01단	二つの請願委員會に附議
168175	朝鮮朝日	西北版	1929-03-23	1	01단	いろんな展覽會春から秋にかけ平壤で開く
168176	朝鮮朝日	西北版	1929-03-23	1	02단	成績のよい平南の蠅の驅除
168177	朝鮮朝日	西北版	1929-03-23	1	02단	陣容を整へ戰機熟すを待つ/今年は選擧の當り年/平壤府議、學組の改選
168178	朝鮮朝日	西北版	1929-03-23	1	03단	農業補習校の設置を陳情
168179	朝鮮朝日	西北版	1929-03-23	1	03단	平壤靑訓の準備を進む
168180	朝鮮朝日	西北版	1929-03-23	1	03단	御大典記念の植樹を開始
168181	朝鮮朝日	西北版	1929-03-23	1	04단	救急藥を錠劑に變更
168182	朝鮮朝日	西北版	1929-03-23		04단	化學工業の基本的調査機關設置の必要を痛感し實現要望の聲高まる
168183	朝鮮朝日	西北版	1929-03-23	1	04단	俳句/鈴木花蓑選
168184	朝鮮朝日	西北版	1929-03-23	1	04단	安東筆友會例會
168185	朝鮮朝日	西北版	1929-03-23	1	04단	鎭南浦港修築の準備にか丶る
168186	朝鮮朝日	西北版	1929-03-23		05단	海輸稅の賦課阻止/安東關稅委員會の態度決る
168187	朝鮮朝日	西北版	1929-03-23	1	05단	安東の擬國會とても素晴しい人氣を呼ぶ
168188	朝鮮朝日	西北版	1929-03-23		05단	先生の洪水こ丶にも就職難/新卒業生をどう捌くか/平南道當局頭痛のてい
168189	朝鮮朝日	西北版	1929-03-23	1	06단	牡丹台野話
168190	朝鮮朝日	西北版	1929-03-23	1	06단	新義州に畜犬稅豫算に計上す
168191	朝鮮朝日	西北版	1929-03-23	1	06단	平北の公醫講習會
168192	朝鮮朝日	西北版	1929-03-23	1	06단	平壤府協議會
168193	朝鮮朝日	西北版	1929-03-23	1	06단	蓋をあけた朝鮮航空研究所
168194	朝鮮朝日	西北版	1929-03-23	1	06단	故福田氏を映畫化する
168195	朝鮮朝日	西北版	1929-03-23	1	07단	平壤驛の上屋竣工
168196	朝鮮朝日	西北版	1929-03-23		07단	鴨綠江の初航船安東縣の運輸業者が積荷の準備にか丶る
168197	朝鮮朝日	西北版	1929-03-23		07단	犬皮の暴騰で野犬を狩り盡し警察署は大たすかり/江界の取引高一萬圓
168198	朝鮮朝日	西北版	1929-03-23		07단	憲兵增員は行はぬ/日下部朝鮮憲兵司令官の談
168199	朝鮮朝日	西北版	1929-03-23	1	08단	隣接三村落新義州編入
168200	朝鮮朝日	西北版	1929-03-23	1	08단	面協議員が連袂辭職東萊面の紛擾
168201	朝鮮朝日	西北版	1929-03-23		08단	教員任免から騷動が起る/平壤基督教長老派の十二教會の有志起つ

일련번호	판명		간행일	면	단수	기사명
168202	朝鮮朝日	西北版	1929-03-23	1	09단	行囊破り犯人判る/連累者が捕まり主犯は逃走
168203	朝鮮朝日	西北版	1929-03-23	1	09단	馬匹の奇病は胸疫と判る
168204	朝鮮朝日	西北版	1929-03-23	1	09단	官名を詐稱
168205	朝鮮朝日	西北版	1929-03-23	1	10단	迷信から孫を撲殺す
168206	朝鮮朝日	西北版	1929-03-23	1	10단	追剝を働く
168207	朝鮮朝日	西北版	1929-03-23	1	10단	平壤の火事
168208	朝鮮朝日	西北版	1929-03-23	1	10단	鮮女の轢死
168209	朝鮮朝日	西北版	1929-03-23	1	10단	海賊現はる
168210	朝鮮朝日	西北版	1929-03-23	1	10단	同盟休校の首謀者處罰
168211	朝鮮朝日	西北版	1929-03-23	1	10단	火藥を隱匿
168212	朝鮮朝日	西北版	1929-03-23	1	10단	人(支那側鴨渾江上警察廳長更送退職した干治功氏の後任は奉天省欒雲奎氏に決定、就任した)
168213	朝鮮朝日	南鮮版	1929-03-23	1	01단	證據を突付けて馬野知事を詰問し遺憾の意を 表明せしむ 京城の土地問題泣寢入的に解決 か/『全力を盡して解決につとめる』/聲涙共 に下る調子で馬野氏が事情を述ぶ
168214	朝鮮朝日	南鮮版	1929-03-23	1	01단	公益質屋案で議論百出しために議場は混亂す/京城府協議會二日目
168215	朝鮮朝日	南鮮版	1929-03-23	1	01단	南原電氣が供給區域延長
168216	朝鮮朝日	南鮮版	1929-03-23	1	02단	年度明けから工事に着手釜山鐵道工場
168217	朝鮮朝日	南鮮版	1929-03-23	1	02단	面協議員が連袂辭職東萊面の紛擾
168218	朝鮮朝日	南鮮版	1929-03-23	1	03단	蓋をあけた朝鮮航空研究所
168219	朝鮮朝日	南鮮版	1929-03-23	1	03단	故福田氏を映畫化する
168220	朝鮮朝日	南鮮版	1929-03-23	1	03단	質屋サンの示威？
168221	朝鮮朝日	南鮮版	1929-03-23	1	03단	京城の台所(1)/五十四萬圓を水道に投げ出す當分水にはこまらぬ火事があってものほゝんで濟むとても威勢のよい上水道擴張案
168222	朝鮮朝日	南鮮版	1929-03-23	1	04단	朝鮮煙草賣捌今期の營業成績
168223	朝鮮朝日	南鮮版	1929-03-23	1	04단	矢島氏の視察重要視さる
168224	朝鮮朝日	南鮮版	1929-03-23	1	05단	五代の總督に仕へ十八年の間働きとほす/なくてはならぬ偉大な運轉手君/總督府の名物男小林君の事ども
168225	朝鮮朝日	南鮮版	1929-03-23	1	05단	動物供養碑細菌檢査室へ
168226	朝鮮朝日	南鮮版	1929-03-23	1	05단	列車時間表の改正を行ひ/歐亞連絡の便を圖る/滿洲線も同時に斷行

일련번호	판명		간행일	면	단수	기사명
168227	朝鮮朝日	南鮮版	1929-03-23	1	06단	共同棉作圃婦人のため設置
168228	朝鮮朝日	南鮮版	1929-03-23	1	06단	運動界(靑年籃球團が京都に遠征)
168229	朝鮮朝日	南鮮版	1929-03-23	1	06단	俳句/鈴木花蓑選
168230	朝鮮朝日	南鮮版	1929-03-23	1	06단	石器時代の器具を發掘
168231	朝鮮朝日	南鮮版	1929-03-23	1	07단	青い鳥/釜山一記者
168232	朝鮮朝日	南鮮版	1929-03-23	1	07단	是非植林して耕地を造りたい/濟州島國有林を視た/木谷造林課長は語る
168233	朝鮮朝日	南鮮版	1929-03-23	1	07단	學生と朝博を目當の下宿屋/近頃めっぽう殖えた完全な條件を具備せねば今後は絶對に許可しない
168234	朝鮮朝日	南鮮版	1929-03-23	1	08단	三十六戶全燒す/全北道の火事
168235	朝鮮朝日	南鮮版	1929-03-23	1	08단	藝妓菊江の死體を發見
168236	朝鮮朝日	南鮮版	1929-03-23	1	09단	釜山牛檢所の記念式と牛の市空前の賑ひを豫想さる
168237	朝鮮朝日	南鮮版	1929-03-23	1	10단	汽船の火事
168238	朝鮮朝日	南鮮版	1929-03-23	1	10단	火藥を隱匿
168239	朝鮮朝日	南鮮版	1929-03-23	1	10단	憲兵增員は行はぬ/日下部朝鮮憲兵司令官の談
168240	朝鮮朝日	南鮮版	1929-03-23	1	10단	もよほし(武岡土川兩氏送別演奏會)
168241	朝鮮朝日	南鮮版	1929-03-23	1	10단	人(上原平太郎中將(龍山第二十師團長)/石川淸人氏(朝鮮軍司令部軍醫部長)/荒井初太郎氏(仁取社長)/岡本釜山署長)
168242	朝鮮朝日	西北・南鮮版	1929-03-23	2	01단	村の燈台/和歌山縣の模範村伊都郡大谷村(下)/繁、閑のないやう勞力の平均村長さん訖が夜學通ひ
168243	朝鮮朝日	西北・南鮮版	1929-03-23	2	01단	共濟制度にて家畜を保護/內地家畜保險に似た/朝鮮內の家畜保護策
168244	朝鮮朝日	西北・南鮮版	1929-03-23	2	01단	ラヂオで大宣傳內地の放送局と連絡をとり/釜山府の朝博對策 準備を進める/協贊會組織の準備に着手/朝鮮博覽會の仁川協贊會
168245	朝鮮朝日	西北・南鮮版	1929-03-23	2	03단	朝日巡回活動寫眞
168246	朝鮮朝日	西北・南鮮版	1929-03-23	2	04단	高文合格者の行政官採用
168247	朝鮮朝日	西北・南鮮版	1929-03-23	2	04단	忠北沿線に自動車運轉
168248	朝鮮朝日	西北版	1929-03-24	1	01단	前途を見極めて原案の固持をやめ適當な妥協案を持出す/教育令に對する總督府の腹決る
168249	朝鮮朝日	西北版	1929-03-24	1	01단	朝鮮人學校の廢止を命令/亂暴極まる民國政府總督府では形勢を觀望
168250	朝鮮朝日	西北版	1929-03-24	1	01단	安東地方事務所長の更迭

일련번호	판명		간행일	면	단수	기사명
168251	朝鮮朝日	西北版	1929-03-24	1	01단	經濟農場を設置し農學校の卒業生を配置する
168252	朝鮮朝日	西北版	1929-03-24	1	02단	平壤より
168253	朝鮮朝日	西北版	1929-03-24	1	02단	評判の惡い內閣でも咸興には福の神樣/憧れの府制を近く實施/府廳舍建築の財源で頭を惱ます
168254	朝鮮朝日	西北版	1929-03-24	1	03단	安東商店協會常任幹事きまる
168255	朝鮮朝日	西北版	1929-03-24	1	03단	陽氣な思觀亭遊山客で大にぎはひ
168256	朝鮮朝日	西北版	1929-03-24	1	04단	平壤局窓口取扱高二月中の統計
168257	朝鮮朝日	西北版	1929-03-24	1	05단	海關問題の意見を徵す支那が我國へ
168258	朝鮮朝日	西北版	1929-03-24	1	05단	通譯試驗の合格者發表
168259	朝鮮朝日	西北版	1929-03-24	1	05단	『止めてくれねば制限して貰ひたい』と條件を附し陳情する公設質屋で平壤の當業者大弱り
168260	朝鮮朝日	西北版	1929-03-24	1	05단	新義州高女の入試合格者發表
168261	朝鮮朝日	西北版	1929-03-24	1	06단	大罷業解決の協議を重ぬ/馬野咸鏡南道知事が總督府の幹部を訪ふ
168262	朝鮮朝日	西北版	1929-03-24	1	06단	面民の負擔がうんと減り生活が大分樂になる/面の廢合に伴ふ利益
168263	朝鮮朝日	西北版	1929-03-24	1	06단	短歌/橋田東聲選
168264	朝鮮朝日	西北版	1929-03-24	1	06단	咸興に電車の走る日は？尤もらしい噂話
168265	朝鮮朝日	西北版	1929-03-24	1	07단	公魚を養殖
168266	朝鮮朝日	西北版	1929-03-24	1	07단	新院海州間の沿線再測量
168267	朝鮮朝日	西北版	1929-03-24	1	07단	咸興聯隊の檢閱
168268	朝鮮朝日	西北版	1929-03-24	1	07단	市民が應分の會費を出し/軍旗祭を擧面一致で咸興面民熱心に希望
168269	朝鮮朝日	西北版	1929-03-24	1	08단	牡丹台野話
168270	朝鮮朝日	西北版	1929-03-24	1	08단	漁業取締船淸津に入港
168271	朝鮮朝日	西北版	1929-03-24	1	08단	元山水電の電力補充
168272	朝鮮朝日	西北版	1929-03-24	1	08단	不二農場の爭議解決/農場の讓步で
168273	朝鮮朝日	西北版	1929-03-24	1	09단	本年の植樹は二百萬本に上る/松、栗、櫟が主なるもの/平安南道の記念植樹
168274	朝鮮朝日	西北版	1929-03-24	1	09단	小作地の返納を命ぜられ悲鳴を擧ぐ/其存續を郡廳へ陳情
168275	朝鮮朝日	西北版	1929-03-24	1	09단	本社門司支局長更迭/後任は鎌田氏
168276	朝鮮朝日	西北版	1929-03-24	1	10단	朝鮮水電の發電所完成
168277	朝鮮朝日	西北版	1929-03-24	1	10단	夫に面當に自殺を遂ぐ
168278	朝鮮朝日	西北版	1929-03-24	1	10단	客車五輛脫線す
168279	朝鮮朝日	西北版	1929-03-24	1	10단	新義州通信部安東へ移轉

일련번호	판명		간행일	면	단수	기사명
168280	朝鮮朝日	西北版	1929-03-24	1	10단	人(朴相駿氏(黃海道知事))
168281	朝鮮朝日	西北版	1929-03-24	1	10단	半島茶話
168282	朝鮮朝日	南鮮版	1929-03-24	1	01단	前途を見極めて原案の固持をやめ適當な妥協案を持出す/教育令に對する總督府の腹決る
168283	朝鮮朝日	南鮮版	1929-03-24	1	01단	朝鮮人學校の廢止を命令/亂暴極まる民國政府總督府では形勢を觀望
168284	朝鮮朝日	南鮮版	1929-03-24	1	01단	仁川府豫算の編成を終る
168285	朝鮮朝日	南鮮版	1929-03-24	1	02단	海關問題の意見を徵す支那が我國へ
168286	朝鮮朝日	南鮮版	1929-03-24	1	02단	通譯試驗の合格者發表
168287	朝鮮朝日	南鮮版	1929-03-24	1	02단	京城の台所(２)/美容院通ひの金は八十五萬圓お化粧料は二十萬圓/さてよくお金を使ふ娘さんよ市區改正費と土木費の內容
168288	朝鮮朝日	南鮮版	1929-03-24	1	03단	奏任校長は卅二名近く內閣に上申してきめる
168289	朝鮮朝日	南鮮版	1929-03-24	1	03단	質屋サンから三つの希望/公設質屋新設に伴ひ釜山府當局に陳情す
168290	朝鮮朝日	南鮮版	1929-03-24	1	04단	細民のために小住宅建築
168291	朝鮮朝日	南鮮版	1929-03-24	1	04단	國際館劇場は解散と決る
168292	朝鮮朝日	南鮮版	1929-03-24	1	04단	六名の議員で議事を續け豫算案を可決
168293	朝鮮朝日	南鮮版	1929-03-24	1	05단	元山水電の電力補充
168294	朝鮮朝日	南鮮版	1929-03-24	1	05단	不二農場の爭議解決/農場の讓步で
168295	朝鮮朝日	南鮮版	1929-03-24	1	05단	醫專昇格の前提か/大邱醫學講習所生徒を募集
168296	朝鮮朝日	南鮮版	1929-03-24	1	05단	張會頭に對し留任を勸告
168297	朝鮮朝日	南鮮版	1929-03-24	1	05단	新酒品評會の褒賞授與式
168298	朝鮮朝日	南鮮版	1929-03-24	1	05단	悲劇の一家
168299	朝鮮朝日	南鮮版	1929-03-24	1	06단	群山府債の借替を行ふ
168300	朝鮮朝日	南鮮版	1929-03-24	1	06단	短歌/橋田東聲選
168301	朝鮮朝日	南鮮版	1929-03-24	1	06단	城大第一回卒業式二十五日擧行
168302	朝鮮朝日	南鮮版	1929-03-24	1	07단	大罷業解決の協議を重ぬ/馬野咸鏡南道知事が總督府の幹部を訪ふ
168303	朝鮮朝日	南鮮版	1929-03-24	1	07단	公設質屋案の前途危うし/卽決否決論あらはる京城府協議會三日目
168304	朝鮮朝日	南鮮版	1929-03-24	1	07단	孝女の龜鑑映畫となる
168305	朝鮮朝日	南鮮版	1929-03-24	1	08단	平和の春はまづ牧場へ牧牛はからだ一杯に陽光を受けて戲れる
168306	朝鮮朝日	南鮮版	1929-03-24	1	08단	厭世自殺を遂ぐ

일련번호	판명		간행일	면	단수	기사명
168307	朝鮮朝日	南鮮版	1929-03-24	1	08단	朝鮮水電の發電所完成
168308	朝鮮朝日	南鮮版	1929-03-24	1	08단	靑い鳥/釜山一記者
168309	朝鮮朝日	南鮮版	1929-03-24	1	09단	演習林燒く
168310	朝鮮朝日	南鮮版	1929-03-24	1	09단	朝鮮海峽しげる
168311	朝鮮朝日	南鮮版	1929-03-24	1	09단	淺間、磐手兩艦鎭海に入港
168312	朝鮮朝日	南鮮版	1929-03-24	1	10단	客車五輛脫線す
168313	朝鮮朝日	南鮮版	1929-03-24	1	10단	本社門司支局長更迭/後任は鎌田氏
168314	朝鮮朝日	南鮮版	1929-03-24	1	10단	新義州通信部安東へ移轉
168315	朝鮮朝日	南鮮版	1929-03-24	1	10단	人(竹內健郎氏(新慶南內務部長)/松田貞次郎氏(兼二浦製鹽所長)/松寺法務局長/渡邊壽中將(第十九師團長)/田中淸喜少佐(新釜山憲兵分隊長)/高木義枝中佐(前釜山憲兵分隊長)/須藤慶南知事/美座同警察部長/穗積總督府稅務課長/朴相駿氏(黃海道知事))
168316	朝鮮朝日	南鮮版	1929-03-24	1	10단	半島茶話
168317	朝鮮朝日	西北・南鮮版	1929-03-24	2	01단	民度を考へて改正を行ふ/四月ごろに公布して十月實施する民事令
168318	朝鮮朝日	西北・南鮮版	1929-03-24	2	01단	お茶のあと
168319	朝鮮朝日	西北・南鮮版	1929-03-24	2	02단	委員會を組織し貯蓄銀行設立の準備を進む
168320	朝鮮朝日	西北・南鮮版	1929-03-24	2	02단	洋服屋サンが賣込みで大競爭/勝手な御託を吐いて主文取りに大童の態
168321	朝鮮朝日	西北・南鮮版	1929-03-24	2	03단	DKからエス語放送
168322	朝鮮朝日	西北・南鮮版	1929-03-24	2	03단	朝日巡回活動寫眞
168323	朝鮮朝日	西北・南鮮版	1929-03-24	2	04단	武岡、榊原兩氏DKで放送
168324	朝鮮朝日	西北・南鮮版	1929-03-24	2	04단	久留米絣工賃値下を要求全鮮刑務所の
168325	朝鮮朝日	西北・南鮮版	1929-03-24	2	04단	遞吏養成所の普通科生徒募集
168326	朝鮮朝日	西北・南鮮版	1929-03-24	2	04단	雇員の採用試驗
168327	朝鮮朝日	西北・南鮮版	1929-03-24	2	04단	侍天敎中央大會
168328	朝鮮朝日	西北版	1929-03-26	1	01단	會期を餘す數分前議會の募閉づ地方鐵道買收法案で最後の騷ぎ母紙締切後の衆議院議事/不戰條約決議案少數で否決/貴族院/私鐵六線の買收は削除兩院協議會を開き衆議院側遂に敗る
168329	朝鮮朝日	西北版	1929-03-26	1	01단	元山府尹をして爭議を調停させる/總督府が聲明書を發表調停に手を染めた理由を明かにす
168330	朝鮮朝日	西北版	1929-03-26	1	01단	京城大學から敎授を迎へ實習器具もそなへる醫學講習所のお膳立
168331	朝鮮朝日	西北版	1929-03-26	1	02단	建議案通過

일련번호	판명		간행일	면	단수	기사명
168332	朝鮮朝日	西北版	1929-03-26	1	03단	鴨川町一帶を工業地帶とする/隣接三洞を合併した新義州府將來の計劃
168333	朝鮮朝日	西北版	1929-03-26	1	04단	南京政府と武漢派の軋轢つひに干戈を交ふ
168334	朝鮮朝日	西北版	1929-03-26	1	04단	立候補者簇出し激烈を極めた南浦商議選擧
168335	朝鮮朝日	西北版	1929-03-26	1	05단	*朝博協贊會の會員を募集/名士を招待し咸南を紹介*
168336	朝鮮朝日	西北版	1929-03-26	1	06단	新規事業を全部見合す沙里院學校組合
168337	朝鮮朝日	西北版	1929-03-26	1	06단	電氣府營懇談會/新義州府協議會員が集合し
168338	朝鮮朝日	西北版	1929-03-26	1	06단	咸南道の珍迷信とても物凄いのが大分ある
168339	朝鮮朝日	西北版	1929-03-26	1	06단	上水道擴張案の不始末を償ふため電氣府營をかつぎ出し淸津府當局一般府民から非難さる
168340	朝鮮朝日	西北版	1929-03-26	1	07단	朝鮮料理講習會
168341	朝鮮朝日	西北版	1929-03-26	1	07단	鎭南浦幼稚園前途危うし早くも寄附金還元の輿論府民の間に起る
168342	朝鮮朝日	西北版	1929-03-26	1	07단	お茶のあと
168343	朝鮮朝日	西北版	1929-03-26	1	08단	罹災者に對し義金を分配
168344	朝鮮朝日	西北版	1929-03-26	1	08단	赤化を目的の不穩分子が策動/間島朝鮮人民組合その前途を危ぶまる
168345	朝鮮朝日	西北版	1929-03-26	1	09단	新邸を買入れて/中野氏東京へ結局民政黨に入黨か/滿々たる野望をいだいて當分の間悠々自適する
168346	朝鮮朝日	西北版	1929-03-26	1	09단	腦脊髓膜炎咸南道に發生
168347	朝鮮朝日	西北版	1929-03-26	1	09단	差押の物件を勝手に賣却
168348	朝鮮朝日	西北版	1929-03-26	1	09단	一日三軒づゝ盜みまはる
168349	朝鮮朝日	西北版	1929-03-26	1	10단	四千圓費消し行方をくらます
168350	朝鮮朝日	西北版	1929-03-26	1	10단	妻の母を絞殺すいつまでも扶養できぬとて
168351	朝鮮朝日	西北版	1929-03-26	1	10단	叩きころす酒の上で喧譁し
168352	朝鮮朝日	西北版	1929-03-26	1	10단	少年を手先に竊盜を働く
168353	朝鮮朝日	西北版	1929-03-26	1	10단	線路の枕木を盜まんとす亂暴な朝鮮少年
168354	朝鮮朝日	南鮮版	1929-03-26	1	01단	*會期を餘す數分前議會の幕閉づ地方鐵道買收法案で最後の騷ぎ母紙締切後の衆議院議事/不戰條約決議案少數で否決/貴族院/私鐵六線の買收は削除兩院協議會を開き衆議院側遂に敗る*
168355	朝鮮朝日	南鮮版	1929-03-26	1	01단	*府協議會で陳謝は時局收拾のためだ土地賣却は成功である前日と打って變った馬野氏の話*

일련번호	판명		간행일	면	단수	기사명
168356	朝鮮朝日	南鮮版	1929-03-26	1	01단	元山の爭議を府尹が調停/總督府がその理由を聲明書を以て發表す
168357	朝鮮朝日	南鮮版	1929-03-26	1	03단	平壤飛行隊の八機が蔚山に飛來し郵飛祝賀飛行を行ふ
168358	朝鮮朝日	南鮮版	1929-03-26	1	04단	南京政府と武漢派の軋轢つひに干戈を交ふ
168359	朝鮮朝日	南鮮版	1929-03-26	1	04단	道知事會議五月中旬召集
168360	朝鮮朝日	南鮮版	1929-03-26	1	04단	釜山府の下水改修
168361	朝鮮朝日	南鮮版	1929-03-26	1	04단	『紛擾は覺悟結局はまとまる』釜山府協議會では總會の成行を樂觀
168362	朝鮮朝日	南鮮版	1929-03-26	1	04단	城大卒業式
168363	朝鮮朝日	南鮮版	1929-03-26	1	05단	建議案通過
168364	朝鮮朝日	南鮮版	1929-03-26	1	05단	遞信關係の判任官整理
168365	朝鮮朝日	南鮮版	1929-03-26	1	05단	第四回京城新酒品評會
168366	朝鮮朝日	南鮮版	1929-03-26	1	06단	靑い鳥/釜山一記者
168367	朝鮮朝日	南鮮版	1929-03-26	1	06단	前年下半期の小包郵便物
168368	朝鮮朝日	南鮮版	1929-03-26	1	06단	取引所問題は急ぐ必要がない/上京は別問題だった/今村殖産局長歸來談
168369	朝鮮朝日	南鮮版	1929-03-26	1	06단	昭和二年度の全鮮の酒稅
168370	朝鮮朝日	南鮮版	1929-03-26	1	06단	王宮塔保護
168371	朝鮮朝日	南鮮版	1929-03-26	1	06단	京城の台所(3)/哀れな人達に住宅を提供して下層階級を救濟するだがギリギリ一杯の台所とて四萬五千圓しか支出できない
168372	朝鮮朝日	南鮮版	1929-03-26	1	07단	麥作は不良
168373	朝鮮朝日	南鮮版	1929-03-26	1	07단	消防協會全南支部の盛大なる發會式
168374	朝鮮朝日	南鮮版	1929-03-26	1	08단	一日一食で露命を繋ぐ全北の旱害民
168375	朝鮮朝日	南鮮版	1929-03-26	1	08단	生活難から強盜となる七十一の老人
168376	朝鮮朝日	南鮮版	1929-03-26	1	09단	フグで死ぬ
168377	朝鮮朝日	南鮮版	1929-03-26	1	09단	釜山水道工事事務所燒失
168378	朝鮮朝日	南鮮版	1929-03-26	1	09단	爆彈破裂し重傷を負ふ
168379	朝鮮朝日	南鮮版	1929-03-26	1	09단	劍道專修學校近く京城に生る/資金を調達するため中村五段が渡米する
168380	朝鮮朝日	南鮮版	1929-03-26	1	10단	遺骨爭奪事件覆審法院へ被告が控訴し
168381	朝鮮朝日	南鮮版	1929-03-26	1	10단	橫領面書記捕る
168382	朝鮮朝日	南鮮版	1929-03-26	1	10단	倭城軍勝つ/京城蹴球聯盟戰
168383	朝鮮朝日	南鮮版	1929-03-26	1	10단	人(今村殖産局長)
168384	朝鮮朝日	南鮮版	1929-03-26	1	10단	半島茶話
168385	朝鮮朝日	西北・南鮮版	1929-03-26	2	01단	新人を迎へて賑ふこの春の野球界興味愈よ深き早慶の對立/充實を加へた關西チーム 高專諸校が迎へる群星

일련번호	판명		간행일	면	단수	기사명
168386	朝鮮朝日	西北・南鮮版	1929-03-26	2	01단	咸興上水道の擴張を行ふ/工費十二萬圓を投じて人口八萬人を見越し
168387	朝鮮朝日	西北・南鮮版	1929-03-26	2	03단	平南道の警官表彰
168388	朝鮮朝日	西北・南鮮版	1929-03-26	2	04단	郵便所事務開始
168389	朝鮮朝日	西北・南鮮版	1929-03-26	2	05단	沒收寺廟の調査を行ふ
168390	朝鮮朝日	西北・南鮮版	1929-03-26	2	05단	大興電氣が變電所新設
168391	朝鮮朝日	西北・南鮮版	1929-03-26	2	05단	電話中繼機の取付を終る
168392	朝鮮朝日	西北・南鮮版	1929-03-26	2	05단	前年よりも倍額の增額/咸興面の豫算
168393	朝鮮朝日	西北・南鮮版	1929-03-26	2	05단	咸南道廳舍の新築を計劃
168394	朝鮮朝日	西北・南鮮版	1929-03-26	2	05단	昭和水利設計代行の契約正式調印終る
168395	朝鮮朝日	西北・南鮮版	1929-03-26	2	06단	平壤公設質屋條例きまる
168396	朝鮮朝日	西北・南鮮版	1929-03-26	2	06단	北鮮陶器生れる
168397	朝鮮朝日	西北・南鮮版	1929-03-26	2	06단	生牛の移出本年に入り好況
168398	朝鮮朝日	西北・南鮮版	1929-03-26	2	06단	支那軍人の試驗を行ひ素質向上を計る
168399	朝鮮朝日	西北・南鮮版	1929-03-26	2	06단	自動車業の合併を計劃延吉敦化間の
168400	朝鮮朝日	西北・南鮮版	1929-03-26	2	06단	朝日巡回活動寫眞
168401	朝鮮朝日	西北・南鮮版	1929-03-26	2	07단	琿春の不況全く想像以上
168402	朝鮮朝日	西北版	1929-03-27	1	01단	參政權の附與はまだ其時期でない司法官優遇は漸次行ふ/建白及質問に對する政府の回答
168403	朝鮮朝日	西北版	1929-03-27	1	01단	局線編入後は運賃低下し利便がすくなくない/圖們鐵道買收の影響
168404	朝鮮朝日	西北版	1929-03-27	1	01단	郵便局長の異動を行ふ
168405	朝鮮朝日	西北版	1929-03-27	1	01단	黃海の旅(１)/驛だけは立派だが街は見榮えせぬ面倒なのは面營電氣表玄關の沙里院を見る
168406	朝鮮朝日	西北版	1929-03-27	1	02단	咸北西水羅に稅關監視署
168407	朝鮮朝日	西北版	1929-03-27	1	02단	商務會役員選擧
168408	朝鮮朝日	西北版	1929-03-27	1	03단	平壤管內徵兵檢査
168409	朝鮮朝日	西北版	1929-03-27	1	03단	淸津便り
168410	朝鮮朝日	西北版	1929-03-27	1	04단	叩頭百拜して同情に縋る時日の切迫に伴って南浦商議戰白熱化す
168411	朝鮮朝日	西北版	1929-03-27	1	04단	開墾干拓事業の補助を五割に增加/但し嚴選して交付する總督府の土地改良事業の進捗策
168412	朝鮮朝日	西北版	1929-03-27	1	05단	藤田少佐榮轉す
168413	朝鮮朝日	西北版	1929-03-27	1	05단	平壤より
168414	朝鮮朝日	西北版	1929-03-27	1	06단	ゴビ沙漠のラクダを京城に引張り出し目拔の場所を練り歩くさてその駱駝の處分

일련번호	판명		간행일	면	단수	기사명
168414	朝鮮朝日	西北版	1929-03-27	1	06단	に困りぬく
168415	朝鮮朝日	西北版	1929-03-27	1	06단	俳句/鈴木花蓑選
168416	朝鮮朝日	西北版	1929-03-27	1	07단	京城帝國大學の第一回卒業式
168417	朝鮮朝日	西北版	1929-03-27	1	07단	平南水産會議員改選
168418	朝鮮朝日	西北版	1929-03-27	1	07단	合併移轉說が起らぬやう/京仁取合併に對して徹底的反對を申合す
168419	朝鮮朝日	西北版	1929-03-27	1	07단	朝鮮海峽は稀有の大時化/釜山港內は避難の大小船舶で埋まる
168420	朝鮮朝日	西北版	1929-03-27	1	08단	卒業式(平壤女子高等普通學校)
168421	朝鮮朝日	西北版	1929-03-27	1	09단	自動車檢査を嚴重に行ふ
168422	朝鮮朝日	西北版	1929-03-27	1	09단	出入船舶多く鎭南浦賑ふ
168423	朝鮮朝日	西北版	1929-03-27	1	09단	溝にはまって機關車サカ立ち貨車七輛も共に脫線/平南新安州附近にて
168424	朝鮮朝日	西北版	1929-03-27	1	09단	强盜傷害犯人控訴をなす
168425	朝鮮朝日	西北版	1929-03-27	1	09단	牡丹台野話
168426	朝鮮朝日	西北版	1929-03-27	1	10단	篤學靑年の金を捲上ぐ
168427	朝鮮朝日	西北版	1929-03-27	1	10단	人(衛藤泰氏(大同署長)/萩原平南高等課長/岡田平南農務課長)
168428	朝鮮朝日	西北版	1929-03-27	1	10단	半島茶話
168429	朝鮮朝日	南鮮版	1929-03-27	1	01단	開墾干拓事業の補助を五割に增加/但し嚴選して交付する總督府の土地改良事業の進捗策
168430	朝鮮朝日	南鮮版	1929-03-27	1	01단	道路の完成を楯にとって島氏契約を履行せぬ/土地問題形勢惡化か
168431	朝鮮朝日	南鮮版	1929-03-27	1	01단	局線編入後は運賃低下し利便がすくなくない/圖們鐵道買收の影響
168432	朝鮮朝日	南鮮版	1929-03-27	1	01단	鎭南浦の商議戰叩頭百拜只管同情にすがる
168433	朝鮮朝日	南鮮版	1929-03-27	1	02단	咸北西水羅に稅關監視署
168434	朝鮮朝日	南鮮版	1929-03-27	1	02단	金利引下げの影響は少い/土地投資を斷念して反對に預金がふえる
168435	朝鮮朝日	南鮮版	1929-03-27	1	03단	郵便局長の異動を行ふ
168436	朝鮮朝日	南鮮版	1929-03-27	1	03단	俳句/鈴木花蓑選
168437	朝鮮朝日	南鮮版	1929-03-27	1	03단	釜山に郵便所
168438	朝鮮朝日	南鮮版	1929-03-27	1	03단	メートル日と京城の宣傳
168439	朝鮮朝日	南鮮版	1929-03-27	1	03단	京城府協議會だらけ切る
168440	朝鮮朝日	南鮮版	1929-03-27	1	04단	煙草小賣店の店頭を改善
168441	朝鮮朝日	南鮮版	1929-03-27	1	04단	合併移轉說が起らぬやう/京仁取合併に對して徹底的反對を申合す

일련번호	판명		간행일	면	단수	기사명
168442	朝鮮朝日	南鮮版	1929-03-27	1	04단	參政權の附與はまだ其時期でない司法官優遇は漸次行ふ/建白及質問に對する政府の答辯
168443	朝鮮朝日	南鮮版	1929-03-27	1	05단	解免議員ら馬山に會見/近く聲明書發表
168444	朝鮮朝日	南鮮版	1929-03-27	1	05단	大邱の水道に計量器取付
168445	朝鮮朝日	南鮮版	1929-03-27	1	05단	京城の台所(4)/グラウンドの諸設備を改善しより以上立派にする龍山に立派な府出張所を建築殊に運動場の改善は酸素吸入
168446	朝鮮朝日	南鮮版	1929-03-27	1	06단	青い鳥/釜山一記者
168447	朝鮮朝日	南鮮版	1929-03-27	1	06단	出入船舶多く鎭南浦賑ふ
168448	朝鮮朝日	南鮮版	1929-03-27	1	06단	早害民救濟の義捐金募集
168449	朝鮮朝日	南鮮版	1929-03-27	1	07단	京城帝國大學の第一回卒業式
168450	朝鮮朝日	南鮮版	1929-03-27	1	07단	ゴビ沙漠のラクダを京城に引張り出し目拔の場所を練り歩くさてその駱駝の處分に困りぬく
168451	朝鮮朝日	南鮮版	1929-03-27	1	08단	釜山の能樂大會
168452	朝鮮朝日	南鮮版	1929-03-27	1	08단	機關車逆立ち貨車七輛も同時に脱線/連絡船缺航
168453	朝鮮朝日	南鮮版	1929-03-27	1	09단	中等學校の雄海草中學を迎へ實業聯盟各チームと大野球戰を擧行する
168454	朝鮮朝日	南鮮版	1929-03-27	1	09단	朝鮮海峽は稀有の大時化/釜山港內は避難の大小船舶で埋まる
168455	朝鮮朝日	南鮮版	1929-03-27	1	10단	强盗傷害犯人控訴をなす
168456	朝鮮朝日	南鮮版	1929-03-27	1	10단	篤學青年の金を捲上ぐ
168457	朝鮮朝日	南鮮版	1929-03-27	1	10단	もよほし(朝鮮無煙炭鑛組合/修身教科書授與奉告祭)
168458	朝鮮朝日	南鮮版	1929-03-27	1	10단	人(松井民次郎氏(平壤商業會議所會頭)/高木義枝中佐)
168459	朝鮮朝日	南鮮版	1929-03-27	1	10단	半島茶話
168460	朝鮮朝日	西北・南鮮版	1929-03-27	2	01단	村の燈台/謠曲によって結ばる〉村野菜の出來、不出來が娘の嫁入り條件になる/福岡縣の開村
168461	朝鮮朝日	西北・南鮮版	1929-03-27	2	01단	醫專に昇格の前提として改善/本年から面目一新の大邱醫院附屬講習所
168462	朝鮮朝日	西北・南鮮版	1929-03-27	2	01단	各道畜産主任會議
168463	朝鮮朝日	西北・南鮮版	1929-03-27	2	01단	兩切が全盛煙草製造豫定高
168464	朝鮮朝日	西北・南鮮版	1929-03-27	2	02단	春川における家畜市認可
168465	朝鮮朝日	西北・南鮮版	1929-03-27	2	02단	官鹽販賣數二月中の成績
168466	朝鮮朝日	西北・南鮮版	1929-03-27	2	02단	成績のよい安東青年訓練所

일련번호	판명		간행일	면	단수	기사명
168467	朝鮮朝日	西北・南鮮版	1929-03-27	2	03단	元山各銀行の外人預金高
168468	朝鮮朝日	西北・南鮮版	1929-03-27	2	03단	朝日巡回活動寫眞
168469	朝鮮朝日	西北・南鮮版	1929-03-27	2	04단	平壤二月中の電信電話取扱數
168470	朝鮮朝日	西北・南鮮版	1929-03-27	2	04단	人蔘の輸移出數
168471	朝鮮朝日	西北・南鮮版	1929-03-27	2	04단	支那苦力載寧へ
168472	朝鮮朝日	西北・南鮮版	1929-03-27	2	04단	蠅の驅除を奬勵
168473	朝鮮朝日	西北版	1929-03-28	1	01단	計劃の一部分を適當に改めたまで旣定計劃は變更しない　産米增殖計劃變更に伴ふ聲明書/旣定計劃の內容を變更いよいよ四年度から土地改良事業新計劃
168474	朝鮮朝日	西北版	1929-03-28	1	01단	淸津法院の新築を建議
168475	朝鮮朝日	西北版	1929-03-28	1	01단	黃海の旅(２)/鶴の群が餌を漁り鴨の行列も通るのどかな春の田舍道道路の立派なことは全鮮第一
168476	朝鮮朝日	西北版	1929-03-28	1	02단	順南水利が植付に補助
168477	朝鮮朝日	西北版	1929-03-28	1	02단	木材關稅案の通過で感謝
168478	朝鮮朝日	西北版	1929-03-28	1	03단	北滿に行けば有望である滿洲方面を視察した萩原平南高等課長談
168479	朝鮮朝日	西北版	1929-03-28	1	03단	高松官殿下の御日程決る　平壤に御二泊遊され名勝を御見物になる/御居間決る
168480	朝鮮朝日	西北版	1929-03-28	1	04단	不潔個所の改善を奬勵
168481	朝鮮朝日	西北版	1929-03-28	1	05단	龜城水利組合代行の契約成る
168482	朝鮮朝日	西北版	1929-03-28	1	05단	種牡牛飼育管理品評會
168483	朝鮮朝日	西北版	1929-03-28	1	05단	朝鮮滿洲間の航空輸送料決る重量の制限とゝもに
168484	朝鮮朝日	西北版	1929-03-28	1	06단	春になってから江西藥水の賑ひ
168485	朝鮮朝日	西北版	1929-03-28	1	06단	郵便局長の異動行はる
168486	朝鮮朝日	西北版	1929-03-28	1	07단	八十萬人の勞働者をどこから集めるか/支那勞働者では社會問題を起す虞れがあって聊か都合がわるい/圖們線擴張工事の惱み
168487	朝鮮朝日	西北版	1929-03-28	1	07단	鰊の大群來游し每日の水揚高一千駄元山水産界は大賑ひ
168488	朝鮮朝日	西北版	1929-03-28	1	08단	殖産銀行幹部異動證券審査の二課を新設
168489	朝鮮朝日	西北版	1929-03-28	1	08단	もりたく山な新規事業を行ひ大平壤の建設に努む/平壤府の明年度豫算
168490	朝鮮朝日	西北版	1929-03-28	1	08단	強盜を種に警察を欺く
168491	朝鮮朝日	西北版	1929-03-28	1	09단	釀造品喇味會
168492	朝鮮朝日	西北版	1929-03-28	1	09단	牡丹台野話

일련번호	판명		간행일	면	단수	기사명
168493	朝鮮朝日	西北版	1929-03-28	1	10단	新義州府內に猩紅熱發生
168494	朝鮮朝日	西北版	1929-03-28	1	10단	民謠/北原白秋選
168495	朝鮮朝日	西北版	1929-03-28	1	10단	僞醫生逃走
168496	朝鮮朝日	西北版	1929-03-28	1	10단	左腕を轢斷
168497	朝鮮朝日	西北版	1929-03-28	1	10단	列車に投石二名負傷す
168498	朝鮮朝日	西北版	1929-03-28	1	10단	もよほし(金家還曆祝賀會)
168499	朝鮮朝日	南鮮版	1929-03-28	1	01단	計劃の一部分を適當に改めたまで既定計劃は變更しない　産米增殖計劃變更に伴ふ聲明書/既定計劃の內容を變更いよいよ四年度から土地改良事業新計劃
168500	朝鮮朝日	南鮮版	1929-03-28	1	01단	釜山港埋築の起工式擧行
168501	朝鮮朝日	南鮮版	1929-03-28	1	01단	慶尙南道の內地人人口
168502	朝鮮朝日	南鮮版	1929-03-28	1	02단	教育令の妥協成立/福士學務課長から電報來る
168503	朝鮮朝日	南鮮版	1929-03-28	1	02단	とても素晴しい釋尊の立像畵
168504	朝鮮朝日	南鮮版	1929-03-28	1	02단	京城の台所(5)/安くて親切な公益質屋を開き下層民をよろこばす一日三百四十八人のお客樣を乘せなければならぬ市營バス
168505	朝鮮朝日	南鮮版	1929-03-28	1	03단	專門家を派し養鷄を指導
168506	朝鮮朝日	南鮮版	1929-03-28	1	03단	議事を引延す年度替りを控へ當局大弱り/議事一向に捗らず日程の三分の一を殘し散會
168507	朝鮮朝日	南鮮版	1929-03-28	1	04단	養鷄を獎勵し月謝學用品費にあてさせる
168508	朝鮮朝日	南鮮版	1929-03-28	1	04단	大旱害の影響を受け兒童の退學續出し就學見合せも滅法增す/悲慘を極める京畿道內の各農村
168509	朝鮮朝日	南鮮版	1929-03-28	1	05단	慶南道の教員異動/五十名內外にとどめる意向
168510	朝鮮朝日	南鮮版	1929-03-28	1	05단	京仁取合倂に容喙はせぬ新設申請も受付けぬ今村殖産局長の聲明
168511	朝鮮朝日	南鮮版	1929-03-28	1	06단	京津間電話の成績がよい
168512	朝鮮朝日	南鮮版	1929-03-28	1	06단	郵便局長の異動行はる
168513	朝鮮朝日	南鮮版	1929-03-28	1	07단	殖産銀行幹部異動證券審査の二課を新設
168514	朝鮮朝日	南鮮版	1929-03-28	1	07단	朝鮮滿洲間の航空輸送料決る重量の制限と〉もに
168515	朝鮮朝日	南鮮版	1929-03-28	1	07단	動物園便り/暖かくなって動物君大元氣/日向ぼっこで愛嬌を振まく/溫室の花は盛り
168516	朝鮮朝日	南鮮版	1929-03-28	1	08단	靑い鳥/釜山一記者

일련번호	판명		간행일	면	단수	기사명
168517	朝鮮朝日	南鮮版	1929-03-28	1	08단	二木君の結婚
168518	朝鮮朝日	南鮮版	1929-03-28	1	08단	演武會期日變更
168519	朝鮮朝日	南鮮版	1929-03-28	1	09단	小熊消防署長全南へ榮轉
168520	朝鮮朝日	南鮮版	1929-03-28	1	09단	京城府內に強盗頻出水下町の犯人遂に逮捕さる
168521	朝鮮朝日	南鮮版	1929-03-28	1	10단	いかめしい警官が俳優となり福田君の活寫撮影
168522	朝鮮朝日	南鮮版	1929-03-28	1	10단	關釜連絡船が缺航のため釜山驛混雜す
168523	朝鮮朝日	南鮮版	1929-03-28	1	10단	民謠/北原白秋選
168524	朝鮮朝日	南鮮版	1929-03-28	1	10단	人(清河鎭海要港司令官/菊山慶北內務部長/水野大邱憲兵隊長/志賀潔博士(城大醫學部長)/町野武馬氏)
168525	朝鮮朝日	西北・南鮮版	1929-03-28	2	01단	村の燈台/兩脚だけで養鷄に成功兩腕を切斷されて/發奮した青年の意氣
168526	朝鮮朝日	西北・南鮮版	1929-03-28	2	01단	裏日本航路を島谷汽船が計劃/補助金の下付を申請
168527	朝鮮朝日	西北・南鮮版	1929-03-28	2	01단	新嘗祭の奉獻者愈決定を見る
168528	朝鮮朝日	西北・南鮮版	1929-03-28	2	01단	十二萬圓を支出し慶北道が旱害民を救濟する
168529	朝鮮朝日	西北・南鮮版	1929-03-28	2	02단	鮮航と辰馬が運賃を協定
168530	朝鮮朝日	西北・南鮮版	1929-03-28	2	02단	仁川酒業組合春季品評會
168531	朝鮮朝日	西北・南鮮版	1929-03-28	2	02단	仁川靑訓生徒募集
168532	朝鮮朝日	西北・南鮮版	1929-03-28	2	03단	安東小學生が雜貨を販賣
168533	朝鮮朝日	西北・南鮮版	1929-03-28	2	03단	國有林拂下
168534	朝鮮朝日	西北・南鮮版	1929-03-28	2	03단	醫學講習所の專任講師を採用
168535	朝鮮朝日	西北・南鮮版	1929-03-28	2	03단	巨文島燈台竣工を告げる
168536	朝鮮朝日	西北・南鮮版	1929-03-28	2	03단	朝日巡回活動寫眞
168537	朝鮮朝日	西北版	1929-03-29	1	01단	大連、蔚山の間を六時間で連絡 世界の距離が短縮さる 內鮮滿連絡飛行近づく/飛行郵便物の專用ポスト 空色の氣の利いた物當分京城だけに設く/航空郵便規則發布總督府令にて/汝矣島飛行場竣工を告げ開始式きまる
168538	朝鮮朝日	西北版	1929-03-29	1	04단	道知事會議/五月七日に召集
168539	朝鮮朝日	西北版	1929-03-29	1	04단	幼稚園問題で議論百出し決定を見ずに閉會す/設立準備委員會揉む
168540	朝鮮朝日	西北版	1929-03-29	1	05단	咸興面行政區域の擴張
168541	朝鮮朝日	西北版	1929-03-29	1	06단	帝炭と朝炭愈合併帝炭咸興支店の支配人勇退

일련번호	판명		간행일	면	단수	기사명
168542	朝鮮朝日	西北版	1929-03-29	1	06단	電車の幹線を圓形に延長して府を廻周/其間横斷連絡する三線をつくる市街は商業工業住宅に區分する/大平壤建設に伴ふ計劃
168543	朝鮮朝日	西北版	1929-03-29	1	06단	この上紛擾せば運合から手を引き小運送直營を斷行する　鐵道局の態度が俄然強硬となる/決心した以上きっとやる決して嚇かしでない　戸田理事決然と語る
168544	朝鮮朝日	西北版	1929-03-29	1	07단	新義州學組の豫算審議會
168545	朝鮮朝日	西北版	1929-03-29	1	07단	運動場使用條令を改正府稅條例と共に
168546	朝鮮朝日	西北版	1929-03-29	1	07단	鮮滿の決議をある程度迄容れ關稅を強硬に支持か
168547	朝鮮朝日	西北版	1929-03-29	1	08단	新義州、定州に航空標識
168548	朝鮮朝日	西北版	1929-03-29	1	08단	俳句/鈴木花蓑選
168549	朝鮮朝日	西北版	1929-03-29	1	09단	委員を選んで本府に陳情/オシトン水利組合の反對運動熾烈となる
168550	朝鮮朝日	西北版	1929-03-29	1	09단	蠅五十匹に鉛筆一本與ふ
168551	朝鮮朝日	西北版	1929-03-29	1	09단	天圖鐵道脱線顚覆十數名負傷す
168552	朝鮮朝日	西北版	1929-03-29	1	10단	咸興聯隊の軍旗祭/興味ある數々の催し物を計劃
168553	朝鮮朝日	西北版	1929-03-29	1	10단	もよほし(多田商會の自祝會)
168554	朝鮮朝日	西北版	1929-03-29	1	10단	人(谷辰次郎氏(前本社門司支局長)/鎌田敬四郎氏(新本社門司支局長)/龍山歩兵第七十九聯隊長高山大佐一行/安東守備隊長更迭)
168555	朝鮮朝日	南鮮版	1929-03-29	1	01단	大連、蔚山の間を六時間で連絡 世界の距離が短縮さる　内鮮滿連絡飛行近づく/飛行郵便物の専用ポスト　空色の氣の利いた物當分京城だけに設く/航空郵便規則發布總督府令にて/汝矣島飛行場竣工を告げ開始式きまる
168556	朝鮮朝日	南鮮版	1929-03-29	1	04단	道知事會議/五月七日に召集
168557	朝鮮朝日	南鮮版	1929-03-29	1	04단	情操教育には特に努力し生徒達の思想を善導私立中等校長打合會
168558	朝鮮朝日	南鮮版	1929-03-29	1	05단	鎭海灣外にて爆發物作業演習
168559	朝鮮朝日	南鮮版	1929-03-29	1	06단	慶南道廳舍の新築移轉を釜山府から陳情
168560	朝鮮朝日	南鮮版	1929-03-29	1	06단	鐵道運送規則釜山に適用
168561	朝鮮朝日	南鮮版	1929-03-29	1	06단	この上紛擾せば運合から手を引き小運送直營を斷行する　鐵道局の態度が俄然強硬となる/決心した以上きっとやる決

일련번호	판명		간행일	면	단수	기사명
168561	朝鮮朝日	南鮮版	1929-03-29	1	06단	して嚇かしでない 戶田理事決然と語る
168562	朝鮮朝日	南鮮版	1929-03-29	1	06단	地方民の反對に對し極力緩和に努める 殘る問題は唯これだけ京城仁川兩取引所 合倂の經過/『全く初耳だ』と白々しくぼ ける今村殖産局長は語る/己むを得ぬ事 情を述べ京仁取の合倂を發表す
168563	朝鮮朝日	南鮮版	1929-03-29	1	07단	俳句/鈴木花蓑選
168564	朝鮮朝日	南鮮版	1929-03-29	1	07단	損傷鋪道面を割安に修繕
168565	朝鮮朝日	南鮮版	1929-03-29	1	08단	慶北の教員異動
168566	朝鮮朝日	南鮮版	1929-03-29	1	08단	龍山野砲聯隊十周年記念祝典
168567	朝鮮朝日	南鮮版	1929-03-29	1	09단	グロスター公殿下御出發
168568	朝鮮朝日	南鮮版	1929-03-29	1	10단	死刑の求刑に被告暴れる
168569	朝鮮朝日	南鮮版	1929-03-29	1	10단	朝鮮海苔の附着はよい
168570	朝鮮朝日	南鮮版	1929-03-29	1	10단	人(谷辰次郎氏(前本社門司支局長)/鎌田 敬四郎氏(新本社門司支局長)/黑板勝美博 士(京大教授)/片山茂勝博士(朝鮮銀行副 總裁)/松野二平氏(總督府技師)/水口隆三 氏(前慶南知事)/守屋德夫氏(殖銀調査課 長)/田中淸喜少佐(新釜山憲兵分隊長)/田 賀奈良吉氏(東拓顧問))
168571	朝鮮朝日	西北・南鮮版	1929-03-29	2	01단	四國の鮮米巡禮上/將來朝鮮米の好得意/鮮 米協會理事菱本長次
168572	朝鮮朝日	西北・南鮮版	1929-03-29	2	01단	食用蠣の論文學術會議へ提出/脇谷洋次 郎博士から
168573	朝鮮朝日	西北・南鮮版	1929-03-29	2	01단	漁民ホーム釜山に設置すべく計劃さる
168574	朝鮮朝日	西北・南鮮版	1929-03-29	2	01단	浦項川口浚渫金策纏まる
168575	朝鮮朝日	西北・南鮮版	1929-03-29	2	02단	旱害民救濟の義捐金募集
168576	朝鮮朝日	西北・南鮮版	1929-03-29	2	02단	大邱府借替整理案可決
168577	朝鮮朝日	西北・南鮮版	1929-03-29	2	02단	爛瓶しらべ
168578	朝鮮朝日	西北・南鮮版	1929-03-29	2	02단	漁期に入って鎭南浦賑ふ
168579	朝鮮朝日	西北・南鮮版	1929-03-29	2	03단	本年度の麥作狀況
168580	朝鮮朝日	西北・南鮮版	1929-03-29	2	03단	實物を示し鑛山知識を鼓吹
168581	朝鮮朝日	西北・南鮮版	1929-03-29	2	03단	安東守備隊の小部隊警備演習
168582	朝鮮朝日	西北・南鮮版	1929-03-29	2	03단	平北における普校新設地
168583	朝鮮朝日	西北・南鮮版	1929-03-29	2	03단	朝日巡回活動寫眞
168584	朝鮮朝日	西北版	1929-03-30	1	01단	朝鮮警察共濟組合の豫算議會を通過す/ これからの警察官が意を安んじて職務に 精勵することができる/實施期は八月頃 となる

일련번호	판명		간행일	면	단수	기사명
168585	朝鮮朝日	西北版	1929-03-30	1	01단	黃海の旅(3)/溫泉に食膳を浮べ麥酒の滿を引き醉へばごろりと寢る浸って飲んでは湯づけになる
168586	朝鮮朝日	西北版	1929-03-30	1	02단	平壤高女に學校園新設にきまる
168587	朝鮮朝日	西北版	1929-03-30	1	02단	動き出した間島方面の大豆その數廿萬袋に上る相場も次第に騰貴か
168588	朝鮮朝日	西北版	1929-03-30	1	03단	會員を募り軍旗祭を祝ふ
168589	朝鮮朝日	西北版	1929-03-30	1	03단	漢川面長更迭
168590	朝鮮朝日	西北版	1929-03-30	1	03단	學校費豫算會議
168591	朝鮮朝日	西北版	1929-03-30	1	04단	自轉車の標示板平南道で制定
168592	朝鮮朝日	西北版	1929-03-30	1	04단	胚芽米に適する/平北道産米の『龜の尾』/內地進出有望視さる
168593	朝鮮朝日	西北版	1929-03-30	1	04단	短歌/橋田東聲選
168594	朝鮮朝日	西北版	1929-03-30	1	04단	聖母普通校生る
168595	朝鮮朝日	西北版	1929-03-30	1	05단	平壤より
168596	朝鮮朝日	西北版	1929-03-30	1	05단	平安北道の教員大異動
168597	朝鮮朝日	西北版	1929-03-30	1	05단	區域擴張祝賀會
168598	朝鮮朝日	西北版	1929-03-30	1	05단	平北江界面の協議員增員
168599	朝鮮朝日	西北版	1929-03-30	1	06단	順宗皇帝の遺跡/黃海の孤島にのこる逆臣達のために大靑島に流され/海邊に立っては淚に暮れた場所
168600	朝鮮朝日	西北版	1929-03-30	1	06단	三十四萬圓で下水改修を行ふ/四箇年の繼續事業で咸興多年の懸案實現
168601	朝鮮朝日	西北版	1929-03-30	1	07단	日本空輸の練習機來壤
168602	朝鮮朝日	西北版	1929-03-30	1	08단	牡丹台野話
168603	朝鮮朝日	西北版	1929-03-30	1	08단	一流の選手を選りすぐり/陣容をたてなほした平壤の實業團野球部
168604	朝鮮朝日	西北版	1929-03-30	1	08단	平南の流感死亡者少くない
168605	朝鮮朝日	西北版	1929-03-30	1	08단	火事が增して損害は減る
168606	朝鮮朝日	西北版	1929-03-30	1	08단	文房具類の押賣をなす
168607	朝鮮朝日	西北版	1929-03-30	1	09단	プロペラ船運航
168608	朝鮮朝日	西北版	1929-03-30	1	09단	實父を絞殺
168609	朝鮮朝日	西北版	1929-03-30	1	09단	淸津の火事
168610	朝鮮朝日	西北版	1929-03-30	1	09단	モヒ密輸の資金を詐欺
168611	朝鮮朝日	西北版	1929-03-30	1	10단	馬賊の集團奧地に潛む
168612	朝鮮朝日	西北版	1929-03-30	1	10단	阿片密輸で射殺さる
168613	朝鮮朝日	西北版	1929-03-30	1	10단	現地戰術の演習
168614	朝鮮朝日	西北版	1929-03-30	1	10단	飛行機を用ひメートル法宣傳
168615	朝鮮朝日	西北版	1929-03-30	1	10단	もよほし(平壤第三回遊戲研究會)

일련번호	판명		간행일	면	단수	기사명
168616	朝鮮朝日	西北版	1929-03-30	1	10단	人(松山海軍少將/田中大尉(步兵第七十七聯隊))
168617	朝鮮朝日	南鮮版	1929-03-30	1	01단	朝鮮警察共濟組合の豫算議會を通過す/これからの警察官が意を安んじて職務に精勵することができる/實施期は八月頃となる
168618	朝鮮朝日	南鮮版	1929-03-30	1	01단	朝郵の好況は商船には痛からう/山梨總督を訪うた後恩田朝郵社長は語る
168619	朝鮮朝日	南鮮版	1929-03-30	1	01단	條件をつけて原案に贊成 釜山府廳舍改築案は委員會を無事通過す/府史を飾る建物を壞す
168620	朝鮮朝日	南鮮版	1929-03-30	1	02단	優秀な判任を各郡に配置
168621	朝鮮朝日	南鮮版	1929-03-30	1	03단	役人の番頭は絶對いかぬ/公營質屋の議論
168622	朝鮮朝日	南鮮版	1929-03-30	1	03단	寫眞說明((上)二十八日朝鮮神宮で行った普通敎兒童修身書受與奉告祭/(中)京城基督敎靑年會バスケットボール選手京城出發內地へ(二十八日)/(下)二十八日天日京取社長から京仁取合倂の發表)
168623	朝鮮朝日	南鮮版	1929-03-30	1	04단	未收入金の引受を拒絶/總會延期に伴ひ
168624	朝鮮朝日	南鮮版	1929-03-30	1	04단	釜山、蔚山間は自動車便で連絡/郵便飛行開始により便利となる釜山方面
168625	朝鮮朝日	南鮮版	1929-03-30	1	04단	會社も本府も誠意なしとなし 合倂移轉反對を決議 仁川府勢振興會總會/考慮するで物別れ仁川の陳情委員ら交々語る/慫憑をした覺えがない 今村殖産局長談
168626	朝鮮朝日	南鮮版	1929-03-30	1	05단	慶南內務部長飄然と歸る
168627	朝鮮朝日	南鮮版	1929-03-30	1	06단	廉恥心を失って乞食になりさがり餓鬼の如く食物を漁る/悲慘言語に絶する全北の旱害民
168628	朝鮮朝日	南鮮版	1929-03-30	1	07단	運送直營の中止を總督と局長を訪うて懇願す
168629	朝鮮朝日	南鮮版	1929-03-30	1	07단	一讀會だけ漸く終る/博覽會寄附問題で議論起る
168630	朝鮮朝日	南鮮版	1929-03-30	1	08단	毛蟲を乾燥し鷄の餌とす
168631	朝鮮朝日	南鮮版	1929-03-30	1	08단	警察部長會議
168632	朝鮮朝日	南鮮版	1929-03-30	1	08단	街燈設備の補助を減す
168633	朝鮮朝日	南鮮版	1929-03-30	1	08단	交換手のお料理講習で腕の冱を見す/女學生のよりもはるかにうまい/先生や試食した人が折紙をつける
168634	朝鮮朝日	南鮮版	1929-03-30	1	09단	京城本町の大火事十二戶を燒く
168635	朝鮮朝日	南鮮版	1929-03-30	1	09단	七十歲の强盜警察で急死

일련번호	판명		간행일	면	단수	기사명
168636	朝鮮朝日	南鮮版	1929-03-30	1	09단	旅費に窮して萬引を働く
168637	朝鮮朝日	南鮮版	1929-03-30	1	10단	飲食行商人を嚴重取締る
168638	朝鮮朝日	南鮮版	1929-03-30	1	10단	短歌/橋田東聲選
168639	朝鮮朝日	南鮮版	1929-03-30	1	10단	關釜連絡船またも缺航
168640	朝鮮朝日	南鮮版	1929-03-30	1	10단	減刑嘆願は結局却下か/京城の妻子殺し
168641	朝鮮朝日	南鮮版	1929-03-30	1	10단	人(中山貞雄代議士/黑板勝美博士)
168642	朝鮮朝日	南鮮版	1929-03-30	1	10단	半島茶話
168643	朝鮮朝日	西北・南鮮版	1929-03-30	2	01단	四國の鮮米巡禮下/將來朝鮮米の好得意/鮮米協會理事菱本長次
168644	朝鮮朝日	西北・南鮮版	1929-03-30	2	01단	十餘萬圓儲かる電燈電力の需要ふえ平壤府營電氣大當り
168645	朝鮮朝日	西北・南鮮版	1929-03-30	2	01단	普通校卒業生指導學校を增設/農村中堅青年を養成/京畿道の計劃成功す
168646	朝鮮朝日	西北・南鮮版	1929-03-30	2	01단	お茶のあと
168647	朝鮮朝日	西北・南鮮版	1929-03-30	2	02단	流量基本調査期間を延長
168648	朝鮮朝日	西北・南鮮版	1929-03-30	2	02단	南朝鮮鐵道第二回拂込
168649	朝鮮朝日	西北・南鮮版	1929-03-30	2	02단	私設鐵道會計規程
168650	朝鮮朝日	西北・南鮮版	1929-03-30	2	03단	咸興學組議員改選
168651	朝鮮朝日	西北・南鮮版	1929-03-30	2	03단	全鮮會議所書記長會議
168652	朝鮮朝日	西北・南鮮版	1929-03-30	2	03단	全鮮工業協會發起人會を開く
168653	朝鮮朝日	西北・南鮮版	1929-03-30	2	03단	人造絹絲の工場新設か
168654	朝鮮朝日	西北・南鮮版	1929-03-30	2	03단	朝日巡回活動寫眞
168655	朝鮮朝日	西北・南鮮版	1929-03-30	2	04단	圖們線從業員鐵道局にうつる
168656	朝鮮朝日	西北版	1929-03-31	1	01단	總てに行詰って産業に手を延ばし專ら農村の指導を行ふ/朝鮮キリスト教の態度重大視さる
168657	朝鮮朝日	西北版	1929-03-31	1	01단	『小運送直營は己むを得ぬ策だ』鮮運同友會としては別に反對せぬらしい
168658	朝鮮朝日	西北版	1929-03-31	1	01단	中學校から實業學校へ轉學する者がふえる/これも就職難からか
168659	朝鮮朝日	西北版	1929-03-31	1	01단	關釜連絡船漸く復活す/三十日夜から
168660	朝鮮朝日	西北版	1929-03-31	1	02단	許婚の仲を許したが反對をどう捌くかそれが合併の鍵となる 裏面から覗いた京仁取の合併問題/仁取に對して營業期間延長認可 合併とは別問題だと今村殖産局長は語る/奔命に疲れ委員歸仁再度陳情も不得要領に終る
168661	朝鮮朝日	西北版	1929-03-31	1	03단	鎭海要港部司令官更迭近く行はれる
168662	朝鮮朝日	西北版	1929-03-31	1	03단	基本財産を增額し大改革を行ふ/朝鮮佛

일련번호	판명		간행일	면	단수	기사명
168662	朝鮮朝日	西北版	1929-03-31	1	03단	敎々務除
168663	朝鮮朝日	西北版	1929-03-31	1	04단	慶尚南道の教員大異動/八十九名動く
168664	朝鮮朝日	西北版	1929-03-31	1	04단	他日二讀會を開いて附議する/光熙門外土地問題で京城府の協議會賑ふ
168665	朝鮮朝日	西北版	1929-03-31	1	04단	俳句/鈴木花蓑選
168666	朝鮮朝日	西北版	1929-03-31	1	05단	慶南中等校の入學志願者
168667	朝鮮朝日	西北版	1929-03-31	1	05단	慶尚北道の朝博出品物
168668	朝鮮朝日	西北版	1929-03-31	1	05단	どんなパラソルが流行するか淡彩の物が喜ばる
168669	朝鮮朝日	西北版	1929-03-31	1	06단	內鮮連絡の電話線明後年三月頃には完成する
168670	朝鮮朝日	西北版	1929-03-31	1	06단	政局安定を圖るため肝膽を碎いて綴った故伊藤公の秘錄を發見/政友會にとっては正に頂門の一針
168671	朝鮮朝日	西北版	1929-03-31	1	07단	青い鳥/釜山一記者
168672	朝鮮朝日	西北版	1929-03-31	1	07단	解免議員策動す豫算返上問題政治化するか
168673	朝鮮朝日	西北版	1929-03-31	1	08단	一大操車場を大邱に建設
168674	朝鮮朝日	西北版	1929-03-31	1	09단	池上總督腦溢血を起す 一時險惡だったが次第に常態に復す/容態を氣遣ひ令息と屬官急遽東京に向ふ
168675	朝鮮朝日	西北版	1929-03-31	1	10단	洛東江の改修は着々と進捗し水害範圍狹む
168676	朝鮮朝日	西北版	1929-03-31	1	10단	人(鎌田敬四郎氏(本社門司支局長))
168677	朝鮮朝日	南鮮版	1929-03-31	1	01단	總てに行詰って産業に手を延ばし專ら農村の指導を行ふ/朝鮮キリスト教の態度重大視さる
168678	朝鮮朝日	南鮮版	1929-03-31	1	01단	『小運送直營は己むを得ぬ策だ』鮮運同友會としては別に反對せぬらしい
168679	朝鮮朝日	南鮮版	1929-03-31	1	01단	中學校から實業學校へ轉學する者がふえる/これも就職難からか
168680	朝鮮朝日	南鮮版	1929-03-31	1	01단	關釜連絡船漸く復活す/三十日夜から
168681	朝鮮朝日	南鮮版	1929-03-31	1	02단	許婚の仲を許したが反對をどう捌くかそれが合併の鍵となる 裏面から覗いた京仁取の合併問題/仁取に對して營業期間延長認可 合併とは別問題だと今村殖産局長は語る/奔命に疲れ委員歸仁再度陳情も不得要領に終る
168682	朝鮮朝日	南鮮版	1929-03-31	1	03단	鎮海要港部司令官更迭近く行はれる
168683	朝鮮朝日	南鮮版	1929-03-31	1	03단	基本財産を增額し大改革を行ふ/朝鮮佛教々務除
168684	朝鮮朝日	南鮮版	1929-03-31	1	04단	慶尚南道の教員大異動/八十九名動く

일련번호	판명		간행일	면	단수	기사명
168685	朝鮮朝日	南鮮版	1929-03-31	1	04단	他日二讀會を開いて附議する/光熙門外土地問題で京城府の協議會賑ふ
168686	朝鮮朝日	南鮮版	1929-03-31	1	04단	俳句/鈴木花養選
168687	朝鮮朝日	南鮮版	1929-03-31	1	05단	慶南中等校の入學志願者
168688	朝鮮朝日	南鮮版	1929-03-31	1	05단	慶尙北道の朝博出品物
168689	朝鮮朝日	南鮮版	1929-03-31	1	05단	どんなパラソルが流行するか淡彩の物が喜ばる
168690	朝鮮朝日	南鮮版	1929-03-31	1	06단	內鮮連絡の電話線明後年三月頃には完成する
168691	朝鮮朝日	南鮮版	1929-03-31	1	06단	政局安定を圖るため肝膽を碎いて綴った故伊藤公の秘錄を發見/政友會にとっては正に頂門の一針
168692	朝鮮朝日	南鮮版	1929-03-31	1	07단	青い鳥/釜山一記者
168693	朝鮮朝日	南鮮版	1929-03-31	1	07단	解免議員策動す豫算返上問題政治化するか
168694	朝鮮朝日	南鮮版	1929-03-31	1	08단	一大操車場を大邱に建設
168695	朝鮮朝日	南鮮版	1929-03-31	1	09단	池上總督腦溢血を起す 一時險惡だったが次第に常態に復す/容態を氣遣ひ令息と屬官急遽東京に向ふ
168696	朝鮮朝日	南鮮版	1929-03-31	1	10단	洛東江の改修は着々と進捗し水害範圍狹む
168697	朝鮮朝日	南鮮版	1929-03-31	1	10단	人(鎌田敬四郎氏(本社門司支局長))
168698	朝鮮朝日	西北・南鮮版	1929-03-31	2	01단	村の燈台/擧町一致で促成蔬菜の研究と改良に從ひ蔬菜王國を現出す/山口縣の安岡町
168699	朝鮮朝日	西北・南鮮版	1929-03-31	2	01단	南洋その他へ人蔘を行商/三百圓ほどの資金で二三千圓のボロ儲け
168700	朝鮮朝日	西北・南鮮版	1929-03-31	2	01단	漁業資金增加か/北鮮の鰯漁業有望視される
168701	朝鮮朝日	西北・南鮮版	1929-03-31	2	02단	植苗の成績は頗るよい
168702	朝鮮朝日	西北・南鮮版	1929-03-31	2	03단	朝日巡回活動寫眞

1929년 4월 (조선아사히)

일련번호	판명		간행일	면	단수	기사명
168703	朝鮮朝日	西北版	1929-04-02	1	01단	運合をぶつ壞したほんたうの原因は何か/通運對運輸の勢力爭ひともいふ/決裂を見るに至ったまでの經過
168704	朝鮮朝日	西北版	1929-04-02	1	01단	木材運搬用の鐵道を敷設/新館院から東興まで解氷と共に着工する
168705	朝鮮朝日	西北版	1929-04-02	1	01단	わが國の施設は容易に壞れぬ/相場氏視察談
168706	朝鮮朝日	西北版	1929-04-02	1	02단	航空郵便の開始記念スタンプ
168707	朝鮮朝日	西北版	1929-04-02	1	02단	隣接洞合併で學校を增設/郵便區域擴張も行ふ/編入洞の地價あがる
168708	朝鮮朝日	西北版	1929-04-02	1	03단	滯納の多い安東縣の邦人
168709	朝鮮朝日	西北版	1929-04-02	1	03단	平北體協の豫算
168710	朝鮮朝日	西北版	1929-04-02	1	03단	喇味會成績
168711	朝鮮朝日	西北版	1929-04-02	1	03단	蠟石と灰土の採掘を始む
168712	朝鮮朝日	西北版	1929-04-02	1	03단	元山兩小學の通學區變更
168713	朝鮮朝日	西北版	1929-04-02	1	04단	近く新築する咸興職業紹介所
168714	朝鮮朝日	西北版	1929-04-02	1	04단	土地寄附を拒絶し江戸の仇を長崎で討つ
168715	朝鮮朝日	西北版	1929-04-02	1	04단	新義州高女の開校式決る
168716	朝鮮朝日	西北版	1929-04-02	1	04단	平壤キーサン學校/第二回卒業式
168717	朝鮮朝日	西北版	1929-04-02	1	05단	成川原酒造會社
168718	朝鮮朝日	西北版	1929-04-02	1	05단	豆粕運賃の割戾を延期
168719	朝鮮朝日	西北版	1929-04-02	1	05단	安東の定期種痘
168720	朝鮮朝日	西北版	1929-04-02	1	05단	平壤學祖議員候補の顔觸
168721	朝鮮朝日	西北版	1929-04-02	1	05단	白魚産卵期の捕獲禁止を希望/國際的關係があって實現の見込みがない
168722	朝鮮朝日	西北版	1929-04-02	1	06단	黃海の旅(4)/さみしい松禾にも一輪の花がある/その名は雲助といふ/鱐もすくへば絃も彈く
168723	朝鮮朝日	西北版	1929-04-02	1	06단	咸興郵便局の增築きまる
168724	朝鮮朝日	西北版	1929-04-02	1	06단	本物はだしの安東の擬國會/總ては議會そっくり/首相の施政方針演說後に質問のダムダム彈放たる
168725	朝鮮朝日	西北版	1929-04-02	1	07단	和敬幼稚園廢園に決る
168726	朝鮮朝日	西北版	1929-04-02	1	07단	豹と搏鬪し見事に捕獲す
168727	朝鮮朝日	西北版	1929-04-02	1	08단	巡査の自殺
168728	朝鮮朝日	西北版	1929-04-02	1	08단	馬賊逮捕賞與規程吉林省が制定
168729	朝鮮朝日	西北版	1929-04-02	1	08단	牡丹台野話
168730	朝鮮朝日	西北版	1929-04-02	1	09단	露國式の斧で斬り殺さる
168731	朝鮮朝日	西北版	1929-04-02	1	09단	三人組強盜/同居人を殺す

일련번호	판명		간행일	면	단수	기사명
168732	朝鮮朝日	西北版	1929-04-02	1	09단	變った美風/屋外喫煙の罰金を徵收し公共事業費に充つ/大靑島民の防火策
168733	朝鮮朝日	西北版	1929-04-02	1	10단	時局を標榜し强盜を働く
168734	朝鮮朝日	西北版	1929-04-02	1	10단	狂人を裝ひ/警察を困らす
168735	朝鮮朝日	西北版	1929-04-02	1	10단	夫の足止に狂言强盜
168736	朝鮮朝日	西北版	1929-04-02	1	10단	平北體協の競技豫定
168737	朝鮮朝日	西北版	1929-04-02	1	10단	滿鐵俱樂部/新選手を迎ふ
168738	朝鮮朝日	西北版	1929-04-02	1	10단	人(渡邊末雄氏(朝鮮軍司令部附步兵中佐))
168739	朝鮮朝日	南鮮版	1929-04-02	1	01단	振興會の幹部が極度に惡惑を抱き府民大會開催を決意す/京仁兩取引代表と振興會員の會見
168740	朝鮮朝日	南鮮版	1929-04-02	1	01단	發達を遂げた蟹鑵詰事業 濫獲の恐れあるため取締規則を發布する/慈善鍋やら慈善演藝會 救濟資金募集
168741	朝鮮朝日	南鮮版	1929-04-02	1	01단	成績のよい旱害救濟義金/旱害民救濟の土木工事
168742	朝鮮朝日	南鮮版	1929-04-02	1	02단	大邱署新築
168743	朝鮮朝日	南鮮版	1929-04-02	1	02단	精勵が過ぎて倒れたのだ/池上總監を見舞った/關大阪市長はかたる
168744	朝鮮朝日	南鮮版	1929-04-02	1	03단	現役軍人に選擧權附與/京城の學校組合
168745	朝鮮朝日	南鮮版	1929-04-02	1	03단	慶南漁業組合/聯合會組織
168746	朝鮮朝日	南鮮版	1929-04-02	1	03단	柏、上柏兩面合倂に決定
168747	朝鮮朝日	南鮮版	1929-04-02	1	03단	本府圖書館に特別閱覽室
168748	朝鮮朝日	南鮮版	1929-04-02	1	04단	生活難におそはれて力作を片端から賣却し/からうじで勉强をつゞける/極度に窮迫の山田新一畵伯
168749	朝鮮朝日	南鮮版	1929-04-02	1	04단	名士二百名參列して飛行場開きを擧行 來賓航空郵便を受付く 江橋氏平壤から飛行機で乘込む/鄕里大邱の空を思ふ樣快翔し老たる母堂を喜ばす 使用機はアブロ練習複葉機 朝鮮最初の女流飛行家朴孃
168750	朝鮮朝日	南鮮版	1929-04-02	1	06단	二十歲以上の離婚が多い
168751	朝鮮朝日	南鮮版	1929-04-02	1	06단	飾窓競技會
168752	朝鮮朝日	南鮮版	1929-04-02	1	06단	航空郵便の締切り時間
168753	朝鮮朝日	南鮮版	1929-04-02	1	07단	運合をぶつ壞したほんたうの原因は何か/通運對運輸の勢力爭ひともいふ/決裂を見るに至ったまでの經過
168754	朝鮮朝日	南鮮版	1929-04-02	1	07단	血をのまして瀕死の母を助く/うるはしき孝子の話

일련번호	판명		간행일	면	단수	기사명
168755	朝鮮朝日	南鮮版	1929-04-02	1	07단	總督府の年中行事
168756	朝鮮朝日	南鮮版	1929-04-02	1	08단	咲いた咲いた櫻が咲いた/天候も漸く恢復して昨今の南鮮地方賑ふ
168757	朝鮮朝日	南鮮版	1929-04-02	1	08단	寢込を襲ひ/主義者を檢擧
168758	朝鮮朝日	南鮮版	1929-04-02	1	08단	十字路
168759	朝鮮朝日	南鮮版	1929-04-02	1	09단	鋏で自殺す
168760	朝鮮朝日	南鮮版	1929-04-02	1	09단	基督教信者が竊盗を働く
168761	朝鮮朝日	南鮮版	1929-04-02	1	10단	長崎名物の凧揚競技會
168762	朝鮮朝日	南鮮版	1929-04-02	1	10단	龍頭神社春祭り
168763	朝鮮朝日	南鮮版	1929-04-02	1	10단	三名生埋め一名だけ死ぬ
168764	朝鮮朝日	南鮮版	1929-04-02	1	10단	もよほし(釜山の花祭り/須藤知事招宴)
168765	朝鮮朝日	南鮮版	1929-04-02	1	10단	人(大樂勝介氏/河內山樂三氏(朝鮮火災海上保險社長)/武谷博氏(九大教授)/後藤連平氏(朝鮮每日新聞社長)/後藤進氏(京城辯護士)/澤山寅彦氏(釜山實業家)/成富ゆき子(全南高等課長成富警視次女))
168766	朝鮮朝日	南鮮版	1929-04-02	1	10단	半島茶話
168767	朝鮮朝日	西北版	1929-04-03	1	01단	一人あたりにすれば內地人の方が多く/經濟力にも大差を示す/京畿道における土地所有者調べ
168768	朝鮮朝日	西北版	1929-04-03	1	01단	片倉と山十が新義州へ工場設置/既に敷地買收を終へ着々として準備進む
168769	朝鮮朝日	西北版	1929-04-03	1	01단	咸興面に商工會/會議所設置の前提とし組織
168770	朝鮮朝日	西北版	1929-04-03	1	01단	黃海の旅(5)/當面の二代問題に官民が力を合せその實現につとむ 眞に松禾は平和鄕だ
168771	朝鮮朝日	西北版	1929-04-03	1	02단	盤龍山公園の整備を行ふ
168772	朝鮮朝日	西北版	1929-04-03	1	03단	蠶業試驗所の出張所を設ける
168773	朝鮮朝日	西北版	1929-04-03	1	03단	人力駐車場の整理を行ふ
168774	朝鮮朝日	西北版	1929-04-03	1	03단	國境方面まで總督を案內/咸鏡南道のくはしい事情を知ってもらふ
168775	朝鮮朝日	西北版	1929-04-03	1	04단	産婆看護婦試驗
168776	朝鮮朝日	西北版	1929-04-03	1	04단	平壤より
168777	朝鮮朝日	西北版	1929-04-03	1	04단	近く事務所の新築を行ふ/新義州紹介所
168778	朝鮮朝日	西北版	1929-04-03	1	05단	寧邊農學校/增築を行ふ
168779	朝鮮朝日	西北版	1929-04-03	1	05단	鴨綠江上流で編筏に着手
168780	朝鮮朝日	西北版	1929-04-03	1	05단	牡丹台一帶に電飾を施しお花見の客を引く/平壤府營電車の計劃

일련번호	판명		간행일	면	단수	기사명
168781	朝鮮朝日	西北版	1929-04-03	1	05단	安東補習校授業を始める
168782	朝鮮朝日	西北版	1929-04-03	1	05단	木材課税で其筋へ要望
168783	朝鮮朝日	西北版	1929-04-03	1	06단	頗る眺望のよい/鎭南浦飛潑島の燈台
168784	朝鮮朝日	西北版	1929-04-03	1	06단	本年最初の安東入港船
168785	朝鮮朝日	西北版	1929-04-03	1	06단	賭博器具の輸入を禁止
168786	朝鮮朝日	西北版	1929-04-03	1	06단	夜間も開館し讀書子を喜ばす平壤圖書館の新い試み
168787	朝鮮朝日	西北版	1929-04-03	1	07단	應募成績の割合によい/平壤醫學講習所
168788	朝鮮朝日	西北版	1929-04-03	1	07단	平壤商議/評議員會
168789	朝鮮朝日	西北版	1929-04-03	1	07단	南浦果物組合定期總合
168790	朝鮮朝日	西北版	1929-04-03	1	07단	牡丹台野話
168791	朝鮮朝日	西北版	1929-04-03	1	08단	內地の婦人が朝鮮料理を習得/得る處が多かったといづれも大よろこび
168792	朝鮮朝日	西北版	1929-04-03	1	08단	安東の擬國會/婦人傍聽者も交り大に賑ふ
168793	朝鮮朝日	西北版	1929-04-03	1	09단	平北の記念植林
168794	朝鮮朝日	西北版	1929-04-03	1	09단	安東會議所の本年度豫算
168795	朝鮮朝日	西北版	1929-04-03	1	09단	窯業博覽會へ平壤道から出品
168796	朝鮮朝日	西北版	1929-04-03	1	09단	重要案可決/平壤府協議會で
168797	朝鮮朝日	西北版	1929-04-03	1	09단	短歌/橋田東聲選
168798	朝鮮朝日	西北版	1929-04-03	1	10단	自動車家屋へ突入し家財を壊し人を傷く
168799	朝鮮朝日	西北版	1929-04-03	1	10단	三つの演藝館/この秋までに釜山府に建つ
168800	朝鮮朝日	西北版	1929-04-03	1	10단	妻を撲殺し秘かに埋める
168801	朝鮮朝日	西北版	1929-04-03	1	10단	嬰兒の死體/崖の上に棄る
168802	朝鮮朝日	西北版	1929-04-03	1	10단	支那軍憲の横暴を攻撃
168803	朝鮮朝日	西北版	1929-04-03	1	10단	苦力の群が安東に殺到
168804	朝鮮朝日	南鮮版	1929-04-03	1	01단	一人あたりにすれば內地人の方が多く/經濟力にも大差を示す/京畿道における土地所有者調べ
168805	朝鮮朝日	南鮮版	1929-04-03	1	01단	各團體續々と反對を聲明/事態有險惡となった/仁川府の取引所問題
168806	朝鮮朝日	南鮮版	1929-04-03	1	01단	育雛技術の實地指導/名古屋から專門家を招聘し
168807	朝鮮朝日	南鮮版	1929-04-03	1	01단	松浦學務局長/東京に向ふ/教育令說明に
168808	朝鮮朝日	南鮮版	1929-04-03	1	01단	三月中京城の手形交換高
168809	朝鮮朝日	南鮮版	1929-04-03	1	02단	砂糖消費税の輕減を要望/京城商議で協議
168810	朝鮮朝日	南鮮版	1929-04-03	1	02단	寫眞說明((上)は一日盛大に擧行せられた京城飛行場開場式における山梨總督祝辭朗讀/(下右)は一日京城において催されたメートル法實施三周年記念の大

일련번호	판명		간행일	면	단수	기사명
168810	朝鮮朝日	南鮮版	1929-04-03	1	02단	宣傳/(下左)は一日擧行された京城の彰德女學校の開校式)
168811	朝鮮朝日	南鮮版	1929-04-03	1	03단	三月中京城の不渡手形數
168812	朝鮮朝日	南鮮版	1929-04-03	1	03단	京城府內の撒水區域十八哩に達す/區域外に補助を交付
168813	朝鮮朝日	南鮮版	1929-04-03	1	04단	朝鮮汽船の向ふを張り船會社を創立すべく/目下その準備を急ぐ
168814	朝鮮朝日	南鮮版	1929-04-03	1	04단	第一回郵便機/蔚山に着く
168815	朝鮮朝日	南鮮版	1929-04-03	1	05단	湖南銀行の拂込み終る
168816	朝鮮朝日	南鮮版	1929-04-03	1	05단	糖密が浸潤し/物議を釀す
168817	朝鮮朝日	南鮮版	1929-04-03	1	06단	京城の台所(6)/收入と支出がかなしき反比例借金がふえるばかり永久的財源の叫びがあがるそれを狙ふ失がどこへ飛ふ
168818	朝鮮朝日	南鮮版	1929-04-03	1	06단	府の借金
168819	朝鮮朝日	南鮮版	1929-04-03	1	06단	僞造紙幣を仁川で發見
168820	朝鮮朝日	南鮮版	1929-04-03	1	06단	新年度といふのに豫算が成立せず/未だにごてつき通す/京城府當局は大弱り
168821	朝鮮朝日	南鮮版	1929-04-03	1	06단	結局は不許可か/見込みが薄くなった京城のダンスホール
168822	朝鮮朝日	南鮮版	1929-04-03	1	06단	短歌/橋田東聲選
168823	朝鮮朝日	南鮮版	1929-04-03	1	07단	慶南の屬官異動
168824	朝鮮朝日	南鮮版	1929-04-03	1	07단	京城ゴルフの本年度試合
168825	朝鮮朝日	南鮮版	1929-04-03	1	08단	お茶のあと
168826	朝鮮朝日	南鮮版	1929-04-03	1	08단	二月中全鮮の煙草賣上高
168827	朝鮮朝日	南鮮版	1929-04-03	1	08단	三つの演藝館この秋までに釜山府に建つ
168828	朝鮮朝日	南鮮版	1929-04-03	1	08단	花見を控へて又も天候が崩れ連絡船が難航に陷る/釜山驛は珍しく閑散
168829	朝鮮朝日	南鮮版	1929-04-03	1	09단	漁夫四名溺死す/出漁中大時化にでくはして
168830	朝鮮朝日	南鮮版	1929-04-03	1	09단	妻を撲殺し密かに埋める
168831	朝鮮朝日	南鮮版	1929-04-03	1	10단	支那軍憲の橫暴を攻擊
168832	朝鮮朝日	南鮮版	1929-04-03	1	10단	嬰兒の死體/崖の上に棄る
168833	朝鮮朝日	南鮮版	1929-04-03	1	10단	自動車家屋へ突入し家財を壞し人を傷く
168834	朝鮮朝日	南鮮版	1929-04-03	1	10단	苦力の群が安東に殺到
168835	朝鮮朝日	南鮮版	1929-04-03	1	10단	人(松浦鎭次郎氏(城大總長)/黑板勝美博士/稻坦三郎中將/大山淸氏(專賣局技師)/賀田直治氏(京城實業家))
168836	朝鮮朝日	南鮮版	1929-04-03	1	10단	半島茶話

일련번호	판명		간행일	면	단수	기사명
168837	朝鮮朝日	西北・南鮮版	1929-04-03	2	01단	青い鳥/釜山一記者
168838	朝鮮朝日	西北・南鮮版	1929-04-03	2	01단	官制を改正し陳容を整備/增員の人員もきまる/いよいよ近く實施
168839	朝鮮朝日	西北・南鮮版	1929-04-03	2	01단	補助を受けた/優良な農村
168840	朝鮮朝日	西北・南鮮版	1929-04-03	2	02단	支那東海黃河漁業協議會
168841	朝鮮朝日	西北・南鮮版	1929-04-03	2	02단	初等學卒業生指導協議會
168842	朝鮮朝日	西北・南鮮版	1929-04-03	2	02단	土地改良事業益々ふえる
168843	朝鮮朝日	西北・南鮮版	1929-04-03	2	03단	豆粕の輸入好況を示す
168844	朝鮮朝日	西北・南鮮版	1929-04-03	2	03단	朝鮮炭の産出著しく增加
168845	朝鮮朝日	西北・南鮮版	1929-04-03	2	03단	*需給上別に支障はない 煙草在庫品豊當/殖銀發行の地方公債*
168846	朝鮮朝日	西北版	1929-04-04	1	01단	思想惡化による同盟休校が漸增しその取締に頭を惱ます/憂慮に堪へぬ學生達の思想惡化
168847	朝鮮朝日	西北版	1929-04-04	1	01단	黃海の旅(6)/セチがらい現世の苦しみも知らず裕福にくらす平壤村乘心地のよい朝鐵の自動車
168848	朝鮮朝日	西北版	1929-04-04	1	02단	初等校誘致の猛烈な運動/これを避けて秘かに設立地の詮衡を行ふ
168849	朝鮮朝日	西北版	1929-04-04	1	03단	鎭南浦商議/選擧終了/有權者の狩出しで大混雜す
168850	朝鮮朝日	西北版	1929-04-04	1	04단	馬賊の來襲で編筏できず/鴨綠江奧地支那側の木材業者大いに弱る
168851	朝鮮朝日	西北版	1929-04-04	1	04단	平壤における航空郵便物
168852	朝鮮朝日	西北版	1929-04-04	1	04단	簡易驛設置の陳情を行ふ
168853	朝鮮朝日	西北版	1929-04-04	1	05단	平北昨年中の雜穀收穫高
168854	朝鮮朝日	西北版	1929-04-04	1	05단	平壤より
168855	朝鮮朝日	西北版	1929-04-04	1	05단	布木屋サンが仲介料でもめる/調停者が現はれたが雙方頑張って讓らぬ
168856	朝鮮朝日	西北版	1929-04-04	1	06단	新義州學組の公債を發行
168857	朝鮮朝日	西北版	1929-04-04	1	06단	俳句/鈴木花蓑選
168858	朝鮮朝日	西北版	1929-04-04	1	06단	多田商會に結局許可か/渭江間自動車
168859	朝鮮朝日	西北版	1929-04-04	1	06단	平北郡屬の異動
168860	朝鮮朝日	西北版	1929-04-04	1	07단	訓練の意味で射擊會擧行/安東在鄕軍人會
168861	朝鮮朝日	西北版	1929-04-04	1	07단	ソバ出前持のストライキ
168862	朝鮮朝日	西北版	1929-04-04	1	07단	『吾等の子弟を吾等の手で教育』この大方針のもとに建った大靑島普通校
168863	朝鮮朝日	西北版	1929-04-04	1	08단	第三回全鮮ア式蹴球選手權大會

일련번호	판명		간행일	면	단수	기사명
168864	朝鮮朝日	西北版	1929-04-04	1	08단	四棟を燒く
168865	朝鮮朝日	西北版	1929-04-04	1	08단	指紋しらべで舊惡ばれる
168866	朝鮮朝日	西北版	1929-04-04	1	08단	平南水産會の總代會議員選擧
168867	朝鮮朝日	西北版	1929-04-04	1	09단	牡丹台野話
168868	朝鮮朝日	西北版	1929-04-04	1	09단	安東の溝口氏/武道大會へ出場
168869	朝鮮朝日	西北版	1929-04-04	1	09단	多大の期待は望まれぬと觀測/木材新關稅率に伴ふ/朝鮮材滿洲材の影響
168870	朝鮮朝日	西北版	1929-04-04	1	10단	驛の待合室で女兒を分娩
168871	朝鮮朝日	西北版	1929-04-04	1	10단	危險狀態を續ける/池上氏の容態
168872	朝鮮朝日	西北版	1929-04-04	1	10단	もよほし(新義州木材商組合總會/田中氏夫妻の演奏會)
168873	朝鮮朝日	西北版	1929-04-04	1	10단	人(安部中佐(步兵第七十七聯隊)/高野平壤憲兵隊長)
168874	朝鮮朝日	南鮮版	1929-04-04	1	01단	思想惡化による同盟休校が漸增しその取締に頭を惱ます/憂慮に堪へぬ學生達の思想惡化
168875	朝鮮朝日	南鮮版	1929-04-04	1	01단	今の世に珍らしい尹致昞氏の家　庭(上)/二百人からの家族が一つの家屋に住む廿人の海　外留學生を出す
168876	朝鮮朝日	南鮮版	1929-04-04	1	02단	承認運送店の繼續を發表/運合決裂にともなふ小運直營の前提とし
168877	朝鮮朝日	南鮮版	1929-04-04	1	03단	歲出臨時部の半分を終る/京城府協議會
168878	朝鮮朝日	南鮮版	1929-04-04	1	04단	金東萊郡守が全南に轉任/豫算問題からか
168879	朝鮮朝日	南鮮版	1929-04-04	1	04단	俳句/鈴木花蓑選
168880	朝鮮朝日	南鮮版	1929-04-04	1	04단	仲買人から京取へ新取引所設置に關し陳情す
168881	朝鮮朝日	南鮮版	1929-04-04	1	05단	寫眞說明(上は二日午前大連からの郵便物を搭載して汝矣島飛行場に着いた郵便飛行の乾旗、下は朝鮮博覽會事務局の「お月見得の新看板」)
168882	朝鮮朝日	南鮮版	1929-04-04	1	05단	看板も新しく朝鮮博の諸準　備本腰となる/英佛米から朝博に出品
168883	朝鮮朝日	南鮮版	1929-04-04	1	06단	金剛山探勝案內社生る
168884	朝鮮朝日	南鮮版	1929-04-04	1	06단	山梨總督を攻擊し警察官から注意を受く/出席者堂にあふれて盛況を呈した仁川米豆取引所移轉反對府民大會
168885	朝鮮朝日	南鮮版	1929-04-04	1	07단	六漁業組合の內地視察團
168886	朝鮮朝日	南鮮版	1929-04-04	1	07단	京城各商店の春衣賣出し
168887	朝鮮朝日	南鮮版	1929-04-04	1	08단	慶南府尹郡守會議を開催

일련번호	판명		간행일	면	단수	기사명
168888	朝鮮朝日	南鮮版	1929-04-04	1	08단	お茶のあと
168889	朝鮮朝日	南鮮版	1929-04-04	1	08단	眞晝間玄海へ投身自殺す
168890	朝鮮朝日	南鮮版	1929-04-04	1	08단	戀に惑溺し金を持出す
168891	朝鮮朝日	南鮮版	1929-04-04	1	08단	第三回全鮮ア式蹴球選手權大會
168892	朝鮮朝日	南鮮版	1929-04-04	1	09단	職務怠慢から水道料を取損ふ/約一箇年間にわたり其額千數百圓に上る
168893	朝鮮朝日	南鮮版	1929-04-04	1	10단	昏睡狀態を續ける池上氏の容態/總督代理上京す
168894	朝鮮朝日	南鮮版	1929-04-04	1	10단	人(宮地久壽馬中將(滿洲駐屯第十四師團長)/韓李王職長官/吉村諭一郎氏(朝郵專務)/松岡京日社長/安藤袈姿一氏(忠南內務部長)/片岡弓八氏)
168895	朝鮮朝日	南鮮版	1929-04-04	1	10단	半島茶話
168896	朝鮮朝日	西北版	1929-04-05	1	01단	初等教育擴張の前途あやぶまれる/府議權限問題とゝもに總監急死の各方面に及ぼす影響
168897	朝鮮朝日	西北版	1929-04-05	1	01단	山十對片倉が繭購入爭ひ/優先權獲得のため猛烈な活動をはじむ
168898	朝鮮朝日	西北版	1929-04-05	1	01단	高松宮殿下十五日午後から水原御視察
168899	朝鮮朝日	西北版	1929-04-05	1	01단	頗る氣乘薄の咸興學議戰
168900	朝鮮朝日	西北版	1929-04-05	1	02단	咸興軍旗祭會員制度で擧行
168901	朝鮮朝日	西北版	1929-04-05	1	02단	殷山水利組合認可となる
168902	朝鮮朝日	西北版	1929-04-05	1	02단	在りし日の池上總監をしのぶ(上)/千金にもかへ がたい灘の生一本と眠り好々爺で子煩惱だった
168903	朝鮮朝日	西北版	1929-04-05	1	03단	平壤より
168904	朝鮮朝日	西北版	1929-04-05	1	03단	畜産關係の出品きまる
168905	朝鮮朝日	西北版	1929-04-05	1	03단	平北道の教員異動/相當廣い範圍に互って行ふ
168906	朝鮮朝日	西北版	1929-04-05	1	04단	淸津港岸壁の工事中止を提唱/永井會寧商工會長が關係者と懇談を行ふ
168907	朝鮮朝日	西北版	1929-04-05	1	04단	平壤本隊から軍旗を迎へ/新築の江界守備隊で盛大に國旗祭を行ふ
168908	朝鮮朝日	西北版	1929-04-05	1	05단	郵便所設置を要路に陳情
168909	朝鮮朝日	西北版	1929-04-05	1	05단	安義兩地の小學校入學式
168910	朝鮮朝日	西北版	1929-04-05	1	06단	短歌/橋田東聲選
168911	朝鮮朝日	西北版	1929-04-05	1	06단	新義州金組の記念祝賀會
168912	朝鮮朝日	西北版	1929-04-05	1	06단	驛屯土にかはる/財源の捻出に惱み/あれかこれかと物色中/結局は新稅を起すこ

일련번호	판명		간행일	면	단수	기사명
168912	朝鮮朝日	西北版	1929-04-05	1	06단	とにならう
168913	朝鮮朝日	西北版	1929-04-05	1	07단	電燈供給の實現運動が起る/競願による遲延から關係地が躍起となる
168914	朝鮮朝日	西北版	1929-04-05	1	07단	牛氣腫疽病の免疫地を構成し專ら豫防につとめる/平安北道の方針決る
168915	朝鮮朝日	西北版	1929-04-05	1	07단	鮮銀安東支店/貸付金利引下ぐ
168916	朝鮮朝日	西北版	1929-04-05	1	07단	五棟を全燒
168917	朝鮮朝日	西北版	1929-04-05	1	07단	間島浦潮から歸る朝鮮人/漸次多くなる
168918	朝鮮朝日	西北版	1929-04-05	1	08단	情婦への面當に神崎三郎巡査の自殺の原因
168919	朝鮮朝日	西北版	1929-04-05	1	08단	なぐり殺し所持金を盜む
168920	朝鮮朝日	西北版	1929-04-05	1	08단	第三回全鮮ア式蹴球選手權大會
168921	朝鮮朝日	西北版	1929-04-05	1	09단	二月中平南の犯罪發生數
168922	朝鮮朝日	西北版	1929-04-05	1	09단	百二十組合を四年度に新設し/九萬二千圓を貸付く/平安北道の小農救濟
168923	朝鮮朝日	西北版	1929-04-05	1	09단	人の妾を賣飛す
168924	朝鮮朝日	西北版	1929-04-05	1	09단	牡丹台野話
168925	朝鮮朝日	西北版	1929-04-05	1	10단	景氣のよい京城府營バス
168926	朝鮮朝日	西北版	1929-04-05	1	10단	野球試合の放送を行ふ
168927	朝鮮朝日	西北版	1929-04-05	1	10단	人(橋本秀久氏(採木公司總務課長)/中富新太氏(殖銀檢查課長)/藤田りん子氏)
168928	朝鮮朝日	南鮮版	1929-04-05	1	01단	初等敎育擴張の前途あやぶまれる　府議權限問題とゝもに總監急死で各方面に及ぼす影響/幹部會議を開き池上總監逝去に伴ふ　善後策の協議を行ふ/官民合同の追悼會　九日京城公會堂でもよほす/豫算案の通過は總監の努力だ　財務局長の談/松寺法務局長　急遽東上す
168929	朝鮮朝日	南鮮版	1929-04-05	1	01단	在りし日の池上總監をしのぶ(上)/厭な顔もせずいつも氣持よく人にあふ食通で料理人を驚かす
168930	朝鮮朝日	南鮮版	1929-04-05	1	03단	各靑年團員も一齊に起ち仁取合併移轉反對の宣言と決議を發表す/運動資金を續々寄附　仁川府を擧げて反對に傾く
168931	朝鮮朝日	南鮮版	1929-04-05	1	03단	梅谷農學博士農學賞授與さる　十年間うまず撓まず研究の功勞むくはる
168932	朝鮮朝日	南鮮版	1929-04-05	1	05단	高松宮殿下十五日午後から水原御視察
168933	朝鮮朝日	南鮮版	1929-04-05	1	05단	大人も子供もともに嬉しげに鍬を握り次から次へ式ゑて行く/とても賑った孝昌園の記念植樹/釜山の植樹

일련번호	판명		간행일	면	단수	기사명
168934	朝鮮朝日	南鮮版	1929-04-05	1	06단	寫眞說明(上は三日京城孝昌園において盛大に擧行された記念植樹/中は記念植樹における山梨總督の植樹ぶり/下は三日で創立滿十周年を迎へた龍山野砲隊の
168934	朝鮮朝日	南鮮版	1929-04-05	1	06단	模擬戰で數十台の放列が十字砲火の威力を示ところ)
168935	朝鮮朝日	南鮮版	1929-04-05	1	06단	短歌/橋田東聲選
168936	朝鮮朝日	南鮮版	1929-04-05	1	07단	釜山の種痘
168937	朝鮮朝日	南鮮版	1929-04-05	1	07단	頗る簡單な結婚式/これから神前結婚がふえる
168938	朝鮮朝日	南鮮版	1929-04-05	1	08단	野球試合の放送を行ふ
168939	朝鮮朝日	南鮮版	1929-04-05	1	08단	景氣のよい京城府營バス
168940	朝鮮朝日	南鮮版	1929-04-05	1	08단	府民に對して釋明の餘地ない/給水メートルの誤算
168941	朝鮮朝日	南鮮版	1929-04-05	1	08단	第三回全鮮ア式蹴球選手權大會
168942	朝鮮朝日	南鮮版	1929-04-05	1	09단	女子高普講師引致さる
168943	朝鮮朝日	南鮮版	1929-04-05	1	10단	もよほし(釜山の田中氏夫妻演奏會)
168944	朝鮮朝日	南鮮版	1929-04-05	1	10단	半島茶話
168945	朝鮮朝日	西北・南鮮版	1929-04-05	2	01단	村の燈台/農村から街頭へ進出共同販賣所の開設/庭婦人の市場利用を望む三池郡の各農村
168946	朝鮮朝日	西北・南鮮版	1929-04-05	2	01단	博覽會をあてこんで大儲けをたくらむ/旅館、料理屋、藝妓置屋業/儲け頭であらうとうらやまれる
168947	朝鮮朝日	西北・南鮮版	1929-04-05	2	01단	承認取消から不平の聲が起り/これら不平組が近く/集合對策を協議する
168948	朝鮮朝日	西北・南鮮版	1929-04-05	2	02단	地主や仲買を嚴重取締る
168949	朝鮮朝日	西北・南鮮版	1929-04-05	2	03단	朝鮮巡回見本市
168950	朝鮮朝日	西北・南鮮版	1929-04-05	2	03단	朝鮮軌道社/長尾氏の視察
168951	朝鮮朝日	西北版	1929-04-06	1	01단	聖上から朝鮮事情で優渥な御諚を賜り/たゞたゞ感淚に咽んだ/金谷軍司令官つゝしんで語る
168952	朝鮮朝日	西北版	1929-04-06	1	01단	和敬幼稚園に立退を命じ新幼稚園に貸付けた當局の態度非難さる/紛糾を見兼て記者團起つ
168953	朝鮮朝日	西北版	1929-04-06	1	01단	在りし日の池上總監をしのぶ(下)/千金にもかへがたい灘の生一本と眠り好々爺と子煩惱だった
168954	朝鮮朝日	西北版	1929-04-06	1	03단	平壤より
168955	朝鮮朝日	西北版	1929-04-06	1	03단	奉天票漸落で税金を增す

일련번호	판명		간행일	면	단수	기사명
168956	朝鮮朝日	西北版	1929-04-06	1	03단	採木公司の四幹部退職
168957	朝鮮朝日	西北版	1929-04-06	1	04단	ロップ發送で郵便局は大多忙
168958	朝鮮朝日	西北版	1929-04-06	1	04단	安東の海運界/活氣を呈す
168959	朝鮮朝日	西北版	1929-04-06	1	04단	鎮南浦記念植樹
168960	朝鮮朝日	西北版	1929-04-06	1	04단	私設基地許可緩和と基地規則の改正を要望する聲高くなり道知事會議で具體案を附議する
168961	朝鮮朝日	西北版	1929-04-06	1	05단	不良貸付の整理を行ひ/配當制限をなさしめ金組の向上をはかる
168962	朝鮮朝日	西北版	1929-04-06	1	05단	新稅の徵收に手數を要し/邦商全くへこたれる/結局吏員增員要求か
168963	朝鮮朝日	西北版	1929-04-06	1	06단	銀貨換算率が引下げられ/大豆動き始む
168964	朝鮮朝日	西北版	1929-04-06	1	06단	中等學校教員の研究機關を設置/近く校長を召集して具體案の研究を行ふ
168965	朝鮮朝日	西北版	1929-04-06	1	07단	多田家の祝賀會
168966	朝鮮朝日	西北版	1929-04-06	1	07단	補充兵を募集
168967	朝鮮朝日	西北版	1929-04-06	1	07단	國境通過の外人
168968	朝鮮朝日	西北版	1929-04-06	1	07단	俳句/鈴木花蓑選
168969	朝鮮朝日	西北版	1929-04-06	1	07단	咸南勞働會の監事斬らる/寝込を襲はれ
168970	朝鮮朝日	西北版	1929-04-06	1	07단	花祭の催物
168971	朝鮮朝日	西北版	1929-04-06	1	08단	追剝に遭ふ
168972	朝鮮朝日	西北版	1929-04-06	1	08단	平南昨年中の犯罪發生數
168973	朝鮮朝日	西北版	1929-04-06	1	08단	癩患や乞食の狩立を行ふ
168974	朝鮮朝日	西北版	1929-04-06	1	08단	第三回全鮮ア式蹴球選手權大會
168975	朝鮮朝日	西北版	1929-04-06	1	09단	自轉車泥の一味捕る/その被害一萬圓以上に上る
168976	朝鮮朝日	西北版	1929-04-06	1	09단	安東を中心の實際問題を討議/安東最初の擬國會は一般人の好評を博す
168977	朝鮮朝日	西北版	1929-04-06	1	09단	三千年以前の器物を發掘
168978	朝鮮朝日	西北版	1929-04-06	1	10단	煙草屋殺し/三人捕まる
168979	朝鮮朝日	西北版	1929-04-06	1	10단	半島茶話
168980	朝鮮朝日	南鮮版	1929-04-06	1	01단	聖上から朝鮮事情で優渥な御詮を賜りたゞたゞ感淚に咽んだ　金谷軍司令官つゝしんで語る/總督府職員が弔電を發す
168981	朝鮮朝日	南鮮版	1929-04-06	1	01단	朝博の寄附を減額するか/反對論が有力となり京城府協議會硬化す
168982	朝鮮朝日	南鮮版	1929-04-06	1	01단	反對資金の寄附つゞく/吉田振興會長急遽東上す
168983	朝鮮朝日	南鮮版	1929-04-06	1	01단	私設水道を各戶に施し/井戶を沒へる

일련번호	판명		간행일	면	단수	기사명
168984	朝鮮朝日	南鮮版	1929-04-06	1	02단	故總監葬儀の參列者決る
168985	朝鮮朝日	南鮮版	1929-04-06	1	02단	在りし日の池上總監をしのぶ(下)/千金にもかへ がたい灘の生一本と眠り好々爺
168985	朝鮮朝日	南鮮版	1929-04-06	1	02단	で子煩惱だった
168986	朝鮮朝日	南鮮版	1929-04-06	1	03단	兒童には實に氣の毒に堪へぬ/適當な方法を講する/慶尙南道當局は語る
168987	朝鮮朝日	南鮮版	1929-04-06	1	03단	海員養成所の課目を增す
168988	朝鮮朝日	南鮮版	1929-04-06	1	04단	京城淸津間の電話開通遲れる
168989	朝鮮朝日	南鮮版	1929-04-06	1	04단	私設基地許可緩和と基地規則の改正を要望する聲高くなり道知事會議で具體案を附議する
168990	朝鮮朝日	南鮮版	1929-04-06	1	05단	關釜連絡船常態に復す
168991	朝鮮朝日	南鮮版	1929-04-06	1	05단	三千年以前の器物を發掘
168992	朝鮮朝日	南鮮版	1929-04-06	1	05단	俳句/鈴木花養選
168993	朝鮮朝日	南鮮版	1929-04-06	1	05단	戀人の罪を我身に引受けんとす/嬰兒殺し公判
168994	朝鮮朝日	南鮮版	1929-04-06	1	06단	寫眞說明(上は大邱各婦人團體の主催になる旱害救濟義損金募集の慈善鍋/下は大邱各宗敎派聯合會僧侶の旱害救濟義損金募集の托鉢團)
168995	朝鮮朝日	南鮮版	1929-04-06	1	07단	自轉車泥の一味捕る/その被害一萬圓以上に上る
168996	朝鮮朝日	南鮮版	1929-04-06	1	07단	煙草屋殺し/三人捕まる
168997	朝鮮朝日	南鮮版	1929-04-06	1	08단	花見時に多い コソ泥棒 御用心御用心/大掛りな乞食狩京城本町署で百五十人檢擧/癩患や乞食の狩立を行ふ
168998	朝鮮朝日	南鮮版	1929-04-06	1	08단	青い鳥/釜山一記者
168999	朝鮮朝日	南鮮版	1929-04-06	1	09단	氣が向いたので來たゞけの事/別に何の意味もない/ひょっくり釜山に現れた/財部大將事もなげに語る
169000	朝鮮朝日	南鮮版	1929-04-06	1	10단	人(財部彪大將/渡邊壽中將(第十九師團長))
169001	朝鮮朝日	南鮮版	1929-04-06	1	10단	半島茶話
169002	朝鮮朝日	西北・南鮮版	1929-04-06	2	01단	村の燈台(平等で平和で明るい生活 廻り持ちの委員會できめる 別天地滋賀縣下の黑田/理想的な住宅建設と地區の整理 協力一致の力)
169003	朝鮮朝日	西北・南鮮版	1929-04-06	2	01단	社員船員らの整理を行ひ/經費の節減を圖るか/朝鮮郵船の消極方策
169004	朝鮮朝日	西北・南鮮版	1929-04-06	2	01단	零の聲

일련번호	판명		간행일	면	단수	기사명
169005	朝鮮朝日	西北・南鮮版	1929-04-06	2	01단	中等校長の大異動/二十日前後を期し斷行する
169006	朝鮮朝日	西北・南鮮版	1929-04-06	2	02단	きびしい衛生檢査/朝鮮博覽會を前にして行ふ
169007	朝鮮朝日	西北・南鮮版	1929-04-06	2	02단	仁川驛客月の運輸成績
169008	朝鮮朝日	西北・南鮮版	1929-04-06	2	02단	於之屯水利の反對を陳情
169009	朝鮮朝日	西北・南鮮版	1929-04-06	2	03단	豊作だった/慶南道の海苔
169010	朝鮮朝日	西北・南鮮版	1929-04-06	2	03단	支線をつくり/內鮮滿連絡
169011	朝鮮朝日	西北・南鮮版	1929-04-06	2	03단	貨物が減り/乘降客は増加
169012	朝鮮朝日	西北版	1929-04-07	1	01단	ワシが氣が短いから圓滿な人が欲しい/政黨臭なんかは問題ではないよ/古手の役人なんど眞平御免蒙る/山梨總督屈託なげに語る
169013	朝鮮朝日	西北版	1929-04-07	1	01단	黃海の旅(7)/東洋捕鯨のためにドル箱の大靑島其儲けはとても太いその日の糧には困らない島民
169014	朝鮮朝日	西北版	1929-04-07	1	02단	朝鮮工業分館影薄くなる/資金の調達困難から斷念するほかない
169015	朝鮮朝日	西北版	1929-04-07	1	03단	渭原滿浦鎭間道路を改修
169016	朝鮮朝日	西北版	1929-04-07	1	04단	平壤より
169017	朝鮮朝日	西北版	1929-04-07	1	04단	籔蛇を恐れて大株主會を延期/當分形勢を觀望する京仁取引所の腹決る
169018	朝鮮朝日	西北版	1929-04-07	1	04단	短歌/橋田東聲選
169019	朝鮮朝日	西北版	1929-04-07	1	05단	鎭南浦築港の關係官近く着任
169020	朝鮮朝日	西北版	1929-04-07	1	05단	淸津府の後任府尹/木村全南地方課長に內定す
169021	朝鮮朝日	西北版	1929-04-07	1	05단	アンズ桃など花信頻り昨今の平壤附近
169022	朝鮮朝日	西北版	1929-04-07	1	06단	支那人を使用し圖們線の工事/行ふ事に決る
169023	朝鮮朝日	西北版	1929-04-07	1	06단	木材商組合の十周年記念祝賀
169024	朝鮮朝日	西北版	1929-04-07	1	06단	滿洲靑年聯盟支部長決定
169025	朝鮮朝日	西北版	1929-04-07	1	06단	新設六普通校認可となり十日から授業を始む/平北道の初等校充實
169026	朝鮮朝日	西北版	1929-04-07	1	07단	牡丹台野話
169027	朝鮮朝日	西北版	1929-04-07	1	07단	安東本年の徵兵檢査
169028	朝鮮朝日	西北版	1929-04-07	1	07단	安東佛教團の釋尊降誕會
169029	朝鮮朝日	西北版	1929-04-07	1	07단	平北の優良部落
169030	朝鮮朝日	西北版	1929-04-07	1	07단	十年間の火災數/平壤署の調べ
169031	朝鮮朝日	西北版	1929-04-07	1	08단	新選手を招聘し/活躍する平壤の鐵道野球部

일련번호	판명		간행일	면	단수	기사명
169032	朝鮮朝日	西北版	1929-04-07	1	08단	兒童の洪水に淸津普通校弱る 簡單な試驗を行って合格者だけ入學さす/こゝもまた試驗を行ひ 入學兒童を制限
169033	朝鮮朝日	西北版	1929-04-07	1	08단	愛の巢をもとめ 滿洲さして落のびる 春になってから非常に多くなる たいてい國境の警戒網に引掛る/父の印を竊取し 馴染藝妓と滿洲さして駈落/愛人を殘し姿を晦ます 內地人女敎員支那人を棄つ
169034	朝鮮朝日	西北版	1929-04-07	1	09단	鴨江下流の密輸檢擧 多獅島を根據地として行ふ
169035	朝鮮朝日	西北版	1929-04-07	1	10단	兩脚を轢斷/列車から飛降り
169036	朝鮮朝日	西北版	1929-04-07	1	10단	神聖な學堂へ警官踏込み/問題を惹き起す
169037	朝鮮朝日	西北版	1929-04-07	1	10단	拐帶主任自首す
169038	朝鮮朝日	西北版	1929-04-07	1	10단	支那人のため散々弄ばる/孝行したさに
169039	朝鮮朝日	南鮮版	1929-04-07	1	01단	ワシが氣が短いから圓滿な人が欲しい/政黨臭なんかは問題ではないよ/古手の役人なんど眞平御免蒙る/山梨總督屈託なげに語る
169040	朝鮮朝日	南鮮版	1929-04-07	1	01단	今の世に珍しい尹致昕氏の家庭(下)/同日に男三人を産み童雅三代を實現す生活費は月四五千圓
169041	朝鮮朝日	南鮮版	1929-04-07	1	02단	九人に一人の割合で採用/とても悲壯を極めた電話交換手採用試驗
169042	朝鮮朝日	南鮮版	1929-04-07	1	04단	鐵道の舍宅一千戶移轉/龍山から釜山へ
169043	朝鮮朝日	南鮮版	1929-04-07	1	04단	炭坑の噂は嘘だよ/京城に入った財部大將語る
169044	朝鮮朝日	南鮮版	1929-04-07	1	05단	天下大將軍を內地に送り 朝鮮博を宣傳/京城協贊會が朝博を宣傳
169045	朝鮮朝日	南鮮版	1929-04-07	1	05단	短歌/橋田東聲選
169046	朝鮮朝日	南鮮版	1929-04-07	1	06단	總督府の弔問受付
169047	朝鮮朝日	南鮮版	1929-04-07	1	06단	圓滿に解決すべく重役として極力努める/委員會を代表した瓦電の重役が京城へ赴く途中こもごもかたる
169048	朝鮮朝日	南鮮版	1929-04-07	1	07단	露店區域の擴張を行ひ/極貧者に許可
169049	朝鮮朝日	南鮮版	1929-04-07	1	07단	長安普通校に學年延長を認可 兒童に氣の毒だとて特別に今回に限って/今西面にも認可か 二十餘名の兒童途方に暮る
169050	朝鮮朝日	南鮮版	1929-04-07	1	08단	須藤慶南知事大阪に向ふ 葬儀列席のため/總督が總監の逝去を悼む

일련번호	판명		간행일	면	단수	기사명
169051	朝鮮朝日	南鮮版	1929-04-07	1	08단	世界觀光團近く京城府へ
169052	朝鮮朝日	南鮮版	1929-04-07	1	08단	一萬三千圓の大金を拐帶/吉田の餘罪判明
169053	朝鮮朝日	南鮮版	1929-04-07	1	09단	籔蛇を恐れて大株主會を延期/當分形勢を觀望する京仁取引所の腹決る
169054	朝鮮朝日	南鮮版	1929-04-07	1	09단	支那人のため散々弄ばる/孝行したさに
169055	朝鮮朝日	南鮮版	1929-04-07	1	09단	神聖な學堂へ警官踏込み/問題を惹き起す
169056	朝鮮朝日	南鮮版	1929-04-07	1	10단	拐帶主任自首す
169057	朝鮮朝日	南鮮版	1929-04-07	1	10단	審判協會解散し聲明書を發表
169058	朝鮮朝日	南鮮版	1929-04-07	1	10단	人(オスワルト・ホワイト氏(京城駐在英國領事)/山本遞信局長/大池忠助氏(釜山實業家)/羽田彥四郎氏(東京辯護士)/石津龍輔氏(岡山實業家)/山本直太郎氏(遞信省郵務局長)/上原平太郎中將(第二十四團長)/高木安太郎氏(京城覆審法院判事部長判事))
169059	朝鮮朝日	西北・南鮮版	1929-04-07	2	01단	盛んとなった甜菜の栽培/面積六百町步に達し/平南の獎勵效を奏す
169060	朝鮮朝日	西北・南鮮版	1929-04-07	2	01단	お茶のあと
169061	朝鮮朝日	西北・南鮮版	1929-04-07	2	01단	海關吏員を增員し/貨物受渡しを敏活ならしむ
169062	朝鮮朝日	西北・南鮮版	1929-04-07	2	02단	寄附金問題で記者團起つ決議文を配布(決議)
169063	朝鮮朝日	西北・南鮮版	1929-04-07	2	02단	初等校教員の素質向上を配置に努める
169064	朝鮮朝日	西北・南鮮版	1929-04-07	2	02단	鎭南浦商議の改選後の初會議
169065	朝鮮朝日	西北・南鮮版	1929-04-07	2	03단	公設質屋の補助が少い
169066	朝鮮朝日	西北・南鮮版	1929-04-07	2	03단	飛行機を利用し/魚群を探見する計劃すゝむ
169067	朝鮮朝日	西北・南鮮版	1929-04-07	2	03단	三月中全鮮の手形交換高
169068	朝鮮朝日	西北・南鮮版	1929-04-07	2	04단	朝鮮の郵便貯金
169069	朝鮮朝日	西北・南鮮版	1929-04-07	2	04단	北鮮京城間の時間短縮を熱望の向が多い
169070	朝鮮朝日	西北・南鮮版	1929-04-07	2	04단	山階侯符が鳥類を蒐集/代理を派遣され
169071	朝鮮朝日	西北・南鮮版	1929-04-07	2	04단	大邱便り
169072	朝鮮朝日	西北版	1929-04-09	1	01단	東拓貸出金利は高率にすぎるから引下よとの聲高くなる/經濟的に疲弊した滿洲一般の與論
169073	朝鮮朝日	西北版	1929-04-09	1	01단	仁取の移轉に猛烈な反對/辯士交々熱辯を揮ふ/第二回仁川府民大會
169074	朝鮮朝日	西北版	1929-04-09	1	01단	金肥の活況が豆粕に影響/しかし見越取引からまだまだ底を見せぬ

일련번호	판명		간행일	면	단수	기사명
169075	朝鮮朝日	西北版	1929-04-09	1	01단	平北道の植桑指導/二千萬本植栽の計劃の下に
169076	朝鮮朝日	西北版	1929-04-09	1	01단	南浦金組評議員會
169077	朝鮮朝日	西北版	1929-04-09	1	02단	寄附金問題の座談會開催
169078	朝鮮朝日	西北版	1929-04-09	1	02단	電氣警鏡を設備
169079	朝鮮朝日	西北版	1929-04-09	1	02단	安東普通校を滿鐵に移管
169080	朝鮮朝日	西北版	1929-04-09	1	03단	乾繭場新設
169081	朝鮮朝日	西北版	1929-04-09	1	03단	安東實補の入學生增す
169082	朝鮮朝日	西北版	1929-04-09	1	03단	元山手形交換高
169083	朝鮮朝日	西北版	1929-04-09	1	03단	巡回見本市/新義州で開催
169084	朝鮮朝日	西北版	1929-04-09	1	03단	大同江の水路調べ
169085	朝鮮朝日	西北版	1929-04-09	1	03단	今の世に珍らしい尹致昕氏の家庭(上)/二百人からの家族が一つの家屋に住む廿人の海外留學生を出す
169086	朝鮮朝日	西北版	1929-04-09	1	04단	安東の油房業/好況を豫想
169087	朝鮮朝日	西北版	1929-04-09	1	04단	カヤホ渡船復活
169088	朝鮮朝日	西北版	1929-04-09	1	04단	孔子誕生日を記念祝日とする
169089	朝鮮朝日	西北版	1929-04-09	1	04단	學級增加を申請
169090	朝鮮朝日	西北版	1929-04-09	1	04단	電燈、電力、瓦斯の供給を突然停止し 延滯料金を猛烈に催促 總會を前に瓦電會社の態度硬化す/三人組で乘込み高壓的に催促をして納めねば供給を停止/不拂ひの意思はもうとうない期成會幹部談
169091	朝鮮朝日	西北版	1929-04-09	1	04단	二道溝から僞造貨發見
169092	朝鮮朝日	西北版	1929-04-09	1	05단	僞造百圓紙幣
169093	朝鮮朝日	西北版	1929-04-09	1	05단	元山靑訓所の第一回敎練査閲/良好なる成績をあぐ
169094	朝鮮朝日	西北版	1929-04-09	1	05단	第二、練習の兩艦隊/近く仁川入港/市內は賑ひを呈せん
169095	朝鮮朝日	西北版	1929-04-09	1	05단	時局を標榜し强盜を働く
169096	朝鮮朝日	西北版	1929-04-09	1	07단	重要書類を全部燒失す
169097	朝鮮朝日	西北版	1929-04-09	1	08단	牧野を經營し耕牛資金を融通/平北の生牛增殖計劃
169098	朝鮮朝日	西北版	1929-04-09	1	08단	水道用具をぬすみ出す
169099	朝鮮朝日	西北版	1929-04-09	1	08단	『厄介な時差を無くしたい』大連の商工會議所が率先して運動を起す
169100	朝鮮朝日	西北版	1929-04-09	1	08단	他人の水田を賣りとばす
169101	朝鮮朝日	西北版	1929-04-09	1	09단	嬰兒の死體空地に遺棄す
169102	朝鮮朝日	西北版	1929-04-09	1	09단	橫領常習犯人國境で捕る

일련번호	판명		간행일	면	단수	기사명
169103	朝鮮朝日	西北版	1929-04-09	1	09단	竊盜犯人捕まる
169104	朝鮮朝日	西北版	1929-04-09	1	09단	一萬圓詐欺犯人捕まる
169105	朝鮮朝日	西北版	1929-04-09	1	09단	匪賊のため拉致される
169106	朝鮮朝日	西北版	1929-04-09	1	10단	不良少年が強竊盜を働く
169107	朝鮮朝日	西北版	1929-04-09	1	10단	天然痘患者發生
169108	朝鮮朝日	西北版	1929-04-09	1	10단	本社門司支局新舊支局長/更迭披露宴
169109	朝鮮朝日	西北版	1929-04-09	1	10단	人(宮崎匡雄氏(新義州殖銀支店長)/尾崎安東署長/平岡數馬氏(安東大和尋常高等小學校長))
169110	朝鮮朝日	西北版	1929-04-09	1	10단	半島茶話
169111	朝鮮朝日	西北版	1929-04-09	1	10단	電燈、電力、瓦斯の供給を突然停止し延滯料金を猛烈に催促 總會を前に瓦電會社の態度硬化す/三人組で乘込み高壓的に催促をして納めねば供給を停止/不拂ひの意思はもうとうない期成會幹部談/算出の基礎は實に薄弱だ 絕對に用意はできぬ 羽田彦四郎氏は語る
169112	朝鮮朝日	南鮮版	1929-04-09	1	01단	京城の櫻物語(1)/百六十年前に移植
169113	朝鮮朝日	南鮮版	1929-04-09	1	01단	仁取の移轉に猛烈な反對/辯士交々熱辯を揮ふ/第二回仁川府民大會
169114	朝鮮朝日	南鮮版	1929-04-09	1	04단	商船系から決算に異議/朝郵の重役會
169115	朝鮮朝日	南鮮版	1929-04-09	1	04단	大邱の追悼法會/仁川の追悼法會
169116	朝鮮朝日	南鮮版	1929-04-09	1	05단	內鮮合同の浦項商工會
169117	朝鮮朝日	南鮮版	1929-04-09	1	05단	咸北道の砂防工事
169118	朝鮮朝日	南鮮版	1929-04-09	1	05단	咲いた咲いた/釜山附近の櫻の花が咲いた
169119	朝鮮朝日	南鮮版	1929-04-09	1	05단	お茶のあと
169120	朝鮮朝日	南鮮版	1929-04-09	1	06단	昨年度の鐵道業績
169121	朝鮮朝日	南鮮版	1929-04-09	1	06단	東拓貸出金利は高率にすぎるから引下よとの聲高くなる/經濟的に疲弊した滿洲一般の與論
169122	朝鮮朝日	南鮮版	1929-04-09	1	06단	優秀な作品を廣くあつめ美術の殿堂をきづく朝鮮博の美術工藝館/運動の殿堂體育館 貴重な參考品を廣く集める/教育館の出品決る
169123	朝鮮朝日	南鮮版	1929-04-09	1	07단	僞造紙幣の一味逮捕/大量の印刷に取かゝる前に
169124	朝鮮朝日	南鮮版	1929-04-09	1	07단	三つの溺死體/釜山に漂着
169125	朝鮮朝日	南鮮版	1929-04-09	1	08단	不良少年が強竊盜を働く
169126	朝鮮朝日	南鮮版	1929-04-09	1	08단	天然痘患者發生

일련번호	판명		간행일	면	단수	기사명
169127	朝鮮朝日	南鮮版	1929-04-09	1	08단	一萬圓詐欺犯人を捕まる
169128	朝鮮朝日	南鮮版	1929-04-09	1	08단	匪賊のため拉致される
169129	朝鮮朝日	南鮮版	1929-04-09	1	09단	他人の水田を賣りとばす
169130	朝鮮朝日	南鮮版	1929-04-09	1	09단	水道の手綱を愈よ緩める/今後の雨を見越して釜山府水道係の喜び
169131	朝鮮朝日	南鮮版	1929-04-09	1	09단	水道用具をぬすみ出す
169132	朝鮮朝日	南鮮版	1929-04-09	1	09단	重要書類を全部燒失す
169133	朝鮮朝日	南鮮版	1929-04-09	1	09단	本社門司支局新舊支局長/更迭披露宴
169134	朝鮮朝日	南鮮版	1929-04-09	1	09단	嬰兒の死體/空地に遺棄す
169135	朝鮮朝日	南鮮版	1929-04-09	1	10단	竊盜犯人捕まる
169136	朝鮮朝日	南鮮版	1929-04-09	1	10단	もよほし(群山の春季競馬大會/全北道內各署對抗競點射擊大會/陸軍大學生の滿鮮戰跡視察團一行)
169137	朝鮮朝日	南鮮版	1929-04-09	1	10단	人(細貝正邦氏(法學士)/石垣廉氏(大阪商船會社仁川支閞店長))
169138	朝鮮朝日	南鮮版	1929-04-09	1	10단	半島茶話
169139	朝鮮朝日	南鮮版	1929-04-09	1	10단	心の琴線にふれて/日本音樂への進出について/永井郁子
169140	朝鮮朝日	西北・南鮮版	1929-04-09	2	01단	百五十萬石の減少となり六百萬石台を割るか/鮮米內地移出豫想高
169141	朝鮮朝日	西北・南鮮版	1929-04-09	2	02단	公家が近々塞がる/その反面には間貸がふえる
169142	朝鮮朝日	西北・南鮮版	1929-04-09	2	03단	單行本や雜誌の屆出增す/營利物は少ない
169143	朝鮮朝日	西北・南鮮版	1929-04-09	2	04단	雫の聲
169144	朝鮮朝日	西北・南鮮版	1929-04-09	2	04단	朝鮮樺太間の航路を開始
169145	朝鮮朝日	西北・南鮮版	1929-04-09	2	04단	勸農共濟組合/設置の希望ふえる
169146	朝鮮朝日	西北・南鮮版	1929-04-09	2	04단	猛火と消防手/教育映畫として公開
169147	朝鮮朝日	西北・南鮮版	1929-04-09	2	05단	統營水産校の練習船建造
169148	朝鮮朝日	西北・南鮮版	1929-04-09	2	05단	機船底曳網の許可は絶望
169149	朝鮮朝日	西北・南鮮版	1929-04-09	2	05단	海苔と蠣の養殖を研究
169150	朝鮮朝日	西北・南鮮版	1929-04-09	2	05단	南鵬丸に無電を裝置
169151	朝鮮朝日	西北・南鮮版	1929-04-09	2	05단	振替貯金受拂高
169152	朝鮮朝日	西北・南鮮版	1929-04-09	2	05단	寄附行爲の範圍を決定/朝鮮殖産財團
169153	朝鮮朝日	西北・南鮮版	1929-04-09	2	06단	新刊紹介(『朝鮮地方行政』『朝鮮』)
169154	朝鮮朝日	西北・南鮮版	1929-04-09	2	06단	橫の運送合同は到底ものにならぬ/鐵道當局は絶對に反對/小運送直營には業界頭を惱ます
169155	朝鮮朝日	西北版	1929-04-10	1	01단	內地の農會と直接取引し/堅實な商內を續ける/平北道の生牛販賣策

일련번호	판명		간행일	면	단수	기사명
169156	朝鮮朝日	西北版	1929-04-10	1	01단	普通校の入學難/學校新設と擴張の聲が高い
169157	朝鮮朝日	西北版	1929-04-10	1	01단	財部海軍大將/清津を視察
169158	朝鮮朝日	西北版	1929-04-10	1	01단	中等校に劣らぬ/入學難の平壤/府內の普通校
169159	朝鮮朝日	西北版	1929-04-10	1	02단	今の世に珍らしい尹致昕氏の家 庭(下)/二百人からの家族が一つの家屋に住む/廿人の海 外留學生を出す
169160	朝鮮朝日	西北版	1929-04-10	1	02단	餘興澤山に盛大に行ふ/咸興の軍旗祭
169161	朝鮮朝日	西北版	1929-04-10	1	03단	同胞の活動をフ井ルムに活寫班內地へ
169162	朝鮮朝日	西北版	1929-04-10	1	03단	中等學校教授/研究會生る/今後每月一回集合し/各科目の研究を行ふ
169163	朝鮮朝日	西北版	1929-04-10	1	04단	評議員選出の制限撤廢に同意/この旨聯合會に通知/平壤商議臨時評議會
169164	朝鮮朝日	西北版	1929-04-10	1	04단	豆粕購入數
169165	朝鮮朝日	西北版	1929-04-10	1	05단	全滿洲地方/委員聯合會
169166	朝鮮朝日	西北版	1929-04-10	1	05단	俳句/鈴木花蓑選
169167	朝鮮朝日	西北版	1929-04-10	1	05단	平壤より
169168	朝鮮朝日	西北版	1929-04-10	1	06단	圓滿解決した爭議がまたもやぶり返す/稅關の立入り拒絶から元山運輸勞働者の態度硬化す
169169	朝鮮朝日	西北版	1929-04-10	1	06단	牡丹台野話
169170	朝鮮朝日	西北版	1929-04-10	1	07단	平壤における 故總監の追悼會/清津の追悼法會/新義州の追悼會
169171	朝鮮朝日	西北版	1929-04-10	1	07단	豫防藥使用を大いに奬勵
169172	朝鮮朝日	西北版	1929-04-10	1	07단	憲兵採用試驗
169173	朝鮮朝日	西北版	1929-04-10	1	08단	江西古墳の壁劃を紹介
169174	朝鮮朝日	西北版	1929-04-10	1	08단	警察と民衆の接觸を模型とし朝鮮博覽會へ出品する/平安南道の變った試み
169175	朝鮮朝日	西北版	1929-04-10	1	08단	後藤伯の容態惡化
169176	朝鮮朝日	西北版	1929-04-10	1	09단	おびき出して斬りつける
169177	朝鮮朝日	西北版	1929-04-10	1	09단	重傷を負はせ現金を強奪
169178	朝鮮朝日	西北版	1929-04-10	1	09단	平壤三月中の犯罪發生數
169179	朝鮮朝日	西北版	1929-04-10	1	10단	殺人強盜が特に多く/智能犯は少い/平北道の犯罪
169180	朝鮮朝日	西北版	1929-04-10	1	10단	運動界(武道豫選會/滿鐵俱樂部の運動場開き)
169181	朝鮮朝日	西北版	1929-04-10	1	10단	人(德留淸一氏(日本空輸會社京城支所長)/佐藤航空兵中佐(朝鮮軍司令部附)/菊地新義州法院長/多賀工學博士)
169182	朝鮮朝日	西北版	1929-04-10	1	10단	橫の運送合同は到底ものにならぬ/鐵道

일련번호	판명		간행일	면	단수	기사명
169182	朝鮮朝日	西北版	1929-04-10	1	10단	當局は絶對に反對/小運送直營には業界頭を惱ます
169183	朝鮮朝日	南鮮版	1929-04-10	1	01단	故池上總監の長逝を悼む/盛んな各地の
169183	朝鮮朝日	南鮮版	1929-04-10	1	01단	追悼會/(京城/釜山/馬山/光州)
169184	朝鮮朝日	南鮮版	1929-04-10	1	01단	待遇改善の要求書を出し一齊に作業を休止す 牧ノ道造船所の爭議/案外早く解決か 船主側から近く回答をする
169185	朝鮮朝日	南鮮版	1929-04-10	1	01단	さつぱりふるはぬ郵便飛行 全くお話にならぬ/蔚山の成績が在外によい
169186	朝鮮朝日	南鮮版	1929-04-10	1	03단	精査委員會へ回付された/改正朝鮮教育令
169187	朝鮮朝日	南鮮版	1929-04-10	1	03단	朝鮮博覽會事務局の工事始まる
169188	朝鮮朝日	南鮮版	1929-04-10	1	03단	朝鮮博覽會の對策きまる/內地人の送り迎へに萬遺憾なきを期する
169189	朝鮮朝日	南鮮版	1929-04-10	1	04단	俳句/鈴木花蓑選
169190	朝鮮朝日	南鮮版	1929-04-10	1	04단	普通校の入學難/學校新設と擴張の聲が高い
169191	朝鮮朝日	南鮮版	1929-04-10	1	05단	成績のよい大邱女子高普/本年度卒業生
169192	朝鮮朝日	南鮮版	1929-04-10	1	05단	圓滿解決した爭議がまたもやぶり返す/稅關の立入り拒絶から元山運輸勞働者の態度硬化す
169193	朝鮮朝日	南鮮版	1929-04-10	1	05단	朝博地鎭祭
169194	朝鮮朝日	南鮮版	1929-04-10	1	05단	兩者共に疲れる/一向進まぬ京城豫算委員會
169195	朝鮮朝日	南鮮版	1929-04-10	1	05단	靑い鳥/釜山一記者
169196	朝鮮朝日	南鮮版	1929-04-10	1	06단	同胞の活動をフ井ルムに活寫班內地へ
169197	朝鮮朝日	南鮮版	1929-04-10	1	06단	檢事代理を漸減の方針
169198	朝鮮朝日	南鮮版	1929-04-10	1	06단	鹽田初採鹽/成績頗るよい
169199	朝鮮朝日	南鮮版	1929-04-10	1	06단	『決裂云々』など總督は語らない/羽田氏の言いついて生田內務局長は語る
169200	朝鮮朝日	南鮮版	1929-04-10	1	06단	總督の巡視/忠南北兩道を
169201	朝鮮朝日	南鮮版	1929-04-10	1	07단	認定試驗を施行し/不祥事件の後始末をつける
169202	朝鮮朝日	南鮮版	1929-04-10	1	07단	特別閱覽室の設備を急ぐ
169203	朝鮮朝日	南鮮版	1929-04-10	1	08단	總督府に再度陳情/仁川府勢振興會の方針決る
169204	朝鮮朝日	南鮮版	1929-04-10	1	08단	火の出るやうなビールの合戰/カフェー抱込の作戰/調度品や模樣替迄してやりたゞこれ商賣大事に努める
169205	朝鮮朝日	南鮮版	1929-04-10	1	08단	獨居房不足で思想犯を雜居房へあまり

일련번호	판명		간행일	면	단수	기사명
169205	朝鮮朝日	南鮮版	1929-04-10	1	08단	に危険な ので當局は頭をなやます
169206	朝鮮朝日	南鮮版	1929-04-10	1	08단	お茶のあと
169207	朝鮮朝日	南鮮版	1929-04-10	1	09단	後藤伯の容態惡化
169208	朝鮮朝日	南鮮版	1929-04-10	1	09단	馬山の櫻花/七分通り咲く
169209	朝鮮朝日	南鮮版	1929-04-10	1	10단	秘書官代理の長谷川サン大童で働く
169210	朝鮮朝日	南鮮版	1929-04-10	1	10단	有卦に入った京城の乘物
169211	朝鮮朝日	南鮮版	1929-04-10	1	10단	出刃で自殺
169212	朝鮮朝日	南鮮版	1929-04-10	1	10단	訪問した先で泥棒に變る
169213	朝鮮朝日	南鮮版	1929-04-10	1	10단	海草中學敗れる
169214	朝鮮朝日	南鮮版	1929-04-10	1	10단	もよほし(故池上總監追悼會)
169215	朝鮮朝日	南鮮版	1929-04-10	1	10단	人(堺市實業家の視察團/德留淸一氏(日本空輸會社京城支所長))
169216	朝鮮朝日	南鮮版	1929-04-10	1	10단	村の燈台/棒の一手も便へぬ男はろくな女房は貰へぬ/愛知縣下の農村娛樂
169217	朝鮮朝日	西北・南鮮版	1929-04-10	2	01단	山口監査役の歸城を促し/その意見を聽取する/朝鮮郵船の決算問題
169218	朝鮮朝日	西北・南鮮版	1929-04-10	2	01단	ボスター展と全國自慢品展
169219	朝鮮朝日	西北・南鮮版	1929-04-10	2	01단	牡丹台の交通整理/櫻の花が咲く/とゝもに行ふ
169220	朝鮮朝日	西北・南鮮版	1929-04-10	2	01단	平壤組合銀行三月末帳尻
169221	朝鮮朝日	西北・南鮮版	1929-04-10	2	02단	取締船大同丸/愈活動を始める
169222	朝鮮朝日	西北・南鮮版	1929-04-10	2	02단	學校林に植樹
169223	朝鮮朝日	西北・南鮮版	1929-04-10	2	02단	新刊紹介(『朝鮮および滿洲』/『朝鮮公論』)
169224	朝鮮朝日	西北・南鮮版	1929-04-10	2	03단	朝鮮巡回活動寫眞
169225	朝鮮朝日	西北・南鮮版	1929-04-10	2	03단	青年訓練所出身兵の成績は非常によく檢査の成績は甲を示す/平壤七十七聯隊の第一期檢閲終る
169226	朝鮮朝日	西北版	1929-04-11	1	01단	崇德學校長辭表を提出/排斥の聲が高くなり擁護派遂にあきらむ
169227	朝鮮朝日	西北版	1929-04-11	1	01단	三角地公園の工事に着手
169228	朝鮮朝日	西北版	1929-04-11	1	01단	黄海の旅(8)/雌をほって逃げる薄情極まる雄鯨/實に敏速な解體ぶり/六十尺の物を一時間で捌く
169229	朝鮮朝日	西北版	1929-04-11	1	01단	新義州野球團陣容を整ふ
169230	朝鮮朝日	西北版	1929-04-11	1	02단	人力車賃金の値下を行ひ自動車に對抗
169231	朝鮮朝日	西北版	1929-04-11	1	03단	二萬五千頭の豫防注射を行ふ/平北道の牛疫豫防策
169232	朝鮮朝日	西北版	1929-04-11	1	03단	副業の獎勵はよく行屆きまなぶべき點が多い/岡田農務課長視察談

일련번호	판명		간행일	면	단수	기사명
169233	朝鮮朝日	西北版	1929-04-11	1	03단	電燈照明競技
169234	朝鮮朝日	西北版	1929-04-11	1	04단	高松宮殿下が學校御視察
169235	朝鮮朝日	西北版	1929-04-11	1	05단	平南警察部の武道講習會
169236	朝鮮朝日	西北版	1929-04-11	1	05단	車輦館驛前へ蠶業試驗所
169237	朝鮮朝日	西北版	1929-04-11	1	05단	メートル法宣傳
169238	朝鮮朝日	西北版	1929-04-11	1	05단	牡丹台野話
169239	朝鮮朝日	西北版	1929-04-11	1	06단	行樂に申分なき鎭南浦の三和公園
169240	朝鮮朝日	西北版	1929-04-11	1	06단	平北道の記念植樹
169241	朝鮮朝日	西北版	1929-04-11	1	06단	高麗革命軍の幹部を捕ふ
169242	朝鮮朝日	西北版	1929-04-11	1	07단	平壤に痘瘡
169243	朝鮮朝日	西北版	1929-04-11	1	07단	朝鮮名物の蠅/家屋の構造は棲生に適する/驅除の時期は二月頃がよい/小林理學博士の研究
169244	朝鮮朝日	西北版	1929-04-11	1	07단	鮮商側が又も華商を壓迫
169245	朝鮮朝日	西北版	1929-04-11	1	08단	鴨江鐵橋から投身を企つ
169246	朝鮮朝日	西北版	1929-04-11	1	08단	記念植樹を拔きとって自宅に植付く
169247	朝鮮朝日	西北版	1929-04-11	1	08단	ニュース供給係から醫者にもなる島にはなくてならぬ大靑島の田邊サン
169248	朝鮮朝日	西北版	1929-04-11	1	09단	寢込を襲ひ息子を斬る
169249	朝鮮朝日	西北版	1929-04-11	1	09단	加害者に減俸處分鎭南浦府廳某主任毆打事件
169250	朝鮮朝日	西北版	1929-04-11	1	10단	おめでた小笠氏の結婚
169251	朝鮮朝日	西北版	1929-04-11	1	10단	産米增殖計劃に一大痛棒を喰はせ當局の覺醒をうながす
169252	朝鮮朝日	南鮮版	1929-04-11	1	01단	總督の同情で大に滿足し再度陳情に入城した仁川の陳情員引揚ぐ/靑年株主が反對し大株主に對して檄文を配布
169253	朝鮮朝日	南鮮版	1929-04-11	1	01단	移出牛檢疫所創立記念式
169254	朝鮮朝日	南鮮版	1929-04-11	1	01단	製繩と製叺の副業により兒童の退學を食止む/旱害による退學調べ
169255	朝鮮朝日	南鮮版	1929-04-11	1	02단	急にダンスホールの研究にうき身をやつす/結局は實現してもうろたへぬやうに豫め取締規則を作っておくつもりか
169256	朝鮮朝日	南鮮版	1929-04-11	1	02단	朝鮮鐵道協會總會
169257	朝鮮朝日	南鮮版	1929-04-11	1	03단	旅客輸送に大多忙/花時になって連絡船大繁昌
169258	朝鮮朝日	南鮮版	1929-04-11	1	04단	要求拒絶から罷業を聲明 造船鐵工組合爭議はつひに持久戰に入る/職工募集を阻まる罷業團は牧ノ島を立去るか/資本

일련번호	판명		간행일	면	단수	기사명
169258	朝鮮朝日	南鮮版	1929-04-11	1	04단	*家側折れる 近く解決するものと樂觀す*
169259	朝鮮朝日	南鮮版	1929-04-11	1	04단	航空稅關法近く制定する
169260	朝鮮朝日	南鮮版	1929-04-11	1	05단	三月中局線の貨物輸送量
169261	朝鮮朝日	南鮮版	1929-04-11	1	05단	有機的結合で代行權の獲得に邁進すべく腹をきむ/全鮮承認運送の方針
169262	朝鮮朝日	南鮮版	1929-04-11	1	05단	靑い鳥/釜山一記者
169263	朝鮮朝日	南鮮版	1929-04-11	1	06단	繪行脚する帝展の新井畫伯
169264	朝鮮朝日	南鮮版	1929-04-11	1	06단	朝博宣傳歌を蓄音機に吹込む
169265	朝鮮朝日	南鮮版	1929-04-11	1	06단	普天敎本部の遷宮式決る
169266	朝鮮朝日	南鮮版	1929-04-11	1	06단	京城における故池上總監追悼會
169267	朝鮮朝日	南鮮版	1929-04-11	1	07단	電車線路の電柱取替へ
169268	朝鮮朝日	南鮮版	1929-04-11	1	07단	總會終了までは消燈問題に觸れぬ/須藤知事に敬意を表し釜山の消燈問題一先づ落つく
169269	朝鮮朝日	南鮮版	1929-04-11	1	07단	種を食ひ盡し耕牛を賣る其購入は困難
169270	朝鮮朝日	南鮮版	1929-04-11	1	08단	モヒ密賣の支那人逮捕
169271	朝鮮朝日	南鮮版	1929-04-11	1	08단	全南の櫻花
169272	朝鮮朝日	南鮮版	1929-04-11	1	09단	放火魔に對し七年の判決
169273	朝鮮朝日	南鮮版	1929-04-11	1	09단	共産主義者多數を捕ふ
169274	朝鮮朝日	南鮮版	1929-04-11	1	09단	山田耕作氏が京城で演奏
169275	朝鮮朝日	南鮮版	1929-04-11	1	09단	*內地に密航し送り還さる/內地密航を企つ*
169276	朝鮮朝日	南鮮版	1929-04-11	1	10단	人(西崎鶴太郎氏(鎭南浦實業家)/松尾重信氏(鎭海實業家)/石川淸人氏(第二十師團軍醫部長)/林本府理財課長/佐々木忠右衛門氏(黃海道警察部長)/美座慶南警察部長/財部彪大將)
169277	朝鮮朝日	南鮮版	1929-04-11	1	10단	半島茶話
169278	朝鮮朝日	南鮮版	1929-04-11	1	10단	*褐炭液化の試驗を行ふ 成功すれば燃料界に一大革命をもたらす/咸北褐炭の乾溜工業は有望と言難い*
169279	朝鮮朝日	西北・南鮮版	1929-04-11	2	01단	製材工場を朝鮮へ移轉するもの/弗々と現はる
169280	朝鮮朝日	西北・南鮮版	1929-04-11	2	01단	練習艦隊乘員京仁を見學
169281	朝鮮朝日	西北・南鮮版	1929-04-11	2	01단	鳥蘇里地方の農業を奬勵
169282	朝鮮朝日	西北・南鮮版	1929-04-11	2	01단	三民主義の敎科書採用
169283	朝鮮朝日	西北・南鮮版	1929-04-11	2	02단	勤續店員の表彰を行ふ
169284	朝鮮朝日	西北・南鮮版	1929-04-11	2	02단	多田氏の寄附
169285	朝鮮朝日	西北・南鮮版	1929-04-11	2	02단	公安局長の異動
169286	朝鮮朝日	西北・南鮮版	1929-04-11	2	02단	朝博へ出品の新義州の優良品

일련번호	판명		간행일	면	단수	기사명
169287	朝鮮朝日	西北・南鮮版	1929-04-11	2	02단	製函用材の移出
169288	朝鮮朝日	西北・南鮮版	1929-04-11	2	02단	東拓の利下
169289	朝鮮朝日	西北・南鮮版	1929-04-11	2	02단	海路輸出は抗議付許可
169290	朝鮮朝日	西北・南鮮版	1929-04-11	2	02단	大同郡廳舍の新築を行ふ
169291	朝鮮朝日	西北・南鮮版	1929-04-11	2	03단	大邱の軍旗祭
169292	朝鮮朝日	西北・南鮮版	1929-04-11	2	03단	普校卒業生を內地に送る
169293	朝鮮朝日	西北・南鮮版	1929-04-11	2	03단	遞信局管內の三月末の從業員
169294	朝鮮朝日	西北・南鮮版	1929-04-11	2	03단	朝日巡回活動寫眞
169295	朝鮮朝日	西北・南鮮版	1929-04-11	2	03단	全南の蝟島で郵便事務を開始
169296	朝鮮朝日	西北・南鮮版	1929-04-11	2	04단	新義州の種痘
169297	朝鮮朝日	西北・南鮮版	1929-04-11	2	04단	痛烈な質問が出て百方陳辯に努む/結局政府へ警告にきまる/教育令改正と樞府委員會
169298	朝鮮朝日	西北版	1929-04-12	1	01단	郵船と商船の中に挾まり私共は立場にこまる/恩田朝郵社長は語る
169299	朝鮮朝日	西北版	1929-04-12	1	01단	依光秘書官辭意を決す
169300	朝鮮朝日	西北版	1929-04-12	1	01단	鈴木總領事本省へ後任者は西澤福州總領事か
169301	朝鮮朝日	西北版	1929-04-12	1	01단	府有地貸與の値上に反對
169302	朝鮮朝日	西北版	1929-04-12	1	02단	大都市となる新義州府(上)/隣接地の合併により市街は滅法膨れた/然し都市的施設に多額の工費を要し國境都市の前途は多事多端
169303	朝鮮朝日	西北版	1929-04-12	1	02단	*平壤より/安東より*
169304	朝鮮朝日	西北版	1929-04-12	1	03단	夏時制を實施すれば幾多の利益が伴ひ殊に安東の立場がよい/その實施如何に多大の注意を拂ふ
169305	朝鮮朝日	西北版	1929-04-12	1	04단	貨物の檢査を敏速に行ひ荷主の便宜をはかる新義州稅關の大增員
169306	朝鮮朝日	西北版	1929-04-12	1	04단	航空郵便の普及に努む/成績かんばしからぬ內鮮滿連絡航空郵便
169307	朝鮮朝日	西北版	1929-04-12	1	05단	鎭南浦商議の役員きまる
169308	朝鮮朝日	西北版	1929-04-12	1	05단	賦課稅等級の査定を行ふ
169309	朝鮮朝日	西北版	1929-04-12	1	06단	俳句/鈴木花蓑選
169310	朝鮮朝日	西北版	1929-04-12	1	06단	共同墓地の模型を出品
169311	朝鮮朝日	西北版	1929-04-12	1	07단	平北定州から朝博へ出品
169312	朝鮮朝日	西北版	1929-04-12	1	07단	本年の初筏
169313	朝鮮朝日	西北版	1929-04-12	1	07단	木關に伴ふ産業助成金
169314	朝鮮朝日	西北版	1929-04-12	1	07단	布爾哈通河大橋の架替

일련번호	판명		간행일	면	단수	기사명
169315	朝鮮朝日	西北版	1929-04-12	1	07단	學校衛生の內容を充實し虛弱兒童をなくする安東大和小學の計劃
169316	朝鮮朝日	西北版	1929-04-12	1	07단	鴨綠江の大鐵橋は十日から開閉
169317	朝鮮朝日	西北版	1929-04-12	1	08단	平安人肥會社設立を許可さる
169318	朝鮮朝日	西北版	1929-04-12	1	08단	手數料値下の要求に應じねば斷然取引を中止する/平壤布木組合の決議
169319	朝鮮朝日	西北版	1929-04-12	1	08단	朝鮮人民會の金融出張所新設
169320	朝鮮朝日	西北版	1929-04-12	1	09단	土木建築協會總會
169321	朝鮮朝日	西北版	1929-04-12	1	10단	八日市から平壤へ六機が往復飛行演習を行ふ
169322	朝鮮朝日	西北版	1929-04-12	1	10단	ピストル密輸減る/體刑を課せられるを恐れ
169323	朝鮮朝日	西北版	1929-04-12	1	10단	橫領面書記遂に捕はる
169324	朝鮮朝日	西北版	1929-04-12	1	10단	貯金詐欺に三年の判決/橫領に一年求刑
169325	朝鮮朝日	西北版	1929-04-12	1	10단	平壤に痘瘡の新患者發見
169326	朝鮮朝日	西北版	1929-04-12	1	10단	京城の櫻物語(２)/孝心深い王樣と櫻樹
169327	朝鮮朝日	南鮮版	1929-04-12	1	01단	痛烈な質問が出て百方陳辯に努む/結局政府へ警告にきまる/教育令改正と樞府委員會
169328	朝鮮朝日	南鮮版	1929-04-12	1	01단	貧困な兒童に學用品給與
169329	朝鮮朝日	南鮮版	1929-04-12	1	03단	郵船と商船の中に挾まり私共は立場にこまる/恩田朝郵社長は語る
169330	朝鮮朝日	南鮮版	1929-04-12	1	04단	雙方互讓し一致點を見出す/造船職工罷業解決し十二日一齊に復業す
169331	朝鮮朝日	南鮮版	1929-04-12	1	04단	釜山鎭に府營市場來月から着工
169332	朝鮮朝日	南鮮版	1929-04-12	1	04단	*裝飾模型等の請負人詮衡/全國關係主任會議*
169333	朝鮮朝日	南鮮版	1929-04-12	1	04단	依光秘書官辭意を決す
169334	朝鮮朝日	南鮮版	1929-04-12	1	05단	島道、縣里間の電鐵竣工す
169335	朝鮮朝日	南鮮版	1929-04-12	1	05단	大昔の王宮をしのぐ普天敎大本山
169336	朝鮮朝日	南鮮版	1929-04-12	1	05단	龍山聯隊軍旗祭
169337	朝鮮朝日	南鮮版	1929-04-12	1	06단	夜櫻を見る人達に音樂を聽かすDKが昌慶苑內で
169338	朝鮮朝日	南鮮版	1929-04-12	1	06단	棄て子がふえる/京城府だけで二十二人ある/その大部分は濟生院に送る/哀れな子供の將來は？
169339	朝鮮朝日	南鮮版	1929-04-12	1	06단	靑い鳥/釜山一記者
169340	朝鮮朝日	南鮮版	1929-04-12	1	07단	俳句/鈴木花蓑選
169341	朝鮮朝日	南鮮版	1929-04-12	1	07단	土木建築協會總會

일련번호	판명		간행일	면	단수	기사명
169342	朝鮮朝日	南鮮版	1929-04-12	1	07단	結果が惡ければ敢然起って戰ふ腹/和戰兩樣の作戰を整ふ瓦電會社の總會と期成會の態度
169343	朝鮮朝日	南鮮版	1929-04-12	1	07단	後藤新平伯全く危篤の狀態/十一日夜十一時の容態
169344	朝鮮朝日	南鮮版	1929-04-12	1	08단	大邱府營運動場計劃愈よ熟す
169345	朝鮮朝日	南鮮版	1929-04-12	1	08단	强盗容疑者はモヒ密賣者
169346	朝鮮朝日	南鮮版	1929-04-12	1	08단	釜山驛頭の客引取締り
169347	朝鮮朝日	南鮮版	1929-04-12	1	08단	大邱で催す春季大競馬
169348	朝鮮朝日	南鮮版	1929-04-12	1	09단	橫領面書記遂に捕はる
169349	朝鮮朝日	南鮮版	1929-04-12	1	09단	シネマだより/暴君ネ口京城ＹＭＣＡで封切られる
169350	朝鮮朝日	南鮮版	1929-04-12	1	10단	人(金谷範三大將/寺内壽一少將(朝鮮軍參謀長)/松寺法務局長/須藤知事/藤井寬太郎氏(土地改良會社專務)/山口太兵衛氏(京城實業家)/淺利警務局長)
169351	朝鮮朝日	南鮮版	1929-04-12	1	10단	半島茶話
169352	朝鮮朝日	南鮮版	1929-04-12	1	10단	村の燈台/役場も警察署も要らぬ樂土/漁業組合を中心に/孤島『出羽島』の自治振り
169353	朝鮮朝日	西北・南鮮版	1929-04-12	2	01단	紛擾を起さず整理をしてゐる支店の廢止は不便だ/加藤鮮銀總裁は語る
169354	朝鮮朝日	西北・南鮮版	1929-04-12	2	01단	優秀なる青年を熊本縣に派遣/移住せしめる
169355	朝鮮朝日	西北・南鮮版	1929-04-12	2	01단	安東圖書館の獎學優待券
169356	朝鮮朝日	西北・南鮮版	1929-04-12	2	01단	鎮江山公園の美化を計劃
169357	朝鮮朝日	西北・南鮮版	1929-04-12	2	02단	平北三月中の米豆檢査數
169358	朝鮮朝日	西北・南鮮版	1929-04-12	2	02단	義州金山の創立委員會
169359	朝鮮朝日	西北・南鮮版	1929-04-12	2	02단	補助憲兵の教育
169360	朝鮮朝日	西北・南鮮版	1929-04-12	2	02단	滿洲の都市金組
169361	朝鮮朝日	西北・南鮮版	1929-04-12	2	03단	DK理事長が新任の挨拶
169362	朝鮮朝日	西北・南鮮版	1929-04-12	2	03단	朝日巡回活動寫眞
169363	朝鮮朝日	西北・南鮮版	1929-04-12	2	03단	櫻花爛漫の頃を期し府勢擴張の祝賀會箕林グラウンドで開催/平壤府未曾有の大賑ひを呈せん
169364	朝鮮朝日	西北版	1929-04-13	1	01단	圓滿な解決の望みはない/民族的偏見が加った新義州府の土地爭議
169365	朝鮮朝日	西北版	1929-04-13	1	01단	平南道の新設校十校だけ決定
169366	朝鮮朝日	西北版	1929-04-13	1	01단	大都市となる新義州府(下)/隣接編入洞の名稱は當分そのまゝ用ふ/交通、衛

일련번호	판명		간행일	면	단수	기사명
169366	朝鮮朝日	西北版	1929-04-13	1	01단	生、教育その他の諸施設は徐々に實施し都市の面目を整ふ
169367	朝鮮朝日	西北版	1929-04-13	1	01단	生牛移出の事故に備ふ共濟制度を作る
169368	朝鮮朝日	西北版	1929-04-13	1	02단	委員附託の問題を討議
169369	朝鮮朝日	西北版	1929-04-13	1	02단	高松宮殿下の獻上品決る
169370	朝鮮朝日	西北版	1929-04-13	1	03단	豆粕の購入激增す/平安北道昨年度の購入調べ
169371	朝鮮朝日	西北版	1929-04-13	1	03단	寄附金問題の意見纏らず再び評議員會へ
169372	朝鮮朝日	西北版	1929-04-13	1	03단	公政公署に六局を置く
169373	朝鮮朝日	西北版	1929-04-13	1	04단	平壤より
169374	朝鮮朝日	西北版	1929-04-13	1	04단	後藤伯遂に薨去十三日午前五時三十分/なほ多くの將來を持つ老いたる若き政治家/伯の今日迄の功績
169375	朝鮮朝日	西北版	1929-04-13	1	04단	二箇月に互り大同江の水路調べ/軍艦『淀』を回航して相當大規模に行ふ
169376	朝鮮朝日	西北版	1929-04-13	1	05단	豆粕の輸送前年よりも增加
169377	朝鮮朝日	西北版	1929-04-13	1	07단	定州栗を增産
169378	朝鮮朝日	西北版	1929-04-13	1	07단	支那苦力が續々入込み順川は大賑ひ
169379	朝鮮朝日	西北版	1929-04-13	1	07단	農業補習校を二校新設し農村中心人物を養成/平南道の新しき試み
169380	朝鮮朝日	西北版	1929-04-13	1	07단	候補者簇出で未曾有の混戰か/期日いよいよ切迫の平壤學組議員の改選
169381	朝鮮朝日	西北版	1929-04-13	1	07단	箕林停車場は結局洋館にする/朝鮮式は金の關係で遂に沙汰止みとなる
169382	朝鮮朝日	西北版	1929-04-13	1	07단	第三回全鮮ア式蹴球選手權大會
169383	朝鮮朝日	西北版	1929-04-13	1	08단	鴨江採木公司理事長決る
169384	朝鮮朝日	西北版	1929-04-13	1	08단	平壤の軍旗祭
169385	朝鮮朝日	西北版	1929-04-13	1	09단	無修正通過で愁眉を開く/前途氣遣はれてゐた朝鮮教育令の改正案
169386	朝鮮朝日	西北版	1929-04-13	1	09단	一萬圓詐取の一味を送局
169387	朝鮮朝日	西北版	1929-04-13	1	09단	祈禱を種に惡辣な詐欺
169388	朝鮮朝日	西北版	1929-04-13	1	09단	嬰兒を殺す
169389	朝鮮朝日	西北版	1929-04-13	1	10단	子供を轢殺
169390	朝鮮朝日	西北版	1929-04-13	1	10단	平北の痘瘡蔓延
169391	朝鮮朝日	西北版	1929-04-13	1	10단	俳句/鈴木花蓑選
169392	朝鮮朝日	西北版	1929-04-13	1	10단	强竊盜犯の餘罪わかる
169393	朝鮮朝日	西北版	1929-04-13	1	10단	人(井上健次郎氏(メソヂスト平壤教會牧師))
169394	朝鮮朝日	西北版	1929-04-13	1	10단	條件をつけて承認を得た京城府營バス

일련번호	판명		간행일	면	단수	기사명
169394	朝鮮朝日	西北版	1929-04-13	1	10단	の擴張/早速認可を申請する
169395	朝鮮朝日	南鮮版	1929-04-13	1	01단	不屆な旅館を嚴重取締り/朝鮮博覽會觀覽者を愉快に見物せしめる
169396	朝鮮朝日	南鮮版	1929-04-13	1	01단	學務局長の後任は總監決定の後に決定するか
169397	朝鮮朝日	南鮮版	1929-04-13	1	01단	福士學務課長近く退官か
169398	朝鮮朝日	南鮮版	1929-04-13	1	01단	缺員警官五百名/內地から優秀なものを採用
169399	朝鮮朝日	南鮮版	1929-04-13	1	02단	後藤伯遂に薨去十三日午前五時三十分/なほ多くの將來を持つ老いたる若き政治家/伯の今日迄の功績
169400	朝鮮朝日	南鮮版	1929-04-13	1	02단	眞珠の養殖は朝鮮では見込ない/唯一の候補地鎭海の貝は跡方もなく死滅
169401	朝鮮朝日	南鮮版	1929-04-13	1	03단	朝博觀覽者の汽車賃割引
169402	朝鮮朝日	南鮮版	1929-04-13	1	03단	京城は第三位/すばらしい成績の振替口座
169403	朝鮮朝日	南鮮版	1929-04-13	1	04단	寫眞說明(去る十一日仁川に入港した練習艦隊司令官野村吉三郎中將は幕僚と共に同朝入城、朝鮮神宮に參拜、午前十一時總督府に山梨總督を訪問し總督室で約二十分間會談し終って廳舍內を巡視、午後は李王職に總參した/寫眞は上山梨總督と野村司令官(右から王番目)下は朝鮮神宮參拜の乘組員)
169404	朝鮮朝日	南鮮版	1929-04-13	1	05단	京城靑訓の本年入所生
169405	朝鮮朝日	南鮮版	1929-04-13	1	05단	前景氣よい朝鮮水産貿易
169406	朝鮮朝日	南鮮版	1929-04-13	1	05단	電氣府營の擔當者囑託
169407	朝鮮朝日	南鮮版	1929-04-13	1	05단	蔚山附近で鯖漁始まる
169408	朝鮮朝日	南鮮版	1929-04-13	1	05단	京城協贊會の橋本事務長着任
169409	朝鮮朝日	南鮮版	1929-04-13	1	06단	俳句/鈴木花蓑選
169410	朝鮮朝日	南鮮版	1929-04-13	1	06단	お花見列車例年通り出す
169411	朝鮮朝日	南鮮版	1929-04-13	1	06단	坊ちゃんの節句とお飾り人形/相當賣行を見せる
169412	朝鮮朝日	南鮮版	1929-04-13	1	07단	田邊未亡人近く起訴/殺人罪として取調べを受く
169413	朝鮮朝日	南鮮版	1929-04-13	1	07단	自轉車交通を嚴重取締る
169414	朝鮮朝日	南鮮版	1929-04-13	1	07단	金色燦然たる佛像を發掘
169415	朝鮮朝日	南鮮版	1929-04-13	1	08단	自動車に轢かる
169416	朝鮮朝日	南鮮版	1929-04-13	1	08단	祈禱を種に惡辣な詐欺
169417	朝鮮朝日	南鮮版	1929-04-13	1	08단	靑い鳥/釜山一記者

일련번호	판명		간행일	면	단수	기사명
169418	朝鮮朝日	南鮮版	1929-04-13	1	08단	多數の名士が景福丸で歸鮮し/釜山の埠頭は花時に似合しい賑ひを呈す
169419	朝鮮朝日	南鮮版	1929-04-13	1	09단	無修正通過で愁眉を開く/前途氣遣はれてゐた朝鮮教育令の改正案
169420	朝鮮朝日	南鮮版	1929-04-13	1	09단	京城の武德大會
169421	朝鮮朝日	南鮮版	1929-04-13	1	09단	强竊盗犯の餘罪わかる
169422	朝鮮朝日	南鮮版	1929-04-13	1	10단	もよほし(京城の天長節奉祝會)
169423	朝鮮朝日	南鮮版	1929-04-13	1	10단	人(ジョン・アール・モット氏(基督教青年會萬國聯合會理事長)/井上健次郎氏(メソヂスト平壤教會牧師))
169424	朝鮮朝日	南鮮版	1929-04-13	1	10단	二つの海苔の試驗を行ふ/成功すれば干瀉地で海苔の採取ができる
169425	朝鮮朝日	西北・南鮮版	1929-04-13	1	01단	七千噸の連絡船/新造の設計變更を申請する
169426	朝鮮朝日	西北・南鮮版	1929-04-13	1	01단	大潮を最後として海苔の採取始る
169427	朝鮮朝日	西北・南鮮版	1929-04-13	1	01단	雫の聲
169428	朝鮮朝日	西北・南鮮版	1929-04-13	1	02단	成川別倉橋の架替を行ふ
169429	朝鮮朝日	西北・南鮮版	1929-04-13	1	03단	朝鮮人取締り嚴重となる
169430	朝鮮朝日	西北・南鮮版	1929-04-13	1	03단	慶州繁榮會臨時總會
169431	朝鮮朝日	西北・南鮮版	1929-04-13	1	03단	慶北道安東鐵道期成會
169432	朝鮮朝日	西北・南鮮版	1929-04-13	1	03단	朝日巡回活動寫眞
169433	朝鮮朝日	西北・南鮮版	1929-04-13	1	03단	江陵の電燈二十日からつく
169434	朝鮮朝日	西北・南鮮版	1929-04-13	1	04단	新嘗祭獻穀春川の耕作者
169435	朝鮮朝日	西北・南鮮版	1929-04-13	1	04단	教育令改正案の樞府本會議きまる/當日聖上親臨遊ばさる/結局委員會報告どほりに決定か
169436	朝鮮朝日	西北版	1929-04-14	1	01단	一面一校主義實現のため十一校の普通學校を新設する平安南道
169437	朝鮮朝日	西北版	1929-04-14	1	01단	通行人に對し賦役を課す/布爾哈通河大橋修理に怨嗟の聲八方から起る
169438	朝鮮朝日	西北版	1929-04-14	1	01단	浦項洞方面に結局決定か/清津府廳舍敷地
169439	朝鮮朝日	西北版	1929-04-14	1	01단	龍井局子街間連絡自動車新造車を運轉
169439	朝鮮朝日	西北版	1929-04-14	1	01단	朝鮮博の社會館出品平北道から
169440	朝鮮朝日	西北版	1929-04-14	1	02단	樞府で引懸った教育令(1)/普通校の增加に伴ひ教員の數もふえる/齋藤前總督の『文化政治』
169441	朝鮮朝日	西北版	1929-04-14	1	02단	この方/特に此傾向が著しくなってきた
169442	朝鮮朝日	西北版	1929-04-14	1	02단	安東工友會
169443	朝鮮朝日	西北版	1929-04-14	1	03단	俳句/鈴木花蓑選

일련번호	판명		간행일	면	단수	기사명
169444	朝鮮朝日	西北版	1929-04-14	1	03단	鎭江山公園花時の注意
169445	朝鮮朝日	西北版	1929-04-14	1	03단	地上勤務の要領を敎育/平壤飛行聯隊にて他兵科の將校らに
169446	朝鮮朝日	西北版	1929-04-14	1	04단	繩叺製造の副業を奬勵/農家の窮乏を救
169446	朝鮮朝日	西北版	1929-04-14	1	04단	濟/平南道の大同郡
169447	朝鮮朝日	西北版	1929-04-14	1	04단	木材の需要解氷と共に旺んとなる
169448	朝鮮朝日	西北版	1929-04-14	1	05단	平北から移出の米豆
169449	朝鮮朝日	西北版	1929-04-14	1	05단	平壤より
169450	朝鮮朝日	西北版	1929-04-14	1	05단	北鮮地方また雪/すぐ恢復する
169451	朝鮮朝日	西北版	1929-04-14	1	06단	平北道幼兒の死亡率と原因
169452	朝鮮朝日	西北版	1929-04-14	1	06단	府尹と知事を訪うて下手から賴み込み兩方とも刎ねつけらる 羽田氏らの策動全く失敗に終る/總會延期など全く逆宣傳 事實なら覺悟がある 期成會冷然と構へる
169453	朝鮮朝日	西北版	1929-04-14	1	06단	第三回全鮮ア式蹴球選手權大會
169454	朝鮮朝日	西北版	1929-04-14	1	07단	私立學校や改良書堂に相當補助を交付し又講習會をひらく
169455	朝鮮朝日	西北版	1929-04-14	1	07단	不良巡官の馘首を行ふ
169456	朝鮮朝日	西北版	1929-04-14	1	08단	第二艦隊乘員平壤を視察
169457	朝鮮朝日	西北版	1929-04-14	1	08단	吉林政府文書の書式
169458	朝鮮朝日	西北版	1929-04-14	1	08단	隔離患者行方を晦す
169459	朝鮮朝日	西北版	1929-04-14	1	08단	沙里院に霰
169460	朝鮮朝日	西北版	1929-04-14	1	09단	露支國境に殺伐な氣風みなぎり渡る
169461	朝鮮朝日	西北版	1929-04-14	1	09단	劉と金の爭ひ仲裁人を袋叩きにし血まみれ騷ぎを演ず
169462	朝鮮朝日	西北版	1929-04-14	1	09단	花柳病豫防藥セーフ道衛生課で調製
169463	朝鮮朝日	西北版	1929-04-14	1	09단	勝手氣儘な廟宇破壞を嚴重處罰する
169464	朝鮮朝日	西北版	1929-04-14	1	10단	東興中學を襲擊し幹部を袋叩きにし暴れ廻る
169465	朝鮮朝日	西北版	1929-04-14	1	10단	支那人強盜八百圓を強奪
169466	朝鮮朝日	西北版	1929-04-14	1	10단	運動界(安東滿俱陣容を整ふ/咸南選士きまる)
169467	朝鮮朝日	西北版	1929-04-14	1	10단	人(華頂侯爵)
169468	朝鮮朝日	西北版	1929-04-14	1	10단	敎育令改正案の樞府本會議きまる/當日聖上親臨遊ばさる/結局委員會報告どほりに決定か
169469	朝鮮朝日	南鮮版	1929-04-14	1	01단	凄まじい勢で雪崩れ込む/支那勞働者の對策に本府當局頭を痛める

일련번호	판명		간행일	면	단수	기사명
169470	朝鮮朝日	南鮮版	1929-04-14	1	01단	漸くの事で本會議それでも日程の過半を殘す
169471	朝鮮朝日	南鮮版	1929-04-14	1	01단	豆類實收高
169472	朝鮮朝日	南鮮版	1929-04-14	1	01단	京城齒科醫專開校入學式
169473	朝鮮朝日	南鮮版	1929-04-14	1	02단	府尹と知事を訪うて下手から頼み込み兩方とも刎ねつけらる 羽田氏らの策動全く失敗に終る/總會延期など全く逆宣傳 事實なら覺悟がある 期成會冷然と構へる/必ず府民の期待に副ふと在釜重役明確に答ふ/考へ直す必要はないと信ずる須藤知事語る
169474	朝鮮朝日	南鮮版	1929-04-14	1	02단	糞尿池に大反對/地元民が慶南道當局に陳情
169475	朝鮮朝日	南鮮版	1929-04-14	1	03단	飾窓競技會の準備を進む
169476	朝鮮朝日	南鮮版	1929-04-14	1	04단	俳句/鈴木花蓑選
169477	朝鮮朝日	南鮮版	1929-04-14	1	04단	京城神社上棟式/必ず府民の期待に副ふと在釜重役明確に答ふ/考へ直す必要はないと信ずる須藤知事語る
169478	朝鮮朝日	南鮮版	1929-04-14	1	04단	高文試驗の合格者も就職難に弱る/セチ幸い世相を語る
169479	朝鮮朝日	南鮮版	1929-04-14	1	05단	急所を突かれ博覽會當局弱る 博覽會通が全國から集まって協議をなす/朝博出品物に移入稅免除
169480	朝鮮朝日	南鮮版	1929-04-14	1	05단	樞府で引懸った教育令(1)/普通校の增加に伴ひ教員の數もふえる/齋藤前總督の『文化政治』この方/特に此傾向が著しくなってきた
169481	朝鮮朝日	南鮮版	1929-04-14	1	06단	金剛山電鐵の延長線開通
169482	朝鮮朝日	南鮮版	1929-04-14	1	07단	貧困兒童に補助金交付
169483	朝鮮朝日	南鮮版	1929-04-14	1	07단	從來の試驗の型をやぶり專ら實際的に行ふ褐炭の液化試驗
169484	朝鮮朝日	南鮮版	1929-04-14	1	07단	嬰兒殺しに二年の判決
169485	朝鮮朝日	南鮮版	1929-04-14	1	08단	技手と酌婦心中を企つ
169486	朝鮮朝日	南鮮版	1929-04-14	1	08단	青い鳥/釜山一記者
169487	朝鮮朝日	南鮮版	1929-04-14	1	08단	さくらに霰/京城地方訝え返る
169488	朝鮮朝日	南鮮版	1929-04-14	1	09단	金色の佛像は一千年前の遺物と鑑定さる
169489	朝鮮朝日	南鮮版	1929-04-14	1	10단	間島方面の饑饉民救濟
169490	朝鮮朝日	南鮮版	1929-04-14	1	10단	人(華頂侯爵/迫間一男氏(釜山實業家)/長尾戒三氏(京城地方法院長)/賀田直治氏(實業家)/宮崎又次郎氏(釜山稅關長)/羽

일련번호	판명		간행일	면	단수	기사명
169490	朝鮮朝日	南鮮版	1929-04-14	1	10단	田彦四郎氏(釜山瓦電府營調査委員長)/石津龍輔氏(瓦電重役)/迫間房太郎氏(同)/寺川鎭次郎氏(典獄)/韓圭復氏(忠北知事)/豊田福太郎氏(釜山實業家))
169491	朝鮮朝日	南鮮版	1929-04-14	1	10단	二百七十校を新設せねば/咸北普通校入學難は緩和不能の狀態にある
169492	朝鮮朝日	西北・南鮮版	1929-04-14	2	01단	朝郵の決算內容/會社の算出によると九萬圓の缺損となる
169493	朝鮮朝日	西北・南鮮版	1929-04-14	2	01단	咸南水産會議員當選者
169494	朝鮮朝日	西北・南鮮版	1929-04-14	2	02단	鎭江山公園山腹遊覽の自動車道路
169495	朝鮮朝日	西北・南鮮版	1929-04-14	2	02단	靑訓の必要を痛切に感じ基金を寄附す
169496	朝鮮朝日	西北・南鮮版	1929-04-14	2	03단	旱害窮民の膏血を絞る惡辣な高利貨
169497	朝鮮朝日	西北・南鮮版	1929-04-14	2	03단	朝日巡回活動寫眞
169498	朝鮮朝日	西北・南鮮版	1929-04-14	2	03단	平北守備隊の軍旗拜受記念式
169499	朝鮮朝日	西北・南鮮版	1929-04-14	2	04단	咸興區劃擴張近くきまる
169500	朝鮮朝日	西北・南鮮版	1929-04-14	2	04단	第二艦隊乘員京城を見學
169501	朝鮮朝日	西北・南鮮版	1929-04-14	2	04단	片倉咸興工場開場式延期さる
169502	朝鮮朝日	西北・南鮮版	1929-04-14	2	04단	米穀資金貸付高
169503	朝鮮朝日	西北・南鮮版	1929-04-14	2	04단	高松宮殿下御坐乘の旗艦榛名をはじめ第二艦隊の諸艦仁川へ 山梨總督ら殿下の御機嫌を奉伺す/高松宮殿下御機嫌いと麗はしく 水原にむかはせらる/古都の春を賞でさせらる 勸業模範場高農をも御視察あらせらる
169504	朝鮮朝日	西北版	1929-04-16	1	01단	九箇所に飛行場/關係地に敷地選定方を命ず
169505	朝鮮朝日	西北版	1929-04-16	1	01단	新井精米所の整理に着手
169506	朝鮮朝日	西北版	1929-04-16	1	02단	間島總領事館警察官異動
169507	朝鮮朝日	西北版	1929-04-16	1	02단	鄕土資料を廣く蒐集し實質を基礎とした教育の普及に努む
169508	朝鮮朝日	西北版	1929-04-16	1	03단	鎭江山公園の宣傳歌募集
169509	朝鮮朝日	西北版	1929-04-16	1	03단	樞府で引懸った教育令(2)/故池上總監の發案に福士君が油をかく/だが教育に玄人の福士君も朝鮮の教育には全く盲目の觀がある
169510	朝鮮朝日	西北版	1929-04-16	1	03단	東興中學は廢校か/父兄達は早くも轉校を考慮
169511	朝鮮朝日	西北版	1929-04-16	1	04단	記念樹木を各方面に寄附
169512	朝鮮朝日	西北版	1929-04-16	1	04단	郡守郡屬の異動を斷行
169513	朝鮮朝日	西北版	1929-04-16	1	04단	滿浦鎭線は秋から着工

일련번호	판명		간행일	면	단수	기사명
169514	朝鮮朝日	西北版	1929-04-16	1	05단	京城淸津間の電話開通は尙多少遅れる
169515	朝鮮朝日	西北版	1929-04-16	1	05단	西鮮穀物大會延期となる
169516	朝鮮朝日	西北版	1929-04-16	1	05단	平壤局昨年の爲替受拂高
169517	朝鮮朝日	西北版	1929-04-16	1	05단	特設館設置は此際取止め適當なる設備をする/平壤の朝鮮博の對策
169518	朝鮮朝日	西北版	1929-04-16	1	05단	平北道の記念植樹
169519	朝鮮朝日	西北版	1929-04-16	1	06단	大森林調査の經費の出所なく咸北當局頭を惱ます
169520	朝鮮朝日	西北版	1929-04-16	1	06단	大同郡の植桑大體終了す
169521	朝鮮朝日	西北版	1929-04-16	1	07단	牡丹台野話
169522	朝鮮朝日	西北版	1929-04-16	1	08단	大靑島方面の捕鯨を終る
169523	朝鮮朝日	西北版	1929-04-16	1	08단	發電機を四基燒失損害六十萬圓
169524	朝鮮朝日	西北版	1929-04-16	1	08단	咸南北兩道でビートを栽培し將來製糖工場設置か/日本製糖會社の計劃
169525	朝鮮朝日	西北版	1929-04-16	1	08단	車上の婦人を吹き飛ばし運送船五隻顚覆す/新義州方面の暴風
169526	朝鮮朝日	西北版	1929-04-16	1	08단	朝鮮人漁夫が暴行を受く/支那人のため
169527	朝鮮朝日	西北版	1929-04-16	1	09단	降雨がなく平南農民弱る
169528	朝鮮朝日	西北版	1929-04-16	1	10단	寢食を忘れて痘瘡を豫防
169529	朝鮮朝日	西北版	1929-04-16	1	10단	富豪を振棄て戀人と驅落
169530	朝鮮朝日	西北版	1929-04-16	1	10단	人(吉永きん子孃)
169531	朝鮮朝日	西北版	1929-04-16	1	10단	高松宮殿下御坐乘の旗艦榛名をはじめ第二艦隊の諸艦仁川へ　山梨總督ら殿下の御機嫌を奉伺す/高松宮殿下御機嫌いと麗はしく　水原にむかはせらる/古都の春を賞でさせらる　勸業模範場高農をも御視察あらせらる/京城に御一泊　朝鮮ホテルに入らせらる/御研究心の深さに感激しました　渡邊知事謹話
169532	朝鮮朝日	南鮮版	1929-04-16	1	01단	旱害救濟を打切る/補助金百十六萬餘圓に達す
169533	朝鮮朝日	南鮮版	1929-04-16	1	03단	寫眞說明(十四日榛名艦に高松宮殿下の御機嫌を奉伺した山梨總督、金谷軍司令官と大角第二艦隊司令長官(榛名艦上にてうつす))
169534	朝鮮朝日	南鮮版	1929-04-16	1	03단	樞府で引懸った教育令(2)/故池上總監の發案に福士君が油をかく/だが教育に玄人の福士君も朝鮮の教育には全く盲目の觀がある
169535	朝鮮朝日	南鮮版	1929-04-16	1	03단	手持品捌きのマーケット

일련번호	판명		간행일	면	단수	기사명
169536	朝鮮朝日	南鮮版	1929-04-16	1	04단	生牛の飼養が容易になる/煮沸しなくともよい埋草コウの發明により
169537	朝鮮朝日	南鮮版	1929-04-16	1	04단	重要物産の販路を擴張/慶北の新事業
169538	朝鮮朝日	南鮮版	1929-04-16	1	05단	お茶のあと
169539	朝鮮朝日	南鮮版	1929-04-16	1	05단	新嘗祭獻穀田地鎮祭執行
169540	朝鮮朝日	南鮮版	1929-04-16	1	06단	委員長の報告で再び紛議をかもし契約改訂交渉にきまる　瓦電總會またも議事未了に終る/社長の辯明で漸く納まる　羽田委員長の報告はかなり詳細を極める/一部株主の頑迷に期成會は極度に憤慨す
169541	朝鮮朝日	南鮮版	1929-04-16	1	06단	青い鳥/釜山一記者
169542	朝鮮朝日	南鮮版	1929-04-16	1	07단	モヒを密輸
169543	朝鮮朝日	南鮮版	1929-04-16	1	07단	十三日入城した米國世界觀光團
169544	朝鮮朝日	南鮮版	1929-04-16	1	08단	天覽武道の選定試合二十一日京城において擧行
169545	朝鮮朝日	南鮮版	1929-04-16	1	10단	家人不在中に火災を起す
169546	朝鮮朝日	南鮮版	1929-04-16	1	10단	十七小娘が脅迫狀/仁川の有力者にあてゝ送る
169547	朝鮮朝日	南鮮版	1929-04-16	1	10단	洗湯で溺死
169548	朝鮮朝日	南鮮版	1929-04-16	1	10단	火曜のペーヂ(千年の春を賑ふ鐘卷供養の道成寺　『怨みかずかず』の鐘は影もなく傳へられる物語りかずかず/道成寺緣起　愛娘に黑髮を授けた觀世音　海から上った怪光の正體/火の如き南國乙女の悲戀が生んだ藝術　安珍淸姬物語は日高の美僧に　結びつけた印度の古傳說)
169549	朝鮮朝日	西北・南鮮版	1929-04-16	2	01단	ブックレビュー/『子規と節と左千夫』/橋田東聲著
169550	朝鮮朝日	西北・南鮮版	1929-04-16	2	04단	支那で勢を得てゐる米國人蔘を分析し朝鮮産と比較研究する/米國産が惡ければ驅逐に努める
169551	朝鮮朝日	西北・南鮮版	1929-04-16	2	04단	鮮内の住民が續々支那に歸化/官憲の執拗な慫慂と猛烈なる壓迫により
169552	朝鮮朝日	西北・南鮮版	1929-04-16	2	04단	內鮮人の儲け高/大變なへだたりがある
169553	朝鮮朝日	西北・南鮮版	1929-04-16	2	04단	販路を考へて品種を改良
169554	朝鮮朝日	西北・南鮮版	1929-04-16	2	05단	振替貯金受拂高
169555	朝鮮朝日	西北・南鮮版	1929-04-16	2	06단	朝日巡回活動寫眞
169556	朝鮮朝日	西北・南鮮版	1929-04-16	2	06단	裡里署の落成式
169557	朝鮮朝日	西北・南鮮版	1929-04-16	2	07단	御機嫌いと麗はしく高松宮殿下平壤へ　御恙なく御到着遊ばす　牡丹台の春色を賞で

일련번호	판명		간행일	면	단수	기사명
169557	朝鮮朝日	西北・南鮮版	1929-04-16	2	07단	させらる/樂浪出土品の寫眞帳獻上/十六日平壤の御動靜謹寫
169558	朝鮮朝日	西北版	1929-04-17	1	01단	樞府で引懸った教育令(完)/餘り超モダンであり嶄新でありすぎた/要は福士君が教育に明るすぎて朝鮮事情にくらいのに基因する
169558	朝鮮朝日	西北版	1929-04-17	1	01단	であり嶄新でありすぎた/要は福士君が教育に明るすぎて朝鮮事情にくらいのに基因する
169559	朝鮮朝日	西北版	1929-04-17	1	01단	附加稅の供託を安東支那海關が布告を發す
169560	朝鮮朝日	西北版	1929-04-17	1	03단	産業助成金の取扱を委託/國際運輸支店へ
169561	朝鮮朝日	西北版	1929-04-17	1	04단	特命檢閱使武藤大將の日程
169562	朝鮮朝日	西北版	1929-04-17	1	04단	新井精米所は近く開業か/誠意を披瀝し鮮銀と整理に關する折衝中
169563	朝鮮朝日	西北版	1929-04-17	1	04단	平壤より
169564	朝鮮朝日	西北版	1929-04-17	1	05단	俳句/鈴木花蓑選
169565	朝鮮朝日	西北版	1929-04-17	1	05단	新規契約者が少なく農場側うろたへる小作人側の結束は固い/平北道龍川郡不二農場の小作爭議
169566	朝鮮朝日	西北版	1929-04-17	1	06단	日置金鑛內で新鑛脈發見/近く製鍊所を設けて地元にて製鍊を行ふ
169567	朝鮮朝日	西北版	1929-04-17	1	06단	咸興學組の議員改選
169568	朝鮮朝日	西北版	1929-04-17	1	06단	防潮堤復舊の工費は地主負擔
169569	朝鮮朝日	西北版	1929-04-17	1	06단	舍人、龍澤間の道路を改修
169570	朝鮮朝日	西北版	1929-04-17	1	07단	職員と生徒が憤慨の餘り東興中學を去る
169571	朝鮮朝日	西北版	1929-04-17	1	07단	危險品運搬の賃率改正を要請/安東運送運搬組合から
169572	朝鮮朝日	西北版	1929-04-17	1	07단	牡丹台野話
169573	朝鮮朝日	西北版	1929-04-17	1	07단	安東實業青年會合理的經濟研究のため生る
169574	朝鮮朝日	西北版	1929-04-17	1	08단	大麥播種期に降雨がなく平原の農民弱る
169575	朝鮮朝日	西北版	1929-04-17	1	08단	新義州の貿易高
169576	朝鮮朝日	西北版	1929-04-17	1	09단	飛行機も參加し盛に擧行する七十七聯隊の軍旗祭/參觀の學生一萬人に達し未曾有の賑ひを豫想さる
169577	朝鮮朝日	西北版	1929-04-17	1	09단	牡牛を貸して繁殖を行ふ/二百十頭を購入して繁殖育成の好適地へ
169578	朝鮮朝日	西北版	1929-04-17	1	09단	支那人の他殺死體
169579	朝鮮朝日	西北版	1929-04-17	1	09단	人氣を呼ぶ安東の相撲
169580	朝鮮朝日	西北版	1929-04-17	1	10단	平南の選手決る

일련번호	판명		간행일	면	단수	기사명
169581	朝鮮朝日	西北版	1929-04-17	1	10단	もよほし(滿洲八景當選祝賀會)
169582	朝鮮朝日	西北版	1929-04-17	1	10단	*御機嫌いと麗はしく高松宮殿下平壤へ御恙なく御到着遊ばす 牡丹台の春色を賞でさせらる/御父君陛下の昔を偲ばせ給ひ京城神社々頭に松の御手植をあそばさる/山梨總督から洋杖と机を高松宮樣へ獻上*
169583	朝鮮朝日	南鮮版	1929-04-17	1	01단	前途多難な受益稅/本府や道の意向がわからぬ
169584	朝鮮朝日	南鮮版	1929-04-17	1	02단	特命檢閱使武藤大將の日程
169585	朝鮮朝日	南鮮版	1929-04-17	1	03단	俳句/鈴木花蓑選
169586	朝鮮朝日	南鮮版	1929-04-17	1	03단	消防協會の寄附金募集成績はよくない
169587	朝鮮朝日	南鮮版	1929-04-17	1	03단	新井完畵伯の個人展覽會/滯歐中に筆を執った/未發表の分をも展覽
169588	朝鮮朝日	南鮮版	1929-04-17	1	04단	京城神社の地鎭祭執行
169589	朝鮮朝日	南鮮版	1929-04-17	1	04단	群山水産校廢校
169590	朝鮮朝日	南鮮版	1929-04-17	1	05단	專賣局職工の服裝を改善
169591	朝鮮朝日	南鮮版	1929-04-17	1	05단	煙草小賣店の店頭裝飾競技會
169592	朝鮮朝日	南鮮版	1929-04-17	1	05단	寫眞說明((上)十五日執行した京城神社上棟祭に山梨總督も參列して祭事に加はる(X印が總督)/(下)第二艦隊の乘組員は十五日軍艦旗を先頭に朝鮮新宮に參拜す)
169593	朝鮮朝日	南鮮版	1929-04-17	1	05단	忠北道郡守異動
169594	朝鮮朝日	南鮮版	1929-04-17	1	06단	皆さんおまちかねの昌慶苑の夜櫻十八日から開苑する
169595	朝鮮朝日	南鮮版	1929-04-17	1	06단	大田招魂祭
169596	朝鮮朝日	南鮮版	1929-04-17	1	06단	靑い鳥/釜山一記者
169597	朝鮮朝日	南鮮版	1929-04-17	1	07단	*契約期限迄の延命運動かそれとも他の策動か 瓦電總會延期の裏面/期成會の態度硬化 その意氣は眞に悲壯を極む*
169598	朝鮮朝日	南鮮版	1929-04-17	1	07단	不安におびえる業者の糾合を行ひ代行權の獲得をはかる/全鮮運送店合同反對論者の策動
169599	朝鮮朝日	南鮮版	1929-04-17	1	07단	神社の火事
169600	朝鮮朝日	南鮮版	1929-04-17	1	10단	運動界(天日氏が優勝し本社寄贈のカップを獲得す/寶塚野球團京城に遠征/平南の選手決る)
169601	朝鮮朝日	南鮮版	1929-04-17	1	10단	人(團琢磨男(三井合名會社理事長)/恩田朝郵社長/蓑田長平氏(新開城少年刑務所

일련번호	판명		간행일	면	단수	기사명
169601	朝鮮朝日	南鮮版	1929-04-17	1	10단	長)/蘭牟田釜山刑務所長/平北公立師範生二十七名/京城女子高普生一行六十名/京畿道私立中等教員團/鈴木間島領事)
169602	朝鮮朝日	南鮮版	1929-04-17	1	10단	本年度體協の行事きまる/朝博體育大會
169602	朝鮮朝日	南鮮版	1929-04-17	1	10단	も共に
169603	朝鮮朝日	西北・南鮮版	1929-04-17	2	01단	任期迄絶對に動かぬつもりだ/不死身といへば不死身だよ/恩田朝郵社長歸來談
169604	朝鮮朝日	西北・南鮮版	1929-04-17	2	01단	お茶のあと
169605	朝鮮朝日	西北・南鮮版	1929-04-17	2	01단	新教育令の公布がないため當局は立場に困る
169606	朝鮮朝日	西北・南鮮版	1929-04-17	2	01단	殖産銀行が拂込徴收か
169607	朝鮮朝日	西北・南鮮版	1929-04-17	2	02단	*朝鮮博の建築物いよいよ決る/朝鮮博覽會の役員を任命*
169608	朝鮮朝日	西北・南鮮版	1929-04-17	2	02단	公醫講習會
169609	朝鮮朝日	西北・南鮮版	1929-04-17	2	03단	脇谷水試場長汎太平洋會議へ
169610	朝鮮朝日	西北・南鮮版	1929-04-17	2	03단	花見時は經營難/常設館は客足吸引に大努力
169611	朝鮮朝日	西北・南鮮版	1929-04-17	2	03단	朝日巡回活動寫眞
169612	朝鮮朝日	西北・南鮮版	1929-04-17	2	03단	靑訓設置を認可
169613	朝鮮朝日	西北・南鮮版	1929-04-17	2	04단	*平壤御滯在の高松宮樣 一時間に亙って採炭狀況御視察 飛行隊に成らせられ空中分列式を御覽遊ばさる/妓生の舞踊を御覽になり朝鮮の藝術に對して深く御興をもたせらる/官紗を獻上*
169614	朝鮮朝日	西北版	1929-04-18	1	01단	優良商品の展覽卽賣會
169615	朝鮮朝日	西北版	1929-04-18	1	02단	運送組合から警察に要望
169616	朝鮮朝日	西北版	1929-04-18	1	02단	齋藤子の朝鮮擁護論(上)/總督の拓殖大臣隷屬はよくない/産業、交通、教育等は金で出來る事務だが統治はさうは行かぬ
169617	朝鮮朝日	西北版	1929-04-18	1	03단	平壤鐵道管內三月中の收入高
169618	朝鮮朝日	西北版	1929-04-18	1	04단	美しい景色と有望な將來/平壤はよいところだ朝博關係者交々語る
169619	朝鮮朝日	西北版	1929-04-18	1	04단	運送業界は全く混亂し合同問題最後の醜い爭ひを續ける
169620	朝鮮朝日	西北版	1929-04-18	1	04단	淸津無電局七月には竣工
169621	朝鮮朝日	西北版	1929-04-18	1	05단	安東縣の競馬倶樂部
169622	朝鮮朝日	西北版	1929-04-18	1	05단	平壤女子高普圖書室を擴張
169623	朝鮮朝日	西北版	1929-04-18	1	05단	高普卒業生の指導協議會/平南の出席者

일련번호	판명		간행일	면	단수	기사명
169624	朝鮮朝日	西北版	1929-04-18	1	06단	朝鮮の植民地扱は言語道斷となし/同民會の幹部が脫退し拓殖省新設に猛然反對
169625	朝鮮朝日	西北版	1929-04-18	1	06단	殖産銀行では第二回拂込斷行/債券や貸付の餘力を作って置く方針から
169626	朝鮮朝日	西北版	1929-04-18	1	07단	プロペラ船の運航を復活
169627	朝鮮朝日	西北版	1929-04-18	1	07단	戰跡略歴板落成式を擧行
169628	朝鮮朝日	西北版	1929-04-18	1	07단	安東守備隊檢閱
169629	朝鮮朝日	西北版	1929-04-18	1	08단	平安北道の産婆看護婦試驗
169630	朝鮮朝日	西北版	1929-04-18	1	08단	またもや公金拐帶/教員給の支拂に支障を來す
169631	朝鮮朝日	西北版	1929-04-18	1	08단	旅費に窮して縊死をとぐ
169632	朝鮮朝日	西北版	1929-04-18	1	08단	定員六十人に二百人の志願者/猛烈な競爭を豫想さる醫學講習所の入學試驗
169633	朝鮮朝日	西北版	1929-04-18	1	08단	巡警を增員し嚴重に警戒/物騷な安東縣
169634	朝鮮朝日	西北版	1929-04-18	1	09단	教會堂の前に子供を棄つ
169635	朝鮮朝日	西北版	1929-04-18	1	09단	支那人のため又も毆らる
169636	朝鮮朝日	西北版	1929-04-18	1	09단	豹狩を行ふ
169637	朝鮮朝日	西北版	1929-04-18	1	09단	自動車と衝突/重傷を負ふ
169638	朝鮮朝日	西北版	1929-04-18	1	10단	九戶全燒濟州島の火事
169639	朝鮮朝日	西北版	1929-04-18	1	10단	無人の帆船が玄海を漂流
169640	朝鮮朝日	西北版	1929-04-18	1	10단	俳句/鈴木花蓑選
169641	朝鮮朝日	西北版	1929-04-18	1	10단	老婆轢死す
169642	朝鮮朝日	西北版	1929-04-18	1	10단	鴨綠江底の證據品搜し/新義州署弱る
169643	朝鮮朝日	西北版	1929-04-18	1	10단	運動界(ゴルフ競技)
169644	朝鮮朝日	西北版	1929-04-18	1	10단	平壤御滯在の高松宮樣/一時間に互って採炭狀況御視察/飛行隊に成らせられ空中分列式を御覽遊ばさる
169645	朝鮮朝日	南鮮版	1929-04-18	1	01단	釀造試驗場を新たに設け鮮産釀造品の聲價をより以上に高くする
169646	朝鮮朝日	南鮮版	1929-04-18	1	01단	慶南精米組合大會
169647	朝鮮朝日	南鮮版	1929-04-18	1	02단	各勞團體が行列を計劃/釜山のメーデー
169648	朝鮮朝日	南鮮版	1929-04-18	1	02단	春川電氣が電燈料値下
169649	朝鮮朝日	南鮮版	1929-04-18	1	03단	樞府で引懸った教育令(完)/餘り超モダンであり嶄新でありすぎた/要は福士君が教育に明るすぎて朝鮮事情にくらいのに基因する
169650	朝鮮朝日	南鮮版	1929-04-18	1	04단	運送業界は全く混亂し合同問題最後の醜い爭ひを續ける
169651	朝鮮朝日	南鮮版	1929-04-18	1	04단	朝鮮の植民地扱は言語道斷となし/同民

일련번호	판명		간행일	면	단수	기사명
169651	朝鮮朝日	南鮮版	1929-04-18	1	04단	會の幹部が脱退し拓殖省新設に猛然反對
169652	朝鮮朝日	南鮮版	1929-04-18	1	05단	大邱學議戰に早くも出馬
169653	朝鮮朝日	南鮮版	1929-04-18	1	05단	明年一月から實施される漁業令施行細則
169654	朝鮮朝日	南鮮版	1929-04-18	1	06단	大建築物を續々建築/近く大邱は面目を一新する
169655	朝鮮朝日	南鮮版	1929-04-18	1	06단	故金玉均氏の墓碑を修築
169656	朝鮮朝日	南鮮版	1929-04-18	1	06단	慶北道官吏の大異動斷行
169657	朝鮮朝日	南鮮版	1929-04-18	1	07단	湯根汝燈台近く工事に着手
169658	朝鮮朝日	南鮮版	1929-04-18	1	07단	穩健派もつひに急進論に制せられ市民大會の決議に基き目的貫徹に努めることにきまる/二重人格だと口を極めて痛罵　今回の重役の態度は非難攻撃の的となる
169659	朝鮮朝日	南鮮版	1929-04-18	1	07단	滿洲粟の廉賣を行ふ
169660	朝鮮朝日	南鮮版	1929-04-18	1	08단	殖産銀行では第二回拂込斷行/債券や貸付の餘力を作って置く方針から
169661	朝鮮朝日	南鮮版	1929-04-18	1	08단	鐵道の敷地に收用令適用
169662	朝鮮朝日	南鮮版	1929-04-18	1	08단	船舶職員試驗
169663	朝鮮朝日	南鮮版	1929-04-18	1	08단	昨年度中の繭販賣狀況
169664	朝鮮朝日	南鮮版	1929-04-18	1	08단	青い鳥/釜山一記者
169665	朝鮮朝日	南鮮版	1929-04-18	1	09단	京城に蔓こる私娼窟を一掃し府中心地帶を清める本町警察の腹きまる
169666	朝鮮朝日	南鮮版	1929-04-18	1	10단	五百三十圓を海中に落す/船內で用便中
169667	朝鮮朝日	南鮮版	1929-04-18	1	10단	俳句/鈴木花蓑選
169668	朝鮮朝日	南鮮版	1929-04-18	1	10단	九戶全燒濟州島の火事
169669	朝鮮朝日	南鮮版	1929-04-18	1	10단	老婆轢死す
169670	朝鮮朝日	西北・南鮮版	1929-04-18	2	01단	村の燈台/一ケ月僅か五錢の會費で各方面に活動する/遠賀郡岡垣村の主婦會
169671	朝鮮朝日	西北・南鮮版	1929-04-18	2	01단	竹の平板を倉岡氏が發明/特許權を獲得
169672	朝鮮朝日	西北・南鮮版	1929-04-18	2	02단	難解點を質問しエス語講義聽取の便を圖る
169673	朝鮮朝日	西北・南鮮版	1929-04-18	2	02단	人蔘輸出高
169674	朝鮮朝日	西北・南鮮版	1929-04-18	2	03단	朝日巡回活動寫眞
169675	朝鮮朝日	西北・南鮮版	1929-04-18	2	03단	朝郵の總會
169676	朝鮮朝日	西北・南鮮版	1929-04-18	2	03단	モヒ專賣制と中毒患者絶滅計劃/新年度に入り本腰で諸般の準備を進める
169677	朝鮮朝日	西北・南鮮版	1929-04-18	2	04단	國民黨支部創立記念大會
169678	朝鮮朝日	西北・南鮮版	1929-04-18	2	04단	鮮內各官署の會計檢査
169679	朝鮮朝日	西北・南鮮版	1929-04-18	2	04단	近く海運界に變動を見ん
169680	朝鮮朝日	西北版	1929-04-19	1	01단	平壤女子高普校の授業を御覽になり有難き御言葉を賜はる/高松宮殿下御機嫌

일련번호	판명		간행일	면	단수	기사명
169680	朝鮮朝日	西北版	1929-04-19	1	01단	麗はしく御歸艦
169681	朝鮮朝日	西北版	1929-04-19	1	01단	『見習の心算で來たわけだ』/一族郎黨を ひきゐて來鮮の團琢磨男語る
169682	朝鮮朝日	西北版	1929-04-19	1	02단	圖們線の營業成績/國營以前に比し減收 を示す
169683	朝鮮朝日	西北版	1929-04-19	1	03단	江界金組を優良と認め內容調査を進む
169684	朝鮮朝日	西北版	1929-04-19	1	03단	養鼈期までに竣工を見る平北鼈業取締所
169685	朝鮮朝日	西北版	1929-04-19	1	03단	着々實現する農村の電化/今後も一層力 を入れ所期の目的を達する
169686	朝鮮朝日	西北版	1929-04-19	1	04단	安東公安局が擴張を行ふ
169687	朝鮮朝日	西北版	1929-04-19	1	04단	安東だより/新義州より
169688	朝鮮朝日	西北版	1929-04-19	1	04단	俳句/鈴木花蓑選
169689	朝鮮朝日	西北版	1929-04-19	1	04단	その手腕を期待される木村淸津府尹
169690	朝鮮朝日	西北版	1929-04-19	1	05단	平元線豫定地の測量を行ふ
169691	朝鮮朝日	西北版	1929-04-19	1	05단	完膚なきまでに會社の態度を攻め合法 的の解決をさけぶ 釜山府民大會相變ら ず盛況を呈す/府有地使用の料金徵收か 府協議會懇談會にて盛んに徵收論行は る/府議の態度硬化し瓦電膺懲策を露骨 に叫ぶ/府尹から社長へ誠意を披瀝すべ しと打電す
169692	朝鮮朝日	西北版	1929-04-19	1	06단	平壤專賣支局工場移轉か
169693	朝鮮朝日	西北版	1929-04-19	1	06단	北鮮旅商隊二十日咸興へ
169694	朝鮮朝日	西北版	1929-04-19	1	06단	國際航空稅關施設
169695	朝鮮朝日	西北版	1929-04-19	1	07단	小豆精選磨器發明新案特許の出願を なす
169696	朝鮮朝日	西北版	1929-04-19	1	07단	淸津の交通調べ
169697	朝鮮朝日	西北版	1929-04-19	1	07단	漁業理事の異動
169698	朝鮮朝日	西北版	1929-04-19	1	07단	在滿朝鮮人の保護に八十三萬圓を支出/ 前年に比し增減はない/特に學校閉鎖問 題には頓着せぬ
169699	朝鮮朝日	西北版	1929-04-19	1	08단	牡丹台野話
169700	朝鮮朝日	西北版	1929-04-19	1	08단	各官廳一齊に候補者擁立/大混戰を豫想 される平壤學組議員の選擧
169701	朝鮮朝日	西北版	1929-04-19	1	08단	平壤を擧げて祝賀氣分に浸る/大賑ひを 豫想される府勢擴張の大祝賀會
169702	朝鮮朝日	西北版	1929-04-19	1	09단	平南道の勞働者數
169703	朝鮮朝日	西北版	1929-04-19	1	10단	飛行機上から鯖群を偵察
169704	朝鮮朝日	西北版	1929-04-19	1	10단	鄭家屯奧地の牛疫は終熄せぬ

일련번호	판명		간행일	면	단수	기사명
169705	朝鮮朝日	西北版	1929-04-19	1	10단	平北の牛疫/免疫地設置で好成績をあぐ
169706	朝鮮朝日	西北版	1929-04-19	1	10단	咸南における腦脊髓膜炎
169707	朝鮮朝日	西北版	1929-04-19	1	10단	咸南道の流感
169708	朝鮮朝日	西北版	1929-04-19	1	10단	人(長尾吉五郎氏(憲兵中佐))
169709	朝鮮朝日	南鮮版	1929-04-19	1	01단	完膚なきまでに會社の態度を攻め合法的の解決をさけぶ 釜山府民大會相變らず盛
169709	朝鮮朝日	南鮮版	1929-04-19	1	01단	況を呈す/府有地使用の料金徵收か 府協議會懇談會にて盛んに徵收論行はる/府尹から社長へ誠意を披瀝すべしと打電す
169710	朝鮮朝日	南鮮版	1929-04-19	1	01단	齋藤子の朝鮮擁護論(上)/總督の拓殖大臣隷屬はよくない/產業、交通、教育等は金で出來る事務だが統治はさうは行かぬ
169711	朝鮮朝日	南鮮版	1929-04-19	1	03단	京仁の有志を多數招待し第二艦隊旗艦榛名で盛大な晚餐會を開く/高松宮殿下御歸艦 扈從の者に御會釋をたまふ
169712	朝鮮朝日	南鮮版	1929-04-19	1	03단	郡庶務主任更送
169713	朝鮮朝日	南鮮版	1929-04-19	1	04단	普校卒業生の補導に努む
169714	朝鮮朝日	南鮮版	1929-04-19	1	04단	郵便飛行の代用機空輸
169715	朝鮮朝日	南鮮版	1929-04-19	1	04단	日本の海苔を南鮮で獨占
169716	朝鮮朝日	南鮮版	1929-04-19	1	05단	四產業組合總會
169717	朝鮮朝日	南鮮版	1929-04-19	1	05단	俳句/鈴木花蓑選
169718	朝鮮朝日	南鮮版	1929-04-19	1	05단	白クローバー飛行場に播種す
169719	朝鮮朝日	南鮮版	1929-04-19	1	05단	飛行機上から鯖群を偵察
169720	朝鮮朝日	南鮮版	1929-04-19	1	05단	在滿朝鮮人の保護に八十三萬圓を支出/前年に比し增減はない/特に學校閉鎖問題には頓着せぬ
169721	朝鮮朝日	南鮮版	1929-04-19	1	06단	京城驛前に建った朝鮮博の廣告塔
169722	朝鮮朝日	南鮮版	1929-04-19	1	06단	郵便局と提携しラヂオ聽取者の勸誘を行ふ
169723	朝鮮朝日	南鮮版	1929-04-19	1	06단	青い鳥/釜山一記者
169724	朝鮮朝日	南鮮版	1929-04-19	1	07단	觀櫻音樂會
169725	朝鮮朝日	南鮮版	1929-04-19	1	07단	眞晝間春川街道にて自動車三台を襲ひホールドアップをさせ悠々と强盜を働き山中に逃込む
169726	朝鮮朝日	南鮮版	1929-04-19	1	08단	金剛山をして世界的名山とすべく準備中
169727	朝鮮朝日	南鮮版	1929-04-19	1	09단	『見習の心算で來たわけだ』一族郎薰をひきゐて來鮮の團琢磨男語る
169728	朝鮮朝日	南鮮版	1929-04-19	1	09단	イモの切干を試食せしめ嗜好にあへば

일련번호	판명		간행일	면	단수	기사명
169728	朝鮮朝日	南鮮版	1929-04-19	1	09단	すぐに大規模の注文を行ふ
169729	朝鮮朝日	南鮮版	1929-04-19	1	09단	女子と見れば戲れかゝる/仁川の朝鮮不良少年一網打盡に逮捕さる
169730	朝鮮朝日	南鮮版	1929-04-19	1	09단	咸南道の流感
169731	朝鮮朝日	南鮮版	1929-04-19	1	10단	歌集「さきもり」出版祝賀歌會
169732	朝鮮朝日	南鮮版	1929-04-19	1	10단	奉天學生團が朝鮮を見學
169733	朝鮮朝日	南鮮版	1929-04-19	1	10단	咸南における腦脊髓膜炎
169734	朝鮮朝日	南鮮版	1929-04-19	1	10단	強盜殺人に死刑を判決
169735	朝鮮朝日	西北・南鮮版	1929-04-19	2	01단	大阪商船の策動には呆れて物がいへぬ/取引所は甘く運ぶまい/吉田仁川商議會頭の時事問題觀
169736	朝鮮朝日	西北・南鮮版	1929-04-19	2	01단	舊稅關廳舍の明渡し要求/幼稚園が應ぜぬため土木出張所が大迷惑
169737	朝鮮朝日	西北・南鮮版	1929-04-19	2	01단	雲岩水電の株式を分割
169738	朝鮮朝日	西北・南鮮版	1929-04-19	2	01단	南浦貿易大膨脹近年まれに見る活況を呈す
169739	朝鮮朝日	西北・南鮮版	1929-04-19	2	02단	雫の聲
169740	朝鮮朝日	西北・南鮮版	1929-04-19	2	02단	地方制度並に財政調査會近く新設さる
169741	朝鮮朝日	西北・南鮮版	1929-04-19	2	03단	列車中での赤行囊取扱愈よ實施する
169742	朝鮮朝日	西北・南鮮版	1929-04-19	2	03단	山東からの避難民收容
169743	朝鮮朝日	西北・南鮮版	1929-04-19	2	03단	喜ばれた中繼放送は來月から駄目/天候などの關係から
169744	朝鮮朝日	西北・南鮮版	1929-04-19	2	03단	朝日巡回活動寫眞
169745	朝鮮朝日	西北・南鮮版	1929-04-19	2	04단	全北の紫雲英栽培共進會
169746	朝鮮朝日	西北版	1929-04-20	1	01단	植民地扱に反對し內鮮融和を至難と見る有力者の方針に變化を來さんとし總督府はこの點を非常に注視す/甲子クラブも反對に決し中央要路に對して反對決議文を打電
169747	朝鮮朝日	西北版	1929-04-20	1	01단	御馳走して宣傳を依賴した谷知事のお手ぎは
169748	朝鮮朝日	西北版	1929-04-20	1	01단	平南御視察の高松宮殿下
169749	朝鮮朝日	西北版	1929-04-20	1	03단	沙里院學組と面議の選擧
169750	朝鮮朝日	西北版	1929-04-20	1	03단	咸南の樂天地/お正月にも副業をはげみ一滴の酒さへ飮まぬ質實剛健な若人の群
169751	朝鮮朝日	西北版	1929-04-20	1	04단	流筏やうやく盛んとなる
169752	朝鮮朝日	西北版	1929-04-20	1	04단	安東産豆粕活氣を帶ぶ
169753	朝鮮朝日	西北版	1929-04-20	1	04단	鎭海驅逐隊鴨綠江に入る
169754	朝鮮朝日	西北版	1929-04-20	1	05단	朝樺間航路の試驗を行ふ/島谷汽船會社が
169755	朝鮮朝日	西北版	1929-04-20	1	05단	俳句/鈴木花蓑選

일련번호	판명		간행일	면	단수	기사명
169756	朝鮮朝日	西北版	1929-04-20	1	05단	三道聯合穀物大會
169757	朝鮮朝日	西北版	1929-04-20	1	05단	平北の天然痘又盛り返す
169758	朝鮮朝日	西北版	1929-04-20	1	06단	齋藤實子の朝鮮擁護論(下)/役人の鼻息が馬鹿に荒くなり/伴食大臣の下に總督を置くなんて怪しからぬと力みかへる
169759	朝鮮朝日	西北版	1929-04-20	1	06단	新義州の軍旗祭
169760	朝鮮朝日	西北版	1929-04-20	1	06단	教育令の改正に伴ふ官制の公布を見る/府令は近く公布の豫定/官立師範學校は愈よ
169760	朝鮮朝日	西北版	1929-04-20	1	06단	ものになる
169761	朝鮮朝日	西北版	1929-04-20	1	08단	右傾派が道の施設を認め左傾派が諮問を默殺/道と思想團體の懇談
169762	朝鮮朝日	西北版	1929-04-20	1	08단	社會常識涵養を旨として法經教育學を教授
169763	朝鮮朝日	西北版	1929-04-20	1	08단	三戶を燒く
169764	朝鮮朝日	西北版	1929-04-20	1	08단	昨年中の煙草密輸者
169765	朝鮮朝日	西北版	1929-04-20	1	09단	多數の坑夫入亂れて大喧嘩/重輕傷者を多數出す/坑夫取締の橫暴から
169766	朝鮮朝日	西北版	1929-04-20	1	10단	賭博で儲けた金を強奪す/負けた連中が
169767	朝鮮朝日	西北版	1929-04-20	1	10단	中樞院參議の別莊に強盜・金品を強奪す
169768	朝鮮朝日	西北版	1929-04-20	1	10단	斷崖から墜落し乘合自動車滅茶滅茶に破壞
169769	朝鮮朝日	西北版	1929-04-20	1	10단	兩替店襲撃の一味を捕ふ
169770	朝鮮朝日	南鮮版	1929-04-20	1	01단	植民地扱に反對し內鮮融和を至難と見る有力者の方針に變化を來さんとし總督府はこの點を非常に注視す/甲子クラブも反對に決し中央要路に對して反對決議文を打電/拓殖省設置は政府の方針我輩は知らぬ總督言ひきる
169771	朝鮮朝日	南鮮版	1929-04-20	1	01단	交涉一蹴方を知事に懇請/期成會幹部が
169772	朝鮮朝日	南鮮版	1929-04-20	1	01단	普通校兒童に勤勞を獎勵
169773	朝鮮朝日	南鮮版	1929-04-20	1	02단	旱害地患者の臨床診療
169774	朝鮮朝日	南鮮版	1929-04-20	1	02단	京城救世軍の克己週間
169775	朝鮮朝日	南鮮版	1929-04-20	1	02단	齋藤實子の朝鮮擁護論(下)/役人の鼻息が馬鹿に荒くなり/伴食大臣の下に總督を置くなんて怪しからぬと力みかへる
169776	朝鮮朝日	南鮮版	1929-04-20	1	03단	御馳走して宣傳を依賴した谷知事のお手ぎは
169777	朝鮮朝日	南鮮版	1929-04-20	1	03단	教育令の改正に伴ふ官制の公布を見る/府令は近く公布の豫定/官立師範學校は愈よものになる

일련번호	판명		간행일	면	단수	기사명
169778	朝鮮朝日	南鮮版	1929-04-20	1	04단	俳句/鈴木花蓑選
169779	朝鮮朝日	南鮮版	1929-04-20	1	04단	夥しい睡眠貯金/預入人員の三割五分に上る
169780	朝鮮朝日	南鮮版	1929-04-20	1	05단	七十九聯隊の盛な軍旗祭
169781	朝鮮朝日	南鮮版	1929-04-20	1	05단	增加する移出牛/各檢疫所の取扱った檢疫數
169782	朝鮮朝日	南鮮版	1929-04-20	1	05단	櫻/京城は眞盛り/飲めや歌へで陽氣に噪やぐ
169783	朝鮮朝日	南鮮版	1929-04-20	1	07단	危險なお菓子/鉛含有量がめっぽう多くさすがの技師も驚く/亂暴な包裝用の錫箔
169784	朝鮮朝日	南鮮版	1929-04-20	1	07단	時局標榜の強盜捕はる
169785	朝鮮朝日	南鮮版	1929-04-20	1	08단	道廳巡視長が痴情の殺人
169786	朝鮮朝日	南鮮版	1929-04-20	1	08단	青い鳥/釜山一記者
169787	朝鮮朝日	南鮮版	1929-04-20	1	09단	生血を飲ませ快癒を祈る/貞淑な妻女
169788	朝鮮朝日	南鮮版	1929-04-20	1	09단	鮮童を救はんとし轢死をとぐ/三人の子供を抱へた氣の毒な女踏切番人
169789	朝鮮朝日	南鮮版	1929-04-20	1	09단	人(矢島本府地方課長/松岡京日社長/吉田秀次郎氏(仁川會議所會頭)/慶田景紀氏(仁川實業家)/山田耕作氏(作曲家)/京城第二高女生一行/閔丙奭子令孃)
169790	朝鮮朝日	南鮮版	1929-04-20	1	10단	專用電話線の銅線を盜む
169791	朝鮮朝日	南鮮版	1929-04-20	1	10단	半島茶話
169792	朝鮮朝日	西北・南鮮版	1929-04-20	2	01단	村の燈台/空手で歸らぬ『知多萬歲』/地方廻りを利用して産物の宣傳や販路擴張
169793	朝鮮朝日	西北・南鮮版	1929-04-20	2	01단	産婆看護婦の志望者增す/奧地方面の分布には平北當局頭を惱ます
169794	朝鮮朝日	西北・南鮮版	1929-04-20	2	01단	お茶のあと
169795	朝鮮朝日	西北・南鮮版	1929-04-20	2	01단	大邱公會堂の竣成遲れる
169796	朝鮮朝日	西北・南鮮版	1929-04-20	2	01단	慶州南山の大林業事業妥協點を見出す
169797	朝鮮朝日	西北・南鮮版	1929-04-20	2	02단	人事行政の刷新を行ふ
169798	朝鮮朝日	西北・南鮮版	1929-04-20	2	02단	折角綠化した山林を荒す/綠肥原料採取で
169799	朝鮮朝日	西北・南鮮版	1929-04-20	2	02단	內地流出が三割方減る/三月の郵便爲替
169800	朝鮮朝日	西北・南鮮版	1929-04-20	2	03단	東津水利が給水を開始
169801	朝鮮朝日	西北・南鮮版	1929-04-20	2	03단	新義州の記念植樹
169802	朝鮮朝日	西北・南鮮版	1929-04-20	2	03단	十三道溝に倒産者續出
169803	朝鮮朝日	西北・南鮮版	1929-04-20	2	03단	雄基修養會創立
169804	朝鮮朝日	西北・南鮮版	1929-04-20	2	03단	普通校設立認可
169805	朝鮮朝日	西北・南鮮版	1929-04-20	2	03단	江景金組の十周年祝賀
169806	朝鮮朝日	西北・南鮮版	1929-04-20	2	03단	朝日巡回活動寫眞
169807	朝鮮朝日	西北版	1929-04-21	1	01단	有力團が提携し大々的に反對 拓殖省新

일련번호	판명		간행일	면	단수	기사명
169807	朝鮮朝日	西北版	1929-04-21	1	01단	設問題につき甲子倶樂部の態度決る/加盟勸誘を拒絶す朝鮮貴族會は自重にきまる
169808	朝鮮朝日	西北版	1929-04-21	1	01단	鴨江材を用ひ氣の利いた觀覽者休憩所を建築/朝鮮博と平北の對策
169809	朝鮮朝日	西北版	1929-04-21	1	01단	支那銅貨の賣買行はる
169810	朝鮮朝日	西北版	1929-04-21	1	02단	新義州學組會議
169811	朝鮮朝日	西北版	1929-04-21	1	02단	又も自動車を襲って犯人某方面に逃走偵察に出た一名捕まる 大膽不敵な三人組のピストル強盜/共犯者の一名京城で
169811	朝鮮朝日	西北版	1929-04-21	1	02단	捕る 本町警察署員の手で/發砲を見ずに難なく逮捕 同志間の誓を守って繩にかゝったと豪語/車を點檢していきなり飛乘り某地行を命ぜられた當の運轉手の遭難談/郵便車に武裝の助手か警官が同乘して警戒
169812	朝鮮朝日	西北版	1929-04-21	1	03단	平壤飛行隊の記念祝典
169813	朝鮮朝日	西北版	1929-04-21	1	03단	五月一日から開校すべく愈規程の發布を見た/平南道立醫學講習所
169814	朝鮮朝日	西北版	1929-04-21	1	04단	各地共通の問題に重きを置いて聯合會へ提案
169815	朝鮮朝日	西北版	1929-04-21	1	04단	俳句/鈴木花蓑選
169816	朝鮮朝日	西北版	1929-04-21	1	05단	高山鎭は好景氣/鈴木平壤郵便局員の視察談
169817	朝鮮朝日	西北版	1929-04-21	1	05단	仔豚を配布し養豚を獎勵/養鷄をも盛んに行ふ/平南金組の副業獎勵
169818	朝鮮朝日	西北版	1929-04-21	1	05단	安義辯護士會役員きまる
169819	朝鮮朝日	西北版	1929-04-21	1	06단	前川渭原間の道路改修設計工事に誤りなき事判る
169820	朝鮮朝日	西北版	1929-04-21	1	06단	解氷後支那勞働者が續々として入鮮し朝鮮人勞働者を脅かす平北道と營林署は其使用を制限
169821	朝鮮朝日	西北版	1929-04-21	1	07단	牡丹台野話
169822	朝鮮朝日	西北版	1929-04-21	1	07단	平壤各銀行の預金と貸出
169823	朝鮮朝日	西北版	1929-04-21	1	07단	兒童のために教育映畫會
169824	朝鮮朝日	西北版	1929-04-21	1	08단	義州學校組合議員の改選
169825	朝鮮朝日	西北版	1929-04-21	1	08단	競爭激烈を豫想される江界面議選擧
169826	朝鮮朝日	西北版	1929-04-21	1	08단	鈴木前總領事間島を出發
169827	朝鮮朝日	西北版	1929-04-21	1	08단	氣溫の低下で農作物被害
169828	朝鮮朝日	西北版	1929-04-21	1	09단	江界の軍旗祭延期となる
169829	朝鮮朝日	西北版	1929-04-21	1	09단	禁煙委員會の組織法公布

일련번호	판명		간행일	면	단수	기사명
169830	朝鮮朝日	西北版	1929-04-21	1	09단	兒童デーと安東の催し
169831	朝鮮朝日	西北版	1929-04-21	1	09단	砂金鑛の採掘を開始
169832	朝鮮朝日	西北版	1929-04-21	1	09단	挨拶なきを憤慨し興行物元締ら暴行を働らく
169833	朝鮮朝日	西北版	1929-04-21	1	10단	食鹽押收やら密輸を許し不正な金を儲く
169834	朝鮮朝日	西北版	1929-04-21	1	10단	農民救濟の義捐金募集
169835	朝鮮朝日	西北版	1929-04-21	1	10단	自動車墜落で六名負傷す
169836	朝鮮朝日	西北版	1929-04-21	1	10단	成川に火事/頻々として起る
169837	朝鮮朝日	西北版	1929-04-21	1	10단	西日の社屋新築
169838	朝鮮朝日	西北版	1929-04-21	1	10단	畫會の利益を育兒資金に充當
169839	朝鮮朝日	西北版	1929-04-21	1	10단	人(荒川六平氏(安東木材商組合長))
169840	朝鮮朝日	南鮮版	1929-04-21	1	01단	有力團が提携し大々的に反對　拓殖省新設問題につき甲子倶樂部の態度決る/加盟勸誘を拒絶す朝鮮貴族會は自重にきまる/拓殖省問題の打合を行ふ儒林團幹部が
169841	朝鮮朝日	南鮮版	1929-04-21	1	02단	鴨江材を用ひ氣の利いた觀覽者休憩所を建築/朝鮮博と平北の對策
169842	朝鮮朝日	南鮮版	1929-04-21	1	04단	債權者が急に强硬となり早くも策動を試みる/貴族救濟の具體化で
169843	朝鮮朝日	南鮮版	1929-04-21	1	04단	『誠意を披瀝し事に當った總會繰上は不可能だ』香椎社長からの返電
169844	朝鮮朝日	南鮮版	1929-04-20	1	04단	又も自動車を襲って犯人某方面に逃走　偵察に出た一名捕まる　大膽不敵な三人組のピストル强盜/共犯者の一名京城で捕る本町警察署員の手で/發砲を見ずに難なく逮捕　同志間の誓を守って繩にかゝったと豪語/車を點檢していきなり飛乘り某地行を命ぜられた當の運轉手の遭難談/郵便車に武裝の助手か警官が同乘して警戒
169845	朝鮮朝日	南鮮版	1929-04-21	1	05단	簡易保險の準備進み近く開業準備員を任命する
169846	朝鮮朝日	南鮮版	1929-04-21	1	06단	配屬將校の區處充實を學務局で計劃
169847	朝鮮朝日	南鮮版	1929-04-21	1	06단	京電新築落成式
169848	朝鮮朝日	南鮮版	1929-04-21	1	06단	俳句/鈴木花蓑選
169849	朝鮮朝日	南鮮版	1929-04-21	1	06단	麗水栗林間の工事に着手
169850	朝鮮朝日	南鮮版	1929-04-21	1	07단	靑い鳥/釜山一記者
169851	朝鮮朝日	南鮮版	1929-04-21	1	07단	旱害救濟の補助を申請/慶尙北道から
169852	朝鮮朝日	南鮮版	1929-04-21	1	07단	道路敷設案は保留となる/本府問責動議などで京城府協議會混亂す
169853	朝鮮朝日	南鮮版	1929-04-21	1	07단	大村、京城間往復飛行

일련번호	판명		간행일	면	단수	기사명
169854	朝鮮朝日	南鮮版	1929-04-21	1	08단	辭令(遞信局)
169855	朝鮮朝日	南鮮版	1929-04-21	1	08단	考古學上の貴重な資料續々掘出さる
169856	朝鮮朝日	南鮮版	1929-04-21	1	08단	篦棒に高い京城の靈柩車/結局料金を制限して靈柩自動車を許可か
169857	朝鮮朝日	南鮮版	1929-04-21	1	09단	五人組强盜の二名を逮捕/京城に潜伏中
169858	朝鮮朝日	南鮮版	1929-04-21	1	10단	挨拶なきを憤慨し興行物元締ら暴行を働らく
169859	朝鮮朝日	南鮮版	1929-04-21	1	10단	食鹽押收やら密輸を許し不正な金を儲く
169860	朝鮮朝日	南鮮版	1929-04-21	1	10단	殉職踏切番の盛んな驛葬
169861	朝鮮朝日	南鮮版	1929-04-21	1	10단	物置から發火す
169862	朝鮮朝日	南鮮版	1929-04-21	1	10단	人(河內山樂三氏(朝鮮火災海上保險社長)/水口隆三氏(前慶南知事)/小倉武之助氏(大興電氣社長))
169863	朝鮮朝日	西北・南鮮版	1929-04-21	2	01단	『愛せよ敬せよ育てよ』の標語をふりかざし兒童愛護の宣傳を行ふ/めつぽう死亡率の高い朝鮮の兒童
169864	朝鮮朝日	西北・南鮮版	1929-04-21	2	01단	絶望視された炭田が更生/六箇年の實地調査で有望なものが續出す
169865	朝鮮朝日	西北・南鮮版	1929-04-21	2	02단	馬鈴薯の栽培を長崎縣から全北道に依賴す
169866	朝鮮朝日	西北・南鮮版	1929-04-21	2	02단	慶南道から無料診療券一萬枚を發行
169867	朝鮮朝日	西北・南鮮版	1929-04-21	2	03단	ポストから出る/いろんな品物風呂敷や電車のパス古ハガキは親切心としてたまには鼠までとび出す
169868	朝鮮朝日	西北・南鮮版	1929-04-21	2	03단	朝日巡回活動寫眞
169869	朝鮮朝日	西北・南鮮版	1929-04-21	2	04단	鳴らずの鐘を鳴らし/お稚兒も出る/京城の釋尊降誕祝賀
169870	朝鮮朝日	西北版	1929-04-23	1	01단	改正の教育令に伴ひ府令の改正を發表/師範教育の面目一新す　いよいよ一本立となった教育令(教育の向上と財務的必要から改正を斷行した譯だ松浦學務局長は語る)
169871	朝鮮朝日	西北版	1929-04-23	1	01단	安く明るい電氣を供給したいと咸電が希望す
169872	朝鮮朝日	西北版	1929-04-23	1	02단	吉州と端川に電燈を供給
169873	朝鮮朝日	西北版	1929-04-23	1	02단	凡ゆる方法で平南を紹介/朝鮮博覽會に對する道當局の方針きまる
169874	朝鮮朝日	西北版	1929-04-23	1	03단	航空郵便は一通もない
169875	朝鮮朝日	西北版	1929-04-23	1	03단	安奉線の八景を選定
169876	朝鮮朝日	西北版	1929-04-23	1	03단	普賢寺の紛擾解決/今後宣傳に努める事に決る

일련번호	판명		간행일	면	단수	기사명
169877	朝鮮朝日	西北版	1929-04-23	1	03단	平壤府廳に理事官増員
169878	朝鮮朝日	西北版	1929-04-23	1	04단	安東税關員増員を要望
169879	朝鮮朝日	西北版	1929-04-23	1	04단	密輸の方法は巧妙を極め其取締は容易でない柿原檢事長の歸來談
169880	朝鮮朝日	西北版	1929-04-23	1	04단	新義州學組議員の改選
169881	朝鮮朝日	西北版	1929-04-23	1	04단	京城浦潮間の電線架換へ
169882	朝鮮朝日	西北版	1929-04-23	1	04단	咸興府尹は吉田郡守か
169883	朝鮮朝日	西北版	1929-04-23	1	05단	圓滿解決の曙光を認む不二農場爭議
169884	朝鮮朝日	西北版	1929-04-23	1	05단	狂犬病の豫防注射
169885	朝鮮朝日	西北版	1929-04-23	1	05단	商品を仕入れるとて府を無届で缺勤し強盜團の一味に加はる 李善九の家族悲嘆の涙にくれる/『あの先生が』と教へ子達が驚く多年教育に從事したピストル強盜金正連/學校側は否認し書記は金の在學せるを證明/金正連は僞名か/李善九に依賴しピストルを密輸せしめたか
169886	朝鮮朝日	西北版	1929-04-23	1	06단	本年の魚油は多少セリあがる合同油脂が諸設備を改善品質向上を圖る
169887	朝鮮朝日	西北版	1929-04-23	1	06단	圖們江岸のツヽジと桃ふくらみ初む
169888	朝鮮朝日	西北版	1929-04-23	1	06단	鎭江山公園の櫻脹み初む
169889	朝鮮朝日	西北版	1929-04-23	1	07단	吉林正義府員強盜を働く
169890	朝鮮朝日	西北版	1929-04-23	1	07단	五人組強盜又も寺を襲ふ
169891	朝鮮朝日	西北版	1929-04-23	1	08단	牡丹台野話
169892	朝鮮朝日	西北版	1929-04-23	1	08단	牡丹台の櫻が漸く脹らみ美しい雪洞がついて花見氣分濃厚となる
169893	朝鮮朝日	西北版	1929-04-23	1	08단	拘禁された鮮農放還さる
169894	朝鮮朝日	西北版	1929-04-23	1	09단	先づ試驗的に夏時制を實施か安東にも贊成者多く近く意見をまとめる
169895	朝鮮朝日	西北版	1929-04-23	1	09단	右足を轢斷自動車と衝突し
169896	朝鮮朝日	西北版	1929-04-23	1	10단	十棟を全燒
169897	朝鮮朝日	西北版	1929-04-23	1	10단	遺失物を横領
169898	朝鮮朝日	西北版	1929-04-23	1	10단	大金を持出し妓生におぼれる
169899	朝鮮朝日	西北版	1929-04-23	1	10단	もよほし(平壤局の野遊會/咸興製絲所の披露宴/惠山鎭の流筏式)
169900	朝鮮朝日	南鮮版	1929-04-23	1	01단	女學生を乗せた滿員電車顚覆 重輕傷者數十名を出す 進明女學校生徒の奇禍/負傷者を見舞ふ
169901	朝鮮朝日	南鮮版	1929-04-23	1	02단	板挾みのまゝ押せるだけ押し決裂すれば辭任する香椎瓦電社長は語る

일련번호	판명		간행일	면	단수	기사명
169902	朝鮮朝日	南鮮版	1929-04-23	1	04단	米國遊戈艦隊/釜山に入港
169903	朝鮮朝日	南鮮版	1929-04-23	1	04단	改正の教育令に伴ひ府令の改正を發表/師範教育の面目一新す/いよいよ一本立となった教育令(教育の向上と財務的必要から改正を斷行した譯だ松浦學務局長は語る)
169904	朝鮮朝日	南鮮版	1929-04-23	1	04단	『あの先生が』と教へ子達が驚く多年教育に從事したピストル強盜金正連(首魁崔養玉/共犯者 李善九/共犯者 金正連)
169905	朝鮮朝日	南鮮版	1929-04-23	1	05단	拓殖省問題が公州に波及
169906	朝鮮朝日	南鮮版	1929-04-23	1	05단	樅林を發見
169907	朝鮮朝日	南鮮版	1929-04-23	1	05단	工業補習校に鐵工科新設
169908	朝鮮朝日	南鮮版	1929-04-23	1	06단	昌慶苑の櫻で非常な人出/日曜の入苑者は實に七萬八百名にのぼる
169909	朝鮮朝日	南鮮版	1929-04-23	1	08단	馬山の學議選擧
169910	朝鮮朝日	南鮮版	1929-04-23	1	08단	高敞高普校の職員辭職し爭ひ大きくなる
169911	朝鮮朝日	南鮮版	1929-04-23	1	09단	漁期に入り島々は大賑ひ
169912	朝鮮朝日	南鮮版	1929-04-23	1	09단	白魚の豊漁
169913	朝鮮朝日	南鮮版	1929-04-23	1	09단	一時間半にわたって雷鳴と共に降雹/おまけに雪まで降る/釜山のキチガヒ日和
169914	朝鮮朝日	南鮮版	1929-04-23	1	09단	人(草間財務局長/野口遵氏(日窒專務)/多木久米次郎氏/香椎源太郎氏(瓦電社長)/大池忠助氏(同上重役))
169915	朝鮮朝日	南鮮版	1929-04-23	1	10단	大旱害に遠慮し朴孃の鄕土訪問飛行は延期
169916	朝鮮朝日	南鮮版	1929-04-23	1	10단	注射を誤って急死せしめ所持品を奪ふ
169917	朝鮮朝日	南鮮版	1929-04-23	1	10단	密航支那人釜山に送還さる
169918	朝鮮朝日	南鮮版	1929-04-23	1	10단	馬山靑年會が櫻樹を保護
169919	朝鮮朝日	西北・南鮮版	1929-04-23	2	01단	村の燈台/備後にも劣らぬ筑後地方の花莚海外とも直接に取引
169920	朝鮮朝日	西北・南鮮版	1929-04-23	2	02단	食物中のカルシウム/食養研究所原實
169921	朝鮮朝日	西北・南鮮版	1929-04-23	2	02단	金組の理事は總て官選にする百日ぶりで歸任した/草間財務局長は語る
169922	朝鮮朝日	西北・南鮮版	1929-04-23	2	03단	八日市平壤間長距離飛行/十二機參加する
169923	朝鮮朝日	西北・南鮮版	1929-04-23	2	03단	自動車競願で注意を惹く
169924	朝鮮朝日	西北・南鮮版	1929-04-23	2	04단	鐵道協會總會
169925	朝鮮朝日	西北・南鮮版	1929-04-23	2	04단	關釜間に貨車の航送/新連絡船に施設すべく內々調査を進む(實現は困難福田下關運輸事務所長談)
169926	朝鮮朝日	西北・南鮮版	1929-04-23	2	04단	私設鐵道の開業豫定線

일련번호	판명		간행일	면	단수	기사명
169927	朝鮮朝日	西北・南鮮版	1929-04-23	2	04단	早くも府議の出陣準備を急ぐ
169928	朝鮮朝日	西北・南鮮版	1929-04-23	2	05단	城津學議の改選
169929	朝鮮朝日	西北・南鮮版	1929-04-23	2	05단	咸興聯隊の演習
169930	朝鮮朝日	西北・南鮮版	1929-04-23	2	05단	滿鐵運動會/安東支部役員
169931	朝鮮朝日	西北・南鮮版	1929-04-23	2	05단	映寫幕
169932	朝鮮朝日	西北・南鮮版	1929-04-23	2	05단	新作映畫(德富蘆花原作「灰燼」日活作
169932	朝鮮朝日	西北・南鮮版	1929-04-23	2	05단	品、村田實監督)(누락)
169933	朝鮮朝日	西北・南鮮版	1929-04-23	2	05단	朝日巡回活動寫眞
169934	朝鮮朝日	西北・南鮮版	1929-04-23	2	06단	水稻種子の更新を行ふ
169935	朝鮮朝日	西北・南鮮版	1929-04-23	2	07단	忠南道の砂防工事
169936	朝鮮朝日	西北・南鮮版	1929-04-23	2	07단	「笛と煙」出版
169937	朝鮮朝日	西北版	1929-04-24	1	01단	大同江流域の死活に關する平南昭和水利貯水池の取入れ口問題注目さる
169938	朝鮮朝日	西北版	1929-04-24	1	01단	*平壤學校組合議員の選擧　必死の猛運動を續く官廳側候補者顔觸/選擧名簿の縱覽と有權者*
169939	朝鮮朝日	西北版	1929-04-24	1	01단	岡田安東領事間島に榮轉
169940	朝鮮朝日	西北版	1929-04-24	1	01단	東拓金利の引下を要望
169941	朝鮮朝日	西北版	1929-04-24	1	02단	朝鮮博地鎭祭
169942	朝鮮朝日	西北版	1929-04-24	1	03단	東省鐵路商事分所を廢止
169943	朝鮮朝日	西北版	1929-04-24	1	03단	山梨總督清津に一泊
169944	朝鮮朝日	西北版	1929-04-24	1	04단	安東における滿鐵の工事
169945	朝鮮朝日	西北版	1929-04-24	1	04단	昨年中交付金二十八萬圓煙草耕組に
169946	朝鮮朝日	西北版	1929-04-24	1	04단	學校戶別割の納入を怠り新義州府弱る
169947	朝鮮朝日	西北版	1929-04-24	1	04단	鎭南浦の學校組合會
169948	朝鮮朝日	西北版	1929-04-24	1	04단	飛行機で空中から測量/咸鏡線の難工事箇所
169949	朝鮮朝日	西北版	1929-04-24	1	04단	大村機着陸
169950	朝鮮朝日	西北版	1929-04-24	1	05단	*露宿して密議を凝らし周到な計劃を樹て兇行を敢行したもの ピストル強盜事件/大膽にも搜査本部前で自動車を下りて逃走*
169951	朝鮮朝日	西北版	1929-04-24	1	05단	京城名物の凧揚げ大會/愈よ廿八日開催
169952	朝鮮朝日	西北版	1929-04-24	1	05단	安東支那街の革命記念祝賀日
169953	朝鮮朝日	西北版	1929-04-24	1	05단	角のある豚が生る見物人で賑ふ
169954	朝鮮朝日	西北版	1929-04-24	1	07단	安東商議へ寄附
169955	朝鮮朝日	西北版	1929-04-24	1	08단	牡丹台野話
169956	朝鮮朝日	西北版	1929-04-24	1	08단	春季射擊會
169957	朝鮮朝日	西北版	1929-04-24	1	08단	鎭南浦の市民運動會
169958	朝鮮朝日	西北版	1929-04-24	1	08단	五人組の寺强盜/何れも坊主

일련번호	판명		간행일	면	단수	기사명
169959	朝鮮朝日	西北版	1929-04-24	1	08단	陸軍士官生五月九日入城
169960	朝鮮朝日	西北版	1929-04-24	1	08단	二十三戸全燒す損害二千圓
169961	朝鮮朝日	西北版	1929-04-24	1	09단	『天下の名勝をぶっこはす』と沸流江水電に對し猛烈なる反對を唱ふ
169962	朝鮮朝日	西北版	1929-04-24	1	09단	美林水利の揚水場竣工し關係官民を招待し二十六日通水試驗
169963	朝鮮朝日	西北版	1929-04-24	1	09단	馬賊を銃殺
169964	朝鮮朝日	西北版	1929-04-24	1	09단	水先案內/押し流さる
169965	朝鮮朝日	西北版	1929-04-24	1	10단	息子と妾と共謀し支那絹密輸
169966	朝鮮朝日	西北版	1929-04-24	1	10단	半島茶話
169967	朝鮮朝日	南鮮版	1929-04-24	1	01단	合併移轉に關し議論百出殺氣立ち/つひにウヤムヤに終る/仁川米豆取引所懇談大いに賑ふ
169968	朝鮮朝日	南鮮版	1929-04-24	1	01단	寫眞/昨紙所報((上)京城の滿員電車顚覆の現場/(下右)橫倒しとなった電車の內部(お辨當やパラソルが散亂してゐる)/(下左)重輕傷者を收容した醫專附屬醫院病室前の混雜)
169969	朝鮮朝日	南鮮版	1929-04-24	1	02단	一兩日中更に市民大會を開く香椎社長の歸釜以來局面の一變をきたす
169970	朝鮮朝日	南鮮版	1929-04-24	1	03단	陸軍士官生五月九日入城
169971	朝鮮朝日	南鮮版	1929-04-24	1	04단	校長の獨斷に評議員憤慨
169972	朝鮮朝日	南鮮版	1929-04-24	1	04단	商店陳列窓裝飾競技會入選者へ授賞
169973	朝鮮朝日	南鮮版	1929-04-24	1	05단	露宿して密議を凝らし周到な計劃を樹て兇行を敢行したもの ピストル强盜事件/大膽にも捜査本部前で自動車を下りて逃走
169974	朝鮮朝日	南鮮版	1929-04-24	1	05단	大村機着陸
169975	朝鮮朝日	南鮮版	1929-04-24	1	05단	京城名物の凧揚げ大會/愈よ廿八日開催
169976	朝鮮朝日	南鮮版	1929-04-24	1	05단	柳宗悅氏
169977	朝鮮朝日	南鮮版	1929-04-24	1	06단	お添へのマツチを嚴重取締る
169978	朝鮮朝日	南鮮版	1929-04-24	1	06단	一體どうなる運送店の直營問題それぞれ言分を主張する/運送店側と鐵道當局
169979	朝鮮朝日	南鮮版	1929-04-24	1	07단	朝鮮博地鎭祭
169980	朝鮮朝日	南鮮版	1929-04-24	1	07단	嚴重に警告/自動車業者へ
169981	朝鮮朝日	南鮮版	1929-04-24	1	08단	三氏辭意をひるがへす
169982	朝鮮朝日	南鮮版	1929-04-24	1	09단	鹽値下斷行各等共五錢宛
169983	朝鮮朝日	南鮮版	1929-04-24	1	09단	政務總監の後任はまだ決定しない拓殖省設置は中止せぬ中村總務課長歸來談
169984	朝鮮朝日	南鮮版	1929-04-24	1	10단	馬賊を銃殺

일련번호	판명		간행일	면	단수	기사명
169985	朝鮮朝日	南鮮版	1929-04-24	1	10단	二十三戶全燒す損害二千圓
169986	朝鮮朝日	南鮮版	1929-04-24	1	10단	蘭牟田彦次郎氏
169987	朝鮮朝日	南鮮版	1929-04-24	1	10단	人(香椎瓦電社長/中村總督府總務課長/柳宗悅氏/泉末治氏(釜山商銀頭取)/西崎鶴太郎氏(鎮南浦實業家)/河村釜山地方檢事正/能見愛太郎氏(朝鮮無煙炭專務)/藤原銀次郎氏(王子製紙社長、貴族院議員))
169988	朝鮮朝日	南鮮版	1929-04-24	1	10단	半島茶話
169989	朝鮮朝日	西北・南鮮版	1929-04-24	2	01단	村の燈台/病原菌が判り豫防法に成功/柿の大敵『落葉病』岡山縣農事試驗場の發見
169990	朝鮮朝日	西北・南鮮版	1929-04-24	2	01단	平南道の漁獲高前年より激減
169991	朝鮮朝日	西北・南鮮版	1929-04-24	2	01단	干潟地で牡蠣增殖平安北道で試驗を行ふ
169992	朝鮮朝日	西北・南鮮版	1929-04-24	2	01단	平壤先月中の對外貿易高
169993	朝鮮朝日	西北・南鮮版	1929-04-24	2	01단	三月中の平壤貿易高
169994	朝鮮朝日	西北・南鮮版	1929-04-24	2	02단	部落民のため戶稅を代納
169995	朝鮮朝日	西北・南鮮版	1929-04-24	2	02단	大邱道立醫院增築竣工す
169996	朝鮮朝日	西北・南鮮版	1929-04-24	2	02단	朝博を機會に新羅藝術展大邱にて開催
169997	朝鮮朝日	西北・南鮮版	1929-04-24	2	02단	釜山の起債
169998	朝鮮朝日	西北・南鮮版	1929-04-24	2	03단	豆粕と粟の輸出量漸增
169999	朝鮮朝日	西北・南鮮版	1929-04-24	2	03단	生牛會社總會
170000	朝鮮朝日	西北・南鮮版	1929-04-24	2	03단	激減した諺文電報
170001	朝鮮朝日	西北・南鮮版	1929-04-24	2	03단	朝日巡回活動寫眞
170002	朝鮮朝日	西北版	1929-04-25	1	01단	咲いた咲いた！！牡丹台の櫻が咲いた
170003	朝鮮朝日	西北版	1929-04-25	1	01단	雨が降る黃金の雨が二ヶ年に二百萬圓/直接咸興にころげこむ咸興水利組合の認可で活氣づく
170004	朝鮮朝日	西北版	1929-04-25	1	02단	西平壤驛は朝鮮建工費七萬圓を投じて建てる
170005	朝鮮朝日	西北版	1929-04-25	1	03단	安東博多間の豆類特約運賃改正
170006	朝鮮朝日	西北版	1929-04-25	1	03단	生牛を預り改良を行ふ
170007	朝鮮朝日	西北版	1929-04-25	1	04단	豫期以上の成績を擧ぐ平北道の養豚
170008	朝鮮朝日	西北版	1929-04-25	1	04단	雨らしい雨が降らぬため平南の農家へこたる相當の被害は免れぬ/米取引に大支障平南道稀有の旱魃のために
170009	朝鮮朝日	西北版	1929-04-25	1	04단	宏壯なる西洋館金持のお婆さんから寄附す
170010	朝鮮朝日	西北版	1929-04-25	1	05단	意見疎隔し解散か危機に立つ沙里院實業協會
170011	朝鮮朝日	西北版	1929-04-25	1	05단	平壤測候所に地震計新設
170012	朝鮮朝日	西北版	1929-04-25	1	05단	運動界(平壤のゴルフ競技會/平壤實業軍

일련번호	판명		간행일	면	단수	기사명
170012	朝鮮朝日	西北版	1929-04-25	1	05단	勝つ/三菱八對二龍軍零/平壤卓球大會/安東運動會の本年度競技豫選)
170013	朝鮮朝日	西北版	1929-04-25	1	05단	生産品を船で積出すまで顔る判りよく見せる朝水、窒素の動的模型
170014	朝鮮朝日	西北版	1929-04-25	1	05단	釜山行急行列車大邱驛構外で顚覆怨のあるものゝ所爲か幸ひに乘客には異狀はなかった
170015	朝鮮朝日	西北版	1929-04-25	1	06단	拓殖省の設置反對平壤大東同志會運動を起す
170016	朝鮮朝日	西北版	1929-04-25	1	06단	平壤より
170017	朝鮮朝日	西北版	1929-04-25	1	06단	安東筆友會例會
170018	朝鮮朝日	西北版	1929-04-25	1	07단	巡査の奇禍
170019	朝鮮朝日	西北版	1929-04-25	1	07단	本妻の子を阿片で殺す
170020	朝鮮朝日	西北版	1929-04-25	1	07단	十一戶燒失/新義州の火事
170021	朝鮮朝日	西北版	1929-04-25	1	07단	母に叱られて我家に放火
170022	朝鮮朝日	西北版	1929-04-25	1	07단	國境の櫻花月末が見ごろ
170023	朝鮮朝日	西北版	1929-04-25	1	07단	金融組合の火事
170024	朝鮮朝日	西北版	1929-04-25	1	08단	寺洞の朱岩に通ずる道路かくれたる名勝地を紹介するために敷設
170025	朝鮮朝日	西北版	1929-04-25	1	08단	店員を殺し品物を奪ふ
170026	朝鮮朝日	西北版	1929-04-25	1	08단	六戶を燒く
170027	朝鮮朝日	西北版	1929-04-25	1	08단	牡丹台野話
170028	朝鮮朝日	西北版	1929-04-25	1	08단	馬賊を志し大金を持出す
170029	朝鮮朝日	西北版	1929-04-25	1	09단	失戀の藥劑師自殺をとぐ
170030	朝鮮朝日	西北版	1929-04-25	1	09단	鴨江上流行の郵便遞送を警戒/警官增員方を其筋に陳情する事にきまる
170031	朝鮮朝日	西北版	1929-04-25	1	09단	鎭南浦金組總會
170032	朝鮮朝日	西北版	1929-04-25	1	10단	もよほし(新義州金組記念祝賀式)
170033	朝鮮朝日	西北版	1929-04-25	1	10단	人(高橋大同郡守/中村第三十九旅團長)
170034	朝鮮朝日	西北版	1929-04-25	1	10단	半島茶話
170035	朝鮮朝日	西北版	1929-04-25	1	10단	行政地域變更の方針を決するため忠南北兩道に出掛たが山梨總督今回の視察注目を惹く
170036	朝鮮朝日	南鮮版	1929-04-25	1	01단	意外な方面へ飛火するか運送店合同に關する當局の敵本政策から
170037	朝鮮朝日	南鮮版	1929-04-25	1	01단	京城家屋の一般調査/課稅の公平を期すため行ふ
170038	朝鮮朝日	南鮮版	1929-04-25	1	01단	穀物運賃の値上を通告
170039	朝鮮朝日	南鮮版	1929-04-25	1	01단	松毛蟲驅除徹底的に行ふ

일련번호	판명		간행일	면	단수	기사명
170040	朝鮮朝日	南鮮版	1929-04-25	1	02단	運轉技術拙劣と定員過剰のためか會社側の責任は免れぬ電車顚覆の原因調査を極力進む/貸切車と雖も定員以上乘せぬ野球や休日などには特別に嚴重警戒する/急停車が原因か朝鮮で最初だ澤崎課長語る/負傷者を見舞ふ慰藉方法は幹部會できめる
170041	朝鮮朝日	南鮮版	1929-04-25	1	02단	航空獎勵規制發布
170042	朝鮮朝日	南鮮版	1929-04-25	1	03단	普天教擧式の中止を命ず
170043	朝鮮朝日	南鮮版	1929-04-25	1	03단	拓殖省反對の決議を電送 有力團體一齊に起ち反對氣分濃厚となる/固い信念で
170043	朝鮮朝日	南鮮版	1929-04-25	1	03단	押進む花形役者たる胄秉相氏語る/上京委員きまる
170044	朝鮮朝日	南鮮版	1929-04-25	1	03단	京城招魂祭
170045	朝鮮朝日	南鮮版	1929-04-25	1	04단	朝鮮農會の新標語募集
170046	朝鮮朝日	南鮮版	1929-04-25	1	04단	財四十萬圓をめぐるお家騷動未亡人の主張が通り韓家の相續人きまる
170047	朝鮮朝日	南鮮版	1929-04-25	1	05단	看護婦の合格者
170048	朝鮮朝日	南鮮版	1929-04-25	1	06단	裁判官警官を試乘せしめ參考に供する
170049	朝鮮朝日	南鮮版	1929-04-25	1	06단	鎭海要港部の壯烈な演習
170050	朝鮮朝日	南鮮版	1929-04-25	1	07단	首魁は金か金と李の策動疑濃厚となる
170051	朝鮮朝日	南鮮版	1929-04-25	1	07단	釜山行急行列車大邱驛構外で顚覆怨のあるものゝ所爲か幸ひに乘客には異狀はなかった/釜山から急遽救援車を繰出し極力復舊作業に努む內地行連絡全く絶ゆ
170052	朝鮮朝日	南鮮版	1929-04-25	1	07단	戶別的に病人の有無を調査し無料で治療施藥する旱害激甚な地方に
170053	朝鮮朝日	南鮮版	1929-04-25	1	08단	渡航に絡まる犯罪が多く釜山署よわる
170054	朝鮮朝日	南鮮版	1929-04-25	1	08단	國有林の大火事/火田民が火をはなったゝめ
170055	朝鮮朝日	南鮮版	1929-04-25	1	08단	京城府廳勝つ
170056	朝鮮朝日	南鮮版	1929-04-25	1	09단	五人組强盜の確證薄らぐ
170057	朝鮮朝日	南鮮版	1929-04-25	1	09단	十一戶燒失新義州の火事
170058	朝鮮朝日	南鮮版	1929-04-25	1	10단	母に叱られて我家に放火
170059	朝鮮朝日	南鮮版	1929-04-25	1	10단	もよほし(春川の射擊大會)
170060	朝鮮朝日	南鮮版	1929-04-25	1	10단	人(福原俊丸男(朝鐵副社長)/太田忍氏(仁川實業家)/王守善氏(在京城支那領事)/境長三郎氏(大邱覆審法院檢事長)/今村總督府殖産局長/松寺法務局長/眞鍋京城覆審

일련번호	판명		간행일	면	단수	기사명
170060	朝鮮朝日	南鮮版	1929-04-25	1	10단	法院長/松井房次郎氏(京城府尹)
170061	朝鮮朝日	南鮮版	1929-04-25	1	10단	半島茶話
170062	朝鮮朝日	南鮮版	1929-04-25	1	10단	村の燈台/養鷄飼料共同購入斡旋/安値に卵を産ますため大阪府農會の目ろみ
170063	朝鮮朝日	西北・南鮮版	1929-04-25	2	01단	本年中に全部整理を終へ新規事業に取かゝる福原朝鐵副社長語る
170064	朝鮮朝日	西北・南鮮版	1929-04-25	2	01단	雫の聲
170065	朝鮮朝日	西北・南鮮版	1929-04-25	2	01단	海苔漁業の新天地/廣島縣が慶尚南道に求める
170066	朝鮮朝日	西北・南鮮版	1929-04-25	2	01단	淡水魚の卵を配布/水産試驗場から全鮮に亙り
170067	朝鮮朝日	西北・南鮮版	1929-04-25	2	02단	官立となる大邱師範學校
170068	朝鮮朝日	西北・南鮮版	1929-04-25	2	02단	煙草に關する珍品を出品
170069	朝鮮朝日	西北・南鮮版	1929-04-25	2	03단	桑園を増殖九千餘町歩に
170070	朝鮮朝日	西北・南鮮版	1929-04-25	2	03단	南浦産組評議員會
170071	朝鮮朝日	西北・南鮮版	1929-04-25	2	03단	朝日巡回活動寫眞
170072	朝鮮朝日	西北・南鮮版	1929-04-25	2	03단	朝鮮工業協會平北道の發起人
170073	朝鮮朝日	西北・南鮮版	1929-04-25	2	04단	五ヶ年計劃にて四十四ヶ所に燈台主に南西部に設置する海運界にとっては耳寄りな計劃
170074	朝鮮朝日	西北版	1929-04-26	1	01단	大同江遡航は丁度二回目水路調査に來壤した大宅淀艦長はかたる
170075	朝鮮朝日	西北版	1929-04-26	1	01단	今を盛りの鴨綠江名物筏ながし
170076	朝鮮朝日	西北版	1929-04-26	1	01단	浮浪人を工事に使用し極力救濟につとめる
170077	朝鮮朝日	西北版	1929-04-26	1	03단	朝鮮博覽會咸北協贊會役員の顔觸揃ふ
170078	朝鮮朝日	西北版	1929-04-26	1	04단	音樂體操を研究す平南中等教員第一回研究會
170079	朝鮮朝日	西北版	1929-04-26	1	04단	饑餓に泣く哀れな民を救濟吉林省長の名により高粱、粟の配給を行ふ
170080	朝鮮朝日	西北版	1929-04-26	1	04단	本部をハワイに置き支部を支那に置くかなり大がゝりな團體共鳴團の正體をやうやく突止む/平北を荒してその足で入城す自動車襲擊強盜團の餘罪と入城の日判明
170081	朝鮮朝日	西北版	1929-04-26	1	04단	茂山金組幹事選擧
170082	朝鮮朝日	西北版	1929-04-26	1	05단	郵便遞送を直營に改む
170083	朝鮮朝日	西北版	1929-04-26	1	05단	墓地の敷地を七萬坪購入
170084	朝鮮朝日	西北版	1929-04-26	1	06단	入所生が激增す平壤の靑訓所
170085	朝鮮朝日	西北版	1929-04-26	1	06단	不正煙草の耕作者取締

일련번호	판명		간행일	면	단수	기사명
170086	朝鮮朝日	西北版	1929-04-26	1	07단	歌人川田順氏鮮滿を行脚
170087	朝鮮朝日	西北版	1929-04-26	1	07단	わづか六錢で溫突が焚ける/石炭使用の溫突發明實用に適するなれば朝鮮の燃料界に大革命をおこさん
170088	朝鮮朝日	西北版	1929-04-26	1	07단	平南三月中の犯罪發生數
170089	朝鮮朝日	西北版	1929-04-26	1	07단	清津のスポーツだより
170090	朝鮮朝日	西北版	1929-04-26	1	08단	漁業査證官歸る
170091	朝鮮朝日	西北版	1929-04-26	1	08단	生徒毆打の教員が辭職
170092	朝鮮朝日	西北版	1929-04-26	1	08단	機械力を用ひ兵卒の勞を省き學科時間を增加する第十九師團管下各部隊
170093	朝鮮朝日	西北版	1929-04-26	1	08단	螟蟲を驅除
170094	朝鮮朝日	西北版	1929-04-26	1	09단	花見自動車
170095	朝鮮朝日	西北版	1929-04-26	1	09단	久方ぶりに降雨を見る新義州地方で
170096	朝鮮朝日	西北版	1929-04-26	1	09단	子供を殺し池に投げ込む
170097	朝鮮朝日	西北版	1929-04-26	1	10단	生徒の旅行に關し警告を發す事故の頻發に鑑み
170098	朝鮮朝日	西北版	1929-04-26	1	10단	夜間演習飛行
170099	朝鮮朝日	西北版	1929-04-26	1	10단	新義州の野球戰
170100	朝鮮朝日	西北版	1929-04-26	1	10단	人(村瀬少將(兵器本廠長)/竹內慶南內務部長/古原八郎氏(釜山學校組合評議員))
170101	朝鮮朝日	西北版	1929-04-26	1	10단	半島茶話
170102	朝鮮朝日	西北版	1929-04-26	1	10단	五ヶ年計劃にて四十四ヶ所に燈台主に南西部に設置する海運界にとっては耳寄りな計劃
170103	朝鮮朝日	南鮮版	1929-04-26	1	01단	局部長異動は噂に過ぎぬ齋藤子は近く見える中村總務課長歸來談
170104	朝鮮朝日	南鮮版	1929-04-26	1	01단	郵貯獎勵は好成績金額一割五分の增加を示す
170105	朝鮮朝日	南鮮版	1929-04-26	1	01단	本部をハワイに置き支部を支那に置くかなり大がゝりな團體共鳴團の正體をやうやく突止む/平北を荒してその足で入城す自動車襲擊強盜團の餘罪と入城の日判明
170106	朝鮮朝日	南鮮版	1929-04-26	1	01단	釜山漁港の打合會具體的計劃を確立の上運動
170107	朝鮮朝日	南鮮版	1929-04-26	1	02단	寫眞說明(二十四日午後五時から京城公會堂において開かれた拓殖省朝鮮除外同盟會聯合大會の實況)
170108	朝鮮朝日	南鮮版	1929-04-26	1	03단	京城府內の電車を擴張
170109	朝鮮朝日	南鮮版	1929-04-26	1	04단	漁業資金貸與範圍を擴大

일련번호	판명		간행일	면	단수	기사명
170110	朝鮮朝日	南鮮版	1929-04-26	1	04단	勤農共濟組合百組合增設
170111	朝鮮朝日	南鮮版	1929-04-26	1	04단	列車顛覆の犯人は子供刑事に自慢話をしてその場でフン捕まる
170112	朝鮮朝日	南鮮版	1929-04-26	1	05단	全州仙川間の鐵道起工式
170113	朝鮮朝日	南鮮版	1929-04-26	1	05단	打合會の結果順序きまる全鮮の人氣を集めるア式蹴球選手權大會
170114	朝鮮朝日	南鮮版	1929-04-26	1	05단	農業經營改善設計を募集
170115	朝鮮朝日	南鮮版	1929-04-26	1	06단	螟蟲を驅除
170116	朝鮮朝日	南鮮版	1929-04-26	1	06단	雨季に入るも降雨がなく慶南農民弱る
170117	朝鮮朝日	南鮮版	1929-04-26	1	06단	釜山驛前に制限線を設置し客引、物賣など不快な人間の一掃をはかる
170118	朝鮮朝日	南鮮版	1929-04-26	1	07단	生徒の旅行に關し警告を發す事故の頻發に鑑み
170119	朝鮮朝日	南鮮版	1929-04-26	1	07단	奇氏釋放さる
170120	朝鮮朝日	南鮮版	1929-04-26	1	08단	不漁つゞきで魚相場上る
170121	朝鮮朝日	南鮮版	1929-04-26	1	08단	青い鳥/釜山一記者
170122	朝鮮朝日	南鮮版	1929-04-26	1	08단	麻疹發生で兒童を休校さす
170123	朝鮮朝日	南鮮版	1929-04-26	1	09단	歌人川田順氏鮮滿を行脚
170124	朝鮮朝日	南鮮版	1929-04-26	1	09단	
170125	朝鮮朝日	南鮮版	1929-04-26	1	09단	觀光團(ブラッサム・トーア旅行團/ブランコニヤ・オーバーランド旅行團)
170126	朝鮮朝日	南鮮版	1929-04-26	1	09단	『巡査になる迄』映畫化する
170127	朝鮮朝日	南鮮版	1929-04-26	1	10단	もよほし(群山府廳舍新築落成式/大邱の天長節奉祝會)
170128	朝鮮朝日	南鮮版	1929-04-26	1	10단	人(吉原八郎氏(釜山學校組合評議員)/藤田鐘路司法主任令息)
170129	朝鮮朝日	南鮮版	1929-04-26	1	10단	半島茶話
170130	朝鮮朝日	南鮮版	1929-04-26	1	10단	村の燈台/漁民の恩鳥平家鳥と鯛內海名物齋島の『いかり』漁業
170131	朝鮮朝日	西北・南鮮版	1929-04-26	2	01단	無煙炭利用の考案を募りそれ等を參考として使用法の改善を圖る
170132	朝鮮朝日	西北・南鮮版	1929-04-26	2	01단	雫の聲
170133	朝鮮朝日	西北・南鮮版	1929-04-26	2	01단	鐵道收入の成績不良四月中旬成績
170134	朝鮮朝日	西北・南鮮版	1929-04-26	2	01단	依光秘書官辭意を決す鳩山翰長の秘書役を勤める
170135	朝鮮朝日	西北・南鮮版	1929-04-26	2	02단	七郵便局の手形交換高
170136	朝鮮朝日	西北・南鮮版	1929-04-26	2	02단	豫算額通りで買收するか圖們線業績調査
170137	朝鮮朝日	西北・南鮮版	1929-04-26	2	03단	米國遊戈艦隊釜山を出港
170138	朝鮮朝日	西北・南鮮版	1929-04-26	2	03단	國境橫斷鐵道の線路地勢經濟調査特に

일련번호	판명		간행일	면	단수	기사명
170138	朝鮮朝日	西北・南鮮版	1929-04-26	2	03단	力瘤を入れて行ふ近い將來には敷設される見込み
170139	朝鮮朝日	西北版	1929-04-27	1	01단	成行次第では重大化する貯水池取入口問題やうやく喧しくなる
170140	朝鮮朝日	西北版	1929-04-27	1	01단	始政以來の陳情書三尺の厚さに係官驚かさる
170141	朝鮮朝日	西北版	1929-04-27	1	01단	一定時の檢査を日支兩稅關へ安東驛が要望
170142	朝鮮朝日	西北版	1929-04-27	1	01단	安東支那街の鎖場特稅を賦課
170143	朝鮮朝日	西北版	1929-04-27	1	02단	咸興水利の組長は誰か洪聖淵氏？
170144	朝鮮朝日	西北版	1929-04-27	1	02단	雄基における鐵道敷設工事の一部
170145	朝鮮朝日	西北版	1929-04-27	1	02단	理事の改選で紛擾起るか於之屯管理總會
170146	朝鮮朝日	西北版	1929-04-27	1	03단	割安の白米を盛に買占む安東から新義州への輸入米は激增を示す
170147	朝鮮朝日	西北版	1929-04-27	1	03단	盤龍山公園の松樹枯れるシン食蟲の被害
170148	朝鮮朝日	西北版	1929-04-27	1	04단	優良品の宣傳大會
170149	朝鮮朝日	西北版	1929-04-27	1	04단	平南道の大異動五十九名動き免官は十一名
170150	朝鮮朝日	西北版	1929-04-27	1	05단	夜間開館で圖書館賑ふ
170150	朝鮮朝日	西北版	1929-04-27	1	05단	火田跡に成長の早い樹種の造林を行ひ天然林の養成に努める新義州營林署管內の國有林保護
170151	朝鮮朝日	西北版	1929-04-27	1	05단	色んな草木を池と島に植付け新義州の樂園とす
170152	朝鮮朝日	西北版	1929-04-27	1	05단	る昭和公園工事を急ぐ
170153	朝鮮朝日	西北版	1929-04-27	1	05단	二千餘名を招待し天長節奉祝宴今年は特に盛大に
170154	朝鮮朝日	西北版	1929-04-27	1	06단	朝鮮人方面に加入を勸誘大童となってDKの一大改革を斷行する
170155	朝鮮朝日	西北版	1929-04-27	1	06단	鎭南浦金組總會
170156	朝鮮朝日	西北版	1929-04-27	1	07단	東邊道管內の教育公所を改稱
170157	朝鮮朝日	西北版	1929-04-27	1	07단	平壤府內の天然痘またもや病勢をもりかへす
170158	朝鮮朝日	西北版	1929-04-27	1	07단	黃金に等しい雨が降った平安南道の農作物はやうやくよみがへる/沙里院方面に慈雨いたる
170159	朝鮮朝日	西北版	1929-04-27	1	08단	咸興地方の櫻
170160	朝鮮朝日	西北版	1929-04-27	1	08단	平壤署の射擊會
170161	朝鮮朝日	西北版	1929-04-27	1	08단	高麗革命軍の一味を送局
170162	朝鮮朝日	西北版	1929-04-27	1	08단	拳銃を突付け金を强奪す
170163	朝鮮朝日	西北版	1929-04-27	1	08단	橫領面書記遂に捕はる

일련번호	판명		간행일	면	단수	기사명
170164	朝鮮朝日	西北版	1929-04-27	1	08단	耕作地沒收で小作人騷ぐ
170165	朝鮮朝日	西北版	1929-04-27	1	08단	世を儚んで自殺を企つ
170166	朝鮮朝日	西北版	1929-04-27	1	09단	もよほし(消防協會安邊支部發會式/咸興の天長節奉祝宴/沙里院の天長節奉祝宴)
170167	朝鮮朝日	西北版	1929-04-27	1	09단	資本二千圓で一萬五千圓儲く頗るぼろい牡蠣養殖
170168	朝鮮朝日	西北版	1929-04-27	1	09단	不良靑少年が夜櫻見物に紛れさかんに惡事を働くその取締に手を燒く
170168	朝鮮朝日	西北版	1929-04-27	1	09단	人(鈴木鎭雄氏(宮內省內匠寮技師)/團琢
170169	朝鮮朝日	西北版	1929-04-27	1	09단	磨男一行十五名)
170170	朝鮮朝日	西北版	1929-04-27	1	10단	半島茶話
170171	朝鮮朝日	西北版	1929-04-27	1	10단	靑年聯盟大會無事に濟む
170172	朝鮮朝日	西北版	1929-04-27	1	10단	國境橫斷鐵道の線路地勢經濟調査/特に
170172	朝鮮朝日	西北版	1929-04-27	1	10단	力瘤を入れて行ふ近い將來には敷設される見込み
170173	朝鮮朝日	南鮮版	1929-04-27	1	01단	*豫想どほりに波瀾もなく至極平穩無事に終る　問題の朝鮮郵船總會/悲觀するに當らぬ質問に對する恩田氏の答辯*
170174	朝鮮朝日	南鮮版	1929-04-27	1	01단	十六校新設の候補地決る
170175	朝鮮朝日	南鮮版	1929-04-27	1	01단	始政以來の陳情書二尺の厚さに係官驚かさる
170176	朝鮮朝日	南鮮版	1929-04-27	1	02단	*京城實業野球聯盟戰　今春は各チーム共相當變動があり盡きぬ興味が伴ふ　府廳軍の力量こそ大きな謎京城實業野球チームの陣容/野球聯盟戰の期日を變更*
170177	朝鮮朝日	南鮮版	1929-04-27	1	02단	府北水利の反對を陳情
170178	朝鮮朝日	南鮮版	1929-04-27	1	03단	釜山府協議員會
170179	朝鮮朝日	南鮮版	1929-04-27	1	03단	二千餘名を招待し天長節奉祝宴今年は特に盛大に
170180	朝鮮朝日	南鮮版	1929-04-27	1	03단	數字にすれば非常に進捗/土地改良事業不振は全くあてにならない
170181	朝鮮朝日	南鮮版	1929-04-27	1	04단	*龍中記念館落成/朝鮮神宮の祭典/淸州の奉祝會*
170182	朝鮮朝日	南鮮版	1929-04-27	1	04단	慶南水産の海難保險まづ五百人に限り加盟さす
170183	朝鮮朝日	南鮮版	1929-04-27	1	05단	朝鮮人方面に加入を勸誘大童となってDKが一大改革を斷行する
170184	朝鮮朝日	南鮮版	1929-04-27	1	05단	府營期成會が對策を考究
170185	朝鮮朝日	南鮮版	1929-04-27	1	06단	新館新築後の利用きまる/三越京城支店

일련번호	판명		간행일	면	단수	기사명
170186	朝鮮朝日	南鮮版	1929-04-27	1	06단	鮮銀支店長會議
170187	朝鮮朝日	南鮮版	1929-04-27	1	06단	大羽鰯を鹽藏とし支那に輸出する
170188	朝鮮朝日	南鮮版	1929-04-27	1	07단	保留炭鑛には全く無關係戴福洋行の支配人びっくりしてかたる
170189	朝鮮朝日	南鮮版	1929-04-27	1	07단	四組の金婚夫婦にめでたい壽杯本紙創刊五十周年記念のために贈る
170190	朝鮮朝日	南鮮版	1929-04-27	1	07단	十字路/裡里一記者
170191	朝鮮朝日	南鮮版	1929-04-27	1	08단	拳銃を突付け金を強奪す
170192	朝鮮朝日	南鮮版	1929-04-27	1	08단	釜山府廳舍は原案どほり新築にきまる
170193	朝鮮朝日	南鮮版	1929-04-27	1	08단	府史資料の展覽中止脱稿遲延から
170194	朝鮮朝日	南鮮版	1929-04-27	1	09단	メーデーを嚴重に警戒
170195	朝鮮朝日	南鮮版	1929-04-27	1	09단	黃金の雨が降り慶南の農民は大喜び/釜山の上水道は當分の間凌げるこれからは時々降雨を見るはず
170196	朝鮮朝日	南鮮版	1929-04-27	1	09단	自動車が川中へ眞逆様に轉落し二名負傷す
170197	朝鮮朝日	南鮮版	1929-04-27	1	10단	府營自動車が電車と衝突
170198	朝鮮朝日	南鮮版	1929-04-27	1	10단	世を儚んで自殺を企つ
170199	朝鮮朝日	南鮮版	1929-04-27	1	10단	人(愼唐寅氏(飛行士)/五島誠助氏(釜山實業家)/佐久間權次郎氏(釜山瓦電常務))
170200	朝鮮朝日	南鮮版	1929-04-27	1	10단	半島茶話
170201	朝鮮朝日	南鮮版	1929-04-27	1	10단	村の燈台/百圓札に驚かぬ花賣り/洞參の中から九十九圓九十錢のつり錢をソロリ放り出す豪勢さ香川縣木田郡界隈の副業
170202	朝鮮朝日	西北・南鮮版	1929-04-27	2	01단	機船底曳網の許可を熱望/慶南道の處置に對し統營漁民不平を洩す
170203	朝鮮朝日	西北・南鮮版	1929-04-27	2	01단	乳幼兒愛護の宣傳を行ふ
170204	朝鮮朝日	西北・南鮮版	1929-04-27	2	01단	馬山統營間の鐵道敷設に出來るだけ援助
170205	朝鮮朝日	西北・南鮮版	1929-04-27	2	01단	朝鮮中央水電認可となる
170206	朝鮮朝日	西北・南鮮版	1929-04-27	2	02단	刑務所製品を後拂に改正
170207	朝鮮朝日	西北・南鮮版	1929-04-27	2	02단	郵便爲替振出し高
170208	朝鮮朝日	西北・南鮮版	1929-04-27	2	02단	都市金組總會
170209	朝鮮朝日	西北・南鮮版	1929-04-27	2	02단	朝鮮鐵道協會總會
170210	朝鮮朝日	西北・南鮮版	1929-04-27	2	02단	上黨金組總會
170211	朝鮮朝日	西北・南鮮版	1929-04-27	2	03단	公州乾繭所移轉
170212	朝鮮朝日	西北・南鮮版	1929-04-27	2	03단	安東守備隊の除隊兵歸る
170213	朝鮮朝日	西北・南鮮版	1929-04-27	2	03단	驅逐艦槙と梨朝鮮を巡航
170214	朝鮮朝日	西北・南鮮版	1929-04-27	2	03단	咸興戶數割
170215	朝鮮朝日	西北・南鮮版	1929-04-27	2	03단	木材商組合の組織を變更

일련번호	판명		간행일	면	단수	기사명
170216	朝鮮朝日	西北・南鮮版	1929-04-27	2	04단	朝鮮の水電出力數は伊太利と伯仲する一方里當り百十五キロ認可の數は總數の二割に過ぎない
170217	朝鮮朝日	西北版	1929-04-28	1	01단	國際運輸と北運と合併朝鮮郵船系の丸通がどんな態度に出るか
170218	朝鮮朝日	西北版	1929-04-28	1	01단	大仕掛な防空演習/平壤空軍では內密に調査す
170219	朝鮮朝日	西北版	1929-04-28	1	01단	醫學講習所の入試合格者
170220	朝鮮朝日	西北版	1929-04-28	1	01단	安東中學校に寄宿舍新設
170220	朝鮮朝日	西北版	1929-04-28	1	01단	平壤飛行隊の空のお祭り盛な空中分列式
170221	朝鮮朝日	西北版	1929-04-28	1	02단	擧行第八回創立記念祭に
170222	朝鮮朝日	西北版	1929-04-28	1	02단	非合同派から攻擊的質問　結局ウヤムヤに終る運送合同全鮮委員會/運合問題決裂す非合同派の作戰圖にあたる
170223	朝鮮朝日	西北版	1929-04-28	1	02단	日本空輸會社平壤出張所近く建築する
170224	朝鮮朝日	西北版	1929-04-28	1	03단	特産見本棚各旅館に設備
170225	朝鮮朝日	西北版	1929-04-28	1	03단	箕林里運動場附近に舞樂堂を建設/朝鮮藝術を紹介する
170226	朝鮮朝日	西北版	1929-04-28	1	04단	寫眞說明(間島龍井六十三團長梁洋氏は茂山對岸滔洞支那守備隊檢閱のため同地に出張のついでをもって二十一日茂山に來り同地を訪問挨拶する所あった(寫眞は日支守備隊親善ぶり))
170227	朝鮮朝日	西北版	1929-04-28	1	04단	平壤より
170228	朝鮮朝日	西北版	1929-04-28	1	05단	軍旗を捧持し各守備隊を廻り盛んな軍旗祭を行ふ/平壤を五月九日出發
170229	朝鮮朝日	西北版	1929-04-28	1	05단	來年度は編成難/早くも豫算編成準備に着手
170230	朝鮮朝日	西北版	1929-04-28	1	05단	重要事項の研究會組織元山公職者が
170231	朝鮮朝日	西北版	1929-04-28	1	06단	密漁の實況を活寫に撮影/不正漁業者を取締る總督府の新しい試み
170232	朝鮮朝日	西北版	1929-04-28	1	06단	結核豫防を宣傳
170233	朝鮮朝日	西北版	1929-04-28	1	06단	牡丹台に動物園われらの小府民を喜ばせる
170234	朝鮮朝日	西北版	1929-04-28	1	06단	新義州府內の乘合自動車
170235	朝鮮朝日	西北版	1929-04-28	1	07단	お茶のあと
170236	朝鮮朝日	西北版	1929-04-28	1	07단	德新社々長決る
170237	朝鮮朝日	西北版	1929-04-28	1	07단	安東の弔魂式
170238	朝鮮朝日	西北版	1929-04-28	1	07단	義父を殺し義母を傷つく
170239	朝鮮朝日	西北版	1929-04-28	1	07단	古雅な府尹衙門移築して一般に開放/牡

일련번호	판명		간행일	면	단수	기사명
170239	朝鮮朝日	西北版	1929-04-28	1	07단	丹台の新名所となった清流亭今後お牧の茶屋と並び稱されん
170240	朝鮮朝日	西北版	1929-04-28	1	07단	牡丹台野話
170241	朝鮮朝日	西北版	1929-04-28	1	08단	安東春季招魂祭
170242	朝鮮朝日	西北版	1929-04-28	1	08단	豚コレラ發生
170243	朝鮮朝日	西北版	1929-04-28	1	08단	大詐欺團の豫審終結/何れも有罪と決して公判へ
170244	朝鮮朝日	西北版	1929-04-28	1	08단	穀物倉庫に放火
170245	朝鮮朝日	西北版	1929-04-28	1	08단	怨みの放火
170246	朝鮮朝日	西北版	1929-04-28	1	08단	告訴人の宅に火をつける
170247	朝鮮朝日	西北版	1929-04-28	1	09단	支那人漁夫が暴れまはり朝鮮人漁夫を苦める漸く犯人二名捕はる
170248	朝鮮朝日	西北版	1929-04-28	1	09단	朝鮮船燒く船頭は溺死す
170249	朝鮮朝日	西北版	1929-04-28	1	09단	天然痘の散發に平北道當局全くもてあます
170250	朝鮮朝日	西北版	1929-04-28	1	09단	三角關係から嫉妬の放火
170251	朝鮮朝日	西北版	1929-04-28	1	10단	鮮支未成年者禁酒禁煙令
170252	朝鮮朝日	西北版	1929-04-28	1	10단	人(陸軍士官學校生徒滿鮮戰跡見學團/竹尾平壤地方法院長/深澤平壤兵器製造所長/佐世保中學校生徒一行/平壤飛行第六聯隊)
170253	朝鮮朝日	西北版	1929-04-28	1	10단	半島茶話
170254	朝鮮朝日	西北版	1929-04-28	1	10단	朝鮮の水電出力數は伊太利と伯仲する一方里當り百十五キロ認可の數は總數の二割に過ぎない
170255	朝鮮朝日	南鮮版	1929-04-28	1	01단	非合同派から攻撃的質問結局ウヤムヤに終る 運送合同全鮮委員會/連合問題決裂す非合同派の作戰圖にあたる
170256	朝鮮朝日	南鮮版	1929-04-28	1	01단	選擧制度の改正を計劃
170257	朝鮮朝日	南鮮版	1929-04-28	1	01단	山十製絲會社慶南工場の地均しに着手
170258	朝鮮朝日	南鮮版	1929-04-28	1	02단	中樞院會議
170259	朝鮮朝日	南鮮版	1929-04-28	1	02단	群山における金婚夫婦壽杯贈呈式
170260	朝鮮朝日	南鮮版	1929-04-28	1	02단	移入古米を全然區別し鮮米を保護する
170261	朝鮮朝日	南鮮版	1929-04-28	1	03단	化學的製鹽は全く初耳だ松本專賣局長談
170262	朝鮮朝日	南鮮版	1929-04-28	1	03단	樂ではない昨今の圓タク屋高級な車でなくては客は次第に遠ざかる
170263	朝鮮朝日	南鮮版	1929-04-28	1	03단	釜山學校組合有權者名簿閲覧に供する
170264	朝鮮朝日	南鮮版	1929-04-28	1	04단	密漁の實況を活寫に撮影不正漁業者を取締る/總督府の新しい試み
170265	朝鮮朝日	南鮮版	1929-04-28	1	04단	期成會長が委員や在釜重役連と意見を

일련번호	판명		간행일	면	단수	기사명
170265	朝鮮朝日	南鮮版	1929-04-28	1	04단	交へる
170266	朝鮮朝日	南鮮版	1929-04-28	1	05단	箕林里運動場附近に舞樂堂を建設/朝鮮藝術を紹介する
170267	朝鮮朝日	南鮮版	1929-04-28	1	05단	畜牛救濟で組合業績擧る
170268	朝鮮朝日	南鮮版	1929-04-28	1	05단	來年度は編成難早くも豫算編成準備に着手
170269	朝鮮朝日	南鮮版	1929-04-28	1	06단	理事大異動を全鮮に互り斷行/同時に官選理事任命金組令の實施に伴ひ
170270	朝鮮朝日	南鮮版	1929-04-28	1	06단	織物指導員の設置を陳情
170271	朝鮮朝日	南鮮版	1929-04-28	1	06단	牡丹台に動物園われらの小府民を喜ばせる
170272	朝鮮朝日	南鮮版	1929-04-28	1	06단	第二回耕牛貸付
170273	朝鮮朝日	南鮮版	1929-04-28	1	06단	總督の公州視察
170274	朝鮮朝日	南鮮版	1929-04-28	1	06단	青い鳥/釜山一記者
170275	朝鮮朝日	南鮮版	1929-04-28	1	07단	春川金組の成績
170276	朝鮮朝日	南鮮版	1929-04-28	1	07단	古雅な府尹衙門移築して一般に開放/牡丹台の新名所となった清流亭今後お牧の
170276	朝鮮朝日	南鮮版	1929-04-28	1	07단	茶屋と並び稱されん
170277	朝鮮朝日	南鮮版	1929-04-28	1	07단	不良運轉手を嚴重に取締り交通事故を少くする危險な自動車事故頻出で京城の各警察署てこずる
170278	朝鮮朝日	南鮮版	1929-04-28	1	07단	督勵員を置き薄蒔を獎勵
170279	朝鮮朝日	南鮮版	1929-04-28	1	08단	三角關係から嫉妬の放火
170280	朝鮮朝日	南鮮版	1929-04-28	1	08단	大村海軍機大邱に一泊
170281	朝鮮朝日	南鮮版	1929-04-28	1	08단	春川の雷雨
170282	朝鮮朝日	南鮮版	1929-04-28	1	08단	全鮮に互って豪雨襲來す
170283	朝鮮朝日	南鮮版	1929-04-28	1	08단	鮮支未成年者禁酒禁煙令
170284	朝鮮朝日	南鮮版	1929-04-28	1	09단	運動界(野球聯盟戰の期日を變更/忠南武道選士必勝を期す)
170285	朝鮮朝日	南鮮版	1929-04-28	1	09단	大詐欺團の豫審終結/何れも有罪と決して公判へ
170286	朝鮮朝日	南鮮版	1929-04-28	1	09단	穀物倉庫に放火
170287	朝鮮朝日	南鮮版	1929-04-28	1	10단	怨みの放火
170288	朝鮮朝日	南鮮版	1929-04-28	1	10단	もよほし(優良人蔘耕作者表彰式)
170289	朝鮮朝日	南鮮版	1929-04-28	1	10단	人(織田萬博士(國際裁判所判事)/福土本府學務課長/今村殖産局長/美座慶南警察部長/大分女師生七十名/京城第一高女生百三十四名/京城第二高女生一行百五十名/松山聯隊區將校團十三名/福岡縣嘉穗中學生百七十二名/京城商業生五十七名/佐世保中學生百一名/滿洲守備隊除隊兵

일련번호	판명		간행일	면	단수	기사명
170289	朝鮮朝日	南鮮版	1929-04-28	1	10단	百二十一名/寶塚野球團一行十四名)
170290	朝鮮朝日	南鮮版	1929-04-28	1	10단	半島茶話
170291	朝鮮朝日	南鮮版	1929-04-28	1	10단	村の燈台/『共存同榮』組合萬能の村/施設の完備を誇る岡山縣舩穂信用組合
170292	朝鮮朝日	西北・南鮮版	1929-04-28	2	01단	平北畜産物の試食會をひらき/内地人に舌鼓を打たせ販路の擴張をはかる
170293	朝鮮朝日	西北・南鮮版	1929-04-28	2	01단	三防瀧の藥水を檢査
170294	朝鮮朝日	西北・南鮮版	1929-04-28	2	01단	沙里院金組の紛擾解決か
170295	朝鮮朝日	西北・南鮮版	1929-04-28	2	02단	咸興の人口
170296	朝鮮朝日	西北・南鮮版	1929-04-28	2	02단	立木處分數
170297	朝鮮朝日	西北・南鮮版	1929-04-28	2	03단	稅關增員說で志願者殺到
170298	朝鮮朝日	西北・南鮮版	1929-04-28	2	04단	運搬賃金を改正
170299	朝鮮朝日	西北・南鮮版	1929-04-28	2	04단	安東の朝博出品
170300	朝鮮朝日	西北・南鮮版	1929-04-28	2	04단	『學校の沒收には絶對的に應じない』住民大會において決議/在滿朝鮮人が彈壓に
170300	朝鮮朝日	西北・南鮮版	1929-04-28	2	04단	對し反抗す
170301	朝鮮朝日	西北版	1929-04-30	1	01단	平南道協贊會産聲を擧ぐ朝博を機會に平南を天下に紹介せんとす
170302	朝鮮朝日	西北版	1929-04-30	1	01단	天長節の奉祝會(安東縣/新義州/間島)
170303	朝鮮朝日	西北版	1929-04-30	1	01단	普通校設立認可
170304	朝鮮朝日	西北版	1929-04-30	1	02단	統軍亭の櫻花/今を盛りと咲き亂る
170305	朝鮮朝日	西北版	1929-04-30	1	02단	内地駐在員の制度を擴張/安東輸入組合の
170306	朝鮮朝日	西北版	1929-04-30	1	03단	人出多く大賑ひ/平壤府勞擴張祝賀會を擧行
170307	朝鮮朝日	西北版	1929-04-30	1	03단	穀物大會の役員きまる
170308	朝鮮朝日	西北版	1929-04-30	1	04단	音樂と體操の研究を行ふ
170309	朝鮮朝日	西北版	1929-04-30	1	04단	火田民整理に頭を惱ます/陸軍牧場に移轉させ整理する計劃を樹つ
170310	朝鮮朝日	西北版	1929-04-30	1	04단	色んな餘興や航空博覽會/大賑ひを豫想される平壤飛行隊の記念式
170311	朝鮮朝日	西北版	1929-04-30	1	04단	奉天大學生團平壤を視察
170312	朝鮮朝日	西北版	1929-04-30	1	05단	新義州金組創立十周年記念祝賀會擧行
170313	朝鮮朝日	西北版	1929-04-30	1	05단	中央水力電氣認可となる
170314	朝鮮朝日	西北版	1929-04-30	1	05단	安東に金組近く實現を見ん
170315	朝鮮朝日	西北版	1929-04-30	1	05단	舊廳舍跡に再築を道廳に陳情す/清津府廳問題
170316	朝鮮朝日	西北版	1929-04-30	1	06단	穀物檢查所の元山移轉を要望/穀物組合が理由書を商業會議所に提出す
170317	朝鮮朝日	西北版	1929-04-30	1	06단	府有地貸付の方針を變更

일련번호	판명		간행일	면	단수	기사명
170318	朝鮮朝日	西北版	1929-04-30	1	06단	未開墾地の拂下を運動
170319	朝鮮朝日	西北版	1929-04-30	1	06단	沙里院金組總會
170320	朝鮮朝日	西北版	1929-04-30	1	07단	安東輸出材減少を示す
170321	朝鮮朝日	西北版	1929-04-30	1	07단	武藤信義大將羅南に向ふ
170322	朝鮮朝日	西北版	1929-04-30	1	07단	警察官吏から保證金徵收
170323	朝鮮朝日	西北版	1929-04-30	1	07단	近く篤志家が關係者と會見し寄附金を府尹會頭に無條件にて一任する
170324	朝鮮朝日	西北版	1929-04-30	1	07단	滿浦鎮市場の籾動き出す
170325	朝鮮朝日	西北版	1929-04-30	1	08단	ガソリン軌道敷設を出願
170326	朝鮮朝日	西北版	1929-04-30	1	08단	軍服類似の服装を禁止
170327	朝鮮朝日	西北版	1929-04-30	1	08단	五千圓拐帶の犯人捕まる
170328	朝鮮朝日	西北版	1929-04-30	1	08단	大砲泥棒に懲役八ヶ月
170329	朝鮮朝日	西北版	1929-04-30	1	08단	某中等學校の乘取策講ぜらる/支那官憲の彈壓政策いよいよ露骨となる
170330	朝鮮朝日	西北版	1929-04-30	1	09단	困窮農民が追剝を働く
170331	朝鮮朝日	西北版	1929-04-30	1	09단	獨身合宿で警官憤慨す
170332	朝鮮朝日	西北版	1929-04-30	1	09단	穢いと罵られ火をつける
170333	朝鮮朝日	西北版	1929-04-30	1	09단	從弟を撲殺
170334	朝鮮朝日	西北版	1929-04-30	1	09단	箕城券番の春季溫習會
170335	朝鮮朝日	西北版	1929-04-30	1	10단	看守と偽り老婆を欺く
170336	朝鮮朝日	西北版	1929-04-30	1	10단	昔話のやうな一つ目嬰兒朝鮮婦人が生む
170337	朝鮮朝日	西北版	1929-04-30	1	10단	一向終熄せぬ安東縣の猩紅熱
170338	朝鮮朝日	西北版	1929-04-30	1	10단	運動界(新義州實業軍道廳を破る)
170339	朝鮮朝日	西北版	1929-04-30	1	10단	人(高橋貞二氏(安東商工會議所會頭)/平岡數馬氏(前安東大和小學校長)/神戸章氏(王子製紙朝鮮工場長代理))
170340	朝鮮朝日	西北版	1929-04-30	1	10단	皇室の御安泰なるはわが國隆昌の象徵これに越す喜びはない 天長節に際し山梨總督謹みて語る/各地の天長節いづくも天氣晴朗終日大賑ひを呈す
170341	朝鮮朝日	南鮮版	1929-04-30	1	01단	僻地の一漁村を開港して三十一年つひに今日の大をなす/記念日を迎へてよろこぶ群山府
170342	朝鮮朝日	南鮮版	1929-04-30	1	01단	中央水力電氣認可となる
170343	朝鮮朝日	南鮮版	1929-04-30	1	03단	參禮市場問題圓滿に解決
170344	朝鮮朝日	南鮮版	1929-04-30	1	03단	田中監査役が猛質問に狼狽し不得要領の答をなす 仁取株主同盟の會合/合倂必要の槪說書發送
170345	朝鮮朝日	南鮮版	1929-04-30	1	03단	景氣のよい大邱の競馬

일련번호	판명		간행일	면	단수	기사명
170346	朝鮮朝日	南鮮版	1929-04-30	1	04단	八割からの小作料搾取
170347	朝鮮朝日	南鮮版	1929-04-30	1	04단	京城帝大學內大會
170348	朝鮮朝日	南鮮版	1929-04-30	1	04단	**기사 수정 후 기사명 무추가**
170349	朝鮮朝日	南鮮版	1929-04-30	1	05단	群山上水道の送水管敷設
170350	朝鮮朝日	南鮮版	1929-04-30	1	05단	歌人川田順氏歡迎歌談會
170351	朝鮮朝日	南鮮版	1929-04-30	1	05단	町總代の大懇親會五月一、二日ごろ開き瓦電會社總會の對策を協議する/釜山府協議員懇談において決定
170351	朝鮮朝日	南鮮版	1929-04-30	1	05단	運動界(遞信軍勝つ實業野球聯盟戰/府郡を單位
170352	朝鮮朝日	南鮮版	1929-04-30	1	06단	共榮自動車に法人所得稅賦課/餘りにひ
170353	朝鮮朝日	南鮮版	1929-04-30	1	06단	どいからと減免方を道に陳情す
170354	朝鮮朝日	南鮮版	1929-04-30	1	06단	京城府煙草小賣店店頭陳列競技會
170355	朝鮮朝日	南鮮版	1929-04-30	1	07단	世相を遺憾なく現はす惱ましの事件/代書からみたウキ世
170356	朝鮮朝日	南鮮版	1929-04-30	1	07단	朝鮮出身青年が第二着を占め朝鮮のため氣を吐く/東西對抗陸上競技大會で大いに活躍した李大鵬君
170357	朝鮮朝日	南鮮版	1929-04-30	1	08단	不良女學生が男を脅かし惡事の數々を重ねる警察當局の眼ひかる
170358	朝鮮朝日	南鮮版	1929-04-30	1	08단	自轉車泥棒百卅餘台盜む
170359	朝鮮朝日	南鮮版	1929-04-30	1	09단	郵便局員が九千圓拐帶
170360	朝鮮朝日	南鮮版	1929-04-30	1	09단	家財を預けて自宅に放火
170361	朝鮮朝日	南鮮版	1929-04-30	1	10단	兇惡な強盜に八年の判決
170362	朝鮮朝日	南鮮版	1929-04-30	1	10단	昔話のやうな一つ目嬰兒朝鮮婦人が生む
170363	朝鮮朝日	南鮮版	1929-04-30	1	10단	人(李堈公殿下/河內山樂三氏(朝鮮火災海上保險社長)/平山政十氏(京城實業家))
170364	朝鮮朝日	南鮮版	1929-04-30	1	10단	カフェ・JAZZ/池谷信三郎
170365	朝鮮朝日	西北・南鮮版	1929-04-30	2	01단	それもよしこれもよし/ささきふさ
170366	朝鮮朝日	西北・南鮮版	1929-04-30	2	02단	大輪朝顔を上手に作るには？
170367	朝鮮朝日	西北・南鮮版	1929-04-30	2	02단	村の燈台/おみやげと辨當を出す主婦のために農事講演會肥前大山村の活動ぶり
170368	朝鮮朝日	西北・南鮮版	1929-04-30	2	04단	京濱方面に牡蠣を移出
170369	朝鮮朝日	西北・南鮮版	1929-04-30	2	07단	地主側も遂に軟化し出す長津江水電問題
170370	朝鮮朝日	西北・南鮮版	1929-04-30	2	07단	朝博目あての旅館開業願

1929년 5월 (조선아사히)

일련번호	판명		간행일	면	단수	기사명
170371	朝鮮朝日	西北版	1929-05-01	1	01단	府勢大擴張の喜び空には飛行機、地に歡聲/參列者は場の內外にあふれて平壌は未曾有の大賑ひを呈す
170372	朝鮮朝日	西北版	1929-05-01	1	01단	朝鮮人靑年を入所せしめ/學科指導員九名増員南浦靑訓擴張を行ふ
170373	朝鮮朝日	西北版	1929-05-01	1	01단	民間の人達がもっと力を入れ　朝博を援助されたい今村殖産局長歸來談/玄武門を象った　朝博の平南館/平南道の紹介策　朝博協贊會で各種催物計劃
170374	朝鮮朝日	西北版	1929-05-01	1	03단	鎮南浦の櫻咲く
170375	朝鮮朝日	西北版	1929-05-01	1	04단	鴨江防水堤の増築を行ふ
170376	朝鮮朝日	西北版	1929-05-01	1	04단	拓殖省の陣容が整ひ政務總監がきまりそれから異動を行ふか/下馬評に上る總督府の人事異動
170377	朝鮮朝日	西北版	1929-05-01	1	05단	平壌鄉軍/春季總會
170378	朝鮮朝日	西北版	1929-05-01	1	05단	産婆看護婦試驗
170379	朝鮮朝日	西北版	1929-05-01	1	05단	安東より
170380	朝鮮朝日	西北版	1929-05-01	1	05단	江界面事務所移轉祝賀會
170381	朝鮮朝日	西北版	1929-05-01	1	05단	大雜沓のため夜間も開館/全國自慢品陳列會とポスター展が大盛況
170382	朝鮮朝日	西北版	1929-05-01	1	05단	平壌神社の祭典
170383	朝鮮朝日	西北版	1929-05-01	1	06단	短歌/橋田東聲選
170384	朝鮮朝日	西北版	1929-05-01	1	06단	動力農具講習會
170385	朝鮮朝日	西北版	1929-05-01	1	06단	春をよそに民衆警察振
170386	朝鮮朝日	西北版	1929-05-01	1	06단	二日間に亙る天長節奉祝江界の大賑ひ
170387	朝鮮朝日	西北版	1929-05-01	1	07단	江界學祖の議員補選
170388	朝鮮朝日	西北版	1929-05-01	1	07단	金肥の輸入を防遏するだらう朝鮮の肥料について藤原銀次郎氏は語る
170389	朝鮮朝日	西北版	1929-05-01	1	07단	夜櫻見物で大賑ひ府電は全く滿員鈴なりの態
170390	朝鮮朝日	西北版	1929-05-01	1	07단	原木盗材の賣買法改正
170391	朝鮮朝日	西北版	1929-05-01	1	07단	生徒の定員を減らし/濫造を防ぐ妓生の素質を高める
170392	朝鮮朝日	西北版	1929-05-01	1	08단	牡丹台野話
170393	朝鮮朝日	西北版	1929-05-01	1	08단	八日市、平壌間往復飛行を行ふ/戰鬪機六機をもって一週間に亙って行ふ
170394	朝鮮朝日	西北版	1929-05-01	1	08단	國境守備隊の軍旗祭決る
170395	朝鮮朝日	西北版	1929-05-01	1	08단	委員制度で事務を處理安東競馬倶樂部
170396	朝鮮朝日	西北版	1929-05-01	1	09단	江界の消防演習
170397	朝鮮朝日	西北版	1929-05-01	1	09단	移轉反對は大多數/穀物協會が仁取問題を論議
170398	朝鮮朝日	西北版	1929-05-01	1	09단	拾得、再流出と返還減少を示す鴨緑江の漂流木調べ

일련번호	판명		간행일	면	단수	기사명
170399	朝鮮朝日	西北版	1929-05-01	1	10단	久振りの雨で木材業者大喜び
170399	朝鮮朝日	西北版	1929-05-01	1	10단	半島茶話
170400	朝鮮朝日	西北版	1929-05-01	1	10단	ア式蹴球選手權大會や各種の競技が行はれ 旗日の京城運動場は大賑ひ/奮戰大いに努め敬新
170401	朝鮮朝日	南鮮版	1929-05-01	1	01단	校遂に優勝し 名譽の優勝旗を獲得す第三回全鮮ア式蹴球選手權大會/全鮮女子庭球大會/府廳勝つ 實業野球聯盟戰
170402	朝鮮朝日	南鮮版	1929-05-01	1	05단	京城四俱樂部野球聯盟戰
170403	朝鮮朝日	南鮮版	1929-05-01	1	05단	淸州農學校勝つ
170404	朝鮮朝日	南鮮版	1929-05-01	1	06단	移轉反對は大多數/穀物協會が仁取問題を論議
170405	朝鮮朝日	南鮮版	1929-05-01	1	06단	拓殖省の陣容が整ひ政務總監がきまりそれから異動を行ふか/下馬評に上る總督府の人事異動
170406	朝鮮朝日	南鮮版	1929-05-01	1	06단	農民は質素で勤勉である/小作爭議などは少い 小河農務課長歸朝談
170407	朝鮮朝日	南鮮版	1929-05-01	1	07단	寫眞說明(上は總督府の天長節奉祝式場にて山梨總督は外國領事の賀詞をうく、下は朝鮮神宮廣場における京城府のさかんな天長節奉祝宴)
170408	朝鮮朝日	南鮮版	1929-05-01	1	08단	短歌/橋田東聲選
170409	朝鮮朝日	南鮮版	1929-05-01	1	08단	釜山の原鹽在庫高減る
170410	朝鮮朝日	南鮮版	1929-05-01	1	09단	杉村辯護士が一膝乘出し瓦電の重役に考慮を促すか
170411	朝鮮朝日	南鮮版	1929-05-01	1	09단	新設普通校は今に決らぬ/寄附募集難や兒童の就學難を顧慮の結果
170412	朝鮮朝日	南鮮版	1929-05-01	1	09단	人(小河正儀氏(總督府農務課長)/中井良太郎中佐一行/篠田治策氏(李王職次官))
170413	朝鮮朝日	南鮮版	1929-05-01	1	10단	怪しげな警音器自動車から取除けを命ずる
170414	朝鮮朝日	南鮮版	1929-05-01	1	10단	半島茶話
170415	朝鮮朝日	西北・南鮮版	1929-05-01	2	01단	村の燈台/法螺の音で稅金集め現金を取扱はぬ收入役/諸團體の寄合世帶/伊勢のデンマーク村
170416	朝鮮朝日	西北・南鮮版	1929-05-01	2	02단	眞に國家的事業だ/專賣制には影響しない/目的は外鹽の輸入防止にある/理化學的製鹽の關係者は語る
170417	朝鮮朝日	西北・南鮮版	1929-05-01	2	03단	累卵の危機に立つ運送店 運合の決裂によって群雄割據時代現出か/運合委員會は解體しない
170418	朝鮮朝日	西北・南鮮版	1929-05-01	2	04단	仁川喇酒會
170419	朝鮮朝日	西北・南鮮版	1929-05-01	2	04단	煙草增收の計劃
170420	朝鮮朝日	西北版	1929-05-02	1	01단	列車運轉時間の複雜化するを憂へ/さらに各方面に諮問す滿洲のサンマータイム實施遲延か
170421	朝鮮朝日	西北版	1929-05-02	1	01단	五月一日から實施された/改正朝鮮金融組合令改正された主なる點

일련번호	판명		간행일	면	단수	기사명
170422	朝鮮朝日	西北版	1929-05-02	1	03단	石川漁業船の根據地變更
170423	朝鮮朝日	西北版	1929-05-02	1	03단	*特命檢閲使の武藤大將渡鮮す 特に國境三守備隊と憲兵隊の檢閲を拜命/武藤大將の檢閲日程*
170424	朝鮮朝日	西北版	1929-05-02	1	04단	從業員のため民衆教育所支那側で設立
170425	朝鮮朝日	西北版	1929-05-02	1	04단	平壤南金組業績振ふ預金は三割一分增加を示す
170426	朝鮮朝日	西北版	1929-05-02	1	04단	短歌/橋田東聲選
170427	朝鮮朝日	西北版	1929-05-02	1	04단	朝博滿蒙館に特賣店設置
170428	朝鮮朝日	西北版	1929-05-02	1	05단	贊成派多數を占め反對派の旗色惡くなる/相當はげしい議論が行はれて賑った仁川米豆取引所大株主會
170429	朝鮮朝日	西北版	1929-05-02	1	05단	不良青少年の授産場設置/平壤署で計劃を樹つ近く實現する見込み
170430	朝鮮朝日	西北版	1929-05-02	1	05단	新義州金組預金高/五十八萬餘圓にのぼる
170431	朝鮮朝日	西北版	1929-05-02	1	06단	*驅逐艦竹梳の行動變更す/驅逐艦「竹」近く南浦入港*
170432	朝鮮朝日	西北版	1929-05-02	1	06단	咸興倶樂部建築の原木徐々に運搬す
170433	朝鮮朝日	西北版	1929-05-02	1	07단	牡丹台野話
170434	朝鮮朝日	西北版	1929-05-02	1	07단	咸南道の災害復舊
170435	朝鮮朝日	西北版	1929-05-02	1	07단	飛行機上から鐵道線撮影
170436	朝鮮朝日	西北版	1929-05-02	1	07단	咸興面擴張は近く認可か
170437	朝鮮朝日	西北版	1929-05-02	1	07단	草ぶき家屋の改造を獎勵/遠からず平壤府からその影を消すだらう
170438	朝鮮朝日	西北版	1929-05-02	1	07단	不良醫生の淘汰を行ふ
170439	朝鮮朝日	西北版	1929-05-02	1	08단	支那稅務員の優遇を行ふ
170440	朝鮮朝日	西北版	1929-05-02	1	08단	初等校兒童に蟲下し配布
170441	朝鮮朝日	西北版	1929-05-02	1	08단	ルーサンの球根が腐蝕
170442	朝鮮朝日	西北版	1929-05-02	1	08단	朝鮮學生の風紀は思はしくない平壤署長の談
170443	朝鮮朝日	西北版	1929-05-02	1	09단	螟蟲の研究に米國技術者來鮮/沙里院で半年に互りみっちり研究を行ふ
170444	朝鮮朝日	西北版	1929-05-02	1	09단	お祭りと櫻で安東縣の大賑ひ沿線からの入出多く眞に安東デーを現出
170445	朝鮮朝日	西北版	1929-05-02	1	09단	好商賣卅種一千圓開店法
170446	朝鮮朝日	西北版	1929-05-02	1	09단	棍棒で毆り死に至らす
170447	朝鮮朝日	西北版	1929-05-02	1	10단	守備隊の兵卒自殺を企つ
170448	朝鮮朝日	西北版	1929-05-02	1	10단	人(士官學校生徒滿鮮戰跡見學團)
170449	朝鮮朝日	南鮮版	1929-05-02	1	01단	半島茶話
170450	朝鮮朝日	南鮮版	1929-05-02	1	01단	*總代會の意見に本づいて方針をきめ一路玉碎主義にて進む町總代會の結果は重大視さる/電工を伴って嚴しく催促 期成會員は一致團結 休燈*

일련번호	판명		간행일	면	단수	기사명
170450	朝鮮朝日	南鮮版	1929-05-02	1	01단	の申込をなすか/板狹みで苦痛だ 香椎瓦電社長窮境をかたる
170451	朝鮮朝日	南鮮版	1929-05-02	1	03단	驅逐艦竹椵の行動變更す
170452	朝鮮朝日	南鮮版	1929-05-02	1	03단	官鹽販賣高
170453	朝鮮朝日	南鮮版	1929-05-02	1	04단	釜山の徵兵檢査
170454	朝鮮朝日	南鮮版	1929-05-02	1	04단	贊成派多數を占め反對派の旗色惡くなる 相當はげしい議論が行はれて賑った仁川米豆取引所大株主會/『仁川の立場はよく知ってゐる』移轉反對陳情に對し總督はすげなく答ふ
170455	朝鮮朝日	南鮮版	1929-05-02	1	04단	五月一日から實施された/改正朝鮮金融組合令改正された主なる點
170456	朝鮮朝日	南鮮版	1929-05-02	1	05단	意氣頗る銷沈し悄然と歸った福士學務課長
170457	朝鮮朝日	南鮮版	1929-05-02	1	05단	短歌/橋田東聲選
170458	朝鮮朝日	南鮮版	1929-05-02	1	06단	京仁及淸羅間電話開通す
170459	朝鮮朝日	南鮮版	1929-05-02	1	06단	京城の招魂祭非常な賑ひを呈す
170460	朝鮮朝日	南鮮版	1929-05-02	1	07단	爆發物使用の密漁用品や檢擧の狀況などを朝鮮博へ出品する/朝鮮博に商談所內地商人のために設置する
170461	朝鮮朝日	南鮮版	1929-05-02	1	07단	特命檢閱使の武藤大將渡鮮す 特に國境三守備隊と憲兵隊の檢閱を拜命/武藤大將の檢閱日程
170462	朝鮮朝日	南鮮版	1929-05-02	1	08단	趣味と實益を兼た實習地/慶南道が各普通校に設置すべく獎勵する
170463	朝鮮朝日	南鮮版	1929-05-02	1	08단	靑い鳥/釜山一記者
170464	朝鮮朝日	南鮮版	1929-05-02	1	09단	旱害農民の生血を吸ふ內地密航の惡周旋業者
170465	朝鮮朝日	南鮮版	1929-05-02	1	09단	豚の出産數
170466	朝鮮朝日	南鮮版	1929-05-02	1	10단	棍棒で毆り死に至らす
170467	朝鮮朝日	南鮮版	1929-05-02	1	10단	人(小林綾子女史(日本キリスト教婦人矯風會)/武藤信義大將(特命檢閱使)/高義敬伯(中樞院參議)/樫谷政鶴氏(朝鮮水產會長)/寺內軍參謀長/士官學校生徒滿鮮戰跡見學團)
170468	朝鮮朝日	南鮮版	1929-05-02	1	10단	半島茶話
170469	朝鮮朝日	南鮮版	1929-05-02	1	10단	村の燈台/醫師、官吏も野良仕事餘剩勞力を利用する磯部農事組合/福井縣
170470	朝鮮朝日	西北・南鮮版	1929-05-02	2	01단	防水染色法を實用的に研究織物界の大福音/九大の織田博士
170471	朝鮮朝日	西北・南鮮版	1929-05-02	2	01단	水電の地形調査是非とも明年度から繼續する意向をもつ
170472	朝鮮朝日	西北・南鮮版	1929-05-02	2	01단	お茶のあと
170473	朝鮮朝日	西北・南鮮版	1929-05-02	2	01단	DKにおけるエス語研究眞面目に行はる
170474	朝鮮朝日	西北・南鮮版	1929-05-02	2	01단	大羽鰯鹽藏の獎勵に努む

일련번호	판명		간행일	면	단수	기사명
170475	朝鮮朝日	西北・南鮮版	1929-05-02	2	02단	電話通話料の改正を行ふ
170476	朝鮮朝日	西北・南鮮版	1929-05-02	2	02단	普天教徒が南鮮へ移住
170477	朝鮮朝日	西北・南鮮版	1929-05-02	2	03단	乳幼兒愛護デー
170478	朝鮮朝日	西北・南鮮版	1929-05-02	2	03단	秩父宮樣が御登山に御使用遊ばされた御品を御貸下相成った/其他得難い運動参考品も陳列する朝鮮博に關し重村科學會館長は語る
170479	朝鮮朝日	西北版	1929-05-03	1	01단	技術官畑の異動行はる/特有の駒場閥の手が遠慮會釋なく延びる
170480	朝鮮朝日	西北版	1929-05-03	1	01단	四季の眺めよき平南の景勝地成川
170481	朝鮮朝日	西北版	1929-05-03	1	02단	新義州楚山間自動車開通
170482	朝鮮朝日	西北版	1929-05-03	1	03단	四月中安東の豆粕檢査數
170483	朝鮮朝日	西北版	1929-05-03	1	03단	警官大異動平南で近く行ふ
170484	朝鮮朝日	西北版	1929-05-03	1	03단	第二回名古屋商品見本市
170485	朝鮮朝日	西北版	1929-05-03	1	04단	石油倉庫の移轉を計劃
170486	朝鮮朝日	西北版	1929-05-03	1	04단	七十七聯隊の第二期檢閱
170487	朝鮮朝日	西北版	1929-05-03	1	04단	二年度の砂防工事九百八十ヘクタールに達す
170488	朝鮮朝日	西北版	1929-05-03	1	04단	道知事會議に郡制實施の意見書を平南道から提出する事にきまる
170489	朝鮮朝日	西北版	1929-05-03	1	04단	きらはれる基督教と榮える天道教/平南道宗教界の趨勢
170490	朝鮮朝日	西北版	1929-05-03	1	04단	京城大學の創立記念式
170491	朝鮮朝日	西北版	1929-05-03	1	05단	競馬場行きの道路を新設
170492	朝鮮朝日	西北版	1929-05-03	1	05단	西鮮三道の穀物業大會
170493	朝鮮朝日	西北版	1929-05-03	1	05단	朝鮮人採用に意を用ふ/奏任有資格者採用試驗終る
170494	朝鮮朝日	西北版	1929-05-03	1	05단	警官百廿五名增員の計劃/平南道各地の諸事業勃興著しきによって
170495	朝鮮朝日	西北版	1929-05-03	1	06단	平壤元山間の乘合自動車一日から開通を見る/當分は一往復の豫定
170496	朝鮮朝日	西北版	1929-05-03	1	06단	安東より
170497	朝鮮朝日	西北版	1929-05-03	1	06단	鎮南浦の金組總會
170498	朝鮮朝日	西北版	1929-05-03	1	06단	安東の電話架設寄附割富數
170499	朝鮮朝日	西北版	1929-05-03	1	07단	學校荒しの賊逮捕さる
170500	朝鮮朝日	西北版	1929-05-03	1	07단	京電と京城府お目玉頂戴事故頻發にも懲りず亂暴な運轉するため
170501	朝鮮朝日	西北版	1929-05-03	1	07단	勞働聯盟揉める某事件の辯護士依賴問題で
170502	朝鮮朝日	西北版	1929-05-03	1	08단	勞働組合員が對峙し罵り合ひ大事に至らんとして警官の鎮撫で治まる
170503	朝鮮朝日	西北版	1929-05-03	1	08단	所かまはずに畜犬を撲殺道が指示を發す

일련번호	판명		간행일	면	단수	기사명
170504	朝鮮朝日	西北版	1929-05-03	1	08단	牡丹台野話
170505	朝鮮朝日	西北版	1929-05-03	1	09단	不穩文書の撒布を計劃
170506	朝鮮朝日	西北版	1929-05-03	1	09단	倫敦東京間の長距離飛行
170507	朝鮮朝日	西北版	1929-05-03	1	09단	委託金全部を賭博に費消
170508	朝鮮朝日	西北版	1929-05-03	1	09단	金メッキ簪で詐欺を働く
170509	朝鮮朝日	西北版	1929-05-03	1	09단	兇器を振廻し暴れまくる
170510	朝鮮朝日	西北版	1929-05-03	1	10단	不正客引六名檢擧さる
170511	朝鮮朝日	西北版	1929-05-03	1	10단	運動場開き記念野球大會
170512	朝鮮朝日	西北版	1929-05-03	1	10단	半島茶話
170513	朝鮮朝日	西北版	1929-05-03	1	10단	秩父宮樣が御登山に御使用遊ばされた御品を御貸下相成った/其他得難い運動參考品も陳列する朝鮮博に關し重村科學會館長は語る
170514	朝鮮朝日	南鮮版	1929-05-03	1	01단	技術官畑の異動行はる/特有の駒場閥の手が遠慮會釋なく延びる
170515	朝鮮朝日	南鮮版	1929-05-03	1	01단	慶南道の農民デー官民擧げて農事にいそしむ
170516	朝鮮朝日	南鮮版	1929-05-03	1	02단	京電と京城府お目玉頂戴事故頻發にも懲りず亂暴な運轉するため/飛行機を使用し交通事故防止の宣傳を行ふ
170517	朝鮮朝日	南鮮版	1929-05-03	1	02단	普天教の祭典無期延期す
170518	朝鮮朝日	南鮮版	1929-05-03	1	03단	癩收容所から補助を申請
170519	朝鮮朝日	南鮮版	1929-05-03	1	03단	二年度の砂防工事九百八十ヘクタールに達す
170520	朝鮮朝日	南鮮版	1929-05-03	1	03단	不平分子の退村を命ず
170521	朝鮮朝日	南鮮版	1929-05-03	1	04단	振興會の幹部が知事に調停を頼む 荒井社長も陳情を行ふ 京仁取合倂問題大團圓に近づく/內海氏遺族の中立が影響 仁川米豆取引所移轉 贊成の多かった理由/荒井社長の聲明書各方面に配布/運送業組合も移轉に反對
170522	朝鮮朝日	南鮮版	1929-05-03	1	04단	十字路/裡里一記者
170523	朝鮮朝日	南鮮版	1929-05-03	1	05단	倫敦東京間の長距離飛行
170524	朝鮮朝日	南鮮版	1929-05-03	1	05단	京城大學の創立記念式
170525	朝鮮朝日	南鮮版	1929-05-03	1	06단	淋しかった京城のメーデー/慶南のメーデー
170526	朝鮮朝日	南鮮版	1929-05-03	1	06단	めづらしや巫女の研究完成のあかつきには世界的文獻とならう
170527	朝鮮朝日	南鮮版	1929-05-03	1	07단	朝鮮人採用に意を用ふ/奏任有資格者採用試驗終る
170528	朝鮮朝日	南鮮版	1929-05-03	1	07단	朝鮮名産の螺鈿器は日本から渡來芝峰類說集で
170528	朝鮮朝日	南鮮版	1929-05-03	1	07단	わかる
170529	朝鮮朝日	南鮮版	1929-05-03	1	07단	運動界(釜山府の少年野球　第一對第二の會戰から始まる/淸州の少年野球)

일련번호	판명		간행일	면	단수	기사명
170530	朝鮮朝日	南鮮版	1929-05-03	1	08단	面民數百名が面事務所に殺到/面長に辭職を强要し袋叩きにして暴れる
170531	朝鮮朝日	南鮮版	1929-05-03	1	08단	自動車のため轢き殺さる
170532	朝鮮朝日	南鮮版	1929-05-03	1	08단	所かまはずに畜犬を撲殺道が指示を發す
170533	朝鮮朝日	南鮮版	1929-05-03	1	08단	落花いつ枝にかへり咲くやら一向見當すらつかぬ/東萊溫泉妓生の盟休
170534	朝鮮朝日	南鮮版	1929-05-03	1	09단	店頭から見た初夏の支度
170535	朝鮮朝日	南鮮版	1929-05-03	1	09단	兇器を振廻し暴れまくる
170536	朝鮮朝日	南鮮版	1929-05-03	1	09단	白晝二回も放火を企つ
170537	朝鮮朝日	南鮮版	1929-05-03	1	09단	不正客引六名檢擧さる
170538	朝鮮朝日	南鮮版	1929-05-03	1	10단	人(淺山瞭史氏(京城專賣支局事業課長)/神鞭常孝氏/榛葉內務局土木課長/重村總督府科學館長/團琢磨男一行/福原俊丸男)
170539	朝鮮朝日	南鮮版	1929-05-03	1	10단	半島茶話
170540	朝鮮朝日	南鮮版	1929-05-03	1	10단	村の燈台/理想的の農繁託兒所/到れり盡せりの設備お醫者も無報酬で働く
170541	朝鮮朝日	西北・南鮮版	1929-05-03	2	01단	功勞鄉軍に有功章/大邱から光榮者二名を出す
170542	朝鮮朝日	西北・南鮮版	1929-05-03	2	01단	お茶のあと
170543	朝鮮朝日	西北・南鮮版	1929-05-03	2	01단	作物の種子迄食ひつくす
170544	朝鮮朝日	西北・南鮮版	1929-05-03	2	01단	造船設計の需めに應ず朝鮮海事會が
170545	朝鮮朝日	西北・南鮮版	1929-05-03	2	01단	開業一月間の航空郵便物
170546	朝鮮朝日	西北・南鮮版	1929-05-03	2	02단	慶南の海苔は非常な豊作
170547	朝鮮朝日	西北・南鮮版	1929-05-03	2	02단	淸酒櫻正宗が朝鮮に進出
170548	朝鮮朝日	西北・南鮮版	1929-05-03	2	02단	鷄卵の値下
170549	朝鮮朝日	西北・南鮮版	1929-05-03	2	02단	交通量調査
170550	朝鮮朝日	西北・南鮮版	1929-05-03	2	02단	紫雲英早生種の絶滅を期す
170551	朝鮮朝日	西北・南鮮版	1929-05-03	2	03단	短距離間の通話料低減
170552	朝鮮朝日	西北・南鮮版	1929-05-03	2	03단	米院架橋きまる
170553	朝鮮朝日	西北・南鮮版	1929-05-03	2	03단	大邱より
170554	朝鮮朝日	西北・南鮮版	1929-05-03	2	03단	拓殖省の官制に猛烈なる反對/山梨總督終始沈默す中樞院會議劈頭の緊張
170555	朝鮮朝日	西北版	1929-05-04	1	01단	期日の切迫であせり出し猛烈な運動を開始す/平壤の學租議員選擧
170556	朝鮮朝日	西北版	1929-05-04	1	01단	新義州稅關派出所/柳草島と四幕浦に設置さる
170557	朝鮮朝日	西北版	1929-05-04	1	01단	大阪東京の實業團來壤
170558	朝鮮朝日	西北版	1929-05-04	1	01단	本月下旬から愈開校する/平壤師範學校
170559	朝鮮朝日	西北版	1929-05-04	1	01단	一日行はれた安東神社の春季大祭
170560	朝鮮朝日	西北版	1929-05-04	1	02단	グチは豊漁
170561	朝鮮朝日	西北版	1929-05-04	1	03단	六月中に認可申請/平南道で增設する普通學校

일련번호	판명		간행일	면	단수	기사명
170562	朝鮮朝日	西北版	1929-05-04	1	03단	平穩だった平北のメーデー
170563	朝鮮朝日	西北版	1929-05-04	1	04단	認可あり次第送電を行ふ/平壤、大楡洞金鑛間の電線架設工事完了す
170564	朝鮮朝日	西北版	1929-05-04	1	04단	猩紅熱の豫防注射
170565	朝鮮朝日	西北版	1929-05-04	1	04단	輸城河改修の大運動を起す
170566	朝鮮朝日	西北版	1929-05-04	1	05단	鴨綠江製紙の生産品天覽
170567	朝鮮朝日	西北版	1929-05-04	1	05단	平南牛肥育の試驗に成功
170568	朝鮮朝日	西北版	1929-05-04	1	05단	府勢の擴張で電話料改正/平壤の市外通話料が以前よりも安くなる
170569	朝鮮朝日	西北版	1929-05-04	1	05단	順川、泉洞間の鐵道敷設工事は明年早々に着手する/本年中に土地を買收
170570	朝鮮朝日	西北版	1929-05-04	1	05단	平壤府の大賑ひ/府勢擴張後最初の春季大祭
170571	朝鮮朝日	西北版	1929-05-04	1	06단	安東朝鮮人總會
170572	朝鮮朝日	西北版	1929-05-04	1	06단	新義州の招魂祭
170573	朝鮮朝日	西北版	1929-05-04	1	06단	勞働會幹部に六月の判決
170574	朝鮮朝日	西北版	1929-05-04	1	06단	植田國境子の宣傳白頭節
170575	朝鮮朝日	西北版	1929-05-04	1	06단	八景宣傳鴨綠江節
170576	朝鮮朝日	西北版	1929-05-04	1	07단	平壤體育協會庭球部行事
170577	朝鮮朝日	西北版	1929-05-04	1	07단	四年の修業で弓術二段を獲得
170578	朝鮮朝日	西北版	1929-05-04	1	07단	鴨綠江入江の船舶取扱を改正/一度承認證を貰へば自由に航行が出來る
170579	朝鮮朝日	西北版	1929-05-04	1	07단	豺二頭捕獲
170580	朝鮮朝日	西北版	1929-05-04	1	07단	總督府辭令(一日付)
170581	朝鮮朝日	西北版	1929-05-04	1	07단	平南道最近の精神病患者
170582	朝鮮朝日	西北版	1929-05-04	1	07단	新義州消防演習
170583	朝鮮朝日	西北版	1929-05-04	1	08단	勞働組合員又も爭ふ/平壤署が近く警告を發する
170584	朝鮮朝日	西北版	1929-05-04	1	08단	牡丹台野話
170585	朝鮮朝日	西北版	1929-05-04	1	08단	安奉線八景に鴨綠江と鎭江山
170586	朝鮮朝日	西北版	1929-05-04	1	09단	姦夫姦婦を斧で殺害す
170587	朝鮮朝日	西北版	1929-05-04	1	09단	不逞漢捕る
170588	朝鮮朝日	西北版	1929-05-04	1	10단	弄火から大火事十二戶全燒す
170589	朝鮮朝日	西北版	1929-05-04	1	10단	安東の火事
170590	朝鮮朝日	西北版	1929-05-04	1	10단	上級生のため蹴られ死亡
170591	朝鮮朝日	西北版	1929-05-04	1	10단	もよほし(務川博士披露宴)
170592	朝鮮朝日	西北版	1929-05-04	1	10단	人(吉田精一氏(新任鎭南浦府庶務主任))
170593	朝鮮朝日	西北版	1929-05-04	1	10단	半島茶話
170593	朝鮮朝日	西北版	1929-05-04	1	10단	拓殖省の官制に猛烈なる反對/山梨總督終始沈默す中樞院會議劈頭の緊張
170594	朝鮮朝日	西北版	1929-05-04	1	10단	交涉決裂すれば直に消燈を斷行し五碎主義を

일련번호	판명		간행일	면	단수	기사명
170594	朝鮮朝日	西北版	1929-05-04	1	10단	もって進む 町總代懇談會の悲壯なる申合せ/電氣の公營を許さぬ筈はない それは何かの間違だ 阪田期成會長は語る/新聞記事に責任を持ち
170595	朝鮮朝日	南鮮版	1929-05-04	1	01단	はすまい 須藤知事語る//八ヶ所で市民大會日時と場所は近く決定する/桑原府尹が知事を訪問
170596	朝鮮朝日	南鮮版	1929-05-04	1	01단	總督府辭令(一日付)
170597	朝鮮朝日	南鮮版	1929-05-04	1	04단	電氣事業令の審議を行ふ
170598	朝鮮朝日	南鮮版	1929-05-04	1	04단	武藤大將入城す
170599	朝鮮朝日	南鮮版	1929-05-04	1	04단	慶福丸近く出渠
170600	朝鮮朝日	南鮮版	1929-05-04	1	05단	乳幼兒愛護大宣傳/京城の計劃
170601	朝鮮朝日	南鮮版	1929-05-04	1	05단	公職者に對して運動の中止を賴み 一方會社に對し合併進行の中止方を渡邊知事が事理を盡し懇請 運動阻止の目的達成か/暫く會社側の回答を待ち 民衆運動をひかへる振興會の態度きまる/決裂せば引責處決 公職者町總代聯合會の決議/知事の意見は私共と大に違ふ 當分は鳴りを鎭める 荒井仁取社長等語る/知事がうまく斡旋しやう 陳情公職者語る
170602	朝鮮朝日	南鮮版	1929-05-04	1	05단	旱害救濟義金豫定以上に達す/産業振興大調査會を慶尙北道が組織する
170603	朝鮮朝日	南鮮版	1929-05-04	1	06단	長山串山に牧場を造り牛馬鹿の放牧を行ふ/三井山林部の大計劃
170604	朝鮮朝日	南鮮版	1929-05-04	1	06단	山口中神力の普及に努む
170605	朝鮮朝日	南鮮版	1929-05-04	1	07단	金剛山電鐵總會
170606	朝鮮朝日	南鮮版	1929-05-04	1	07단	釜山大邱對抗陸競
170607	朝鮮朝日	南鮮版	1929-05-04	1	08단	小熊氏に記念品
170608	朝鮮朝日	南鮮版	1929-05-04	1	08단	線路に枕木顚覆を免かる
170609	朝鮮朝日	南鮮版	1929-05-04	1	09단	哀れな一家の面倒を見る
170610	朝鮮朝日	南鮮版	1929-05-04	1	09단	血染船事件の容疑者二人捕る/犯行を頑强に否認す果して眞犯人か疑問
170611	朝鮮朝日	南鮮版	1929-05-04	1	09단	又しても大火事卅戸を全燒す
170612	朝鮮朝日	南鮮版	1929-05-04	1	10단	久禮選手のおめでた
170613	朝鮮朝日	南鮮版	1929-05-04	1	10단	人(今井伍介氏(朝鮮土地改良社長)/吉原重成氏/西田天香師(一燈園主))
170614	朝鮮朝日	南鮮版	1929-05-04	1	10단	半島茶話
170615	朝鮮朝日	南鮮版	1929-05-04	1	10단	村の燈台/會員一同長い着物禁物會合に用ふる菓子も手製/岐阜縣の婦人農國
170616	朝鮮朝日	西北・南鮮版	1929-05-04	2	01단	新設運送店を加盟せざるやう運輸會社に慫慂したか/早くも鐵道局を非難
170617	朝鮮朝日	西北・南鮮版	1929-05-04	2	01단	近く官制を改正し産業試驗機關の統一を圖る

일련번호	판명		간행일	면	단수	기사명
170618	朝鮮朝日	西北・南鮮版	1929-05-04	2	01단	各地だより(春川/裡里/大邱/公州)
170619	朝鮮朝日	西北・南鮮版	1929-05-04	2	01단	教育會マーク圖案を募集
170620	朝鮮朝日	西北・南鮮版	1929-05-04	2	02단	鮮銀券の流通しらべ
170621	朝鮮朝日	西北・南鮮版	1929-05-04	2	02단	京城組合銀行客月の帳尻
170622	朝鮮朝日	西北・南鮮版	1929-05-04	2	03단	朝博宣傳歌レコード賣出し
170623	朝鮮朝日	西北・南鮮版	1929-05-04	2	03단	佐野博士を聘して實地調査を行ひ其結果何れかにきめる/昭和水利の水源地問題
170624	朝鮮朝日	西北版	1929-05-05	1	01단	平元線六工區工事進捗し來る十月中旬頃には營業の開始が出來る
170625	朝鮮朝日	西北版	1929-05-05	1	01단	學校戶別割の賦課を協議
170626	朝鮮朝日	西北版	1929-05-05	1	01단	安東縣の燐寸製造
170627	朝鮮朝日	西北版	1929-05-05	1	01단	夜間店頭裝飾人氣を呼ぶ
170628	朝鮮朝日	西北版	1929-05-05	1	01단	新義州商議の商工人名錄
170629	朝鮮朝日	西北版	1929-05-05	1	02단	水産試驗船の漁業を制限/漁場を荒されるとの水産業者の苦情から
170630	朝鮮朝日	西北版	1929-05-05	1	02단	朝博觀光團の募集を計劃/咸北道の各面で近く大々的に募集を行ふ
170631	朝鮮朝日	西北版	1929-05-05	1	02단	南浦消防春季演習
170632	朝鮮朝日	西北版	1929-05-05	1	03단	優良洞表彰
170633	朝鮮朝日	西北版	1929-05-05	1	03단	平壤より
170634	朝鮮朝日	西北版	1929-05-05	1	04단	篤志家の決斷により不純な策動を排し幼稚園の設置費に充當/鎭南浦の寄附金問題漸く解決す
170635	朝鮮朝日	西北版	1929-05-05	1	04단	やうやく出來上った朝博事務所
170636	朝鮮朝日	西北版	1929-05-05	1	04단	中等學校長の大異動斷行さる/官立師範設置に伴ひ/その範圍全鮮に亙る
170637	朝鮮朝日	西北版	1929-05-05	1	05단	平北の植桑好成績を收む
170638	朝鮮朝日	西北版	1929-05-05	1	06단	平元線の起工式/第七工區愈よ工事に着手す
170639	朝鮮朝日	西北版	1929-05-05	1	06단	蔬菜園を設け土に親ます/作物は割烹に用ひる平壤高女校の新試み
170640	朝鮮朝日	西北版	1929-05-05	1	06단	平北道の兒童愛護內地同樣に盛大に行ふ
170641	朝鮮朝日	西北版	1929-05-05	1	07단	カフェーの日本間廢止業者から申出る
170642	朝鮮朝日	西北版	1929-05-05	1	07단	憲兵制度創設五十年記念祝賀
170643	朝鮮朝日	西北版	1929-05-05	1	07단	平南警察部の春季射擊會
170644	朝鮮朝日	西北版	1929-05-05	1	07단	平南商陳の牡丹台分館工事請負決る
170645	朝鮮朝日	西北版	1929-05-05	1	07단	碇泊船の火事
170646	朝鮮朝日	西北版	1929-05-05	1	07단	牡丹台野話
170647	朝鮮朝日	西北版	1929-05-05	1	08단	燈台巡邏船ふえる/今後は完全に連絡をはかる
170648	朝鮮朝日	西北版	1929-05-05	1	08단	單に總督府の參考に過ぎない/郡制實施意見に關し藤原平南內務部長談

일련번호	판명		간행일	면	단수	기사명
170649	朝鮮朝日	西北版	1929-05-05	1	08단	强盗傷害犯人射殺さる
170650	朝鮮朝日	西北版	1929-05-05	1	08단	葉煙草は罰金草/平南成川に密耕密賣はやる
170651	朝鮮朝日	西北版	1929-05-05	1	08단	とても多い家出人愛の巣を求めて京城に來る
170652	朝鮮朝日	西北版	1929-05-05	1	08단	夫に面當てゝ自殺を企つ
170653	朝鮮朝日	西北版	1929-05-05	1	09단	人妻を賣り結納詐欺や竊盗
170654	朝鮮朝日	西北版	1929-05-05	1	10단	國境の競馬新義州で行ふ
170655	朝鮮朝日	西北版	1929-05-05	1	10단	もよほし(平壤醫學講習所上棟式)
170656	朝鮮朝日	西北版	1929-05-05	1	10단	半島茶話
170657	朝鮮朝日	西北版	1929-05-05	1	10단	政治問題に亙り議長の注意を受く/拓殖省官制反對などで今期の中樞院會議は大いに賑ふ
170658	朝鮮朝日	南鮮版	1929-05-05	1	01단	本府訪問には意味がない/經過報告したゞけだ香椎瓦電社長は語る
170659	朝鮮朝日	南鮮版	1929-05-05	1	01단	やうやく出來上った朝博事務所
170660	朝鮮朝日	南鮮版	1929-05-05	1	01단	兒童愛護の運動を起す/朝鮮少年總聯盟
170661	朝鮮朝日	南鮮版	1929-05-05	1	02단	電話による火災報知法/全鮮的に行ふ
170662	朝鮮朝日	南鮮版	1929-05-05	1	02단	公設運動場の建設を可決
170663	朝鮮朝日	南鮮版	1929-05-05	1	03단	燈台巡邏船ふえる/今後は完全に連絡をはかる
170664	朝鮮朝日	南鮮版	1929-05-05	1	03단	渡邊知事を信じ一時運動を中止し會社の態度を監視する 仁川府勢振興會の態度きまる/結束を固め善處する 京城取引所大株主會申合せ/野口文一氏は重役を辭し振興會に入會
170665	朝鮮朝日	南鮮版	1929-05-05	1	03단	中等學校長の大異動斷行さる/官立師範設置に伴ひ/その範圍全鮮に亙る
170666	朝鮮朝日	南鮮版	1929-05-05	1	04단	御前試合の豫選にて朝鮮の選士奮鬪し大いに面目をほどこす/わけても持田選士勝星を續ける
170667	朝鮮朝日	南鮮版	1929-05-05	1	04단	カフェーの日本間廢止業者から申出る
170668	朝鮮朝日	南鮮版	1929-05-05	1	05단	砂繪呪縛を上映/本紙愛讀者優待のため
170669	朝鮮朝日	南鮮版	1929-05-05	1	06단	水産試驗船の漁業を制限/漁場を荒されるとの水産業者の苦情から
170670	朝鮮朝日	南鮮版	1929-05-05	1	06단	新舊兩派に分れ血で血をあらふ爭ひ遂に直接行動に出る/天道教全州宗理院の大紛擾
170671	朝鮮朝日	南鮮版	1929-05-05	1	06단	釜山府協議會
170672	朝鮮朝日	南鮮版	1929-05-05	1	07단	青い鳥/釜山一記者
170673	朝鮮朝日	南鮮版	1929-05-05	1	08단	婦人修養講習會
170674	朝鮮朝日	南鮮版	1929-05-05	1	08단	金剛山の山開き十五日に行ふ
170675	朝鮮朝日	南鮮版	1929-05-05	1	08단	京城協贊會活動を開始
170676	朝鮮朝日	南鮮版	1929-05-05	1	08단	教員の賭博三名あげらる道當局狼狽す
170677	朝鮮朝日	南鮮版	1929-05-05	1	08단	船中で死ぬ
170678	朝鮮朝日	南鮮版	1929-05-05	1	08단	數名の少女に暴行を加ふ/五十三の變態性慾者

일련번호	판명		간행일	면	단수	기사명
170678	朝鮮朝日	南鮮版	1929-05-05	1	08단	大邱署の手に捕まる
170679	朝鮮朝日	南鮮版	1929-05-05	1	08단	健康相談所一週一回開く
170680	朝鮮朝日	南鮮版	1929-05-05	1	09단	名勝搜勝台を中に挾んで爭ふ/雙方一步もゆづ
170681	朝鮮朝日	南鮮版	1929-05-05	1	09단	大羽鰯豊漁慶南沿岸賑ふ
170682	朝鮮朝日	南鮮版	1929-05-05	1	10단	京城府廳軍殖銀を屠る
170683	朝鮮朝日	南鮮版	1929-05-05	1	10단	半島茶話
170684	朝鮮朝日	南鮮版	1929-05-05	1	10단	申込が多くて配給できぬ結局數を限定するか/鯉稚魚の全鮮的配給
170685	朝鮮朝日	西北・南鮮版	1929-05-05	2	01단	雫の聲
170686	朝鮮朝日	西北・南鮮版	1929-05-05	2	01단	土城海州間の鐵道敷設は近く認可される
170687	朝鮮朝日	西北・南鮮版	1929-05-05	2	01단	朝鮮米の輸移出と外米輸移入四月下旬調査
170688	朝鮮朝日	西北・南鮮版	1929-05-05	2	02단	改正される汽車の時刻表
170689	朝鮮朝日	西北・南鮮版	1929-05-05	2	02단	各地だより(公州/裡里/大邱)
170690	朝鮮朝日	西北・南鮮版	1929-05-05	2	02단	鳳翔市場の移轉で紛擾
170691	朝鮮朝日	西北・南鮮版	1929-05-05	2	03단	お茶のあと
170692	朝鮮朝日	西北・南鮮版	1929-05-05	2	04단	劍豪高野氏を破って日本一の折紙つき光榮と孝行をよろこぶ/御前試合に優勝した持田盛二氏
170693	朝鮮朝日	西北版	1929-05-07	1	01단	西鮮三道の穀物業者大會鎭南浦で盛大に開催
170694	朝鮮朝日	西北版	1929-05-07	1	01단	*清津、羅南の兒童愛護/新義州の兒童愛護/咸南の兒童愛護*
170695	朝鮮朝日	西北版	1929-05-07	1	02단	平壤より
170696	朝鮮朝日	西北版	1929-05-07	1	03단	混合保管制の改善を計劃/奧地側の諒解を求む滿鐵は其實現を急ぐ
170697	朝鮮朝日	西北版	1929-05-07	1	03단	官民を綱羅する咸南の産業調査會すべての準備を終了しいよいよ近く組織にとりか〻る
170698	朝鮮朝日	西北版	1929-05-07	1	03단	月林妙香山間道路竣工す
170699	朝鮮朝日	西北版	1929-05-07	1	04단	府勢擴張記念塔平壤公園地內に建設の計劃
170700	朝鮮朝日	西北版	1929-05-07	1	04단	平壤憲兵隊構內の護境神社竣工
170701	朝鮮朝日	西北版	1929-05-07	1	05단	消防組員を招いて慰勞
170702	朝鮮朝日	西北版	1929-05-07	1	05단	安東駐兵復活か支那側の計劃
170703	朝鮮朝日	西北版	1929-05-07	1	05단	有功章拜受菊名氏の光榮
170704	朝鮮朝日	西北版	1929-05-07	1	05단	國語地理研究會
170705	朝鮮朝日	西北版	1929-05-07	1	05단	新幹會支部設立事件やうやく豫審終結/一味九名は有罪となり近く新義州法院の公判に附せらる
170706	朝鮮朝日	西北版	1929-05-07	1	06단	海州郵便局の臨時出張所
170707	朝鮮朝日	西北版	1929-05-07	1	06단	手つとり早く檢査を行ひ乘客の便利をはかる/安東の荷物檢査改善
170708	朝鮮朝日	西北版	1929-05-07	1	07단	安東柔道有段者會
170709	朝鮮朝日	西北版	1929-05-07	1	07단	買手があれば水利權讓渡

일련번호	판명		간행일	면	단수	기사명
170709	朝鮮朝日	西北版	1929-05-07	1	07단	金品を沒收し罰金を科す
170710	朝鮮朝日	西北版	1929-05-07	1	07단	高射機關銃の射撃演習を行ふ/平壤空軍の精鋭
170711	朝鮮朝日	西北版	1929-05-07	1	07단	機が龍岡郡の練習場にて
170712	朝鮮朝日	西北版	1929-05-07	1	08단	警官武道大會出場の猛者決る/劍道と柔道を合して平北から四十八名出場
170713	朝鮮朝日	西北版	1929-05-07	1	08단	七十尺の高塔を有する咸北館を建設/松茸料理をたべさせる
170714	朝鮮朝日	西北版	1929-05-07	1	09단	廿三棟燒失
170715	朝鮮朝日	西北版	1929-05-07	1	09단	咸南紹介に御馳走政策
170716	朝鮮朝日	西北版	1929-05-07	1	09단	馬賊徘徊す
170717	朝鮮朝日	西北版	1929-05-07	1	10단	二人組の強盜家人を毆る
170718	朝鮮朝日	西北版	1929-05-07	1	10단	大膽な強盜
170719	朝鮮朝日	西北版	1929-05-07	1	10단	強盜押入る
170720	朝鮮朝日	西北版	1929-05-07	1	10단	常備消防手の採用試驗
170721	朝鮮朝日	西北版	1929-05-07	1	10단	傳染病患者を連れ出して罰金
170722	朝鮮朝日	西北版	1929-05-07	1	10단	安東一周のマラソン競走
170723	朝鮮朝日	西北版	1929-05-07	1	10단	合併贊成派側の誠意なきをなじり知事に膝詰談判を行ふ　合併可決で仁川府民又も騷ぎだす/大多數が贊成し京取大株主會で合併を可決
170724	朝鮮朝日	南鮮版	1929-05-07	1	01단	候補者續出で相當激戰か/大邱學組議員改選の期日いよいよせまる
170725	朝鮮朝日	南鮮版	1929-05-07	1	01단	電氣府營の市民大會/七日から市內各所でひらく
170726	朝鮮朝日	南鮮版	1929-05-07	1	01단	成績のよい釜山の徵兵檢査
170727	朝鮮朝日	南鮮版	1929-05-07	1	01단	全北小額生業資金
170728	朝鮮朝日	南鮮版	1929-05-07	1	02단	寫眞說明(五日午前十一時から汝矣島飛行場で開かれた朝鮮飛行學校開校式の情景)
170729	朝鮮朝日	南鮮版	1929-05-07	1	02단	女子實業校の盛な落成式
170730	朝鮮朝日	南鮮版	1929-05-07	1	03단	口腔衛生相談所/京城齒科醫專內に設置する
170731	朝鮮朝日	南鮮版	1929-05-07	1	03단	交通安全の宣傳を行ふ
170732	朝鮮朝日	南鮮版	1929-05-07	1	04단	肥料をかねゴカイを退治る/まったく一擧兩得の內地産出の石灰窒素
170733	朝鮮朝日	南鮮版	1929-05-07	1	04단	盛んだった京城の兒童愛護
170734	朝鮮朝日	南鮮版	1929-05-07	1	04단	劍豪高野氏を破って日本一の折紙つき光榮と孝行をよろこぶ　御前試合に優勝した持田盛二氏/持田氏優勝の話で持切る　我ことのやうに喜ぶ警察
170734	朝鮮朝日	南鮮版	1929-05-07	1	04단	官講習所の人々
170735	朝鮮朝日	南鮮版	1929-05-07	1	04단	慶尚南道の警察官異動
170736	朝鮮朝日	南鮮版	1929-05-07	1	05단	幼兒審査會
170737	朝鮮朝日	南鮮版	1929-05-07	1	05단	有力者が加り株を引受け京東鐵道株式會社をも

일련번호	판명		간행일	면	단수	기사명
170737	朝鮮朝日	南鮮版	1929-05-07	1	05단	り育てる事に決る
170738	朝鮮朝日	南鮮版	1929-05-07	1	05단	朝鮮少年總聯盟主催の盛大なオリニナル
170739	朝鮮朝日	南鮮版	1929-05-07	1	06단	長興電氣會社許可となる
170740	朝鮮朝日	南鮮版	1929-05-07	1	06단	京城電氣移轉す
170741	朝鮮朝日	南鮮版	1929-05-07	1	06단	畜産講習會
170742	朝鮮朝日	南鮮版	1929-05-07	1	07단	農組發會式が禁止となる
170743	朝鮮朝日	南鮮版	1929-05-07	1	07단	旱害窮民が盛んに盜伐
170744	朝鮮朝日	南鮮版	1929-05-07	1	07단	朝博に對して熱心な後援振だ/宣傳も行届いてゐる兒島商工課長歸來談
170745	朝鮮朝日	南鮮版	1929-05-07	1	08단	朝鮮の簡保は大體內地に倣ふ/身體檢査はやらない山本遞信局長は語る
170746	朝鮮朝日	南鮮版	1929-05-07	1	08단	獻燈を破壞す/江東普通學校生徒の大亂暴
170747	朝鮮朝日	南鮮版	1929-05-07	1	08단	運動界(朝鮮步兵隊の慰安運動會/選手の姓名を秘密に付し作戰をこらす/釜山野球リーグ戰)
170748	朝鮮朝日	南鮮版	1929-05-07	1	09단	乘客二名卽死し二名負傷す/自動車轉落
170749	朝鮮朝日	南鮮版	1929-05-07	1	10단	府營バスに警告を發す
170750	朝鮮朝日	南鮮版	1929-05-07	1	10단	强盜押入る
170751	朝鮮朝日	南鮮版	1929-05-07	1	10단	もよほし(全北道府尹郡守會議)
170752	朝鮮朝日	南鮮版	1929-05-07	1	10단	人(小島高信氏(本府商工課長)/森御陰氏(ハルピン陳列館長)/宮崎釜山稅關長)
170753	朝鮮朝日	南鮮版	1929-05-07	1	10단	半島茶話
170754	朝鮮朝日	南鮮版	1929-05-07	1	10단	火曜のペーヂ/何が『築地』を分裂させたか/小山內氏の死と共に深まった感情の溝/注目すべきはその今後
170755	朝鮮朝日	西北・南鮮版	1929-05-07	2	01단	琿春から圖們江岸に輕便鐵道の敷設を計劃す/發起人は目下吉林官憲に對して極力諒解を得べく運動に努む
170756	朝鮮朝日	西北・南鮮版	1929-05-07	2	02단	飛行使用の魚群捜査/經費の關係で今期は中止か
170757	朝鮮朝日	西北・南鮮版	1929-05-07	2	04단	蠶絲會から本府に陳情
170758	朝鮮朝日	西北・南鮮版	1929-05-07	2	05단	滅法ふえた學生の視察團近年のレコード破り朝鮮は思ひやられる
170759	朝鮮朝日	西北・南鮮版	1929-05-07	2	05단	火田民集團的移住は困難
170760	朝鮮朝日	西北・南鮮版	1929-05-07	2	05단	全鮮第一の小學校建築大邱府の計劃
170761	朝鮮朝日	西北・南鮮版	1929-05-07	2	05단	全北水産會總代の改選
170762	朝鮮朝日	西北・南鮮版	1929-05-07	2	06단	朝鮮見學團續々ときたる
170763	朝鮮朝日	西北・南鮮版	1929-05-07	2	06단	時間外電報の調査を行ふ
170764	朝鮮朝日	西北・南鮮版	1929-05-07	2	06단	四月中鐵道局貨物輸送量
170765	朝鮮朝日	西北・南鮮版	1929-05-07	2	07단	江東、咸悅の兩地に配電
170766	朝鮮朝日	西北・南鮮版	1929-05-07	2	07단	安達、園田兩氏が痛烈に質問し總督府當局をへ

일련번호	판명		간행일	면	단수	기사명
170766	朝鮮朝日	西北・南鮮版	1929-05-07	2	07단	こます 知事會議初日から賑ふ/總督訓示概要
170767	朝鮮朝日	西北版	1929-05-08	1	01단	悲觀さるゝ新義州大阪線/命令航路整理により廢止の噂が擴まる
170768	朝鮮朝日	西北版	1929-05-08	1	01단	大同郡の面廢合/財政的見地からこれを行ふ
170769	朝鮮朝日	西北版	1929-05-08	1	01단	小學校の大擴張/許された範圍內で實行する
170770	朝鮮朝日	西北版	1929-05-08	1	02단	平南木材需要狀況
170771	朝鮮朝日	西北版	1929-05-08	1	03단	盛んだった南浦市民運動會
170772	朝鮮朝日	西北版	1929-05-08	1	03단	たうとう破裂した朝鮮婦人の疳癪玉/夫、舅、姑の暴虐に忍從できぬとて續々と離婚の訴訟を提起す/勇敢なる解放の叫び
170773	朝鮮朝日	西北版	1929-05-08	1	03단	鎭南浦商議の評議員會議
170774	朝鮮朝日	西北版	1929-05-08	1	04단	人夫が不足して諸工事が進捗せぬ結局支那人を採用する/平元線第七、八工區附近の諸事業
170775	朝鮮朝日	西北版	1929-05-08	1	04단	朝鮮産煙草の原料しらべ外國産も相當に使ふ/然し朝鮮産が第一位
170776	朝鮮朝日	西北版	1929-05-08	1	04단	平南陳列所で台所用品展覽會/家庭經濟は台所よりの觀念を一般に植付ける
170777	朝鮮朝日	西北版	1929-05-08	1	05단	釜山麗水間の郵便物遞送頗る便利となる
170778	朝鮮朝日	西北版	1929-05-08	1	05단	水電調査課に保險課設置
170779	朝鮮朝日	西北版	1929-05-08	1	06단	靑年學院閉鎖す/知事の嚴命によりやむなく
170780	朝鮮朝日	西北版	1929-05-08	1	06단	金剛山電鐵の三年下半期成績
170781	朝鮮朝日	西北版	1929-05-08	1	07단	安東の猩紅熱猖獗を極め/これが豫防驅遂策に當局は大童で活動す
170782	朝鮮朝日	西北版	1929-05-08	1	07단	新義州府のマーク募集
170783	朝鮮朝日	西北版	1929-05-08	1	07단	十三機雨雲を衝いて空中分列式を行ふ/航空大博覽會も大賑ひ盛だった平壤飛行隊八周年記念日
170784	朝鮮朝日	西北版	1929-05-08	1	07단	咸興學組管理者
170785	朝鮮朝日	西北版	1929-05-08	1	08단	安東における混合保管制
170786	朝鮮朝日	西北版	1929-05-08	1	08단	安東の産物を江湖に紹介
170787	朝鮮朝日	西北版	1929-05-08	1	08단	渡船顚覆し五名行方不明/制限外積載のためか大同江下流の出來事
170788	朝鮮朝日	西北版	1929-05-08	1	08단	勸農共濟組合/平南楊井面の有意義な試み
170789	朝鮮朝日	西北版	1929-05-08	1	09단	兒童のための活動寫眞會
170790	朝鮮朝日	西北版	1929-05-08	1	09단	豆粕輸出數安東における
170791	朝鮮朝日	西北版	1929-05-08	1	09단	安東縣の魚菜市場領事館跡に建築
170792	朝鮮朝日	西北版	1929-05-08	1	10단	取入口の調査終る/その結果を總督に報告する
170793	朝鮮朝日	西北版	1929-05-08	1	10단	八尺の海豚大同江で生捕る
170794	朝鮮朝日	西北版	1929-05-08	1	10단	平壤の火事
170795	朝鮮朝日	西北版	1929-05-08	1	10단	羅南附近に降雪を見る

일련번호	판명		간행일	면	단수	기사명
170796	朝鮮朝日	西北版	1929-05-08	1	10단	運動界(平壤の庭球大會)
170797	朝鮮朝日	西北版	1929-05-08	1	10단	人(萩原平南高等課長/金壽哲氏(新任寧邊郡守)/李啓漢氏(新任德川郡守)/谷多喜磨氏(平安北道知事)/高尾亨氏(鴨緑江採木公司理事長))
170798	朝鮮朝日	西北版	1929-05-08	1	10단	安達、園田兩氏が痛烈に質問し總督府當局をへこます 知事會議初日から賑ふ/總督訓示概要/知事會議の日程
170799	朝鮮朝日	南鮮版	1929-05-08	1	01단	修正動議から議論百出し人身攻擊もとび出す/光熙門外道路建設案
170800	朝鮮朝日	南鮮版	1929-05-08	1	01단	ラヂオ聽取者增加を示す
170801	朝鮮朝日	南鮮版	1929-05-08	1	02단	釜山麗水間の郵便物遞送頗る便利となる
170802	朝鮮朝日	南鮮版	1929-05-08	1	02단	水電調査課に保險課設置
170803	朝鮮朝日	南鮮版	1929-05-08	1	03단	金剛山電鐵の三年下半期成績
170804	朝鮮朝日	南鮮版	1929-05-08	1	03단	青年學院閉鎖す/知事の嚴命によりやむなく
170805	朝鮮朝日	南鮮版	1929-05-08	1	03단	たうとう破裂した朝鮮婦人の疳癪玉/夫、舅、姑の暴虐に忍從できぬとて續々と離婚の訴訟を提起す/勇敢なる解放の叫び
170806	朝鮮朝日	南鮮版	1929-05-08	1	03단	評判のよい葉卷ダイトン
170807	朝鮮朝日	南鮮版	1929-05-08	1	04단	煙草元賣捌の取締役會議
170808	朝鮮朝日	南鮮版	1929-05-08	1	04단	『審理を圓滑に進め私權保護の完璧を期す』近く實施の改正民事令について/松寺法務局長は改正要點を語る
170809	朝鮮朝日	南鮮版	1929-05-08	1	04단	四月における鐵道の業績
170810	朝鮮朝日	南鮮版	1929-05-08	1	05단	貯蓄銀行の發起人愈決定し本週中に會合する
170811	朝鮮朝日	南鮮版	1929-05-08	1	05단	司法官が列車運行の實際を體驗/朝鮮では最初の試み
170812	朝鮮朝日	南鮮版	1929-05-08	1	05단	青い鳥/釜山一記者
170813	朝鮮朝日	南鮮版	1929-05-08	1	06단	山階宮殿下を御招待申し午餐會を催す
170814	朝鮮朝日	南鮮版	1929-05-08	1	06단	黃金の雨降り慶南の農民甦る/釜山の水道もこれで夜間の斷水を解除か
170815	朝鮮朝日	南鮮版	1929-05-08	1	06단	府北水利の紛擾解決し近く認可申請
170816	朝鮮朝日	南鮮版	1929-05-08	1	07단	お茶のあと
170817	朝鮮朝日	南鮮版	1929-05-08	1	07단	棉作大增收の計劃を進む/一段八十斤のものを百斤迄にこぎつける
170817	朝鮮朝日	南鮮版	1929-05-08	1	08단	朝鮮産煙草の原料しらべ外國産も相當に使ふ/
170818	朝鮮朝日	南鮮版	1929-05-08	1	08단	然し朝鮮産が第一位
170819	朝鮮朝日	南鮮版	1929-05-08	1	08단	妓生廿五名の廢業願をみとむ/檢黴制度は全鮮的に重大なる影響を與ふ
170820	朝鮮朝日	南鮮版	1929-05-08	1	08단	渡船顚覆し五名行方不明/制限外積載のためか大同江下流の出來事

일련번호	판명		간행일	면	단수	기사명
170821	朝鮮朝日	南鮮版	1929-05-08	1	09단	旱害兒童の退學ふえる
170822	朝鮮朝日	南鮮版	1929-05-08	1	09단	判事の宅で貴重品竊取
170823	朝鮮朝日	南鮮版	1929-05-08	1	09단	取入口の調査終る/その結果を總督に報告する
170824	朝鮮朝日	南鮮版	1929-05-08	1	10단	土砂崩壞し二名死傷す
170825	朝鮮朝日	南鮮版	1929-05-08	1	10단	平壤の火事
170826	朝鮮朝日	南鮮版	1929-05-08	1	10단	羅南附近に降雪を見る
170827	朝鮮朝日	南鮮版	1929-05-08	1	10단	人(加藤木保次氏(新咸南農務課長)/朝倉希一氏(鐵道省工作局車輛課長)/名古屋實業團/天理教徒一行/柳井中學生百十五名/萩原平南高等課長/金壽哲氏(新任寧邊郡守))
170828	朝鮮朝日	南鮮版	1929-05-08	1	10단	村の燈台/日本一のうなぎ王國/爭議に懲りて田を池に高級食料とされる原因
170829	朝鮮朝日	西北・南鮮版	1929-05-08	2	01단	馬賊の出沒で伐木事業は困難/原木の不足をきたし關係方面大いに弱る
170830	朝鮮朝日	西北・南鮮版	1929-05-08	2	01단	慶州保存會が活動を開始
170831	朝鮮朝日	西北・南鮮版	1929-05-08	2	01단	黑田大藏次官滿洲を視察/國有財産調査で
170832	朝鮮朝日	西北・南鮮版	1929-05-08	2	01단	衛生思想の向上を期し關係筋へ通達
170833	朝鮮朝日	西北・南鮮版	1929-05-08	2	01단	派遣見習生が好評を博す
170834	朝鮮朝日	西北・南鮮版	1929-05-08	2	02단	消防協會全北支部發會式
170835	朝鮮朝日	西北・南鮮版	1929-05-08	2	02단	兒童愛護の保健展覽會
170836	朝鮮朝日	西北・南鮮版	1929-05-08	2	02단	豐德水利組合入札を行ふ
170837	朝鮮朝日	西北・南鮮版	1929-05-08	2	02단	全北署長會議
170838	朝鮮朝日	西北・南鮮版	1929-05-08	2	03단	慶北道からの武道大會出場者
170839	朝鮮朝日	西北・南鮮版	1929-05-08	2	03단	全北の諸會議
170840	朝鮮朝日	西北・南鮮版	1929-05-08	2	03단	神秘的な傳說に富む大鐘乳洞を發見す/平安北道の名勝とする
170841	朝鮮朝日	西北版	1929-05-09	1	01단	天圖鐵沿線に大豆の大山/先高の思惑がはづれ近く投賣を見るか
170842	朝鮮朝日	西北版	1929-05-09	1	01단	山階宮殿下安東御着　鎭江山公園を御覽あそばす/雨の鴨綠江を御下江遊す
170843	朝鮮朝日	西北版	1929-05-09	1	02단	服裝改善の命令を出す正義府の一派が
170844	朝鮮朝日	西北版	1929-05-09	1	04단	日本萬年筆の購入を禁止
170845	朝鮮朝日	西北版	1929-05-09	1	04단	平壤組合銀行四月末帳尻
170846	朝鮮朝日	西北版	1929-05-09	1	04단	行政處分權限の擴張を本府に迫り詮議成り難し
170846	朝鮮朝日	西北版	1929-05-09	1	04단	と蹴らる意見續出で賑った知事會議二日目/知事會議雜觀
170847	朝鮮朝日	西北版	1929-05-09	1	04단	箕林里附近に皮革會社を建設/敷地がきまり次第に創立に着手する豫定
170848	朝鮮朝日	西北版	1929-05-09	1	05단	牡丹台の交通制限を解く

일련번호	판명		간행일	면	단수	기사명
170849	朝鮮朝日	西北版	1929-05-09	1	05단	安東輸入組合役員會議
170850	朝鮮朝日	西北版	1929-05-09	1	06단	鴨江採木公司高尾理事着任す
170851	朝鮮朝日	西北版	1929-05-09	1	06단	春耕期に入り學校を閉鎖
170852	朝鮮朝日	西北版	1929-05-09	1	06단	國境少年少女雄辯大會
170853	朝鮮朝日	西北版	1929-05-09	1	06단	不二農場爭議圓滿解決か
170854	朝鮮朝日	西北版	1929-05-09	1	07단	南浦四月中の水産製品高
170855	朝鮮朝日	西北版	1929-05-09	1	07단	結局船橋里に校舍新築か/六月上旬開校する官立平壤師範學校
170856	朝鮮朝日	西北版	1929-05-09	1	07단	間島各地の氣違ひ氣候
170857	朝鮮朝日	西北版	1929-05-09	1	07단	官舍を專門に空巢を働く
170858	朝鮮朝日	西北版	1929-05-09	1	07단	強盜の容疑者平壤署員に二名とらへらる
170859	朝鮮朝日	西北版	1929-05-09	1	07단	牡丹台野話
170860	朝鮮朝日	西北版	1929-05-09	1	08단	綾羅島附近で蝶鮫を捕獲
170861	朝鮮朝日	西北版	1929-05-09	1	08단	妓生の收入
170862	朝鮮朝日	西北版	1929-05-09	1	08단	二千年以前の古器物發掘
170863	朝鮮朝日	西北版	1929-05-09	1	08단	不正飮料水の檢査を行ひ夏季の衛生に備へる油斷ならぬ不正商人
170864	朝鮮朝日	西北版	1929-05-09	1	08단	芋蔓のやうに痘瘡を發見全く手がつけられず平北道當局弱り抜く/平壤の痘瘡殆んど終熄す
170865	朝鮮朝日	西北版	1929-05-09	1	08단	放火しては泥棒を働く
170866	朝鮮朝日	西北版	1929-05-09	1	09단	生活難から嬰兒を殺す
170867	朝鮮朝日	西北版	1929-05-09	1	09단	開城郡に天然痘
170868	朝鮮朝日	西北版	1929-05-09	1	10단	厚昌對岸に妙な傳染病/平北警戒を始む
170869	朝鮮朝日	西北版	1929-05-09	1	10단	釜山のボヤ
170870	朝鮮朝日	西北版	1929-05-09	1	10단	運動界(本社盃爭奪のゴルフ競技/三菱軍勝つ/南浦運動會成績)
170871	朝鮮朝日	西北版	1929-05-09	1	10단	もよほし(南浦朝鮮人運動會)
170872	朝鮮朝日	西北版	1929-05-09	1	10단	行政處分權限の擴張を本府に迫り詮議成り難しと蹴らる意見續出で賑った知事會議二日目/知事會議雜觀
170873	朝鮮朝日	南鮮版	1929-05-09	1	01단	九名の府議が連袂辭職す/道路建設の通過からすっかり業を責やし
170874	朝鮮朝日	南鮮版	1929-05-09	1	01단	拓殖省反對報告會今後一層努力する旨申合す
170875	朝鮮朝日	南鮮版	1929-05-09	1	02단	初等學校長の奏任官待遇
170876	朝鮮朝日	南鮮版	1929-05-09	1	03단	京城郵便局の窓口を改善
170877	朝鮮朝日	南鮮版	1929-05-09	1	03단	候補者の懇談會署長の肝煎で紳士的に協定
170878	朝鮮朝日	南鮮版	1929-05-09	1	03단	初夏の街上スケッチ(1)
170879	朝鮮朝日	南鮮版	1929-05-09	1	03단	日滿國際連絡運輸會議

일련번호	판명		간행일	면	단수	기사명
170880	朝鮮朝日	南鮮版	1929-05-09	1	04段	半裸體の暴漢が壇上に躍りあがり出演辯士に暴行を働く　稀有の混亂に陷った釜山市民大會/懇請もきかず器具類を取り外し屋內にガス充滿さす人道問題だと大憤慨/期成會掉尾の市民大會
170881	朝鮮朝日	南鮮版	1929-05-09	1	04段	青い鳥/釜山一記者
170882	朝鮮朝日	南鮮版	1929-05-09	1	05段	政友院外團員取調を受く
170883	朝鮮朝日	南鮮版	1929-05-09	1	05段	自動車許可は干涉を斥け/從來通りせよと通牒警務局のハラきまる
170884	朝鮮朝日	南鮮版	1929-05-09	1	06段	アカハンの枯死から妙な噂が立つ
170885	朝鮮朝日	南鮮版	1929-05-09	1	07段	京城府內に大型ポスト
170886	朝鮮朝日	南鮮版	1929-05-09	1	07段	訪日英國機十日海峽を橫斷
170887	朝鮮朝日	南鮮版	1929-05-09	1	07段	內地關東州の警察部長出席者
170888	朝鮮朝日	南鮮版	1929-05-09	1	07段	海州の强盜は十八の少年
170889	朝鮮朝日	南鮮版	1929-05-09	1	08段	京城の花祭
170890	朝鮮朝日	南鮮版	1929-05-09	1	08段	警視署長を据ゑ釜山水上署の內容を愈よ近く充實させる
170891	朝鮮朝日	南鮮版	1929-05-09	1	08段	皆樣の後援と幸運で優勝した/極めて謙讓な態度で持田盛二氏はかたる
170892	朝鮮朝日	南鮮版	1929-05-09	1	08段	技手と娘が家出す遺書を殘して
170893	朝鮮朝日	南鮮版	1929-05-09	1	08段	第二回全鮮短歌大會/主催大阪朝日新聞京城支局
170894	朝鮮朝日	南鮮版	1929-05-09	1	09段	關東丸離礁す
170895	朝鮮朝日	南鮮版	1929-05-09	1	09段	開城郡に天然痘
170896	朝鮮朝日	南鮮版	1929-05-09	1	09段	釜山のボヤ
170897	朝鮮朝日	南鮮版	1929-05-09	1	10段	厚昌對岸に妙な傳染病/平北警戒を始む
170898	朝鮮朝日	南鮮版	1929-05-09	1	10段	キネマ便り(大正館)
170899	朝鮮朝日	南鮮版	1929-05-09	1	10段	人(松井京城府尹/宋鎭禹氏(東亞日報社長)/持田盛二氏(總督府劍道範士)/桑原釜山府尹/加藤鮮銀總裁/加賀山鐵道省工務局長)
170900	朝鮮朝日	南鮮版	1929-05-09	1	10段	半島茶話
170901	朝鮮朝日	南鮮版	1929-05-09	1	10段	村の燈台/一糸亂れず共同で田植/委員が一切を計劃し起床も食事も太鼓を合圖
170901	朝鮮朝日	西北・南鮮版	1929-05-09	2	01段	三つ巴となり競爭するか通運系の脫退により運送界に革命起らん/釜山は不參加運送業者の態
170902	朝鮮朝日	西北・南鮮版	1929-05-09	2	01段	度愈よきまる
170903	朝鮮朝日	西北・南鮮版	1929-05-09	2	01段	引續く降雨で苗垈を終る
170904	朝鮮朝日	西北・南鮮版	1929-05-09	2	01段	居眠り鑛區の採掘を促す
170905	朝鮮朝日	西北・南鮮版	1929-05-09	2	01段	江原の産繭
170906	朝鮮朝日	西北・南鮮版	1929-05-09	2	02段	忠南面有林の調査を行ふ
170907	朝鮮朝日	西北・南鮮版	1929-05-09	2	02段	公州郡內に松毛蟲發生

일련번호	판명		간행일	면	단수	기사명
170908	朝鮮朝日	西北・南鮮版	1929-05-09	2	02段	大邱公會堂の設計に着手
170909	朝鮮朝日	西北・南鮮版	1929-05-09	2	02段	京城を中心の電報、電話利用數
170910	朝鮮朝日	西北・南鮮版	1929-05-09	2	03段	乘客の行先で勢力を知る/興味ある統計
170911	朝鮮朝日	西北・南鮮版	1929-05-09	2	03段	大邱の徵兵檢查
170912	朝鮮朝日	西北・南鮮版	1929-05-09	2	03段	修養團講習會
170913	朝鮮朝日	西北・南鮮版	1929-05-09	2	03段	朝鮮青年のため實業青年會を組織/その向ふ處を指導する/平安南道警察部の新しい試み
170914	朝鮮朝日	西北版	1929-05-10	1	01段	衛生試驗室を廣く開放し無料衛生試驗を行ふ/平南道衛生課の試み
170915	朝鮮朝日	西北版	1929-05-10	1	01段	安東縣に童話協會
170916	朝鮮朝日	西北版	1929-05-10	1	01段	新義州學組の有權者名簿
170917	朝鮮朝日	西北版	1929-05-10	1	01段	平北金組聯合總會
170918	朝鮮朝日	西北版	1929-05-10	1	01段	平南雙龍面に普通校新設
170919	朝鮮朝日	西北版	1929-05-10	1	01段	州外司法官會議
170920	朝鮮朝日	西北版	1929-05-10	1	02段	安東からの木材輸出高
170921	朝鮮朝日	西北版	1929-05-10	1	02段	知事サンの日く集(1)/朝鮮の知事會議を明かに見くびり頼りなさを仄めかす/『食へぬ閣下』今村慶尙北道知事
170922	朝鮮朝日	西北版	1929-05-10	1	02段	朝鮮博覽會に玄武門建設
170923	朝鮮朝日	西北版	1929-05-10	1	03段	一面一校實現までに書堂の改善を行ひ極力鮮童の教育に努む/平安北道における當面の教育方針
170924	朝鮮朝日	西北版	1929-05-10	1	03段	批峴牛市場の移轉問題は愈よ近く解決
170925	朝鮮朝日	西北版	1929-05-10	1	04段	冷濕つゞきで掃立遅れる
170926	朝鮮朝日	西北版	1929-05-10	1	04段	日支人共同で植樹を行ふ
170927	朝鮮朝日	西北版	1929-05-10	1	04段	列車の危急を救った感心な生徒/大村局長が近く表彰
170928	朝鮮朝日	西北版	1929-05-10	1	05段	初めて出來た奏任の校長サン全鮮で三十二名昇進/七日付を以て發表す
170929	朝鮮朝日	西北版	1929-05-10	1	06段	不正を摘發し組合幹部を排斥/平南水上勞働組合の紛擾愈よ露骨となる
170930	朝鮮朝日	西北版	1929-05-10	1	06段	輸城川の改修を行ふ
170931	朝鮮朝日	西北版	1929-05-10	1	06段	平安南道工産物高
170932	朝鮮朝日	西北版	1929-05-10	1	07段	平南昨年中の新規植樹數
170933	朝鮮朝日	西北版	1929-05-10	1	07段	阿片を所持し取押へらる
170934	朝鮮朝日	西北版	1929-05-10	1	07段	人夫の賃銀を橫領し逃走
170935	朝鮮朝日	西北版	1929-05-10	1	07段	牡丹台野話
170936	朝鮮朝日	西北版	1929-05-10	1	07段	平北道義州の盛な招魂祭
170937	朝鮮朝日	西北版	1929-05-10	1	08段	勞働組合員がまたも衝突/雙方とも紛擾のため分裂のキザシを示す

일련번호	판명		간행일	면	단수	기사명
170938	朝鮮朝日	西北版	1929-05-10	1	08단	渡船の顚覆は定員過剰のため五名はつひに溺死す/十五名は無事救はる
170939	朝鮮朝日	西北版	1929-05-10	1	08단	四名波に浚はれ四名は助かる漁船が顚覆し
170940	朝鮮朝日	西北版	1929-05-10	1	09단	放火するとおどしつけ植林をこばむ
170941	朝鮮朝日	西北版	1929-05-10	1	09단	平壤署管內の犯罪發生數
170942	朝鮮朝日	西北版	1929-05-10	1	10단	築港工事で漁大津賑ふ
170943	朝鮮朝日	西北版	1929-05-10	1	10단	山林三百町步九時間燃え續く
170944	朝鮮朝日	西北版	1929-05-10	1	10단	伊秩本社員けふ告別式
170945	朝鮮朝日	西北版	1929-05-10	1	10단	運動界(全鮮蹴球大會)
170946	朝鮮朝日	西北版	1929-05-10	1	10단	人(鹿野宏氏(平北警察部長)/光永平壤工務事務所長/山田航空兵大尉(航空本部技術官)/八日市飛行第三聯隊山口曹長以下七名/金壽哲氏(新任寧遠郡守))/伊藤千年氏(新任仁川高女校長)/原布美中尉(釜山陸軍運輸部出張所長)/白銀朝則氏(審議室事務官)/武田貞之助氏(大阪辯護士)/澤山寅彥氏(釜山實業家))
170947	朝鮮朝日	西北版	1929-05-10	1	10단	京城へ京城へと支那人が流れ込み/朝鮮人勞働者を脅かす近く對策をたて>流入をふせぐ
170948	朝鮮朝日	南鮮版	1929-05-10	1	01단	推測できぬ香椎社長の腹 其覺悟は總會にどの程度まで反映するか/市民大會の日取きまる
170949	朝鮮朝日	南鮮版	1929-05-10	1	01단	全鮮中等對抗陸競大會/六月九日京城運動場で擧行
170950	朝鮮朝日	南鮮版	1929-05-10	1	01단	知事サンの日く集(1)/朝鮮の知事會議を明かに見くびり頼りなさを仄めかす/『食へぬ閣下』今村慶尙北道知事
170951	朝鮮朝日	南鮮版	1929-05-10	1	02단	慶南の選手勇躍して出發
170952	朝鮮朝日	南鮮版	1929-05-10	1	03단	山階宮殿下御入城遊ばす
170953	朝鮮朝日	南鮮版	1929-05-10	1	03단	代書人が大儲け旱害民が土地賣却のために
170954	朝鮮朝日	南鮮版	1929-05-10	1	03단	大歡迎を受け持田氏歸城
170955	朝鮮朝日	南鮮版	1929-05-10	1	04단	學組議員の失格を決議
170956	朝鮮朝日	南鮮版	1929-05-10	1	04단	初めて出來た奏任の校長サン全鮮で三十二名任命/七日付を以て發表す
170957	朝鮮朝日	南鮮版	1929-05-10	1	04단	初夏の街上スケッチ(2)
170958	朝鮮朝日	南鮮版	1929-05-10	1	05단	エス語研究會馬山に生る
170959	朝鮮朝日	南鮮版	1929-05-10	1	05단	氣が乘らぬ馬山學組選擧
170960	朝鮮朝日	南鮮版	1929-05-10	1	06단	判檢事達を列車に乘せ運轉を見せる
170961	朝鮮朝日	南鮮版	1929-05-10	1	06단	祖先の墓地を守れと叫び/鑛山下調査の人々を毆打し重傷を負はす
170962	朝鮮朝日	南鮮版	1929-05-10	1	07단	シネマランド/『朝日は輝く』京城にきたる鑑賞的價値十分で敎育的效果も多い

일련번호	판명		간행일	면	단수	기사명
170963	朝鮮朝日	南鮮版	1929-05-10	1	07단	國際通運系の機先を制し合同を勸誘する
170964	朝鮮朝日	南鮮版	1929-05-10	1	08단	阿片を所持し取押へらる
170965	朝鮮朝日	南鮮版	1929-05-10	1	08단	短銃を發射し現金を强奪
170966	朝鮮朝日	南鮮版	1929-05-10	1	08단	侮辱して殺さる/犯人取戾して村民が大暴れ
170967	朝鮮朝日	南鮮版	1929-05-10	1	09단	卅八回の不審火/神の仕業と部落民が恐れる
170968	朝鮮朝日	南鮮版	1929-05-10	1	09단	ピストル强盜團取調終り近く檢事局へ送る
170969	朝鮮朝日	南鮮版	1929-05-10	1	10단	伊秩本社員けふ告別式
170970	朝鮮朝日	南鮮版	1929-05-10	1	10단	人(澤山寅彥氏(釜山實業家)/田村馬山署長/小西恭介氏(總督府官房勤務)/香椎源太郎氏(釜山瓦電社長))
170971	朝鮮朝日	南鮮版	1929-05-10	1	10단	半島茶話
170972	朝鮮朝日	南鮮版	1929-05-10	1	10단	村の燈台(肥料代や嫁入仕度まで副業が生む大きな收入敦賀地方の農家/副業のおかげで小作から自作農裕福になった山陰の竹生)
170973	朝鮮朝日	西北・南鮮版	1929-05-10	2	01단	記念塔の寄附金有産階級は全く話にならぬ
170974	朝鮮朝日	西北・南鮮版	1929-05-10	2	01단	大邱醫院の新築落成式
170975	朝鮮朝日	西北・南鮮版	1929-05-10	2	01단	大邱の花祭
170976	朝鮮朝日	西北・南鮮版	1929-05-10	2	01단	産繭特賣の區域を決定
170977	朝鮮朝日	西北・南鮮版	1929-05-10	2	01단	新設師範の教職員開校までには任命の見込み
170978	朝鮮朝日	西北・南鮮版	1929-05-10	2	02단	不振だった上仁川驛業績
170979	朝鮮朝日	西北・南鮮版	1929-05-10	2	02단	國際運輸會議日本出席者
170980	朝鮮朝日	西北・南鮮版	1929-05-10	2	03단	醫師一部試驗合格者發表
170981	朝鮮朝日	西北・南鮮版	1929-05-10	2	04단	昨年に比べて地價が十倍もせりあがり素晴しい好景氣を示す/有卦に入った平壤箕林里の土地
170982	朝鮮朝日	西北版	1929-05-11	1	01단	人夫の不足で事業家弱る/取敢ず慶南北道から少數の人夫を雇入る
170983	朝鮮朝日	西北版	1929-05-11	1	01단	赤十字社事業/宣傳の講演會
170984	朝鮮朝日	西北版	1929-05-11	1	01단	鎭南浦學祖/有權者名薄
170985	朝鮮朝日	西北版	1929-05-11	1	01단	安取市場振興策/取引手數料の値下を要望か
170986	朝鮮朝日	西北版	1929-05-11	1	01단	內村博士が辭意を洩す
170987	朝鮮朝日	西北版	1929-05-11	1	02단	朝鮮博に建設の平南館玄武門模型
170988	朝鮮朝日	西北版	1929-05-11	1	02단	優勝旗を押立て必勝を期して平南選手出發
170988	朝鮮朝日	西北版	1929-05-11	1	03단	左官や大工が支那人に對抗し近く工友會を起し
170989	朝鮮朝日	西北版	1929-05-11	1	04단	て向上と發展をはかる
170990	朝鮮朝日	西北版	1929-05-11	1	04단	召集事務講習會
170991	朝鮮朝日	西北版	1929-05-11	1	04단	評判のよい平壤の圖書館
170992	朝鮮朝日	西北版	1929-05-11	1	04단	寺有財産を處分できぬ/寺刹令の改正
170993	朝鮮朝日	西北版	1929-05-11	1	05단	水銀の新鑛脈/平南孟山郡において發見す
170994	朝鮮朝日	西北版	1929-05-11	1	05단	貯金獎勵の鉛筆を配布

일련번호	판명		간행일	면	단수	기사명
170995	朝鮮朝日	西北版	1929-05-11	1	05단	知事サンの日く集(2)/原告被告の立場を變へたに過ぎぬ然し意見も多少變る『溫厚な閣下』園田
170996	朝鮮朝日	西北版	1929-05-11	1	05단	平南知事はいふ
170997	朝鮮朝日	西北版	1929-05-11	1	06단	平北道議員の補選を行ふ
170998	朝鮮朝日	西北版	1929-05-11	1	06단	四機だけ平壤着/八日市平壤間の長距離飛行
170999	朝鮮朝日	西北版	1929-05-11	1	06단	第十九師團の入除隊愈きまる/何れも五六月に行ふ/入營兵大阪から來る
171000	朝鮮朝日	西北版	1929-05-11	1	06단	圖們鐵連帶の決算終了し/近く査定を受く
171001	朝鮮朝日	西北版	1929-05-11	1	07단	牡丹台野話
171002	朝鮮朝日	西北版	1929-05-11	1	07단	新義州府の盛んな花祭
171003	朝鮮朝日	西北版	1929-05-11	1	07단	鮮農數十名が交涉署に押寄せ官憲の横暴を泣訴しその膺懲方を懇願す
171004	朝鮮朝日	西北版	1929-05-11	1	08단	子に逃げられ後妻縊死す
171005	朝鮮朝日	西北版	1929-05-11	1	09단	司法官達を列車に乗せ運轉を見學さす
171006	朝鮮朝日	西北版	1929-05-11	1	09단	教育學友會の集會を禁止/支那側の彈壓
171007	朝鮮朝日	西北版	1929-05-11	1	09단	墓口を強奪
171008	朝鮮朝日	西北版	1929-05-11	1	09단	マラリヤ原蟲/保有者調べ
171009	朝鮮朝日	西北版	1929-05-11	1	10단	十三戸全燒/安東縣の火事
171010	朝鮮朝日	西北版	1929-05-11	1	10단	風水師と稱し世人を騙す
171011	朝鮮朝日	西北版	1929-05-11	1	10단	『竹』南浦に入港
171012	朝鮮朝日	西北版	1929-05-11	1	10단	不法罰金を徵收
171013	朝鮮朝日	西北版	1929-05-11	1	10단	殉職警官招魂祭/十二日勤政殿において擧行
171014	朝鮮朝日	西北版	1929-05-11	1	10단	運動界(陸上競技大會)
171015	朝鮮朝日	西北版	1929-05-11	1	10단	人(吉岡豊輔少將(軍馬補充部本部附))
171016	朝鮮朝日	南鮮版	1929-05-11	1	01단	朝鮮博の工事は愈來月から着手し八月一杯に竣エさせる/十萬坪に現出する樣々の立體美
171017	朝鮮朝日	南鮮版	1929-05-11	1	01단	京城府民大會中止となる/連袂辭職議員の計劃たうとう畫餠に歸す
171018	朝鮮朝日	南鮮版	1929-05-11	1	01단	九日夜京城驛御到着の山階宮茂麿王殿下
171019	朝鮮朝日	南鮮版	1929-05-11	1	02단	京東鐵道を京城へ水原には工事/事務所を新設
171020	朝鮮朝日	南鮮版	1929-05-11	1	03단	內地出漁者に壓倒されて制限を痛感す
171021	朝鮮朝日	南鮮版	1929-05-11	1	03단	慶南道水産技術員會議
171022	朝鮮朝日	南鮮版	1929-05-11	1	04단	八日市機大邱着/一機だけ途中不時着をなす
171023	朝鮮朝日	南鮮版	1929-05-11	1	04단	超過保險の契約を防ぐ/代理店會組織
171023	朝鮮朝日	南鮮版	1929-05-11	1	04단	私の信念には變りがない/重役達も一蓮托生だ/香椎社長覺悟を語る
171024	朝鮮朝日	南鮮版	1929-05-11	1	04단	知事サンの日く集(2)/原告被告の立場を變へたに過ぎぬ然し意見も多少變る『溫厚な閣下』園田平南知事はいふ

일련번호	판명		간행일	면	단수	기사명
171025	朝鮮朝日	南鮮版	1929-05-11	1	04단	氣の乘らぬ/仁川學議選擧
171026	朝鮮朝日	南鮮版	1929-05-11	1	05단	海藻は不作
171027	朝鮮朝日	南鮮版	1929-05-11	1	06단	金品を持って指定場所に赴き恐る恐る樣子を窺ふ/脅迫狀はいたづらか
171028	朝鮮朝日	南鮮版	1929-05-11	1	06단	釜山野球リーグ戰
171029	朝鮮朝日	南鮮版	1929-05-11	1	06단	靑い鳥/釜山一記者
171030	朝鮮朝日	南鮮版	1929-05-11	1	07단	低資の融通を郡廳に懇願
171031	朝鮮朝日	南鮮版	1929-05-11	1	07단	餘りの大膽に係官も驚く/十七萬圓を詐取した/居川、松尾らの遣り口
171032	朝鮮朝日	南鮮版	1929-05-11	1	07단	狂人殺しに二年の判決
171033	朝鮮朝日	南鮮版	1929-05-11	1	08단	生米を嚙り救ひを待つ/發動船の坐礁
171034	朝鮮朝日	南鮮版	1929-05-11	1	08단	殉職警官招魂祭/十二日勤政殿において擧行
171035	朝鮮朝日	南鮮版	1929-05-11	1	09단	一週三回だけ國際列車を出す/奉天乘換へは省けてすこぶる便利となる
171036	朝鮮朝日	南鮮版	1929-05-11	1	09단	京城府の不審火/放火の嫌疑で取調べを始む
171037	朝鮮朝日	南鮮版	1929-05-11	1	10단	水痘を判明/開城郡の痘瘡
171038	朝鮮朝日	南鮮版	1929-05-11	1	10단	もよほし(公州署の慶安會)
171039	朝鮮朝日	南鮮版	1929-05-11	1	10단	人(松井茂氏(法學博士)/林奉天總領事/尾形光太郎氏(熊本北警察署長)/吉村謙一郎氏(前朝郵專務)/吉岡豊輔少將(軍馬補充部本部附))
171040	朝鮮朝日	南鮮版	1929-05-11	1	10단	半島茶話
171041	朝鮮朝日	南鮮版	1929-05-11	1	10단	土木や建築が勃興しても景氣がたち直らない/但し失業者だけ潤ふ
171042	朝鮮朝日	西北・南鮮版	1929-05-11	2	01단	主要六港の廻着米/四月中三萬七千トンに達す
171043	朝鮮朝日	西北・南鮮版	1929-05-11	2	01단	雫の聲
171044	朝鮮朝日	西北・南鮮版	1929-05-11	2	01단	金組業務監督/規程を改正
171045	朝鮮朝日	西北・南鮮版	1929-05-11	2	01단	公共團體への低利資金は近く貸出さる
171046	朝鮮朝日	西北・南鮮版	1929-05-11	2	02단	航空鐵道測量/準備進捗す
171047	朝鮮朝日	西北・南鮮版	1929-05-11	2	02단	仁川港擴張意見書/商議から提出
171048	朝鮮朝日	西北・南鮮版	1929-05-11	2	02단	各地だより(公州/全州/大邱/淸州)
171049	朝鮮朝日	西北・南鮮版	1929-05-11	2	02단	金剛山に臨時郵便所
171050	朝鮮朝日	西北・南鮮版	1929-05-11	2	03단	昭和三年中の牛の出産數
171051	朝鮮朝日	西北・南鮮版	1929-05-11	2	03단	湖南銀行の異動
171052	朝鮮朝日	西北・南鮮版	1929-05-11	2	03단	平壤より
171053	朝鮮朝日	西北・南鮮版	1929-05-11	2	03단	新義州第二守備隊前の山階宮茂麿王殿下
171054	朝鮮朝日	西北版	1929-05-12	1	01단	爲替決濟を助成する業務案を聯合會へ提出す『在滿當業者の信用不足を補ふため』安東輸入組合の新らしい思ひつき
171055	朝鮮朝日	西北版	1929-05-12	1	01단	淸敦間航路は朝郵獨占か/北日本汽船代理店が

일련번호	판명		간행일	면	단수	기사명
171055	朝鮮朝日	西北版	1929-05-12	1	01단	諒解運動をはじめる
171056	朝鮮朝日	西北版	1929-05-12	1	01단	平北の表彰/記念日に夫々傳達式を行ふ
171057	朝鮮朝日	西北版	1929-05-12	1	01단	知事サンの日く集(3)/産業第一主義にて全南を開拓する一面一校は短縮した物柔らかい金全南知事は語る
171058	朝鮮朝日	西北版	1929-05-12	1	02단	平安無盡會社/認可となり
171059	朝鮮朝日	西北版	1929-05-12	1	03단	鎭南浦築港起工式/十月五日總督臨席して擧行
171060	朝鮮朝日	西北版	1929-05-12	1	03단	列車運轉の實際を見學
171061	朝鮮朝日	西北版	1929-05-12	1	04단	平壤より
171062	朝鮮朝日	西北版	1929-05-12	1	04단	新義州憲兵分隊の創立記念祝賀會
171063	朝鮮朝日	西北版	1929-05-12	1	04단	幹線道路の改修を計劃/果してうまく行くか淸津府尹の腕だめし
171064	朝鮮朝日	西北版	1929-05-12	1	05단	果實檢査の規則を制定
171065	朝鮮朝日	西北版	1929-05-12	1	06단	署長の仲裁で圓滿解決か爭ひを續けつゝある/新義州の兩仲買組合
171066	朝鮮朝日	西北版	1929-05-12	1	06단	地圖入りの繪葉書を觀光者に配布/平壤府の新しい試み
171067	朝鮮朝日	西北版	1929-05-12	1	06단	コ社平壤工場/愈近く着工
171068	朝鮮朝日	西北版	1929-05-12	1	06단	龍井局子街間/自動車改善
171069	朝鮮朝日	西北版	1929-05-12	1	07단	魚油檢査延びる/改正府令の發令遲延のため
171070	朝鮮朝日	西北版	1929-05-12	1	07단	設計の着手は年末ごろか貯水池取入口
171071	朝鮮朝日	西北版	1929-05-12	1	07단	護境神社の祭祀を執行
171072	朝鮮朝日	西北版	1929-05-12	1	07단	父をさがす哀れな少年
171073	朝鮮朝日	西北版	1929-05-12	1	08단	馬賊の頭目/九好江逮捕
171074	朝鮮朝日	西北版	1929-05-12	1	08단	大同ゴム職工/盟休を斷行
171075	朝鮮朝日	西北版	1929-05-12	1	08단	人夫の慘死
171076	朝鮮朝日	西北版	1929-05-12	1	08단	娼妓を囮に不良を檢擧
171077	朝鮮朝日	西北版	1929-05-12	1	08단	代表小作人が道廳に坐り込み/一時當局も持て餘す/不二農場の小作爭議
171078	朝鮮朝日	西北版	1929-05-12	1	08단	官廳側を除くほかは落着なく拜み倒し作戰で行く/平壤學組議員の選擧
171079	朝鮮朝日	西北版	1929-05-12	1	08단	牡丹台野話
171080	朝鮮朝日	西北版	1929-05-12	1	09단	無賴の支那兵/鮮內へ脱走
171081	朝鮮朝日	西北版	1929-05-12	1	09단	橋梁を燒く
171082	朝鮮朝日	西北版	1929-05-12	1	10단	僞新聞社員が詐欺を働く
171083	朝鮮朝日	西北版	1929-05-12	1	10단	畜類輸出の禁令を發す
171084	朝鮮朝日	西北版	1929-05-12	1	10단	森本卓一氏が大朝盃獲得
171085	朝鮮朝日	西北版	1929-05-12	1	10단	人(佐藤平壤署長/野田步兵第七十七聯隊長/飛行第六聯隊織田大尉以下十五名)

일련번호	판명		간행일	면	단수	기사명
171086	朝鮮朝日	西北版	1929-05-12	1	10단	山階宮殿下/御退鮮遊ばす
171087	朝鮮朝日	南鮮版	1929-05-12	1	01단	二年度の會計に檢査官の眼が光り不當事實數件指摘さる/昭和二年度の總督府の會計檢査
171088	朝鮮朝日	南鮮版	1929-05-12	1	01단	持田範士の優勝祝賀會/慰勞會をも開く
171089	朝鮮朝日	南鮮版	1929-05-12	1	02단	金剛山探勝/案內社設立
171090	朝鮮朝日	南鮮版	1929-05-12	1	02단	知事サンの日く集(3)/産業第一主義にて全南を開拓する一面一校は短縮した物柔らかい金全南知事は語る
171091	朝鮮朝日	南鮮版	1929-05-12	1	02단	京畿金組聯合總會
171092	朝鮮朝日	南鮮版	1929-05-12	1	03단	名古屋見本市京城で開催
171093	朝鮮朝日	南鮮版	1929-05-12	1	03단	警察官武道大會/必勝の意氣凄まじく各道の猛者懸命に舊鬪
171094	朝鮮朝日	南鮮版	1929-05-12	1	04단	餘り類のない材料を集め朝博へ出品の積りだ/筧鐵道省運輸局長談
171095	朝鮮朝日	南鮮版	1929-05-12	1	05단	住居の移轉で結局辭職か吉岡釜山學議
171096	朝鮮朝日	南鮮版	1929-05-12	1	06단	煙草元賣捌總會
171097	朝鮮朝日	南鮮版	1929-05-12	1	06단	眞の朝鮮を紹介し朝鮮の政治教育のため雄々しくも朝鮮出身者二名が大阪市會議員選擧に立候補す
171098	朝鮮朝日	南鮮版	1929-05-12	1	06단	キーサン負ける/輕擧を陳謝し一齊に復業す
171099	朝鮮朝日	南鮮版	1929-05-12	1	07단	本年度だけは舊校舍を使用し來年度新校舍を建築/新設の官立大邱師範
171100	朝鮮朝日	南鮮版	1929-05-12	1	07단	漢江の舟遊び/初夏に入って弗々と始まる
171101	朝鮮朝日	南鮮版	1929-05-12	1	07단	海女の廢業で恐慌を來す/南鮮の鑵詰業者
171102	朝鮮朝日	南鮮版	1929-05-12	1	08단	一兩日の內に交涉委員が來鮮　結局は徒勞に歸して總會を不利に導くか/前回の反動で盛況を呈した 釜山市民大會/十三日夜は草染で開く
171103	朝鮮朝日	南鮮版	1929-05-12	1	08단	人夫激昂して事務員を袋叩き
171104	朝鮮朝日	南鮮版	1929-05-12	1	09단	ピストル强盜檢事局送り
171105	朝鮮朝日	南鮮版	1929-05-12	1	09단	月尾島公園に野獸を放つ
171106	朝鮮朝日	南鮮版	1929-05-12	1	09단	キネマ便り
171107	朝鮮朝日	南鮮版	1929-05-12	1	09단	父をさがす哀れな少年
171108	朝鮮朝日	南鮮版	1929-05-12	1	10단	僞新聞社員が詐欺を働く
171109	朝鮮朝日	南鮮版	1929-05-12	1	10단	人(松崎嘉雄氏(遞信局技師)/筧正太郎氏(鐵道省運輸局長)/秋本豊之進氏(京南鐵道重役)/田中綠氏(釜山水上署長)/境大邱覆審法院檢事長/安井福岡縣警察部長/陸軍士官校生/土屋正三氏(內務省圖書課長)/岡田七藏氏(淸州消防組頭))
171110	朝鮮朝日	南鮮版	1929-05-12	1	10단	小作權移動を第一位とし滯納はこれにつぐ昨年中の小作爭議

일련번호	판명		간행일	면	단수	기사명
171111	朝鮮朝日	西北・南鮮版	1929-05-12	2	01단	仁川四月の貿易高/前年に比して入荷增を示す
171112	朝鮮朝日	西北・南鮮版	1929-05-12	2	01단	印紙稅の集合檢查
171113	朝鮮朝日	西北・南鮮版	1929-05-12	2	02단	お茶のあと
171114	朝鮮朝日	西北・南鮮版	1929-05-12	2	02단	總監決定次第豫算編成の方針を示達する
171115	朝鮮朝日	西北・南鮮版	1929-05-12	2	02단	豫期以上の成績を擧ぐ名古屋見本市
171116	朝鮮朝日	西北・南鮮版	1929-05-12	2	03단	東拓の利率/引下を希望
171117	朝鮮朝日	西北・南鮮版	1929-05-12	2	03단	平安神社の春季大祭
171118	朝鮮朝日	西北・南鮮版	1929-05-12	2	04단	二、六方里に一個の割合/朝鮮のポスト
171119	朝鮮朝日	西北・南鮮版	1929-05-12	2	04단	安奉沿線の景勝地選定
171120	朝鮮朝日	西北・南鮮版	1929-05-12	2	04단	遞信現業員の增員を行ふ
171121	朝鮮朝日	西北・南鮮版	1929-05-12	2	04단	新刊紹介(『ゴルファー』)
171122	朝鮮朝日	西北・南鮮版	1929-05-12	2	04단	思想問題取締の報告詳細をきはめ/劈頭から異常に緊張す/各道警察部長會議ひらかる
171123	朝鮮朝日	西北版	1929-05-14	1	01단	臨時列車を每日運轉し宿料の割引など行ふ/朝鮮博と平壤の對策
171124	朝鮮朝日	西北版	1929-05-14	1	01단	電氣供給の猛運動/平南勝湖里から朝鮮電興へ
171125	朝鮮朝日	西北版	1929-05-14	1	01단	第二回ゴム工業者大會
171126	朝鮮朝日	西北版	1929-05-14	1	01단	平壤より
171127	朝鮮朝日	西北版	1929-05-14	1	02단	知事サンの日く集(4)/田舍へ行ったとてびくともしないが酒と料理がまづい『若い閣下』林全北知事はいふ
171128	朝鮮朝日	西北版	1929-05-14	1	02단	咸興水利組合/評議員決定
171129	朝鮮朝日	西北版	1929-05-14	1	03단	平安神社大祭/無事に終了
171130	朝鮮朝日	西北版	1929-05-14	1	04단	大同江における減水の防止を要望/平壤商議から總督府へ臨時評議員會の決議に本づき
171131	朝鮮朝日	西北版	1929-05-14	1	04단	視學を增して頻繁に視察させ/初等教育を向上さす平南道學務課の試み
171132	朝鮮朝日	西北版	1929-05-14	1	04단	沙里院面議戰/愈白熱化す
171133	朝鮮朝日	西北版	1929-05-14	1	05단	平壤の公設質屋
171134	朝鮮朝日	西北版	1929-05-14	1	05단	武藤特命檢閱使
171135	朝鮮朝日	西北版	1929-05-14	1	06단	手數料引下の對策を研究
171136	朝鮮朝日	西北版	1929-05-14	1	06단	栗山の招魂祭
171137	朝鮮朝日	西北版	1929-05-14	1	06단	奏任となった/平北二校長
171138	朝鮮朝日	西北版	1929-05-14	1	06단	山東に派遣の六機平壤に到着/多數官民が出迎へて飛行場は賑ひを呈す
171139	朝鮮朝日	西北版	1929-05-14	1	06단	緣故林讓與
171140	朝鮮朝日	西北版	1929-05-14	1	07단	平北各學校が朝博に出品
171141	朝鮮朝日	西北版	1929-05-14	1	07단	羅南の林檎/將來有望視さる
171142	朝鮮朝日	西北版	1929-05-14	1	07단	安東金組問題各方面で論議さる/贊否兩論にわ

일련번호	판명		간행일	면	단수	기사명
171142	朝鮮朝日	西北版	1929-05-14	1	07단	かれて遂に重大問題と化す
171143	朝鮮朝日	西北版	1929-05-14	1	07단	個人の資格で最後迄世話する/寄附金問題に關する南浦商議の方針決定
171144	朝鮮朝日	西北版	1929-05-14	1	07단	牡丹台野話
171145	朝鮮朝日	西北版	1929-05-14	1	08단	安東支那側の天然痘豫防
171146	朝鮮朝日	西北版	1929-05-14	1	08단	お祭り騷ぎ中/南浦の火事/精米工場燒く
171147	朝鮮朝日	西北版	1929-05-14	1	08단	反對說を棄て合同に贊成 新義州の運送業者が會合して懇談の結果/不良分子の一掃に努む 不二農場爭議
171148	朝鮮朝日	西北版	1929-05-14	1	09단	永進中學校のストライキ
171149	朝鮮朝日	西北版	1929-05-14	1	09단	小作人が又も陳情/組長に諭されてひきかへす
171150	朝鮮朝日	西北版	1929-05-14	1	09단	羅南の花祭り
171151	朝鮮朝日	西北版	1929-05-14	1	10단	兵卒と稱して金品を强奪
171152	朝鮮朝日	西北版	1929-05-14	1	10단	咸北昨年中の木材取引高
171153	朝鮮朝日	西北版	1929-05-14	1	10단	早婚の悲劇/夫が少年のため妻が自殺す
171154	朝鮮朝日	西北版	1929-05-14	1	10단	馬賊の銃器を山中で發見
171155	朝鮮朝日	西北版	1929-05-14	1	10단	人(福井瀞氏(鎭南浦土木出張所長)/高木善人氏(京城第二高等普通學校長)/神戶章氏(大淀川水力建設事務所主任))
171156	朝鮮朝日	西北版	1929-05-14	1	10단	思想問題取締の報告詳細をきはめ/劈頭から異常に緊張す/各道警察部長會議ひらかる
171157	朝鮮朝日	南鮮版	1929-05-14	1	01단	仁取存置の理由を述べ總督府に進言する/振興會の方針決る
171158	朝鮮朝日	南鮮版	1929-05-14	1	01단	五百キロの水電を起し耕地灌漑の計劃を樹つ
171159	朝鮮朝日	南鮮版	1929-05-14	1	01단	旱害民救助の食糧を配給
171160	朝鮮朝日	南鮮版	1929-05-14	1	01단	自動車賃金の値下を慫慂
171161	朝鮮朝日	南鮮版	1929-05-14	1	02단	知事サンの日く集(4)/田舍へ行ったとてびくともしないが酒と料理がまづい『若い閣下』林全北知事はいふ
171162	朝鮮朝日	南鮮版	1929-05-14	1	02단	鯉燻製の計劃を樹つ
171163	朝鮮朝日	南鮮版	1929-05-14	1	03단	本社京城支局主催の全鮮短歌大會/十九日淸香園で開催
171164	朝鮮朝日	南鮮版	1929-05-14	1	03단	純朝鮮風に全州驛建築
171165	朝鮮朝日	南鮮版	1929-05-14	1	04단	優良映畫を推薦
171166	朝鮮朝日	南鮮版	1929-05-14	1	04단	雲井龍雄と朝日は輝く/愈京城で上映
171167	朝鮮朝日	南鮮版	1929-05-14	1	04단	長承浦港に製氷所新設
171168	朝鮮朝日	南鮮版	1929-05-14	1	05단	京城醫專軍勝つ
171169	朝鮮朝日	南鮮版	1929-05-14	1	05단	柔劍道ともに京畿道優勝/劍道型と居合行はる/警察官武道大會終る

일련번호	판명		간행일	면	단수	기사명
171170	朝鮮朝日	南鮮版	1929-05-14	1	06단	昭和電氣會社認可となる
171171	朝鮮朝日	南鮮版	1929-05-14	1	06단	人夫達の大亂鬪/遂に四名の重輕傷者を出す
171172	朝鮮朝日	南鮮版	1929-05-14	1	07단	寫眞說明(十日忠北永同郡梅谷面に不時着陸の際機關部を大破して飛行不能となった八日市飛行隊六五五號機をトロに乘せて運ぶところ)
171173	朝鮮朝日	南鮮版	1929-05-14	1	07단	本紙創刊五十周年記念映畫『朝日は輝く』活寫會
171174	朝鮮朝日	南鮮版	1929-05-14	1	07단	寫眞說明(上は全鮮警察官武道大會にて柔劍道共に優勝した京畿道の柔劍道チーム、下は榮ある優勝旗は淺利局長から田中京畿道警察部長に授與されるところ)
171175	朝鮮朝日	南鮮版	1929-05-14	1	08단	殉職警察官の盛な招魂祭
171176	朝鮮朝日	南鮮版	1929-05-14	1	08단	司法官や記者の機關車同乘/菜ツ葉服に身をかためつぶさに機關車の運轉狀態を見學す
171177	朝鮮朝日	南鮮版	1929-05-14	1	08단	香具師連を嚴重取締る
171178	朝鮮朝日	南鮮版	1929-05-14	1	09단	水稻栽培法試驗を委託
171179	朝鮮朝日	南鮮版	1929-05-14	1	10단	釜山の火事
171180	朝鮮朝日	南鮮版	1929-05-14	1	10단	喜樂館主に卽決で科料
171181	朝鮮朝日	南鮮版	1929-05-14	1	10단	實の母を毒殺す/わづかな養育/料をおしんで
171182	朝鮮朝日	南鮮版	1929-05-14	1	10단	人(松寺法務局長/橫田高等法院長/大池源二氏(釜山實業家)/大竹三重縣警察部長/林駒生氏(東洋水産社長)/齋藤朝紡專務/須藤知事/石川釜山高女校長/秋山實氏(總督府技師)/福井瀞氏(鎮南浦土木出張所長)/高木善人氏(京城第二高等普通學校長))
171183	朝鮮朝日	南鮮版	1929-05-14	1	10단	火曜のページ/寫樂畫の發見/春山武松
171184	朝鮮朝日	西北・南鮮版	1929-05-14	2	01단	ラヂオを通じ赤化を宣傳/これが防止について警務當局頭を惱ます
171185	朝鮮朝日	西北・南鮮版	1929-05-14	2	03단	釜山の港內に大宣傳塔を建て內地人のキモを拔く朝博の觀覽者優遇策/全鮮にわたり役員を任命
171186	朝鮮朝日	西北・南鮮版	1929-05-14	2	03단	朝鮮の拓殖者/除外を阪谷男ら首相に交涉
171187	朝鮮朝日	西北・南鮮版	1929-05-14	2	05단	雫の聲
171188	朝鮮朝日	西北・南鮮版	1929-05-14	2	05단	咸北木炭の輸移出減る
171189	朝鮮朝日	西北・南鮮版	1929-05-14	2	05단	産婆看護婦の合格者發表
171190	朝鮮朝日	西北・南鮮版	1929-05-14	2	06단	南浦貿易高
171191	朝鮮朝日	西北・南鮮版	1929-05-14	2	06단	南大川水電/金剛山電鐵へ認可か
171192	朝鮮朝日	西北・南鮮版	1929-05-14	2	06단	全鮮各局行の電報發着數
171193	朝鮮朝日	西北・南鮮版	1929-05-14	2	06단	低資の割當/大體きまる
171194	朝鮮朝日	西北・南鮮版	1929-05-14	2	06단	廿師團管下の點呼きまる
171195	朝鮮朝日	西北・南鮮版	1929-05-14	2	06단	新刊紹介(『新羅野』)
171196	朝鮮朝日	西北・南鮮版	1929-05-14	2	07단	安東の支那人口

일련번호	판명		간행일	면	단수	기사명
171197	朝鮮朝日	西北・南鮮版	1929-05-14	2	07단	平南商陳分館/工事に着手
171198	朝鮮朝日	西北・南鮮版	1929-05-14	2	07단	平壤會議所の區域擴張の對策
171199	朝鮮朝日	西北・南鮮版	1929-05-14	2	07단	間島總領事館/警官外國語試驗
171200	朝鮮朝日	西北・南鮮版	1929-05-14	2	07단	露領に初等學校
171201	朝鮮朝日	西北・南鮮版	1929-05-14	2	07단	*國境山岳地帶を空中から撮影する 東洋では初めての試み その結果は專門家の注意を惹く/鐵道豫定線 空中測量の諸準備進捗す*
171202	朝鮮朝日	西北版	1929-05-15	1	01단	小作人の一群/又も道廳へ押しかけ陳情を試む/不二農場の小作爭議
171203	朝鮮朝日	西北版	1929-05-15	1	01단	開校と共に內容充實/平壤醫學講習所
171204	朝鮮朝日	西北版	1929-05-15	1	01단	西田師を聘し/講演會開催
171205	朝鮮朝日	西北版	1929-05-15	1	01단	府營電氣の調査を開始
171206	朝鮮朝日	西北版	1929-05-15	1	02단	平南金融組合/昨年末帳尻
171207	朝鮮朝日	西北版	1929-05-15	1	02단	知事サンの日く集(5)/住めば都である咸南も惡くない實にいゝ土地である/咸南知事閣下馬野氏はいふ
171208	朝鮮朝日	西北版	1929-05-15	1	02단	乳幼兒の體格檢査
171209	朝鮮朝日	西北版	1929-05-15	1	03단	平壤の勞働者またも騷ぐ/兩組合は內訌のため分裂のキザシがある
171210	朝鮮朝日	西北版	1929-05-15	1	04단	生活改善の大宣傳/朝鮮日報が主催となり
171211	朝鮮朝日	西北版	1929-05-15	1	04단	貨物運輸の成績がある
171212	朝鮮朝日	西北版	1929-05-15	1	05단	北滿視察團
171213	朝鮮朝日	西北版	1929-05-15	1	05단	平壤觀光團が次第に增加
171214	朝鮮朝日	西北版	1929-05-15	1	05단	砂金採取業者/漸次引揚ぐ
171215	朝鮮朝日	西北版	1929-05-15	1	05단	ハイカラな無料宿泊所/近く着工する
171216	朝鮮朝日	西北版	1929-05-15	1	06단	緣故林讓與の調査を行ふ
171217	朝鮮朝日	西北版	1929-05-15	1	06단	警察官異動/近く行はれる
171218	朝鮮朝日	西北版	1929-05-15	1	06단	韋駄天を網羅し安東一周競走を行ふ/第一部金德用君/第二部催崔鳳賢君/何れも第一着の好成績をしめす
171219	朝鮮朝日	西北版	1929-05-15	1	06단	平壤の外人婦人達の日本の娘サンの姿
171220	朝鮮朝日	西北版	1929-05-15	1	07단	安東縣の陸競大會
171221	朝鮮朝日	西北版	1929-05-15	1	07단	城津港開港/卅周年記念
171222	朝鮮朝日	西北版	1929-05-15	1	07단	牡丹台野話
171223	朝鮮朝日	西北版	1929-05-15	1	07단	降雨のため交通杜絶す
171224	朝鮮朝日	西北版	1929-05-15	1	08단	安東縣の兒童デー
171225	朝鮮朝日	西北版	1929-05-15	1	08단	妓生の收入が高等官そこのけ別途收入を合すればベラボーな高になる
171226	朝鮮朝日	西北版	1929-05-15	1	08단	靑葉の頃(一)/平壤一記者

일련번호	판명		간행일	면	단수	기사명
171227	朝鮮朝日	西北版	1929-05-15	1	08단	阿片密買者/一網打盡に檢擧
171228	朝鮮朝日	西北版	1929-05-15	1	09단	安東火災の原因わかる
171229	朝鮮朝日	西北版	1929-05-15	1	10단	支那官憲が血迷ひ國境の護岸工事場に發砲す
171230	朝鮮朝日	西北版	1929-05-15	1	10단	椪の乘員を慰安
171231	朝鮮朝日	西北版	1929-05-15	1	10단	二發動機船行方不明/海難か海賊に襲擊されたか
171232	朝鮮朝日	西北版	1929-05-15	1	10단	人(高橋敏氏(專賣局庶務課長)/宇留島喜六氏(新任羅南中學校長))
171233	朝鮮朝日	西北版	1929-05-15	1	10단	『鮮米の評判が惡い緊褌一番せねばならぬ』東京鮮米協議會から本府殖産局へ具體的事實を示し苦情を持込む
171234	朝鮮朝日	南鮮版	1929-05-15	1	01단	的野放送主任追ひ出さる/經費節約の名の下にプロ編成あやぶまる
171235	朝鮮朝日	南鮮版	1929-05-15	1	01단	知事サンの日く集(5)/住めば都である咸南も惡くない實にいゝ土地である/咸南知事閣下馬野氏はいふ
171236	朝鮮朝日	南鮮版	1929-05-15	1	01단	釜山府の學議選擧/期日の切迫と共に競爭激甚
171237	朝鮮朝日	南鮮版	1929-05-15	1	03단	口付は好評/愛煙家しらべ
171238	朝鮮朝日	南鮮版	1929-05-15	1	03단	生活改善の大宣傳/朝鮮日報が主催となり
171239	朝鮮朝日	南鮮版	1929-05-15	1	04단	仁川の窮民に義金を分配
171240	朝鮮朝日	南鮮版	1929-05-15	1	04단	府營の必要を力强く叫び 聽衆に感動をあたふ 盛況だった府民大會/電氣府營府民大會
171241	朝鮮朝日	南鮮版	1929-05-15	1	04단	警察部長會議
171242	朝鮮朝日	南鮮版	1929-05-15	1	05단	朝鮮出身者が村議に當選
171243	朝鮮朝日	南鮮版	1929-05-15	1	05단	セメント工場設置
171244	朝鮮朝日	南鮮版	1929-05-15	1	05단	貨物運輸の成績あがる
171245	朝鮮朝日	南鮮版	1929-05-15	1	06단	御造營記念品/頒布を行ふ
171246	朝鮮朝日	南鮮版	1929-05-15	1	06단	京畿金組/聯合總會
171247	朝鮮朝日	南鮮版	1929-05-15	1	06단	空椅子の主に誰がなるか/いづれ近くきまると中村總務課長はいふ
171248	朝鮮朝日	南鮮版	1929-05-15	1	06단	辭職議員に留任勸告/松井京城府尹が會見の上で
171249	朝鮮朝日	南鮮版	1929-05-15	1	07단	支那官憲が血迷ひ國境の護岸工事場に發砲す
171250	朝鮮朝日	南鮮版	1929-05-15	1	07단	本年初採鹽を朝鮮神宮へ獻納
171251	朝鮮朝日	南鮮版	1929-05-15	1	07단	强盜捕まる
171252	朝鮮朝日	南鮮版	1929-05-15	1	08단	警務局の役人が舞踏場を研究/珍らしいひらけかたやがて取締規則も出來て許否がきまる樣にならう
171253	朝鮮朝日	南鮮版	1929-05-15	1	08단	仁取移轉には絶對に反對/會議所議員總會にて滿場一致を以て可決
171254	朝鮮朝日	南鮮版	1929-05-15	1	08단	第二回全鮮短歌大會/主催大阪朝日新聞京城支局

1929년 5월 (조선아사히) 309

일련번호	판명		간행일	면	단수	기사명
171255	朝鮮朝日	南鮮版	1929-05-15	1	09단	捕鼠を勵行
171256	朝鮮朝日	南鮮版	1929-05-15	1	09단	釜山の火事/三戸を全燒す
171257	朝鮮朝日	南鮮版	1929-05-15	1	09단	面長排斥の一味を送局
171258	朝鮮朝日	南鮮版	1929-05-15	1	10단	殖銀軍勝つ/野球リーグ戰
171259	朝鮮朝日	南鮮版	1929-05-15	1	10단	二發動機船行方不明/海難か海賊に襲撃されたか
171260	朝鮮朝日	南鮮版	1929-05-15	1	10단	樅の乘員を慰安
171261	朝鮮朝日	南鮮版	1929-05-15	1	10단	人(眞鍋十藏男(京城覆審法院長)/福岡女專學生/新井鐵道省國際課長/山本条太郎氏(滿鐵社長)/河村釜山地方法院檢事正/荒木陸大敎官/陸軍大學生/高橋敏氏(專賣局庶務課長)/宇留島喜六氏(新任羅南中學校長))
171262	朝鮮朝日	南鮮版	1929-05-15	1	10단	生計扶助では到底食へぬ/食糧の端境期に際し/全北の旱害民大弱り
171263	朝鮮朝日	西北・南鮮版	1929-05-15	2	01단	お茶のあと
171264	朝鮮朝日	西北・南鮮版	1929-05-15	2	01단	北鮮各地の諸工事/解氷と同時に愈よ活氣づく
171265	朝鮮朝日	西北・南鮮版	1929-05-15	2	01단	各宮殿下から金一封下賜/海戰記念塔へ
171266	朝鮮朝日	西北・南鮮版	1929-05-15	2	02단	長承浦に電氣會社
171267	朝鮮朝日	西北・南鮮版	1929-05-15	2	02단	國稅營業稅の減稅を陳情
171268	朝鮮朝日	西北・南鮮版	1929-05-15	2	02단	罰金の上にまた罰金/支那側の朝鮮人壓迫甚だし
171269	朝鮮朝日	西北・南鮮版	1929-05-15	2	03단	仁川運送業者/合同に反對
171270	朝鮮朝日	西北・南鮮版	1929-05-15	2	03단	國境連絡會議/露支兩國出席者
171271	朝鮮朝日	西北・南鮮版	1929-05-15	2	04단	雫の聲
171272	朝鮮朝日	西北・南鮮版	1929-05-15	2	04단	各地だより(公州/大邱/淸州)
171273	朝鮮朝日	西北・南鮮版	1929-05-15	2	04단	鮮滿が協力して經濟的に提携/山本滿鐵社長の提唱に山梨總督は大に共鳴す
171274	朝鮮朝日	西北版	1929-05-16	1	01단	小作人代表が當局と會見/契約改善方を陳情す/不二農場爭議解決か
171275	朝鮮朝日	西北版	1929-05-16	1	01단	第二期面廢合/平南道の計劃
171276	朝鮮朝日	西北版	1929-05-16	1	01단	第一回府議に出馬すべく早くも運動開始
171277	朝鮮朝日	西北版	1929-05-16	1	01단	咸興高女祝賀會
171278	朝鮮朝日	西北版	1929-05-16	1	02단	遊戲研究會
171279	朝鮮朝日	西北版	1929-05-16	1	02단	金剛山は早くも群靑にいろどられ探勝客の周遊をまつ/十日間と八十圓ほどの費用で內外金剛
171279	朝鮮朝日	西北版	1929-05-16	1	02단	を十二分に見られる
171280	朝鮮朝日	西北版	1929-05-16	1	02단	講習所生徒が留任勸告か内村所長に對し
171281	朝鮮朝日	西北版	1929-05-16	1	03단	普通學校二校認可となる
171282	朝鮮朝日	西北版	1929-05-16	1	03단	平壤中學の運動場擴張
171283	朝鮮朝日	西北版	1929-05-16	1	04단	俳句/鈴木花蓑選
171284	朝鮮朝日	西北版	1929-05-16	1	04단	驅逐艦『竹』が仕入れた/砂糖七千斤を收容/結局一

일련번호	판명		간행일	면	단수	기사명
171284	朝鮮朝日	西北版	1929-05-16	1	04단	千斤だけを認む/新義州稅關ではその處置に困る
171285	朝鮮朝日	西北版	1929-05-16	1	04단	寫眞說明(上は十三日平壤に安着した山東から歸還の太刀洗飛行隊所屬の六機、下は平壤飛行場における同太刀洗機十二勇士の歡迎宴會)
171286	朝鮮朝日	西北版	1929-05-16	1	05단	大同郡廳舍の新築を行ふ
171287	朝鮮朝日	西北版	1929-05-16	1	05단	平壤學議選擧/立會人決定
171288	朝鮮朝日	西北版	1929-05-16	1	06단	平壤の天然痘/終熄を告ぐ
171289	朝鮮朝日	西北版	1929-05-16	1	07단	航空撮影の準備に着手/目下キリがはげしく天候のほど氣づかはる
171290	朝鮮朝日	西北版	1929-05-16	1	07단	大同ゴム工場爭議解決す/會社の態度が强硬で罷業團カブトを脫ぐ
171291	朝鮮朝日	西北版	1929-05-16	1	07단	二人組强盜/舟を襲ひ/支那地に逃走
171292	朝鮮朝日	西北版	1929-05-16	1	07단	价川にて飛行演習
171293	朝鮮朝日	西北版	1929-05-16	1	08단	牡丹台野話
171294	朝鮮朝日	西北版	1929-05-16	1	08단	三千圓の當籤者/受取りに來ないので大弱り
171295	朝鮮朝日	西北版	1929-05-16	1	09단	死人の皮膚を剝ぎ取る/途方もない迷信
171296	朝鮮朝日	西北版	1929-05-16	1	09단	船橋里側にも均霑せしむべく大同江の改修につき期成會から陳情する
171297	朝鮮朝日	西北版	1929-05-16	1	09단	「竹」鴨綠江を拔錨
171298	朝鮮朝日	西北版	1929-05-16	1	10단	ナゾの女の行方を捜査
171299	朝鮮朝日	西北版	1929-05-16	1	10단	運動界(興南朝鮮窒素グラウンド開き/安滿倶樂部勝つ)
171300	朝鮮朝日	西北版	1929-05-16	1	10단	人(山本条太郎氏(滿鐵社長)/內藤確介氏(前鴨綠江採木公司理事長)/庄田眞次郎氏(平安北道農務課長)/鍋島候/加賀山鐵道省工務局長/末松砲兵中佐(第二十師團兵器部長))
171301	朝鮮朝日	西北版	1929-05-16	1	10단	鮮滿が協力して經濟的に提携/山本滿鐵社長の提唱に山梨總督は大に共鳴す
171302	朝鮮朝日	南鮮版	1929-05-16	1	01단	航空無電局や自動式電話/明年度豫算に計上の遞信局數々の新事業
171303	朝鮮朝日	南鮮版	1929-05-16	1	01단	金剛山は早くも群靑にいろどられ探勝客の周遊をまつ/十日間と八十圓ほどの費用で內外金剛を十二分に見られる
171304	朝鮮朝日	南鮮版	1929-05-16	1	01단	外米內地古米山と積み/群山埠頭は大賑ひをていす
171305	朝鮮朝日	南鮮版	1929-05-16	1	02단	畜産講習會
171306	朝鮮朝日	南鮮版	1929-05-16	1	04단	濟州島方面の巫女を研究
171307	朝鮮朝日	南鮮版	1929-05-16	1	04단	驅逐艦『竹』が仕入れた/砂糖七千斤を收容/結局一千斤だけを認む/新義州稅關ではその處置に困る
171308	朝鮮朝日	南鮮版	1929-05-16	1	04단	香椎瓦電社長が三委員を說きつけ下關から東京

일련번호	판명		간행일	면	단수	기사명
171308	朝鮮朝日	南鮮版	1929-05-16	1	04단	へ歸らす 結局は三度總會延期となる模樣/總會延期說を問題とせず府議懇談會を開いて決裂の對策を研究す
171309	朝鮮朝日	南鮮版	1929-05-16	1	04단	一言に盡せば敍情詩的の美だ/いつ迄も保たせたい/川田順サンの京城觀
171310	朝鮮朝日	南鮮版	1929-05-16	1	05단	シラミ一匹も逃がさない/傳染病の季節を控へ衛生當局の眼が光る
171311	朝鮮朝日	南鮮版	1929-05-16	1	06단	五年の螢雪を積んで渡邊畵伯歸る/夫妻の限りなき喜び
171312	朝鮮朝日	南鮮版	1929-05-16	1	07단	金組聯合會理事長會議
171313	朝鮮朝日	南鮮版	1929-05-16	1	07단	主人の子供を山中で絞殺
171314	朝鮮朝日	南鮮版	1929-05-16	1	07단	鐵道發達の徑路を示す/興味のふかい鐵道史/第一卷は愈近く出る
171315	朝鮮朝日	南鮮版	1929-05-16	1	08단	本紙創刊五十周年記念映畵『朝日は輝く』活寫會
171316	朝鮮朝日	南鮮版	1929-05-16	1	09단	石工殺しに三年の求刑
171317	朝鮮朝日	南鮮版	1929-05-16	1	09단	俳句/鈴木花蓑選
171318	朝鮮朝日	南鮮版	1929-05-16	1	10단	キネマ便り(大正館)
171319	朝鮮朝日	南鮮版	1929-05-16	1	10단	半島茶話
171320	朝鮮朝日	南鮮版	1929-05-16	1	10단	村の燈台/四百戶の小村から十萬圓の梨/梨樹を植ゑぬ家はない福岡縣三池郡岩田村
171321	朝鮮朝日	西北・南鮮版	1929-05-16	2	01단	眼前の小利に眼がくらみ/不正な手段を講じて「龜の尾」惡評を招く
171322	朝鮮朝日	西北・南鮮版	1929-05-16	2	02단	靑年議會へ安東から出席
171323	朝鮮朝日	西北・南鮮版	1929-05-16	2	03단	金解禁の對策研究/輸入聯合會の通牒に本づき
171324	朝鮮朝日	西北・南鮮版	1929-05-16	2	04단	お茶のあと
171325	朝鮮朝日	西北・南鮮版	1929-05-16	2	04단	支那の鴨江材/流筏ふえる
171326	朝鮮朝日	西北・南鮮版	1929-05-16	2	04단	定州鄕軍射擊大會
171327	朝鮮朝日	西北・南鮮版	1929-05-16	2	04단	朝鮮博覽會へ安東からも出品
171328	朝鮮朝日	西北・南鮮版	1929-05-16	2	04단	大藏次官に重要問題陳情
171329	朝鮮朝日	西北・南鮮版	1929-05-16	2	04단	電車の擴張をやめて府營バスを運轉か經費の點を考慮の結果/平壤府勢擴張にともなふ交通策
171330	朝鮮朝日	西北版	1929-05-17	1	01단	生活に窮して間島へ移住/水害にしてやられた咸鏡北道の被害農民
171331	朝鮮朝日	西北版	1929-05-17	1	01단	元山府の學議戰/團體を組織して猛烈に運動
171332	朝鮮朝日	西北版	1929-05-17	1	01단	機織工賃の値引を要求
171333	朝鮮朝日	西北版	1929-05-17	1	01단	新義州の電話/區域を擴張
171334	朝鮮朝日	西北版	1929-05-17	1	02단	鎭南浦の築港/工事準備着々進む
171335	朝鮮朝日	西北版	1929-05-17	1	02단	黃海の醫生試驗
171336	朝鮮朝日	西北版	1929-05-17	1	03단	松毛蟲退治の試驗を行ふ

일련번호	판명		간행일	면	단수	기사명
171337	朝鮮朝日	西北版	1929-05-17	1	03단	松毛蟲の驅除表彰/成績優良者に賞品を授與す
171338	朝鮮朝日	西北版	1929-05-17	1	03단	交通安全の標識を建設
171339	朝鮮朝日	西北版	1929-05-17	1	04단	新義州の貿易高
171340	朝鮮朝日	西北版	1929-05-17	1	04단	平元線九工區/工事に着手
171341	朝鮮朝日	西北版	1929-05-17	1	04단	卅萬圓を投じ改築を行ふ/愈よ面目を一新する/平安南道立慈惠醫院
171342	朝鮮朝日	西北版	1929-05-17	1	04단	氣候不順やら降雹のため平南道寧遠郡地方の農作物は殆んど全滅
171343	朝鮮朝日	西北版	1929-05-17	1	04단	平壤府の小公園/非常時の避難所をもかねる
171344	朝鮮朝日	西北版	1929-05-17	1	05단	俳句/鈴木花蓑選
171345	朝鮮朝日	西北版	1929-05-17	1	05단	平壤四月中の對外貿易高
171346	朝鮮朝日	西北版	1929-05-17	1	05단	郵便所名を改稱
171347	朝鮮朝日	西北版	1929-05-17	1	06단	安東の簡保/募集成績良好
171348	朝鮮朝日	西北版	1929-05-17	1	06단	平壤電話區域/擴張を行ふ
171349	朝鮮朝日	西北版	1929-05-17	1	06단	滿洲夏時制は研究の餘地あり本年は實施を見合せ尙十分の研究を行ふ
171350	朝鮮朝日	西北版	1929-05-17	1	06단	安東商議常議員會
171351	朝鮮朝日	西北版	1929-05-17	1	06단	漁業指導船坐礁
171352	朝鮮朝日	西北版	1929-05-17	1	06단	航空撮影の搭乘者決定
171353	朝鮮朝日	西北版	1929-05-17	1	06단	五日から開催の日滿連絡運輸會議
171354	朝鮮朝日	西北版	1929-05-17	1	07단	補助憲兵を教育
171355	朝鮮朝日	西北版	1929-05-17	1	07단	始末に困る拾得品/密輸品らしい疑ひがある
171356	朝鮮朝日	西北版	1929-05-17	1	07단	牡丹台野話
171357	朝鮮朝日	西北版	1929-05-17	1	07단	運轉手試驗に女子が加る
171358	朝鮮朝日	西北版	1929-05-17	1	08단	太刀洗の六機 平壤を出發/大邱に到着/八日市五機 平壤を出發す/汝矣島に不時着
171359	朝鮮朝日	西北版	1929-05-17	1	08단	朝鮮蚊のおひ立その壽命は約九箇月/四月に發生し十二月に終る/京城帝大醫學部小林博士の研究
171360	朝鮮朝日	西北版	1929-05-17	1	08단	ヤケになって宿料を倒す
171361	朝鮮朝日	西北版	1929-05-17	1	09단	全安對奉教の陸上競技會
171362	朝鮮朝日	西北版	1929-05-17	1	10단	女流歌人も多數出る/全鮮短歌大會/當日の盛況豫想さる
171363	朝鮮朝日	西北版	1929-05-17	1	10단	狂言强盜で一杯食はす
171364	朝鮮朝日	西北版	1929-05-17	1	10단	陸軍官舍を專門に荒す
171365	朝鮮朝日	西北版	1929-05-17	1	10단	またも古代の裝身具發掘
171366	朝鮮朝日	西北版	1929-05-17	1	10단	人(全國在鄉會將校團一行八十名/津田信氏(新任平壤師範學校長))
171367	朝鮮朝日	西北版	1929-05-17	1	10단	吉會線終端港の重要な決定を見る/『地方的の感

일련번호	판명		간행일	면	단수	기사명
171367	朝鮮朝日	西北版	1929-05-17	1	10단	情を棄てよ』山本滿鐵社長は熱心にかたる
171368	朝鮮朝日	南鮮版	1929-05-17	1	01단	工賃値下げの要求を拒絶/當分の間は刑務所で久留米絣を織らない
171369	朝鮮朝日	南鮮版	1929-05-17	1	01단	模範部落
171370	朝鮮朝日	南鮮版	1929-05-17	1	01단	府營バスの追加豫算/釜山府協議會において可決
171371	朝鮮朝日	南鮮版	1929-05-17	1	01단	日滿連絡運輸會議
171372	朝鮮朝日	南鮮版	1929-05-17	1	02단	朝鮮貯蓄發起人會
171373	朝鮮朝日	南鮮版	1929-05-17	1	03단	俳句/鈴木花蓑選
171374	朝鮮朝日	南鮮版	1929-05-17	1	03단	慶南の大小麥/順調に成育
171375	朝鮮朝日	南鮮版	1929-05-17	1	03단	廿師團管內の本年入營兵
171376	朝鮮朝日	南鮮版	1929-05-17	1	03단	苗代の狀況/東拓業務課調査
171377	朝鮮朝日	南鮮版	1929-05-17	1	04단	外米輸入共同管理/京仁間の組合/例會できまる
171378	朝鮮朝日	南鮮版	1929-05-17	1	04단	四重通信裝置の海底線を敷設する/六月を期して關釜間に成功すれば非常に便利となる
171379	朝鮮朝日	南鮮版	1929-05-17	1	04단	印度蚤を退治/鼠の移動を防ぐ/揚荷も嚴重檢査する釜山のペスト豫防策
171380	朝鮮朝日	南鮮版	1929-05-17	1	04단	生活に窮して間島へ移住/水害にしてやられた咸鏡北道の被害農民
171381	朝鮮朝日	南鮮版	1929-05-17	1	05단	砂糖消費量/一人一日當り一、八グラム/日糖平壤工場の製品が多い/一年廿三萬ピクル
171382	朝鮮朝日	南鮮版	1929-05-17	1	05단	朝鮮美術展の審査員交涉
171383	朝鮮朝日	南鮮版	1929-05-17	1	05단	京畿道の特設館/朝博の一偉觀となるだらう
171384	朝鮮朝日	南鮮版	1929-05-17	1	06단	間部畵伯個人展
171385	朝鮮朝日	南鮮版	1929-05-17	1	06단	濟南引揚機大邱着/一泊の上原隊/太刀洗に歸る
171386	朝鮮朝日	南鮮版	1929-05-17	1	06단	二十師團管內除隊兵歸鄕
171387	朝鮮朝日	南鮮版	1929-05-17	1	07단	土砂崩壞して二名死亡す
171388	朝鮮朝日	南鮮版	1929-05-17	1	07단	十萬圓橫領の重役自首す
171389	朝鮮朝日	南鮮版	1929-05-17	1	07단	情婦殺しに五年の求刑
171390	朝鮮朝日	南鮮版	1929-05-17	1	07단	食刀を揮って實父を殺し/狂氣の如く暴れ廻る/仕事のことで衝突し
171391	朝鮮朝日	南鮮版	1929-05-17	1	07단	女流歌人も多數出る/全鮮短歌大會/當日の盛況豫想さる
171392	朝鮮朝日	南鮮版	1929-05-17	1	07단	十字路/裡里一記者
171393	朝鮮朝日	南鮮版	1929-05-17	1	07단	私費を投じ淸溪川に共同洗濯場設置
171394	朝鮮朝日	南鮮版	1929-05-17	1	08단	漂着死體は田邊でない
171395	朝鮮朝日	南鮮版	1929-05-17	1	08단	內地密航者/卅名送還さる
171396	朝鮮朝日	南鮮版	1929-05-17	1	08단	盜んだ帆船で密航を企て難破して漂流
171397	朝鮮朝日	南鮮版	1929-05-17	1	09단	誰何されて巡査を斬る

일련번호	판명		간행일	면	단수	기사명
171398	朝鮮朝日	南鮮版	1929-05-17	1	09단	またも古代の装身具發掘
171399	朝鮮朝日	南鮮版	1929-05-17	1	09단	ヤケになって宿料を倒す
171400	朝鮮朝日	南鮮版	1929-05-17	1	10단	狂言強盗で一杯食はす
171401	朝鮮朝日	南鮮版	1929-05-17	1	10단	陸軍官舍を專門に荒す
171402	朝鮮朝日	南鮮版	1929-05-17	1	10단	運動界(專門校體育聯盟運動會)
171403	朝鮮朝日	南鮮版	1929-05-17	1	10단	會議一束(財務部長會議/稅關長會議/産業主任打合會)
171404	朝鮮朝日	南鮮版	1929-05-17	1	10단	人(加藤新任釜山中學校長/竹尾平壤地方法院長/橋本釜山地方法院長/河村同上檢事正/關本幸太郎氏(新京中校長)佐世保西海中學生五十八名/香川縣木田農業生七十二名/宮崎縣教育視察團二十四名)
171405	朝鮮朝日	南鮮版	1929-05-17	1	10단	半島茶話
171406	朝鮮朝日	南鮮版	1929-05-17	1	10단	村の燈台/天下一品鳴尾の莓競馬との因果關係年産卅餘萬圓
171407	朝鮮朝日	西北・南鮮版	1929-05-17	2	01단	算盤のとれぬ/事業は出來ない/拓相說は新聞辭令だ/山本滿鐵社長語る
171408	朝鮮朝日	西北・南鮮版	1929-05-17	2	01단	頗る心細い/留學生前年度の半數にも足らない
171409	朝鮮朝日	西北・南鮮版	1929-05-17	2	01단	新義州稅關に露語檢査係
171410	朝鮮朝日	西北・南鮮版	1929-05-17	2	02단	開墾干拓事業/四年度豫定
171411	朝鮮朝日	西北・南鮮版	1929-05-17	2	02단	總督府普通試驗
171412	朝鮮朝日	西北・南鮮版	1929-05-17	2	02단	各地だより(大邱/公州/仁川)
171413	朝鮮朝日	西北・南鮮版	1929-05-17	2	02단	上龍田驛を新設
171414	朝鮮朝日	西北・南鮮版	1929-05-17	2	03단	振替貯金受拂高
171415	朝鮮朝日	西北・南鮮版	1929-05-17	2	03단	裡里高女生/本社を見學
171416	朝鮮朝日	西北・南鮮版	1929-05-17	2	03단	陳情騷ぎを控へ堅實な方法を講じ目的の達成につとめる/清津における輸城川附替問題
171417	朝鮮朝日	西北版	1929-05-18	1	01단	月謝の代りに農作物を納付する/音樂はなってをらぬ/平南奧地の教育狀態
171418	朝鮮朝日	西北版	1929-05-18	1	01단	江界面十周年/記念祝賀會
171419	朝鮮朝日	西北版	1929-05-18	1	01단	橋梁の目標/事故防止のため
171420	朝鮮朝日	西北版	1929-05-18	1	01단	廿師團四區の簡閱點呼
171421	朝鮮朝日	西北版	1929-05-18	1	02단	武藤檢閱使/雄基に着く
171422	朝鮮朝日	西北版	1929-05-18	1	02단	黃海道の鏡乳洞から古錢と人骨を發見/箕子の幕下がこゝに難を逃れて李成桂に亡ぼされた傳說の洞窟/古錢は千年以前のもの
171423	朝鮮朝日	西北版	1929-05-18	1	02단	平壤の昨今は金融緩漫/各銀行はその閑散をかこつ
171424	朝鮮朝日	西北版	1929-05-18	1	03단	郵便飛行の利用者は滅法すくなく全くお話にならない

일련번호	판명		간행일	면	단수	기사명
171425	朝鮮朝日	西北版	1929-05-18	1	03단	咸興郵便局の電報取扱數
171426	朝鮮朝日	西北版	1929-05-18	1	04단	安東の軟球野球
171427	朝鮮朝日	西北版	1929-05-18	1	04단	俳句/鈴木花蓑選
171428	朝鮮朝日	西北版	1929-05-18	1	04단	殉職兵卒に祭粢料下賜
171429	朝鮮朝日	西北版	1929-05-18	1	04단	航空撮影二機/城津に着く/觀衆數千名に達し/空前の大賑ひを呈す
171430	朝鮮朝日	西北版	1929-05-18	1	04단	海州濯熱亭賑ふ
171431	朝鮮朝日	西北版	1929-05-18	1	05단	チブス菌を應用し野鼠を退治る
171432	朝鮮朝日	西北版	1929-05-18	1	06단	貧民救濟の穀類を運搬
171433	朝鮮朝日	西北版	1929-05-18	1	06단	故孫總理の靈柩奉安祭/半旗を揚げ敬弔
171434	朝鮮朝日	西北版	1929-05-18	1	06단	成興萬歲橋の架橋を行ふ
171435	朝鮮朝日	西北版	1929-05-18	1	06단	咸興高女の新築を計劃/工費九萬圓を投じて七年度に工事を行ふ
171436	朝鮮朝日	西北版	1929-05-18	1	07단	北鮮北陸線は有望な航路/二汽船會社眼をつく/命令航路の改廢準備
171437	朝鮮朝日	西北版	1929-05-18	1	07단	平壤より
171438	朝鮮朝日	西北版	1929-05-18	1	07단	內地及支那へ移住者激增
171439	朝鮮朝日	西北版	1929-05-18	1	07단	平壤驛乘降客增加を示す
171440	朝鮮朝日	西北版	1929-05-18	1	07단	各種統計圖と學童の作品/朝鮮博へ出品
171441	朝鮮朝日	西北版	1929-05-18	1	07단	永明寺の住職/辭表を提出
171442	朝鮮朝日	西北版	1929-05-18	1	08단	血書して徵兵志願/合格してこをどりして喜ぶ
171443	朝鮮朝日	西北版	1929-05-18	1	08단	始末におへぬ/朝鮮のジプシー/水雲教信者が擧って南鮮へ南鮮へと移住
171444	朝鮮朝日	西北版	1929-05-18	1	08단	郵便物の迷ひ子/中年者以上の戀ぶみが多い
171445	朝鮮朝日	西北版	1929-05-18	1	09단	奧地方面の盛んな建築熱/木材は相當活氣づく
171446	朝鮮朝日	西北版	1929-05-18	1	09단	沙里院小學に猩紅熱發生
171447	朝鮮朝日	西北版	1929-05-18	1	09단	『朝日は輝く』大好評/平壤における/愛讀者慰安會
171448	朝鮮朝日	西北版	1929-05-18	1	10단	平壤飛行隊が龍山で演習
171449	朝鮮朝日	西北版	1929-05-18	1	10단	東海岸線工事/明後年頃に着手
171450	朝鮮朝日	西北版	1929-05-18	1	10단	もよほし(小野田セメント開業式/大社教管長の講演會)
171451	朝鮮朝日	西北版	1929-05-18	1	10단	人(柳井平八氏(近衛師團附陸軍省技師)/梅澤英
171451	朝鮮朝日	西北版	1929-05-18	1	10단	治郎氏(陸軍省軍事課長)/岡本平壤覆審法院長、赤井檢事正/橫田第二十師團經理部長)
171452	朝鮮朝日	西北版	1929-05-18	1	10단	空から散華の雨/賑った京城の花祭り
171453	朝鮮朝日	南鮮版	1929-05-18	1	01단	非常な意氣込で各館の準備を急ぐ/八幡製鐵所の如きは拜み倒して漸く特設館を建てるといふ始末/活氣づいた朝博事務局(美術工藝館/スポーツ館/各種特設館/出品の皮切/裝飾きまる)

일련번호	판명		간행일	면	단수	기사명
171454	朝鮮朝日	南鮮版	1929-05-18	1	01단	各道視學官會議
171455	朝鮮朝日	南鮮版	1929-05-18	1	04단	實習地の設置督勵/勤勞教育の實を擧げるため
171456	朝鮮朝日	南鮮版	1929-05-18	1	04단	假契約を破棄せず考慮の餘地をあたへる　總會延期對策として桑原府尹があくまでも合法的方法を講ずる/幹部會を開き對策を協議　總會の運命を決する　重要なる意見を開陳/牧ノ島の島民大會　相もかはらず　盛況をていす
171457	朝鮮朝日	南鮮版	1929-05-18	1	04단	變った裁判/妻の死亡屆を出し愛妾と夫婦になる妻に訴へられて敗訴一人は戀愛のため離婚をせまる
171458	朝鮮朝日	南鮮版	1929-05-18	1	05단	國語講習會
171459	朝鮮朝日	南鮮版	1929-05-18	1	05단	生活改善の盛んな運動
171460	朝鮮朝日	南鮮版	1929-05-18	1	05단	裁判所檢事局/監督官會議
171461	朝鮮朝日	南鮮版	1929-05-18	1	05단	府營バスの諒解を求む
171462	朝鮮朝日	南鮮版	1929-05-18	1	06단	信託業務を東拓で計劃す
171463	朝鮮朝日	南鮮版	1929-05-18	1	06단	福岡縣特産品/宣傳卽賣會
171464	朝鮮朝日	南鮮版	1929-05-18	1	06단	全北の鷄卵が內地に進出/新鮮と廉價を看板に大に販路擴張を行ふ
171465	朝鮮朝日	南鮮版	1929-05-18	1	06단	血書して徵兵志願/合格してこをどりして喜ぶ
171466	朝鮮朝日	南鮮版	1929-05-18	1	07단	俳句/鈴木花蓑選
171467	朝鮮朝日	南鮮版	1929-05-18	1	07단	朝鮮の灘を目的に進む/馬山の酒造界
171468	朝鮮朝日	南鮮版	1929-05-18	1	07단	謎の水死體の身許わかる
171469	朝鮮朝日	南鮮版	1929-05-18	1	07단	朝鮮總督府雇が公金八千圓拐帶/計劃的の怪犯罪？門司の味噌屋は人違ひ
171470	朝鮮朝日	南鮮版	1929-05-18	1	08단	青年百五十名/一網打盡に檢擧/多數證據をも押收す/金華署で摘發の某事件
171471	朝鮮朝日	南鮮版	1929-05-18	1	08단	お茶のあと
171472	朝鮮朝日	南鮮版	1929-05-18	1	08단	迫間農場に爭議勃發す
171473	朝鮮朝日	南鮮版	1929-05-18	1	08단	關釜連絡船で女兒を分娩
171474	朝鮮朝日	南鮮版	1929-05-18	1	09단	馬券で捐して自殺を企つ/朝鮮一の小膽者
171475	朝鮮朝日	南鮮版	1929-05-18	1	09단	運動界(五對五で無勝負京電對殖銀戰大いにねばる/馬山の庭球大會)
171476	朝鮮朝日	南鮮版	1929-05-18	1	10단	郵便物の迷ひ子/中年者以上の戀ぶみが多い
171477	朝鮮朝日	南鮮版	1929-05-18	1	10단	搭乘者一同の盛な歡迎會/二飛行聯隊の歸還機出發
171478	朝鮮朝日	南鮮版	1929-05-18	1	10단	人(松原秀久郎氏(大阪商船調査課長)/朴榮吉氏(前江原道知事))
171479	朝鮮朝日	南鮮版	1929-05-18	1	10단	村の燈台/淚をそゝるこの努力窮乏の底から裕福の村へ勤儉の一途に精進

일련번호	판명		간행일	면	단수	기사명
171480	朝鮮朝日	西北・南鮮版	1929-05-18	2	01단	雙方協議の上妥協案を見出す/意見の相違を來した昭和水利組合の計劃
171481	朝鮮朝日	西北・南鮮版	1929-05-18	2	01단	雫の聲
171482	朝鮮朝日	西北・南鮮版	1929-05-18	2	01단	馬山製氷愈よ事業を開始
171483	朝鮮朝日	西北・南鮮版	1929-05-18	2	02단	慶北水産會が水産歌募集
171484	朝鮮朝日	西北・南鮮版	1929-05-18	2	02단	分掌郵便局長會議
171485	朝鮮朝日	西北・南鮮版	1929-05-18	2	02단	歌人用田顔氏會心の詠草
171486	朝鮮朝日	西北・南鮮版	1929-05-18	2	03단	鴨綠江鐵橋の開閉時間を改正
171487	朝鮮朝日	西北・南鮮版	1929-05-18	2	03단	依託練習生派遣
171488	朝鮮朝日	西北・南鮮版	1929-05-18	2	03단	大同江の改修で猛烈な運動を始む/先づ總督に陳情書提出/明年度の豫算に計上方を切望す
171489	朝鮮朝日	西北版	1929-05-19	1	01단	まづ手始めに城津を撮影/吉惠線實測寫眞撮影/演習いよいよ始まる
171490	朝鮮朝日	西北版	1929-05-19	1	01단	七月初旬移轉し/中旬に開校式/平壤醫學講習所
171491	朝鮮朝日	西北版	1929-05-19	1	01단	安東靑訓班長會議
171492	朝鮮朝日	西北版	1929-05-19	1	01단	安東中の演說會
171493	朝鮮朝日	西北版	1929-05-19	1	02단	近く江界に血淸貯藏所
171494	朝鮮朝日	西北版	1929-05-19	1	02단	多數福井縣人會員の出迎へに上機嫌/安東の山本滿鐵社長
171495	朝鮮朝日	西北版	1929-05-19	1	02단	産業調査會の役員を囑託
171496	朝鮮朝日	西北版	1929-05-19	1	03단	お茶のあと
171497	朝鮮朝日	西北版	1929-05-19	1	03단	漁期に入って延坪島附近賑ふ/取引も馬鹿にならぬ/李産業課長の視察談
171498	朝鮮朝日	西北版	1929-05-19	1	04단	昨今の平壤は借家が拂底/惡家主がバッコして人事相談所を惱まず
171499	朝鮮朝日	西北版	1929-05-19	1	04단	連山關大隊の記念祝賀會
171500	朝鮮朝日	西北版	1929-05-19	1	05단	牛車と自動車/競爭を行ふ
171501	朝鮮朝日	西北版	1929-05-19	1	05단	俳句/鈴木花蓑選
171502	朝鮮朝日	西北版	1929-05-19	1	05단	築港起工式の打合を行ふ
171503	朝鮮朝日	西北版	1929-05-19	1	05단	新義州客月の木材發送數
171504	朝鮮朝日	西北版	1929-05-19	1	05단	總督秘書官は近藤氏にきまる若手でチャキチャキの手腕家として知らる
171505	朝鮮朝日	西北版	1929-05-19	1	06단	學費要らずに技術を習ひ/卒業後すぐ雇はれ
171505	朝鮮朝日	西北版	1929-05-19	1	06단	る/咸南に工業徒弟學校
171506	朝鮮朝日	西北版	1929-05-19	1	06단	平壤より
171507	朝鮮朝日	西北版	1929-05-19	1	06단	日中映寫の出來る/完全な映寫幕發明さる/米國製よりも遙かに成績がよい/總督府科學館奧利秀氏のお手柄
171508	朝鮮朝日	西北版	1929-05-19	1	06단	兩本山を分離し末寺の配屬を行って寺務の刷新

일련번호	판명		간행일	면	단수	기사명
171508	朝鮮朝日	西北版	1929-05-19	1	06단	をはかる
171509	朝鮮朝日	西北版	1929-05-19	1	06단	涙を呑んで候補斷念/餘り費用が入り過ぎるので
171510	朝鮮朝日	西北版	1929-05-19	1	07단	一戸當り五千圓/干拓事業地移民に補助する
171511	朝鮮朝日	西北版	1929-05-19	1	08단	水利共同電氣灌漑
171512	朝鮮朝日	西北版	1929-05-19	1	08단	森林愛護の作品を審査
171513	朝鮮朝日	西北版	1929-05-19	1	08단	民間からの出品を大に奬勵する/朝博平南館に
171514	朝鮮朝日	西北版	1929-05-19	1	08단	電話開通豫定數/本年度總數九百餘口に達す
171515	朝鮮朝日	西北版	1929-05-19	1	09단	暴行支那人を袋叩きにあはせ/支那人雜貨商を襲ふ/鮮支人土工の大亂鬪
171516	朝鮮朝日	西北版	1929-05-19	1	09단	筏をぬすむ
171517	朝鮮朝日	西北版	1929-05-19	1	09단	手におへぬ/不良靑年送局
171518	朝鮮朝日	西北版	1929-05-19	1	09단	チブスの豫防/保菌者調べて絶滅を期する
171519	朝鮮朝日	西北版	1929-05-19	1	10단	降雨續きに農家大弱り
171520	朝鮮朝日	西北版	1929-05-19	1	10단	朝鮮人脚戲大會
171521	朝鮮朝日	西北版	1929-05-19	1	10단	僞造貸發見
171522	朝鮮朝日	西北版	1929-05-19	1	10단	全鮮ア式/蹴球大會
171523	朝鮮朝日	西北版	1929-05-19	1	10단	鎭南浦の庭球戰
171524	朝鮮朝日	西北版	1929-05-19	1	10단	人(山口宇造氏(鎭南浦高等女學校長))
171525	朝鮮朝日	西北版	1929-05-19	1	10단	日中映寫の出來る/完全な映寫幕發明さる/美國製よりも遙かに成績がよい/總督府科學館奧利秀氏のお手柄
171526	朝鮮朝日	南鮮版	1929-05-19	1	01단	氣乘の薄い/京城の學議選擧/期日切迫に拘はらず候補者數名に過ぎぬ
171527	朝鮮朝日	南鮮版	1929-05-19	1	01단	大邱學組議員選擧/期日の切迫で競爭白熱化す
171528	朝鮮朝日	南鮮版	1929-05-19	1	01단	群山學議戰/氣乘がうすい
171529	朝鮮朝日	南鮮版	1929-05-19	1	01단	朝鮮博覽會に稅關出張所/保稅倉庫も設く
171530	朝鮮朝日	南鮮版	1929-05-19	1	01단	不良大豆粕の一掃を圖る
171531	朝鮮朝日	南鮮版	1929-05-19	1	02단	新銳機操縱の練習を行ふ
171532	朝鮮朝日	南鮮版	1929-05-19	1	02단	十七日から開かれた司法官會議
171533	朝鮮朝日	南鮮版	1929-05-19	1	02단	九府議は辭表撤回/松井府尹の勸說を容れ
171534	朝鮮朝日	南鮮版	1929-05-19	1	03단	預金が減じ貸出がふえる
171535	朝鮮朝日	南鮮版	1929-05-19	1	03단	貯蓄銀行は豫定通り開業する/本店は殖銀內に置く/發起人會議できまる
171536	朝鮮朝日	南鮮版	1929-05-19	1	03단	失格學議の議事參與で決議に疑義生ず
171537	朝鮮朝日	南鮮版	1929-05-19	1	04단	釜山府協議會
171538	朝鮮朝日	南鮮版	1929-05-19	1	04단	航空稅關所
171539	朝鮮朝日	南鮮版	1929-05-19	1	04단	俳句/鈴木花蓑選
171540	朝鮮朝日	南鮮版	1929-05-19	1	04단	十五萬圓で工事を起す/朝博京城協贊會
171541	朝鮮朝日	南鮮版	1929-05-19	1	05단	勤農共濟組合/認可となる

일련번호	판명		간행일	면	단수	기사명
171542	朝鮮朝日	南鮮版	1929-05-19	1	05단	計理課長は兼務
171543	朝鮮朝日	南鮮版	1929-05-19	1	05단	雫の聲
171544	朝鮮朝日	南鮮版	1929-05-19	1	05단	海外發展講演會
171545	朝鮮朝日	南鮮版	1929-05-19	1	05단	『顚覆責任者の技術は拙劣であったゝめあの事故を惹き起した』石甲童運轉手は近く起訴されん
171546	朝鮮朝日	南鮮版	1929-05-19	1	05단	新築落成した大邱醫院本館の一部
171547	朝鮮朝日	南鮮版	1929-05-19	1	06단	朝鮮米商標の登錄を受け惡辣なる內地商人の商標濫用を防止する
171548	朝鮮朝日	南鮮版	1929-05-19	1	06단	電話開通豫定數/本年度總數九百餘口に達す
171549	朝鮮朝日	南鮮版	1929-05-19	1	06단	近く江界に血淸貯藏所
171550	朝鮮朝日	南鮮版	1929-05-19	1	06단	降雨續きに農家大弱り
171551	朝鮮朝日	南鮮版	1929-05-19	1	07단	李軫鎬氏を中心とする/贈賄事件公判
171552	朝鮮朝日	南鮮版	1929-05-19	1	07단	涙を呑んで候補斷念/餘り費用が入り過ぎるので
171553	朝鮮朝日	南鮮版	1929-05-19	1	07단	總督秘書官は近藤氏にきまる若手でチャキチャキの手腕家として知らる
171554	朝鮮朝日	南鮮版	1929-05-19	1	08단	旅行期も過ぎて早くも夏枯れ/釜山埠頭次第に寂る/今年は關西地方以西の學生團が特に多かった
171555	朝鮮朝日	南鮮版	1929-05-19	1	08단	南鮮沿岸で鯖豊漁/運搬しきれぬといふ好景氣
171556	朝鮮朝日	南鮮版	1929-05-19	1	08단	元妓生の宅へ强盜押入る
171557	朝鮮朝日	南鮮版	1929-05-19	1	08단	强盜捕まる
171558	朝鮮朝日	南鮮版	1929-05-19	1	09단	一戶當り五千圓/干拓事業地移民に補助する
171559	朝鮮朝日	南鮮版	1929-05-19	1	09단	筏をぬすむ
171560	朝鮮朝日	南鮮版	1929-05-19	1	10단	僞造貨發見
171561	朝鮮朝日	南鮮版	1929-05-19	1	10단	手におへぬ/不良靑年送局
171562	朝鮮朝日	南鮮版	1929-05-19	1	10단	起訴中止の放火被疑者/再び調べらる
171563	朝鮮朝日	南鮮版	1929-05-19	1	10단	密航支那人/釜山に向け送還
171564	朝鮮朝日	南鮮版	1929-05-19	1	10단	運動界(全鮮ア式蹴球大會/殖銀遂に勝つ)
171565	朝鮮朝日	南鮮版	1929-05-19	1	10단	會(京城鳥取縣人會)
171566	朝鮮朝日	南鮮版	1929-05-19	1	10단	人(田中館愛橋博士/櫻井鎭海要塞司令官/美座慶南警察部長)
171567	朝鮮朝日	南鮮版	1929-05-19	1	10단	村の燈台/完備を誇る共同耕作組合その組織と事業內容/岡山縣高松部落
171568	朝鮮朝日	西北・南鮮版	1929-05-19	2	01단	規模廣大なる/一大運動場/公園と共に計劃さる/全州に運動熱勃興す
171569	朝鮮朝日	西北・南鮮版	1929-05-19	2	01단	馬鈴薯王國
171570	朝鮮朝日	西北・南鮮版	1929-05-19	2	02단	醫學講習所の改造を計劃
171571	朝鮮朝日	西北・南鮮版	1929-05-19	2	03단	江原道春蠶
171572	朝鮮朝日	西北・南鮮版	1929-05-19	2	04단	全北旱害民/十萬六千餘人

일련번호	판명		간행일	면	단수	기사명
171573	朝鮮朝日	西北・南鮮版	1929-05-19	2	04단	育離競技會/褒賞授與式
171574	朝鮮朝日	西北・南鮮版	1929-05-19	2	04단	咸南道の蟹罐詰業/その將來を有望視さる/內地の二の舞を踏まぬために工場の許可制度で進んで行く
171575	朝鮮朝日	西北版	1929-05-21	1	01단	郡廳の役人が全部買占め/その專橫を指彈さる/陳列館備品公賣問題
171576	朝鮮朝日	西北版	1929-05-21	1	01단	巡回して機業講習/平南道各地に企業熱勃興す
171577	朝鮮朝日	西北版	1929-05-21	1	01단	學生主唱の農村振興會
171578	朝鮮朝日	西北版	1929-05-21	1	01단	南浦築港起工式/委員を選定して準備に着手
171579	朝鮮朝日	西北版	1929-05-21	1	01단	海軍記念祝典
171580	朝鮮朝日	西北版	1929-05-21	1	02단	台所用品展/好評を博す
171581	朝鮮朝日	西北版	1929-05-21	1	02단	雄基に到着した武藤特命檢閱使
171582	朝鮮朝日	西北版	1929-05-21	1	02단	私財を投じて窮民を救濟
171583	朝鮮朝日	西北版	1929-05-21	1	03단	琿春公安局が巡官を整理
171584	朝鮮朝日	西北版	1929-05-21	1	03단	俸給生活者が聯盟を造り/學議候補を豫選
171585	朝鮮朝日	西北版	1929-05-21	1	03단	平壤より
171586	朝鮮朝日	西北版	1929-05-21	1	04단	西日社記念自祝
171587	朝鮮朝日	西北版	1929-05-21	1	04단	咸南道産業の撮影を開始
171588	朝鮮朝日	西北版	1929-05-21	1	04단	野菜類の洗滌を當業者に命じ傳染病を豫防
171589	朝鮮朝日	西北版	1929-05-21	1	04단	樞要地として必要である/兵器貯藏說に對し/中村旅團長はかたる
171590	朝鮮朝日	西北版	1929-05-21	1	04단	豫期以上の效果を收めた/大同江改修に關し/陳情委員の歸來談
171591	朝鮮朝日	西北版	1929-05-21	1	04단	靑葉の頃/とても美しい初夏の牡丹台
171592	朝鮮朝日	西北版	1929-05-21	1	05단	盤龍山公園の整備を急ぐ
171593	朝鮮朝日	西北版	1929-05-21	1	06단	安東金組設立委員きまる
171594	朝鮮朝日	西北版	1929-05-21	1	06단	農場重役が道廳に出頭/謝意を表す
171595	朝鮮朝日	西北版	1929-05-21	1	06단	新義州府協議會
171596	朝鮮朝日	西北版	1929-05-21	1	07단	咸興水利組合/理事きまる
171597	朝鮮朝日	西北版	1929-05-21	1	07단	初夏の今から水が不足し/盛夏になれば給水を制限せねばなるまい
171598	朝鮮朝日	西北版	1929-05-21	1	07단	安東筆友會例會
171599	朝鮮朝日	西北版	1929-05-21	1	08단	視察校長死亡す
171600	朝鮮朝日	西北版	1929-05-21	1	08단	賭博の大檢擧/鮮支人數十名逮捕さる
171601	朝鮮朝日	西北版	1929-05-21	1	08단	縊死體を發見す
171602	朝鮮朝日	西北版	1929-05-21	1	08단	病氣の子供を鍼で死なす
171603	朝鮮朝日	西北版	1929-05-21	1	08단	平壤二人斬の被疑者逮捕
171604	朝鮮朝日	西北版	1929-05-21	1	08단	僞造貨發見
171605	朝鮮朝日	西北版	1929-05-21	1	09단	四人がかりで毆りのめす

일련번호	판명		간행일	면	단수	기사명
171606	朝鮮朝日	西北版	1929-05-21	1	09단	大阪方面から大豆の注文來る/投げ賣の報傳はって百卅車の手合せを見る
171607	朝鮮朝日	西北版	1929-05-21	1	09단	巧みな言葉で惡事を働く
171608	朝鮮朝日	西北版	1929-05-21	1	09단	友人の眼の前で投身自殺す
171609	朝鮮朝日	西北版	1929-05-21	1	09단	因緣をつけて罰金を徵收
171610	朝鮮朝日	西北版	1929-05-21	1	09단	氣腫疽注射を三年間繼續
171611	朝鮮朝日	西北版	1929-05-21	1	10단	罰金を値切る
171612	朝鮮朝日	西北版	1929-05-21	1	10단	運動界(咸興弓道會/平壤ゴルフのカップ競技豫定/元山のマラソン)
171613	朝鮮朝日	西北版	1929-05-21	1	10단	もよほし(松井博士の講演會)
171614	朝鮮朝日	西北版	1929-05-21	1	10단	瓦電總會またも三十一日まで延期 其間値上交涉を進める 一部の株主から否決の意見出る/誠意のない態度を憤慨す 正當の手續をとれば府尹が申込に應ずる/相變らず大盛況 期成會主催掉尾の府民大會
171615	朝鮮朝日	南鮮版	1929-05-21	1	01단	大邱辯護士總會
171616	朝鮮朝日	南鮮版	1929-05-21	1	01단	仁川學組費の賦課案可決
171617	朝鮮朝日	南鮮版	1929-05-21	1	02단	『朝鮮卽日本帝國』この意識を明確に喚起したことが嬉しい/拓殖省官制反對運動委員たちが目的貫徹の喜びに浸り交々語る
171618	朝鮮朝日	南鮮版	1929-05-21	1	02단	授産補助を整理し一種の經濟自治運動を起す
171619	朝鮮朝日	南鮮版	1929-05-21	1	03단	全北道の簡閱點呼
171620	朝鮮朝日	南鮮版	1929-05-21	1	03단	朝博出品牛の比較審査
171621	朝鮮朝日	南鮮版	1929-05-21	1	03단	內地常設館で朝博を宣傳
171622	朝鮮朝日	南鮮版	1929-05-21	1	04단	鹽の專賣制を斷行すべく目下極力調査を急ぐ/社會政策的見地から
171623	朝鮮朝日	南鮮版	1929-05-21	1	04단	學校の騷動は平靜に歸す/停退學生處分解除の訓令に感激したゝめ
171624	朝鮮朝日	南鮮版	1929-05-21	1	04단	旱害地巡回診療
171625	朝鮮朝日	南鮮版	1929-05-21	1	05단	燈標設置の要望熾烈/關係會社が近く運動を起す
171626	朝鮮朝日	南鮮版	1929-05-21	1	06단	大邱醫院の新築落成式
171627	朝鮮朝日	南鮮版	1929-05-21	1	06단	仁川協贊會/設立準備を急ぐ
171628	朝鮮朝日	南鮮版	1929-05-21	1	06단	總督府辭令
171628	朝鮮朝日	南鮮版	1929-05-21	1	06단	處罰の方法が正當でないと父兄が騷ぐ
171629	朝鮮朝日	南鮮版	1929-05-21	1	07단	戰ひいよいよ佳境に入る/各軍持前の冴を見す京城實業野球聯盟戰(接戰の結果 遞信勝つ 四A對三にて鐵道軍惜敗す/接戰また接戰 遂に勝負つ
171630	朝鮮朝日	南鮮版	1929-05-21	1	07단	かず日沒で戰ひ中止さる 京電對府廳第二回戰)
171631	朝鮮朝日	南鮮版	1929-05-21	1	07단	代表軍艦を鎭海に廻航/除幕式に參列

일련번호	판명		간행일	면	단수	기사명
171632	朝鮮朝日	南鮮版	1929-05-21	1	08단	剃刀を振廻し/暴れ散らす
171633	朝鮮朝日	南鮮版	1929-05-21	1	08단	妻子殺しに三年求刑/哀れな身の上話に泣かさる
171634	朝鮮朝日	南鮮版	1929-05-21	1	08단	火藥を盜んで密漁を働く水揚が多過ぎた〻めつひに惡事が露見す
171635	朝鮮朝日	南鮮版	1929-05-21	1	09단	旅費に窮して貨車に乘る
171636	朝鮮朝日	南鮮版	1929-05-21	1	09단	罰金を値切る
171637	朝鮮朝日	南鮮版	1929-05-21	1	09단	風水子の言を正直に信じ/他人の墓を毀す
171638	朝鮮朝日	南鮮版	1929-05-21	1	09단	本紙創刊五十周年記念映畫『朝日は輝く』活寫會
171639	朝鮮朝日	南鮮版	1929-05-21	1	09단	商品券を改竄詐欺を働く
171640	朝鮮朝日	南鮮版	1929-05-21	1	10단	益山郡體協の各種の記念試合
171641	朝鮮朝日	南鮮版	1929-05-21	1	10단	人(池田長康男(貴族院議員)/笠井値三博士/松井茂博士/松村乙二大佐/迫間一男氏(釜山實業家)/各府縣在鄕軍人團)
171642	朝鮮朝日	南鮮版	1929-05-21	1	10단	半島茶話
171643	朝鮮朝日	南鮮版	1929-05-21	1	10단	半島の代表的歌人が久しぶりに相會し/歌話や批評でにぎはふ/本社京城支局主催全鮮短歌大會
171644	朝鮮朝日	西北・南鮮版	1929-05-21	2	01단	*白刃を包んだ 脅迫狀にも等しい番人の居らない踏切 涙ぐましい機關乘務員の舊鬪 機關車運轉の實際を見て/司法關係者の機關車試乘*
171645	朝鮮朝日	西北・南鮮版	1929-05-21	2	03단	京城放送局の理事會召集
171646	朝鮮朝日	西北・南鮮版	1929-05-21	2	04단	愈特惠關稅は廢止となる/外務省から總督府へ悲觀すべき通知來る
171647	朝鮮朝日	西北・南鮮版	1929-05-21	2	05단	慶南の名刹通度寺に華嚴曼陀羅/權田大僧正が發見す
171648	朝鮮朝日	西北・南鮮版	1929-05-21	2	05단	金剛山電氣が拂込を計劃
171649	朝鮮朝日	西北・南鮮版	1929-05-21	2	06단	女子高等學院が近く京城に生れる設立認可あり次第開校/本年はまづ卅六名の募集を行ふ
171649	朝鮮朝日	西北版	1929-05-22	1	01단	支那勞働者に壓倒される朝鮮勞働者のために適
171650	朝鮮朝日	西北版	1929-05-22	1	01단	當な方法研究さる
171651	朝鮮朝日	西北版	1929-05-22	1	01단	平壤學議戰終る競爭激甚の跡を示す
171652	朝鮮朝日	西北版	1929-05-22	1	01단	北滿地方の林業有望/斯業者の視察を大に獎勵す
171653	朝鮮朝日	西北版	1929-05-22	1	01단	新義州繁榮會マーケット
171654	朝鮮朝日	西北版	1929-05-22	1	01단	スッポンと鰻で大喜び木下長官安東へ
171655	朝鮮朝日	西北版	1929-05-22	1	02단	身體はこまいが膽がふとくて細心な人/高等官三等を棒にふり殖銀の理事となった植野勳クン
171655	朝鮮朝日	西北版	1929-05-22	1	02단	平北中等校の雄辯大會
171656	朝鮮朝日	西北版	1929-05-22	1	02단	咸興水利の起債と償還方法決る(工事費繼續年
171657	朝鮮朝日	西北版	1929-05-22	1	03단	期および支出方法/起債に關する件)
171658	朝鮮朝日	西北版	1929-05-22	1	03단	金組の活動を普遍的ならしむ獨立組合や出張所

일련번호	판명		간행일	면	단수	기사명
171658	朝鮮朝日	西北版	1929-05-22	1	03단	を平北道各地に設ける
171659	朝鮮朝日	西北版	1929-05-22	1	04단	俳句/鈴木花蓑選
171660	朝鮮朝日	西北版	1929-05-22	1	04단	安東沿線滿鐵家族慰安會
171661	朝鮮朝日	西北版	1929-05-22	1	05단	南浦外岩浦間海底線故障
171662	朝鮮朝日	西北版	1929-05-22	1	05단	木材荷揚場の擴張を陳情
171663	朝鮮朝日	西北版	1929-05-22	1	05단	餘り振はぬ安東の木材界/新義州方面の安賣がぐっとこたへた結果
171664	朝鮮朝日	西北版	1929-05-22	1	05단	十七日城津着の航空撮影機と搭乗者
171665	朝鮮朝日	西北版	1929-05-22	1	06단	新義州小學校新築落成式と高女開校式
171666	朝鮮朝日	西北版	1929-05-22	1	06단	東京大商店の見本展示會
171667	朝鮮朝日	西北版	1929-05-22	1	06단	武藤大將の詠草
171668	朝鮮朝日	西北版	1929-05-22	1	07단	農業補習校を二箇所に設置し農村中堅青年を養成/平南道の懸案解決す
171669	朝鮮朝日	西北版	1929-05-22	1	07단	山本滿鐵社長近く來北か
171670	朝鮮朝日	西北版	1929-05-22	1	07단	木材商組合組織變更/重要物産同業組合令により
171671	朝鮮朝日	西北版	1929-05-22	1	07단	グチは豊漁
171672	朝鮮朝日	西北版	1929-05-22	1	08단	內地中等校の鮮滿視察ふえる
171673	朝鮮朝日	西北版	1929-05-22	1	08단	窮迫農民が救濟を出願
171674	朝鮮朝日	西北版	1929-05-22	1	08단	牡丹台野話
171675	朝鮮朝日	西北版	1929-05-22	1	08단	二人斬りの事實わかる
171676	朝鮮朝日	西北版	1929-05-22	1	09단	煙草代りに木の皮をすふ
171677	朝鮮朝日	西北版	1929-05-22	1	09단	不二小作人續々調印す
171678	朝鮮朝日	西北版	1929-05-22	1	09단	日本一の氣樂者/目的なしにフラフラと來鮮
171679	朝鮮朝日	西北版	1929-05-22	1	09단	巡査斬犯人遂に捕はる
171680	朝鮮朝日	西北版	1929-05-22	1	10단	平安漁業會社紛擾を起す
171681	朝鮮朝日	西北版	1929-05-22	1	10단	またも盗伐
171682	朝鮮朝日	西北版	1929-05-22	1	10단	運動界(平壤實業軍勝つ/安東滿倶軍勝つ)
171683	朝鮮朝日	西北版	1929-05-22	1	10단	もよほし(新義州のレコードコンサート)
171684	朝鮮朝日	西北版	1929-05-22	1	10단	女子高等學院が近く京城に生れる設立認可あり次第開校/本年はまづ卅六名の募集を行ふ
171685	朝鮮朝日	南鮮版	1929-05-22	1	01단	廿四時間制の採用を提案/ハルビンで開催する/鐵道時刻表打合會議
171686	朝鮮朝日	南鮮版	1929-05-22	1	01단	初生雛の自給自足/注文殺到して成績頗るよい
171687	朝鮮朝日	南鮮版	1929-05-22	1	01단	供給過多から價格低減す/昨年の鹽需給
171688	朝鮮朝日	南鮮版	1929-05-22	1	01단	河東電氣が事業を擴張
171688	朝鮮朝日	南鮮版	1929-05-22	1	01단	京城放送局の朝鮮博デー
171689	朝鮮朝日	南鮮版	1929-05-22	1	02단	身體はこまいが膽がふとくて細心な人/高等官
171690	朝鮮朝日	南鮮版	1929-05-22	1	02단	三等を棒にふり殖銀の理事となった植野勳クン
171691	朝鮮朝日	南鮮版	1929-05-22	1	02단	俳句/鈴木花蓑選

일련번호	판명		간행일	면	단수	기사명
171692	朝鮮朝日	南鮮版	1929-05-22	1	03단	移動小作權の復活を陳情
171693	朝鮮朝日	南鮮版	1929-05-22	1	03단	黑田保久二入城
171694	朝鮮朝日	南鮮版	1929-05-22	1	03단	お茶のあと
171695	朝鮮朝日	南鮮版	1929-05-22	1	04단	*學議選擧はじまる　まづ四箇所皮切をなす　いづれも競爭激甚の跡を物語る/期日の切迫で候補者續出　競爭漸く激しくなる　釜山の學組議員選擧*
171696	朝鮮朝日	南鮮版	1929-05-22	1	04단	青い鳥/釜山一記者
171697	朝鮮朝日	南鮮版	1929-05-22	1	05단	拓殖省官制の一部を撤回/總督の上奏御裁可は拓相の權限と無關係
171698	朝鮮朝日	南鮮版	1929-05-22	1	05단	北滿地方の林業有望/斯業者の視察を大に獎勵す
171699	朝鮮朝日	南鮮版	1929-05-22	1	07단	旱魃被害地に代用作を獎勵し豫想外の成功を收む/今後も大に獎勵す
171700	朝鮮朝日	南鮮版	1929-05-22	1	07단	金組理事長會議
171701	朝鮮朝日	南鮮版	1929-05-22	1	08단	咸陽水電は不許可となる
171702	朝鮮朝日	南鮮版	1929-05-22	1	08단	日本一の氣樂者/目的なしにフラフラと來鮮
171703	朝鮮朝日	南鮮版	1929-05-22	1	08단	公金拐帶者が釜山に潛入
171704	朝鮮朝日	南鮮版	1929-05-22	1	08단	裡里の小火
171705	朝鮮朝日	南鮮版	1929-05-22	1	08단	身重の女が自殺を企つ
171706	朝鮮朝日	南鮮版	1929-05-22	1	08단	キネマ便り(東亞倶樂部)
171707	朝鮮朝日	南鮮版	1929-05-22	1	09단	二十五萬圓で運合會社を創立/湖南線の運輸を統制/群山に事務所を設く
171708	朝鮮朝日	南鮮版	1929-05-22	1	09단	モルモットが姿をあらはさず係員大いにてこずる/釜山港のペスト豫防
171709	朝鮮朝日	南鮮版	1929-05-22	1	09단	巡査斬犯人遂に捕はる
171710	朝鮮朝日	南鮮版	1929-05-22	1	09단	脅迫少年を檢事局送り
171711	朝鮮朝日	南鮮版	1929-05-22	1	09단	本紙創刊五十周年記念映畫『朝日は輝く』活寫會
171712	朝鮮朝日	南鮮版	1929-05-22	1	09단	中學校長の娘を誘拐す
171713	朝鮮朝日	南鮮版	1929-05-22	1	10단	煙草代りに木の皮をすふ
171714	朝鮮朝日	南鮮版	1929-05-22	1	10단	人(石川二十師團軍醫部長/石川定氏(釜山府協議員)/大分實業生五十五名/熊本天草教育會員/岡山縣津山商業五十七名/群山中學生二十八名)
171715	朝鮮朝日	南鮮版	1929-05-22	1	10단	名物十字にひらく鴨綠江の鐵橋
171716	朝鮮朝日	西北・南鮮版	1929-05-22	2	01단	村の燈台/鼈沙と鷺糞を乳牛の飼料/乳質も良く
171716	朝鮮朝日	西北・南鮮版	1929-05-22	2	01단	分泌量も增す/酪農を有利に經營
171717	朝鮮朝日	西北・南鮮版	1929-05-22	2	01단	雫の聲
171718	朝鮮朝日	西北・南鮮版	1929-05-22	2	01단	火田民の整理方針/大體きまり近く實行に着手
171719	朝鮮朝日	西北・南鮮版	1929-05-22	2	02단	大邱共同基地擴張を行ふ
171720	朝鮮朝日	西北・南鮮版	1929-05-22	2	03단	全道を擧げて松毛蟲退治
171721	朝鮮朝日	西北・南鮮版	1929-05-22	2	03단	規則を改正し鰯油を檢査

일련번호	판명		간행일	면	단수	기사명
171722	朝鮮朝日	西北・南鮮版	1929-05-22	2	03단	南鮮弓術大會
171723	朝鮮朝日	西北・南鮮版	1929-05-22	2	04단	公職者の懇談會
171724	朝鮮朝日	西北・南鮮版	1929-05-22	2	04단	郵便爲替及び振替貯金取組高
171725	朝鮮朝日	西北・南鮮版	1929-05-22	2	04단	煙草賣上高
171726	朝鮮朝日	西北・南鮮版	1929-05-22	2	04단	新義州大阪線存續を陳情
171727	朝鮮朝日	西北・南鮮版	1929-05-22	2	04단	朝鮮では最初の搬送式電話を裝置/通話輻湊が緩和できる著しく便利となる平壤、京城間
171728	朝鮮朝日	西北版	1929-05-23	1	01단	三道浪頭築港有望となる/滿鐵社長の明言から安東に喜色みなぎる
171729	朝鮮朝日	西北版	1929-05-23	1	01단	清津府廳舍愈新築/公會堂は反對者があり未定
171730	朝鮮朝日	西北版	1929-05-23	1	01단	安東輸入組合總會
171731	朝鮮朝日	西北版	1929-05-23	1	02단	龍井消防夏季演習
171732	朝鮮朝日	西北版	1929-05-23	1	02단	經濟界新人の解剖台（２）/口も手も共に八丁苦勞は修業濟み但聊か勇氣に乏しい/東拓事業部主任上田文三郎君
171733	朝鮮朝日	西北版	1929-05-23	1	02단	標識鱒を放流す
171734	朝鮮朝日	西北版	1929-05-23	1	03단	俳句/鈴木花蓑選
171735	朝鮮朝日	西北版	1929-05-23	1	03단	新義州局の電話割當數
171736	朝鮮朝日	西北版	1929-05-23	1	03단	大同江驛の擴張を行ふ
171737	朝鮮朝日	西北版	1929-05-23	1	03단	平南三箇所に漁業組合を新設
171738	朝鮮朝日	西北版	1929-05-23	1	04단	平壤より
171739	朝鮮朝日	西北版	1929-05-23	1	04단	豆粕が惡いと突き込まる/平北から安東貿易にいたい警告文きたる
171740	朝鮮朝日	西北版	1929-05-23	1	04단	小野田セメント會社の咸南製造工場
171741	朝鮮朝日	西北版	1929-05-23	1	05단	郡守と署長の會議を開く
171742	朝鮮朝日	西北版	1929-05-23	1	05단	金組理事の朝鮮語試驗
171743	朝鮮朝日	西北版	1929-05-23	1	06단	不正漁業者跋扈す/近く取締船が出動一掃する
171743	朝鮮朝日	西北版	1929-05-23	1	06단	不眼不休の活動續けつひに一味を逮捕す/共産
171744	朝鮮朝日	西北版	1929-05-23	1	06단	黨員の檢擧徑路
171745	朝鮮朝日	西北版	1929-05-23	1	06단	牡丹台野話
171746	朝鮮朝日	西北版	1929-05-23	1	07단	青葉の頃/無くてはならぬ平壤の飛行聯隊
171747	朝鮮朝日	西北版	1929-05-23	1	07단	強盜、殺人、放火等兇暴を逞しうした李應瑞檢事局へ送らる/齋藤總督一行を狙擊した不逞漢
171748	朝鮮朝日	西北版	1929-05-23	1	07단	不時着陸してトンボ返る
171749	朝鮮朝日	西北版	1929-05-23	1	09단	製鋼所設置の陳情を行ふ/新義州會議所會頭が山本滿鐵社長を訪ひ
171750	朝鮮朝日	西北版	1929-05-23	1	09단	七種差稅から密輸ふえる
171751	朝鮮朝日	西北版	1929-05-23	1	10단	金錢問題からなぐり殺す
171752	朝鮮朝日	西北版	1929-05-23	1	10단	元山に痘瘡

일련번호	판명		간행일	면	단수	기사명
171753	朝鮮朝日	西北版	1929-05-23	1	10단	張宗昌の部下逃走し來る/鮮內潛入を警戒
171754	朝鮮朝日	西北版	1929-05-23	1	10단	平壤の競馬
171755	朝鮮朝日	西北版	1929-05-23	1	10단	新義州の除隊兵
171756	朝鮮朝日	西北版	1929-05-23	1	10단	運動界(三井カップの爭奪ゴルフ豫選)
171757	朝鮮朝日	西北版	1929-05-23	1	10단	誠意がないとて續々休燈を申込む　會社の態度注目を惹く　期成會員遂に疳癪玉を破裂さす/羽田委員長の眞意疑はるいよいよよあす來鮮し知事府尹と會見する/期成會は樂觀す卽決否決し得ないだらうと/まづ滯納金の督促を行ひ應じねば消燈
171758	朝鮮朝日	南鮮版	1929-05-23	1	01단	京東鐵道揉める/水原株主は總會無效を唱へ
171759	朝鮮朝日	南鮮版	1929-05-23	1	01단	諺文綴字法の改正を計劃
171760	朝鮮朝日	南鮮版	1929-05-23	1	02단	慶南の春蠶/掃立ふえる
171761	朝鮮朝日	南鮮版	1929-05-23	1	02단	經濟界新人の解剖台(2)/口も手も共に八丁苦勞は修業濟み但聊か勇氣に乏しい/東拓事業部主任上田文三郎君
171762	朝鮮朝日	南鮮版	1929-05-23	1	02단	煙草元賣捌の配當は一割
171763	朝鮮朝日	南鮮版	1929-05-23	1	03단	お茶のあと
171764	朝鮮朝日	南鮮版	1929-05-23	1	03단	每月三十日に朝博を宣傳
171765	朝鮮朝日	南鮮版	1929-05-23	1	04단	『もっと嚴重に警戒されよ』列車妨害事故頻發で鐵道局から警務局へ
171766	朝鮮朝日	南鮮版	1929-05-23	1	04단	京城の學生消費組合禁止を命ぜらる協同組合の運動に對し警察官憲の眼がやうやく光り出す
171767	朝鮮朝日	南鮮版	1929-05-23	1	04단	關釜連絡船當分二隻で運航
171768	朝鮮朝日	南鮮版	1929-05-23	1	05단	總督府辭令
171769	朝鮮朝日	南鮮版	1929-05-23	1	05단	共鳴團を利用し全南の富豪に脅迫狀を送る
171770	朝鮮朝日	南鮮版	1929-05-23	1	06단	俳句/鈴木花蓑選
171770	朝鮮朝日	南鮮版	1929-05-23	1	06단	巡査サンの試驗/大學卒業生は全部落第/中等小
171771	朝鮮朝日	南鮮版	1929-05-23	1	06단	學卒業の成績が一番よい/內地方面からの應募が多かった
171772	朝鮮朝日	南鮮版	1929-05-23	1	06단	新候補續々と名乘をあぐ戰愈自熱化してきた/釜山の學組議員選擧
171773	朝鮮朝日	南鮮版	1929-05-23	1	06단	小野田セメント會社の咸南製造工場
171774	朝鮮朝日	南鮮版	1929-05-23	1	07단	電車顚覆の責任者起訴
171775	朝鮮朝日	南鮮版	1929-05-23	1	07단	ピストル强盗起訴さる
171776	朝鮮朝日	南鮮版	1929-05-23	1	07단	釜山から下關に向け傳書鳩を放つ五時間足らずで着く
171777	朝鮮朝日	南鮮版	1929-05-23	1	08단	二將校の死體方魚津沖で發見/濟州島沖で遭難
171778	朝鮮朝日	南鮮版	1929-05-23	1	08단	した/赤城搭載機の乘組員
171779	朝鮮朝日	南鮮版	1929-05-23	1	08단	殉職踏切番の遺族に義金

일련번호	판명		간행일	면	단수	기사명
171780	朝鮮朝日	南鮮版	1929-05-23	1	09단	全州高普校に不穩の氣分漲る/五名の退學處分から學校の處置を憤慨し
171781	朝鮮朝日	南鮮版	1929-05-23	1	09단	二等飛行士の操縱試驗に合格
171782	朝鮮朝日	南鮮版	1929-05-23	1	09단	自宅に放火/保險金欲しさに
171783	朝鮮朝日	南鮮版	1929-05-23	1	09단	本紙創刊五十周年記念映畵『朝日は輝く』活寫會
171784	朝鮮朝日	南鮮版	1929-05-23	1	10단	張宗昌の部下逃走し來る/鮮內潛入を警戒
171785	朝鮮朝日	南鮮版	1929-05-23	1	10단	七種差稅から密輸ふえる
171786	朝鮮朝日	南鮮版	1929-05-23	1	10단	キネマ便り(大正館)
171787	朝鮮朝日	南鮮版	1929-05-23	1	10단	運動界(明大軍を迎へ釜山で試合)
171788	朝鮮朝日	南鮮版	1929-05-23	1	10단	會(第十四回鐵道洋畵展覽會)
171789	朝鮮朝日	南鮮版	1929-05-23	1	10단	人(千葉登美子氏(靑雲流薩摩琵琶演奏家)/松本伊織氏(總督府水産課長)/橋本釜山地方法院長/河村同檢事正/澤山寅彦氏(釜山實業家)/畑俊六少將)
171790	朝鮮朝日	西北・南鮮版	1929-05-23	2	01단	村の燈台/養魚と果樹/成功二人男あやかる村人の勤勉ぶり鳥取縣の松保村
171791	朝鮮朝日	西北・南鮮版	1929-05-23	2	02단	特殊電話制の擴張を計劃
171792	朝鮮朝日	西北・南鮮版	1929-05-23	2	02단	不正肥料商を嚴重に處罰する/あまり圖々しいので殖産局も業をにやす
171793	朝鮮朝日	西北・南鮮版	1929-05-23	2	02단	私立初等校が內容を改善/一面一校に對抗する危機に直面の私立校
171794	朝鮮朝日	西北・南鮮版	1929-05-23	2	03단	平壤郵便局成績
171795	朝鮮朝日	西北・南鮮版	1929-05-23	2	04단	急轉直下妥協成立/群山水産と林兼の合倂問題
171796	朝鮮朝日	西北・南鮮版	1929-05-23	2	04단	忠淸北道の警察官異動
171797	朝鮮朝日	西北・南鮮版	1929-05-23	2	04단	畜産指導員を五道に配置
171798	朝鮮朝日	西北・南鮮版	1929-05-23	2	04단	製絲傳習會
171799	朝鮮朝日	西北・南鮮版	1929-05-23	2	04단	光城水利は試驗に成功
171800	朝鮮朝日	西北・南鮮版	1929-05-23	2	04단	漁撈實習を行ふ
171801	朝鮮朝日	西北・南鮮版	1929-05-23	2	04단	滿洲粟の輸入/ウンと增加
171802	朝鮮朝日	西北版	1929-05-24	1	01단	黃海金剛長壽山
171803	朝鮮朝日	西北版	1929-05-24	1	01단	朝鮮の運送界はつひに二派に分れ對立競爭の狀態に陷る/國際通運系の運送保證會社を創立
171804	朝鮮朝日	西北版	1929-05-24	1	01단	馮玉祥氏に討伐令を發す/中央臨時會から告示
171805	朝鮮朝日	西北版	1929-05-24	1	01단	元山府に民友會/大元山建設の目的で組織す
171806	朝鮮朝日	西北版	1929-05-24	1	01단	平壤局四月の窓口出入額
171807	朝鮮朝日	西北版	1929-05-24	1	02단	候補者は僅に三名/一向氣乘せぬ鎭南浦學議戰
171808	朝鮮朝日	西北版	1929-05-24	1	03단	義州學組議員選擧
171809	朝鮮朝日	西北版	1929-05-24	1	03단	貨物輸送は一般に閑散
171810	朝鮮朝日	西北版	1929-05-24	1	03단	經濟界新人の解剖台(3)/成績の芳しくない會社を蘇生させ四角八面に働き通す/東洋畜産專務

일련번호	판명		간행일	면	단수	기사명
171810	朝鮮朝日	西北版	1929-05-24	1	03단	中村孝二郎君
171811	朝鮮朝日	西北版	1929-05-24	1	04단	起否未定の人達が多い/來月に入ればきまる/新義州學議候補顔觸
171812	朝鮮朝日	西北版	1929-05-24	1	04단	俳句/鈴木花蓑選
171813	朝鮮朝日	西北版	1929-05-24	1	04단	平南道の警官異動/近く廣い範圍で斷行の計劃
171814	朝鮮朝日	西北版	1929-05-24	1	05단	平壤より
171815	朝鮮朝日	西北版	1929-05-24	1	05단	西平壤驛舍近く工事に着手
171816	朝鮮朝日	西北版	1929-05-24	1	05단	地方色豊かな繪葉書をつくる/觀覽者や一般に配る/朝鮮博と平南紹介策
171817	朝鮮朝日	西北版	1929-05-24	1	05단	これから難工事/龍塘浦築港着着として進捗
171818	朝鮮朝日	西北版	1929-05-24	1	06단	牡丹台野話
171819	朝鮮朝日	西北版	1929-05-24	1	06단	海州龍塘浦間道路を擴張
171820	朝鮮朝日	西北版	1929-05-24	1	06단	三成精米所は海岸に建築
171821	朝鮮朝日	西北版	1929-05-24	1	07단	沙里院醫院は愈近く建築
171822	朝鮮朝日	西北版	1929-05-24	1	07단	撮影飛機不時着/機體大破搭乗者二名負傷す
171823	朝鮮朝日	西北版	1929-05-24	1	07단	海州延平島に防波堤を築造する/完城の曉は理想的の船舶避難地帶となる
171824	朝鮮朝日	西北版	1929-05-24	1	08단	靑葉の頃/海の生活をやめ山で土いぢり
171825	朝鮮朝日	西北版	1929-05-24	1	08단	平安北道の春蠶掃立數
171826	朝鮮朝日	西北版	1929-05-24	1	08단	自動車の取締を嚴重にし事故を未然に防ぐ
171827	朝鮮朝日	西北版	1929-05-24	1	08단	新義州高普生十數名引致さる/不穏な企てがばれて連累者增加する模様
171828	朝鮮朝日	西北版	1929-05-24	1	09단	不良朝鮮人二名を捕ふ
171829	朝鮮朝日	西北版	1929-05-24	1	10단	批峴牛市場/東部に移轉か
171830	朝鮮朝日	西北版	1929-05-24	1	10단	平壤にまたも天然痘發生
171831	朝鮮朝日	西北版	1929-05-24	1	10단	橫領した上に娘を誘拐す/惡店員捕まる
171832	朝鮮朝日	西北版	1929-05-24	1	10단	鏡城農學生遂に折れる
171833	朝鮮朝日	西北版	1929-05-24	1	10단	全快しても又逆もどり全鮮のモヒ患者
171834	朝鮮朝日	西北版	1929-05-24	1	10단	もとほし(龍井本町通の町内會)
171835	朝鮮朝日	西北版	1929-05-24	1	10단	人(中村精七郎氏(中村組社長)/川添種一郎氏(鎭南浦商業會議所會頭))
171836	朝鮮朝日	南鮮版	1929-05-24	1	01단	朝鮮の運送界はつひに二派に分れ對立競爭の狀態に陷る/國際通運系の運送保證會社を創立
171836	朝鮮朝日	南鮮版	1929-05-24	1	01단	馮玉祥氏に討伐令を發す/中央臨時會から告示
171837	朝鮮朝日	南鮮版	1929-05-24	1	01단	いつもに似ず愛嬌を振まき漫談の花を咲かせて山梨總督下關を出發
171838	朝鮮朝日	南鮮版	1929-05-24	1	01단	經濟界新人の解剖台(3)/成績の芳しくない會社を蘇生させ四角八面に働き通す/東洋畜産專務中村孝二郎君

일련번호	판명		간행일	면	단수	기사명
171839	朝鮮朝日	南鮮版	1929-05-24	1	02단	寺刹改正令通過す/近く實施して紊亂をふせぐ
171840	朝鮮朝日	南鮮版	1929-05-24	1	03단	俳句/鈴木花蓑選
171841	朝鮮朝日	南鮮版	1929-05-24	1	03단	第十二回穀物大會
171842	朝鮮朝日	南鮮版	1929-05-24	1	03단	金泉高女校/愈よ建設する
171843	朝鮮朝日	南鮮版	1929-05-24	1	04단	續々休燈を申込み反瓦電熱愈よたかまる　會社も延滯料金を支拂はぬ向を遠慮會釋なく斷線消燈を行ふ/さう簡單に片づかない電氣府營問題に關し山梨總督府山で語る
171844	朝鮮朝日	南鮮版	1929-05-24	1	04단	大邱運動場の設計を變更
171845	朝鮮朝日	南鮮版	1929-05-24	1	05단	釜山海事新築移轉
171846	朝鮮朝日	南鮮版	1929-05-24	1	05단	三回に互り流會し釜山府協議員の怠慢を非難
171847	朝鮮朝日	南鮮版	1929-05-24	1	05단	近頃めづらしい主婦學院/浦項に新設する
171848	朝鮮朝日	南鮮版	1929-05-24	1	06단	方魚津で茶毘に鎭海要港部で假葬儀を行ふ
171849	朝鮮朝日	南鮮版	1929-05-24	1	06단	拓務省入りの有力候補者/渡邊、松村、中村三氏がその下馬評にのぼる
171850	朝鮮朝日	南鮮版	1929-05-24	1	06단	十字路/裡里一記者
171851	朝鮮朝日	南鮮版	1929-05-24	1	07단	六本足の畸形牛/香具師に賣る
171852	朝鮮朝日	南鮮版	1929-05-24	1	07단	急進派生徒が穩健派と摑み合ひ果は教員室をも襲ふ/全州高普校の大騷動
171853	朝鮮朝日	南鮮版	1929-05-24	1	07단	自稱少尉が詐欺を働く
171854	朝鮮朝日	南鮮版	1929-05-24	1	08단	子爵を種に四千圓詐取
171855	朝鮮朝日	南鮮版	1929-05-24	1	09단	殺人巡視員に五年の判決
171856	朝鮮朝日	南鮮版	1929-05-24	1	09단	熱湯に落込み幼兒死亡す
171857	朝鮮朝日	南鮮版	1929-05-24	1	09단	飛込み轢死
171858	朝鮮朝日	南鮮版	1929-05-24	1	09단	全快しても又逆もどり全鮮のモヒ患者
171859	朝鮮朝日	南鮮版	1929-05-24	1	10단	橫領した上に娘を誘拐す/惡店員捕まる
171860	朝鮮朝日	南鮮版	1929-05-24	1	10단	鏡城農學生遂に折れる
171861	朝鮮朝日	南鮮版	1929-05-24	1	10단	京電鐵道を破る
171862	朝鮮朝日	南鮮版	1929-05-24	1	10단	人(大野忠北警察部長/土居寬申氏(總督府行刑課長)/土師盛貞氏(遞信局海事課長))
171863	朝鮮朝日	南鮮版	1929-05-24	1	10단	半島茶話
171864	朝鮮朝日	南鮮版	1929-05-24	1	10단	經學院の庭/川田順
171865	朝鮮朝日	西北・南鮮版	1929-05-24	2	01단	改正運賃表が見易くなる/愈明年度あたりから
171865	朝鮮朝日	西北・南鮮版	1929-05-24	2	01단	實施のことにならう
171866	朝鮮朝日	西北・南鮮版	1929-05-24	2	01단	氷/今年は多過る/十錢以上には上らぬ見込み
171867	朝鮮朝日	西北・南鮮版	1929-05-24	2	01단	新官里送電工事竣成す
171868	朝鮮朝日	西北・南鮮版	1929-05-24	2	02단	公州刑務所の製品賣行はよい
171869	朝鮮朝日	西北・南鮮版	1929-05-24	2	02단	松毛蟲退治
171870	朝鮮朝日	西北・南鮮版	1929-05-24	2	02단	本月中旬の貨物發送量

일련번호	판명		간행일	면	단수	기사명
171871	朝鮮朝日	西北・南鮮版	1929-05-24	2	02단	『商標の類似は怪しからぬ』内地の醸造業者から嚴重抗議を持込まる
171872	朝鮮朝日	西北・南鮮版	1929-05-24	2	03단	醸造大會と醸造品評會
171873	朝鮮朝日	西北・南鮮版	1929-05-24	2	04단	四月中の郵便貯金
171874	朝鮮朝日	西北・南鮮版	1929-05-24	2	04단	忠南の郡守會議
171875	朝鮮朝日	西北・南鮮版	1929-05-24	2	04단	安東の招魂祭鎭江山表忠碑で行ふ
171876	朝鮮朝日	西北版	1929-05-25	1	01단	全く手も足も出ぬ新事業など思ひもよらぬ緊縮一天張で進むよりほかはない/明年度豫算につき草間財務局長談
171877	朝鮮朝日	西北版	1929-05-25	1	01단	定州宣川の面協議選擧
171878	朝鮮朝日	西北版	1929-05-25	1	02단	選擧氣分逐日濃厚となり淨化運動なども起る/新義州學組議員選擧
171879	朝鮮朝日	西北版	1929-05-25	1	02단	石峴市場は着筏で賑ふ
171880	朝鮮朝日	西北版	1929-05-25	1	03단	石建坪税關の主任更迭す
171881	朝鮮朝日	西北版	1929-05-25	1	04단	新義州魚市場賣上高減る
171882	朝鮮朝日	西北版	1929-05-25	1	04단	第二守備隊の本年滿期兵
171883	朝鮮朝日	西北版	1929-05-25	1	04단	咸興靑訓の熱心に感じ各方面から寄附金を續々として贈り來る
171884	朝鮮朝日	西北版	1929-05-25	1	04단	俳句/鈴木花蓑選
171885	朝鮮朝日	西北版	1929-05-25	1	04단	安東より
171886	朝鮮朝日	西北版	1929-05-25	1	04단	アンペラ小屋は漁夫達の金殿玉樓一夜に百金も散ずる/喧嘩の原因は大概女出入り石首魚漁場延平島の盛漁期
171887	朝鮮朝日	西北版	1929-05-25	1	05단	平壌より
171888	朝鮮朝日	西北版	1929-05-25	1	05단	滿洲修養團の夏季講習會
171889	朝鮮朝日	西北版	1929-05-25	1	05단	平南ビートの發育は良好
171890	朝鮮朝日	西北版	1929-05-25	1	05단	齋藤前總督を狙撃した兇漢李應端/昨紙参照
171891	朝鮮朝日	西北版	1929-05-25	1	05단	沙里院面議の選擧終了す
171892	朝鮮朝日	西北版	1929-05-25	1	06단	玉葱の栽培/好成績を示す
171893	朝鮮朝日	西北版	1929-05-25	1	06단	咸興愛婦の慈善映畫/水害窮民救濟のために催す
171894	朝鮮朝日	西北版	1929-05-25	1	06단	平壌大同江で鵜漁始まる
171895	朝鮮朝日	西北版	1929-05-25	1	07단	革命記念日の設定を布告
171896	朝鮮朝日	西北版	1929-05-25	1	07단	高射砲隊を平壌に設置か/陸軍省軍事課長が來
171896	朝鮮朝日	西北版	1929-05-25	1	07단	壌し調査を行ふ
171897	朝鮮朝日	西北版	1929-05-25	1	07단	本年こそはと自信をもち咸南知事馬野サンが道廳新築を交渉する
171898	朝鮮朝日	西北版	1929-05-25	1	07단	朝鮮人巡査募集
171899	朝鮮朝日	西北版	1929-05-25	1	08단	ニセ賣石を巧みに賣る
171900	朝鮮朝日	西北版	1929-05-25	1	08단	平壌共産黨の第一回公判

일련번호	판명		간행일	면	단수	기사명
171901	朝鮮朝日	西北版	1929-05-25	1	09단	家屋倒壞す
171902	朝鮮朝日	西北版	1929-05-25	1	09단	情婦殺しに四年の求刑
171903	朝鮮朝日	西北版	1929-05-25	1	09단	衛生宣傳の懸賞字探し
171904	朝鮮朝日	西北版	1929-05-25	1	09단	友を蹴殺す
171905	朝鮮朝日	西北版	1929-05-25	1	09단	金と人妻を盜んで逃走
171906	朝鮮朝日	西北版	1929-05-25	1	09단	二人組强盜/家畜と金を奪ふ
171907	朝鮮朝日	西北版	1929-05-25	1	10단	お茶のあと
171908	朝鮮朝日	西北版	1929-05-25	1	10단	『靈地を汚して天變を來す』天候不順で迷信
171909	朝鮮朝日	西北版	1929-05-25	1	10단	矢島遠次郎氏自殺を遂ぐ
171910	朝鮮朝日	西北版	1929-05-25	1	10단	贈賄の求刑
171911	朝鮮朝日	西北版	1929-05-25	1	10단	會(咸南道廳の運動會)
171912	朝鮮朝日	西北版	1929-05-25	1	10단	飽迄六朱還元を根據として主張し價格の吊上交涉を行ふ 羽田委員ら知事、府尹と會見す/不調に終れば買收を辭退する 價額は言明できない 羽田交涉委員は語る/休燈の申込み續々ふえる
171913	朝鮮朝日	南鮮版	1929-05-25	1	01단	なつかしの朝鮮よ(1)/博覽會を見るのもよい事だと思ふ是非一度は行きたい/前總督齋藤實子爵はかたる
171914	朝鮮朝日	南鮮版	1929-05-25	1	01단	釜山學組選擧立會人決る
171915	朝鮮朝日	南鮮版	1929-05-25	1	03단	俳句/鈴木花蓑選
171916	朝鮮朝日	南鮮版	1929-05-25	1	03단	西部日本水産大會/慶南の出席者
171917	朝鮮朝日	南鮮版	1929-05-25	1	03단	釜山幼稚園は存續と決る
171918	朝鮮朝日	南鮮版	1929-05-25	1	04단	全く手も足も出ぬ新事業など思ひもよらぬ緊縮一天張で進むよりほかはない/明年度豫算につき草間財務局長談
171918	朝鮮朝日	南鮮版	1929-05-25	1	04단	『美しく淸く過してくれ』軍隊手帳に記された
171919	朝鮮朝日	南鮮版	1929-05-25	1	05단	渡邊少佐の遺書發見
171920	朝鮮朝日	南鮮版	1929-05-25	1	05단	電話架設の申込殺到/希望をみたすことができぬ
171921	朝鮮朝日	南鮮版	1929-05-25	1	06단	南山ケーブル免許となる株式募集は主として關西方面に力を入る
171922	朝鮮朝日	南鮮版	1929-05-25	1	06단	靑い鳥/釜山一記者
171923	朝鮮朝日	南鮮版	1929-05-25	1	07단	京電が電線の架換を行ふ
171924	朝鮮朝日	南鮮版	1929-05-25	1	07단	池上家から社會事業に寄附
171925	朝鮮朝日	南鮮版	1929-05-25	1	07단	水雲敎々主の誕生日大祭
171926	朝鮮朝日	南鮮版	1929-05-25	1	07단	春川高普生盟休を企つ
171927	朝鮮朝日	南鮮版	1929-05-25	1	08단	京城府營バス車台を增す/五錢均一制度による混雜を緩和するため
171928	朝鮮朝日	南鮮版	1929-05-25	1	08단	朝鮮博輸送打合せ會議
171929	朝鮮朝日	南鮮版	1929-05-25	1	08단	警察側の態度强硬/徹底的不良學生を一掃する

일련번호	판명		간행일	면	단수	기사명
171930	朝鮮朝日	南鮮版	1929-05-25	1	08단	進退谷まって自殺を企つ
171931	朝鮮朝日	南鮮版	1929-05-25	1	08단	阿片密賣の支那人捕る
171932	朝鮮朝日	南鮮版	1929-05-25	1	09단	徑一寸からの大きな雹が降り多數の小鳥類が死ぬ/農作物も殆ど全滅す
171933	朝鮮朝日	南鮮版	1929-05-25	1	09단	キネマ便り(喜樂館)
171934	朝鮮朝日	南鮮版	1929-05-25	1	09단	居直り强盜つひに捕まる
171935	朝鮮朝日	南鮮版	1929-05-25	1	10단	京城府內に狂犬現はる
171936	朝鮮朝日	南鮮版	1929-05-25	1	10단	會(漢陽各校聯合音樂會)
171937	朝鮮朝日	南鮮版	1929-05-25	1	10단	人(吉岡重實氏(釜山府協議員)/加藤灌覺氏(總督府囑託)/羽田彦四郎氏(瓦電株主)/金澤圧三郎博士(東大敎授)/亥角仲藏氏(東津水利組合理事長)/恩田銅吉氏(朝鮮郵船社長))
171938	朝鮮朝日	南鮮版	1929-05-25	1	10단	半島茶話
171939	朝鮮朝日	南鮮版	1929-05-25	1	10단	村の燈台/組合が出來て倉庫も建つ/愛知縣八幡町上平井の副業繩綯ひ
171940	朝鮮朝日	西北・南鮮版	1929-05-25	2	01단	獨力で行ふ國境の縱斷道路關係三郡守が申合す(協定書)
171941	朝鮮朝日	西北・南鮮版	1929-05-25	2	02단	昭和四年度運動年鑑/運動競技規則全集
171942	朝鮮朝日	西北・南鮮版	1929-05-25	2	02단	東海岸に無電局いよいよ明年度豫算に計上
171943	朝鮮朝日	西北・南鮮版	1929-05-25	2	03단	平成電氣會社認可となる
171944	朝鮮朝日	西北・南鮮版	1929-05-25	2	03단	本年度の電話/增設豫定數
171945	朝鮮朝日	西北・南鮮版	1929-05-25	2	04단	各道の農業技術官會議
171946	朝鮮朝日	西北・南鮮版	1929-05-25	2	04단	視學委員學事視察
171947	朝鮮朝日	西北・南鮮版	1929-05-25	2	04단	溫陽溫泉淸遊會
171948	朝鮮朝日	西北・南鮮版	1929-05-25	2	04단	釜山府協議會延會となる
171949	朝鮮朝日	西北版	1929-05-26	1	01단	水源地取入口は北倉の上流と決定/水路を來川方面にとる/最高九千キ口の水力發電ができる
171950	朝鮮朝日	西北版	1929-05-26	1	01단	滿洲粟の輸出餘り振はぬ/新義州稅關の收入は十三萬圓減少を示す
171951	朝鮮朝日	西北版	1929-05-26	1	01단	府勢張擴の諸施設/本年度豫算に追加實施する
171952	朝鮮朝日	西北版	1929-05-26	1	01단	武藤檢閱使咸興に入る
171953	朝鮮朝日	西北版	1929-05-26	1	01단	手小荷物定時檢査/多少の犧牲を忍び實施する
171954	朝鮮朝日	西北版	1929-05-26	1	02단	新義州公立小學校の新築校舍落成式
171955	朝鮮朝日	西北版	1929-05-26	1	02단	滿蒙特設館へ安東材出品
171956	朝鮮朝日	西北版	1929-05-26	1	03단	新義州稅關の鴨綠江岸上濱分所
171957	朝鮮朝日	西北版	1929-05-26	1	03단	學議選擧の紳士協約大ゲサな騷ぎは絶對避ける
171958	朝鮮朝日	西北版	1929-05-26	1	03단	電話寄附開通申請を受理
171959	朝鮮朝日	西北版	1929-05-26	1	04단	黑田大藏次官/安東を視察
171960	朝鮮朝日	西北版	1929-05-26	1	04단	俳句/鈴木花蓑選

일련번호	판명		간행일	면	단수	기사명
171961	朝鮮朝日	西北版	1929-05-26	1	04단	平南道の警官異動/その範圍相當廣汎にわたる
171962	朝鮮朝日	西北版	1929-05-26	1	04단	不正豆粕の調査を行ふ/奧地の製品でなく某油房の生産品か
171963	朝鮮朝日	西北版	1929-05-26	1	04단	淸津無電局の工事遲る/愈通信を始めるのは九月上旬になる見込
171964	朝鮮朝日	西北版	1929-05-26	1	04단	靑葉の頃/機關車勤務員の氣の毒な勤務振
171965	朝鮮朝日	西北版	1929-05-26	1	05단	見物人がふえて來た平壤郊外普通門
171966	朝鮮朝日	西北版	1929-05-26	1	05단	咸南北靑面の面協議選擧
171967	朝鮮朝日	西北版	1929-05-26	1	05단	株式組織の旅館を計劃
171968	朝鮮朝日	西北版	1929-05-26	1	06단	お茶のあと
171969	朝鮮朝日	西北版	1929-05-26	1	06단	小額資金貸付方針を變更
171970	朝鮮朝日	西北版	1929-05-26	1	06단	雄基開港記念祝賀會準備
171971	朝鮮朝日	西北版	1929-05-26	1	07단	海州や支那方面でも惡事の數々を働く驚くべき李應瑞の兇暴/取調の進行につれ舊惡續々と暴露す
171972	朝鮮朝日	西北版	1929-05-26	1	07단	食卓には山海の珍味酌は國境美人/朝鮮博覽會の平北館
171973	朝鮮朝日	西北版	1929-05-26	1	08단	家庭の不和で女學生自殺
171974	朝鮮朝日	西北版	1929-05-26	1	08단	內地人町にも痘瘡發生し極力豫防撲滅に努む平壤府民恐慌を來す
171975	朝鮮朝日	西北版	1929-05-26	1	08단	牡丹台野話
171976	朝鮮朝日	西北版	1929-05-26	1	08단	小林炭鑛の擴張を行ふ
171977	朝鮮朝日	西北版	1929-05-26	1	09단	間島の大豆/植付成績は良好
171978	朝鮮朝日	西北版	1929-05-26	1	09단	ケーソン進水式/淸津築港工事
171979	朝鮮朝日	西北版	1929-05-26	1	10단	小杉德太郎に情ある判決
171980	朝鮮朝日	西北版	1929-05-26	1	10단	役員總出で田植を行ふ
171981	朝鮮朝日	西北版	1929-05-26	1	10단	輯安縣では屠牛を嚴禁
171982	朝鮮朝日	西北版	1929-05-26	1	10단	會社荒しの不良團檢擧
171983	朝鮮朝日	西北版	1929-05-26	1	10단	通行人を轢殺す
171984	朝鮮朝日	西北版	1929-05-26	1	10단	高濱虛子氏來安
171985	朝鮮朝日	西北版	1929-05-26	1	10단	人(平安女學院鮮滿見學團)
171986	朝鮮朝日	西北版	1929-05-26	1	10단	緊張した中にも笑顔を見せて別る 府側は多少讓歩したか急になごやかな空氣が漂ひだす/株主の
171986	朝鮮朝日	西北版	1929-05-26	1	10단	態度を痛烈にコキ御し悲壯な意氣をしめす賑った釜山府民大會/消燈聯盟で大騷ぎ解散を命じ申込書を押收す/香椎社長の歸鮮は時節柄の事とて重大視さる
171987	朝鮮朝日	南鮮版	1929-05-26	1	01단	俳句/鈴木花蓑選
171988	朝鮮朝日	南鮮版	1929-05-26	1	01단	なつかしの朝鮮よ(2)/京城で判らぬ事も東京で

일련번호	판명		간행일	면	단수	기사명
171988	朝鮮朝日	南鮮版	1929-05-26	1	01단	よく判る浪人の醍醐味を味ふ/前總督府學務課長平井三男氏談
171989	朝鮮朝日	南鮮版	1929-05-26	1	02단	漁業組合を增設し漁業權を有效に使用させる
171990	朝鮮朝日	南鮮版	1929-05-26	1	03단	船舶無電の取扱を開始
171991	朝鮮朝日	南鮮版	1929-05-26	1	03단	ラヂオ受信機澄宮殿下に獻上
171992	朝鮮朝日	南鮮版	1929-05-26	1	03단	群山幼兒院の擴張を計劃
171993	朝鮮朝日	南鮮版	1929-05-26	1	04단	內鮮交涉史の現地講習會
171994	朝鮮朝日	南鮮版	1929-05-26	1	04단	林兼が獨力で飛機を用ひ魚群の探檢を計劃し慶南道の諒解を求む
171995	朝鮮朝日	南鮮版	1929-05-26	1	04단	朝鮮消防協會慶北支部發會式
171996	朝鮮朝日	南鮮版	1929-05-26	1	05단	水産會館の地鎮祭執行
171997	朝鮮朝日	南鮮版	1929-05-26	1	05단	釜山穀物延取立會法改善
171998	朝鮮朝日	南鮮版	1929-05-26	1	05단	吳から二機鎮海に向ふ
171999	朝鮮朝日	南鮮版	1929-05-26	1	06단	愈慶州の古墳發掘デビット氏の寄附金により
172000	朝鮮朝日	南鮮版	1929-05-26	1	06단	不渡手形で大詐欺/殖産信託の重役ら調べらる
172001	朝鮮朝日	南鮮版	1929-05-26	1	06단	總督をはじめお歷々衆が田植/全國農民デー當日のプログラム愈きまる
172002	朝鮮朝日	南鮮版	1929-05-26	1	07단	賃金の事から人夫大擧し貨座數を襲ふ
172003	朝鮮朝日	南鮮版	1929-05-26	1	07단	愛兒を殺した犯人を無給で使役し罪の償ひをなさしむ
172004	朝鮮朝日	南鮮版	1929-05-26	1	07단	大邱に雷雨
172005	朝鮮朝日	南鮮版	1929-05-26	1	08단	池に投げ込み繼子を殺す
172006	朝鮮朝日	南鮮版	1929-05-26	1	08단	儒林團の首魁/金昌淑出所
172007	朝鮮朝日	南鮮版	1929-05-26	1	08단	判官席を睨み「死刑は厭だ」實に厭な思ひしたと係の判事達がこぼす
172007	朝鮮朝日	南鮮版	1929-05-26	1	08단	運動界(明大を迎へ釜山で野球戰/府廳軍勝つ/湖南庭球豫選)
172008	朝鮮朝日	南鮮版	1929-05-26	1	09단	
172009	朝鮮朝日	南鮮版	1929-05-26	1	09단	通行人を轢殺す
172010	朝鮮朝日	南鮮版	1929-05-26	1	09단	會社荒しの不良團檢擧
172011	朝鮮朝日	南鮮版	1929-05-26	1	09단	小杉德太郎に情ある判決
172012	朝鮮朝日	南鮮版	1929-05-26	1	10단	便所のない家が多く餘りの事に本町署員も驚く
172013	朝鮮朝日	南鮮版	1929-05-26	1	10단	お茶のあと
172014	朝鮮朝日	南鮮版	1929-05-26	1	10단	人(福原俊丸男(朝鐵副社長)/香椎源太郎氏(瓦電社長))
172014	朝鮮朝日	南鮮版	1929-05-26	1	10단	
172015	朝鮮朝日	南鮮版	1929-05-26	1	10단	半島茶話
172016	朝鮮朝日	南鮮版	1929-05-26	1	10단	全府が泣いてゐるおゝ仁川よどこへ行く/仁川を訪づれて廣瀨生
172017	朝鮮朝日	西北・南鮮版	1929-05-26	2	01단	生命保險契約高內地人に比し朝鮮人がはるかに優勢をしめす

일련번호	판명		간행일	면	단수	기사명
172018	朝鮮朝日	西北・南鮮版	1929-05-26	2	02단	宣傳用英畵『鮮米の聲價』
172019	朝鮮朝日	西北・南鮮版	1929-05-26	2	02단	在來桑の研究發表/養蠶界に甚大な貢獻をなす
172020	朝鮮朝日	西北・南鮮版	1929-05-26	2	03단	一箇年十二萬圓以上の莫大な收入を得る/インクラインをも設備/昭和水利組合貯水池の電氣設備
172021	朝鮮朝日	西北版	1929-05-28	1	01단	失敗の原因をよく研究し將來に善處する事だ/黑田大藏次官は語る
172022	朝鮮朝日	西北版	1929-05-28	1	01단	日を逐うて具體化/近く設立の關東州農事會社
172023	朝鮮朝日	西北版	1929-05-28	1	01단	安東臨時畜牛結核病檢査
172024	朝鮮朝日	西北版	1929-05-28	1	01단	江界面協議員選擧終了
172025	朝鮮朝日	西北版	1929-05-28	1	01단	平壤より
172026	朝鮮朝日	西北版	1929-05-28	1	02단	附屬普通を府が引繼ぐ
172027	朝鮮朝日	西北版	1929-05-28	1	02단	なつかしの朝鮮よ(1)/博覽會を見るのもよい事だと思ふ是非一度は行きたい/前總督齋藤實子爵はかたる
172028	朝鮮朝日	西北版	1929-05-28	1	02단	平壤の陶業振はぬ/原因を調査し振興策を研究
172029	朝鮮朝日	西北版	1929-05-28	1	03단	李王殿下の御近狀を語る/東京から歸った/韓李王職長官
172030	朝鮮朝日	西北版	1929-05-28	1	03단	煙草苗床品評會
172031	朝鮮朝日	西北版	1929-05-28	1	04단	平壤南浦間に一列車增加
172032	朝鮮朝日	西北版	1929-05-28	1	04단	十月までには竣工させる/淸津府廳舍
172033	朝鮮朝日	西北版	1929-05-28	1	04단	六月から漁期に入らう
172034	朝鮮朝日	西北版	1929-05-28	1	05단	元山民友會産聲をあぐ/輿論默殺の弊害を一掃すべしと叫ぶ
172035	朝鮮朝日	西北版	1929-05-28	1	05단	月尾島に全鮮一のプール建設
172036	朝鮮朝日	西北版	1929-05-28	1	05단	黃海道郡守會議
172037	朝鮮朝日	西北版	1929-05-28	1	06단	黃海道署長會議
172038	朝鮮朝日	西北版	1929-05-28	1	06단	淸津座で音樂會/アマチュアーが集って連奏
172039	朝鮮朝日	西北版	1929-05-28	1	06단	北滿産地高と人口增加からか/それとも海路輸出か/滿洲粟輸出減少原因
172040	朝鮮朝日	西北版	1929-05-28	1	06단	義州警察署における警官招魂碑除幕式
172041	朝鮮朝日	西北版	1929-05-28	1	07단	血書して兵役を志願/目出度く甲種合格
172042	朝鮮朝日	西北版	1929-05-28	1	07단	牡丹台野話
172043	朝鮮朝日	西北版	1929-05-28	1	07단	空中測量機平壤に歸還
172044	朝鮮朝日	西北版	1929-05-28	1	08단	角のない犢牛
172045	朝鮮朝日	西北版	1929-05-28	1	08단	精巧を極めた空中撮影機
172046	朝鮮朝日	西北版	1929-05-28	1	08단	平北淸城鎭對安の火事
172047	朝鮮朝日	西北版	1929-05-28	1	09단	『餓鬼道の苦を嘗めて來た』露官憲に監禁された/石原平次郎氏は語る

일련번호	판명		간행일	면	단수	기사명
172048	朝鮮朝日	西北版	1929-05-28	1	09단	學生の身分で質札を所持/嚴重取調べて見れば秘密結社事件が判る
172049	朝鮮朝日	西北版	1929-05-28	1	09단	生徒の亂鬪/平壤農業學校
172050	朝鮮朝日	西北版	1929-05-28	1	10단	半島茶話
172051	朝鮮朝日	西北版	1929-05-28	1	10단	『內地の合同非合同の爭ひに油をかける結果になりはすまいか』運合問題に關し戶田理事は語る/全鮮的の合同に合流する湖南線の運送業者
172052	朝鮮朝日	南鮮版	1929-05-28	1	01단	最後の會見二十八日行ふ交涉全く行詰る/釜山瓦電買收問題
172053	朝鮮朝日	南鮮版	1929-05-28	1	01단	運動場と遊園地/府勢をも擴張大邱府の計劃
172054	朝鮮朝日	南鮮版	1929-05-28	1	01단	運動猛烈な釜山學校組合議員選擧
172055	朝鮮朝日	南鮮版	1929-05-28	1	01단	諺文綴字法の調査委員會/金澤博士も承諾
172056	朝鮮朝日	南鮮版	1929-05-28	1	02단	なつかしの朝鮮よ(3)/政友會內閣の下に御奉公はできぬ浪人の味は格別です/前殖産局長池田秀雄氏はさいふ
172057	朝鮮朝日	南鮮版	1929-05-28	1	02단	府有地交換認可となる
172058	朝鮮朝日	南鮮版	1929-05-28	1	03단	ラヂオを通じ官報を放送/教育、農事衛生なども京城放送局の大英斷
172059	朝鮮朝日	南鮮版	1929-05-28	1	03단	貯蓄銀行株は四倍に達す
172060	朝鮮朝日	南鮮版	1929-05-28	1	03단	大田敬老會
172061	朝鮮朝日	南鮮版	1929-05-28	1	04단	貯蓄預金の宣傳を行ふ金組記念日に
172062	朝鮮朝日	南鮮版	1929-05-28	1	04단	學生の思想をどう扱ふか/京畿道中等學校長を近く召集し協議する
172063	朝鮮朝日	南鮮版	1929-05-28	1	04단	廿五日京城帝大のプール開き
172064	朝鮮朝日	南鮮版	1929-05-28	1	05단	煙草元賣捌が奧地に支店開設
172065	朝鮮朝日	南鮮版	1929-05-28	1	05단	諺文の博覽會宣傳歌募集
172066	朝鮮朝日	南鮮版	1929-05-28	1	05단	仁川月尾島に競技用のプール/六月一日に着工して七月末頃に完成さる
172067	朝鮮朝日	南鮮版	1929-05-28	1	06단	月尾島に全鮮一のプール建設
172068	朝鮮朝日	南鮮版	1929-05-28	1	06단	寬大な判決/狂へる妻や病兒の殺害未遂
172069	朝鮮朝日	南鮮版	1929-05-28	1	07단	密航者と誤られて福岡縣から釜山へ送還さる
172070	朝鮮朝日	南鮮版	1929-05-28	1	07단	伊太利青年の自轉車旅行家/中村巡査の盡力で釜山から內地へ渡る
172071	朝鮮朝日	南鮮版	1929-05-28	1	07단	十字路/裡里一記者
172072	朝鮮朝日	南鮮版	1929-05-28	1	08단	田邊、山岡氏を總監に推薦/鈴木喜三郎氏から實現は疑問とさる
172073	朝鮮朝日	南鮮版	1929-05-28	1	08단	騷擾事件の首謀者を嚴探中
172074	朝鮮朝日	南鮮版	1929-05-28	1	08단	貞操蹂躙の訴訟を提起
172075	朝鮮朝日	南鮮版	1929-05-28	1	08단	雛妓と客が心中を企つ

일련번호	판명		간행일	면	단수	기사명
172076	朝鮮朝日	南鮮版	1929-05-28	1	08단	運動界(庭球試合/殖銀軍勝つ/女子庭球大邱女高普優勝)
172077	朝鮮朝日	南鮮版	1929-05-28	1	09단	もよほし(韓知事招宴/間部時雄氏の作品展)
172078	朝鮮朝日	南鮮版	1929-05-28	1	10단	半島茶話
172079	朝鮮朝日	南鮮版	1929-05-28	1	10단	トーキーの聖林/珍妙な新商賣往來ちかごろの上山草人
172080	朝鮮朝日	西北・南鮮版	1929-05-28	2	01단	本紙創刊五十周年記念『現代五十名家書畫集』大繪附錄いよいよ完成
172081	朝鮮朝日	西北・南鮮版	1929-05-28	2	04단	特設館競べ/蓋あけ迄はおたのしみ/極く秘密で意匠を練る/扨どこが一番か
172082	朝鮮朝日	西北・南鮮版	1929-05-28	2	04단	お茶のあと
172083	朝鮮朝日	西北・南鮮版	1929-05-28	2	05단	拳大の雹降る
172084	朝鮮朝日	西北・南鮮版	1929-05-28	2	06단	連帶貨物輸送減少を示す
172085	朝鮮朝日	西北・南鮮版	1929-05-28	2	07단	上龍田驛を新設
172086	朝鮮朝日	西北・南鮮版	1929-05-28	2	07단	朝博の入場者をどう捌いて行くか運輸方法に頭を惱ます/鐵道局をはじめ應急の策を講ず
172087	朝鮮朝日	西北版	1929-05-29	1	01단	創立委員會の解散を叫ぶ/貯水池取入口變更で強硬なる反對論出る
172088	朝鮮朝日	西北版	1929-05-29	1	01단	華嚴曼陀羅の保存法研究
172089	朝鮮朝日	西北版	1929-05-29	1	01단	不良品の交換會たいした賣行を示す
172090	朝鮮朝日	西北版	1929-05-29	1	02단	なつかしの朝鮮よ(2)/京城で判らぬ事も東京でよく判る浪人の醍醐味を味ふ/前總督府學務課長平井三男氏談
172091	朝鮮朝日	西北版	1929-05-29	1	02단	今村殖産局長咸南を視察
172092	朝鮮朝日	西北版	1929-05-29	1	03단	煙草溫床苗の增殖を計劃
172093	朝鮮朝日	西北版	1929-05-29	1	04단	第八回鮮展の要項きまる
172094	朝鮮朝日	西北版	1929-05-29	1	04단	豆粕の檢査を嚴重に行ひ斤量不足などといふ忌はしい苦情を一掃
172095	朝鮮朝日	西北版	1929-05-29	1	05단	防火設備の充實を期す
172096	朝鮮朝日	西北版	1929-05-29	1	05단	朝鮮博が酒に影響/今年の釀造見込は四分多い
172097	朝鮮朝日	西北版	1929-05-29	1	06단	三道浪頭築港有望となる/田村滿鐵興業部長も可能性ありと裏書す
172098	朝鮮朝日	西北版	1929-05-29	1	06단	國際通運系が總會を開き/運輸保證會社創立の
172098	朝鮮朝日	西北版	1929-05-29	1	06단	實行方法を協議する
172099	朝鮮朝日	西北版	1929-05-29	1	06단	平安漁業の紛擾解決す
172100	朝鮮朝日	西北版	1929-05-29	1	07단	兒童慰安の活動寫眞會
172101	朝鮮朝日	西北版	1929-05-29	1	07단	朝博出品の寫眞競技會
172102	朝鮮朝日	西北版	1929-05-29	1	07단	故孫文氏の靈柩奉安祭/安東にて行ふ
172103	朝鮮朝日	西北版	1929-05-29	1	07단	咸南館のよび物飛行船から眺めるパノラマ

일련번호	판명		간행일	면	단수	기사명
172104	朝鮮朝日	西北版	1929-05-29	1	08단	俳句/鈴木花蓑選
172105	朝鮮朝日	西北版	1929-05-29	1	08단	安東支那街輸入で賑ふ
172106	朝鮮朝日	西北版	1929-05-29	1	08단	妻を殺し制止せんとした二人を斬る
172107	朝鮮朝日	西北版	1929-05-29	1	08단	選擧の情弊を打破すべく學議候補者の推薦を有權者に對し依賴す
172108	朝鮮朝日	西北版	1929-05-29	1	08단	淸津築港のケーソン進水式
172109	朝鮮朝日	西北版	1929-05-29	1	09단	朝鮮人の脚戲大會
172110	朝鮮朝日	西北版	1929-05-29	1	09단	運動界(元山中勝つ/關東憲兵武道大會)
172111	朝鮮朝日	西北版	1929-05-29	1	09단	大砲の砲身河底から發見す
172112	朝鮮朝日	西北版	1929-05-29	1	10단	少女二名慘死す/草摘み中拳大の電に打たれ
172113	朝鮮朝日	西北版	1929-05-29	1	10단	もよほし(小野田セメント記念運動會/黃海道警官武道大會/記念音樂會)
172114	朝鮮朝日	西北版	1929-05-29	1	10단	人(內藤確介氏(前鴨綠江採木公司理事長))
172115	朝鮮朝日	西北版	1929-05-29	1	10단	半島茶話
172116	朝鮮朝日	西北版	1929-05-29	1	10단	朝博の入場者をどう捌いて行くか運輸方法に頭を惱ます/鐵道局をはじめ應急の策を講ず
172117	朝鮮朝日	南鮮版	1929-05-29	1	01단	國際通運系が總會を開き/運輸保證會社創立の實行方法を協議する
172118	朝鮮朝日	南鮮版	1929-05-29	1	01단	鎭靜するまで認可をせぬ鎭北の普通校
172119	朝鮮朝日	南鮮版	1929-05-29	1	01단	朝鮮博が酒に影響/今年の釀造見込は四分多い
172120	朝鮮朝日	南鮮版	1929-05-29	1	01단	第八回鮮展の要項きまる
172121	朝鮮朝日	南鮮版	1929-05-29	1	03단	俳句/鈴木花蓑選
172122	朝鮮朝日	南鮮版	1929-05-29	1	03단	朝博出品の寫眞競技會
172123	朝鮮朝日	南鮮版	1929-05-29	1	04단	華嚴曼陀羅の保存法研究
172123	朝鮮朝日	南鮮版	1929-05-29	1	04단	第三次の會見で問題は急轉直下し雙方あくまでも讓らず自說を固持して遂に物別れとなる/本
172124	朝鮮朝日	南鮮版	1929-05-29	1	04단	府訪問を中止し交涉委員社長らと共に東上
172125	朝鮮朝日	南鮮版	1929-05-29	1	04단	眞面目に勉强し日出校內の靑訓續をあぐ
172126	朝鮮朝日	南鮮版	1929-05-29	1	05단	農民デーと慶南の催し
172127	朝鮮朝日	南鮮版	1929-05-29	1	05단	朝鮮の鑛業界活氣を呈す/三大財閥が入り亂れ/猛烈なる競爭を演ず
172128	朝鮮朝日	南鮮版	1929-05-29	1	05단	旱害地方へ本社から寄附
172129	朝鮮朝日	南鮮版	1929-05-29	1	06단	安東支那街輸入で賑ふ
172130	朝鮮朝日	南鮮版	1929-05-29	1	06단	時間勵行の宣傳を行ふ
172131	朝鮮朝日	南鮮版	1929-05-29	1	06단	米國記者團水利組合視察
172132	朝鮮朝日	南鮮版	1929-05-29	1	06단	南鮮水電の創立を準備
172133	朝鮮朝日	南鮮版	1929-05-29	1	07단	總督府辭令
172134	朝鮮朝日	南鮮版	1929-05-29	1	07단	全州に痘瘡
172135	朝鮮朝日	南鮮版	1929-05-29	1	07단	田舍から來た靑年を欺く

일련번호	판명		간행일	면	단수	기사명
172136	朝鮮朝日	南鮮版	1929-05-29	1	07단	寄附を强要
172137	朝鮮朝日	南鮮版	1929-05-29	1	07단	只今は豫後を御養生中である李王殿下御近況につき/韓李王職長官謹み語る
172138	朝鮮朝日	南鮮版	1929-05-29	1	07단	雨が降らず慶南道に水不足/早くも旱害懸念さる/田植も自然と遅れる
172139	朝鮮朝日	南鮮版	1929-05-29	1	07단	京城神社で執行した海軍招魂祭
172140	朝鮮朝日	南鮮版	1929-05-29	1	08단	少女二名慘死す/草摘み中拳大の雹に打れ
172141	朝鮮朝日	南鮮版	1929-05-29	1	08단	映畫シンバで處罰を受く
172142	朝鮮朝日	南鮮版	1929-05-29	1	09단	天道教信徒が亂鬪を演じ數名の負傷者を出す/新舊兩派の正面衝突
172143	朝鮮朝日	南鮮版	1929-05-29	1	09단	運動界(京城の弓道大會)
172144	朝鮮朝日	南鮮版	1929-05-29	1	09단	妻を殺し制止せんとした二人を斬る
172145	朝鮮朝日	南鮮版	1929-05-29	1	10단	『朝日は輝く』龍山京龍館で
172146	朝鮮朝日	南鮮版	1929-05-29	1	10단	大砲の砲身河底から發見す
172147	朝鮮朝日	南鮮版	1929-05-29	1	10단	人(淺利警務局長/松井茂博士/韓李王職長官/竹下勇大將/飯田海軍中將)
172148	朝鮮朝日	南鮮版	1929-05-29	1	10단	半島茶話
172149	朝鮮朝日	南鮮版	1929-05-29	1	10단	村の燈台/逃げて斬られた名工勇七/やがて名が出やう肥前の大川內燒
172150	朝鮮朝日	西北・南鮮版	1929-05-29	2	01단	『餓死者もなく安定を得る』旱害民の救濟狀況を本府社會課から發表
172151	朝鮮朝日	西北・南鮮版	1929-05-29	2	01단	自動車の郵便遞送北靑惠山鎭間にも實施する
172152	朝鮮朝日	西北・南鮮版	1929-05-29	2	03단	統營面議補缺選擧
172153	朝鮮朝日	西北・南鮮版	1929-05-29	2	03단	學術講習會の整理を行ふ
172154	朝鮮朝日	西北・南鮮版	1929-05-29	2	04단	大島旅團の駐屯記念碑/孝昌園に建設
172155	朝鮮朝日	西北・南鮮版	1929-05-29	2	04단	群山體育協會改善を計劃
172156	朝鮮朝日	西北・南鮮版	1929-05-29	2	04단	叭織競技會大賑ひを呈す
172157	朝鮮朝日	西北・南鮮版	1929-05-29	2	04단	懸賞論文を募集
172158	朝鮮朝日	西北・南鮮版	1929-05-29	2	04단	西水羅の附近に漁港の築造を要望/咸北道當局頭をいたむ/近く今村殖産局長が視察する
172159	朝鮮朝日	西北版	1929-05-30	1	01단	鹽密輸防止の警告を發し不都合な役人あらば訴へて出よと附言す
172160	朝鮮朝日	西北版	1929-05-30	1	01단	新義州府勢擴張祝賀會
172161	朝鮮朝日	西北版	1929-05-30	1	01단	新義州校新築祝賀展覽會
172162	朝鮮朝日	西北版	1929-05-30	1	01단	沙里院學組議員選擧
172163	朝鮮朝日	西北版	1929-05-30	1	01단	この儘で推移か/一名だけ超過新義州學議戰
172164	朝鮮朝日	西北版	1929-05-30	1	01단	イカナゴの漁業始まる
172165	朝鮮朝日	西北版	1929-05-30	1	02단	江東郡の養蠶熱/近く乾繭場を增設にきまる
172166	朝鮮朝日	西北版	1929-05-30	1	02단	なつかしの朝鮮よ(3)/政友會內閣の下に御奉公

일련번호	판명		간행일	면	단수	기사명
172166	朝鮮朝日	西北版	1929-05-30	1	02단	はできぬ浪人の味は格別です/前殖産局長池田秀雄氏はさいふ
172167	朝鮮朝日	西北版	1929-05-30	1	02단	着筏漸增す/支那側鴨江材
172168	朝鮮朝日	西北版	1929-05-30	1	03단	ペンの囁き
172169	朝鮮朝日	西北版	1929-05-30	1	03단	牛耕競犂會
172170	朝鮮朝日	西北版	1929-05-30	1	03단	檢閲使の一行元山で解散
172171	朝鮮朝日	西北版	1929-05-30	1	03단	正金銀行支店設置を要望
172172	朝鮮朝日	西北版	1929-05-30	1	04단	北鮮沿岸に鰯群來游/水溫にはかに上昇しきたる
172173	朝鮮朝日	西北版	1929-05-30	1	04단	官吏の候補者問題となる/運動に婦人を使ふか/元山の學組議員選擧
172174	朝鮮朝日	西北版	1929-05-30	1	04단	忠實にやれば問題はない/金組の現狀について草間財務局長は語る
172175	朝鮮朝日	西北版	1929-05-30	1	04단	佐原技師を招聘し具體的說明を聽いてきめる
172176	朝鮮朝日	西北版	1929-05-30	1	05단	仮裝軍艦の爆沈/海軍記念日の催し
172177	朝鮮朝日	西北版	1929-05-30	1	06단	金融組合設置調査委員會安東に設ける
172178	朝鮮朝日	西北版	1929-05-30	1	06단	江界守備隊の除隊兵出發
172179	朝鮮朝日	西北版	1929-05-30	1	07단	龍井公安局長更迭行はる
172180	朝鮮朝日	西北版	1929-05-30	1	07단	牡丹台に案內板/觀光者の不便を慮り便宣を計る事に決る
172181	朝鮮朝日	西北版	1929-05-30	1	07단	戸口的檢病を引續き行ひ種痘も嚴重施行する/平壤の天然痘撲滅策
172182	朝鮮朝日	西北版	1929-05-30	1	07단	牡丹台野話
172183	朝鮮朝日	西北版	1929-05-30	1	08단	鎭江山公園の美化を計劃/委員會を組織
172184	朝鮮朝日	西北版	1929-05-30	1	08단	安東鄉軍射擊大會
172185	朝鮮朝日	西北版	1929-05-30	1	08단	更に四名を引致す/新義州高普生不穩計劃事件
172186	朝鮮朝日	西北版	1929-05-30	1	08단	驅逐艦梨が西湖津入港
172187	朝鮮朝日	西北版	1929-05-30	1	08단	水に誘惑され子供溺死す
172188	朝鮮朝日	西北版	1929-05-30	1	09단	護送の巡査を短銃で擊ち/剩へ樹木に縛りつけ金や官服書類を奪ふ
172189	朝鮮朝日	西北版	1929-05-30	1	09단	運動界(明大軍を招聘し京城で野球戰/西鮮女子中等陸競大會本社平壤通信部主催で擧行)
172190	朝鮮朝日	西北版	1929-05-30	1	09단	本紙創刊五十周年記念映畫『朝日は輝く』活寫會
172191	朝鮮朝日	西北版	1929-05-30	1	09단	行人を脅かし金品を强奪
172192	朝鮮朝日	西北版	1929-05-30	1	10단	嬰兒を殺す
172192	朝鮮朝日	西北版	1929-05-30	1	10단	朝鮮人貨物に不當の課稅
172193	朝鮮朝日	西北版	1929-05-30	1	10단	兩重役の牽制と出發點の相違からつひに交渉決裂となる 總會で卽決否決の悲運を覺悟す/消燈
172194	朝鮮朝日	西北版	1929-05-30	1	10단	申込み續々として現る 今後の形勢を憂へて所轄署は警戒を始む/委員から陳情書知事に提出す

일련번호	판명		간행일	면	단수	기사명
172195	朝鮮朝日	南鮮版	1929-05-30	1	01단	爆撃機京城着陸を交渉
172196	朝鮮朝日	南鮮版	1929-05-30	1	01단	裡里道路擴張圓滿に解決
172197	朝鮮朝日	南鮮版	1929-05-30	1	01단	裡里上水道の水源地決る
172198	朝鮮朝日	南鮮版	1929-05-30	1	02단	京南鐵材料を群山に陸揚
172199	朝鮮朝日	南鮮版	1929-05-30	1	02단	凡ゆる辛苦をなめ不逞漢を捕へた平石警部補に功勞章/警官の龜鑑となる勇敢な行動
172200	朝鮮朝日	南鮮版	1929-05-30	1	02단	大藏次官を引留め明年度の豫算/編成難を訴ふ
172201	朝鮮朝日	南鮮版	1929-05-30	1	03단	日本海々戰記念塔除幕式の刹那
172202	朝鮮朝日	南鮮版	1929-05-30	1	03단	降雹で大損害/普通校兒童の退學者續出す
172203	朝鮮朝日	南鮮版	1929-05-30	1	04단	遞信事業の發達を示す 參考品を出品/朝鮮博覽會に郵便局設置/モダン住宅を朝博へ出品 設計出來上る
172204	朝鮮朝日	南鮮版	1929-05-30	1	04단	納稅成績は餘りよい方でなくウンと手數がかゝる殊に差押競賣處分が多い/流石の京城府當局も弱る
172205	朝鮮朝日	南鮮版	1929-05-30	1	05단	狂犬病に對し理解のない京城の愛犬家
172206	朝鮮朝日	南鮮版	1929-05-30	1	06단	論山川改修を本府に陳情/水利組合を計劃してその實現の前提とし
172207	朝鮮朝日	南鮮版	1929-05-30	1	06단	通運に對して承認取消を主張/運合會の妨害から鐵道局に强硬論出る
172208	朝鮮朝日	南鮮版	1929-05-30	1	06단	鐘紡製絲工場設置/光州郡池漢面浩林里へ
172209	朝鮮朝日	南鮮版	1929-05-30	1	07단	列車中で强盜/釜山鎭驛員が犯人を放還す
172210	朝鮮朝日	南鮮版	1929-05-30	1	07단	面長と書記が慰藉料橫領
172211	朝鮮朝日	南鮮版	1929-05-30	1	08단	幹部に辭職で左傾派策動/新幹會京城支會內は左右兩派に分れ紛擾
172212	朝鮮朝日	南鮮版	1929-05-30	1	08단	運動界(接戰の結果府廳勝ちつひに優勝候補に入る/明大軍を招聘し京城で野球戰/淸州の野球大會)
172213	朝鮮朝日	南鮮版	1929-05-30	1	08단	復興債券を改竄しうまうまと三千圓を詐取す
172214	朝鮮朝日	南鮮版	1929-05-30	1	09단	水に誘惑され子供溺死す
172215	朝鮮朝日	南鮮版	1929-05-30	1	09단	行人を脅かし金品を强奪
172216	朝鮮朝日	南鮮版	1929-05-30	1	10단	衡平社員と農民衝突應援團繰出して一時大騷ぎ
172217	朝鮮朝日	南鮮版	1929-05-30	1	10단	嬰兒を殺す
172218	朝鮮朝日	南鮮版	1929-05-30	1	10단	朝鮮人貨物に不當の課稅
172219	朝鮮朝日	南鮮版	1929-05-30	1	10단	驅逐艦梨が西湖津入港
172220	朝鮮朝日	南鮮版	1929-05-30	1	10단	人(有田八郎氏(外務省亞細亞局長)/石森久彌氏(朝鮮公論社長)/佐分利貞夫氏(英國大使館參事官))
172221	朝鮮朝日	南鮮版	1929-05-30	1	10단	半島茶話
172222	朝鮮朝日	南鮮版	1929-05-30	1	10단	村の燈台/肥料を共同して配合、配給土性に適

일련번호	판명		간행일	면	단수	기사명
172222	朝鮮朝日	南鮮版	1929-05-30	1	10단	するやう/土岐郡製肥購買利用組合
172223	朝鮮朝日	西北・南鮮版	1929-05-30	2	01단	雫の聲
172224	朝鮮朝日	西北・南鮮版	1929-05-30	2	01단	府尹郡守會議
172225	朝鮮朝日	西北・南鮮版	1929-05-30	2	02단	千二百萬圓儲けた昨年度における鐵道の成績
172226	朝鮮朝日	西北・南鮮版	1929-05-30	2	02단	根本解決策は條約改正にある/在滿朝鮮人壓迫につき有田アジア局長は語る
172227	朝鮮朝日	西北・南鮮版	1929-05-30	2	02단	柔劍道とも苩浦署憂勝
172228	朝鮮朝日	西北・南鮮版	1929-05-30	2	03단	キネマ便り(喜樂館)
172229	朝鮮朝日	西北・南鮮版	1929-05-30	2	03단	運合に對して極力反對す/仁川の運送者
172230	朝鮮朝日	西北・南鮮版	1929-05-30	2	04단	馬力貝漁場の解決に努む
172231	朝鮮朝日	西北・南鮮版	1929-05-30	2	04단	忠南消防聯合支部發會式
172232	朝鮮朝日	西北・南鮮版	1929-05-30	2	04단	官廳と學校に加入を勸誘/DKの大活躍
172233	朝鮮朝日	西北・南鮮版	1929-05-30	2	04단	慶北道武道大會
172234	朝鮮朝日	西北・南鮮版	1929-05-30	2	04단	支那筏下り初む鴨緑江岸に筏部落
172235	朝鮮朝日	西北版	1929-05-31	1	01단	正確な鳥瞰圖を得て空中測量は大成功/難所も一目瞭然となる/平壤飛行聯隊の好意を多とす
172236	朝鮮朝日	西北版	1929-05-31	1	01단	平北道知事の代理者が上京し産米『龜の尾』の宣傳やお禮まはりなどする
172237	朝鮮朝日	西北版	1929-05-31	1	01단	今後徹底的に副業を獎勵/郡守會議で協議
172238	朝鮮朝日	西北版	1929-05-31	1	02단	咸北館を改善し他道に負けぬ程立派にする
172239	朝鮮朝日	西北版	1929-05-31	1	03단	滿洲輸入組合業績をあぐ
172240	朝鮮朝日	西北版	1929-05-31	1	04단	滯納者多く督促で手こずる公課以外の寄附金が多いのも一つの原因
172241	朝鮮朝日	西北版	1929-05-31	1	04단	斤量の不足は故意でなくハカリの不正確から新義州會議所の調べ
172242	朝鮮朝日	西北版	1929-05-31	1	04단	醫學講習所第二期計劃
172243	朝鮮朝日	西北版	1929-05-31	1	04단	一千二百年前に赤銅で造った大釜/間島の奥地で發見す/鮮農の手から研究家に讓らる
172244	朝鮮朝日	西北版	1929-05-31	1	04단	安東海友會うぶ聲を擧ぐ
172245	朝鮮朝日	西北版	1929-05-31	1	05단	平壤商議評議員會
172246	朝鮮朝日	西北版	1929-05-31	1	05단	平北水産會/總代會の議員選擧
172247	朝鮮朝日	西北版	1929-05-31	1	05단	激戰を極めた中の島學議選擧
172248	朝鮮朝日	西北版	1929-05-31	1	06단	かくれた各所を朝鮮博を機會に紹介を計劃
172249	朝鮮朝日	西北版	1929-05-31	1	06단	お茶のあと
172250	朝鮮朝日	西北版	1929-05-31	1	06단	荒木氏に記念品
172251	朝鮮朝日	西北版	1929-05-31	1	06단	委託金を費消す
172252	朝鮮朝日	西北版	1929-05-31	1	07단	非常報知機近く咸興に着く
172253	朝鮮朝日	西北版	1929-05-31	1	07단	普通校卒業生を指導するため毎月必ず例會を開き適當な講座を設けて講習/平安南道の新らし

일련번호	판명		간행일	면	단수	기사명
172253	朝鮮朝日	西北版	1929-05-31	1	07단	い試み
172254	朝鮮朝日	西北版	1929-05-31	1	07단	河大豆支那筏出廻り初む
172255	朝鮮朝日	西北版	1929-05-31	1	07단	咸南道內の田植遲れる
172256	朝鮮朝日	西北版	1929-05-31	1	07단	牡丹台野話
172257	朝鮮朝日	西北版	1929-05-31	1	08단	殉職警察官の招魂祭復活
172258	朝鮮朝日	西北版	1929-05-31	1	08단	福寧堂梁氏卅日朝逝去さる/德惠姫は急遽御歸鮮(故李太王の恩寵を賜る福寧堂梁氏略歷)
172259	朝鮮朝日	西北版	1929-05-31	1	08단	大塚大尉歸任す
172260	朝鮮朝日	西北版	1929-05-31	1	09단	全鮮庭球大會國境豫選會
172261	朝鮮朝日	西北版	1929-05-31	1	09단	本紙創刊五十周年記念映畵/『朝日は輝く』活寫會
172262	朝鮮朝日	西北版	1929-05-31	1	09단	お歷々衆が田植を行ふ
172263	朝鮮朝日	西北版	1929-05-31	1	10단	咸興聯隊の入退營兵
172264	朝鮮朝日	西北版	1929-05-31	1	10단	知らぬ間に細民部落
172265	朝鮮朝日	西北版	1929-05-31	1	10단	もよほし(咸興鄕軍總會と射擊會)
172266	朝鮮朝日	西北版	1929-05-31	1	10단	人(森永三木造氏(新任中和署長)/三浦一男氏(新任南浦署警務主任)/上原第二十師團長吉富參謀長、吉村高級副官)
172267	朝鮮朝日	西北版	1929-05-31	1	10단	『否決された以上潔く交涉を打切り第二の對策を講ずべし』釜山府民の意見期せずして一致
172268	朝鮮朝日	南鮮版	1929-05-31	1	01단	野麥を食って露命を繫ぐ慈善興行各地で催す/慶南道山間部の旱害
172269	朝鮮朝日	南鮮版	1929-05-31	1	01단	初等教育研究會/出席申込者三百名を突破す
172270	朝鮮朝日	南鮮版	1929-05-31	1	01단	日出小學校の記念祝賀會/創立四十周年で
172271	朝鮮朝日	南鮮版	1929-05-31	1	01단	英皇帝御誕辰祝賀を受く
172272	朝鮮朝日	南鮮版	1929-05-31	1	02단	美術鑑賞家の目を樂ます/間部氏個人展
172273	朝鮮朝日	南鮮版	1929-05-31	1	02단	新學士サンは何處へ行ったらうか(上)/各方面の理解と總長の努力で六十一各片づく成績のよい城大法文學部
172274	朝鮮朝日	南鮮版	1929-05-31	1	02단	慶南を擧げて松毛蟲驅除
172275	朝鮮朝日	南鮮版	1929-05-31	1	03단	無料車提供は絶對に認めない立看板の場所も制限/學議戰の嚴しい取締
172276	朝鮮朝日	南鮮版	1929-05-31	1	03단	融資申込額夥しき數に上る
172277	朝鮮朝日	南鮮版	1929-05-31	1	04단	我が國は無關係/某重大事件調査の發表
172278	朝鮮朝日	南鮮版	1929-05-31	1	04단	延繩漁業實地傳習
172279	朝鮮朝日	南鮮版	1929-05-31	1	04단	大谷法主夫妻渡鮮に決定
172280	朝鮮朝日	南鮮版	1929-05-31	1	05단	朝博觀覽者の勸誘と輸送/商工主任官を集めて基方法につき協議す
172281	朝鮮朝日	南鮮版	1929-05-31	1	05단	獸疫血淸製造方法を油繪に描いて朝博へ出品にきまる

일련번호	판명		간행일	면	단수	기사명
172282	朝鮮朝日	南鮮版	1929-05-31	1	05단	慶南水産會評議員選擧
172283	朝鮮朝日	南鮮版	1929-05-31	1	06단	咸南道内の田植遲れる
172284	朝鮮朝日	南鮮版	1929-05-31	1	06단	龍山兩聯隊の入退營兵
172285	朝鮮朝日	南鮮版	1929-05-31	1	06단	知らぬ間に細民部落
172286	朝鮮朝日	南鮮版	1929-05-31	1	06단	不良靑年團一網打盡に逮捕
172287	朝鮮朝日	南鮮版	1929-05-31	1	06단	車夫發狂して主人を殺す/器具を破壊す
172288	朝鮮朝日	南鮮版	1929-05-31	1	06단	青い鳥/釜山一記者
172289	朝鮮朝日	南鮮版	1929-05-31	1	07단	李王殿下の御生母嚴妃御靈移安式
172290	朝鮮朝日	南鮮版	1929-05-31	1	07단	大邱の火事
172291	朝鮮朝日	南鮮版	1929-05-31	1	07단	鑛業權の競賣を東拓から京城法院へ申込つ
172292	朝鮮朝日	南鮮版	1929-05-31	1	07단	贈賄事件の判決
172293	朝鮮朝日	南鮮版	1929-05-31	1	08단	福寧堂梁氏卅日朝逝去さる/德惠姫は急據御歸鮮(故李太王の恩寵を賜る福寧堂梁氏略歷)
172294	朝鮮朝日	南鮮版	1929-05-31	1	08단	南鮮地方に流行性感冒
172295	朝鮮朝日	南鮮版	1929-05-31	1	09단	キネマ便り(大正館)
172296	朝鮮朝日	南鮮版	1929-05-31	1	09단	運動界(七對二で京電勝つ野球リーグ戦/馬山野球聯盟戦/明大軍大邱へ/全鮮庭球大會國境豫選會)
172297	朝鮮朝日	南鮮版	1929-05-31	1	09단	お歷々衆が田植を行ふ
172298	朝鮮朝日	南鮮版	1929-05-31	1	10단	人(權藤四郎介氏(朝鮮新聞副社長)/尾田滿氏(警務局上海上張員)/明大野球部選手一行十六名/森永三木造氏(新任中和署長)/三浦一男氏(新任南浦署警務主任)/上原第二十師團長吉富參謀長、吉村高級副官)
172299	朝鮮朝日	南鮮版	1929-05-31	1	10단	半島茶話
172300	朝鮮朝日	南鮮版	1929-05-31	1	10단	村の燈台/共有制の農村經營(上)/田畑も農具も組合へ提供福岡縣道海島農事組合
172301	朝鮮朝日	西北・南鮮版	1929-05-31	2	01단	雫の聲
172302	朝鮮朝日	西北・南鮮版	1929-05-31	2	02단	水産養殖の免許はなるべく漁業組合にさげる
172303	朝鮮朝日	西北・南鮮版	1929-05-31	2	03단	大邱の時の宣傳
172304	朝鮮朝日	西北・南鮮版	1929-05-31	2	03단	官立師範學校呱々聲を揚ぐ平壤大邱の二校とも六月一日開校式擧行
172305	朝鮮朝日	西北・南鮮版	1929-05-31	2	03단	大邱府營バスまたも延期
172306	朝鮮朝日	西北・南鮮版	1929-05-31	2	04단	建築取締規則制定
172307	朝鮮朝日	西北・南鮮版	1929-05-31	2	04단	朝鐵自動車夜間も運轉
172308	朝鮮朝日	西北・南鮮版	1929-05-31	2	04단	馬山小學校の創立記念式
172309	朝鮮朝日	西北・南鮮版	1929-05-31	2	04단	忠北麹子製造組合うまる

1929년 6월 (조선아사히)

일련번호	판명		간행일	면	단수	기사명
172310	朝鮮朝日	西北版	1929-06-01	1	01단	事情がわかれば十分安心が出來る　決して危險が伴はない　昭和水利水源地に關し本府の辯明/電興は早くも水源地に着目し祕密裡に諒解を求む　その他にも二三ある
172311	朝鮮朝日	西北版	1929-06-01	1	01단	平壤府廳舍新築を本府へ申請す
172312	朝鮮朝日	西北版	1929-06-01	1	01단	平安北道の時の記念日
172313	朝鮮朝日	西北版	1929-06-01	1	02단	元山の時の宣傳
172314	朝鮮朝日	西北版	1929-06-01	1	02단	社會事業協會平北支部を設置
172315	朝鮮朝日	西北版	1929-06-01	1	02단	舞水端沖合で鰯群を發見
172316	朝鮮朝日	西北版	1929-06-01	1	02단	新學士サンは何處へ行ったらうか(上)/各方面の理解と總長の努力で六十一名片づく/成績のよい城大法文學部
172317	朝鮮朝日	西北版	1929-06-01	1	03단	漸く定員二名超過/活気づいた新義州の學議戰
172318	朝鮮朝日	西北版	1929-06-01	1	03단	僧侶大會を開催し本山分離と住職問題を協議
172319	朝鮮朝日	西北版	1929-06-01	1	03단	住の江カキの養殖試驗
172320	朝鮮朝日	西北版	1929-06-01	1	04단	鹽吹稚貝の棲息を發見
172321	朝鮮朝日	西北版	1929-06-01	1	04단	見本陳列室安東輸入組合に
172322	朝鮮朝日	西北版	1929-06-01	1	04단	松浦總長を九大總長に推薦/高山教授派と爭ふか
172323	朝鮮朝日	西北版	1929-06-01	1	04단	有權者推薦の候補者を嚴選なしこれを一般に發表す/鎭南浦學組議員選擧
172324	朝鮮朝日	西北版	1929-06-01	1	05단	水産品の檢査を水産會でやりたいと要望す
172325	朝鮮朝日	西北版	1929-06-01	1	06단	南京は龍井の近郊水七溝附近の城趾内藤博士の說を覆す/間島總領事館芥川警部の發表
172326	朝鮮朝日	西北版	1929-06-01	1	06단	吉會線問題は心配が無用/早晩解決するだらう有田亞細亞局長の談
172327	朝鮮朝日	西北版	1929-06-01	1	06단	松葉から發火人家を燒く
172328	朝鮮朝日	西北版	1929-06-01	1	06단	遞信從業員に年金を支給/廢疾や退職者に
172329	朝鮮朝日	西北版	1929-06-01	1	07단	安東輸入組合役員會開催
172330	朝鮮朝日	西北版	1929-06-01	1	07단	西鮮女子中等校オリンピック大會/平壤公設運動場で來る二十三日開催/關係者協議の結果大體のお膳立成る
172331	朝鮮朝日	西北版	1929-06-01	1	07단	電氣統制案の承認を得た/相當訂正が必要だ吉田電興專務語る
172332	朝鮮朝日	西北版	1929-06-01	1	08단	元山の競馬
172333	朝鮮朝日	西北版	1929-06-01	1	08단	小さい脅迫
172334	朝鮮朝日	西北版	1929-06-01	1	08단	情夫殺しに三年の判決
172335	朝鮮朝日	西北版	1929-06-01	1	09단	縣賞づきで馬賊を討伐
172336	朝鮮朝日	西北版	1929-06-01	1	09단	鴨綠江岸に倉庫を建築
172337	朝鮮朝日	西北版	1929-06-01	1	09단	坑夫の慘死

일련번호	판명		간행일	면	단수	기사명
172338	朝鮮朝日	西北版	1929-06-01	1	09단	マラリヤの撲滅を計劃
172339	朝鮮朝日	西北版	1929-06-01	1	10단	縊死に用ひた紐の讓渡を巫女から申出る
172340	朝鮮朝日	西北版	1929-06-01	1	10단	カフヱーやバーの研究に着手/規則を制定のため
172341	朝鮮朝日	西北版	1929-06-01	1	10단	二人組強盜金指輪を強奪
172342	朝鮮朝日	西北版	1929-06-01	1	10단	安東大和校が蛔蟲を驅除
172343	朝鮮朝日	西北版	1929-06-01	1	10단	青年九名を檢擧
172344	朝鮮朝日	西北版	1929-06-01	1	10단	人(有田亞細亞局長、神尾本府社會課長一行)
172345	朝鮮朝日	南鮮版	1929-06-01	1	01단	來る七月二十日まで最後の決定を延期　最善をつくして交渉を續ける　朝鮮瓦斯電氣會社總會で決定/決裂させて白紙に歸り交渉した方が得策だ　羽田彦四郎氏は語る/釜山府民憤慨す　買收案打切りの輿論昂まる
172346	朝鮮朝日	南鮮版	1929-06-01	1	02단	水産品の檢査を水産會でやりたいと要望す
172347	朝鮮朝日	南鮮版	1929-06-01	1	03단	三年度の學童貯金
172348	朝鮮朝日	南鮮版	1929-06-01	1	03단	朝鮮人保護の補助金を增額し實業校をも設けよと在滿の代表者が陳情
172349	朝鮮朝日	南鮮版	1929-06-01	1	03단	新學士サンは何處へ行ったらうか(下)/若い學士は警部や京城驛の改札掛/文科はとても好景氣/社會へ出て始めて知る親の恩
172350	朝鮮朝日	南鮮版	1929-06-01	1	04단	府營バスの料金値下げ
172351	朝鮮朝日	南鮮版	1929-06-01	1	04단	淺野育英會の給費者決る
172352	朝鮮朝日	南鮮版	1929-06-01	1	04단	前田畫伯が近く渡佛先輩や友人が大に盡力する
172353	朝鮮朝日	南鮮版	1929-06-01	1	05단	忠淸鐵道の敷設を出願
172354	朝鮮朝日	南鮮版	1929-06-01	1	05단	煙草密耕者の絶滅を計劃
172355	朝鮮朝日	南鮮版	1929-06-01	1	05단	杉丸太の訴訟漸く結番し近く判決言渡される/その成行注目を惹く
172356	朝鮮朝日	南鮮版	1929-06-01	1	06단	青い鳥/釜山一記者
172357	朝鮮朝日	南鮮版	1929-06-01	1	06단	松浦總長を九大總長に推薦/高山教授派と爭ふか
172358	朝鮮朝日	南鮮版	1929-06-01	1	06단	夏季講習會鎭海で開催する
172359	朝鮮朝日	南鮮版	1929-06-01	1	07단	運合反對側と通運の提携成る/愈實際運動を起して運合會社に對抗する
172360	朝鮮朝日	南鮮版	1929-06-01	1	08단	貴族の印鑑を僞造し詐欺
172361	朝鮮朝日	南鮮版	1929-06-01	1	08단	貴族の印鑑を僞造して詐欺
172362	朝鮮朝日	南鮮版	1929-06-01	1	08단	「鐵假面」上映
172363	朝鮮朝日	南鮮版	1929-06-01	1	08단	不良講習所を嚴重取締りその情弊を一掃する/慶南學務當局の方針
172364	朝鮮朝日	南鮮版	1929-06-01	1	09단	カフヱーやバーの研究に着手/規則を制定のため
172365	朝鮮朝日	南鮮版	1929-06-01	1	09단	松葉から發火人家を燒く
172366	朝鮮朝日	南鮮版	1929-06-01	1	10단	遞信從業員に年金を支給/廢疾や退職者に

일련번호	판명		간행일	면	단수	기사명
172367	朝鮮朝日	南鮮版	1929-06-01	1	10단	明大留守軍の試合日割きまる
172368	朝鮮朝日	南鮮版	1929-06-01	1	10단	もよほし(釜山句會例會)
172369	朝鮮朝日	南鮮版	1929-06-01	1	10단	人(黒田大藏次官/草間財務局長/加藤鮮銀總裁/松屋樞密顧問官/西崎鶴太郎氏(鎮南浦實業家)/小野■氏(法政大學教授)/土居本府行刑課長/福原朝鐵副社長/久保喜代二氏(城大教援)
172370	朝鮮朝日	南鮮版	1929-06-01	1	10단	半島茶話
172371	朝鮮朝日	西北・南鮮版	1929-06-01	2	01단	村の燈台/共有制の農村經營(下)/著しく向上した勞働能率福岡縣道海島農事組合
172372	朝鮮朝日	西北・南鮮版	1929-06-01	2	03단	鹽叺を作らせ極貧者を救濟
172373	朝鮮朝日	西北・南鮮版	1929-06-01	2	03단	馬刀貝漁場の協定を急ぐ
172374	朝鮮朝日	西北・南鮮版	1929-06-01	2	04단	鎮川視察に來鮮した松室樞密顧問官
172375	朝鮮朝日	西北・南鮮版	1929-06-01	2	04단	實業補習校に專門技術家慶南道で人選中
172376	朝鮮朝日	西北・南鮮版	1929-06-01	2	04단	大石橋遼陽に守備隊設置
172377	朝鮮朝日	西北・南鮮版	1929-06-01	2	04단	學校組合費の滯納が多く清津府當局弱る
172378	朝鮮朝日	西北・南鮮版	1929-06-01	2	04단	新設普通校は年内に開校
172379	朝鮮朝日	西北版	1929-06-02	1	01단	寄附を強要され小地主泣いて訴ふ/黄海道は事實を否認す早害民救濟土木工事に絡る怪聞
172380	朝鮮朝日	西北版	1929-06-02	1	01단	罹災民救濟に奸商策動す/結局滿洲粟を産地と直接取引し支給する
172381	朝鮮朝日	西北版	1929-06-02	1	01단	成興水利の代行を契約
172382	朝鮮朝日	西北版	1929-06-02	1	01단	敗殘の大尉にやっと嬉しいたより/成興燒の高原金治氏
172383	朝鮮朝日	西北版	1929-06-02	1	02단	成興聯隊の演習召集
172384	朝鮮朝日	西北版	1929-06-02	1	02단	安東驛にエレベーター
172385	朝鮮朝日	西北版	1929-06-02	1	02단	新學士サンは何處へ行ったらうか(下)/若い學士は警部や京城驛の改札掛/文科はとても好景氣/社會へ出て始めて知る親の恩
172386	朝鮮朝日	西北版	1929-06-02	1	03단	新義州の春競馬初日から素晴らしくにぎはふ
172387	朝鮮朝日	西北版	1929-06-02	1	03단	內容外觀とも他道を凌ぐ立派なものにする/朝博の平南特設館
172388	朝鮮朝日	西北版	1929-06-02	1	04단	城津開港記念祝典
172389	朝鮮朝日	西北版	1929-06-02	1	05단	グチ漁業を活寫に收めて朝博を機會に大宣傳
172390	朝鮮朝日	西北版	1929-06-02	1	05단	黄海の農民デー
172391	朝鮮朝日	西北版	1929-06-02	1	05단	消防協會黄海支部發會式
172392	朝鮮朝日	西北版	1929-06-02	1	05단	朝鮮人問題で現地會議を開き適當な方法を講ずる/有田亞細亞局長來龍
172393	朝鮮朝日	西北版	1929-06-02	1	05단	海州の時の宣傳
172394	朝鮮朝日	西北版	1929-06-02	1	06단	平北のグチ漁場弗々賑ひだす

일련번호	판명		간행일	면	단수	기사명
172395	朝鮮朝日	西北版	1929-06-02	1	06단	魚菜市場研究會
172396	朝鮮朝日	西北版	1929-06-02	1	06단	貧民を救ふ
172397	朝鮮朝日	西北版	1929-06-02	1	07단	元山學組議員選擧
172398	朝鮮朝日	西北版	1929-06-02	1	07단	青葉の頃/肥軀瘦軀の戰ひ/河原木君ネバル
172399	朝鮮朝日	西北版	1929-06-02	1	08단	第一回西鮮女子中等學校オリンピック大會/初等學校女子部競技大會
172400	朝鮮朝日	西北版	1929-06-02	1	08단	汚損紙幣を引き替へず鮮銀非難さる
172401	朝鮮朝日	西北版	1929-06-02	1	08단	便衣隊潛入で安東の警戒
172402	朝鮮朝日	西北版	1929-06-02	1	08단	線路に石塊列車顛覆を企つ
172403	朝鮮朝日	西北版	1929-06-02	1	08단	驅逐艦榧清津に入港
172404	朝鮮朝日	西北版	1929-06-02	1	08단	盜伐の被害は意外に多い
172405	朝鮮朝日	西北版	1929-06-02	1	09단	牡丹台野話
172406	朝鮮朝日	西北版	1929-06-02	1	09단	好商賣卅種一千圓開店法
172407	朝鮮朝日	西北版	1929-06-02	1	09단	不良生徒の釋放を陳情
172408	朝鮮朝日	西北版	1929-06-02	1	09단	箕林里の都計本年から着手する/工事の施行と起債の認可いよいよきたる
172409	朝鮮朝日	西北版	1929-06-02	1	10단	殺人事件はふえてきた
172410	朝鮮朝日	西北版	1929-06-02	1	10단	夫の毒殺を企てゝ捕はる
172411	朝鮮朝日	西北版	1929-06-02	1	10단	運動界(西鮮庭球豫選會)
172412	朝鮮朝日	西北版	1929-06-02	1	10단	もよほし(釜日平壤支社祝賀會)
172413	朝鮮朝日	南鮮版	1929-06-02	1	01단	德惠姫御歸鮮御喪章人の心を打つ
172414	朝鮮朝日	南鮮版	1929-06-02	1	01단	地方民の救濟は何よりも治水事業陳情の大部分を占める/載寧江支流西江の改修をも陳情
172415	朝鮮朝日	南鮮版	1929-06-02	1	01단	粒々辛苦の金を割き貧困者に贈る/表彰される義僕から
172416	朝鮮朝日	南鮮版	1929-06-02	1	02단	靈柩泰安祭の遙拜式執行
172417	朝鮮朝日	南鮮版	1929-06-02	1	03단	氣乘りせぬ群山の學議戰
172418	朝鮮朝日	南鮮版	1929-06-02	1	04단	美人の行列で衆目を奪ふ/朝博第一回宣傳日
172419	朝鮮朝日	南鮮版	1929-06-02	1	04단	穀物檢査は直營不可能本府から回答
172420	朝鮮朝日	南鮮版	1929-06-02	1	04단	立候補者二十名/京城の學議戰漸く活氣づく
172421	朝鮮朝日	南鮮版	1929-06-02	1	04단	木浦を訪ふ(1)/京城一記者
172422	朝鮮朝日	南鮮版	1929-06-02	1	05단	*運合會社と鐵道局に通運が戰ひを挑むまづニヶ條の聲明發表 愈よ混亂に陷らんとする運送界/議論百出し纏らぬ仁州における運送合同問題/通運會社系は運合に反對釜山側の意向*
172423	朝鮮朝日	南鮮版	1929-06-02	1	06단	米食だけでは完璧は期し難い/もっと考へてほしい矢島鮮米協會理事談
172424	朝鮮朝日	南鮮版	1929-06-02	1	06단	鰯が無盡藏の北鮮に着目/内地の大水産業者は魚油工場建設を計劃

일련번호	판명		간행일	면	단수	기사명
172425	朝鮮朝日	南鮮版	1929-06-02	1	07단	群山の窮民救濟
172426	朝鮮朝日	南鮮版	1929-06-02	1	08단	青い鳥/釜山一記者
172427	朝鮮朝日	南鮮版	1929-06-02	1	08단	修學旅行中に苦學生變死
172428	朝鮮朝日	南鮮版	1929-06-02	1	08단	運動競技中に生徒頓死す
172429	朝鮮朝日	南鮮版	1929-06-02	1	08단	偽少尉の餘罪續々と發覺
172430	朝鮮朝日	南鮮版	1929-06-02	1	08단	釜山學組議員選擧
172431	朝鮮朝日	南鮮版	1929-06-02	1	08단	食ふに食なく餓死に瀕す/慘狀目もあてられぬ/慶南咸陽郡の旱害民
172432	朝鮮朝日	南鮮版	1929-06-02	1	09단	カフヱーで診察や注射し得意顔の醫學書生/今後は嚴重取締る
172433	朝鮮朝日	南鮮版	1929-06-02	1	09단	人(德惠姫/棧利警務局長/山本犀藏氏(遞信局長)/矢島音次氏(鮮米協會理事)/林束洋水産社長/甘蔗義那氏(總督府事務官))
172434	朝鮮朝日	南鮮版	1929-06-02	1	10단	もよほし(釜日平壤支社祝賀會)
172435	朝鮮朝日	南鮮版	1929-06-02	1	10단	半島茶話
172436	朝鮮朝日	西北・南鮮版	1929-06-02	2	01단	モヒ中毒者の治療所を設置しアンチモール療法で患者の一掃をはかる
172437	朝鮮朝日	西北・南鮮版	1929-06-02	2	01단	一部分の話だよ/問題にならぬ松浦總長語る
172438	朝鮮朝日	西北・南鮮版	1929-06-02	2	01단	琵琶湖産の鯉稚魚配布
172439	朝鮮朝日	西北・南鮮版	1929-06-02	2	02단	一日の通話數十六萬回
172440	朝鮮朝日	西北・南鮮版	1929-06-02	2	02단	官立師範の設置とこれにともなふ公示をなす
172441	朝鮮朝日	西北・南鮮版	1929-06-02	2	02단	面事務所を模様贊へし咸興府廳とする
172442	朝鮮朝日	西北・南鮮版	1929-06-02	2	03단	降雨がなく麥が枯れる
172443	朝鮮朝日	西北・南鮮版	1929-06-02	2	03단	改正民事令の施行を公布
172444	朝鮮朝日	西北・南鮮版	1929-06-02	2	03단	患者激增して狹隘を告ぐ/平壤慈惠醫院
172445	朝鮮朝日	西北・南鮮版	1929-06-02	2	04단	時間勵行會が時の大宣傳
172446	朝鮮朝日	西北・南鮮版	1929-06-02	2	04단	表彰される全北の養蠶業者
172447	朝鮮朝日	西北・南鮮版	1929-06-02	2	04단	益山郡の春蠶
172448	朝鮮朝日	西北・南鮮版	1929-06-02	2	04단	獻穀田の田植
172449	朝鮮朝日	西北・南鮮版	1929-06-02	2	04단	全北の農民デー
172450	朝鮮朝日	西北・南鮮版	1929-06-02	2	04단	第十九師團の除隊兵歸還
172451	朝鮮朝日	西北・南鮮版	1929-06-02	2	04단	全北の二毛作俄かに擡頭
172452	朝鮮朝日	西北版	1929-06-04	1	01단	「滿州豆粕に對しても檢査を實施するか混合保管制に準據せよ」日陞公司から平安北道へ陳情す
172453	朝鮮朝日	西北版	1929-06-04	1	01단	不正豆粕の發賣禁止か餘り影響する範圍が廣いのにかんがみて
172454	朝鮮朝日	西北版	1929-06-04	1	01단	平安北道の署長級異動
172455	朝鮮朝日	西北版	1929-06-04	1	01단	滿洲中等校の聯合演習
172456	朝鮮朝日	西北版	1929-06-04	1	01단	新義州府に畜犬稅新設

일련번호	판명		간행일	면	단수	기사명
172457	朝鮮朝日	西北版	1929-06-04	1	02단	下水溝清潔デー
172458	朝鮮朝日	西北版	1929-06-04	1	02단	文川の學議選擧
172459	朝鮮朝日	西北版	1929-06-04	1	02단	保勝會を新設して鎭江山公園を美化
172460	朝鮮朝日	西北版	1929-06-04	1	03단	朝鮮人記者團復活大會
172461	朝鮮朝日	西北版	1929-06-04	1	03단	私立崇德女普認可となる
172462	朝鮮朝日	西北版	1929-06-04	1	04단	問題の助興稅認可となる
172463	朝鮮朝日	西北版	1929-06-04	1	04단	平北小學校に高等科設置
172464	朝鮮朝日	西北版	1929-06-04	1	04단	初等教員の教育研究會
172465	朝鮮朝日	西北版	1929-06-04	1	04단	新義州教育總會
172466	朝鮮朝日	西北版	1929-06-04	1	04단	平南運轉手試驗
172467	朝鮮朝日	西北版	1929-06-04	1	04단	有力者に限り成績が悪い月給取は上々の成績/滯納者の多い淸津府
172468	朝鮮朝日	西北版	1929-06-04	1	04단	林業講習會
172469	朝鮮朝日	西北版	1929-06-04	1	04단	厚昌と龜城の郡廳舍新築
172470	朝鮮朝日	西北版	1929-06-04	1	05단	飛行機の行列平壤以外に見られぬ
172471	朝鮮朝日	西北版	1929-06-04	1	05단	盛況だった體育講演會
172472	朝鮮朝日	西北版	1929-06-04	1	05단	反對の氣勢を緩和すべく會議を祕密會とする/昭和水利貯水池問題
172473	朝鮮朝日	西北版	1929-06-04	1	06단	安東の出品製材
172474	朝鮮朝日	西北版	1929-06-04	1	06단	鱖魚と鳥介の移植を試驗
172475	朝鮮朝日	西北版	1929-06-04	1	06단	滿州學産温泉聚落
172476	朝鮮朝日	西北版	1929-06-04	1	07단	平壤より
172477	朝鮮朝日	西北版	1929-06-04	1	07단	竹の乘組員に品物を賣り安東の代表的商店がそれぞれ罰金を食ふ
172478	朝鮮朝日	西北版	1929-06-04	1	07단	全府民に對し種痘を行ひ天然痘を絶滅させる/蔓延の兆ある平壤府
172479	朝鮮朝日	西北版	1929-06-04	1	07단	七七聯隊の除隊兵歸鄉
172480	朝鮮朝日	西北版	1929-06-04	1	07단	江界の農民デー
172481	朝鮮朝日	西北版	1929-06-04	1	07단	光明女學校臨時休校/教員の醜聞から學校自から
172482	朝鮮朝日	西北版	1929-06-04	1	08단	牡丹台野話
172483	朝鮮朝日	西北版	1929-06-04	1	08단	寄生蟲驅除
172484	朝鮮朝日	西北版	1929-06-04	1	08단	押收の爆彈が突然爆發し警官二名重傷を負ふ/咸南安邊警察の珍事
172485	朝鮮朝日	西北版	1929-06-04	1	08단	財産欲しさに子供を盜む妾の惡事ばれる
172486	朝鮮朝日	西北版	1929-06-04	1	09단	またもや大亂鬪/重輕傷を出す平壤の勞働者
172487	朝鮮朝日	西北版	1929-06-04	1	09단	殖銀支店の新築
172488	朝鮮朝日	西北版	1929-06-04	1	09단	醉拂ひ運轉手人を轢殺す
172489	朝鮮朝日	西北版	1929-06-04	1	10단	景氣のよい新義州の競馬
172490	朝鮮朝日	西北版	1929-06-04	1	10단	五色旗を揭げ罰金を食ふ

일련번호	판명		간행일	면	단수	기사명
172491	朝鮮朝日	西北版	1929-06-04	1	10단	兇漢李應瑞豫審に廻る
172492	朝鮮朝日	西北版	1929-06-04	1	10단	不良の頭目つひに浦まる
172493	朝鮮朝日	西北版	1929-06-04	1	10단	龍井にカメラ會
172494	朝鮮朝日	西北版	1929-06-04	1	10단	慰靈祭を期し排日運動を計劃
172495	朝鮮朝日	西北版	1929-06-04	1	10단	福岡齒專軍遠征
172496	朝鮮朝日	西北版	1929-06-04	1	10단	明大軍安東縣へ
172497	朝鮮朝日	西北版	1929-06-04	1	10단	人(有田亞細亞局長、神尾總督府社會課長一行/谷多喜魔氏(平安北道知事)/林良作氏(咸興殺物商組合長)/多田榮吉氏(平北道議員)/河野秀雄氏(安東郵便局長))
172498	朝鮮朝日	南鮮版	1929-06-04	1	01단	鮮内基督教會の大改革を行ふべく信友會の創立を計劃す/民族主義の色彩り濃厚で注意を惹く
172499	朝鮮朝日	南鮮版	1929-06-04	1	01단	一先づ表面的解決を見る/左傾派の勢力增大か新幹會京城支會內紛
172500	朝鮮朝日	南鮮版	1929-06-04	1	01단	御痛はしき御姿に女官達は泣く　德惠姬御歸城/梁氏の葬儀純朝鮮式で執行
172501	朝鮮朝日	南鮮版	1929-06-04	1	02단	結局大修正は免がれ難い仁川の戶別割
172502	朝鮮朝日	南鮮版	1929-06-04	1	02단	雨李を目前に控へて河川の改修を急ぐ『この分なれば大丈夫だ』總督府土木課では太鼓判を押す
172503	朝鮮朝日	南鮮版	1929-06-04	1	03단	工場敷地の買收を終る山邑酒造會社
172504	朝鮮朝日	南鮮版	1929-06-04	1	03단	電燈料の値下げ/大興電氣が自發的に申請す
172505	朝鮮朝日	南鮮版	1929-06-04	1	04단	桑原府尹急遽京城に赴く/假契約滿了に關する善後策打合せのため
172506	朝鮮朝日	南鮮版	1929-06-04	1	04단	お茶のあと
172507	朝鮮朝日	南鮮版	1929-06-04	1	05단	參加校は十三校盛況を豫想の中等陸競大會
172508	朝鮮朝日	南鮮版	1929-06-04	1	05단	大阪商般が浦項に寄港
172509	朝鮮朝日	南鮮版	1929-06-04	1	05단	群山各學校の寄生蟲調べ
172510	朝鮮朝日	南鮮版	1929-06-04	1	05단	一人の掛込一圓を見當とし三萬人の募集を行ふ/朝鮮の簡易生命保險
172511	朝鮮朝日	南鮮版	1929-06-04	1	06단	寫眞說明(一、二兩日行はれた朝鮮專門學校體育聯盟庭球戰に優勝した高等商業學校チーム)
172512	朝鮮朝日	南鮮版	1929-06-04	1	06단	江原の田植
172513	朝鮮朝日	南鮮版	1929-06-04	1	06단	密陽の鮎漁
172514	朝鮮朝日	南鮮版	1929-06-04	1	06단	行人の時計を正確にする
172515	朝鮮朝日	南鮮版	1929-06-04	1	06단	思ったよりもひどくて驚いた/降雹の被害地を見た洪慶北參與官は語る
172516	朝鮮朝日	南鮮版	1929-06-04	1	07단	漸增を示す/小包郵便物
172517	朝鮮朝日	南鮮版	1929-06-04	1	07단	運動界(朝鮮專門學校野球聯盟戰/群山の庭球大會/湖南庭球豫選會/オール木浦大勝)

일련번호	판명		간행일	면	단수	기사명
172518	朝鮮朝日	南鮮版	1929-06-04	1	07단	自動車顚覆
172519	朝鮮朝日	南鮮版	1929-06-04	1	08단	青い鳥/釜山一記者
172520	朝鮮朝日	南鮮版	1929-06-04	1	08단	在滿不逞團が合同を計劃/近く吉林省內某地で組織問題を協議する
172521	朝鮮朝日	南鮮版	1929-06-04	1	08단	値下げすればこの繁昌京城府營バス
172522	朝鮮朝日	南鮮版	1929-06-04	1	08단	朝鮮博へ難題を吹きかけるイカモノ商賣人
172523	朝鮮朝日	南鮮版	1929-06-04	1	09단	客と娼妓が情死を企つ
172524	朝鮮朝日	南鮮版	1929-06-04	1	09단	財産欲しさに子供を盗む妾の惡事ばれる
172525	朝鮮朝日	南鮮版	1929-06-04	1	10단	またもや大亂鬪/重輕傷を出す平壤の勞働者
172526	朝鮮朝日	南鮮版	1929-06-04	1	10단	列車に刎られ卽死を遂ぐ
172527	朝鮮朝日	南鮮版	1929-06-04	1	10단	痴漢に四年
172528	朝鮮朝日	南鮮版	1929-06-04	1	10단	人(田中都吉氏(駐露日本大使)/桑原釜山府尹/宮井岩吉氏(北海道大學教援)/文部省派遺鮮滿視察團)
172529	朝鮮朝日	南鮮版	1929-06-04	1	10단	半島茶話
172530	朝鮮朝日	西北・南鮮版	1929-06-04	2	01단	裸嫁/士師淸二
172531	朝鮮朝日	西北・南鮮版	1929-06-04	2	02단	北鮮開拓調査會/新設を計劃す
172532	朝鮮朝日	西北・南鮮版	1929-06-04	2	02단	豫算追加更正可決/大邱府協議會で
172533	朝鮮朝日	西北・南鮮版	1929-06-04	2	03단	松毛蟲を肥料に用ひ良好なる/成績をあぐ
172534	朝鮮朝日	西北・南鮮版	1929-06-04	2	04단	土城海州間の鐵道を許可
172535	朝鮮朝日	西北・南鮮版	1929-06-04	2	04단	金剛山探勝や實業視察團めつぼうふえる
172536	朝鮮朝日	西北・南鮮版	1929-06-04	2	05단	群山家政校の記念バザー
172537	朝鮮朝日	西北・南鮮版	1929-06-04	2	05단	內地官憲と協力し朝鮮人の密航を極力ふせぐ
172538	朝鮮朝日	西北・南鮮版	1929-06-04	2	06단	簡閱點呼の豫習
172539	朝鮮朝日	西北・南鮮版	1929-06-04	2	06단	滿洲粟賣行減る
172540	朝鮮朝日	西北版	1929-06-05	1	01단	新義州共産黨事件一味の豫審終結しいづれも公判にまはさる新聞掲載差止の一部も解除さる/M・L黨幹部の橫暴に黨員外の者が憤り遂に朝鮮共産黨を組織代表二名を露國モスクワに派遣/朝鮮靑年黨の組織を企て露支兩國を視察して東京大阪で同志糾合/事件の經過と發覺の端緒/すべてを嚴祕に物的證據を殘さぬやう努む/其內容は複雜で取調に困った佐藤判事の談/新義州署の殊勳を感謝本島檢事語る/中心人物を失った譯だ警察當局語る
172541	朝鮮朝日	西北版	1929-06-05	1	02단	黨員の養成を目的とする/共産靑年會を組織し朴衡秉これを牛耳る
172542	朝鮮朝日	西北版	1929-06-05	1	06단	平壤より
172543	朝鮮朝日	西北版	1929-06-05	1	07단	存續か解散か/沙里院實業協會危機に直面
172544	朝鮮朝日	西北版	1929-06-05	1	07단	朝鮮水電が送電を開始

일련번호	판명		간행일	면	단수	기사명
172545	朝鮮朝日	西北版	1929-06-05	1	07단	安東の獸肉消費量漸增
172546	朝鮮朝日	西北版	1929-06-05	1	07단	出損救濟事業褒獎條例を制定
172547	朝鮮朝日	西北版	1929-06-05	1	07단	衛生思想の普及を延吉公安局から管内に通牒
172548	朝鮮朝日	西北版	1929-06-05	1	07단	鴨綠江視察に小汽船使用/安東地方委員會から地方事務所長に要請
172549	朝鮮朝日	西北版	1929-06-05	1	08단	禿魯江右岸の護岸工事を請願/每年夏の增水に際し大被害を蒙るに鑑み
172550	朝鮮朝日	西北版	1929-06-05	1	08단	不正運轉手を嚴重取締る
172551	朝鮮朝日	西北版	1929-06-05	1	08단	元山府の天然痘新患者續發し十二名となる
172552	朝鮮朝日	西北版	1929-06-05	1	08단	圖書博物館の入場者增す
172553	朝鮮朝日	西北版	1929-06-05	1	08단	朝博開會迄に竣工させる/平南大同郡廳舍
172554	朝鮮朝日	西北版	1929-06-05	1	09단	特設館出品の勸誘を行ふ
172555	朝鮮朝日	西北版	1929-06-05	1	09단	松毛蟲驅除しない土地に發生近く驅除を開始/まづ寄生蜂を放って驅除の效果をためす
172556	朝鮮朝日	西北版	1929-06-05	1	09단	每戶團旗を揭揚せしめ嚴肅に擧式す
172557	朝鮮朝日	西北版	1929-06-05	1	10단	日本大相撲來安
172558	朝鮮朝日	西北版	1929-06-05	1	10단	百草溝奧地に有力な馬賊
172559	朝鮮朝日	西北版	1929-06-05	1	10단	强盜坊主團一味の判決
172560	朝鮮朝日	西北版	1929-06-05	1	10단	滿鐵安奉線の慰安車運轉
172561	朝鮮朝日	西北版	1929-06-05	1	10단	大工の不足で惡大工橫行
172562	朝鮮朝日	西北版	1929-06-05	1	10단	九連城遠乘
172563	朝鮮朝日	西北版	1929-06-05	1	10단	安東の夜店納涼活寫會も
172564	朝鮮朝日	南鮮版	1929-06-05	1	01단	新義州共産黨事件一味の豫審終結いづれも公判にまはさる新聞揭載差止の一部も解除さる/M・L黨幹部の橫暴に黨員外の者が憤り遂に朝鮮共産黨を組織代表二名を露國モスクワに派遣/朝鮮靑年黨の組織を企て露支兩國を視察して東京大阪で同志糾合/事件の經過と發覺の端緖/すべてを嚴祕に物的證據を殘さぬやう努む/其內容は複雜で取調に困った佐藤判事の談/新義州署の殊勳を感謝本島檢事語る/中心人物を失った譯だ警察當局語る
172565	朝鮮朝日	南鮮版	1929-06-05	1	02단	黨員の養成を目的とする/共産靑年會を組織し朴衡秉これを牛耳る
172566	朝鮮朝日	南鮮版	1929-06-05	1	05단	詩書畫三絶の杉溪男爵入城ししきりに彩管を揮ひ朝鮮の風物を禮讚す
172567	朝鮮朝日	南鮮版	1929-06-05	1	06단	慰藉料問題で議論百出し結局委員會に一任す/進明女學校の父兄會
172568	朝鮮朝日	南鮮版	1929-06-05	1	07단	大邱の酷署

일련번호	판명		간행일	면	단수	기사명
172569	朝鮮朝日	南鮮版	1929-06-05	1	07단	思ふやうに行かず實に申譯ない/京電幹部の談
172570	朝鮮朝日	南鮮版	1929-06-05	1	07단	徹底的興電の値下を要望
172571	朝鮮朝日	南鮮版	1929-06-05	1	08단	魚仲買組合の聯合會生る
172572	朝鮮朝日	南鮮版	1929-06-05	1	08단	『鐵道の妨害に抗爭する迄』通運系から系統店や中立店に通告を發す
172573	朝鮮朝日	南鮮版	1929-06-05	1	08단	お茶のあと
172574	朝鮮朝日	南鮮版	1929-06-05	1	08단	釜山學組評議員會
172575	朝鮮朝日	南鮮版	1929-06-05	1	08단	薄倖な女を救はんとし罪の子となる
172576	朝鮮朝日	南鮮版	1929-06-05	1	09단	京城現物取の配當は四分
172577	朝鮮朝日	南鮮版	1929-06-05	1	09단	桑原府尹急遽歸任/問題の核心に觸れるを避く
172578	朝鮮朝日	南鮮版	1929-06-05	1	10단	朝鮮教育會代議員會議
172579	朝鮮朝日	南鮮版	1929-06-05	1	10단	仁川沖に鯨
172580	朝鮮朝日	南鮮版	1929-06-05	1	10단	東京の大相撲釜山で興行
172581	朝鮮朝日	南鮮版	1929-06-05	1	10단	明大留守軍勝つ
172582	朝鮮朝日	南鮮版	1929-06-05	1	10단	人(林仙之中將/山口縣小學校長團/後藤連平氏(朝鮮每日社長)/德惠姬)
172583	朝鮮朝日	南鮮版	1929-06-05	1	10단	半島茶話
172584	朝鮮朝日	西北・南鮮版	1929-06-05	2	01단	案じる程の事もない　朝博の寄附金募集存外によい成績をあげ近く豫定の廿五萬圓に達する見込/本社の野球大會に日覆ひを配り朝博の大宣傳を行ふ　その他朝博縮圖を印刷し全鮮の住民に漏なく配る/慶南協贊會組織準備進む/子供專用の乘馬を調教
172585	朝鮮朝日	西北・南鮮版	1929-06-05	2	01단	雫の聲
172586	朝鮮朝日	西北・南鮮版	1929-06-05	2	02단	七分五厘方の増加を示す/桑の繁茂狀態もよい全鮮春蠶掃見込數
172587	朝鮮朝日	西北・南鮮版	1929-06-05	2	04단	よくとれた石首魚/延平島の漁獲高が四百萬圓
172588	朝鮮朝日	西北・南鮮版	1929-06-05	2	04단	荷造改善を映畫で宣傳
172589	朝鮮朝日	西北・南鮮版	1929-06-05	2	04단	新刊紹介(『大分歌人』/『瘋癲病院』)
172590	朝鮮朝日	西北版	1929-06-06	1	01단	九十萬圓に相當する土地の寄附もあり愈計劃を實現せしめる/大雄基建設と面民の非常な意氣込
172591	朝鮮朝日	西北版	1929-06-06	1	01단	面白からぬ首相と總督の仲鈴木、木下兩氏が仲に立ちしきりに奔走す
172592	朝鮮朝日	西北版	1929-06-06	1	01단	各交通機關の競爭がはげしい內地各地を視察した/光永平壤運事所長談
172593	朝鮮朝日	西北版	1929-06-06	1	01단	簡保宣傳の準備に着手
172594	朝鮮朝日	西北版	1929-06-06	1	02단	雨季を目前に控へて河川の改修を急ぐ『この分なれば大丈夫だ』總督府土木課では太鼓判を押す
172595	朝鮮朝日	西北版	1929-06-06	1	03단	電話架設の申込が少い

일련번호	판명		간행일	면	단수	기사명
172596	朝鮮朝日	西北版	1929-06-06	1	03단	平南の田植
172597	朝鮮朝日	西北版	1929-06-06	1	03단	平壤より
172598	朝鮮朝日	西北版	1929-06-06	1	04단	平北水利の視察者增す
172599	朝鮮朝日	西北版	1929-06-06	1	04단	結局船橋里に決定するか現在の擴張は不可能/平壤師範學校の敷地
172600	朝鮮朝日	西北版	1929-06-06	1	04단	穀檢所移轉の陳情書提出
172601	朝鮮朝日	西北版	1929-06-06	1	04단	農事經營法の模型を出品
172602	朝鮮朝日	西北版	1929-06-06	1	04단	間島の流木
172603	朝鮮朝日	西北版	1929-06-06	1	05단	咸興靑訓生徒最初に實彈射擊
172604	朝鮮朝日	西北版	1929-06-06	1	05단	學生雄辯大會延期となる
172605	朝鮮朝日	西北版	1929-06-06	1	05단	國境道路には重きを置き四五年間に完了さす/野口本府技師は語る
172606	朝鮮朝日	西北版	1929-06-06	1	06단	第十九師團へ入營の新兵サン着く
172607	朝鮮朝日	西北版	1929-06-06	1	06단	平南特設館は中旬頃起工
172608	朝鮮朝日	西北版	1929-06-06	1	06단	社會事業を種に詐取す
172609	朝鮮朝日	西北版	1929-06-06	1	06단	阿片を携行し取押へらる
172610	朝鮮朝日	西北版	1929-06-06	1	07단	馬賊と交戰
172611	朝鮮朝日	西北版	1929-06-06	1	07단	馬賊の集結を嚴重に警戒
172612	朝鮮朝日	西北版	1929-06-06	1	07단	時局を標榜の三人組强盜
172613	朝鮮朝日	西北版	1929-06-06	1	07단	洗濯棒で毆り嫁を死なす/鬼神を追ふとて
172614	朝鮮朝日	西北版	1929-06-06	1	08단	無免許運轉手人を轢殺す
172615	朝鮮朝日	西北版	1929-06-06	1	08단	古墳盜掘團取調の步を進む
172616	朝鮮朝日	西北版	1929-06-06	1	08단	靑葉の頃/聊かものたらぬ平壤のカフェー
172617	朝鮮朝日	西北版	1929-06-06	1	08단	本社主催第十五回全國中等學校優勝野球大會/第九回朝鮮豫選大會
172618	朝鮮朝日	西北版	1929-06-06	1	09단	牡丹台野話
172619	朝鮮朝日	西北版	1929-06-06	1	09단	巡査燒死す駐在所の火事
172620	朝鮮朝日	西北版	1929-06-06	1	10단	二人組の追剝牛挽を斬り牛を奪ひ去る
172621	朝鮮朝日	西北版	1929-06-06	1	10단	運東界(明大留守軍近く平壤に來る/平壤自轉車競走)
172622	朝鮮朝日	西北版	1929-06-06	1	10단	もよほし(咸興高普創立記念式)
172623	朝鮮朝日	西北版	1929-06-06	1	10단	人(待山義雄氏(内務局沙里院土木出張所長))
172624	朝鮮朝日	南鮮版	1929-06-06	1	01단	要求に應ぜねば買收交涉を打切る 桑原府尹決意をしめす府の態度は二三日中に決定する/價額の引上は見込がない 羽田交涉委員の一行九日釜山に上陸する/暴露戰術で醜事實摘發
172625	朝鮮朝日	南鮮版	1929-06-06	1	01단	期日切迫で自熱戰候補者も續出京城の學議戰
172626	朝鮮朝日	南鮮版	1929-06-06	1	01단	木浦を訪ふ(2)/京城一記者
172627	朝鮮朝日	南鮮版	1929-06-06	1	03단	豊作祈願祭慶北道の計劃

일련번호	판명		간행일	면	단수	기사명
172628	朝鮮朝日	南鮮版	1929-06-06	1	03단	慶南水産會の議員選擧
172629	朝鮮朝日	南鮮版	1929-06-06	1	03단	京城大邱の二箇所で第一次豫選を行ひ更に京城で決戰を行ふ/全國中等野球大會朝鮮豫選大會
172630	朝鮮朝日	南鮮版	1929-06-06	1	04단	月給を投出し稅金を代納/一巡査の美擧
172631	朝鮮朝日	南鮮版	1929-06-06	1	04단	二割以上の値下を決議し愈よ民衆運動を起す
172632	朝鮮朝日	南鮮版	1929-06-06	1	05단	大邱府の給水制限愈よ七日から實施にきまる
172633	朝鮮朝日	南鮮版	1929-06-06	1	05단	雹害地救濟の方針きまる
172634	朝鮮朝日	南鮮版	1929-06-06	1	06단	面白からぬ首相と總督の仲/鈴木、木下兩氏が仲に立ちしきりに奔走す
172635	朝鮮朝日	南鮮版	1929-06-06	1	06단	聖恩の有難さにふかく感激し日の丸の國旗を作り朝鮮神宮に獻納せんとす/鍾路警察署員を感激さす
172636	朝鮮朝日	南鮮版	1929-06-06	1	06단	福寧堂梁氏の嚴肅なる本葬儀/德惠姬には門前にて葬列をお見送り遊す
172637	朝鮮朝日	南鮮版	1929-06-06	1	07단	ビール代の値下を交涉
172638	朝鮮朝日	南鮮版	1929-06-06	1	07단	電車顚覆事件第一回公判
172639	朝鮮朝日	南鮮版	1929-06-06	1	08단	少年を襲ひ金をまきあぐ
172640	朝鮮朝日	南鮮版	1929-06-06	1	08단	自動車疾走中火災を起す
172641	朝鮮朝日	南鮮版	1929-06-06	1	08단	始末におへぬ學生達の白紙同盟不逞學生に煽動されこの傾向著しくなる
172642	朝鮮朝日	南鮮版	1929-06-06	1	08단	仁川の火事
172643	朝鮮朝日	南鮮版	1929-06-06	1	08단	本社主催第十五回全國中等學校優勝野球大會/第九回朝鮮豫選大會
172644	朝鮮朝日	南鮮版	1929-06-06	1	09단	巡査燒死す駐在所の火事
172645	朝鮮朝日	南鮮版	1929-06-06	1	09단	二人組の追剝牛挽を斬り牛を奪ひ去る
172646	朝鮮朝日	南鮮版	1929-06-06	1	09단	日大柔道部遠征
172647	朝鮮朝日	南鮮版	1929-06-06	1	09단	キネマ便り(大岡改談(日活))
172648	朝鮮朝日	南鮮版	1929-06-06	1	10단	人(全國經濟調査機關聯合會鮮滿視察團/澤山精八郎氏(貴族院議員)/吉原重成氏(鐵道局囑託)/篠田李王職次官)
172649	朝鮮朝日	南鮮版	1929-06-06	1	10단	半島茶話
172650	朝鮮朝日	西北・南鮮版	1929-06-06	2	01단	村の燈台/伊豫絣の創始者鍵谷かな女/久留米絣の起原について田中淸範氏の研究(上)
172651	朝鮮朝日	西北・南鮮版	1929-06-06	2	01단	*全南特設館の上棟式擧行　手まはしの早いのに事務局もあっと驚く/三箇月間大宣傳　厭といふ程朝博觀念を鼓吹*
172652	朝鮮朝日	西北・南鮮版	1929-06-06	2	03단	豆粕の輸入減少す/五月中の成績
172653	朝鮮朝日	西北・南鮮版	1929-06-06	2	04단	麥の早刈を勵行させる
172654	朝鮮朝日	西北・南鮮版	1929-06-06	2	04단	名勝地撮影と古蹟の調査

일련번호	판명		간행일	면	단수	기사명
172655	朝鮮朝日	西北・南鮮版	1929-06-06	2	04단	陸の不知火/蝗蟲驅除で賑ふ
172656	朝鮮朝日	西北・南鮮版	1929-06-06	2	04단	氣乘の薄い統營面議補選
172657	朝鮮朝日	西北版	1929-06-07	1	01단	一日二萬人なら宿泊には差支ない/まづ宿の心配はいらぬ朝博當局ホッと胸なでおろす
172658	朝鮮朝日	西北版	1929-06-07	1	01단	期日の切迫で混戰に陷る/よくふせぎよく攻む新義州學組議員選擧
172659	朝鮮朝日	西北版	1929-06-07	1	02단	南浦學組議員選擧
172660	朝鮮朝日	西北版	1929-06-07	1	03단	自動車許可の方針きまる
172661	朝鮮朝日	西北版	1929-06-07	1	03단	城津より/咸興より
172662	朝鮮朝日	西北版	1929-06-07	1	04단	森林愛護の作品の成績發表/選外佳作をくはへて入選百十九點に上る
172663	朝鮮朝日	西北版	1929-06-07	1	04단	堆肥品評會
172664	朝鮮朝日	西北版	1929-06-07	1	04단	朝博平南道委員を囑託
172665	朝鮮朝日	西北版	1929-06-07	1	05단	安東産豆粕の斤量を統一
172666	朝鮮朝日	西北版	1929-06-07	1	05단	平北小學校の兒童數增加
172667	朝鮮朝日	西北版	1929-06-07	1	05단	平壤組合銀行五月末帳尻
172668	朝鮮朝日	西北版	1929-06-07	1	05단	貧苦を忘れて軍務を勵む/世にも悲壯なる若人鄕軍幹部大に同情す
172669	朝鮮朝日	西北版	1929-06-07	1	06단	咸興公會堂の工費を捻出
172670	朝鮮朝日	西北版	1929-06-07	1	06단	無料給與の滿洲粟取引
172671	朝鮮朝日	西北版	1929-06-07	1	06단	農民デー當日田植を行ふ
172672	朝鮮朝日	西北版	1929-06-07	1	06단	猩紅熱豫防注射
172673	朝鮮朝日	西北版	1929-06-07	1	06단	模範鄕軍の表彰を行ふ
172674	朝鮮朝日	西北版	1929-06-07	1	07단	海州土城間の鐵道敷設認可さる/工費三百五十萬圓で狹軌として着工する
172675	朝鮮朝日	西北版	1929-06-07	1	07단	區域が廣くて取調に困る 被害數十萬圓に達す茂山管内の官林盜伐/困窮民を煽動し盜伐せしめて巨利を占める
172676	朝鮮朝日	西北版	1929-06-07	1	07단	小集團的に移動を始む對岸支那の馬賊
172677	朝鮮朝日	西北版	1929-06-07	1	08단	十數名車座で賭博を開帳
172678	朝鮮朝日	西北版	1929-06-07	1	08단	馬賊横行し住民續々避難
172679	朝鮮朝日	西北版	1929-06-07	1	08단	牡丹台野話
172680	朝鮮朝日	西北版	1929-06-07	1	08단	本社主催第十五回全國中等學校優勝野球大會/第九回朝鮮豫選大會
172681	朝鮮朝日	西北版	1929-06-07	1	09단	朝鮮人四名を拉致す/支那官憲らしい一團のため
172682	朝鮮朝日	西北版	1929-06-07	1	09단	亂鬪の頻發で警察當局よわる/平壤の勞働組合員がまたしても睨み合ふ
172683	朝鮮朝日	西北版	1929-06-07	1	10단	半島茶話
172684	朝鮮朝日	西北版	1929-06-07	1	10단	もよほし(咸興憲友會の園遊會)

일련번호	판명		간행일	면	단수	기사명
172685	朝鮮朝日	西北版	1929-06-07	1	10단	人(天日常次郎氏(鮮米協會々長)/水野瓦軍役)
172686	朝鮮朝日	南鮮版	1929-06-07	1	01단	貴人福甕堂梁氏の葬儀と御喪裝の德惠姫
172687	朝鮮朝日	南鮮版	1929-06-07	1	01단	卅萬圓の涙金で各議員いきり立ち買收交涉の打切を叫ぶ 險惡な空氣を孕んだ釜山府協議會/軟弱的手段を絶對に避け一路玉碎主義で進む 期成會の態度きまる/結局交涉は決裂のほかあるまいと 觀測される/『決裂に至ればそれまでだ』といふよりほかない生田内務局長は語る
172688	朝鮮朝日	南鮮版	1929-06-07	1	04단	泣き面に蜂の慶北の農民重なる不幸のためにいろんな流言行はる
172689	朝鮮朝日	南鮮版	1929-06-07	1	04단	朝鮮陶器の出品きまる
172690	朝鮮朝日	南鮮版	1929-06-07	1	04단	木浦を訪ふ(3)/京城一記者
172691	朝鮮朝日	南鮮版	1929-06-07	1	05단	米國記者團の京城視察日程決る
172692	朝鮮朝日	南鮮版	1929-06-07	1	06단	營業稅低減の陳情をなし婉曲に拒絶さる
172693	朝鮮朝日	南鮮版	1929-06-07	1	06단	甲論乙駁して議纏まらず結局有耶無耶に終る/進明學校父兄委員會
172694	朝鮮朝日	南鮮版	1929-06-07	1	07단	青い鳥/釜山一記者
172695	朝鮮朝日	南鮮版	1929-06-07	1	07단	一割内外の値下實行か
172696	朝鮮朝日	南鮮版	1929-06-07	1	07단	文具を盜んで父にみつぐ
172697	朝鮮朝日	南鮮版	1929-06-07	1	07단	慶南の山火事漸く鎭火す旱害民の放火か
172698	朝鮮朝日	南鮮版	1929-06-07	1	08단	社金を橫領し自殺を企つ
172699	朝鮮朝日	南鮮版	1929-06-07	1	08단	貧ゆえに棄て兒その子が死んだと聞き自白
172700	朝鮮朝日	南鮮版	1929-06-07	1	08단	家族の如き模範漁業組合/統營廣島鰯綱組合が勤續者の表彰を行ふ
172701	朝鮮朝日	南鮮版	1929-06-07	1	10단	忠南の武道大會
172702	朝鮮朝日	南鮮版	1929-06-07	1	10단	馬山野球聯盟戰
172703	朝鮮朝日	南鮮版	1929-06-07	1	10단	人(天日常次郎氏(鮮米協會々長)/水野瓦電軍役)
172704	朝鮮朝日	南鮮版	1929-06-07	1	10단	半島茶話
172705	朝鮮朝日	西北・南鮮版	1929-06-07	2	01단	魚油ダンクを北鮮に設置/無盡藏の鰯に着目し内地の企業家計劃す
172706	朝鮮朝日	西北・南鮮版	1929-06-07	2	01단	お茶のあと
172707	朝鮮朝日	西北・南鮮版	1929-06-07	2	01단	春繭價格の統一を協議
172708	朝鮮朝日	西北・南鮮版	1929-06-07	2	01단	元山五月中の手形交換高
172709	朝鮮朝日	西北・南鮮版	1929-06-07	2	02단	上仁川驛の業績
172710	朝鮮朝日	西北・南鮮版	1929-06-07	2	02단	振贊貯金受拂高
172711	朝鮮朝日	西北・南鮮版	1929-06-07	2	02단	意外にひどい降雹被害
172712	朝鮮朝日	西北・南鮮版	1929-06-07	2	02단	城津近海に鰯群現はる
172713	朝鮮朝日	西北・南鮮版	1929-06-07	2	02단	目賀田男の銅像
172714	朝鮮朝日	西北・南鮮版	1929-06-07	2	03단	朝鮮と内地の發着電報數

일련번호	판명		간행일	면	단수	기사명
172715	朝鮮朝日	西北・南鮮版	1929-06-07	2	03단	重要問題の討議を行ふ/馬山の商工會
172716	朝鮮朝日	西北・南鮮版	1929-06-07	2	03단	仁川の水産物水揚げ增す
172717	朝鮮朝日	西北・南鮮版	1929-06-07	2	04단	危險品運送の指定日廢止
172718	朝鮮朝日	西北・南鮮版	1929-06-07	2	04단	金剛山土産刑務所で造る
172719	朝鮮朝日	西北・南鮮版	1929-06-07	2	04단	釜山を除いて他は承認す/米穀運賃問題
172720	朝鮮朝日	西北・南鮮版	1929-06-07	2	04단	キネマ便り(猛火と消防手(朝鮮教育新關社提供))
172721	朝鮮朝日	西北版	1929-06-08	1	01단	佐野博士案には贊成できぬといひあくまでも頑張り通す 昭和水利貯水池取入口問題の紛擾/當局の慰撫で第二案承認 揉みに揉んだ問題も圓滿なる解決を見る
172722	朝鮮朝日	西北版	1929-06-08	1	01단	學校林設置を大いに獎勵
172723	朝鮮朝日	西北版	1929-06-08	1	01단	工業徒弟講習會設立認可され近く授業開始
172724	朝鮮朝日	西北版	1929-06-08	1	02단	騎兵七六聯隊軍旗拜受式
172725	朝鮮朝日	西北版	1929-06-08	1	02단	俳句/鈴木花蓑選
172726	朝鮮朝日	西北版	1929-06-08	1	02단	近く移轉する/延和汪琿游巡隊
172727	朝鮮朝日	西北版	1929-06-08	1	02단	鮮滿連絡電話回數
172728	朝鮮朝日	西北版	1929-06-08	1	03단	國境競馬の成績
172729	朝鮮朝日	西北版	1929-06-08	1	03단	深耕競犁會大盛況を呈す
172730	朝鮮朝日	西北版	1929-06-08	1	03단	雨を待ちきれずに田植を始める
172731	朝鮮朝日	西北版	1929-06-08	1	04단	第二守備隊の初年兵入營
172732	朝鮮朝日	西北版	1929-06-08	1	04단	お茶のあと
172733	朝鮮朝日	西北版	1929-06-08	1	04단	有功章授與安東の阿部氏に
172734	朝鮮朝日	西北版	1929-06-08	1	05단	新義州府勢擴張祝賀會
172735	朝鮮朝日	西北版	1929-06-08	1	05단	魚菜市場の改善を協議
172736	朝鮮朝日	西北版	1929-06-08	1	05단	製鋼所設置の可能を信じ昨今新義州附近にてさかんに思惑行はる
172737	朝鮮朝日	西北版	1929-06-08	1	06단	土地改良基本調査
172738	朝鮮朝日	西北版	1929-06-08	1	06단	平北宣川學組議員選擧終了す
172739	朝鮮朝日	西北版	1929-06-08	1	06단	空中實彈射擊演習
172740	朝鮮朝日	西北版	1929-06-08	1	06단	安東署の射擊會
172741	朝鮮朝日	西北版	1929-06-08	1	06단	砂金鑛採堀中止
172742	朝鮮朝日	西北版	1929-06-08	1	06단	父の死を祕し弟を勵ますこの父にこの子あり/近頃珍しい軍事美談
172743	朝鮮朝日	西北版	1929-06-08	1	07단	強盜犯人捕まる/護送の途中に巡査を射った
172744	朝鮮朝日	西北版	1929-06-08	1	07단	またも線路に石塊を置き列車顚覆を企つ
172745	朝鮮朝日	西北版	1929-06-08	1	07단	山中の強盜
172746	朝鮮朝日	西北版	1929-06-08	1	07단	入札また入札漸く落札し平元線の第九工區は七日から工事に着手
172747	朝鮮朝日	西北版	1929-06-08	1	08단	本社主催第十五回全國中等學校優勝野球大

일련번호	판명		간행일	면	단수	기사명
172747	朝鮮朝日	西北版	1929-06-08	1	08단	會/第九回朝鮮豫選大會
172748	朝鮮朝日	西北版	1929-06-08	1	08단	得體の知れぬ害蟲發生す
172749	朝鮮朝日	西北版	1929-06-08	1	08단	高普生徒が春畫を密輸
172750	朝鮮朝日	西北版	1929-06-08	1	08단	人妻を襲ひ追剝を働く
172751	朝鮮朝日	西北版	1929-06-08	1	08단	二人の啞者が強盜を働く
172752	朝鮮朝日	西北版	1929-06-08	1	08단	牡丹台野話
172753	朝鮮朝日	西北版	1929-06-08	1	09단	人夫の盟休新入人夫を煽動して不穩なる形勢を示す
172754	朝鮮朝日	西北版	1929-06-08	1	10단	板間稼ぎ捕まる
172755	朝鮮朝日	西北版	1929-06-08	1	10단	降雨がなく農作枯死に瀕す
172756	朝鮮朝日	西北版	1929-06-08	1	10단	もよほし(安東の虛子歡迎句會/平壤の競馬大會/平壤將校婦人總會)
172757	朝鮮朝日	西北版	1929-06-08	1	10단	人(淺利警務局長一行/金直基氏(平北高等課長)/中村太郎氏(安東輸入組合理事))
172758	朝鮮朝日	南鮮版	1929-06-08	1	01단	雨を待ちきれずに田植を始める
172759	朝鮮朝日	南鮮版	1929-06-08	1	01단	結局繼續事業の繰延べを行ふより他に適當な良策がない/手も足も出ぬ總督府の明年度豫算
172760	朝鮮朝日	南鮮版	1929-06-08	1	02단	決裂を覺悟で交渉に當る本府は調停などせぬ桑原釜山府尹は語る/歩み寄りで讓渡か決裂はすまい大池翁は語る
172761	朝鮮朝日	南鮮版	1929-06-08	1	04단	一日二萬人の宿泊に差支ない　宿屋をしらべた結果漸くの事で見當つく/素晴しく凝った活寫海の朝鮮とその觀覽場/牛、豚、鷄などの優良種出品
172762	朝鮮朝日	南鮮版	1929-06-08	1	04단	俳句/鈴木花蓑選
172763	朝鮮朝日	南鮮版	1929-06-08	1	05단	電話架設の申込殺致し久しぶりに抽籤
172764	朝鮮朝日	南鮮版	1929-06-08	1	05단	電氣料値下の期成會組織
172765	朝鮮朝日	南鮮版	1929-06-08	1	05단	警官の退去を主張し激論今後は祕密會で通す/進明學校父兄委員會
172766	朝鮮朝日	南鮮版	1929-06-08	1	06단	青い鳥/釜山一記者
172767	朝鮮朝日	南鮮版	1929-06-08	1	06단	慶北の桑樹/植付豫定より增す
172768	朝鮮朝日	南鮮版	1929-06-08	1	06단	東京見本展示會
172769	朝鮮朝日	南鮮版	1929-06-08	1	06단	月餘に互る旱天で中部朝鮮の被害は勘だしい
172770	朝鮮朝日	南鮮版	1929-06-08	1	06단	千人について二個の割合/朝鮮の電話數
172771	朝鮮朝日	南鮮版	1929-06-08	1	07단	均一自動車の裝置を改む
172772	朝鮮朝日	南鮮版	1929-06-08	1	07단	兒童のために夏季の催し物好感を以て迎へらる/事故を未然に防ぐために京城府では嚴重監視する
172773	朝鮮朝日	南鮮版	1929-06-08	1	07단	接戰また接戰日沒のためドロンゲームとなる/京

일련번호	판명		간행일	면	단수	기사명
172773	朝鮮朝日	南鮮版	1929-06-08	1	07단	電對殖銀の二回戰
172774	朝鮮朝日	南鮮版	1929-06-08	1	08단	慶北英陽郡の道評議員補缺選擧
172775	朝鮮朝日	南鮮版	1929-06-08	1	08단	本社主催第十五回全國中等學校優勝野球大會/第九回朝鮮豫選大會
172776	朝鮮朝日	南鮮版	1929-06-08	1	09단	大邱學組初會議
172777	朝鮮朝日	南鮮版	1929-06-08	1	09단	朝博もあり嚴重に清凉飲料水の取締りを行ふ
172778	朝鮮朝日	南鮮版	1929-06-08	1	09단	臟品を自宅に飾り立てる/赤崎學園へ不良兒收容
172779	朝鮮朝日	南鮮版	1929-06-08	1	10단	罹災民は呆然自失慘狀を極めた土幕の大火事
172780	朝鮮朝日	南鮮版	1929-06-08	1	10단	德惠姬樣御歸京
172781	朝鮮朝日	南鮮版	1929-06-08	1	10단	人(松室致氏(樞密顧問官)/有賀光豊氏(殖銀頭取)/全國經濟調査機關聯合會員/矢鍋永三郎(殖銀理事)/金原基氏(平北高等課長))
172782	朝鮮朝日	西北・南鮮版	1929-06-08	2	01단	村の燈台/伊豫絣の創始者鍵谷かな女/絣創案のヒント田中淸範氏の研究(下)
172783	朝鮮朝日	西北・南鮮版	1929-06-08	2	02단	仁川の經濟界極度に疲弊/二三倒産の噂があり三井物産大に狼狽す
172784	朝鮮朝日	西北・南鮮版	1929-06-08	2	02단	回着滯貨米
172785	朝鮮朝日	西北・南鮮版	1929-06-08	2	03단	乘合自動車に壓倒されて价川鐵道不振
172786	朝鮮朝日	西北・南鮮版	1929-06-08	2	04단	全鮮の麥作は增收を豫想
172787	朝鮮朝日	西北・南鮮版	1929-06-08	2	04단	公州の學組補選
172788	朝鮮朝日	西北・南鮮版	1929-06-08	2	04단	齒科醫合格はたった一人
172789	朝鮮朝日	西北・南鮮版	1929-06-08	2	04단	松毛蟲狩終了す
172790	朝鮮朝日	西北・南鮮版	1929-06-08	2	04단	忠北道署長會議
172791	朝鮮朝日	西北・南鮮版	1929-06-08	2	04단	忠北道郡守會議
172792	朝鮮朝日	西北・南鮮版	1929-06-08	2	04단	東津水利竣工式
172793	朝鮮朝日	西北・南鮮版	1929-06-08	2	04단	リンゴ玉葱を台北へ移出
172794	朝鮮朝日	西北・南鮮版	1929-06-08	2	04단	新刊紹介(『朝鮮の婦女界』)
172795	朝鮮朝日	西北版	1929-06-09	1	01단	盛に茶目振を發揮し米國記者團渡鮮
172796	朝鮮朝日	西北版	1929-06-09	1	01단	結局繼續事業の繰延べを行ふより他に適當な良策がない/手も足も出ぬ總督府の明年度豫算
172797	朝鮮朝日	西北版	1929-06-09	1	02단	日本でただ一つの黃楊の森林/咸南道自慢のもの
172798	朝鮮朝日	西北版	1929-06-09	1	03단	鳳山郡農會の專橫を憤り對策を頻りに考究す/叺賣捌問題から紛擾
172799	朝鮮朝日	西北版	1929-06-09	1	04단	間島金融買收の用務を帶びて石本男龍井へ
172800	朝鮮朝日	西北版	1929-06-09	1	04단	俳句/鈴木花蓑選
172801	朝鮮朝日	西北版	1929-06-09	1	04단	『朝日は輝く』好評を博す/安東の活寫會
172802	朝鮮朝日	西北版	1929-06-09	1	05단	咸興地方敎化研究會
172803	朝鮮朝日	西北版	1929-06-09	1	05단	運命を決する日は愈來た/二名の落伍者は誰か

일련번호	판명		간행일	면	단수	기사명
172803	朝鮮朝日	西北版	1929-06-09	1	05단	新義州學組織員選擧
172804	朝鮮朝日	西北版	1929-06-09	1	05단	快速船を用ひ密輸を防ぐ/鴨江の警戒薄に乘じ密輸めつぼうふえる
172805	朝鮮朝日	西北版	1929-06-09	1	05단	咸興新名所の萬歲橋架贊
172806	朝鮮朝日	西北版	1929-06-09	1	05단	朝鮮人巡査の增給を行ふ
172807	朝鮮朝日	西北版	1929-06-09	1	05단	大連安東航路愈近く復航
172808	朝鮮朝日	西北版	1929-06-09	1	06단	日支境界問題漸く解決す
172809	朝鮮朝日	西北版	1929-06-09	1	06단	電車の通ぜぬ主要道路にバス/電車の擴張は行はぬ平壤府の方針內定す
172810	朝鮮朝日	西北版	1929-06-09	1	06단	交贊守備兵出發
172811	朝鮮朝日	西北版	1929-06-09	1	07단	牡丹台野話
172812	朝鮮朝日	西北版	1929-06-09	1	07단	高射砲隊は嚴町附近か
172813	朝鮮朝日	西北版	1929-06-09	1	07단	朝鮮語獎勵第三種試驗
172814	朝鮮朝日	西北版	1929-06-09	1	07단	十三萬圓事件圓滿に解決
172815	朝鮮朝日	西北版	1929-06-09	1	07단	初等教育研究會
172816	朝鮮朝日	西北版	1929-06-09	1	07단	我會社商店に會費を徵收/安東支那總商會
172817	朝鮮朝日	西北版	1929-06-09	1	08단	勝手に官地へ小屋を建て或は堤防に穴を掘る/始末におへぬ穴居民
172818	朝鮮朝日	西北版	1929-06-09	1	08단	時の記念日と新義州府の宣傳
172819	朝鮮朝日	西北版	1929-06-09	1	08단	石川軍醫部長衛生査閱を行ふ
172820	朝鮮朝日	西北版	1929-06-09	1	08단	ハダカで線路へ心中者危うく一命を取止む
172821	朝鮮朝日	西北版	1929-06-09	1	09단	增加を示す
172822	朝鮮朝日	西北版	1929-06-09	1	09단	新兵自殺す
172823	朝鮮朝日	西北版	1929-06-09	1	09단	朝鮮人學校の開校を行ふ/支那側が勝手に
172824	朝鮮朝日	西北版	1929-06-09	1	09단	賣った土地を委細構はず開墾播種する
172825	朝鮮朝日	西北版	1929-06-09	1	10단	列車妨害の支那人逮捕
172826	朝鮮朝日	西北版	1929-06-09	1	10단	私財を投じて稅金を代納
172827	朝鮮朝日	西北版	1929-06-09	1	10단	普通學校の兒童盟休す
172828	朝鮮朝日	西北版	1929-06-09	1	10단	慘殺少年の身許わかる
172829	朝鮮朝日	西北版	1929-06-09	1	10단	齋藤氏のおめでた
172830	朝鮮朝日	西北版	1929-06-09	1	10단	運動界(滿洲中等校の野球大會/明大留守軍勝つ)
172831	朝鮮朝日	南鮮版	1929-06-09	1	01단	盛に茶目振を發揮し米國記者團渡鮮
172832	朝鮮朝日	南鮮版	1929-06-09	1	01단	『列車妨害事件を今後嚴重に取締り重きによって處罰せよ』/法務局から各裁判所に通牒を發す
172833	朝鮮朝日	南鮮版	1929-06-09	1	01단	國運と國通の妥協を圖る/然し其結果に就ては今に何の通知もない
172834	朝鮮朝日	南鮮版	1929-06-09	1	02단	早害窮民の上前を刎る
172835	朝鮮朝日	南鮮版	1929-06-09	1	03단	木浦を訪ふ 4/京城一記者
172836	朝鮮朝日	南鮮版	1929-06-09	1	04단	相當犧牲を拂ったつもりである小倉社長語る/電

일련번호	판명		간행일	면	단수	기사명
172836	朝鮮朝日	南鮮版	1929-06-09	1	04단	氣料値下と業務改善の決議文を可決
172837	朝鮮朝日	南鮮版	1929-06-09	1	04단	學生大會は中止となる『絶對九大へ行かぬ』と總長が言明したゝめ
172838	朝鮮朝日	南鮮版	1929-06-09	1	04단	DKの婦人講座
172839	朝鮮朝日	南鮮版	1929-06-09	1	05단	俳句/鈴木花蓑選
172840	朝鮮朝日	南鮮版	1929-06-09	1	05단	立退料增額で漸く納得す雲岩の農民達
172841	朝鮮朝日	南鮮版	1929-06-09	1	06단	軍人の學議被選擧權は不許可となる
172842	朝鮮朝日	南鮮版	1929-06-09	1	06단	水道の壽命はあと十五日一日五時間だけ給水釜山府民恐慌を來す/給水制限から夜警隊組織/棉作の旱害は實に甚しい
172843	朝鮮朝日	南鮮版	1929-06-09	1	07단	新繭初取引
172844	朝鮮朝日	南鮮版	1929-06-09	1	07단	公德心に訴へ街路樹愛護
172845	朝鮮朝日	南鮮版	1929-06-09	1	07단	群山の浮棧橋突然滑走し多數の死傷者を出す/進水の合圖を過まり
172846	朝鮮朝日	南鮮版	1929-06-09	1	08단	風紀係數名を公園に派し不義者を取締る
172847	朝鮮朝日	南鮮版	1929-06-09	1	08단	妻を絞殺し服毒自殺を遂ぐ
172848	朝鮮朝日	南鮮版	1929-06-09	1	08단	農民の亂鬪
172849	朝鮮朝日	南鮮版	1929-06-09	1	09단	動物虐待を忠告し毆られて入院/中愛兒が死ぬ
172850	朝鮮朝日	南鮮版	1929-06-09	1	09단	娘同志の抱合心中木浦がよひの汽船から投身
172851	朝鮮朝日	南鮮版	1929-06-09	1	10단	慘殺少年の身許わかる
172852	朝鮮朝日	南鮮版	1929-06-09	1	10단	私財を投じて稅金を代納
172853	朝鮮朝日	南鮮版	1929-06-09	1	10단	運動界(御大典記念野球庭球大會相愛會の主催にて擧行する/府廳軍勝つ)
172854	朝鮮朝日	南鮮版	1929-06-09	1	10단	人(小倉武之助氏(大興電氣社長)/今村殖産局長/小河總督府農務課長/小田通譯官/中尾郡山師/大池忠男氏(釜山實業家)/山梨總督/德惠姬)
172855	朝鮮朝日	西北・南鮮版	1929-06-09	2	01단	契約不履行の鮮航會を相手取り穀物協會から訴訟を提起することに決る
172856	朝鮮朝日	西北・南鮮版	1929-06-09	2	01단	雫の聲
172857	朝鮮朝日	西北・南鮮版	1929-06-09	2	02단	全北鷄卵の荷造講習會
172858	朝鮮朝日	西北・南鮮版	1929-06-09	2	02단	朝鮮團扇の製造に忙殺
172859	朝鮮朝日	西北・南鮮版	1929-06-09	2	02단	朝鮮寺院の新設を企て愚民を惑はす
172860	朝鮮朝日	西北・南鮮版	1929-06-09	2	02단	仁川特別稅の賦課きまる
172861	朝鮮朝日	西北・南鮮版	1929-06-09	2	03단	奧地は入口稀薄で開發は至難だ/殖産局長の談
172862	朝鮮朝日	西北・南鮮版	1929-06-09	2	03단	公州郡の繭販賣
172863	朝鮮朝日	西北・南鮮版	1929-06-09	2	03단	魚油の檢査が非常に歡迎さる/咸南北道を視察した松本水産課長は語る
172864	朝鮮朝日	西北・南鮮版	1929-06-09	2	04단	平壤より
172865	朝鮮朝日	西北・南鮮版	1929-06-09	2	04단	お茶のあと

일련번호	판명		간행일	면	단수	기사명
172865	朝鮮朝日	西北・南鮮版	1929-06-09	2	04단	キネマ便り(大正館)
172866	朝鮮朝日	西北・南鮮版	1929-06-09	2	04단	首相とは四回も會見してゐるあの噂はみな嘘な
172867	朝鮮朝日	西北版	1929-06-11	1	01단	んだ山梨總督上機嫌で語る
172868	朝鮮朝日	西北版	1929-06-11	1	01단	東興中學校の幹部を買收日本側に對抗すべく支那側頻り劃策す
172869	朝鮮朝日	西北版	1929-06-11	1	01단	惠山鎭醫院の巡回診療
172870	朝鮮朝日	西北版	1929-06-11	1	01단	水道の擴張遲延し淸津府民困る
172871	朝鮮朝日	西北版	1929-06-11	1	02단	多數の見物人で妓生學校賑ふ
172872	朝鮮朝日	西北版	1929-06-11	1	03단	時の記念日各地のもよほし(安東縣/新義州)
172873	朝鮮朝日	西北版	1929-06-11	1	04단	一人の分擔が一萬二千人咸南道の醫者
172874	朝鮮朝日	西北版	1929-06-11	1	04단	朝鮮婦人のため洗濯所を設置六道溝發電所橫手に市勢の大膨脹にともなふ安東地方事務所の新施設
172875	朝鮮朝日	西北版	1929-06-11	1	04단	支那の流筏は順調となる
172876	朝鮮朝日	西北版	1929-06-11	1	04단	二大工事の年限短縮山梨總督に宛て陳情書發送
172877	朝鮮朝日	西北版	1929-06-11	1	05단	黃海の麥作
172878	朝鮮朝日	西北版	1929-06-11	1	05단	咸南の人口
172879	朝鮮朝日	西北版	1929-06-11	1	05단	『日支兩國間で交涉すればよい』陸境關稅問題に關する有田氏の談注意を惹く
172880	朝鮮朝日	西北版	1929-06-11	1	06단	牡丹台野話
172881	朝鮮朝日	西北版	1929-06-11	1	06단	新義州學祖議員選擧棄權者少なく好成績に終る
172882	朝鮮朝日	西北版	1929-06-11	1	06단	南浦運送界は運合に反對
172883	朝鮮朝日	西北版	1929-06-11	1	06단	侍從武官の一行
172884	朝鮮朝日	西北版	1929-06-11	1	06단	消防協會平壤支部今秋盛大な發會式をあげる
172885	朝鮮朝日	西北版	1929-06-11	1	07단	平壤の强盗つひに捕まる
172886	朝鮮朝日	西北版	1929-06-11	1	07단	平南宣傳歌の懸賞募集を行ふ朝鮮博覽會を機會にひろく宣傳するため
172887	朝鮮朝日	西北版	1929-06-11	1	07단	肺ヂストマは增すばかりザリ蟹を退治しても別に何の影響もない
172888	朝鮮朝日	西北版	1929-06-11	1	07단	娼妓自殺を企つ
172889	朝鮮朝日	西北版	1929-06-11	1	07단	三人組の海賊安東を荒す
172890	朝鮮朝日	西北版	1929-06-11	1	08단	兒童の盟休間まなく復校
172891	朝鮮朝日	西北版	1929-06-11	1	08단	古墳を盗掘
172892	朝鮮朝日	西北版	1929-06-11	1	08단	狂水病で死亡
172893	朝鮮朝日	西北版	1929-06-11	1	08단	本社主催第十五回全國中等學校優勝野球大會第九回朝鮮豫選大會
172894	朝鮮朝日	西北版	1929-06-11	1	09단	十八回放火し二兒を殺す末恐ろしき不良少年馬山署の手に捕まる
172895	朝鮮朝日	西北版	1929-06-11	1	09단	女郵便局員自殺を遂ぐ

일련번호	판명		간행일	면	단수	기사명
172896	朝鮮朝日	西北版	1929-06-11	1	09단	自動車顚覆四名負傷す
172897	朝鮮朝日	西北版	1929-06-11	1	09단	縊死と溺死
172898	朝鮮朝日	西北版	1929-06-11	1	10단	五萬圓請求の訴訟を提起
172899	朝鮮朝日	西北版	1929-06-11	1	10단	城大法文學部夏季講習會
172900	朝鮮朝日	西北版	1929-06-11	1	10단	運動界(安東の庭球試合)
172901	朝鮮朝日	南鮮版	1929-06-11	1	01단	首相とは四回も會見してゐるあの噂はみな嘘なんだ山梨總督上機嫌で語る
172902	朝鮮朝日	南鮮版	1929-06-11	1	01단	『卅萬圓以上は絶對出せぬ』桑原府尹率直に拒絶第二次交渉開始さる
172903	朝鮮朝日	南鮮版	1929-06-11	1	04단	關釜連絡船の時間を改正
172904	朝鮮朝日	南鮮版	1929-06-11	1	04단	慰藉料問題擴大し養明會奮起して對策を協議
172905	朝鮮朝日	南鮮版	1929-06-11	1	04단	女子供まで押出してお願の會釋を送る最後迄の競爭激烈を極む京城府學校組合會議員の選擧終る
172906	朝鮮朝日	南鮮版	1929-06-11	1	04단	コンディションよく新記錄續々と出る京城師範遂に優勝す全鮮中等學校陸上競技大會賑ふ/殖銀軍勝つ
172907	朝鮮朝日	南鮮版	1929-06-11	1	05단	寫眞說明(進水合圖を誤まり多數死傷者を出した群山築港大浮棧橋進水の刹那)
172908	朝鮮朝日	南鮮版	1929-06-11	1	08단	學議と府議と同時に辭任釜山の吉岡氏
172909	朝鮮朝日	南鮮版	1929-06-11	1	08단	十九時間の大斷水愈よ實施され釜山府民弱る
172910	朝鮮朝日	南鮮版	1929-06-11	1	08단	延禧專門校の盟休擴大か文科數理科生の間に早くも動搖の兆現る
172911	朝鮮朝日	南鮮版	1929-06-11	1	09단	十八回放火し二兒を殺す末恐ろしき不良少年馬山署の手に捕まる
172912	朝鮮朝日	南鮮版	1929-06-11	1	10단	降雨がなく田植が出來ぬ
172913	朝鮮朝日	南鮮版	1929-06-11	1	10단	兩腕を切斷し黑燒になす
172914	朝鮮朝日	南鮮版	1929-06-11	1	10단	面事務所の金庫盜まる
172915	朝鮮朝日	南鮮版	1929-06-11	1	10단	歸營を嫌って兵卒自殺す
172916	朝鮮朝日	南鮮版	1929-06-11	1	10단	人(山梨總督/高松四郎氏(朝鮮神宮々司))
172917	朝鮮朝日	西北・南鮮版	1929-06-11	2	01단	新戀愛の健全性/今野賢三
172918	朝鮮朝日	西北・南鮮版	1929-06-11	2	02단	新派は何處へ？明るい新喜劇へ進出したい/花柳章太郎
172919	朝鮮朝日	西北・南鮮版	1929-06-11	2	05단	朝鮮の婦人よもっと働けそして富をふやせ善生本府囑託語る
172920	朝鮮朝日	西北・南鮮版	1929-06-11	2	05단	お茶のあと
172921	朝鮮朝日	西北・南鮮版	1929-06-11	2	05단	小包利用の密輸入一寸した慾にかられて行ふ
172922	朝鮮朝日	西北・南鮮版	1929-06-11	2	06단	輸入植物檢査規則を改正
172923	朝鮮朝日	西北・南鮮版	1929-06-11	2	06단	總督府辭令
172924	朝鮮朝日	西北・南鮮版	1929-06-11	2	06단	朝鮮銀行員の異動行はる

일련번호	판명		간행일	면	단수	기사명
172925	朝鮮朝日	西北・南鮮版	1929-06-11	2	06단	煙草元賣捌の支店長更迭
172926	朝鮮朝日	西北・南鮮版	1929-06-11	2	07단	安東縣の車馬漸次ふえる
172927	朝鮮朝日	西北・南鮮版	1929-06-11	2	07단	城津甲山間に自動車運轉
172928	朝鮮朝日	西北・南鮮版	1929-06-11	2	07단	各地だより(清州/大邱/公州)
172929	朝鮮朝日	西北・南鮮版	1929-06-11	2	07단	新刊紹介(『海州』/『童心』)
172930	朝鮮朝日	西北版	1929-06-12	1	01단	始末におへぬ支那/淺利局長曰く『横暴は解しかねる』相場警視曰く『そこは支那式です』不平をいへば睨まれる
172931	朝鮮朝日	西北版	1929-06-12	1	01단	茶代を廢止し大勉強する暴利をむさぼらぬと京城の宿屋が申合す/殆ど競爭的に特設館を申込む敷地はぎっしり詰り朝博當局を面食はす/朝鮮博宣傳のポスター展/産業の動きをパノラマ式としわかりよく紹介する平南道の審勢館出品
172932	朝鮮朝日	西北版	1929-06-12	1	03단	あゝ待たれるわれ等のその日(1)/テニスの時代から各種競技へと進出/籃球につよい平壤高女
172933	朝鮮朝日	西北版	1929-06-12	1	04단	瑞氣山下に大デパート平南道商陳の主催で納涼マーケット開催
172934	朝鮮朝日	西北版	1929-06-12	1	04단	石首魚漁業は割合に不漁王筋魚は豊漁
172935	朝鮮朝日	西北版	1929-06-12	1	05단	乙式偵察機を更改の方針
172936	朝鮮朝日	西北版	1929-06-12	1	05단	僻遠地移住は漸次減少す不逞團の横行を恐れ安東管内の移住狀況
172937	朝鮮朝日	西北版	1929-06-12	1	06단	内地へ引揚げても預金はその儘所得税がこはいから
172938	朝鮮朝日	西北版	1929-06-12	1	06단	俳句/鈴木花蓑選
172939	朝鮮朝日	西北版	1929-06-12	1	07단	平壤より
172940	朝鮮朝日	西北版	1929-06-12	1	07단	書堂に適當な教員を入れ漸次改善する積りだ高平南參與官視察談
172941	朝鮮朝日	西北版	1929-06-12	1	08단	牡丹台野話
172942	朝鮮朝日	西北版	1929-06-12	1	08단	府尹郡守會議
172943	朝鮮朝日	西北版	1929-06-12	1	08단	平壤師範開校式十五日擧行のことにきまる
172944	朝鮮朝日	西北版	1929-06-12	1	08단	豆油混合保管寄託を開始
172945	朝鮮朝日	西北版	1929-06-12	1	08단	夏季聚落の關係者檢便
172946	朝鮮朝日	西北版	1929-06-12	1	08단	連山關小學の山間聚落
172947	朝鮮朝日	西北版	1929-06-12	1	08단	十一萬餘圓の僞造證券を所持紳士風を裝ふ前科者列車の中で逮捕さる
172948	朝鮮朝日	西北版	1929-06-12	1	09단	機關車が脱線し大騷ぎを演ず子供の惡戲か
172949	朝鮮朝日	西北版	1929-06-12	1	09단	密輸と思って拉致したと支那側辯明す
172950	朝鮮朝日	西北版	1929-06-12	1	10단	山狩などして二名を捕ふ三人組強盜團
172951	朝鮮朝日	西北版	1929-06-12	1	10단	溺死を遂ぐ牛を救はんとし

일련번호	판명		간행일	면	단수	기사명
172952	朝鮮朝日	西北版	1929-06-12	1	10단	黄海の自動車一齊に値下
172953	朝鮮朝日	西北版	1929-06-12	1	10단	貧民に粟を配布
172954	朝鮮朝日	西北版	1929-06-12	1	10단	金融組合の理事扶助會
172955	朝鮮朝日	西北版	1929-06-12	1	10단	運動界(必勝を期し猛練習西鮮女子オリンピック大會/平壤ゴルフ競技)
172956	朝鮮朝日	西北版	1929-06-12	1	10단	人(園田寛氏(平南知事))
172957	朝鮮朝日	南鮮版	1929-06-12	1	01단	京城學校組合會議員選擧スナップ/交渉卽時打切の輿論府內に昂まる涙金の支出に反對して桑原府尹は進退兩難に直面す
172958	朝鮮朝日	南鮮版	1929-06-12	1	02단	勝手に財産を處分したり借金する事は出來ぬ改正寺刹令公布さる
172959	朝鮮朝日	南鮮版	1929-06-12	1	02단	木浦を訪ふ(5)/京城一記者
172960	朝鮮朝日	南鮮版	1929-06-12	1	03단	國營モヒ製造準備進捗す
172961	朝鮮朝日	南鮮版	1929-06-12	1	03단	茶代を廢止し大勉強する暴利をむさぼらぬと京城の宿屋が申合す
172962	朝鮮朝日	南鮮版	1929-06-12	1	04단	蠅捕りデー京畿道で定む
172963	朝鮮朝日	南鮮版	1929-06-12	1	04단	金融組合の理事扶助會
172964	朝鮮朝日	南鮮版	1929-06-12	1	05단	俳句/鈴木花蓑選
172965	朝鮮朝日	南鮮版	1929-06-12	1	05단	朝鮮博宣傳のポスター展/朝博の花形演藝館京城協賛會で設計つくらる
172966	朝鮮朝日	南鮮版	1929-06-12	1	05단	ばいかる丸遭難事件船客二百五十名を長成丸に收容し二船で門司へ連航
172967	朝鮮朝日	南鮮版	1929-06-12	1	05단	府尹や府議が天を仰ぎ雨乞ひすあす府民の大々的な雨乞ひが行はれる/町により特別給水除外例を設け便利をはかる/水賣り商人釜山に現はる/一雨さっと降った然し作物を潤すだけの量だ
172968	朝鮮朝日	南鮮版	1929-06-12	1	06단	お歴々衆が田植を行ふ農民デーの催し
172969	朝鮮朝日	南鮮版	1929-06-12	1	07단	本社主催第十五回全國中等學校優勝野球大會第九回朝鮮豫選大會
172970	朝鮮朝日	南鮮版	1929-06-12	1	09단	僞造紙幣五萬圓を釜山に持込みツリ錢詐欺を働く一味の内二名逮捕
172971	朝鮮朝日	南鮮版	1929-06-12	1	09단	京城高工生が萬引を働く
172972	朝鮮朝日	南鮮版	1929-06-12	1	10단	米國記者團十二日退城す
172973	朝鮮朝日	南鮮版	1929-06-12	1	10단	ピストル強盜公判きまる
172974	朝鮮朝日	南鮮版	1929-06-12	1	10단	運動界(老童連中のテニス試合/群山の庭球大會)
172975	朝鮮朝日	南鮮版	1929-06-12	1	10단	人(和田元慶南知事/矢島朝米協會理事)
172976	朝鮮朝日	西北・南鮮版	1929-06-12	2	01단	村の燈台/春蠶の野外飼育手間と費用が省ける農林省一宮桑園の試み
172977	朝鮮朝日	西北・南鮮版	1929-06-12	2	01단	銀券發行權の計劃は嘘だ新銀行も問題でない加

일련번호	판명		간행일	면	단수	기사명
172977	朝鮮朝日	西北・南鮮版	1929-06-12	2	01단	藤鮮銀總裁は語る
172978	朝鮮朝日	西北・南鮮版	1929-06-12	2	01단	お茶のあと
172979	朝鮮朝日	西北・南鮮版	1929-06-12	2	02단	自家用煙草耕作の現況
172980	朝鮮朝日	西北・南鮮版	1929-06-12	2	02단	自家用煙草の代品を發賣
172981	朝鮮朝日	西北・南鮮版	1929-06-12	2	02단	群山の旱天
172982	朝鮮朝日	西北・南鮮版	1929-06-12	2	03단	雨量が少くて順調に進む官鹽製造狀況
172983	朝鮮朝日	西北・南鮮版	1929-06-12	2	03단	全鮮金組の五月末帳尻
172984	朝鮮朝日	西北・南鮮版	1929-06-12	2	04단	佛敎靑年會城大内に生る
172985	朝鮮朝日	西北・南鮮版	1929-06-12	2	04단	雫の聲
172986	朝鮮朝日	西北・南鮮版	1929-06-12	2	04단	病院を訪ひ患者を慰める
172987	朝鮮朝日	西北版	1929-06-13	1	01단	ばいかる丸遭難事件後報汽笛に馳集まった朝鮮の舟に救はる浸水激しく船客水びたりロープを傳って岩に渡る/氣のみ着の儘の哀れな姿で上陸す病重って倒れるもあり母をいたはる子供に皆泣かさる/海中に墜落の少女を救ふ船員も及ばなかった學生たちの活躍ぶり/船員全部上陸す救助船到着/商船會社に對し三箇條の要求書を提出することにきまる乘客の念懣遂に表明するに至る/遭難女學生に着物を贈る/船員の態度に遺憾の點が多かったやうに思ふ船客佐々木氏は語る/島から長成丸にロープを渡しお客を輸送した松島事務長の談/非常時の訓練が足りなかった島岡氏は語る
172988	朝鮮朝日	西北版	1929-06-13	1	04단	平壤より
172989	朝鮮朝日	西北版	1929-06-13	1	06단	支那人のため壓迫された朝鮮人失業勞働者の救濟順調に行はれる
172990	朝鮮朝日	西北版	1929-06-13	1	06단	必勝を期して連日猛烈な練習を行ふ著しき進境振を示す西鮮女子オリンピック好評を博す
172991	朝鮮朝日	西北版	1929-06-13	1	06단	煙草の發育がとても好いこの調子なら豊作か平壤管内の耕作狀況
172992	朝鮮朝日	西北版	1929-06-13	1	06단	北滿粟の輸出稍活氣づく
172993	朝鮮朝日	西北版	1929-06-13	1	06단	活動寫眞を利用して農業を奬勵奧地々方では大成功
172994	朝鮮朝日	西北版	1929-06-13	1	07단	敎育研究會
172995	朝鮮朝日	西北版	1929-06-13	1	07단	蠅驅除の宣傳を行ふ
172996	朝鮮朝日	西北版	1929-06-13	1	07단	牡丹台野話
172997	朝鮮朝日	西北版	1929-06-13	1	08단	田植踊も面白く船橋里原種田で田植祭執行
172998	朝鮮朝日	西北版	1929-06-13	1	08단	朝鮮人巡査募集
172999	朝鮮朝日	西北版	1929-06-13	1	08단	阿波會頭の辭任を承認其他重要案件を可決沙里院實業協會役員會

일련번호	판명		간행일	면	단수	기사명
173000	朝鮮朝日	西北版	1929-06-13	1	09단	國境沿岸の景氣はよい馬賊の横行には困る高野憲兵隊長視察談
173001	朝鮮朝日	西北版	1929-06-13	1	10단	腦脊髓膜炎發生
173002	朝鮮朝日	西北版	1929-06-13	1	10단	平壤の痘瘡殆んど終熄す
173003	朝鮮朝日	西北版	1929-06-13	1	10단	樂浪時代の遺品を發掘
173004	朝鮮朝日	西北版	1929-06-13	1	10단	二時間に互り無罪を主張申丁雨の公判
173005	朝鮮朝日	西北版	1929-06-13	1	10단	運動界(庭球選手權國境豫選會/平壤ゴルフ競技/海州新幕野球戰)
173006	朝鮮朝日	南鮮版	1929-06-13	1	01단	ばいかる丸遭難事件後報着のみ着のまゝの哀れな姿で上陸す病が重って倒れる者もありその有樣悲慘を極む/汽笛で馳せ集まった朝鮮の船に救はる浸水激しく船客水浸りロープを傳ひ辛うじて岩に渡る/船員の態度に遺憾の點が多かったやうに思ふ船客佐々木氏は語る/海中に墜落の少女を救ふ船員も及ばなかった學生たちの活躍ぶり/船員の避難はあさましかった病人は生徒が助けた早崎福師教諭は語る/非常時の訓練が足りなかった島岡氏は語る/商船會社に對し三箇條の要求書を提出することにきまる乘客の念慮遂に表明するに至る/島から長成丸にロープを渡しお客を輸送した松島事務長の談/船員全部上陸す救助船到着
173007	朝鮮朝日	南鮮版	1929-06-13	1	05단	モボやモガの心をそゝるめっぽうハイカラな浴衣で飾窓は大賑ひ
173008	朝鮮朝日	南鮮版	1929-06-13	1	05단	軍事輸送會議
173009	朝鮮朝日	南鮮版	1929-06-13	1	06단	酒類品評會
173010	朝鮮朝日	南鮮版	1929-06-13	1	06단	蘇萊水利組合認可となる
173011	朝鮮朝日	南鮮版	1929-06-13	1	07단	偽造券の本據は對州にある見込で捜査開始
173012	朝鮮朝日	南鮮版	1929-06-13	1	07단	内地の某財團に瓦電を賣却すべく渡りをつけたと噂さる時節がらとて一般の注目を惹く
173013	朝鮮朝日	南鮮版	1929-06-13	1	07단	殆ど競爭的に特設館を申込む敷地はぎっしり詰り朝博當局を面食はす/朝博の宣傳は水商賣から方法を考究中
173014	朝鮮朝日	南鮮版	1929-06-13	1	08단	水源池の底現る釜山の上水道愈危機に立つ
173015	朝鮮朝日	南鮮版	1929-06-13	1	08단	秋になったら一齊に開業目下着々準備を進む全鮮の公設質屋狀況
173016	朝鮮朝日	南鮮版	1929-06-13	1	08단	本社主催第十五回全國中等學校優勝野球大會第九回朝鮮豫選大會
173017	朝鮮朝日	南鮮版	1929-06-13	1	10단	麻雀をトランプ式に一組僅に一圓面白味は毫も變らぬ

일련번호	판명		간행일	면	단수	기사명
173018	朝鮮朝日	南鮮版	1929-06-13	1	10단	二時間に互り無罪を主張申丁雨の公判
173019	朝鮮朝日	南鮮版	1929-06-13	1	10단	樂浪時代の遺品を發掘
173020	朝鮮朝日	西北・南鮮版	1929-06-13	2	01단	道立醫學講習所の規程を發布す十二日付府令を以て
173021	朝鮮朝日	西北・南鮮版	1929-06-13	2	02단	京仁線素砂に受信所を設置し中繼放送をつゞけるDKから認可を申請
173022	朝鮮朝日	西北・南鮮版	1929-06-13	2	02단	全鮮の郵便貯金支拂高
173023	朝鮮朝日	西北・南鮮版	1929-06-13	2	02단	准硬球庭球の選手を詮衡
173024	朝鮮朝日	西北・南鮮版	1929-06-13	2	03단	水利組合の低資は多少は出來る矢鍋殖銀理事談
173025	朝鮮朝日	西北・南鮮版	1929-06-13	2	04단	開墾補助の增額は干拓地開墾企業に影響少い
173026	朝鮮朝日	西北・南鮮版	1929-06-13	2	04단	お茶のあと
173027	朝鮮朝日	西北・南鮮版	1929-06-13	2	04단	農業技術會議無期延期となる
173028	朝鮮朝日	西北・南鮮版	1929-06-13	2	04단	財務部長と税關長會議
173029	朝鮮朝日	西北・南鮮版	1929-06-13	2	04단	京取令期の成績
173030	朝鮮朝日	西北・南鮮版	1929-06-13	2	04단	全鮮競技會
173031	朝鮮朝日	西北版	1929-06-14	1	01단	ばいかる丸遭難事件後報數箇條にわたる遺憾の點を指摘し大阪商船に交涉を行ふ遭難者一同拍手を送って贊成す/ばいかる丸遭難グラフ/ボートは四隻下してゐる短銃の發射は合圖だ松島事務長の辯明
173032	朝鮮朝日	西北版	1929-06-14	1	04단	モヒ中毒者の救濟を行ふ平安北道の治療所は來る二十日から開設
173033	朝鮮朝日	西北版	1929-06-14	1	05단	感情問題が蟠って於之屯洑理事問題憂慮さる
173034	朝鮮朝日	西北版	1929-06-14	1	05단	時間尊重の懸賞標語
173035	朝鮮朝日	西北版	1929-06-14	1	06단	結局土着人に白羽の矢を向く沙里院實業協會々頭後任者の詮衡すゝむ
173036	朝鮮朝日	西北版	1929-06-14	1	06단	民謠/北原白秋選
173037	朝鮮朝日	西北版	1929-06-14	1	07단	三防藥水の分析を依賴
173038	朝鮮朝日	西北版	1929-06-14	1	07단	西平壤驛は朝鮮式建物として近く工事に着手
173039	朝鮮朝日	西北版	1929-06-14	1	08단	病院敷地の買收打切り
173040	朝鮮朝日	西北版	1929-06-14	1	08단	安東大和校が蛔蟲を驅除
173041	朝鮮朝日	西北版	1929-06-14	1	08단	不良靑少年を學校に入れ極力感化につとめる平壤警察署の新計劃
173042	朝鮮朝日	西北版	1929-06-14	1	08단	安東取引所總會
173043	朝鮮朝日	西北版	1929-06-14	1	09단	優良水利を視察
173044	朝鮮朝日	西北版	1929-06-14	1	09단	折角植栽した植木は枯死
173045	朝鮮朝日	西北版	1929-06-14	1	09단	卅餘名を引致す新義州高普不穩事件擴大す
173046	朝鮮朝日	西北版	1929-06-14	1	09단	鮮支人の大亂鬪双方重輕傷者數名をいだす
173047	朝鮮朝日	西北版	1929-06-14	1	10단	馬賊の復讐

일련번호	판명		간행일	면	단수	기사명
173048	朝鮮朝日	西北版	1929-06-14	1	10단	馬賊の警戒に團兵を募集
173049	朝鮮朝日	西北版	1929-06-14	1	10단	線路に寝て列車に轢かる
173050	朝鮮朝日	西北版	1929-06-14	1	10단	盗んで豪遊
173051	朝鮮朝日	西北版	1929-06-14	1	10단	齒科技工と娘が心中す
173052	朝鮮朝日	西北版	1929-06-14	1	10단	遺族に弔慰金
173053	朝鮮朝日	西北版	1929-06-14	1	10단	明大滿俱を破る
173054	朝鮮朝日	西北版	1929-06-14	1	10단	人(三本中尉(飛行第六編隊閑))
173055	朝鮮朝日	南鮮版	1929-06-14	1	01단	ばいかる丸遭難事件後報一條の綱を命と頼み死を覺悟して渡る救助船を拍手して迎ふ香川縣女子師範生徒の遭難記/ばいかる丸遭難グラフ/數箇條にわたる遺憾の點を指摘し大阪商船に交涉を行ふ　遭難者一同拍手を送って贊成す/ばいかる丸大東灣入港排水作業開始/ボートは四隻下してゐる短銃の發射は合圖だ松島事務長の辯明
173056	朝鮮朝日	南鮮版	1929-06-14	1	08단	給水制限の對抗策町總代を召集懇談會を開く
173057	朝鮮朝日	南鮮版	1929-06-14	1	08단	電燈料問題が愈重大化し府營問題に轉化する形成をしめすに至る/期成會幹部に警告を發す/小倉社長から聲明書發表/料金値下の調査
173058	朝鮮朝日	南鮮版	1929-06-14	1	09단	釜山府廳舍の敷地を整理
173059	朝鮮朝日	南鮮版	1929-06-14	1	09단	民謠/北原白秋選
173060	朝鮮朝日	南鮮版	1929-06-14	1	10단	本府から拔擢か拓務省朝鮮部の課長下馬評
173061	朝鮮朝日	南鮮版	1929-06-14	1	10단	貯蓄銀行創立總會
173062	朝鮮朝日	南鮮版	1929-06-14	1	10단	立役者が病氣で瓦電買收交涉問題は行惱む
173063	朝鮮朝日	西北・南鮮版	1929-06-14	2	01단	村の燈台/一靑年の奮起によって模範的農漁村になった福江島の大賓鄕(上)
173064	朝鮮朝日	西北・南鮮版	1929-06-14	2	02단	無電機械類の組立を急ぐ
173065	朝鮮朝日	西北・南鮮版	1929-06-14	2	02단	繼續事業として各種の事業を行ふ國庫補助の支辨を申請新義州府勢擴張に伴ふ色んな事業
173066	朝鮮朝日	西北・南鮮版	1929-06-14	2	03단	振替貯金の利用者增す
173067	朝鮮朝日	西北・南鮮版	1929-06-14	2	03단	見る人をしてアッと言はせる朝鮮博審勢館出品で平安北道頭をひねる
173068	朝鮮朝日	西北・南鮮版	1929-06-14	2	04단	配給粟輸送の運賃を割引
173069	朝鮮朝日	西北・南鮮版	1929-06-14	2	04단	鮮內製絲工場數
173070	朝鮮朝日	西北・南鮮版	1929-06-14	2	04단	郵便爲贊受拂高
173071	朝鮮朝日	西北・南鮮版	1929-06-14	2	04단	价川鐵道の總會
173072	朝鮮朝日	西北版	1929-06-15	1	01단	優秀私立校から徐々に回收を始め漸次他の私立校に及ぶ支那官憲の橫暴に咸北道憤慨す
173073	朝鮮朝日	西北版	1929-06-15	1	01단	折角の陳情も突き放さる結局は不買同盟か鳳山郡の叺賣却問題

일련번호	판명		간행일	면	단수	기사명
173074	朝鮮朝日	西北版	1929-06-15	1	01단	あゝ待たれるわれらのその日(2)/淺黒い選手達の顔は全く女性と思へぬ平壤高女の猛練習ぶり
173075	朝鮮朝日	西北版	1929-06-15	1	02단	水が多過ぎて田植できぬ排水で一押着
173076	朝鮮朝日	西北版	1929-06-15	1	03단	ゼンマイ織を朝博に出品
173077	朝鮮朝日	西北版	1929-06-15	1	03단	平壤より//咸興より
173078	朝鮮朝日	西北版	1929-06-15	1	04단	北青郡廳舍新築
173079	朝鮮朝日	西北版	1929-06-15	1	04단	江界營林署の流筏は順調
173080	朝鮮朝日	西北版	1929-06-15	1	04단	滿鐵の賞與安東の景氣よし
173081	朝鮮朝日	西北版	1929-06-15	1	04단	平北産米豆の移出ふえる内地における需要が著しく増加した結果
173082	朝鮮朝日	西北版	1929-06-15	1	05단	清津の沖合で膃肭臍捕獲
173083	朝鮮朝日	西北版	1929-06-15	1	05단	お茶のあと
173084	朝鮮朝日	西北版	1929-06-15	1	06단	係分掌を定め準備に着手愈よ本腰を据ゑた朝博平南道協賛會
173085	朝鮮朝日	西北版	1929-06-15	1	06단	司法官の大異動その範圍全鮮に亙る十三日付を以て發表
173086	朝鮮朝日	西北版	1929-06-15	1	07단	普通學校の開校を認可
173087	朝鮮朝日	西北版	1929-06-15	1	07단	牡丹台野話
173088	朝鮮朝日	西北版	1929-06-15	1	08단	平壤五月中の内外貿易高
173089	朝鮮朝日	西北版	1929-06-15	1	08단	廢物となった古ゴムを利用し元の品に還元させる平壤化學研究所生る
173090	朝鮮朝日	西北版	1929-06-15	1	08단	俳句/鈴木花蓑選
173091	朝鮮朝日	西北版	1929-06-15	1	08단	牛肺疫發生
173092	朝鮮朝日	西北版	1929-06-15	1	09단	高濱虚子氏歡迎俳句會お牧の茶屋で
173093	朝鮮朝日	西北版	1929-06-15	1	09단	安中の攻防演習
173094	朝鮮朝日	西北版	1929-06-15	1	09단	嬰兒を殺し畑中に埋める
173095	朝鮮朝日	西北版	1929-06-15	1	09단	巡査狙撃の強盗捕まる
173096	朝鮮朝日	西北版	1929-06-15	1	09단	端午の節句で平壤大賑ひ
173097	朝鮮朝日	西北版	1929-06-15	1	10단	線路上に又も石塊幸ひに列車進行前に取除く
173098	朝鮮朝日	西北版	1929-06-15	1	10단	曖昧興信所で詐欺を働く
173099	朝鮮朝日	西北版	1929-06-15	1	10단	電車子供を轢殺
173100	朝鮮朝日	西北版	1929-06-15	1	10단	錦江の架橋愈よ實現する
173101	朝鮮朝日	西北版	1929-06-15	1	10단	運動界(六道溝桃源のプール開き/安東實業庭球協會/撫順滿倶を破る)
173102	朝鮮朝日	西北版	1929-06-15	1	10단	もよほし(佐藤教諭試作品展)
173103	朝鮮朝日	南鮮版	1929-06-15	1	01단	五十萬圓奮發の蒸返しをやったか香椎氏桑原府尹を訪ふ思はせぶりも甚しい瓦電買收交渉/雙方の持札を示し合って愈最後の交渉を行ふ小手調べに兩者會見

일련번호	판명		간행일	면	단수	기사명
173104	朝鮮朝日	南鮮版	1929-06-15	1	01단	轉任説を打消し終始話をそらす寺内參謀長
173105	朝鮮朝日	南鮮版	1929-06-15	1	01단	群山の學議選擧終る
173105	朝鮮朝日	南鮮版	1929-06-15	1	02단	魔の海大黑山群島(１)/船をとめてみれば目の前
173106	朝鮮朝日	南鮮版	1929-06-15	1	02단	に大岩島阿波の鳴門と變らぬ毎年多数の船が犧牲になる
173107	朝鮮朝日	南鮮版	1929-06-15	1	03단	學議選擧の聲明書發表桑原府尹から
173108	朝鮮朝日	南鮮版	1929-06-15	1	03단	俳句/鈴木花蓑選
173109	朝鮮朝日	南鮮版	1929-06-15	1	03단	粹を競ふ特設館會期までには必ず竣工さす/朝博の宣傳に博多節應用京城の妓生が
173110	朝鮮朝日	南鮮版	1929-06-15	1	04단	一人一日あたり一斗だけ給水する緊急協議會を開き決定釜山府民いよいよ水にのろはる/井戸のない工場湯屋が休業船舶の給水も絶たる水道料金は減免する/ポンプ車で給水す消防組員が防火節水を宣傳
173111	朝鮮朝日	南鮮版	1929-06-15	1	06단	運動界(城大コート開き)
173112	朝鮮朝日	南鮮版	1929-06-15	1	06단	大邱のドン山枯死に瀕す
173113	朝鮮朝日	南鮮版	1929-06-15	1	07단	我國で初めてお珍鳥黑雷鳥を發見城大森教授は大喜び
173114	朝鮮朝日	南鮮版	1929-06-15	1	07단	司法官の大異動その範圍全鮮に亙る十三日付を以て發表
173115	朝鮮朝日	南鮮版	1929-06-15	1	08단	暑い放送室に冷風を送る
173116	朝鮮朝日	南鮮版	1929-06-15	1	08단	合流は至難か國通國運の妥協一向進まぬ
173117	朝鮮朝日	南鮮版	1929-06-15	1	08단	癬を研究して醫學博士となる本年とって三十歳の赤十字病院の森山氏
173118	朝鮮朝日	南鮮版	1929-06-15	1	09단	高敞普校の同盟休校恩師の留任を希望する餘り
173119	朝鮮朝日	南鮮版	1929-06-15	1	09단	自動車が顚覆し八名下敷となり重傷を負ふ
173120	朝鮮朝日	南鮮版	1929-06-15	1	09단	日本大相撲來釜/大邱の相撲興行
173121	朝鮮朝日	南鮮版	1929-06-15	1	10단	子供を中心に妻妾の爭ひ
173122	朝鮮朝日	南鮮版	1929-06-15	1	10단	小作爭議から郡守を告訴
173123	朝鮮朝日	南鮮版	1929-06-15	1	10단	物的證據を押收す對馬の隱家で印刷機其他を
173124	朝鮮朝日	南鮮版	1929-06-15	1	10단	人(高橋茂壽加少佐(關東軍參謀)/水谷秀雄氏(關東廳事務官)/和田純氏(南朝鐵囑託)/香川縣女師生七十二名の一行/小硲幸子孃)
173125	朝鮮朝日	南鮮版	1929-06-15	1	10단	半島茶話
173126	朝鮮朝日	西北・南鮮版	1929-06-15	2	01단	村の燈台/鰊共同漁業圖にあたる背水の陣を布いた指導者の苦衷福江島の大賓鄉(中)
173127	朝鮮朝日	西北・南鮮版	1929-06-15	2	01단	十月ごろから實施するか朝博には間に合はぬ内鮮間旅客輸送飛行
173128	朝鮮朝日	西北・南鮮版	1929-06-15	2	03단	審勢館出品に頭をひねる

일련번호	판명		간행일	면	단수	기사명
173129	朝鮮朝日	西北・南鮮版	1929-06-15	2	03단	飛行機上から魚群を探檢春漁業だけ見合せ愈今秋から實行する
173130	朝鮮朝日	西北・南鮮版	1929-06-15	2	03단	各道財務部長會議
173131	朝鮮朝日	西北・南鮮版	1929-06-15	2	04단	慶北普通校の就學兒童數
173132	朝鮮朝日	西北・南鮮版	1929-06-15	2	04단	航空事業の豫算編成秋風嶺無電局だけは實現か
173133	朝鮮朝日	西北・南鮮版	1929-06-15	2	04단	全州の妓生が勞働者慰安
173134	朝鮮朝日	西北・南鮮版	1929-06-15	2	04단	齒科醫師試驗合格者發表
173135	朝鮮朝日	西北・南鮮版	1929-06-15	2	04단	九州各縣の聯合特設館
173136	朝鮮朝日	西北版	1929-06-16	1	01단	運河敷地問題は一瀉千里に解決し愈よ本年から着工する水害からまぬがれる沙里院附近
173137	朝鮮朝日	西北版	1929-06-16	1	01단	清津、新瀉間の航路を開く新潟縣當局が來清し關係者と交渉を行ふ
173138	朝鮮朝日	西北版	1929-06-16	1	01단	永生女普校に高普を併置
173139	朝鮮朝日	西北版	1929-06-16	1	01단	咸南道のビート前途に多大の望みを囑さる
173140	朝鮮朝日	西北版	1929-06-16	1	02단	咸南道金組の理事大異動
173141	朝鮮朝日	西北版	1929-06-16	1	02단	あゝ待たれるわれらのその日(3)/中等生徒に遜色ない堂々たる山手小學けな氣な敬臨普通學校
173142	朝鮮朝日	西北版	1929-06-16	1	03단	迷信の資料や基地の模型朝鮮博へ出品
173143	朝鮮朝日	西北版	1929-06-16	1	03단	始末に困る水利權咸興水利組合も持てあます
173144	朝鮮朝日	西北版	1929-06-16	1	04단	警官を優遇し素質を向上まづ月給を引き上げ採用試驗を難かしく
173145	朝鮮朝日	西北版	1929-06-16	1	04단	高塔の上から粋な宣傳歌他に負けまいとして平安北道馬力をかく
173146	朝鮮朝日	西北版	1929-06-16	1	05단	鎭南浦の貿易漸增を示す
173147	朝鮮朝日	西北版	1929-06-16	1	06단	機業講習會
173148	朝鮮朝日	西北版	1929-06-16	1	06단	木材の發送活況を呈す
173149	朝鮮朝日	西北版	1929-06-16	1	06단	すべての準備整ひ最早大會を待つばかり華麗な優勝旗行人の眼を惹く西鮮女子中等オリンピック大會/新たに制定の運動服姿も輕く連日猛練習つづく女子陸競大會愈迫る
173150	朝鮮朝日	西北版	1929-06-16	1	06단	牡丹台野話
173151	朝鮮朝日	西北版	1929-06-16	1	07단	暑くてたまらぬ平壤局の電話交換室/今年から氷柱と扇風機をそなへ/氣分だけなりと焦熱地獄を救ふ
173152	朝鮮朝日	西北版	1929-06-16	1	07단	小學校認可さる
173153	朝鮮朝日	西北版	1929-06-16	1	08단	菜園と花園を朝日校内に設く
173154	朝鮮朝日	西北版	1929-06-16	1	08단	短歌/橋田東聲選
173155	朝鮮朝日	西北版	1929-06-16	1	08단	平南の漁業不漁を悲觀さる
173156	朝鮮朝日	西北版	1929-06-16	1	09단	これは又洋服の上に羽織ガウン在平壤の外人に流行

일련번호	판명		간행일	면	단수	기사명
173157	朝鮮朝日	西北版	1929-06-16	1	09단	咸北の稲作寒氣で遅れる
173158	朝鮮朝日	西北版	1929-06-16	1	09단	正確な時計が元山に少い
173159	朝鮮朝日	西北版	1929-06-16	1	10단	仁川の大火事加藤精米所の工場五棟全燒
173160	朝鮮朝日	西北版	1929-06-16	1	10단	大田の競馬
173161	朝鮮朝日	西北版	1929-06-16	1	10단	日支通商條約改訂の件を協議
173162	朝鮮朝日	西北版	1929-06-16	1	10단	運動界(撫順5新實4/平實鐵道を破る/平壤ゴルフのスケヂュール改正)
173163	朝鮮朝日	西北版	1929-06-16	1	10단	人(新藤寛三郎氏(新義州地方法院檢事正)/村山關東軍司令官)
173164	朝鮮朝日	南鮮版	1929-06-16	1	01단	寫眞說明(博覽會の諸建築は日が經つにつれ見越へるほど進捗した、日頃の幽境舊景福宮はノミの響や石つき音頭のジャズで舊距の夢を破り次第々々に博覽會の姿を浮き出しさせて行く)
173165	朝鮮朝日	南鮮版	1929-06-16	1	03단	バケツをさげて長蛇の列をつくり命がけで飲料水を求む斷水の苦惱にあへぐ釜山府民/田植まったく不能に陷る七十町歩の苗代田が枯死して慘狀を呈す/短時間送水し斷水は第二手段にあらたむ/全南道一帶に慈雨いたる
173166	朝鮮朝日	南鮮版	1929-06-16	1	03단	短歌/橋田東聲選
173167	朝鮮朝日	南鮮版	1929-06-16	1	04단	拓務省入りの噂にのぼる若手の事務官
173168	朝鮮朝日	南鮮版	1929-06-16	1	04단	魔の海大黑山群島(2)/海面數尺の下には劍のやうな岩頭附近に潮が渦まく哀れを止めた往年の鐵嶺丸
173169	朝鮮朝日	南鮮版	1929-06-16	1	05단	野外活寫會
173170	朝鮮朝日	南鮮版	1929-06-16	1	05단	折衷案を作成し同門會愈よ仲裁に乗り出す
173171	朝鮮朝日	南鮮版	1929-06-16	1	06단	京城戶別稅賦課額きまる
173172	朝鮮朝日	南鮮版	1929-06-16	1	06단	三ヶ所に農業倉庫秋の収穫期までに竣工さす
173173	朝鮮朝日	南鮮版	1929-06-16	1	06단	慰藉料問題が解決を見ず再入院者や休校者が益々増加するばかり
173174	朝鮮朝日	南鮮版	1929-06-16	1	07단	山梨總督をはじめお歷々衆の田植
173175	朝鮮朝日	南鮮版	1929-06-16	1	07단	各道視學官會議
173176	朝鮮朝日	南鮮版	1929-06-16	1	08단	運動界(實業聯盟野球決勝戰決る/講道館支部の段外者優勝旗戰)
173177	朝鮮朝日	南鮮版	1929-06-16	1	09단	直通列車の運轉を行ふ
173178	朝鮮朝日	南鮮版	1929-06-16	1	09단	大田の競馬
173179	朝鮮朝日	南鮮版	1929-06-16	1	09단	移民訓練所朝鮮に設置する
173180	朝鮮朝日	南鮮版	1929-06-16	1	09단	涙金卅萬圓を責任支出し附帶條件も考慮する府尹が委員に約言す
173181	朝鮮朝日	南鮮版	1929-06-16	1	09단	危險を慮って入場者を制限する萬一を懸念され

일련번호	판명		간행일	면	단수	기사명
173181	朝鮮朝日	南鮮版	1929-06-16	1	09단	る京城長谷川町公會堂
173182	朝鮮朝日	南鮮版	1929-06-16	1	10단	正確な時計が元山に少い
173183	朝鮮朝日	南鮮版	1929-06-16	1	10단	仁川の大火事加藤精米所の工場五棟全燒
173184	朝鮮朝日	南鮮版	1929-06-16	1	10단	人(村山沼一郎氏(總督府衛生課長)/松浦學務局長)
173185	朝鮮朝日	西北・南鮮版	1929-06-16	2	01단	總督の權限に變りはない拓殖局が拓務省に變つたと思へばよい
173186	朝鮮朝日	西北・南鮮版	1929-06-16	2	01단	朝鮮人の勢力は實に素晴しい淺利局長視察談
173187	朝鮮朝日	西北・南鮮版	1929-06-16	2	02단	府民を擧げて値下を運動大邱の電氣問題
173188	朝鮮朝日	西北・南鮮版	1929-06-16	2	02단	官立大邱師範開校式
173189	朝鮮朝日	西北・南鮮版	1929-06-16	2	02단	風景と物産の寫眞帖作製内地學校に配布
173190	朝鮮朝日	西北・南鮮版	1929-06-16	2	03단	朝郵の立場は有利に轉回航路補助改廢で
173191	朝鮮朝日	西北・南鮮版	1929-06-16	2	03단	雙方の登記申請は却下京東鐵道紛擾
173192	朝鮮朝日	西北・南鮮版	1929-06-16	2	04단	新規事業は一切認めぬ
173193	朝鮮朝日	西北・南鮮版	1929-06-16	2	04단	國庫補助事業明年度豫算土木課で編成
173194	朝鮮朝日	西北・南鮮版	1929-06-16	2	04단	南鮮玄米組合第二回大會
173195	朝鮮朝日	西北・南鮮版	1929-06-16	2	04단	集配時刻を改正
173196	朝鮮朝日	西北版	1929-06-18	1	01단	質問一時間にて呆氣なく散會樞府不戰案精査委員會/政府側答辯に窮し違憲保留を仄かす精査委員側さらに滿足せずけふ警告を附するか
173197	朝鮮朝日	西北版	1929-06-18	1	01단	あゝ待たるゝわれらのその日西鮮女子中等オリンピック大會(4)/深窓の婦人に對して覺醒の警鐘を亂打平壤女高普の練習ぶり/母校の名譽を双肩に擔ひ涙ぐましいまでに猛烈な練習を續く/目も綾なる優勝旗陳列して通行人の目を惹く
173198	朝鮮朝日	西北版	1929-06-18	1	04단	新義州府擴張の盛んな祝賀會
173199	朝鮮朝日	西北版	1929-06-18	1	04단	製鋼所新設の噂で土地熱新義州府内に昂まるポロ儲で府は大喜び
173200	朝鮮朝日	西北版	1929-06-18	1	05단	平南の春繭
173201	朝鮮朝日	西北版	1929-06-18	1	06단	有難き御下問朝鮮三知事にたまはる
173202	朝鮮朝日	西北版	1929-06-18	1	06단	長保合を脱出し活況を呈した鎭平銀の相場
173203	朝鮮朝日	西北版	1929-06-18	1	06단	安東のゴルフ
173204	朝鮮朝日	西北版	1929-06-18	1	07단	商業金融會社買收は不調株主側の反對により石本男の一行退龍す
173205	朝鮮朝日	西北版	1929-06-18	1	07단	本社優勝旗リレー優勝組に授與
173206	朝鮮朝日	西北版	1929-06-18	1	07단	元山對咸興陸上競技二十三日元山にて擧行する
173207	朝鮮朝日	西北版	1929-06-18	1	08단	牡丹台野話
173208	朝鮮朝日	西北版	1929-06-18	1	08단	新幕鄕軍分會長
173209	朝鮮朝日	西北版	1929-06-18	1	08단	平北の田植お歷々お揃ひで
173210	朝鮮朝日	西北版	1929-06-18	1	08단	平南道沿海の密漁者狩り説諭に應ぜぬ者には漁

일련번호	판명		간행일	면	단수	기사명
173210	朝鮮朝日	西北版	1929-06-18	1	08단	具沒收お熱いお炙
173211	朝鮮朝日	西北版	1929-06-18	1	09단	沙里院面議が懇談會組織
173212	朝鮮朝日	西北版	1929-06-18	1	09단	安東靑年聯盟四部制採用
173213	朝鮮朝日	西北版	1929-06-18	1	10단	平壤府協議會
173214	朝鮮朝日	西北版	1929-06-18	1	10단	海路運賃値上げ荷主の打擊はすくなくない
173215	朝鮮朝日	西北版	1929-06-18	1	10단	染色講習會
173216	朝鮮朝日	西北版	1929-06-18	1	10단	平壤空軍の射擊演習温井里射擊場において擧行
173217	朝鮮朝日	西北版	1929-06-18	1	10단	賭博に負けて金を強奪す
173218	朝鮮朝日	西北版	1929-06-18	1	10단	朝鮮人脚戲大會
173219	朝鮮朝日	西北版	1929-06-18	1	10단	人(松井信助氏(平壤府尹)/中村少將(平壤旅團長))
173220	朝鮮朝日	南鮮版	1929-06-18	1	01단	質問一時間にて呆氣なく散會樞府不戰案精査委員會/政府側答辯に窮し違憲保留を仄かす精査委員側さらに滿足せずけふ警告を附するか/委員長が政府を擁護したゝめ委員に反感をいだかす不戰問題の形勢惡化す
173221	朝鮮朝日	南鮮版	1929-06-18	1	01단	府民を擧げて運動に狂奔誠意なき回答に憤る大邱の電氣料金問題/府民自から解決すべし遞信局長は語る/一部の議員府營を主張/金泉も奮起値下を迫る
173222	朝鮮朝日	南鮮版	1929-06-18	1	04단	魔の海大黑山群島(3)/海の悲劇を救ふ重寶な霧笛信號いつまでも消えず海上を蔽ふ厄介千萬な濃霧
173223	朝鮮朝日	南鮮版	1929-06-18	1	05단	崇二普通學校「惠化」の改稱
173224	朝鮮朝日	南鮮版	1929-06-18	1	05단	潮湯ホテル竣工
173225	朝鮮朝日	南鮮版	1929-06-18	1	05단	委員側相變わらずねばり強く要求し一方府尹は確答を避くねっからきまらぬ瓦電買收交涉/思はしく進まぬ瓦電買收交涉委員近く歸京
173226	朝鮮朝日	南鮮版	1929-06-18	1	06단	署長級の大異動この二十日頃に發表される
173227	朝鮮朝日	南鮮版	1929-06-18	1	06단	水原學組議員選擧
173228	朝鮮朝日	南鮮版	1929-06-18	1	07단	有難き御下問朝鮮三知事にたまはる
173229	朝鮮朝日	南鮮版	1929-06-18	1	07단	運動界(鐵道勝つ鐵道對本府體育會陸上競技/府廳軍勝つ/京電軍勝つ/龍中優勝す少年庭球大會)
173230	朝鮮朝日	南鮮版	1929-06-18	1	09단	警報を見事にけし飛ばし急激に暑氣をくはふ慶南の旱魃愈甚だし/撒水井戸を開放し水道採水口の擴張をも行ふ
173231	朝鮮朝日	南鮮版	1929-06-18	1	10단	春川の降雨
173232	朝鮮朝日	南鮮版	1929-06-18	1	10단	中等學生が對峙しあはや血の雨降らさんとす
173233	朝鮮朝日	南鮮版	1929-06-18	1	10단	朝鮮人脚戲大會
173234	朝鮮朝日	南鮮版	1929-06-18	1	10단	キマネ便り

일련번호	판명		간행일	면	단수	기사명
173235	朝鮮朝日	南鮮版	1929-06-18	1	10단	人(光行次郎氏(長崎控訴院檢事長)/服部正明氏(同地方裁判所檢事正)/宮崎釜山稅關長/松井信助氏(平壤府尹)/中村少將(平壤旅團長))
173236	朝鮮朝日	西北・南鮮版	1929-06-18	2	01단	涼しさうな睡蓮の花/都會生活者を慰める愉快な『園亭植民地』日曜終日を眞つ黑で畑いぢりベルリン郊外の小農園の話/老川茂信
173237	朝鮮朝日	西北・南鮮版	1929-06-18	2	02단	櫻の實/後藤加奈緒
173238	朝鮮朝日	西北・南鮮版	1929-06-18	2	04단	きたない一圓札をどう始末するか交換しても減らないしかしだんだん影を潜めやう
173239	朝鮮朝日	西北・南鮮版	1929-06-18	2	04단	鎭江山公園の擴張を計劃第一回委員會を開き協議の後實地踏査す
173240	朝鮮朝日	西北・南鮮版	1929-06-18	2	05단	信用のある聯合會をつくり低資の融通を受けて水産事業を發展さす
173241	朝鮮朝日	西北・南鮮版	1929-06-18	2	05단	成績良好な仁川の點呼
173242	朝鮮朝日	西北・南鮮版	1929-06-18	2	06단	出入船調べ
173243	朝鮮朝日	西北・南鮮版	1929-06-18	2	06단	慶南北手操綱共通に反對
173244	朝鮮朝日	西北・南鮮版	1929-06-18	2	07단	南浦學組初會議
173245	朝鮮朝日	西北・南鮮版	1929-06-18	2	07단	築港工事用の材料を購入
173246	朝鮮朝日	西北・南鮮版	1929-06-18	2	07단	清津便り/平壤より
173247	朝鮮朝日	西北・南鮮版	1929-06-18	2	07단	公州郡の繭販賣
173248	朝鮮朝日	西北版	1929-06-19	1	01단	結局法定價格に從ふよりほかない會社はしきりにあせる/圖們線の買收價額査定大に進む
173249	朝鮮朝日	西北版	1929-06-19	1	01단	成績のよい平安北道の春繭特賣價格を協定して各製絲と賣買契約す
173250	朝鮮朝日	西北版	1929-06-19	1	01단	公立普通學校生徒の善良なお百姓振
173251	朝鮮朝日	西北版	1929-06-19	1	03단	優良取引人の表彰を行ふ
173252	朝鮮朝日	西北版	1929-06-19	1	03단	鐵道妨害で我國に陳謝
173253	朝鮮朝日	西北版	1929-06-19	1	03단	在滿朝鮮人保護を滿洲地方委員聯合會で決議
173254	朝鮮朝日	西北版	1929-06-19	1	03단	あゝ待たるゝわれらのその日西鮮女子中等オリンピック大會(5)/フヰールド熱は實際小學とは思へない豫想外に盛んな若松校/各役員決定しプログラムの編成の終了す
173255	朝鮮朝日	西北版	1929-06-19	1	04단	勤續店員を表彰
173256	朝鮮朝日	西北版	1929-06-19	1	04단	安東及奧地の豆粕輸出高
173257	朝鮮朝日	西北版	1929-06-19	1	04단	郷軍分會長の引受け人がない不振に愛想をつかし沙里院分會長詮衡難
173258	朝鮮朝日	西北版	1929-06-19	1	05단	新義州五月の對外貿易高
173259	朝鮮朝日	西北版	1929-06-19	1	05단	平壤より
173260	朝鮮朝日	西北版	1929-06-19	1	05단	エビは不漁

일련번호	판명		간행일	면	단수	기사명
173261	朝鮮朝日	西北版	1929-06-19	1	06단	元山學組初會議
173262	朝鮮朝日	西北版	1929-06-19	1	06단	儲けだした平壤府營電車觀光團の激增などで豫定の收入高を突破
173263	朝鮮朝日	西北版	1929-06-19	1	06단	農民大擧して水利組合を襲ひ暴行の限りをつくす配水線上を斷わられ
173264	朝鮮朝日	西北版	1929-06-19	1	06단	馬賊取押へを公然と拒絶
173265	朝鮮朝日	西北版	1929-06-19	1	07단	咸南道署長會議
173266	朝鮮朝日	西北版	1929-06-19	1	07단	空巢覘ひが橫行します玄關に御注意
173267	朝鮮朝日	西北版	1929-06-19	1	08단	第一回西鮮女子中等學校オリンピック大會/初等學校女子部競技大會
173268	朝鮮朝日	西北版	1929-06-19	1	08단	江東の鷄卵品評會
173269	朝鮮朝日	西北版	1929-06-19	1	08단	教師逃走す
173270	朝鮮朝日	西北版	1929-06-19	1	08단	元山俱樂部元中を破る
173271	朝鮮朝日	西北版	1929-06-19	1	08단	全滿憲兵武道大會
173272	朝鮮朝日	西北版	1929-06-19	1	09단	腹部を抉る
173273	朝鮮朝日	西北版	1929-06-19	1	09단	『馬賊と交戰し十一名を射殺す』支那兵の報告だけに眞疑の程がわからぬ
173274	朝鮮朝日	西北版	1929-06-19	1	10단	カッパ連が漢江に殺到取締に手を燒く
173275	朝鮮朝日	西北版	1929-06-19	1	10단	お茶のあと
173276	朝鮮朝日	西北版	1929-06-19	1	10단	銃器所持者の調査を始む
173277	朝鮮朝日	西北版	1929-06-19	1	10단	東京大相撲來壤
173278	朝鮮朝日	南鮮版	1929-06-19	1	01단	*委員側が折れて圓滿な解決につき須藤知事の意中を探る瓦電買收の前途漸く明るくなる/委員も互讓の誠意を披瀝桑原府尹の態度から局面いよいよ好轉す/知事再び調停か委員の讓步でのり氣となる*
173279	朝鮮朝日	南鮮版	1929-06-19	1	01단	煙草職工の共濟金改正年金制を採用
173280	朝鮮朝日	南鮮版	1929-06-19	1	02단	ひとまづ登校し授業をつゞく高敞高普事件
173281	朝鮮朝日	南鮮版	1929-06-19	1	02단	魔の海大黑山群島(終)/海難防止施設には殆ど無關心の形船會社も運動せぬ殊に全南の魔海は惠まれぬ
173282	朝鮮朝日	南鮮版	1929-06-19	1	03단	漁夫を慰勞
173283	朝鮮朝日	南鮮版	1929-06-19	1	03단	五千町步が廢作となる棉作の大旱害
173284	朝鮮朝日	南鮮版	1929-06-19	1	03단	鯉を養殖し燻製事業を起す
173285	朝鮮朝日	南鮮版	1929-06-19	1	04단	內鮮連絡郵便飛行二十一日から實施にきまる
173286	朝鮮朝日	南鮮版	1929-06-19	1	04단	結局法定價格に從ふよりほかない會社はしきりにあせる圖們線の買收價額査定大に進む
173287	朝鮮朝日	南鮮版	1929-06-19	1	05단	京畿道の署長會議
173288	朝鮮朝日	南鮮版	1929-06-19	1	05단	小學校唱歌の律動遊戲講習會

일련번호	판명		간행일	면	단수	기사명
173289	朝鮮朝日	南鮮版	1929-06-19	1	05단	上水道敷設に反對を唱へ慶南密陽驛前有志が知事を訪うて陳情す
173290	朝鮮朝日	南鮮版	1929-06-19	1	05단	無名塚發掘
173291	朝鮮朝日	南鮮版	1929-06-19	1	06단	兩切の新製煙草を發賣
173292	朝鮮朝日	南鮮版	1929-06-19	1	06단	仁川に夜店
173293	朝鮮朝日	南鮮版	1929-06-19	1	07단	電氣協會總會
173294	朝鮮朝日	南鮮版	1929-06-19	1	07단	在滿朝鮮人保護を滿洲地方委員聯合會で決議
173295	朝鮮朝日	南鮮版	1929-06-19	1	07단	カッパ連が漢江に殺到取締に手を燒く
173296	朝鮮朝日	南鮮版	1929-06-19	1	07단	銃器所持者の調査を始む
173297	朝鮮朝日	南鮮版	1929-06-19	1	07단	馬賊取押へを公然と拒絶
173298	朝鮮朝日	南鮮版	1929-06-19	1	07단	群山府東部の發展に伴ひ地價うんとせり上る昭和通が中心となる
173299	朝鮮朝日	南鮮版	1929-06-19	1	08단	生活苦の現れ電話事務員の募集を行ったら十七日現在にて八十四名に上る既婚者やら子持もある
173300	朝鮮朝日	南鮮版	1929-06-19	1	08단	雨はあったがうらみの種
173301	朝鮮朝日	南鮮版	1929-06-19	1	08단	支那人の竊盜團四名逮捕さる
173302	朝鮮朝日	南鮮版	1929-06-19	1	08단	朝鮮ポニー君大汗を流す
173303	朝鮮朝日	南鮮版	1929-06-19	1	09단	運送同盟會の結束を固め保證社設立を急ぐ妥協は到底望み難い
173304	朝鮮朝日	南鮮版	1929-06-19	1	09단	教師逃走す
173305	朝鮮朝日	南鮮版	1929-06-19	1	09단	水源地附近に傳染病發生
173306	朝鮮朝日	南鮮版	1929-06-19	1	10단	腹部を抉る
173307	朝鮮朝日	南鮮版	1929-06-19	1	10단	叮興朝に對し一年の判決
173308	朝鮮朝日	南鮮版	1929-06-19	1	10단	群山で東京相撲
173309	朝鮮朝日	南鮮版	1929-06-19	1	10단	全鮮實業野球聯盟戰來月七日京城にて擧行する
173310	朝鮮朝日	南鮮版	1929-06-19	1	10단	人(今村慶北知事)
173311	朝鮮朝日	南鮮版	1929-06-19	1	10단	達城春秋/大邱一記者
173312	朝鮮朝日	西北・南鮮版	1929-06-19	2	01단	村の燈台/一絲亂れぬ作業統制勇ましい綱曳きの光景福江島の大實鄕(下)
173313	朝鮮朝日	西北・南鮮版	1929-06-19	2	02단	全鮮煙草耕作成績
173314	朝鮮朝日	西北・南鮮版	1929-06-19	2	03단	山梨總督を迎へて東津水利の竣工式を擧げる
173315	朝鮮朝日	西北・南鮮版	1929-06-19	2	03단	慶北の春繭
173316	朝鮮朝日	西北・南鮮版	1929-06-19	2	03단	國際運輸が通關を代辨見本展示品の
173317	朝鮮朝日	西北・南鮮版	1929-06-19	2	04단	安東交涉署廢止となる
173318	朝鮮朝日	西北・南鮮版	1929-06-19	2	04단	全堤女學校の準備急ぐ
173319	朝鮮朝日	西北・南鮮版	1929-06-19	2	04단	官鹽賣渡し成績
173320	朝鮮朝日	西北・南鮮版	1929-06-19	2	04단	遊興費値下不景氣な裡里の料亭
173321	朝鮮朝日	西北・南鮮版	1929-06-19	2	04단	書堂規則の改正を行ふ
173322	朝鮮朝日	西北・南鮮版	1929-06-19	2	04단	低利資金の割當を協議

일련번호	판명		간행일	면	단수	기사명
173323	朝鮮朝日	西北・南鮮版	1929-06-19	2	04단	最近一ケ年の煙草製造高
173324	朝鮮朝日	西北・南鮮版	1929-06-19	2	04단	群山の消防演習
173325	朝鮮朝日	西北版	1929-06-20	1	01단	牡丹台の附近を朝鮮の樂園とする計劃された各種の施設竣成の曉は全鮮一の名所となる
173325	朝鮮朝日	西北版	1929-06-20	1	01단	三道が聯合し鮮米を宣傳新設された宣傳隊が近
173326	朝鮮朝日	西北版	1929-06-20	1	01단	く内地にくり出す
173327	朝鮮朝日	西北版	1929-06-20	1	01단	森林主事を配置し朝鮮名物禿山の絶滅を計劃
173328	朝鮮朝日	西北版	1929-06-20	1	01단	平安南道の海外渡航者
173329	朝鮮朝日	西北版	1929-06-20	1	02단	石油の輸入が著しく減る
173330	朝鮮朝日	西北版	1929-06-20	1	02단	あゝ待たれるわれらのその日西鮮女子中等オリンピック大會(6)/連日猛練習を續けて相當自信をつけた南山および明倫普通校/平壤未曾有の盛況を豫想さる各校の技倆相伯仲し勝敗は豫斷を許さぬ/優秀な選手に優勝牌授與/參加校の應援團母姉學友が組織して繰込む
173331	朝鮮朝日	西北版	1929-06-20	1	03단	殉職警察官の招魂祭復活
173332	朝鮮朝日	西北版	1929-06-20	1	03단	咸南道の二會議
173333	朝鮮朝日	西北版	1929-06-20	1	03단	朝鮮博の所要材大部分鴨綠江材を用ひる
173334	朝鮮朝日	西北版	1929-06-20	1	04단	對抗競射會
173335	朝鮮朝日	西北版	1929-06-20	1	04단	來月下旬陸軍大異動近く長官會議で決定/宇垣大將勇退し政界入りか
173336	朝鮮朝日	西北版	1929-06-20	1	05단	瓦電會社買收成立釜山府多年の懸案遂に解決
173337	朝鮮朝日	西北版	1929-06-20	1	06단	憲兵武道大會劍道入賞者
173338	朝鮮朝日	西北版	1929-06-20	1	06단	井戸水が減り涸渇に瀕す命懸けで水を汲取る惨憺たる平南の旱魃
173339	朝鮮朝日	西北版	1929-06-20	1	07단	寫眞説明(十六日安東大和小學校講堂において關東憲兵隊本部の主催で開らかれた第五回全滿憲兵武道大會柔道模範試合の光景)
173340	朝鮮朝日	西北版	1929-06-20	1	07단	安東の相撲大會
173341	朝鮮朝日	西北版	1929-06-20	1	07단	安東における庭球爭霸戰
173342	朝鮮朝日	西北版	1929-06-20	1	08단	天然痘に頗る弱い内地人の體質平壤府の現象
173343	朝鮮朝日	西北版	1929-06-20	1	08단	羅南中學軍が師範を破る
173344	朝鮮朝日	西北版	1929-06-20	1	08단	三浦カップの爭奪ゴルフ競技
173345	朝鮮朝日	西北版	1929-06-20	1	08단	三菱平實を破る
173346	朝鮮朝日	西北版	1929-06-20	1	08단	金鎭南軍勝つ
173347	朝鮮朝日	西北版	1929-06-20	1	09단	新義州商業のテント生活
173348	朝鮮朝日	西北版	1929-06-20	1	09단	節水を宣傳し盜水を防ぐ景氣が加はると共に新義州府警戒を始む/愈給水を制限す新義州の水道/制限給水は免れぬ心細くなった咸興の上水

일련번호	판명		간행일	면	단수	기사명
173348	朝鮮朝日	西北版	1929-06-20	1	09단	*道/南浦の上水道心細くなる*
173349	朝鮮朝日	西北版	1929-06-20	1	10단	小作爭議事件判決
173350	朝鮮朝日	西北版	1929-06-20	1	10단	官吏變じて馬賊に奉天票の暴落に居たまらず
173351	朝鮮朝日	西北版	1929-06-20	1	10단	俳句/鈴木花蓑選
173352	朝鮮朝日	西北版	1929-06-20	1	10단	詐欺賭博で數千圓詐取
173353	朝鮮朝日	南鮮版	1929-06-20	1	01단	和氣靄々裡に瓦電の買收交渉まとまり雙方正式に調印を了す釜山府多年の懸案漸く解決
173354	朝鮮朝日	南鮮版	1929-06-20	1	03단	名稱を變へて内容を充實愈よ面目を一新する水原總督府模範農場
173355	朝鮮朝日	南鮮版	1929-06-20	1	03단	自動車料金の割引を協議
173356	朝鮮朝日	南鮮版	1929-06-20	1	03단	金剛山を國立公園に近く調査する山林部が乘氣となる
173357	朝鮮朝日	南鮮版	1929-06-20	1	04단	瀨川侍從武官軍情を視察
173358	朝鮮朝日	南鮮版	1929-06-20	1	04단	來月下旬陸軍大異動近く長官會議で決定/宇垣大將勇退し政界入りか
173359	朝鮮朝日	南鮮版	1929-06-20	1	05단	自動鳥追器濱口氏が發明
173360	朝鮮朝日	南鮮版	1929-06-20	1	05단	總長の上京を頭痛に病む大丈夫だと學生監が樂觀的態度で保證す
173361	朝鮮朝日	南鮮版	1929-06-20	1	05단	あゝ待たるゝボーナス！！鐵道局では廿一日にゲンナマを支給する
173362	朝鮮朝日	南鮮版	1929-06-20	1	06단	觀覽者の宿泊に京城協贊會が頭をいためる
173363	朝鮮朝日	南鮮版	1929-06-20	1	07단	學資給與者の茶話會開催
173364	朝鮮朝日	南鮮版	1929-06-20	1	07단	*全鮮的に見れば旱害とはいはれぬ然し插秧は遲れてゐる總督府農務課山本技師はかたる/鮮婦大擧して用水を求む全く目もあてられぬ悲慘なる情景を呈す/井戸水を檢査し傳染病の發生を未然に防ぐ/糞尿車まで繰出し給水/氷の相場は引上げない製氷會社聲明す/麥の中作は旱害を招く山本技師の談/漁業にまでも旱魃が影響*
173365	朝鮮朝日	南鮮版	1929-06-20	1	08단	銃器を密輸
173366	朝鮮朝日	南鮮版	1929-06-20	1	09단	後任政務總監兒玉伯に内定す早く進めば廿三日に親任式をあげる模樣
173367	朝鮮朝日	南鮮版	1929-06-20	1	09단	心配は無用傳染病の發生地點と水源地はだいぶ遠い
173368	朝鮮朝日	南鮮版	1929-06-20	1	10단	短銃密輸の首魁を逮捕
173369	朝鮮朝日	南鮮版	1929-06-20	1	10단	俳句/鈴木花蓑選
173370	朝鮮朝日	南鮮版	1929-06-20	1	10단	大邱の大賭博多數朝鮮人有力者引致さる
173371	朝鮮朝日	南鮮版	1929-06-20	1	10단	繼母殺しに無期を求刑
173372	朝鮮朝日	南鮮版	1929-06-20	1	10단	キマネ便り

일련번호	판명		간행일	면	단수	기사명
173373	朝鮮朝日	西北・南鮮版	1929-06-20	2	01단	『指定請負人に下命されよ』滿鐵製鋼所新設説で土木建築業者陳情す
173374	朝鮮朝日	西北・南鮮版	1929-06-20	2	01단	工事は順調に進んでいる圖們の工事について今泉所長のお土産話
173375	朝鮮朝日	西北・南鮮版	1929-06-20	2	01단	棉だけは生育良好稻の植付けは未だに出來ぬ
173376	朝鮮朝日	西北・南鮮版	1929-06-20	2	01단	航空郵便料金決る
173377	朝鮮朝日	西北・南鮮版	1929-06-20	2	02단	麵子工場の上棟式擧行
173378	朝鮮朝日	西北・南鮮版	1929-06-20	2	02단	歩七三聯隊の盛な軍旗祭
173379	朝鮮朝日	西北・南鮮版	1929-06-20	2	02단	金組聯合會理事長會議
173380	朝鮮朝日	西北・南鮮版	1929-06-20	2	03단	羅南鄉軍春季總會
173381	朝鮮朝日	西北・南鮮版	1929-06-20	2	03단	清州公會堂上棟式を擧ぐ
173382	朝鮮朝日	西北・南鮮版	1929-06-20	2	03단	野球協會へ補助金下付
173383	朝鮮朝日	西北・南鮮版	1929-06-20	2	03단	電話を増設
173384	朝鮮朝日	西北・南鮮版	1929-06-20	2	03단	辭令(東京電話)
173385	朝鮮朝日	西北・南鮮版	1929-06-20	2	04단	寺洞炭坑の枕木引受け
173386	朝鮮朝日	西北・南鮮版	1929-06-20	2	04단	慶北の砂防工事
173387	朝鮮朝日	西北・南鮮版	1929-06-20	2	04단	滿洲教專の夏季講習會
173388	朝鮮朝日	西北・南鮮版	1929-06-20	2	04단	元山牡蠣を朝博で宣傳
173389	朝鮮朝日	西北・南鮮版	1929-06-20	2	04단	兒童慰安の巡回活寫會
173390	朝鮮朝日	西北・南鮮版	1929-06-20	2	04단	平壤通信部の年中行事
173391	朝鮮朝日	西北版	1929-06-21	1	01단	*兒玉伯と決って安心の色漂ふ 人氣がよく先づ上々吉 政務總監決定と總督府/朝鮮における伯の經歷*
173392	朝鮮朝日	西北版	1929-06-21	1	01단	*御下賜金全部を部下にわかち自分は勳章だけ拜受 身命を賭して日韓合併に盡したその當時の兒玉伯/重要な問題に手腕を揮ひ 總監の影をうすめた藤波、田中兩通譯官語る/よい總監で結構である 生田內務局長談/きまれば來るさ 感想などない寺內參謀長談/朝鮮のため喜ばしい 加藤鮮銀總裁談/倭城台の櫻は伯がうゑた 山下英男氏談/安義兩地で大好評 兒玉新總監評*
173393	朝鮮朝日	西北版	1929-06-21	1	04단	重要問題五件提出/新義州支部から穀協總會に
173394	朝鮮朝日	西北版	1929-06-21	1	04단	西鮮女子中等オリンピック大會(7)/必勝の覺悟雄々しく晴の本舞台に臨む沙里院、南浦の二女學校
173395	朝鮮朝日	西北版	1929-06-21	1	05단	滿洲産豆粕の內地仕向け頓に活氣づく
173396	朝鮮朝日	西北版	1929-06-21	1	05단	苹果の輸出を初めて扱ふ/鎭南浦産業組合では販路の擴張につとむ
173397	朝鮮朝日	西北版	1929-06-21	1	05단	短歌/橋田東聲選

일련번호	판명		간행일	면	단수	기사명
173398	朝鮮朝日	西北版	1929-06-21	1	06단	驅逐艦モミ新義州入港
173399	朝鮮朝日	西北版	1929-06-21	1	06단	戰鬪射擊演習
173400	朝鮮朝日	西北版	1929-06-21	1	06단	鎭南浦府の學組初會議
173401	朝鮮朝日	西北版	1929-06-21	1	06단	麻栽培者激增し平北ではその增收をはかる
173402	朝鮮朝日	西北版	1929-06-21	1	07단	乾明太魚の移入ふえる
173403	朝鮮朝日	西北版	1929-06-21	1	07단	自動車賃金の割引を交涉
173404	朝鮮朝日	西北版	1929-06-21	1	07단	自動車料金の割引を行ふ
173405	朝鮮朝日	西北版	1929-06-21	1	07단	衛生映畫會
173406	朝鮮朝日	西北版	1929-06-21	1	07단	靑年議會の報告演說會
173407	朝鮮朝日	西北版	1929-06-21	1	08단	ヘアリベッチ植栽を奬勵
173408	朝鮮朝日	西北版	1929-06-21	1	08단	行商人を制限し人物本位とす魚菜市場改善
173409	朝鮮朝日	西北版	1929-06-21	1	08단	白晝朝鮮人に暴行を加ふ/國權の恢復で俄かに威張りだした支那人
173410	朝鮮朝日	西北版	1929-06-21	1	09단	怪しの少年姿をくらます
173411	朝鮮朝日	西北版	1929-06-21	1	09단	人妻を殺し返す刀で自殺
173412	朝鮮朝日	西北版	1929-06-21	1	10단	馬賊現はる
173413	朝鮮朝日	西北版	1929-06-21	1	10단	安東の夜店
173414	朝鮮朝日	西北版	1929-06-21	1	10단	女戾を毆打し死に致らす
173415	朝鮮朝日	西北版	1929-06-21	1	10단	安東筆友會例會
173416	朝鮮朝日	西北版	1929-06-21	1	10단	和田中佐逝く
173417	朝鮮朝日	西北版	1929-06-21	1	10단	もよほし(元山商業の父兄會)
173418	朝鮮朝日	西北版	1929-06-21	1	10단	人(岡田兼一氏(總領事)/井上主計氏(新義州稅關長)/片岡善太郎氏(新義州稅關監視課長))
173419	朝鮮朝日	南鮮版	1929-06-21	1	01단	兒玉伯と決って安心の色漂ふ 人氣がよく先づ上々吉 政務總監決定と總督府/朝鮮における伯の經歷
173420	朝鮮朝日	南鮮版	1929-06-21	1	01단	御下賜金全部を部下にわかち自分は勳章だけ拜受 身命を賭して日韓合併に盡したその當時の兒玉伯/重要な問題に手腕を揮ひ 總監の影をうすめた藤波、田中兩通譯官語る/よい總監で結構である 生田內務局長談/きまれば來るさ 感想などない寺內參謀長談/朝鮮のため喜ばしい 加藤鮮銀總裁談/倭城台の櫻は伯がうゑた 山下英男氏談
173421	朝鮮朝日	南鮮版	1929-06-21	1	04단	期成會の支持を朝鮮人實業團が正式に通告/飽迄合法的の運動を行ふ
173422	朝鮮朝日	南鮮版	1929-06-21	1	04단	獨逸油房業者が最近滿洲へ進出し豆粕の地位を脅やかす支配權は完全にドイツがにぎる
173423	朝鮮朝日	南鮮版	1929-06-21	1	05단	愈よ代用作の準備に着手
173424	朝鮮朝日	南鮮版	1929-06-21	1	05단	慶尙南道の署長級異動/近く發表さる

일련번호	판명		간행일	면	단수	기사명
173425	朝鮮朝日	南鮮版	1929-06-21	1	05단	寶塚の少女歌劇を招聘するか朝博演藝館の計劃/總動員の下に寄附金募集
173426	朝鮮朝日	南鮮版	1929-06-21	1	06단	京東鐵道の總會を再開
173427	朝鮮朝日	南鮮版	1929-06-21	1	06단	小學普通校の規程を改正
173428	朝鮮朝日	南鮮版	1929-06-21	1	06단	部下外交員の頭をはねる
173429	朝鮮朝日	南鮮版	1929-06-21	1	07단	氣の利いた案内書をつくり朝鮮博覽會々期中に朝鮮を大に紹介する
173430	朝鮮朝日	南鮮版	1929-06-21	1	07단	十部に分ちて議案を審議 全國教育者大會の規則決定し發表す/部會開催の場所も決る/教育者代議會全國大會や附議事項を協議
173431	朝鮮朝日	南鮮版	1929-06-21	1	08단	府尹の努力を大に諒とし問題の涙金卅萬圓は原案可決となる模樣/府尹から經過報告府協議會懇談會をひらいて/延滯料金の善後策期成會は大會を開いて決る/早くて九月頃瓦電が府の手にわたるのが
173432	朝鮮朝日	南鮮版	1929-06-21	1	08단	短歌/橋田東聲選
173433	朝鮮朝日	南鮮版	1929-06-21	1	09단	農民デ-の田植を變更
173434	朝鮮朝日	南鮮版	1929-06-21	1	09단	銀行の成績は香しくない配當は据置
173435	朝鮮朝日	南鮮版	1929-06-21	1	10단	船の動搖で海中に墜落
173436	朝鮮朝日	南鮮版	1929-06-21	1	10단	重役當選無效訴訟は棄却
173437	朝鮮朝日	南鮮版	1929-06-21	1	10단	もよほし(新法文學十招待懇談會)
173438	朝鮮朝日	南鮮版	1929-06-21	1	10단	人(迫間一男氏(釜山實業家)/土居莧申氏(總督府行刑課長)/山梨總督)
173439	朝鮮朝日	西北・南鮮版	1929-06-21	2	01단	毛蟲が有效に利用される農家には正に福音來慶北道の劃期的發見
173440	朝鮮朝日	西北・南鮮版	1929-06-21	2	01단	愈よ浦項は定期港大阪商船弟一次寄港を見る
173441	朝鮮朝日	西北・南鮮版	1929-06-21	2	01단	總督府辭令(十八日付)
173442	朝鮮朝日	西北・南鮮版	1929-06-21	2	02단	國境道路の工事進捗す
173443	朝鮮朝日	西北・南鮮版	1929-06-21	2	02단	鰯締粕檢査の等級を改正
173444	朝鮮朝日	西北・南鮮版	1929-06-21	2	02단	木關問題の功勞者に記念品
173445	朝鮮朝日	西北・南鮮版	1929-06-21	2	02단	全州も斷水
173446	朝鮮朝日	西北・南鮮版	1929-06-21	2	02단	マラリヤ病の豫防方法を研究/城大小林醫學博士が肝膽をくだいて行ふ
173447	朝鮮朝日	西北・南鮮版	1929-06-21	2	03단	强硬外交も必要だ/赴任の途岡田間島領事語る
173448	朝鮮朝日	西北・南鮮版	1929-06-21	2	04단	新義州中學行軍
173449	朝鮮朝日	西北・南鮮版	1929-06-21	2	04단	完全な齒が極めて少い/裡里小學兒童
173450	朝鮮朝日	西北・南鮮版	1929-06-21	2	04단	萬一に備へる給水タンク大邱府に設置
173451	朝鮮朝日	西北版	1929-06-22	1	01단	朝鮮內の事情に精通せるため兒玉伯を推擧したまで政治的の意味は少ない/大體において評判

일련번호	판명		간행일	면	단수	기사명
173451	朝鮮朝日	西北版	1929-06-22	1	01단	がよひ
173452	朝鮮朝日	西北版	1929-06-22	1	01단	任意寄附では到底纏らず面郡當局頭を惱ます/沙里院病院敷地問題
173453	朝鮮朝日	西北版	1929-06-22	1	01단	書堂規則を改正し書堂教育を根本的に改善す
173454	朝鮮朝日	西北版	1929-06-22	1	02단	廳舍の新築を計劃された淸津海事出張所
173455	朝鮮朝日	西北版	1929-06-22	1	02단	西鮮女子中等オリンピック大會/炎天の下熱砂を蹴り練磨の技倆を競ふ/待たれたその日は來た
173456	朝鮮朝日	西北版	1929-06-22	1	03단	興南工業徒弟講習會
173457	朝鮮朝日	西北版	1929-06-22	1	04단	商店經營實地指導
173458	朝鮮朝日	西北版	1929-06-22	1	04단	元山の代表者が港灣の擴張を陳情/狹くて荷役出來ぬため府を擧げて目的の貫徹に努める
173459	朝鮮朝日	西北版	1929-06-22	1	04단	俳句/鈴木花蓑選
173460	朝鮮朝日	西北版	1929-06-22	1	05단	安東公設運動場建設の輿論最近喧しくなる
173461	朝鮮朝日	西北版	1929-06-22	1	05단	支那製絹物の輸入絶える/その反面には巧妙な密輸が行はれてゐる
173462	朝鮮朝日	西北版	1929-06-22	1	06단	安東材不振
173463	朝鮮朝日	西北版	1929-06-22	1	06단	朝電堰堤工事愈近く竣工
173464	朝鮮朝日	西北版	1929-06-22	1	06단	平南警察署長會議/武道大會も開く
173465	朝鮮朝日	西北版	1929-06-22	1	06단	改善される西湖津海水浴場
173466	朝鮮朝日	西北版	1929-06-22	1	07단	咸南道新興郡の野生ヤマハマナシその再生を期待さる
173467	朝鮮朝日	西北版	1929-06-22	1	07단	未濟寄附金の徵收成績は良好
173468	朝鮮朝日	西北版	1929-06-22	1	07단	失業者救濟と職業紹介を兼ね安東縣か新義州かに勞働者收容所を建設
173469	朝鮮朝日	西北版	1929-06-22	1	07단	景氣のよい最近の新義州/棚ボタ式の大事業でまつたく有卦に入る
173470	朝鮮朝日	西北版	1929-06-22	1	08단	博物館を建設し樂浪資料保存寫眞帳も編纂
173471	朝鮮朝日	西北版	1929-06-22	1	09단	牡丹台公園の遊覽道路は朝博迄に竣工
173472	朝鮮朝日	西北版	1929-06-22	1	09단	平壤組合銀行中旬の成績
173473	朝鮮朝日	西北版	1929-06-22	1	10단	養鼇室燒く
173474	朝鮮朝日	西北版	1929-06-22	1	10단	列車妨害の犯人捕まる
173475	朝鮮朝日	西北版	1929-06-22	1	10단	燐寸軸木乾燥工場全燒す
173476	朝鮮朝日	西北版	1929-06-22	1	10단	廿七名だけ豫審に廻付/新義州高普生
173477	朝鮮朝日	西北版	1929-06-22	1	10단	和氣氏表彰さる
173478	朝鮮朝日	西北版	1929-06-22	1	10단	故和田中佐の葬儀營まる
173479	朝鮮朝日	西北版	1929-06-22	1	10단	もよほし(鎭南浦小學校保護者會/平壤の腦糊染講習會)
173480	朝鮮朝日	南鮮版	1929-06-22	1	01단	朝鮮內の事情に精通せるため兒玉伯を推擧したまで政治的の意味は少ない/永年の植民的經驗も

일련번호	판명		간행일	면	단수	기사명
173480	朝鮮朝日	南鮮版	1929-06-22	1	01단	あり相當やってのけよう 兒玉九一氏の令兄觀
173481	朝鮮朝日	南鮮版	1929-06-22	1	01단	警察官の臨時增俸/二圓以上九圓まで總花的に
173482	朝鮮朝日	南鮮版	1929-06-22	1	02단	清水寺貫主の巡回講演
173483	朝鮮朝日	南鮮版	1929-06-22	1	02단	軍用水の分讓を鎮海要港部に交涉にきまる
173483	朝鮮朝日	南鮮版	1929-06-22	1	02단	大頭の異動またも噂に上る/兒玉伯の總監就任
173484	朝鮮朝日	南鮮版	1929-06-22	1	02단	で緊張の氣分みなぎる
173485	朝鮮朝日	南鮮版	1929-06-22	1	03단	諺文宣傳歌の募集締切る
173486	朝鮮朝日	南鮮版	1929-06-22	1	03단	大興電氣糾彈の第一聲を擧ぐ大邱府民大會
173487	朝鮮朝日	南鮮版	1929-06-22	1	04단	內鮮風俗の習慣を比較
173488	朝鮮朝日	南鮮版	1929-06-22	1	04단	咸南島新興郡の野生ヤマハマナシその再生を期待さる
173489	朝鮮朝日	南鮮版	1929-06-22	1	04단	厚顔無恥の一言から桑原府尹怒りだし早速閉會を宣し退席す 釜山府協議會の空氣早くも緊張/引合ふから取引したまでだ 起債は認可のつまり生田內務局長は語る/卽決可決は至難か結局委員會に附託されよう/役員會を開き態度を決る/七百廿餘萬圓瓦電に拂ふ
173490	朝鮮朝日	南鮮版	1929-06-22	1	05단	敎へ子達の謝恩/文化住宅を建て恩師二人に贈る/一旦辭退したがその厚意を容る/淑明女學校生徒の美談
173491	朝鮮朝日	南鮮版	1929-06-22	1	07단	俳句/鈴木花蓑選
173492	朝鮮朝日	南鮮版	1929-06-22	1	08단	牡丹台公園の遊覽道路は朝博迄に竣工
173493	朝鮮朝日	南鮮版	1929-06-22	1	08단	博物館を建設し樂浪資料保存寫眞帳も編纂
173494	朝鮮朝日	南鮮版	1929-06-22	1	08단	大邱土木事件豫審終結す/五十六名有罪となり二名豫審免訴となる
173495	朝鮮朝日	南鮮版	1929-06-22	1	08단	總督府の雨乞ひお歷々が朝鮮神宮に參拜し
173496	朝鮮朝日	南鮮版	1929-06-22	1	09단	義捐金から角南面揉む
173497	朝鮮朝日	南鮮版	1929-06-22	1	09단	時局標榜の强盜捕まる
173498	朝鮮朝日	南鮮版	1929-06-22	1	10단	深夜ひそかに章標を剝ぐ
173499	朝鮮朝日	南鮮版	1929-06-22	1	10단	群山府廳舍龜裂を生ず
173500	朝鮮朝日	南鮮版	1929-06-22	1	10단	倉庫を破り爆藥を盜む
173501	朝鮮朝日	南鮮版	1929-06-22	1	10단	頸から兩耳に鎌で切割く
173502	朝鮮朝日	南鮮版	1929-06-22	1	10단	納涼活寫會/大邱の讀者優待
173503	朝鮮朝日	南鮮版	1929-06-22	1	10단	運動系(京畿警察武道大會/京電軍勝つ/龍中クラブ來邱)
173504	朝鮮朝日	南鮮版	1929-06-22	1	10단	人(阿部咸北警察部長)
173505	朝鮮朝日	南鮮版	1929-06-22	2	01단	村の燈台/安心で確實な米の取引/惡商人に乘ぜられる憂ひなし/島根縣の米穀會
173506	朝鮮朝日	西北・南鮮版	1929-06-22	2	01단	お茶のあと

일련번호	판명		간행일	면	단수	기사명
173507	朝鮮朝日	西北・南鮮版	1929-06-22	2	02단	雄基港外に燈台を建設
173508	朝鮮朝日	西北・南鮮版	1929-06-22	2	02단	獨自の立場で進むより途ない運輸側は非紳士的だ/吉田通運重役は語る
173509	朝鮮朝日	西北・南鮮版	1929-06-22	2	03단	米の輸移出振はず群山港寂れる
173510	朝鮮朝日	西北・南鮮版	1929-06-22	2	03단	教員が率先し色服を着用
173511	朝鮮朝日	西北・南鮮版	1929-06-22	2	03단	春川の春繭共同販賣始まる
173512	朝鮮朝日	西北・南鮮版	1929-06-22	2	04단	急行列車の運轉を行ふ
173513	朝鮮朝日	西北・南鮮版	1929-06-22	2	04단	新義州會議所特別議員を任命
173514	朝鮮朝日	西北・南鮮版	1929-06-22	2	04단	成績のよい平北道の春蠶
173515	朝鮮朝日	西北・南鮮版	1929-06-22	2	04단	總督府辭令(十九日附)
173516	朝鮮朝日	西北・南鮮版	1929-06-22	2	04단	京城の出品近く搬入する
173517	朝鮮朝日	西北・南鮮版	1929-06-22	2	04단	朝鮮鐵道の忠北線延長
173518	朝鮮朝日	西北版	1929-06-23	1	01단	若し功があれば總督の德をくはへ失敗すれば責任を負ふ/兒玉新總監は抱負をかたる
173519	朝鮮朝日	西北版	1929-06-23	1	01단	八景に入った安平線の名勝釣魚台
173520	朝鮮朝日	西北版	1929-06-23	1	02단	創立委員會に不信任狀をたゝきつけて戰劾す昭和水利また揉める
173521	朝鮮朝日	西北版	1929-06-23	1	03단	農業補習生が正條植指導
173522	朝鮮朝日	西北版	1929-06-23	1	04단	車輛鑑札の改正を行ふ
173523	朝鮮朝日	西北版	1929-06-23	1	04단	愈木材運賃が低減される/月末ごろ正式に發表/當業者の運動成功す
173524	朝鮮朝日	西北版	1929-06-23	1	04단	侍從武官御差遣三十日來壤し/名部隊を視察
173525	朝鮮朝日	西北版	1929-06-23	1	04단	合點がゆかぬ東拓支店の態度/裏面の策動から表面へ/於之屯水利組合反對のカラクリ
173526	朝鮮朝日	西北版	1929-06-23	1	05단	もう一度陳情し特別戶數割を承認して貰ふ
173527	朝鮮朝日	西北版	1929-06-23	1	05단	三百反分の苗代を分讓
173528	朝鮮朝日	西北版	1929-06-23	1	06단	同仁水利の紛擾解決す
173529	朝鮮朝日	西北版	1929-06-23	1	06단	第三回中等教員研究會
173530	朝鮮朝日	西北版	1929-06-23	1	06단	近く工場の建築に着手/米國の□會社
173531	朝鮮朝日	西北版	1929-06-23	1	06단	出場廿四校に上り/昨年よりも六校を增す/殊に高等普通學校の出場が多い/全國中等野球朝鮮第一次豫選會
173532	朝鮮朝日	西北版	1929-06-23	1	07단	結局退潮里に決定するか/愈よ近く設立される/化學製鹽會社の工場
173533	朝鮮朝日	西北版	1929-06-23	1	07단	一家力を協せて安住地を開墾健康狀態は頗るよい/めざましくもいぢらしい/咸鏡南道內の水害罹災民
173534	朝鮮朝日	西北版	1929-06-23	1	09단	買ふふは盛に買占む/勸業公司の吉植氏が新

일련번호	판명		간행일	면	단수	기사명
173534	朝鮮朝日	西北版	1929-06-23	1	09단	義州の土地を買收
173535	朝鮮朝日	西北版	1929-06-23	1	09단	鐵道鄕軍總會
173536	朝鮮朝日	西北版	1929-06-23	1	10단	阿片を密輸
173537	朝鮮朝日	西北版	1929-06-23	1	10단	不良少年團十二人捕はる
173538	朝鮮朝日	西北版	1929-06-23	1	10단	西鮮日報社の新社屋竣工
173539	朝鮮朝日	西北版	1929-06-23	1	10단	運動系(元中優勝し本社優勝旗獲得)
173540	朝鮮朝日	西北版	1929-06-23	1	10단	人(韓昌洙男(李王職長官)/李恒九男(李王職參侍長))
173541	朝鮮朝日	南鮮版	1929-06-23	1	01단	山へ海へ(1)/外金剛萬物相の奇巖
173542	朝鮮朝日	南鮮版	1929-06-23	1	01단	若し功があれば總督の德をくはへ失敗すれば責任を負ふ 兒玉新總監は抱負をかたる/當今得難い政務總監だ 總てをまかしきれる 引籠中の總督は語る
173543	朝鮮朝日	南鮮版	1929-06-23	1	04단	瓦電買收起債の瀨踏みを行ふ
173544	朝鮮朝日	南鮮版	1929-06-23	1	04단	御大典式場の用材を拜受
173545	朝鮮朝日	南鮮版	1929-06-23	1	05단	實業學校の設立期成會/慶州郡に生る
173546	朝鮮朝日	南鮮版	1929-06-23	1	05단	出場廿四校に上り/昨年よりも六校を增す/殊に高等普通學校の出場が多い/全國中等野球朝鮮第一次豫選會
173547	朝鮮朝日	南鮮版	1929-06-23	1	05단	寫眞說明(二十五日盛大に竣工式を擧行する東津水利組)
173548	朝鮮朝日	南鮮版	1929-06-23	1	06단	積極的行動の中止を勸告/妥協成立を圖るため鐵道局から兩運送へ
173549	朝鮮朝日	南鮮版	1929-06-23	1	06단	京電優勝す/三對一で府廳を破る/實業野球聯盟戰終了
173550	朝鮮朝日	南鮮版	1929-06-23	1	07단	安心して泳げる理想的の水泳場となる漢江
173551	朝鮮朝日	南鮮版	1929-06-23	1	07단	英國東洋艦隊仁川に入港
173552	朝鮮朝日	南鮮版	1929-06-23	1	08단	割引の率を更に高める/朝鐵の慶南線
173553	朝鮮朝日	南鮮版	1929-06-23	1	08단	慶南の農村は危機に直面久しく雨がないため殆ど田植不能に陷る/釜山病院は大恐慌水の分配で騷動をゞつける/萬策つきで雨乞を行ふ/井戶掘費用の支出を承認
173554	朝鮮朝日	南鮮版	1929-06-23	1	08단	アメリカ向の眞牡蠣鑵詰/試驗に成功すれば朝鮮國産品を增す
173555	朝鮮朝日	南鮮版	1929-06-23	1	09단	現金三千圓を盜み取られ常の花一行弱る
173556	朝鮮朝日	南鮮版	1929-06-23	1	09단	中部朝鮮の旱害甚だし
173557	朝鮮朝日	南鮮版	1929-06-23	1	10단	モヒ密賣者大邱署に捕る
173558	朝鮮朝日	南鮮版	1929-06-23	1	10단	看守欒かる
173559	朝鮮朝日	南鮮版	1929-06-23	1	10단	西鮮日報社の新社屋竣工
173560	朝鮮朝日	南鮮版	1929-06-23	1	10단	伊香賀矢六氏

일련번호	판명		간행일	면	단수	기사명
173561	朝鮮朝日	南鮮版	1929-06-23	1	10단	人(西野惠之助氏(日本航空輸送社長)/恩田銅吉氏(朝郵社長)/金子九大教授/上原平太郎氏(第二十師團長))
173562	朝鮮朝日	西北・南鮮版	1929-06-23	2	01단	朝鮮博全南館の工事大に進む
173563	朝鮮朝日	西北・南鮮版	1929-06-23	2	01단	連絡は總て自動車郵便飛行につき新貝氏語る
173564	朝鮮朝日	西北・南鮮版	1929-06-23	2	02단	*慶北の郡守異動*
173565	朝鮮朝日	西北・南鮮版	1929-06-23	2	02단	遞信傭人級の優遇を計劃
173566	朝鮮朝日	西北・南鮮版	1929-06-23	2	03단	肺ヂストマ調査に金子九大教授平南道に向ふ
173567	朝鮮朝日	西北・南鮮版	1929-06-23	2	03단	各地だより(公州/仁川/裡里/春川)
173568	朝鮮朝日	西北・南鮮版	1929-06-23	2	04단	細民住宅が京城に出來る
173569	朝鮮朝日	西北版	1929-06-25	1	01단	內鮮間の連絡を一層圓滿にし人事は有無相通ずるやうと兒玉總監、拓務次官と懇談
173570	朝鮮朝日	西北版	1929-06-25	1	01단	平安北道の財源を調査/適當の機關を設け考究する事にならう
173571	朝鮮朝日	西北版	1929-06-25	1	01단	朝鮮貯蓄銀行要項と幹部/二十七日創立總會/七月一日から開業
173572	朝鮮朝日	西北版	1929-06-25	1	03단	自家用煙草耕作は廢止
173573	朝鮮朝日	西北版	1929-06-25	1	03단	朝鮮米買上はなほ研究中/米穀調査委員會から歸った今村殖産局長談
173574	朝鮮朝日	西北版	1929-06-25	1	04단	濱松、平壤長距離飛行
173575	朝鮮朝日	西北版	1929-06-25	1	04단	モヒ患者療養所開設
173576	朝鮮朝日	西北版	1929-06-25	1	04단	松永技師長ら新設線調査
173577	朝鮮朝日	西北版	1929-06-25	1	04단	政務總監の秘書官內定/山縣三郎氏
173578	朝鮮朝日	西北版	1929-06-25	1	04단	*西鮮空前の盛觀平壤女子高普優勝す　本社主催女子オリンピック大會/軟式野球大會/安東の庭球戰*
173579	朝鮮朝日	西北版	1929-06-25	1	05단	大製鋼所の新設說傳り新義州方面の土地熱いやが上に高まる
173580	朝鮮朝日	西北版	1929-06-25	1	05단	行く行くは工業傳習所の新設を見るもやう平壤の家庭小工業獎勵
173581	朝鮮朝日	西北版	1929-06-25	1	05단	水量不足で流筏は減少/各支流は作業困難
173582	朝鮮朝日	西北版	1929-06-25	1	05단	巡査を射殺/送局さる
173583	朝鮮朝日	西北版	1929-06-25	1	06단	安東の野犬狩りと狂犬病豫防
173584	朝鮮朝日	西北版	1929-06-25	1	06단	名の判らぬ牛の奇病
173585	朝鮮朝日	西北版	1929-06-25	1	06단	牡丹臺附近の公園的施設/朝鮮博開期までに實現せしむべき目論見
173586	朝鮮朝日	西北版	1929-06-25	1	07단	龜裂縱橫の裡里地方の稻田
173587	朝鮮朝日	西北版	1929-06-25	1	07단	安東の火事
173588	朝鮮朝日	西北版	1929-06-25	1	07단	お茶のあと

일련번호	판명		간행일	면	단수	기사명
173588	朝鮮朝日	西北版	1929-06-25	1	07단	情婦を小刀で滅多斬
173589	朝鮮朝日	西北版	1929-06-25	1	07단	水田には龜裂縱橫にはしり　苗代は全然死滅の慘狀 全北方面の大旱魃狀況/平南の旱害/羅南川
173590	朝鮮朝日	西北版	1929-06-25	1	08단	の護岸工事は六月末完成
173591	朝鮮朝日	西北版	1929-06-25	1	08단	小川理事の排斥を決議/定州同仁水利組合配水騷ぎまた起る
173592	朝鮮朝日	西北版	1929-06-25	1	09단	安奉線附近に馬賊團現る/被害少くない模樣
173593	朝鮮朝日	西北版	1929-06-25	1	10단	新義州の點呼
173594	朝鮮朝日	西北版	1929-06-25	1	10단	平安北道の天然痘再發
173595	朝鮮朝日	西北版	1929-06-25	1	10단	巧言で騙取
173596	朝鮮朝日	西北版	1929-06-25	1	10단	降雹で大麻の被害
173597	朝鮮朝日	西北版	1929-06-25	1	10단	人(伊達四雄氏(平北內務部長))
173598	朝鮮朝日	西北版	1929-06-25	1	10단	もよほし(旅客事務打合會/ハーモニカ演奏會)
173599	朝鮮朝日	南鮮版	1929-06-25	1	01단	山へ海へ(２)/海金剛の立石里
173600	朝鮮朝日	南鮮版	1929-06-25	1	01단	內鮮間の連絡を一層圓滿にし人事は有無相通ずるやうと兒玉總監、拓務次官と懇談
173601	朝鮮朝日	南鮮版	1929-06-25	1	01단	買收反對側は憤然と退場し喧騷を極めた期成會役員總會　惜くも分解作用起る/贊否の前途はなほ豫測を許さぬ　今後波瀾は免れぬ/府民大會は開催を延期
173602	朝鮮朝日	南鮮版	1929-06-25	1	04단	朝鮮米買上はなほ研究中/米穀調査委員會から歸った今村殖産局長談
173603	朝鮮朝日	南鮮版	1929-06-25	1	04단	大相撲をＤＫで放送
173604	朝鮮朝日	南鮮版	1929-06-25	1	04단	朝鮮神宮大祓
173605	朝鮮朝日	南鮮版	1929-06-25	1	04단	大邱府當面の諸問題進捗
173606	朝鮮朝日	南鮮版	1929-06-25	1	05단	政務總監の秘書官內定/山縣三郎氏
173607	朝鮮朝日	南鮮版	1929-06-25	1	05단	京城の撮影競技/寫眞聯盟主催
173608	朝鮮朝日	南鮮版	1929-06-25	1	05단	子供の汽車
173609	朝鮮朝日	南鮮版	1929-06-25	1	06단	北部豫選參加校二十五校
173610	朝鮮朝日	南鮮版	1929-06-25	1	06단	永登浦の學校組合議/當選者氏名
173611	朝鮮朝日	南鮮版	1929-06-25	1	06단	府營バス七臺到着す
173612	朝鮮朝日	南鮮版	1929-06-25	1	07단	四々年に亙る旱害に惱まさる農作ばかりか飲料にも困る雨乞ひの效もない慶北地方/苗代も龜裂八割は未挿秧京畿道の旱害實狀/旱害にかてゝ雹害
173613	朝鮮朝日	南鮮版	1929-06-25	1	07단	朝鮮貯蓄銀行要項と幹部/二十七日創立總會/七月一日から開業
173614	朝鮮朝日	南鮮版	1929-06-25	1	07단	西海岸に於ける鯖の回游狀態/新漁場擴張策として水産試驗場で調査

일련번호	판명		간행일	면	단수	기사명
173615	朝鮮朝日	南鮮版	1929-06-25	1	07단	遭難女生徒の慰藉料の額最高一萬圓を要求/京電の態度が見もの
173616	朝鮮朝日	南鮮版	1929-06-25	1	09단	國勢調査課官房に增設
173617	朝鮮朝日	南鮮版	1929-06-25	1	09단	海水のみで僅かに消火/釜山目拔きの火事/損害二十萬圓に上る
173618	朝鮮朝日	南鮮版	1929-06-25	1	10단	産業北館の一般出品物
173619	朝鮮朝日	南鮮版	1929-06-25	1	10단	朝鮮博の慶南特設館
173620	朝鮮朝日	南鮮版	1929-06-25	1	10단	炎熱で傳染病續發
173621	朝鮮朝日	南鮮版	1929-06-25	1	10단	叔母と驅落强盜を働く/三年の判決
173622	朝鮮朝日	南鮮版	1929-06-25	1	10단	もよほし(大邱會議所役員會)
173623	朝鮮朝日	南鮮版	1929-06-25	1	10단	人(林博太郎伯(貴族院議員)/波多敏夫氏(鐵道省事務官))
173624	朝鮮朝日	西北・南鮮版	1929-06-25	2	01단	火曜のペーヂ/ベルリンの夏/チヤガルテンの菩提樹は茂る/白天櫻
173625	朝鮮朝日	西北・南鮮版	1929-06-25	2	05단	各地だより(安東縣/新義州/咸興)
173626	朝鮮朝日	西北・南鮮版	1929-06-25	2	05단	水利組合に電力を供給し/農村電化計劃進む
173627	朝鮮朝日	西北・南鮮版	1929-06-25	2	05단	十九師の秋季演習/咸興附近で
173628	朝鮮朝日	西北・南鮮版	1929-06-25	2	05단	安東の江岸防水堤築造を懇請
173629	朝鮮朝日	西北・南鮮版	1929-06-25	2	05단	安東組合銀行五月末帳尻
173630	朝鮮朝日	西北・南鮮版	1929-06-25	2	06단	眠ってゐる閑寂境/公州の諸問題
173631	朝鮮朝日	西北版	1929-06-26	1	01단	山へ海へ(1)/外金剛萬物相の奇巖
173632	朝鮮朝日	西北版	1929-06-26	1	01단	併合後二十年の治績を如實に/一堂に集める朝鮮博之が成功を期すべく/東京における財界有力者請待
173633	朝鮮朝日	西北版	1929-06-26	1	02단	鰯の大群を濃霧のため見失ふ/淸津の景氣懸念さる
173634	朝鮮朝日	西北版	1929-06-26	1	04단	溫厚な新總監秘書/山縣三郎氏
173635	朝鮮朝日	西北版	1929-06-26	1	04단	茂山電氣許可
173636	朝鮮朝日	西北版	1929-06-26	1	04단	普通學校卒業生指導施設につき道視學や校長を集め徹底を期すべく協議
173637	朝鮮朝日	西北版	1929-06-26	1	04단	安東經由の豆粕輸入は昨年より非常に減少/今年の輸入は終熄か
173638	朝鮮朝日	西北版	1929-06-26	1	05단	位置如何は平壤に密接な關係/會議所役員會協議
173639	朝鮮朝日	西北版	1929-06-26	1	05단	米の朝鮮を印象づける朝鮮博の米の館陳列の膳立出來
173640	朝鮮朝日	西北版	1929-06-26	1	05단	辭令(六月二十四日付)
173641	朝鮮朝日	西北版	1929-06-26	1	05단	鐵道線路震動調査/試驗列車運轉
173642	朝鮮朝日	西北版	1929-06-26	1	05단	小倉へ榮轉/四方憲兵分隊長
173643	朝鮮朝日	西北版	1929-06-26	1	06단	俳句/鈴木花蓑選

일련번호	판명		간행일	면	단수	기사명
173644	朝鮮朝日	西北版	1929-06-26	1	06단	飾付に留意し鴨綠江材の眞價を發揮/安東の朝鮮博出品
173645	朝鮮朝日	西北版	1929-06-26	1	07단	お茶のあと
173646	朝鮮朝日	西北版	1929-06-26	1	07단	北部豫選參加校二十五校
173647	朝鮮朝日	西北版	1929-06-26	1	07단	地主代表總督に陳情/水利不正事件
173648	朝鮮朝日	西北版	1929-06-26	1	07단	朝郵博多寄港を命令航路線に博多側からの要望は結局容認されよう
173649	朝鮮朝日	西北版	1929-06-26	1	08단	若い妻を撲殺し墓地に埋む
173650	朝鮮朝日	西北版	1929-06-26	1	08단	咸興側勝つ
173651	朝鮮朝日	西北版	1929-06-26	1	08단	西海岸における鯖の回游狀態/新漁場擴張策として水産試驗場で調査
173652	朝鮮朝日	西北版	1929-06-26	1	09단	愈よ水喧譁隨所に勃發の模樣で當局は早くも警戒中
173653	朝鮮朝日	西北版	1929-06-26	1	09단	巡査二人を海に突落し密漁船の漁夫逃ぐ
173654	朝鮮朝日	西北版	1929-06-26	1	10단	モヒ密輸犯平壤で捕る
173655	朝鮮朝日	西北版	1929-06-26	1	10단	もよほし(滿洲鄕軍支部評議會)
173656	朝鮮朝日	西北版	1929-06-26	1	10단	人(後藤眞靑氏(大分縣出身の新進畫家)/新任岡田間島總領事)
173657	朝鮮朝日	西北版	1929-06-26	1	10단	半島茶話
173658	朝鮮朝日	南鮮版	1929-06-26	1	01단	倂合後二十年の治績を如實に/一堂に集める朝鮮博之が成功を期すべく/東京における財界有力者請待
173659	朝鮮朝日	南鮮版	1929-06-26	1	01단	朝郵博多寄港を命令航路線に博多側からの要望は結局容認されよう
173660	朝鮮朝日	南鮮版	1929-06-26	1	01단	兒玉新總監に文相が會見し松浦氏の九大總長就任慫慂を懇談
173661	朝鮮朝日	南鮮版	1929-06-26	1	02단	溫厚な新總監秘書/山縣三郎氏
173662	朝鮮朝日	南鮮版	1929-06-26	1	03단	消燈復活懇談か桑原府尹と香椎氏會見
173663	朝鮮朝日	南鮮版	1929-06-26	1	04단	朝鮮博の事務協議會
173664	朝鮮朝日	南鮮版	1929-06-26	1	04단	安東經由の豆粕輸入は昨年より非常な減少/今年の輸入は終熄か
173665	朝鮮朝日	南鮮版	1929-06-26	1	04단	俳句/鈴木花蓑選
173666	朝鮮朝日	南鮮版	1929-06-26	1	04단	博覽會の寄附好成績
173667	朝鮮朝日	南鮮版	1929-06-26	1	05단	中等校長異動が近く行はれる
173668	朝鮮朝日	南鮮版	1929-06-26	1	05단	茂山電氣許可
173669	朝鮮朝日	南鮮版	1929-06-26	1	05단	畜産館の各種デー
173670	朝鮮朝日	南鮮版	1929-06-26	1	05단	水田には龜裂縱橫にはしり　苗代は全然死滅の慘狀　全北方面の大旱魃狀況/火事と衛生の警戒に自警團水饑饉の釜山府で各町別に組織する

일련번호	판명		간행일	면	단수	기사명
173671	朝鮮朝日	南鮮版	1929-06-26	1	06단	大邱測候所人員を增加
173672	朝鮮朝日	南鮮版	1929-06-26	1	06단	*城大陸上競技部九大と提携し運動聯盟組織の議 その實現を期待さる/城大運動部各所へ轉戰/仁 川個人庭球*
173673	朝鮮朝日	南鮮版	1929-06-26	1	07단	大邱野球協會長決定
173674	朝鮮朝日	南鮮版	1929-06-26	1	07단	食卓鹽工場愈よ再建築
173675	朝鮮朝日	南鮮版	1929-06-26	1	07단	九味浦に臨時郵便所
173676	朝鮮朝日	南鮮版	1929-06-26	1	07단	繼母殺し判決
173677	朝鮮朝日	南鮮版	1929-06-26	1	08단	途方もない流言や迷信/慶南當局で取締る
173678	朝鮮朝日	南鮮版	1929-06-26	1	08단	普通學校卒業生指導施設につき道視學や校長を 集め徹底を期すべく協議
173679	朝鮮朝日	南鮮版	1929-06-26	1	08단	鷄卵大の降雹と豪雨　農作物の被害甚大浸水家 屋も出す/落雷で死亡
173680	朝鮮朝日	南鮮版	1929-06-26	1	09단	自動車川中で顚覆
173681	朝鮮朝日	南鮮版	1929-06-26	1	09단	慰藉料問題で再入院者が增す/京電側と學校側 協議
173682	朝鮮朝日	南鮮版	1929-06-26	1	09단	鐵道線路震動調査/試驗列車運轉
173683	朝鮮朝日	南鮮版	1929-06-26	1	10단	辭令(六月二十四日付)
173684	朝鮮朝日	南鮮版	1929-06-26	1	10단	もよほし(大邱市場記念式)
173685	朝鮮朝日	南鮮版	1929-06-26	1	10단	人(安藤麗太郎博士(西々原試驗場長)/大庭儀三 郎氏(第一高等普通學校長))
173686	朝鮮朝日	南鮮版	1929-06-26	1	10단	半島茶話
173687	朝鮮朝日	西北・南鮮版	1929-06-26	2	01단	豆粕の斤量取締りについて安東貿易商組合から 平北道廳へ回答要旨
173688	朝鮮朝日	西北・南鮮版	1929-06-26	2	01단	マラリヤ菌遠地輸送の記錄を破る
173689	朝鮮朝日	西北・南鮮版	1929-06-26	2	02단	五月中の輸入外國鹽
173690	朝鮮朝日	西北・南鮮版	1929-06-26	2	02단	鐵道貨物輸送量六月は減少
173691	朝鮮朝日	西北・南鮮版	1929-06-26	2	02단	朝鮮の通信率
173692	朝鮮朝日	西北・南鮮版	1929-06-26	2	02단	私鐵運轉車輛打合會
173693	朝鮮朝日	西北・南鮮版	1929-06-26	2	03단	安東靑訓露營演習
173694	朝鮮朝日	西北・南鮮版	1929-06-26	2	03단	各地だより(羅南/咸興)
173695	朝鮮朝日	西北・南鮮版	1929-06-26	2	04단	雫の聲
173696	朝鮮朝日	西北版	1929-06-27	1	01단	山へ海へ(2)/海金剛の立石里
173697	朝鮮朝日	西北版	1929-06-27	1	01단	新總監の經綸も財源難のため多くは期待されぬ か豫算編成期の總督府
173698	朝鮮朝日	西北版	1929-06-27	1	02단	新義州木材商組合總會
173699	朝鮮朝日	西北版	1929-06-27	1	03단	新義州の海運界活況
173700	朝鮮朝日	西北版	1929-06-27	1	03단	在滿朝鮮人の敎育的施設/全滿地方委員會が朝 鮮總督府に陳情

일련번호	판명		간행일	면	단수	기사명
173701	朝鮮朝日	西北版	1929-06-27	1	04단	新義州の航空便宣傳
173702	朝鮮朝日	西北版	1929-06-27	1	04단	龍澤溫泉に大浴場新設/鐵道開通を機に
173703	朝鮮朝日	西北版	1929-06-27	1	04단	俳句/鈴木花蓑選
173704	朝鮮朝日	西北版	1929-06-27	1	04단	鴨綠江材伐採は順調に進む
173705	朝鮮朝日	西北版	1929-06-27	1	05단	咸南に慈雨坪當り一斗餘
173706	朝鮮朝日	西北版	1929-06-27	1	05단	淸州祈雨祭
173707	朝鮮朝日	西北版	1929-06-27	1	05단	陸軍館の出品物決定/特色は新兵器展觀
173708	朝鮮朝日	西北版	1929-06-27	1	05단	寫眞說明((上)西鮮女子オリンピック大會入場式(中右)沙里院高女と平壤高女のバレー戰(中左)本社々旗を手に初等學校女子部應援團(下)優勝旗授與式)
173709	朝鮮朝日	西北版	1929-06-27	1	06단	旱魃に困んで(1)/雨は逃げた/測候所創設以來の旱天連續レコード
173710	朝鮮朝日	西北版	1929-06-27	1	06단	北鮮沿岸の漁業は不振/水揚高も停滯勝ち
173711	朝鮮朝日	西北版	1929-06-27	1	08단	淸津會議所書記長に對し不信任の聲高まる
173712	朝鮮朝日	西北版	1929-06-27	1	08단	咸北洪水罹災民救助金分配
173713	朝鮮朝日	西北版	1929-06-27	1	09단	運動場開き
173714	朝鮮朝日	西北版	1929-06-27	1	09단	僅か數時間に交通の事故二萬數百件に上る平壤の交通取締り
173715	朝鮮朝日	西北版	1929-06-27	1	10단	滿鐵の庭球戰
173716	朝鮮朝日	西北版	1929-06-27	1	10단	野球聯盟大會
173717	朝鮮朝日	西北版	1929-06-27	1	10단	火鉢を投げて火事を起す
173718	朝鮮朝日	西北版	1929-06-27	1	10단	新義州高普生徒の不穩事件送局
173719	朝鮮朝日	西北版	1929-06-27	1	10단	もよほし(華語講習會)
173720	朝鮮朝日	西北版	1929-06-27	1	10단	人(新任岡田間島總領事/韓李王職長官/忽滑谷快天氏(東京駒澤大學長))
173721	朝鮮朝日	南鮮版	1929-06-27	1	01단	新總監の經綸も財源難のため多くは期待されぬか豫算編成期の總督府
173722	朝鮮朝日	南鮮版	1929-06-27	1	01단	釜山電氣事業公營起債は申込があれば應する/有賀殖銀頭取談
173723	朝鮮朝日	南鮮版	1929-06-27	1	01단	同一會社の總會が二通り開かれる/再び粉糾を來すか/京東鐵道臨時總會
173724	朝鮮朝日	南鮮版	1929-06-27	1	02단	仁川取引所移轉の運動員上京
173725	朝鮮朝日	南鮮版	1929-06-27	1	02단	旱魃に困んで(1)/雨は逃げた/測候所創設以來の旱天連續レコード
173726	朝鮮朝日	南鮮版	1929-06-27	1	03단	陸軍館の出品物決定/特色は新兵器展觀
173727	朝鮮朝日	南鮮版	1929-06-27	1	04단	諸外國の教育資料を鍾路校で蒐集
173728	朝鮮朝日	南鮮版	1929-06-27	1	04단	俳句/鈴木花蓑選
173729	朝鮮朝日	南鮮版	1929-06-27	1	05단	放火少年に十月の判決

일련번호	판명		간행일	면	단수	기사명
173730	朝鮮朝日	南鮮版	1929-06-27	1	05단	汽船の衝突
173731	朝鮮朝日	南鮮版	1929-06-27	1	05단	都市農村とも兒童にも就學難京畿道公私普通學校惠まれぬ朝鮮人兒童/旱天で電氣もおびやかさる/京城神社の祈雨祭/列車も水にあへぐ/南鮮一帶に黃金の雨！雨模樣はつゞくが多くは期待されぬ/旱魃のため內地渡航者增加殊に女子供が多い
173732	朝鮮朝日	南鮮版	1929-06-27	1	05단	五六百名の農民大擧し 堤防の破壞を企つ なほ警官隊と睨合/忠南の麥旱害で減收/忠南の旱害
173733	朝鮮朝日	南鮮版	1929-06-27	1	06단	京電に對し事故なきやう嚴重な警告を發す
173734	朝鮮朝日	南鮮版	1929-06-27	1	07단	內田伯の決意は固く 首相が慰留するとも辭意は飜すまい/村岡關東軍司令官は大將に進級せず現職を去ることに內定 某重大事件發表直後
173735	朝鮮朝日	南鮮版	1929-06-27	1	09단	もよほし(郵便所長聯合會/木邊男講演/西川光二郎氏講演/惠澤本利竣工式)
173736	朝鮮朝日	南鮮版	1929-06-27	1	09단	米の朝鮮を印象づける朝鮮博の米の館/陣列の膳立出來
173737	朝鮮朝日	南鮮版	1929-06-27	1	09단	自動車萬能運轉手の志願者は月々に激增する
173738	朝鮮朝日	南鮮版	1929-06-27	1	10단	人(岸田菊郎氏(大阪商船釜山支店長)/小山忠秋氏(同上新釜山支店長)/有賀殖銀頭取/鏡一以氏(新釜山地方法院部長)/原田釜山地方普州支廳判事/松村松盛氏(本府土地改良部長)/金子九大教授/新任岡田間島總領事)
173739	朝鮮朝日	南鮮版	1929-06-27	1	10단	お茶のあと
173740	朝鮮朝日	西北・南鮮版	1929-06-27	2	01단	村の燈台/副業になった三河萬歲/家康から關所御免の墨付/本家は三河の別所
173741	朝鮮朝日	西北・南鮮版	1929-06-27	2	01단	漁大津の鰯豊漁
173742	朝鮮朝日	西北・南鮮版	1929-06-27	2	01단	支那側の鴨綠江流筏
173743	朝鮮朝日	西北・南鮮版	1929-06-27	2	01단	土地賣買登記が俄かに增加
173744	朝鮮朝日	西北・南鮮版	1929-06-27	2	01단	城東面の揚水機通水式擧行
173745	朝鮮朝日	西北・南鮮版	1929-06-27	2	01단	裡里西瓜今年の走は多少遅れる
173746	朝鮮朝日	西北・南鮮版	1929-06-27	2	02단	百貨市好況
173747	朝鮮朝日	西北・南鮮版	1929-06-27	2	02단	英支那艦隊仁川に入港
173748	朝鮮朝日	西北・南鮮版	1929-06-27	2	03단	各地だより(大邱/羅南/咸興/元山/淸州/安東縣)
173749	朝鮮朝日	西北版	1929-06-28	1	01단	山へ海へ(３)/松濤園海水浴場
173750	朝鮮朝日	西北版	1929-06-28	1	01단	漁業組合聯合會を各道每に組織し水産業の發展に資す/その成立は囑目さる
173751	朝鮮朝日	西北版	1929-06-28	1	01단	畜産館の計劃決定す/呼び物は兒童乘馬
173752	朝鮮朝日	西北版	1929-06-28	1	03단	安東海關通關の手續
173753	朝鮮朝日	西北版	1929-06-28	1	03단	黃州の水利組合近く創立か

일련번호	판명		간행일	면	단수	기사명
173754	朝鮮朝日	西北版	1929-06-28	1	04단	載寧に上水道計劃の運動
173755	朝鮮朝日	西北版	1929-06-28	1	04단	鎭南浦漁船夫罷業/船主側が强硬で解決の曙光を認めず
173756	朝鮮朝日	西北版	1929-06-28	1	04단	少年刑務所增設を計劃/明年度豫算に計上目下設置箇所選定中
173757	朝鮮朝日	西北版	1929-06-28	1	04단	平南奧地の醫師は不足/衛生課で巡回診療急救藥配布等考慮
173758	朝鮮朝日	西北版	1929-06-28	1	05단	旱魃に困んで(2)/雨量統計は朝鮮が世界で最古/名主英祖王の施設
173759	朝鮮朝日	西北版	1929-06-28	1	06단	忠南の棉作
173760	朝鮮朝日	西北版	1929-06-28	1	06단	平安北道繭共同販賣
173761	朝鮮朝日	西北版	1929-06-28	1	06단	國境橫斷鐵道の猛烈な促進運動/新總監は理解があるとその着任を待ち横へる國境民
173762	朝鮮朝日	西北版	1929-06-28	1	07단	平北からの團體觀覽者一萬餘を繰り出す/協贊會で計劃中
173763	朝鮮朝日	西北版	1929-06-28	1	07단	農作物は枯死/平南地方の旱害
173764	朝鮮朝日	西北版	1929-06-28	1	07단	平北産繭高
173765	朝鮮朝日	西北版	1929-06-28	1	07단	報德會の少額事業資金貸付け
173766	朝鮮朝日	西北版	1929-06-28	1	07단	瓦電會社賣却は結局承認か
173767	朝鮮朝日	西北版	1929-06-28	1	08단	京城平壤間搬送式/通話を開始
173768	朝鮮朝日	西北版	1929-06-28	1	08단	地曳網に海豹
173769	朝鮮朝日	西北版	1929-06-28	1	09단	教育者體育會
173770	朝鮮朝日	西北版	1929-06-28	1	09단	草木繁茂期と匪賊や馬賊/鴨綠江岸特別警戒
173771	朝鮮朝日	西北版	1929-06-28	1	09단	安奉沿線に馬賊が出沒/連山守備隊出動警戒
173772	朝鮮朝日	西北版	1929-06-28	1	09단	和田中佐遺骨
173773	朝鮮朝日	西北版	1929-06-28	1	09단	公園で自殺
173774	朝鮮朝日	西北版	1929-06-28	1	10단	朝鮮の簡易保險實施は十月
173775	朝鮮朝日	西北版	1929-06-28	1	10단	短歌/橋田東聲選
173776	朝鮮朝日	西北版	1929-06-28	1	10단	幼稚園と地料の紛爭
173777	朝鮮朝日	西北版	1929-06-28	1	10단	靑年同盟幹部を召喚
173778	朝鮮朝日	西北版	1929-06-28	1	10단	もよほし(長谷川判事送別宴)
173779	朝鮮朝日	南鮮版	1929-06-28	1	01단	漁業組合聯合會を各道毎に組織し水産業の發展に資す/その成立は囑目さる
173780	朝鮮朝日	南鮮版	1929-06-28	1	01단	喜雨臻る/農家愁眉を開く 各測候所の雨量調べ/農作物蘇り斷水解かる 大邱地方喜雨到る/畑作物を潤したのみ 慶南西北部の雨/釜山でも慈雨農作物蘇る/馬山地方豪雨 旱害は去る/春川地方驟雨と雷鳴 農民は喜ぶ
173781	朝鮮朝日	南鮮版	1929-06-28	1	02단	朝鮮の簡易保險實施は十月

일련번호	판명		간행일	면	단수	기사명
173782	朝鮮朝日	南鮮版	1929-06-28	1	03단	水道御大切/京城の節水宣傳
173783	朝鮮朝日	南鮮版	1929-06-28	1	03단	短歌/橋田東聲選
173784	朝鮮朝日	南鮮版	1929-06-28	1	03단	野球座談會(京城實業野球戰を中心に)
173785	朝鮮朝日	南鮮版	1929-06-28	1	04단	馬山埋築創立
173786	朝鮮朝日	南鮮版	1929-06-28	1	04단	二十五日東京會館で開かれた朝鮮博後援相談會
173787	朝鮮朝日	南鮮版	1929-06-28	1	05단	道立病院建設費負擔/特別賦課は不承認/沙里院有志大協議
173788	朝鮮朝日	南鮮版	1929-06-28	1	06단	少年刑務所増設を計劃/明年度豫算に計上目下設置箇所選定中
173789	朝鮮朝日	南鮮版	1929-06-28	1	06단	黨外大臣の形式的辭表提出は無意味だと陸海兩相提出を拒む
173790	朝鮮朝日	南鮮版	1929-06-28	1	06단	國境横斷鐵道の猛烈な促進運動　新總監は理解があるとその着任を待ち横へる國境民/某重大事件發表は二十九日　一時事態重大と見られたが圓滿な諒解を得たか
173791	朝鮮朝日	南鮮版	1929-06-28	1	07단	慶北旱害對策調査委員を囑託
173792	朝鮮朝日	南鮮版	1929-06-28	1	08단	學校組合評議員/慶南各地の當選者確定
173793	朝鮮朝日	南鮮版	1929-06-28	1	08단	京城平壤間搬送式/通話を開始
173794	朝鮮朝日	南鮮版	1929-06-28	1	08단	瓦電會社賣却は結局承認か
173795	朝鮮朝日	南鮮版	1929-06-28	1	09단	仁川の魚市場府營決定
173796	朝鮮朝日	南鮮版	1929-06-28	1	09단	李さん何處へ嬰兒を抱いて遙々男を尋ねる啞の女
173797	朝鮮朝日	南鮮版	1929-06-28	1	10단	酷熱で赤痢が爆發的發生
173798	朝鮮朝日	南鮮版	1929-06-28	1	10단	迷信から墓をあばく
173799	朝鮮朝日	南鮮版	1929-06-28	1	10단	松島神社の大砲を盜む
173800	朝鮮朝日	南鮮版	1929-06-28	1	10단	もよほし(大邱會議所評議會)
173801	朝鮮朝日	南鮮版	1929-06-28	1	10단	人(瀬川章友少將(侍從武官)/守屋榮夫氏(代談士)/立石良雄氏(釜山實業家)/チレー駐目英國大使夫人/山田一隆氏(警察官講習所長))
173802	朝鮮朝日	西北・南鮮版	1929-06-28	2	01단	海金剛に工兵の架橋
173803	朝鮮朝日	西北・南鮮版	1929-06-28	2	01단	松毛蟲狩成績
173804	朝鮮朝日	西北・南鮮版	1929-06-28	2	01단	木浦府營市場開市は七月五日から
173805	朝鮮朝日	西北・南鮮版	1929-06-28	2	01단	各地だより(公州/馬山/厚昌/海州/中江鎭/羅南)
173806	朝鮮朝日	西北・南鮮版	1929-06-28	2	04단	雫の聲
173807	朝鮮朝日	西北版	1929-06-29	1	01단	海へ山へ(4)/三防の瀑布
173808	朝鮮朝日	西北版	1929-06-29	1	01단	世界的大製鋼所設置說に對し眞相を確めたうへで猛運動を起すに決定/平壤商業會議所役員會
173809	朝鮮朝日	西北版	1929-06-29	1	01단	一般行政から稅制を分離/稅務監督局設置は遠い將來ではない
173810	朝鮮朝日	西北版	1929-06-29	1	01단	沙里院面電局面打開策/注目さるゝその成行

일련번호	판명		간행일	면	단수	기사명
173811	朝鮮朝日	西北版	1929-06-29	1	03단	俳句/鈴木花蓑選
173812	朝鮮朝日	西北版	1929-06-29	1	03단	平南美林水利組合/全部完成す
173813	朝鮮朝日	西北版	1929-06-29	1	04단	安東の夜店
173814	朝鮮朝日	西北版	1929-06-29	1	04단	鴨緑江の櫻海老不漁
173815	朝鮮朝日	西北版	1929-06-29	1	04단	東京から三十八時間飛行試驗通信新義州に着く
173816	朝鮮朝日	西北版	1929-06-29	1	04단	大同江の水路を調査
173816	朝鮮朝日	西北版	1929-06-29	1	05단	旱魃に困んで(３)/雨を祈って雨を降らすのは名
173817	朝鮮朝日	西北版	1929-06-29	1	05단	君の必要條件
173818	朝鮮朝日	西北版	1929-06-29	1	05단	行き詰った財政の打開策に既設說の增徵を圖り/個人所得稅等の新說を研究
173819	朝鮮朝日	西北版	1929-06-29	1	05단	普校生に農業實科成績は良い
173820	朝鮮朝日	西北版	1929-06-29	1	05단	三橋川に水泳場/鐵道局で設置
173821	朝鮮朝日	西北版	1929-06-29	1	06단	平北は挿秧好成績
173822	朝鮮朝日	西北版	1929-06-29	1	06단	黃魚浦の牡蠣が死滅/善後策陳情
173823	朝鮮朝日	西北版	1929-06-29	1	07단	喜びの雨(平壤/海州)/春川の雨量
173824	朝鮮朝日	西北版	1929-06-29	1	07단	漁船夫罷業圓滿解決す/互助會からの交涉を無條件で應諾す
173825	朝鮮朝日	西北版	1929-06-29	1	07단	工費十萬餘圓で新義州府廳舍新築計劃を進める
173826	朝鮮朝日	西北版	1929-06-29	1	08단	茂山在鄕軍人分會總會(二十三日)
173827	朝鮮朝日	西北版	1929-06-29	1	08단	沙里院慈惠病院の敷地費調達
173828	朝鮮朝日	西北版	1929-06-29	1	09단	女房の母を絞殺して埋めた男に死刑を求刑
173829	朝鮮朝日	西北版	1929-06-29	1	09단	當選した評議員を領事館で認めずゴタゴタを續ける/安東朝鮮人會
173830	朝鮮朝日	西北版	1929-06-29	1	09단	新義州高普生不穩事件處分/脅迫文發送者送局
173831	朝鮮朝日	西北版	1929-06-29	1	09단	某公職者の背任橫領事件
173832	朝鮮朝日	西北版	1929-06-29	1	09단	馬賊の出沒で守備隊移駐請願書提出
173833	朝鮮朝日	西北版	1929-06-29	1	10단	先生に脅迫狀
173834	朝鮮朝日	西北版	1929-06-29	1	10단	運動系(國境軟式野球)
173835	朝鮮朝日	西北版	1929-06-29	1	10단	半島茶話
173836	朝鮮朝日	南鮮版	1929-06-29	1	01단	滿洲事件の解決成らず內閣愈よ總辭職か西園寺公は首相に決意を促し首相は閣僚の諒解を求む/政府並に與黨の狼狽極度に達し起死回生に躍起となる然し奏效するか疑問/事態の急迫により本日重ねて臨時閣議/內田伯の辭表執奏國務大臣の前官禮遇奏請
173837	朝鮮朝日	南鮮版	1929-06-29	1	01단	行き詰った財政の打開策に既設說の增徵を圖り/個人所得稅等の新說を研究
173838	朝鮮朝日	南鮮版	1929-06-29	1	04단	大邱靑訓記念分列式
173839	朝鮮朝日	南鮮版	1929-06-29	1	04단	急行列車機關車脫線顛覆す

일련번호	판명		간행일	면	단수	기사명
173839	朝鮮朝日	南鮮版	1929-06-29	1	04단	京城實業野球中心の野球座談會
173840	朝鮮朝日	南鮮版	1929-06-29	1	04단	京城へ京城へ勞動者の群昨今急に增加の傾
173841	朝鮮朝日	南鮮版	1929-06-29	1	05단	向/入城後の取締に苦心
173842	朝鮮朝日	南鮮版	1929-06-29	1	05단	電氣事業買收反對の市民運動を起す計劃
173843	朝鮮朝日	南鮮版	1929-06-29	1	05단	一般行政から稅制を分利/稅務監督局設置は遠い將來ではない
173844	朝鮮朝日	南鮮版	1929-06-29	1	05단	畜産館の計劃決定す/呼び物は兒童乘馬
173845	朝鮮朝日	南鮮版	1929-06-29	1	07단	雨降りつゞく/灌漑用水の懸念去る(仁川/大邱)
173846	朝鮮朝日	南鮮版	1929-06-29	1	07단	俳句/鈴木花蓑選
173847	朝鮮朝日	南鮮版	1929-06-29	1	07단	慶南水産評議員當選者決定
173848	朝鮮朝日	南鮮版	1929-06-29	1	08단	報德會の小額事業資金貸付け
173849	朝鮮朝日	南鮮版	1929-06-29	1	08단	求職珍談/お庭の草取り奉仕で先づ收入る/これも世智辛い半面
173850	朝鮮朝日	南鮮版	1929-06-29	1	09단	野猪等にも傳染する牛疫/病原菌につき研究中
173851	朝鮮朝日	南鮮版	1929-06-29	1	09단	電車顚覆にからまる哀話/漬物瓶まで賣り喰する/ある運轉手の家族
173852	朝鮮朝日	南鮮版	1929-06-29	1	10단	もよほし(被服常職普及講習會)
173853	朝鮮朝日	南鮮版	1929-06-29	1	10단	人(林博太郎伯(貴族院議員)/肥田琢治代議士/有賀殖銀頭取/渡邊京城商議會頭/山梨總督/山田正隆氏(警察官講習所長山田一隆氏嚴父))
173854	朝鮮朝日	南鮮版	1929-06-29	1	10단	半島茶話
173855	朝鮮朝日	西北・南鮮版	1929-06-29	2	01단	朝鮮博の機械電氣館決定した出品內容
173856	朝鮮朝日	西北・南鮮版	1929-06-29	2	01단	平南道の松毛蟲退治
173857	朝鮮朝日	西北・南鮮版	1929-06-29	2	01단	星々浦聚落
173858	朝鮮朝日	西北・南鮮版	1929-06-29	2	01단	大邱署新築の設計
173859	朝鮮朝日	西北・南鮮版	1929-06-29	2	01단	平北の春繭豫想高
173860	朝鮮朝日	西北・南鮮版	1929-06-29	2	02단	早起勵行國民體操の一周年記念
173861	朝鮮朝日	西北・南鮮版	1929-06-29	2	02단	朝博觀覽團/慶北から
173862	朝鮮朝日	西北・南鮮版	1929-06-29	2	02단	刑務所職員療養所建設
173863	朝鮮朝日	西北・南鮮版	1929-06-29	2	02단	各郵便局五月中收入
173864	朝鮮朝日	西北・南鮮版	1929-06-29	2	02단	漁業組合聯合會設置と事業
173865	朝鮮朝日	西北・南鮮版	1929-06-29	2	03단	各地だより(元山/咸興/新義州/羅南)
173866	朝鮮朝日	西北・南鮮版	1929-06-29	2	03단	慶南警官定期の增俸
173867	朝鮮朝日	西北・南鮮版	1929-06-29	2	03단	東萊溫泉買收の風評
173868	朝鮮朝日	西北・南鮮版	1929-06-29	2	04단	三峰稅關支署に昇格
173869	朝鮮朝日	西北・南鮮版	1929-06-29	2	04단	五月末郵貯
173870	朝鮮朝日	西北・南鮮版	1929-06-29	2	04단	釜山病院にラヂユーム
173871	朝鮮朝日	西北・南鮮版	1929-06-29	2	04단	畜牛の貸付
173872	朝鮮朝日	西北・南鮮版	1929-06-29	2	04단	キネマ便り(大正館)

일련번호	판명		간행일	면	단수	기사명
173873	朝鮮朝日	西北版	1929-06-30	1	01단	下馬評にのぼる後繼內閣の顔觸れ濱口民政總裁組閣に當れば 自薦運動を排して詮衡の意/在野黨として新陳容立直昨夜政友會幹部が會合し對策を協議/滿洲事件責任者の處罰は明一日發表調查內容は發表せぬ/首相、けふ床次氏訪問 挨拶かたかた將來の政局安定の意見交換/二日に辭表捧呈
173874	朝鮮朝日	西北版	1929-06-30	1	01단	經費一千萬圓の火田民整理案/奧地資源の開發とも密接な關係があるし來年度豫算に實現を期す
173875	朝鮮朝日	西北版	1929-06-30	1	02단	兒玉新總監初入城の豫定 三日には披露茶話會/兒玉新總監一日夜渡鮮
173876	朝鮮朝日	西北版	1929-06-30	1	04단	俳句/鈴木花蓑選
173877	朝鮮朝日	西北版	1929-06-30	1	05단	平壤電興の三菱身賣說/會社側は打消すが相當根據ある噂か
173878	朝鮮朝日	西北版	1929-06-30	1	05단	午前午後の區別を撤廢/滿鐵が列車運轉上七月十五日から實施
173879	朝鮮朝日	西北版	1929-06-30	1	05단	瀨川侍從武官
173880	朝鮮朝日	西北版	1929-06-30	1	05단	辭令(二十七日付)
173881	朝鮮朝日	西北版	1929-06-30	1	05단	平壤の遊覽線自動車會社創立の計劃
173882	朝鮮朝日	西北版	1929-06-30	1	06단	定州に女子高普校設置を可決
173883	朝鮮朝日	西北版	1929-06-30	1	06단	三製鐵所の合同問題は着々と進行の模樣/位置は多獅島か兼一浦か
173884	朝鮮朝日	西北版	1929-06-30	1	06단	滿洲事件が政爭の具に供せられる事は遺憾/進退は輕々にしないと村岡關東軍司令官語る
173885	朝鮮朝日	西北版	1929-06-30	1	07단	元山府立病院長內定
173886	朝鮮朝日	西北版	1929-06-30	1	07단	竹內大佐の河川調査は極めて重大
173887	朝鮮朝日	西北版	1929-06-30	1	07단	國境方面も相當の降雨
173888	朝鮮朝日	西北版	1929-06-30	1	07단	法院支廳移轉に反對
173889	朝鮮朝日	西北版	1929-06-30	1	07단	平壤地方法院書記の異動
173890	朝鮮朝日	西北版	1929-06-30	1	08단	江界のチブス旣に十八名
173891	朝鮮朝日	西北版	1929-06-30	1	08단	三百段分の稻苗を輸送/貨車十輛を要する/咸南の安鶴水利組合
173892	朝鮮朝日	西北版	1929-06-30	1	08단	平北渭原に守備隊を設置/五年中に竣工の豫定
173893	朝鮮朝日	西北版	1929-06-30	1	08단	列車に女車掌
173894	朝鮮朝日	西北版	1929-06-30	1	08단	平壤花柳界景氣は不良
173895	朝鮮朝日	西北版	1929-06-30	1	08단	强盜を逮捕/勇敢な巡査
173896	朝鮮朝日	西北版	1929-06-30	1	08단	監房內で格鬪し毆り殺す
173897	朝鮮朝日	西北版	1929-06-30	1	09단	三年前の惡事がつひに暴露
173898	朝鮮朝日	西北版	1929-06-30	1	09단	淸津の魚油檢査/一日から一齊に實施

일련번호	판명		간행일	면	단수	기사명
173899	朝鮮朝日	西北版	1929-06-30	1	10단	馬賊と氣脈を通ずる豪農
173900	朝鮮朝日	西北版	1929-06-30	1	10단	馬賊の手下怪支人捕る
173901	朝鮮朝日	西北版	1929-06-30	1	10단	繋留中に密輸入だと釘を沒收さる
173902	朝鮮朝日	西北版	1929-06-30	1	10단	新利號坐洲
173903	朝鮮朝日	西北版	1929-06-30	1	10단	待合室に落雷
173904	朝鮮朝日	西北版	1929-06-30	1	10단	人(時實福岡市長/權藤朝新副社長)
173905	朝鮮朝日	南鮮版	1929-06-30	1	01단	下馬評にのぼる後繼內閣の顔觸れ濱口民政總裁組閣に當れば 自薦運動を排して詮衡の意/在野黨として新陳容立直昨夜政友會幹部が會合し對策を協議/滿洲事件責任者の處罰は明一日發表 調査內容は發表せぬ/首相、けふ床次氏訪問 挨拶かたがた將來の政局安定の意見交換/二日に辭表捧呈
173906	朝鮮朝日	南鮮版	1929-06-30	1	01단	經費一千萬圓の火田民整理案/奧地資源の開發とも密接な關係があるし來年度豫算に實現を期す
173907	朝鮮朝日	南鮮版	1929-06-30	1	02단	兒玉新總監初入城の豫定 三日には披露茶話會/兒玉新總監一日夜渡鮮
173908	朝鮮朝日	南鮮版	1929-06-30	1	04단	俳句/鈴木花蓑選
173909	朝鮮朝日	南鮮版	1929-06-30	1	05단	けし飛んだ旱魃挿秧にももう差支へぬ/家屋流失し死傷七名を出す洛東江上流の氾濫/給水時間延長も實現の見込/馬山地方暴風雨列車が不通/旱害變じて忽ちに水害浸水家屋六百五十軍隊迄出動の大邱/晉州の豪雨/各河川氾濫し橋梁家屋等流失す慶北慶山郡の豪雨/京城の水道一ヶ月は大丈夫給水制限の憂ひ去る/列車は不通/道路も浸水/裡里地方喜雨
173910	朝鮮朝日	南鮮版	1929-06-30	1	05단	運轉手不注意の事故が多い/自動車業者に警告
173911	朝鮮朝日	南鮮版	1929-06-30	1	05단	瓦電事業府に引繼ぎ後/隣接地への送電と別個の會社を設立
173912	朝鮮朝日	南鮮版	1929-06-30	1	05단	瀨川侍從武官
173913	朝鮮朝日	南鮮版	1929-06-30	1	05단	辭令(二十七日付)
173914	朝鮮朝日	南鮮版	1929-06-30	1	06단	鰯の一代を通俗的に知らせる/慶南の水産館出品
173915	朝鮮朝日	南鮮版	1929-06-30	1	07단	府協議會員改選と選擧人名簿
173916	朝鮮朝日	南鮮版	1929-06-30	1	07단	お茶のあと
173917	朝鮮朝日	南鮮版	1929-06-30	1	07단	大邱の府營バス/いよいよ開業
173918	朝鮮朝日	南鮮版	1929-06-30	1	08단	京城の湯錢七錢は高過る/警察から値下勸告
173919	朝鮮朝日	南鮮版	1929-06-30	1	08단	松島海水浴場一日から開場/設備も擴張
173920	朝鮮朝日	南鮮版	1929-06-30	1	09단	慶南水産特別民政議員
173921	朝鮮朝日	南鮮版	1929-06-30	1	09단	道立病院の飼猿白晝人家に押し入り葡萄酒の栓をぬくやら大活躍/夏の街頭珍談

일련번호	판명		간행일	면	단수	기사명
173922	朝鮮朝日	南鮮版	1929-06-30	1	10단	明大生を裝うて婦女誘拐の一味捕まる
173923	朝鮮朝日	南鮮版	1929-06-30	1	10단	美人の溺死
173924	朝鮮朝日	南鮮版	1929-06-30	1	10단	人(安達房次郎氏(咸北知事)/有馬京城日日社長)
173925	朝鮮朝日	西北・南鮮版	1929-06-30	2	01단	冷藏貨車利用は小口ばかり
173926	朝鮮朝日	西北・南鮮版	1929-06-30	2	01단	土地貸付料改正委員會
173927	朝鮮朝日	西北・南鮮版	1929-06-30	2	01단	木浦港の貿易高五百餘萬圓增
173928	朝鮮朝日	西北・南鮮版	1929-06-30	2	01단	土地家屋稅基本調査
173929	朝鮮朝日	西北・南鮮版	1929-06-30	2	01단	京城府營齋葬場事務を開始
173930	朝鮮朝日	西北・南鮮版	1929-06-30	2	02단	米大豆の特定運賃
173931	朝鮮朝日	西北・南鮮版	1929-06-30	2	02단	紡織會社設置と敷地買收の後援會斡旋
173932	朝鮮朝日	西北・南鮮版	1929-06-30	2	02단	咸南叺跳躍時代成績が良い
173933	朝鮮朝日	西北・南鮮版	1929-06-30	2	03단	咸南道の各種生産額
173934	朝鮮朝日	西北・南鮮版	1929-06-30	2	03단	各地だより(木浦/咸興/鎭南浦/大邱)
173935	朝鮮朝日	西北・南鮮版	1929-06-30	2	04단	朝鮮博の慶北審勢館
173936	朝鮮朝日	西北・南鮮版	1929-06-30	2	04단	雫の聲

1929년 7월 (조선아사히)

일련번호	판명		간행일	면	단수	기사명
173937	朝鮮朝日	西北版	1929-07-02	1	01단	ほゝ內定を見た濱口內閣の顔觸れ藏相は首相の兼攝か濱口氏沈默裡に人選を進む
173938	朝鮮朝日	西北版	1929-07-02	1	01단	『內閣は變っても僕はやめない朝鮮のため大いに働く』/赴任の途中兒玉總監語る
173939	朝鮮朝日	西北版	1929-07-02	1	03단	動的大模型の計劃を變更
173940	朝鮮朝日	西北版	1929-07-02	1	04단	柔道の普及振興を圖る安東有段者會
173941	朝鮮朝日	西北版	1929-07-02	1	04단	海關手續書類提出時間を局限
173942	朝鮮朝日	西北版	1929-07-02	1	04단	濱松平壤間の往復大飛行/新銳の五機をもって七日濱松を出發する
173943	朝鮮朝日	西北版	1929-07-02	1	05단	撒水自動車レース安東で行ふ
173944	朝鮮朝日	西北版	1929-07-02	1	05단	煙草增收の計劃を進める
173945	朝鮮朝日	西北版	1929-07-02	1	06단	牡丹台野話
173946	朝鮮朝日	西北版	1929-07-02	1	06단	朝鮮人に對し露骨な壓迫/水田事業に朝鮮人を雇ふなと訓令を發す
173947	朝鮮朝日	西北版	1929-07-02	1	06단	教育展覽會八ヶ所で開催
173948	朝鮮朝日	西北版	1929-07-02	1	06단	病院敷地費の寄附を開始
173949	朝鮮朝日	西北版	1929-07-02	1	07단	陸軍運輸部の家屋を貸與
173950	朝鮮朝日	西北版	1929-07-02	1	07단	在滿朝鮮人の保護を行ひ健實に活動せしめる全滿地方委員の計劃
173951	朝鮮朝日	西北版	1929-07-02	1	07단	僧侶の爭ひ貝葉寺と末寺の間にいまはしい警察沙汰
173952	朝鮮朝日	西北版	1929-07-02	1	08단	原木輸入の取締方布告
173953	朝鮮朝日	西北版	1929-07-02	1	08단	間島各地に僞造貨/眞物と識別することは困難
173954	朝鮮朝日	西北版	1929-07-02	1	09단	集積材金融愈具體化す
173955	朝鮮朝日	西北版	1929-07-02	1	09단	マラリヤの撲滅を計劃
173956	朝鮮朝日	西北版	1929-07-02	1	10단	平壤の天然痘終熄に向ふ
173957	朝鮮朝日	西北版	1929-07-02	1	10단	馬賊襲來說で避難を始む
173958	朝鮮朝日	西北版	1929-07-02	1	10단	重傷にも怯まず水中で大搭鬪して賊を逮捕
173959	朝鮮朝日	西北版	1929-07-02	1	10단	安東の野球大會
173960	朝鮮朝日	西北版	1929-07-02	1	10단	もよほし(西日社の演藝會)
173961	朝鮮朝日	西北版	1929-07-02	1	10단	人(河野秀雄氏(安東縣郵便局長)/中島三代彦氏(鴨綠江製紙取締役)/岡上新吉氏(咸南道立醫院醫官)/上野義晴氏(新義州地方法院判事)/中村少將(平壤旅團長)/吉田砲兵大佐(兵器本廠總務部長))
173962	朝鮮朝日	南鮮版	1929-07-02	1	01단	ほゝ內定を見た濱口內閣の顔觸れ藏相は首相の兼攝か濱口氏沈默裡に人選を進む
173963	朝鮮朝日	南鮮版	1929-07-02	1	01단	『內閣は變っても僕はやめない朝鮮のため大いに働く』赴任の途中兒玉總監語る/總辭職の報で陽氣となる宇垣大將が最も好評其日の總督府の光景

일련번호	판명		간행일	면	단수	기사명
173964	朝鮮朝日	南鮮版	1929-07-02	1	04단	鎭海港外で實彈射擊演習
173965	朝鮮朝日	南鮮版	1929-07-02	1	04단	大邱府營バス營業を開始
173966	朝鮮朝日	南鮮版	1929-07-02	1	05단	京城實業野球中心の野球座談會(三)
173967	朝鮮朝日	南鮮版	1929-07-02	1	05단	燈台と標識八個所に建設先づ五十萬圓を投じ南鮮方面を主として
173968	朝鮮朝日	南鮮版	1929-07-02	1	06단	大田學祖議員選擧
173969	朝鮮朝日	南鮮版	1929-07-02	1	06단	運動界(門鐵遂に敗退す對鐵道局友會の陸上競技で/湖南陸上競技會)
173970	朝鮮朝日	南鮮版	1929-07-02	1	07단	慶北を襲った稀有の豪雨/死亡者七名をいだし家屋の流失倒壞多い/貯水量は刻々增す愈近く制限給水を緩和する/鐵道線路の被害甚しい/氣候激變で傳染病發生の兆あり警戒につこむ/夜警を廢止 給水の復活で
173971	朝鮮朝日	南鮮版	1929-07-02	1	09단	天候恢復して洛東江は刻々減水/損害百萬圓にのぼり目下復舊作業を急ぐ
173972	朝鮮朝日	南鮮版	1929-07-02	1	09단	鎭海要港部新舊司令官
173973	朝鮮朝日	南鮮版	1929-07-02	1	09단	京城府內にコソ泥徘徊して警察當局を弱らす
173974	朝鮮朝日	南鮮版	1929-07-02	1	10단	人(山本遞信局長/阿部光家氏/尾間立顯氏(總督府密書官室前囑託))
173975	朝鮮朝日	南鮮版	1929-07-02	1	10단	雫の聲
173976	朝鮮朝日	西北・南鮮版	1929-07-02	2	01단	火曜のペーヂ/アルプスの山小屋/藤木九三
173977	朝鮮朝日	西北・南鮮版	1929-07-02	2	05단	朝鮮博までに開通を期し懸賞附で工事を急ぐ金剛山電鐵の工事
173978	朝鮮朝日	西北・南鮮版	1929-07-02	2	05단	子供の樂園/世界の景色は居乍らに眺められる素敵な仕組/朝鮮博の一異彩
173979	朝鮮朝日	西北・南鮮版	1929-07-02	2	06단	警官招魂祭/武道大會も開く
173980	朝鮮朝日	西北・南鮮版	1929-07-02	2	07단	山羊の飼養を獎勵普及さす
173981	朝鮮朝日	西北・南鮮版	1929-07-02	2	07단	秋風嶺に測候所上空氣象の觀測を行ふため
173982	朝鮮朝日	西北・南鮮版	1929-07-02	2	07단	お茶のあと
173983	朝鮮朝日	西北・南鮮版	1929-07-02	2	07단	船舶職員試驗
173984	朝鮮朝日	西北版	1929-07-03	1	01단	輝く玉座の御前で嚴かな親任式/昨夜九時鳳凰間に於て閣員に優渥な勅語を賜ふ
173985	朝鮮朝日	西北版	1929-07-03	1	01단	下馬評に上る政務官の面々法制局長官と警視總監/政務次官と參與官舊憲政本黨兩系の配置を考慮目下の有力な候補者(政務次官/參與官)/外務省の人事刷新大規模の異動/植民地長官滿鐵總裁等の詮衡に入る人々/首相邸で顔合せ新閣僚打揃ひ/軍事參議官親補御沙汰陸相と海相へ
173986	朝鮮朝日	西北版	1929-07-03	1	05단	內閣の役割/振當ての一幕
173987	朝鮮朝日	西北版	1929-07-03	1	05단	後繼內閣がきまれば上京して辭職する某事件に

일련번호	판명		간행일	면	단수	기사명
173987	朝鮮朝日	西北版	1929-07-03	1	05단	全く無關係だ なんの屈託もなく山梨總督語る/滿鐵諸事業の變更を憂ふ民政黨內閣の出現で安義地方心配のタネ
173988	朝鮮朝日	西北版	1929-07-03	1	06단	稅關曳船の利用者月を逐ひ增加/元山港の狀況
173989	朝鮮朝日	西北版	1929-07-03	1	07단	南鮮にくらべ夏秋は大差なく春と冬に相違がある平壤測候所のしらべ
173990	朝鮮朝日	西北版	1929-07-03	1	07단	初等教員研究會
173991	朝鮮朝日	西北版	1929-07-03	1	08단	平壤より
173992	朝鮮朝日	西北版	1929-07-03	1	08단	短歌/橋田東聲選
173993	朝鮮朝日	西北版	1929-07-03	1	08단	黑穗菌撲滅宣傳につとむ
173994	朝鮮朝日	西北版	1929-07-03	1	08단	素晴しい勢で大發展した平壤府內のタクシー近く協會を創立する
173995	朝鮮朝日	西北版	1929-07-03	1	09단	龍岩浦送電は秋頃に實現まづ三橋水利組合に灌漑用の電力を供給
173996	朝鮮朝日	西北版	1929-07-03	1	09단	昭和炭鑛所の買收交涉に失敗三井物産は手を引く
173997	朝鮮朝日	西北版	1929-07-03	1	09단	北鮮土地經營會社
173998	朝鮮朝日	西北版	1929-07-03	1	09단	咸北の道勢を活寫で宣傳
173999	朝鮮朝日	西北版	1929-07-03	1	09단	檢便を行ひ保菌者を調査
174000	朝鮮朝日	西北版	1929-07-03	1	10단	新手の方法で蠅浦を獎勵
174001	朝鮮朝日	西北版	1929-07-03	1	10단	扇風機の需要著しく增す
174002	朝鮮朝日	西北版	1929-07-03	1	10단	安東中學の野外教練
174003	朝鮮朝日	西北版	1929-07-03	1	10단	北靑署優勝
174004	朝鮮朝日	西北版	1929-07-03	1	10단	元山で東京相撲
174005	朝鮮朝日	西北版	1929-07-03	1	10단	新義州電氣總會
174006	朝鮮朝日	南鮮版	1929-07-03	1	01단	輝く玉座の御前で嚴かな親任式/昨夜九時鳳凰間に於て閣員に優渥な勅語を賜ふ
174007	朝鮮朝日	南鮮版	1929-07-03	1	01단	下馬評に上る政務官の面々法制局長官と警視總監/政務次官と參與官舊憲政本黨兩系の配置を考慮目下の有力な候補者(政務次官/參與官)/外務省の人事刷新大規模の異動/植民地長官滿鐵總裁等の詮衡に入る人々/首相邸で顔合せ新閣僚打揃ひ/軍事參議官親補御沙汰陸相と海相へ
174008	朝鮮朝日	南鮮版	1929-07-03	1	05단	內閣の役割/振當ての一幕
174009	朝鮮朝日	南鮮版	1929-07-03	1	05단	後繼內閣がきまれば上京して辭職する某事件に全く無關係だなんの屈託もなく山梨總督語る/德望があり永續性のある人後任の總督について一般の一致した意見/總督府の大異動廣範圍に行はれると噂さる/豫算編成は變らぬ草間財務局長談/民政黨內閣を財界は歡迎加藤鮮銀總裁談
174010	朝鮮朝日	南鮮版	1929-07-03	1	08단	短歌/橋田東聲選

일련번호	판명		간행일	면	단수	기사명
174011	朝鮮朝日	南鮮版	1929-07-03	1	08단	『松平長七郎』上映京城の讀者慰安デー
174012	朝鮮朝日	南鮮版	1929-07-03	1	09단	兒玉總督京城着多數官民の出迎へて大賑ひ
174013	朝鮮朝日	南鮮版	1929-07-03	1	09단	南鮮三道の大水害警務局しらべ
174014	朝鮮朝日	南鮮版	1929-07-03	1	10단	南鮮水害地にまたも豪雨
174015	朝鮮朝日	南鮮版	1929-07-03	1	10단	慶南の田植弗々はじまる
174016	朝鮮朝日	南鮮版	1929-07-03	1	10단	東海中部線またも故障
174017	朝鮮朝日	南鮮版	1929-07-03	1	10단	獨立記念日と米國營事官
174018	朝鮮朝日	南鮮版	1929-07-03	1	10단	常の花一行を惱ました賊つひに捕はる
174019	朝鮮朝日	南鮮版	1929-07-03	1	10단	支店長の宅に強盜押入る
174020	朝鮮朝日	南鮮版	1929-07-03	1	10단	もよほし(騎兵二八聯隊の軍旗祭)
174021	朝鮮朝日	西北・南鮮版	1929-07-03	2	01단	生活戰線に迄手を延ばし小國民の指導を行ふ普校卒業生指導方針
174022	朝鮮朝日	西北・南鮮版	1929-07-03	2	01단	同一の會社で別々に總會　重役解任などを可決京東鐵道會社の紛糾/金泉の電氣需要者大會
174023	朝鮮朝日	西北・南鮮版	1929-07-03	2	01단	急進的な府營論/大邱の電氣料金問題轉化す
174024	朝鮮朝日	西北・南鮮版	1929-07-03	2	02단	罌粟の栽培
174025	朝鮮朝日	西北・南鮮版	1929-07-03	2	03단	公州學組議員補選
174026	朝鮮朝日	西北・南鮮版	1929-07-03	2	03단	窮迫せる同胞へ下關民友會から送金す
174027	朝鮮朝日	西北・南鮮版	1929-07-03	2	03단	汝矣島蔚山に格納庫設置
174028	朝鮮朝日	西北・南鮮版	1929-07-03	2	04단	天日鹽增收
174029	朝鮮朝日	西北・南鮮版	1929-07-03	2	04단	財務庶務主任會議
174030	朝鮮朝日	西北・南鮮版	1929-07-03	2	04단	遞信局の昇給
174031	朝鮮朝日	西北・南鮮版	1929-07-03	2	04단	淸州金融組合長
174032	朝鮮朝日	西北・南鮮版	1929-07-03	2	04단	通俗佛教講演會
174033	朝鮮朝日	西北・南鮮版	1929-07-03	2	04단	短距離飛行に補助を與ふ
174034	朝鮮朝日	西北・南鮮版	1929-07-03	2	04단	人造絹布の需要增し朝鮮産絹布の産額は減少す
174035	朝鮮朝日	西北・南鮮版	1929-07-03	2	04단	鎭南浦林檎の引受を交涉/岡山の商人が
174036	朝鮮朝日	西北・南鮮版	1929-07-03	2	04단	咸北道內の學校組合數
174037	朝鮮朝日	西北版	1929-07-04	1	01단	海へ山へ(5)/鴨綠江の岸
174038	朝鮮朝日	西北版	1929-07-04	1	01단	有難き聖旨の傳達を行ふ/侍從武官瀨川少將が平壤の各部隊を視察
174039	朝鮮朝日	西北版	1929-07-04	1	01단	取調べが進まぬ不可解な咸北道の盜伐事件
174040	朝鮮朝日	西北版	1929-07-04	1	01단	平南新安州學議選擧
174041	朝鮮朝日	西北版	1929-07-04	1	01단	平南織物産額增加を示す
174042	朝鮮朝日	西北版	1929-07-04	1	02단	武道の査定
174042	朝鮮朝日	西北版	1929-07-04	1	02단	新義州進出を滿鐵に陳情/製鋼所の建設につき
174043	朝鮮朝日	西北版	1929-07-04	1	02단	鞍山土木建築業者が
174044	朝鮮朝日	西北版	1929-07-04	1	03단	平南郡守會議延期となる

일련번호	판명		간행일	면	단수	기사명
174045	朝鮮朝日	西北版	1929-07-04	1	03단	安奉線改良の調査を行ふ
174046	朝鮮朝日	西北版	1929-07-04	1	03단	初等教員研究會
174047	朝鮮朝日	西北版	1929-07-04	1	04단	安東木材組合組織を變更
174048	朝鮮朝日	西北版	1929-07-04	1	04단	現大洋銀本位に變更/東邊實業銀行
174049	朝鮮朝日	西北版	1929-07-04	1	04단	新總監兒玉サンのことども(1)政變をよそにして和やかな赴任振旅行氣分やうに/官紀の肅正を特に力說し全廳員に訓示を與ふ兒玉新總監の初等廳
174050	朝鮮朝日	西北版	1929-07-04	1	05단	鴨江支那側の流筏は順調
174051	朝鮮朝日	西北版	1929-07-04	1	05단	數日中正式に府令を發表/愈よ面目を一新する平南道立醫學講習所
174052	朝鮮朝日	西北版	1929-07-04	1	05단	濟州島土産/貧富の差が殆んどない/今も蒙古の農法を營む/渡邊山林部長談
174053	朝鮮朝日	西北版	1929-07-04	1	06단	十九師團秋季演習
174054	朝鮮朝日	西北版	1929-07-04	1	07단	俳句/鈴木花蓑選
174055	朝鮮朝日	西北版	1929-07-04	1	07단	咸興の電話
174056	朝鮮朝日	西北版	1929-07-04	1	07단	非常報知機咸興に到着
174057	朝鮮朝日	西北版	1929-07-04	1	07단	警視總監に丸山氏決定/法制局長官川崎氏警保局長は大塚氏
174058	朝鮮朝日	西北版	1929-07-04	1	08단	支那の巡警が學校に放火/極端なる朝鮮人壓迫その無法にあきれる
174059	朝鮮朝日	西北版	1929-07-04	1	08단	橋梁流失し天圖線が不通
174060	朝鮮朝日	西北版	1929-07-04	1	08단	面長室に殺到し暴行せんとす
174061	朝鮮朝日	西北版	1929-07-04	1	09단	養鷄の奇病
174062	朝鮮朝日	西北版	1929-07-04	1	09단	郵便所長が九千圓騙取し逃走の途中捕まる連累者ある見込み
174063	朝鮮朝日	西北版	1929-07-04	1	09단	公金拐帶犯人上海で捕る
174064	朝鮮朝日	西北版	1929-07-04	1	10단	滿鐵沿線に赤痢病續發
174065	朝鮮朝日	西北版	1929-07-04	1	10단	平北に降雹農作物荒さる
174066	朝鮮朝日	西北版	1929-07-04	1	10단	馬賊と交戰
174067	朝鮮朝日	西北版	1929-07-04	1	10단	運動界(遠征軍を迎へ試合を行ふ/富士紡優勝安東の庭球戰/新義州實業勝つ)
174068	朝鮮朝日	南鮮版	1929-07-04	1	01단	山へ海へ(3)/松邊園海水浴場
174069	朝鮮朝日	南鮮版	1929-07-04	1	01단	電氣事業買收は當を得ぬとなし突如反對の聲がおこる牧ノ島自治團猛然として起つ/事業引繼ぎの準備を急ぐ均等償還が頭痛の種淚金は何等差支ない
174070	朝鮮朝日	南鮮版	1929-07-04	1	02단	東萊溫泉買收反對有志は道知事に諒解を求む
174071	朝鮮朝日	南鮮版	1929-07-04	1	03단	統營學祖議員選擧

일련번호	판명		간행일	면	단수	기사명
174072	朝鮮朝日	南鮮版	1929-07-04	1	03단	上水道計量は延期となる
174073	朝鮮朝日	南鮮版	1929-07-04	1	04단	朝鮮博覽會のお土産準備
174074	朝鮮朝日	南鮮版	1929-07-04	1	04단	一時間だけ給水延長それでも一般は大よろこび
174075	朝鮮朝日	南鮮版	1929-07-04	1	04단	復舊までには數日を要す通信交通杜絶の個所慶南道に意外に多い/水害は局部的慶北道の狀況/綿作の旱害降雨で免る/蟾津江上流の被害甚しい
174076	朝鮮朝日	南鮮版	1929-07-04	1	04단	新總監兒玉サンのことゞも(1)政變をよそにして和やかな赴任振旅行氣分やうに/官紀の肅正を特に力說し全廳員に訓示を與ふ兒玉新總監の初等廳
174077	朝鮮朝日	南鮮版	1929-07-04	1	05단	俳句/鈴木花蓑選
174078	朝鮮朝日	南鮮版	1929-07-04	1	06단	京城實業野球中心の野球座談會(四)
174079	朝鮮朝日	南鮮版	1929-07-04	1	06단	機船坐礁し乘員九名救はる
174080	朝鮮朝日	南鮮版	1929-07-04	1	06단	警視總監に丸山氏決定/法制局長官川崎氏警保局長は大塚氏
174081	朝鮮朝日	南鮮版	1929-07-04	1	07단	請求は棄却/大興電氣社長を相手の訴訟
174082	朝鮮朝日	南鮮版	1929-07-04	1	08단	社長が死んで統制を失ふ/又ごたごたが續かん京東鐵道會社崇らる
174083	朝鮮朝日	南鮮版	1929-07-04	1	08단	濟州島土産/貧富の差が殆んどない/今も蒙古の農法を營む/渡邊山林部長談
174084	朝鮮朝日	南鮮版	1929-07-04	1	10단	六月中局線の貨物輸送量
174085	朝鮮朝日	南鮮版	1929-07-04	1	10단	降雨の徒然に賭博はやる
174086	朝鮮朝日	南鮮版	1929-07-04	1	10단	飛込み轢死
174087	朝鮮朝日	南鮮版	1929-07-04	1	10단	護送の途中逃走し釜山で逮捕された脫走水兵
174088	朝鮮朝日	南鮮版	1929-07-04	1	10단	キネマ便り
174089	朝鮮朝日	西北・南鮮版	1929-07-04	2	01단	豆粕のため恐るべき强敵たる化學肥料/次第に領域を侵略さる/鐵道の輸送統計から見た猛衰振
174090	朝鮮朝日	西北・南鮮版	1929-07-04	2	01단	ラヂウムや鐵分を含む咸南安邊三防の藥水/ゴルフ場の計劃進む
174091	朝鮮朝日	西北・南鮮版	1929-07-04	2	01단	模範農事經營/義州農學校優等卒業生達が
174092	朝鮮朝日	西北・南鮮版	1929-07-04	2	01단	仁川六月下旬米豆の移動
174093	朝鮮朝日	西北・南鮮版	1929-07-04	2	02단	淸州郡守退官
174094	朝鮮朝日	西北・南鮮版	1929-07-04	2	02단	忠北道の昇格
174095	朝鮮朝日	西北・南鮮版	1929-07-04	2	02단	公州麴組合産聲を擧ぐ
174096	朝鮮朝日	西北・南鮮版	1929-07-04	2	03단	モヒ療養所の第一回收容
174097	朝鮮朝日	西北版	1929-07-05	1	01단	製鋼所設置の調査でない竹內大佐語る
174098	朝鮮朝日	西北版	1929-07-05	1	01단	後任總督は福田大將に內定す『やれ』の仰せあれば御受する當の本人上機嫌で語る/武官總督續きで意外の感に打たる しかし軍部では大歡迎

일련번호	판명		간행일	면	단수	기사명
174098	朝鮮朝日	西北版	1929-07-05	1	01단	*後任總督についての一般の評/きっと明るい政治をやる福田大將とは舊友の加藤鮮銀總裁は語る/政務官決定はけふの閣議　各方面からの運動頗る猛烈を極む/人格は頗る圓滿だ上原第二十師團長はかたる*
174099	朝鮮朝日	西北版	1929-07-05	1	04단	俳句/鈴木花蓑選
174100	朝鮮朝日	西北版	1929-07-05	1	05단	新總監兒玉サンのことゞも(2)/曰くつきのコブで漫談の花が咲く極めて氣輕な爵樣
174101	朝鮮朝日	西北版	1929-07-05	1	05단	沿線各地方の景氣が惡く鐵道の收入は減少す平壤運事管內の狀況
174102	朝鮮朝日	西北版	1929-07-05	1	05단	昇給！！咸鏡南道お役人のおめでた
174103	朝鮮朝日	西北版	1929-07-05	1	06단	田植が終って旱天を待つ咸南道の農民
174104	朝鮮朝日	西北版	1929-07-05	1	06단	兵士と警官の合同招魂祭執行の聲起る
174105	朝鮮朝日	西北版	1929-07-05	1	07단	平元線の工事進む第六工區は客月末で竣工す
174106	朝鮮朝日	西北版	1929-07-05	1	07단	平壤中學校の野球後援會野球同好者が計劃し目下創立準備を急ぐ
174107	朝鮮朝日	西北版	1929-07-05	1	07단	各種の試驗も成績がよく本月中旬頃開通する平壤京城間搬送電話
174108	朝鮮朝日	西北版	1929-07-05	1	08단	赤十字の巡回診療
174109	朝鮮朝日	西北版	1929-07-05	1	08단	昌城楚山間の郵便物速達
174110	朝鮮朝日	西北版	1929-07-05	1	08단	平壤より
174111	朝鮮朝日	西北版	1929-07-05	1	09단	安東の屠獸增加をしめす
174112	朝鮮朝日	西北版	1929-07-05	1	09단	成績が惡い元山方面の魚油
174113	朝鮮朝日	西北版	1929-07-05	1	09단	めつぼう殖えた鮮內の自轉車十三萬に上る
174114	朝鮮朝日	西北版	1929-07-05	1	10단	桑谷實氏が學議を辭す
174115	朝鮮朝日	西北版	1929-07-05	1	10단	傳染病に御注意/平南道ではその豫防に腐心
174116	朝鮮朝日	西北版	1929-07-05	1	10단	共産黨事件の公判きまる
174117	朝鮮朝日	西北版	1929-07-05	1	10단	豫想外にひどい咸南道の雹害/農作物は全滅
174118	朝鮮朝日	西北版	1929-07-05	1	10단	南面伊彥面の水爭ひ解決
174119	朝鮮朝日	西北版	1929-07-05	1	10단	馬賊押入る
174120	朝鮮朝日	南鮮版	1929-07-05	1	01단	咸興で日本相撲
174121	朝鮮朝日	南鮮版	1929-07-05	1	01단	*後任總督は福田大將に內定す『やれ』の仰せあれば御受する當の本人上機嫌で語る/武官總督續きで意外の感に打たる　しかし軍部では大歡迎後任總督についての一般の評/きっと明るい政治をやる福田大將とは舊友の加藤鮮銀總裁は語る/政務官決定はけふの閣議　各方面からの運動頗る猛烈を極む/人格は頗る圓滿だ上原第二十師團長はかたる*

일련번호	판명		간행일	면	단수	기사명
174122	朝鮮朝日	南鮮版	1929-07-05	1	04단	俳句/鈴木花蓑選
174123	朝鮮朝日	南鮮版	1929-07-05	1	05단	京城實業野球中心の野球座談會(五)
174124	朝鮮朝日	南鮮版	1929-07-05	1	05단	復舊費だけでも百萬圓はくだらぬ耕地家屋の被害も多い豫想外にひどかった慶南の水害
174125	朝鮮朝日	南鮮版	1929-07-05	1	05단	海水浴場行の汽車賃割引
174126	朝鮮朝日	南鮮版	1929-07-05	1	06단	鍼灸按摩術の試驗を行ふ
174127	朝鮮朝日	南鮮版	1929-07-05	1	06단	不良明太魚の移入を防ぐ北海道の産地に對し嚴重なる抗議を行ふ
174128	朝鮮朝日	南鮮版	1929-07-05	1	06단	香山氏一派の登記申請却下さる無效の訴訟を起すか京東鐵道會社の紛糾
174129	朝鮮朝日	南鮮版	1929-07-05	1	07단	總督府の醫師試驗
174130	朝鮮朝日	南鮮版	1929-07-05	1	08단	面目問題から職員が總辭職し全く授業不能に陷る實業專修學校の騷動
174131	朝鮮朝日	南鮮版	1929-07-05	1	08단	美術工藝品の粹をあつむ
174132	朝鮮朝日	南鮮版	1929-07-05	1	08단	水害後の傳染病豫防
174133	朝鮮朝日	南鮮版	1929-07-05	1	08단	めっぽう殖えた鮮內の自轉車十三萬に上る
174134	朝鮮朝日	南鮮版	1929-07-05	1	09단	親子五人が火に包まれ二名燒け死ぬ
174135	朝鮮朝日	南鮮版	1929-07-05	1	09단	大阪方面からモヒを引き京城で密賣す
174136	朝鮮朝日	南鮮版	1929-07-05	1	10단	破船に縋り漂流を續けた船員ら救はる
174137	朝鮮朝日	南鮮版	1929-07-05	1	10단	北靑に降雹
174138	朝鮮朝日	南鮮版	1929-07-05	1	10단	電車顚覆事件第三回公判
174139	朝鮮朝日	南鮮版	1929-07-05	1	10단	運動界(實業野球決勝スケヂウル/南鮮少年野球協會/全大邱勝つ)
174140	朝鮮朝日	南鮮版	1929-07-05	1	10단	眞島氏の公演會
174141	朝鮮朝日	南鮮版	1929-07-05	1	10단	人(片倉兼太郎氏(片倉製糸社長)/村山警務局事務官/園田平南知事/濱松飛行第七聯隊內鮮長距離飛行地上勤務員一行四十餘名)
174142	朝鮮朝日	西北・南鮮版	1929-07-05	2	01단	衛生の狀態は先進國と變らぬ歐米行脚から歸った村山事務官はかたる
174143	朝鮮朝日	西北・南鮮版	1929-07-05	2	01단	雫の聲
174144	朝鮮朝日	西北・南鮮版	1929-07-05	2	01단	京城府營公益質屋敷地決定し近く工事に着手
174145	朝鮮朝日	西北・南鮮版	1929-07-05	2	02단	群山府主催の濟州島視察
174146	朝鮮朝日	西北・南鮮版	1929-07-05	2	02단	お茶のあと
174147	朝鮮朝日	西北・南鮮版	1929-07-05	2	03단	慶北水産議員選擧
174148	朝鮮朝日	西北・南鮮版	1929-07-05	2	03단	公衆保健協會懸賞マーク
174149	朝鮮朝日	西北・南鮮版	1929-07-05	2	03단	朝鮮博覽會の花/子供の國珍らしい設備を施しとても愉快にあそばせる目下大童で準備をいそぐ
174150	朝鮮朝日	西北・南鮮版	1929-07-05	2	04단	東海中部線漸く開通す
174151	朝鮮朝日	西北・南鮮版	1929-07-05	2	04단	安東材の朝鮮輸出は不振

일련번호	판명		간행일	면	단수	기사명
174152	朝鮮朝日	西北・南鮮版	1929-07-05	2	04단	小學兒童が實務を練習
174153	朝鮮朝日	西北・南鮮版	1929-07-05	2	04단	北鮮の鰯漁やうやく復舊
174154	朝鮮朝日	西北・南鮮版	1929-07-05	2	04단	米粟輸移出入高
174155	朝鮮朝日	西北・南鮮版	1929-07-05	2	04단	大邱府營バス初日の成績
174156	朝鮮朝日	西北・南鮮版	1929-07-05	2	04단	慶尙合同銀行支配人異同
174157	朝鮮朝日	西北版	1929-07-06	1	01단	總監は居据って總督が辭職か兩者何事か密議をなす 進退問題でないと否認/兒玉總監の留任を懇請 有力な團體聯合して首相その他有力者へ/山梨總督北鮮巡視東上期は中旬ごろとなるか
174158	朝鮮朝日	西北版	1929-07-06	1	01단	新總監兒玉サンのことゝも(3)/どんな因緣情實もきっぱり拒絶してんで相手にしない
174159	朝鮮朝日	西北版	1929-07-06	1	02단	有難き御詮に只管恐懼した園田知事謹話
174160	朝鮮朝日	西北版	1929-07-06	1	03단	新義州管內の憲兵異動
174161	朝鮮朝日	西北版	1929-07-06	1	04단	平北の普通校四校を新設
174162	朝鮮朝日	西北版	1929-07-06	1	04단	友人の精勵振に發奮して職を求め活社會に乘出す徒食者大成功を收めた平南道の教育點呼
174163	朝鮮朝日	西北版	1929-07-06	1	04단	行財政緊縮の方策を示す電報拓務省から來る總督府俄かに狼狽す
174164	朝鮮朝日	西北版	1929-07-06	1	05단	難工事のため竣工が遲れ灌漑全く不能となる安寧水利の潛管工事
174165	朝鮮朝日	西北版	1929-07-06	1	05단	盆會を統一
174166	朝鮮朝日	西北版	1929-07-06	1	06단	死因は傷害に關係はない囚人死亡事件
174167	朝鮮朝日	西北版	1929-07-06	1	06단	思ったよりも景氣のよい元山の助興稅
174168	朝鮮朝日	西北版	1929-07-06	1	06단	積み得るだけ重荷を積み無着陸で平壤へ飛ぶめづらしい重爆擊機
174169	朝鮮朝日	西北版	1929-07-06	1	07단	平壤組合銀行六月末帳尻
174170	朝鮮朝日	西北版	1929-07-06	1	07단	平壤商議の經費賦課規則改正
174171	朝鮮朝日	西北版	1929-07-06	1	08단	肺ジストマの媒介をなす河貝子の研究を行ひ新療法の發見に努む
174172	朝鮮朝日	西北版	1929-07-06	1	08단	海水浴場行の自動車賃を割引/一日二十五往復する元山自動車屋の奮發
174173	朝鮮朝日	西北版	1929-07-06	1	08단	水路潛管を破壞す盜んだ爆藥で密漁せんとし
174174	朝鮮朝日	西北版	1929-07-06	1	09단	牡丹台野話
174175	朝鮮朝日	西北版	1929-07-06	1	09단	金を盜まれて縊死を遂ぐ
174176	朝鮮朝日	西北版	1929-07-06	1	10단	滿鐵の語學試驗
174177	朝鮮朝日	西北版	1929-07-06	1	10단	短歌/橋田東聲選
174178	朝鮮朝日	西北版	1929-07-06	1	10단	竊盜ふえる平南道の犯罪
174179	朝鮮朝日	西北版	1929-07-06	1	10단	運動界(平壤女高普が准硬球の猛練習)
174180	朝鮮朝日	西北版	1929-07-06	1	10단	社告

일련번호	판명		간행일	면	단수	기사명
174181	朝鮮朝日	南鮮版	1929-07-06	1	01단	*總監は居据って總督が辭職か兩者何事か密議をなす 進退問題でないと否認/兒玉總監の留任を懇請 有力な團體聯合して首相その他有力者へ/山梨總督北鮮巡視東上期は中旬ごろとなるか*
174182	朝鮮朝日	南鮮版	1929-07-06	1	01단	新總監兒玉サンのことゞも（２）/曰くつきのコブで漫談の花が咲く極めて氣輕な伯爵樣
174183	朝鮮朝日	南鮮版	1929-07-06	1	02단	拓務省へ榮轉か近藤秘書管の行先噂に上る
174184	朝鮮朝日	南鮮版	1929-07-06	1	04단	釜山水産が氷値下發表
174185	朝鮮朝日	南鮮版	1929-07-06	1	04단	行財政緊縮の方策を示す電報拓務省から來る總督府俄かに狼狽す
174186	朝鮮朝日	南鮮版	1929-07-06	1	04단	植民地長官らの進退問題は十分に考究
174187	朝鮮朝日	南鮮版	1929-07-06	1	05단	京城實業野球中心の野球座談會（六）
174188	朝鮮朝日	南鮮版	1929-07-06	1	05단	土地買收など噂に過ぎぬ東萊溫泉問題につき須藤知事はうち消す
174189	朝鮮朝日	南鮮版	1929-07-06	1	06단	原敢次郎中將鎭海に赴任
174190	朝鮮朝日	南鮮版	1929-07-06	1	06단	中等、補習校設置を陳情
174191	朝鮮朝日	南鮮版	1929-07-06	1	06단	岩橋池田兩氏つひに除名さる/統制を亂すの理由で電氣府營期成會から
174192	朝鮮朝日	南鮮版	1929-07-06	1	07단	上仁川驛の成績
174193	朝鮮朝日	南鮮版	1929-07-06	1	07단	土橋博士が外遊
174194	朝鮮朝日	南鮮版	1929-07-06	1	07단	密陽橋竣工
174195	朝鮮朝日	南鮮版	1929-07-06	1	07단	京北軌道の敷設を出願
174196	朝鮮朝日	南鮮版	1929-07-06	1	07단	兒玉總監歡迎會
174197	朝鮮朝日	南鮮版	1929-07-06	1	08단	宣傳の方法を懸賞で募集
174198	朝鮮朝日	南鮮版	1929-07-06	1	08단	多數勞働者が朝鮮博を當込み續々と京城に集まり職業紹介所大に賑ふ
174199	朝鮮朝日	南鮮版	1929-07-06	1	08단	線路に大石/犯人七名捕る
174200	朝鮮朝日	南鮮版	1929-07-06	1	08단	若き樂人が燈台を廻り慰問演奏を行ふ
174201	朝鮮朝日	南鮮版	1929-07-06	1	09단	自動車畜音機出陳館の上棟式
174202	朝鮮朝日	南鮮版	1929-07-06	1	09단	釜山棧橋に大宣傳看板
174203	朝鮮朝日	南鮮版	1929-07-06	1	09단	水害罹災民を學校に收容/炊出しを行ふ
174204	朝鮮朝日	南鮮版	1929-07-06	1	10단	旱魃後の雨で傳染病發生
174205	朝鮮朝日	南鮮版	1929-07-06	1	10단	釜山の强盗
174206	朝鮮朝日	南鮮版	1929-07-06	1	10단	短歌/橋田東聲選
174207	朝鮮朝日	南鮮版	1929-07-06	1	10단	金を盜まれて縊死を遂ぐ
174208	朝鮮朝日	南鮮版	1929-07-06	1	10단	運動界（南鮮少年野球大會）
174209	朝鮮朝日	南鮮版	1929-07-06	1	10단	人（田賀奈良吉氏（東拓顧問）/中山貞雄代議士/田中貢氏（明大教授）/和田純氏（南朝鮮鐵道顧問））
174210	朝鮮朝日	南鮮版	1929-07-06	1	10단	社告

일련번호	판명		간행일	면	단수	기사명
174211	朝鮮朝日	西北・南鮮版	1929-07-06	2	01단	降雨の影響/農作物は存外によい總督府農務課の調べ
174212	朝鮮朝日	西北・南鮮版	1929-07-06	2	01단	平年作よりも增收を豫想/適當な雨に惠まれた平南道農作物の現況
174213	朝鮮朝日	西北・南鮮版	1929-07-06	2	01단	鐵塔各一基增設し空中線を延長
174214	朝鮮朝日	西北・南鮮版	1929-07-06	2	02단	木浦濱着の海藻激增す
174215	朝鮮朝日	西北・南鮮版	1929-07-06	2	02단	朝鮮消防協會木浦支部發會式
174216	朝鮮朝日	西北・南鮮版	1929-07-06	2	02단	火葬爐を改良
174217	朝鮮朝日	西北・南鮮版	1929-07-06	2	03단	馬山の貿易
174218	朝鮮朝日	西北・南鮮版	1929-07-06	2	03단	相當大掛りな上水道擴張大邱府の計劃
174219	朝鮮朝日	西北・南鮮版	1929-07-06	2	03단	仁取移轉反對陳情員歸る
174220	朝鮮朝日	西北・南鮮版	1929-07-06	2	04단	國境通過の外人
174221	朝鮮朝日	西北・南鮮版	1929-07-06	2	04단	平北の粟稗の發育は良好
174222	朝鮮朝日	西北・南鮮版	1929-07-06	2	04단	郡是製絲工場第一期竣工
174223	朝鮮朝日	西北・南鮮版	1929-07-06	2	04단	仁川の沖合で鱒魚を捕獲
174224	朝鮮朝日	西北・南鮮版	1929-07-06	2	04단	商業實習生を福岡に送る
174225	朝鮮朝日	西北版	1929-07-07	1	01단	海へ山へ(6)/鷄龍山の溪流
174226	朝鮮朝日	西北版	1929-07-07	1	01단	池田、平井兩氏が復活組の頭株/地方長官に浮み上った朝鮮に緣故の深い人々
174227	朝鮮朝日	西北版	1929-07-07	1	04단	聖旨を傳達し安達咸北知事廳員を激勵す
174228	朝鮮朝日	西北版	1929-07-07	1	04단	競爭激烈を極め燒酎釀造業者弱る移入防遏で業界を保護/鮮內における珍しい燒酎販賣戰
174229	朝鮮朝日	西北版	1929-07-07	1	04단	鷄卵大の雹に打のめされ原形を止めぬまでに農作物は被害を受く
174230	朝鮮朝日	西北版	1929-07-07	1	05단	負擔の拒絶で又も行詰る沙里院金組缺損問題愈よむつかしくなる
174231	朝鮮朝日	西北版	1929-07-07	1	05단	平壤より
174232	朝鮮朝日	西北版	1929-07-07	1	05단	俳句/鈴木花蓑選
174233	朝鮮朝日	西北版	1929-07-07	1	05단	咸興職業紹介所
174234	朝鮮朝日	西北版	1929-07-07	1	06단	安東材木組合役員選擧
174235	朝鮮朝日	西北版	1929-07-07	1	06단	咸南金組理事會議
174236	朝鮮朝日	西北版	1929-07-07	1	06단	自動車賃金の統一を行ひより以上利用させる平南道の新しい試み
174237	朝鮮朝日	西北版	1929-07-07	1	06단	滿鐵々道部が廿四時間制實施
174238	朝鮮朝日	西北版	1929-07-07	1	07단	牡丹台野話
174239	朝鮮朝日	西北版	1929-07-07	1	07단	鄕軍集會場建築費募集
174240	朝鮮朝日	西北版	1929-07-07	1	07단	電球を指定それ以外は嚴禁
174241	朝鮮朝日	西北版	1929-07-07	1	07단	平壤圖書館の入場者增加
174242	朝鮮朝日	西北版	1929-07-07	1	07단	豫察水力地は百四十餘に上り百六十三萬餘キロ

일련번호	판명		간행일	면	단수	기사명
174242	朝鮮朝日	西北版	1929-07-07	1	07단	の出力を得る見込立つ
174243	朝鮮朝日	西北版	1929-07-07	1	08단	平南道教育夏季講習會
174244	朝鮮朝日	西北版	1929-07-07	1	08단	不良飲料水の廢棄處分
174244	朝鮮朝日	西北版	1929-07-07	1	08단	朝鮮水電の第一期工事竣工は十月頃か
174245	朝鮮朝日	西北版	1929-07-07	1	08단	祝辭に感想に樂しき日を送る平壤女子高等普通
174246	朝鮮朝日	西北版	1929-07-07	1	09단	のさかんな優勝祝賀會
174247	朝鮮朝日	西北版	1929-07-07	1	09단	女學生が姦通し學資金で不義の快樂に耽る
174248	朝鮮朝日	西北版	1929-07-07	1	09단	高瀬船坐礁/乘組員救はる
174249	朝鮮朝日	西北版	1929-07-07	1	10단	重病の子を草原に棄て死に至らしむ
174250	朝鮮朝日	西北版	1929-07-07	1	10단	學校に落雷
174251	朝鮮朝日	西北版	1929-07-07	1	10단	弟の子供を街路に棄つ
174252	朝鮮朝日	西北版	1929-07-07	1	10단	繼子殺しか
174253	朝鮮朝日	西北版	1929-07-07	1	10단	警察官武道大會
174254	朝鮮朝日	西北版	1929-07-07	1	10단	人(野村治一郎氏(朝郵重役)/山田一降氏(警察官講習所長))
174255	朝鮮朝日	南鮮版	1929-07-07	1	01단	海へ山へ(４)/三防の瀑布
174256	朝鮮朝日	南鮮版	1929-07-07	1	01단	池田、平井兩氏が復活組の頭株/地方長官に浮み上った朝鮮に緣故の深い人々
174257	朝鮮朝日	南鮮版	1929-07-07	1	02단	市內電車の改良を計劃『複線は絶對不可能』と須藤慶南知事は語る
174258	朝鮮朝日	南鮮版	1929-07-07	1	03단	新羅藝術展/大邱でひらく
174259	朝鮮朝日	南鮮版	1929-07-07	1	04단	靑少年團に觀光を勸誘
174260	朝鮮朝日	南鮮版	1929-07-07	1	04단	膨れて行く慶南の水利事業設立計劃中のものは一萬一千町步に上る
174261	朝鮮朝日	南鮮版	1929-07-07	1	04단	俳句/鈴木花蓑選
174262	朝鮮朝日	南鮮版	1929-07-07	1	05단	新總監兒玉サンのことゞも(３)/どんな因緣情實もきっぱり拒絶してんで相手にしない
174263	朝鮮朝日	南鮮版	1929-07-07	1	05단	朝鮮總督は交官說有力福田大將の故障から或は伊澤多喜男氏か
174264	朝鮮朝日	南鮮版	1929-07-07	1	05단	模範農民の養成を計劃
174265	朝鮮朝日	南鮮版	1929-07-07	1	05단	豫察水力地は百四十餘に上り百六十三萬餘キロの出力を得る見込立つ
174266	朝鮮朝日	南鮮版	1929-07-07	1	06단	府協議員も奮起し電氣府營に向って邁進する
174267	朝鮮朝日	南鮮版	1929-07-07	1	07단	海水浴場行の汽車賃割引
174268	朝鮮朝日	南鮮版	1929-07-07	1	07단	工場や湯屋が一齊に開業釜山の上水道が愈よ一日十四時間を給水
174269	朝鮮朝日	南鮮版	1929-07-07	1	07단	朝鮮運動界空前の催し神宮競技と體育大會/プログラム愈きまる
174270	朝鮮朝日	南鮮版	1929-07-07	1	08단	慶南の橋梁架設替愈よ豫定計劃とほりに行ふ

일련번호	판명		간행일	면	단수	기사명
174271	朝鮮朝日	南鮮版	1929-07-07	1	09단	銀行集會所落成
174272	朝鮮朝日	南鮮版	1929-07-07	1	09단	朝鮮實業聯盟決勝野球戰
174273	朝鮮朝日	南鮮版	1929-07-07	1	09단	兒童數名を殺傷しなぐり殺さる身許不明の狂人
174274	朝鮮朝日	南鮮版	1929-07-07	1	09단	列車妨害は計劃的犯罪大邱署活動開始
174275	朝鮮朝日	南鮮版	1929-07-07	1	09단	取入口上流にチブス發生
174276	朝鮮朝日	南鮮版	1929-07-07	1	10단	繼子殺しか
174277	朝鮮朝日	南鮮版	1929-07-07	1	10단	僧侶を裝って竊盜を働く不良少年五人
174278	朝鮮朝日	南鮮版	1929-07-07	1	10단	お茶のあと
174279	朝鮮朝日	南鮮版	1929-07-07	1	10단	惡客人のため賣飛されんとす
174280	朝鮮朝日	南鮮版	1929-07-07	1	10단	人(野村治一郎氏(朝郵重役)/山田一降氏(警察官講習所長)/水口降三氏(前慶南知事))
174281	朝鮮朝日	西北・南鮮版	1929-07-07	2	01단	朝鮮のために盡力したい中央朝鮮協會に於る松田新任拓相の演說
174282	朝鮮朝日	西北・南鮮版	1929-07-07	2	01단	零の聲
174283	朝鮮朝日	西北・南鮮版	1929-07-07	2	02단	慶北道は苗不足近く適當に調節を行ふ
174284	朝鮮朝日	西北・南鮮版	1929-07-07	2	02단	亥角組長は辭意を決す早くも後任難
174285	朝鮮朝日	西北・南鮮版	1929-07-07	2	03단	巡回裁判の設置を陳情す
174286	朝鮮朝日	西北・南鮮版	1929-07-07	2	03단	慶北の被害
174287	朝鮮朝日	西北・南鮮版	1929-07-07	2	03단	大邱府營バス車台到着す
174288	朝鮮朝日	西北・南鮮版	1929-07-07	2	03단	貸物扱として鮮魚を輸送
174289	朝鮮朝日	西北・南鮮版	1929-07-07	2	04단	鮮內の盛んな綿布の生産
174290	朝鮮朝日	西北・南鮮版	1929-07-07	2	04단	元山穀物組合役員きまる
174291	朝鮮朝日	西北・南鮮版	1929-07-07	2	04단	平南の巡査採用試驗終る
174292	朝鮮朝日	西北・南鮮版	1929-07-07	2	04단	大豆米穀共に檢查數減る但成績は良好
174293	朝鮮朝日	西北版	1929-07-09	1	01단	海へ山へ(7)/馬山の海岸
174294	朝鮮朝日	西北版	1929-07-09	1	01단	取敢ず明年度の豫算編成を中止し整理方針の打合を行ふ草問財務局長は十日に東上する
174295	朝鮮朝日	西北版	1929-07-09	1	01단	佐野博士案の取消を陳情/同時に嘆願書を提出/安州の地主協會から
174296	朝鮮朝日	西北版	1929-07-09	1	03단	豪雨のために不作を豫想
174297	朝鮮朝日	西北版	1929-07-09	1	03단	前年に比して減少を示す元山上半期貿易
174298	朝鮮朝日	西北版	1929-07-09	1	04단	給水時間を更に短縮/新義州水道が水不足で弱る
174299	朝鮮朝日	西北版	1929-07-09	1	04단	輝く村/建設のために寢食をわする/普通學校卒業生の理想的な指導啓發/朝湯普通校長等の淚ぐましい奮鬪振/咸南道自慢の指導ぶり
174300	朝鮮朝日	西北版	1929-07-09	1	04단	山根氏の作品特選となり/半島藝術寫眞のため正に萬丈の氣を吐く
174301	朝鮮朝日	西北版	1929-07-09	1	05단	醫學講習所の新築落成式
174302	朝鮮朝日	西北版	1929-07-09	1	05단	平壤府勢擴張記念塔建設

일련번호	판명		간행일	면	단수	기사명
174303	朝鮮朝日	西北版	1929-07-09	1	06단	金剛山の模型を出品せよと公園展から勸誘
174304	朝鮮朝日	西北版	1929-07-09	1	06단	山林愛護の作品を紹介
174305	朝鮮朝日	西北版	1929-07-09	1	07단	金組理事の官選に反對
174306	朝鮮朝日	西北版	1929-07-09	1	07단	お茶のあと
174307	朝鮮朝日	西北版	1929-07-09	1	07단	鎭南浦金組總會
174308	朝鮮朝日	西北版	1929-07-09	1	07단	平壤府內の傳染病/官舍地帶に割合に多い
174309	朝鮮朝日	西北版	1929-07-09	1	07단	盟休と聞いて大に狼狽し夏季休暇をくりあぐ平壤崇實學校の騷動
174310	朝鮮朝日	西北版	1929-07-09	1	07단	安東を通過の石油皆無となる民國輸入關稅實施で南浦から密かに輸出
174311	朝鮮朝日	西北版	1929-07-09	1	07단	姑をなぐり殺す
174312	朝鮮朝日	西北版	1929-07-09	1	08단	三長、茂山兩守備隊の經理檢査を施行
174313	朝鮮朝日	西北版	1929-07-09	1	08단	汽船顚覆して女二名溺死
174314	朝鮮朝日	西北版	1929-07-09	1	08단	人質をとって頻りに脅迫
174315	朝鮮朝日	西北版	1929-07-09	1	09단	五十錢僞造貨頻々と發見さる/咸鏡南道各警察署は檢擧にヤツキとなる
174316	朝鮮朝日	西北版	1929-07-09	1	09단	落雷で慘死
174317	朝鮮朝日	西北版	1929-07-09	1	09단	平壤署管內の犯罪發生數
174318	朝鮮朝日	西北版	1929-07-09	1	10단	革弊會幹部拘束さる
174319	朝鮮朝日	西北版	1929-07-09	1	10단	不逞首魁金に死刑を求刑
174320	朝鮮朝日	西北版	1929-07-09	1	10단	不良生徒の處分を行ふ
174321	朝鮮朝日	西北版	1929-07-09	1	10단	飛込み轢死
174322	朝鮮朝日	西北版	1929-07-09	1	10단	主家の金一千圓を拐帶
174323	朝鮮朝日	西北版	1929-07-09	1	10단	生活難から自殺を企つ
174324	朝鮮朝日	西北版	1929-07-09	1	10단	羅南中學大勝す
174325	朝鮮朝日	西北版	1929-07-09	1	10단	人(村上中佐(飛行第七聯隊附)/園田寬氏(平南道知事)/森遞信局庶務課長)
174326	朝鮮朝日	南鮮版	1929-07-09	1	01단	海へ山へ(5)/鴨綠江の岸
174327	朝鮮朝日	南鮮版	1929-07-09	1	01단	取敢ず明年度の豫算編成を中止し整理方針の打合を行ふ草間財務局長は十日に東上する
174328	朝鮮朝日	南鮮版	1929-07-09	1	01단	買收と除名を不當となし近く府民大會を開き反期成會氣分を擧ぐ
174329	朝鮮朝日	南鮮版	1929-07-09	1	02단	金剛山の模型を出品せよと公園展から勸誘
174330	朝鮮朝日	南鮮版	1929-07-09	1	03단	醫學講習所の新築落成式
174331	朝鮮朝日	南鮮版	1929-07-09	1	03단	鮮內主要港到着の米穀
174332	朝鮮朝日	南鮮版	1929-07-09	1	03단	京城實業野球中心の野球座談會(七)
174333	朝鮮朝日	南鮮版	1929-07-09	1	04단	濱松平壤間の飛行は延期/天候恢復まで
174334	朝鮮朝日	南鮮版	1929-07-09	1	04단	豪雨のために不作を豫想
174335	朝鮮朝日	南鮮版	1929-07-09	1	05단	水不足がすめば今度は惡疫が流行/釜山に腸チ

일련번호	판명		간행일	면	단수	기사명
174335	朝鮮朝日	南鮮版	1929-07-09	1	05단	ブス續發し恐怖の巷と化して悲慘をきはむ
174336	朝鮮朝日	南鮮版	1929-07-09	1	05단	山根氏の作品特選となり/半島藝術寫眞のため正に萬丈の氣を吐く
174337	朝鮮朝日	南鮮版	1929-07-09	1	06단	城大主催夏季大學
174338	朝鮮朝日	南鮮版	1929-07-09	1	07단	盛んになった各種遊戲場
174339	朝鮮朝日	南鮮版	1929-07-09	1	07단	淑明女高普の天盃拜授祝賀式
174340	朝鮮朝日	南鮮版	1929-07-09	1	07단	有難き聖旨に將卒は感激した軍狀を具さに奏上する瀬川侍從武官はかたる/瀬川侍從武官視察を終る
174341	朝鮮朝日	南鮮版	1929-07-09	1	08단	木浦郵便局の改築を行ふ
174342	朝鮮朝日	南鮮版	1929-07-09	1	08단	江景川改修で氣勢をあぐ
174343	朝鮮朝日	南鮮版	1929-07-09	1	08단	平壤府內の傳染病/官舍地帶に割合に多い
174344	朝鮮朝日	南鮮版	1929-07-09	1	08단	通運にとって形勢有利に轉回/近頃急につよくなる運合問題こぢれだす
174345	朝鮮朝日	南鮮版	1929-07-09	1	09단	投身して漂流中航行中の汽船にたすけらる
174346	朝鮮朝日	南鮮版	1929-07-09	1	09단	戀女の祝福を祈って死ぬ元記者の自殺
174347	朝鮮朝日	南鮮版	1929-07-09	1	09단	不逞首魁金に死刑を求刑
174348	朝鮮朝日	南鮮版	1929-07-09	1	10단	五人掛りで毆り殺し共同墓地附近に密かに埋む
174349	朝鮮朝日	南鮮版	1929-07-09	1	10단	仁川協贊會活動を始む
174350	朝鮮朝日	南鮮版	1929-07-09	1	10단	運動界(府廳軍勝つ/殖銀大邱を破る/大商下商を破る)
174351	朝鮮朝日	南鮮版	1929-07-09	1	10단	もよほし(東萊講習會)
174352	朝鮮朝日	南鮮版	1929-07-09	1	10단	人(武尾槙藏氏(大邱辯護士會長)/淸河純中將(海軍々令部出仕)/佐久間權次郎氏(瓦電常務))
174353	朝鮮朝日	西北・南鮮版	1929-07-09	2	01단	火曜のペーヂ/發聲映畫劇術の獨立/益田甫
174354	朝鮮朝日	西北・南鮮版	1929-07-09	2	02단	山を見てゐりや/後藤加奈緖
174355	朝鮮朝日	西北・南鮮版	1929-07-09	2	04단	旅愁/丘砂歌江
174356	朝鮮朝日	西北・南鮮版	1929-07-09	2	05단	文化住宅もはだしめつぼう立派「な朝博の建物」/屈强な守衛と美しい女看 朝鮮博が募集
174357	朝鮮朝日	西北・南鮮版	1929-07-09	2	05단	漁業組合起債認可となる
174358	朝鮮朝日	西北・南鮮版	1929-07-09	2	05단	研究の發表と兒童成績展覽會
174359	朝鮮朝日	西北・南鮮版	1929-07-09	2	05단	夏季講習會と初等校長會
174360	朝鮮朝日	西北・南鮮版	1929-07-09	2	06단	激戰だった浦項學議戰
174361	朝鮮朝日	西北・南鮮版	1929-07-09	2	06단	日傘と團扇各方面へ配布
174362	朝鮮朝日	西北・南鮮版	1929-07-09	2	06단	木浦電燈の料金値下げ
174363	朝鮮朝日	西北・南鮮版	1929-07-09	2	06단	大甫郵便所で電信音響機使用
174364	朝鮮朝日	西北・南鮮版	1929-07-09	2	06단	昭和電氣會社持株きまる
174365	朝鮮朝日	西北・南鮮版	1929-07-09	2	06단	淸州繁榮會の總會きまる
174366	朝鮮朝日	西北・南鮮版	1929-07-09	2	07단	山梨總督一行咸南を視察

일련번호	판명		간행일	면	단수	기사명
174367	朝鮮朝日	西北・南鮮版	1929-07-09	2	07단	歸省學生が講演會を開催
174368	朝鮮朝日	西北・南鮮版	1929-07-09	2	07단	支那巡警を警士と改稱
174369	朝鮮朝日	西北・南鮮版	1929-07-09	2	07단	仁川の夜店
174370	朝鮮朝日	西北・南鮮版	1929-07-09	2	07단	獻上の金甛瓜/順調に成育
174371	朝鮮朝日	西北・南鮮版	1929-07-09	2	07단	春川警察署の衛生大宣傳
174372	朝鮮朝日	西北・南鮮版	1929-07-09	2	07단	修學旅行を京城に集中
174373	朝鮮朝日	西北・南鮮版	1929-07-09	2	07단	新刊紹介(『同民』(第五十八號))
174374	朝鮮朝日	西北版	1929-07-10	1	01단	十に餘る官制が枕を並べ討死榮達の夢も吹飛ばさる 哀れをとゞめた總督府/多少の削減は覺悟せねばならぬと思ってゐる山本遞信局長は語る/繰延べよりも促進が必要 十二年計劃線につき大村鐵道局長は語る/百萬圓を投じ大博物館を建設 朝鮮だけは別だとて學務局が力みかへる/緊縮資料の提出を各局部に命す/整理緊縮の嚴しい達示
174375	朝鮮朝日	西北版	1929-07-10	1	03단	童謠/北原白秋選
174376	朝鮮朝日	西北版	1929-07-10	1	04단	北海道や樺太の失敗に深く注意し快獲快賣してはならぬ蟹罐詰業に對する咸南道の希望
174377	朝鮮朝日	西北版	1929-07-10	1	05단	咸北道沿海の漁業は好況
174378	朝鮮朝日	西北版	1929-07-10	1	05단	咸北の田植は順調に進む
174379	朝鮮朝日	西北版	1929-07-10	1	05단	平壤より
174380	朝鮮朝日	西北版	1929-07-10	1	06단	山梨總督一行元山を視察/朱乙に向ふ
174381	朝鮮朝日	西北版	1929-07-10	1	06단	御大典記念の植林は良好
174382	朝鮮朝日	西北版	1929-07-10	1	06단	朝鐵黃海線の軌道車運轉
174383	朝鮮朝日	西北版	1929-07-10	1	06단	平壤署員の增員案警察署長會議へ提案に決る
174384	朝鮮朝日	西北版	1929-07-10	1	07단	農村中心人物養成のため農業補習學校を設立/平南道初めての試み
174385	朝鮮朝日	西北版	1929-07-10	1	07단	京城府廳優勝す朝鮮實業聯盟野球戰故障なく終りを告ぐ/國境軟式野球大會
174386	朝鮮朝日	西北版	1929-07-10	1	07단	昨年の水害が深刻に影響/間島各地方の農民はその日の糧にも困る
174387	朝鮮朝日	西北版	1929-07-10	1	08단	朝電繼續工事請負人決る
174388	朝鮮朝日	西北版	1929-07-10	1	09단	咸興各部隊の異動下馬評
174389	朝鮮朝日	西北版	1929-07-10	1	09단	決死隊募集に強がりも尻ごみ下士運中續々脫走す
174390	朝鮮朝日	西北版	1929-07-10	1	09단	平壤で相撲興行
174391	朝鮮朝日	西北版	1929-07-10	1	09단	濱松から平壤へ重爆擊機二機無事に着陸す
174392	朝鮮朝日	西北版	1929-07-10	1	10단	夏の夜の不安？から婦女子を救ふ/納凉場の警戒を行ふ
174393	朝鮮朝日	西北版	1929-07-10	1	10단	降雨つゞきで害蟲發生す

일련번호	판명		간행일	면	단수	기사명
174394	朝鮮朝日	西北版	1929-07-10	1	10단	阿片吸飮の巢窟を襲ふ
174394	朝鮮朝日	西北版	1929-07-10	1	10단	平南道の教育點呼七月の施行日時決定を見る
174395	朝鮮朝日	西北版	1929-07-10	1	10단	十に餘る官制が枕を並べ討死榮達の夢も吹飛ばさる 哀れをとゞめた總督府/多少の削減は覺悟せねばならぬと思ってゐる山本遞信局長は語る/繰
174396	朝鮮朝日	南鮮版	1929-07-10	1	01단	延べよりも促進が必要 十二年計劃線につき大村鐵道局長は語る/百萬圓を投じ大博物館を建設 朝鮮だけは別だとて學務局が力みかへる/緊縮資料の提出を各局部に命す/整理緊縮の嚴しい達示
174397	朝鮮朝日	南鮮版	1929-07-10	1	03단	童謠/北原白秋選
174398	朝鮮朝日	南鮮版	1929-07-10	1	04단	海へ山へ(6)/鷄龍山の溪流
174399	朝鮮朝日	南鮮版	1929-07-10	1	05단	電氣府營の協議をなし代表者が府尹を訪ひその奮起をうながす
174400	朝鮮朝日	南鮮版	1929-07-10	1	05단	半強制的に苗を出させ田植をいそぐ
174401	朝鮮朝日	南鮮版	1929-07-10	1	06단	二十日頃には總督後任解決か山梨總督十五、六日頃上京
174402	朝鮮朝日	南鮮版	1929-07-10	1	06단	萊卷ダイトン歡迎を受く
174403	朝鮮朝日	南鮮版	1929-07-10	1	07단	濱松から平壤へ重爆擊機二機無事に着陸す
174404	朝鮮朝日	南鮮版	1929-07-10	1	07단	京城府廳優勝す朝鮮實業聯盟野球戰故障なく終りを告ぐ/大田軍優勝
174405	朝鮮朝日	南鮮版	1929-07-10	1	07단	釜山のチブス猖獗を極め隔離病舍滿員となる消毒で市內は大混亂/撒水用水の飮用が直接の原因か
174406	朝鮮朝日	南鮮版	1929-07-10	1	08단	本紙讀者優待週間に二大名篇を上映
174407	朝鮮朝日	南鮮版	1929-07-10	1	10단	小型に改正ジー、ジー、シーを
174408	朝鮮朝日	南鮮版	1929-07-10	1	10단	瓦電買收の反對陳情市民大會をも開く事に決定
174409	朝鮮朝日	南鮮版	1929-07-10	1	10단	漢江人道鐵橋愈近く竣工
174410	朝鮮朝日	南鮮版	1929-07-10	1	10단	勞動宿泊室に書籍を寄贈
174411	朝鮮朝日	南鮮版	1929-07-10	1	10단	京畿道普通敎職員講習會
174412	朝鮮朝日	南鮮版	1929-07-10	1	10단	感冒や下痢の患者續出す
174413	朝鮮朝日	南鮮版	1929-07-10	1	10단	要塞地帶を活寫に撮る怪しの外國人
174414	朝鮮朝日	西北・南鮮版	1929-07-10	2	01단	箕林里方面は非常に賑ふ平壤舊市街の膨脹でどえらい勢ひで進出
174415	朝鮮朝日	西北・南鮮版	1929-07-10	2	01단	龍井方面の物價暴騰/物價調節の計劃が進めらる
174416	朝鮮朝日	西北・南鮮版	1929-07-10	2	01단	駐屯部隊の移動を行ふ
174417	朝鮮朝日	西北・南鮮版	1929-07-10	2	01단	平南商陳納凉マーケット
174418	朝鮮朝日	西北・南鮮版	1929-07-10	2	01단	國有鐵道の繰延に土木請負業者大恐慌を來す

일련번호	판명		간행일	면	단수	기사명
174419	朝鮮朝日	西北・南鮮版	1929-07-10	2	02단	流筏狀況
174420	朝鮮朝日	西北・南鮮版	1929-07-10	2	02단	實包射擊を實施
174421	朝鮮朝日	西北・南鮮版	1929-07-10	2	02단	消防協會の木浦支部發會式
174422	朝鮮朝日	西北・南鮮版	1929-07-10	2	02단	木浦の煙草賣上高增加
174423	朝鮮朝日	西北・南鮮版	1929-07-10	2	02단	木浦東拓の業績
174424	朝鮮朝日	西北・南鮮版	1929-07-10	2	02단	不良明太の移入防遏/水産會役員が北海道に出張
174425	朝鮮朝日	西北・南鮮版	1929-07-10	2	03단	各專賣支局が倉庫を建築
174426	朝鮮朝日	西北・南鮮版	1929-07-10	2	03단	懸賞文藝募集規定
174427	朝鮮朝日	西北・南鮮版	1929-07-10	2	03단	開國文化大觀
174428	朝鮮朝日	西北・南鮮版	1929-07-10	2	04단	自動車の泥除取付け命令
174429	朝鮮朝日	西北・南鮮版	1929-07-10	2	04단	堤防の築造を道に陳情す
174430	朝鮮朝日	西北版	1929-07-11	1	01단	補助打切により出鼻を挫かれ事業の着手をひかへて非常な打擊をかうむる(內務局/殖產局/土地改良部/學務局/山林部/警務局/財務局/專賣局/遞信局/鐵道局)
174431	朝鮮朝日	西北版	1929-07-11	1	01단	教會の午後
174432	朝鮮朝日	西北版	1929-07-11	1	03단	起債の認可が一向捗らず沙里院の面營電氣はいよいよ窮境に陷る
174433	朝鮮朝日	西北版	1929-07-11	1	04단	配給粟到着
174434	朝鮮朝日	西北版	1929-07-11	1	04단	咸南道廳舍の新築は駄目
174435	朝鮮朝日	西北版	1929-07-11	1	04단	兵事主任講習會
174436	朝鮮朝日	西北版	1929-07-11	1	05단	*山梨總督一行羅南を視察/山梨總督の好々爺ぶり*
174437	朝鮮朝日	西北版	1929-07-11	1	05단	俳句/鈴木花蓑選
174438	朝鮮朝日	西北版	1929-07-11	1	06단	太拉子附近に武器彈藥庫設置を要望す
174439	朝鮮朝日	西北版	1929-07-11	1	06단	警官の優遇と思想問題が特にやかましかった石本平南警察部長談
174440	朝鮮朝日	西北版	1929-07-11	1	06단	副業委員會の擴張を行ひ產業調査會を設ける平壤府の產業振與策
174441	朝鮮朝日	西北版	1929-07-11	1	06단	平南道の府尹郡守會議當面の重要問題を附議研究
174442	朝鮮朝日	西北版	1929-07-11	1	07단	本年の着筏は豫定どほり達する見込み
174443	朝鮮朝日	西北版	1929-07-11	1	07단	新義州の貿易高本年上半期の
174444	朝鮮朝日	西北版	1929-07-11	1	08단	円靑美しい朝博平南特設館本月中旬ごろ起工し八月中旬までに竣工
174445	朝鮮朝日	西北版	1929-07-11	1	08단	平壤より
174446	朝鮮朝日	西北版	1929-07-11	1	08단	安東守備隊檢閱
174447	朝鮮朝日	西北版	1929-07-11	1	08단	聯合郵便所長會議
174448	朝鮮朝日	西北版	1929-07-11	1	09단	脫會者一同が同民會に復歸し再び內鮮有力者達で固く結ばるゝに至る
174449	朝鮮朝日	西北版	1929-07-11	1	10단	自宅に放火

일련번호	판명		간행일	면	단수	기사명
174450	朝鮮朝日	西北版	1929-07-11	1	10단	魔窟に手入し根絶を期す
174451	朝鮮朝日	西北版	1929-07-11	1	10단	馬賊志願の四名捕はる
174452	朝鮮朝日	西北版	1929-07-11	1	10단	公金拐帶の片割捕はる
174453	朝鮮朝日	西北版	1929-07-11	1	10단	資金催促から毆りころす
174454	朝鮮朝日	西北版	1929-07-11	1	10단	日刊新安東が無期休刊を行ふ
174454	朝鮮朝日	西北版	1929-07-11	1	10단	人(大谷吳鎭守府司令長官)
174455	朝鮮朝日	西北版	1929-07-11	1	10단	補助打切により出鼻を挫かれ事業の着手をひか
174456	朝鮮朝日	南鮮版	1929-07-11	1	01단	へて非常な打擊をかうむる(內務局/殖産局/土地改良部/學務局/山林部/警務局/財務局/專賣局/遞信局/鐵道局)
174457	朝鮮朝日	南鮮版	1929-07-11	1	02단	海へ山へ(7)/馬山の海岸
174458	朝鮮朝日	南鮮版	1929-07-11	1	03단	大パノラマで度膽を拔く國立公園展で
174459	朝鮮朝日	南鮮版	1929-07-11	1	03단	電氣府營を建議す大邱府の協議員から府尹へ
174460	朝鮮朝日	南鮮版	1929-07-11	1	04단	慶南山嘉面の罹災民救濟
174461	朝鮮朝日	南鮮版	1929-07-11	1	04단	法令の發布が遲れたゝめ京城の靑年訓練所が財務的に困窮を感ず
174462	朝鮮朝日	南鮮版	1929-07-11	1	05단	濟州港突堤燈台を設置
174463	朝鮮朝日	南鮮版	1929-07-11	1	05단	前年度に比し大增加/慶南道における本年の春蠶
174464	朝鮮朝日	南鮮版	1929-07-11	1	05단	初等教員硏究論文表彰式
174465	朝鮮朝日	南鮮版	1929-07-11	1	05단	可決を信じ府協議會を開き瓦電買收を附議する反對論の影響は少い/買收起債の交涉進捗す
174466	朝鮮朝日	南鮮版	1929-07-11	1	06단	馬山の海びらきこれから浴客で賑ふ
174467	朝鮮朝日	南鮮版	1929-07-11	1	06단	俳句/鈴木花蓑選
174468	朝鮮朝日	南鮮版	1929-07-11	1	06단	公州金組總會
174469	朝鮮朝日	南鮮版	1929-07-11	1	07단	稅金を費消京城府書記が/費消の公金は徐々に返濟實害はなかった
174470	朝鮮朝日	南鮮版	1929-07-11	1	07단	戶口調査を行ひ患者の發見に努む學校を隔離病舍に充當 チブス續發で釜山府悲慘を極む/『チブス續發の責任は府にあり』釜山府に對し非難の聲やうやくたかまる/怪しい者には檢診を行ふ/野菜その他の洗滌を行ひチブスを豫防
174471	朝鮮朝日	南鮮版	1929-07-11	1	08단	お茶のあと
174472	朝鮮朝日	南鮮版	1929-07-11	1	08단	太拉子附近に武器彈藥庫設置を要望す
174473	朝鮮朝日	南鮮版	1929-07-11	1	09단	脫會者一同が同民會に復歸し再び內鮮有力者達で固く結ばるゝに至る
174474	朝鮮朝日	南鮮版	1929-07-11	1	10단	自動車顚覆し重輕傷者十一名を出す
174475	朝鮮朝日	南鮮版	1929-07-11	1	10단	自宅に放火
174476	朝鮮朝日	南鮮版	1929-07-11	1	10단	魔窟に手入し根絶を期す
174477	朝鮮朝日	南鮮版	1929-07-11	1	10단	馬賊志願の四名捕はる

일련번호	판명		간행일	면	단수	기사명
174478	朝鮮朝日	南鮮版	1929-07-11	1	10단	もよほし(河北大學醫科學生團)
174479	朝鮮朝日	南鮮版	1929-07-11	1	10단	人(谷平北知事/岩井誠四郎氏(城大敎授))
174480	朝鮮朝日	西北・南鮮版	1929-07-11	2	01단	九州、京城兩帝大對抗陸上競技會十四日九大工科グラウンドで本社から優勝楯を寄贈する(種目の順序と出張選手/プログラム)
174481	朝鮮朝日	西北・南鮮版	1929-07-11	2	02단	旱害防止の對策を練る地主の自覺によるのほか適當な策はない
174482	朝鮮朝日	西北・南鮮版	1929-07-11	2	02단	雫の聲
174483	朝鮮朝日	西北・南鮮版	1929-07-11	2	03단	朝日校溫泉聚落
174484	朝鮮朝日	西北・南鮮版	1929-07-11	2	03단	煙草の移植は順調に運ぶ
174485	朝鮮朝日	西北・南鮮版	1929-07-11	2	04단	成川産業組合認可となる
174486	朝鮮朝日	西北・南鮮版	1929-07-11	2	04단	搬送式採用新義州京城間に
174487	朝鮮朝日	西北・南鮮版	1929-07-11	2	04단	和龍縣商會の會長を選擧
174488	朝鮮朝日	西北・南鮮版	1929-07-11	2	04단	前途の長い老頭溝炭山
174489	朝鮮朝日	西北・南鮮版	1929-07-11	2	04단	釜日讀者慰安會
174490	朝鮮朝日	西北・南鮮版	1929-07-11	2	04단	通俗講習會
174491	朝鮮朝日	西北・南鮮版	1929-07-11	2	04단	郡庶務主任異動
174492	朝鮮朝日	西北・南鮮版	1929-07-11	2	04단	新刊紹介新羅野(『新羅野』(七月號))
174493	朝鮮朝日	西北版	1929-07-12	1	01단	荒蕪地を擔保に地價以上を貸出すその成行は重大視さる 殖銀海州支店不當貸付問題となる/正當な貸付で疚しい點はないすべて噂にすぎない氷松支店長の辯明談/世間の惡評だ當の借受人たる張氏は語る
174494	朝鮮朝日	西北版	1929-07-12	1	01단	海へ山へ(8)/西湖津海岸
174495	朝鮮朝日	西北版	1929-07-12	1	04단	俳句/鈴木花簑選
174496	朝鮮朝日	西北版	1929-07-12	1	04단	昭和製鋼所の誘致に奔走/コンスターチ工場も南浦の官民一致して
174497	朝鮮朝日	西北版	1929-07-12	1	04단	普校卒業生の同窓靑年會農村靑年指導のため平安南道に設置する
174498	朝鮮朝日	西北版	1929-07-12	1	05단	山梨總督一行淸津を視察/終端浦で喜ばす
174499	朝鮮朝日	西北版	1929-07-12	1	05단	輕爆擊機二機倒着/一機だけ京城に不時着陸す
174500	朝鮮朝日	西北版	1929-07-12	1	05단	海州有志の視察
174501	朝鮮朝日	西北版	1929-07-12	1	06단	民衆警察の模型を出品
174502	朝鮮朝日	西北版	1929-07-12	1	06단	私學の指導と改善のため道視學委員を任命す/平南道の新しい試み
174503	朝鮮朝日	西北版	1929-07-12	1	06단	お茶のあと
174504	朝鮮朝日	西北版	1929-07-12	1	06단	平壤より
174505	朝鮮朝日	西北版	1929-07-12	1	07단	粉擾漸く解決し明治鋼業會社試錐を復活す
174506	朝鮮朝日	西北版	1929-07-12	1	07단	木材荷揚場の完全なものなく業界に不平の聲起

일련번호	판명		간행일	면	단수	기사명
174506	朝鮮朝日	西北版	1929-07-12	1	07단	る新義州府は對策考究
174507	朝鮮朝日	西北版	1929-07-12	1	07단	元山手形交換高
174508	朝鮮朝日	西北版	1929-07-12	1	08단	新義州府の朝博觀光團プログラム決る
174509	朝鮮朝日	西北版	1929-07-12	1	08단	接客業者に豫防注射
174510	朝鮮朝日	西北版	1929-07-12	1	09단	提出事項二百件平南の署長會議と希望事項
174511	朝鮮朝日	西北版	1929-07-12	1	09단	特急とトロが正面衝突し機關車二分して顚覆/天安小井里間の珍事
174512	朝鮮朝日	西北版	1929-07-12	1	09단	春繭は大成功赤星平北道技師視察談
174513	朝鮮朝日	西北版	1929-07-12	1	10단	外人避暑地に郵便を配達
174514	朝鮮朝日	西北版	1929-07-12	1	10단	粗忽者の大失敗守備隊と警察署をさわがす
174515	朝鮮朝日	西北版	1929-07-12	1	10단	馬車に轢かれ少女慘死す
174516	朝鮮朝日	西北版	1929-07-12	1	10단	強盜團逮捕
174517	朝鮮朝日	西北版	1929-07-12	1	10단	妻の後を追ひ參議府員捕まる
174518	朝鮮朝日	西北版	1929-07-12	1	10단	平壤の庭球試合
174519	朝鮮朝日	南鮮版	1929-07-12	1	01단	海へ山へ(8)/西湖津海岸
174520	朝鮮朝日	南鮮版	1929-07-12	1	01단	瓦電買收反對の第一聲を擧げ手嚴い宣言決議をなす釜山府民大會にぎはう/岩橋協議員に辭職を勸告同僚を侮辱し議員の體面をけがしたとて/會場貸與の拒絶を府尹に談じこみ一蹴せらる
174521	朝鮮朝日	南鮮版	1929-07-12	1	04단	論山川改修の面民大會を江景論山で開く
174522	朝鮮朝日	南鮮版	1929-07-12	1	04단	幼稚園協會の設立を協議京城の十八幼稚園が一體となり近く設立
174523	朝鮮朝日	南鮮版	1929-07-12	1	04단	水産用具を出品し朝鮮漁撈の縮圖を展開する
174524	朝鮮朝日	南鮮版	1929-07-12	1	05단	標識サバの放流を行ふ
174525	朝鮮朝日	南鮮版	1929-07-12	1	05단	西瓜はしり
174526	朝鮮朝日	南鮮版	1929-07-12	1	05단	フランスから美術品出品/諺文朝鮮博宣傳歌入賞
174527	朝鮮朝日	南鮮版	1929-07-12	1	06단	事業の中止で仕事がなくなり鐵道方面の從業員は手持無沙汰になやむ
174528	朝鮮朝日	南鮮版	1929-07-12	1	06단	京城學校評議會
174529	朝鮮朝日	南鮮版	1929-07-12	1	06단	輕爆擊機二機到着/一機だけ京城に不時着陸す
174530	朝鮮朝日	南鮮版	1929-07-12	1	07단	いつ終熄するか見込みすら立たず市民の恐怖極度に達す/釜山府にチブス患者續々と出る/バラシクの避病舍順治病院の構內に建築する/開業醫も奮起し防疫事務に就く事にきまる/內地人に多く死亡は少い
174531	朝鮮朝日	南鮮版	1929-07-12	1	07단	俳句/鈴木花蓑選
174532	朝鮮朝日	南鮮版	1929-07-12	1	07단	雨季に入る/中部朝鮮に降雨/鍾路や龍山の家屋が浸水す/橋梁の流失が相當多い見込

일련번호	판명		간행일	면	단수	기사명
174533	朝鮮朝日	南鮮版	1929-07-12	1	08단	自動車衝突
174534	朝鮮朝日	南鮮版	1929-07-12	1	08단	大邱の圓タク溝へ墜落す
174535	朝鮮朝日	南鮮版	1929-07-12	1	08단	水兵の脱走
174536	朝鮮朝日	南鮮版	1929-07-12	1	09단	高女出の才媛自殺を遂ぐ胸の病を苦にし
174537	朝鮮朝日	南鮮版	1929-07-12	1	09단	特急とトロが正面衝突し機關車二分して顚覆/天安小井里間の珍事
174538	朝鮮朝日	南鮮版	1929-07-12	1	10단	英國驅逐艦の備品を盗む
174539	朝鮮朝日	南鮮版	1929-07-12	1	10단	肺患を苦にし自殺を企つ
174540	朝鮮朝日	南鮮版	1929-07-12	1	10단	割腹自殺
174541	朝鮮朝日	南鮮版	1929-07-12	1	10단	強盗團逮捕
174542	朝鮮朝日	南鮮版	1929-07-12	1	10단	實彈射擊を實施
174543	朝鮮朝日	南鮮版	1929-07-12	1	10단	人(鈴木萬次郎氏(朝鮮鐵道相談役)/松井平壤府尹/大村鐵道局長/思田郵朝社長)
174544	朝鮮朝日	西北・南鮮版	1929-07-12	2	01단	清津だより
174545	朝鮮朝日	西北・南鮮版	1929-07-12	2	01단	事情を述べて促進を圖る十二年計劃線につき大村鐵道局長は語る
174546	朝鮮朝日	西北・南鮮版	1929-07-12	2	01단	雫の聲
174547	朝鮮朝日	西北・南鮮版	1929-07-12	2	01단	慶北水産會議員の改選
174548	朝鮮朝日	西北・南鮮版	1929-07-12	2	01단	築港擴張の緩延を仁川府民はひとしく懸念す
174549	朝鮮朝日	西北・南鮮版	1929-07-12	2	02단	北鮮方面の魚油好況閑散を嘟つ船會社を喜ばす
174550	朝鮮朝日	西北・南鮮版	1929-07-12	2	02단	金剛山探勝連絡切符發賣驛
174551	朝鮮朝日	西北・南鮮版	1929-07-12	2	03단	六月中全鮮の郵便貯金高
174552	朝鮮朝日	西北・南鮮版	1929-07-12	2	03단	大邱署移轉新築工事のため
174553	朝鮮朝日	西北・南鮮版	1929-07-12	2	03단	松井式部氏醫博となる
174554	朝鮮朝日	西北・南鮮版	1929-07-12	2	04단	住民の賊役で道路の改修
174555	朝鮮朝日	西北・南鮮版	1929-07-12	2	04단	野生桑樹は間島に好適
174556	朝鮮朝日	西北・南鮮版	1929-07-12	2	04단	琿春普通校に農業補習料
174557	朝鮮朝日	西北・南鮮版	1929-07-12	2	04단	大邱新聞協會
174558	朝鮮朝日	西北・南鮮版	1929-07-12	2	04단	片倉製絲が間島の繭購入
174559	朝鮮朝日	西北・南鮮版	1929-07-12	2	04단	山東避難民が鮮農を壓迫
174560	朝鮮朝日	西北版	1929-07-13	1	01단	海へ山へ(9)/仁川月尾島
174561	朝鮮朝日	西北版	1929-07-13	1	01단	頗る成績のよい咸鏡北道の訓練會『將來全鮮を風靡する』と道當局は鼻うごめかして自慢す
174562	朝鮮朝日	西北版	1929-07-13	1	01단	頗る心細い西鮮鐵道工事大したことはないと當局は前途を樂觀す
174563	朝鮮朝日	西北版	1929-07-13	1	03단	反期成會の市民大會第二回を計劃
174564	朝鮮朝日	西北版	1929-07-13	1	03단	重要事業は心細い財政の緊縮で釜山府憂慮す
174565	朝鮮朝日	西北版	1929-07-13	1	04단	釜山幼稚園の移轉を可決
174566	朝鮮朝日	西北版	1929-07-13	1	04단	三千町步から荒蕪地と化し去り慘狀目もあてら

일련번호	판명		간행일	면	단수	기사명
174566	朝鮮朝日	西北版	1929-07-13	1	04단	れぬ慶尙南道の水害調査/復舊費の捻出に慶南當局が頭を惱ます
174567	朝鮮朝日	西北版	1929-07-13	1	04단	童謠/北原白秋選
174568	朝鮮朝日	西北版	1929-07-13	1	04단	馬鹿にならぬ妓生の稼高多いのになると月々三百圓以上もかせぐ
174569	朝鮮朝日	西北版	1929-07-13	1	05단	築港完成は一年延長淸津港の前途
174569	朝鮮朝日	西北版	1929-07-13	1	05단	濱口內閣の成立を祝福在壤懸人會が
174570	朝鮮朝日	西北版	1929-07-13	1	05단	今や文字どほり腸チブス恐怖時代　急速度に罹
174571	朝鮮朝日	西北版	1929-07-13	1	06단	病者續出し釜山府民は極度の不安にからる/患者現在數
174572	朝鮮朝日	西北版	1929-07-13	1	06단	飲食店に對し營業中止を命ずこれがため盛り場が次第々々にさびれる
174573	朝鮮朝日	西北版	1929-07-13	1	07단	咸興上水道の使用量激增
174574	朝鮮朝日	西北版	1929-07-13	1	07단	窮民救濟の對策を協議
174575	朝鮮朝日	西北版	1929-07-13	1	08단	慶尙合同銀總會
174576	朝鮮朝日	西北版	1929-07-13	1	08단	列車の顚覆や濃霧のため釜山における船車の連絡滅茶苦茶となる/顚覆個所復舊し十二日から漸く常態に復す
174577	朝鮮朝日	西北版	1929-07-13	1	09단	脱走水兵が山林で自殺
174578	朝鮮朝日	西北版	1929-07-13	1	10단	反あたりの收穫三石三斗感ずべき篤農家
174579	朝鮮朝日	西北版	1929-07-13	1	10단	大谷伯夫妻九月に來壤
174580	朝鮮朝日	西北版	1929-07-13	1	10단	給仕刺さる
174581	朝鮮朝日	西北版	1929-07-13	1	10단	幼兒溺死を遂ぐ
174582	朝鮮朝日	西北版	1929-07-13	1	10단	學生に宛て決鬪狀
174583	朝鮮朝日	西北版	1929-07-13	1	10단	耶蘇教長老の息子が犯人英艦の竊盜事件
174584	朝鮮朝日	西北版	1929-07-13	1	10단	もよほし(鎭海夏季講習會)
174585	朝鮮朝日	南鮮版	1929-07-13	1	01단	海へ山へ(9)/仁川月尾島
174586	朝鮮朝日	南鮮版	1929-07-13	1	01단	今や文字どほり腸チブス恐怖時代　急速度に罹病者積出し釜山府民は極度の不安にからる飲料店に對し營業中止を命ずこれがため盛り場が次第々々にさびれる/患者現在數
174587	朝鮮朝日	南鮮版	1929-07-13	1	02단	釜山幼稚園の移轉を可決
174588	朝鮮朝日	南鮮版	1929-07-13	1	03단	反期成會の市民大會第二回を計劃
174589	朝鮮朝日	南鮮版	1929-07-13	1	03단	産米輸移出見込高百十八萬五千石にのぼらん
174590	朝鮮朝日	南鮮版	1929-07-13	1	04단	秘中の秘として/準備を進める衛生館性病の秘密室ふたをあけたらさぞかし觀覽者を吃驚さすだらう
174591	朝鮮朝日	南鮮版	1929-07-13	1	04단	列車の顚覆や濃霧のため釜山における船車の連絡滅茶苦茶となる/顚覆個所復舊し十二日から

일련번호	판명		간행일	면	단수	기사명
174591	朝鮮朝日	南鮮版	1929-07-13	1	04단	漸く常態に復す
174592	朝鮮朝日	南鮮版	1929-07-13	1	06단	三千町歩から荒蕪地と化し去り惨狀目もあてられぬ慶尙南道の水害調査/復舊費の捻出に慶南當局が頭を惱ます
174592	朝鮮朝日	南鮮版	1929-07-13	1	06단	重要事業は心細い財政の緊縮で釜山府憂慮す
174593	朝鮮朝日	南鮮版	1929-07-13	1	07단	馬鹿にならぬ妓生の稼高多いのになると月々三
174594	朝鮮朝日	南鮮版	1929-07-13	1	08단	百圓以上もかせぐ
174595	朝鮮朝日	南鮮版	1929-07-13	1	08단	獨逸選手を盛に歡迎準備委員會で其方法を決定
174596	朝鮮朝日	南鮮版	1929-07-13	1	08단	童謠/北原白秋選
174597	朝鮮朝日	南鮮版	1929-07-13	1	08단	慶尙合同銀總會
174598	朝鮮朝日	南鮮版	1929-07-13	1	08단	寺內參謨長負傷す/乘用自動車が電車と衝突し
174599	朝鮮朝日	南鮮版	1929-07-13	1	09단	築港完成は一年延長淸津港の前途
174600	朝鮮朝日	南鮮版	1929-07-13	1	09단	脫走水兵が山林で自殺
174601	朝鮮朝日	南鮮版	1929-07-13	1	09단	京城醫專軍遠征
174602	朝鮮朝日	南鮮版	1929-07-13	1	09단	反あたりの收穫三石三斗感ずべき篤農家
174603	朝鮮朝日	南鮮版	1929-07-13	1	10단	約三白俵の玄米を盜む
174604	朝鮮朝日	南鮮版	1929-07-13	1	10단	大谷伯夫妻九月に來壤
174605	朝鮮朝日	南鮮版	1929-07-13	1	10단	給仕刺さる
174606	朝鮮朝日	南鮮版	1929-07-13	1	10단	幼兒溺死を遂ぐ
174607	朝鮮朝日	南鮮版	1929-07-13	1	10단	學生に宛て決鬪狀
174608	朝鮮朝日	南鮮版	1929-07-13	1	10단	耶蘇敎長老の息子が犯人英艦の竊盜事件
174609	朝鮮朝日	南鮮版	1929-07-13	1	10단	もよほし(鎭海夏季講習會)
174610	朝鮮朝日	西北・南鮮版	1929-07-13	2	01단	平南道主催の納凉マーケット出品三千點にのぼり得がたい珍品も多い
174611	朝鮮朝日	西北・南鮮版	1929-07-13	2	01단	咸興放送
174612	朝鮮朝日	西北・南鮮版	1929-07-13	2	01단	防疫殊勳者の表彰を行ふ
174613	朝鮮朝日	西北・南鮮版	1929-07-13	2	01단	牡丹台野話
174614	朝鮮朝日	西北・南鮮版	1929-07-13	2	02단	咸南の稻作は滿作を豫想
174615	朝鮮朝日	西北・南鮮版	1929-07-13	2	02단	左側通行を宣傳
174616	朝鮮朝日	西北・南鮮版	1929-07-13	2	02단	山の産物を朝博に出品
174617	朝鮮朝日	西北・南鮮版	1929-07-13	2	02단	病名の判らぬ奇妙な牛疫
174618	朝鮮朝日	西北・南鮮版	1929-07-13	2	02단	咸南の漁村に幼稚園設置
174619	朝鮮朝日	西北・南鮮版	1929-07-13	2	03단	ウニ製造講習會
174620	朝鮮朝日	西北・南鮮版	1929-07-13	2	03단	夜盜蟲發生
174621	朝鮮朝日	西北・南鮮版	1929-07-13	2	04단	百ポンドの線路に改む
174622	朝鮮朝日	西北・南鮮版	1929-07-13	2	04단	大邱の圓タク打擊を受くバスの出現で
174623	朝鮮朝日	西北版	1929-07-14	1	01단	『朝鮮だけ緊縮を除外されたい』全鮮會議所の代表者が東上して政府を口說く/悲觀すべき材料が頗る多い極端なる緊縮方針で平南道の甚大な

일련번호	판명		간행일	면	단수	기사명
174623	朝鮮朝日	西北版	1929-07-14	1	01단	影響/咸南の事業は總て繰延べ新規事業中止により悲鳴の聲隨所に聞く/築港工事の促進を鎭南浦の有志が要路に陳情
174624	朝鮮朝日	西北版	1929-07-14	1	02단	マーク圖案の入賞者決る
174625	朝鮮朝日	西北版	1929-07-14	1	02단	蛔蟲を驅除
174626	朝鮮朝日	西北版	1929-07-14	1	02단	上京の督促も浮の空ゆっくり魚釣山梨總督の避暑旅行
174627	朝鮮朝日	西北版	1929-07-14	1	03단	俳句/鈴木花蓑選
174628	朝鮮朝日	西北版	1929-07-14	1	03단	安東中學校の寄宿舍新設
174629	朝鮮朝日	西北版	1929-07-14	1	03단	全國中等野球朝鮮豫選大會前記(1)/攻擊よりもむしろ守備の方が得意平壤中學本年の陣容
174630	朝鮮朝日	西北版	1929-07-14	1	04단	平北の個閱點呼
174631	朝鮮朝日	西北版	1929-07-14	1	04단	海へ山へ(10)/平壤牡丹台
174632	朝鮮朝日	西北版	1929-07-14	1	05단	六道溝のプール
174633	朝鮮朝日	西北版	1929-07-14	1	05단	禿魯江增水
174634	朝鮮朝日	西北版	1929-07-14	1	06단	國境方面は雨季に入る早くも出水被害
174635	朝鮮朝日	西北版	1929-07-14	1	07단	昭和製鋼所の誘致を運動種々の理由をならべ南浦有志躍起となる
174636	朝鮮朝日	西北版	1929-07-14	1	07단	愈着工する平南漢川の漁港近く工事入札を行ひ二個年の繼續として
174637	朝鮮朝日	西北版	1929-07-14	1	07단	堤防改修の工事を急ぐ
174638	朝鮮朝日	西北版	1929-07-14	1	08단	會釋泥棒
174639	朝鮮朝日	西北版	1929-07-14	1	09단	牡丹台野話
174640	朝鮮朝日	西北版	1929-07-14	1	09단	傍聽を禁止
174641	朝鮮朝日	西北版	1929-07-14	1	09단	馬賊現はる
174642	朝鮮朝日	西北版	1929-07-14	1	09단	於之屯管理の理事選擧きまる安永氏が落選すれば問題は愈よ粉糾する
174643	朝鮮朝日	西北版	1929-07-14	1	10단	步行困難の大工を救ふ
174644	朝鮮朝日	西北版	1929-07-14	1	10단	戶外就寢の取締に困る
174645	朝鮮朝日	西北版	1929-07-14	1	10단	生活難から縊死
174646	朝鮮朝日	西北版	1929-07-14	1	10단	牛疫發生す
174647	朝鮮朝日	南鮮版	1929-07-14	1	01단	一割減額すれば百萬圓の節約危くなった官吏の加俸/結局は減額を免れぬか
174648	朝鮮朝日	南鮮版	1929-07-14	1	01단	運輸計算會社今後の運命非合同派にとっては相當有利に轉回する
174649	朝鮮朝日	南鮮版	1929-07-14	1	01단	社會事業の功により終身年金支給慶北の加藤敏郎氏に
174650	朝鮮朝日	南鮮版	1929-07-14	1	02단	全國中等野球朝鮮豫選大會前記(1)/攻擊よりもむしろ守備の方が得意平壤中學本年の陣容

일련번호	판명		간행일	면	단수	기사명
174651	朝鮮朝日	南鮮版	1929-07-14	1	03단	豫算內容の說明をなす草間財務局長が
174652	朝鮮朝日	南鮮版	1929-07-14	1	03단	六月中の郵便爲替
174653	朝鮮朝日	南鮮版	1929-07-14	1	03단	太刀魚殘肉デンプ製造
174654	朝鮮朝日	南鮮版	1929-07-14	1	04단	市區改修繰延か京城の大事業
174655	朝鮮朝日	南鮮版	1929-07-14	1	04단	慶南署長級の異動行はる大した變化もなくてまづは平凡という處
174656	朝鮮朝日	南鮮版	1929-07-14	1	05단	小包取扱數
174657	朝鮮朝日	南鮮版	1929-07-14	1	05단	七月上旬中の貨物輸送量
174658	朝鮮朝日	南鮮版	1929-07-14	1	05단	熊川郵便所移轉
174659	朝鮮朝日	南鮮版	1929-07-14	1	06단	慶南の田植殆んど終る
174660	朝鮮朝日	南鮮版	1929-07-14	1	06단	俳句/鈴木花蓑選
174661	朝鮮朝日	南鮮版	1929-07-14	1	06단	學生の歸鄕や勞動渡航で釜山棧橋賑ふ
174662	朝鮮朝日	南鮮版	1929-07-14	1	06단	全く原始的な朝博の林業館プラン愈よ出來上る/居乍らにして四季の山の景色を手に取る如く觀覽
174663	朝鮮朝日	南鮮版	1929-07-14	1	07단	美しい傘を翳して藝妓の朝博宣傳
174664	朝鮮朝日	南鮮版	1929-07-14	1	08단	鯖節を製造
174665	朝鮮朝日	南鮮版	1929-07-14	1	08단	珍らしい花泥棒庭園に忍び込んで切り取る
174666	朝鮮朝日	南鮮版	1929-07-14	1	09단	就職を斷られ入手を企つ
174667	朝鮮朝日	南鮮版	1929-07-14	1	09단	瓦電買收經過報告のため桑原府尹入城
174668	朝鮮朝日	南鮮版	1929-07-14	1	09단	不良機關車で列車遲着す
174669	朝鮮朝日	南鮮版	1929-07-14	1	09단	十一日が絶頂か防疫も行屆き人心漸次安全
174670	朝鮮朝日	南鮮版	1929-07-14	1	10단	普天教主法延へ群衆におどされうろたへる
174671	朝鮮朝日	南鮮版	1929-07-14	1	10단	教員の妹が嬰兒を絞殺
174672	朝鮮朝日	南鮮版	1929-07-14	1	10단	水泳の練習中止と決る
174673	朝鮮朝日	南鮮版	1929-07-14	1	10단	淋病の藥で四名死亡靑蝎と稱する蟲の粉を飮み
174674	朝鮮朝日	南鮮版	1929-07-14	1	10단	同民會夏季大學
174675	朝鮮朝日	西北・南鮮版	1929-07-14	2	01단	鐵道貨物の取扱を協議群山港灣修築後の重要な問題として
174676	朝鮮朝日	西北・南鮮版	1929-07-14	2	01단	忠南の田植九割三分終り
174677	朝鮮朝日	西北・南鮮版	1929-07-14	2	01단	忠南の春蠶
174678	朝鮮朝日	西北・南鮮版	1929-07-14	2	01단	護岸工事の卽行を陳情
174679	朝鮮朝日	西北・南鮮版	1929-07-14	2	02단	慶北の田植
174680	朝鮮朝日	西北・南鮮版	1929-07-14	2	02단	架設電話の抽籤を行ふ
174681	朝鮮朝日	西北・南鮮版	1929-07-14	2	02단	成績のよいモヒ患者の診療
174682	朝鮮朝日	西北・南鮮版	1929-07-14	2	02단	元山の人口
174683	朝鮮朝日	西北・南鮮版	1929-07-14	2	03단	繫榮會總會
174684	朝鮮朝日	西北・南鮮版	1929-07-14	2	03단	大邱府營バス時間を延長
174685	朝鮮朝日	西北・南鮮版	1929-07-14	2	03단	農家の副業に筵席を製造

일련번호	판명		간행일	면	단수	기사명
174686	朝鮮朝日	西北・南鮮版	1929-07-14	2	04단	大邱公會堂近く建築に着手
174687	朝鮮朝日	西北・南鮮版	1929-07-14	2	04단	馬山海水浴場賑ひ出す
174688	朝鮮朝日	西北・南鮮版	1929-07-14	2	04단	馬山大邱間の鐵道敷設の計劃活氣づく
174689	朝鮮朝日	西北・南鮮版	1929-07-14	2	04단	紡織工場の敷地を選定
174690	朝鮮朝日	西北・南鮮版	1929-07-14	2	04단	忠南保寧の牛市
174691	朝鮮朝日	西北版	1929-07-16	1	01단	總督府の希望もはねつけらる政府の鼻息は相當強い/財務局長から急電來る
174692	朝鮮朝日	西北版	1929-07-16	1	01단	打開策がなく愈行詰りか前途が心細くなった沙里院面營電氣事業
174693	朝鮮朝日	西北版	1929-07-16	1	01단	極貧鮮農の救濟を行ふ
174694	朝鮮朝日	西北版	1929-07-16	1	01단	咸南の大麻東京製鋼へ賣却
174695	朝鮮朝日	西北版	1929-07-16	1	02단	鐵道工事の中止說失業者の續出を專ら憂慮す
174696	朝鮮朝日	西北版	1929-07-16	1	02단	全國中等野球朝鮮豫選大會前記(２)/初陣の東萊高普と出陣二回の京商その技倆は注目さる
174697	朝鮮朝日	西北版	1929-07-16	1	03단	咸北漁大津の築港は延期
174698	朝鮮朝日	西北版	1929-07-16	1	03단	咸南産燕麥を百萬貫購入
174699	朝鮮朝日	西北版	1929-07-16	1	04단	燃料液化の試驗を行ふ
174700	朝鮮朝日	西北版	1929-07-16	1	04단	國境拓殖鐵道や製鋼所實現のため新義州商議の躍起運動/加藤會頭が近く上京して陳情する
174701	朝鮮朝日	西北版	1929-07-16	1	05단	延吉縣農誌作成配布する
174702	朝鮮朝日	西北版	1929-07-16	1	05단	金鑛を發見
174703	朝鮮朝日	西北版	1929-07-16	1	05단	咸興に人絹工場設置か
174704	朝鮮朝日	西北版	1929-07-16	1	06단	醫學講習所は許可となる
174705	朝鮮朝日	西北版	1929-07-16	1	06단	元山商補校の記念競算會
174706	朝鮮朝日	西北版	1929-07-16	1	07단	公設水泳場平壤府で經營
174707	朝鮮朝日	西北版	1929-07-16	1	07단	平壤より
174708	朝鮮朝日	西北版	1929-07-16	1	07단	木材の輸送增加
174709	朝鮮朝日	西北版	1929-07-16	1	07단	盜水取締から給水申込ふえる新義州上水は徐々に改善して完全を期す
174710	朝鮮朝日	西北版	1929-07-16	1	07단	電氣の統制は諒解された樂浪大觀は出版する松井平壤府尹歸來談
174711	朝鮮朝日	西北版	1929-07-16	1	08단	牡丹台野話
174712	朝鮮朝日	西北版	1929-07-16	1	08단	第十一回全滿商議聯合會
174713	朝鮮朝日	西北版	1929-07-16	1	08단	モヒ中毒者の一掃を企つ
174714	朝鮮朝日	西北版	1929-07-16	1	08단	甕聲硝子の襲擊を揚言馬賊の一隊が
174715	朝鮮朝日	西北版	1929-07-16	1	09단	白米小賣商に非難が起る米價の低落に拘らず一向値下せぬとて
174716	朝鮮朝日	西北版	1929-07-16	1	09단	平壤に赤痢續々と發生す
174717	朝鮮朝日	西北版	1929-07-16	1	09단	拐帶犯人が泥棒を動く

일련번호	판명		간행일	면	단수	기사명
174718	朝鮮朝日	西北版	1929-07-16	1	10단	天候が恢復し愁眉を開く間島の各農村
174719	朝鮮朝日	西北版	1929-07-16	1	10단	電線を盗む
174720	朝鮮朝日	西北版	1929-07-16	1	10단	お牧の茶屋で移動座談會
174721	朝鮮朝日	西北版	1929-07-16	1	10단	國境方面の水害甚しい
174722	朝鮮朝日	西北版	1929-07-16	1	10단	内村博士は辭任
174723	朝鮮朝日	西北版	1929-07-16	1	10단	もよほし(西鮮赤ン坊會)
174724	朝鮮朝日	西北版	1929-07-16	1	10단	人(松井信助氏(平壤府尹)/青木戒三氏(昭和水利囑託))
174725	朝鮮朝日	南鮮版	1929-07-16	1	01단	海へ山へ(１０)/平壤牡丹台
174726	朝鮮朝日	南鮮版	1929-07-16	1	01단	總督府の希望もはねつけらる政府の鼻息は相當強い/財務局長から急電來る
174727	朝鮮朝日	南鮮版	1929-07-16	1	01단	『官紀紊亂など曲解も甚し』謹嚴な朝鮮の役人は妙な見方を心外がる
174728	朝鮮朝日	南鮮版	1929-07-16	1	03단	自動車許可
174729	朝鮮朝日	南鮮版	1929-07-16	1	04단	實行委員を選出し電氣府營の實現に向ひ邁進
174730	朝鮮朝日	南鮮版	1929-07-16	1	04단	補助の打切で私鐵怯えるこれに反し自動車は有利な地位に置かる
174731	朝鮮朝日	南鮮版	1929-07-16	1	04단	全國中等野球朝鮮豫選大會前記(２)/初陣の東萊高普と出陣二回の京商その技倆は注目さる
174732	朝鮮朝日	南鮮版	1929-07-16	1	05단	大邱馬山間の私設鐵道の景氣は頗るよい
174733	朝鮮朝日	南鮮版	1929-07-16	1	05단	電話利用敷
174734	朝鮮朝日	南鮮版	1929-07-16	1	06단	昌原驛にで電報取扱ふ
174735	朝鮮朝日	南鮮版	1929-07-16	1	06단	町總代組長の會同を求め要路に反對を陳情す反旗成會派側の活動
174736	朝鮮朝日	南鮮版	1929-07-16	1	06단	優良機關車に獎勵金交付
174737	朝鮮朝日	南鮮版	1929-07-16	1	07단	京城の物價幾分勝り氣味
174738	朝鮮朝日	南鮮版	1929-07-16	1	07단	サイレンの設備を痛感ガスに惱まされ
174739	朝鮮朝日	南鮮版	1929-07-16	1	08단	朝鮮としては最初のトーキーを上映
174740	朝鮮朝日	南鮮版	1929-07-16	1	08단	慶南道の諸事業繰延となり關係方面悲觀す
174741	朝鮮朝日	南鮮版	1929-07-16	1	09단	發病者は減退し釜山のチブスは危機を脱す
174742	朝鮮朝日	南鮮版	1929-07-16	1	09단	全南協贊會會員優遇それぞれ管下に通牒を發す
174743	朝鮮朝日	南鮮版	1929-07-16	1	10단	暑休利用の見學團續々と入鮮す
174744	朝鮮朝日	南鮮版	1929-07-16	1	10단	自動車屋を專門に荒す
174745	朝鮮朝日	南鮮版	1929-07-16	1	10단	大邱附近に天然痘發生
174746	朝鮮朝日	南鮮版	1929-07-16	1	10단	國境方面の水害甚しい
174747	朝鮮朝日	南鮮版	1929-07-16	1	10단	大邱の水泳大會
174748	朝鮮朝日	南鮮版	1929-07-16	1	10단	人(田所芳秋博士(八幡製鐵所技師)/平尾贊平氏(桃谷順天堂主))
174749	朝鮮朝日	西北・南鮮版	1929-07-16	2	01단	火曜のペーヂ/病弱者と海水浴結核恢復期の運

일련번호	판명		간행일	면	단수	기사명
174749	朝鮮朝日	西北・南鮮版	1929-07-16	2	01단	動療法/醫學博士長谷川卯三郎
174750	朝鮮朝日	西北・南鮮版	1929-07-16	2	03단	城大遂に惜敗す城大九大對抗陸上競技大會意義ある最初の對戰
174751	朝鮮朝日	西北・南鮮版	1929-07-16	2	04단	國語教材の現象學的研究/元山商業學校長高田邦彦氏著
174752	朝鮮朝日	西北・南鮮版	1929-07-16	2	06단	理論から實踐へ京城高工生徒が勞動をやる
174753	朝鮮朝日	西北・南鮮版	1929-07-16	2	06단	丹青美しい朝鮮建西平壤驛の建築工事を急ぐ
174754	朝鮮朝日	西北・南鮮版	1929-07-16	2	07단	關釜間電話の敷設を請願
174755	朝鮮朝日	西北版	1929-07-17	1	01단	沙里院面電に芳くない噂起債認可が來ぬため盛に巷間に流布する
174756	朝鮮朝日	西北版	1929-07-17	1	01단	咸興水利組合入札遣直し
174757	朝鮮朝日	西北版	1929-07-17	1	01단	咸興聯隊管內本年の點呼
174758	朝鮮朝日	西北版	1929-07-17	1	01단	全國中等野球朝鮮豫選大會前記(3)/大成をはかる龍中初陳の羅南中學木浦商業の精進ぶり
174759	朝鮮朝日	西北版	1929-07-17	1	02단	間島の署長異動
174760	朝鮮朝日	西北版	1929-07-17	1	02단	平原郡の農民愁眉を開く
174761	朝鮮朝日	西北版	1929-07-17	1	03단	平壤妓生校に演舞場建築
174762	朝鮮朝日	西北版	1929-07-17	1	03단	北鮮運輸と國際運送合併急轉直下に成立すちかく披露を行ふ
174763	朝鮮朝日	西北版	1929-07-17	1	03단	平南宣傳歌を懸賞で募集
174764	朝鮮朝日	西北版	1929-07-17	1	04단	平南における獸疫發生數
174765	朝鮮朝日	西北版	1929-07-17	1	04단	平壤の貿易
174766	朝鮮朝日	西北版	1929-07-17	1	04단	石炭採掘税改正
174767	朝鮮朝日	西北版	1929-07-17	1	05단	平南道教員夏季講習會
174768	朝鮮朝日	西北版	1929-07-17	1	05단	煙草製造豫定數八月中の全鮮各工場に於て
174769	朝鮮朝日	西北版	1929-07-17	1	05단	一年半ぶりに年賀狀到着
174770	朝鮮朝日	西北版	1929-07-17	1	05단	送電認可となる平壤大楡洞金鑛間の送電は近く開始する
174771	朝鮮朝日	西北版	1929-07-17	1	06단	第八回朝鮮美術展九月一日から三十日まで
174772	朝鮮朝日	西北版	1929-07-17	1	06단	頗る頼りない空のたより
174773	朝鮮朝日	西北版	1929-07-17	1	07단	陸軍軍樂隊招聘と空中ページエント
174774	朝鮮朝日	西北版	1929-07-17	1	07단	平壤の夜店
174775	朝鮮朝日	西北版	1929-07-17	1	07단	俳句/鈴木花蓑選
174776	朝鮮朝日	西北版	1929-07-17	1	07단	目下のところ影響は少い國際鐵道問題
174777	朝鮮朝日	西北版	1929-07-17	1	08단	鳥の大群に神經を痛む
174778	朝鮮朝日	西北版	1929-07-17	1	08단	漢城銀行の成績
174779	朝鮮朝日	西北版	1929-07-17	1	08단	兩切が減って口付ふえる荒刻は長壽煙が第一全鮮の煙草嗜好調べ
174780	朝鮮朝日	西北版	1929-07-17	1	08단	大同江の水量六米に達す上流地の被害は多い西

일련번호	판명		간행일	면	단수	기사명
174780	朝鮮朝日	西北版	1929-07-17	1	08단	鮮地方雨期に入る
174781	朝鮮朝日	西北版	1929-07-17	1	09단	牡丹台野話
174782	朝鮮朝日	西北版	1929-07-17	1	09단	煙草賣上高增加をしめす
174783	朝鮮朝日	西北版	1929-07-17	1	09단	浮浪者狩り
174784	朝鮮朝日	西北版	1929-07-17	1	10단	鮮支人夫のストライキ
174785	朝鮮朝日	西北版	1929-07-17	1	10단	日本婦人のあはれな死
174786	朝鮮朝日	西北版	1929-07-17	1	10단	平壤に痲疹患者續々と發生
174787	朝鮮朝日	西北版	1929-07-17	1	10단	郵便所員が公金拐帶滿洲に潜入か
174788	朝鮮朝日	南鮮版	1929-07-17	1	01단	第八回朝鮮美術展九月一日から三十日まで
174789	朝鮮朝日	南鮮版	1929-07-17	1	01단	六分三厘程度で結局借入れ成立か起債の認可も見込立つ桑原釜山府尹懸命に折衝を重ぬ/『利率如何では覺悟がある』一部協議員が強硬な態度を示すにいたる
174790	朝鮮朝日	南鮮版	1929-07-17	1	01단	目下のところ影響は少い國際鐵道問題
174791	朝鮮朝日	南鮮版	1929-07-17	1	02단	一年半ぶりに年賀狀到着
174792	朝鮮朝日	南鮮版	1929-07-17	1	02단	蔚山飛行場の浸水退かず離着陸に困難を感ず目下復舊工事を急ぐ
174793	朝鮮朝日	南鮮版	1929-07-17	1	03단	頗る賴りない空のたより
174794	朝鮮朝日	南鮮版	1929-07-17	1	04단	米穀法撤廢の對策きまる天日氏がこれを携へ全國米穀大會に臨む
174795	朝鮮朝日	南鮮版	1929-07-17	1	04단	俳句/鈴木花蓑選
174796	朝鮮朝日	南鮮版	1929-07-17	1	04단	全國中等野球朝鮮豫選大會前記(3)/大成をはかる龍中初陳の羅南中學木浦商業の精進ぶり
174797	朝鮮朝日	南鮮版	1929-07-17	1	05단	陸軍軍樂隊招聘と空中ページエント
174798	朝鮮朝日	南鮮版	1929-07-17	1	05단	漢城銀行の成績
174799	朝鮮朝日	南鮮版	1929-07-17	1	05단	兩切が減って口付ふえる荒刻は長壽煙が第一全鮮の煙草嗜好調べ
174800	朝鮮朝日	南鮮版	1929-07-17	1	06단	男そこのけの藝妓稼ぎ高
174801	朝鮮朝日	南鮮版	1929-07-17	1	06단	睡眠藥をのみ自殺を圖る男に面當の女給
174802	朝鮮朝日	南鮮版	1929-07-17	1	07단	煙草賣上高增加をしめす
174803	朝鮮朝日	南鮮版	1929-07-17	1	07단	酒を飲み續け心臟痲痺で死ぬ
174804	朝鮮朝日	南鮮版	1929-07-17	1	07단	陰謀團の巨魁呂運亨護送さる觀念のホゾをかため極めて神妙に渡鮮す
174805	朝鮮朝日	南鮮版	1929-07-17	1	08단	強盜殺人の容疑者逃走
174806	朝鮮朝日	南鮮版	1929-07-17	1	08단	ランプが倒れ母子大火傷
174807	朝鮮朝日	南鮮版	1929-07-17	1	08단	豪雨に乘じて妾宅に強盜
174808	朝鮮朝日	南鮮版	1929-07-17	1	09단	大邱生れの軍醫自殺す
174809	朝鮮朝日	南鮮版	1929-07-17	1	09단	釜山のチブス又ぶり返す署氣が加ったために避病舍の不足で弱る

일련번호	판명		간행일	면	단수	기사명
174810	朝鮮朝日	南鮮版	1929-07-17	1	09단	大邱府內に傳染病續發
174811	朝鮮朝日	南鮮版	1929-07-17	1	10단	郵便所員が公金拐帶滿洲に潜入か
174812	朝鮮朝日	南鮮版	1929-07-17	1	10단	煙草製造豫定數八月中の全鮮各工場に於て
174813	朝鮮朝日	南鮮版	1929-07-17	1	10단	*木浦軍大勝/裡里農林優勝す*
174814	朝鮮朝日	南鮮版	1929-07-17	1	10단	人(福原朝鮮鐵道副社長)
174815	朝鮮朝日	西北・南鮮版	1929-07-17	2	01단	樂しい署休/海へ！山へ！/京城各校のプラン立つ/近く樂しい目的の地へ
174816	朝鮮朝日	西北・南鮮版	1929-07-17	2	01단	夏休みを短縮し遲れた分を取戻すとに決定
174817	朝鮮朝日	西北・南鮮版	1929-07-17	2	02단	水饑饉から救ひ出せぬ大邱の上水道
174818	朝鮮朝日	西北・南鮮版	1929-07-17	2	02단	財務整理の緩和を全鮮會議所が聯合して陳情
174819	朝鮮朝日	西北・南鮮版	1929-07-17	2	03단	ジャズ小唄GKから放送
174820	朝鮮朝日	西北・南鮮版	1929-07-17	2	04단	あはび罐詰の競爭を防ぐ
174821	朝鮮朝日	西北・南鮮版	1929-07-17	2	04단	獻上金甛瓜の輸送を試驗
174822	朝鮮朝日	西北・南鮮版	1929-07-17	2	04단	木浦の陸地綿開花を見る
174823	朝鮮朝日	西北・南鮮版	1929-07-17	2	04단	岩本少佐に有功章賜る
174824	朝鮮朝日	西北・南鮮版	1929-07-17	2	04단	消防協會江原支部發會式
174825	朝鮮朝日	西北版	1929-07-18	1	01단	*朝鮮の會議所が結束をかため財政緊縮緩和に努める京城會議所檄を飛ばす/中央朝鮮協會遂に蹶起し委員は政府を訪うて朝鮮の除外を陳情す*
174826	朝鮮朝日	西北版	1929-07-18	1	01단	水害を防止に極力つとめる平北道の計劃
174827	朝鮮朝日	西北版	1929-07-18	1	01단	全國中等野球朝鮮豫選大會前記(４)/必勝を期す善隣商業敏捷な釜山中學侮りがたい裡里農林
174828	朝鮮朝日	西北版	1929-07-18	1	02단	毒草寄生蟲を朝博に出品
174829	朝鮮朝日	西北版	1929-07-18	1	02단	中日懇親學堂生徒を募集
174830	朝鮮朝日	西北版	1929-07-18	1	03단	平年作以上の農作を豫想平南の農作物
174831	朝鮮朝日	西北版	1929-07-18	1	03단	京城醫專の松本々壘打して還る
174832	朝鮮朝日	西北版	1929-07-18	1	04단	運搬賃を下げず元山の二回漕店非難を受く
174833	朝鮮朝日	西北版	1929-07-18	1	05단	球界の人氣署熱と共に騰り熱球砂を嚙んで飛ぶ 高專野球西部豫選第一日(１６Ａ‐０ 大分高商大勝京城齒科敗退す/１２‐３京城醫專大勝明專の善戰空し)
174834	朝鮮朝日	西北版	1929-07-18	1	06단	大谷伯夫妻の來新きまる
174835	朝鮮朝日	西北版	1929-07-18	1	07단	私立教員講習會
174836	朝鮮朝日	西北版	1929-07-18	1	07단	中江鎭方面の被害は多い/順川、孟山の水害甚しい
174837	朝鮮朝日	西北版	1929-07-18	1	07단	指定外電球は一切認めぬ平壤府營電氣に對し非難の聲八方から起る
174838	朝鮮朝日	西北版	1929-07-18	1	08단	牡丹台野話
174839	朝鮮朝日	西北版	1929-07-18	1	08단	俳句/鈴木花蓑選

일련번호	판명		간행일	면	단수	기사명
174840	朝鮮朝日	西北版	1929-07-18	1	08단	平南商陳分館愈近く開館
174841	朝鮮朝日	西北版	1929-07-18	1	09단	名勝地牡丹台を更に美化する丹靑美くしい行政廳/移轉工事着々として進む竣功の曉は一偉觀となる
174842	朝鮮朝日	西北版	1929-07-18	1	09단	平北龍巖浦の學議員選擧
174843	朝鮮朝日	西北版	1929-07-18	1	10단	水利襲擊事件解決を告ぐ
174844	朝鮮朝日	西北版	1929-07-18	1	10단	某警察の人權蹂躪平壤辯護士會の問題となる
174845	朝鮮朝日	西北版	1929-07-18	1	10단	イカナゴを專門に漁撈
174846	朝鮮朝日	西北版	1929-07-18	1	10단	南浦江東の兩署優勝盛だった平南警官武道大會
174847	朝鮮朝日	西北版	1929-07-18	1	10단	人(手塚甚氏(道立醫院醫官))
174848	朝鮮朝日	南鮮版	1929-07-18	1	01단	朝鮮の會議所が結束をかため財政緊縮緩和に努める京城會議所機を飛ばす/中央朝鮮協會遂に蹶起し委員は政府を訪うて朝鮮の除外を陳情す/緊縮政策で心細い慶北の諸事業
174849	朝鮮朝日	南鮮版	1929-07-18	1	01단	全國中等野球朝鮮豫選大會前記(4)/必勝を期す善隣商業敏捷な釜山中學侮りがたい裡里農林
174850	朝鮮朝日	南鮮版	1929-07-18	1	02단	總督府參觀の規程を設く
174851	朝鮮朝日	南鮮版	1929-07-18	1	03단	京城醫專の松本々疊打して還る
174852	朝鮮朝日	南鮮版	1929-07-18	1	04단	マンモスの牙を朝博へ出品方申込む
174853	朝鮮朝日	南鮮版	1929-07-18	1	04단	國學院大學野球部入城松山高商軍も
174854	朝鮮朝日	南鮮版	1929-07-18	1	05단	俳句/鈴木花蓑選
174855	朝鮮朝日	南鮮版	1929-07-18	1	05단	球界の人氣署熱と共に騰り熱球砂を噛んで飛ぶ 高專野球西部豫選第一日(16A-0 大分高商大勝京城齒科敗退す/12-3 京城醫專大勝明專の善戰空し)
174856	朝鮮朝日	南鮮版	1929-07-18	1	06단	西本願寺法主夫妻が來鮮 布教五十周年記念の法要に參列するため/大谷伯夫妻の日程きまる
174857	朝鮮朝日	南鮮版	1929-07-18	1	07단	火藥庫番人の住宅爆發す
174858	朝鮮朝日	南鮮版	1929-07-18	1	08단	本妻と妾が自殺を遂ぐ
174859	朝鮮朝日	南鮮版	1929-07-18	1	08단	時局標榜の强盜押入る
174860	朝鮮朝日	南鮮版	1929-07-18	1	08단	お茶のあと
174861	朝鮮朝日	南鮮版	1929-07-18	1	08단	問題の呂運亨京城に着く
174862	朝鮮朝日	南鮮版	1929-07-18	1	08단	婦人の身で二等飛行士
174863	朝鮮朝日	南鮮版	1929-07-18	1	09단	慶應大學の音樂會二十九、三十の兩日京城にて
174864	朝鮮朝日	南鮮版	1929-07-18	1	09단	檢病檢査の不徹底から腸チブス盛りかへす釜山府民不安に戰く/チブスに祟られ釜山の盛り場次第に寂れる
174865	朝鮮朝日	南鮮版	1929-07-18	1	10단	酒て叱られ酒で死ぬ
174866	朝鮮朝日	南鮮版	1929-07-18	1	10단	キネマ便り

일련번호	판명		간행일	면	단수	기사명
174867	朝鮮朝日	南鮮版	1929-07-18	1	10단	人(和田一郎氏(朝鮮商銀頭取)/西崎鶴太郎氏(鎭南浦實業家)/松山基範敎授/新田雷次郎氏(朝鐵專務)/手塚甚氏(道立醫院醫官))
174868	朝鮮朝日	西北・南鮮版	1929-07-18	2	01단	朝鮮直營特設館工事着々として進む
174869	朝鮮朝日	西北・南鮮版	1929-07-18	2	01단	ラヂウムを多量に含有炭酸その他をも含む咸鏡南道三防の藥水
174870	朝鮮朝日	西北・南鮮版	1929-07-18	2	01단	貨物取扱の對策究研群山商議にて
174871	朝鮮朝日	西北・南鮮版	1929-07-18	2	02단	苹果の走り
174872	朝鮮朝日	西北・南鮮版	1929-07-18	2	03단	普通校長講習會
174873	朝鮮朝日	西北・南鮮版	1929-07-18	2	03단	財務緊縮に怯えて仁川商議がその對策を協議
174874	朝鮮朝日	西北・南鮮版	1929-07-18	2	03단	重要二問題の解決に努む淸州の繁榮會
174875	朝鮮朝日	西北・南鮮版	1929-07-18	2	04단	滿洲と內地の爲替取扱高
174876	朝鮮朝日	西北・南鮮版	1929-07-18	2	04단	原州學祖議員補缺選擧行はる
174877	朝鮮朝日	西北・南鮮版	1929-07-18	2	04단	平壤より
174878	朝鮮朝日	西北・南鮮版	1929-07-18	2	04단	咸興放送
174879	朝鮮朝日	西北版	1929-07-19	1	01단	市民大會を開き聲を大にする製鋼所誘致問題につき新義州府民眞劍となる
174880	朝鮮朝日	西北版	1929-07-19	1	01단	濡れた木材の重量扱ひは眞平御蒙りたいと安東驛長に陳情する
174881	朝鮮朝日	西北版	1929-07-19	1	01단	全國中等野球朝鮮豫選大會前記(5)/優等生を網羅する頭のよい大邱中仁川商業大に頑張る/注目される安東中學の活躍選手は比較的粒揃ひ
174882	朝鮮朝日	西北版	1929-07-19	1	02단	安東油房業の作業復活す
174883	朝鮮朝日	西北版	1929-07-19	1	02단	龍井邦人會の委員を選擧
174884	朝鮮朝日	西北版	1929-07-19	1	03단	俳句/鈴木花蓑選
174885	朝鮮朝日	西北版	1929-07-19	1	03단	山東避難民の收容所閉鎖
174886	朝鮮朝日	西北版	1929-07-19	1	04단	保健衛生上給水場增設
174887	朝鮮朝日	西北版	1929-07-19	1	04단	醫學講習所の盛な落成式
174888	朝鮮朝日	西北版	1929-07-19	1	04단	集約的栽培で增收を圖り其上作付段別を增す平南ビート獎勵方針
174889	朝鮮朝日	西北版	1929-07-19	1	05단	山崩れのため家屋倒壞し一家三名壓死
174890	朝鮮朝日	西北版	1929-07-19	1	05단	郵便事務員が公金を拐帶
174891	朝鮮朝日	西北版	1929-07-19	1	05단	豪雨で筏が多數流失す
174892	朝鮮朝日	西北版	1929-07-19	1	06단	平壤興行界は夏枯となる
174893	朝鮮朝日	西北版	1929-07-19	1	06단	豹を射殺して科料を食ひ上告檢事は科料を主張し辯護士は緊急行爲だと主張/近ごろめづらしい裁判沙汰
174894	朝鮮朝日	西北版	1929-07-19	1	07단	卽決處分犯罪件數
174895	朝鮮朝日	西北版	1929-07-19	1	08단	鐵橋通行中の朝鮮人を轢殺す

일련번호	판명		간행일	면	단수	기사명
174896	朝鮮朝日	西北版	1929-07-19	1	09단	平南道各地に青年團を創立し地方改良機關とする/近く郡守會議に附議
174897	朝鮮朝日	西北版	1929-07-19	1	09단	牡丹台野話
174898	朝鮮朝日	西北版	1929-07-19	1	10단	高瀬船を襲ひ強盗を動く
174899	朝鮮朝日	西北版	1929-07-19	1	10단	チブス患者の發生を恐れ豫防警戒を行ふ
174900	朝鮮朝日	西北版	1929-07-19	1	10단	驅落者捕る
174900	朝鮮朝日	西北版	1929-07-19	1	10단	大豆と豆粕の運賃拂戻し延期
174901	朝鮮朝日	西北版	1929-07-19	1	10단	『二三の輩のため吾等の築き上げた朝鮮に汚點
174902	朝鮮朝日	南鮮版	1929-07-19	1	01단	を印された』思ひ出の會で兒玉伯の痛烈な挨拶
174903	朝鮮朝日	南鮮版	1929-07-19	1	01단	仕事らしい仕事とてなくこゝもと休業氣分の昨今の總督府の情景
174904	朝鮮朝日	南鮮版	1929-07-19	1	01단	御內帑金御下賜京城神社改築の補助として
174905	朝鮮朝日	南鮮版	1929-07-19	1	01단	全鮮の田植殆と終了照りが續けば豊作疑ひなし
174906	朝鮮朝日	南鮮版	1929-07-19	1	02단	全國中等野球朝鮮豫選大會前記(5)/優等生を網羅する頭のよい大邱中仁川商業大に頑張る
174907	朝鮮朝日	南鮮版	1929-07-19	1	03단	總督府辭令
174908	朝鮮朝日	南鮮版	1929-07-19	1	03단	支那勞動者の團體を組織
174909	朝鮮朝日	南鮮版	1929-07-19	1	04단	起債の認可は有利に進む桑原府尹が歸任早々協議員を召集報告す/一氣呵成に可決か事業賣却を附議の瓦電總會
174910	朝鮮朝日	南鮮版	1929-07-19	1	04단	俳句/鈴木花蓑選
174911	朝鮮朝日	南鮮版	1929-07-19	1	05단	慶南固城學祖評議員選擧
174912	朝鮮朝日	南鮮版	1929-07-19	1	05단	軍用裸麥を慶南が納入
174913	朝鮮朝日	南鮮版	1929-07-19	1	05단	驅落者捕る
174914	朝鮮朝日	南鮮版	1929-07-19	1	06단	チブス患者の發生を恐れ豫防警戒を行ふ
174915	朝鮮朝日	南鮮版	1929-07-19	1	06단	豹を射殺して科料を食ひ上告檢事は科料を主張し辯護士は緊急行爲だと主張/近ごろめづらしい裁判沙汰
174916	朝鮮朝日	南鮮版	1929-07-19	1	07단	來月中旬まで終熄しない新患者續々發生して全く手がつけられぬ/隔離病舍二棟增築釜山府協議會において可決/警務局から技師を派遣
174917	朝鮮朝日	南鮮版	1929-07-19	1	08단	お茶のあと
174918	朝鮮朝日	南鮮版	1929-07-19	1	09단	平壤興行界は夏枯となる
174919	朝鮮朝日	南鮮版	1929-07-19	1	09단	山崩れのため家屋倒壞し一家三名壓死
174920	朝鮮朝日	南鮮版	1929-07-19	1	09단	郵便事務員が公金を拐帶
174921	朝鮮朝日	南鮮版	1929-07-19	1	09단	慶北蓮湖洞にチブス續發
174922	朝鮮朝日	南鮮版	1929-07-19	1	09단	連絡船から美人投身す
174923	朝鮮朝日	南鮮版	1929-07-19	1	10단	高瀬船を襲ひ強盗を動く
174924	朝鮮朝日	南鮮版	1929-07-19	1	10단	少女轢死す

일련번호	판명		간행일	면	단수	기사명
174925	朝鮮朝日	南鮮版	1929-07-19	1	10단	畜産組合雇が鷄卵代拐帯
174926	朝鮮朝日	南鮮版	1929-07-19	1	10단	鐵橋通行中の朝鮮人を轢殺す
174927	朝鮮朝日	南鮮版	1929-07-19	1	10단	運動系(京城府廳軍は九州に遠征)
174928	朝鮮朝日	南鮮版	1929-07-19	1	10단	もよほし(京城の音樂會)
174929	朝鮮朝日	南鮮版	1929-07-19	1	10단	人(武者錬三氏(京電專務))
174930	朝鮮朝日	南鮮版	1929-07-19	1	10단	半島茶話
174931	朝鮮朝日	西北・南鮮版	1929-07-19	2	01단	平南道警察部の新規事業懸念さる四警察新築は特に危い/『出來るだけ頑張ると當局はいふ』
174932	朝鮮朝日	西北・南鮮版	1929-07-19	2	01단	銀塊さき安の引越し濃厚然し目下は上向調子安東取引所のしらべ
174933	朝鮮朝日	西北・南鮮版	1929-07-19	2	01단	天候定まれば中斷を開始DK意氣込む
174934	朝鮮朝日	西北・南鮮版	1929-07-19	2	02단	災害民に滯納處分學校の授業料を拂はぬとて
174935	朝鮮朝日	西北・南鮮版	1929-07-19	2	03단	大邱春秋/大邱一記者
174936	朝鮮朝日	西北・南鮮版	1929-07-19	2	03단	DK放送室に冷風裝置
174937	朝鮮朝日	西北・南鮮版	1929-07-19	2	04단	木村君を聘し水泳講習會
174938	朝鮮朝日	西北・南鮮版	1929-07-19	2	04단	電氣府營の諒解を求む今村慶北知事に
174939	朝鮮朝日	西北・南鮮版	1929-07-19	2	04단	仁川臨海學校本年も開放
174940	朝鮮朝日	西北・南鮮版	1929-07-19	2	04단	平北普通校夏季講習會
174941	朝鮮朝日	西北・南鮮版	1929-07-19	2	04단	雫の聲
174942	朝鮮朝日	西北・南鮮版	1929-07-19	2	04단	安中の補習教育
174943	朝鮮朝日	西北版	1929-07-20	1	01단	電氣統制に對し緊縮はどう響くか本府の意向を確むべく松井平壤府尹は急遽京城に向ふ
174944	朝鮮朝日	西北版	1929-07-20	1	01단	都市計劃案を全然無視し工場の設置を許可す沙里院の面目潰さる
174945	朝鮮朝日	西北版	1929-07-20	1	01단	全國中等野球朝鮮豫選大會前記(6)/守備にかけては全く申分なき京城師範技倆未知數の淸州高普
174946	朝鮮朝日	西北版	1929-07-20	1	02단	兩者再び陳情す批峴牛市場問題は解決せぬ
174947	朝鮮朝日	西北版	1929-07-20	1	03단	心細い水道咸興の水不足
174948	朝鮮朝日	西北版	1929-07-20	1	03단	夜盗蟲驅除の宣傳を行ふ
174949	朝鮮朝日	西北版	1929-07-20	1	03단	咸興面營の住宅を計劃
174950	朝鮮朝日	西北版	1929-07-20	1	04단	於之屯理事に安永氏當選
174951	朝鮮朝日	西北版	1929-07-20	1	04단	醫學講習所の學則を制定
174952	朝鮮朝日	西北版	1929-07-20	1	04단	買收價額の點で議論が二派に分れ釜山府協議會紛糾せん會議は到底一日で議了せぬ模様
174953	朝鮮朝日	西北版	1929-07-20	1	05단	貝類捕獲の期間を制限
174954	朝鮮朝日	西北版	1929-07-20	1	05단	順川農普校開校式を擧ぐ
174955	朝鮮朝日	西北版	1929-07-20	1	05단	節水の宣傳を公然できず水は容赦なく減って釜山府當局困り拔く
174956	朝鮮朝日	西北版	1929-07-20	1	06단	築港期成會の實行委員會

일련번호	판명		간행일	면	단수	기사명
174957	朝鮮朝日	西北版	1929-07-20	1	06단	英國軍艦二隻南浦に入港
174958	朝鮮朝日	西北版	1929-07-20	1	07단	モヒ療養所の設計を急ぐ
174959	朝鮮朝日	西北版	1929-07-20	1	07단	生産や取引の實情を詳述豆粕斤量問題につき安東から朝鮮に回答
174960	朝鮮朝日	西北版	1929-07-20	1	07단	咸興の競馬
174961	朝鮮朝日	西北版	1929-07-20	1	07단	俳句/鈴木花蓑選
174962	朝鮮朝日	西北版	1929-07-20	1	07단	延邊四縣の財政を調査
174963	朝鮮朝日	西北版	1929-07-20	1	07단	南浦の火事醬油工場燒く
174964	朝鮮朝日	西北版	1929-07-20	1	08단	頗る簡單に入露出來る食糧不足からか
174965	朝鮮朝日	西北版	1929-07-20	1	08단	朝鮮博に珍手紙餘りの奇拔さに係員吹出す
174966	朝鮮朝日	西北版	1929-07-20	1	08단	大和校兒童が唱歌を放送
174967	朝鮮朝日	西北版	1929-07-20	1	08단	牡丹台野話
174968	朝鮮朝日	西北版	1929-07-20	1	09단	天圖線開通
174969	朝鮮朝日	西北版	1929-07-20	1	09단	羅病者は青少年一日卅人内外の患者現はる/本府技師が詳細に調査
174970	朝鮮朝日	西北版	1929-07-20	1	09단	鴨綠江增水で萬一を憂へ防水の對策を確立す關係者道廳に集合し
174971	朝鮮朝日	西北版	1929-07-20	1	09단	平南の水害順川、孟山兩郡内の被害は相當大きい
174972	朝鮮朝日	西北版	1929-07-20	1	10단	乘合自動車顚覆し乘務員乘客五名重輕傷負ふ
174973	朝鮮朝日	西北版	1929-07-20	1	10단	領事警察部が土用稽古を開始
174974	朝鮮朝日	西北版	1929-07-20	1	10단	增水で木材多數流失す
174975	朝鮮朝日	南鮮版	1929-07-20	1	01단	買收價額の點で議論が二派に分れ釜山府協議會紛糾せん會議は到底一日で議了せぬ模樣/總督府幹部に瓦電買收の反對を電報す
174976	朝鮮朝日	南鮮版	1929-07-20	1	01단	都市計劃案を全然無視し工場の設置を許可す沙里院の面目潰さる
174977	朝鮮朝日	南鮮版	1929-07-20	1	01단	全國中等野球朝鮮豫選大會前記(6)/守備にかけては全く申分なき京城師範技倆未知數の淸州高普
174978	朝鮮朝日	南鮮版	1929-07-20	1	03단	俳句/鈴木花蓑選
174979	朝鮮朝日	南鮮版	1929-07-20	1	03단	慶北原蠶種製造所移轉
174980	朝鮮朝日	南鮮版	1929-07-20	1	03단	電氣統制に對し緊縮はどう響くか本府の意向を確むべく松井平壤府尹は急遽京城に向ふ
174981	朝鮮朝日	南鮮版	1929-07-20	1	04단	記者大會の對策を協議
174982	朝鮮朝日	南鮮版	1929-07-20	1	04단	貝類捕獲其間を制限
174983	朝鮮朝日	南鮮版	1929-07-20	1	04단	節水の宣傳を公然できず水は容赦なく減って釜山府當局困り拔く
174984	朝鮮朝日	南鮮版	1929-07-20	1	05단	滿洲里方面の邦人に引揚命令發せらるすでに一部引揚を開始/ソウェート領事日本旅館に保護を求む/赤軍稅關を占領

일련번호	판명		간행일	면	단수	기사명
174985	朝鮮朝日	南鮮版	1929-07-20	1	06단	日本生保協會朝博を應援
174986	朝鮮朝日	南鮮版	1929-07-20	1	06단	朝鮮博に珍手紙餘りの奇拔さに係員吹出す
174987	朝鮮朝日	南鮮版	1929-07-20	1	07단	繭買殺し犯人逮捕されぬ
174987	朝鮮朝日	南鮮版	1929-07-20	1	07단	一家枕を並べ病院に呻吟する者が數組出て悲慘を極む/羅病者は靑少年一日廿人內外の患者現はる/本府技師が詳細に調査
174988	朝鮮朝日	南鮮版	1929-07-20	1	07단	總督府四階の窓から飛降り自殺を遂ぐ暑さで神經衰弱が昂進の結果か眞面目を以て通った總督
174989	朝鮮朝日	南鮮版	1929-07-20	1	07단	府囑託
174990	朝鮮朝日	南鮮版	1929-07-20	1	08단	天圖線開通
174991	朝鮮朝日	南鮮版	1929-07-20	1	08단	築港期成會の實行委員會
174992	朝鮮朝日	南鮮版	1929-07-20	1	08단	英國軍艦二隻南浦に入港
174993	朝鮮朝日	南鮮版	1929-07-20	1	08단	總督府陳所館觀覽を中止
174994	朝鮮朝日	南鮮版	1929-07-20	1	08단	靑蝎でなく豆斑猫の一種毒死原因判る
174995	朝鮮朝日	南鮮版	1929-07-20	1	09단	ヌクテ現はれ子供を攫ひ老夫婦に傷を負はす一夜に二個所を襲ふ
174996	朝鮮朝日	南鮮版	1929-07-20	1	09단	南浦の火事醬油工場燒く
174997	朝鮮朝日	南鮮版	1929-07-20	1	09단	燈台を巡回し看守を慰問音樂を演奏し
174998	朝鮮朝日	南鮮版	1929-07-20	1	10단	乘合自動車顚覆し乘務員乘客五名重輕傷負ふ
174999	朝鮮朝日	南鮮版	1929-07-20	1	10단	巡査が只飲妓生をつれて
175000	朝鮮朝日	南鮮版	1929-07-20	1	10단	頗る簡單に入露出來る食糧不足からか
175001	朝鮮朝日	南鮮版	1929-07-20	1	10단	運動系(大鐵軍快捷)
175002	朝鮮朝日	南鮮版	1929-07-20	1	10단	人(別府丑太郎氏(南朝鮮鐵道專務)/淸水槌太郎氏(釜山鎭埋築副社長)/朴春琴氏(相愛會副會長))
175003	朝鮮朝日	西北・南鮮版	1929-07-20	2	01단	山口縣下在住の朝鮮兒童の成績品朝鮮博へ出品見事なものが多い
175004	朝鮮朝日	西北・南鮮版	1929-07-20	2	01단	淸津の魚油は全部不合格正規檢査施行の結果當業者大恐慌を來す
175005	朝鮮朝日	西北・南鮮版	1929-07-20	2	01단	安東驛の通關改善各方面の參考資料に本づき
175006	朝鮮朝日	西北・南鮮版	1929-07-20	2	01단	慶北六郡聯合稅務研究會
175007	朝鮮朝日	西北・南鮮版	1929-07-20	2	01단	大邱府營バス乘客ふえる
175008	朝鮮朝日	西北・南鮮版	1929-07-20	2	01단	大邱穀信總會
175009	朝鮮朝日	西北・南鮮版	1929-07-20	2	01단	平壤より
175010	朝鮮朝日	西北・南鮮版	1929-07-20	2	02단	江原道春繭增收をしめす
175011	朝鮮朝日	西北・南鮮版	1929-07-20	2	02단	諸事業の復活を總督府に陳情淸津商議から
175012	朝鮮朝日	西北・南鮮版	1929-07-20	2	02단	咸南朝鮮人の結婚葬祭費
175013	朝鮮朝日	西北・南鮮版	1929-07-20	2	03단	咸興高女から手藝品出品
175014	朝鮮朝日	西北・南鮮版	1929-07-20	2	03단	大田實協總會
175015	朝鮮朝日	西北・南鮮版	1929-07-20	2	04단	國運元山支店建築殆んど終る

일련번호	판명		간행일	면	단수	기사명
175016	朝鮮朝日	西北・南鮮版	1929-07-20	2	04단	フランス軍艦釜山に入港
175017	朝鮮朝日	西北・南鮮版	1929-07-20	2	04단	中堅靑年婦人講習會開催
175018	朝鮮朝日	西北・南鮮版	1929-07-20	2	04단	米國學生團京城を視察
175019	朝鮮朝日	西北版	1929-07-21	1	01단	産米增殖計劃は樂觀されてゐるが普通學校增設計劃は削減か繰延べか悲觀さる
175020	朝鮮朝日	西北版	1929-07-21	1	01단	動力供給權買收問題は解決松井平壤府尹入城し起債に關して諒解を求む
175021	朝鮮朝日	西北版	1929-07-21	1	02단	平北宣傳俗謠の審査
175022	朝鮮朝日	西北版	1929-07-21	1	02단	英國支那艦隊鎭南浦入港
175023	朝鮮朝日	西北版	1929-07-21	1	03단	新義州學校組合會
175024	朝鮮朝日	西北版	1929-07-21	1	03단	安東ゴム同業組合の役員きまる
175025	朝鮮朝日	西北版	1929-07-21	1	03단	全國中等野球朝鮮豫選大會前記(7)/冬季練習の例を開きみっちり技を練る優勝候補校の大邱商業
175026	朝鮮朝日	西北版	1929-07-21	1	04단	電燈故障は盜用のため
175027	朝鮮朝日	西北版	1929-07-21	1	05단	鎭南浦築港は工事繼續年度の延長はあるかもしれぬ然し中止になる事はあるまい
175028	朝鮮朝日	西北版	1929-07-21	1	05단	12―2/京城軍快打し西南は過失續出屢々好機を逸す
175029	朝鮮朝日	西北版	1929-07-21	1	06단	朝鮮豫選の組合せきまる愈よ二十八日から京城、大邱兩地で開催/決勝戰變更
175030	朝鮮朝日	西北版	1929-07-21	1	08단	拷問事件實情を辯護士團調査
175031	朝鮮朝日	西北版	1929-07-21	1	08단	國大軍勝つ
175032	朝鮮朝日	西北版	1929-07-21	1	09단	牡丹台野話
175033	朝鮮朝日	西北版	1929-07-21	1	09단	平南警察部刑事課獨立緊縮で駄目の場合は保安課內で人員增加
175034	朝鮮朝日	西北版	1929-07-21	1	09단	警察官の增員だけは何とかしたいと苦慮平南道と豫算編成
175035	朝鮮朝日	西北版	1929-07-21	1	10단	一家十名壓死平南の山崩れ
175036	朝鮮朝日	西北版	1929-07-21	1	10단	平壤の赤痢と豫防の宣傳
175037	朝鮮朝日	西北版	1929-07-21	1	10단	もよほし(新義州學校組合會)
175038	朝鮮朝日	南鮮版	1929-07-21	1	01단	産米增殖計劃は樂觀されてゐるが普通學校增設計劃は削減か繰延べか悲觀さる
175039	朝鮮朝日	南鮮版	1929-07-21	1	01단	釜山電氣買收の再調査を命ず涙金など疑惑を引きやすい 兒玉政務總監談/瓦電總會では假契約承認例の三千萬圓持出覺書も無論承認さる/買收問題附議の府協議會
175040	朝鮮朝日	南鮮版	1929-07-21	1	02단	慶福宮中庭から華林を發見/寒國では生育せぬ樹で專門家に調査を乞ふ
175041	朝鮮朝日	南鮮版	1929-07-21	1	02단	牡蠣養殖場水害で全滅損害は二萬五千圓復舊に

일련번호	판명		간행일	면	단수	기사명
175041	朝鮮朝日	南鮮版	1929-07-21	1	02단	は七八萬圓を要す/蔚山の養殖場も全滅の模様/水害の罹災民救助打切り
175042	朝鮮朝日	南鮮版	1929-07-21	1	03단	釜山埠頭に朝博宣傳塔
175043	朝鮮朝日	南鮮版	1929-07-21	1	04단	12一2/京城軍快打し西南は過失續出屢々好機を逸す
175043	朝鮮朝日	南鮮版	1929-07-21	1	04단	平北宣傳俗謠の審査
175044	朝鮮朝日	南鮮版	1929-07-21	1	05단	十九日の新患二十三名に上る終熄の見込みたゞぬ釜山の腸チブスますます猖獗/流行の原因と
175045	朝鮮朝日	南鮮版	1929-07-21	1	06단	なった摩の井戸の不潔と當局の手落を非難/飲食業者に嚴重な注意
175046	朝鮮朝日	南鮮版	1929-07-21	1	07단	朝鮮豫選の組合せきまる愈よ二十八日から京城、大邱兩地で開催/決勝戰變更
175047	朝鮮朝日	南鮮版	1929-07-21	1	07단	製絲女工の待遇改善を警察部から警告す
175048	朝鮮朝日	南鮮版	1929-07-21	1	08단	都市對抗野球朝先代表は大邱軍も辭退して棄權の外あるまい/萬難を排してオール京城偏性も決定
175049	朝鮮朝日	南鮮版	1929-07-21	1	09단	三つ兒生る
175050	朝鮮朝日	南鮮版	1929-07-21	1	09단	強盗がまた現はる
175051	朝鮮朝日	南鮮版	1929-07-21	1	10단	局子街四師範生募集
175052	朝鮮朝日	南鮮版	1929-07-21	1	10단	半島茶話
175053	朝鮮朝日	南鮮版	1929-07-21	1	10단	人(吉田秀次郎氏(仁川商業會議所會頭)
175054	朝鮮朝日	西北・南鮮版	1929-07-21	2	01단	平南道の水稻正條植奨勵灌漑水不足に拘らず相當の成績をあぐ
175055	朝鮮朝日	西北・南鮮版	1929-07-21	2	01단	セ將軍が旗揚げすれば各地の同志は起たう露支國交問題と平壤
175056	朝鮮朝日	西北・南鮮版	1929-07-21	2	01단	聞慶郡に無煙炭田發見さる
175057	朝鮮朝日	西北・南鮮版	1929-07-21	2	02단	京畿道の春蠶繭販賣高増加
175058	朝鮮朝日	西北・南鮮版	1929-07-21	2	02단	シベリア行郵便物取扱中止となる
175059	朝鮮朝日	西北・南鮮版	1929-07-21	2	03단	鴨緑江水先案内者試験に合格
175060	朝鮮朝日	西北・南鮮版	1929-07-21	2	03단	新義州商業ポスター展
175061	朝鮮朝日	西北・南鮮版	1929-07-21	2	03단	平壤より
175062	朝鮮朝日	西北・南鮮版	1929-07-21	2	03단	安東材の滿洲仕向け
175063	朝鮮朝日	西北・南鮮版	1929-07-21	2	04단	朝鮮博に相愛會出品
175064	朝鮮朝日	西北・南鮮版	1929-07-21	2	04단	國境漫語
175065	朝鮮朝日	西北・南鮮版	1929-07-21	2	04단	兒童の自由研究は効果が多い
175066	朝鮮朝日	西北版	1929-07-23	1	01단	産業伸展上の事業は積極的に緊縮は政費その他でと朝鮮會議所聯合會から陳情
175067	朝鮮朝日	西北版	1929-07-23	1	01단	會社、商店、工場に生徒を割りあて休暇中に實務を習得/安東大和小學の試み

일련번호	판명		간행일	면	단수	기사명
175068	朝鮮朝日	西北版	1929-07-23	1	01단	兩運輸/提携が成立
175069	朝鮮朝日	西北版	1929-07-23	1	02단	製鋼所設置/促進の陳情
175070	朝鮮朝日	西北版	1929-07-23	1	02단	去り行く山梨總督(1)/追はれる人の如く痲しきその退鮮拓殖省官制問題の聲明書
175071	朝鮮朝日	西北版	1929-07-23	1	03단	元山の滿洲粟輸入/不可能の虞
175072	朝鮮朝日	西北版	1929-07-23	1	04단	安東驛の乘車券前賣
175073	朝鮮朝日	西北版	1929-07-23	1	04단	きまりもせぬに兎や角いへぬ/南中將は申分ない人/榮轉する金谷軍司令官
175074	朝鮮朝日	西北版	1929-07-23	1	04단	內鮮共學が圓滑に行かず/平壤農の革正運動
175075	朝鮮朝日	西北版	1929-07-23	1	05단	平壤より
175076	朝鮮朝日	西北版	1929-07-23	1	06단	平壤醫學講習所
175077	朝鮮朝日	西北版	1929-07-23	1	06단	審勢館/出品物決定
175078	朝鮮朝日	西北版	1929-07-23	1	07단	平南牛の內地移出を今一層獎勵すべく移出獎勵組合組織
175079	朝鮮朝日	西北版	1929-07-23	1	07단	不法な淸潔稅/住民逃出す
175080	朝鮮朝日	西北版	1929-07-23	1	08단	全鮮庭球選手權豫選
175081	朝鮮朝日	西北版	1929-07-23	1	08단	國學院勝つ
175082	朝鮮朝日	西北版	1929-07-23	1	08단	母娘をたぶらかす
175083	朝鮮朝日	西北版	1929-07-23	1	08단	豆滿江で渡船顚覆し/死者四名、行方不名多數を出した珍事
175084	朝鮮朝日	西北版	1929-07-23	1	08단	牡丹台野話
175085	朝鮮朝日	西北版	1929-07-23	1	09단	月謝滯納で財産差押へ
175086	朝鮮朝日	西北版	1929-07-23	1	09단	五名で袋叩
175087	朝鮮朝日	西北版	1929-07-23	1	09단	警官が運轉し自動車顚覆
175088	朝鮮朝日	西北版	1929-07-23	1	10단	もよほし(平壤會議所役員會/借地人組合臨時總會/內村院長送別會)
175089	朝鮮朝日	西北版	1929-07-23	1	10단	人(西田榮三郎氏/大谷吳鎭守府司令長官/今井伍介氏(朝鮮土地改良會社長)/藤井寬太郎氏(實業家)/荒井初太郎氏(仁取社長))
175090	朝鮮朝日	西北版	1929-07-23	1	10단	出發の朝の山梨さん不機嫌『四圍の事情でやめるかもしれぬ』とそれでもつひに本音を吐く/朝鮮への別れとしては痲しかったその出發
175091	朝鮮朝日	南鮮版	1929-07-23	1	01단	形勢急變して滿場一致で可決 釜山電氣事業買收問題 府協議會和氣靄々裡に散會/期成會役員會滿場一致で贊成す
175092	朝鮮朝日	南鮮版	1929-07-23	1	01단	釜山の酷熱/大邱の暑さ百度を越す
175093	朝鮮朝日	南鮮版	1929-07-23	1	02단	濟州島の就學割合は全鮮平均率よりよい福士學務課長視察談
175094	朝鮮朝日	南鮮版	1929-07-23	1	02단	春川學校組合會議員

일련번호	판명		간행일	면	단수	기사명
175095	朝鮮朝日	南鮮版	1929-07-23	1	03단	都市對抗野球/代表のメンバー決定
175096	朝鮮朝日	南鮮版	1929-07-23	1	04단	邱馬鐵道具體化/認可を申請
175097	朝鮮朝日	南鮮版	1929-07-23	1	04단	去り行く山梨總督(1)/追はれる人の如く麻しきその退鮮拓殖省官制問題の聲明書
175098	朝鮮朝日	南鮮版	1929-07-23	1	04단	韓一銀行總會
175099	朝鮮朝日	南鮮版	1929-07-23	1	05단	雜誌「朝鮮」表紙圖募集
175100	朝鮮朝日	南鮮版	1929-07-23	1	05단	運送合同に參加は困難/吉田會頭談
175101	朝鮮朝日	南鮮版	1929-07-23	1	05단	きまりもせぬに兎や角いへぬ/南中將は申分ない人/榮轉する金谷軍司令官
175102	朝鮮朝日	南鮮版	1929-07-23	1	06단	機關車脫線
175103	朝鮮朝日	南鮮版	1929-07-23	1	06단	産業伸展上の事業は積極的に緊縮は政費その他でと朝鮮會議所聯合會から陳情
175104	朝鮮朝日	南鮮版	1929-07-23	1	06단	京城神社造營に御內帑金御下賜/敬神宗祖の美風を發揚せよ/兒玉政務總監謹んで語る
175105	朝鮮朝日	南鮮版	1929-07-23	1	07단	お茶のあと
175106	朝鮮朝日	南鮮版	1929-07-23	1	08단	正裝して婦人の自殺
175107	朝鮮朝日	南鮮版	1929-07-23	1	08단	豆滿江で渡船顚覆し/死者四名、行方不名多數を出した珍事
175108	朝鮮朝日	南鮮版	1929-07-23	1	10단	全鮮庭球選手權豫選
175109	朝鮮朝日	南鮮版	1929-07-23	1	10단	釜山のチブス發生數漸く下火となる
175110	朝鮮朝日	南鮮版	1929-07-23	1	10단	半島茶話
175111	朝鮮朝日	南鮮版	1929-07-23	2	01단	お買物は頭で耳の買物は不經濟/改むべき家庭經濟のいろいろ/大阪公設市場への反映
175112	朝鮮朝日	南鮮版	1929-07-23	2	04단	失はれ行く廢墟/三木弘
175113	朝鮮朝日	西北・南鮮版	1929-07-23	2	05단	朝鮮博內で新羅藝術展/大邱商品陳列所で九月十五日から
175114	朝鮮朝日	西北・南鮮版	1929-07-23	2	05단	朝鮮博を機に簡易保險の勸誘と宣傳をやる
175115	朝鮮朝日	西北・南鮮版	1929-07-23	2	07단	元山の起債額
175116	朝鮮朝日	西北・南鮮版	1929-07-23	2	07단	各地だより(鎭南浦/安東縣/間島/新義州/咸興)
175117	朝鮮朝日	西北版	1929-07-24	1	01단	不安のうちに成行を注目される/産米增殖學校增設加俸問題/緊縮方針が朝鮮にどう響く
175118	朝鮮朝日	西北版	1929-07-24	1	01단	緊縮方針から除外を求める/朝鮮の鐵道と産米增殖特殊の事情を詳述して運動
175119	朝鮮朝日	西北版	1929-07-24	1	02단	平南に及ぶ/緊縮の影響/百萬圓に達するか
175120	朝鮮朝日	西北版	1929-07-24	1	02단	諒解を得て松井府尹歸る
175121	朝鮮朝日	西北版	1929-07-24	1	03단	産業組合會長辭任か
175122	朝鮮朝日	西北版	1929-07-24	1	04단	平壤局のラヂオ勸誘
175123	朝鮮朝日	西北版	1929-07-24	1	04단	蘋課の走り
175124	朝鮮朝日	西北版	1929-07-24	1	04단	總督歡迎の國旗揭揚が今更ら問題

일련번호	판명		간행일	면	단수	기사명
175125	朝鮮朝日	西北版	1929-07-24	1	04단	朝鮮博に教育關係出品/平南道の分決定す
175126	朝鮮朝日	西北版	1929-07-24	1	05단	全國中等野球朝鮮豫選前記(8)/二年ぶりの光州高普傳統的に强い京中雪辱の血に燃ゆる群中
175127	朝鮮朝日	西北版	1929-07-24	1	05단	進退問題の話はいゝ加減よせ俺の進退は俺自身さへ知らぬ/十五日間の賜暇で上京すると山梨總督下關で語る
175128	朝鮮朝日	西北版	1929-07-24	1	06단	短歌/橋田東聲選
175129	朝鮮朝日	西北版	1929-07-24	1	07단	間島、琿春兩地の支那軍國境警備に出動す
175130	朝鮮朝日	西北版	1929-07-24	1	07단	昨年末現在全鮮農家戶數前年よりも增加す
175131	朝鮮朝日	西北版	1929-07-24	1	08단	朝鮮博宣傳用歌詞/懸賞で募集
175132	朝鮮朝日	西北版	1929-07-24	1	08단	露支斷交で密輸が絶ゆ
175133	朝鮮朝日	西北版	1929-07-24	1	09단	沙里院に强盜が出沒
175134	朝鮮朝日	西北版	1929-07-24	1	09단	安東中出發/憲兵柔道試合
175135	朝鮮朝日	西北版	1929-07-24	1	10단	豪雨で郵便物/遞送の故障
175136	朝鮮朝日	西北版	1929-07-24	1	10단	平南道のチブス豫防/成績は良好
175137	朝鮮朝日	西北版	1929-07-24	1	10단	もよほし(遊戲夏季講習會/大和校林間學校)
175138	朝鮮朝日	西北版	1929-07-24	1	01단	不安のうちに成行を注目される/産業增殖學校增設加俸問題/緊縮方針が朝鮮にどう響く
175139	朝鮮朝日	南鮮版	1929-07-24	1	01단	反期成會では市民大會を開き政府に中止方を電請/釜山の電氣府營問題
175140	朝鮮朝日	南鮮版	1929-07-24	1	01단	起債認可順調に運べば九月中に事業開始/巖橋氏辭職す//バスを主とする府營後の改善方針
175141	朝鮮朝日	南鮮版	1929-07-24	1	01단	紡織會社の引っ張合ひ新舊馬山の爭奪戰/相當紛糾するらしい
175142	朝鮮朝日	南鮮版	1929-07-24	1	05단	凉を趁うて海に山に
175143	朝鮮朝日	南鮮版	1929-07-24	1	05단	短歌/橋田東聲選
175144	朝鮮朝日	南鮮版	1929-07-24	1	05단	舊京義線にガソリン車
175145	朝鮮朝日	南鮮版	1929-07-24	1	05단	博覽會場行/電車開通期
175146	朝鮮朝日	南鮮版	1929-07-24	1	05단	緊縮方針から除外を求める/朝鮮の鐵道と産米增殖特殊の事情を詳述して運動
175147	朝鮮朝日	南鮮版	1929-07-24	1	05단	全國中等野球朝鮮豫選大會前記(7)/冬季練習の例を開きみっちり技を練る優勝候補校の大邱商業
175148	朝鮮朝日	南鮮版	1929-07-24	1	06단	博多航路命令に贊意を表す商議聯合會
175149	朝鮮朝日	南鮮版	1929-07-24	1	06단	群山上水繰延べ對策
175150	朝鮮朝日	南鮮版	1929-07-24	1	07단	進退問題の話はいゝ加減よせ俺の進退は俺自身さへ知らぬ/十五日間の賜暇で上京すると山梨總督下關で語る
175151	朝鮮朝日	南鮮版	1929-07-24	1	09단	間島、琿春兩地の支那軍國境警備に出動す
175152	朝鮮朝日	南鮮版	1929-07-24	1	09단	釜山のゴム女工罷業を決行/賃銀値下に不滿で

일련번호	판명		간행일	면	단수	기사명
175153	朝鮮朝日	南鮮版	1929-07-24	1	10단	水のため命を奪はる
175154	朝鮮朝日	南鮮版	1929-07-24	1	10단	腕角力の後/蹴ころさる
175155	朝鮮朝日	南鮮版	1929-07-24	1	10단	三人が負傷
175156	朝鮮朝日	南鮮版	1929-07-24	1	10단	やうやく下火の釜山のチブス
175157	朝鮮朝日	南鮮版	1929-07-24	1	10단	もよほし(彰德女學校上棟式/美術展覽會)
175158	朝鮮朝日	南鮮版	1929-07-24	1	10단	人(植原前外務參與官/吉原重成氏(鐵道局囑託)/水野嚴/五島誠助(釜山實業家)/大谷幸四郎中將(吳鎭守府長官)/多木条次郎氏(貴族院議員))
175159	朝鮮朝日	西北・南鮮版	1929-07-24	2	01단	慶南道の漁業取締り改正された主要點
175160	朝鮮朝日	西北・南鮮版	1929-07-24	2	01단	官鹽の賣行き增加
175161	朝鮮朝日	西北・南鮮版	1929-07-24	2	01단	五月中人蔘の輸移出高
175162	朝鮮朝日	西北・南鮮版	1929-07-24	2	02단	滿洲粟中旬も輸入
175163	朝鮮朝日	西北・南鮮版	1929-07-24	2	02단	朝鮮博/觀光團平南道の分
175164	朝鮮朝日	西北・南鮮版	1929-07-24	2	02단	國有鐵道運賃引下で鹽も値下げ
175165	朝鮮朝日	西北・南鮮版	1929-07-24	2	03단	鴨綠江明年度出材/增加を豫想
175166	朝鮮朝日	西北・南鮮版	1929-07-24	2	03단	平南道の畑作獎勵/知事より指示
175167	朝鮮朝日	西北・南鮮版	1929-07-24	2	03단	咸北道內各面豫算額
175168	朝鮮朝日	西北・南鮮版	1929-07-24	2	04단	煉瓦が下落
175169	朝鮮朝日	西北・南鮮版	1929-07-24	2	04단	平壤より
175170	朝鮮朝日	西北・南鮮版	1929-07-24	2	04단	各地だより(咸興/羅南)
175171	朝鮮朝日	西北・南鮮版	1929-07-24	2	04단	幼稚園協會/京城に組織
175172	朝鮮朝日	西北・南鮮版	1929-07-24	2	04단	飛行場にマラリヤ蚊
175173	朝鮮朝日	西北版	1929-07-25	1	01단	蜿蜒數十里の連峰/ヴアジンソイル朝鮮アルプス冠帽峯を中心とする
175174	朝鮮朝日	西北版	1929-07-25	1	01단	實行豫算緊縮/相當に緩和か但し人員增加を伴ふ官制は大部分駄目らしい
175175	朝鮮朝日	西北版	1929-07-25	1	01단	養豚事業と採肥獎勵から豚舍の共進會開催
175176	朝鮮朝日	西北版	1929-07-25	1	02단	平壤の納涼市成績は良好
175177	朝鮮朝日	西北版	1929-07-25	1	03단	移出大豆取締令公布
175178	朝鮮朝日	西北版	1929-07-25	1	03단	平壤學校組合會
175179	朝鮮朝日	西北版	1929-07-25	1	03단	俳句/鈴木花蓑選
175180	朝鮮朝日	西北版	1929-07-25	1	03단	平南米叺包裝俵は禁止
175181	朝鮮朝日	西北版	1929-07-25	1	04단	新義州の上水道/斷水の對策
175182	朝鮮朝日	西北版	1929-07-25	1	04단	飛行隊の無電演習
175183	朝鮮朝日	西北版	1929-07-25	1	04단	全國中等野球朝鮮豫選大會前記(9)/ダークホースや初陣の新進校や興味ある諸校の陣容
175184	朝鮮朝日	西北版	1929-07-25	1	05단	白系露人/續々と動く
175185	朝鮮朝日	西北版	1929-07-25	1	05단	牡丹台野話
175186	朝鮮朝日	西北版	1929-07-25	1	06단	永興郡の大豪雨/死者二十名

일련번호	판명		간행일	면	단수	기사명
175187	朝鮮朝日	西北版	1929-07-25	1	07단	全鮮寫眞聯盟/組織の機運熟す/統一して對外的に活動
175188	朝鮮朝日	西北版	1929-07-25	1	07단	朝鮮豫選大會規定
175189	朝鮮朝日	西北版	1929-07-25	1	08단	不義を知って脅迫
175190	朝鮮朝日	西北版	1929-07-25	1	09단	安東の怪盜
175191	朝鮮朝日	西北版	1929-07-25	1	09단	平壤の赤痢/隱蔽の疑ひがあり/檢病的に戶口調査
175192	朝鮮朝日	西北版	1929-07-25	1	10단	刃物で刺す
175193	朝鮮朝日	西北版	1929-07-25	1	10단	縊死
175194	朝鮮朝日	西北版	1929-07-25	1	10단	自殺
175195	朝鮮朝日	西北版	1929-07-25	1	10단	墜死
175196	朝鮮朝日	西北版	1929-07-25	1	10단	十五人乘のバスが河中に墜落/一名は卽死
175197	朝鮮朝日	西北版	1929-07-25	1	10단	もよほし(旅館組合表彰式)
175198	朝鮮朝日	西北版	1929-07-25	1	10단	人(吳鎭守府司令長官大谷幸四郎中將/有賀光豊氏(殖銀頭取))
175199	朝鮮朝日	西北版	1929-07-25	1	10단	平壤中學入城
175200	朝鮮朝日	南鮮版	1929-07-25	1	01단	釜山電氣事業買收の手續は今月中に完了する桑原府尹總督府訪問/涙金そのものが不可ではない合理的か否か〻問題兒玉總監談
175201	朝鮮朝日	南鮮版	1929-07-25	1	01단	實行豫算緊縮/相當に緩和か但し人員增加を伴ふ官制は大部分駄目らしい
175202	朝鮮朝日	南鮮版	1929-07-25	1	01단	海雲台の大溫泉化/泉質は良好
175203	朝鮮朝日	南鮮版	1929-07-25	1	02단	釜山上水又制限給水
175204	朝鮮朝日	南鮮版	1929-07-25	1	02단	全國教育大會
175205	朝鮮朝日	南鮮版	1929-07-25	1	03단	俳句/鈴木花蓑選
175206	朝鮮朝日	南鮮版	1929-07-25	1	03단	歐洲行郵便物
175207	朝鮮朝日	南鮮版	1929-07-25	1	03단	昌慶丸就航
175208	朝鮮朝日	南鮮版	1929-07-25	1	04단	內鮮の各宗派合同の佛教大會/今秋朝鮮博を機會に內地から五十六派の各管長出席
175209	朝鮮朝日	南鮮版	1929-07-25	1	04단	燈台慰問の城大音樂會
175210	朝鮮朝日	南鮮版	1929-07-25	1	04단	殖銀株主總會
175211	朝鮮朝日	南鮮版	1929-07-25	1	04단	仁川穀物と鮮航會紛爭/妥協成立か
175212	朝鮮朝日	南鮮版	1929-07-25	1	04단	鎭海の講習會
175213	朝鮮朝日	南鮮版	1929-07-25	1	05단	全國中等野球朝鮮豫選前記(8)/二年ぶりの光州高普傳統的に强い京中雪辱の血に燃える群中
175214	朝鮮朝日	南鮮版	1929-07-25	1	05단	平壤中學入城
175215	朝鮮朝日	南鮮版	1929-07-25	1	06단	全鮮寫眞聯盟/組織の機運熟す/統一して對外的に活動
175216	朝鮮朝日	南鮮版	1929-07-25	1	06단	朝鮮豫選大會規定
175217	朝鮮朝日	南鮮版	1929-07-25	1	08단	空輸社の旅客機/當分試驗飛行

일련번호	판명		간행일	면	단수	기사명
175218	朝鮮朝日	南鮮版	1929-07-25	1	08단	運送合同交渉の中心/再び京城にうつる
175219	朝鮮朝日	南鮮版	1929-07-25	1	09단	群山府擴張と町名
175220	朝鮮朝日	南鮮版	1929-07-25	1	09단	京城府內にまたも強盜 主人夫婦をしばり五十餘圓を強奪/鎭海にも強盜 警官挌鬪して逮捕
175221	朝鮮朝日	南鮮版	1929-07-25	1	10단	鎭海要港水中の作業
175222	朝鮮朝日	南鮮版	1929-07-25	1	10단	電車顚覆事件の求刑
175223	朝鮮朝日	南鮮版	1929-07-25	1	10단	人(橫堀攄二郎博士/佐久間權次郎氏(朝鮮ガス電氣常務)/竹內義夫博士(釜山百濟病院耳鼻咽喉科長))
175224	朝鮮朝日	西北・南鮮版	1929-07-25	2	01단	大同江岸の壺
175225	朝鮮朝日	西北・南鮮版	1929-07-25	2	01단	昨年中鮮內の小作爭議數
175226	朝鮮朝日	西北・南鮮版	1929-07-25	2	01단	豆粕の手合高/內地向高値
175227	朝鮮朝日	西北・南鮮版	1929-07-25	2	01단	平壤六月の滿洲輸出額/前年より激減
175228	朝鮮朝日	西北・南鮮版	1929-07-25	2	02단	水稻の植付け各道別面積
175229	朝鮮朝日	西北・南鮮版	1929-07-25	2	03단	平南夏秋鼈
175230	朝鮮朝日	西北・南鮮版	1929-07-25	2	03단	元山の海水浴場/暑熱で賑ふ
175231	朝鮮朝日	西北・南鮮版	1929-07-25	2	03단	安東驛の木材重量制
175232	朝鮮朝日	西北・南鮮版	1929-07-25	2	04단	各地だより(公州/沙里院/群山/平壤より)
175233	朝鮮朝日	西北版	1929-07-26	1	01단	酷熱を超越して凉味の陶醉境近づいた朝鮮豫選/試合經過DKで放送
175234	朝鮮朝日	西北版	1929-07-26	1	01단	現議員は全部出馬か/早くも噂さるゝ人々平壤府協議會議員
175235	朝鮮朝日	西北版	1929-07-26	1	01단	全國中等野球朝鮮豫選前記(完)/油の乘りきった優勝候補の培材侮れぬ光州と釜山二商
175236	朝鮮朝日	西北版	1929-07-26	1	02단	借地人組合/存續と決定
175237	朝鮮朝日	西北版	1929-07-26	1	03단	各方面に緊縮氣分憲兵隊の申合/購買力も例年より減退
175238	朝鮮朝日	西北版	1929-07-26	1	04단	基敎靑年會/學術講習會
175239	朝鮮朝日	西北版	1929-07-26	1	04단	東支鐵道不通と朝鐵への影響/今の處大した事はない/開戰となれば惡化？
175240	朝鮮朝日	西北版	1929-07-26	1	05단	市街交通機關改善を企て自動車賃の値下を平南警察部が斷行
175241	朝鮮朝日	西北版	1929-07-26	1	05단	平北第六回/穀物協會總會可決した提出議案
175242	朝鮮朝日	西北版	1929-07-26	1	06단	修養團講習會
175243	朝鮮朝日	西北版	1929-07-26	1	07단	白系露人の動きが頻繁となる
175244	朝鮮朝日	西北版	1929-07-26	1	07단	北鮮沿岸鰯不漁
175245	朝鮮朝日	西北版	1929-07-26	1	07단	運動界(安東側惜敗/スポンヂ野球/武道土用稽古)
175246	朝鮮朝日	西北版	1929-07-26	1	07단	平南普通學校七校を新設/平坦部は寄附金のまとまりがにぶい

일련번호	판명		간행일	면	단수	기사명
175247	朝鮮朝日	西北版	1929-07-26	1	08단	牡丹台野話
175248	朝鮮朝日	西北版	1929-07-26	1	08단	官林の盗伐/近く起訴か
175249	朝鮮朝日	西北版	1929-07-26	1	08단	短歌/橋田東聲選
175250	朝鮮朝日	西北版	1929-07-26	1	08단	安東の赤痢
175251	朝鮮朝日	西北版	1929-07-26	1	09단	仲間四名を崖から突落す一人は溺死體を發見
175252	朝鮮朝日	西北版	1929-07-26	1	09단	三本足の犬
175253	朝鮮朝日	西北版	1929-07-26	1	09단	清津架設電話
175254	朝鮮朝日	西北版	1929-07-26	1	10단	無政府主義/一味を逮捕
175255	朝鮮朝日	西北版	1929-07-26	1	10단	一年間の外電發着數
175256	朝鮮朝日	西北版	1929-07-26	1	10단	上海の虎疫と船舶の防疫
175257	朝鮮朝日	西北版	1929-07-26	1	10단	お茶のあと
175258	朝鮮朝日	西北版	1929-07-26	1	10단	人(安達知事令孃)
175259	朝鮮朝日	南鮮版	1929-07-26	1	01단	酷熱を超越して凉味の陶醉境近づいた朝鮮豫選/大會氣分ますます濃厚 入場式と選手茶話會/南部豫選の球場は一ケ所 組合せ番組も變更/大邱の野球氣分 全市に漲る/試合經過DKで放送
175260	朝鮮朝日	南鮮版	1929-07-26	1	03단	都市野球選手決定す
175261	朝鮮朝日	南鮮版	1929-07-26	1	03단	慶北道の小水利組合/大體の諒解を得た/今村知事歸來談
175262	朝鮮朝日	南鮮版	1929-07-26	1	03단	東支鐵道不通と朝鐵への影響/今の處大した事はない/開戰となれば惡化？
175263	朝鮮朝日	南鮮版	1929-07-26	1	04단	短歌/橋田東聲選
175264	朝鮮朝日	南鮮版	1929-07-26	1	04단	遞信所管の事業と緊縮/整備費は削減か他には影響は少い
175265	朝鮮朝日	南鮮版	1929-07-26	1	05단	全國中等野球朝鮮豫選大會前記(9)/ダークホースや初陣の新進校や興味ある諸校の陣容
175266	朝鮮朝日	南鮮版	1929-07-26	1	05단	邱馬電鐵はいよいよ出願
175267	朝鮮朝日	南鮮版	1929-07-26	1	06단	緊縮と裡里上水道/當局は樂觀
175268	朝鮮朝日	南鮮版	1929-07-26	1	06단	龍山驛前に宣傳塔建築
175269	朝鮮朝日	南鮮版	1929-07-26	1	06단	線路に熟睡中列車で往生
175270	朝鮮朝日	南鮮版	1929-07-26	1	06단	女房の縊死
175271	朝鮮朝日	南鮮版	1929-07-26	1	06단	博覽會々期中/交通整理と自動車賃の値下げ
175272	朝鮮朝日	南鮮版	1929-07-26	1	07단	釜山の腸チブスまた盛り返す/朝博を控へ事態重大/全市に瓦り大消毒
175273	朝鮮朝日	南鮮版	1929-07-26	1	07단	電氣事業釜山府營は九月から實現する/會社側の分配金問題は早くも話題に上る
175274	朝鮮朝日	南鮮版	1929-07-26	1	09단	大仕掛の賭博團/一味捕まる
175275	朝鮮朝日	南鮮版	1929-07-26	1	10단	上海の虎疫と船舶の防疫
175276	朝鮮朝日	西北・南鮮版	1929-07-26	2	01단	人(末松李王職事務官/澤山寅彦氏(釜山實業家)/香

일련번호	판명		간행일	면	단수	기사명
175276	朝鮮朝日	西北・南鮮版	1929-07-26	2	01단	推源太郎氏(朝鮮瓦斯電氣社長)/深澤大邱覆審法院長/東京商大生/淺野太三郎氏/伊達四雄氏(平北內務部長))
175277	朝鮮朝日	西北・南鮮版	1929-07-26	2	01단	京城の防疫/手初めに便所/六萬を石灰で消毒
175278	朝鮮朝日	西北・南鮮版	1929-07-26	2	01단	北海道産乾明太魚の不良品移入防遏に慶南水産會から折衝
175279	朝鮮朝日	西北・南鮮版	1929-07-26	2	01단	素晴らしい自動車の洪水/今年中の移入額は二百四五十萬に達しよう
175280	朝鮮朝日	西北・南鮮版	1929-07-26	2	02단	博覽會の參考館/敷地を擴張
175281	朝鮮朝日	西北・南鮮版	1929-07-26	2	03단	朝鮮輸出滿洲粟/前途は好望
175282	朝鮮朝日	西北・南鮮版	1929-07-26	2	03단	新義州の電話抽籤
175283	朝鮮朝日	西北版	1929-07-27	1	01단	各地だより(公州/大峙/新義州/大邱/裡里/安東縣より/平壤より)
175284	朝鮮朝日	西北版	1929-07-27	1	01단	陸路迂回する滿洲粟の輸送と朝鮮の勞働問題片影/吉會線開通で大變革
175285	朝鮮朝日	西北版	1929-07-27	1	01단	火田民救濟と火田の整理/桑や楮を植ゑる/平安北道で計劃
175286	朝鮮朝日	西北版	1929-07-27	1	01단	新義州の死活を制する/昭和製鋼設置開始/伊達平北內務部長談
175287	朝鮮朝日	西北版	1929-07-27	1	03단	沙里院電氣/面營の打開策/二案ともに困難か
175288	朝鮮朝日	西北版	1929-07-27	1	03단	粗惡米を混ぜ鮮米の聲價を落す/不正輸移出者の取締/各稅關と連絡し嚴重警戒する
175289	朝鮮朝日	西北版	1929-07-27	1	03단	平壤高普に軍事教育を全鮮に魁けて實施/平南の新しい試み
175290	朝鮮朝日	西北版	1929-07-27	1	04단	運動界(全鮮野球北鮮豫選/運友勝つ)
175291	朝鮮朝日	西北版	1929-07-27	1	04단	俳句/鈴木花蓑選
175292	朝鮮朝日	西北版	1929-07-27	1	04단	修養團講習會
175293	朝鮮朝日	西北版	1929-07-27	1	04단	本年夏から長期巡回診療/平南道の新しい試み
175294	朝鮮朝日	西北版	1929-07-27	1	05단	知事さんの茶話會に招待された選手達
175295	朝鮮朝日	西北版	1929-07-27	1	05단	外交問題の集會を嚴禁
175296	朝鮮朝日	西北版	1929-07-27	1	06단	交戰說と琿春の警戒
175297	朝鮮朝日	西北版	1929-07-27	1	06단	二人を絞殺
175298	朝鮮朝日	西北版	1929-07-27	1	06단	我空結社の一味/八名逮捕さる不穩文書等證據品押收/平壤地方法院で取調中
175299	朝鮮朝日	西北版	1929-07-27	1	07단	テニスの選手で仕舞がお上手/アサヒグラフの美人に當選した加來淸子さん
175300	朝鮮朝日	西北版	1929-07-27	1	07단	邦人警官が安東支那街で强制拘禁された事件/支那側に嚴重抗議
175301	朝鮮朝日	西北版	1929-07-27	1	08단	靑年河流れ

일련번호	판명		간행일	면	단수	기사명
175302	朝鮮朝日	西北版	1929-07-27	1	08단	事件が事件だけに一同苦心した/沖鎮南浦署長談
175303	朝鮮朝日	西北版	1929-07-27	1	09단	滿洲里から引揚げる邦人/新義州通過歸鄉す/市內の不安は募る
175304	朝鮮朝日	西北版	1929-07-27	1	10단	せむしの情婦を斬る
175305	朝鮮朝日	西北版	1929-07-27	1	10단	平南地方豪雨でまたも被害
175306	朝鮮朝日	西北版	1929-07-27	1	10단	間島支人反對行動/岡田總領事に對して
175307	朝鮮朝日	南鮮版	1929-07-27	1	01단	意氣と意氣熱と熱の交錯豫選大會の熱狂を察し觀覽者の規定を作成/前回までの優勝校/京城府內の野球速報所/釜山の兩校出發す
175308	朝鮮朝日	南鮮版	1929-07-27	1	01단	全國中等野球朝鮮豫選前記(完)/油の乘りきった優勝候補の培材侮れぬ光州と釜山二商
175309	朝鮮朝日	南鮮版	1929-07-27	1	02단	滅多に見られぬ大物を演ずる/朝博演藝館の意氣込
175310	朝鮮朝日	南鮮版	1929-07-27	1	03단	朝鮮博の慶北道出品
175311	朝鮮朝日	南鮮版	1929-07-27	1	04단	遞信局でお中元賞與
175312	朝鮮朝日	南鮮版	1929-07-27	1	04단	粗惡米を混ぜ鮮米の聲價を落す/不正輸移出者の取締/各稅關と連絡し嚴重警戒する
175313	朝鮮朝日	南鮮版	1929-07-27	1	04단	チブス患者二名を隱蔽した病院長　傳染病豫防令違反で二十三日つひに告發/腸チブスの有料注射を暗に促した不德醫師 釜山各方面で非難
175314	朝鮮朝日	南鮮版	1929-07-27	1	05단	大邱の暑さ
175315	朝鮮朝日	南鮮版	1929-07-27	1	06단	緊縮の影響と大邱の事業
175316	朝鮮朝日	南鮮版	1929-07-27	1	07단	テニスの選手で仕舞がお上手/アサヒグラフの美人に當選した加來淸子さん
175317	朝鮮朝日	南鮮版	1929-07-27	1	07단	俳句/鈴木花蓑選
175318	朝鮮朝日	南鮮版	1929-07-27	1	07단	不正漁業者/二十三件檢擧
175319	朝鮮朝日	南鮮版	1929-07-27	1	07단	慶北道の水田又涸渴
175320	朝鮮朝日	南鮮版	1929-07-27	1	08단	海底電信/修理を終る
175321	朝鮮朝日	南鮮版	1929-07-27	1	08단	知事さんの茶話會に招待された選手達
175322	朝鮮朝日	南鮮版	1929-07-27	1	09단	內地からの朝鮮博觀光客/輸送と歡迎方法評定
175323	朝鮮朝日	南鮮版	1929-07-27	1	10단	朝鮮紙幣僞造の判決
175324	朝鮮朝日	南鮮版	1929-07-27	1	10단	老婆轢かる
175325	朝鮮朝日	南鮮版	1929-07-27	1	10단	密陽電氣買收決定か
175326	朝鮮朝日	南鮮版	1929-07-27	1	10단	もよほし(慰安活寫會)
175327	朝鮮朝日	南鮮版	1929-07-27	1	10단	人(岸田菊郎氏(大阪商船天津支店長)/小口肇氏(大邱山十製絲代表者)/中山貞雄代護士)
175328	朝鮮朝日	南鮮版	1929-07-27	1	10단	鄭通沿線歐里にペスト發生
175329	朝鮮朝日	西北・南鮮版	1929-07-27	2	01단	滿洲に於ける/朝鮮民族運動三團體漸く統一し國民府組織の情報

일련번호	판명		간행일	면	단수	기사명
175330	朝鮮朝日	西北・南鮮版	1929-07-27	2	01단	鎭海に建った/大海戰記念塔/寄附金が足らない
175331	朝鮮朝日	西北・南鮮版	1929-07-27	2	01단	自動車運轉手/受驗者增加
175332	朝鮮朝日	西北・南鮮版	1929-07-27	2	02단	平南道火災數
175333	朝鮮朝日	西北・南鮮版	1929-07-27	2	02단	平安北道優良牛/增殖を計劃
175334	朝鮮朝日	西北・南鮮版	1929-07-27	2	03단	眞瓜の走りと出盛り
175335	朝鮮朝日	西北・南鮮版	1929-07-27	2	03단	各地だより(群山/咸興/安東縣より)
175336	朝鮮朝日	西北・南鮮版	1929-07-27	2	04단	お茶のあと
175337	朝鮮朝日	西北・南鮮版	1929-07-27	2	04단	朝鐵から寄附の二萬圓取立不能で困る
175338	朝鮮朝日	西北版	1929-07-28	1	01단	政府が果して買收費起債を認可するかどうか緊縮の折柄疑はる/反期成派の買收反對運動いよいよ露骨となる/政府でも公債發行は認めるものと確信 桑原釜山府尹談/買收公債正式に申請/今月中の認可は一寸困難か 桑原府尹歸來談
175339	朝鮮朝日	西北版	1929-07-28	1	01단	內鮮の各宗派/合同の佛教大會/今秋朝鮮博を機會に內地から五十六派の各管長出席
175340	朝鮮朝日	西北版	1929-07-28	1	03단	短歌/橋田東聲選
175341	朝鮮朝日	西北版	1929-07-28	1	04단	平壤學校組合の決算
175342	朝鮮朝日	西北版	1929-07-28	1	04단	動く人(一)/慈惠院內科長
175343	朝鮮朝日	西北版	1929-07-28	1	04단	平安水利の貯水池竣工
175344	朝鮮朝日	西北版	1929-07-28	1	05단	懸念される大同江の改修/これも緊縮の崇り
175345	朝鮮朝日	西北版	1929-07-28	1	05단	棉花競作品評會審査
175346	朝鮮朝日	西北版	1929-07-28	1	06단	畜牛斃死/相互救濟の事業成積は頗る良好
175347	朝鮮朝日	西北版	1929-07-28	1	06단	明年度豫算も緊縮の崇りで收入にも相當影響/財務當局も一苦勞
175348	朝鮮朝日	西北版	1929-07-28	1	07단	平南道の面書記講習
175349	朝鮮朝日	西北版	1929-07-28	1	08단	農業科に視學委員/平南で新設
175350	朝鮮朝日	西北版	1929-07-28	1	08단	白系露西亞の老將軍の末路/白軍蹶起の折から哀れに痛ましい消息
175351	朝鮮朝日	西北版	1929-07-28	1	08단	戰前の一夜を樂しい團欒 漫談や音樂に疲勞も忘る 本社招待選手茶話會/平壤中出發/平壤の野球戰
175352	朝鮮朝日	西北版	1929-07-28	1	09단	牡丹台野話
175353	朝鮮朝日	西北版	1929-07-28	1	09단	婦人の副業に叺製造獎勵
175354	朝鮮朝日	西北版	1929-07-28	1	09단	佛內閣總辭職
175355	朝鮮朝日	西北版	1929-07-28	1	10단	平南の豪雨被害 復舊は困難/咸南の水害/順川の洪水
175356	朝鮮朝日	西北版	1929-07-28	1	10단	景福丸入渠
175357	朝鮮朝日	西北版	1929-07-28	1	10단	もよほし(裁縫講習會)
175358	朝鮮朝日	南鮮版	1929-07-28	1	01단	蜿蜒數十里の連峰/ヴアジンソイル/朝鮮アルプス冠帽峰を中心とする

일련번호	판명		간행일	면	단수	기사명
175359	朝鮮朝日	南鮮版	1929-07-28	1	01단	政府が果して買收費起債を認可するかどうか緊縮の折柄疑はる
175360	朝鮮朝日	南鮮版	1929-07-28	1	01단	反期成派の買收反對運動いよいよ露骨となる/政府でも公債發行は認めるものと確信 桑原釜山府尹談/買收公債正式に申請/今月中の認可は一寸困難か 桑原府尹歸來談
175361	朝鮮朝日	南鮮版	1929-07-28	1	03단	大興電氣料金の値下げ發表
175362	朝鮮朝日	南鮮版	1929-07-28	1	05단	陸路迂回する滿洲粟の輸送と朝鮮の勞働問題片影/吉會線開通で大變革
175363	朝鮮朝日	南鮮版	1929-07-28	1	07단	佛內閣總辭職
175364	朝鮮朝日	南鮮版	1929-07-28	1	07단	景福丸入渠
175365	朝鮮朝日	南鮮版	1929-07-28	1	07단	短歌/橋田東聲選
175366	朝鮮朝日	南鮮版	1929-07-28	1	07단	東京下關間を耐熱マラソン歸省を機會に計劃/釜山出身の二青年
175367	朝鮮朝日	南鮮版	1929-07-28	1	08단	明年度豫算も緊縮の祟りで收入にも相當影響/財務當局も一苦勞
175368	朝鮮朝日	南鮮版	1929-07-28	1	08단	戰前の一夜を樂しい團欒 漫談や音樂に疲勞も忘る本社招待選手茶話會/南部茶話會
175369	朝鮮朝日	南鮮版	1929-07-28	1	09단	二十六日の新患十五名/釜山のチブス熄まず
175370	朝鮮朝日	南鮮版	1929-07-28	1	09단	ゴム工場の罷業擴大し丸大ゴムも同情罷業 背後に黑幕の手?/映畫常設館 中央館閉館
175371	朝鮮朝日	南鮮版	1929-07-28	1	10단	慶北水産/議員當選
175372	朝鮮朝日	南鮮版	1929-07-28	1	10단	日射病で倒れる/大邱の酷暑
175373	朝鮮朝日	南鮮版	1929-07-28	1	10단	もよほし(裁縫講習會)
175374	朝鮮朝日	南鮮版	1929-07-28	1	10단	人(新田留次郎氏(朝鮮鐵道專務))
175375	朝鮮朝日	西北・南鮮版	1929-07-28	2	01단	健康增進に名を藉って朝鮮米を排斥する/大阪の穀物商組合
175376	朝鮮朝日	西北・南鮮版	1929-07-28	2	01단	朝鮮における/電話加入者數總數三萬二百七十四
175377	朝鮮朝日	西北・南鮮版	1929-07-28	2	01단	江西郡の漁業權侵害の補償
175378	朝鮮朝日	西北・南鮮版	1929-07-28	2	02단	西海岸專屬/漁業試驗船
175379	朝鮮朝日	西北・南鮮版	1929-07-28	2	03단	平南道の農業館出品
175380	朝鮮朝日	西北・南鮮版	1929-07-28	2	03단	平安北道耕地面積/田は減少す
175381	朝鮮朝日	西北・南鮮版	1929-07-28	2	03단	經濟調査費補助金交付
175382	朝鮮朝日	西北・南鮮版	1929-07-28	2	04단	平北の水稻/植付け面積
175383	朝鮮朝日	西北・南鮮版	1929-07-28	2	04단	各地だより(淸州/春川/浦項)
175384	朝鮮朝日	西北版	1929-07-30	1	01단	全國中等野球朝鮮豫選 炎熱も忘れ觀衆全く醉ふ相搏つ純真の意氣と技/１０A－５ 善隣商業勝つ淸州試合に馴れずつひに勝をゆづる
175385	朝鮮朝日	西北版	1929-07-30	1	01단	北部豫選入場式

일련번호	판명		간행일	면	단수	기사명
175386	朝鮮朝日	西北版	1929-07-30	1	07단	朝鮮實行豫算節減や繰延べー千八百四十七萬餘圓その主要なる項目
175387	朝鮮朝日	西北版	1929-07-30	1	08단	牡丹台野話
175388	朝鮮朝日	西北版	1929-07-30	1	08단	朝鮮電興買收を決定/費用は起債に竢つ平壤府協議會
175389	朝鮮朝日	西北版	1929-07-30	1	08단	新義州地方暴風雨と落雷/浸水家屋千戸に達す
175390	朝鮮朝日	西北版	1929-07-30	1	10단	咸興で贋造の銀貨
175391	朝鮮朝日	西北版	1929-07-30	1	10단	手を引かれ渡河中溺る
175392	朝鮮朝日	西北版	1929-07-30	1	10단	スリ團の親分捕まる
175393	朝鮮朝日	西北版	1929-07-30	1	10단	安東の火事
175394	朝鮮朝日	西北版	1929-07-30	1	10단	少年の石合戰
175395	朝鮮朝日	西北版	1929-07-30	1	10단	もよほし(朝顔展覽會/博物研究會延期/吃音矯正講習會)
175396	朝鮮朝日	西北版	1929-07-30	1	10단	人(高尾亨氏(鴨緑江採木公司理事長))
175397	朝鮮朝日	南鮮版	1929-07-30	1	01단	*全國中等野球朝鮮豫選 炎熱も忘れ觀衆全く醉ふ相搏つ純真の意氣と技/１０A－５ 善隣商業勝つ清州試合に馴れずつひに勝をゆづる*
175398	朝鮮朝日	南鮮版	1929-07-30	1	05단	北部豫選入場式
175399	朝鮮朝日	南鮮版	1929-07-30	1	06단	확인(수정표기 오류)
175400	朝鮮朝日	南鮮版	1929-07-30	1	08단	統營の電燈料値下げ發表
175401	朝鮮朝日	南鮮版	1929-07-30	1	08단	朝鮮實行豫算節減や繰延べー千八百四十七萬餘圓その主要なる項目
175402	朝鮮朝日	南鮮版	1929-07-30	1	09단	釜山の電氣買收起債は年六朱で引受けたい/有賀殖銀頭取談
175403	朝鮮朝日	南鮮版	1929-07-30	1	10단	起債の認可は案外早いか促進を運動
175404	朝鮮朝日	西北・南鮮版	1929-07-30	2	01단	松濤園雜記/川上喜久子
175405	朝鮮朝日	西北・南鮮版	1929-07-30	2	04단	各地だより(大邱/安東縣/清津/元山/平壤より/間島より)
175406	朝鮮朝日	西北・南鮮版	1929-07-30	2	04단	飛行機に乗って/平瀨四郎
175407	朝鮮朝日	西北・南鮮版	1929-07-30	2	04단	平南自動車値下げ斷行でいよいよ普及時代
175408	朝鮮朝日	西北・南鮮版	1929-07-30	2	04단	零の聲
175409	朝鮮朝日	西北・南鮮版	1929-07-30	2	05단	朝博特設館は工事も未着手開會に間に合ふか早くも氣遣はれる
175410	朝鮮朝日	西北・南鮮版	1929-07-30	2	06단	道路改修負擔金自動車に課す
175411	朝鮮朝日	西北・南鮮版	1929-07-30	2	06단	滿鐵財産管理事務を地方に移管
175412	朝鮮朝日	西北・南鮮版	1929-07-30	2	06단	鯖の大豊漁
175413	朝鮮朝日	西北・南鮮版	1929-07-30	2	07단	平壤圖書館夜間も開場
175414	朝鮮朝日	西北・南鮮版	1929-07-30	2	07단	清凉飲料水不良品皆無
175415	朝鮮朝日	西北・南鮮版	1929-07-30	2	07단	パリ東京間翔破の佛機通過期

일련번호	판명		간행일	면	단수	기사명
175416	朝鮮朝日	西北・南鮮版	1929-07-30	2	07단	兩地が提携し製鋼所設置運動を開始
175417	朝鮮朝日	西北版	1929-07-31	1	01단	*全國中等野球朝鮮豫選 虎視眈々霸權を目ざし美技快打相つぐ盛觀大會正に佳境に入る/北部豫選 10－0京城師範打ちまくり仁川商を零敗さす/咸興軍優勝*
175418	朝鮮朝日	西北版	1929-07-31	1	04단	朝鮮神宮競技の日程
175419	朝鮮朝日	西北版	1929-07-31	1	05단	(當分滯京すべし)との足留め命令/辭表どころか頑張る山梨總督/政府でも手古摺って協議中「明日歸鮮する」との御挨拶に
175420	朝鮮朝日	西北版	1929-07-31	1	06단	本社優勝旗爭奪相撲大會
175421	朝鮮朝日	西北版	1929-07-31	1	06단	衛生展覽會
175422	朝鮮朝日	西北版	1929-07-31	1	07단	國境道路開通祝賀會
175423	朝鮮朝日	西北版	1929-07-31	1	07단	衛生館出品の藥草を蒐集平南道衛生課
175424	朝鮮朝日	西北版	1929-07-31	1	08단	納凉花火會
175425	朝鮮朝日	西北版	1929-07-31	1	08단	新築校舍の壁が崩れる
175426	朝鮮朝日	西北版	1929-07-31	1	08단	間島輸出入役員の改選
175427	朝鮮朝日	西北版	1929-07-31	1	08단	咸興の本宮に五葉松植栽
175428	朝鮮朝日	西北版	1929-07-31	1	08단	撫づれば子を授かる牡丹台永明寺にある不思議な石
175429	朝鮮朝日	西北版	1929-07-31	1	09단	製鋼所新設實現に努力/新義州會議所が關係方面と共同で運動
175430	朝鮮朝日	西北版	1929-07-31	1	09단	平南産林檎今年は大豊作內地移出には檢査を行ひ平南のマークを附ける/鎭南浦に蘋果出廻る
175431	朝鮮朝日	西北版	1929-07-31	1	10단	兩切の高級煙草「金剛」と決定
175432	朝鮮朝日	西北版	1929-07-31	1	10단	人(小山正生氏(大邱覆審法院判事)/賀田直治氏(京城實業家)/天日常次郎氏(鮮米協會々長)/黑田釜山海事出張所長/多田榮吉氏(新義州實業家)/直木倫太郎博士/藤田喜壽氏)
175433	朝鮮朝日	西北版	1929-07-31	1	10단	*全國中等野球朝鮮豫選 虎視眈々霸權を目ざし美技快打相つぐ盛觀大會正に佳境に入る/北部豫選 10－0京城師範打ちまくり仁川商を零敗さす/南部豫選*
175434	朝鮮朝日	南鮮版	1929-07-31	1	05단	慶南晉州學校組合議
175435	朝鮮朝日	南鮮版	1929-07-31	1	06단	(當分滯京すべし)との足留め命令/辭表どころか頑張る山梨總督/政府でも手古摺って協議中「明日歸鮮する」との御挨拶に
175436	朝鮮朝日	南鮮版	1929-07-31	1	06단	朝鮮神宮競技の日程
175437	朝鮮朝日	南鮮版	1929-07-31	1	07단	兩飛行士殉職飛行士記念碑の除幕式
175438	朝鮮朝日	南鮮版	1929-07-31	1	07단	內務部長の居中調停も結局不調に終った釜山電氣事業問題

일련번호	판명		간행일	면	단수	기사명
175439	朝鮮朝日	南鮮版	1929-07-31	1	09단	二等卒脫營
175440	朝鮮朝日	南鮮版	1929-07-31	1	09단	內地からの朝博觀覽客釜山で歡迎方協議
175441	朝鮮朝日	南鮮版	1929-07-31	1	09단	慶南地方に再び旱害の惧れ暑さは正に殺人的
175442	朝鮮朝日	南鮮版	1929-07-31	1	09단	蟠桃も獻上慶北道から
175443	朝鮮朝日	南鮮版	1929-07-31	1	10단	兩切の高級煙草「金剛」と決定
175444	朝鮮朝日	南鮮版	1929-07-31	1	10단	人(小山正生氏(大邱覆審法院判事)/賀田直治氏(京城實業家)/天日常次郎氏(鮮米協會々長)/黑田釜山海事出張所長/多田榮吉氏(新義州實業家)/直木倫太郎博士/藤田喜壽氏/埋橋美也氏葬儀)
175445	朝鮮朝日	西北・南鮮版	1929-07-31	2	01단	明るい元山の街
175446	朝鮮朝日	西北・南鮮版	1929-07-31	2	01단	內鮮共通の米穀法實施を極力主張しておいた天日鮮米協會長談
175447	朝鮮朝日	西北・南鮮版	1929-07-31	2	02단	平壤栗雨に崇らる減收はない
175448	朝鮮朝日	西北・南鮮版	1929-07-31	2	02단	平北の豆粕消費高
175449	朝鮮朝日	西北・南鮮版	1929-07-31	2	03단	警察官の讀書趣味ますます向上
175450	朝鮮朝日	西北・南鮮版	1929-07-31	2	03단	煙草製造職工の賃金
175451	朝鮮朝日	西北・南鮮版	1929-07-31	2	03단	衛生課長會
175452	朝鮮朝日	西北・南鮮版	1929-07-31	2	04단	鮮內の外國鹽移入高累計
175453	朝鮮朝日	西北・南鮮版	1929-07-31	2	04단	慈惠醫院長及川氏榮進
175454	朝鮮朝日	西北・南鮮版	1929-07-31	2	04단	渭原通過流筏數
175455	朝鮮朝日	西北・南鮮版	1929-07-31	2	04단	各地だより(全州/平壤/平壤より)

1929년 8월 (조선아사히)

일련번호	판명		간행일	면	단수	기사명
175456	朝鮮朝日	西北版	1929-08-01	1	01단	朝鮮北部豫選の決勝戰 霸を狙って龍虎相まみゆ連日の苦鬪をかたる戎衣の袖に微風淸し/平壤の野球速報台人で埋まる
175457	朝鮮朝日	西北版	1929-08-01	1	04단	懸案の平壤電氣統制問題解決/平壤府協議會に於て電興會社買收を議決
175458	朝鮮朝日	西北版	1929-08-01	1	06단	平南奧地の松茸を空輸/數日中には走りが早くも內地へ渡る
175459	朝鮮朝日	西北版	1929-08-01	1	06단	滿鐵沿線小學陸上競技會
175460	朝鮮朝日	西北版	1929-08-01	1	06단	大同江の水泳取締當局に困る
175461	朝鮮朝日	西北版	1929-08-01	1	06단	意外に大きい削減繰延べの報に『これでは手も足も出ぬ』と總督府大いに驚く
175462	朝鮮朝日	西北版	1929-08-01	1	07단	殉職飛行士記念碑の除幕式
175463	朝鮮朝日	西北版	1929-08-01	1	07단	安東獵友會射擊入賞者
175464	朝鮮朝日	西北版	1929-08-01	1	08단	牡丹台野話
175465	朝鮮朝日	西北版	1929-08-01	1	08단	安東縣の水泳競技會
175466	朝鮮朝日	西北版	1929-08-01	1	09단	落雷で二人震死す
175467	朝鮮朝日	西北版	1929-08-01	1	09단	丸木舟顚覆し五名行方不明となる
175468	朝鮮朝日	西北版	1929-08-01	1	09단	駐在所襲擊の匪賊に死刑法廷で亂暴
175469	朝鮮朝日	西北版	1929-08-01	1	09단	子供轢かる
175470	朝鮮朝日	西北版	1929-08-01	1	09단	鴨綠江の增水で筏が流失す
175471	朝鮮朝日	西北版	1929-08-01	1	10단	鴨綠江の密輸を取締
175472	朝鮮朝日	西北版	1929-08-01	1	10단	一族十四名で一人を袋叩
175473	朝鮮朝日	西北版	1929-08-01	1	10단	參議府一團資金を强制
175474	朝鮮朝日	西北版	1929-08-01	1	10단	溺死二件
175475	朝鮮朝日	西北版	1929-08-01	1	10단	牛肺疫發生
175476	朝鮮朝日	西北版	1929-08-01	1	10단	日本訪問の佛國飛行機
175477	朝鮮朝日	西北版	1929-08-01	1	10단	もよほし(鎭南浦學校組合會)
175478	朝鮮朝日	南鮮版	1929-08-01	1	01단	朝鮮北部豫選の決勝戰 霸を狙って龍虎相まみゆ連日の苦鬪をかたる戎衣の袖に微風淸し/南部豫選
175479	朝鮮朝日	南鮮版	1929-08-01	1	06단	平南奧地の松茸を空輸/數日中には走りが早くも內地へ渡る
175480	朝鮮朝日	南鮮版	1929-08-01	1	06단	意外に大きい削減繰延べの報に『これでは手も足も出ぬ』と總督府大いに驚く
175481	朝鮮朝日	南鮮版	1929-08-01	1	07단	仁川灣頭の記念碑となる/軍艦千代田のマスト一日吳港から回航
175482	朝鮮朝日	南鮮版	1929-08-01	1	07단	仁川靑物市の經營委任は何れに指名さるゝか/市民注視の的となる
175483	朝鮮朝日	南鮮版	1929-08-01	1	07단	各地にヌクテ出沒

일련번호	판명		간행일	면	단수	기사명
175484	朝鮮朝日	南鮮版	1929-08-01	1	08단	大邱の電氣府營後援會値下げ期成會でも/これに合流統一さる
175485	朝鮮朝日	南鮮版	1929-08-01	1	09단	不穩文書を撒いた女學生/九名檢擧取調ぶ
175486	朝鮮朝日	南鮮版	1929-08-01	1	09단	佐吉氏演奏會
175487	朝鮮朝日	南鮮版	1929-08-01	1	09단	起債認可促進のため期成會長ら總督府訪問
175488	朝鮮朝日	南鮮版	1929-08-01	1	09단	チブス漸く下火盛返し警戒
175489	朝鮮朝日	南鮮版	1929-08-01	1	09단	丸木舟顚覆し五名行方不明となる
175490	朝鮮朝日	南鮮版	1929-08-01	1	10단	駐在所襲擊の匪賊に死刑法廷で亂暴
175491	朝鮮朝日	南鮮版	1929-08-01	1	10단	大金拐帶の雇人捕まる
175492	朝鮮朝日	南鮮版	1929-08-01	1	10단	電車顚覆責任者判決
175493	朝鮮朝日	南鮮版	1929-08-01	1	10단	船中で盜まる
175494	朝鮮朝日	南鮮版	1929-08-01	1	10단	もよほし(兩少將送別會)
175495	朝鮮朝日	南鮮版	1929-08-01	1	10단	人(武者錬三氏(京電專務)/河村靜水氏(釜山地方法院檢事正)/大谷吳鎭守府長官/金谷軍司令官夫人)
175496	朝鮮朝日	西北・南鮮版	1929-08-01	2	01단	慶尙南道で暑休利用の林間、江邊、海邊學校/成績は至って良好
175497	朝鮮朝日	西北・南鮮版	1929-08-01	2	01단	博覽會場內に銀行の出店/さて取扱ふ金高はザッと百二十五萬
175498	朝鮮朝日	西北・南鮮版	1929-08-01	2	01단	平元線の陽德を各所にする
175499	朝鮮朝日	西北・南鮮版	1929-08-01	2	02단	鎭南浦の蘋果檢查高
175500	朝鮮朝日	西北・南鮮版	1929-08-01	2	02단	安東縣で酒類の檢查/不良品なし
175501	朝鮮朝日	西北・南鮮版	1929-08-01	2	02단	共榮會社自動車配當一割に決定/株主會で可決
175502	朝鮮朝日	西北・南鮮版	1929-08-01	2	03단	釜山商銀馬山に支店
175503	朝鮮朝日	西北・南鮮版	1929-08-01	2	03단	平南協贊會資金の寄附/殆んど纏る
175504	朝鮮朝日	西北・南鮮版	1929-08-01	2	04단	朝日活寫會
175505	朝鮮朝日	西北・南鮮版	1929-08-01	2	04단	各地だより(大邱/春川/馬山/平壤より)
175506	朝鮮朝日	西北版	1929-08-02	1	01단	北部豫選決勝試合
175507	朝鮮朝日	西北版	1929-08-02	1	03단	*發表された陸軍の大異動　朝鮮關係の分(上)/國境守備の現狀に同情事情を知らしめる要がある川島新十九師團長談/見物程度の知識はあるよ平壤に來る西尾少將*
175508	朝鮮朝日	西北版	1929-08-02	1	05단	納屋が倒れ子供の壓死
175509	朝鮮朝日	西北版	1929-08-02	1	05단	平壤にゐて東京の空を飛ぶ飛行機と話が出來る/平壤飛行隊の無線通信機
175510	朝鮮朝日	西北版	1929-08-02	1	08단	牡丹台野話
175511	朝鮮朝日	西北版	1929-08-02	1	08단	安東の下水工事完成を協議
175512	朝鮮朝日	西北版	1929-08-02	1	09단	靑年訓練指導員講習
175513	朝鮮朝日	西北版	1929-08-02	1	09단	平壤飛行聯隊各中隊の演習/聯合演習にも出動

일련번호	판명		간행일	면	단수	기사명
175514	朝鮮朝日	西北版	1929-08-02	1	09단	新義州で荷拔き頻發
175515	朝鮮朝日	西北版	1929-08-02	1	09단	湖南中等學校野球大會
175516	朝鮮朝日	西北版	1929-08-02	1	10단	高麗燒の皿/百枚を發掘
175517	朝鮮朝日	西北版	1929-08-02	1	10단	婦人の纏足/禁止の運動
175518	朝鮮朝日	西北版	1929-08-02	1	10단	平南各地豪雨の被害/死者二十名
175519	朝鮮朝日	西北版	1929-08-02	1	10단	もよほし(驛務講習會/國務運輸講習會/滿洲靑年支部例會)
175520	朝鮮朝日	南鮮版	1929-08-02	1	01단	北部豫選決勝試合
175521	朝鮮朝日	南鮮版	1929-08-02	1	03단	全國中等野球朝鮮南部豫選 試合半ばに釜山中棄權し大邱商南部の霸を唱ふ/大邱商上城
175522	朝鮮朝日	南鮮版	1929-08-02	1	03단	發表された陸軍の大異動 朝鮮關係の分(上)/職責重大で多大の決心を要する南新朝鮮軍司令官談
175523	朝鮮朝日	南鮮版	1929-08-02	1	05단	殖産銀行配當
175524	朝鮮朝日	南鮮版	1929-08-02	1	07단	慶南で再び早魃の對策　道當局で事態憂慮
175525	朝鮮朝日	南鮮版	1929-08-02	1	08단	湖南中等學校野球大會
175526	朝鮮朝日	南鮮版	1929-08-02	1	09단	電氣事業買收起債の認可は多少は遲れる模樣府營實現は十月か/簡單に行かぬ生田內務局長談
175527	朝鮮朝日	南鮮版	1929-08-02	1	09단	接客婦に保菌者釜山署の檢病
175528	朝鮮朝日	南鮮版	1929-08-02	1	10단	釜山港のコレラ警戒
175529	朝鮮朝日	南鮮版	1929-08-02	1	10단	電氣料値下實現會/解散に■す
175530	朝鮮朝日	南鮮版	1929-08-02	1	10단	高麗燒の皿/百枚を發掘
175531	朝鮮朝日	南鮮版	1929-08-02	1	10단	電車爆破を企てた男送局
175532	朝鮮朝日	南鮮版	1929-08-02	1	10단	人(林茂樹氏(全南知事))
175533	朝鮮朝日	西北・南鮮版	1929-08-02	2	01단	淸津無電局
175534	朝鮮朝日	西北・南鮮版	1929-08-02	2	01단	平壤京城間に電話搬送機試驗通話頗る良好/輻湊が緩和される
175535	朝鮮朝日	西北・南鮮版	1929-08-02	2	01단	淸津の魚油檢査成績は不良
175536	朝鮮朝日	西北・南鮮版	1929-08-02	2	01단	葦島黃草坪回收の交涉
175537	朝鮮朝日	西北・南鮮版	1929-08-02	2	01단	暑氣拂ひラヂオ體操平壤局で獎勵
175538	朝鮮朝日	西北・南鮮版	1929-08-02	2	02단	京城の空中寫眞を朝博に出品
175539	朝鮮朝日	西北・南鮮版	1929-08-02	2	02단	藝術寫眞締切を延期
175540	朝鮮朝日	西北・南鮮版	1929-08-02	2	02단	水害の道路復舊す
175541	朝鮮朝日	西北・南鮮版	1929-08-02	2	03단	平南道で理髮師規定を改革
175542	朝鮮朝日	西北・南鮮版	1929-08-02	2	03단	朝日活寫會
175543	朝鮮朝日	西北・南鮮版	1929-08-02	2	04단	新義州職業紹介所新築に決定
175544	朝鮮朝日	西北・南鮮版	1929-08-02	2	04단	各地だより(咸興/淸津/平壤より)
175545	朝鮮朝日	西北版	1929-08-03	1	01단	朝鮮博會場の鳥瞰圖
175546	朝鮮朝日	西北版	1929-08-03	1	01단	朝鮮實行豫算の節減/遙かに緩和されて一千萬

일련번호	판명		간행일	면	단수	기사명
175546	朝鮮朝日	西北版	1929-08-03	1	01단	圓程度らしい
175547	朝鮮朝日	西北版	1929-08-03	1	01단	小農救濟資金の貸付/明年度二萬圓增加成績は至って良好
175548	朝鮮朝日	西北版	1929-08-03	1	02단	飛行隊の無電通信室
175549	朝鮮朝日	西北版	1929-08-03	1	03단	朝鮮人靑年の訓練を開始/平北道江界靑年團/朝鮮靑年の黎明期
175550	朝鮮朝日	西北版	1929-08-03	1	03단	新義州と安東相呼應して昭和製鋼設置運動
175551	朝鮮朝日	西北版	1929-08-03	1	04단	永明寺の住職問題近く解決か
175552	朝鮮朝日	西北版	1929-08-03	1	04단	俳句/鈴木花蓑選
175553	朝鮮朝日	西北版	1929-08-03	1	04단	平壤中等應援團上城
175554	朝鮮朝日	西北版	1929-08-03	1	05단	電興會社と府で締結の買電契約書の內容(契約書)
175555	朝鮮朝日	西北版	1929-08-03	1	05단	發表された陸軍大異動朝鮮關係の分(下)/朝鮮は憧れの土地新羅南憲兵隊長竹田大佐談
175556	朝鮮朝日	西北版	1929-08-03	1	05단	空から見た京城(一)/京城驛
175557	朝鮮朝日	西北版	1929-08-03	1	07단	平壤附近で補助貨激增/一圓紙幣が減少す財政緊縮の影響か
175558	朝鮮朝日	西北版	1929-08-03	1	07단	平南道の自動車値下げ中旬頃から實施する
175559	朝鮮朝日	西北版	1929-08-03	1	08단	牡丹台野話
175560	朝鮮朝日	西北版	1929-08-03	1	09단	朝博を機に潛入を企つ不穩團體を警戒する
175561	朝鮮朝日	西北版	1929-08-03	1	09단	展覽會や妓生の舞踊で景氣を引き立てる/朝博會期中の平壤
175562	朝鮮朝日	西北版	1929-08-03	1	10단	拳銃密輸の共犯者捕る
175563	朝鮮朝日	西北版	1929-08-03	1	10단	會期中の防疫計劃/平南道で協議
175564	朝鮮朝日	西北版	1929-08-03	1	10단	實業敎育臨時講習會/出席者決定
175565	朝鮮朝日	西北版	1929-08-03	1	10단	人(新任關東軍司令官)
175566	朝鮮朝日	南鮮版	1929-08-03	1	01단	朝鮮博會場の鳥瞰圖
175567	朝鮮朝日	南鮮版	1929-08-03	1	01단	朝鮮實行豫算の節減/遙かに緩和されて一千萬圓程度らしい
175568	朝鮮朝日	南鮮版	1929-08-03	1	01단	陳情の意は認めて貰った認可は暇どる模樣 促進陳情の四議員歸釜/起債の認可は相當暇どるか須藤知事談
175569	朝鮮朝日	南鮮版	1929-08-03	1	03단	私用には圓タクを呼ぶ兒玉總監夫人公私の別は嚴然と守る 大和町界隈の奧樣連恐懼/自動車の乘用規定目下研究中
175570	朝鮮朝日	南鮮版	1929-08-03	1	04단	ガソリン動車黃海線で運轉
175571	朝鮮朝日	南鮮版	1929-08-03	1	04단	俳句/鈴木花蓑選
175572	朝鮮朝日	南鮮版	1929-08-03	1	04단	朝鮮貯蓄現在預金高
175573	朝鮮朝日	南鮮版	1929-08-03	1	04단	發表された陸軍大異動 朝鮮關係の分(下)
175574	朝鮮朝日	南鮮版	1929-08-03	1	05단	空から見た京城(一)/京城驛

일련번호	판명		간행일	면	단수	기사명
175575	朝鮮朝日	南鮮版	1929-08-03	1	05단	日本空輸の事務室工事
175576	朝鮮朝日	南鮮版	1929-08-03	1	05단	南朝鮮電氣本社の爭奪
175577	朝鮮朝日	南鮮版	1929-08-03	1	06단	南部豫選決勝戰
175578	朝鮮朝日	南鮮版	1929-08-03	1	08단	廣告行列で市中を練り步く/十二日の朝鮮博宣傳デー
175579	朝鮮朝日	南鮮版	1929-08-03	1	08단	京仁取引所合倂に反對/仁川府勢振興會の有志連總監に陳情
175580	朝鮮朝日	南鮮版	1929-08-03	1	08단	京城の暑さと水道使用量
175581	朝鮮朝日	南鮮版	1929-08-03	1	09단	申分ない日照で水稻は豊作
175582	朝鮮朝日	南鮮版	1929-08-03	1	09단	釜山のチブス全市を汚染/罹病者三百三十五名
175583	朝鮮朝日	南鮮版	1929-08-03	1	10단	拳銃密輸の共犯者捕る
175584	朝鮮朝日	南鮮版	1929-08-03	1	10단	大邱の觀光客誘致策
175585	朝鮮朝日	南鮮版	1929-08-03	1	10단	群山棧橋進水珍事の現場を鑑定
175586	朝鮮朝日	南鮮版	1929-08-03	1	10단	米拔取り起訴/公判に廻さる
175587	朝鮮朝日	南鮮版	1929-08-03	1	10단	もよほし(ハーモニカ演奏會)
175588	朝鮮朝日	西北・南鮮版	1929-08-03	2	01단	空から見た城津
175589	朝鮮朝日	西北・南鮮版	1929-08-03	2	01단	平壤府一日の氷の費消高は暑いので七千貫突破
175590	朝鮮朝日	西北・南鮮版	1929-08-03	2	01단	鎭海の記念塔/寄附金插話
175591	朝鮮朝日	西北・南鮮版	1929-08-03	2	02단	郵便物到着の時間
175592	朝鮮朝日	西北・南鮮版	1929-08-03	2	03단	朝博の台灣館/準備すゝむ
175593	朝鮮朝日	西北・南鮮版	1929-08-03	2	03단	全鮮中等學校美術展覽會齒醫專で開催
175594	朝鮮朝日	西北・南鮮版	1929-08-03	2	03단	朝日活寫會
175595	朝鮮朝日	西北・南鮮版	1929-08-03	2	04단	人命救助の表彰方詮議
175596	朝鮮朝日	西北・南鮮版	1929-08-03	2	04단	各地だより(京城/新義州/安東縣/平壤より)
175597	朝鮮朝日	西北版	1929-08-04	1	01단	全國中等野球朝鮮豫選の幕閉づ 平壤中の頭上に榮冠燦として輝く鷄林に霸を唱へて甲子園へ 目ざすはたゞ全國の霸權/燦たる優勝旗敗れた大邱商選手も平中のため拍手を送る美しいスポーツマンシップ
175598	朝鮮朝日	西北版	1929-08-04	1	02단	決定を見た朝鮮實行豫算 一千萬圓餘減額さるその內容の主なもの/學務關係の實行豫算は大體諒解を得た九大總長就任の意はない 松浦城大總長歸來談
175599	朝鮮朝日	西北版	1929-08-04	1	04단	平南道出品第一回輸送
175600	朝鮮朝日	西北版	1929-08-04	1	04단	空から見た京城(二)/南大門附近
175601	朝鮮朝日	西北版	1929-08-04	1	05단	平北道の朝博宣傳歌
175602	朝鮮朝日	西北版	1929-08-04	1	06단	博覽會期中警備打合せ
175603	朝鮮朝日	西北版	1929-08-04	1	06단	秋季牛市場
175604	朝鮮朝日	西北版	1929-08-04	1	06단	平遊壞戲研究會講習

일련번호	판명		간행일	면	단수	기사명
175605	朝鮮朝日	西北版	1929-08-04	1	06단	平北米の聲價を墜す不正行爲を取締る/道で對策を考究中
175606	朝鮮朝日	西北版	1929-08-04	1	07단	ルーサン刈取り
175607	朝鮮朝日	西北版	1929-08-04	1	07단	新義州で飛行演習/準備の調査
175608	朝鮮朝日	西北版	1929-08-04	1	07단	鎭南浦築港の運命/對策を協議
175609	朝鮮朝日	西北版	1929-08-04	1	08단	短歌/橋田東聲選
175610	朝鮮朝日	西北版	1929-08-04	1	08단	京城大連間使用旅客機汝矣島到着
175611	朝鮮朝日	西北版	1929-08-04	1	08단	鴨綠江川開き花火大會
175612	朝鮮朝日	西北版	1929-08-04	1	08단	朝鮮人の商工社組織を計劃
175613	朝鮮朝日	西北版	1929-08-04	1	09단	製材鋸て慘死
175614	朝鮮朝日	西北版	1929-08-04	1	09단	教授夫人を犯した怪漢/それらしい男捕る
175615	朝鮮朝日	西北版	1929-08-04	1	10단	お茶のあと
175616	朝鮮朝日	西北版	1929-08-04	1	10단	牡丹台野話
175617	朝鮮朝日	西北版	1929-08-04	1	10단	人(上甲幸氏(帝通上海特派員)/川口伊作氏(平南柳井普通學校長))
175618	朝鮮朝日	南鮮版	1929-08-04	1	01단	全國中等野球朝鮮豫選の幕閉づ 平壤中の頭上に榮冠燦として輝く鷄林に霸を唱へて甲子園へ目ざすはたゞ全國の霸權/燦たる優勝旗敗れた大邱商選手も平中のため拍手を送る美しいスポーツマンシップ
175619	朝鮮朝日	南鮮版	1929-08-04	1	03단	決定を見た朝鮮實行豫算一千萬圓餘減額さるその內容の主なもの/學務關係の實行豫算は大體諒解を得た九大總長就任の意はない 松浦城大總長歸來談
175620	朝鮮朝日	南鮮版	1929-08-04	1	04단	短歌/橋田東聲選
175621	朝鮮朝日	南鮮版	1929-08-04	1	04단	京城大連間使用旅客機汝矣島到着
175622	朝鮮朝日	南鮮版	1929-08-04	1	05단	旅客機の規則違反を龍山署に依囑
175623	朝鮮朝日	南鮮版	1929-08-04	1	05단	大興電氣業務改善を調査研究
175624	朝鮮朝日	南鮮版	1929-08-04	1	05단	新聞協會京城で大會
175625	朝鮮朝日	南鮮版	1929-08-04	1	05단	特設館で卽賣の慶南海産物
175626	朝鮮朝日	南鮮版	1929-08-04	1	06단	進退問題で約束はせぬ私議すべき事ではない/山梨總督談
175627	朝鮮朝日	南鮮版	1929-08-04	1	06단	釜山瓦電買收反對の委員連總督府訪問認可か否か研究中
175628	朝鮮朝日	南鮮版	1929-08-04	1	07단	金谷參議官退鮮の感懷
175629	朝鮮朝日	南鮮版	1929-08-04	1	07단	電車と併用の釜山のバス/そのコースの大要/いよいよ準備開始
175630	朝鮮朝日	南鮮版	1929-08-04	1	08단	空から見た京城(二)/南大門附近
175631	朝鮮朝日	南鮮版	1929-08-04	1	08단	全鮮初等教育研究會

일련번호	판명		간행일	면	단수	기사명
175632	朝鮮朝日	南鮮版	1929-08-04	1	08단	總督府の自動車拂下
175633	朝鮮朝日	南鮮版	1929-08-04	1	09단	漢江水泳場設備を改善/境界に救助網を張り救助船も見張りさす
175634	朝鮮朝日	南鮮版	1929-08-04	1	09단	保菌者三十名發見
175635	朝鮮朝日	南鮮版	1929-08-04	1	10단	連絡船から婦人が投身
175636	朝鮮朝日	南鮮版	1929-08-04	1	10단	人(金谷軍事參議官/松浦城大總長/松岡京日副社長/三好德松氏(前代議士)/五島誠助氏(釜山實業家))
175637	朝鮮朝日	南鮮版	1929-08-04	1	10단	貿易商夫妻慘殺の容疑者か
175638	朝鮮朝日	南鮮版	1929-08-04	1	10단	松高商野球
175639	朝鮮朝日	西北・南鮮版	1929-08-04	2	01단	台灣米の移入增加/仁川の移動
175640	朝鮮朝日	西北・南鮮版	1929-08-04	2	01단	群山の貨物取扱ひ
175641	朝鮮朝日	西北・南鮮版	1929-08-04	2	01단	平南春繭成績は良好
175642	朝鮮朝日	西北・南鮮版	1929-08-04	2	02단	安東縣の獸類屠殺數
175643	朝鮮朝日	西北・南鮮版	1929-08-04	2	02단	小包郵便移出申告數
175644	朝鮮朝日	西北・南鮮版	1929-08-04	2	02단	鎭南浦局手形交換に參加と決定
175645	朝鮮朝日	西北・南鮮版	1929-08-04	2	02단	各地だより(公州/群山/元山/沙里院/間島/咸興/平壤より/安東より)
175646	朝鮮朝日	西北・南鮮版	1929-08-04	2	03단	朝日活寫會
175647	朝鮮朝日	西北版	1929-08-06	1	01단	實際の運用は本月中旬頃か朝鮮實行豫算は一千四十萬圓繰延削減
175648	朝鮮朝日	西北版	1929-08-06	1	01단	製鋼所設置は國策の問題/兼二浦說は注目せよ多田榮吉氏歸來談
175649	朝鮮朝日	西北版	1929-08-06	1	01단	朝鮮中等學校野球豫選大會で優勝した平壤中學チーム
175650	朝鮮朝日	西北版	1929-08-06	1	03단	復舊工事費起債再申請
175651	朝鮮朝日	西北版	1929-08-06	1	03단	總監部に榮轉した園部大佐
175652	朝鮮朝日	西北版	1929-08-06	1	04단	本ブラの散步區域擴がる京城の車馬通行制限
175653	朝鮮朝日	西北版	1929-08-06	1	04단	校舍を賣却し普通校の增築か淸津の入學難緩和
175654	朝鮮朝日	西北版	1929-08-06	1	04단	繰延べの打擊は相當に大きい前途を懸念さるゝ洛東江の改修工事
175655	朝鮮朝日	西北版	1929-08-06	1	05단	一圓紙幣の紙質を改良したい/阿部平南財務部長談
175656	朝鮮朝日	西北版	1929-08-06	1	06단	奉天票維持の布告
175657	朝鮮朝日	西北版	1929-08-06	1	06단	開會までには間に合はす/數日中に一齊着手事務局曰く『心配無用』
175658	朝鮮朝日	西北版	1929-08-06	1	06단	平北道の出品物/發送に着手
175659	朝鮮朝日	西北版	1929-08-06	1	06단	愉快の裡に見物させる/平南警察部の朝博期間取締

일련번호	판명		간행일	면	단수	기사명
175660	朝鮮朝日	西北版	1929-08-06	1	07단	博覽會出品の模範警察署模型出來上る
175661	朝鮮朝日	西北版	1929-08-06	1	07단	平南の宣傳繪葉書/內地へ二萬枚
175662	朝鮮朝日	西北版	1929-08-06	1	07단	迷信の資料整理をはる/平南から朝鮮博へ出品
175663	朝鮮朝日	西北版	1929-08-06	1	07단	鰯大漁か/これからさし網時期に入る
175664	朝鮮朝日	西北版	1929-08-06	1	08단	美術展審査員決定內地側三名
175665	朝鮮朝日	西北版	1929-08-06	1	08단	本島檢事出城す某事件取調
175666	朝鮮朝日	西北版	1929-08-06	1	08단	五人組を仁川署で捕ふ
175667	朝鮮朝日	西北版	1929-08-06	1	08단	博覽會行きの旅費を稼ぐ/淸津小學校兒童
175668	朝鮮朝日	西北版	1929-08-06	1	09단	安東敗る
175669	朝鮮朝日	西北版	1929-08-06	1	09단	沿海州出漁の朝鮮漁船多數/露官憲のため拏捕
175670	朝鮮朝日	西北版	1929-08-06	1	09단	近くヌクテ狩被害甚大で慶北警察部嚴命
175671	朝鮮朝日	西北版	1929-08-06	1	10단	牡丹台野話
175672	朝鮮朝日	西北版	1929-08-06	1	10단	こんどはチブス蔓延の兆/平壤署の豫防
175673	朝鮮朝日	西北版	1929-08-06	1	10단	馬賊射殺
175674	朝鮮朝日	西北版	1929-08-06	1	10단	酒の上の喧嘩
175675	朝鮮朝日	西北版	1929-08-06	1	10단	會(平壤各團體聯合第一回懇談會)
175676	朝鮮朝日	南鮮版	1929-08-06	1	01단	實際の運用は本月中旬頃か朝鮮實行豫算は一千四十萬圓繰延削減
175677	朝鮮朝日	南鮮版	1929-08-06	1	01단	陣谷を整ふ/大邱電氣値下の期成同盟會
175678	朝鮮朝日	南鮮版	1929-08-06	1	01단	東部隣保館工事に着手
175679	朝鮮朝日	南鮮版	1929-08-06	1	01단	朝鮮中等學校野球豫選大會で優勝した平壤中學チーム
175680	朝鮮朝日	南鮮版	1929-08-06	1	02단	打擊賞揚選手受く
175681	朝鮮朝日	南鮮版	1929-08-06	1	02단	大邱第一出發
175682	朝鮮朝日	南鮮版	1929-08-06	1	02단	大邱中優勝/南鮮選拔野球
175683	朝鮮朝日	南鮮版	1929-08-06	1	03단	開會までには間に合はす/數日中に一齊着手事務局曰く『心配無用』
175684	朝鮮朝日	南鮮版	1929-08-06	1	04단	肥塚氏當選/府協議會の委員長
175685	朝鮮朝日	南鮮版	1929-08-06	1	04단	雨を待つ南鮮地方 龜裂を生じた慶南の稻田/迷信で墓を移す全北地方の旱魃/折角の豊作案じも駄目となるか/脅される旱害慶北地方/山を荒す罹災民當局躍起となり防止す/祈雨祭慶北安東で催ほす/桑葉枯る
175686	朝鮮朝日	南鮮版	1929-08-06	1	05단	本ブラの散步區域擴がる京城の車馬通行制限
175687	朝鮮朝日	南鮮版	1929-08-06	1	05단	釜山水産の山內氏取調べを受く表面は證人としてだが事件は相當重大の模樣
175688	朝鮮朝日	南鮮版	1929-08-06	1	05단	お茶のあと
175689	朝鮮朝日	南鮮版	1929-08-06	1	06단	美術展審査員決定內地側三名
175690	朝鮮朝日	南鮮版	1929-08-06	1	06단	モルヒネ密賣者本據を襲ふ

일련번호	판명		간행일	면	단수	기사명
175691	朝鮮朝日	南鮮版	1929-08-06	1	07단	酒の上の喧嘩
175692	朝鮮朝日	南鮮版	1929-08-06	1	07단	似寄りの名でぬれ衣を着た朝鮮人の苦學生
175693	朝鮮朝日	南鮮版	1929-08-06	1	07단	普天教の大鐘競賣に附され信徒大いに騷ぐ
175694	朝鮮朝日	南鮮版	1929-08-06	1	07단	先づ棧橋から好印象を與へて旅客を喜ばせよう/釜山の協贊會で計劃
175695	朝鮮朝日	南鮮版	1929-08-06	1	08단	仁川行列車機關車と衝突/負傷者三十名を出す/去る四日龍山驛での珍事
175696	朝鮮朝日	南鮮版	1929-08-06	1	09단	近くヌクテ狩被害甚大で慶北警察部嚴命
175697	朝鮮朝日	南鮮版	1929-08-06	1	10단	橫領兵自首/大邱憲兵隊へ
175698	朝鮮朝日	南鮮版	1929-08-06	1	10단	四人組を仁川署で捕ふ
175699	朝鮮朝日	南鮮版	1929-08-06	1	10단	人(山梨總督/韓李王職長官/清河純一中將(軍令部出仕))
175700	朝鮮朝日	南鮮版	1929-08-06	1	10단	半島茶話
175701	朝鮮朝日	西北・南鮮版	1929-08-06	2	01단	山と子供/麻生豊
175702	朝鮮朝日	西北・南鮮版	1929-08-06	2	03단	東京三越における國立公園展覽會/出品した金剛山模型
175703	朝鮮朝日	西北・南鮮版	1929-08-06	2	03단	國魂神配祀京城神社の祭神/左右二座に大巳貴命/少彦名命を配し奉る
175704	朝鮮朝日	西北・南鮮版	1929-08-06	2	03단	豆粕運賃全部割戻し
175705	朝鮮朝日	西北・南鮮版	1929-08-06	2	03단	高等課長會議
175706	朝鮮朝日	西北・南鮮版	1929-08-06	2	04단	兒玉總監を招待
175707	朝鮮朝日	西北・南鮮版	1929-08-06	2	04단	仁川の傳染病
175708	朝鮮朝日	西北・南鮮版	1929-08-06	2	04단	鎭南浦の手形交換
175709	朝鮮朝日	西北・南鮮版	1929-08-06	2	05단	紡績會社馬山工場の敷地決定す
175710	朝鮮朝日	西北・南鮮版	1929-08-06	2	05단	月尾島の自動車回游/漸く許可
175711	朝鮮朝日	西北・南鮮版	1929-08-06	2	06단	鐵道閑散
175712	朝鮮朝日	西北・南鮮版	1929-08-06	2	06단	新刊紹介(『落穗集』)
175713	朝鮮朝日	西北・南鮮版	1929-08-06	2	06단	各地だより(平壤より/新義州より/安東より/咸興より/羅南より)
175714	朝鮮朝日	西北版	1929-08-07	1	01단	朝鮮實行豫算の發表を見たら/しかしとお茶をにごす上機嫌で歸任する山梨總督
175715	朝鮮朝日	西北版	1929-08-07	1	01단	移動座談會/元山における座談會餘聞/子供を買ってくれと賣り步いた白露の避難民は今いづこ元山居よいか住みよいか
175716	朝鮮朝日	西北版	1929-08-07	1	03단	大靑、白翎の二島學術林として保存の價値がある/中井博士一行の踏査
175717	朝鮮朝日	西北版	1929-08-07	1	04단	久方振りに旅塵を東萊溫泉で流す山梨總督
175718	朝鮮朝日	西北版	1929-08-07	1	04단	關大勝つ
175719	朝鮮朝日	西北版	1929-08-07	1	05단	榮えある優勝報告式/平壤中學野球選手府內を

일련번호	판명		간행일	면	단수	기사명
175719	朝鮮朝日	西北版	1929-08-07	1	05단	練り歩く
175720	朝鮮朝日	西北版	1929-08-07	1	07단	圖們線十一月から開通
175721	朝鮮朝日	西北版	1929-08-07	1	07단	優勝校豫想當選者京城放送局で五日發表
175722	朝鮮朝日	西北版	1929-08-07	1	08단	副業獎勵鹽夫の生活を安定するため
175723	朝鮮朝日	西北版	1929-08-07	1	08단	暑さにめげず押し寄せる/江西の藥水
175724	朝鮮朝日	西北版	1929-08-07	1	08단	俳句/鈴木花蓑選
175725	朝鮮朝日	西北版	1929-08-07	1	09단	牡丹台野話
175726	朝鮮朝日	西北版	1929-08-07	1	09단	遞信局の實行豫算廿六萬圓減
175727	朝鮮朝日	西北版	1929-08-07	1	09단	夜を徹する巫女の呪文/手を燒く平壤署
175728	朝鮮朝日	西北版	1929-08-07	1	10단	戰鬪機不時着搭乘者は無事
175729	朝鮮朝日	西北版	1929-08-07	1	10단	平北の朝博觀覽者
175730	朝鮮朝日	西北版	1929-08-07	1	10단	安奉沿線の簡閱點呼
175731	朝鮮朝日	西北版	1929-08-07	1	10단	溺死
175732	朝鮮朝日	西北版	1929-08-07	1	10단	人(伊藤文吉男/大村鐵道局長)
175733	朝鮮朝日	南鮮版	1929-08-07	1	01단	朝鮮實行豫算の發表を見たら/しかしとお茶をにごす上機嫌で歸任する山梨總督
175734	朝鮮朝日	南鮮版	1929-08-07	1	01단	移動座談會/元山における座談會餘聞/子供を買ってくれと賣り歩いた白露の避難民は今いづこ元山居よいか住みよいか
175735	朝鮮朝日	南鮮版	1929-08-07	1	03단	釜山麗水間競爭航路となる/海事出張所から警告
175736	朝鮮朝日	南鮮版	1929-08-07	1	04단	久方振りに旅塵を東萊溫泉で流す山梨總督
175737	朝鮮朝日	南鮮版	1929-08-07	1	04단	大田野球場四日から開場
175738	朝鮮朝日	南鮮版	1929-08-07	1	05단	仁川府營市場の代行經營はいづれにゆくか
175739	朝鮮朝日	南鮮版	1929-08-07	1	05단	四機を常置する京城格納庫/近く完城する
175740	朝鮮朝日	南鮮版	1929-08-07	1	05단	凶作か大田地方
175741	朝鮮朝日	南鮮版	1929-08-07	1	05단	憂へられる鮎の絶滅/慶州附近で
175742	朝鮮朝日	南鮮版	1929-08-07	1	06단	優勝校豫想當選者京城放送局で五日發表
175743	朝鮮朝日	南鮮版	1929-08-07	1	07단	副業獎勵鹽夫の生活を安定するため
175744	朝鮮朝日	南鮮版	1929-08-07	1	07단	靑島/仁川に着く
175745	朝鮮朝日	南鮮版	1929-08-07	1	07단	暑さの狂騰に倒れる配達夫
175746	朝鮮朝日	南鮮版	1929-08-07	1	07단	釜山電氣の起債認可は九月となるか/會社側の從業員は不認可を望む
175747	朝鮮朝日	南鮮版	1929-08-07	1	08단	遞信局の實行豫算廿六萬圓減
175748	朝鮮朝日	南鮮版	1929-08-07	1	09단	俳句/鈴木花蓑選
175749	朝鮮朝日	南鮮版	1929-08-07	1	09단	看護婦に世話された娘行方分らず
175750	朝鮮朝日	南鮮版	1929-08-07	1	09단	名醫に成り濟まして汚水を服ます
175751	朝鮮朝日	南鮮版	1929-08-07	1	09단	車窓から振り落さる
175752	朝鮮朝日	南鮮版	1929-08-07	1	10단	大部分は朝鮮婦人講習會に現はれた傾向
175753	朝鮮朝日	南鮮版	1929-08-07	1	10단	ヌクテまた現はる

일련번호	판명		간행일	면	단수	기사명
175754	朝鮮朝日	南鮮版	1929-08-07	1	10단	空巣狙ひの豪遊
175755	朝鮮朝日	南鮮版	1929-08-07	1	10단	人(野田三藏少將/植原悅二郎氏(前外務參與官)/東京府教育團一行/倉成晴虎氏)
175756	朝鮮朝日	南鮮版	1929-08-07	1	10단	半島茶話
175757	朝鮮朝日	西北・南鮮版	1929-08-07	2	01단	休みを利用し簾編みをなす金海普通學校の兒童
175758	朝鮮朝日	西北・南鮮版	1929-08-07	2	01단	朝鮮窒素肥料今年は硫安を製造する
175759	朝鮮朝日	西北・南鮮版	1929-08-07	2	01단	海豚の群で鰯不漁漁大津港近海
175760	朝鮮朝日	西北・南鮮版	1929-08-07	2	02단	連山接續五日から開通
175761	朝鮮朝日	西北・南鮮版	1929-08-07	2	02단	煙草豊作か
175762	朝鮮朝日	西北・南鮮版	1929-08-07	2	02단	海藻取引高
175763	朝鮮朝日	西北・南鮮版	1929-08-07	2	03단	木浦の貯金爲替業績
175764	朝鮮朝日	西北・南鮮版	1929-08-07	2	03단	滿洲粟の安東通過增す
175765	朝鮮朝日	西北・南鮮版	1929-08-07	2	03단	煙草賣上高七月中の新義州出張所
175766	朝鮮朝日	西北・南鮮版	1929-08-07	2	03단	製錬所改稱
175767	朝鮮朝日	西北・南鮮版	1929-08-07	2	04단	讀者招待慰安會盛況
175768	朝鮮朝日	西北・南鮮版	1929-08-07	2	04단	防疫開始安東支那側
175769	朝鮮朝日	西北・南鮮版	1929-08-07	2	04단	各地だより(平壤より/沙里院より)
175770	朝鮮朝日	西北版	1929-08-08	1	01단	大豪雨で安奉沿線の被害甚大の模樣/列車は大延着
175771	朝鮮朝日	西北版	1929-08-08	1	01단	豫算削減による平南の影響/園田知事談
175772	朝鮮朝日	西北版	1929-08-08	1	01단	旅客機の不時降着地/近く決定
175773	朝鮮朝日	西北版	1929-08-08	1	01단	朝鮮中等學校野球豫選大會の座談會(上)/中等學校チームの缺陷は守備偏重か
175774	朝鮮朝日	西北版	1929-08-08	1	02단	ラヂオの聽取者は約一萬人
175775	朝鮮朝日	西北版	1929-08-08	1	02단	山梨總督七日夜上機嫌で歸城す
175776	朝鮮朝日	西北版	1929-08-08	1	03단	記念日に功勞者の表彰を行ふ
175777	朝鮮朝日	西北版	1929-08-08	1	03단	平北の傳染病患者
175778	朝鮮朝日	西北版	1929-08-08	1	03단	殺到する勅任參與官の運動者さて椅子に坐る人は？
175779	朝鮮朝日	西北版	1929-08-08	1	04단	城大に朝鮮事情研究所設置
175780	朝鮮朝日	西北版	1929-08-08	1	04단	空しく遊ぶ冷藏貨車
175781	朝鮮朝日	西北版	1929-08-08	1	05단	いづれも有罪と決し公判に附さる大邱學生祕密結社事件/思想犯罪の檢擧は困難　山澤檢事語る/根本原因は何であるか　有澤豫審判事
175782	朝鮮朝日	西北版	1929-08-08	1	06단	注目される公職者大會
175783	朝鮮朝日	西北版	1929-08-08	1	06단	短歌/橋田東聲選
175784	朝鮮朝日	西北版	1929-08-08	1	07단	安東の道路標識
175785	朝鮮朝日	西北版	1929-08-08	1	07단	活躍を期待される平壤中チーム愈全國中等學校優勝野球大會へ八日出發
175786	朝鮮朝日	西北版	1929-08-08	1	07단	儲けた人蔘の祝酒に醉ひ仲間に慘殺さる

일련번호	판명		간행일	면	단수	기사명
175787	朝鮮朝日	西北版	1929-08-08	1	07단	唐井普通校廿一日開校
175788	朝鮮朝日	西北版	1929-08-08	1	08단	新賣敗る
175789	朝鮮朝日	西北版	1929-08-08	1	09단	朝博行進曲/學務局の朝鮮作曲を中心に作曲して歌はす
175790	朝鮮朝日	西北版	1929-08-08	1	09단	赤ん坊審査會
175791	朝鮮朝日	西北版	1929-08-08	1	09단	朝鮮人の勞働者亂鬪
175792	朝鮮朝日	西北版	1929-08-08	1	09단	爆藥盜難ひんぴん
175793	朝鮮朝日	西北版	1929-08-08	1	09단	不逞團の朝鮮潛入計劃
175794	朝鮮朝日	西北版	1929-08-08	1	10단	安東實業庭球協會發會式
175795	朝鮮朝日	西北版	1929-08-08	1	10단	生み落した子を埋める
175796	朝鮮朝日	西北版	1929-08-08	1	10단	高山南滿工專教授夫人の絞殺犯人下郡春二郎(四十七)
175797	朝鮮朝日	西北版	1929-08-08	1	10단	人(萩原八十盛氏(平南高等課長))
175798	朝鮮朝日	西北版	1929-08-08	1	10단	牡丹台野話
175799	朝鮮朝日	南鮮版	1929-08-08	1	01단	日本空輸格納庫の上棟式
175800	朝鮮朝日	南鮮版	1929-08-08	1	01단	大豪雨で安奉沿線の被害甚大の模樣列車は大延着
175801	朝鮮朝日	南鮮版	1929-08-08	1	01단	にしん網の特許權侵害と福田某からの通告に全鮮的に渦を卷く
175802	朝鮮朝日	南鮮版	1929-08-08	1	01단	山梨總督七日夜上機嫌で歸城す
175803	朝鮮朝日	南鮮版	1929-08-08	1	01단	京城の衛生設備昨年より良好
175804	朝鮮朝日	南鮮版	1929-08-08	1	02단	朝鮮中等學校野球豫選大會の座談會(上)/中等學校チームの缺陷は守備偏重か
175805	朝鮮朝日	南鮮版	1929-08-08	1	03단	釜山電氣買收起債認可來る廿日頃か
175806	朝鮮朝日	南鮮版	1929-08-08	1	03단	飾窓の講演や競技釜山で開く
175807	朝鮮朝日	南鮮版	1929-08-08	1	04단	驟雨があったが未だ不十分
175808	朝鮮朝日	南鮮版	1929-08-08	1	04단	殺到する勅任參與官の運動者/さて椅子に坐る人は？
175809	朝鮮朝日	南鮮版	1929-08-08	1	05단	忠南の自動車賃値下
175810	朝鮮朝日	南鮮版	1929-08-08	1	05단	移轉料交付問題から事件の進展/更に釜山水産の伊藤監査役も喚問か
175811	朝鮮朝日	南鮮版	1929-08-08	1	06단	利用者の少い飛行郵便
175812	朝鮮朝日	南鮮版	1929-08-08	1	06단	トランプ最中自殺した男/深い事情があるか
175813	朝鮮朝日	南鮮版	1929-08-08	1	06단	短歌/橋田東聲選
175814	朝鮮朝日	南鮮版	1929-08-08	1	07단	いづれも有罪と決し公判に附さる大邱學生祕密結社事件/思想犯罪の檢擧は困難 山澤檢事語る/根本原因は何であるか 有澤豫審判事
175815	朝鮮朝日	南鮮版	1929-08-08	1	09단	活躍を期待される平壤中チーム愈全國中等學校優勝/野球大會へ八日出發
175816	朝鮮朝日	南鮮版	1929-08-08	1	09단	李候別邸で朝鮮人亂暴す/飲酒をとがめた事から

일련번호	판명		간행일	면	단수	기사명
175817	朝鮮朝日	南鮮版	1929-08-08	1	09단	釜山の火事/三戸を全燒
175818	朝鮮朝日	南鮮版	1929-08-08	1	10단	自動車を乘逃げ損じ卽死を遂ぐ
175819	朝鮮朝日	南鮮版	1929-08-08	1	10단	會(夏季講習會)
175820	朝鮮朝日	西北・南鮮版	1929-08-08	2	01단	賑ふ「月の浦」海水浴場
175821	朝鮮朝日	西北・南鮮版	1929-08-08	2	01단	輸出激增の地下足袋が半年で百萬圓を超す
175822	朝鮮朝日	西北・南鮮版	1929-08-08	2	01단	異彩を放つ平南牛
175823	朝鮮朝日	西北・南鮮版	1929-08-08	2	02단	鰯締粕檢査便法を考究中
175824	朝鮮朝日	西北・南鮮版	1929-08-08	2	03단	仁川移出牛
175825	朝鮮朝日	西北・南鮮版	1929-08-08	2	03단	陶業振興策
175826	朝鮮朝日	西北・南鮮版	1929-08-08	2	03단	朝鮮水電の貯水池現狀
175827	朝鮮朝日	西北・南鮮版	1929-08-08	2	03단	安東の人口
175828	朝鮮朝日	西北・南鮮版	1929-08-08	2	04단	採木公司の增伐計劃
175829	朝鮮朝日	西北・南鮮版	1929-08-08	2	04단	木材界不振
175830	朝鮮朝日	西北・南鮮版	1929-08-08	2	04단	椎茸製造着手
175831	朝鮮朝日	西北・南鮮版	1929-08-08	2	04단	鯖の豐漁
175832	朝鮮朝日	西北・南鮮版	1929-08-08	2	04단	各地だより(平壤より/咸興より)
175833	朝鮮朝日	西北・南鮮版	1929-08-08	2	04단	シネマ便り
175834	朝鮮朝日	西北版	1929-08-09	1	01단	朝鮮の鐵道は特別の事情で考慮/本年の削減額は三百萬圓/大村鐵道局長歸來談
175835	朝鮮朝日	西北版	1929-08-09	1	01단	七萬人を要する朝鮮最初の國勢調査は明年秋/今年から準備中
175836	朝鮮朝日	西北版	1929-08-09	1	01단	入港船の檢疫/上海のコレラで七日から實施
175837	朝鮮朝日	西北版	1929-08-09	1	01단	道立病院も復活す
175838	朝鮮朝日	西北版	1929-08-09	1	01단	淸津無電局十六日開局式
175839	朝鮮朝日	西北版	1929-08-09	1	01단	支那側官憲盛んに朝鮮人有力者を脅す
175840	朝鮮朝日	西北版	1929-08-09	1	02단	朝鮮中等學校野球豫選大會の座談會(中)/餘り干涉するな萎縮させる頑迷な學校當局
175841	朝鮮朝日	西北版	1929-08-09	1	03단	列車折返し運轉す/安奉線の水害狀況
175842	朝鮮朝日	西北版	1929-08-09	1	04단	大新義州の計劃頓挫
175843	朝鮮朝日	西北版	1929-08-09	1	04단	博覽會までに傳染病の絶滅/徹底的に豫防/現在赤痢が多い
175844	朝鮮朝日	西北版	1929-08-09	1	04단	俳句/鈴木花蓑選
175845	朝鮮朝日	西北版	1929-08-09	1	04단	新義州の上水道狀況
175846	朝鮮朝日	西北版	1929-08-09	1	05단	連絡船の二等寢台券を主要驛で賣る
175847	朝鮮朝日	西北版	1929-08-09	1	05단	館石製絲の朝鮮進出と旣設會社側の態度
175848	朝鮮朝日	西北版	1929-08-09	1	06단	復活した鎭南浦築港西北地方大喜び
175849	朝鮮朝日	西北版	1929-08-09	1	06단	二千名も集る全國敎育大會を今秋京城で開く
175850	朝鮮朝日	西北版	1929-08-09	1	07단	京城府內の旅館宿泊料それぞれ協定
175851	朝鮮朝日	西北版	1929-08-09	1	08단	床屋さんの休みを變更

일련번호	판명		간행일	면	단수	기사명
175852	朝鮮朝日	西北版	1929-08-09	1	08단	局子街行二番列車顚覆し十數名の負傷者を出す
175853	朝鮮朝日	西北版	1929-08-09	1	08단	いくらか濡す/中北部の降雨
175854	朝鮮朝日	西北版	1929-08-09	1	08단	完成間際に蹉跌を來した安寧水利組合工事
175855	朝鮮朝日	西北版	1929-08-09	1	08단	新義州でも安東同樣に朝鮮婦人に授産事業を行ふ
175856	朝鮮朝日	西北版	1929-08-09	1	09단	花々しく出發した平壤中學チーム/七、八兩日盛んなる送別試合を行ふ
175857	朝鮮朝日	西北版	1929-08-09	1	10단	金岡夫妻殺容疑者の指紋をとる
175858	朝鮮朝日	西北版	1929-08-09	1	10단	マイト爆發して卽死
175859	朝鮮朝日	西北版	1929-08-09	1	10단	鐵道往生
175860	朝鮮朝日	西北版	1929-08-09	1	10단	馬賊の討伐困難となる
175861	朝鮮朝日	西北版	1929-08-09	1	10단	暑さに狂ひ二人を慘殺
175862	朝鮮朝日	西北版	1929-08-09	1	10단	台灣米移入增加
175863	朝鮮朝日	西北版	1929-08-09	1	10단	人(橫山順少佐(神奈川縣奈珂中學校敎官))
175864	朝鮮朝日	南鮮版	1929-08-09	1	01단	朝鮮の鐵道は特別の事情で考慮/本年の削減額は三百萬圓/大村鐵道局長歸來談
175865	朝鮮朝日	南鮮版	1929-08-09	1	01단	七萬人を要する朝鮮最初の國勢調査は明年秋/今年から準備中
175866	朝鮮朝日	南鮮版	1929-08-09	1	01단	入港船の檢疫/上海のコレラで七日から實施
175867	朝鮮朝日	南鮮版	1929-08-09	1	01단	連絡船の二等寢台券を主要驛で賣る
175868	朝鮮朝日	南鮮版	1929-08-09	1	01단	記念日に功勞者の表彰を行ふ
175869	朝鮮朝日	南鮮版	1929-08-09	1	01단	群山の道路鋪裝
175870	朝鮮朝日	南鮮版	1929-08-09	1	02단	朝鮮中等學校野球豫選大會の座談會(中)/餘り干涉するな萎縮させる頑迷な學校當局
175871	朝鮮朝日	南鮮版	1929-08-09	1	03단	空しく遊ぶ冷藏貨車
175872	朝鮮朝日	南鮮版	1929-08-09	1	03단	二千名も集る全國敎育大會を今秋京城で開く
175873	朝鮮朝日	南鮮版	1929-08-09	1	04단	京城府內の旅館宿泊料それぞれ協定
175874	朝鮮朝日	南鮮版	1929-08-09	1	04단	博覽會までに傳染病の絶滅/徹底的に豫防/現在赤痢が多い
175875	朝鮮朝日	南鮮版	1929-08-09	1	04단	最善を盡して釜山瓦電の買收起債認可運動/草間氏に次で生田氏も上京
175876	朝鮮朝日	南鮮版	1929-08-09	1	05단	製鐵軍朝鮮で戰ふ
175877	朝鮮朝日	南鮮版	1929-08-09	1	05단	木浦商業優勝
175878	朝鮮朝日	南鮮版	1929-08-09	1	06단	京城府內の朝鮮人宿屋は約三百軒で九千人收容
175879	朝鮮朝日	南鮮版	1929-08-09	1	06단	いくらか霑す/中北部の降雨
175880	朝鮮朝日	南鮮版	1929-08-09	1	06단	今後の天候次第で稻作は持直すか
175881	朝鮮朝日	南鮮版	1929-08-09	1	06단	俳句/鈴木花蓑選
175882	朝鮮朝日	南鮮版	1929-08-09	1	07단	防疫上遺憾なきを期する
175883	朝鮮朝日	南鮮版	1929-08-09	1	07단	館石製絲の朝鮮進出と既設會社側の態度
175884	朝鮮朝日	南鮮版	1929-08-09	1	08단	小學校敎員山中で自殺を企つ

일련번호	판명		간행일	면	단수	기사명
175885	朝鮮朝日	南鮮版	1929-08-09	1	08단	大赤えひ體重百五十貫
175886	朝鮮朝日	南鮮版	1929-08-09	1	08단	ラヂオの聽取者は約一萬人
175887	朝鮮朝日	南鮮版	1929-08-09	1	08단	局子街行二番列車顚覆し十數名の負傷者を出す
175888	朝鮮朝日	南鮮版	1929-08-09	1	09단	呂運亨愈起訴さる
175889	朝鮮朝日	南鮮版	1929-08-09	1	09단	博覽會を控へて腸チブス終熄/釜山の當局者もホッと一息の態
175890	朝鮮朝日	南鮮版	1929-08-09	1	09단	「京城よいとこ妓生よべば」新しく生れた京城小唄/お歷々の後援會も出來る
175891	朝鮮朝日	南鮮版	1929-08-09	1	10단	城大に朝鮮事情研究所設置
175892	朝鮮朝日	南鮮版	1929-08-09	1	10단	人(宮野隆義氏(大邱專賣支局庶務課長)/菊山嘉男氏(慶北內務部長))
175893	朝鮮朝日	南鮮版	1929-08-09	1	10단	半島茶話
175894	朝鮮朝日	西北・南鮮版	1929-08-09	2	01단	多少の訂正を見る受益稅條例目下審議中の京城府條例委員會
175895	朝鮮朝日	西北・南鮮版	1929-08-09	2	01단	よく働く朝鮮人船員/下關水上署で調べた市內在住者の海上生活狀態
175896	朝鮮朝日	西北・南鮮版	1929-08-09	2	01단	七月末帳尻平壤組合銀行
175897	朝鮮朝日	西北・南鮮版	1929-08-09	2	02단	農業倉庫建築に着手
175898	朝鮮朝日	西北・南鮮版	1929-08-09	2	02단	江界面の豫防宣傳
175899	朝鮮朝日	西北・南鮮版	1929-08-09	2	02단	小水利組合建設着手
175900	朝鮮朝日	西北・南鮮版	1929-08-09	2	03단	蘋果界活躍
175901	朝鮮朝日	西北・南鮮版	1929-08-09	2	03단	お茶のあと
175902	朝鮮朝日	西北・南鮮版	1929-08-09	2	04단	各地だより(平壤より/間島より/安東より/北靑より)
175903	朝鮮朝日	西北・南鮮版	1929-08-09	2	04단	キネマ便り
175904	朝鮮朝日	西北・南鮮版	1929-08-09	2	04단	新刊紹介(『朝鮮及滿洲』)
175905	朝鮮朝日	西北版	1929-08-10	1	01단	各館の槪觀前記(一)/近づいた朝鮮博覽會夢のやうに浮ぶ古風と近世の建物/展びゆく新朝鮮の姿
175906	朝鮮朝日	西北版	1929-08-10	1	01단	二十日から移動警察を復活し全線にわたり乘客を警戒す
175907	朝鮮朝日	西北版	1929-08-10	1	03단	當局の態度に業を煮やし於之屯水利組合委員長辭す
175908	朝鮮朝日	西北版	1929-08-10	1	04단	平南の人口
175909	朝鮮朝日	西北版	1929-08-10	1	04단	政府も特に諒とするだらう上京の生田內務局長談
175910	朝鮮朝日	西北版	1929-08-10	1	04단	築港工事復活經過報告
175911	朝鮮朝日	西北版	1929-08-10	1	04단	朝鮮中等學校野球豫選大會の座談會(下)/代走の快用と試合の不馴が缺點ピックアップチーム？
175912	朝鮮朝日	西北版	1929-08-10	1	05단	ゴルフ競技十一日平壤で
175913	朝鮮朝日	西北版	1929-08-10	1	05단	安奉線八景修理に着手

일련번호	판명		간행일	면	단수	기사명
175914	朝鮮朝日	西北版	1929-08-10	1	05단	新義州其他でも檢疫を行ふ
175915	朝鮮朝日	西北版	1929-08-10	1	05단	鎭南浦下水工事着手
175916	朝鮮朝日	西北版	1929-08-10	1	06단	外人出入增加
175917	朝鮮朝日	西北版	1929-08-10	1	06단	短歌/橋田東聲選
175918	朝鮮朝日	西北版	1929-08-10	1	06단	六日間で朝鮮を走破した福安訓導
175919	朝鮮朝日	西北版	1929-08-10	1	06단	馬賊子供を拉去す
175920	朝鮮朝日	西北版	1929-08-10	1	07단	平壤の臨時淸潔法
175921	朝鮮朝日	西北版	1929-08-10	1	07단	汗を流す尊い勤勞/日曜を外に働く感心な兵士
175922	朝鮮朝日	西北版	1929-08-10	1	07단	旅客の利便安東通過の際/稅關檢査改善
175923	朝鮮朝日	西北版	1929-08-10	1	08단	牡丹台野話
175924	朝鮮朝日	西北版	1929-08-10	1	08단	襲うた男と鬪ひ一名を遂に捕へる
175925	朝鮮朝日	西北版	1929-08-10	1	09단	漢文書堂の閉鎖を命じ生徒から罰金を徵收す
175926	朝鮮朝日	西北版	1929-08-10	1	10단	酒を强要し人妻を殺し逃走
175927	朝鮮朝日	西北版	1929-08-10	1	10단	阿片窟を襲ひ密輸犯人檢擧
175928	朝鮮朝日	西北版	1929-08-10	1	10단	井邑製絲の女工同盟罷業
175929	朝鮮朝日	西北版	1929-08-10	1	10단	僞刑事捕はる
175930	朝鮮朝日	西北版	1929-08-10	1	10단	またまたヌクテ現る
175931	朝鮮朝日	西北版	1929-08-10	1	10단	平壤鐵道敗る
175932	朝鮮朝日	西北版	1929-08-10	1	10단	人(李鍝公展下/李鍵公展下/池尻萬壽夫氏(李王職事務官)/安尾大尉(步兵第卅九旅團副官)/遠山副領事、平田書記生(安東領事館帽兒山分館詰)/新任宇佐美安東領事)
175933	朝鮮朝日	南鮮版	1929-08-10	1	01단	各館の槪觀前記(一)/近づいた朝鮮博覽會夢のやうに浮ぶ古風と近世の建物/展びゆく新朝鮮の姿
175934	朝鮮朝日	南鮮版	1929-08-10	1	01단	二十日から移動警察を復活し全線にわたり乘客を警戒す
175935	朝鮮朝日	南鮮版	1929-08-10	1	03단	博覽會會期中は全能力を盡す/大村局長語る
175936	朝鮮朝日	南鮮版	1929-08-10	1	04단	起債認可の實地調査/八、七兩日釜山で行ふ
175937	朝鮮朝日	南鮮版	1929-08-10	1	04단	反期成派の四氏も上京/府營反對を政府へ陳情
175938	朝鮮朝日	南鮮版	1929-08-10	1	04단	政府も特に諒とするだらう上京の生田內務局長談
175939	朝鮮朝日	南鮮版	1929-08-10	1	04단	朝鮮中等學校野球豫選大會の座談會(下)/代走の快用と試合の不馴が缺點ピックアップチーム？
175940	朝鮮朝日	南鮮版	1929-08-10	1	05단	短歌/橋田東聲選
175941	朝鮮朝日	南鮮版	1929-08-10	1	06단	早く辭めたい學務局長の椅子/一時の約束が半年になった松浦城大總長
175942	朝鮮朝日	南鮮版	1929-08-10	1	06단	朝鮮と緣が切れたわけではない/拓務事務官に榮轉の村山道雄氏談
175943	朝鮮朝日	南鮮版	1929-08-10	1	06단	仁川靑果から正式の出願
175944	朝鮮朝日	南鮮版	1929-08-10	1	07단	社金橫領の疑ひで潛水漁業の大山社員取調

일련번호	판명		간행일	면	단수	기사명
175945	朝鮮朝日	南鮮版	1929-08-10	1	07단	嬰兒を生埋
175946	朝鮮朝日	南鮮版	1929-08-10	1	07단	仁川署で接客業者に對し健康診斷
175947	朝鮮朝日	南鮮版	1929-08-10	1	08단	蔚山飛行場格納庫上棟式
175948	朝鮮朝日	南鮮版	1929-08-10	1	08단	上水の濫用で毎日百萬立方呎近く使用する京城府
175949	朝鮮朝日	南鮮版	1929-08-10	1	08단	四萬三千町步は枯死に瀕す/慶南の水田被害慘狀日に烈し
175950	朝鮮朝日	南鮮版	1929-08-10	1	09단	またまたヌクテ現る
175951	朝鮮朝日	南鮮版	1929-08-10	1	09단	山火事
175952	朝鮮朝日	南鮮版	1929-08-10	1	10단	金相伯大家面に立寄り捕はる
175953	朝鮮朝日	南鮮版	1929-08-10	1	10단	井邑製絲の女工同盟罷業
175954	朝鮮朝日	南鮮版	1929-08-10	1	10단	人(李鍝公展下/李鍵公展下/池尻萬壽夫氏(李王職事務官)/安尾大尉(步兵第卅九旅團副官)/生田內務局長/山根明一郎氏(大邱署刑事部長柔道二段)/堂木きよ子(慶北財務部長令孃))
175955	朝鮮朝日	南鮮版	1929-08-10	1	10단	半島茶話
175956	朝鮮朝日	西北・南鮮版	1929-08-10	2	01단	魚油輸送活況を呈す
175957	朝鮮朝日	西北・南鮮版	1929-08-10	2	01단	産地へ逆送米の輸送高激減/七月中の鮮內各港狀況
175958	朝鮮朝日	西北・南鮮版	1929-08-10	2	01단	咸悅平野水利組合/具體案作成
175959	朝鮮朝日	西北・南鮮版	1929-08-10	2	02단	平元線建設費の削減で影響する
175960	朝鮮朝日	西北・南鮮版	1929-08-10	2	03단	振替貯金狀況
175961	朝鮮朝日	西北・南鮮版	1929-08-10	2	03단	平南夏秋蠶增加
175962	朝鮮朝日	西北・南鮮版	1929-08-10	2	03단	平北掃立枚數
175963	朝鮮朝日	西北・南鮮版	1929-08-10	2	03단	お茶のあと
175964	朝鮮朝日	西北・南鮮版	1929-08-10	2	04단	各地だより(平壤より/安東より)
175965	朝鮮朝日	西北版	1929-08-11	1	01단	名館の槪觀前記(二)/近づいた朝鮮博覽會/蠶絲館は實物の教育
175966	朝鮮朝日	西北版	1929-08-11	1	01단	山梨總督は十五日東上に決す　愈決する所あるか/兒玉總督の談
175967	朝鮮朝日	西北版	1929-08-11	1	04단	稅令改正で免除を受く
175968	朝鮮朝日	西北版	1929-08-11	1	04단	貴族救濟は財團法人組織で利息を運用補助する
175969	朝鮮朝日	西北版	1929-08-11	1	04단	生業資金の貸附けは良好/當事者の講習會を開く
175970	朝鮮朝日	西北版	1929-08-11	1	04단	豐作の見込京畿道ではホクホク/浮塵子の發生が心配稻作良好/平北も豐作豫想/慶北でも稻作樂觀
175971	朝鮮朝日	西北版	1929-08-11	1	05단	航空郵便用切手を發賣
175972	朝鮮朝日	西北版	1929-08-11	1	05단	鴨綠江上流を下る支那筏
175973	朝鮮朝日	西北版	1929-08-11	1	06단	コレラに對する大防疫班を組織し嚴重警戒
175974	朝鮮朝日	西北版	1929-08-11	1	06단	俳句/鈴木花蓑選

일련번호	판명		간행일	면	단수	기사명
175975	朝鮮朝日	西北版	1929-08-11	1	06단	風光絶佳な九味浦外人の避暑地として繁昌
175976	朝鮮朝日	西北版	1929-08-11	1	07단	異彩を放つべく期待される今秋の朝鮮博への海運の出品の數々
175977	朝鮮朝日	西北版	1929-08-11	1	07단	金剛山を機上から眺める/試驗飛行期間中日本空輸で計劃
175978	朝鮮朝日	西北版	1929-08-11	1	08단	「辛い悲しい話がとけて」平南で募集の警察標語
175979	朝鮮朝日	西北版	1929-08-11	1	08단	三人組強盜自動車を襲ひ金を奪ふ
175980	朝鮮朝日	西北版	1929-08-11	1	08단	長谷川巡査鴨綠江で溺るゝ朝鮮人二人を助く
175981	朝鮮朝日	西北版	1929-08-11	1	08단	魚菜市場營業を開始
175982	朝鮮朝日	西北版	1929-08-11	1	09단	官舍の現狀を拓務省から照會かなり衝動を與ふ
175983	朝鮮朝日	西北版	1929-08-11	1	09단	咸南道第一線の好仁署員夫人連の雄々しい拳銃射的の練習ぶり
175984	朝鮮朝日	西北版	1929-08-11	1	09단	阿片通行止
175985	朝鮮朝日	西北版	1929-08-11	1	09단	大山は懲役二年
175986	朝鮮朝日	西北版	1929-08-11	1	10단	金庫詐欺豫審終結す
175987	朝鮮朝日	西北版	1929-08-11	1	10단	浦潮から支那人續々引揚げ
175988	朝鮮朝日	西北版	1929-08-11	1	10단	もよほし(修養團講習會)
175989	朝鮮朝日	西北版	1929-08-11	1	10단	人(伊達四雄氏(平北內務部長)/滿田賢二氏(平北土木主事))
175990	朝鮮朝日	西北版	1929-08-11	1	10단	牡丹台野話
175991	朝鮮朝日	南鮮版	1929-08-11	1	01단	山梨總督は愈を決意か賜暇御聽許で十五日東上に決す/進退は想像に委せる
175992	朝鮮朝日	南鮮版	1929-08-11	1	01단	名館の概觀前記(二)/近づいた朝鮮博覽會/竈絲館は實物の教育
175993	朝鮮朝日	南鮮版	1929-08-11	1	04단	稅令改正で免除を受く
175994	朝鮮朝日	南鮮版	1929-08-11	1	04단	貴族救濟は財團法人組織で利息を運用補助する
175995	朝鮮朝日	南鮮版	1929-08-11	1	04단	生業資金の貸附けは良好/當事者の講習會を開く
175996	朝鮮朝日	南鮮版	1929-08-11	1	04단	豊作の見込京畿道ではホクホク/浮塵子の發生が心配 稻作良好/平北も豊作豫想/慶北でも稻作樂觀
175997	朝鮮朝日	南鮮版	1929-08-11	1	05단	航空郵便用切手を發賣
175998	朝鮮朝日	南鮮版	1929-08-11	1	05단	三木弘氏を中心に共同アトリヱ
175999	朝鮮朝日	南鮮版	1929-08-11	1	06단	コレラに對する大防疫班を組織し嚴重警戒
176000	朝鮮朝日	南鮮版	1929-08-11	1	06단	俳句/鈴木花養選
176001	朝鮮朝日	南鮮版	1929-08-11	1	06단	朝博案內者七十名選定
176002	朝鮮朝日	南鮮版	1929-08-11	1	06단	京仁電車の敷設出願
176003	朝鮮朝日	南鮮版	1929-08-11	1	07단	朝博會期中嚴重警戒
176004	朝鮮朝日	南鮮版	1929-08-11	1	07단	漁業に傳書鳩を使ふ廿師團の好意
176005	朝鮮朝日	南鮮版	1929-08-11	1	07단	官舍の現狀を拓務省から照會かなり衝動を與ふ

일련번호	판명		간행일	면	단수	기사명
176006	朝鮮朝日	南鮮版	1929-08-11	1	07단	內地への渡航者急に激增す
176007	朝鮮朝日	南鮮版	1929-08-11	1	08단	本ブラ黨愈萬歲遞送自動車も道路變更
176008	朝鮮朝日	南鮮版	1929-08-11	1	08단	景福丸入渠
176009	朝鮮朝日	南鮮版	1929-08-11	1	08단	電線四十間切斷さる/犯人捕らぬ
176010	朝鮮朝日	南鮮版	1929-08-11	1	08단	モヒ密輸の元兇遂に捕はる
176011	朝鮮朝日	南鮮版	1929-08-11	1	09단	金剛山を機上から眺める/試驗飛行期間中日本空輸で計劃
176012	朝鮮朝日	南鮮版	1929-08-11	1	09단	修正の上受益條例案を可決す
176013	朝鮮朝日	南鮮版	1929-08-11	1	09단	金庫詐欺豫審終結す
176014	朝鮮朝日	南鮮版	1929-08-11	1	09단	由緒深い黃金佛泥田から拾ひ上ぐ
176015	朝鮮朝日	南鮮版	1929-08-11	1	10단	線路で眠って列車に轢かれ卽死す
176016	朝鮮朝日	南鮮版	1929-08-11	1	10단	人(李鍝公殿下/江見水蔭氏/金谷範三大將(軍事參議官))
176017	朝鮮朝日	南鮮版	1929-08-11	1	10단	半島茶話
176018	朝鮮朝日	西北・南鮮版	1929-08-11	2	01단	兒童が製造するステッキと割箸/平北厚昌普通校
176019	朝鮮朝日	西北・南鮮版	1929-08-11	2	01단	仁川の七月貿易狀況
176020	朝鮮朝日	西北・南鮮版	1929-08-11	2	02단	鯖大漁
176021	朝鮮朝日	西北・南鮮版	1929-08-11	2	02단	重油の需要增加す
176022	朝鮮朝日	西北・南鮮版	1929-08-11	2	03단	商工振興策會議所の提案
176023	朝鮮朝日	西北・南鮮版	1929-08-11	2	03단	改良漁網の普及統一
176024	朝鮮朝日	西北・南鮮版	1929-08-11	2	03단	平北七月中移出穀物檢査
176025	朝鮮朝日	西北・南鮮版	1929-08-11	2	04단	大豆輸送增加
176026	朝鮮朝日	西北・南鮮版	1929-08-11	2	04단	お茶のあと
176027	朝鮮朝日	西北・南鮮版	1929-08-11	2	04단	牧野トーキー
176028	朝鮮朝日	西北版	1929-08-13	1	01단	辭任確定で話題は盡きぬあわたゞしい總督府總督は萬遍なく訪客を接見/暫く鄕里で靜養すると總督の別離の宴
176029	朝鮮朝日	西北版	1929-08-13	1	03단	近づいた朝鮮博(三)/盛り澤山に加工品を陳列産業北館の內容
176030	朝鮮朝日	西北版	1929-08-13	1	05단	朝鮮で大演習擧行の希望實現を見ずに遺憾/金谷大將東上す
176031	朝鮮朝日	西北版	1929-08-13	1	06단	船積穀物拔取り防止
176032	朝鮮朝日	西北版	1929-08-13	1	06단	平壤の對支貿易不振の見込
176033	朝鮮朝日	西北版	1929-08-13	1	06단	六道溝露店市設置を出願
176034	朝鮮朝日	西北版	1929-08-13	1	06단	日支境界線整理片づく
176035	朝鮮朝日	西北版	1929-08-13	1	06단	平北道の稻作は增收の見込
176036	朝鮮朝日	西北版	1929-08-13	1	07단	平北公立學校長會議
176037	朝鮮朝日	西北版	1929-08-13	1	07단	平壤府の納稅成績芳しくない
176038	朝鮮朝日	西北版	1929-08-13	1	07단	混戰狀態の平壤の自動車五十錢タクシー許可

일련번호	판명		간행일	면	단수	기사명
176039	朝鮮朝日	西北版	1929-08-13	1	07단	わが平中の相手は平安當って砕ける主義試合前の批評は區々/平中の出場は平壤の誇り松井府尹談/平中同窓會
176040	朝鮮朝日	西北版	1929-08-13	1	08단	光暢法主夫妻の來壤
176041	朝鮮朝日	西北版	1929-08-13	1	08단	平南道農家の副業
176042	朝鮮朝日	西北版	1929-08-13	1	08단	暑中稽古納會
176043	朝鮮朝日	西北版	1929-08-13	1	08단	平南道の運轉手試驗
176044	朝鮮朝日	西北版	1929-08-13	1	10단	普通試驗合格者
176045	朝鮮朝日	西北版	1929-08-13	1	10단	安東地方豫備委員の選擧人名簿
176046	朝鮮朝日	西北版	1929-08-13	1	10단	妓生書畵展
176047	朝鮮朝日	西北版	1929-08-13	1	10단	國境方面の虎疫の防備
176048	朝鮮朝日	西北版	1929-08-13	1	10단	阿片密吸引多數檢擧さる
176049	朝鮮朝日	西北版	1929-08-13	1	10단	もよほし(婦人問題講演會)
176050	朝鮮朝日	西北版	1929-08-13	1	10단	人(中村孝太郎氏(新任朝鮮軍參謀長)/淏省三氏(新任明野飛行學校教官)/織田喜代次氏(航空兵大尉))
176051	朝鮮朝日	南鮮版	1929-08-13	1	01단	辭任確定で話題は盡きぬあわたゞしい總督府總督は萬遍なく訪客を接見/暫く郷里で靜養すると總督の別離の宴
176052	朝鮮朝日	南鮮版	1929-08-13	1	03단	近づいた朝鮮博(三)/盛り澤山に加工品を陳列産業北館の内容
176053	朝鮮朝日	南鮮版	1929-08-13	1	05단	朝鮮で大演習擧行の希望實現を見ずに遺憾　金谷大將東上す/釜山で別宴
176054	朝鮮朝日	南鮮版	1929-08-13	1	06단	船積穀物拔取り防止
176055	朝鮮朝日	南鮮版	1929-08-13	1	06단	本月中に起債は認可の見込
176056	朝鮮朝日	南鮮版	1929-08-13	1	06단	すっかり明るくなる大京城の市街/街路裝飾や照明について大體の計劃成る
176057	朝鮮朝日	南鮮版	1929-08-13	1	07단	耕地擴張より土地改良へ/農業政策の一轉換實收穫の増加を圖る
176058	朝鮮朝日	南鮮版	1929-08-13	1	07단	釜山府當局が町總代と懇談/當面の問題に就て
176059	朝鮮朝日	南鮮版	1929-08-13	1	07단	朝鮮十景踊り
176060	朝鮮朝日	南鮮版	1929-08-13	1	08단	關大野球勝つ
176061	朝鮮朝日	南鮮版	1929-08-13	1	08단	慶南の勤農組合さらに増設
176062	朝鮮朝日	南鮮版	1929-08-13	1	08단	異彩を放つべく期待される今秋の朝鮮博への海軍の出品の數々
176063	朝鮮朝日	南鮮版	1929-08-13	1	09단	仁川會議所評議員改選
176064	朝鮮朝日	南鮮版	1929-08-13	1	09단	新聞紙を紙幣と見せ詐欺を働く
176065	朝鮮朝日	南鮮版	1929-08-13	1	09단	貨物自動車列車と衝突
176066	朝鮮朝日	南鮮版	1929-08-13	1	09단	路上で斬る

일련번호	판명		간행일	면	단수	기사명
176067	朝鮮朝日	南鮮版	1929-08-13	1	10단	注目される公職者大會
176068	朝鮮朝日	南鮮版	1929-08-13	1	10단	社金橫領の犯行を自白
176069	朝鮮朝日	南鮮版	1929-08-13	1	10단	支那檢察官阿片吸引で檢擧の憂目
176070	朝鮮朝日	南鮮版	1929-08-13	1	10단	人(橫田俊夫氏(大邱覆審法院長)/井上新義州稅關長/岡本實太郎代議士)
176071	朝鮮朝日	南鮮版	1929-08-13	1	10단	半島茶話
176072	朝鮮朝日	西北・南鮮版	1929-08-13	2	01단	九州の三大名から羅馬法王への書信/三百五十年ぶりに不思議に戻る
176073	朝鮮朝日	西北・南鮮版	1929-08-13	2	03단	申込み殺到素晴らしい人氣の支局後援朝鮮、鮮滿、滿旅行團
176074	朝鮮朝日	西北・南鮮版	1929-08-13	2	03단	涼しい話/凍った氷が殘る白頭山/絶頂を極めた小河農務課長談
176075	朝鮮朝日	西北・南鮮版	1929-08-13	2	04단	新刊紹介(『翼』/『獵奇』/『大分歌人』『花■』/『日活時報』/『汗愛』/『コドモノテキスト』『醫專時報』/『ひのくに』/『からたち』/『文藝行進』/『南國詩人』/『ひ』/『おほぞら』)
176076	朝鮮朝日	西北・南鮮版	1929-08-13	2	05단	北滿方面商取引異狀はない
176077	朝鮮朝日	西北・南鮮版	1929-08-13	2	05단	實習を主とする農業敎育
176078	朝鮮朝日	西北・南鮮版	1929-08-13	2	06단	稻作は豊作を豫想/沙里院地方
176079	朝鮮朝日	西北・南鮮版	1929-08-13	2	06단	仁川學校組合費決算
176080	朝鮮朝日	西北・南鮮版	1929-08-13	2	06단	生業資金の嚴重取締
176081	朝鮮朝日	西北・南鮮版	1929-08-13	2	06단	各地だより(沙里院/公州/平壤より/安東より)
176082	朝鮮朝日	西北版	1929-08-14	1	01단	近づいた朝鮮博(四)/水利や開墾や米のパノラマ獨立する米の館
176083	朝鮮朝日	西北版	1929-08-14	1	01단	朝博を機會に空陸聯合演習/事務引繼に來闢の南新軍司令官談
176084	朝鮮朝日	西北版	1929-08-14	1	04단	朝博と防疫計劃平安南道
176085	朝鮮朝日	西北版	1929-08-14	1	04단	鰯の不漁で日算はづれ依然と徵收出來ぬ/淸津府の滯納稅金
176086	朝鮮朝日	西北版	1929-08-14	1	04단	水田は龜裂旱害四割に達せん/代用作の時期も遲る
176087	朝鮮朝日	西北版	1929-08-14	1	04단	共同基地整理を計劃
176088	朝鮮朝日	西北版	1929-08-14	1	05단	平安强くとも恐るゝに足らず戰ひの日を前にして元氣一杯のわが平中ナイン
176089	朝鮮朝日	西北版	1929-08-14	1	05단	短歌/橋田東聲選
176090	朝鮮朝日	西北版	1929-08-14	1	06단	各刑務所で看守の增員/今年は本腰で頑張る/土居行刑課長談
176091	朝鮮朝日	西北版	1929-08-14	1	06단	空から見た京城(三)
176092	朝鮮朝日	西北版	1929-08-14	1	07단	土用稽古納會

일련번호	판명		간행일	면	단수	기사명
176093	朝鮮朝日	西北版	1929-08-14	1	08段	蘋果檢査の規則に反對/道の非常識を論難
176094	朝鮮朝日	西北版	1929-08-14	1	08段	發掘した燒物や人骨/李朝時代掌隷院の跡
176095	朝鮮朝日	西北版	1929-08-14	1	08段	通關檢査改正意見書
176096	朝鮮朝日	西北版	1929-08-14	1	09段	夏枯れの平壤花柳界
176097	朝鮮朝日	西北版	1929-08-14	1	09段	眞瓜を獻上
176098	朝鮮朝日	西北版	1929-08-14	1	09段	五龍背點燈
176099	朝鮮朝日	西北版	1929-08-14	1	10段	免囚保護事業京畿警察部で着手
176100	朝鮮朝日	西北版	1929-08-14	1	10段	ぬくて子供を攫ふ
176101	朝鮮朝日	西北版	1929-08-14	1	10段	公州郡の惡疫罹病者七十二名に上る
176102	朝鮮朝日	西北版	1929-08-14	1	10段	倉庫が倒る
176103	朝鮮朝日	西北版	1929-08-14	1	10段	游泳中溺死
176104	朝鮮朝日	南鮮版	1929-08-14	1	01段	半島茶話
176105	朝鮮朝日	南鮮版	1929-08-14	1	01段	近づいた朝鮮博(四)/水利や開墾や米のパノラマ 獨立する米の館
176106	朝鮮朝日	南鮮版	1929-08-14	1	04段	朝博を機會に空陸聯合演習/事務引繼に來關の 南新軍司令官談
176107	朝鮮朝日	南鮮版	1929-08-14	1	04段	在鄕軍人全鮮大會を京城で開く
176108	朝鮮朝日	南鮮版	1929-08-14	1	04段	釜山福岡間定期航路を日發にする計劃は補助な くとも斷行か
176109	朝鮮朝日	南鮮版	1929-08-14	1	05段	拓務省の計劃に對し冷視してゐる總督府
176110	朝鮮朝日	南鮮版	1929-08-14	1	05段	參謀長着任
176111	朝鮮朝日	南鮮版	1929-08-14	1	05段	眞瓜を獻上
176112	朝鮮朝日	南鮮版	1929-08-14	1	05段	甘粕元大尉密かに內地へ
176113	朝鮮朝日	南鮮版	1929-08-14	1	06段	各刑務所で看守の增員/今年は本腰で頑張る/土 居行刑課長談
176114	朝鮮朝日	南鮮版	1929-08-14	1	06段	發掘した燒物や人骨/李朝時代掌隷院の跡
176115	朝鮮朝日	南鮮版	1929-08-14	1	07段	宣傳用の鳥瞰圖繪を渡鮮者に配布
176116	朝鮮朝日	南鮮版	1929-08-14	1	07段	白松
176117	朝鮮朝日	南鮮版	1929-08-14	1	07段	水田は龜裂旱害四割に達せん/代用作の時期も 遲る
176118	朝鮮朝日	南鮮版	1929-08-14	1	07段	生魚組合背任事件の二人送局さる
176119	朝鮮朝日	南鮮版	1929-08-14	1	08段	空から見た京城(三)
176120	朝鮮朝日	南鮮版	1929-08-14	1	08段	三光丸坐礁
176121	朝鮮朝日	南鮮版	1929-08-14	1	08段	內妻を斬る
176122	朝鮮朝日	南鮮版	1929-08-14	1	09段	泗川灣の養殖牡蠣は今年は全然駄目か/陸地の 旱害も甚し
176123	朝鮮朝日	南鮮版	1929-08-14	1	10段	ぬくて子供を攫ふ
176124	朝鮮朝日	南鮮版	1929-08-14	1	10段	短歌/橋田東聲選
176125	朝鮮朝日	南鮮版	1929-08-14	1	10段	倉庫が倒る

일련번호	판명		간행일	면	단수	기사명
176126	朝鮮朝日	南鮮版	1929-08-14	1	10단	お茶のあと
176127	朝鮮朝日	南鮮版	1929-08-14	1	10단	もよほし(澤山氏招宴)
176128	朝鮮朝日	南鮮版	1929-08-14	1	10단	人(深澤大邱覆審法院/渡邊壽中將(前第十九師團長))
176129	朝鮮朝日	西北・南鮮版	1929-08-14	2	01단	半島茶話
176130	朝鮮朝日	西北・南鮮版	1929-08-14	2	01단	甲山郡に於ける火田事件眞相山林部から發表す
176131	朝鮮朝日	西北・南鮮版	1929-08-14	2	01단	朝鮮の防疫線擴張して實施を急ぐ
176132	朝鮮朝日	西北・南鮮版	1929-08-14	2	01단	安東から滿鮮へ/發送の貨物主要品不振
176133	朝鮮朝日	西北・南鮮版	1929-08-14	2	01단	私設電話激增す
176134	朝鮮朝日	西北・南鮮版	1929-08-14	2	02단	東洋畜産孵卵機備付
176135	朝鮮朝日	西北・南鮮版	1929-08-14	2	02단	美術館に參考品文部省から
176136	朝鮮朝日	西北・南鮮版	1929-08-14	2	03단	本年の棉作作付は減少
176137	朝鮮朝日	西北・南鮮版	1929-08-14	2	03단	遣外艦隊鴨綠江遡航
176138	朝鮮朝日	西北・南鮮版	1929-08-14	2	03단	七月中の煙草賣上高
176139	朝鮮朝日	西北・南鮮版	1929-08-14	2	03단	各地たより(大邱/全州/元山/平壤より/新義州より/安東より)
176140	朝鮮朝日	西北版	1929-08-15	1	01단	朝日活寫會
176141	朝鮮朝日	西北版	1929-08-15	1	01단	近づいた朝鮮博(五)/始政二十年間の教育發達の狀況美術工藝教育館
176142	朝鮮朝日	西北版	1929-08-15	1	01단	清涼飲料取締令平南道で實施
176143	朝鮮朝日	西北版	1929-08-15	1	02단	新義州の商議と府協議員選擧
176144	朝鮮朝日	西北版	1929-08-15	1	04단	總督府辭令(十二日付)
176145	朝鮮朝日	西北版	1929-08-15	1	04단	辭令(東京電話)
176146	朝鮮朝日	西北版	1929-08-15	1	04단	平北の特設館別館の數奇
176147	朝鮮朝日	西北版	1929-08-15	1	05단	空から見た京城(四)/總督官邸
176148	朝鮮朝日	西北版	1929-08-15	1	05단	清津築港工事に暗影/不正事實が潛むか
176149	朝鮮朝日	西北版	1929-08-15	1	06단	平安北道教員の試驗
176150	朝鮮朝日	西北版	1929-08-15	1	06단	全北地方旱害の處置
176151	朝鮮朝日	西北版	1929-08-15	1	06단	浦潮方面支那人露人の壓迫で續々と引揚ぐ
176152	朝鮮朝日	西北版	1929-08-15	1	06단	簡保事務取扱講習會
176153	朝鮮朝日	西北版	1929-08-15	1	07단	戰鬪射擊演習の危險に平氣取締に困る
176154	朝鮮朝日	西北版	1929-08-15	1	07단	モヒ患者入所者增加
176155	朝鮮朝日	西北版	1929-08-15	1	07단	平壤の注射
176156	朝鮮朝日	西北版	1929-08-15	1	07단	ゴルフ競技
176157	朝鮮朝日	西北版	1929-08-15	1	08단	朝博へもさらけ出す/平南迷信「巫女の祈禱」
176158	朝鮮朝日	西北版	1929-08-15	1	08단	平中ナイン入場
176159	朝鮮朝日	西北版	1929-08-15	1	09단	平南道の朝博出品近く輸送開始
176160	朝鮮朝日	西北版	1929-08-15	1	10단	元山七月の商況と金融/夏枯れ氣配
176161	朝鮮朝日	西北版	1929-08-15	1	10단	平北の肺疫
176162	朝鮮朝日	西北版	1929-08-15	1	10단	主人殺死刑

일련번호	판명		간행일	면	단수	기사명
176163	朝鮮朝日	西北版	1929-08-15	1	10단	船夫の荷拔
176164	朝鮮朝日	西北版	1929-08-15	1	10단	女房の死體を放置
176165	朝鮮朝日	西北版	1929-08-15	1	10단	小使の惡事
176166	朝鮮朝日	西北版	1929-08-15	1	10단	自動車顚覆
176167	朝鮮朝日	西北版	1929-08-15	1	10단	雇女の服毒
176168	朝鮮朝日	西北版	1929-08-15	1	10단	水泳者溺死
176169	朝鮮朝日	南鮮版	1929-08-15	1	01단	人(中村孝太郎少將(新任朝鮮軍參謀長)/藤原喜藏氏(平南內務部長)/豊田長智氏(大同郡守)/吉田準一郎博士(淸州道立醫院長))
176170	朝鮮朝日	南鮮版	1929-08-15	1	01단	近づいた朝鮮博(五)/始政二十年間の教育發達の狀況美術工藝教育館
176171	朝鮮朝日	南鮮版	1929-08-15	1	03단	山梨總督に殉じはせぬが後任總督の如何では兒玉總監も處決するか
176172	朝鮮朝日	南鮮版	1929-08-15	1	04단	總督府辭令(十二日付)
176173	朝鮮朝日	南鮮版	1929-08-15	1	05단	慶南統營の漁民大會で決議した事項を齎し府當局に對し建議
176174	朝鮮朝日	南鮮版	1929-08-15	1	05단	空から見た京城(四)/總督官邸
176175	朝鮮朝日	南鮮版	1929-08-15	1	05단	辭令(東京電話)
176176	朝鮮朝日	南鮮版	1929-08-15	1	05단	釜山府吏節約を實行實質的制服
176177	朝鮮朝日	南鮮版	1929-08-15	1	06단	蕎麥追播と鑿井を極力獎勵慶南各地の旱害
176178	朝鮮朝日	南鮮版	1929-08-15	1	06단	慶南の森林犯罪防止に努む
176179	朝鮮朝日	南鮮版	1929-08-15	1	07단	Z伯號航路變更か
176180	朝鮮朝日	南鮮版	1929-08-15	1	07단	仁川靑物市經營者指名近く解決か
176181	朝鮮朝日	南鮮版	1929-08-15	1	07단	浦潮方面支那人露人の壓迫で續々と引揚ぐ
176182	朝鮮朝日	南鮮版	1929-08-15	1	07단	特許網侵害か否か
176183	朝鮮朝日	南鮮版	1929-08-15	1	08단	この自動車賣り物
176184	朝鮮朝日	南鮮版	1929-08-15	1	08단	元山七月の商況と金融/夏枯れ氣配
176185	朝鮮朝日	南鮮版	1929-08-15	1	09단	堤防決潰で住む家なく慘狀を極むる一部落罹災民一千名に達す
176186	朝鮮朝日	南鮮版	1929-08-15	1	09단	硬質陶器賃金値下げで職工三百名同盟罷業
176187	朝鮮朝日	南鮮版	1929-08-15	1	09단	蓬萊米の輸入つゞく
176188	朝鮮朝日	南鮮版	1929-08-15	1	10단	三人が共謀でつり錢詐欺
176189	朝鮮朝日	南鮮版	1929-08-15	1	10단	釜山郊外電車線盜み取らる/高壓線切斷
176190	朝鮮朝日	南鮮版	1929-08-15	1	10단	キネマ便り(喜樂館/東亞俱樂部)
176191	朝鮮朝日	南鮮版	1929-08-15	1	10단	もよほし(武道稽古始式/金融組合大會)
176192	朝鮮朝日	西北・南鮮版	1929-08-15	2	01단	人(中村孝太郎少將(新任朝鮮軍參謀長)/藤原喜藏氏(平南內務部長)/豊田長智氏(大同郡守)/吉田準一郎博士(淸州道立醫院長))
176193	朝鮮朝日	西北・南鮮版	1929-08-15	2	01단	朝鮮美展ポスター

일련번호	판명		간행일	면	단수	기사명
176194	朝鮮朝日	西北・南鮮版	1929-08-15	2	01단	中鮮以南旱害狀況各方面の報告
176195	朝鮮朝日	西北・南鮮版	1929-08-15	2	01단	貨物輸送高
176196	朝鮮朝日	西北・南鮮版	1929-08-15	2	01단	東海北部線開通と新驛
176197	朝鮮朝日	西北・南鮮版	1929-08-15	2	02단	爲替取組數
176198	朝鮮朝日	西北・南鮮版	1929-08-15	2	04단	各地だより(元山/仁川/江界/海州/間島/咸興/公州/平壤より)
176199	朝鮮朝日	西北版	1929-08-16	1	01단	新刊紹介(『落穗集』/『朝鮮經濟新報』/『ゴルファー』/『朝鮮公論』/『思想と生活』)
176200	朝鮮朝日	西北版	1929-08-16	1	01단	近づいた朝鮮博(六)/地味ではあるが決して見のがせぬ審勢館と社會經濟館
176201	朝鮮朝日	西北版	1929-08-16	1	01단	李王殿下の台臨を仰ぐ/朝鮮博開會式に
176202	朝鮮朝日	西北版	1929-08-16	1	03단	平壤七月の對外貿易額前年同期より激減
176203	朝鮮朝日	西北版	1929-08-16	1	04단	魚群の探檢に飛行機を飛ばす/朝鮮鯖巾着網組合主唱でいよいよ今秋から實施する
176204	朝鮮朝日	西北版	1929-08-16	1	04단	平南道の營繕事業計劃通り遂行
176205	朝鮮朝日	西北版	1929-08-16	1	04단	平南道の警官增員計劃懸念さる
176206	朝鮮朝日	西北版	1929-08-16	1	05단	空から見た京城(五)/總督府廳舍
176207	朝鮮朝日	西北版	1929-08-16	1	05단	列車內で衛生展覽會
176208	朝鮮朝日	西北版	1929-08-16	1	05단	平壤會議所臨時評議會
176209	朝鮮朝日	西北版	1929-08-16	1	06단	基金作りに歌劇團を組織平南龍岡瓦洞少年團
176210	朝鮮朝日	西北版	1929-08-16	1	06단	接客業者豫防注射と衛生上注意
176211	朝鮮朝日	西北版	1929-08-16	1	06단	明年度の公司伐材は增加の見込
176212	朝鮮朝日	西北版	1929-08-16	1	07단	善戰健闘遂に玉碎したわが平壤軍の名は永く甲子園球史に殘らん(平壤に危機北川の美技/篠つく雨に全軍總攻擊/平中の健闘　觀衆の拍手)
176213	朝鮮朝日	西北版	1929-08-16	1	07단	穀物檢查を精密にする
176214	朝鮮朝日	西北版	1929-08-16	1	08단	虎疫入る可らず
176215	朝鮮朝日	西北版	1929-08-16	1	08단	三四百人の鮮支人對峙
176216	朝鮮朝日	西北版	1929-08-16	1	09단	總督府辭令(十四日付)
176217	朝鮮朝日	西北版	1929-08-16	1	09단	修養團體操
176218	朝鮮朝日	西北版	1929-08-16	1	10단	牡丹台野話
176219	朝鮮朝日	西北版	1929-08-16	1	10단	寄宿舍の小火
176220	朝鮮朝日	西北版	1929-08-16	1	10단	大金を落す
176221	朝鮮朝日	南鮮版	1929-08-16	1	01단	京城上空の飛行無料券
176222	朝鮮朝日	南鮮版	1929-08-16	1	01단	近づいた朝鮮博(六)/地味ではあるが決して見のがせぬ審勢館と社會經濟館
176223	朝鮮朝日	南鮮版	1929-08-16	1	01단	李王殿下の台臨を仰ぐ/朝鮮博開會式に
176224	朝鮮朝日	南鮮版	1929-08-16	1	03단	仁川商議の改選近づく/出馬を噂さるゝ人々
176225	朝鮮朝日	南鮮版	1929-08-16	1	04단	釜山南港防疫堤工事は順調

일련번호	판명		간행일	면	단수	기사명
176226	朝鮮朝日	南鮮版	1929-08-16	1	04단	總督府辭令(十四日付)
176227	朝鮮朝日	南鮮版	1929-08-16	1	04단	京城驛に旅客案內人
176228	朝鮮朝日	南鮮版	1929-08-16	1	05단	魚群の探檢に飛行機を飛ばす/朝鮮鯖巾着網組合主唱でいよいよ今秋から實施する
176229	朝鮮朝日	南鮮版	1929-08-16	1	05단	釜山漁業組合の役員
176230	朝鮮朝日	南鮮版	1929-08-16	1	05단	暑さは續く/當分雨も降らぬ
176231	朝鮮朝日	南鮮版	1929-08-16	1	05단	大邱の酷熱三十八度
176232	朝鮮朝日	南鮮版	1929-08-16	1	06단	朝博觀光客の海陸輸送に遺憾なきを期して鐵道當局は大童べ
176233	朝鮮朝日	南鮮版	1929-08-16	1	07단	空から見た京城(五)/總督府廳舍
176234	朝鮮朝日	南鮮版	1929-08-16	1	07단	製絲協會役員會
176235	朝鮮朝日	南鮮版	1929-08-16	1	07단	慶州遊覽自動車增車を計劃
176236	朝鮮朝日	南鮮版	1929-08-16	1	07단	慶州一帶の古墳を發掘/總督府の認可を得景氣のいゝ米國人
176237	朝鮮朝日	南鮮版	1929-08-16	1	08단	免囚保護事業京畿警察部で着手
176238	朝鮮朝日	南鮮版	1929-08-16	1	08단	大邱上水給水を短縮
176239	朝鮮朝日	南鮮版	1929-08-16	1	08단	蔚山に稅關支所飛行貨物用
176240	朝鮮朝日	南鮮版	1929-08-16	1	08단	お茶のあと
176241	朝鮮朝日	南鮮版	1929-08-16	1	09단	京城上空の飛行無料券
176242	朝鮮朝日	南鮮版	1929-08-16	1	09단	飛び込み自殺
176243	朝鮮朝日	南鮮版	1929-08-16	1	09단	上機嫌で山梨總督退鮮
176244	朝鮮朝日	南鮮版	1929-08-16	1	09단	朝博行進曲/學務局の朝鮮作歌を中心に作曲して歌はす
176245	朝鮮朝日	南鮮版	1929-08-16	1	09단	お目出度
176246	朝鮮朝日	南鮮版	1929-08-16	1	10단	內地へ潛航の一味送還さる
176247	朝鮮朝日	南鮮版	1929-08-16	1	10단	旅客機の不時降着地近く決定
176248	朝鮮朝日	南鮮版	1929-08-16	1	10단	改良網侵害に異議
176249	朝鮮朝日	南鮮版	1929-08-16	1	10단	人(米田甚太郎氏(前京畿道知事)/今村慶北知事/南新朝鮮軍司令官/佐藤德重氏(新任統營郡守))
176250	朝鮮朝日	西北・南鮮版	1929-08-16	2	01단	雫の聲
176251	朝鮮朝日	西北・南鮮版	1929-08-16	2	01단	元山のカレイ氷詰め輸送
176252	朝鮮朝日	西北・南鮮版	1929-08-16	2	01단	普通學校の修身書改訂
176253	朝鮮朝日	西北・南鮮版	1929-08-16	2	01단	水稻試驗場裡里に設置
176254	朝鮮朝日	西北・南鮮版	1929-08-16	2	02단	鎭南浦貿易額
176255	朝鮮朝日	西北・南鮮版	1929-08-16	2	02단	安東の木材界不振
176256	朝鮮朝日	西北・南鮮版	1929-08-16	2	02단	傳染病豫防活寫會開催
176257	朝鮮朝日	西北・南鮮版	1929-08-16	2	02단	釜山港のコレラ防備
176258	朝鮮朝日	西北・南鮮版	1929-08-16	2	02단	鴨綠江材の輸送は常態
176259	朝鮮朝日	西北・南鮮版	1929-08-16	2	03단	全剛山土産

일련번호	판명		간행일	면	단수	기사명
176260	朝鮮朝日	西北・南鮮版	1929-08-16	2	03단	平南道の退職警察官就職の狀況
176261	朝鮮朝日	西北・南鮮版	1929-08-16	2	04단	違法混合酒流行燒酎シロップ
176262	朝鮮朝日	西北・南鮮版	1929-08-16	2	04단	平南道の賭博檢擧數
176263	朝鮮朝日	西北版	1929-08-17	1	01단	各地だより(群山/羅南/淸州/元山/海州/平壤より)
176264	朝鮮朝日	西北版	1929-08-17	1	01단	近づいた朝鮮博(七)/虎の出た昔から飛行機の飛ぶ今交通建築土木館
176265	朝鮮朝日	西北版	1929-08-17	1	02단	重要案件は大抵繰延べ平南道の豫算打合せ藤原內務部長歸來談
176266	朝鮮朝日	西北版	1929-08-17	1	02단	アイスクリーム取締り規則
176267	朝鮮朝日	西北版	1929-08-17	1	03단	淸津無電局開通式を擧行
176268	朝鮮朝日	西北版	1929-08-17	1	04단	卓球大會
176269	朝鮮朝日	西北版	1929-08-17	1	04단	平壤府の震災記念日緊縮の宣傳
176270	朝鮮朝日	西北版	1929-08-17	1	04단	平南道で面を廢合する/年內に實施する分當局で夫々調査中
176271	朝鮮朝日	西北版	1929-08-17	1	04단	新義州驛案內所觀光客誘致
176272	朝鮮朝日	西北版	1929-08-17	1	04단	甲子園から
176273	朝鮮朝日	西北版	1929-08-17	1	05단	天から降った五十萬石のお米/一千萬圓が浮び上る/これが本當の黃金の雨
176274	朝鮮朝日	西北版	1929-08-17	1	05단	同仁水利組合の確執
176275	朝鮮朝日	西北版	1929-08-17	1	06단	北鮮方面の魚油生産と漁船の制限が必要/安達咸北知事談
176276	朝鮮朝日	西北版	1929-08-17	1	08단	空から見た京城(六)/北漢山
176277	朝鮮朝日	西北版	1929-08-17	1	08단	平南道のコレラ防備豫防注射勵行/新義州のコレラ豫防
176278	朝鮮朝日	西北版	1929-08-17	1	08단	民謠/北原白秋選
176279	朝鮮朝日	西北版	1929-08-17	1	08단	姦夫を毆殺/轢死と見せかけ逃走した犯人捕る
176280	朝鮮朝日	西北版	1929-08-17	1	09단	流石の兇漢も觀念の臍を固め柔順に取調べを受く/大連の教授夫人殺し
176281	朝鮮朝日	西北版	1929-08-17	1	09단	全鮮に互り惠みの雨降る/水稻も漸く蘇る
176282	朝鮮朝日	西北版	1929-08-17	1	09단	平壤の旅館
176283	朝鮮朝日	西北版	1929-08-17	1	10단	水利組合紛糾の調停
176284	朝鮮朝日	西北版	1929-08-17	1	10단	遊廓や飲食店の營業取締を嚴重にする
176285	朝鮮朝日	西北版	1929-08-17	1	10단	轢かれて醉漢等暴行
176286	朝鮮朝日	南鮮版	1929-08-17	1	01단	某利權問題不起訴決定
176287	朝鮮朝日	南鮮版	1929-08-17	1	01단	近づいた朝鮮博(七)/虎の出た昔から飛行機の飛ぶ今交通建築土木館
176288	朝鮮朝日	南鮮版	1929-08-17	1	02단	武官總督を待望/貴族救濟は方法が考へもの李王兩殿下の御歸鮮は未定/韓李王職長官歸來談
176289	朝鮮朝日	南鮮版	1929-08-17	1	04단	慶南道の評議員補選九月七日に決定す

일련번호	판명		간행일	면	단수	기사명
176290	朝鮮朝日	南鮮版	1929-08-17	1	04단	二百頭の肉牛を樺太へ輸出
176291	朝鮮朝日	南鮮版	1929-08-17	1	04단	何も彼も腰が決らぬ日和見で落つかぬ昨今の總督府
176292	朝鮮朝日	南鮮版	1929-08-17	1	05단	光風霽月を振まはし/山梨總督東上
176293	朝鮮朝日	南鮮版	1929-08-17	1	05단	天から降った五十萬石のお米/一千萬圓が浮び
176294	朝鮮朝日	南鮮版	1929-08-17	1	05단	上る/これが本當の黄金の雨
176295	朝鮮朝日	南鮮版	1929-08-17	1	07단	寫眞聯盟優勝旗
176296	朝鮮朝日	南鮮版	1929-08-17	1	07단	運送店合同は好轉の模樣
176297	朝鮮朝日	南鮮版	1929-08-17	1	07단	民謠/北原白秋選
176298	朝鮮朝日	南鮮版	1929-08-17	1	07단	罷業中心の職工を解雇/一時は混亂を來す/硬質陶器の爭議
176298	朝鮮朝日	南鮮版	1929-08-17	1	08단	北鮮方面の魚油生産と漁船の制限が必要/安達咸北知事談
176299	朝鮮朝日	南鮮版	1929-08-17	1	08단	空から見た京城(六)/北漢山
176300	朝鮮朝日	南鮮版	1929-08-17	1	09단	全鮮に互り惠みの雨降る水稻も漸く蘇る/馬山の喜雨/大邱地方
176301	朝鮮朝日	南鮮版	1929-08-17	1	10단	公會堂の使用を拒絶/電氣府營阻止派の憤慨いよいよ高まる
176302	朝鮮朝日	南鮮版	1929-08-17	1	10단	雫の聲
176303	朝鮮朝日	南鮮版	1929-08-17	1	10단	妻女を斬る
176304	朝鮮朝日	南鮮版	1929-08-17	1	10단	會(滿鐵夏季講習會)
176305	朝鮮朝日	西北・南鮮版	1929-08-17	2	01단	人(淺利三郎氏(警務局長)/須藤素氏(慶尚南道知事)/美座流石氏(同警察部長)/今村正美氏(慶尚北道知事)/松岡正男氏(京城日報社長)/松本誠氏(專賣局長))
176306	朝鮮朝日	西北・南鮮版	1929-08-17	2	01단	産繭額に從って製絲工場は許可/館石氏の金泉工場はさてどうなるか見もの
176307	朝鮮朝日	西北・南鮮版	1929-08-17	2	01단	再び落潮を辿る/安東七月中の銀相場
176308	朝鮮朝日	西北・南鮮版	1929-08-17	2	02단	民間材の着筏は順調
176309	朝鮮朝日	西北・南鮮版	1929-08-17	2	02단	方魚津學校組合議當選者氏名
176310	朝鮮朝日	西北・南鮮版	1929-08-17	2	03단	昨年度の鼇業取締所成績
176311	朝鮮朝日	西北・南鮮版	1929-08-17	2	03단	平壤局の郵便取扱數
176312	朝鮮朝日	西北・南鮮版	1929-08-17	2	03단	七月中の爲替取扱高
176313	朝鮮朝日	西北・南鮮版	1929-08-17	2	04단	朝日活寫會
176314	朝鮮朝日	西北・南鮮版	1929-08-17	2	04단	鮮内最近電話加入率
176315	朝鮮朝日	西北・南鮮版	1929-08-17	2	04단	火災保險料金値上いよいよ決定
176316	朝鮮朝日	西北版	1929-08-18	1	04단	各地だより(鎭南浦/元山/龍山)
176317	朝鮮朝日	西北版	1929-08-18	1	01단	齋藤子が再び倭城台の主人公に新人の期待ははづれたが各方面共人氣は無論良い/釜山の官民

일련번호	판명		간행일	면	단수	기사명
176317	朝鮮朝日	西北版	1929-08-18	1	01단	も好感を寄す新人待望もあるが/安東新義州兩地を通じ再度の就任に好感
176318	朝鮮朝日	西北版	1929-08-18	1	05단	近づいた朝鮮博(八)/警察や裁判の實況を知らせる/司法警察衛生館
176319	朝鮮朝日	西北版	1929-08-18	1	06단	道地方費の緊縮は至難/强ひてやれば旅費/平南道當局の談
176320	朝鮮朝日	西北版	1929-08-18	1	06단	總督府辭令
176321	朝鮮朝日	西北版	1929-08-18	1	06단	鏡と土器/牡丹台で發掘
176322	朝鮮朝日	西北版	1929-08-18	1	06단	新義州で飛行演習/日程きまる
176323	朝鮮朝日	西北版	1929-08-18	1	07단	教員檢定試驗
176324	朝鮮朝日	西北版	1929-08-18	1	07단	朝鮮實業臨地講習會
176325	朝鮮朝日	西北版	1929-08-18	1	07단	清津無電局官舍に泥棒
176326	朝鮮朝日	西北版	1929-08-18	1	07단	漁船制限は今年まで困難/咸北鰯網實地調査
176327	朝鮮朝日	西北版	1929-08-18	1	07단	祕密結社の取調べ終了/四名は釋放されたが五名は檢査局送り(宋國贊/李寬燁/朴源德/田泰星/金基鉉)
176328	朝鮮朝日	西北版	1929-08-18	1	08단	安東支那側强制募兵中
176329	朝鮮朝日	西北版	1929-08-18	1	08단	角棒で毆る
176330	朝鮮朝日	西北版	1929-08-18	1	09단	夫を嫌って殺害を企てた恐ろしい早婚の弊
176331	朝鮮朝日	西北版	1929-08-18	1	10단	二十三棟全燒す/清津の火事
176332	朝鮮朝日	西北版	1929-08-18	1	10단	車中で捕り一度逃げたが搪鬪の末捕る
176333	朝鮮朝日	西北版	1929-08-18	1	10단	牡丹台野話
176334	朝鮮朝日	南鮮版	1929-08-18	1	01단	齋藤子が再び倭城台の主人公に新人の期待ははづれたが各方面共人氣は無論良い/釜山の官民も好感を寄す新人待望もあるが/命を拜した以上出來るだけの事をやる兒玉總監とは極く親しい間柄齋藤新總督談
176335	朝鮮朝日	南鮮版	1929-08-18	1	05단	近づいた朝鮮博(八)/警察や裁判の實況を知らせる/司法警察衛生館
176336	朝鮮朝日	南鮮版	1929-08-18	1	06단	總督府辭令
176337	朝鮮朝日	南鮮版	1929-08-18	1	06단	仁川のコレラ防備
176338	朝鮮朝日	南鮮版	1929-08-18	1	06단	新聞協會日程と釜山の歡迎
176339	朝鮮朝日	南鮮版	1929-08-18	1	07단	朝博開期中の犯罪豫防に前科者のリストを作って行動を監視
176340	朝鮮朝日	南鮮版	1929-08-18	1	08단	群山上水擴張は大丈夫か前田府尹談
176341	朝鮮朝日	南鮮版	1929-08-18	1	08단	麗水航路競爭は妥協の見込
176342	朝鮮朝日	南鮮版	1929-08-18	1	08단	三嘉面水害の救濟方陳情
176343	朝鮮朝日	南鮮版	1929-08-18	1	09단	義州鑛山總會
176344	朝鮮朝日	南鮮版	1929-08-18	1	09단	仁川魚小賣不正取締り

일련번호	판명		간행일	면	단수	기사명
176345	朝鮮朝日	南鮮版	1929-08-18	1	09단	釜山棧橋の宣傳塔傾く/南鮮地方の爆風雨海上沿海を警戒中
176346	朝鮮朝日	南鮮版	1929-08-18	1	09단	江原道の某事件/第二段活動
176347	朝鮮朝日	南鮮版	1929-08-18	1	10단	府協議會懇談會緊縮影響について陳情
176348	朝鮮朝日	南鮮版	1929-08-18	1	10단	大鯨迷ひ込む
176349	朝鮮朝日	南鮮版	1929-08-18	1	10단	もよほし(慶南水産總代會)
176350	朝鮮朝日	南鮮版	1929-08-18	1	10단	人(林茂樹氏(全北知事)/須藤知事/美座慶南警察部長/淺利警務局長/長尾半平氏(元東京市電氣局長)/船田城大敎授/松田京日社長/村山拓務事務官/伊藤莊之助氏)
176351	朝鮮朝日	西北・南鮮版	1929-08-18	2	01단	朝鮮在籍船舶數增加を示す
176352	朝鮮朝日	西北・南鮮版	1929-08-18	2	01단	朝博旅客輸送の準備會議と割引の決定
176353	朝鮮朝日	西北・南鮮版	1929-08-18	2	01단	平壤金融不活潑/商取引も不振
176354	朝鮮朝日	西北・南鮮版	1929-08-18	2	02단	平壤の眞瓜と西瓜出盛り豊作で安値
176355	朝鮮朝日	西北・南鮮版	1929-08-18	2	02단	咸北の朝博準備協贊會の寄附金は集らない
176356	朝鮮朝日	西北・南鮮版	1929-08-18	2	02단	安東に輸入の麥粉最近增加す
176357	朝鮮朝日	西北・南鮮版	1929-08-18	2	03단	朝鮮博の女事務員
176358	朝鮮朝日	西北・南鮮版	1929-08-18	2	03단	各地だより(安東縣/新義州/仁川/群山/羅南/元山/海州/平壤より)
176359	朝鮮朝日	西北版	1929-08-20	1	01단	近づいた朝鮮博(九)/火災の豫防や巡査の勞苦や花柳病の祕密室
176360	朝鮮朝日	西北版	1929-08-20	1	01단	牡丹台公園美化の計劃/動物園の計劃も進む
176361	朝鮮朝日	西北版	1929-08-20	1	02단	第二遣外艦西海岸警備
176362	朝鮮朝日	西北版	1929-08-20	1	02단	平壤會議所臨時評議員會
176363	朝鮮朝日	西北版	1929-08-20	1	03단	平安北道自動車協會發會式擧行
176364	朝鮮朝日	西北版	1929-08-20	1	03단	淸津府議改選早くも準備/相當激戰を演ぜん
176365	朝鮮朝日	西北版	1929-08-20	1	04단	前總督本紙を通じ官民に挨拶
176366	朝鮮朝日	西北版	1929-08-20	1	04단	鎭南浦の蘋果初出荷
176367	朝鮮朝日	西北版	1929-08-20	1	04단	元山の兩選擧/民友會活動
176368	朝鮮朝日	西北版	1929-08-20	1	05단	國境視察團歡待の方法
176369	朝鮮朝日	西北版	1929-08-20	1	05단	新義州との關係は薄い鴨綠江岸の商取引/有馬書記長視察談
176370	朝鮮朝日	西北版	1929-08-20	1	05단	お茶のあと
176371	朝鮮朝日	西北版	1929-08-20	1	05단	淸津無電局
176372	朝鮮朝日	西北版	1929-08-20	1	06단	平壤中惜敗
176373	朝鮮朝日	西北版	1929-08-20	1	06단	平南宣傳歌當選者發表
176374	朝鮮朝日	西北版	1929-08-20	1	06단	市街地稅を廢し地稅に統一/農村に於ける稅金負擔が公平になる
176375	朝鮮朝日	西北版	1929-08-20	1	07단	黃海道の土木事業/一年延期か

일련번호	판명		간행일	면	단수	기사명
176376	朝鮮朝日	西北版	1929-08-20	1	07단	嬰兒を絞殺
176377	朝鮮朝日	西北版	1929-08-20	1	08단	滿鐵社員らの祕密左傾團/幹部の不平を列擧し不穩ビラを郵送す
176378	朝鮮朝日	西北版	1929-08-20	1	08단	母と弟を慘殺す/手斧を揮ひ
176379	朝鮮朝日	西北版	1929-08-20	1	08단	金岡夫妻殺害の容疑者の指紋は違ふ
176380	朝鮮朝日	西北版	1929-08-20	1	08단	妻を賣って豪遊/自棄の大盡
176381	朝鮮朝日	西北版	1929-08-20	1	09단	高瀨船を馬賊が襲ふ
176382	朝鮮朝日	西北版	1929-08-20	1	09단	新義州で空陸の聯合演習
176383	朝鮮朝日	西北版	1929-08-20	1	09단	牡丹台野話
176384	朝鮮朝日	西北版	1929-08-20	1	10단	妻を蹴殺す
176385	朝鮮朝日	西北版	1929-08-20	1	10단	二人共謀で小娘を賣る
176386	朝鮮朝日	西北版	1929-08-20	1	10단	六棟を燒く
176387	朝鮮朝日	西北版	1929-08-20	1	10단	工事監督袋叩に遭ふ
176388	朝鮮朝日	西北版	1929-08-20	1	10단	暴虐な支人死刑を宣告
176389	朝鮮朝日	南鮮版	1929-08-20	1	01단	近づいた朝鮮博(九)/火災の豫防や巡査の勞苦や花柳病の祕密室
176390	朝鮮朝日	南鮮版	1929-08-20	1	01단	「意外」の驚きに亞ぐ物足りなさ齋藤子の總督再任に對する/樂觀悲觀兩樣の觀察
176391	朝鮮朝日	南鮮版	1929-08-20	1	04단	前總督本紙を通じ官民に挨拶
176392	朝鮮朝日	南鮮版	1929-08-20	1	04단	鎭海養魚場/稚鯉の配布
176393	朝鮮朝日	南鮮版	1929-08-20	1	04단	博覽會をあて込み自動車の大增加/乘客爭奪の弊害を防がんと道保安課であらかじめ注意
176394	朝鮮朝日	南鮮版	1929-08-20	1	04단	兵器の充實は極めて必要/南朝鮮軍司令官談
176395	朝鮮朝日	南鮮版	1929-08-20	1	05단	市街地稅を廢し地稅に統一/農村に於ける稅金負擔が公平になる
176396	朝鮮朝日	南鮮版	1929-08-20	1	05단	朝鮮藥學校昇格實現か明年新學期までに
176397	朝鮮朝日	南鮮版	1929-08-20	1	06단	京城府營バス新陣容
176398	朝鮮朝日	南鮮版	1929-08-20	1	06단	朝鮮博特別運輸班事務所長會
176399	朝鮮朝日	南鮮版	1929-08-20	1	06단	煙火仕掛の飛行機を飛ばす/朝博協贊會の催し
176400	朝鮮朝日	南鮮版	1929-08-20	1	07단	青い鳥/釜山一記者
176401	朝鮮朝日	南鮮版	1929-08-20	1	07단	平年作より二割減收か
176402	朝鮮朝日	南鮮版	1929-08-20	1	07단	全鮮の青年團大會
176403	朝鮮朝日	南鮮版	1929-08-20	1	07단	水利組合補助の調査粗漏說は一部の惡宣傳
176404	朝鮮朝日	南鮮版	1929-08-20	1	08단	日本にも米國にも國籍がなく旅券が下付されぬ/米人と結婚した日本婦人
176405	朝鮮朝日	南鮮版	1929-08-20	1	08단	緊縮の祟り/役所の迷ひ子まで出さうとのうわさ
176406	朝鮮朝日	南鮮版	1929-08-20	1	09단	コドモ魂祭
176407	朝鮮朝日	南鮮版	1929-08-20	1	10단	鯨の骨格を朝博に出品
176408	朝鮮朝日	南鮮版	1929-08-20	1	10단	群山の喜雨

일련번호	판명		간행일	면	단수	기사명
176409	朝鮮朝日	南鮮版	1929-08-20	1	10단	仁川靑果成立
176410	朝鮮朝日	南鮮版	1929-08-20	1	10단	李王賞野球
176411	朝鮮朝日	南鮮版	1929-08-20	1	10단	迷信から墓をあばく
176412	朝鮮朝日	南鮮版	1929-08-20	1	10단	慶州の三人組強盜つひに捕る
176413	朝鮮朝日	南鮮版	1929-08-20	1	10단	人(長谷川美代次氏(陸軍省整備局課員步兵少佐)/秋田寅之介氏(元代議士)/川島義光中將(新任羅南十九師團長))
176414	朝鮮朝日	南鮮版	1929-08-20	1	10단	佐)/秋田寅之介氏(元代議士)/川島■光中將(新任羅南十九師團長))
176415	朝鮮朝日	西北・南鮮版	1929-08-20	2	01단	ふるやうに鳴く蟲の飼ひ方となく音の鑑別法/林大阪動物園長のはなし
176416	朝鮮朝日	西北・南鮮版	1929-08-20	2	01단	蚊遣り香/理化學研究所/鷲見瑞穗
176417	朝鮮朝日	西北・南鮮版	1929-08-20	2	03단	方五尺の新天地/椎葉糺民
176418	朝鮮朝日	西北・南鮮版	1929-08-20	2	06단	各地だより(大邱/元山/安東縣/沙里院/群山/京城より)
176418	朝鮮朝日	西北版	1929-08-21	1	01단	近づいた朝鮮博(十)/大供も喜ぶ子供のおくに人氣は大會隨一
176419	朝鮮朝日	西北版	1929-08-21	1	01단	人事行政は情實因緣を去り思ひ切った新味を期待/新總督に對する世評
176420	朝鮮朝日	西北版	1929-08-21	1	03단	官公署の機關紙對立
176421	朝鮮朝日	西北版	1929-08-21	1	04단	慈惠醫院新院長及川博士就任
176422	朝鮮朝日	西北版	1929-08-21	1	04단	博覽會に野外劇を公開/それを首途として龜子さん藝界復活
176423	朝鮮朝日	西北版	1929-08-21	1	04단	出來上った商品陳列館
176424	朝鮮朝日	西北版	1929-08-21	1	06단	娼妓稼ぎ目的の婦人渡航者近來激增す
176425	朝鮮朝日	西北版	1929-08-21	1	06단	安東軍敗る
176426	朝鮮朝日	西北版	1929-08-21	1	06단	出來得る限り新線は延長する/建設工事費の單價を引下げ鐵道局の明年度方針きまる
176427	朝鮮朝日	西北版	1929-08-21	1	07단	朝博出品の住宅
176428	朝鮮朝日	西北版	1929-08-21	1	07단	俳句/鈴木花蓑選
176429	朝鮮朝日	西北版	1929-08-21	1	07단	鐘路署引越のヱピソード
176430	朝鮮朝日	西北版	1929-08-21	1	08단	昭和製鋼の誘致を期す/兼二浦を有力とし平南道で調査開始
176431	朝鮮朝日	西北版	1929-08-21	1	09단	鴨綠江浮標の鎖を切斷
176432	朝鮮朝日	西北版	1929-08-21	1	09단	鴨綠江のプロペラ船/新經營出現
176433	朝鮮朝日	西北版	1929-08-21	1	09단	平壤の舊タクシー對策を協議
176434	朝鮮朝日	西北版	1929-08-21	1	10단	馬賊と交戰
176435	朝鮮朝日	西北版	1929-08-21	1	10단	お茶のあと
176436	朝鮮朝日	西北版	1929-08-21	1	10단	妓生がモヒを密輸

일련번호	판명		간행일	면	단수	기사명
176437	朝鮮朝日	西北版	1929-08-21	1	10단	游泳中溺死
176438	朝鮮朝日	西北版	1929-08-21	1	10단	牡丹台野話
176439	朝鮮朝日	南鮮版	1929-08-21	1	01단	近づいた朝鮮博(十)/大供も喜ぶ子供のおくに人氣は大會隨一
176440	朝鮮朝日	南鮮版	1929-08-21	1	01단	人事行政は情實因縁を去り思ひ切った新味を期待/新總督に對する世評
176441	朝鮮朝日	南鮮版	1929-08-21	1	03단	軍司令官南中將着任
176442	朝鮮朝日	南鮮版	1929-08-21	1	04단	主要驛長會
176443	朝鮮朝日	南鮮版	1929-08-21	1	04단	博覽會に野外劇を公開/それを首途として龜子さん藝界復活
176444	朝鮮朝日	南鮮版	1929-08-21	1	04단	出來上った商品陳列館
176445	朝鮮朝日	南鮮版	1929-08-21	1	05단	交通巡査俄か仕込み
176446	朝鮮朝日	南鮮版	1929-08-21	1	06단	釜山、東萊の旅館は割引釜山棧橋では接待/案內書や繪葉書配布
176447	朝鮮朝日	南鮮版	1929-08-21	1	06단	出來得る限り新線は延長する/建設工事費の單價を引下げ鐵道局の明年度方針きまる
176448	朝鮮朝日	南鮮版	1929-08-21	1	07단	掘出した佛像は新羅時代の作品らしい
176449	朝鮮朝日	南鮮版	1929-08-21	1	07단	俳句/鈴木花蓑選
176450	朝鮮朝日	南鮮版	1929-08-21	1	07단	鐘路署引越のヱピソード
176451	朝鮮朝日	南鮮版	1929-08-21	1	08단	慶南の秋蠶掃立數
176452	朝鮮朝日	南鮮版	1929-08-21	1	08단	音樂演奏會
176453	朝鮮朝日	南鮮版	1929-08-21	1	08단	日獨競技大會/京城では十月十七日
176454	朝鮮朝日	南鮮版	1929-08-21	1	08단	青い鳥
176455	朝鮮朝日	南鮮版	1929-08-21	1	09단	グラウンド改善は實現を期し對策協議中
176456	朝鮮朝日	南鮮版	1929-08-21	1	09단	硬質陶器罷業は圓滿に解決
176457	朝鮮朝日	南鮮版	1929-08-21	1	10단	お茶のあと
176458	朝鮮朝日	南鮮版	1929-08-21	1	10단	牛を賣って歸途殺さる
176459	朝鮮朝日	南鮮版	1929-08-21	1	10단	ピストル密輸を企てゝ捕る
176460	朝鮮朝日	西北・南鮮版	1929-08-21	2	01단	視察團募集ビラ
176461	朝鮮朝日	西北・南鮮版	1929-08-21	2	01단	ひしこ鰯未曾有の豊漁/夏漁期不振の折柄/南鮮地方活氣づく
176462	朝鮮朝日	西北・南鮮版	1929-08-21	2	01단	釜山棧橋活氣づく
176463	朝鮮朝日	西北・南鮮版	1929-08-21	2	01단	簡易驛乘客制限を撤廢
176464	朝鮮朝日	西北・南鮮版	1929-08-21	2	02단	安東組合銀行七月末帳尻
176465	朝鮮朝日	西北・南鮮版	1929-08-21	2	02단	平壤遊廓活氣を呈す
176466	朝鮮朝日	西北・南鮮版	1929-08-21	2	02단	平壤局窓口取扱數
176467	朝鮮朝日	西北・南鮮版	1929-08-21	2	03단	各地だより(新義州/高山鎭/仁川/咸興/京城より/安東より/平壤より)
176468	朝鮮朝日	西北版	1929-08-22	1	01단	近づいた朝鮮博(十一)/蓋開け迄には必ず間に合

일련번호	판명		간행일	면	단수	기사명
176468	朝鮮朝日	西北版	1929-08-22	1	01단	ふ各館の工事概要
176469	朝鮮朝日	西北版	1929-08-22	1	01단	蘋果檢査規則は移出の將來を考へ/當然極まる措置である道當局ではアッサリと出る
176470	朝鮮朝日	西北版	1929-08-22	1	02단	平元線第六工區工事終了す
176471	朝鮮朝日	西北版	1929-08-22	1	03단	新舊總督事務引繼ぎ
176472	朝鮮朝日	西北版	1929-08-22	1	03단	光暢師來城
176473	朝鮮朝日	西北版	1929-08-22	1	04단	慈山水利創立の運びとなる
176474	朝鮮朝日	西北版	1929-08-22	1	04단	俳句/鈴木花蓑選
176475	朝鮮朝日	西北版	1929-08-22	1	04단	新義州會議所評議員選擧
176476	朝鮮朝日	西北版	1929-08-22	1	04단	農村を語る(1)/江華島吉祥普校生徒/炎天の下で少年の野良稼夜は副業の繩なひ
176477	朝鮮朝日	西北版	1929-08-22	1	05단	民衆射擊大會
176478	朝鮮朝日	西北版	1929-08-22	1	05단	出産稅引上
176479	朝鮮朝日	西北版	1929-08-22	1	05단	社會事業全鮮大會
176480	朝鮮朝日	西北版	1929-08-22	1	05단	同業組合總會開催か/座談會で希望さる鎭南浦蘋果檢査問題
176481	朝鮮朝日	西北版	1929-08-22	1	06단	傳染病發生
176482	朝鮮朝日	西北版	1929-08-22	1	07단	昭和製鋼誘致の運動方法協議
176483	朝鮮朝日	西北版	1929-08-22	1	07단	司令官の馬驚く魔の場所で
176484	朝鮮朝日	西北版	1929-08-22	1	08단	特許漁網に牴觸しない/專門家の鑑定來る
176485	朝鮮朝日	西北版	1929-08-22	1	10단	沙里院の火事
176486	朝鮮朝日	西北版	1929-08-22	1	10단	鐵道ホテルに怪賊/貴金屬を盜む
176487	朝鮮朝日	西北版	1929-08-22	1	10단	制動機を盜んで捕る
176488	朝鮮朝日	西北版	1929-08-22	1	10단	牡丹台野話
176489	朝鮮朝日	南鮮版	1929-08-22	1	01단	近づいた朝鮮博(十一)/蓋開け迄には必ず間に合ふ各館の工事概要
176490	朝鮮朝日	南鮮版	1929-08-22	1	01단	釜山瓦電買收問題は前總督の旣定方針を踏襲する外あるまい
176491	朝鮮朝日	南鮮版	1929-08-22	1	01단	新舊總督事務引繼ぎ
176492	朝鮮朝日	南鮮版	1929-08-22	1	02단	慶南警察署長會議/九月上旬か
176493	朝鮮朝日	南鮮版	1929-08-22	1	03단	光暢師來城
176494	朝鮮朝日	南鮮版	1929-08-22	1	03단	木浦電氣料金値下げ
176495	朝鮮朝日	南鮮版	1929-08-22	1	04단	コレラの移動豫防法
176496	朝鮮朝日	南鮮版	1929-08-22	1	04단	俳句/鈴木花蓑選
176497	朝鮮朝日	南鮮版	1929-08-22	1	04단	京城協贊會/決定事項
176498	朝鮮朝日	南鮮版	1929-08-22	1	04단	農村を語る(1)/江華島吉祥普校生徒/炎天の下で少年の野良稼夜は副業の繩なひ
176499	朝鮮朝日	南鮮版	1929-08-22	1	05단	電話加入者名義變更數
176500	朝鮮朝日	南鮮版	1929-08-22	1	05단	傳染病發生

일련번호	판명		간행일	면	단수	기사명
176501	朝鮮朝日	南鮮版	1929-08-22	1	05단	慶北東村學校組合議
176502	朝鮮朝日	南鮮版	1929-08-22	1	05단	社會事業全鮮大會
176503	朝鮮朝日	南鮮版	1929-08-22	1	05단	公會堂使用謝絶に非難/妥當を缺ぐとの聲
176504	朝鮮朝日	南鮮版	1929-08-22	1	06단	會期中の自動車割引
176505	朝鮮朝日	南鮮版	1929-08-22	1	07단	旅館の待遇改善とビール値下
176506	朝鮮朝日	南鮮版	1929-08-22	1	07단	ボタン工場閉鎖で紛擾
176507	朝鮮朝日	南鮮版	1929-08-22	1	08단	青い鳥/釜山一記者
176508	朝鮮朝日	南鮮版	1929-08-22	1	08단	特許漁網に牴觸しない/專門家の鑑定來る
176509	朝鮮朝日	南鮮版	1929-08-22	1	10단	司令官の馬驚く魔の場所で
176510	朝鮮朝日	南鮮版	1929-08-22	1	10단	人(寺內壽一中將/直木倫太郎博士)
176511	朝鮮朝日	南鮮版	1929-08-22	1	10단	半島茶話
176512	朝鮮朝日	西北・南鮮版	1929-08-22	2	01단	決定した緊縮の中味土木關係が大痛手(土木事業/建築營繕工事/土地改良事業/地方豫算)
176513	朝鮮朝日	西北・南鮮版	1929-08-22	2	02단	飛行機で魚群探檢は各方面で期待さる/成功せば全鮮に波及
176514	朝鮮朝日	西北・南鮮版	1929-08-22	2	03단	柞蠶絲暴落す
176515	朝鮮朝日	西北・南鮮版	1929-08-22	2	03단	各地だより(咸興/安東縣/新義州/淸州/浦項)
176516	朝鮮朝日	西北・南鮮版	1929-08-22	2	04단	大震災記念日實行方法協議
176517	朝鮮朝日	西北版	1929-08-23	1	01단	新舊總督事務引繼ぎ/飛行便/(二十日總督府出張所に於て、向って右山梨、左齋藤兩氏)
176518	朝鮮朝日	西北版	1929-08-23	1	01단	博覽會だより 慶北道の實科教育見本生徒の靴下編や製紙/一時に殺到する見學の生徒旅宿の不足で校舍を開放する方針に決定/日本新聞協會大會と日程百數十名出席の見込/平南道の水産品總出品數八十七點/開會式の招待狀一千餘名に/出品物搬入の期日/京城協贊會個人の寄附/平南出品物第一回發送
176519	朝鮮朝日	西北版	1929-08-23	1	04단	新味はないが安心出來る/齋藤子の總督再任/平壤方面での評判
176520	朝鮮朝日	西北版	1929-08-23	1	04단	授業しながら室內で遊戲/平壤遊戲研究會で先生達に體操遊戲指導
176521	朝鮮朝日	西北版	1929-08-23	1	05단	初霜
176522	朝鮮朝日	西北版	1929-08-23	1	06단	利用された空吶の證印/白米商の不正手段三名は告發さる
176523	朝鮮朝日	西北版	1929-08-23	1	07단	兒童遊園設置
176524	朝鮮朝日	西北版	1929-08-23	1	07단	西尾少將着任
176525	朝鮮朝日	西北版	1929-08-23	1	07단	安東の防疫委員會/實行の事項
176526	朝鮮朝日	西北版	1929-08-23	1	08단	齋藤欽一氏/平壤出發赴任
176527	朝鮮朝日	西北版	1929-08-23	1	08단	平鐵優勝す

일련번호	판명		간행일	면	단수	기사명
176528	朝鮮朝日	西北版	1929-08-23	1	08단	刺身庖丁で滅多斬り
176529	朝鮮朝日	西北版	1929-08-23	1	08단	國境部隊は任務が重い/川島中將談
176530	朝鮮朝日	西北版	1929-08-23	1	08단	現職警官が拳銃密輸の主犯　密輸先は滿洲方面/警察の劍道教師が二名召喚さる
176531	朝鮮朝日	西北版	1929-08-23	1	09단	牡丹台野話
176532	朝鮮朝日	西北版	1929-08-23	1	09단	四人組みの少年の盗み
176533	朝鮮朝日	西北版	1929-08-23	1	10단	俳句/鈴木花蓑選
176534	朝鮮朝日	西北版	1929-08-23	1	10단	阿片密輸求刑
176535	朝鮮朝日	西北版	1929-08-23	1	10단	江界郡に浮塵子發生
176536	朝鮮朝日	西北版	1929-08-23	1	10단	二人組の強盗小刀で脅迫
176537	朝鮮朝日	西北版	1929-08-23	1	10단	短刀所持の辻強盗現る
176538	朝鮮朝日	西北版	1929-08-23	1	10단	古邑水利認可
176539	朝鮮朝日	南鮮版	1929-08-23	1	01단	新舊總督事務引繼ぎ/飛行便/(二十日總督府出張所に於て、向って右山梨、左齋藤兩氏)
176540	朝鮮朝日	南鮮版	1929-08-23	1	01단	博覽會だより 慶北道の實科教育見本生徒の靴下編や製紙/一時に殺到する見學の生徒旅宿の不足で校舍を開放する方針に決定/日本新聞協會大會と日程百數十名出席の見込/平南道の水産品總出品數八十七點/開會式の招待狀一千餘名に/出品物搬入の期日/京城協贊會個人の寄附/平南出品物第一回發送
176541	朝鮮朝日	南鮮版	1929-08-23	1	04단	財務局長歸任と同時に査定着手/總督府の明年度豫算/九月上旬までには目鼻をつける
176542	朝鮮朝日	南鮮版	1929-08-23	1	04단	解免された道議員補缺/九月七日選擧執行/大部分は新顔か
176543	朝鮮朝日	南鮮版	1929-08-23	1	05단	慶北道の繰延工事費
176544	朝鮮朝日	南鮮版	1929-08-23	1	06단	俳句/鈴木花蓑選
176545	朝鮮朝日	南鮮版	1929-08-23	1	06단	齋藤欽一氏/平壤出發赴任
176546	朝鮮朝日	南鮮版	1929-08-23	1	07단	仁川秋競馬
176547	朝鮮朝日	南鮮版	1929-08-23	1	07단	警官增員は出來ず勤勞ばかり增す/おまけに賞與が減る/朝鮮博で助からぬは警察官
176548	朝鮮朝日	南鮮版	1929-08-23	1	08단	青い鳥/釜山一記者
176549	朝鮮朝日	南鮮版	1929-08-23	1	08단	事業費五分旅費を一割/削減繰延べに決定慶尙南道實行豫算
176550	朝鮮朝日	南鮮版	1929-08-23	1	09단	旅客機歸着
176551	朝鮮朝日	南鮮版	1929-08-23	1	09단	現職警官が拳銃密輸の主犯　密輸先は滿洲方面/警察の劍道教師が二名召喚さる
176552	朝鮮朝日	南鮮版	1929-08-23	1	09단	釜山水産の重役收容さる/五千圓事件に關し背任行爲の疑ひ
176553	朝鮮朝日	南鮮版	1929-08-23	1	10단	木浦の電燈料値下

일련번호	판명		간행일	면	단수	기사명
176554	朝鮮朝日	南鮮版	1929-08-23	1	10단	運動界(平鐵優勝す)
176555	朝鮮朝日	西北・南鮮版	1929-08-23	2	01단	三年來の懸案だった/運送合同問題解決運合會社近く成立
176556	朝鮮朝日	西北・南鮮版	1929-08-23	2	01단	安寧水利の紛糾解決す/總督府の幹旋により
176557	朝鮮朝日	西北・南鮮版	1929-08-23	2	02단	价川鐵道運送規則/局線に準ずるやう改正
176558	朝鮮朝日	西北・南鮮版	1929-08-23	2	03단	沙里院の道立醫院/九月に認可
176559	朝鮮朝日	西北・南鮮版	1929-08-23	2	03단	總督府の虎疫防備いよいよ嚴重
176560	朝鮮朝日	西北・南鮮版	1929-08-23	2	03단	平壤の手形交換高
176561	朝鮮朝日	西北・南鮮版	1929-08-23	2	04단	鮮鐵でもメートル法/採用の準備
176562	朝鮮朝日	西北・南鮮版	1929-08-23	2	04단	電氣府營陳情報告會
176563	朝鮮朝日	西北・南鮮版	1929-08-23	2	04단	各地だより(大邱/咸興/公州/鎭海/平壤より)
176564	朝鮮朝日	西北版	1929-08-24	1	01단	近づいた朝鮮博(十二)/行き届いたその宣傳ぶり協贊會の朝博デー
176565	朝鮮朝日	西北版	1929-08-24	1	01단	水も洩らさぬ警戒網を脱け 神出鬼没の巡査殺しますます兇暴を逞うす/龍岡に現はれ拳銃を奪ひ更に警部補を射つ/更に重圍を脱し市場附近で大膽にも強盗を働く/擧動不審で連行の途中ナイフで刺された 江西署廣岡巡査部長/殉職警官の昇進と賞與
176566	朝鮮朝日	西北版	1929-08-24	1	04단	農村を語る(2)/西井里公立普校生徒/實習水田から齎された革命父兄の飲酒癖を矯む
176567	朝鮮朝日	西北版	1929-08-24	1	05단	商議評議員改選と新顔候補者
176568	朝鮮朝日	西北版	1929-08-24	1	05단	衛生展覽會平南道郡部
176569	朝鮮朝日	西北版	1929-08-24	1	06단	普校卒業生教育點呼/平南の試み
176570	朝鮮朝日	西北版	1929-08-24	1	06단	オヤアミの漁獲が不良
176571	朝鮮朝日	西北版	1929-08-24	1	06단	俳句/鈴木花蓑選
176572	朝鮮朝日	西北版	1929-08-24	1	07단	博覽會だより 製鐵所の特設館 異彩を放つ作業の模型/平北道の漁業模型朝博に出品/平北道學校の出品/古墳の模型平中の出品/仁川協贊會事業も進む
176573	朝鮮朝日	西北版	1929-08-24	1	07단	賦課金の滯納が多い
176574	朝鮮朝日	西北版	1929-08-24	1	07단	平北校長會
176575	朝鮮朝日	西北版	1929-08-24	1	07단	安東豆粕の品質を改良/輸出檢査も行って合格品を鮮內に送る
176576	朝鮮朝日	西北版	1929-08-24	1	08단	元山に降霜
176577	朝鮮朝日	西北版	1929-08-24	1	08단	大足會を組織
176578	朝鮮朝日	西北版	1929-08-24	1	10단	初めての出場に善鬪して平中選手歸る
176579	朝鮮朝日	西北版	1929-08-24	1	10단	浦潮引揚の支那人上陸
176580	朝鮮朝日	西北版	1929-08-24	1	10단	嬰兒を絞殺

일련번호	판명		간행일	면	단수	기사명
176581	朝鮮朝日	西北版	1929-08-24	1	10단	技手二人も收賄の嫌疑一人は收容
176582	朝鮮朝日	南鮮版	1929-08-24	1	01단	近づいた朝鮮博(十二)/行き届いたその宣傳ぶり 協贊會の朝博デー
176583	朝鮮朝日	南鮮版	1929-08-24	1	01단	人心の一新に官紀を振肅し人事にも愼重に考 慮/餘程の決意を有する齋藤總督
176584	朝鮮朝日	南鮮版	1929-08-24	1	03단	密陽郡廳移轉先/三門里に決定
176585	朝鮮朝日	南鮮版	1929-08-24	1	04단	電氣買收阻止の釜山府民大會
176586	朝鮮朝日	南鮮版	1929-08-24	1	04단	女給さんの台帳が出來る/一切洩らさず記載
176587	朝鮮朝日	南鮮版	1929-08-24	1	04단	農村を語る(2)/西井里公立普校生徒/實習水田 から齋された革命父兄の飮酒癖を矯む
176588	朝鮮朝日	南鮮版	1929-08-24	1	05단	京電惜敗對早大野球
176589	朝鮮朝日	南鮮版	1929-08-24	1	05단	盜んだ上主婦に暴行
176590	朝鮮朝日	南鮮版	1929-08-24	1	06단	溺るゝを助けんとして少女二人つひに溺死
176591	朝鮮朝日	南鮮版	1929-08-24	1	06단	*五千圓授受の裏にひそむ奇怪な事實暴露か　釜 山水産重役の收監/技手二人も收賄の嫌疑一人 は收容*
176592	朝鮮朝日	南鮮版	1929-08-24	1	06단	*博覽會だより　製鐵所の特設館 異彩を放つ作業 の模型/仁川協贊會事業も進む*
176593	朝鮮朝日	南鮮版	1929-08-24	1	08단	靑い鳥/釜山一記者
176594	朝鮮朝日	南鮮版	1929-08-24	1	09단	安東豆粕の品質を改良/輸出檢査も行って合格 品を鮮內に送る
176595	朝鮮朝日	南鮮版	1929-08-24	1	10단	俳句/鈴木花蓑選
176596	朝鮮朝日	南鮮版	1929-08-24	1	10단	馬山の惡疫
176597	朝鮮朝日	南鮮版	1929-08-24	1	10단	半島茶話
176598	朝鮮朝日	西北・南鮮版	1929-08-24	2	01단	方魚津を中心に沿海一帶に亘り來月中旬ごろか ら飛行機で魚群探見
176599	朝鮮朝日	西北・南鮮版	1929-08-24	2	01단	營業開始豫定線本年度內
176600	朝鮮朝日	西北・南鮮版	1929-08-24	2	01단	平北狂犬數
176601	朝鮮朝日	西北・南鮮版	1929-08-24	2	01단	平南道の盜難や詐欺最近の統計
176602	朝鮮朝日	西北・南鮮版	1929-08-24	2	01단	釜山の自動車/新規許可はしない方針
176603	朝鮮朝日	西北・南鮮版	1929-08-24	2	02단	音樂硏究の尹聖德孃歸る
176604	朝鮮朝日	西北・南鮮版	1929-08-24	2	02단	滿洲粟の輸入增加す
176605	朝鮮朝日	西北・南鮮版	1929-08-24	2	02단	平北春繭共同販賣高
176606	朝鮮朝日	西北・南鮮版	1929-08-24	2	02단	滿鐵臨時賞與
176607	朝鮮朝日	西北・南鮮版	1929-08-24	2	03단	各地だより(沙里院/大邱/馬山/咸興/裡里/平壤よ り/京城より)
176608	朝鮮朝日	西北・南鮮版	1929-08-24	2	03단	野球大會十五周年記念出版/全國中等學校野球 大會史/大阪朝日新聞社
176609	朝鮮朝日	西北版	1929-08-25	1	01단	竣工近い博覽會場

일련번호	판명		간행일	면	단수	기사명
176610	朝鮮朝日	西北版	1929-08-25	1	03단	*關釜連絡船のコレラ騒ぎで船車連絡も滅茶々々乘客八百九十餘名港外に抑留/コレラ豫防上最も厄介なのが漁期に入り込む漁夫その數二萬人に上る見込み/平南道のコレラ豫防*
176611	朝鮮朝日	西北版	1929-08-25	1	03단	俳句/鈴木花蓑選
176612	朝鮮朝日	西北版	1929-08-25	1	04단	平北道の地方豫算/二分五厘位減額を豫想
176613	朝鮮朝日	西北版	1929-08-25	1	04단	農村を語る(3)/漣川南面普校の生徒/村の學校は工場と變った製繩機で學資を稼ぐ
176614	朝鮮朝日	西北版	1929-08-25	1	05단	辭令(東京電話)
176615	朝鮮朝日	西北版	1929-08-25	1	05단	旅客輸送飛行の準備すゝむ
176616	朝鮮朝日	西北版	1929-08-25	1	05단	會員名簿から飲食店は削除/新義州商業會議所
176617	朝鮮朝日	西北版	1929-08-25	1	06단	新規事業の制限範圍を半額とする能はず/範圍
176618	朝鮮朝日	西北版	1929-08-25	1	06단	を決め更に協議
176619	朝鮮朝日	西北版	1929-08-25	1	06단	大馬賊討伐令近く交戰か
176620	朝鮮朝日	西北版	1929-08-25	1	06단	水源地附近の一軒家に現れ 飯と酒を強要した兇漢つひに包圍されて就縛/捕まった朝鮮の鬼熊落つき拂った態度見物人で一時は混雜
176621	朝鮮朝日	西北版	1929-08-25	1	07단	馬賊の部下車中で捕る
176622	朝鮮朝日	西北版	1929-08-25	1	07단	二人組強盜
176622	朝鮮朝日	西北版	1929-08-25	1	08단	殉職警官の葬儀
176623	朝鮮朝日	西北版	1929-08-25	1	10단	全滿選拔野球
176624	朝鮮朝日	西北版	1929-08-25	1	10단	主義者送局
176625	朝鮮朝日	西北版	1929-08-25	1	10단	半島茶話
176626	朝鮮朝日	南鮮版	1929-08-25	1	01단	竣工近い博覽會場
176627	朝鮮朝日	南鮮版	1929-08-25	1	03단	*關釜連絡船のコレラ騒ぎで船車連絡も滅茶々々乘客八百九十餘名港外に抑留/コレラ豫防上最も厄介なのが漁期に入り込む漁夫その數二萬人に上る見込み/陰性と判明警戒を解いて乘客夜に入って上陸/港灣に見張所慶尚北道のコレラ豫防*
176628	朝鮮朝日	南鮮版	1929-08-25	1	04단	農村を語る(3)/漣川南面普校の生徒/村の學校は工場と變った製繩機で學資を稼ぐ
176629	朝鮮朝日	南鮮版	1929-08-25	1	05단	辭令(東京電話)
176630	朝鮮朝日	南鮮版	1929-08-25	1	05단	五千圓事件更に進展/兩技手免官
176631	朝鮮朝日	南鮮版	1929-08-25	1	05단	俳句/鈴木花蓑選
176632	朝鮮朝日	南鮮版	1929-08-25	1	06단	運送合同會社愈よ成立か通運も加入を通告
176633	朝鮮朝日	南鮮版	1929-08-25	1	06단	朝鮮における青年訓練は具體方針を樹てたい南朝鮮軍司令官談
176634	朝鮮朝日	南鮮版	1929-08-25	1	06단	雫の聲

일련번호	판명		간행일	면	단수	기사명
176635	朝鮮朝日	南鮮版	1929-08-25	1	07단	水源地附近の一軒家に現れ/飯と酒を強要した兇漢つひに包圍されて就縛
176636	朝鮮朝日	南鮮版	1929-08-25	1	08단	旅客輸送飛行の準備すゝむ
176637	朝鮮朝日	南鮮版	1929-08-25	1	08단	二人組強盜
176638	朝鮮朝日	南鮮版	1929-08-25	1	09단	新規事業の制限範圍を半額とする能はず/範圍を決め更に協議
176639	朝鮮朝日	南鮮版	1929-08-25	1	09단	一夜の中に數ヶ所を荒す逃げ出した家に又/刑事に化けて來る
176640	朝鮮朝日	南鮮版	1929-08-25	1	10단	半島茶話
176641	朝鮮朝日	西北・南鮮版	1929-08-25	2	01단	懸念された米作や畑作 平年作は大丈夫か 中部は增收を豫想/慶北の稻作は三十萬石減收
176642	朝鮮朝日	西北・南鮮版	1929-08-25	2	01단	館石製絲の新設を阻止/道でも中止を警告
176643	朝鮮朝日	西北・南鮮版	1929-08-25	2	02단	平壤の家屋增改築增加
176644	朝鮮朝日	西北・南鮮版	1929-08-25	2	02단	平南道の巡回診療班長期を組織
176645	朝鮮朝日	西北・南鮮版	1929-08-25	2	03단	滿洲粟の輸入が激減の結果/鐵道の減收
176646	朝鮮朝日	西北・南鮮版	1929-08-25	2	03단	光東洞に郵便所認可
176647	朝鮮朝日	西北・南鮮版	1929-08-25	2	04단	大邱馬山間電氣鐵道は獨力で出願
176648	朝鮮朝日	西北・南鮮版	1929-08-25	2	04단	託送小荷物檢査の簡捷
176649	朝鮮朝日	西北・南鮮版	1929-08-25	2	04단	密陽郡廳舍の移轉新築に決定
176650	朝鮮朝日	西北・南鮮版	1929-08-25	2	04단	各地だより(淸州)
176651	朝鮮朝日	西北版	1929-08-27	1	01단	近づいた朝鮮博(十三)/近代科學戰の粹ともいふべき陸軍館と海軍館
176652	朝鮮朝日	西北版	1929-08-27	1	01단	本年實行豫算の範圍は出まい/總督府の明年度豫算/槪算書の說明一段落
176653	朝鮮朝日	西北版	1929-08-27	1	03단	辭令
176654	朝鮮朝日	西北版	1929-08-27	1	04단	社會事業協會の支部/平北で發會
176655	朝鮮朝日	西北版	1929-08-27	1	04단	鐵道局本年車輛の新造/大した支障はなく朝博迄に五十輛建造
176656	朝鮮朝日	西北版	1929-08-27	1	04단	市街地の地價修正に異議は絕對に許さぬ目下各方面で調査中
176657	朝鮮朝日	西北版	1929-08-27	1	04단	新義州附近船舶投錨地/滿鐵が調査に着手/昭和製鐵新設に關し
176658	朝鮮朝日	西北版	1929-08-27	1	04단	農村を語る(4)/驪州公普校女生談/暑休の教室を蠶室に模樣替夜を徹して働らく
176659	朝鮮朝日	西北版	1929-08-27	1	05단	安東領事歡迎會
176660	朝鮮朝日	西北版	1929-08-27	1	06단	捕まった殺人鬼
176661	朝鮮朝日	西北版	1929-08-27	1	06단	朝鮮鬼熊は極度に興奮 鎭靜を待って取調べ/須藤警部の警察葬執行
176662	朝鮮朝日	西北版	1929-08-27	1	07단	收入金を削り脫稅を圖る/背任橫領もあるか加

일련번호	판명		간행일	면	단수	기사명
176662	朝鮮朝日	西北版	1929-08-27	1	07단	藤精米所の取調
176663	朝鮮朝日	西北版	1929-08-27	1	10단	支那官民の不法を糾彈
176664	朝鮮朝日	西北版	1929-08-27	1	10단	劍道教師關係は風說/拳銃密輸事件
176665	朝鮮朝日	西北版	1929-08-27	1	10단	手拭で絞殺
176666	朝鮮朝日	西北版	1929-08-27	1	10단	勞銀を詐取
176667	朝鮮朝日	西北版	1929-08-27	1	10단	人(新任統營郡守佐藤德重氏)
176668	朝鮮朝日	西北版	1929-08-27	1	10단	半島茶話
176669	朝鮮朝日	南鮮版	1929-08-27	1	01단	近づいた朝鮮博(十三)/近代科學戰の粹ともいふべき陸軍館と海軍館
176670	朝鮮朝日	南鮮版	1929-08-27	1	01단	本年實行豫算の範圍は出まい/總督府の明年度豫算/槪算書の說明一段落
176671	朝鮮朝日	南鮮版	1929-08-27	1	03단	辭令
176672	朝鮮朝日	南鮮版	1929-08-27	1	04단	私鐵線の工事捗どる
176673	朝鮮朝日	南鮮版	1929-08-27	1	04단	鐵道局本年車輛の新造/大した支障はなく朝博
176674	朝鮮朝日	南鮮版	1929-08-27	1	04단	迄に五十輛建造
176675	朝鮮朝日	南鮮版	1929-08-27	1	04단	市街地の地價修正に異議は絕對に許さぬ目下各方面で調査中
176676	朝鮮朝日	南鮮版	1929-08-27	1	04단	釜山兩署の內容充實と警官の增員決定す
176677	朝鮮朝日	南鮮版	1929-08-27	1	04단	警務局圖書課長上內氏榮轉
176678	朝鮮朝日	南鮮版	1929-08-27	1	05단	大邱會議所議員の改選日決定
176678	朝鮮朝日	南鮮版	1929-08-27	1	05단	羽黑仁川へ
176679	朝鮮朝日	南鮮版	1929-08-27	1	06단	龍山中學優勝　全鮮中等水上競技/日獨對抗競技豫選一等の記錄/早大軍勝つ/大邱商業勝つ
176680	朝鮮朝日	南鮮版	1929-08-27	1	06단	生魚組合撲滅のため山內氏を引入れた/大池社長にも責任
176681	朝鮮朝日	南鮮版	1929-08-27	1	06단	鮮展作品の搬入
176682	朝鮮朝日	南鮮版	1929-08-27	1	07단	金融組合元理事/背任橫領の取調べ進む
176683	朝鮮朝日	南鮮版	1929-08-27	1	07단	出漁中の漁船二十隻難破し死者多數ある見込仁川の暴風雨被害/京城附近暴風雨　博覽會場に被害が多い
176684	朝鮮朝日	南鮮版	1929-08-27	1	08단	收入金を削り脫稅を圖る/背任橫領もあるか加藤精米所の取調
176685	朝鮮朝日	南鮮版	1929-08-27	1	09단	財興會社に絡んで詐欺橫領か
176686	朝鮮朝日	南鮮版	1929-08-27	1	09단	辻强盜現る
176687	朝鮮朝日	南鮮版	1929-08-27	1	10단	大邱聯隊に赤痢續發す
176688	朝鮮朝日	南鮮版	1929-08-27	1	10단	兩技手の收賄嫌疑と山內との關係
176689	朝鮮朝日	南鮮版	1929-08-27	1	10단	人(兒玉政務總監/今村慶北知事/恩田朝郵社長/岡本釜山署長/新任統營郡守佐藤德重氏)
176690	朝鮮朝日	南鮮版	1929-08-27	1	10단	半島茶話

일련번호	판명		간행일	면	단수	기사명
176691	朝鮮朝日	西北・南鮮版	1929-08-27	2	01단	五彩の色とりどりに秋のサロンの幕開き期待される諸大家の力作と關西人の東都畫壇進出(注目される帝展への出品夏の花鳥を描く土田麥僊氏/祭りにヒントを盛裝の娘をかく島成園女史/はじめて花鳥畫を登內微笑氏/大和繪風に『蓬萊山』を苦心をかたる生田花朝女史/二十に餘るお人形をならべて村岡小丘さん/平安朝を材に深い秋の感じを出したい 伊藤小坡女史)
176692	朝鮮朝日	西北・南鮮版	1929-08-27	2	05단	朝鮮の重力圈京大の測定
176693	朝鮮朝日	西北・南鮮版	1929-08-27	2	06단	慶北の普通學校一而八分に一校の割合
176694	朝鮮朝日	西北・南鮮版	1929-08-27	2	06단	朝鮮市場の安東材有利
176695	朝鮮朝日	西北・南鮮版	1929-08-27	2	06단	間島領事館劍道有段者
176696	朝鮮朝日	西北・南鮮版	1929-08-27	2	06단	各地だより(安東縣/京城より/大邱/仁川/鎭海/元山)
176697	朝鮮朝日	西北版	1929-08-28	1	01단	こゝ一、二年は緊縮の足踏み/經費節減の手始めは保護獎勵金の減額/草間財務局長歸任の途語る
176698	朝鮮朝日	西北版	1929-08-28	1	01단	注目される多獅島築港の將來/昭和製鋼設置問題で滿鐵が積極的に實測
176699	朝鮮朝日	西北版	1929-08-28	1	01단	電信電話の整備計劃は十萬圓繰延の結果その一部を變更
176700	朝鮮朝日	西北版	1929-08-28	1	01단	禁酒日宣傳
176701	朝鮮朝日	西北版	1929-08-28	1	04단	俳句/鈴木花蓑選
176702	朝鮮朝日	西北版	1929-08-28	1	04단	朝鮮軍獸醫分團の作業
176703	朝鮮朝日	西北版	1929-08-28	1	04단	第六大隊安東に設置/幹部の顔ぶれ
176704	朝鮮朝日	西北版	1929-08-28	1	04단	博覽會だより 世界各國から集まる珍藝くらべ京城協贊會がうんと踏張る 國際的一大餘興場/銀行出張所漢銀に決定/慶州の遊覽客 遺漏なきを期して準備/大探照燈は科學館に/朝博警戒の移動警察官
176705	朝鮮朝日	西北版	1929-08-28	1	05단	農村を語る(5)/旱害の饑餓から逃る/農村振興の最尖端に立つ子供達の健氣な働き
176706	朝鮮朝日	西北版	1929-08-28	1	05단	土屋新黃海道警察部長/上內本府圖書課長/佐々木忠南警察部長
176707	朝鮮朝日	西北版	1929-08-28	1	05단	豆粕改善檢査員/解決に至らず
176708	朝鮮朝日	西北版	1929-08-28	1	06단	內地から良質の警官二百五十名を採用/現在缺員五百餘名
176709	朝鮮朝日	西北版	1929-08-28	1	06단	恒子夫人講演會
176710	朝鮮朝日	西北版	1929-08-28	1	07단	馬賊の討伐令懸賞づきで
176711	朝鮮朝日	西北版	1929-08-28	1	08단	大同郡斧山に松茸を植ゑる/名産が一つふえる
176712	朝鮮朝日	西北版	1929-08-28	1	08단	社會教化の映畫品評會

일련번호	판명		간행일	면	단수	기사명
176713	朝鮮朝日	西北版	1929-08-28	1	08단	休暇を惡用し監視長制服を着て强盗
176714	朝鮮朝日	西北版	1929-08-28	1	09단	牡丹台野話
176715	朝鮮朝日	西北版	1929-08-28	1	10단	金光敎の全鮮大會
176716	朝鮮朝日	西北版	1929-08-28	1	10단	もよほし(就任披露宴)
176717	朝鮮朝日	西北版	1929-08-28	1	10단	半島茶話
176718	朝鮮朝日	南鮮版	1929-08-28	1	01단	こゝ一、二年は緊縮の足踏み/經費節減の手始めは保護奬勵金の減額/草間財務局長歸任の途語る
176719	朝鮮朝日	南鮮版	1929-08-28	1	01단	電信電話の整備計劃は十萬圓繰延の結果その一部を變更
176720	朝鮮朝日	南鮮版	1929-08-28	1	01단	農村を語る(4)/驪州公普校女生談/暑休の敎室を蠶室に模樣替夜を徹して働らく
176721	朝鮮朝日	南鮮版	1929-08-28	1	02단	晋州電氣値下を非公式發表
176722	朝鮮朝日	南鮮版	1929-08-28	1	02단	新顔候補の出現は寂寥/解免組が當選の後任命するかどうか
176723	朝鮮朝日	南鮮版	1929-08-28	1	04단	土屋新黃海道警察部長/上內本府圖書課長/佐々木忠南警察部長
176724	朝鮮朝日	西北・南鮮版	1929-08-28	2	03단	木忠南警察部長
176725	朝鮮朝日	南鮮版	1929-08-28	1	04단	內地から良質の警官二百五十名を採用/現在缺員五百餘名
176726	朝鮮朝日	南鮮版	1929-08-28	1	05단	*博覽會だより　世界各國から集まる珍藝くらべ京城協贊會がうんと踏張る　國際的一大餘興場/銀行出張所漢銀に決定/慶州の遊覽客　遺漏なきを期して準備/大探照燈は科學館に/朝博警戒の移動警察官*
176727	朝鮮朝日	南鮮版	1929-08-28	1	05단	社會敎化の映畵品評會
176728	朝鮮朝日	南鮮版	1929-08-28	1	05단	光暢師夫妻
176754	朝鮮朝日	南鮮版	1929-08-28	1	06단	定期野球戰
176729	朝鮮朝日	南鮮版	1929-08-28	1	06단	金光敎の全鮮大會
176730	朝鮮朝日	南鮮版	1929-08-28	1	06단	俳句/鈴木花蓑選
176731	朝鮮朝日	南鮮版	1929-08-28	1	06단	事件更に擴大か/五千圓事件豫審に回付
176732	朝鮮朝日	南鮮版	1929-08-28	1	07단	二十六日の暴風雨で倒れた京城驛前朝博歡迎門その整理に雨中シャツ一枚で働く警官
176733	朝鮮朝日	南鮮版	1929-08-28	1	07단	*遭難漁船の行方不明十名　二十五名救助さる/仁川の浸水家屋　千二百戸*
176734	朝鮮朝日	南鮮版	1929-08-28	1	08단	兄弟共謀で殺して逃ぐ
176735	朝鮮朝日	南鮮版	1929-08-28	1	09단	郵便物破棄一年半の判決
176736	朝鮮朝日	南鮮版	1929-08-28	1	09단	船客投身か
176737	朝鮮朝日	南鮮版	1929-08-28	1	09단	財務屬橫領の判決

일련번호	판명		간행일	면	단수	기사명
176738	朝鮮朝日	南鮮版	1929-08-28	1	09단	自轉車に乗った辻強盜が現れ現金を奪って逃走
176739	朝鮮朝日	南鮮版	1929-08-28	1	10단	お茶のあと
176740	朝鮮朝日	南鮮版	1929-08-28	1	10단	キネマ便り(血煙高田の馬場/きつね)
176741	朝鮮朝日	南鮮版	1929-08-28	1	10단	人(松崎嘉雄氏(遞信局技師)/新貝肇氏(遞信局監理課長)/朴春琴氏(相愛會理事)/李起東氏(相愛會理事)/渡邊錠一郎氏(京城商業會議所會頭)/寺內壽一中將(滿洲獨立守備隊司令官)/松岡京日社長/矢野桃郎氏(忠南警察部長))
176742	朝鮮朝日	南鮮版	1929-08-28	1	10단	半島茶話
176743	朝鮮朝日	西北・南鮮版	1929-08-28	2	01단	虎疫は一步も鮮內に入れぬ/防疫の準備は完成/然し樂觀は許さぬ
176744	朝鮮朝日	西北・南鮮版	1929-08-28	2	01단	濁酒釀造家淘汰に無理/斯業者は恐慌を來す
176745	朝鮮朝日	西北・南鮮版	1929-08-28	2	01단	自動車運轉手合格者氏名
176746	朝鮮朝日	西北・南鮮版	1929-08-28	2	02단	夏枯れの安東海運界
176747	朝鮮朝日	西北・南鮮版	1929-08-28	2	02단	大邱の公設質屋認可きたる
176748	朝鮮朝日	西北・南鮮版	1929-08-28	2	02단	統營のイリコ水揚
176749	朝鮮朝日	西北・南鮮版	1929-08-28	2	03단	密陽郡廳請負者決定
176750	朝鮮朝日	西北・南鮮版	1929-08-28	2	03단	蟲の秋/鈴蟲取りで賑ふ
176751	朝鮮朝日	西北・南鮮版	1929-08-28	2	03단	連帶荷動の數量減退す
176752	朝鮮朝日	西北・南鮮版	1929-08-28	2	04단	各地だより(京城より/公州/間島/咸興/開城)
176753	朝鮮朝日	西北版	1929-08-29	1	01단	新規事業や公債はすべて繰延べ實行豫算一千萬圓削減/草間財務局長歸來談
176754	朝鮮朝日	西北版	1929-08-29	1	01단	學齡兒童入學難から特殊敎育機關の要/新義州で聲高まる
176755	朝鮮朝日	西北版	1929-08-29	1	03단	俳句/鈴木花蓑選
176756	朝鮮朝日	西北版	1929-08-29	1	03단	併合した洞名を改め都計により整理をやる
176757	朝鮮朝日	西北版	1929-08-29	1	04단	鴨綠江の鰕漁は豊漁の見込
176758	朝鮮朝日	西北版	1929-08-29	1	04단	規格案を變へ小運送費を引上げるには反對/三團體聯合で聲明
176759	朝鮮朝日	西北版	1929-08-29	1	04단	博覽會だより 今度の博覽會でどの位の金が落ちるか細かに彈いた豫想の算盤玉/朝鮮博會場近くまで軍艦や飛行機を佐鎭から派遣して一般の觀覽に供する/平南の出品牛特別飼育で敎練中/團體乘車賃割引を申込/人語を解して碁盤乘の藝當もやる肥育牛は會場で試食させる
176760	朝鮮朝日	西北版	1929-08-29	1	05단	國語敎科書の改訂に着手/明年新學期までに全部完成する見込
176761	朝鮮朝日	西北版	1929-08-29	1	05단	滿鐵水泳大會
176762	朝鮮朝日	西北版	1929-08-29	1	06단	哀れな殺人魔の妻
176763	朝鮮朝日	西北版	1929-08-29	1	06단	說敎强盜に疑問の點

일련번호	판명		간행일	면	단수	기사명
176764	朝鮮朝日	西北版	1929-08-29	1	06단	主婦と二人で酌婦を叩殺す/馴染男つひに捕る
176765	朝鮮朝日	西北版	1929-08-29	1	07단	牡丹台野話
176766	朝鮮朝日	西北版	1929-08-29	1	07단	馬賊が出沒
176767	朝鮮朝日	西北版	1929-08-29	1	07단	馬賊團主人を拉致
176768	朝鮮朝日	西北版	1929-08-29	1	08단	火藥貯藏所破壞の爆藥泥白狀
176769	朝鮮朝日	西北版	1929-08-29	1	08단	驛名標示の諺文に間違/標準綴字法の完成が欲しい
176770	朝鮮朝日	西北版	1929-08-29	1	10단	生牛を密輸
176771	朝鮮朝日	西北版	1929-08-29	1	10단	賴まれた現金を橫領
176772	朝鮮朝日	西北版	1929-08-29	1	10단	半島茶話
176773	朝鮮朝日	南鮮版	1929-08-29	1	01단	新規事業や公債はすべて繰延べ實行豫算一千萬圓削減/草間財務局長歸來談
176774	朝鮮朝日	南鮮版	1929-08-29	1	01단	規格案を變へ小運送費を引上げるには反對/三團體聯合で聲明
176775	朝鮮朝日	南鮮版	1929-08-29	1	01단	國語敎科書の改訂に着手/明年新學期までに全部完成する見込
176776	朝鮮朝日	南鮮版	1929-08-29	1	01단	俳句/鈴木花蓑選
176777	朝鮮朝日	南鮮版	1929-08-29	1	02단	釜山運動場使用料値下げ斷行
176778	朝鮮朝日	南鮮版	1929-08-29	1	03단	博覽會だより/今度の博覽會でどの位の金が落ちるか細かに彈いた豫想の算盤玉
176779	朝鮮朝日	南鮮版	1929-08-29	1	03단	軍艦や飛行機を佐鎭から派遣して一般の觀覽に供する/人語を解して碁盤乘の藝當もやる 肥育牛は會場で試食させる
176780	朝鮮朝日	南鮮版	1929-08-29	1	03단	農村を語る(5)/旱害の饑餓から逃る/農村振興の最尖端に立つ子供達の健氣な働き
176781	朝鮮朝日	南鮮版	1929-08-29	1	04단	釜山水産重役を一部改造の烽火あがる
176782	朝鮮朝日	南鮮版	1929-08-29	1	05단	蔚山學校組合議當選
176783	朝鮮朝日	南鮮版	1929-08-29	1	05단	館石製絲工場は建築條例に違反で中止
176784	朝鮮朝日	南鮮版	1929-08-29	1	06단	入選畫はみな力作揃ひ特選組も大作を出品 第八回鮮展の審査/努力と研究が足りない憾み地方色にも乏しい 洋畫審査員田邊畫伯談/大體に於て期待外れの感 熱と意氣が足らぬ 東洋畫審査員桂月畫伯談/例年にない嚴選ぶりで入選二百四十一點無鑑査は五十九點
176785	朝鮮朝日	南鮮版	1929-08-29	1	08단	Z伯號の本社映畫京城で公開
176786	朝鮮朝日	南鮮版	1929-08-29	1	09단	驛名標示の諺文に間違/標準綴字法の完成が欲しい
176787	朝鮮朝日	南鮮版	1929-08-29	1	10단	慶州の無名塚いよいよ發掘
176788	朝鮮朝日	南鮮版	1929-08-29	1	10단	新川橋竣工
176789	朝鮮朝日	南鮮版	1929-08-29	1	10단	仁川の火事

일련번호	판명		간행일	면	단수	기사명
176790	朝鮮朝日	南鮮版	1929-08-29	1	10단	人(齋藤總督/草間財務局長/野口文一氏(仁川實業家)/渡邊京城商議會頭/寺内壽一中將/佐久間瓦電常務)
176791	朝鮮朝日	南鮮版	1929-08-29	1	10단	半島茶話
176792	朝鮮朝日	西北・南鮮版	1929-08-29	2	01단	市街地稅改正と急激な變化に對し考慮
176793	朝鮮朝日	西北・南鮮版	1929-08-29	2	01단	長承浦漁業組合内紛を續く
176794	朝鮮朝日	西北・南鮮版	1929-08-29	2	01단	大旱害救濟の借入れ金の償還は困難
176795	朝鮮朝日	西北・南鮮版	1929-08-29	2	02단	肥料低資の回收督促に關し打合會
176796	朝鮮朝日	西北・南鮮版	1929-08-29	2	02단	赤十字社社員を募集
176797	朝鮮朝日	西北・南鮮版	1929-08-29	2	02단	同仁水利解決の曙光
176798	朝鮮朝日	西北・南鮮版	1929-08-29	2	02단	初茸の走り相場は一體に高い
176799	朝鮮朝日	西北・南鮮版	1929-08-29	2	02단	蓬萊新米の輸入が增加
176800	朝鮮朝日	西北・南鮮版	1929-08-29	2	03단	各地だより(京城より/平壤より/北靑/永同/龍山/元山/沙里院/咸興/間島)
176801	朝鮮朝日	西北版	1929-08-30	1	01단	北鮮漫畵行/城津の卷(一)/まさを
176802	朝鮮朝日	西北版	1929-08-30	1	01단	鮮展の特選 二十九日發表さる/淸津から鮮展に
176803	朝鮮朝日	西北版	1929-08-30	1	01단	入選の人々
176804	朝鮮朝日	西北版	1929-08-30	1	02단	鮮滿神職會
176805	朝鮮朝日	西北版	1929-08-30	1	02단	元山商議新顔の出馬が增加
176806	朝鮮朝日	西北版	1929-08-30	1	03단	平壤栗平年作以上收穫を豫想
176807	朝鮮朝日	西北版	1929-08-30	1	03단	俳句/鈴木花蓑選
176807	朝鮮朝日	西北版	1929-08-30	1	04단	九百年を經た/大山人蔘珍らしい大きさ
176808	朝鮮朝日	西北版	1929-08-30	1	04단	運送合同に强硬な反對 大邱商業會議所と同地の荷主協會/運送合同參加店千五百に達す
176809	朝鮮朝日	西北版	1929-08-30	1	04단	博覽會グラフ(１)/龍宮のやうな接待館
176810	朝鮮朝日	西北版	1929-08-30	1	05단	慶北道に浮塵子發生
176811	朝鮮朝日	西北版	1929-08-30	1	05단	國境赤ん坊會
176812	朝鮮朝日	西北版	1929-08-30	1	06단	平壤府内に巫女の行事が最近著しく增加す
176813	朝鮮朝日	西北版	1929-08-30	1	06단	三ヶ所に馬水桶動物の愛護
176814	朝鮮朝日	西北版	1929-08-30	1	07단	載信水利内紛は解決困難か
176815	朝鮮朝日	西北版	1929-08-30	1	07단	お茶のあと
176816	朝鮮朝日	西北版	1929-08-30	1	07단	觀覽客の輸送に疊敷きの客車を急造 幾らあっても足りさうにない/朝鮮のさかな甘く食せる/五分角象牙に教育勅語を謹刻/宣傳塔の誤字を發見/種牡牛出品
176817	朝鮮朝日	西北版	1929-08-30	1	08단	光暢法主夫妻
176818	朝鮮朝日	西北版	1929-08-30	1	08단	須藤警部の警察葬執行
176819	朝鮮朝日	西北版	1929-08-30	1	08단	足拔き藝妓
176820	朝鮮朝日	西北版	1929-08-30	1	08단	紙幣僞造の藥品代騙取

일련번호	판명		간행일	면	단수	기사명
176821	朝鮮朝日	西北版	1929-08-30	1	09단	祕密結社の一味不起訴
176822	朝鮮朝日	西北版	1929-08-30	1	09단	朝日活寫會
176823	朝鮮朝日	西北版	1929-08-30	1	10단	嬰兒を壓殺
176824	朝鮮朝日	西北版	1929-08-30	1	10단	牡丹台公園に水禽
176825	朝鮮朝日	西北版	1929-08-30	1	10단	慶州案內人新羅史講習
176826	朝鮮朝日	西北版	1929-08-30	1	10단	半島茶話
176827	朝鮮朝日	南鮮版	1929-08-30	1	01단	秋を飾るに相應しい收獲 鮮展入選欣びの人々/鮮展の特選 二十九日發表さる/二點入選の 三木弘氏/夫婦で入選 加藤松林氏/一つは墨繪 池田勝山氏/樂室小憩は苦心の力作 佐藤九二男氏/美しい「麻雀」 西岡照枝夫人/書法の新生面開拓に努力 特選の井上氏
176828	朝鮮朝日	南鮮版	1929-08-30	1	04단	落選插話
176829	朝鮮朝日	南鮮版	1929-08-30	1	05단	運送合同に強硬な反對 大邱商業會議所と同地の荷主協會/運送合同參加店千五百に達す
176830	朝鮮朝日	南鮮版	1929-08-30	1	06단	光暢法主夫妻
176831	朝鮮朝日	南鮮版	1929-08-30	1	06단	鮮滿神職會
176832	朝鮮朝日	南鮮版	1929-08-30	1	06단	大邱瓦斯近く認可か
176833	朝鮮朝日	南鮮版	1929-08-30	1	06단	博覽會だより 觀覽客の輸送に疊敷きの客車を急造 幾らあっても足りさうにない/朝鮮のさかな甘く食せる/五分角象牙に教育勅語を謹刻/宣傳塔の誤字を發見/種牡牛出品
176834	朝鮮朝日	南鮮版	1929-08-30	1	07단	齋藤總督着任と警戒
176835	朝鮮朝日	南鮮版	1929-08-30	1	07단	俳句/鈴木花蓑選
176836	朝鮮朝日	南鮮版	1929-08-30	1	07단	辭令(二十八日付)
176837	朝鮮朝日	南鮮版	1929-08-30	1	07단	全鮮に亘り教化講演會
176838	朝鮮朝日	南鮮版	1929-08-30	1	08단	慶北道に浮塵子發生
176839	朝鮮朝日	南鮮版	1929-08-30	1	08단	京城市街のお化粧略完成/博覽會を前にして工事を急いだ結果
176840	朝鮮朝日	南鮮版	1929-08-30	1	08단	東京下關耐熱走破成功の二青年
176841	朝鮮朝日	南鮮版	1929-08-30	1	09단	三ヶ所に馬水桶動物の愛護
176842	朝鮮朝日	南鮮版	1929-08-30	1	09단	日獨對抗競技の豫選
176843	朝鮮朝日	南鮮版	1929-08-30	1	10단	水源地の係員の妻女チブスに罹る
176844	朝鮮朝日	南鮮版	1929-08-30	1	10단	釜山棧橋浮浪者手入
176845	朝鮮朝日	南鮮版	1929-08-30	1	10단	人(高尾甚造氏/李謙聖氏(李王職事務官)/上內圖書課長/池田水利課長)
176846	朝鮮朝日	南鮮版	1929-08-30	1	10단	半島茶話
176847	朝鮮朝日	西北・南鮮版	1929-08-30	2	01단	下關の虎疫で釜山の緊張 嚴重な檢疫をやる/連絡船乘客の糞便檢査は困難か 然し考へねばならぬ

일련번호	판명		간행일	면	단수	기사명
176848	朝鮮朝日	西北・南鮮版	1929-08-30	2	01단	電動力の延滯料金收納の見込
176849	朝鮮朝日	西北・南鮮版	1929-08-30	2	02단	新義州着筏原木が過剩
176850	朝鮮朝日	西北・南鮮版	1929-08-30	2	02단	廣染灣の製鹽成績は近年稀な豊作
176851	朝鮮朝日	西北・南鮮版	1929-08-30	2	02단	鹽增産奬勵鹽夫長五名朝博に招待
176852	朝鮮朝日	西北・南鮮版	1929-08-30	2	03단	赤十字の救急箱配布
176853	朝鮮朝日	西北・南鮮版	1929-08-30	2	03단	栃木の大麻種子を配布
176854	朝鮮朝日	西北・南鮮版	1929-08-30	2	03단	各地だより(京城より/平壤より/安東縣/公州/元山/咸興)
176855	朝鮮朝日	西北版	1929-08-31	1	01단	北鮮漫畫行/城津の卷(二)/まさを
176856	朝鮮朝日	西北版	1929-08-31	1	01단	昭和製鋼所引張り運動/新義州に對抗して鞍山がまた動き出す
176857	朝鮮朝日	西北版	1929-08-31	1	01단	電車軌道に自動車を運轉/平壤府で內々計劃
176858	朝鮮朝日	西北版	1929-08-31	1	01단	大同江改修速成の陳情
176859	朝鮮朝日	西北版	1929-08-31	1	02단	平壤飛行隊の四機が參加する/十九師團聯合演習
176860	朝鮮朝日	西北版	1929-08-31	1	03단	平北道質屋の利子/引下げ調査
176861	朝鮮朝日	西北版	1929-08-31	1	03단	俳句/鈴木花蓑選
176862	朝鮮朝日	西北版	1929-08-31	1	03단	平安無盡創立
176863	朝鮮朝日	西北版	1929-08-31	1	04단	自動車賃值下げいよいよ斷行
176864	朝鮮朝日	西北版	1929-08-31	1	04단	憲兵警官の拳銃を新式に改良
176865	朝鮮朝日	西北版	1929-08-31	1	04단	博覽會だより 遠來の客を迎へる玄關口の混雜に備へる 團體待合所やバラック食堂設置/開會日の祝賀花火や提燈旗行列飛行機も飛翔する/朝鮮警察參考資料駐在所建物寫眞を出品
176866	朝鮮朝日	西北版	1929-08-31	1	04단	二十八分間で京城、仁川一廻り/素晴しい羽化登仙行/旅客機に試乘するの記
176867	朝鮮朝日	西北版	1929-08-31	1	05단	商工會議所滿洲聯合會
176868	朝鮮朝日	西北版	1929-08-31	1	06단	全滿有段者會
176869	朝鮮朝日	西北版	1929-08-31	1	07단	平南道體育大會陸上競技
176870	朝鮮朝日	西北版	1929-08-31	1	07단	新義州港の荷拔き事故/郵船側責任を負はず白米は殆ど鐵道便
176871	朝鮮朝日	西北版	1929-08-31	1	07단	牡丹台野話
176872	朝鮮朝日	西北版	1929-08-31	1	08단	釜山新義州長距離走破
176873	朝鮮朝日	西北版	1929-08-31	1	08단	牛代金强奪
176874	朝鮮朝日	西北版	1929-08-31	1	08단	恐しい降雹被害牛馬も傷く
176875	朝鮮朝日	西北版	1929-08-31	1	08단	安東のコレラ豫防
176876	朝鮮朝日	西北版	1929-08-31	1	09단	夫婦共謀の板の間稼ぎ
176877	朝鮮朝日	西北版	1929-08-31	1	09단	實父の男根を切る/三人共謀で
176878	朝鮮朝日	西北版	1929-08-31	1	10단	密航を企てた一味十餘名檢擧
176879	朝鮮朝日	西北版	1929-08-31	1	10단	人(加藤鐵治郎氏(新義州商議會頭))

일련번호	판명		간행일	면	단수	기사명
176880	朝鮮朝日	西北版	1929-08-31	1	10단	半島茶話
176881	朝鮮朝日	西北版	1929-08-31	1	10단	老朽と冗員五十名を整理/京城府で斷行するか
176882	朝鮮朝日	南鮮版	1929-08-31	1	01단	解免組は漸次尻込む/表面はなほ平靜の慶南議員補缺選擧
176883	朝鮮朝日	南鮮版	1929-08-31	1	01단	仁川府の實行豫算五分强削減
176884	朝鮮朝日	南鮮版	1929-08-31	1	01단	二十八分間で京城、仁川一廻り/素晴しい羽化登仙行/旅客機に試乘するの記
176885	朝鮮朝日	南鮮版	1929-08-31	1	01단	震災記念日釜山の默禱
176886	朝鮮朝日	南鮮版	1929-08-31	1	02단	コレラの大警戒 防疫の徹底をはかる 總督府衛生課の方針/漁船の檢疫と豫防の督勵 釜山のコレラ警戒
176887	朝鮮朝日	南鮮版	1929-08-31	1	02단	慶北道の教員の異動
176888	朝鮮朝日	南鮮版	1929-08-31	1	03단	大邱の蘋果
176889	朝鮮朝日	南鮮版	1929-08-31	1	03단	平南道體育大會陸上競技
176890	朝鮮朝日	南鮮版	1929-08-31	1	03단	俳句/鈴木花蓑選
176891	朝鮮朝日	南鮮版	1929-08-31	1	04단	密耕煙草を發見され毆る
176892	朝鮮朝日	南鮮版	1929-08-31	1	04단	博覽會だより 遠來の客を迎へる玄關口の混雜に備へる 團體待所やバラック食堂設置/開會日の祝賀花火や提燈旗行列飛行機も飛翔する
176893	朝鮮朝日	南鮮版	1929-08-31	1	05단	鮮展入選欣びの人々 夫婦お揃ひ俵雅亮氏夫妻/お初の入選川澤雪枝孃/花と玩具の松岡春江孃/木彫は餘技戶張辛男氏/お弟子さん二人と共々入選の土居彩畝女史/五度の入選高橋いし女史/五回入選の中野六郎氏/二科に初入選京城生れの森田昌子孃
176894	朝鮮朝日	南鮮版	1929-08-31	1	05단	釜山新義州長距離走破
176895	朝鮮朝日	南鮮版	1929-08-31	1	08단	青い鳥
176896	朝鮮朝日	南鮮版	1929-08-31	1	08단	大邱にチブス發生
176897	朝鮮朝日	南鮮版	1929-08-31	1	09단	大邱の竊盗團三百餘件の竊盗を働く
176898	朝鮮朝日	南鮮版	1929-08-31	1	10단	密航を企てた一味十餘名檢擧
176899	朝鮮朝日	南鮮版	1929-08-31	1	10단	人(高田富藏氏(ハルピン日露協會學校長)/梅原京大教授/田中水上署長/田中九信氏(釜山田中醫院長))
176900	朝鮮朝日	南鮮版	1929-08-31	1	10단	半島茶話
176901	朝鮮朝日	南鮮版	1929-08-31	1	10단	ガソリン車を競って使用/朝鮮內の私設鐵道
176902	朝鮮朝日	西北・南鮮版	1929-08-31	2	01단	星州に不時着陸場
176903	朝鮮朝日	西北・南鮮版	1929-08-31	2	01단	圖們線開通は十一月中頃
176904	朝鮮朝日	西北・南鮮版	1929-08-31	2	01단	貨物取扱狀況を活寫に撮る
176905	朝鮮朝日	西北・南鮮版	1929-08-31	2	02단	動物愛護日

일련번호	판명		간행일	면	단수	기사명
176906	朝鮮朝日	西北・南鮮版	1929-08-31	2	02단	新民事訴訟法評定/朝鮮出席者
176907	朝鮮朝日	西北・南鮮版	1929-08-31	2	02단	視察團來安
176908	朝鮮朝日	西北・南鮮版	1929-08-31	2	03단	德壽丸入渠
176909	朝鮮朝日	西北・南鮮版	1929-08-31	2	03단	各地だより(平壤より/京城より/淸津/咸興/海州/間島)

1929년 9월 (조선아사히)

일련번호	판명		간행일	면	단수	기사명
176910	朝鮮朝日	西北版	1929-09-01	1	01단	北鮮漫畫行/羅南の巻(一)/まさを
176911	朝鮮朝日	西北版	1929-09-02	1	01단	社會運動團體の合同統一實現かソウル靑年會も解體/當局異常に神經を尖らす
176912	朝鮮朝日	西北版	1929-09-01	1	01단	車輛稅の撤廢は困難/社會政策を加味/稅率は漸次遞減か
176913	朝鮮朝日	西北版	1929-09-01	1	01단	滿洲における經濟政策に積極的方針を採れと全滿商議聯合會に提議
176914	朝鮮朝日	西北版	1929-09-01	1	03단	大和校の兒童硏究室
176915	朝鮮朝日	西北版	1929-09-01	1	04단	平壤師範敷地は船橋里に決定
176916	朝鮮朝日	西北版	1929-09-01	1	04단	俳句/鈴木花蓑選
176917	朝鮮朝日	西北版	1929-09-01	1	04단	安東豆粕檢査所設置
176918	朝鮮朝日	西北版	1929-09-01	1	04단	領事分館設置に反對
176919	朝鮮朝日	西北版	1929-09-01	1	04단	光暢師夫妻渡鮮
176920	朝鮮朝日	西北版	1929-09-01	1	05단	航空硏究所當分試驗飛行
176921	朝鮮朝日	西北版	1929-09-01	1	05단	商店座談會
176922	朝鮮朝日	西北版	1929-09-01	1	05단	朝電の貯水池ちかく完成
176923	朝鮮朝日	西北版	1929-09-01	1	05단	懲罰主義を排し感化主義に取扱ひ方を改善した開城の少年刑務所
176924	朝鮮朝日	西北版	1929-09-01	1	06단	博覽會だより 建築工事も捗り愈よ陳列に取かゝる會場は博覽會氣分濃くなる/宣傳塔にもいよいよ灯入れ釜山埠頭の準備進む/團體客と臨時列車編成に忙殺
176925	朝鮮朝日	西北版	1929-09-01	1	07단	運動界(實業野球リーグ戰日割/安東の野球試合)
176926	朝鮮朝日	西北版	1929-09-01	1	07단	演習中の日本軍に發砲/支那側に嚴重抗議
176927	朝鮮朝日	西北版	1929-09-01	1	08단	馬賊現はる
176928	朝鮮朝日	西北版	1929-09-01	1	09단	眞池洞の西瓜出盛る
176929	朝鮮朝日	西北版	1929-09-01	1	09단	列車に發砲
176930	朝鮮朝日	西北版	1929-09-01	1	09단	乘客卽死す自動車墜落
176931	朝鮮朝日	西北版	1929-09-01	1	09단	子供の燒死
176932	朝鮮朝日	西北版	1929-09-01	1	10단	牡丹台野話
176933	朝鮮朝日	西北版	1929-09-01	1	10단	半島茶話
176934	朝鮮朝日	南鮮版	1929-09-01	1	01단	博覽會グラフ(1)/龍宮のやうな接待館
176935	朝鮮朝日	南鮮版	1929-09-01	1	01단	社會運動團體の合同統一實現か/ソウル靑年會も解體/當局異常に神經を尖らす
176936	朝鮮朝日	南鮮版	1929-09-01	1	01단	釜山病院の移轉改築は今年までは困難か
176937	朝鮮朝日	南鮮版	1929-09-01	1	03단	二科展に三木氏入選
176938	朝鮮朝日	南鮮版	1929-09-01	1	04단	震災記念日反省運動行列
176939	朝鮮朝日	南鮮版	1929-09-01	1	04단	お茶のあと

일련번호	판명		간행일	면	단수	기사명
176940	朝鮮朝日	南鮮版	1929-09-01	1	04단	激戰を豫想さるゝ統營郡選擧
176941	朝鮮朝日	南鮮版	1929-09-01	1	04단	光暢師夫妻渡鮮
176942	朝鮮朝日	南鮮版	1929-09-01	1	05단	長承浦漁業有志懇談會
176943	朝鮮朝日	南鮮版	1929-09-01	1	05단	運動界(實業野球リーグ戰日割)
176944	朝鮮朝日	南鮮版	1929-09-01	1	05단	京城府の行政整理は九月一日付で發表/後任は雇員を拔擢
176945	朝鮮朝日	南鮮版	1929-09-01	1	06단	博覽會だより 建築工事も捗り愈よ陳列に取かゝる會場は博覽會氣分濃くなる/宣傳塔にもいよいよ灯入れ釜山埠頭の準備進む/團體客と臨時列車編成に忙殺
176946	朝鮮朝日	南鮮版	1929-09-01	1	06단	懲罰主義を排し感化主義に取扱ひ方を改善した開城の少年刑務所
176947	朝鮮朝日	南鮮版	1929-09-01	1	07단	人夫賃銀橫領が發覺
176948	朝鮮朝日	南鮮版	1929-09-01	1	07단	車輛稅の撤廢は困難/社會政策を加味/稅率は漸次遞減か
176949	朝鮮朝日	南鮮版	1929-09-01	1	07단	青い鳥/釜山一記者
176950	朝鮮朝日	南鮮版	1929-09-01	1	09단	仁川の火事
176951	朝鮮朝日	南鮮版	1929-09-01	1	09단	少女を踏殺し生瞻を喰ふ/天刑病の名藥との迷信からの犯行
176952	朝鮮朝日	南鮮版	1929-09-01	1	10단	婦女を誘拐
176953	朝鮮朝日	南鮮版	1929-09-01	1	10단	航空研究所當分試驗飛行
176954	朝鮮朝日	南鮮版	1929-09-01	1	10단	俳句/鈴木花蓑選
176955	朝鮮朝日	南鮮版	1929-09-01	1	10단	子供の燒死
176956	朝鮮朝日	南鮮版	1929-09-01	1	10단	人(北條磯五郎氏(東京地方檢事)/伊東俊一氏(釜山穀物商組合理事))
176957	朝鮮朝日	南鮮版	1929-09-01	1	10단	半島茶話
176958	朝鮮朝日	西北・南鮮版	1929-09-01	2	01단	周王の遺跡周王山の神祕/開かずの扉を開く/その方法を研究中
176959	朝鮮朝日	西北・南鮮版	1929-09-01	2	01단	內地米受渡改正の必要
176960	朝鮮朝日	西北・南鮮版	1929-09-01	2	01단	朝鮮棉花格上げ斷行
176961	朝鮮朝日	西北・南鮮版	1929-09-01	2	01단	海印寺宣傳
176962	朝鮮朝日	西北・南鮮版	1929-09-01	2	02단	統營方面の鰮煎子漁況
176963	朝鮮朝日	西北・南鮮版	1929-09-01	2	02단	各地だより(京城より/平壤より/咸興/沙里院/仁川/安東縣/裡里/元山/群山)
176964	朝鮮朝日	西北版	1929-09-03	1	01단	北鮮漫畫行/羅南の卷(二)/まさを
176965	朝鮮朝日	西北版	1929-09-04	1	01단	平壤府の節約人員も淘汰/削減された豫算內容
176966	朝鮮朝日	西北版	1929-09-03	1	01단	二分八厘の節約を行ふ政府の方針に從った平北地方費實行豫算
176967	朝鮮朝日	西北版	1929-09-03	1	01단	平壤府員私經濟節約

일련번호	판명		간행일	면	단수	기사명
176968	朝鮮朝日	西北版	1929-09-03	1	01단	滿鐵の慰安車愈十日から各地を巡回する
176969	朝鮮朝日	西北版	1929-09-03	1	02단	平北金組理事更迭を行ふ
176970	朝鮮朝日	西北版	1929-09-03	1	02단	清津水道擴張工事竣工を急ぐ
176971	朝鮮朝日	西北版	1929-09-03	1	03단	表記噸數の採用を安東挽材から鐵道側に陳情
176972	朝鮮朝日	西北版	1929-09-03	1	03단	お茶のあと
176973	朝鮮朝日	西北版	1929-09-03	1	03단	面電氣の打開と病院寄附金の促進を圖る
176974	朝鮮朝日	西北版	1929-09-03	1	04단	國境方面防疫の第二次計劃
176975	朝鮮朝日	西北版	1929-09-03	1	04단	咸南道の稻作は良好
176976	朝鮮朝日	西北版	1929-09-03	1	04단	博覽會グラフ(２)/子供の汽車
176977	朝鮮朝日	西北版	1929-09-03	1	05단	新義州府債償還の抽籤
176978	朝鮮朝日	西北版	1929-09-03	1	05단	決定を見ぬ南浦の運合問題
176979	朝鮮朝日	西北版	1929-09-03	1	05단	法人篤志家の寄附を仰ぐ
176980	朝鮮朝日	西北版	1929-09-03	1	06단	*博覽會だより 李王職雅樂部が祕曲を公開 一日に三回づゝ演奏/會場前と驛前に自動車溜り設置を出願/山林館の山の日福引券頒布/港の模型*
176981	朝鮮朝日	西北版	1929-09-03	1	06단	運動界(蹴球試合/全間島野球大會)
176982	朝鮮朝日	西北版	1929-09-03	1	07단	國境秋競馬
176983	朝鮮朝日	西北版	1929-09-03	1	07단	小學で新聞發刊
176984	朝鮮朝日	西北版	1929-09-03	1	07단	*樺甸縣地方豪雨の慘狀/新義州豪雨*
176985	朝鮮朝日	西北版	1929-09-03	1	07단	清津港の海員倶樂部設立問題が具體化
176986	朝鮮朝日	西北版	1929-09-03	1	08단	金地金密輸車中で捕る
176987	朝鮮朝日	西北版	1929-09-03	1	08단	體栽のよい外貨排斥中華國貨貿易公司の活動
176988	朝鮮朝日	西北版	1929-09-03	1	08단	牡丹台野話
176989	朝鮮朝日	西北版	1929-09-03	1	09단	平壤の小公園
176990	朝鮮朝日	西北版	1929-09-03	1	09단	食料品と詐稱し爆藥を輸送
176991	朝鮮朝日	西北版	1929-09-03	1	10단	官鹽を橫領
176992	朝鮮朝日	西北版	1929-09-03	1	10단	警戒中の消防手溺死
176993	朝鮮朝日	西北版	1929-09-03	1	10단	不義の子を女房が毒殺
176994	朝鮮朝日	南鮮版	1929-09-03	1	01단	博覽會グラフ(２)/子供の汽車
176995	朝鮮朝日	南鮮版	1929-09-03	1	01단	*電氣買收起債は認可になるかどうか全く豫測を許さない 生田內務局長歸來談/起債認可を電報で陳情齋藤總督に對して釜山の期成會から*
176996	朝鮮朝日	南鮮版	1929-09-03	1	03단	仁川商議當選者氏名
176997	朝鮮朝日	南鮮版	1929-09-03	1	04단	木浦商議當選者
176998	朝鮮朝日	南鮮版	1929-09-03	1	04단	中立業者の運合反對と聲明書の內容二點
176999	朝鮮朝日	南鮮版	1929-09-03	1	04단	お茶のあと
177000	朝鮮朝日	南鮮版	1929-09-03	1	04단	朝鮮の教材寫眞帳配布

일련번호	판명		간행일	면	단수	기사명
177001	朝鮮朝日	南鮮版	1929-09-03	1	05단	博覽會だより 李王職雅樂部が祕曲を公開一日に三回づ丶演奏/會場前と驛前に自動車溜り設置を出願/山林館の山の日福引券頒布/港の模型
177002	朝鮮朝日	南鮮版	1929-09-03	1	05단	米增殖低資
177003	朝鮮朝日	南鮮版	1929-09-03	1	05단	釜山驛便所改築を斷行/コレラ豫防
177004	朝鮮朝日	南鮮版	1929-09-03	1	05단	土木談合事件大邱でまた檢擧 二十五名の斯業者を疾風迅雷的に召喚取調ぶ/十二名を留置他は一先づ釋放
177005	朝鮮朝日	南鮮版	1929-09-03	1	06단	旅客空輸開始と保險
177006	朝鮮朝日	南鮮版	1929-09-03	1	06단	揚江西川堤防の補助
177007	朝鮮朝日	南鮮版	1929-09-03	1	07단	慶北道の實行豫算は四分減を目標
177008	朝鮮朝日	南鮮版	1929-09-03	1	07단	飲食物の取締り規則
177009	朝鮮朝日	南鮮版	1929-09-03	1	08단	京城仁川間電車を出願
177010	朝鮮朝日	南鮮版	1929-09-03	1	08단	東海岸巾着網使用に反對
177011	朝鮮朝日	南鮮版	1929-09-03	1	08단	京城の湯錢値下げ斷行/朝湯もいよいよ立つ十二日から實施する
177012	朝鮮朝日	南鮮版	1929-09-03	1	08단	上水道に硅藻が發生
177013	朝鮮朝日	南鮮版	1929-09-03	1	08단	釜山に强盗
177014	朝鮮朝日	南鮮版	1929-09-03	1	08단	三人組の强盗團つひに捕る
177015	朝鮮朝日	南鮮版	1929-09-03	1	09단	初日から盛況の朝鮮美術展
177016	朝鮮朝日	南鮮版	1929-09-03	1	09단	現金專門賊つひに捕る
177017	朝鮮朝日	南鮮版	1929-09-03	1	09단	朝日活寫會
177018	朝鮮朝日	南鮮版	1929-09-03	1	10단	チフスまた釜山に發生
177019	朝鮮朝日	南鮮版	1929-09-03	1	10단	赤痢患者病院を脫出/縊死を遂ぐ
177020	朝鮮朝日	南鮮版	1929-09-03	1	10단	東萊繁榮會長ら取調
177021	朝鮮朝日	南鮮版	1929-09-03	1	10단	馬山の火事
177022	朝鮮朝日	南鮮版	1929-09-03	1	10단	人(橫堀工學博士/江橋大佐(平壤飛行聯隊長))
177023	朝鮮朝日	南鮮版	1929-09-03	1	10단	半島茶話
177024	朝鮮朝日	西北・南鮮版	1929-09-03	2	01단	ゴジップからみた文藝狀勢(老人篇/形式主義篇/愛慾篇/プロ篇)
177025	朝鮮朝日	西北・南鮮版	1929-09-03	2	05단	各地だより(京城より/平壤より/城津/江界/咸興/大田/大邱/海州/龍山/淸州)
177026	朝鮮朝日	西北版	1929-09-04	1	01단	博覽會グラフ(3)/子供の國の佛國寺
177027	朝鮮朝日	西北版	1929-09-04	1	01단	圖們鐵道の買收價額は五百八十萬四千圓近く認可の指令か
177028	朝鮮朝日	西北版	1929-09-04	1	01단	學校組合の稅金賦課には殊に不公平が多い/平南道で矯正する
177029	朝鮮朝日	西北版	1929-09-04	1	02단	鐵道局辭令

일련번호	판명		간행일	면	단수	기사명
177030	朝鮮朝日	西北版	1929-09-04	1	03단	大同江改修實行の陳情
177031	朝鮮朝日	西北版	1929-09-04	1	03단	俳句/鈴木花蓑選
177032	朝鮮朝日	西北版	1929-09-04	1	03단	放行單問題相當に面倒
177033	朝鮮朝日	西北版	1929-09-04	1	04단	近來殊に增加する取込み詐欺
177034	朝鮮朝日	西北版	1929-09-04	1	04단	平南奧地に金融組合をニヶ所設置
177035	朝鮮朝日	西北版	1929-09-04	1	04단	北鮮漫畫行/淸津の卷(一)/まさを
177036	朝鮮朝日	西北版	1929-09-04	1	05단	實業團惜敗
177037	朝鮮朝日	西北版	1929-09-04	1	05단	咸南側勝つ
177038	朝鮮朝日	西北版	1929-09-04	1	05단	市民運動會競技種目
177039	朝鮮朝日	西北版	1929-09-04	1	05단	昭和三年度總督府の決算
177040	朝鮮朝日	西北版	1929-09-04	1	06단	博覽會だより 博覽會目當に流れ込む人々 宿屋も下宿屋も滿員狀態の京城/朝鮮煙草の宣傳と實演/見事な安州の刺繡
177041	朝鮮朝日	西北版	1929-09-04	1	06단	對露決戰のビラをまく
177042	朝鮮朝日	西北版	1929-09-04	1	06단	五百羽の雛が空を飛んで來る內地から飛行機に乘って一羽も傷まず頗る元氣
177043	朝鮮朝日	西北版	1929-09-04	1	06단	二靑年の半島縱斷走破/愈よ八日に釜山出發
177044	朝鮮朝日	西北版	1929-09-04	1	07단	平壤妓生が三味の稽古
177045	朝鮮朝日	西北版	1929-09-04	1	08단	牡丹台野話
177046	朝鮮朝日	西北版	1929-09-04	1	09단	出獄の當日自殺を圖る
177047	朝鮮朝日	西北版	1929-09-04	1	09단	死刑だけは免れたいと弱音をはく殺人魔/鎭南浦から平壤へ護送
177048	朝鮮朝日	西北版	1929-09-04	1	09단	長期に亙る貸出しは手控/下半期の貸出方針
177049	朝鮮朝日	西北版	1929-09-04	1	10단	自動車顚覆し乘客は卽死/運轉手負傷
177050	朝鮮朝日	西北版	1929-09-04	1	10단	嗜眠性腦炎馬山に發生
177051	朝鮮朝日	西北版	1929-09-04	1	10단	辭令(三十一日付)
177052	朝鮮朝日	南鮮版	1929-09-04	1	01단	博覽會グラフ(3)/子供の國の佛國寺
177053	朝鮮朝日	南鮮版	1929-09-04	1	01단	圖們鐵道の買收價額は五百八十萬四千圓近く認可の指令か
177054	朝鮮朝日	南鮮版	1929-09-04	1	01단	專門家の見解を根據に改良漁網侵害問題は共同戰線であたる
177055	朝鮮朝日	南鮮版	1929-09-04	1	03단	鐵道局辭令
177056	朝鮮朝日	南鮮版	1929-09-04	1	03단	辭令(三十一日付)
177057	朝鮮朝日	南鮮版	1929-09-04	1	03단	大同江改修實行の陳情
177058	朝鮮朝日	南鮮版	1929-09-04	1	03단	鰯サシ網業許可漁業に
177059	朝鮮朝日	南鮮版	1929-09-04	1	04단	慶北の稻作冷氣で懸念
177060	朝鮮朝日	南鮮版	1929-09-04	1	04단	新規漁場の出願が殺到
177061	朝鮮朝日	南鮮版	1929-09-04	1	04단	晉州金泉間自動車營業近く認可
177062	朝鮮朝日	南鮮版	1929-09-04	1	04단	まねきんがある/京城にもあらはれる

일련번호	판명		간행일	면	단수	기사명
177063	朝鮮朝日	南鮮版	1929-09-04	1	04단	博覽會だより 博覽會目當に流れ込む人々 宿屋も下宿屋も滿員狀態の京城/朝鮮煙草の宣傳と實演/見事な安州の刺繡
177064	朝鮮朝日	南鮮版	1929-09-04	1	05단	中央物産整理方針近く重役會議
177065	朝鮮朝日	南鮮版	1929-09-04	1	05단	俳句/鈴木花蓑選
177066	朝鮮朝日	南鮮版	1929-09-04	1	06단	全鮮鄕軍總會の打合
177067	朝鮮朝日	南鮮版	1929-09-04	1	06단	二青年の半島縱斷走破/愈よ八日に釜山出發
177068	朝鮮朝日	南鮮版	1929-09-04	1	07단	青い鳥
177069	朝鮮朝日	南鮮版	1929-09-04	1	07단	昭和三年度總督府の決算
177070	朝鮮朝日	南鮮版	1929-09-04	1	07단	長期に亙る貸出しは手控/下半期の貸出方針
177071	朝鮮朝日	南鮮版	1929-09-04	1	08단	五百羽の雛が空を飛んで來る內地から飛行機に乘って一羽も傷まず頗る元氣
177072	朝鮮朝日	南鮮版	1929-09-04	1	08단	いるかの大群襲來
177073	朝鮮朝日	南鮮版	1929-09-04	1	08단	旅客機試乘
177074	朝鮮朝日	南鮮版	1929-09-04	1	08단	長承浦漁業組合/內紛解決せず分解作用を起さん形勢
177075	朝鮮朝日	南鮮版	1929-09-04	1	09단	釜山電氣起債困難か善後策打合
177076	朝鮮朝日	南鮮版	1929-09-04	1	09단	嗜眠性腦炎馬山に發生
177077	朝鮮朝日	南鮮版	1929-09-04	1	10단	慶南の陸上競技大會日程決る
177078	朝鮮朝日	南鮮版	1929-09-04	1	10단	お茶のあと
177079	朝鮮朝日	南鮮版	1929-09-04	1	10단	出獄の當日自殺を圖る
177080	朝鮮朝日	南鮮版	1929-09-04	1	10단	人(ジョージ・スチュアート氏夫妻(米國紐育州アーボルン神學校長)/兒玉致務總監/香推源太郎氏(瓦電會社長))
177081	朝鮮朝日	南鮮版	1929-09-04	1	10단	半島茶話
177082	朝鮮朝日	西北・南鮮版	1929-09-04	2	01단	浮囊式漁網の探揚裝置の新發明
177083	朝鮮朝日	西北・南鮮版	1929-09-04	2	01단	金剛山探勝は便利となる
177084	朝鮮朝日	西北・南鮮版	1929-09-04	2	01단	咸南道の馬鈴薯資本家が手をつく
177085	朝鮮朝日	西北・南鮮版	1929-09-04	2	02단	荷主大會の開催を要求
177086	朝鮮朝日	西北・南鮮版	1929-09-04	2	02단	安東縣の瓦斯消費量
177087	朝鮮朝日	西北・南鮮版	1929-09-04	2	02단	府營質屋と勞働宿泊所工事に着手
177088	朝鮮朝日	西北・南鮮版	1929-09-04	2	02단	豆粕檢査數
177089	朝鮮朝日	西北・南鮮版	1929-09-04	2	02단	各地だより(京城より/平壤より/安東縣/新義州/鎭南浦/元山/大邱/群山/城津/裡里/間島)
177090	朝鮮朝日	西北版	1929-09-05	1	01단	博覽會グラフ(4)/東京館と列車食堂
177091	朝鮮朝日	西北版	1929-09-05	1	01단	安全で有利な湖沼の干拓計劃/全鮮に亙り調査する/産米增殖上に大效果
177092	朝鮮朝日	西北版	1929-09-05	1	01단	木材運賃の容積判定は實際的には困難で重量制改正は駄目

일련번호	판명		간행일	면	단수	기사명
177093	朝鮮朝日	西北版	1929-09-05	1	03단	平鐵の異動
177094	朝鮮朝日	西北版	1929-09-05	1	03단	新らしい煙草二つ/「コンゴー」と「牡丹」
177095	朝鮮朝日	西北版	1929-09-05	1	04단	總督府辭令
177096	朝鮮朝日	西北版	1929-09-05	1	04단	淸津の課稅方針明年度より改善をなす
177097	朝鮮朝日	西北版	1929-09-05	1	05단	平壤上水値下を斷行の方針
177098	朝鮮朝日	西北版	1929-09-05	1	05단	朝鮮語獎勵試驗は好成績/警察官が最も多い統治上にも良結果
177099	朝鮮朝日	西北版	1929-09-05	1	05단	平壤の電氣統制起債は必ず認可されると當局では樂觀する
177100	朝鮮朝日	西北版	1929-09-05	1	06단	第八回鮮展批評(そのー)/三木弘
177101	朝鮮朝日	西北版	1929-09-05	1	06단	元山の艀船賃値下げ要望
177102	朝鮮朝日	西北版	1929-09-05	1	06단	朝鮮繩叺の製品を統一して副業の發達をはかる當業者の聯合會組織
177103	朝鮮朝日	西北版	1929-09-05	1	07단	大同江にも筏ながし
177104	朝鮮朝日	西北版	1929-09-05	1	08단	神宮水上競技
177105	朝鮮朝日	西北版	1929-09-05	1	10단	埋立工事人夫が二百名盟休
177106	朝鮮朝日	西北版	1929-09-05	1	10단	俳句/鈴木花蓑選
177107	朝鮮朝日	西北版	1929-09-05	1	10단	順川地方に大豹現はる
177108	朝鮮朝日	西北版	1929-09-05	1	10단	豹の子をいけどる
177109	朝鮮朝日	西北版	1929-09-05	1	10단	試驗飛行
177110	朝鮮朝日	西北版	1929-09-05	1	10단	牡丹台野話
177111	朝鮮朝日	南鮮版	1929-09-05	1	01단	博覽會グラフ(4)/東京館と列車食堂
177112	朝鮮朝日	南鮮版	1929-09-05	1	01단	安全で有利な湖沼の干拓計劃/全鮮に亘り調査する/産米增殖上に大效果
177113	朝鮮朝日	南鮮版	1929-09-05	1	01단	解免組は矢張出馬か慶南道評議員補選期日いよいよ切迫
177114	朝鮮朝日	南鮮版	1929-09-05	1	02단	公益質屋開店は遲延
177115	朝鮮朝日	南鮮版	1929-09-05	1	03단	釜山上水給水制限時間を延長
177116	朝鮮朝日	南鮮版	1929-09-05	1	03단	統營郡の補缺戰/慶南評議員
177117	朝鮮朝日	南鮮版	1929-09-05	1	04단	入佐村の學校組合議出馬の顔觸
177118	朝鮮朝日	南鮮版	1929-09-05	1	04단	新らしい煙草二つ/「コンゴー」と「牡丹」
177119	朝鮮朝日	南鮮版	1929-09-05	1	05단	試驗飛行
177120	朝鮮朝日	南鮮版	1929-09-05	1	05단	總督府辭令
177121	朝鮮朝日	南鮮版	1929-09-05	1	05단	電線泥黑焦げ
177122	朝鮮朝日	南鮮版	1929-09-05	1	05단	朝鮮繩叺の製品を統一して副業の發達をはかる當業者の聯合會組織
177123	朝鮮朝日	南鮮版	1929-09-05	1	05단	俳句/鈴木花蓑選
177124	朝鮮朝日	南鮮版	1929-09-05	1	06단	第八回鮮展批評(そのー)/三木弘
177125	朝鮮朝日	南鮮版	1929-09-05	1	06단	神宮水上競技

일련번호	판명		간행일	면	단수	기사명
177126	朝鮮朝日	南鮮版	1929-09-05	1	06단	朝鮮語獎勵試驗は好成績/警察官が最も多い統治上にも良結果
177127	朝鮮朝日	南鮮版	1929-09-05	1	07단	學生結社事件の公判
177128	朝鮮朝日	南鮮版	1929-09-05	1	07단	私鐵敷設に絡む土地賣買契約不履行が問題となる
177129	朝鮮朝日	南鮮版	1929-09-05	1	08단	普天教の迷夢覺めて信者引上ぐ
177130	朝鮮朝日	南鮮版	1929-09-05	1	08단	お茶のあと
177131	朝鮮朝日	南鮮版	1929-09-05	1	08단	青い鳥
177132	朝鮮朝日	南鮮版	1929-09-05	1	09단	料亭荒しの怪賊捕まる
177133	朝鮮朝日	南鮮版	1929-09-05	1	09단	食堂に力を注ぐ/慶南協贊會の特設館
177134	朝鮮朝日	南鮮版	1929-09-05	1	09단	不認可の場合幹部は總辭職か桑原府尹も辭せん釜山電氣事業問題
177135	朝鮮朝日	南鮮版	1929-09-05	1	10단	さらに二名を送局/大邱談合事件
177136	朝鮮朝日	南鮮版	1929-09-05	1	10단	嗜眠性腦炎九里浦に發生
177137	朝鮮朝日	西北・南鮮版	1929-09-05	2	01단	鐵道從業員の脚氣とマラリヤ豫防に就て囑託醫會
177138	朝鮮朝日	西北・南鮮版	1929-09-05	2	01단	買上米の拂下げを受く釜山の米穀商らが
177139	朝鮮朝日	西北・南鮮版	1929-09-05	2	01단	鴨綠江の支那側流筏
177140	朝鮮朝日	西北・南鮮版	1929-09-05	2	01단	平南の肺ヂストマ全滅を期す
177141	朝鮮朝日	西北・南鮮版	1929-09-05	2	02단	咸南道の漁業水揚高
177142	朝鮮朝日	西北・南鮮版	1929-09-05	2	02단	各地だより(京城より/平壤より/延社/裡里/大邱/咸興/統營/鎭南浦/公州)
177143	朝鮮朝日	西北版	1929-09-06	1	01단	博覽會だより 開會いよいよ數日後に迫る戰場のやうな事務局出揃った出品總點數/子供の國に放送設備模型中繼放送も行ふ/農場の模型朝博に出品/朝博觀覽團/子供の汽車菓子の驛辨切符は十錢均一
177144	朝鮮朝日	西北版	1929-09-06	1	01단	博覽會グラフ(5)/海軍館と朝鮮カラー
177145	朝鮮朝日	西北版	1929-09-06	1	03단	俳句/鈴木花蓑選
177146	朝鮮朝日	西北版	1929-09-06	1	04단	朝鮮內の人口總數は千九百十八萬餘人/三年末現在の調査
177147	朝鮮朝日	西北版	1929-09-06	1	05단	タンク仁川に陸揚
177148	朝鮮朝日	西北版	1929-09-06	1	05단	領事館軍勝つ/安東組優勝
177149	朝鮮朝日	西北版	1929-09-06	1	05단	第八回鮮展批評(その二)/三木弘
177150	朝鮮朝日	西北版	1929-09-06	1	06단	平壤署の應援警官配置決定す
177151	朝鮮朝日	西北版	1929-09-06	1	06단	平壤府選擧人名簿を作成
177152	朝鮮朝日	西北版	1929-09-06	1	06단	竣工した安東魚菜市場
177153	朝鮮朝日	西北版	1929-09-06	1	07단	『俺の死を伜に知らせるな』健氣な父親の遺言/國境警備の哀話
177154	朝鮮朝日	西北版	1929-09-06	1	07단	鷄卵大の雹

일련번호	판명		간행일	면	단수	기사명
177155	朝鮮朝日	西北版	1929-09-06	1	07단	初雪と初氷
177156	朝鮮朝日	西北版	1929-09-06	1	08단	不貞の妻を刺して自分も自殺
177157	朝鮮朝日	西北版	1929-09-06	1	08단	安東の税滞納沿線で第一
177158	朝鮮朝日	西北版	1929-09-06	1	08단	水勢の變化で龍巖浦の水深前よりも深くなりまた頓に活氣づく
177159	朝鮮朝日	西北版	1929-09-06	1	09단	殺人魔平壌へ
177160	朝鮮朝日	西北版	1929-09-06	1	10단	馬賊と交戰
177161	朝鮮朝日	西北版	1929-09-06	1	10단	十圓の僞造紙幣を新義州で發見
177162	朝鮮朝日	西北版	1929-09-06	1	10단	牡丹台野話
177163	朝鮮朝日	南鮮版	1929-09-06	1	01단	博覽會だより 開會いよいよ數日後に迫る戰場のやうな事務局出揃った出品總點數/子供の國に放送設備模型中繼放送も行ふ/農場の模型朝博に出品/朝博觀覽團/子供の汽車菓子の驛辨切符は十錢均一
177164	朝鮮朝日	南鮮版	1929-09-06	1	01단	博覽會グラフ(５)/海軍館と朝鮮カラー
177165	朝鮮朝日	南鮮版	1929-09-06	1	03단	俳句/鈴木花蓑選
177166	朝鮮朝日	南鮮版	1929-09-06	1	04단	どうなるか分らぬのが眞相 總督着任後の沙汰を待つ坂田期成會長歸來談/辭職するにもあたるまい この場合自重を望む 須藤知事談/不認可の場合は一應契約破棄か 形式について考究
177167	朝鮮朝日	南鮮版	1929-09-06	1	05단	タンク仁川に陸揚
177168	朝鮮朝日	南鮮版	1929-09-06	1	05단	釜山の水饑饉日を逐うて深刻に時節柄頗る憂慮
177169	朝鮮朝日	南鮮版	1929-09-06	1	06단	第八回鮮展批評(その二)/三木弘
177170	朝鮮朝日	南鮮版	1929-09-06	1	06단	不貞の妻を刺して自分も自殺
177171	朝鮮朝日	南鮮版	1929-09-06	1	07단	蝗の大群農作物を荒す/三四十町歩の粟が丸坊主となる有樣
177172	朝鮮朝日	南鮮版	1929-09-06	1	07단	某事件の捜査愈よ本筋に入る北條檢事ら要路の人々を招き事件の經過を聽取/群山でも取調べ
177173	朝鮮朝日	南鮮版	1929-09-06	1	09단	取調べの際拷問された
177174	朝鮮朝日	南鮮版	1929-09-06	1	09단	別れた妻の先夫の子を奪って行方を晦す捨られた男の仕業
177175	朝鮮朝日	南鮮版	1929-09-06	1	09단	仁川商議新會頭吉田氏重任か
177176	朝鮮朝日	南鮮版	1929-09-06	1	10단	人(新貝遞信事務官/坂田文吉氏(釜山府協議員)/能島大阪電通支社長/藤波總督府通譯官/ショットウェル博士夫妻令嬢一行/淺利三郎氏(朝鮮警務局長)/須藤祖氏(慶尚南道

일련번호	판명		간행일	면	단수	기사명
177176	朝鮮朝日	南鮮版	1929-09-06	1	10단	知事)/美座流石氏(同警察部長)/松浦鎭次郎氏(城大總長))
177177	朝鮮朝日	西北・南鮮版	1929-09-06	2	01단	淸津府廳新築
177178	朝鮮朝日	西北・南鮮版	1929-09-06	2	01단	內地への渡航者益々增加か
177179	朝鮮朝日	西北・南鮮版	1929-09-06	2	01단	新義州穀物檢查數
177180	朝鮮朝日	西北・南鮮版	1929-09-06	2	01단	蔚山水利堤防の設置を陳情
177181	朝鮮朝日	西北・南鮮版	1929-09-06	2	02단	秋漁期は豊漁か幸先よろし
177182	朝鮮朝日	西北・南鮮版	1929-09-06	2	02단	藝娼妓取締規則改廢と調査
177183	朝鮮朝日	西北・南鮮版	1929-09-06	2	03단	松興新興間鐵道は朝鮮水電の經營に復す
177184	朝鮮朝日	西北・南鮮版	1929-09-06	2	03단	國有地の拂下げ入札
177185	朝鮮朝日	西北・南鮮版	1929-09-06	2	03단	六月末郵貯
177186	朝鮮朝日	西北・南鮮版	1929-09-06	2	03단	海圖にない暗礁を發見
177187	朝鮮朝日	西北・南鮮版	1929-09-06	2	04단	各地だより(平壤より/咸興/安東縣/裡里/大邱/元山)
177188	朝鮮朝日	西北版	1929-09-07	1	01단	再度の赴任とて故山にも歸る氣持人事異動はやらぬつもり上機嫌で赴任の齋藤總督/何より緊切なるは綱紀の肅正と民心の緊張齋藤總督のステートメント
177189	朝鮮朝日	西北版	1929-09-07	1	04단	空陸聯絡演習
177190	朝鮮朝日	西北版	1929-09-07	1	04단	第八回鮮展批評(その三)/三木弘
177191	朝鮮朝日	西北版	1929-09-07	1	05단	新義州驛前休憩案內所
177192	朝鮮朝日	西北版	1929-09-07	1	05단	日貨排斥影響は僅少
177193	朝鮮朝日	西北版	1929-09-07	1	06단	光暢法主夫妻來壤各所を視察
177194	朝鮮朝日	西北版	1929-09-07	1	06단	漁船制限の許可主義には地方當業者が反對/成行頗る注目さる
177195	朝鮮朝日	西北版	1929-09-07	1	07단	博覽會だより 人造兵士が電話に答へる 陸軍館の科學的趣向/會場內の警戒と警官の勞苦/自動車の大飛躍 會場迄二十錢/博覽會の歌/記念スタンプ
177196	朝鮮朝日	西北版	1929-09-07	1	07단	南軍司令官視察の日程
177197	朝鮮朝日	西北版	1929-09-07	1	07단	降雹
177198	朝鮮朝日	西北版	1929-09-07	1	08단	喧嘩のすゑ昏倒した男を更に庖丁で刺殺す/船頭二人の兇行
177199	朝鮮朝日	西北版	1929-09-07	1	08단	運動界(神宮競技の陸上競技豫選/ア式蹴球豫選)
177200	朝鮮朝日	西北版	1929-09-08	1	08단	牡丹台野話
177201	朝鮮朝日	西北版	1929-09-07	1	09단	新義州商議の改選と名簿
177202	朝鮮朝日	西北版	1929-09-07	1	10단	列車から逃走した賊つひに捕る
177203	朝鮮朝日	西北版	1929-09-07	1	10단	赤露側が馬賊の買收を策す

일련번호	판명		간행일	면	단수	기사명
177204	朝鮮朝日	西北版	1929-09-07	1	10단	人(田中保太郎氏(平鐵運輸事務所長)/馬野咸南道知事/松下咸南警察部長)
177205	朝鮮朝日	南鮮版	1929-09-07	1	01단	再度の赴任とて故山にも歸る氣持人事異動はやらぬつもり上機嫌で赴任の齋藤總督/何より緊切なるは綱紀の肅正と民心の緊張齋藤總督のステートメント
177206	朝鮮朝日	南鮮版	1929-09-07	1	04단	慶南辭令(五日)
177207	朝鮮朝日	南鮮版	1929-09-07	1	04단	第八回鮮展批評(その三)/三木弘
177208	朝鮮朝日	南鮮版	1929-09-07	1	05단	博覽會だより 人造兵士が電話に答へる 陸軍館の科學的趣向/會場內の警戒と警官の勞苦/博覽會の歌/自動車の大飛躍 會場迄二十錢/記念スタンプ
177209	朝鮮朝日	南鮮版	1929-09-07	1	05단	大邱府の實行土木費
177210	朝鮮朝日	南鮮版	1929-09-07	1	06단	船會社の競爭が三つ巴となる
177211	朝鮮朝日	南鮮版	1929-09-07	1	07단	慶南實行豫算四分減見當節約される主な費目
177212	朝鮮朝日	南鮮版	1929-09-07	1	07단	京城府で給仕守衛も二十名整理
177213	朝鮮朝日	南鮮版	1929-09-07	1	07단	南軍司令官視察の日程
177214	朝鮮朝日	南鮮版	1929-09-07	1	08단	埋築問題にも瀆職の事實が潛んでゐるらしい釜山水産背任事件
177215	朝鮮朝日	南鮮版	1929-09-07	1	08단	マネキン嬢初登場大した人氣
177216	朝鮮朝日	南鮮版	1929-09-07	1	08단	嗜眠性腦炎三名となる
177217	朝鮮朝日	南鮮版	1929-09-07	1	09단	靑い鳥/釜山一記者
177218	朝鮮朝日	南鮮版	1929-09-07	1	09단	運動界(神宮競技の陸上競技豫選/ア式蹴球豫選)
177219	朝鮮朝日	南鮮版	1929-09-07	1	09단	家人八人を縛り上げて貴金屬を强奪逃走/京城に大膽な强盜
177220	朝鮮朝日	南鮮版	1929-09-07	1	09단	拷問は濡衣
177221	朝鮮朝日	南鮮版	1929-09-07	1	10단	朝日活寫會
177222	朝鮮朝日	南鮮版	1929-09-07	1	10단	大邱病院長上村氏逝く/上村氏歷敍
177223	朝鮮朝日	西北・南鮮版	1929-09-07	2	01단	人(衆議院議員鮮滿視察團一行/福原俊丸男(朝鐵副社長)/松浦城大總長)
177224	朝鮮朝日	西北・南鮮版	1929-09-07	2	01단	咸北の鰯業は昨年より二割增加
177225	朝鮮朝日	西北・南鮮版	1929-09-07	2	01단	或ひは魚群が地場に襲來か
177226	朝鮮朝日	西北・南鮮版	1929-09-07	2	02단	試驗場の寄附金忽ち集まる
177227	朝鮮朝日	西北・南鮮版	1929-09-07	2	02단	安東屠獸場八月屠殺數
177228	朝鮮朝日	西北・南鮮版	1929-09-07	2	03단	鎭南浦林檎檢査の標準
177229	朝鮮朝日	西北・南鮮版	1929-09-07	2	03단	江界郡の山林を調査
177230	朝鮮朝日	西北・南鮮版	1929-09-07	2	03단	各地だより(平壤より/大邱/間島/元山/安東縣/裡里/沙里院/咸興/鎭海/群山)

일련번호	판명		간행일	면	단수	기사명
177231	朝鮮朝日	西北版	1929-09-08	1	01단	先づ主要都市の自治權を擴充/府協議會を決議機關に漸次道、面協議會にも及ぼす/齋藤總督新施設の第一着手
177232	朝鮮朝日	西北版	1929-09-08	1	01단	釜山に着いた總督
177233	朝鮮朝日	西北版	1929-09-08	1	02단	安東の豆粕改善協議事項
177234	朝鮮朝日	西北版	1929-09-08	1	03단	安東擬國會
177235	朝鮮朝日	西北版	1929-09-08	1	03단	降霜は禁物
177236	朝鮮朝日	西北版	1929-09-08	1	04단	安東在鄕軍人役員會
177237	朝鮮朝日	西北版	1929-09-08	1	04단	雹に打れ鷄が死ぬ
177238	朝鮮朝日	西北版	1929-09-08	1	04단	降雹の被害
177239	朝鮮朝日	西北版	1929-09-08	1	04단	普校生徒同盟で退學
177240	朝鮮朝日	西北版	1929-09-08	1	04단	營業費の節約を私鐵會社に慫憑/補助金にのみ賴るな營業支出膨脹の傾向
177241	朝鮮朝日	西北版	1929-09-08	1	05단	博覽會だより　DKの朝博デー子供の國の出張所でお子さん達にお話/勤政殿で開場式十二日に擧行/記念競馬會/鈴なりの栗の木出品/宿泊料を協定し茶代も廢止平南協贊會/會場內に郵便所事務/漢城銀行朝博出張所
177242	朝鮮朝日	西北版	1929-09-08	1	05단	把翠亭と箕林閣
177243	朝鮮朝日	西北版	1929-09-08	1	06단	早稻田軍慘敗
177244	朝鮮朝日	西北版	1929-09-08	1	06단	子供を探す哀れな老爺
177245	朝鮮朝日	西北版	1929-09-08	1	07단	政治的の集會は嚴禁
177246	朝鮮朝日	西北版	1929-09-08	1	07단	第八回鮮展批評(その四)/三木弘
177247	朝鮮朝日	西北版	1929-09-08	1	08단	爆藥盜まる
177248	朝鮮朝日	西北版	1929-09-08	1	08단	妻を刺す
177249	朝鮮朝日	西北版	1929-09-08	1	08단	新義州に腦脊髓膜災
177250	朝鮮朝日	西北版	1929-09-08	1	09단	拾った大金を古新聞とすり替へ一人は何處ともなく消ゆ
177251	朝鮮朝日	西北版	1929-09-08	1	09단	獻上の朝鮮人形
177252	朝鮮朝日	西北版	1929-09-08	1	10단	牡丹台野話
177253	朝鮮朝日	西北版	1929-09-08	1	10단	渡船衝突し四名行方不明
177254	朝鮮朝日	西北版	1929-09-08	1	10단	溫突から火事
177255	朝鮮朝日	南鮮版	1929-09-08	1	01단	先づ主要都市の自治權を擴充/府協議會を決議機關に漸次道、面協議會にも及ぼす/齋藤總督新施設の第一着手
177256	朝鮮朝日	南鮮版	1929-09-08	1	01단	起債不認可の影響は相當重大/總督不信任の聲やら府協議員の辭表提出
177257	朝鮮朝日	南鮮版	1929-09-08	1	01단	釜山に着いた總督
177258	朝鮮朝日	南鮮版	1929-09-08	1	04단	腹案はある京城に着いてから善後策を講じ

일련번호	판명		간행일	면	단수	기사명
177258	朝鮮朝日	南鮮版	1929-09-08	1	04단	よう齋藤總督談
177259	朝鮮朝日	南鮮版	1929-09-08	1	04단	朝鮮內の人口總數は千九百十八萬餘人/三年末現在の調査
177260	朝鮮朝日	南鮮版	1929-09-08	1	04단	博覽會だより DKの朝博デー子供の國の出張所でお子さん達にお話/勤政殿で開場式十二日に擧行/記念競馬會/鈴なりの栗の木出品/會場內に郵便所事務/漢城銀行朝博出張所
177261	朝鮮朝日	南鮮版	1929-09-08	1	05단	安東擬國會
177262	朝鮮朝日	南鮮版	1929-09-08	1	05단	營業費の節約を私鐵會社に慫慂/補助金にのみ賴るな營業支出膨脹の傾向
177263	朝鮮朝日	南鮮版	1929-09-08	1	06단	無名塚發掘に着手
177264	朝鮮朝日	南鮮版	1929-09-08	1	06단	東萊溫泉の身賣に絡る醜事實が暴露か北條檢事の取調べ
177265	朝鮮朝日	南鮮版	1929-09-08	1	07단	靑い鳥/釜山一記者
177266	朝鮮朝日	南鮮版	1929-09-08	1	07단	仁川會議所會頭は重任初評議員會
177267	朝鮮朝日	南鮮版	1929-09-08	1	08단	竣工近き商品陳列館/陳列品は全部新品舊品は全部處分
177268	朝鮮朝日	南鮮版	1929-09-08	1	08단	鬪牛大會
177269	朝鮮朝日	南鮮版	1929-09-08	1	08단	第八回鮮展批評(その四)/三木弘
177270	朝鮮朝日	南鮮版	1929-09-08	1	09단	浦潮の支那人引揚元山の賑ひ
177271	朝鮮朝日	南鮮版	1929-09-08	1	09단	朝日活寫會
177272	朝鮮朝日	南鮮版	1929-09-08	1	10단	十六年振の凉しさ一時的の現象
177273	朝鮮朝日	南鮮版	1929-09-08	1	10단	早稻田軍慘敗
177274	朝鮮朝日	南鮮版	1929-09-08	1	10단	人(大谷光暢師一行/新貝肇氏(遞信局監理課長))
177275	朝鮮朝日	南鮮版	1929-09-08	2	01단	咸興衛戍部隊初度巡視のため八日朝入咸せる川島第十九師團長
177276	朝鮮朝日	西北・南鮮版	1929-09-08	2	01단	平南の米作豫想昨年同樣か
177277	朝鮮朝日	西北・南鮮版	1929-09-08	2	01단	內地への渡航者また激增す
177278	朝鮮朝日	西北・南鮮版	1929-09-08	2	01단	北鮮と內地の航路の新設
177279	朝鮮朝日	西北・南鮮版	1929-09-08	2	02단	安東附近農作物增收を豫想
177280	朝鮮朝日	西北・南鮮版	1929-09-08	2	02단	政府米拂下を穀物輸出業組合が陳情
177281	朝鮮朝日	西北・南鮮版	1929-09-08	2	03단	新刊紹介(『朝鮮公論』)
177282	朝鮮朝日	西北・南鮮版	1929-09-08	2	03단	各地だより(平壤より/元山/鎭南浦/沙里院/大邱/咸興)
177283	朝鮮朝日	西北版	1929-09-10	1	01단	溫顔に浮ぶ晴やかな微笑 熱狂的な歡迎裡に齋藤總督の入城/將來の方針は産業を盛んに齋藤總督車中談
177284	朝鮮朝日	西北版	1929-09-10	1	01단	第八回鮮展批評(その五)/三木弘

일련번호	판명		간행일	면	단수	기사명
177285	朝鮮朝日	西北版	1929-09-10	1	04단	清津無電成績は一般に良好
177286	朝鮮朝日	西北版	1929-09-10	1	05단	平壤の公設質屋無料宿泊所
177287	朝鮮朝日	西北版	1929-09-10	1	05단	安東市民聯合運動會選手の資格
177288	朝鮮朝日	西北版	1929-09-10	1	06단	刺繡の屏風/京城女子技藝校出品
177289	朝鮮朝日	西北版	1929-09-10	1	06단	鳳凰城煙草豊作を豫想
177290	朝鮮朝日	西北版	1929-09-10	1	06단	安東の種痘
177291	朝鮮朝日	西北版	1929-09-10	1	07단	運動界(間島野球大會/安東軍敗る)
177292	朝鮮朝日	西北版	1929-09-10	1	07단	國境へ向って二人の韋駄天出發
177293	朝鮮朝日	西北版	1929-09-10	1	07단	內鮮滿の旅客航空便と發着時間の改正
177294	朝鮮朝日	西北版	1929-09-10	1	08단	博覽會だより 平壤からの團體數/平北の出品/演藝館開場
177295	朝鮮朝日	西北版	1929-09-10	1	08단	安東虎疫豫防
177296	朝鮮朝日	西北版	1929-09-10	1	09단	渡船漁船と衝突して顚覆/乘客大部分は救助されたが四名溺死
177297	朝鮮朝日	西北版	1929-09-10	1	09단	自動車墜落
177298	朝鮮朝日	西北版	1929-09-10	1	09단	牡丹台野話
177299	朝鮮朝日	西北版	1929-09-10	1	10단	逃走犯捕る
177300	朝鮮朝日	西北版	1929-09-10	1	10단	人(土屋黃海道警察部長/定野秀一氏(北鮮時事新報副社長))
177301	朝鮮朝日	南鮮版	1929-09-10	1	01단	溫顔に浮ぶ晴やかな微笑 熱狂的な歡迎裡に齋藤總督の入城/將來の方針は産業を盛んに齋藤總督車中談/廳員に訓示王公家へ挨拶廻り着京第一日の總督
177302	朝鮮朝日	南鮮版	1929-09-10	1	01단	第八回鮮展批評(その五)/三木弘
177303	朝鮮朝日	南鮮版	1929-09-10	1	04단	辭令
177304	朝鮮朝日	南鮮版	1929-09-10	1	04단	入佐村學校組合議當選者氏名
177305	朝鮮朝日	南鮮版	1929-09-10	1	05단	自重派の九議員もつひに辭表提出府政の運用上にも影響善後策に關して府當局は苦慮/辭表撤回を知事から慫慂釜山府議の辭職問題/市民大會を開き期成會を解散辭職議員の顚末報告
177306	朝鮮朝日	南鮮版	1929-09-10	1	07단	京東鐵道重役事務分掌
177307	朝鮮朝日	南鮮版	1929-09-10	1	07단	刺繡の屏風/京城女子技藝校出品
177308	朝鮮朝日	南鮮版	1929-09-10	1	07단	朝鮮博覽會と本社の計劃
177309	朝鮮朝日	南鮮版	1929-09-10	1	08단	內鮮滿の旅客航空便と發着時間の改正
177310	朝鮮朝日	南鮮版	1929-09-10	1	08단	慶北の大豆と粟作/收穫の豫想
177311	朝鮮朝日	南鮮版	1929-09-10	1	09단	國境へ向って二人の韋駄天出發
177312	朝鮮朝日	南鮮版	1929-09-10	1	09단	解免組が壓倒的得票 新顔の待望裏切らる慶南道評議員補缺/知事は何人を任命するか

일련번호	판명		간행일	면	단수	기사명
177313	朝鮮朝日	南鮮版	1929-09-10	1	10단	全鮮漕艇大會
177314	朝鮮朝日	南鮮版	1929-09-10	1	10단	大邱の各實行豫算それぞれ決定
177315	朝鮮朝日	西北・南鮮版	1929-09-10	2	01단	あきの盛花自然の姿をとり入れて大原かつ子
177316	朝鮮朝日	西北・南鮮版	1929-09-10	2	03단	對外貿易は輸入超過す本年一月以降累計入超は五千六百餘萬圓
177317	朝鮮朝日	西北・南鮮版	1929-09-10	2	03단	作柄良好で增收の見込粟と大豆の收穫豫想/殖産局發表
177318	朝鮮朝日	西北・南鮮版	1929-09-10	2	03단	運送合同創立の事務
177319	朝鮮朝日	西北・南鮮版	1929-09-10	2	05단	朝鮮汽船優秀船二隻を建造
177320	朝鮮朝日	西北・南鮮版	1929-09-10	2	05단	新刊紹介(『大木』)
177321	朝鮮朝日	西北・南鮮版	1929-09-10	2	05단	各地だより(平壤より/新義州/統營/龍山/鎭南浦/元山/咸興/公州/淸州/城津/大邱/淸州/仁川)
177322	朝鮮朝日	西北版	1929-09-11	1	01단	局部長會議を根本から改革統治上の最高方針を決定する重要機關に
177323	朝鮮朝日	西北版	1929-09-11	1	01단	新米の出荷
177324	朝鮮朝日	西北版	1929-09-11	1	01단	『兒玉は健在だ』進退に就て政務總監談
177325	朝鮮朝日	西北版	1929-09-11	1	01단	自動循環式活寫や電光のニュース/新聞科學の最新最高權威を坐ながらにして觀賞できる/本社出品の『新聞の殿堂』
177326	朝鮮朝日	西北版	1929-09-11	1	02단	自動通信機/平壤局に新設
177327	朝鮮朝日	西北版	1929-09-11	1	02단	北鮮漫畫行/淸津の卷(二)/まさを
177328	朝鮮朝日	西北版	1929-09-11	1	03단	群山の失業救濟策西濱の埋立
177329	朝鮮朝日	西北版	1929-09-11	1	04단	精神病者監置法/施行を提案
177330	朝鮮朝日	西北版	1929-09-11	1	05단	山本々社記者同乘記(1)/滿鮮空の旅/秋風嶺の難關もあっけなく突破/特異に景趣に今更びっくり蔚山から京城迄一時間五十分
177331	朝鮮朝日	西北版	1929-09-11	1	05단	松井府尹メッセージ飛機に託す
177332	朝鮮朝日	西北版	1929-09-11	1	06단	官民一千名を招き盛んな開場式飛行機の祝賀飛行や晝は旗行列、夜は提燈行列
177333	朝鮮朝日	西北版	1929-09-11	1	07단	閑院宮殿下の台臨を仰ぐ/朝鮮博の開會式に
177334	朝鮮朝日	西北版	1929-09-11	1	07단	朝鮮の簡易保險/十月一日から實施博覽會を利用して大宣傳
177335	朝鮮朝日	西北版	1929-09-11	1	07단	內鮮大連間の旅客輸送開始/京城で航空開通式
177336	朝鮮朝日	西北版	1929-09-11	1	09단	二十二、三萬圓を平南で削減/繰越金に組入れる
177337	朝鮮朝日	西北版	1929-09-11	1	09단	釜山地方暴風雨/海上の警戒
177338	朝鮮朝日	西北版	1929-09-11	1	10단	三人組強盜覆面で侵入
177339	朝鮮朝日	西北版	1929-09-11	1	10단	陽德の松茸今年は豊作
177340	朝鮮朝日	西北版	1929-09-11	1	10단	平壤に爆撃隊急には實現困難だらう

일련번호	판명		간행일	면	단수	기사명
177341	朝鮮朝日	西北版	1929-09-11	1	10단	贋札で買物
177342	朝鮮朝日	西北版	1929-09-11	1	10단	發動船沈沒/四名溺死す
177343	朝鮮朝日	西北版	1929-09-11	1	10단	人(石垣朝汽社長/和田本社經濟部長/小河總督府農務課長)
177344	朝鮮朝日	南鮮版	1929-09-11	1	01단	官民一千名を招き盛んな開場式/飛行機の祝賀飛行や晝は旗行列、夜は提燈行列
177345	朝鮮朝日	南鮮版	1929-09-11	1	02단	釜山府議の補缺選擧は改選まで行はぬか/改選にも立候補せぬ　釜山府の辭職議員
177346	朝鮮朝日	南鮮版	1929-09-11	1	03단	自動循環式活寫や電光のニュース/新聞科學の最新最高權威を坐ながらにして觀賞できる/本社出品の『新聞の殿堂』
177347	朝鮮朝日	南鮮版	1929-09-11	1	02단	閑院宮殿下の台臨を仰ぐ/朝鮮博の開會式に
177348	朝鮮朝日	南鮮版	1929-09-11	1	03단	新米の出荷
177349	朝鮮朝日	南鮮版	1929-09-11	1	04단	群山の失業救濟策西濱の埋立
177350	朝鮮朝日	南鮮版	1929-09-11	1	04단	局部長會議を根本から改革統治上の最高方針を決定する重要機關に/『兒玉は健在だ』進退に就て政務總監談
177351	朝鮮朝日	南鮮版	1929-09-11	1	05단	山本々社記者同乘記(1)/滿鮮空の旅/秋風嶺の難關もあっけなく突破/特異に景趣に今更びっくり蔚山から京城迄一時間五十分
177352	朝鮮朝日	南鮮版	1929-09-11	1	07단	青い鳥/釜山一記者
177353	朝鮮朝日	南鮮版	1929-09-11	1	07단	朝鮮の簡易保險十月一日から實施/博覽會を利用して大宣傳
177354	朝鮮朝日	南鮮版	1929-09-11	1	07단	解免者再任か新選はわづかに四人/慶南の道評議員補缺
177355	朝鮮朝日	南鮮版	1929-09-11	1	07단	內鮮大連間の旅客輸送開始/京城で航空開通式
177356	朝鮮朝日	南鮮版	1929-09-11	1	09단	松井府尹メッセージ飛機に託す
177357	朝鮮朝日	南鮮版	1929-09-11	1	09단	會議所役員會
177358	朝鮮朝日	南鮮版	1929-09-11	1	10단	春川自動車賃金値下げ
177359	朝鮮朝日	南鮮版	1929-09-11	1	10단	釜山地方暴風雨/海上の警戒
177360	朝鮮朝日	南鮮版	1929-09-11	1	10단	平壤に爆擊隊急には實現困難だらう
177361	朝鮮朝日	南鮮版	1929-09-11	1	10단	金包が消ゆ
177362	朝鮮朝日	南鮮版	1929-09-11	1	10단	陶器を密賣
177363	朝鮮朝日	南鮮版	1929-09-11	1	10단	人(石垣朝汽社長/和田本社經濟部長/小河總督府農務課長/奈良本社員/有賀殖銀願取)
177364	朝鮮朝日	西北・南鮮版	1929-09-11	2	01단	林檎園の清遊
177365	朝鮮朝日	西北・南鮮版	1929-09-11	2	01단	朝鮮愛好の米國人の遺骨/遺言により鮮內に埋葬
177366	朝鮮朝日	西北・南鮮版	1929-09-11	2	01단	早魃で減收か/慶南地方

일련번호	판명		간행일	면	단수	기사명
177367	朝鮮朝日	西北・南鮮版	1929-09-11	2	01단	神宮遷宮祭記念のため切手スタンプ
177368	朝鮮朝日	西北・南鮮版	1929-09-11	2	02단	ジャンクで浦潮引揚の支那人來清
177369	朝鮮朝日	西北・南鮮版	1929-09-11	2	02단	平壤招魂祭
177370	朝鮮朝日	西北・南鮮版	1929-09-11	2	03단	平北粟作況大豆收穫豫想
177371	朝鮮朝日	西北・南鮮版	1929-09-11	2	03단	平壤八月の手形交換高
177372	朝鮮朝日	西北・南鮮版	1929-09-11	2	03단	運轉手試驗
177373	朝鮮朝日	西北・南鮮版	1929-09-11	2	03단	朝鮮瓦斯總會
177374	朝鮮朝日	西北・南鮮版	1929-09-11	2	03단	各地だより(京城より/平壤より/間島/裡里/大邱)
177375	朝鮮朝日	西北版	1929-09-12	1	01단	北鮮漫畵行/會寧の巻(一)/まさを
177376	朝鮮朝日	西北版	1929-09-12	1	01단	新義州會議所評議員當選/投票數二百四十一
177377	朝鮮朝日	西北版	1929-09-12	1	01단	昭和製鋼所設置場所は新義州が矢張り有力/各地の誘致運動は依然盛ん
177378	朝鮮朝日	西北版	1929-09-12	1	01단	山本本社記者同乘記(２)/滿鮮空の旅/居眠りもして京城から平壤へ/平壤着陸後に遭った雨であやふく中止の國境突破
177379	朝鮮朝日	西北版	1929-09-12	1	03단	普校生徒に養蠶を獎め滯納の月謝を整理/引續いて獎勵する
177380	朝鮮朝日	西北版	1929-09-12	1	04단	安東擬國會閣僚決定す
177381	朝鮮朝日	西北版	1929-09-12	1	04단	安東滿俱勝つ
177382	朝鮮朝日	西北版	1929-09-12	1	05단	平北の別館
177383	朝鮮朝日	西北版	1929-09-12	1	05단	安東相撲大會
177384	朝鮮朝日	西北版	1929-09-12	1	05단	鴨綠江一帶警備の江防部隊編成
177385	朝鮮朝日	西北版	1929-09-12	1	05단	ピストル密輸の張本人捕る
177386	朝鮮朝日	西北版	1929-09-12	1	06단	支那人々夫二百名罷業
177387	朝鮮朝日	西北版	1929-09-12	1	06단	平南奧地の初等教育狀況/成績はなかなか良好/齋藤學務課長談
177388	朝鮮朝日	西北版	1929-09-12	1	06단	赤革鞄に調書をギッシリ歸京後大物取調べに着手/北條檢事退鮮歸京
177389	朝鮮朝日	西北版	1929-09-12	1	07단	*博覽會だより　自動車宣傳や活動寫眞の公開釜山の博覽會氣分/咸北名産の新松茸卽賣/會期中の水産諸會合/博多からドンタク連/羽黑觀覽許可*
177390	朝鮮朝日	西北版	1929-09-12	1	07단	妓生の書や畵
177391	朝鮮朝日	西北版	1929-09-12	1	08단	新義州に腦炎の疑ひ
177392	朝鮮朝日	西北版	1929-09-12	1	09단	雹被害地の人心が動搖
177393	朝鮮朝日	西北版	1929-09-12	1	09단	慶南の果物も旱害で減收
177394	朝鮮朝日	西北版	1929-09-12	1	09단	姑に虐待され我家に放火/義妹と子を道づれに投身自殺した若い嫁

일련번호	판명		간행일	면	단수	기사명
177395	朝鮮朝日	西北版	1929-09-12	1	09단	商工會議所令審議を了り/朝鮮の特殊事情斟酌實施は明年五月以降
177396	朝鮮朝日	西北版	1929-09-12	1	10단	內地密航の帆船が時化に遭ひ全部救はる
177397	朝鮮朝日	西北版	1929-09-12	1	10단	もよほし(安東商上會議所當議員會)
177398	朝鮮朝日	西北版	1929-09-12	1	10단	人(井上信翁氏(安東地方事務所長)/加藤鍵治郎氏(新義州商業會議所會頭))
177399	朝鮮朝日	南鮮版	1929-09-12	1	01단	博覽會グラフ
177400	朝鮮朝日	南鮮版	1929-09-12	1	01단	山本本社記者同乘記(２)/滿鮮空の旅/居眠りもして京城から平壤へ/平壤着陸後に遭った雨であやふく中止の國境突破
177401	朝鮮朝日	南鮮版	1929-09-12	1	05단	博覽會だより　自動車宣傳や活動寫眞の公開釜山の博覽會氣分/咸北名産の新松茸卽賣/會期中の水産諸會合/博多からドンタク連/羽黑觀覽許可
177402	朝鮮朝日	南鮮版	1929-09-12	1	05단	商工會議所令審議を了り/朝鮮の特殊事情斟酌實施は明年五月以降
177403	朝鮮朝日	南鮮版	1929-09-12	1	05단	京城府の市區改修費の起債も絶望視さる
177404	朝鮮朝日	南鮮版	1929-09-12	1	05단	解免議員補缺の當選者を任命/官選協員も同時に
177405	朝鮮朝日	南鮮版	1929-09-12	1	06단	京城府勤務替發表
177406	朝鮮朝日	南鮮版	1929-09-12	1	06단	普校生徒に養蠶を獎め滯納の月謝を整理/引續いて獎勵する
177407	朝鮮朝日	南鮮版	1929-09-12	1	07단	慶北道の來年度豫算編成に着手
177408	朝鮮朝日	南鮮版	1929-09-12	1	07단	慶南の果物も旱害で減收
177409	朝鮮朝日	南鮮版	1929-09-12	1	07단	慶北道の實行豫算/三十萬圓減額
177410	朝鮮朝日	南鮮版	1929-09-12	1	07단	全鮮工業協會創立總會
177411	朝鮮朝日	南鮮版	1929-09-12	1	08단	朝鮮體育デー
177412	朝鮮朝日	南鮮版	1929-09-12	1	08단	赤革鞄に調書をギッシリ歸京後大物取調べに着手/北條檢事退鮮歸京
177413	朝鮮朝日	南鮮版	1929-09-12	1	08단	特別傍聽人の外公開禁止で大邱學生祕密結社/赤友同盟事件公判
177414	朝鮮朝日	南鮮版	1929-09-12	1	08단	青い鳥/釜山一記者
177415	朝鮮朝日	南鮮版	1929-09-12	1	09단	鐵道對殖銀
177416	朝鮮朝日	南鮮版	1929-09-12	1	09단	內地密航の帆船が時化に遭ひ全部救はる
177417	朝鮮朝日	南鮮版	1929-09-12	1	10단	釜山の強盗つひに捕る
177418	朝鮮朝日	南鮮版	1929-09-12	1	10단	火事騷ぎが面白いとて少女の放火
177419	朝鮮朝日	南鮮版	1929-09-12	1	10단	ピストル密輸の張本人捕る
177420	朝鮮朝日	南鮮版	1929-09-12	1	10단	人(北條機五郎氏(東京地方裁判所檢事)/三宅驥一氏/時岡昇平氏(朝紡遮務課長)/加藤養氏(迫間本店支配人)/京都商工會一行/弘前商工

일련번호	판명		간행일	면	단수	기사명
177420	朝鮮朝日	南鮮版	1929-09-12	1	10단	會/衆議院議員鮮滿視察團)
177421	朝鮮朝日	西北・南鮮版	1929-09-12	2	01단	國民體操
177422	朝鮮朝日	西北・南鮮版	1929-09-12	2	01단	平北穀物檢査數/大豆は好況
177423	朝鮮朝日	西北・南鮮版	1929-09-12	2	01단	平壤の燒酒年々に盛況
177424	朝鮮朝日	西北・南鮮版	1929-09-12	2	02단	コンスターチ船橋里工場
177425	朝鮮朝日	西北・南鮮版	1929-09-12	2	02단	滿鐵語學試驗
177426	朝鮮朝日	西北・南鮮版	1929-09-12	2	03단	各地だより(京城より/平壤より/江界/城津/咸興/安東縣/大邱/元山/馬山)
177427	朝鮮朝日	附錄	1929-09-12	1	01단	始政二十年朝鮮博覽會記念號(開會に際し各位の厚情を謝す齋藤總督談/二十年間統治の實績を展覽兒玉政務總監談/正しき理解と將來の指針今村殖産局長談)
177428	朝鮮朝日	附錄	1929-09-12	1	04단	どんな順でどう見たらい>かこまめに見物してゐたら道のりがざっと四里、一週間でも廻りきれぬ最も有效な見物のし方/內容外觀ともに遺憾なくと>のひ文化の花は燦爛と咲く朝鮮博覽會々場の內容/經費の點でも頗る大規模二百萬圓を突破せん/科學館と昌慶苑是非とも見物の必要がある
177429	朝鮮朝日	附錄	1929-09-12	1	11단	總督府廳舍參觀の心得
177430	朝鮮朝日	附錄	1929-09-12	2	01단	會場の全景
177431	朝鮮朝日	附錄	1929-09-12	2	05단	わしが國さを誇る朝博名物の各道特設館/特産品の宣傳や料理提供などで祕術をつくしてお自慢の大競爭
177432	朝鮮朝日	附錄	1929-09-12	2	05단	開會式を行ふ勤政殿
177433	朝鮮朝日	附錄	1929-09-12	2	08단	本社出品の本社模型
177434	朝鮮朝日	附錄	1929-09-12	2	09단	子供の國の飛行機遊戲
177435	朝鮮朝日	附錄	1929-09-12	2	10단	交通と旅館京城市場の交通/會期中に開く各種の大會主なるもの>日割/鮮內品を審査し內地外國の出品は審査せぬ/各道事務所
177436	朝鮮朝日	附錄	1929-09-12	2	11단	夜の南大門電飾
177437	朝鮮朝日	附錄	1929-09-12	3	01단	グラフ說明/１慶會樓池前の咸鏡北道館/２江原道館/３咸南特設館/４各道審勢館/５全南特設館/６平南特設館の一部/７平安北道館と別邸/８全羅北道館
177438	朝鮮朝日	附錄	1929-09-12	3	07단	祝朝鮮博覽會
177439	朝鮮朝日	附錄	1929-09-12	3	08단	朝鮮博覽會京城協贊會(一、設立の趣意/二、事業の概要/三、豫算/四、役員)
177440	朝鮮朝日	附錄	1929-09-12	4	01단	祝朝鮮博覽會
177441	朝鮮朝日	西北版	1929-09-13	1	01단	朝鮮統治上に一時代を劃すべき始政二十周

일련번호	판명		간행일	면	단수	기사명
177441	朝鮮朝日	西北版	1929-09-13	1	01단	年を記念する　盛大な朝鮮大博覽會開場式/開場式告辭と事務報告/第一日の入場者二千四百名/特別旅客運輸班いよいよ活動/國境の交通の模型を出品/思想團體國境警戒と京城の應援
177442	朝鮮朝日	西北版	1929-09-14	1	05단	富士紡優勝
177443	朝鮮朝日	西北版	1929-09-13	1	06단	山本本社記者同乘記(３)/滿鮮空の旅/白雨雷鳴を縫って難なく國境突破/初秋の陽光に輝く南滿の野/カラー一致汚さず大連着
177444	朝鮮朝日	西北版	1929-09-13	1	06단	機械で雨を降らす延原式人工降雨機を釜山郊外で實驗
177445	朝鮮朝日	西北版	1929-09-13	1	07단	觀光團一番乘り
177446	朝鮮朝日	西北版	1929-09-13	1	07단	降雹被害の救濟を陳情
177447	朝鮮朝日	西北版	1929-09-13	1	08단	航空路の難所鴨綠江の下流
177448	朝鮮朝日	西北版	1929-09-13	1	08단	平南の降雹
177449	朝鮮朝日	西北版	1929-09-13	1	08단	鼬に咬まれ螺旋狀菌/栗林氏が發見
177450	朝鮮朝日	西北版	1929-09-13	1	09단	日本海港灣共榮會總會
177451	朝鮮朝日	西北版	1929-09-13	1	09단	牡丹台野話
177452	朝鮮朝日	西北版	1929-09-13	1	10단	定時運轉週間
177453	朝鮮朝日	西北版	1929-09-13	1	10단	南ウスリー赤軍の情勢
177454	朝鮮朝日	西北版	1929-09-13	1	10단	平壤の商品賣行き鈍る
177455	朝鮮朝日	南鮮版	1929-09-13	1	01단	朝鮮統治上に一時代を劃すべき始政二十周年を記念する　盛大な朝鮮大博覽會開場式/開場式告辭と事務報告/第一日の入場者二千四百名/特別旅客運輸班いよいよ活動/國境の交通の模型を出品/道立慈惠院設置方陳情
177456	朝鮮朝日	南鮮版	1929-09-14	1	05단	富士紡優勝
177457	朝鮮朝日	南鮮版	1929-09-13	1	06단	山本本社記者同乘記(３)/滿鮮空の旅/白雨雷鳴を縫って難なく國境突破/初秋の陽光に輝く南滿の野/カラー一致汚さず大連着
177458	朝鮮朝日	南鮮版	1929-09-13	1	06단	機械で雨を降らす延原式人工降雨機を釜山郊外で實驗
177459	朝鮮朝日	南鮮版	1929-09-13	1	07단	釜山電氣事業買收假契約の　保留は結局は困難か/配當金もフイで株價も低落
177460	朝鮮朝日	南鮮版	1929-09-13	1	08단	篠原氏は無事
177461	朝鮮朝日	南鮮版	1929-09-13	1	08단	釜山座再建
177462	朝鮮朝日	南鮮版	1929-09-13	1	08단	青い鳥/釜山一記者
177463	朝鮮朝日	南鮮版	1929-09-13	1	09단	醫學界に注目を惹く百三十餘名の研究/朝鮮醫學會總會
177464	朝鮮朝日	南鮮版	1929-09-13	1	10단	獨逸選手歡迎

일련번호	판명		간행일	면	단수	기사명
177465	朝鮮朝日	南鮮版	1929-09-13	1	10단	定時運轉週間
177466	朝鮮朝日	南鮮版	1929-09-13	1	10단	盟休生徒復校を嘆願
177467	朝鮮朝日	南鮮版	1929-09-13	1	10단	人(今井源良氏(釜山辯護士))
177468	朝鮮朝日	西北・南鮮版	1929-09-13	2	01단	運送合同の發起人會日取/二十日すぎと豫想
177469	朝鮮朝日	西北・南鮮版	1929-09-13	2	01단	辭令(十一日付)
177470	朝鮮朝日	西北・南鮮版	1929-09-13	2	01단	土城海州鐵道は斷行
177471	朝鮮朝日	西北・南鮮版	1929-09-13	2	01단	黃海道の大豆と粟作
177472	朝鮮朝日	西北・南鮮版	1929-09-13	2	02단	平南夏秋蠶
177473	朝鮮朝日	西北・南鮮版	1929-09-13	2	02단	平北の秋蠶
177474	朝鮮朝日	西北・南鮮版	1929-09-13	2	02단	新義州の貿易額減少
177475	朝鮮朝日	西北・南鮮版	1929-09-13	2	02단	キネマ便り(喜樂館(京城))
177476	朝鮮朝日	西北・南鮮版	1929-09-13	2	02단	各地だより(京城より/平壤より/裡里/間島/大邱/城津)
177477	朝鮮朝日	西北・南鮮版	1929-09-13	2	03단	朝日活寫會
177478	朝鮮朝日	西北・南鮮版	1929-09-13	2	04단	新刊紹介(『朝鮮ってどんなとこ』(高校鴻太郎氏)/『朝鮮及び滿洲』(九月號)/『朝鮮』(五月號)
177479	朝鮮朝日	西北版	1929-09-14	1	01단	朝博雜觀
177480	朝鮮朝日	西北版	1929-09-14	1	01단	總督府關係の勅令案七件/十三日の閣議で決定
177481	朝鮮朝日	西北版	1929-09-14	1	01단	道や郡には過剰人員はない只缺員の補充と新規採用と中止
177482	朝鮮朝日	西北版	1929-09-14	1	03단	水利組合の警告か電柱樹立の損害賠償で
177483	朝鮮朝日	西北版	1929-09-14	1	04단	平壤の名所巡覽自動車
177484	朝鮮朝日	西北版	1929-09-14	1	05단	山本本社記者同乘記(4)/滿鮮空の旅/開場間ぎはの博覽會の前景氣/大連から京城へまた逆戻りとても手輕な空の旅行
177485	朝鮮朝日	西北版	1929-09-14	1	07단	降雹被害の救濟策として土木工事に勞力と家庭の副業を獎勵
177486	朝鮮朝日	西北版	1929-09-14	1	07단	清津の下水設備道路改修に先だち/いよいよ調査開始
177487	朝鮮朝日	西北版	1929-09-14	1	08단	平壤署員射擊演習
177488	朝鮮朝日	西北版	1929-09-14	1	09단	安東の公費滯納は沿線で第一
177489	朝鮮朝日	西北版	1929-09-14	1	09단	保險勸誘の惡習を一掃
177490	朝鮮朝日	西北版	1929-09-14	1	09단	遭難の密航者/送り還さる
177491	朝鮮朝日	西北版	1929-09-14	1	09단	亂暴な夫婦
177492	朝鮮朝日	西北版	1929-09-14	1	10단	黃海道の牛疫氣腫疽
177493	朝鮮朝日	西北版	1929-09-14	1	10단	藝妓の着物を盜む
177494	朝鮮朝日	西北版	1929-09-14	1	10단	ヌクテに西瓜番喰はる
177495	朝鮮朝日	西北版	1929-09-14	1	10단	咸北の作柄は良好

일련번호	판명		간행일	면	단수	기사명
177496	朝鮮朝日	西北版	1929-09-14	1	10단	人(長谷川發雄氏(平壤西鮮日報社長)/南朝鮮軍司令官)
177497	朝鮮朝日	南鮮版	1929-09-14	1	01단	朝博雜觀
177498	朝鮮朝日	南鮮版	1929-09-14	1	01단	釜山電氣買收有利に轉回か府議の辭表も撤回か/形勢は餘程緩和さる
177499	朝鮮朝日	南鮮版	1929-09-14	1	02단	本社機の祝賀飛行ビラを撒く
177500	朝鮮朝日	南鮮版	1929-09-14	1	03단	連絡船滿員
177501	朝鮮朝日	南鮮版	1929-09-14	1	04단	獵界の前景氣/今年は上々
177502	朝鮮朝日	南鮮版	1929-09-14	1	04단	總督府關係の勅令案七件/十三日の閣議で決定
177503	朝鮮朝日	南鮮版	1929-09-14	1	05단	遞信勝つ
177504	朝鮮朝日	南鮮版	1929-09-14	1	06단	總督府に參事官新設/對樞府との關係で行惱んでゐる模樣
177505	朝鮮朝日	南鮮版	1929-09-14	1	07단	山本本社記者同乘記(4)/滿鮮空の旅/開場間ぎはの博覽會の前景氣/大連から京城へまた逆戻りとても手輕な空の旅行
177506	朝鮮朝日	南鮮版	1929-09-14	1	07단	遭難の密航者/送り還さる
177507	朝鮮朝日	南鮮版	1929-09-14	1	07단	新羅藝術品展
177508	朝鮮朝日	南鮮版	1929-09-14	1	08단	三人組強盜捕る
177509	朝鮮朝日	南鮮版	1929-09-14	1	08단	青い鳥
177510	朝鮮朝日	南鮮版	1929-09-14	1	09단	下水溝改修は一縷の望み徹底的に祟られた/今年度の釜山府
177511	朝鮮朝日	南鮮版	1929-09-14	1	10단	人(福原俊丸男/刀彌館正雄氏(東京朝日販賣部長)/當山縣農學生一行)
177512	朝鮮朝日	南鮮版	1929-09-14	1	10단	お茶のあと
177513	朝鮮朝日	西北・南鮮版	1929-09-14	2	01단	世に出た忠魂碑
177514	朝鮮朝日	西北・南鮮版	1929-09-14	2	01단	朝鮮煙草專賣令/一部を改正
177515	朝鮮朝日	西北・南鮮版	1929-09-14	2	01단	慶南にも淨塵子驅除に困る
177516	朝鮮朝日	西北・南鮮版	1929-09-14	2	01단	釜山淸酒造石見込高
177517	朝鮮朝日	西北・南鮮版	1929-09-14	2	01단	鎭平銀八月の取引/安東取引所調査
177518	朝鮮朝日	西北・南鮮版	1929-09-14	2	02단	咸北道の火田整理調査を開始
177519	朝鮮朝日	西北・南鮮版	1929-09-14	2	03단	各地だより(間島/海州/安東縣/新義州/大邱)
177520	朝鮮朝日	西北・南鮮版	1929-09-14	2	03단	朝日活寫會
177521	朝鮮朝日	西北版	1929-09-15	1	01단	博覽會グラフ
177522	朝鮮朝日	西北版	1929-09-15	1	03단	朝博雜觀/女看手さんの厄介な風紀問題早くも三名を解雇/煉炭の製造を實演/陳列品卽賣/會場內の火氣に用心/龍山驛は至って閑散/米の館客引に苦心
177523	朝鮮朝日	西北版	1929-09-15	1	05단	新義州の穀物集合檢査實施/不正行爲の防止策
177524	朝鮮朝日	西北版	1929-09-15	1	05단	平安北道警察官異動

일련번호	판명		간행일	면	단수	기사명
177525	朝鮮朝日	西北版	1929-09-15	1	05단	咸南漁話(上)/明太魚の漁期に入り湧き立つ咸南一帶/これに絡まる挿話
177526	朝鮮朝日	西北版	1929-09-15	1	06단	旅客輸送披露宴平壤に於て
177527	朝鮮朝日	西北版	1929-09-15	1	06단	全鮮銀行大會
177528	朝鮮朝日	西北版	1929-09-15	1	06단	會議所に朝鮮人入會
177529	朝鮮朝日	西北版	1929-09-15	1	07단	北鮮漫畫行/會寧の卷(二)/まさを
177530	朝鮮朝日	西北版	1929-09-15	1	07단	空中旅客は漸次に増加
177531	朝鮮朝日	西北版	1929-09-15	1	07단	測候所長會
177532	朝鮮朝日	西北版	1929-09-15	1	07단	小作料減免の問題が起る/慶南の旱害
177533	朝鮮朝日	西北版	1929-09-15	1	08단	運動界(庭球大會出場/記念野球大會)
177534	朝鮮朝日	西北版	1929-09-15	1	08단	精神病室にラヂオを設備患者は大變に喜び/成績はなかなか良好
177535	朝鮮朝日	西北版	1929-09-15	1	09단	新義州大材界閑散
177536	朝鮮朝日	西北版	1929-09-15	1	10단	間島の大豆漸く平年作か
177537	朝鮮朝日	西北版	1929-09-15	1	10단	運合に反對の金物商組合
177538	朝鮮朝日	西北版	1929-09-15	1	10단	墓をあばき金をゆする
177539	朝鮮朝日	西北版	1929-09-15	1	10단	強盗捕まる
177540	朝鮮朝日	西北版	1929-09-15	1	10단	帆船を襲ふ海賊が出沒
177541	朝鮮朝日	西北版	1929-09-15	1	10단	主義者引致
177542	朝鮮朝日	西北版	1929-09-15	1	10단	降雹
177543	朝鮮朝日	南鮮版	1929-09-15	1	01단	博覽會ぐラフ
177544	朝鮮朝日	南鮮版	1929-09-15	1	01단	*朝博雜觀/女看手さんの厄介な風紀問題早くも三名を解雇/煉炭の製造を實演/陳列品卽賣/會場內の火氣に用心/龍山驛は至って閑散/米の館客引に苦心*
177545	朝鮮朝日	南鮮版	1929-09-15	1	05단	*辭職議員は結局飜意か　府營實現の自信を得て後善處すると中合す/會社側の打擊は相當に大きい*
177546	朝鮮朝日	南鮮版	1929-09-15	1	05단	慶南警察部警部補級の相當廣汎な異動發表
177547	朝鮮朝日	南鮮版	1929-09-15	1	05단	咸南漁話(上)/明太魚の漁期に入り湧き立つ咸南一帶/これに絡まる挿話
177548	朝鮮朝日	南鮮版	1929-09-15	1	07단	旅客輸送披露宴/平壤に於て
177549	朝鮮朝日	南鮮版	1929-09-15	1	07단	空中旅客は漸次に増加
177550	朝鮮朝日	南鮮版	1929-09-15	1	07단	小作料減免の問題が起る/慶南の旱害
177551	朝鮮朝日	南鮮版	1929-09-15	1	08단	青い鳥
177552	朝鮮朝日	南鮮版	1929-09-15	1	08단	精神病室にラヂオを設備患者は大變に喜び/成績はなかなか良好
177553	朝鮮朝日	南鮮版	1929-09-15	1	08단	水の脅威から漸く逃れ得る/龍山防水堤と漢江橋竣工式と渡橋式

일련번호	판명		간행일	면	단수	기사명
177554	朝鮮朝日	南鮮版	1929-09-15	1	09단	測候所長會
177555	朝鮮朝日	南鮮版	1929-09-15	1	09단	全鮮銀行大會
177556	朝鮮朝日	南鮮版	1929-09-15	1	10단	運合に反對の金物商組合
177557	朝鮮朝日	南鮮版	1929-09-15	1	10단	驅逐隊入港
177558	朝鮮朝日	南鮮版	1929-09-15	1	10단	三人組強盜
177559	朝鮮朝日	南鮮版	1929-09-15	1	10단	劇場を新設
177560	朝鮮朝日	南鮮版	1929-09-15	1	10단	強盜捕まる
177561	朝鮮朝日	西北・南鮮版	1929-09-15	2	01단	北鮮の鰯の豊漁
177562	朝鮮朝日	西北・南鮮版	1929-09-15	2	01단	各地だより(京城より/龍山/裡里/安東縣/平壤/間島/大邱/淸津/新義州)
177563	朝鮮朝日	西北・南鮮版	1929-09-15	2	01단	朝日活寫會
177564	朝鮮朝日	西北版	1929-09-17	1	01단	コレラつひに仁川に侵入す爆發的の發生に狼狽六名激烈に吐瀉し四名死す/病菌は廣く撒かれたらしい今後續發する模樣　當局極度に狼狽す/海水使用禁止府民一齊に豫防注射/さらに二名/系統全く不明　漁民の生活脅かさる
177565	朝鮮朝日	西北版	1929-09-17	1	01단	博覽會グラフ
177566	朝鮮朝日	西北版	1929-09-17	1	03단	閑院宮殿下の台臨を仰ぎ在鄕軍人全鮮大會日程その他決定す/自慢の場內電話が皆目役に立たぬさんざんに味噌をつけた京城協贊會/平北館の食堂は非常な繁昌
177567	朝鮮朝日	西北版	1929-09-17	1	04단	愛婦總會
177568	朝鮮朝日	西北版	1929-09-17	1	04단	公設質屋運轉資金/起債か否か
177569	朝鮮朝日	西北版	1929-09-17	1	05단	瑞鳳塚とは特殊な關係で純金耳飾など發掘無名塚の發掘進む/慶州を禮讚大英博物館の東洋部長
177570	朝鮮朝日	西北版	1929-09-17	1	07단	龜子さんの旗揚
177571	朝鮮朝日	西北版	1929-09-17	1	07단	地上權設定の確保を期し右近商事にせまる/羅南の市民大會
177572	朝鮮朝日	西北版	1929-09-17	1	08단	新義州會議所役員
177573	朝鮮朝日	西北版	1929-09-17	1	08단	課金完納の運動を起す
177574	朝鮮朝日	西北版	1929-09-17	1	09단	雹害の救助に土木事業を
177575	朝鮮朝日	西北版	1929-09-17	1	09단	迫間農場に小作爭議起る/手もつけられぬ狀勢
177576	朝鮮朝日	西北版	1929-09-17	1	09단	運搬請負に談合の不正これに絡まり背任や橫領等の犯罪暴露か
177577	朝鮮朝日	西北版	1929-09-17	1	09단	牡丹台野話
177578	朝鮮朝日	西北版	1929-09-17	1	10단	西平壤驛埋立起工式
177579	朝鮮朝日	西北版	1929-09-17	1	10단	降雹と降雪

일련번호	판명		간행일	면	단수	기사명
177580	朝鮮朝日	西北版	1929-09-17	1	10단	浮標紛失さらに通告
177581	朝鮮朝日	西北版	1929-09-17	1	10단	國境軟式野球
177582	朝鮮朝日	南鮮版	1929-09-17	1	01단	コレラつひに仁川に侵入す爆發的の發生に狼狽六名激烈に吐瀉し四名死す/病菌は廣く撒かれたらしい今後續發する模樣　當局極度に狼狽す/海水使用禁止府民一齊に豫防注射/さらに二名/系統全く不明　漁民の生活脅かさる
177583	朝鮮朝日	南鮮版	1929-09-17	1	01단	閑院宮殿下の台臨を仰ぎ在鄕軍人全鮮大會日程その他決定す/自慢の場內電話が皆目役に立たぬさんざんに味噌をつけた京城協贊會/平北館の食堂は非常な繁昌
177584	朝鮮朝日	南鮮版	1929-09-17	1	01단	博覽會グラフ
177585	朝鮮朝日	南鮮版	1929-09-17	1	03단	愛婦總會
177586	朝鮮朝日	南鮮版	1929-09-17	1	03단	團體も次第に增加
177587	朝鮮朝日	南鮮版	1929-09-17	1	05단	瑞鳳塚とは特殊な關係で純金耳飾など發掘無名塚の發掘進む/慶州を禮讚大英博物館の東洋部長
177588	朝鮮朝日	南鮮版	1929-09-17	1	07단	龜子さんの旗揚
177589	朝鮮朝日	南鮮版	1929-09-17	1	07단	坂田氏ら三名辭表を撤回/府營實現を確信し
177590	朝鮮朝日	南鮮版	1929-09-17	1	07단	電車が儲け頭/博覽會の人出
177591	朝鮮朝日	南鮮版	1929-09-17	1	08단	慶北に初霜
177592	朝鮮朝日	南鮮版	1929-09-17	1	08단	旅館の總會
177593	朝鮮朝日	南鮮版	1929-09-17	1	09단	運動界(日獨競技の選手詮衡委員/城大側敗る對九大水泳/國境軟式野球)
177594	朝鮮朝日	南鮮版	1929-09-17	1	09단	迫間農場に小作爭議起る/手もつけられぬ狀勢
177595	朝鮮朝日	南鮮版	1929-09-17	1	09단	人工降雨法功を奏せず/第一回は失敗に終るさらに第二回を行ふ
177596	朝鮮朝日	南鮮版	1929-09-17	1	10단	殺鼠劑自殺
177597	朝鮮朝日	南鮮版	1929-09-17	1	10단	人(白銀朝則氏(審議室事務官)/大阪尚志會/岡山縣女師生一行/名古屋市勤業協會員/上內本府副書課長/東條正平氏(朝鮮鐵道重役))
177598	朝鮮朝日	西北・南鮮版	1929-09-17	2	01단	甘辛混合酒/蘆邊田鶴男
177599	朝鮮朝日	西北・南鮮版	1929-09-17	2	03단	振はぬ戲曲界大家は隱れ新進は駄目/中堅どころもよくない
177600	朝鮮朝日	西北・南鮮版	1929-09-17	2	04단	近く公布の朝鮮漁業令/施行細則審議完了
177601	朝鮮朝日	西北・南鮮版	1929-09-17	2	05단	高瀨舟の歸り荷皆無
177602	朝鮮朝日	西北・南鮮版	1929-09-17	2	05단	安東出廻り奧地の大豆
177603	朝鮮朝日	西北・南鮮版	1929-09-17	2	05단	各地だより(京城より/茂山/新義州/裡里/安東縣/仁川/釜山/城津/羅南/咸興/大邱/平壤)

일련번호	판명		간행일	면	단수	기사명
177604	朝鮮朝日	西北版	1929-09-18	1	01단	遮湖と北靑へ鐵道が通ずる何れも二十日に開通式(遮湖港/北靑)/子供の國の汽車はなかなか繁昌
177605	朝鮮朝日	西北版	1929-09-18	1	01단	朝博雜觀/書入れの日曜に何處も有卦に入る各賣店等の賣上高/慶南の視察團五萬を突破か
177606	朝鮮朝日	西北版	1929-09-18	1	04단	朝鮮米の移出制限は米價調節の一法で生産者にも利益
177607	朝鮮朝日	西北版	1929-09-18	1	04단	安東神社秋祭
177608	朝鮮朝日	西北版	1929-09-18	1	05단	右近商事所有地/讓渡を交涉羅南商工會
177609	朝鮮朝日	西北版	1929-09-18	1	05단	俳句/鈴木花蓑選
177610	朝鮮朝日	西北版	1929-09-18	1	05단	多獅島築港の調査は完了
177611	朝鮮朝日	西北版	1929-09-18	1	06단	運動界(平南道體大會/元山體協秋季運動會)
177612	朝鮮朝日	西北版	1929-09-18	1	06단	コレラの脅威愈迫る 初發以來十三名うち七名は死亡し 現患五名容疑一名/京仁間の乘客を檢診京城でも豫防注射/新患者なほ續發の形勢 傳染系統なほ不明
177613	朝鮮朝日	西北版	1929-09-18	1	07단	咸南漁話(下)/密漁船をどう捌くか夥しい數の事とて/當局の取締が困難
177614	朝鮮朝日	西北版	1929-09-18	1	07단	初氷と降雪
177615	朝鮮朝日	西北版	1929-09-18	1	07단	平壤高普體育を獎勵
177616	朝鮮朝日	西北版	1929-09-18	1	08단	陽德松茸
177617	朝鮮朝日	西北版	1929-09-18	1	08단	ソースと見せて拳銃大密輸
177618	朝鮮朝日	西北版	1929-09-18	1	08단	朝博漫畫(1)/音三生
177619	朝鮮朝日	西北版	1929-09-18	1	09단	逃げ歸ったお妾を慘殺/情夫が出來たものと邪推した旦那の兇行
177620	朝鮮朝日	西北版	1929-09-18	1	10단	棍棒で毆る
177621	朝鮮朝日	西北版	1929-09-18	1	10단	火藥泥の連累者捕る
177622	朝鮮朝日	西北版	1929-09-18	1	10단	牡丹台野話
177623	朝鮮朝日	南鮮版	1929-09-18	1	01단	遮湖と北靑へ鐵道が通ずる何れも二十日に開通式(遮湖港/北靑)/團體觀覽客日を逐うて增加鐵道にも博覽會氣分/子供の國の汽車はなかなか繁昌
177624	朝鮮朝日	南鮮版	1929-09-18	1	01단	朝博雜觀/書入れの日曜に何處も有卦に入る各賣店等の賣上高/慶南の視察團五萬を突破か
177625	朝鮮朝日	南鮮版	1929-09-18	1	04단	淸浦伯渡鮮
177626	朝鮮朝日	南鮮版	1929-09-18	1	05단	기사명에 관한 추가 내용 없음
177627	朝鮮朝日	南鮮版	1929-09-18	1	05단	俳句/鈴木花蓑選
177628	朝鮮朝日	南鮮版	1929-09-18	1	05단	新羅博物館建設の計劃

일련번호	판명		간행일	면	단수	기사명
177629	朝鮮朝日	南鮮版	1929-09-18	1	06단	課や係の廢合を斷行し事務の簡易化を圖る/京城府の職制改革
177630	朝鮮朝日	南鮮版	1929-09-18	1	06단	*コレラの脅威愈迫る 初發以來十三名うち七名は死亡し 現患五名容疑一名/京仁間の乘客を檢診京城でも豫防注射/燒芋を賣った婆さんが發病し愈よ大恐慌を來す/新患者なほ續發の形勢 傳染系統なほ不明*
177631	朝鮮朝日	南鮮版	1929-09-18	1	08단	朝博漫畫(1)/音三生
177632	朝鮮朝日	南鮮版	1929-09-18	1	08단	貨物列車一輛燒失す損害三千圓
177633	朝鮮朝日	南鮮版	1929-09-18	1	08단	魚群探險飛行準備いよいよ整ふ/十月十日頃から行ふ
177634	朝鮮朝日	南鮮版	1929-09-18	1	09단	松田拓相一行
177635	朝鮮朝日	南鮮版	1929-09-18	1	09단	朝鮮米の移出制限は米價調節の一法で/生産者にも利益
177636	朝鮮朝日	南鮮版	1929-09-18	1	09단	新市場規則を京城、仁川及びその隣接地に十月から施行
177637	朝鮮朝日	南鮮版	1929-09-18	1	10단	裡里地方鴫打ち鵪獵も近い
177638	朝鮮朝日	南鮮版	1929-09-18	1	10단	人(權藤朝新副社長/高橋濱吉氏(本府視學官)/賀田直治氏(朝鮮皮革社長)/竹田津吾一氏/竹內慶南內務部長/名古屋市勤業協會員/多木菜次郎氏/久世助太郎氏(日本生命社長))
177639	朝鮮朝日	西北・南鮮版	1929-09-18	2	01단	元山商校落成式
177640	朝鮮朝日	西北・南鮮版	1929-09-18	2	01단	北鮮牛の移出增加す
177641	朝鮮朝日	西北・南鮮版	1929-09-18	2	01단	釜山のチフス全く終熄す
177642	朝鮮朝日	西北・南鮮版	1929-09-18	2	01단	鴨綠江材本年着筏數
177643	朝鮮朝日	西北・南鮮版	1929-09-18	2	01단	慶北の內地渡航者
177644	朝鮮朝日	西北・南鮮版	1929-09-18	2	02단	雫の聲
177645	朝鮮朝日	西北・南鮮版	1929-09-18	2	03단	各地だより(京城より/平壤より/仁川/裡里/群山)
177646	朝鮮朝日	西北・南鮮版	1929-09-18	2	03단	朝日活寫會
177647	朝鮮朝日	西北版	1929-09-19	1	01단	朝博グラフ
177648	朝鮮朝日	西北版	1929-09-19	1	01단	*朝博雜觀/滿洲駐屯の慰問を兼ね朝鮮博覽會見學團/京都から百三十名*
177649	朝鮮朝日	西北版	1929-09-19	1	03단	簡易保險の官制と人選噂さるゝ兩課長とその後任の人々
177650	朝鮮朝日	西北版	1929-09-19	1	04단	辭令(十六日付)
177651	朝鮮朝日	西北版	1929-09-19	1	05단	牡丹台公園美化施設の/第二期計劃の內容
177652	朝鮮朝日	西北版	1929-09-19	1	05단	職員增加に伴ふ諸勅令公表/十八日から實施さる
177653	朝鮮朝日	西北版	1929-09-19	1	05단	俳句/鈴木花蓑選
177654	朝鮮朝日	西北版	1929-09-19	1	05단	平安北道學校長會議

일련번호	판명		간행일	면	단수	기사명
177655	朝鮮朝日	西北版	1929-09-19	1	05단	平北穀物決議事項を當局に陳情
177656	朝鮮朝日	西北版	1929-09-20	2	06단	平北教育會第七回總會
177657	朝鮮朝日	西北版	1929-09-19	1	06단	コレラ次第に京城に近づく十八日更に二名發生/徹底的に豫防注射を勵行
177658	朝鮮朝日	西北版	1929-09-19	1	06단	朝博漫畵(2)/音三生
177659	朝鮮朝日	西北版	1929-09-19	1	07단	運動競技の優勝旗牌を陳列披露
177660	朝鮮朝日	西北版	1929-09-19	1	08단	平北道の傳染病豫防
177661	朝鮮朝日	西北版	1929-09-19	1	08단	聯合艦隊入港
177662	朝鮮朝日	西北版	1929-09-19	1	08단	西平壤驛工事
177663	朝鮮朝日	西北版	1929-09-19	1	08단	光城水利竣工式
177664	朝鮮朝日	西北版	1929-09-19	1	08단	妾殺し遂に捕まる
177665	朝鮮朝日	西北版	1929-09-19	1	08단	DKの中繼放送/正式に許可
177666	朝鮮朝日	西北版	1929-09-19	1	09단	牡丹台野話
177667	朝鮮朝日	西北版	1929-09-19	1	09단	大膽な少年竊盜團
177668	朝鮮朝日	西北版	1929-09-19	1	09단	純金製寶物は盜難を恐れ博物館の陳列撤回/非難に對する當局の辨
177669	朝鮮朝日	西北版	1929-09-19	1	10단	學生結社事件の求刑
177670	朝鮮朝日	西北版	1929-09-19	1	10단	半島茶話
177671	朝鮮朝日	南鮮版	1929-09-19	1	01단	コレラ次第に京城に近づく十八日更に二名發生/徹底的に豫防注射を勵行/仁川市中極度に寂る
177672	朝鮮朝日	南鮮版	1929-09-19	1	01단	職員增加に伴ふ諸勅令公表/十八日から實施さる
177673	朝鮮朝日	南鮮版	1929-09-19	1	01단	簡易保險の官制と人選噂さるゝ兩課長とその後任の人々
177674	朝鮮朝日	南鮮版	1929-09-19	1	03단	辭令(十六日付)
177675	朝鮮朝日	南鮮版	1929-09-19	1	04단	教育大會と交部省諮問
177676	朝鮮朝日	南鮮版	1929-09-19	1	04단	假契約の存續打切り電氣府營問題の結末釜山府協議員懇談會/釜山府營バスも影薄くなる/釜山瓦電營業を擴張の方針
177677	朝鮮朝日	南鮮版	1929-09-19	1	04단	俳句/鈴木花蓑選
177678	朝鮮朝日	南鮮版	1929-09-19	1	04단	朝博雜觀/滿洲駐屯の慰問を兼ね朝鮮博覽會見學團　京都から百三十名
177679	朝鮮朝日	南鮮版	1929-09-19	1	05단	岡本釜山署長愈よ退官す
177680	朝鮮朝日	南鮮版	1929-09-19	1	06단	DKの中繼放送/正式に許可
177681	朝鮮朝日	南鮮版	1929-09-19	1	06단	署長勤めは今度が始め齋藤釜山署長
177682	朝鮮朝日	南鮮版	1929-09-19	1	06단	大邱苹果の作柄は良好
177683	朝鮮朝日	南鮮版	1929-09-19	1	06단	聯合艦隊入港
177684	朝鮮朝日	南鮮版	1929-09-19	1	06단	漢江人道橋渡橋式/盛大に行ふ

일련번호	판명		간행일	면	단수	기사명
177685	朝鮮朝日	南鮮版	1929-09-19	1	07단	運動界(大鐵野球部/優勝杯授與式/京電勝つ)
177686	朝鮮朝日	南鮮版	1929-09-19	1	07단	朝博漫畫(2)/音三生
177687	朝鮮朝日	南鮮版	1929-09-19	1	08단	光城水利竣工式
177688	朝鮮朝日	南鮮版	1929-09-19	1	08단	死兒を負うた狂女
177689	朝鮮朝日	南鮮版	1929-09-19	1	08단	純金製寶物は盜難を恐れ博物館の陳列撤回/非難に對する當局の辨
177690	朝鮮朝日	南鮮版	1929-09-19	1	09단	軍資金を出せと脅迫
177691	朝鮮朝日	南鮮版	1929-09-19	1	10단	學生結社事件の求刑
177692	朝鮮朝日	南鮮版	1929-09-19	1	10단	釜山の火事
177693	朝鮮朝日	南鮮版	1929-09-19	1	10단	もよほし(全鮮中等學校美術展覽會/釜山府議懇親會)
177694	朝鮮朝日	南鮮版	1929-09-19	1	10단	人(清浦奎吾伯/龜割安藤代議士/上內本府圖書課長/渡邊錠太郎中將(陸軍航空本部長/齊藤吉十郎氏(朝紡專務)/熊本鎭西館一行六名/大阪福助足袋一行三十名/本門佛立公/大阪府議一行六名/大阪協贊會視察團二十五名/平北農會員二十四名/大每名古屋支局視察團五十名/日本旅行協會主催一行四百名)
177695	朝鮮朝日	南鮮版	1929-09-19	1	10단	半島茶話
177696	朝鮮朝日	西北・南鮮版	1929-09-19	2	01단	新義州の金融狀況引續き閑散
177697	朝鮮朝日	西北・南鮮版	1929-09-19	2	01단	一ケ年間の恩給年金と扶助料受給者
177698	朝鮮朝日	西北・南鮮版	1929-09-19	2	01단	全市に互り大賣出京城の雜沓
177699	朝鮮朝日	西北・南鮮版	1929-09-19	2	01단	八月中の仁川港貿易
177700	朝鮮朝日	西北・南鮮版	1929-09-19	2	02단	支那料理屋疊の間/廢止を斷行
177701	朝鮮朝日	西北・南鮮版	1929-09-19	2	02단	各地だより(京城より/平壤より/公州/釜山/新義州/仁川/間島/咸興/裡里/龍山)
177702	朝鮮朝日	西北・南鮮版	1929-09-19	2	03단	朝日活寫會
177703	朝鮮朝日	西北版	1929-09-20	1	01단	李王、妃兩殿下御同列で御歸鮮/射擊演習御終了後篠田李王職次官談
177704	朝鮮朝日	西北版	1929-09-20	1	01단	仁川方面の虎疫なほ續發十九日更に四名發病累計二十名となる/集團的發生で防疫さへ完全にすれば京城は侵されまい/平南の大驚戒コレラ豫防/列車內に消毒藥鐵道の防備/仁川府民の豫防注射終る京城府の大警戒網/魚屋さんの御難肉屋さんは大當りコレラ流行と京城/慶北の防備/豫防の放送
177705	朝鮮朝日	西北版	1929-09-20	1	04단	安東會議所商議員當選者十八日選擧卽日開票
177706	朝鮮朝日	西北版	1929-09-20	1	04단	醒めて來た朝鮮の佛教團巡錫を終へて歸る大谷光暢師談
177707	朝鮮朝日	西北版	1929-09-20	1	04단	お茶のあと

일련번호	판명		간행일	면	단수	기사명
177708	朝鮮朝日	西北版	1929-09-20	1	05단	平壤府電乘降客增加
177709	朝鮮朝日	西北版	1929-09-20	1	05단	平南金融貸付の割當詮衡中
177710	朝鮮朝日	西北版	1929-09-20	1	05단	無名塚發掘
177711	朝鮮朝日	西北版	1929-09-20	1	06단	沙里院の道立病院寄附金集らず着手遅れるか
177712	朝鮮朝日	西北版	1929-09-20	1	06단	俳句/鈴木花蓑選
177713	朝鮮朝日	西北版	1929-09-20	1	06단	新義州會議所各部屬決定
177714	朝鮮朝日	西北版	1929-09-20	1	07단	朝博漫畵(３)/音三生
177715	朝鮮朝日	西北版	1929-09-20	1	07단	平壤遊廓娼妓修養團
177716	朝鮮朝日	西北版	1929-09-20	1	07단	鎭南浦と廣粱間鐵道敷設か
177717	朝鮮朝日	西北版	1929-09-20	1	07단	沙里院面長不信任問題で實行委員間の紛紜成行頗る注目さる
177718	朝鮮朝日	西北版	1929-09-20	1	08단	十九師管下機動演習は咸興を中心に
177719	朝鮮朝日	西北版	1929-09-20	1	08단	運動界(全滿陸上競技選手權大會/新義州勝つ/弓道秋季大會/安東側勝つ/間島野球大會/平北庭球大會)
177720	朝鮮朝日	西北版	1929-09-20	1	09단	逃走を企て看守と大挌鬪取調べ中の殺人鬼一時は大騒を演ず
177721	朝鮮朝日	西北版	1929-09-20	1	09단	新義州で舊盆の施與
177722	朝鮮朝日	西北版	1929-09-20	1	09단	客を袋叩き金を捲上ぐ
177723	朝鮮朝日	西北版	1929-09-20	1	10단	咸興の腸チフスはなほ終熄せず
177724	朝鮮朝日	西北版	1929-09-20	1	10단	爲替入の書留を竊取
177725	朝鮮朝日	西北版	1929-09-20	1	10단	博多からドンタク團大いに嗓ぎ廻る
177726	朝鮮朝日	西北版	1929-09-20	1	10단	人(大道弘雄氏(本社出版部長))
177727	朝鮮朝日	西北版	1929-09-20	1	10단	半島茶話
177728	朝鮮朝日	南鮮版	1929-09-20	1	01단	朝博グラフ(お池の龍宮/池畔の風景)
177729	朝鮮朝日	南鮮版	1929-09-20	1	01단	李王、妃兩殿下御同列で御歸鮮/射擊演習御終了後篠田李王職次官談
177730	朝鮮朝日	南鮮版	1929-09-20	1	01단	仁川方面の虎疫なほ續發十九日更に四名發病累計二十名となる/集團的發生で防疫さへ完全にすれば京城は侵されまい/列車內に消毒藥鐵道の防備/慶北の防備/仁川府民の豫防注射終る京城府の大警戒網/豫防の放送/魚屋さんの御難肉屋さんは大當りコレラ流行と京城/水道從事員健康診斷と水質の試驗
177731	朝鮮朝日	南鮮版	1929-09-20	1	05단	俳句/鈴木花蓑選
177732	朝鮮朝日	南鮮版	1929-09-20	1	05단	無名塚發掘
177733	朝鮮朝日	南鮮版	1929-09-20	1	06단	閑院宮殿下御査閱の當日空中ペーヂエント壯觀を呈しよう
177734	朝鮮朝日	南鮮版	1929-09-20	1	07단	漢江橋渡初め

일련번호	판명		간행일	면	단수	기사명
177735	朝鮮朝日	南鮮版	1929-09-20	1	07단	朱安郵便所
177736	朝鮮朝日	南鮮版	1929-09-20	1	07단	全北道內面議員改選の新制
177737	朝鮮朝日	南鮮版	1929-09-20	1	07단	光暢師退鮮
177738	朝鮮朝日	南鮮版	1929-09-20	1	08단	お茶のあと
177739	朝鮮朝日	南鮮版	1929-09-20	1	08단	迫間農場爭議はいよいよ危惡
177740	朝鮮朝日	南鮮版	1929-09-20	1	08단	朝博漫畫(3)/音三生
177741	朝鮮朝日	南鮮版	1929-09-20	1	09단	東萊に劇場
177742	朝鮮朝日	南鮮版	1929-09-20	1	09단	新聞協會員入城
177743	朝鮮朝日	南鮮版	1929-09-20	1	09단	松田拓相一行
177744	朝鮮朝日	南鮮版	1929-09-20	1	09단	湖南野球大會
177745	朝鮮朝日	南鮮版	1929-09-20	1	10단	熊に咬まる
177746	朝鮮朝日	南鮮版	1929-09-20	1	10단	釜山の時化雨はチョッピリ
177747	朝鮮朝日	南鮮版	1929-09-20	1	10단	博多からドンタク團大いに噪ぎ廻る
177748	朝鮮朝日	南鮮版	1929-09-20	1	10단	人(倉知鐵吉氏(貴族院議員)/日本新聞協會員/篠山雷太氏(日本製糖社長)/篠田治策氏(李王職長官)/牧山耕藏氏(朝新社長)/則元由庸代護士/澤田東拓理事/佐藤春造代護士/李節益氏(慶南養與官)/村上釜山府理事官)
177749	朝鮮朝日	南鮮版	1929-09-20	1	10단	半島茶話
177750	朝鮮朝日	西北・南鮮版	1929-09-20	2	01단	朝鮮勞働者の鄉里送還は一時的の効果のみ根本的解決は困難
177751	朝鮮朝日	西北・南鮮版	1929-09-20	2	01단	合同運送の資本金增額に決定
177752	朝鮮朝日	西北・南鮮版	1929-09-20	2	01단	金剛山の探勝が便利となる/斷髮嶺トンネル愈よ完全に開通
177753	朝鮮朝日	西北・南鮮版	1929-09-20	2	01단	慶南の旱害地實際を調査
177754	朝鮮朝日	西北・南鮮版	1929-09-20	2	02단	慶北秋蠶掃立數絲價は漸騰
177755	朝鮮朝日	西北・南鮮版	1929-09-20	2	02단	色服着用の申合をなす
177756	朝鮮朝日	西北・南鮮版	1929-09-20	2	02단	二、三割は減收の見込慶北の稻作
177757	朝鮮朝日	西北・南鮮版	1929-09-20	2	03단	平壤牛移出
177758	朝鮮朝日	西北・南鮮版	1929-09-20	2	03단	各地だより(平壤より/大邱/沙里院/群山/裡里/咸興)
177759	朝鮮朝日	西北・南鮮版	1929-09-20	2	03단	朝日活寫會
177760	朝鮮朝日	西北版	1929-09-21	1	01단	*我が社出品の新聞の殿堂設備完成す/京城で開かれた日本新聞協會大會首相の祝電と總督の祝辭*
177761	朝鮮朝日	西北版	1929-09-21	1	02단	お客さん爭奪戰/斡旋の手違で悲喜劇もある
177762	朝鮮朝日	西北版	1929-09-21	1	03단	仁川の虎疫なほ新患者續發/百萬人分の豫防液を配布豫備金支出九萬圓總督府の虎疫防備/京城の大豫防注射を施行/京城の大豫防注

일련번호	판명		간행일	면	단수	기사명
177762	朝鮮朝日	西北版	1929-09-21	1	03단	射を施行/接客業者豫防注射釜山で勵行/新義州のコレラ防備
177763	朝鮮朝日	西北版	1929-09-21	1	05단	南滿電氣が發電所設置/新義州に
177764	朝鮮朝日	西北版	1929-09-21	1	05단	朝博漫畫(4)/音三生
177765	朝鮮朝日	西北版	1929-09-21	1	05단	朝博雜觀
177766	朝鮮朝日	西北版	1929-09-21	1	07단	工場に擴聲器
177767	朝鮮朝日	西北版	1929-09-21	1	07단	俳句/鈴木花蓑選
177768	朝鮮朝日	西北版	1929-09-21	1	07단	京南鐵道社員淘汰人件費節減
177769	朝鮮朝日	西北版	1929-09-21	1	07단	松田拓相視察の日程
177770	朝鮮朝日	西北版	1929-09-21	1	08단	師範學校教諭が醉って暴る
177771	朝鮮朝日	西北版	1929-09-21	1	08단	仁川觀測所の天體觀測室
177772	朝鮮朝日	西北版	1929-09-21	1	09단	團體客の悲喜劇會場の雜鬧
177773	朝鮮朝日	西北版	1929-09-21	1	09단	ピストル密輸の關係者逃走
177774	朝鮮朝日	西北版	1929-09-21	1	10단	麻雀で賭博
177775	朝鮮朝日	西北版	1929-09-21	1	10단	燈台にラヂオ設置
177776	朝鮮朝日	西北版	1929-09-21	1	10단	人(東拓總裁宮尾舞治氏/丹羽淸次郞氏(朝鮮キリスト教靑年會總務)/下關市政記者團/岐阜男師專政生五十名は二十日夜釜山通過京城/京都府須古農生一行三十五名二十日夜釜山通過京城/山形商工視察團十名/大阪鐵道野球團十七名は同時釜山着京城/福岡京都農生一行三十八名)
177777	朝鮮朝日	南鮮版	1929-09-21	1	01단	我が社出品の新聞の殿堂設備完成す/京城で開かれた日本新聞協會大會首相の祝電と總督の祝辭
177778	朝鮮朝日	南鮮版	1929-09-21	1	02단	お客さん爭奪戰/斡旋の手違で悲喜劇もある
177779	朝鮮朝日	南鮮版	1929-09-21	1	03단	仁川の虎疫なほ新患者續發/百萬人分の豫防液を配布豫備金支出九萬圓總督府の虎疫防備/京城の大豫防注射を施行/接客業者豫防注射釜山で勵行
177780	朝鮮朝日	南鮮版	1929-09-21	1	05단	松田拓相視察の日程
177781	朝鮮朝日	南鮮版	1929-09-21	1	05단	朝博漫畫(4)/音三生
177782	朝鮮朝日	南鮮版	1929-09-21	1	05단	朝博雜觀
177783	朝鮮朝日	南鮮版	1929-09-21	1	07단	京南鐵道社員淘汰人件費節減
177784	朝鮮朝日	南鮮版	1929-09-21	1	07단	一割一步餘を削減繰のべ釜山府の實行豫算
177785	朝鮮朝日	南鮮版	1929-09-21	1	07단	お茶のあと
177786	朝鮮朝日	南鮮版	1929-09-21	1	08단	慶南道署長會議廿六、七兩日
177787	朝鮮朝日	南鮮版	1929-09-21	1	08단	釜山瓦電善後策臨時總會
177788	朝鮮朝日	南鮮版	1929-09-21	1	08단	仁川觀測所の天體觀測室

일련번호	판명		간행일	면	단수	기사명
177789	朝鮮朝日	南鮮版	1929-09-21	1	09단	師範學校教諭が醉って暴る
177790	朝鮮朝日	南鮮版	1929-09-21	1	09단	團體客の悲喜劇會場の雜鬧
177791	朝鮮朝日	南鮮版	1929-09-21	1	10단	俳句/鈴木花蓑選
177792	朝鮮朝日	南鮮版	1929-09-21	1	10단	龍頭山神社秋季大祭
177793	朝鮮朝日	南鮮版	1929-09-21	1	10단	人(東拓總裁宮尾舞治氏/有賀殖銀頭取/齋藤善一郎氏(新任釜山署長)/丹羽淸次郎氏(朝鮮キリスト教靑年會總務)/下關市政記者團/陂阜男師專政生五十名は二十日夜釜山通過京城/京都府須古農一行三十五名二十日夜釜山通過京城/山形商工視察團十名/大阪鐵道野球團十七名は同時釜山着京城/福岡京都農生一行三十八名)
177794	朝鮮朝日	西北・南鮮版	1929-09-21	2	01단	交換局大多忙朝博のため
177795	朝鮮朝日	西北・南鮮版	1929-09-21	2	01단	慶北牛を阪神へ移出
177796	朝鮮朝日	西北・南鮮版	1929-09-21	2	01단	新義州の狩獵免狀數
177797	朝鮮朝日	西北・南鮮版	1929-09-21	2	01단	會場內郵便局成績
177798	朝鮮朝日	西北・南鮮版	1929-09-21	2	02단	本年度棉作
177799	朝鮮朝日	西北・南鮮版	1929-09-21	2	02단	各地だより(京成より/春川/馬山/咸興/裡里/元山/雄基/群山/大邱)
177800	朝鮮朝日	西北・南鮮版	1929-09-21	2	03단	朝日活寫會
177801	朝鮮朝日	西北版	1929-09-22	1	01단	博覽會より
177802	朝鮮朝日	西北版	1929-09-22	1	01단	靑年參列除外の理由を詰問し京城靑年團いきり立つ諸團體査閲式問題化す
177803	朝鮮朝日	西北版	1929-09-22	1	01단	調停を斥けて頑張り通す仲裁者の努力も空し於之屯水利組合問題
177804	朝鮮朝日	西北版	1929-09-22	1	02단	滿洲守備隊檢閲
177805	朝鮮朝日	西北版	1929-09-22	1	03단	總督府辭令(二十日付)
177806	朝鮮朝日	西北版	1929-09-22	1	03단	圖們東部線殆ど完成十一月十六日から營業開始
177807	朝鮮朝日	西北版	1929-09-22	1	03단	平安南道に自動車協會
177808	朝鮮朝日	西北版	1929-09-22	1	04단	箕林里官地を分割讓渡す/西平壤發展のために條件その他全部決る
177809	朝鮮朝日	西北版	1929-09-22	1	04단	俳句/鈴木花蓑選
177810	朝鮮朝日	西北版	1929-09-22	1	04단	支那女學生が街頭に進出/軍隊慰問品募集
177811	朝鮮朝日	西北版	1929-09-22	1	04단	朝博漫畫(5)/音三生
177812	朝鮮朝日	西北版	1929-09-22	1	05단	滿洲視察團その數を增す
177813	朝鮮朝日	西北版	1929-09-22	1	05단	全國教育總會諮問案きまる
177814	朝鮮朝日	西北版	1929-09-22	1	06단	愈發起人會の決定を見る/朝鮮運送合同問題は辛くも結晶期に入る

일련번호	판명		간행일	면	단수	기사명
177815	朝鮮朝日	西北版	1929-09-22	1	06단	收容希望者頗る多く/平南モヒ療養所大いに賑ふ
177816	朝鮮朝日	西北版	1929-09-22	1	06단	傍聽者が口々に右近商事を罵倒し場內騷然凄慘の氣漲る羅南の市民大會大いににぎはふ
177817	朝鮮朝日	西北版	1929-09-22	1	07단	安東郵便局長更迭
177818	朝鮮朝日	西北版	1929-09-22	1	07단	大豆は增收平南道の豫想
177819	朝鮮朝日	西北版	1929-09-22	1	07단	栗作柄調べ
177820	朝鮮朝日	西北版	1929-09-22	1	07단	平壤の對外貿易
177821	朝鮮朝日	西北版	1929-09-22	1	07단	京城で飛行演習/平壤の空軍から十五機參加
177822	朝鮮朝日	西北版	1929-09-22	1	07단	咸興醫院にチフス發生
177823	朝鮮朝日	西北版	1929-09-22	1	08단	萬事株主に委せる/香椎瓦電社長苦衷をかたる
177824	朝鮮朝日	西北版	1929-09-22	1	08단	鮮滿聯合神職大會
177825	朝鮮朝日	西北版	1929-09-22	1	08단	水原勸業模範場は愈改稱され農事試驗場となる
177826	朝鮮朝日	西北版	1929-09-22	1	09단	主犯と共犯の見込み漸くつき/安東から嫌疑者引致新義州拳銃密輸事件
177827	朝鮮朝日	西北版	1929-09-22	1	09단	牡丹台野話
177828	朝鮮朝日	西北版	1929-09-22	1	10단	虎疫豫防の注射を勵行新義州署の警戒
177829	朝鮮朝日	西北版	1929-09-22	1	10단	安東の虎疫豫防
177830	朝鮮朝日	西北版	1929-09-22	1	10단	もよほし(平南農業技術員會議)
177831	朝鮮朝日	南鮮版	1929-09-22	1	01단	博覽會より
177832	朝鮮朝日	南鮮版	1929-09-22	1	01단	靑年參列除外の理由を詰問し京城靑年團いきり立つ/諸團體査閱式問題化す
177833	朝鮮朝日	南鮮版	1929-09-22	1	01단	愈發起人會の決定を見る/朝鮮運送合同問題は辛くも結晶期に入る
177834	朝鮮朝日	南鮮版	1929-09-22	1	03단	鮮展作品の御買上決る宮內省と李王家
177835	朝鮮朝日	南鮮版	1929-09-22	1	03단	全國敎育總會諮問案きまる
177836	朝鮮朝日	南鮮版	1929-09-22	1	04단	山田氏側折れる漁具特許侵害は圓滿解決か
177837	朝鮮朝日	南鮮版	1929-09-22	1	04단	僕は今立場に困ってゐる何事も想像に任せる松浦城大總長は語る
177838	朝鮮朝日	南鮮版	1929-09-22	1	04단	總督府辭令
177839	朝鮮朝日	南鮮版	1929-09-22	1	04단	萬事株主に委せる/香椎瓦電社長苦衷をかたる
177840	朝鮮朝日	南鮮版	1929-09-22	1	04단	俳句/鈴木花蓑選
177841	朝鮮朝日	南鮮版	1929-09-22	1	05단	安東の學議
177842	朝鮮朝日	南鮮版	1929-09-22	1	05단	朝鮮社會事業大會
177843	朝鮮朝日	南鮮版	1929-09-22	1	05단	鮮滿聯合神職大會
177844	朝鮮朝日	南鮮版	1929-09-22	1	05단	朝博漫畫(5)/音三生
177845	朝鮮朝日	南鮮版	1929-09-22	1	06단	咸南漁話(下)/密漁船をどう捌くか夥しい數の事とて當局の取締が困難

일련번호	판명		간행일	면	단수	기사명
177846	朝鮮朝日	南鮮版	1929-09-22	1	06단	齋藤總督の經過は良好
177847	朝鮮朝日	南鮮版	1929-09-22	1	06단	水原勸業模範場は愈改稱され農事試驗場となる
177848	朝鮮朝日	南鮮版	1929-09-22	1	07단	大邱のバス孃旋手を曲げ/監督の更送を策して不穩の形勢をしめす
177849	朝鮮朝日	南鮮版	1929-09-22	1	07단	飯一杯から生命を失ふ
177850	朝鮮朝日	南鮮版	1929-09-22	1	07단	仁川のコレラ/行方不明の男は死體となって現る檢診の結果疑似と判明このほかにも行方不明一名あり
177851	朝鮮朝日	南鮮版	1929-09-22	1	07단	十萬立方尺の水源を發見その水質は頗るよく釜山府民大よろこび
177852	朝鮮朝日	南鮮版	1929-09-22	1	08단	畜牛の流感
177853	朝鮮朝日	南鮮版	1929-09-22	1	08단	三人組强盗の片割を捕ふ
177854	朝鮮朝日	南鮮版	1929-09-22	1	09단	二十萬羽の雀群襲來し稻田をあらす
177855	朝鮮朝日	南鮮版	1929-09-22	1	09단	貧者の一燈勞働會から寄附
177856	朝鮮朝日	南鮮版	1929-09-22	1	09단	不義の嬰兒を絞殺し遺棄
177857	朝鮮朝日	南鮮版	1929-09-22	1	10단	他殺死體か
177858	朝鮮朝日	南鮮版	1929-09-22	1	10단	シネマ便り
177859	朝鮮朝日	南鮮版	1929-09-22	1	10단	運動界(ア式蹴球豫選)
177860	朝鮮朝日	南鮮版	1929-09-22	1	10단	もよほし(松田拓相歡迎會/岡本署長送宴)
177861	朝鮮朝日	南鮮版	1929-09-22	1	10단	人(小河總督府農務課長/伊達源一郎氏(日本聯合關書理事)/香椎源太郎氏(釜山實業家)/小倉武之助氏(大興電氣社長)/清水槌太郎氏(釜山鎮埋築社長)/牛島釜山港務醫官/高尾享氏(前上海領事)/豐州新報視察團一行三十名/鹿兒島女師生二十三名/京都木津農業生二十五名/三重縣勸業協會三十名/安東縣紅卍會二十名/釜山日報視察團一行四百八十名二十一日夜釜山發京城へ/釜山靑年聯合會一行三十九名同時/東萊金剛山探勝團十一名/鎮海工作部團一行二百名/大邱手形交換所團/大邱商業生四百五十八名/福岡市ドンタク一行二百四十名時實市長を團長に二十二日朝釜山着京城へ)
177862	朝鮮朝日	西北・南鮮版	1929-09-22	2	01단	取殘された普通校新設は貧弱面とて實現困難慶南の計劃變更か
177863	朝鮮朝日	西北・南鮮版	1929-09-22	2	01단	各地から仁川へさらに各地へ逆送米ふえる
177864	朝鮮朝日	西北・南鮮版	1929-09-22	2	02단	製油高增加
177865	朝鮮朝日	西北・南鮮版	1929-09-22	2	02단	各地だより(京城/平壤/鎮南浦/江界/裡里/釜山)
177866	朝鮮朝日	西北・南鮮版	1929-09-22	2	03단	朝日活寫會

일련번호	판명		간행일	면	단수	기사명
177867	朝鮮朝日	西北版	1929-09-24		01단	休刊
177868	朝鮮朝日	南鮮版	1929-09-24		01단	休刊
177869	朝鮮朝日	西北・南鮮版	1929-09-24		01단	休刊
177870	朝鮮朝日	西北版	1929-09-25	1	01단	博覽會グラフ/(上)休みと秋晴れに惠まれ怒濤のやうに押寄せた觀覽者/(下左)團體客で雜沓する京城驛ホーム/(下右)會場內の假裝
177871	朝鮮朝日	西北版	1929-09-25	1	01단	朝鮮の特殊性と政府の緊縮方針と抵觸しないやう融和を圖りたい朝鮮入りの松田拓相談/治鮮方針の具體的な打合せ松田拓相の來鮮で總督府異常に緊張/松田拓相と新義州豫定
177872	朝鮮朝日	西北版	1929-09-25	1	04단	元山商議選擧平靜か
177873	朝鮮朝日	西北版	1929-09-25	1	04단	朝博漫畫(6)/音三生
177874	朝鮮朝日	西北版	1929-09-25	1	05단	全鮮商議聯合會議案
177875	朝鮮朝日	西北版	1929-09-25	1	05단	平壤の無煙炭安價に提供
177876	朝鮮朝日	西北版	1929-09-25	1	05단	十萬人からの婦人の毛髮支那から輸入さる
177877	朝鮮朝日	西北版	1929-09-25	1	06단	消防隊員服裝も節約
177878	朝鮮朝日	西北版	1929-09-25	1	06단	國境の警備は現在の儘で十分か否かは研究初巡視の南軍司令官
177879	朝鮮朝日	西北版	1929-09-25	1	06단	平壤にも遊覽客大いに賑ふ
177880	朝鮮朝日	西北版	1929-09-25	1	07단	平壤電車のレール改善
177881	朝鮮朝日	西北版	1929-09-25	1	07단	養鼇收益で博覽會見物寧邊普校生
177882	朝鮮朝日	西北版	1929-09-25	1	07단	鴨渾兩江の防備を改善
177883	朝鮮朝日	西北版	1929-09-25	1	08단	牡丹台野話
177884	朝鮮朝日	西北版	1929-09-25	1	08단	平北道の植林事業年々好成績
177885	朝鮮朝日	西北版	1929-09-25	1	08단	仁川のコレラ小康狀態でやうやく活氣づく/現患數
177886	朝鮮朝日	西北版	1929-09-25	1	08단	半島縱走の兩靑年歸釜
177887	朝鮮朝日	西北版	1929-09-25	1	08단	運動界(全間島野球)
177888	朝鮮朝日	西北版	1929-09-25	1	08단	拳銃密輸首魁は內地に潛伏
177889	朝鮮朝日	西北版	1929-09-25	1	09단	樽御輿の渡御
177890	朝鮮朝日	西北版	1929-09-25	1	10단	頭目不詳の馬賊現はる
177891	朝鮮朝日	西北版	1929-09-25	1	10단	安東支那街二十戶燒く
177892	朝鮮朝日	西北版	1929-09-25	1	10단	露人のスリ
177893	朝鮮朝日	西北版	1929-09-25	1	10단	もよほし(能率增進講演會)
177894	朝鮮朝日	西北版	1929-09-25	1	10단	人(和田信夫氏(本社經濟部長))
177895	朝鮮朝日	南鮮版	1929-09-25	1	01단	博覽會グラフ/(上)休みと秋晴れに惠まれ怒濤のやうに押寄せた觀覽者/(下左)團體客で雜沓する京城驛ホーム/(下右)會場內の假裝
177896	朝鮮朝日	南鮮版	1929-09-25	1	01단	朝鮮の特殊性と政府の緊縮方針と抵觸しな

일련번호	판명		간행일	면	단수	기사명
177896	朝鮮朝日	南鮮版	1929-09-25	1	01단	*いやうう融和を圖りたい朝鮮入りの松田拓相 談/治鮮方針の具體的な打合せ松田拓相の來 鮮で總督府異常に緊張/釜山の拓相*
177897	朝鮮朝日	南鮮版	1929-09-25	1	03단	閑院宮殿下御査閲豫行演習
177898	朝鮮朝日	南鮮版	1929-09-25	1	04단	朝博漫畫(6)/音三生
177899	朝鮮朝日	南鮮版	1929-09-25	1	05단	二日つゞきの休みと秋晴れに惠まれ湧き 返った朝鮮博
177900	朝鮮朝日	南鮮版	1929-09-25	1	05단	國境の警備は現在の儘で十分か否かは研究 初巡視の南軍司令官
177901	朝鮮朝日	南鮮版	1929-09-25	1	06단	釜山の自動車賃金値下げ
177902	朝鮮朝日	南鮮版	1929-09-25	1	06단	式年遷宮記念スタンプ
177903	朝鮮朝日	南鮮版	1929-09-25	1	06단	朝鮮醫學總會
177904	朝鮮朝日	南鮮版	1929-09-25	1	07단	赤十字本部第四回總會
177905	朝鮮朝日	南鮮版	1929-09-25	1	07단	運動界(神宮競技京城豫選の一等と記錄/卓 球豫選/京城中學優勝)
177906	朝鮮朝日	南鮮版	1929-09-25	1	07단	*仁川のコレラ小康狀態でやうやく活氣づく/ 現患數*
177907	朝鮮朝日	南鮮版	1929-09-25	1	07단	青い鳥
177908	朝鮮朝日	南鮮版	1929-09-25	1	08단	工場に擴聲器
177909	朝鮮朝日	南鮮版	1929-09-25	1	09단	陰性と決定釜山の患者
177910	朝鮮朝日	南鮮版	1929-09-25	1	10단	第二無名塚發掘に着手すべく調査を開始
177911	朝鮮朝日	南鮮版	1929-09-25	1	10단	路上で火藥が爆發五名が負傷
177912	朝鮮朝日	南鮮版	1929-09-25	1	10단	電車專門賊
177913	朝鮮朝日	南鮮版	1929-09-25	1	10단	九日支局設置
177914	朝鮮朝日	南鮮版	1929-09-25	1	10단	人(生田內務局長/加藤敬三郎氏(鮮銀總 裁)/上原第十九師團長/今村殖産局長/刀彌 館東朝社販買部長/大道大朝出版部次長/ 釜山金曜會員)
177915	朝鮮朝日	西北・南鮮版	1929-09-25	2	01단	秋の顔/小出楢重/作並畫
177916	朝鮮朝日	西北・南鮮版	1929-09-25	2	02단	地下室へ/櫻井忠溫
177917	朝鮮朝日	西北・南鮮版	1929-09-25	2	04단	北青線の開通
177918	朝鮮朝日	西北・南鮮版	1929-09-25	2	05단	各地だより(京城より/平壤より/雄基/統營/元 山/裡里/清津/浦項/城津)
177919	朝鮮朝日	西北・南鮮版	1929-09-25	2	06단	朝日活寫會
177920	朝鮮朝日	西北版	1929-09-26	1	01단	人の波人の渦/ゴツタ返す博覽會場
177921	朝鮮朝日	西北版	1929-09-26	1	01단	*朝博開會式に台臨を仰ぐ閑院宮殿下の御英 姿新興朝鮮の感激と兒玉政務總監語る/閑院 宮殿下御査閲の順序ついで分列式擧行/殿下 の御日程*

일련번호	판명		간행일	면	단수	기사명
177922	朝鮮朝日	西北版	1929-09-26	1	05단	大同江の流れの變遷小原、當澤兩敎諭が踏破した研究調査
177923	朝鮮朝日	西北版	1929-09-26	1	05단	李王殿下御歸鮮七八日頃か
177924	朝鮮朝日	西北版	1929-09-26	1	05단	辭令(東京電話)
177925	朝鮮朝日	西北版	1929-09-26	1	05단	安東の地方委員選擧期迫る/選擧期日は十月一日
177926	朝鮮朝日	西北版	1929-09-26	1	06단	今月中には編成を終る總督府の明年度豫算兒玉總監談
177927	朝鮮朝日	西北版	1929-09-26	1	06단	高射砲隊を平壌に新設營舍は本年中に完成
177928	朝鮮朝日	西北版	1929-09-26	1	08단	郵便局長會
177929	朝鮮朝日	西北版	1929-09-26	1	08단	短歌/橋田東聲選
177930	朝鮮朝日	西北版	1929-09-26	1	08단	京城神社合祀祭莊嚴に執行
177931	朝鮮朝日	西北版	1929-09-26	1	08단	拓相歡迎會
177932	朝鮮朝日	西北版	1929-09-26	1	09단	朝博漫畫(7)/音三生
177933	朝鮮朝日	西北版	1929-09-26	1	09단	平壌栗高價を唱ふ
177934	朝鮮朝日	西北版	1929-09-26	1	09단	下關記者團平壌を視察
177935	朝鮮朝日	西北版	1929-09-26	1	09단	安東會議所正副會頭決る會頭に荒川六平氏副會頭に野口藤太郎氏
177936	朝鮮朝日	西北版	1929-09-26	1	09단	二人組みのピストル強盗主人を射殺して逃ぐ
177937	朝鮮朝日	西北版	1929-09-26	1	10단	怪しい祈禱師婦女に暴行
177938	朝鮮朝日	西北版	1929-09-26	1	10단	運動界(神宮競技豫選)
177939	朝鮮朝日	南鮮版	1929-09-26	1	01단	人の波人の渦/ゴツタ返す博覽會場
177940	朝鮮朝日	南鮮版	1929-09-26	1	01단	朝博開會式に台臨を仰ぐ閑院宮殿下の御英姿新興朝鮮の感激と兒玉政務總監語る/閑院宮殿下御査閲の順序ついで分列式擧行/殿下の御日程
177941	朝鮮朝日	南鮮版	1929-09-26	1	05단	大同江の流れの變遷小原、當澤兩敎諭が踏破した研究調査
177942	朝鮮朝日	南鮮版	1929-09-26	1	05단	李王殿下御歸鮮七八日頃か
177943	朝鮮朝日	南鮮版	1929-09-26	1	05단	御査閲に參列の遠隔者夜營
177944	朝鮮朝日	南鮮版	1929-09-26	1	05단	辭令(東京電話)
177945	朝鮮朝日	南鮮版	1929-09-26	1	06단	今月中には編成を終る總督府の明年度豫算兒玉總監談
177946	朝鮮朝日	南鮮版	1929-09-26	1	06단	釜山水産市場府營の前提許可の條件を追加荷主の保護に手心
177947	朝鮮朝日	南鮮版	1929-09-26	1	06단	慶南實行豫算四分弱減額で結着
177948	朝鮮朝日	南鮮版	1929-09-26	1	06단	短歌/橋田東聲選
177949	朝鮮朝日	南鮮版	1929-09-26	1	07단	郵便局長會
177950	朝鮮朝日	南鮮版	1929-09-26	1	07단	京城神社合祀祭莊嚴に執行

일련번호	판명		간행일	면	단수	기사명
177951	朝鮮朝日	南鮮版	1929-09-26	1	08단	朝博雜觀
177952	朝鮮朝日	南鮮版	1929-09-26	1	08단	松田拓相小雨の中を花やかに京城到着/拓相歡迎會
177953	朝鮮朝日	南鮮版	1929-09-26	1	08단	關所を設けて豫防注射を强制する京城のコレラ防備
177954	朝鮮朝日	南鮮版	1929-09-26	1	08단	朝博漫畫(7)/音三生
177955	朝鮮朝日	南鮮版	1929-09-26	1	10단	隔離病舍を急に增設
177956	朝鮮朝日	南鮮版	1929-09-26	1	10단	怪しい祈禱師婦女に暴行
177957	朝鮮朝日	南鮮版	1929-09-26	1	10단	多額の社金を支配人が費消
177958	朝鮮朝日	南鮮版	1929-09-26	1	10단	人(兒玉政務總監/國分三玄氏(元朝鮮司法府長官)/泉釜山商銀專務/丹下慶南警務課長/本社支局後援鮮滿視察團/下關市政記者團一行)
177959	朝鮮朝日	西北・南鮮版	1929-09-26	2	01단	採鹽高減少はない
177960	朝鮮朝日	西北・南鮮版	1929-09-26	2	01단	書入日の京城驛乘降客統計
177961	朝鮮朝日	西北・南鮮版	1929-09-26	2	01단	金剛山電鐵在勤加給を一割減額す
177962	朝鮮朝日	西北・南鮮版	1929-09-26	2	01단	豫想以上深刻な慶南の旱害
177963	朝鮮朝日	西北・南鮮版	1929-09-26	2	01단	新籾出廻る
177964	朝鮮朝日	西北・南鮮版	1929-09-26	2	01단	流行界の尖端
177965	朝鮮朝日	西北・南鮮版	1929-09-26	2	02단	朝博が活動に祟る
177966	朝鮮朝日	西北・南鮮版	1929-09-26	2	02단	開會式とDKの放送
177967	朝鮮朝日	西北・南鮮版	1929-09-26	2	03단	會寧工兵隊瀨山大隊の萬歲橋假橋架設工事の光景
177968	朝鮮朝日	西北・南鮮版	1929-09-26	2	03단	朝日活寫會
177969	朝鮮朝日	西北・南鮮版	1929-09-26	2	03단	囑託醫打合會
177970	朝鮮朝日	西北・南鮮版	1929-09-26	2	04단	穀物商聯合會
177971	朝鮮朝日	西北・南鮮版	1929-09-26	2	04단	各地だより(京城より)
177972	朝鮮朝日	西北版	1929-09-27	1	01단	閑院宮殿下の御泊所となる龍山總督官邸の手入/閑院宮殿下隨員を發表
177973	朝鮮朝日	西北版	1929-09-27	1	01단	入城した松田拓相(左から二人目拓相・三人目齋藤總監)
177974	朝鮮朝日	西北版	1929-09-27	1	01단	大臣ぶり天晴れの拓相總督府で訓示をやる/訓示要旨
177975	朝鮮朝日	西北版	1929-09-27	1	02단	警部補大異動咸鏡南道
177976	朝鮮朝日	西北版	1929-09-27	1	02단	籾乾燥場を穀物商で設置平北産米の改善策穀物商懇談會で決定/穀物商懇談會
177977	朝鮮朝日	西北版	1929-09-27	1	04단	城大の後任總長は學內から起用か輸入か兩論者が對立して未決
177978	朝鮮朝日	西北版	1929-09-27	1	04단	平安北道學校長會議
177979	朝鮮朝日	西北版	1929-09-27	1	05단	漢川築港は本年は見合

일련번호	판명		간행일	면	단수	기사명
177980	朝鮮朝日	西北版	1929-09-27	1	05段	學校騷動絶滅を期す平北道
177981	朝鮮朝日	西北版	1929-09-27	1	05段	三十萬圓程度の復舊費を要請平南の水害は豫想以上に激甚を極む
177982	朝鮮朝日	西北版	1929-09-27	1	05段	俳句/鈴木花蓑選
177983	朝鮮朝日	西北版	1929-09-27	1	06段	朝博漫畵(8)/音三生
177984	朝鮮朝日	西北版	1929-09-27	1	06段	司法と行政の管轄違ひで郡所屬變更
177985	朝鮮朝日	西北版	1929-09-27	1	07段	平北自動車合同經營は實現困難か
177986	朝鮮朝日	西北版	1929-09-27	1	07段	帝大學生監事務協議會
177987	朝鮮朝日	西北版	1929-09-27	1	08段	學會出席の學者の一行
177988	朝鮮朝日	西北版	1929-09-27	1	08段	外字新聞は掟の外奇怪な檢閱
177989	朝鮮朝日	西北版	1929-09-27	1	08段	大城山に松茸を養殖明年から古跡探勝かたがた松茸狩りが出來る
177990	朝鮮朝日	西北版	1929-09-27	1	09段	牡丹台野話
177991	朝鮮朝日	西北版	1929-09-27	1	09段	運動界(平北庭球選手權大會/豫選大會成績)
177992	朝鮮朝日	西北版	1929-09-27	1	10段	京城神社正遷座式
177993	朝鮮朝日	西北版	1929-09-27	1	10段	自動車顚覆し五名重輕傷
177994	朝鮮朝日	西北版	1929-09-27	1	10段	松茸で中毒
177995	朝鮮朝日	西北版	1929-09-27	1	10段	拳銃密輸關係者送局
177996	朝鮮朝日	西北版	1929-09-27	1	10段	十數個の時計を藏匿
177997	朝鮮朝日	南鮮版	1929-09-27	1	01段	閑院宮殿下の御泊所となる龍山總督官邸の手入/閑院宮殿下隨員を發表
177998	朝鮮朝日	南鮮版	1929-09-27	1	01段	大臣ぶり天晴れの拓相總督府で訓示をやる/訓示要旨
177999	朝鮮朝日	南鮮版	1929-09-27	1	01段	入城した松田拓相(左から二人目拓相・三人目齋藤總監)
178000	朝鮮朝日	南鮮版	1929-09-27	1	03段	蔚山飛行場に航空無電局本年度の新規事業
178001	朝鮮朝日	南鮮版	1929-09-27	1	04段	俳句/鈴木花蓑選
178002	朝鮮朝日	南鮮版	1929-09-27	1	04段	京城の食堂組合が飲食店組合から脱退す
178003	朝鮮朝日	南鮮版	1929-09-27	1	05段	御査閱豫行演習雨天で延期
178004	朝鮮朝日	南鮮版	1929-09-27	1	05段	城大の後任總長は學內から起用か輸入か兩論者が對立して未決
178005	朝鮮朝日	南鮮版	1929-09-27	1	05段	米の凶作で麥作の前途にも重大な影響を及ぼす堆肥の製造を獎勵
178006	朝鮮朝日	南鮮版	1929-09-27	1	05段	東萊郡旱害の救濟方陳情
178007	朝鮮朝日	南鮮版	1929-09-27	1	06段	朝博漫畵(8)/音三生
178008	朝鮮朝日	南鮮版	1929-09-27	1	06段	帝大學生監事務協議會
178009	朝鮮朝日	南鮮版	1929-09-27	1	06段	外字新聞は掟の外奇怪な檢閱
178010	朝鮮朝日	南鮮版	1929-09-27	1	07段	大城山に松茸を養殖明年から古跡探勝かたがた松茸狩りが出來る

일련번호	판명		간행일	면	단수	기사명
178011	朝鮮朝日	南鮮版	1929-09-27	1	07단	京城神社正遷座式
178012	朝鮮朝日	南鮮版	1929-09-27	1	07단	時代は移る大京城のクローズ・アップA/交通の整理
178013	朝鮮朝日	南鮮版	1929-09-27	1	08단	朝博雜觀
178014	朝鮮朝日	南鮮版	1929-09-27	1	08단	牛の流感益々猖獗
178015	朝鮮朝日	南鮮版	1929-09-27	1	08단	旱害地の渡航者頓みに増加
178016	朝鮮朝日	南鮮版	1929-09-27	1	08단	ダンサー乘込の巡航ヨット
178017	朝鮮朝日	南鮮版	1929-09-27	1	09단	自動車顚覆し五名重輕傷
178018	朝鮮朝日	南鮮版	1929-09-27	1	09단	豪雨で洪水
178019	朝鮮朝日	南鮮版	1929-09-27	1	09단	多木氏召喚取調べらる
178020	朝鮮朝日	南鮮版	1929-09-27	1	10단	強盗捕まる
178021	朝鮮朝日	南鮮版	1929-09-27	1	10단	松茸で中毒
178022	朝鮮朝日	南鮮版	1929-09-27	1	10단	拳銃密輸關係者送局
178023	朝鮮朝日	南鮮版	1929-09-27	1	10단	十數個の時計を藏匿
178024	朝鮮朝日	南鮮版	1929-09-27	1	10단	人(濱田京大教授/中山貞雄代議士/博多ドンタク團一行/水野鍊太郎氏(中央朝鮮協會顧問)/尾崎敬義氏(同會理事)/守屋榮夫氏(同上)/中島司氏(同會主事)/渡邊彌幸氏(同會理事))
178025	朝鮮朝日	西北・南鮮版	1929-09-27	2	01단	各道紹介の講演放送を中斷宣傳的言葉があった今後もやるといふ遞信局
178026	朝鮮朝日	西北・南鮮版	1929-09-27	2	01단	慶南各地浮塵子被害
178027	朝鮮朝日	西北・南鮮版	1929-09-27	2	01단	豫想外に不作の慶北の稻作
178028	朝鮮朝日	西北・南鮮版	1929-09-27	2	01단	朝鮮消防咸北聯合支部發會式當日の放水競技と消防隊の檢閱
178029	朝鮮朝日	西北・南鮮版	1929-09-27	2	02단	養鼈增收祝
178030	朝鮮朝日	西北・南鮮版	1929-09-27	2	02단	各地だより(京城より/平壤より/龍山/釜山/咸興/江界/裡里/新義州/大邱/安東縣)
178031	朝鮮朝日	西北・南鮮版	1929-09-27	2	02단	朝日活寫會
178032	朝鮮朝日	西北版	1929-09-28	1	01단	金剛山登山の淸浦伯/二十五日朝溫井里にて
178033	朝鮮朝日	西北版	1929-09-28	1	01단	內地移出牛の檢疫期間延長は當業者にとり大打擊實現せば事態は重大/牛肺疫流行期間の暫定的對策かそれにしても遺憾上杉移出牛組合長談
178034	朝鮮朝日	西北版	1929-09-28	1	01단	大激戰を豫想さるゝ平壤府協議員改選すでに運動を開始
178035	朝鮮朝日	西北版	1929-09-28	1	02단	緊縮が徹底し平壤は不景氣
178036	朝鮮朝日	西北版	1929-09-28	1	03단	運合發起人人選漸く終る年內に開業出來るやう結成をいそぐ
178037	朝鮮朝日	西北版	1929-09-28	1	03단	安東商工會議所會頭荒川六平氏

일련번호	판명		간행일	면	단수	기사명
178038	朝鮮朝日	西北版	1929-09-28	1	05단	平壤の警官さらに增員
178039	朝鮮朝日	西北版	1929-09-28	1	05단	仁川の虎疫は愈よ終熄か
178040	朝鮮朝日	西北版	1929-09-28	1	05단	旱害に疲弊の農村の兒童が相ついで退學を申出づ救濟の方法にこまる
178041	朝鮮朝日	西北版	1929-09-28	1	05단	短歌/橋田東聲選
178042	朝鮮朝日	西北版	1929-09-28	1	06단	閑院宮殿下の御旅情を慰め奉るため提燈行列や旗行列
178043	朝鮮朝日	西北版	1929-09-28	1	06단	淸津消防費削減問題で府當局と睨み合ふ/木村府尹談
178044	朝鮮朝日	西北版	1929-09-28	1	07단	ゴルフ大會
178045	朝鮮朝日	西北版	1929-09-28	1	07단	大阪朝日新聞秋季大附錄
178046	朝鮮朝日	西北版	1929-09-28	1	08단	西鮮日報社新築移轉す
178047	朝鮮朝日	西北版	1929-09-28	1	08단	神宮競技出場チーム
178048	朝鮮朝日	西北版	1929-09-28	1	09단	朝博漫畵(9)/音三生
178049	朝鮮朝日	西北版	1929-09-28	1	09단	牡丹台野話
178050	朝鮮朝日	西北版	1929-09-28	1	09단	人(遠藤狂逸氏(平壤局郵便課長)/高松商工會議所中村會頭/豊州新報主催朝博視察團/愛知中島郡農會員/京都府綴喜郡小學校敎員)
178051	朝鮮朝日	西北版	1929-09-28	1	10단	博覽會より
178052	朝鮮朝日	南鮮版	1929-09-28	1	01단	金剛山登山の淸浦佰/二十五日朝溫井里にて
178053	朝鮮朝日	南鮮版	1929-09-28	1	01단	內地移出牛の檢疫期間延長は當業者にとり大打擊實現せば事態は重大/牛肺疫流行期間の暫定的對策かそれにしても遺憾上杉移出牛組合長談
178054	朝鮮朝日	南鮮版	1929-09-28	1	01단	聯合發起人人選漸く終る年內に開業出來るやう結成をいそぐ
178055	朝鮮朝日	南鮮版	1929-09-28	1	03단	期成反期成兩派對立し大激戰を演ぜん釜山府協議員改選
178056	朝鮮朝日	南鮮版	1929-09-28	1	03단	短歌/橋田東聲選
178057	朝鮮朝日	南鮮版	1929-09-28	1	04단	御査閱式に軍樂隊參加
178058	朝鮮朝日	南鮮版	1929-09-28	1	04단	遷宮式に府民遙拜式
178059	朝鮮朝日	南鮮版	1929-09-28	1	04단	朝博漫畵(9)/音三生
178060	朝鮮朝日	南鮮版	1929-09-28	1	05단	釜山に慈雨
178061	朝鮮朝日	南鮮版	1929-09-28	1	05단	旱害に疲弊の農村の兒童が相ついで退學を申出づ救濟の方法にこまる
178062	朝鮮朝日	南鮮版	1929-09-28	1	05단	朝鮮海峽大時化連絡船遲着
178063	朝鮮朝日	南鮮版	1929-09-28	1	06단	閑院宮殿下の御旅情を慰め奉るため提燈行列や旗行列
178064	朝鮮朝日	南鮮版	1929-09-28	1	06단	大邱電氣府營期成會第二段の運動

일련번호	판명		간행일	면	단수	기사명
178065	朝鮮朝日	南鮮版	1929-09-28	1	06단	大阪朝日新聞秋季大附錄
178066	朝鮮朝日	南鮮版	1929-09-28	1	06단	仁川の虎疫は愈よ終熄か
178067	朝鮮朝日	南鮮版	1929-09-28	1	06단	運動界(慶南陸上競技/神宮競技出場チーム/滿鐵軍來征/全滿州庭球團)
178068	朝鮮朝日	南鮮版	1929-09-28	1	07단	時代は移る大京城のクローズ・アップ(B)/樂器調繕社
178069	朝鮮朝日	南鮮版	1929-09-28	1	08단	旅館で心中を圖る
178070	朝鮮朝日	南鮮版	1929-09-28	1	08단	拐帶犯人捕る
178071	朝鮮朝日	南鮮版	1929-09-28	1	09단	青い鳥
178072	朝鮮朝日	南鮮版	1929-09-28	1	09단	人(遠藤狂逸氏(平壤局郵便課長)/高松商工會議所中村會願/豊州新報主催朝博視察團/愛知縣中島郡農會員/京都府綴喜郡小學校教員/光永電通社長)
178073	朝鮮朝日	南鮮版	1929-09-28	1	10단	博覽會より
178074	朝鮮朝日	西北・南鮮版	1929-09-28	2	01단	朝鮮米第一回收穫豫想高一千四百餘萬石で前年より四分三厘增加
178075	朝鮮朝日	西北・南鮮版	1929-09-28	2	01단	平北産米檢査の成績は不良
178076	朝鮮朝日	西北・南鮮版	1929-09-28	2	01단	農業者大會の提案を協議朝農役員會
178077	朝鮮朝日	西北・南鮮版	1929-09-28	2	01단	社會事業大會と協議案
178078	朝鮮朝日	西北・南鮮版	1929-09-28	2	02단	殖銀の金融組合課ちかく實現
178079	朝鮮朝日	西北・南鮮版	1929-09-28	2	02단	馬山郊外に紡織會社がいよいよ建つ
178080	朝鮮朝日	西北・南鮮版	1929-09-28	2	02단	慶北の棉作非常な不作
178081	朝鮮朝日	西北・南鮮版	1929-09-28	2	02단	各地だより(平壤より/新義州/裡里/馬山/釜山/咸興/大邱)
178082	朝鮮朝日	西北・南鮮版	1929-09-28	2	03단	朝日活寫會
178083	朝鮮朝日	西北版	1929-09-29	1	01단	大同江の遊船大繁昌
178084	朝鮮朝日	西北版	1929-09-29	1	01단	運合實現に伴ひ運輸改善委員會いよいよ設置を急ぐその大體の骨子/十月五日に運合發起人會朝鮮ホテルで開會發起人正式に發表
178085	朝鮮朝日	西北版	1929-09-29	1	03단	秩父宮展下明年五月鮮滿御巡遊御附武官の視察
178086	朝鮮朝日	西北版	1929-09-29	1	04단	鐵道無賃乘車證規定を改正
178087	朝鮮朝日	西北版	1929-09-29	1	04단	國境拓殖鐵道促進の要望新義州會議所から商議聯合會に提出
178088	朝鮮朝日	西北版	1929-09-29	1	04단	開會式順序と閑院宮殿下御巡覽順序
178089	朝鮮朝日	西北版	1929-09-29	1	05단	朝鮮開發のため誠心誠意努めるマイクロホンを通じて半島民に呼びかけた拓相/細民住宅を視察して松田拓相平壤に向って出發
178090	朝鮮朝日	西北版	1929-09-29	1	06단	各官廳用品は鮮産品を用ひよ輸移入を防遏

일련번호	판명		간행일	면	단수	기사명
178090	朝鮮朝日	西北版	1929-09-29	1	06단	する商議聯合會に提議
178091	朝鮮朝日	西北版	1929-09-29	1	06단	新義州から提出の議案商議聯合會に
178092	朝鮮朝日	西北版	1929-09-29	1	07단	俳句/鈴木花蓑選
178093	朝鮮朝日	西北版	1929-09-29	1	07단	清津府の破産の狀態決算報告
178094	朝鮮朝日	西北版	1929-09-29	1	08단	朝博漫畫(１０)/音三生
178095	朝鮮朝日	西北版	1929-09-29	1	08단	北鮮の開發を說く東拓總裁來淸
178096	朝鮮朝日	西北版	1929-09-29	1	08단	平壤遊廓は早晩移轉か朝鮮人遊廓は早く實現するかもしれぬ
178097	朝鮮朝日	西北版	1929-09-29	1	08단	牡丹台野話
178098	朝鮮朝日	西北版	1929-09-29	1	09단	平北教育會總會
178099	朝鮮朝日	西北版	1929-09-29	1	09단	朝鮮人巡査四十名募集
178100	朝鮮朝日	西北版	1929-09-29	1	10단	電氣記念祭
178101	朝鮮朝日	西北版	1929-09-29	1	10단	平元線新倉地價が昂騰
178102	朝鮮朝日	西北版	1929-09-29	1	10단	本社後援視察團來壤
178103	朝鮮朝日	西北版	1929-09-29	1	10단	偕行社にくせ者手提金庫をぬすみ去る
178104	朝鮮朝日	西北版	1929-09-29	1	10단	病妻を捨て＞應召豫備兵の美行
178105	朝鮮朝日	南鮮版	1929-09-29	1	01단	朝鮮開發のため誠心誠意努めるマイクロホンを通じて半島民に呼びかけた拓相/細民住宅を視察して松田拓相平壤に向って出發/司法官を喜ばす拓相が地方法院を視察
178106	朝鮮朝日	南鮮版	1929-09-29	1	03단	開會式順序と閑院宮殿下御巡覽順序
178107	朝鮮朝日	南鮮版	1929-09-29	1	03단	閑院宮殿下奉迎費可決
178108	朝鮮朝日	南鮮版	1929-09-29	1	03단	鐵道無賃乘車證規定を改正
178109	朝鮮朝日	南鮮版	1929-09-29	1	04단	四年續きの旱害不作で農村の疲弊甚しく憂慮さる＞慶北道/免稅地査定に面倒起らん
178110	朝鮮朝日	南鮮版	1929-09-29	1	04단	運合實現に伴ひ運輸改善委員會いよいよ設置を急ぐその大體の骨子/十月五日に運合發起人會朝鮮ホテルで開會發起人正式に發表
178111	朝鮮朝日	南鮮版	1929-09-29	1	05단	秩父宮殿下明年五月鮮滿御巡遊御附武官の視察
178112	朝鮮朝日	南鮮版	1929-09-29	1	06단	館石製絲實現の期成會組織
178113	朝鮮朝日	南鮮版	1929-09-29	1	06단	俳句/鈴木花蓑選
178114	朝鮮朝日	南鮮版	1929-09-29	1	06단	鮮展の入場者今年は少い
178115	朝鮮朝日	南鮮版	1929-09-29	1	07단	辭令
178116	朝鮮朝日	南鮮版	1929-09-29	1	07단	商店は大繁昌朝博と京城
178117	朝鮮朝日	南鮮版	1929-09-29	1	07단	電氣料の延滯が惱みの種
178118	朝鮮朝日	南鮮版	1929-09-29	1	07단	博覽會見學を强ひはせぬ
178119	朝鮮朝日	南鮮版	1929-09-29	1	07단	博覽會より
178120	朝鮮朝日	南鮮版	1929-09-29	1	08단	半島縱走の兩靑年歸釜

일련번호	판명		간행일	면	단수	기사명
178121	朝鮮朝日	南鮮版	1929-09-29	1	08단	特許權侵害通告の裏に忌はしい噂傳はる釜山水上署の取調
178122	朝鮮朝日	南鮮版	1929-09-29	1	08단	列車の大延着釜山の混雜
178123	朝鮮朝日	南鮮版	1929-09-29	1	09단	朝博漫畫(１０)/音三生
178124	朝鮮朝日	南鮮版	1929-09-29	1	09단	日鮮丸助る
178125	朝鮮朝日	南鮮版	1929-09-29	1	10단	本社後援視察團北行
178126	朝鮮朝日	南鮮版	1929-09-29	1	10단	牛の流感で斃死牛續出
178127	朝鮮朝日	南鮮版	1929-09-29	1	10단	親子で撲殺
178128	朝鮮朝日	南鮮版	1929-09-29	1	10단	不義の子壓殺
178129	朝鮮朝日	南鮮版	1929-09-29	1	10단	釜山の火事
178130	朝鮮朝日	南鮮版	1929-09-29	1	10단	人(後藤登丸氏(釜山鮮銀支店支配人))
178131	朝鮮朝日	西北・南鮮版	1929-09-29	2	01단	改良綱の特許權侵害遂に特許局で審理その成行主目さる
178132	朝鮮朝日	西北・南鮮版	1929-09-29	2	01단	長湖里驛の土地賣買に關して中山代議士來群して關係者と會談
178133	朝鮮朝日	西北・南鮮版	1929-09-29	2	01단	秋繭好成績
178134	朝鮮朝日	西北・南鮮版	1929-09-29	2	01단	全北の棉作
178135	朝鮮朝日	西北・南鮮版	1929-09-29	2	02단	各地だより(平壤より/京城/大邱/安東縣/城津/鎭南浦)
178136	朝鮮朝日	西北・南鮮版	1929-09-29	2	03단	朝日活寫會

1929년 10월 (조선아사히)

일련번호	판명		간행일	면	단수	기사명
178137	朝鮮朝日	西北版	1929-10-01	1	01단	釜山御上陸の閑院宮殿下
178138	朝鮮朝日	西北版	1929-10-01	1	01단	長途の御旅に御恙もあらせず禮砲とゞろく淺夜を閑院宮殿下京城御着/釜山に御上陸諸員奉迎申上ぐ
178139	朝鮮朝日	西北版	1929-10-01	1	01단	昭和製鋼も國境拓殖鐵道も政府の方針を諒せよ 松田拓相談/新義州の松田拓相人氣が良い/安東を出發
178140	朝鮮朝日	西北版	1929-10-01	1	04단	平壤の電氣統制/買收に決定
178141	朝鮮朝日	西北版	1929-10-01	1	04단	中商工業者の低資運用に關し商議聯合會に提案
178142	朝鮮朝日	西北版	1929-10-01	1	04단	安東圖書館讀書週間
178143	朝鮮朝日	西北版	1929-10-01	1	04단	盛況を極めた全國教育者大會宣言決議を可決して更に諮問案答申可決
178144	朝鮮朝日	西北版	1929-10-01	1	05단	平壤地方法院龍岡出張所
178145	朝鮮朝日	西北版	1929-10-01	1	05단	平安北道警察部異動
178146	朝鮮朝日	西北版	1929-10-01	1	05단	平北兒童奬學資金の實際運用規定
178147	朝鮮朝日	西北版	1929-10-01	1	06단	農村資金の圓滑を圖る殖銀の中央金庫課新設によりて改善
178148	朝鮮朝日	西北版	1929-10-01	1	06단	お茶のあと
178149	朝鮮朝日	西北版	1929-10-01	1	06단	清津消防費削減を撤回
178150	朝鮮朝日	西北版	1929-10-01	1	07단	平壤座談會
178151	朝鮮朝日	西北版	1929-10-01	1	07단	昭和水利問題漸く曙光を認む東拓總裁實地踏査
178152	朝鮮朝日	西北版	1929-10-01	1	07단	三角地公園
178153	朝鮮朝日	西北版	1929-10-01	1	08단	消防秋季演習
178154	朝鮮朝日	西北版	1929-10-01	1	08단	開墾地の永代小作權類のない堵地契
178155	朝鮮朝日	西北版	1929-10-01	1	09단	朝博漫畫（１１）/音三生
178156	朝鮮朝日	西北版	1929-10-01	1	09단	滿鮮視察團安東を通過
178157	朝鮮朝日	西北版	1929-10-01	1	09단	平南女子庭球
178158	朝鮮朝日	西北版	1929-10-01	1	09단	牡丹台野話
178159	朝鮮朝日	西北版	1929-10-01	1	10단	殺人鬼豫審終結
178160	朝鮮朝日	西北版	1929-10-01	1	10단	半島茶話
178161	朝鮮朝日	南鮮版	1929-10-01	1	01단	釜山御上陸の閑院宮殿下
178162	朝鮮朝日	南鮮版	1929-10-01	1	01단	長途の御旅に御恙もあらせず禮砲とゞろく淺夜を閑院宮殿下京城御着/釜山に御上陸諸員奉迎申上ぐ
178163	朝鮮朝日	南鮮版	1929-10-01	1	01단	慶南米大減收/第一回の收穫豫想
178164	朝鮮朝日	南鮮版	1929-10-01	1	02단	平北西部線
178165	朝鮮朝日	南鮮版	1929-10-01	1	03단	盛況を極めた全國教育者大會宣言決議を

일련번호	판명		간행일	면	단수	기사명
178165	朝鮮朝日	南鮮版	1929-10-01	1	03단	可決して更に諮問案答申可決
178166	朝鮮朝日	南鮮版	1929-10-01	1	04단	赤十字社朝鮮本部總會
178167	朝鮮朝日	南鮮版	1929-10-01	1	04단	終端驛の土地問題遂に未解決
178168	朝鮮朝日	南鮮版	1929-10-01	1	05단	農村資金の圓滑を圖る殖銀の中央金庫課新設によりて改善
178169	朝鮮朝日	南鮮版	1929-10-01	1	05단	お茶のあと
178170	朝鮮朝日	南鮮版	1929-10-01	1	05단	時代は移る大京城のクローズ・アップ(C)放送と祈り
178171	朝鮮朝日	南鮮版	1929-10-01	1	06단	旱害に加へて牛の奇病に悩む慶南の農家は大恐慌 罹病牛四千頭に上る/病名病原もはっきりせぬ無論豫防法もない
178172	朝鮮朝日	南鮮版	1929-10-01	1	06단	罐詰協會第三回總會
178173	朝鮮朝日	南鮮版	1929-10-01	1	07단	體育大會野球戰日程
178174	朝鮮朝日	南鮮版	1929-10-01	1	07단	河川使用禁止解かる仁川の虎疫全く終熄す
178175	朝鮮朝日	南鮮版	1929-10-01	1	07단	關稅の不服申立原告の敗訴
178176	朝鮮朝日	南鮮版	1929-10-01	1	08단	青い鳥
178177	朝鮮朝日	南鮮版	1929-10-01	1	09단	朝博漫畫(１１)/音三生
178178	朝鮮朝日	南鮮版	1929-10-01	1	09단	人(柳原養光伯(貴族院議員)/三室戸敬光子(同上)/宮尾東拓總裁/馬野咸南道知事)
178179	朝鮮朝日	南鮮版	1929-10-01	1	09단	台灣紹介の藝術寫眞展台灣館内で開催/懸賞投票も行ふ
178180	朝鮮朝日	南鮮版	1929-10-01	1	09단	第一回台灣藝術寫眞展覽會
178181	朝鮮朝日	南鮮版	1929-10-01	1	10단	半島茶話
178182	朝鮮朝日	西北・南鮮版	1929-10-01	2	01단	火曜のページ/出鱈目に書く/東坊城恭長
178183	朝鮮朝日	西北・南鮮版	1929-10-01	2	01단	朝鮮經濟の研究に就いて/京城帝大敎授/船田亨二
178184	朝鮮朝日	西北・南鮮版	1929-10-01	2	03단	女優離婚事件/及び、スキーの話/長谷川修二
178185	朝鮮朝日	西北・南鮮版	1929-10-01	2	03단	大阪朝日新聞秋季大附錄
178186	朝鮮朝日	西北・南鮮版	1929-10-01	2	03단	博覽會を機にラヂオの普及/特別放送の連續や受信機組立で講習
178187	朝鮮朝日	西北・南鮮版	1929-10-02	2	05단	筑江宇潮柳榮館席上聯句
178188	朝鮮朝日	西北・南鮮版	1929-10-01	2	05단	各地だより(雄基/元山/安東縣/大邱/裡里)
178189	朝鮮朝日	西北版	1929-10-02	1	01단	御機嫌麗はしく朝博に成らせられ各會場を御巡覽遊ざる 閑院元帥宮殿下の御動靜/官民有力者に接見遊ざる/御熱心に感激す兒玉總監謹話
178190	朝鮮朝日	西北版	1929-10-02	1	01단	三十日夜京城驛御着の閑院宮殿下

일련번호	판명		간행일	면	단수	기사명
178191	朝鮮朝日	西北版	1929-10-02	1	01단	朝博開會式閑院宮殿下台臨
178192	朝鮮朝日	西北版	1929-10-02	1	02단	閑院宮殿下平壤の御日程
178193	朝鮮朝日	西北版	1929-10-02	1	03단	朝鮮簡保愈實施必ず成功すると當局は力む
178194	朝鮮朝日	西北版	1929-10-02	1	03단	幾割下げるか見當つかぬ電燈料の値下につき咸興電氣の幹部の話
178195	朝鮮朝日	西北版	1929-10-02	1	04단	短歌/橋田東聲選
178196	朝鮮朝日	西北版	1929-10-02	1	05단	新義州驛到着の松田拓相
178197	朝鮮朝日	西北版	1929-10-02	1	05단	平南の古墳をよく視察し保存方法を研究する/平壤に來た張繼氏談
178198	朝鮮朝日	西北版	1929-10-02	1	06단	人絹工場候補地朝鮮窒素隣接地有力視さる
178199	朝鮮朝日	西北版	1929-10-02	1	06단	朝博雜觀
178200	朝鮮朝日	西北版	1929-10-02	1	07단	平壤の拓相頗る上機嫌
178201	朝鮮朝日	西北版	1929-10-02	1	07단	南浦郵便局の簡保大宣傳
178202	朝鮮朝日	西北版	1929-10-02	1	07단	檢疫期延長で議論沸騰し發地檢疫制の放擲を移出牛聯合會で決議
178203	朝鮮朝日	西北版	1929-10-02	1	07단	朝博漫畵(１２)/音三生
178204	朝鮮朝日	西北版	1929-10-02	1	08단	牡丹台野話
178205	朝鮮朝日	西北版	1929-10-02	1	08단	鼇業傳習卒業式
178206	朝鮮朝日	西北版	1929-10-02	1	08단	弊害を恐れて選擧を取締る內務局長の談
178207	朝鮮朝日	西北版	1929-10-02	1	09단	順川、新倉間の鐵道開通式
178208	朝鮮朝日	西北版	1929-10-02	1	09단	兒玉總監から/少年褒められる眞心こめた敬禮から感心な沙里院小學校兒童
178209	朝鮮朝日	西北版	1929-10-02	1	10단	安東に於ける反露の示威
178210	朝鮮朝日	西北版	1929-10-02	1	10단	鮮滿視察團
178211	朝鮮朝日	西北版	1929-10-02	1	10단	運動界(第二回安東市民運動會)
178212	朝鮮朝日	西北版	1929-10-02	1	10단	人(貴族院議員視察團)
178213	朝鮮朝日	南鮮版	1929-10-02	1	01단	御機嫌うるはしく朝博に成らせられ會場を御巡覽遊ばす/閑院元帥宮殿下の御動靜
178214	朝鮮朝日	南鮮版	1929-10-02	1	01단	三十日夜京城驛御着の閑院宮殿下
178215	朝鮮朝日	南鮮版	1929-10-02	1	01단	官民有力者に接見遊ばす晩餐會に臨ませられ御物語に過させらる/齋藤總督に有難き御詫社會事業に對しても御獎勵金をたまはる/朝鮮博覽會の御所感閑院宮殿下の/御熱心に感激す兒玉總監謹話
178216	朝鮮朝日	南鮮版	1929-10-02	1	04단	朝博開會式閑院宮殿下台臨/朝博祝賀會

일련번호	판명		간행일	면	단수	기사명
178217	朝鮮朝日	南鮮版	1929-10-02	1	04단	檢疫期延長で議論沸騰し發地檢疫制の放擲を移出牛聯合會で決議
178218	朝鮮朝日	南鮮版	1929-10-02	1	04단	短歌/橋田東聲選
178219	朝鮮朝日	南鮮版	1929-10-02	1	05단	未曾有の旱害で三分の一減收/一千五百萬圓の大損害/慘澹たる慶南道の米作
178220	朝鮮朝日	南鮮版	1929-10-02	1	06단	蔚山水利の入札終る
178221	朝鮮朝日	南鮮版	1929-10-02	1	06단	弊害を恐れて選擧を取締る內務局長の談
178222	朝鮮朝日	南鮮版	1929-10-02	1	06단	鮮內の商人は拔け目なく割合安く品質のよい內地特產品を買占む
178223	朝鮮朝日	南鮮版	1929-10-02	1	06단	金組聯合會利率變更殖銀の貸付利率變更に伴ひ
178224	朝鮮朝日	南鮮版	1929-10-02	1	07단	朝博雜觀
178225	朝鮮朝日	南鮮版	1929-10-02	1	07단	全市を擧げて應援に繰り出し全く體育デーを現出/釜山各町對抗リレー
178226	朝鮮朝日	南鮮版	1929-10-02	1	08단	辭令
178227	朝鮮朝日	南鮮版	1929-10-02	1	08단	釜山病院移轉目鼻つくか
178228	朝鮮朝日	南鮮版	1929-10-02	1	08단	運動界(朝鮮神宮競技慶南の代表/男子部/女子部)
178229	朝鮮朝日	南鮮版	1929-10-02	1	09단	共同墓地から古器物發掘
178230	朝鮮朝日	南鮮版	1929-10-02	1	09단	朝博漫畫(１２)/音三生
178231	朝鮮朝日	南鮮版	1929-10-02	1	10단	鐵道配給所詐欺公判二被告とも詐欺事實を認む
178232	朝鮮朝日	南鮮版	1929-10-02	1	10단	佩劍を携へた强盜押入る
178233	朝鮮朝日	南鮮版	1929-10-02	1	10단	人(貴族院議員視察團)
178234	朝鮮朝日	西北・南鮮版	1929-10-02	2	01단	台灣印畫展の審査會終り入選者の發表を行ふ
178235	朝鮮朝日	西北・南鮮版	1929-10-02	2	01단	教育大會各部會各部とも熱心な討議行はる
178236	朝鮮朝日	西北・南鮮版	1929-10-02	2	01단	農業標語の當選者發表
178237	朝鮮朝日	西北・南鮮版	1929-10-02	2	02단	平北道米作豫想水稻は增收
178238	朝鮮朝日	西北・南鮮版	1929-10-02	2	02단	新義州新米檢查數
178239	朝鮮朝日	西北・南鮮版	1929-10-02	2	02단	平南の稻作
178240	朝鮮朝日	西北・南鮮版	1929-10-02	2	02단	海苔漁場の變化で紛擾
178241	朝鮮朝日	西北・南鮮版	1929-10-02	2	03단	林檎に害蟲が發生
178242	朝鮮朝日	西北・南鮮版	1929-10-02	2	03단	各地だより(京城/平壤/南浦/間島/羅南/城津/新義州/公州)
178243	朝鮮朝日	西北版	1929-10-03	1	01단	寫眞說明(１閑院宮殿下朝鮮博覽會開會式に台臨２朝鮮博覽會開會式當日に勤政殿前で盛大に行はれた祝賀會３博覽會御

일련번호	판명		간행일	면	단수	기사명
178243	朝鮮朝日	西北版	1929-10-03	1	01단	巡覽の閑院宮殿下4朝鮮神宮御參拜の閑院宮殿下5第六回體育デー第一日小學兒童の大マスゲーム)
178244	朝鮮朝日	西北版	1929-10-03	1	05단	閑院宮殿下に海鼠腸獻上
178245	朝鮮朝日	西北版	1929-10-03	1	05단	遷宮遙拜式(新義州/安東縣/平壤)
178246	朝鮮朝日	西北版	1929-10-03	1	05단	國境の競馬
178247	朝鮮朝日	西北版	1929-10-03	1	06단	朝博漫畫(13)/音三生
178248	朝鮮朝日	西北版	1929-10-03	1	07단	安東地方委員選擧
178249	朝鮮朝日	西北版	1929-10-03	1	07단	第七回全鮮女子オリンピック大會
178250	朝鮮朝日	西北版	1929-10-03	1	07단	俳句/鈴木花蓑選
178251	朝鮮朝日	西北版	1929-10-03	1	07단	安東市民運動會/桃組優勝旗を獲得す
178252	朝鮮朝日	西北版	1929-10-03	1	08단	咸南の武道選手
178253	朝鮮朝日	西北版	1929-10-03	1	08단	州外柔道試合
178254	朝鮮朝日	西北版	1929-10-03	1	08단	療養所の中でモルヒネを密賣患者が全治せぬので調てみればこの始末
178255	朝鮮朝日	西北版	1929-10-03	1	09단	平壤の座談會
178256	朝鮮朝日	西北版	1929-10-03	1	09단	海州にチフス爆發的に發生
178257	朝鮮朝日	西北版	1929-10-03	1	10단	人(加藤當美氏(三越京城支店長)/朴春琴氏(相愛會副會長)/蠅川新博士/石井豊七郎氏(長崎控訴院長)/三浦彌太郎氏(長崎地方裁判所長))
178258	朝鮮朝日	西北版	1929-10-03	1	10단	牡丹台野話
178259	朝鮮朝日	南鮮版	1929-10-03	1	01단	寫眞說明(1閑院宮殿下朝鮮博覽會開會式に台臨2朝鮮博覽會開會式當日に勤政殿前で盛大に行はれた祝賀會3博覽會御巡覽の閑院宮殿下4朝鮮神宮御參拜の閑院宮殿下5第六回體育デー第一日小學兒童の大マスゲーム)
178260	朝鮮朝日	南鮮版	1929-10-03	1	05단	朝博審査員の遣方を非難/大邱苹果を無視した態度に當業者憤慨す
178261	朝鮮朝日	南鮮版	1929-10-03	1	06단	競爭會社出現の心配なくなる通運社長語る
178262	朝鮮朝日	南鮮版	1929-10-03	1	07단	遷宮遙拜式
178263	朝鮮朝日	南鮮版	1929-10-03	1	07단	競技白熱化し新記錄續出さかんに擧行された第六回京城體育デー
178264	朝鮮朝日	南鮮版	1929-10-03	1	07단	リレー審判から牧ノ島組が憤慨し府當局に强硬な苦情をもちこむ釜山府體育デーの紛擾/『自轉車應援は明かに違反　審判員も認めてゐる』牧ノ島組の主張
178265	朝鮮朝日	南鮮版	1929-10-03	1	08단	第七回全鮮女子オリンピック大會
178266	朝鮮朝日	南鮮版	1929-10-03	1	09단	朝博漫畫(13)/音三生

일련번호	판명		간행일	면	단수	기사명
178267	朝鮮朝日	南鮮版	1929-10-03	1	10단	城大總長の下馬評盛んに行はる
178268	朝鮮朝日	南鮮版	1929-10-03	1	10단	俳句/鈴木花蓑選
178269	朝鮮朝日	南鮮版	1929-10-03	1	10단	選擧氣分漸く表面に現る大邱府議改選
178270	朝鮮朝日	南鮮版	1929-10-03	1	10단	釜山各學校の運動會日割
178271	朝鮮朝日	西北・南鮮版	1929-10-03	2	01단	朝博開會式の式辭と祝辭　濱口首相、齋藤總督の(齋藤總督式辭/濱口首相祝辭)
178272	朝鮮朝日	西北・南鮮版	1929-10-03	2	01단	慘澹たる旱害農村早くも年末決濟を憂慮さる
178273	朝鮮朝日	西北・南鮮版	1929-10-03	2	01단	淸州における麴製造工場落成式を擧ぐ
178274	朝鮮朝日	西北・南鮮版	1929-10-03	2	02단	洋服を統一
178275	朝鮮朝日	西北・南鮮版	1929-10-03	2	02단	畜牛流感の經過はよい
178276	朝鮮朝日	西北・南鮮版	1929-10-03	2	02단	鎭海飛行場の竣工式擧行
178277	朝鮮朝日	西北・南鮮版	1929-10-03	2	03단	朝博雜感
178278	朝鮮朝日	西北・南鮮版	1929-10-03	2	03단	安義兩地の簡保大宣傳
178279	朝鮮朝日	西北・南鮮版	1929-10-03	2	03단	平北評議員の內地視察團
178280	朝鮮朝日	西北・南鮮版	1929-10-03	2	03단	在滿部隊慰問鮮滿視察團
178281	朝鮮朝日	西北・南鮮版	1929-10-03	2	04단	第二會場の紛擾解決す
178282	朝鮮朝日	西北・南鮮版	1929-10-03	2	04단	在鄕軍人全鮮大會
178283	朝鮮朝日	西北・南鮮版	1929-10-03	2	04단	裡里だより
178284	朝鮮朝日	西北・南鮮版	1929-10-03	2	04단	慶北尙州の學議選擧
178285	朝鮮朝日	西北版	1929-10-04	1	01단	御聲も朖らかに御諭旨を賜ふ閑院宮樣の台臨を仰ぎ日赤愛婦の總會を開く(日赤/愛婦)
178286	朝鮮朝日	西北版	1929-10-04	1	02단	閑院宮殿下の御來壤決る御日程その他につき細心の主意をはらふ
178287	朝鮮朝日	西北版	1929-10-04	1	03단	十八機京城へ平壤を出發す
178288	朝鮮朝日	西北版	1929-10-04	1	04단	中華勞工協會平壤に支部設置にきまる
178289	朝鮮朝日	西北版	1929-10-04	1	04단	太古ながらの神儀を拜し萬感交々胸に迫った朝鮮神宮々司の謹話
178290	朝鮮朝日	西北版	1929-10-04	1	05단	短歌/橋田東聲選
178291	朝鮮朝日	西北版	1929-10-04	1	05단	在鄕軍人全鮮大會閑院宮殿下台臨遊ばし有難き御言葉を出席者に賜はる
178292	朝鮮朝日	西北版	1929-10-04	1	05단	殷山の驛舍
178293	朝鮮朝日	西北版	1929-10-04	1	06단	日淸役前後の平壤を話し合ふ近頃珍しい座談會當時から居住してゐる人々が興味ある話を次々に述べる
178294	朝鮮朝日	西北版	1929-10-04	1	06단	昭和製鋼設立や多獅島築港につき會議所から拓相に陳情/國境の要衝を保持する見地から

일련번호	판명		간행일	면	단수	기사명
178295	朝鮮朝日	西北版	1929-10-04	1	07단	養蠶優良郡に優勝旗授與
178296	朝鮮朝日	西北版	1929-10-04	1	07단	間島の東拓總裁
178297	朝鮮朝日	西北版	1929-10-04	1	07단	內鮮人差別の撤廢を陳情/學校官吏其他につき鄭氏から松田拓相に
178298	朝鮮朝日	西北版	1929-10-04	1	08단	牡丹台野話
178299	朝鮮朝日	西北版	1929-10-04	1	09단	朝鮮水電は訴へる堰堤築造によるもつれから
178300	朝鮮朝日	西北版	1929-10-04	1	10단	終熄せぬチフス/徹底的豫防をして撲滅する
178301	朝鮮朝日	西北版	1929-10-04	1	10단	ゴム靴密輸の帆船捕はる
178302	朝鮮朝日	西北版	1929-10-04	1	10단	北鮮都市對抗野球試合
178303	朝鮮朝日	西北版	1929-10-04	1	10단	國境の野球大會
178304	朝鮮朝日	西北版	1929-10-04	1	10단	咸興の體育デー
178305	朝鮮朝日	西北版	1929-10-04	1	10단	半島茶話
178306	朝鮮朝日	南鮮版	1929-10-04	1	01단	御聲も眼らかに御諭旨を賜ふ閑院宮樣の台臨を仰ぎ日赤愛婦の總會を開く(日赤/愛婦)
178307	朝鮮朝日	南鮮版	1929-10-04	1	02단	在鄉軍人全鮮大會閑院宮殿下台臨遊ばし有難き御言葉を出席者に賜はる
178308	朝鮮朝日	南鮮版	1929-10-04	1	03단	日赤社の有功章總裁宮殿下から三十七名に
178309	朝鮮朝日	南鮮版	1929-10-04	1	04단	愛國婦人會の有功章傳達
178310	朝鮮朝日	南鮮版	1929-10-04	1	05단	十八機京城へ平壤を出發す
178311	朝鮮朝日	南鮮版	1929-10-04	1	05단	北海道式漁網の特許權侵害は大問題となる
178312	朝鮮朝日	南鮮版	1929-10-04	1	05단	濟州島人の評判はよい今後大いに善導する廣瀬代議士はかたる
178313	朝鮮朝日	南鮮版	1929-10-04	1	05단	ダレ氣味に終始し全國教育大會やうやく閉會
178314	朝鮮朝日	南鮮版	1929-10-04	1	06단	太古ながらの神儀を拜し萬感交々胸に迫った朝鮮神宮々司の謹話
178315	朝鮮朝日	南鮮版	1929-10-04	1	06단	貴族院議員團鮮滿を視察
178316	朝鮮朝日	南鮮版	1929-10-04	1	06단	短歌/橋田東聲選
178317	朝鮮朝日	南鮮版	1929-10-04	1	06단	慶南署長會議延期となる
178318	朝鮮朝日	南鮮版	1929-10-04	1	07단	朝鮮水電を訴へる堰堤築造によるもつれから
178319	朝鮮朝日	南鮮版	1929-10-04	1	07단	朝博どころか大擧內地へ未曾有の旱害を受け悲慘をきはめる農民
178320	朝鮮朝日	南鮮版	1929-10-04	1	07단	時代は移る/大京城のクローズ・アップ(D)/飛行機賣物

일련번호	판명		간행일	면	단수	기사명
178321	朝鮮朝日	南鮮版	1929-10-04	1	09단	玄海に投身
178322	朝鮮朝日	南鮮版	1929-10-04	1	09단	戀に破れて自殺を企つ
178323	朝鮮朝日	南鮮版	1929-10-04	1	09단	汽船司厨長の食料品詐欺
178324	朝鮮朝日	南鮮版	1929-10-04	1	10단	運動界(全鮮硬球大會)
178325	朝鮮朝日	南鮮版	1929-10-04	1	10단	人(鎌田敬四郎氏(本社門司支局長)/平山壽祿氏(大牟田新開社長)/藤山雷太氏(日本製糖社長)/三浦計氏(同平壤所長)/須藤素氏(慶南知事)/美座流石氏(慶南警察部長))
178326	朝鮮朝日	南鮮版	1929-10-04	1	10단	半島茶話
178327	朝鮮朝日	西北・南鮮版	1929-10-04	2	01단	朝博漫畫(１４)/音三生
178328	朝鮮朝日	西北・南鮮版	1929-10-04	2	01단	齋藤總督から知事に訓示/新任の挨拶をかねて(訓示の大要)
178329	朝鮮朝日	西北・南鮮版	1929-10-04	2	01단	穀物の見本を小包郵便に取扱方を改めたゝめ當業者は恐慌を來す
178330	朝鮮朝日	西北・南鮮版	1929-10-04	2	01단	御奬勵金の傳達を行ふ
178331	朝鮮朝日	西北・南鮮版	1929-10-04	2	02단	大阪朝日新聞秋季大附錄
178332	朝鮮朝日	西北・南鮮版	1929-10-04	2	03단	朝博雜觀
178333	朝鮮朝日	西北・南鮮版	1929-10-04	2	03단	各地だより(京城/平壤/大邱)
178334	朝鮮朝日	西北版	1929-10-05	1	01단	各團體と飛行機の勇壯極まる分列式閑院宮殿下の御査閲を受け有難き令旨を賜はる/閑院宮殿下令旨/恩賜科學館に台臨あらせられ館內隈なく御參觀遊す赤十字病院にも成らせらる/閑院宮殿下御日程五日平壤御着各所を御巡覽/兒玉總監東上し閑院宮樣御差遣の御體言上
178335	朝鮮朝日	西北版	1929-10-05	1	05단	社會事業の御奬勵金傳達式を擧行
178336	朝鮮朝日	西北版	1929-10-05	1	05단	俳句/鈴木花蓑選
178337	朝鮮朝日	西北版	1929-10-05	1	05단	安東における油房は閑散
178338	朝鮮朝日	西北版	1929-10-05	1	06단	豫想以上に成績がよく鐵道當局大よろこび開通した順川新倉間
178339	朝鮮朝日	西北版	1929-10-05	1	06단	穀物商大會と各地の提出議案十一、十二兩日京城で
178340	朝鮮朝日	西北版	1929-10-05	1	06단	西平壤驛舍の工事進捗す
178341	朝鮮朝日	西北版	1929-10-05	1	07단	淸津郵便局の簡保大募集
178342	朝鮮朝日	西北版	1929-10-05	1	07단	朝鮮の精糖販賣改善の協議
178343	朝鮮朝日	西北版	1929-10-05	1	07단	マスゲームで壯觀を極む/高普校が再び優勝す/平壤の團體對抗競技
178344	朝鮮朝日	西北版	1929-10-05	1	08단	牡丹台野話
178345	朝鮮朝日	西北版	1929-10-05	1	08단	平南金組理事會議
178346	朝鮮朝日	西北版	1929-10-05	1	08단	産婆看護婦試驗

일련번호	판명		간행일	면	단수	기사명
178347	朝鮮朝日	西北版	1929-10-05	1	08단	安東の獸肉消費
178348	朝鮮朝日	西北版	1929-10-05	1	08단	朝博漫畵(１５)/音三生
178349	朝鮮朝日	西北版	1929-10-05	1	09단	模範養鷄家表彰式を擧行
178350	朝鮮朝日	西北版	1929-10-05	1	09단	昨今の平壤/各地からの觀光團殺到し非常な賑ひを見す兩展覽會も大入り
178351	朝鮮朝日	西北版	1929-10-05	1	10단	運動界(朝鮮學生卓球大會十九、二十兩日城大で開催す/咸興軍勝つ)
178352	朝鮮朝日	西北版	1929-10-05	1	10단	妻を刺して自殺を圖る
178353	朝鮮朝日	西北版	1929-10-05	1	10단	人(鎌田敬四郎氏(本社門司支局長)/阿部明治太郎氏(平南財務部長))
178354	朝鮮朝日	西北版	1929-10-05	1	10단	半島茶話
178355	朝鮮朝日	南鮮版	1929-10-05	1	01단	*各團體と飛行機の勇壯極まる分列式閑院宮殿下の御査閲を受け有難き令旨を賜はる/閑院宮殿下令旨/恩賜科學館に台臨あらせられ館內隈なく御參觀遊す赤十字病院にも成らせらる/兒玉總監東上し閑院宮樣御差遺の御體言上*
178356	朝鮮朝日	南鮮版	1929-10-05	1	04단	穀物商大會と各地の提出議案十一、十二兩日京城で
178357	朝鮮朝日	南鮮版	1929-10-05	1	05단	李王家御墓に事務官差遺
178358	朝鮮朝日	南鮮版	1929-10-05	1	05단	朝鮮の精糖販賣改善の協議
178359	朝鮮朝日	南鮮版	1929-10-05	1	05단	模範養鷄家表彰式を擧行
178360	朝鮮朝日	南鮮版	1929-10-05	1	06단	專門家を招き對策を練る漁具特許權侵害問題漸く重大化せんとす
178361	朝鮮朝日	南鮮版	1929-10-05	1	06단	「省令改正までは一頭も移出しない」聯合會の決議を齎らせ移出牛組合の代表者本府を訪ふ
178362	朝鮮朝日	南鮮版	1929-10-05	1	06단	俳句/鈴木花蓑選
178363	朝鮮朝日	南鮮版	1929-10-05	1	07단	靑年訓練の法令制定/一日付公布す
178364	朝鮮朝日	南鮮版	1929-10-05	1	07단	美人の看手を貰ひたいと所望　勇敢なのは事務局へ　やさしいのは媒介者を通じ博覽會がとりもつ合縁奇緣
178365	朝鮮朝日	南鮮版	1929-10-05	1	08단	愼重に審議しリレー紛擾の解決に努める
178366	朝鮮朝日	南鮮版	1929-10-05	1	08단	運動界(朝鮮學生卓球大會十九、二十兩日城大で開催す/金門倶勝つ)
178367	朝鮮朝日	南鮮版	1929-10-05	1	09단	朝博漫畵(１５)/音三生
178368	朝鮮朝日	南鮮版	1929-10-05	1	09단	妙齡の婦人が列車で自殺
178369	朝鮮朝日	南鮮版	1929-10-05	1	10단	委託金橫領の雇員捕はる
178370	朝鮮朝日	南鮮版	1929-10-05	1	10단	半島茶話
178371	朝鮮朝日	西北・南鮮版	1929-10-05	2	01단	施すに術なき旱害の對策/苦慮するばか

일련번호	판명		간행일	면	단수	기사명
178371	朝鮮朝日	西北・南鮮版	1929-10-05	2	01단	りで今に方法がつかぬ
178372	朝鮮朝日	西北・南鮮版	1929-10-05	2	01단	鮮満視察一行安東を視察
178373	朝鮮朝日	西北・南鮮版	1929-10-05	2	01단	購買組合奉仕社
178374	朝鮮朝日	西北・南鮮版	1929-10-05	2	01단	仁川唎酒會
178375	朝鮮朝日	西北・南鮮版	1929-10-05	2	01단	子供の汽車人氣を呼ぶ
178376	朝鮮朝日	西北・南鮮版	1929-10-05	2	01단	仁川の虎疫と魚商の損害
178377	朝鮮朝日	西北・南鮮版	1929-10-05	2	02단	各地だより(京城/平壤/公州/馬山/大邱)
178378	朝鮮朝日	西北・南鮮版	1929-10-05	2	02단	大阪朝日新聞秋季大附錄
178379	朝鮮朝日	西北・南鮮版	1929-10-05	2	03단	朝博雜觀
178380	朝鮮朝日	西北版	1929-10-06	1	01단	閑院元帥宮殿下舊都平壤に御倒着 樂浪古墳其他を御視察 主なる文武官に對し調を賜はる/南鮮方面御視察閑院元帥宮殿下御日程決る
178381	朝鮮朝日	西北版	1929-10-06	1	02단	莊嚴無比なる御儀を拜しいたく感動しました/金全南道知事の謹話
178382	朝鮮朝日	西北版	1929-10-06	1	04단	短歌/橋田東聲選
178383	朝鮮朝日	西北版	1929-10-06	1	04단	第十九師團秋季演習十日から開始
178384	朝鮮朝日	西北版	1929-10-06	1	05단	平壤と寺洞で軍樂演奏會
178385	朝鮮朝日	西北版	1929-10-06	1	05단	豆粕檢査の促進に努む
178386	朝鮮朝日	西北版	1929-10-06	1	05단	朝博漫畫(１６)/音三生
178387	朝鮮朝日	西北版	1929-10-06	1	06단	平壤在鄉軍人支部大會を開催/對抗射擊競技會では成川分會優勝旗獲得
178388	朝鮮朝日	西北版	1929-10-06	1	06단	特許權侵害の對策を協議/福田氏の出方如何で善處する事にきまる
178389	朝鮮朝日	西北版	1929-10-06	1	06단	獻納の米粟
178390	朝鮮朝日	西北版	1929-10-06	1	06단	新義州局の簡保大募集
178391	朝鮮朝日	西北版	1929-10-06	1	07단	青年訓練所規定內容朝鮮人にも適用される
178392	朝鮮朝日	西北版	1929-10-06	1	07단	朝鮮博見物の客は飛行機で續々と京城へ飛ぶ一台で足らず二台を使用/思はぬ好景氣にホクホク
178393	朝鮮朝日	西北版	1929-10-06	1	07단	巡査を毆打
178394	朝鮮朝日	西北版	1929-10-06	1	07단	疑似鵝口瘡咸南道に發生
178395	朝鮮朝日	西北版	1929-10-06	1	08단	牡丹台野話
178396	朝鮮朝日	西北版	1929-10-06	1	08단	公職者大會に學組が提案
178397	朝鮮朝日	西北版	1929-10-06	1	08단	成績のよい平壤局の簡保
178398	朝鮮朝日	西北版	1929-10-06	1	08단	狂人を脅迫し金を强奪す
178399	朝鮮朝日	西北版	1929-10-06	1	08단	魚群探檢の試驗飛行愈十五日頃に行ふ慶南方魚津を中心とし同地沖合一帶にわたり

일련번호	판명		간행일	면	단수	기사명
178400	朝鮮朝日	西北版	1929-10-06	1	09단	大腿部を射たれ卽死
178401	朝鮮朝日	西北版	1929-10-06	1	09단	家庭の不和で自殺を企つ
178402	朝鮮朝日	西北版	1929-10-06	1	09단	雙兒の一人を溫突で殺す
178403	朝鮮朝日	西北版	1929-10-06	1	10단	食刀で斬る
178404	朝鮮朝日	西北版	1929-10-06	1	10단	ヒ氏病手術成功
178405	朝鮮朝日	西北版	1929-10-06	1	10단	運動界(神宮競技の籃排球試合/全滿陸競と安東縣の選手/安東の體育デー)
178406	朝鮮朝日	西北版	1929-10-06	1	10단	もよほし(平壤の佛教信徒大會)
178407	朝鮮朝日	西北版	1929-10-06	1	10단	人(安東海關稅務司更迭/川島中將(第十九師團長)/貴族院鮮滿視察團)
178408	朝鮮朝日	南鮮版	1929-10-06	1	01단	*御機嫌いと麗しく閑院元師宮殿下平壤へ兒玉總監御案內のため御供申上ぐ/海軍鑛業部と樂浪古墳御視察　主な官吏に謁を賜ふ平壤の閑院宮殿下/南鮮方面御視察閑院元師宮殿下御日程決る*
178409	朝鮮朝日	南鮮版	1929-10-06	1	03단	旅客輸送の成績は惡い日本空輸會社の
178410	朝鮮朝日	南鮮版	1929-10-06	1	04단	獻納の米粟
178411	朝鮮朝日	南鮮版	1929-10-06	1	04단	莊嚴無比なる御儀を拜しいたく感動しました金全南道知事の謹話
178412	朝鮮朝日	南鮮版	1929-10-06	1	05단	平壤と寺洞で軍樂演奏會
178413	朝鮮朝日	南鮮版	1929-10-06	1	05단	短歌/橋田東聲選
178414	朝鮮朝日	南鮮版	1929-10-06	1	06단	龍山の總督官邸は二十年目に蘇へる倭城台を引拂って移轉　善美をつくした贅澤な內容
178415	朝鮮朝日	南鮮版	1929-10-06	1	06단	特許權侵害の對策を協議/福田氏の出方如何で善處する事にきまる
178416	朝鮮朝日	南鮮版	1929-10-06	1	06단	魚群探檢の試驗飛行愈十五日頃に行ふ慶南方魚津を中心とし同地沖合一帶にわたり
178417	朝鮮朝日	南鮮版	1929-10-06	1	06단	時代は移る大京城クローズ・アップ(E)/盲人の獨步
178418	朝鮮朝日	南鮮版	1929-10-06	1	07단	靑年訓練所規定內容朝鮮人にも適用される
178419	朝鮮朝日	南鮮版	1929-10-06	1	08단	運動界(神宮競技の籃排球試合/獨逸陸競選手來鮮確定す/滿俱勝つ)
178420	朝鮮朝日	南鮮版	1929-10-06	1	09단	朝博漫畫(１６)/音三生
178421	朝鮮朝日	南鮮版	1929-10-06	1	10단	嬰兒を壓殺
178422	朝鮮朝日	南鮮版	1929-10-06	1	10단	現金一萬圓盜難に罹る殖銀公州支店
178423	朝鮮朝日	南鮮版	1929-10-06	1	10단	人(貴族院鮮滿視察團/釜山新聞記者團)
178424	朝鮮朝日	西北・南鮮版	1929-10-06	2	01단	御査閱式餘聞

일련번호	판명		간행일	면	단수	기사명
178425	朝鮮朝日	西北・南鮮版	1929-10-06	2	01단	耕牛の流感で農家大弱り適當な藥を配給して極力豫防方法を講す
178426	朝鮮朝日	西北・南鮮版	1929-10-06	2	01단	簡易保險の成績良好/二三ヶ月すれば豫定に達す
178427	朝鮮朝日	西北・南鮮版	1929-10-06	2	01단	家畜傳染病豫防協議會
178428	朝鮮朝日	西北・南鮮版	1929-10-06	2	02단	印刷業大會
178429	朝鮮朝日	西北・南鮮版	1929-10-06	2	02단	朝鮮鼈絲臨時大會
178430	朝鮮朝日	西北・南鮮版	1929-10-06	2	02단	DKの大學講座/水中障害浮標設置演習
178431	朝鮮朝日	西北・南鮮版	1929-10-06	2	03단	水産組合の増設を認可
178432	朝鮮朝日	西北・南鮮版	1929-10-06	2	03단	各地だより(京城/間島/大邱/咸興/裡里/公州)
178433	朝鮮朝日	西北・南鮮版	1929-10-06	2	04단	新刊紹介(『文教の朝鮮』『地上樂園』)
178434	朝鮮朝日	西北版	1929-10-08	1	01단	寺洞臨江亭に成らせられた閑院宮殿下/閑院宮殿下の御動靜　日清戰爭當時を御追想遊ばすかって御滞在相成った明倫堂に成らせられて/平南特産品御買上商品陳列所で/南浦御視察/咸南の光榮
178435	朝鮮朝日	西北版	1929-10-08	1	02단	運合發起人會多少遲れる對荷主側の諒解は今に成立せぬため
178436	朝鮮朝日	西北版	1929-10-08	1	04단	愈よ搦手から攻め立てる輸城川の改修問題を商工聯合會に持出す
178437	朝鮮朝日	西北版	1929-10-08	1	04단	大に賑はった辯護士大會流石口の職業だけに傍聽者を感服させる
178438	朝鮮朝日	西北版	1929-10-08	1	04단	アメリカキササギに鹽分をふくむ近く研究結果を發表
178439	朝鮮朝日	西北版	1929-10-08	1	05단	海員倶樂部寄附金豫想以上に集まる見込つく
178440	朝鮮朝日	西北版	1929-10-08	1	05단	元山の商議戰一名超過し競爭激甚を極む
178441	朝鮮朝日	西北版	1929-10-08	1	05단	『重複の嫌あるも現狀維持が得策だ』警務局衛生課突き放す/移出牛事務移管は物にならぬ
178442	朝鮮朝日	西北版	1929-10-08	1	06단	根炭の採掘を嚴重取締る
178443	朝鮮朝日	西北版	1929-10-08	1	06단	國民黨支部淸進に設けらる
178444	朝鮮朝日	西北版	1929-10-08	1	06단	全鮮第二位の成績を擧ぐ今後は朝鮮人方面に平壤郵便局簡保募集/元山局管内の簡保募集高
178445	朝鮮朝日	西北版	1929-10-08	1	06단	瑚璉川堤防は愈近く竣工
178446	朝鮮朝日	西北版	1929-10-08	1	07단	柞鼈絲工場を安東縣に設置か田中農學博士來安で早くも噂がつたはる
178447	朝鮮朝日	西北版	1929-10-08	1	07단	米收穫は増加か旱害恢復は豫想外によい

일련번호	판명		간행일	면	단수	기사명
178448	朝鮮朝日	西北版	1929-10-08	1	07단	平北道の署長會議
178449	朝鮮朝日	西北版	1929-10-08	1	08단	平壤女高普選手凱旋
178450	朝鮮朝日	西北版	1929-10-08	1	08단	京城協贊會の醜聞傳はる駒田府技師をして建物調を行はしむ
178451	朝鮮朝日	西北版	1929-10-08	1	08단	コソ泥が減り智能犯增す
178452	朝鮮朝日	西北版	1929-10-08	1	08단	畜牛の奇病
178453	朝鮮朝日	西北版	1929-10-08	1	08단	鹽船坐洲す
178454	朝鮮朝日	西北版	1929-10-08	1	09단	滿鮮視察團安東を視察
178455	朝鮮朝日	西北版	1929-10-08	1	09단	人夫小屋に三人組强盗
178456	朝鮮朝日	西北版	1929-10-08	1	09단	牡丹台野話
178457	朝鮮朝日	西北版	1929-10-08	1	10단	不景氣だった國境の競馬
178458	朝鮮朝日	西北版	1929-10-08	1	10단	潮內務次官の弟と稱する怪內地人引致
178459	朝鮮朝日	西北版	1929-10-08	1	10단	寢台車から小火を出す
178460	朝鮮朝日	西北版	1929-10-08	1	10단	警士の惡事
178461	朝鮮朝日	西北版	1929-10-08	1	10단	人(松本貴族院議員)
178462	朝鮮朝日	西北版	1929-10-08	1	10단	半島茶話
178463	朝鮮朝日	南鮮版	1929-10-08	1	01단	學內から起用の輿論を尊重し遂に志賀博士を任命す城大總長いよいよ決る
178464	朝鮮朝日	南鮮版	1929-10-08	1	01단	朝鮮は最初で知人もない學務局長に決定した武部欽一氏はかたる
178465	朝鮮朝日	南鮮版	1929-10-08	1	01단	大に賑はった辯護士大會流石口の職業だけに傍聽者を感服させる
178466	朝鮮朝日	南鮮版	1929-10-08	1	02단	政友會總裁犬養氏に決定す昨夜幹部會協議の結果
178467	朝鮮朝日	南鮮版	1929-10-08	1	03단	亞細亞文化紹介印畫展
178468	朝鮮朝日	南鮮版	1929-10-08	1	03단	閑院宮殿下御歸城相成る御機嫌いと麗はしく/總督その他に晚餐を賜ふ
178469	朝鮮朝日	南鮮版	1929-10-08	1	03단	內親王殿下御降誕奉告祭
178470	朝鮮朝日	南鮮版	1929-10-08	1	03단	京城驛は大雜沓朝鮮博見物團體猛烈に增す
178471	朝鮮朝日	南鮮版	1929-10-08	1	04단	米收穫は增加か旱害の恢復は豫想外によい
178472	朝鮮朝日	南鮮版	1929-10-08	1	04단	朝鮮化學會
178473	朝鮮朝日	南鮮版	1929-10-08	1	04단	『重複の嫌あるも現狀維持が得策だ』警務局衛生課突き放す/移出牛事務移管は物にならぬ
178474	朝鮮朝日	南鮮版	1929-10-08	1	05단	米の旱害で採種に注意
178475	朝鮮朝日	南鮮版	1929-10-08	1	05단	金剛山電鐵延長は時機が來れば必ず實現する

일련번호	판명		간행일	면	단수	기사명
178476	朝鮮朝日	南鮮版	1929-10-08	1	05단	東京から歸城した長尾檢事正
178477	朝鮮朝日	南鮮版	1929-10-08	1	05단	電報規則の一部を改正
178478	朝鮮朝日	南鮮版	1929-10-08	1	06단	朝鮮一の大松茸/朝鮮博『山の國』に陳列
178479	朝鮮朝日	南鮮版	1929-10-08	1	06단	對支貿易は躍進を示す
178480	朝鮮朝日	南鮮版	1929-10-08	1	06단	昭和會生る
178481	朝鮮朝日	南鮮版	1929-10-08	1	07단	公職者大會
178482	朝鮮朝日	南鮮版	1929-10-08	1	07단	大興電氣會社全南北進出
178483	朝鮮朝日	南鮮版	1929-10-08	1	07단	連合發起人會多少遲れる對荷主側の諒解は今に成立せぬため
178484	朝鮮朝日	南鮮版	1929-10-08	1	08단	遠田畫伯/巴里へ一年の豫定で近く出發する
178485	朝鮮朝日	南鮮版	1929-10-08	1	08단	空軍砲兵聯合演習慶南道昌寧平野で行ふ
178486	朝鮮朝日	南鮮版	1929-10-08	1	09단	アメリカキササギに鹽分をふくむ近く研究結果を發表
178487	朝鮮朝日	南鮮版	1929-10-08	1	09단	京城協贊會の醜聞傳はる駒田府技師をして建物調を行はしむ
178488	朝鮮朝日	南鮮版	1929-10-08	1	09단	鎌で斬殺す
178489	朝鮮朝日	南鮮版	1929-10-08	1	09단	疑問の死體
178490	朝鮮朝日	南鮮版	1929-10-08	1	10단	畜牛の奇病
178491	朝鮮朝日	南鮮版	1929-10-08	1	10단	竊盜團捕る
178492	朝鮮朝日	南鮮版	1929-10-08	1	10단	人(久光民之助氏(金剛山電鐵社長)/和田大朝經濟部長/鎌田敬四郎氏(大朝門司支局長)/大池源二氏(釜山實業家))
178493	朝鮮朝日	南鮮版	1929-10-08	1	10단	半島茶話
178494	朝鮮朝日	西北・南鮮版	1929-10-08	2	01단	マネキン孃/職業戰線に進出する女性/山田やす子
178495	朝鮮朝日	西北・南鮮版	1929-10-08	2	02단	各地だより(京城/平壤/淸津/安東縣/鎭南浦/裡里)
178496	朝鮮朝日	西北・南鮮版	1929-10-08	2	04단	朝博雜觀
178497	朝鮮朝日	西北・南鮮版	1929-10-08	2	06단	仁川府當局の曖昧なる態度から當業者大打擊を蒙る靑物糶市場問題惡化
178498	朝鮮朝日	西北・南鮮版	1929-10-08	2	07단	淸津府議選擧十一月廿日施行
178499	朝鮮朝日	西北版	1929-10-09	1	01단	御思ひ出ふかき京城を御出發金剛山にむかはせらる 閑院宮殿下長安寺御着/長安寺御着
178500	朝鮮朝日	西北版	1929-10-09	1	01단	新取締令の最初の試煉/府、面議員の改選と新規則の效果如何
178501	朝鮮朝日	西北版	1929-10-09	1	01단	平壤の閑院宮殿下
178502	朝鮮朝日	西北版	1929-10-09	1	03단	新規事業は殆んどなく實行豫算より縮

일련번호	판명		간행일	면	단수	기사명
178502	朝鮮朝日	西北版	1929-10-09	1	03단	小/總督府明年度豫算
178503	朝鮮朝日	西北版	1929-10-09	1	04단	輸出豆粕の不正防止/安東貿易商組合が極力勵行
178504	朝鮮朝日	西北版	1929-10-09	1	05단	日支穀類商人打擊を受く安東商總會が穀類の輸出禁止勵行のため
178505	朝鮮朝日	西北版	1929-10-09	1	05단	農業者大會
178506	朝鮮朝日	西北版	1929-10-09	1	05단	第六回全鮮公職者大會第二日目
178507	朝鮮朝日	西北版	1929-10-09	1	06단	俳句/鈴木花蓑選
178508	朝鮮朝日	西北版	1929-10-09	1	06단	安東貿易協議會
178509	朝鮮朝日	西北版	1929-10-09	1	07단	朝博漫畫(１７)/音三生
178510	朝鮮朝日	西北版	1929-10-09	1	07단	咸興に物産會社
178511	朝鮮朝日	西北版	1929-10-09	1	07단	全鮮主日學校大會
178512	朝鮮朝日	西北版	1929-10-09	1	08단	鰯漁業の試驗を行ふ
178513	朝鮮朝日	西北版	1929-10-09	1	08단	モクズ蟹を密賣す發見次第容赦せずに處罰す
178514	朝鮮朝日	西北版	1929-10-09	1	08단	五十錢均一では/算盤がとれず卅錢の値上を出願/平壤の五十錢タクシーやりきれず悲鳴をあぐ
178515	朝鮮朝日	西北版	1929-10-09	1	08단	牡丹台茶話
178516	朝鮮朝日	西北版	1929-10-09	1	09단	拔荷問題解決す今後檢斤を一層嚴重に行ふ
178517	朝鮮朝日	西北版	1929-10-09	1	09단	運動界(必勝を期する平壤女高普神宮庭球戰で/南浦商工軍勝つ)
178518	朝鮮朝日	西北版	1929-10-09	1	09단	殺人鬼に死刑を求刑/流石に顔色蒼ざむ判決言渡は十五日
178519	朝鮮朝日	西北版	1929-10-09	1	10단	二人組强盜通行の女を襲ふ
178520	朝鮮朝日	西北版	1929-10-09	1	10단	老人轢かる
178521	朝鮮朝日	西北版	1929-10-09	1	10단	人(藤山雷太氏(日糖社長)/鎌田敬四郎氏(本社門司支局長))
178522	朝鮮朝日	南鮮版	1929-10-09	1	01단	御思ひ出ふかき京城を御出發金剛山にむかはせらる 閑院宮殿下長安寺御着/長安寺御着
178523	朝鮮朝日	南鮮版	1929-10-09	1	01단	新取締令の最初の試煉/府、面議員の改選と新規則の効果如何
178524	朝鮮朝日	南鮮版	1929-10-09	1	01단	平壤の閑院宮殿下
178525	朝鮮朝日	南鮮版	1929-10-09	1	03단	新規事業は殆んどなく實行豫算より縮小/總督府明年度豫算
178526	朝鮮朝日	南鮮版	1929-10-09	1	04단	戰鬪機四機大邱に着陸
178527	朝鮮朝日	南鮮版	1929-10-09	1	04단	第二艦隊釜山に入港

일련번호	판명		간행일	면	단수	기사명
178528	朝鮮朝日	南鮮版	1929-10-09	1	05단	旱害のため退學者續出/授業料の滯納甚しく救濟方法も見當らぬ
178529	朝鮮朝日	南鮮版	1929-10-09	1	05단	俳句/鈴木花蓑選
178530	朝鮮朝日	南鮮版	1929-10-09	1	06단	農業者大會
178531	朝鮮朝日	南鮮版	1929-10-09	1	06단	政府米の拂下げ再び計劃さる
178532	朝鮮朝日	南鮮版	1929-10-09	1	07단	第六回全鮮公職者大會第二日目
178533	朝鮮朝日	南鮮版	1929-10-09	1	07단	刑務所長會
178534	朝鮮朝日	南鮮版	1929-10-09	1	07단	朝郵船無配當
178535	朝鮮朝日	南鮮版	1929-10-09	1	07단	釀造品評會の受賞者決る
178536	朝鮮朝日	南鮮版	1929-10-09	1	08단	朝博漫畵(１７)/音三生
178537	朝鮮朝日	南鮮版	1929-10-09	1	08단	耕牛不足の憂ひはない賣れぬために
178538	朝鮮朝日	南鮮版	1929-10-09	1	08단	陸軍中尉の數奇な運命/國民革命軍に入り捕虜となり不逞團に加盟つひに治維法に問はる
178539	朝鮮朝日	南鮮版	1929-10-09	1	09단	眞言信徒大會
178540	朝鮮朝日	南鮮版	1929-10-09	1	09단	愼重な態度で免稅を調査
178541	朝鮮朝日	南鮮版	1929-10-09	1	10단	京都實業家滿鮮視察團
178542	朝鮮朝日	南鮮版	1929-10-09	1	10단	發動船沈沒/汽船と衝突し
178543	朝鮮朝日	南鮮版	1929-10-09	1	10단	お茶のあと
178544	朝鮮朝日	南鮮版	1929-10-09	1	10단	生膽取に死刑の求刑をなす
178545	朝鮮朝日	南鮮版	1929-10-09	1	10단	人(高松四郎氏(朝鮮神宮々司)/金瑞圭氏(全南知事)/山根遞信事務官/八條隆正子(貴族院議員)/上野精一氏(大阪朝日新聞社專務)/山田大介氏(大阪朝日新聞社通信部長)/忠田兵造氏(大阪朝日新聞社販賣部長)/撲野德次氏(大阪朝日新聞社販賣部次長)/野村益三子一行)
178546	朝鮮朝日	西北・南鮮版	1929-10-09	2	01단	朝博雜觀
178547	朝鮮朝日	西北・南鮮版	1929-10-09	2	01단	不合格米が夥しからう慶南道の大旱害と産米の減收の對策
178548	朝鮮朝日	西北・南鮮版	1929-10-09	2	01단	運合發起人會愈よ十九日に決定
178549	朝鮮朝日	西北・南鮮版	1929-10-09	2	01단	婦人の思想は純朴と思ひます朝鮮人の婦人につき鳩山春子女史は語る
178550	朝鮮朝日	西北・南鮮版	1929-10-09	2	01단	不良の輩は少ない平壤署の警戒や感化やらで
178551	朝鮮朝日	西北・南鮮版	1929-10-09	2	02단	夏秋蠶の收繭豫想高
178552	朝鮮朝日	西北・南鮮版	1929-10-09	2	03단	獻穀田拔穗式
178553	朝鮮朝日	西北・南鮮版	1929-10-09	2	03단	各地だより(京城/平壤/安東縣/沙里院/咸興/大邱)

일련번호	판명		간행일	면	단수	기사명
178554	朝鮮朝日	西北・南鮮版	1929-10-09	2	04단	新刊紹介(『朝鮮公論』/『五十年の回顧』)
178555	朝鮮朝日	西北版	1929-10-10	1	01단	鐵道貨物のトン扱ひ復活を全鮮穀物大會が要望/實現しても曲折があらう
178556	朝鮮朝日	西北版	1929-10-10	1	01단	平南産業の開發を切望/兒玉政務總監訓示
178557	朝鮮朝日	西北版	1929-10-10	1	03단	平南道の衛生施設衛生展や診療班の巡回
178558	朝鮮朝日	西北版	1929-10-10	1	03단	短歌/橋田東聲選
178559	朝鮮朝日	西北版	1929-10-10	1	04단	畜産協會第九回總會
178560	朝鮮朝日	西北版	1929-10-10	1	04단	社會事業團體に御下賜金
178561	朝鮮朝日	西北版	1929-10-10	1	04단	初等校兒童の寄生蟲調べ檢使を實施した上で驅蟲藥を無代配布
178562	朝鮮朝日	西北版	1929-10-10	1	04단	日露役の記念塔/會寧で計劃
178563	朝鮮朝日	西北版	1929-10-10	1	04단	閑院宮殿下に獻上品
178564	朝鮮朝日	西北版	1929-10-10	1	05단	一代で巨富を積んだ王在德氏/私財を投げ出し農民學校を建てる信川の金持お婆さん
178565	朝鮮朝日	西北版	1929-10-10	1	05단	咸南道の警官移動說
178566	朝鮮朝日	西北版	1929-10-10	1	06단	朝博漫畵(１８)/音三生
178567	朝鮮朝日	西北版	1929-10-10	1	06단	幾多の珍らしい試みを實驗する飛行機の魚群探檢はいよいよ十三日から決行
178568	朝鮮朝日	西北版	1929-10-10	1	06단	爆藥物の盜難が頻發/當局は神經を尖らす
178569	朝鮮朝日	西北版	1929-10-10	1	07단	十九師團機動演習
178570	朝鮮朝日	西北版	1929-10-10	1	08단	運動界(安東軟式野球/安東中學勝つ)
178571	朝鮮朝日	西北版	1929-10-10	1	08단	牡丹台茶話
178572	朝鮮朝日	西北版	1929-10-10	1	09단	平壤の觀光客一日五百人ボロい商賣
178573	朝鮮朝日	西北版	1929-10-10	1	09단	モヒの密賣
178574	朝鮮朝日	西北版	1929-10-10	1	10단	雹害罹災民/救濟土木事業
178575	朝鮮朝日	西北版	1929-10-10	1	10단	爆藥盜まる
178576	朝鮮朝日	西北版	1929-10-10	1	10단	學校荒し專門の少年
178577	朝鮮朝日	西北版	1929-10-10	1	10단	半島茶話
178578	朝鮮朝日	南鮮版	1929-10-10	1	01단	金剛山の秋色を具さに御探勝/御興深く駕に召され御機嫌麗はしき閑院宮殿下
178579	朝鮮朝日	南鮮版	1929-10-10	1	01단	旱害農民の救濟として生業扶助を中心に慶北道の對策考究
178580	朝鮮朝日	南鮮版	1929-10-10	1	01단	閑院宮殿下に獻上品
178581	朝鮮朝日	南鮮版	1929-10-10	1	02단	閑院宮殿下出品御買上
178582	朝鮮朝日	南鮮版	1929-10-10	1	03단	畜産協會第九回總會
178583	朝鮮朝日	南鮮版	1929-10-10	1	03단	短歌/橋田東聲選
178584	朝鮮朝日	南鮮版	1929-10-10	1	03단	社會事業團體に御下賜金
178585	朝鮮朝日	南鮮版	1929-10-10	1	03단	鐵道貨物のトン扱ひ復活を全鮮穀物大會

일련번호	판명		간행일	면	단수	기사명
178585	朝鮮朝日	南鮮版	1929-10-10	1	03단	が要望/實現しても曲折があらう
178586	朝鮮朝日	南鮮版	1929-10-10	1	04단	南朝鮮水電創立總會
178587	朝鮮朝日	南鮮版	1929-10-10	1	04단	期成會は全く解散し府協議員選擧にも團體的行動はとらぬ
178588	朝鮮朝日	南鮮版	1929-10-10	1	04단	慶北の旱害救濟追加豫算
178589	朝鮮朝日	南鮮版	1929-10-10	1	04단	運動界(日獨競技の選手歡迎法/日獨競技出場選手名/神宮競技籠排球決勝/硬球庭球成績)
178590	朝鮮朝日	南鮮版	1929-10-10	1	05단	釜山府協議會
178591	朝鮮朝日	南鮮版	1929-10-10	1	05단	慶南植樹の苗木が不足
178592	朝鮮朝日	南鮮版	1929-10-10	1	06단	裡里、全州間廣軌と全州驛竣工
178593	朝鮮朝日	南鮮版	1929-10-10	1	07단	本社謹寫の御遷宮の實寫/會場內で封切公開
178594	朝鮮朝日	南鮮版	1929-10-10	1	07단	朝博漫畫(１８)/音三生
178595	朝鮮朝日	南鮮版	1929-10-10	1	07단	幾多の珍らしい試みを實驗する飛行機の魚群探檢はいよいよ十三日から決行
178596	朝鮮朝日	南鮮版	1929-10-10	1	08단	居直り強盜
178597	朝鮮朝日	南鮮版	1929-10-10	1	08단	京都の滿鮮視察團釜山に上陸
178598	朝鮮朝日	南鮮版	1929-10-10	1	08단	學校荒し專門の少年
178599	朝鮮朝日	南鮮版	1929-10-10	1	09단	水營江に泉が湧き出す/揚水計劃の電柱に地主が反對して行惱む
178600	朝鮮朝日	南鮮版	1929-10-10	1	09단	爆藥物の盜難が頻發/當局は神經を尖らす
178601	朝鮮朝日	南鮮版	1929-10-10	1	09단	死兒を負うた狂女
178602	朝鮮朝日	南鮮版	1929-10-10	1	09단	爆藥盜まる
178603	朝鮮朝日	南鮮版	1929-10-10	1	10단	金槌で毆る
178604	朝鮮朝日	南鮮版	1929-10-10	1	10단	黃金の觀光團朝鮮滿洲へ
178605	朝鮮朝日	南鮮版	1929-10-10	1	10단	人(柳原義光伯(貴族院議員)/三室戶敬光子/上野大朝專務/出田大朝通信部長/忠田同販賣部長/撲野同販賣部次長)
178606	朝鮮朝日	南鮮版	1929-10-10	1	10단	半島茶話
178607	朝鮮朝日	西北・南鮮版	1929-10-10	2	01단	六日鎭南浦築港御視察の閑院宮殿下
178608	朝鮮朝日	西北・南鮮版	1929-10-10	2	01단	殉職警官の靈前に默禱/赤池貴院議員
178609	朝鮮朝日	西北・南鮮版	1929-10-10	2	01단	お茶のあと
178610	朝鮮朝日	西北・南鮮版	1929-10-10	2	01단	朝鮮鐵道上半期決算
178611	朝鮮朝日	西北・南鮮版	1929-10-10	2	01단	外國貿易高
178612	朝鮮朝日	西北・南鮮版	1929-10-10	2	02단	植桑反別數
178613	朝鮮朝日	西北・南鮮版	1929-10-10	2	02단	製材所の中島分工場
178614	朝鮮朝日	西北・南鮮版	1929-10-10	2	02단	博覽會より
178615	朝鮮朝日	西北・南鮮版	1929-10-10	2	03단	各地だより(京城/平壤/釜山/大邱/咸興)

일련번호	판명		간행일	면	단수	기사명
178616	朝鮮朝日	西北版	1929-10-11	1	01단	外金剛の絶景を御探勝遊ばされ奇勝に御感嘆遊ばす 閑院宮殿下御動靜/御嘆賞の御言葉を拜す 浮田御附事務官談
178617	朝鮮朝日	西北版	1929-10-11	1	01단	運合反對の運送業者と荷主 荷主運送計算會社を創立する事に決定す/合同反對氣勢を揚ぐるに決定/運合と三團體委員の協議
178618	朝鮮朝日	西北版	1929-10-11	1	02단	元山會議所評議員當選者/十日投票直に開票
178619	朝鮮朝日	西北版	1929-10-11	1	02단	短歌/橋田東聲選
178620	朝鮮朝日	西北版	1929-10-11	1	03단	咸興面議改選と有權者名簿
178621	朝鮮朝日	西北版	1929-10-11	1	04단	平壤視察團體は案外に多い
178622	朝鮮朝日	西北版	1929-10-11	1	04단	お茶のあと
178623	朝鮮朝日	西北版	1929-10-11	1	04단	三防峽谷の秋
178624	朝鮮朝日	西北版	1929-10-11	1	05단	獻上米御嘉納
178625	朝鮮朝日	西北版	1929-10-11	1	05단	博覽會の觀光團山が見え出す
178626	朝鮮朝日	西北版	1929-10-11	1	05단	平南から內地へ留學生現狀
178627	朝鮮朝日	西北版	1929-10-11	1	06단	林檎は豊作
178628	朝鮮朝日	西北版	1929-10-11	1	06단	運動界(朝鮮神宮野球第一日戰績/ラグビー決勝)
178629	朝鮮朝日	西北版	1929-10-11	1	06단	開港以來始めての出超/新義州客月貿易高
178630	朝鮮朝日	西北版	1929-10-11	1	07단	朝博漫畫(１９)/音三生
178631	朝鮮朝日	西北版	1929-10-11	1	07단	平壤の秋季競馬會
178632	朝鮮朝日	西北版	1929-10-11	1	07단	移出牛中に肺疫下關檢疫所で發見す/安全期まで全部を繫留かあるひは撲殺か重大問題
178633	朝鮮朝日	西北版	1929-10-11	1	07단	平南のモヒ患絶滅を圖る
178634	朝鮮朝日	西北版	1929-10-11	1	08단	外國人と結婚を禁ぜられた安東の支人
178635	朝鮮朝日	西北版	1929-10-11	1	08단	朝鮮朝日會/上野專務ら一行の動靜
178636	朝鮮朝日	西北版	1929-10-11	1	08단	刑事を裝うて強盜を働く
178637	朝鮮朝日	西北版	1929-10-11	1	08단	牡丹台茶話
178638	朝鮮朝日	西北版	1929-10-11	1	09단	鮮銀券僞造犯目星つく
178639	朝鮮朝日	西北版	1929-10-11	1	10단	博覽會あて込みの奸商取締り
178640	朝鮮朝日	西北版	1929-10-11	1	10단	モヒの密輸團一味の者か
178641	朝鮮朝日	西北版	1929-10-11	1	10단	集金を失って強盜の狂言
178642	朝鮮朝日	西北版	1929-10-11	1	10단	多數の熊が農作物を荒す
178643	朝鮮朝日	西北版	1929-10-11	1	10단	放火の疑ひ
178644	朝鮮朝日	西北版	1929-10-11	1	10단	人(恩田銅吉氏(朝鮮郵船社長)/畑本北鮮時事社長/矢島總督府地方課長)

일련번호	판명		간행일	면	단수	기사명
178645	朝鮮朝日	南鮮版	1929-10-11	1	01단	外金剛の絶景を御探勝遊ばされ奇勝に御感嘆遊ばす 閑院宮殿下御動靜/御嘆賞の御言葉を拜す 浮田御附事務官談
178646	朝鮮朝日	南鮮版	1929-10-11	1	01단	運合反對の運送業者と荷主 荷主運送計算會社を創立する事に決定す/合同反對氣勢を揚ぐるに決定/運合と三團體委員の協議
178647	朝鮮朝日	南鮮版	1929-10-11	1	02단	用水引揚げ電柱問題は土地收用法適用か相當紛糾を來すか
178648	朝鮮朝日	南鮮版	1929-10-11	1	02단	短歌/橋田東聲選
178649	朝鮮朝日	南鮮版	1929-10-11	1	03단	益山面協議員改選
178650	朝鮮朝日	南鮮版	1929-10-11	1	04단	第九回慶南釀造品評會
178651	朝鮮朝日	南鮮版	1929-10-11	1	04단	お茶のあと
178652	朝鮮朝日	南鮮版	1929-10-11	1	04단	博覽會の觀光團山が見え出す
178653	朝鮮朝日	南鮮版	1929-10-11	1	04단	三防峽谷の秋
178654	朝鮮朝日	南鮮版	1929-10-11	1	05단	林檎は豊作
178655	朝鮮朝日	南鮮版	1929-10-11	1	05단	教育方面に及ぼす影響甚大兒童の退學や缺席續出/慶南道未曾有の旱害
178656	朝鮮朝日	南鮮版	1929-10-11	1	06단	朝博漫畫(１９)/音三生
178657	朝鮮朝日	南鮮版	1929-10-11	1	06단	仁川靑物糶市妥協成立せず暫定的の市場許可
178658	朝鮮朝日	南鮮版	1929-10-11	1	07단	移出牛中に肺疫下關檢疫所で發見す/安全期まで全部を繫留かあるひは撲殺か重大問題
178659	朝鮮朝日	南鮮版	1929-10-11	1	08단	大邱府の公設運動場豫算に計上
178660	朝鮮朝日	南鮮版	1929-10-11	1	08단	運動界(朝鮮神宮野球第一日戰績/ラグビー決勝/硬球庭球(二日目))
178661	朝鮮朝日	南鮮版	1929-10-11	1	08단	朝鮮朝日會/上野專務ら一行の動靜
178662	朝鮮朝日	南鮮版	1929-10-11	1	08단	博覽會あて込みの奸商取締り
178663	朝鮮朝日	南鮮版	1929-10-11	1	09단	放火の疑ひ
178664	朝鮮朝日	南鮮版	1929-10-11	1	09단	モヒの密輸團一味の者か
178665	朝鮮朝日	南鮮版	1929-10-11	1	10단	コレラ終熄す
178666	朝鮮朝日	南鮮版	1929-10-11	1	10단	もよほし(朝鮮海事會)
178667	朝鮮朝日	南鮮版	1929-10-11	1	10단	人(恩田銅吉氏(朝鮮郵船社長)/畑本北鮮時事社長/矢島總督府地方課長/上野精一氏(本社專務)/山田大介氏(本社通信部長)/忠田兵造氏(本社販賣部長)/鎌田敬四郎氏(本社門司支局長)/蝶野德次氏(本社販賣部次長)/五十嵐秀氏(本社營業局勤務)/小川賢三氏(本社門司支局勤務)/水野鍊太郎氏)

일련번호	판명		간행일	면	단수	기사명
178668	朝鮮朝日	南鮮版	1929-10-11	1	10단	半島茶話
178669	朝鮮朝日	西北・南鮮版	1929-10-11	2	01단	平北の簡保成績三日迄の分
178670	朝鮮朝日	西北・南鮮版	1929-10-11	2	01단	綿絲布商聯合會總會
178671	朝鮮朝日	西北・南鮮版	1929-10-11	2	01단	朝鮮鐵鑛輸送量激增
178672	朝鮮朝日	西北・南鮮版	1929-10-11	2	01단	魚群搜査航空に補助
178673	朝鮮朝日	西北・南鮮版	1929-10-11	2	01단	朝鮮産の毛蟹罐詰の輸入禁止を米國が申出
178674	朝鮮朝日	西北・南鮮版	1929-10-11	2	02단	新義州會議所評議會
178675	朝鮮朝日	西北・南鮮版	1929-10-11	2	02단	各地だより(京城/平壤/釜山/咸興/公州/新義州/裡里/大邱/安東縣)
178676	朝鮮朝日	西北・南鮮版	1929-10-11	2	03단	朝博より
178677	朝鮮朝日	西北版	1929-10-12	1	01단	九龍淵に至る嶮路を御踏破/外金剛御探勝の閑院宮殿下
178678	朝鮮朝日	西北版	1929-10-12	1	01단	檢疫延長から移出牛が停頓/農林省との妥協つかず/總督府窮地に陷る
178679	朝鮮朝日	西北版	1929-10-12	1	02단	九日夜入城した本社京都販賣局主催の滿鮮視察團
178680	朝鮮朝日	西北版	1929-10-12	1	03단	牛疫の豫防注射
178681	朝鮮朝日	西北版	1929-10-12	1	04단	閑院宮殿下知事其他に夫々御下賜品
178682	朝鮮朝日	西北版	1929-10-12	1	04단	短歌/橋田東聲選
178683	朝鮮朝日	西北版	1929-10-12	1	04단	辭令
178684	朝鮮朝日	西北版	1929-10-12	1	05단	平壤道路新設と憲兵宮舍の移轉改築先
178685	朝鮮朝日	西北版	1929-10-12	1	05단	平壤の高射砲隊工事進捗す
178686	朝鮮朝日	西北版	1929-10-12	1	05단	慶州の觀光客全くあて外れ
178687	朝鮮朝日	西北版	1929-10-12	1	05단	一萬四千餘人に褒賞及び獎勵賞齋藤總督より授與/朝鮮博褒賞授與式
178688	朝鮮朝日	西北版	1929-10-12	1	06단	沙里院道立病院の敷地の寄附
178689	朝鮮朝日	西北版	1929-10-12	1	06단	平壤電力統制電興買收はつひに不許可となる
178690	朝鮮朝日	西北版	1929-10-12	1	06단	金鍊器氏鄕土訪問飛行
178691	朝鮮朝日	西北版	1929-10-12	1	06단	平北渭原に憲兵分駐所
178692	朝鮮朝日	西北版	1929-10-12	1	06단	中等雄辯大會
178693	朝鮮朝日	西北版	1929-10-12	1	06단	鎗の穗二本を發掘
178694	朝鮮朝日	西北版	1929-10-12	1	07단	平壤の氣溫さがる
178695	朝鮮朝日	西北版	1929-10-12	1	07단	平壤會議所の內鮮評議員制限撤廢の運動起る
178696	朝鮮朝日	西北版	1929-10-12	1	07단	滿鮮視察團
178697	朝鮮朝日	西北版	1929-10-12	1	07단	京城に初霜
178698	朝鮮朝日	西北版	1929-10-12	1	08단	朝博漫畵(２０)/音三生

일련번호	판명		간행일	면	단수	기사명
178699	朝鮮朝日	西北版	1929-10-12	1	08단	上野專務ら平壤に向ふ
178700	朝鮮朝日	西北版	1929-10-12	1	08단	景福丸でモヒやコカイン密輸
178701	朝鮮朝日	西北版	1929-10-12	1	08단	新義州の强盜保安課長の留守宅を襲ふ
178702	朝鮮朝日	西北版	1929-10-12	1	08단	改竄した預金通帳で雜貨を騙る
178703	朝鮮朝日	西北版	1929-10-12	1	09단	八ヶ月に亙る長たらしい怠業/そば屋の配達夫連
178704	朝鮮朝日	西北版	1929-10-12	1	09단	牡丹台茶話
178705	朝鮮朝日	西北版	1929-10-12	1	10단	前科五犯の曲者捕まる
178706	朝鮮朝日	西北版	1929-10-12	1	10단	投身者助る
178707	朝鮮朝日	西北版	1929-10-12	1	10단	宿料踏み倒し
178708	朝鮮朝日	西北版	1929-10-12	1	10단	ラヂユウム鑛泉が湧出
178709	朝鮮朝日	西北版	1929-10-12	1	10단	人(藤山雷太氏(日糖社長))
178710	朝鮮朝日	南鮮版	1929-10-12	1	01단	九龍淵に至る嶮路を御踏破/外金剛御探勝の閑院宮殿下
178711	朝鮮朝日	南鮮版	1929-10-12	1	01단	檢疫延長から移出牛が停頓/農林省との妥協つかず/總督府窮地に陷る
178712	朝鮮朝日	南鮮版	1929-10-12	1	01단	短歌/橋田東聲選
178713	朝鮮朝日	南鮮版	1929-10-12	1	02단	九日夜入城した本社京都販賣局主催の滿鮮視察團
178714	朝鮮朝日	南鮮版	1929-10-12	1	04단	辭令
178715	朝鮮朝日	南鮮版	1929-10-12	1	04단	慶南陸地棉收穫豫想高/早害は比較的少い
178716	朝鮮朝日	南鮮版	1929-10-12	1	04단	慶南米は大減收豫想/各郡平均三割以上減
178717	朝鮮朝日	南鮮版	1929-10-12	1	05단	高工展覽會
178718	朝鮮朝日	南鮮版	1929-10-12	1	05단	慶州の觀光客全くあて外れ
178719	朝鮮朝日	南鮮版	1929-10-12	1	05단	一萬四千餘人に褒賞及び獎勵賞齋藤總督より授與/朝鮮博褒賞授與式
178720	朝鮮朝日	南鮮版	1929-10-12	1	06단	道內三ケ所に魚礁を築く/慶南水産會計劃の小漁業者の保護策
178721	朝鮮朝日	南鮮版	1929-10-12	1	06단	平壤電力統制電興買收はつひに不許可となる
178722	朝鮮朝日	南鮮版	1929-10-12	1	06단	慶北の來年度豫算緊縮一點張
178723	朝鮮朝日	南鮮版	1929-10-12	1	06단	第二艦隊釜山入港期
178724	朝鮮朝日	南鮮版	1929-10-12	1	07단	釜山の水道係主任佐治氏辭職
178725	朝鮮朝日	南鮮版	1929-10-12	1	07단	運動界(朝鮮神宮競技野球三日目/准硬球決勝試合)
178726	朝鮮朝日	南鮮版	1929-10-12	1	07단	慶南釀造品品評會受賞者/審查評清水技師談
178727	朝鮮朝日	南鮮版	1929-10-12	1	08단	朝博漫畵(２０)/音三生
178728	朝鮮朝日	南鮮版	1929-10-12	1	08단	上野專務ら平壤に向ふ

일련번호	판명		간행일	면	단수	기사명
178729	朝鮮朝日	南鮮版	1929-10-12	1	09단	馬山の火事/北風中に目拔通り十五戸を全燒す
178730	朝鮮朝日	南鮮版	1929-10-12	1	09단	京城に初霜
178731	朝鮮朝日	南鮮版	1929-10-12	1	09단	ラヂユウム鑛泉が湧出
178732	朝鮮朝日	南鮮版	1929-10-12	1	09단	投身者助る
178733	朝鮮朝日	南鮮版	1929-10-12	1	10단	景福丸でモヒやコカイン密輸
178734	朝鮮朝日	南鮮版	1929-10-12	1	10단	改竄した預金通帳で雜貨を騙る
178735	朝鮮朝日	南鮮版	1929-10-12	1	10단	もよほし(朝鮮中央協會總會/全鮮醬油醸造大會/天理教朝鮮大會)
178736	朝鮮朝日	南鮮版	1929-10-12	1	10단	人(藤山雷太氏(日糖社長)/水野鍊太郎氏/守屋榮夫代議士/溝口直亮伯(陸軍政務次官)/韓昌洙男(李王職長官)/尾﨑敬義氏(中央朝鮮協會理事)/中島司氏(同主事)/西﨑鶴太郎氏(鎮南浦實業家)/夏目十郎兵衛氏(城津商工會長))
178737	朝鮮朝日	西北・南鮮版	1929-10-12	2	01단	朝博より
178738	朝鮮朝日	西北・南鮮版	1929-10-12	2	01단	旱害民山籠り慘狀愈よ深刻
178739	朝鮮朝日	西北・南鮮版	1929-10-12	2	01단	獻上穀納式
178740	朝鮮朝日	西北・南鮮版	1929-10-12	2	01단	寧邊の大豆共同販賣
178741	朝鮮朝日	西北・南鮮版	1929-10-12	2	01단	平北道の移出米豆前年より增加
178742	朝鮮朝日	西北・南鮮版	1929-10-12	2	01단	米の到着數前月より激減
178743	朝鮮朝日	西北・南鮮版	1929-10-12	2	02단	政宗が築いた城趾に植櫻
178744	朝鮮朝日	西北・南鮮版	1929-10-12	2	02단	各地だより(京城/平壤/裡里/元山/咸興/城津/春川/仁川/沙里院/鎭南浦)
178745	朝鮮朝日	西北版	1929-10-13	1	01단	閑院宮殿下海金剛へ一時間半に互ってつぶさに御探勝
178746	朝鮮朝日	西北版	1929-10-13	1	01단	樞要な都市に自治制實施は會としても提議主張/水野中央朝鮮協會副會長談
178747	朝鮮朝日	西北版	1929-10-13	1	01단	平壤府議選擧期日切迫につれぼつぼつ名乘りをあぐ/出馬を豫想さるゝ顔觸れ
178748	朝鮮朝日	西北版	1929-10-13	1	02단	全鮮米穀大會
178749	朝鮮朝日	西北版	1929-10-13	1	02단	普通學校の充實計劃に難色がある慶南道/豫定計劃は變更か
178750	朝鮮朝日	西北版	1929-10-13	1	04단	閑院宮樣に獻上の苹果
178751	朝鮮朝日	西北版	1929-10-13	1	04단	新義州府協議員選擧と有權者前回より增加の見込
178752	朝鮮朝日	西北版	1929-10-13	1	04단	國慶記念日安東の祝賀
178753	朝鮮朝日	西北版	1929-10-13	1	04단	公立普通校新設の運動
178754	朝鮮朝日	西北版	1929-10-13	1	04단	滿鐵消費組合現金賣併用

일련번호	판명		간행일	면	단수	기사명
178755	朝鮮朝日	西北版	1929-10-13	1	05단	平安北道の消防功勞者
178756	朝鮮朝日	西北版	1929-10-13	1	05단	授業料滯納者夥しい數に上る/學校は經營難に陷る/慶南未曾有の大旱害
178757	朝鮮朝日	西北版	1929-10-13	1	06단	平壤府內の五十錢タク人氣は良い
178758	朝鮮朝日	西北版	1929-10-13	1	06단	朝鮮佛教大會第一日の議事講演
178759	朝鮮朝日	西北版	1929-10-13	1	07단	朝博漫畵(２１)/音三生
178760	朝鮮朝日	西北版	1929-10-13	1	07단	京都販賣局主催視察團安東を見物
178761	朝鮮朝日	西北版	1929-10-13	1	08단	モヒ患療養少年の美談
178762	朝鮮朝日	西北版	1929-10-13	1	08단	運動界(朝鮮神宮競技第一日記錄/陸上競技成績/准硬シングル)
178763	朝鮮朝日	西北版	1929-10-13	1	08단	牡丹台茶話
178764	朝鮮朝日	西北版	1929-10-13	1	09단	帝展入選の欣び(未成品と自ら謙遜倉員辰雄氏/帝展に初入選鮮展當連の佐藤貞一氏)
178765	朝鮮朝日	西北版	1929-10-13	1	10단	釜山の覆面强盜つひに捕まる
178766	朝鮮朝日	西北版	1929-10-13	1	10단	思想團に關係の者か
178767	朝鮮朝日	西北版	1929-10-13	1	10단	男の慘死體
178768	朝鮮朝日	西北版	1929-10-13	1	10단	船頭の妻溺死
178769	朝鮮朝日	南鮮版	1929-10-13	1	01단	閑院宮殿下海金剛へ一時間半に互ってつぶさに御探勝
178770	朝鮮朝日	南鮮版	1929-10-13	1	01단	樞要な都市に自治制實施は會としても提議主張/水野中央朝鮮協會副會長談
178771	朝鮮朝日	南鮮版	1929-10-13	1	02단	普通學校の充實計劃に難色がある慶南道/豫定計劃は變更か
178772	朝鮮朝日	南鮮版	1929-10-13	1	04단	中國總領事王氏榮轉
178773	朝鮮朝日	南鮮版	1929-10-13	1	04단	全鮮米穀大會
178774	朝鮮朝日	南鮮版	1929-10-13	1	04단	大邱署地鎭祭
178775	朝鮮朝日	南鮮版	1929-10-13	1	05단	運動界(朝鮮神宮競技第一日記錄/陸上競技成績/野球准々決勝/日獨競技便り/准硬シングル)
178776	朝鮮朝日	南鮮版	1929-10-13	1	05단	朝鮮佛教大會第一日の議事講演
178777	朝鮮朝日	南鮮版	1929-10-13	1	06단	私財を投げ出し農民學校を建てる/信川の金持お婆さん/一代で巨富を積んだ王在德氏
178778	朝鮮朝日	南鮮版	1929-10-13	1	06단	授業料滯納者夥しい數に上る/學校は經營難に陷る/慶南未曾有の大旱害
178779	朝鮮朝日	南鮮版	1929-10-13	1	07단	朝博漫畵(２１)/音三生
178780	朝鮮朝日	南鮮版	1929-10-13	1	07단	釜山の覆面强盜つひに捕まる
178781	朝鮮朝日	南鮮版	1929-10-13	1	08단	思想團に關係の者か

일련번호	판명		간행일	면	단수	기사명
178782	朝鮮朝日	南鮮版	1929-10-13	1	08단	帝展入選の欣び(未成品と自ら謙遜倉員辰雄氏/帝展に初入選鮮展當連の佐藤貞一氏)
178783	朝鮮朝日	南鮮版	1929-10-13	1	10단	慶北の降霜稲作減收か
178784	朝鮮朝日	南鮮版	1929-10-13	1	10단	男の惨死體
178785	朝鮮朝日	南鮮版	1929-10-13	1	10단	人(宮尾舜治氏(東拓總裁)/藤原喜藏氏(平南內務部長)/水野錬太郎氏(中央朝鮮協會副會長)/守屋榮夫代議士/松村土地改良部長/山田大介氏(大阪朝日通信部長)/有賀殖銀頭取)
178786	朝鮮朝日	西北・南鮮版	1929-10-13	2	01단	紹介所も博覽會景氣
178787	朝鮮朝日	西北・南鮮版	1929-10-13	2	01단	全北の紫雲英播種前年より増加
178788	朝鮮朝日	西北・南鮮版	1929-10-13	2	02단	滿洲粟輸入
178789	朝鮮朝日	西北・南鮮版	1929-10-13	2	02단	商銀羅南支店
178790	朝鮮朝日	西北・南鮮版	1929-10-13	2	02단	各地だより(平壤/元山/龍山/裡里/間島)
178791	朝鮮朝日	西北版	1929-10-15	1	01단	驅逐艦に御坐乘釜山に御上陸東萊に御一泊遊ばさる/閑院宮殿下南鮮御視察
178792	朝鮮朝日	西北版	1929-10-15	1	01단	『辭めるのなら抱合心中だ』と總督と約束濟だよ/兒玉政務總監は語る/兒玉總監上京す
178793	朝鮮朝日	西北版	1929-10-15	1	01단	玄米等級で議論沸騰全鮮穀物大會第二日目賑ふ
178794	朝鮮朝日	西北版	1929-10-15	1	02단	九月中の木材發送數平穩に推移
178795	朝鮮朝日	西北版	1929-10-15	1	02단	朝鮮神宮の各種競技會好晴に惠まれて新記錄續々と出る青年團では平南優勝すにぎはった朝鮮神宮の陸上競技/日獨競技の出場選手決る/神宮野球准決勝/大邱女高普庭球に優勝/日獨競技の日本側選手花々しく入鮮/元氣よく入城すハチ切れさうな日本側選手/獨逸側渡鮮
178796	朝鮮朝日	西北版	1929-10-15	1	03단	安東地方委員會議長大津氏當選
178797	朝鮮朝日	西北版	1929-10-15	1	03단	コンスターチ工事に着手
178798	朝鮮朝日	西北版	1929-10-15	1	03단	北鮮開發に國資を充てよ/松本貴族院議員談
178799	朝鮮朝日	西北版	1929-10-15	1	04단	平安北道警察署長會
178800	朝鮮朝日	西北版	1929-10-15	1	04단	平北消防協會發會式
178801	朝鮮朝日	西北版	1929-10-15	1	04단	元山會議所役員決定す
178802	朝鮮朝日	西北版	1929-10-15	1	05단	安東花競馬
178803	朝鮮朝日	西北版	1929-10-15	1	05단	上野專務一行

일련번호	판명		간행일	면	단수	기사명
178804	朝鮮朝日	西北版	1929-10-15	1	05단	野生の粟で露命を繋ぐ/二回にわたる水害であはれな在滿朝鮮人
178805	朝鮮朝日	西北版	1929-10-15	1	06단	寫眞說明(上は帝展にはじめて入選した佐藤貞一氏とその家族(後中央が佐藤氏)下は同じく慶北道漆谷郡倭館面の倉員辰雄氏)
178806	朝鮮朝日	西北版	1929-10-15	1	06단	殉難橫死者大法要/三十一本山の住持參列下に
178807	朝鮮朝日	西北版	1929-10-15	1	07단	惡戲から强盜の訴へ
178808	朝鮮朝日	西北版	1929-10-15	1	07단	平南道內衛生狀態とチフス患者
178809	朝鮮朝日	西北版	1929-10-15	1	08단	竊盜捕まる
178810	朝鮮朝日	西北版	1929-10-15	1	08단	工夫の墜死
178811	朝鮮朝日	西北版	1929-10-15	1	09단	兇器を持ち平壤府內を荒した强盜の一味捕まる
178812	朝鮮朝日	西北版	1929-10-15	1	09단	朝博より
178813	朝鮮朝日	西北版	1929-10-15	1	10단	もよほし(滿鐵講演會/農學關係諸學會聯合會)
178814	朝鮮朝日	南鮮版	1929-10-15	1	01단	驅逐艦に御坐乘釜山に御上陸東萊に御一泊遊ばさる/閑院宮殿下南鮮御視察
178815	朝鮮朝日	南鮮版	1929-10-15	1	01단	『辭めるのなら抱合心中だ』と總督と約束濟だよ/兒玉政務總監は語る/兒玉總監上京す
178816	朝鮮朝日	南鮮版	1929-10-15	1	01단	朝鮮神宮の各種競技會好晴に惠まれて新記錄續々と出る靑年團では平南優勝すにぎはった朝鮮神宮の陸上競技/日獨競技の出場選手決る/神宮野球准決勝/大邱女高普庭球に優勝/日獨競技の日本側選手花々しく入鮮/元氣よく入城すハチ切れさうな日本側選手/獨逸側渡鮮
178817	朝鮮朝日	南鮮版	1929-10-15	1	02단	共同栓値上で面民敦圍く
178818	朝鮮朝日	南鮮版	1929-10-15	1	03단	全國金物商聯合大會
178819	朝鮮朝日	南鮮版	1929-10-15	1	03단	玄米等級で議論沸騰全鮮穀物大會第二日目賑ふ
178820	朝鮮朝日	南鮮版	1929-10-15	1	03단	道學務當局は泣き面に蜂/授業料は徵收出來ずあまつさへ非難さる
178821	朝鮮朝日	南鮮版	1929-10-15	1	04단	藥業大會藥律改正要望の件を決議す
178822	朝鮮朝日	南鮮版	1929-10-15	1	05단	寫眞說明(上は帝展にはじめて入選した佐藤貞一氏とその家族(後中央が佐藤氏)下は同じく慶北道漆谷郡倭館面の倉員辰雄氏)

일련번호	판명		간행일	면	단수	기사명
178823	朝鮮朝日	南鮮版	1929-10-15	1	05단	中央朝鮮協會總會
178824	朝鮮朝日	南鮮版	1929-10-15	1	05단	殉難横死者大法要/三十一本山の住持參列下に
178825	朝鮮朝日	南鮮版	1929-10-15	1	06단	野生の粟で露命を繫ぐ/二回にわたる水害であはれな在滿朝鮮人
178826	朝鮮朝日	南鮮版	1929-10-15	1	07단	迎目灣西北に鯛あらはる
178827	朝鮮朝日	南鮮版	1929-10-15	1	07단	公州の竊盜團つひに捕る
178828	朝鮮朝日	南鮮版	1929-10-15	1	08단	朝博より
178829	朝鮮朝日	南鮮版	1929-10-15	1	08단	自動車衝突七名負傷す
178830	朝鮮朝日	南鮮版	1929-10-15	1	08단	仁川神社の奉納武道大會
178831	朝鮮朝日	南鮮版	1929-10-15	1	08단	京城を荒した强盜捕はる/犯人は高普校の出身/女のため身を持崩す
178832	朝鮮朝日	南鮮版	1929-10-15	1	10단	いやしん棒が祟って爆死
178833	朝鮮朝日	南鮮版	1929-10-15	1	10단	もよほし(鎭南浦會議所役員會)
178834	朝鮮朝日	南鮮版	1929-10-15	1	10단	人(上野精一氏(大阪朝日專務)/松浦九大總長)
178835	朝鮮朝日	南鮮版	1929-10-15	1	10단	**기사명 삭제 후 수정 후 내용 없음 일련번호 정오표에도 표기 없음**
178836	朝鮮朝日	南鮮版	1929-10-15	1	10단	「左翼劇場」の使命/秋田雨雀
178837	朝鮮朝日	南鮮版	1929-10-15	1	10단	各地だより(平壤/元山/安東縣/沙里院/公州/裡里/咸興/仁川)
178838	朝鮮朝日	西北・南鮮版	1929-10-15	2	01단	「大衆」と共に進む/等一劇場の當事者として/田中總一郎
178839	朝鮮朝日	西北・南鮮版	1929-10-15	2	01단	貸付資金は回收不能/大旱害のため
178840	朝鮮朝日	西北・南鮮版	1929-10-15	2	02단	朝日活寫會
178841	朝鮮朝日	西北・南鮮版	1929-10-15	2	05단	*農村家庭の工業化　旱害救濟の意味で行ふ/教育方面には影響は少い*
178842	朝鮮朝日	西北・南鮮版	1929-10-15	2	06단	宅地を公賣
178843	朝鮮朝日	西北・南鮮版	1929-10-15	2	06단	*蔚山と子城台を御視察相成り御機嫌いとうるはしく閑院宮殿下御退鮮遊す/內鮮官民の熱誠に對し有難き御言葉を賜ふ浮田宮內事務官謹話/慶南知事から道內物産を獻上*
178844	朝鮮朝日	西北・南鮮版	1929-10-15	2	07단	京仁電鐵敷設出願/米田氏が仁川府に對し提出
178845	朝鮮朝日	西北版	1929-10-16	1	01단	元山局管內の簡保成績
178846	朝鮮朝日	西北版	1929-10-16	1	01단	全鮮金組聯合會とほく諸外國から祝電來る
178847	朝鮮朝日	西北版	1929-10-16	1	02단	朝鮮の農夫親子が合掌して伏し拜み涙ぐましい熱誠を現す/閑院官樣の御高德を偲び奉る(一)

일련번호	판명		간행일	면	단수	기사명
178848	朝鮮朝日	西北版	1929-10-16	1	03단	責任者を免官し斷水の罪を釜山府民に謝す
178849	朝鮮朝日	西北版	1929-10-16	1	03단	國調打合會を近く開催し萬遺漏なきを期する各道の講習會も終る
178850	朝鮮朝日	西北版	1929-10-16	1	04단	群山に新しい金組を創立
178851	朝鮮朝日	西北版	1929-10-16	1	04단	モヒ工場の竣工近づき/衛生課保管の現品を全部專賣局に引渡す
178852	朝鮮朝日	西北版	1929-10-16	1	05단	自動車賃値下げ/全北道の五十七ケ線に互り
178853	朝鮮朝日	西北版	1929-10-16	1	05단	十五萬立方尺の用水を釜山に送る/十一月迄に工事を終へ府民を用水地獄から救ひあげる
178854	朝鮮朝日	西北版	1929-10-16	1	06단	入城した日獨競技參加の日本選手
178855	朝鮮朝日	西北版	1929-10-16	1	06단	新米の走り
178856	朝鮮朝日	西北版	1929-10-16	1	06단	釜山府營バス保留となる
178857	朝鮮朝日	西北版	1929-10-16	1	06단	鎭南浦港の九月貿易額
178858	朝鮮朝日	西北版	1929-10-16	1	07단	軍馬を購入
178859	朝鮮朝日	西北版	1929-10-16	1	07단	朝博の內地觀光團は割合に少ないこの上期待は出來ぬ
178860	朝鮮朝日	西北版	1929-10-16	1	08단	自轉車で日本一周/岐阜の靑年大邱出發京城へ
178861	朝鮮朝日	西北版	1929-10-16	1	08단	朝鮮神宮例祭勅使參向のもとに十七日嚴肅に執行
178862	朝鮮朝日	西北版	1929-10-16	1	08단	お茶のあと
178863	朝鮮朝日	西北版	1929-10-16	1	08단	羅紗服を廢し小倉服支給平壤府電の緊縮
178864	朝鮮朝日	西北版	1929-10-16	1	08단	朝博漫畵（２２）/音三生
178865	朝鮮朝日	西北版	1929-10-16	1	09단	南浦の水産移出檢査成績
178866	朝鮮朝日	西北版	1929-10-16	1	09단	草根木皮や團栗を取り食料の不足に備へる/哀れな慶北道の農民
178867	朝鮮朝日	西北版	1929-10-16	1	10단	上野專務一行
178868	朝鮮朝日	西北版	1929-10-16	1	10단	面長を排斥
178869	朝鮮朝日	西北版	1929-10-16	1	10단	列車から落ち卽死をとぐ水利理事の奇禍
178870	朝鮮朝日	西北版	1929-10-16	1	10단	元中秋季運動會
178871	朝鮮朝日	西北版	1929-10-16	1	10단	墜落重傷
178872	朝鮮朝日	西北版	1929-10-16	1	10단	淸津近海で鰯大漁一日の水揚一萬樽にのぼる
178873	朝鮮朝日	西北版	1929-10-16	1	10단	もよほし(朝鮮山林會第三回總會竝に林榮功勞者表彰式/農學關係諸學會聯合大會/朝鮮消防協會大會および功勞者表彰式)

일련번호	판명		간행일	면	단수	기사명
178874	朝鮮朝日	南鮮版	1929-10-16	1	01단	蔚山と子城台を御視察相成り御機嫌いとうるはしく閑院宮殿下御退鮮遊す/内鮮官民の熱誠に對し有難き御言葉を賜ふ浮田宮內事務官謹話/慶南知事から道內物産を獻上
178875	朝鮮朝日	南鮮版	1929-10-16	1	01단	京仁電鐵敷設出願/米田氏が仁川府に對し提出
178876	朝鮮朝日	南鮮版	1929-10-16	1	02단	元山局管內の簡保成績
178877	朝鮮朝日	南鮮版	1929-10-16	1	02단	全鮮金組聯合會とほく諸外國から祝電來る
178878	朝鮮朝日	南鮮版	1929-10-16	1	02단	朝鮮の農夫親子が合掌して伏し拜み涙ぐましい熱誠を現す/閑院官樣の御高德を偲び奉る(一)
178879	朝鮮朝日	南鮮版	1929-10-16	1	03단	責任者を免官し斷水の罪を釜山府民に謝す
178880	朝鮮朝日	南鮮版	1929-10-16	1	03단	國調打合會を近く開催し萬遺漏なきを期する各道の講習會も終る
178881	朝鮮朝日	南鮮版	1929-10-16	1	04단	群山に新しい金組を創立
178882	朝鮮朝日	南鮮版	1929-10-16	1	04단	モヒ工場の竣工近づき/衛生課保管の現品を全部專賣局に引渡す
178883	朝鮮朝日	南鮮版	1929-10-16	1	05단	自動車賃値下げ/全北道の五十七ヶ總に亘り
178884	朝鮮朝日	南鮮版	1929-10-16	1	05단	十五萬立方尺の用水を釜山に送る/十一月迄に工事を終へ府民を用水地獄から救ひあげる
178885	朝鮮朝日	南鮮版	1929-10-16	1	06단	新米の走り
178886	朝鮮朝日	南鮮版	1929-10-16	1	06단	運送計算會社創立を急ぐ
178887	朝鮮朝日	南鮮版	1929-10-16	1	06단	兒玉總監の進退には當分觸れずに置く
178888	朝鮮朝日	南鮮版	1929-10-16	1	06단	釜山府營バス保留となる
178889	朝鮮朝日	南鮮版	1929-10-16	1	06단	獨逸側選手花々しく入城
178890	朝鮮朝日	南鮮版	1929-10-16	1	07단	奏任以上の者は年俸千四百圓から判任官は百十五圓から/いづれも累進的に減俸を行ふ
178891	朝鮮朝日	南鮮版	1929-10-16	1	07단	自轉車で日本一周/岐阜の青年大邱出發京城へ
178892	朝鮮朝日	南鮮版	1929-10-16	1	07단	入城した日獨競技參加の日本選手
178893	朝鮮朝日	南鮮版	1929-10-16	1	08단	朝鮮神宮例祭勅使參向のもとに十七日嚴肅に執行
178894	朝鮮朝日	南鮮版	1929-10-16	1	08단	お茶のあと
178895	朝鮮朝日	南鮮版	1929-10-16	1	09단	事態を却って硬化させた迫間農場爭議

일련번호	판명		간행일	면	단수	기사명
178896	朝鮮朝日	南鮮版	1929-10-16	1	09단	草根木皮や團栗を取り食料の不足に備へる/哀れな慶北道の農民
178897	朝鮮朝日	南鮮版	1929-10-16	1	10단	慶北地方の氣溫さがる
178898	朝鮮朝日	南鮮版	1929-10-16	1	10단	活寫の見物人一齊に暴る
178899	朝鮮朝日	南鮮版	1929-10-16	1	10단	もよほし(朝鮮山林會第三回總會竝に林業功勞者表彰式/農學關係諸學會聯合大會/朝鮮消防協會大會および功勞者表彰式/武德關係諸會合)
178900	朝鮮朝日	南鮮版	1929-10-16	1	10단	人(橋本京大教授/黑正京大教授)
178901	朝鮮朝日	西北・南鮮版	1929-10-16	2	01단	各地だより(京城/釜山/淸州/公州/春川)
178902	朝鮮朝日	西北・南鮮版	1929-10-16	2	01단	牛檢疫新法の撤廢を請願/取引杜絶を憂慮して朝鮮人側當業者から
178903	朝鮮朝日	西北・南鮮版	1929-10-16	2	01단	全鮮商議聯合會/兒玉總監に色んな質問出る
178904	朝鮮朝日	西北・南鮮版	1929-10-16	2	02단	朝鮮の僧侶を指導したい高楠博士語る
178905	朝鮮朝日	西北・南鮮版	1929-10-16	2	03단	朝日活寫會
178906	朝鮮朝日	西北・南鮮版	1929-10-16	2	04단	兩切專門の工場竣工す
178907	朝鮮朝日	西北・南鮮版	1929-10-16	2	04단	朝鮮神宮に秋鹽を獻納
178908	朝鮮朝日	西北版	1929-10-17	1	01단	加俸減額に就ては大藏省と折衝する本俸は已むを得ぬ事としても加俸はひどいと遺憾がる/俸給減額決定でお役人は失望落膽はやくも悲喜劇を演ず京城の商人も大打擊は免れない/下になるほど打擊が多い本俸加俸減額に伴ふ該當官吏の蒙る影響/官民の意見/已むを得ぬ草間財務局長談/覺悟が必要渡邊山林部長談/民間方面も做ふだらう林理財課長談/購買力減退河內山朝鮮火災社長談/節約すべし戶田鐵道理事談/減俸よりも淘汰が必要渡邊商議會頭談
178909	朝鮮朝日	西北版	1929-10-17	1	03단	平壤憲兵隊官舍移轉サイレンは移轉のほかない
178910	朝鮮朝日	西北版	1929-10-17	1	03단	秋の金剛山は非常に御氣に召した模樣/御氣輕に誰しも恐懼す/閑院宮樣の御高德を偲び奉る(二)
178911	朝鮮朝日	西北版	1929-10-17	1	04단	平南の農作物被害しらべ
178912	朝鮮朝日	西北版	1929-10-17	1	04단	三千餘名出席し平壤で全鮮主日學校會開催
178913	朝鮮朝日	西北版	1929-10-17	1	04단	鹹首は少ない廣く入替を行ふ/博覽會の閉會をまち總督府の人事大異動

일련번호	판명		간행일	면	단수	기사명
178914	朝鮮朝日	西北版	1929-10-17	1	05단	溝口陸軍次官平壤を視察
178915	朝鮮朝日	西北版	1929-10-17	1	05단	朝鮮人側の態度強硬/松井府尹が調停に乗出すか
178916	朝鮮朝日	西北版	1929-10-17	1	05단	昭和水利の實施設計愈よ近く着手
178917	朝鮮朝日	西北版	1929-10-17	1	05단	魚群探檢の飛行始まるまづ慶南蔚山に於て盛大な發會式を擧行
178918	朝鮮朝日	西北版	1929-10-17	1	06단	公設市場の賣上が減る/百貨店は餘り變らぬ徹底した消費節約振
178919	朝鮮朝日	西北版	1929-10-17	1	06단	冬物一枚も買へる位の手當を出し女看を解雇
178920	朝鮮朝日	西北版	1929-10-17	1	07단	運動界(神宮野球決勝戰京城師範と殖産銀行が勝つ/硬球決勝戰)
178921	朝鮮朝日	西北版	1929-10-17	1	07단	牛肺疫調査會設立を要請すべく目下とりいそぎ準備中
178922	朝鮮朝日	西北版	1929-10-17	1	08단	早くも潛行的運動を續く/元山府協議員選擧は競爭激烈を豫想さる
178923	朝鮮朝日	西北版	1929-10-17	1	08단	珍爭議/朝鮮ソバ屋の配達人のサボ休業失業など續出し形勢ますます險惡化す
178924	朝鮮朝日	西北版	1929-10-17	1	08단	鮮農を脅かす支那稅捐吏
178925	朝鮮朝日	西北版	1929-10-17	1	08단	牡丹台野話
178926	朝鮮朝日	西北版	1929-10-17	1	09단	支那公安局が夜盜を働く
178927	朝鮮朝日	西北版	1929-10-17	1	10단	朝鮮理髮店を釘付にする
178928	朝鮮朝日	西北版	1929-10-17	1	10단	一日の給與は十八錢內外噓の樣な支那兵
178929	朝鮮朝日	西北版	1929-10-17	1	10단	阿片の密賣結局失敗に終る
178930	朝鮮朝日	西北版	1929-10-17	1	10단	借り受けた帆船を賣る
178931	朝鮮朝日	西北版	1929-10-17	1	10단	強盜に襲はれ重傷を負ふ
178932	朝鮮朝日	西北版	1929-10-17	1	10단	猩紅熱流行で豫防注射を行ふ
178933	朝鮮朝日	西北版	1929-10-17	1	10단	もよほし(藤間流の舞踊公演會)
178934	朝鮮朝日	南鮮版	1929-10-17	1	01단	加俸減額に就ては大藏省と折衝する本俸は已むを得ぬ事としても加俸はひどいと遺憾がる/俸給減額決定でお役人は失望落膽はやくも悲喜劇を演ず京城の商人も大打擊は免れない/下になるほど打擊が多い本俸加俸減額に伴ふ該當官吏の蒙る影響/官民の意見/已むを得ぬ草間財務局長談/覺悟が必要渡邊山林部長談/民間方面も做ふだらう林理財課長談/購買力減退河內山朝鮮火災社長談/節約すべし戶田鐵道理事談/減俸よりも淘汰渡邊商議會頭談

일련번호	판명		간행일	면	단수	기사명
178935	朝鮮朝日	南鮮版	1929-10-17	1	02단	秋の金剛山は非常に御氣に召した模樣/御氣輕に誰しも恐懼す/閑院宮樣の御高德を偲び奉る(二)
178936	朝鮮朝日	南鮮版	1929-10-17	1	04단	旱害地免稅の調査をいそぐ
178937	朝鮮朝日	南鮮版	1929-10-17	1	04단	艦隊の入港で郵便出張所
178938	朝鮮朝日	南鮮版	1929-10-17	1	04단	鹹首は少なく廣く入替を行ふ/博覽會の閉會をまち總督府の人事大異動
178939	朝鮮朝日	南鮮版	1929-10-17	1	05단	事業を擴充瓦電會社の重役會できまる
178940	朝鮮朝日	南鮮版	1929-10-17	1	05단	慶北の麥作/平年作は動かぬ
178941	朝鮮朝日	南鮮版	1929-10-17	1	05단	旱害水田は一割作/慘狀を極める慶北道の農村
178942	朝鮮朝日	南鮮版	1929-10-17	1	06단	公設市場の賣上が減る/百貨店は餘り變らぬ徹底した消費節約振
178943	朝鮮朝日	南鮮版	1929-10-17	1	06단	魚群探檢の飛行始まるまづ慶南蔚山に於て盛大な發會式を擧行
178944	朝鮮朝日	南鮮版	1929-10-17	1	06단	獨逸選手歡迎の京城女學生のマスゲーム
178945	朝鮮朝日	南鮮版	1929-10-17	1	07단	冬物一枚も買へる位の手當を出し女看を解雇
178946	朝鮮朝日	南鮮版	1929-10-17	1	08단	牛肺疫調査會設立を要請すべく目下とりいそぎ準備中
178947	朝鮮朝日	南鮮版	1929-10-17	1	08단	運動界(神宮野球決勝戰京城師範と殖産銀行が勝つ/硬球決勝戰)
178948	朝鮮朝日	南鮮版	1929-10-17	1	09단	朝博の內地觀光團は割合に少ないこの上期待は出來ぬ
178949	朝鮮朝日	南鮮版	1929-10-17	1	10단	龍頭山神社の秋祭で賑ふ
178950	朝鮮朝日	南鮮版	1929-10-17	1	10단	阿片の密賣結局失敗に終る
178951	朝鮮朝日	南鮮版	1929-10-17	1	10단	猩紅熱流行で豫防注射を行ふ
178952	朝鮮朝日	南鮮版	1929-10-17	1	10단	もよほし(藤間流の舞踊公演會)
178953	朝鮮朝日	南鮮版	1929-10-17	1	10단	人(淺利三郎氏(警務局長)須藤索氏(慶尙南道知事)美坐流石氏(回警察部長)/松本專賣局長/澤山寅彦氏(釜山實業家)/香椎源太郎氏(釜山商業會議所會頭)/東條正平氏(朝鮮鐵道重役)/岡山縣敎員養成所員三十名/上野精一氏(大阪朝日專務))
178954	朝鮮朝日	西北・南鮮版	1929-10-17	2	01단	內鮮語を用ひ赤化宣傳を行ふ/性懲りもない露國の手段に當局惱まさる
178955	朝鮮朝日	西北・南鮮版	1929-10-17	2	01단	全鮮商議聯合會
178956	朝鮮朝日	西北・南鮮版	1929-10-17	2	01단	雫の聲
178957	朝鮮朝日	西北・南鮮版	1929-10-17	2	01단	兒玉總監から苹果を獻上
178958	朝鮮朝日	西北・南鮮版	1929-10-17	2	01단	子供國汽車の乘客優待日

일련번호	판명		간행일	면	단수	기사명
178959	朝鮮朝日	西北・南鮮版	1929-10-17	2	02단	仁川の貿易
178960	朝鮮朝日	西北・南鮮版	1929-10-17	2	02단	仁川の埋立認可となる
178961	朝鮮朝日	西北・南鮮版	1929-10-17	2	02단	蟹濫獲を取締るとても盛んな蟹罐詰の輸出
178962	朝鮮朝日	西北・南鮮版	1929-10-17	2	03단	裡里高女問題近く解決か
178963	朝鮮朝日	西北・南鮮版	1929-10-17	2	03단	郵便貯金の預入高增す
178964	朝鮮朝日	西北・南鮮版	1929-10-17	2	03단	朝日活寫會
178965	朝鮮朝日	西北・南鮮版	1929-10-17	2	04단	各地だより(京城/平壤/裡里)
178966	朝鮮朝日	西北版	1929-10-18	1	01단	競技は白熱化し新記錄續出す 觀衆無慮三萬と註さる さかんだった日獨競技/國旗を先頭に肅々と入場 兩國選手固く握手す 莊嚴を極めた入場式(トラック/フ井―ルド/女子競技)
178967	朝鮮朝日	西北版	1929-10-18	1	02단	瓦電買收の假契約解除/釜山府協議會で決定
178968	朝鮮朝日	西北版	1929-10-18	1	02단	會期の延長は絶對しない/朝鮮博の世評に對し今村殖産局長は語る
178969	朝鮮朝日	西北版	1929-10-18	1	03단	京城府議の選擧有權者
178970	朝鮮朝日	西北版	1929-10-18	1	04단	第二艦隊釜山入港/艦載機六機は曉の空を快翔
178971	朝鮮朝日	西北版	1929-10-18	1	04단	平壤の偵察機不時着陸す
178972	朝鮮朝日	西北版	1929-10-18	1	04단	江東の模範部落養鷄王國として名高い
178973	朝鮮朝日	西北版	1929-10-18	1	05단	大邱の都計/基本調査急ぐ
178974	朝鮮朝日	西北版	1929-10-18	1	05단	僅か十五日間で半年分以上を稼ぐ/都會集中の嫌ひがあるとても成績のよい簡易生命保險
178975	朝鮮朝日	西北版	1929-10-18	1	06단	吹くは吹くは緊縮風は吹く民に憂色ありと歎く/各課で緊縮話の花が咲く/減俸決定の日の鐵道局內
178976	朝鮮朝日	西北版	1929-10-18	1	06단	有權者名簿の調製を急ぐ
178977	朝鮮朝日	西北版	1929-10-18	1	07단	朝博入場者豫想投票客足繫ぎのために賞品付で
178978	朝鮮朝日	西北版	1929-10-18	1	07단	旗に關する展覽會京城府社會館で開催される
178979	朝鮮朝日	西北版	1929-10-18	1	07단	三度押入る眼鏡違ひの强盜
178980	朝鮮朝日	西北版	1929-10-18	1	07단	成績如何では飛行機を購入し魚群探檢を盛に行ふ/魚探飛行會の意氣込
178981	朝鮮朝日	西北版	1929-10-18	1	08단	食刀を突つけ金を强奪す
178982	朝鮮朝日	西北版	1929-10-18	1	08단	成績のよい平北の出品物約三分の一が入賞し名譽金牌三個を受く

일련번호	판명		간행일	면	단수	기사명
178983	朝鮮朝日	西北版	1929-10-18	1	08단	酒を飲ませて所持金强奪
178984	朝鮮朝日	西北版	1929-10-18	1	08단	近頃利用者が滅法ふえた/內鮮滿連絡飛行郵便とりわけ商用が多い
178985	朝鮮朝日	西北版	1929-10-18	1	08단	娼妓自殺を企つ
178986	朝鮮朝日	西北版	1929-10-18	1	09단	自動車電車衝突
178987	朝鮮朝日	西北版	1929-10-18	1	09단	仲裁人を斬る
178988	朝鮮朝日	西北版	1929-10-18	1	09단	出獄して又も不逞團體に投ず
178989	朝鮮朝日	西北版	1929-10-18	1	10단	モクズ蟹を賣りあるく
178990	朝鮮朝日	西北版	1929-10-18	1	10단	棧敷墜落し鮮童卽死す
178991	朝鮮朝日	西北版	1929-10-18	1	10단	朝鮮鐵道史第一卷近く完成
178992	朝鮮朝日	西北版	1929-10-18	1	10단	本社優勝旗爭奪庭球戰
178993	朝鮮朝日	西北版	1929-10-18	1	10단	人(水野鍊太郞氏(中央朝鮮協會副會長)/草間財務局長/佐々木志賀二氏(貴族院議員)/大內暢三氏(代議士)/吉田仁川商議會頭/平山政十氏(京城實業家)/小暮佳一氏(平壤海軍鐵業所技師)/笠森東大敎授/淺利警務局長/須藤知事/美座慶南警察部長/新田唯一氏(大朝京城支局長)/柳島劼氏(同平壤通信部主任))
178994	朝鮮朝日	南鮮版	1929-10-18	1	01단	競技は白熱化し新記錄續出す 觀衆無慮三萬と註さる さかんだった日獨競技/國旗を先頭に肅々と入場 兩國選手固く握手す 莊嚴を極めた入場式(トラック/フ井ールド/女子競技)
178995	朝鮮朝日	南鮮版	1929-10-18	1	02단	瓦電買收の假契約解除/釜山府協議會で決定
178996	朝鮮朝日	南鮮版	1929-10-18	1	02단	會期の延長は絶對しない/朝鮮博の世評に對し今村殖産局長は語る
178997	朝鮮朝日	南鮮版	1929-10-18	1	03단	京城府議の選擧有權者
178998	朝鮮朝日	南鮮版	1929-10-18	1	04단	第二艦隊釜山入港/艦載機六機は曉の空を快翔
178999	朝鮮朝日	南鮮版	1929-10-18	1	04단	平壤の偵察機不時着陸す
179000	朝鮮朝日	南鮮版	1929-10-18	1	04단	江東の模範部落養鷄王國として名高い
179001	朝鮮朝日	南鮮版	1929-10-18	1	05단	大邱の都計/基本調査急ぐ
179002	朝鮮朝日	南鮮版	1929-10-18	1	05단	僅か十五日間で半年分以上を稼ぐ/都會集中の嫌ひがあるとても成績のよい簡易生命保險
179003	朝鮮朝日	南鮮版	1929-10-18	1	06단	吹くは吹くは緊縮風は吹く民に憂色ありと歎く/各課で緊縮話の花が咲く/減俸決定の日の鐵道局內
179004	朝鮮朝日	南鮮版	1929-10-18	1	06단	有權者名簿の調製を急ぐ

일련번호	판명		간행일	면	단수	기사명
179005	朝鮮朝日	南鮮版	1929-10-18	1	07단	朝博入場者豫想投票客足繫ぎのために賞品付で
179006	朝鮮朝日	南鮮版	1929-10-18	1	07단	旗に關する展覽會京城府社會館で開催される
179007	朝鮮朝日	南鮮版	1929-10-18	1	07단	三度押入る眼鏡違ひの强盜
179008	朝鮮朝日	南鮮版	1929-10-18	1	07단	成績如何では飛行機を購入し魚群探檢を盛に行ふ/魚探飛行會の意氣込
179009	朝鮮朝日	南鮮版	1929-10-18	1	08단	仁川府の開發案自由港區たらしむべく建議
179010	朝鮮朝日	南鮮版	1929-10-18	1	08단	嵐の前の靜寂さ/釜山府議選擧激烈さを豫想
179011	朝鮮朝日	南鮮版	1929-10-18	1	08단	副書記長制と議員增加を朝鮮人會員結束して大邱會議所に要望す
179012	朝鮮朝日	南鮮版	1929-10-18	1	09단	朝博漫畵(２２)/音三生
179013	朝鮮朝日	南鮮版	1929-10-18	1	09단	本社優勝旗爭奪庭球戰
179014	朝鮮朝日	南鮮版	1929-10-18	1	09단	氣が狂って通行人慘殺
179015	朝鮮朝日	南鮮版	1929-10-18	1	10단	棧敷墜落し鮮童卽死す
179016	朝鮮朝日	南鮮版	1929-10-18	1	10단	朝鮮鐵道史第一卷近く完成
179017	朝鮮朝日	南鮮版	1929-10-18	1	10단	人(水野鍊太郎氏(中央朝鮮協會副會長)/草間財務局長/佐々木志賀二氏(貴族院議員)/大內暢三氏(代議士)/吉田仁川商議會頭/平山政十氏(京城實業家)/小暮佳一氏(平壤海軍鑛業所技師)/笠森東大敎授/淺利警務局長/須藤知事/美座慶南警察部長/新田唯一氏(大朝京城支局長)/柳島■氏(同平壤通信部主任))
179018	朝鮮朝日	西北・南鮮版	1929-10-18	2	01단	何を苦しんで減俸するか/眞意は諒解出來ない草間財務局長は語る
179019	朝鮮朝日	西北・南鮮版	1929-10-18	2	01단	雫の聲
179020	朝鮮朝日	西北・南鮮版	1929-10-18	2	01단	新羅展覽會陳列品取替へ
179021	朝鮮朝日	西北・南鮮版	1929-10-18	2	01단	夏枯を越し稍活氣づく/平壤の金融界
179022	朝鮮朝日	西北・南鮮版	1929-10-18	2	02단	上野專務の寄附
179023	朝鮮朝日	西北・南鮮版	1929-10-18	2	02단	咸南の秋繭共同販賣量
179024	朝鮮朝日	西北・南鮮版	1929-10-18	2	02단	檢疫所で牛の鑵詰一千四百頭は空しく繫がる
179025	朝鮮朝日	西北・南鮮版	1929-10-18	2	02단	內務庶務主任會議
179026	朝鮮朝日	西北・南鮮版	1929-10-18	2	03단	各地だより(平壤/群山/仁川/淸州/茂山/新義州)
179027	朝鮮朝日	西北・南鮮版	1929-10-18	2	03단	朝日活寫會
179028	朝鮮朝日	西北・南鮮版	1929-10-18	2	04단	新刊紹介(『朝鮮鐵道協會會誌』)
179029	朝鮮朝日	西北版	1929-10-19	1	01단	京城三法院書記が結束し減俸に反對

일련번호	판명		간행일	면	단수	기사명
179029	朝鮮朝日	西北版	1929-10-19	1	01단	二時間に互り反對演說をなし實行委員十七名選出/反對の決議文を政府に通告し檢事長問責委員を派す　判檢事側に提携を拒絶/『減俸は堪へ難い此際御高配を乞ふ』と決議して總督に提出 判事連も蹶起して運動を起す
179030	朝鮮朝日	西北版	1929-10-19	1	01단	減俸はお台所に如何に響くか 代表的官吏の奧樣方の御決心のほどを承はる/これを機會に緊縮します 何分子供が多いので平常も節約してます(今村殖産局長夫人)/御用聞をやめ直接市場で買ひ裁縫も自身でします　そして冗費の節約を(山本遞信局長夫人)/有合せの品で我慢することだ 隨分ひどくこたへる御主人は奧樣の代辯(土地改良部長の松村家)/台所よりも虛禮や無駄な諸會合を廢止したい(土居行刑課長夫人)/ゆっくり考へて適當に節約したいとおもふ(渡邊山林部長夫人)
179031	朝鮮朝日	西北版	1929-10-19	1	04단	短歌/橋田東聲選
179032	朝鮮朝日	西北版	1929-10-19	1	04단	朝鮮人書記は冷然と構へ一切運動に加はらぬ加俸減額には大贊成
179033	朝鮮朝日	西北版	1929-10-19	1	05단	寫眞說明(上は十七日京城で行はれた日獨競技の入場式、中右は百米のフィニッシュテープ十秒三で切って世界的紀錄を作ったエルドラッヘル選手、同左は走高跳に一米九七の日本新記錄をつくった木村選手、下は新レコードを生んだ人々)
179034	朝鮮朝日	西北版	1929-10-19	1	06단	雙方とも讓らず大邱商議の議員問題紛糾す
179035	朝鮮朝日	西北版	1929-10-19	1	07단	迫間農場爭議解決/小作人總會で協議した結果
179036	朝鮮朝日	西北版	1929-10-19	1	08단	朝鮮神宮の祭典行はる
179037	朝鮮朝日	西北版	1929-10-19	1	08단	下級警察官の影響は酷い退職者は多數出よう/平壤の官界は大恐慌
179038	朝鮮朝日	西北版	1929-10-19	1	09단	學校の火事
179039	朝鮮朝日	西北版	1929-10-19	1	09단	土沙が崩れて二人壓死す
179040	朝鮮朝日	西北版	1929-10-19	1	10단	柔道と射擊
179041	朝鮮朝日	西北版	1929-10-19	1	10단	平壤で卅件の强盜を働く
179042	朝鮮朝日	西北版	1929-10-19	1	10단	モヒ密賣者の檢擧を行ひ患者を絶滅する
179043	朝鮮朝日	西北版	1929-10-19	1	10단	人(大川平三郎氏(朝鮮鐵道社長)/福原俊丸男(貴族院議員、朝鐵重役)/岡田信氏

일련번호	판명		간행일	면	단수	기사명
179043	朝鮮朝日	西北版	1929-10-19	1	10단	(東拓理事))
179044	朝鮮朝日	南鮮版	1929-10-19	1	01단	京城三法院書記が結束し減俸に反對二時間に亙り反對演說をなし實行委員十七名選出/反對の決議文を政府に通告し檢事長問責委員を派す　判檢事側に提携を拒絶/『減俸は堪へ難い此際御高配を乞ふ』と決議して總督に提出　判事連も蹶起して運動を起す
179045	朝鮮朝日	南鮮版	1929-10-19	1	01단	減俸はお台所に如何に響くか 代表的官吏の奥様方の御決心のほどを承はる/これを機會に緊縮します 何分子供が多いので平常も節約してます(今村殖産局長夫人)/御用聞をやめ直接市場で買ひ裁縫も自身でします　そして冗費の節約を(山本遞信局長夫人)/有合せの品で我慢することだ　隨分ひどくこたへる御主人は奥様の代辯(土地改良部長の松村家)/台所よりも虚禮や無駄な諸會合を廢止したい(土居行刑課長夫人)/ゆっくり考へて適當に節約したいとおもふ(渡邊山林部長夫人)
179046	朝鮮朝日	南鮮版	1929-10-19	1	04단	短歌/橋田東聲選
179047	朝鮮朝日	南鮮版	1929-10-19	1	04단	朝鮮人書記は冷然と構へ一切運動に加はらぬ加俸減額には大贊成
179048	朝鮮朝日	南鮮版	1929-10-19	1	05단	寫眞說明(上は十七日京城で行はれた日獨競技の入場式、中右は百米のフィニッシュテープ十秒三で切って世界的紀録を作ったエルドラッヘル選手、同左は走高跳に一米九七の日本新記録をつくった木村選手、下は新レコードを生んだ人々)
179049	朝鮮朝日	南鮮版	1929-10-19	1	06단	雙方とも讓らず大邱商議の議員問題紛糾す
179050	朝鮮朝日	南鮮版	1929-10-19	1	07단	迫間農場爭議解決/小作人總會で協議した結果
179051	朝鮮朝日	南鮮版	1929-10-19	1	08단	朝鮮神宮の祭典行はる
179052	朝鮮朝日	南鮮版	1929-10-19	1	08단	下級警察官の影響は酷い退職者は多數出よう/平壤の官界は大恐慌
179053	朝鮮朝日	南鮮版	1929-10-19	1	09단	學校の火事
179054	朝鮮朝日	南鮮版	1929-10-19	1	09단	土沙が崩れて二人壓死す
179055	朝鮮朝日	南鮮版	1929-10-19	1	10단	柔道と射撃
179056	朝鮮朝日	南鮮版	1929-10-19	1	10단	平壤で卅件の强盗を働く

일련번호	판명		간행일	면	단수	기사명
179057	朝鮮朝日	南鮮版	1929-10-19	1	10단	モヒ密賣者の檢擧を行ひ患者を絶滅する
179058	朝鮮朝日	南鮮版	1929-10-19	1	10단	人(大川平三郎氏(朝鮮鐵道社長)/福原俊丸男(貴族院議員、朝鐵重役)/岡田信氏(東拓理事))
179059	朝鮮朝日	西北・南鮮版	1929-10-19	2	01단	辭表を取纏め決心を示す/平壤會議所朝鮮人側議員の結束はかたい
179060	朝鮮朝日	西北・南鮮版	1929-10-19	2	01단	斯界の權威が研究を發表/多數學者が集まって農學關係大會開かる
179061	朝鮮朝日	西北・南鮮版	1929-10-19	2	01단	百萬石突破か/黃海道の農民は大よろこび
179062	朝鮮朝日	西北・南鮮版	1929-10-19	2	01단	棉花初入札木浦で行はる
179063	朝鮮朝日	西北・南鮮版	1929-10-19	2	01단	海苔の試驗
179064	朝鮮朝日	西北・南鮮版	1929-10-19	2	02단	雹害地救濟の方針愈きまる
179065	朝鮮朝日	西北・南鮮版	1929-10-19	2	02단	各地だより(平壤/間島/淸州/公州/咸興/木浦)
179066	朝鮮朝日	西北版	1929-10-20	1	01단	減俸問題議論を棄てゝ實際運動へ！！/總監に減俸問題の緩和方を要請する判任官の運動を妥當と認む緊急局部長會議で決る/總督府判任官もつひに結束奮起し政府に反對決議を電送各植民地判任官にも檄を飛ばす/『適當な對策を講ぜられよ』と局長と理事に陳情鐵道局員の態度決る/首の問題なんか考へてをれない目的の貫徹に努むべし判檢事と書記連大いに意氣込む/誓ひ合った一蓮托生判任官の結束は意外に固い/政策反對は間違だ某高等官語る/雇員傭人給も引下げるか引下げ步合について財務局長照電を發す/穩當を缺かぬ內務局長と總務課長の意見/總督は不滿か騷動をよそに仁川にあそぶ
179067	朝鮮朝日	西北版	1929-10-20	1	04단	童謠/北原白秋選
179068	朝鮮朝日	西北版	1929-10-20	1	04단	ガソリン汽動車/五十人乘を朝鐵が近く運轉
179069	朝鮮朝日	西北版	1929-10-20	1	05단	運合發起人會漸く開かる/十名の委員を擧げて準備を行ふ事に決る
179070	朝鮮朝日	西北版	1929-10-20	1	05단	緊縮美談/制服制帽で鋸や鉋を握り立派な車庫を建築/平壤署員の大工さん
179071	朝鮮朝日	西北版	1929-10-20	1	06단	平壤の府議戰昨今猛烈なる運動を續ける
179072	朝鮮朝日	西北版	1929-10-20	1	06단	釜山協和會の政策きまる
179073	朝鮮朝日	西北版	1929-10-20	1	06단	慶南各地で地主懇談會
179074	朝鮮朝日	西北版	1929-10-20	1	06단	全國水産大會同業者二百餘名出席/十八

일련번호	판명		간행일	면	단수	기사명
179074	朝鮮朝日	西北版	1929-10-20	1	06단	日から開催さる
179075	朝鮮朝日	西北版	1929-10-20	1	07단	各驛とも大多忙/新米の出廻りは意外に盛ん
179076	朝鮮朝日	西北版	1929-10-20	1	07단	減俸案つひに或ひは撤回か/各方面からの勧告に濱口首相の意うごく
179077	朝鮮朝日	西北版	1929-10-20	1	07단	東部隣保館落成式を擧ぐ
179078	朝鮮朝日	西北版	1929-10-20	1	08단	暫くの間でも生活を助けたい/旱害地救濟について慶南當局頭をひねる
179079	朝鮮朝日	西北版	1929-10-20	1	08단	遞信從業員の制服を改正
179080	朝鮮朝日	西北版	1929-10-20	1	09단	勞銀が安くて物價は高い工夫連敦圍く
179081	朝鮮朝日	西北版	1929-10-20	1	09단	コスモスの新名所臨江亭附近に臨時電車増發
179082	朝鮮朝日	西北版	1929-10-20	1	10단	裡里上水道は握りつぶし
179083	朝鮮朝日	西北版	1929-10-20	1	10단	二棟三戸燒き子供燒死す
179084	朝鮮朝日	西北版	1929-10-20	1	10단	林檎八百個を一夜に盜む
179085	朝鮮朝日	西北版	1929-10-20	1	10단	飛乘り損ねて両手を轢斷
179086	朝鮮朝日	西北版	1929-10-20	1	10단	朝博目あてにスリ横行す
179087	朝鮮朝日	西北版	1929-10-20	1	10단	羽田歌劇團公演
179088	朝鮮朝日	西北版	1929-10-20	1	10단	人(恩田熊壽郎氏(大連市會議長)/大川朝鐵社長/福原俊丸男/蝶野德次氏(大朝販賣部次長))
179089	朝鮮朝日	南鮮版	1929-10-20	1	01단	減俸問題議論を棄てゝ實際運動へ！！/總監に減俸問題の緩和方を要請する判任官の運動を妥當と認む緊急局部長會議で決る/總督府判任官もつひに結束奮起し政府に反對決議を電送　各植民地判任官にも檄を飛ばす/『適當な對策を講ぜられよ』と局長と理事に陳情鐵道局員の態度決る/首の問題なんか考へてをれない目的の貫徹に努むべし判檢事と書記連大いに意氣込む/誓ひ合った一蓮托生判任官の結束は意外に固い/政策反對は間違だ某高等官語る/雇員傭人給も引下げるか引下げ歩合について財務局長照電を發す/穩當を缺かぬ内務局長と總務課長の意見/總督は不滿か騒動をよそに仁川にあそぶ
179090	朝鮮朝日	南鮮版	1929-10-20	1	04단	童謠/北原白秋選
179091	朝鮮朝日	南鮮版	1929-10-20	1	04단	ガソリン汽動車五十人乘を朝鐵が近く運轉

일련번호	판명		간행일	면	단수	기사명
179092	朝鮮朝日	南鮮版	1929-10-20	1	05단	連合發起人會漸く開かる/十名の委員を擧げて準備を行ふ事に決る
179093	朝鮮朝日	南鮮版	1929-10-20	1	05단	緊縮美談/制服制帽で鋸や鉋を握り立派な車庫を建築/平壤署員の大工さん
179094	朝鮮朝日	南鮮版	1929-10-20	1	06단	平壤の府議戰昨今猛烈なる運動を續ける
179095	朝鮮朝日	南鮮版	1929-10-20	1	06단	釜山協和會の政策きまる
179096	朝鮮朝日	南鮮版	1929-10-20	1	06단	慶南各地で地主懇談會
179097	朝鮮朝日	南鮮版	1929-10-20	1	07단	全國水産大會同業者二百餘名出席/十八日から開催さる
179098	朝鮮朝日	南鮮版	1929-10-20	1	07단	各驛とも大多忙/新米の出廻りは意外に盛ん
179099	朝鮮朝日	南鮮版	1929-10-20	1	07단	減俸案つひに或ひは撤回か/各方面からの勸告に濱口首相の意うごく
179100	朝鮮朝日	南鮮版	1929-10-20	1	07단	東部隣保館落成式を擧ぐ
179101	朝鮮朝日	南鮮版	1929-10-20	1	08단	暫くの間でも生活を助けたい/旱害地救濟について慶南當局頭をひねる
179102	朝鮮朝日	南鮮版	1929-10-20	1	08단	遞信從業員の制服を改正
179103	朝鮮朝日	南鮮版	1929-10-20	1	09단	勞銀が安くて物價は高い工夫連敦圍く
179104	朝鮮朝日	南鮮版	1929-10-20	1	09단	コスモスの新名所臨江亭附近に臨時電車增發
179105	朝鮮朝日	南鮮版	1929-10-20	1	10단	裡里上水道は握りつぶし
179106	朝鮮朝日	南鮮版	1929-10-20	1	10단	二棟三戸燒き子供燒死す
179107	朝鮮朝日	南鮮版	1929-10-20	1	10단	林檎八百個を一夜に盜む
179108	朝鮮朝日	南鮮版	1929-10-20	1	10단	飛乗り損ねて兩手を轢斷
179109	朝鮮朝日	南鮮版	1929-10-20	1	10단	朝博目あてにスリ横行す
179110	朝鮮朝日	南鮮版	1929-10-20	1	10단	羽田歌劇團公演
179111	朝鮮朝日	南鮮版	1929-10-20	1	10단	人(恩田熊壽郎氏(大連市會議長)/大川朝鐵社長/福原俊丸男/蝶野德次氏(大朝販賣部次長))
179112	朝鮮朝日	西北・南鮮版	1929-10-20	2	01단	牛肺疫豫防で論議の花が咲く/斯界の泰斗を集めて家畜傳染病豫防會議を開く
179113	朝鮮朝日	西北・南鮮版	1929-10-20	2	01단	王公家の墓籍作成來春頃に完成
179114	朝鮮朝日	西北・南鮮版	1929-10-20	2	01단	農學關係聯合大會
179115	朝鮮朝日	西北・南鮮版	1929-10-20	2	01단	京城府の緊縮/實行豫算一割二分餘を節約
179116	朝鮮朝日	西北・南鮮版	1929-10-20	2	02단	旱害による免稅額決る
179117	朝鮮朝日	西北・南鮮版	1929-10-20	2	02단	迫間別邸溫泉の存置は端なくも問題となる
179118	朝鮮朝日	西北・南鮮版	1929-10-20	2	02단	平壤局九月の窓口成績
179119	朝鮮朝日	西北・南鮮版	1929-10-20	2	03단	各地だより(京城/平壤/釜山/仁川/裡里/公州)

일련번호	판명		간행일	면	단수	기사명
179120	朝鮮朝日	西北版	1929-10-22	1	01단	減俸案の撤回で各官廳狂喜し晴れやかによみがへる　商店街にも喜色が漂ふ/政府攻擊の聲は忽ちに禮讚となる『流石に濱口さんは偉い』仕事も手につかぬ三法院の職員/ペン運ぶ手もうれしさう然しなほ油斷を警む其日の總督府の光景/まことに結構だ　中村總務課長談/『吾等遂に勝てり』鐵道局從業員凱歌を揚げる
179121	朝鮮朝日	西北版	1929-10-22	1	02단	沙里院の面電よ一體どこへ行くか果しなき議論に災され相變らず暗くて規模は小さい
179122	朝鮮朝日	西北版	1929-10-22	1	03단	海州面協議員改選を行ふ
179123	朝鮮朝日	西北版	1929-10-22	1	03단	生産振興教育品展
179124	朝鮮朝日	西北版	1929-10-22	1	04단	新院鶴峴間の地價昂騰す
179125	朝鮮朝日	西北版	1929-10-22	1	04단	消防功勞章平南の受領者
179126	朝鮮朝日	西北版	1929-10-22	1	04단	蟹鑵詰組合の組織を計劃/稚蟹濫獲粗製濫造を極力防止するために
179127	朝鮮朝日	西北版	1929-10-22	1	05단	孝行な兵卒/給料全部を實家に送金し小遣錢を送り返す近く表彰の手續をとる
179128	朝鮮朝日	西北版	1929-10-22	1	05단	元山高女軍の行を盛んにする
179129	朝鮮朝日	西北版	1929-10-22	1	05단	産婆看護婦試驗
179130	朝鮮朝日	西北版	1929-10-22	1	05단	運動界(秋季ラグビー聯盟戰日程/全鮮學生卓球大會)
179131	朝鮮朝日	西北版	1929-10-22	1	06단	農林省の面目全く丸潰れ牛肺疫を調て見たらつひに陰性とわかる
179132	朝鮮朝日	西北版	1929-10-22	1	07단	十二日正午建設列車の初茂山入り
179133	朝鮮朝日	西北版	1929-10-22	1	07단	重傷に屈せず强盜を擊退
179134	朝鮮朝日	西北版	1929-10-22	1	07단	鴨江下流の初氷
179135	朝鮮朝日	西北版	1929-10-22	1	08단	執行猶豫直後惡事を働く
179136	朝鮮朝日	西北版	1929-10-22	1	08단	猪と思ってズドンと一發一方被害者の長男は加害者をなぐり殺す
179137	朝鮮朝日	西北版	1929-10-22	1	09단	七人組の馬賊安東を荒す
179138	朝鮮朝日	西北版	1929-10-22	1	09단	懲役八年から無罪となる
179139	朝鮮朝日	西北版	1929-10-22	1	09단	兩親に叱られ少年家出す
179140	朝鮮朝日	西北版	1929-10-22	1	10단	鎖を切り囚人逃走山中にかくる
179141	朝鮮朝日	西北版	1929-10-22	1	10단	父に叱られて實家に放火
179142	朝鮮朝日	西北版	1929-10-22	1	10단	九太で毆打し卽死せしむ
179143	朝鮮朝日	西北版	1929-10-22	1	10단	看護婦十數名チフス感染
179144	朝鮮朝日	西北版	1929-10-22	1	10단	醉拂ひ轢殺さる
179145	朝鮮朝日	西北版	1929-10-22	1	10단	咸南の降雪

일련번호	판명		간행일	면	단수	기사명
179146	朝鮮朝日	西北版	1929-10-22	1	10단	大邱の初氷
179147	朝鮮朝日	西北版	1929-10-22	1	10단	中野氏のおめでた
179148	朝鮮朝日	西北版	1929-10-22	1	10단	人(永里氏夫人逝く)
179149	朝鮮朝日	南鮮版	1929-10-22	1	01단	減俸案の撤回で各官廳狂喜し晴れやかによみがへる　商店街にも喜色が漂ふ/政府攻擊の聲は忽ちに禮讚となる『流石に濱口さんは偉い』仕事も手につかぬ三法院の職員/ペン運ぶ手もうれしさう然しなほ油斷を警む其日の總督府の光景/これで警官も浮みあがる何もいふことはない田中警察部長は語る/まことに結構だ中村總務課長談「吾等遂に勝てり」鐵道局從業員凱歌を揚げる
179150	朝鮮朝日	南鮮版	1929-10-22	1	03단	蟹鑵詰組合の組織を計劃稚蟹濫獲粗製濫造を極力防止するために
179151	朝鮮朝日	南鮮版	1929-10-22	1	03단	自由港は大贊成仁川府勢振興會の理事會で
179152	朝鮮朝日	南鮮版	1929-10-22	1	04단	山林會總會
179153	朝鮮朝日	南鮮版	1929-10-22	1	04단	候補者四十名が虎視耽々と對峙しはやくも前衛戰を演ず激烈ならんとする釜山府議選擧
179154	朝鮮朝日	南鮮版	1929-10-22	1	05단	東萊溫泉は有望となる迫間邸新溫泉掘鑿で駒田說根底から覆る
179155	朝鮮朝日	南鮮版	1929-10-22	1	05단	浦項港の入津料發展上から徵收率を改正す
179156	朝鮮朝日	南鮮版	1929-10-22	1	05단	朝鮮綿絲布商聯合會總會
179157	朝鮮朝日	南鮮版	1929-10-22	1	06단	營林署を廢合す業績の刷新向上を圖るため
179158	朝鮮朝日	南鮮版	1929-10-22	1	06단	魚探飛行は大成功連日好晴で
179159	朝鮮朝日	南鮮版	1929-10-22	1	06단	全鮮漁業組合聯合硏究會
179160	朝鮮朝日	南鮮版	1929-10-22	1	07단	陸軍政務次官鮮內各地を視察
179161	朝鮮朝日	南鮮版	1929-10-22	1	07단	第九回全鮮酒造業總會
179162	朝鮮朝日	南鮮版	1929-10-22	1	07단	本腰となって旱害を調査兒玉總監の命により本府係官續々と來邱
179163	朝鮮朝日	南鮮版	1929-10-22	1	07단	運動界(秋季ラグビー聯盟戰日程/全鮮學生卓球大會/開城運動場グラウンド開き)
179164	朝鮮朝日	南鮮版	1929-10-22	1	08단	新米の出廻り意外に早い
179165	朝鮮朝日	南鮮版	1929-10-22	1	08단	人夫四十名は兒童を毆り巡查を傷つく
179166	朝鮮朝日	南鮮版	1929-10-22	1	08단	農林省の面目全く丸潰れ牛肺疫を調て見たらつひに陰性とわかる
179167	朝鮮朝日	南鮮版	1929-10-22	1	09단	釜山の心中店員と娼妓が

일련번호	판명		간행일	면	단수	기사명
179168	朝鮮朝日	南鮮版	1929-10-22	1	09단	阿片密賣の張本人捕る
179169	朝鮮朝日	南鮮版	1929-10-22	1	09단	伸の惡い父の妾を蹴殺す
179170	朝鮮朝日	南鮮版	1929-10-22	1	09단	金剛山の積雪
179171	朝鮮朝日	南鮮版	1929-10-22	1	10단	鎖を切り囚人逃走山中にかくる
179172	朝鮮朝日	南鮮版	1929-10-22	1	10단	我子を殺して縊死を遂ぐ巡査部長の妻
179173	朝鮮朝日	南鮮版	1929-10-22	1	10단	大邱の初氷
179174	朝鮮朝日	南鮮版	1929-10-22	1	10단	會(本鄕大將武道講演/藤間久枝舞踊の夕)
179175	朝鮮朝日	南鮮版	1929-10-22	1	10단	人(磯貝一氏(講道館八段)/小笠原弓道師範/岐山代議士/本鄕房太郎大將/加藤鮮銀總裁/大工原前九大總長/吉川東京農大教授)
179176	朝鮮朝日	西北・南鮮版	1929-10-22	2	01단	最近の文壇を見渡して/大宅壯一
179177	朝鮮朝日	西北・南鮮版	1929-10-22	2	02단	各地だより(平壤/大邱/春川/茂山/新義州/公州/仁川/裡里)
179178	朝鮮朝日	西北・南鮮版	1929-10-22	2	03단	古風に戻った新しい手提袋/口を打紐で結び生地は鹽瀬でいとはんに適しいソフトバッグ
179179	朝鮮朝日	西北・南鮮版	1929-10-22	2	05단	茂木普通校で開いた技藝農産品評會
179180	朝鮮朝日	西北・南鮮版	1929-10-22	2	05단	朝鮮博覽會で岐阜縣デー
179181	朝鮮朝日	西北・南鮮版	1929-10-22	2	07단	朝鐵の配當は八朱と決定
179182	朝鮮朝日	西北・南鮮版	1929-10-22	2	07단	元山灣で鰯がよく獲れる
179183	朝鮮朝日	西北・南鮮版	1929-10-22	2	07단	長津江水電の調査に着手
179184	朝鮮朝日	西北・南鮮版	1929-10-22	2	07단	瑚璉川堤防の工事竣工式
179185	朝鮮朝日	西北版	1929-10-23	1	01단	さきを爭って名産宣傳に大童會期いよいよ迫って朝鮮博覽會掉尾の賑ひを呈す
179186	朝鮮朝日	西北版	1929-10-23	1	01단	平壤の官廳に歡聲あがる商店街にも喜色漂ふ減俸案撤回の決定で
179187	朝鮮朝日	西北版	1929-10-23	1	01단	武德會本部發會式本鄕會長以下幹部臨席して
179188	朝鮮朝日	西北版	1929-10-23	1	01단	慶南道の旱害救濟急施を要する事項を決定す
179189	朝鮮朝日	西北版	1929-10-23	1	02단	珍奇なものゝ讓渡を受け科學館に陳列
179190	朝鮮朝日	西北版	1929-10-23	1	02단	成績のよい平壤局の簡保
179191	朝鮮朝日	西北版	1929-10-23	1	02단	成績のよい魚探試驗飛行愈これが實施の曉は好成績を示すだらう
179192	朝鮮朝日	西北版	1929-10-23	1	03단	平壤聯隊秋季演習
179193	朝鮮朝日	西北版	1929-10-23	1	03단	俳句/鈴木花蓑選
179194	朝鮮朝日	西北版	1929-10-23	1	03단	信川、水橋間は愈近く竣工
179195	朝鮮朝日	西北版	1929-10-23	1	04단	大邱商議の評議員改選

일련번호	판명		간행일	면	단수	기사명
179196	朝鮮朝日	西北版	1929-10-23	1	04단	大邱商議の紛擾愈解決
179197	朝鮮朝日	西北版	1929-10-23	1	04단	運合第一回創立委員會
179198	朝鮮朝日	西北版	1929-10-23	1	04단	仁川港口に浮標を設置
179199	朝鮮朝日	西北版	1929-10-23	1	05단	引水の準備が遅れたゝめ釜山の上水道は愈よ文字どほり風前の燈
179200	朝鮮朝日	西北版	1929-10-23	1	05단	六萬坪の蔬菜畑浮浪朝鮮人に耕作せしめる
179201	朝鮮朝日	西北版	1929-10-23	1	05단	第一回全鮮消防大會功勞者の表彰式をも擧行す
179202	朝鮮朝日	西北版	1929-10-23	1	06단	抗露運動から排日運動へ
179203	朝鮮朝日	西北版	1929-10-23	1	06단	香椎、大池兩氏府政から隱退か中堅的新人の出現を一般府民は切に望む
179204	朝鮮朝日	西北版	1929-10-23	1	07단	運動界(廣岡君優勝卓球個人試合)
179205	朝鮮朝日	西北版	1929-10-23	1	07단	一段步から籾十石五斗記錄をやぶる
179206	朝鮮朝日	西北版	1929-10-23	1	07단	タービン破損し大邱全市は暗黑面と化す
179207	朝鮮朝日	西北版	1929-10-23	1	07단	警戒網を潜り金品を盜む
179208	朝鮮朝日	西北版	1929-10-23	1	08단	軍醫と詐稱し詐欺を働く
179209	朝鮮朝日	西北版	1929-10-23	1	08단	馬賊暴れる
179210	朝鮮朝日	西北版	1929-10-23	1	08단	富豪の家族を人質にとる
179211	朝鮮朝日	西北版	1929-10-23	1	08단	祕密結社の公判
179212	朝鮮朝日	西北版	1929-10-23	1	08단	脱走囚人遂に山中で捕る追跡隊員の發砲を尻目にかけて逃走
179213	朝鮮朝日	西北版	1929-10-23	1	08단	大根を盜んで剩へ毆打す
179214	朝鮮朝日	西北版	1929-10-23	1	08단	古墳を盜掘一味四名捕る
179215	朝鮮朝日	西北版	1929-10-23	1	09단	精巧を極めた僞造貨發見
179216	朝鮮朝日	西北版	1929-10-23	1	09단	慶南の初氷
179217	朝鮮朝日	西北版	1929-10-23	1	09단	昌慶園の菊その香を競ふ
179218	朝鮮朝日	西北版	1929-10-23	1	09단	鮮牛の足止めが長く當業者へこ垂れる移入港檢疫繫留期間延長で敦港滯留六百頭に上る
179219	朝鮮朝日	西北版	1929-10-23	1	10단	自動車と衝突自轉車乘負傷す
179220	朝鮮朝日	西北版	1929-10-23	1	10단	墜落船員の死體
179221	朝鮮朝日	西北版	1929-10-23	1	10단	三人組强盜出沒
179222	朝鮮朝日	西北版	1929-10-23	1	10단	人(有賀光豊氏(朝鮮殖銀頭取)/安井淸氏(殖銀秘書課長)/石川千代松博士/重村義一少將(總督府科學館長))
179223	朝鮮朝日	西北版	1929-10-23	1	10단	半島茶話
179224	朝鮮朝日	南鮮版	1929-10-23	1	01단	さきを爭って名産宣傳に大童會期いよいよ迫って朝鮮博覽會掉尾の賑ひを呈す

일련번호	판명		간행일	면	단수	기사명
179225	朝鮮朝日	南鮮版	1929-10-23	1	01단	平壤の官廳に歡聲あがる商店街にも喜色漂ふ減俸案撤回の決定で
179226	朝鮮朝日	南鮮版	1929-10-23	1	01단	武德會本部發會式本鄕會長以下幹部臨席して
179227	朝鮮朝日	南鮮版	1929-10-23	1	01단	慶南道の旱害救濟急施を要する事項を決定す
179228	朝鮮朝日	南鮮版	1929-10-23	1	02단	珍奇なものゝ讓渡を受け科學館に陳列
179229	朝鮮朝日	南鮮版	1929-10-23	1	02단	成績のよい平壤局の簡保
179230	朝鮮朝日	南鮮版	1929-10-23	1	02단	成績のよい魚探試驗飛行愈これが實施の曉は好成績を示すだらう
179231	朝鮮朝日	南鮮版	1929-10-23	1	03단	平壤聯隊秋季演習
179232	朝鮮朝日	南鮮版	1929-10-23	1	03단	俳句/鈴木花蓑選
179233	朝鮮朝日	南鮮版	1929-10-23	1	03단	信川、水橋間は愈近く竣工
179234	朝鮮朝日	南鮮版	1929-10-23	1	04단	大邱商議の評議員改選
179235	朝鮮朝日	南鮮版	1929-10-23	1	04단	大邱商議の紛擾愈解決
179236	朝鮮朝日	南鮮版	1929-10-23	1	04단	運合第一回創立委員會
179237	朝鮮朝日	南鮮版	1929-10-23	1	04단	仁川港口に浮標を設置
179238	朝鮮朝日	南鮮版	1929-10-23	1	05단	引水の準備が遅れたゝめ釜山の上水道は愈よ文字どほり風前の燈
179239	朝鮮朝日	南鮮版	1929-10-23	1	05단	六萬坪の蔬菜畑浮浪朝鮮人に耕作せしめる
179240	朝鮮朝日	南鮮版	1929-10-23	1	05단	第一回全鮮消防大會功勞者の表彰式をも擧行す
179241	朝鮮朝日	南鮮版	1929-10-23	1	06단	抗露運動から排日運動へ
179242	朝鮮朝日	南鮮版	1929-10-23	1	06단	香椎、大池兩氏府政から隱退か中堅的新人の出現を一般府民は切に望む
179243	朝鮮朝日	南鮮版	1929-10-23	1	07단	運動界(廣岡君優勝卓球個人試合)
179244	朝鮮朝日	南鮮版	1929-10-23	1	07단	一段步から籾十石五斗記錄をやぶる
179245	朝鮮朝日	南鮮版	1929-10-23	1	07단	タービン破損し大邱全市は暗黑面と化す
179246	朝鮮朝日	南鮮版	1929-10-23	1	07단	警戒網を潛り金品を盜む
179247	朝鮮朝日	南鮮版	1929-10-23	1	08단	軍醫と詐稱し詐欺を働く
179248	朝鮮朝日	南鮮版	1929-10-23	1	08단	馬賊暴れる
179249	朝鮮朝日	南鮮版	1929-10-23	1	08단	富豪の家族を人質にとる
179250	朝鮮朝日	南鮮版	1929-10-23	1	08단	祕密結社の公判
179251	朝鮮朝日	南鮮版	1929-10-23	1	08단	脱走囚人遂に山中で捕る追跡隊員の發砲を尻目にかけて逃走
179252	朝鮮朝日	南鮮版	1929-10-23	1	08단	大根を盜んで剩へ毆打す
179253	朝鮮朝日	南鮮版	1929-10-23	1	08단	古墳を盜掘一味四名捕る
179254	朝鮮朝日	南鮮版	1929-10-23	1	09단	精巧を極めた僞造貨發見

일련번호	판명		간행일	면	단수	기사명
179255	朝鮮朝日	南鮮版	1929-10-23	1	09단	慶南の初氷
179256	朝鮮朝日	南鮮版	1929-10-23	1	09단	昌慶園の菊その香を競ふ
179257	朝鮮朝日	南鮮版	1929-10-23	1	09단	鮮牛の足止めが長く當業者へこ垂れる移入港檢疫繫留期間延長で敦港滯留六百頭に上る
179258	朝鮮朝日	南鮮版	1929-10-23	1	10단	自動車と衝突自轉車乘負傷す
179259	朝鮮朝日	南鮮版	1929-10-23	1	10단	墜落船員の死體
179260	朝鮮朝日	南鮮版	1929-10-23	1	10단	三人組強盜出沒
179261	朝鮮朝日	南鮮版	1929-10-23	1	10단	人(有賀光豊氏(朝鮮殖銀頭取)/安井淸氏(殖銀祕書課長)/石川千代松博士/重村義一少將(總督府科學館長))
179262	朝鮮朝日	南鮮版	1929-10-23	1	10단	半島茶話
179263	朝鮮朝日	西北・南鮮版	1929-10-23	2	01단	各地だより(京城/平壤/裡里/間島)
179264	朝鮮朝日	西北・南鮮版	1929-10-23	2	01단	雲濱の名吟時代漸く判明す『妻は病床に臥し』の一絶海防義會の佐伯氏が發見
179265	朝鮮朝日	西北・南鮮版	1929-10-23	2	01단	お茶のあと
179266	朝鮮朝日	西北・南鮮版	1929-10-23	2	02단	朝鮮の婦人が主婦會組織下關昭和館の主唱で十一月に發會式を擧行
179267	朝鮮朝日	西北・南鮮版	1929-10-23	2	02단	仁取定時株主總會
179268	朝鮮朝日	西北・南鮮版	1929-10-23	2	03단	朝日活寫會
179269	朝鮮朝日	西北・南鮮版	1929-10-23	2	04단	自治事務の見學に朝鮮から岡枝村役場へ
179270	朝鮮朝日	西北・南鮮版	1929-10-23	2	04단	雫の聲
179271	朝鮮朝日	西北版	1929-10-24	1	01단	「天水灌漑水田を危險から救ひ土地改良方針を改めよ」近く朝鮮農會から要望
179272	朝鮮朝日	西北版	1929-10-24	1	01단	雲(運)合委員會支店設置驛はつひに決定に至らず散會す/運合支店所在驛三十驛に設けるとにきまる
179273	朝鮮朝日	西北版	1929-10-24	1	01단	米穀法改正建議案全鮮農業者大會から政府へ
179274	朝鮮朝日	西北版	1929-10-24	1	02단	暹羅參謀總長金剛御探勝
179275	朝鮮朝日	西北版	1929-10-24	1	02단	定數の半分を獲得すべく朝鮮人候補者意氣込む元山府協議員の選擧
179276	朝鮮朝日	西北版	1929-10-24	1	02단	短歌/橋田東聲選
179277	朝鮮朝日	西北版	1929-10-24	1	02단	『樂浪及び高勾麗』三千部を印刷
179278	朝鮮朝日	西北版	1929-10-24	1	03단	平壤の十六機演習に參加
179279	朝鮮朝日	西北版	1929-10-24	1	03단	辭令
179280	朝鮮朝日	西北版	1929-10-24	1	03단	さかんな副業と稻作と養鼈がよく京畿道農民よみがへる但し米價の崩落は最も懸念さる

일련번호	판명		간행일	면	단수	기사명
179281	朝鮮朝日	西北版	1929-10-24	1	04단	大規模の調査隊十餘名の一行長津江に向ふ
179282	朝鮮朝日	西北版	1929-10-24	1	04단	明治節奉祝式
179283	朝鮮朝日	西北版	1929-10-24	1	04단	故伊藤博文公二十周年追悼會
179284	朝鮮朝日	西北版	1929-10-24	1	04단	釜山府の町名改正近く調査に着手するらしい
179285	朝鮮朝日	西北版	1929-10-24	1	05단	彼女達よ何處へ行くか/塚原よし子さんの卷
179286	朝鮮朝日	西北版	1929-10-24	1	05단	水利組合を增設し旱害民を救濟
179287	朝鮮朝日	西北版	1929-10-24	1	05단	遠田畵伯出發す
179288	朝鮮朝日	西北版	1929-10-24	1	06단	內地密航に飛行機利用せんとして取押へらる
179289	朝鮮朝日	西北版	1929-10-24	1	06단	商議と府議の候補者擁立
179290	朝鮮朝日	西北版	1929-10-24	1	06단	約卅六萬圓の工費を出し重要土木事業を起すなるべく旱害民を使役する
179291	朝鮮朝日	西北版	1929-10-24	1	06단	新義州守備隊五泊の行軍
179292	朝鮮朝日	西北版	1929-10-24	1	07단	鎭海を根據に活動を開始海軍小演習赤軍
179293	朝鮮朝日	西北版	1929-10-24	1	07단	兒童を毆り排斥を食ふ
179294	朝鮮朝日	西北版	1929-10-24	1	08단	物騷な安東盜難續出す
179295	朝鮮朝日	西北版	1929-10-24	1	08단	鬼熊控訴す
179296	朝鮮朝日	西北版	1929-10-24	1	08단	浦項の沖合に鯨迷ひ込む
179297	朝鮮朝日	西北版	1929-10-24	1	08단	傳票を僞造し人夫賃詐取
179298	朝鮮朝日	西北版	1929-10-24	1	09단	供託金拐帶
179299	朝鮮朝日	西北版	1929-10-24	1	09단	嬰兒の死體
179300	朝鮮朝日	西北版	1929-10-24	1	09단	毆打されて死ぬ
179301	朝鮮朝日	西北版	1929-10-24	1	09단	流筏を妨げる鳥啼巖爆破耐寒演習をかねて工兵隊の手で行ふ
179302	朝鮮朝日	西北版	1929-10-24	1	10단	運動界(湖南中等野球大會/陸上競技大會)
179303	朝鮮朝日	西北版	1929-10-24	1	10단	人(香椎釜山瓦電社長水野/恩田朝郵社長/宮尾東拓總載/多田東吉氏(新義州實業家)/大川朝鐵社長/西尾第三十九旅團長)
179304	朝鮮朝日	西北版	1929-10-24	1	10단	半島茶話
179305	朝鮮朝日	南鮮版	1929-10-24	1	01단	「天水灌漑水田を危險から救ひ土地改良方針を改めよ」近く朝鮮農會から要望
179306	朝鮮朝日	南鮮版	1929-10-24	1	01단	運合委員會支店設置驛はつひに決定に至らず散會す/運合支店所在驛三十驛に設けるとにきまる設けるとにきまる
179307	朝鮮朝日	南鮮版	1929-10-24	1	01단	米穀法改正建議案全鮮農業者大會から政府へ
179308	朝鮮朝日	南鮮版	1929-10-24	1	02단	暹羅參謀總長金剛御探勝

일련번호	판명		간행일	면	단수	기사명
179309	朝鮮朝日	南鮮版	1929-10-24	1	02단	定數の半分を獲得すべく朝鮮人候補者意氣込む元山府協議員の選擧
179310	朝鮮朝日	南鮮版	1929-10-24	1	02단	短歌/橋田東聲選
179311	朝鮮朝日	南鮮版	1929-10-24	1	02단	仁川自由港區設定同盟會
179312	朝鮮朝日	南鮮版	1929-10-24	1	03단	平壤の十六機演習に參加
179313	朝鮮朝日	南鮮版	1929-10-24	1	03단	辭令
179314	朝鮮朝日	南鮮版	1929-10-24	1	03단	さかんな副業と稻作と養蠶がよく京畿道農民よみがへる但し米價の崩落は最も懸念さる
179315	朝鮮朝日	南鮮版	1929-10-24	1	04단	大規模の調査隊十餘名の一行長津江に向ふ
179316	朝鮮朝日	南鮮版	1929-10-24	1	04단	明治節奉祝式
179317	朝鮮朝日	南鮮版	1929-10-24	1	04단	故伊藤博文公二十周年追悼會
179318	朝鮮朝日	南鮮版	1929-10-24	1	04단	釜山府の町名改正近く調査に着手するらしい
179319	朝鮮朝日	南鮮版	1929-10-24	1	05단	彼女達よ何處へ行くか/塚原よし子さんの卷
179320	朝鮮朝日	南鮮版	1929-10-24	1	05단	水利組合を增設し旱害民を救濟
179321	朝鮮朝日	南鮮版	1929-10-24	1	05단	遠田畫伯出發す
179322	朝鮮朝日	南鮮版	1929-10-24	1	06단	內地密航に飛行機利用せんとして取押へらる
179323	朝鮮朝日	南鮮版	1929-10-24	1	06단	商議と府議の候補者擁立
179324	朝鮮朝日	南鮮版	1929-10-24	1	06단	約卅六萬圓の工費を出し重要土木事業を起すなるべく旱害民を使役する
179325	朝鮮朝日	南鮮版	1929-10-24	1	06단	新義州守備隊五泊の行軍
179326	朝鮮朝日	南鮮版	1929-10-24	1	07단	鎭海を根據に活動を開始海軍小演習赤軍
179327	朝鮮朝日	南鮮版	1929-10-24	1	07단	兒童を毆り排斥を食ふ
179328	朝鮮朝日	南鮮版	1929-10-24	1	08단	物騷な安東盜難續出す
179329	朝鮮朝日	南鮮版	1929-10-24	1	08단	鬼熊控訴す
179330	朝鮮朝日	南鮮版	1929-10-24	1	08단	浦項の沖合に鯨迷ひ込む
179331	朝鮮朝日	南鮮版	1929-10-24	1	08단	傳票を僞造し人夫賃詐取
179332	朝鮮朝日	南鮮版	1929-10-24	1	09단	供託金拐帶
179333	朝鮮朝日	南鮮版	1929-10-24	1	09단	嬰兒の死體
179334	朝鮮朝日	南鮮版	1929-10-24	1	09단	毆打されて死ぬ
179335	朝鮮朝日	南鮮版	1929-10-24	1	09단	流筏を妨げる鳥啼巖爆破耐寒演習をかねて工兵隊の手で行ふ
179336	朝鮮朝日	南鮮版	1929-10-24	1	10단	運動界(湖南中等野球大會/陸上競技大會)
179337	朝鮮朝日	南鮮版	1929-10-24	1	10단	人(香椎釜山瓦電社長/恩田朝郵社長/宮尾東拓總載/多田東吉氏(新義州實業家)/大

일련번호	판명		간행일	면	단수	기사명
179337	朝鮮朝日	南鮮版	1929-10-24	1	10단	川朝鐵社長/西尾第三十九旅團長)
179338	朝鮮朝日	南鮮版	1929-10-24	1	10단	半島茶話
179339	朝鮮朝日	西北・南鮮版	1929-10-24	2	01단	行きつまりは己むを得ぬ新造船計劃は見合せ恩田朝郵社長歸來談
179340	朝鮮朝日	西北・南鮮版	1929-10-24	2	01단	公州面議の改選きまる
179341	朝鮮朝日	西北・南鮮版	1929-10-24	2	01단	仁川における米豆移動
179342	朝鮮朝日	西北・南鮮版	1929-10-24	2	01단	慶北旱害地の免稅を調査
179343	朝鮮朝日	西北・南鮮版	1929-10-24	2	01단	南浦府議選擧有權者名簿閱覽
179344	朝鮮朝日	西北・南鮮版	1929-10-24	2	02단	武德會支部役員
179345	朝鮮朝日	西北・南鮮版	1929-10-24	2	02단	南浦獵友會總會
179346	朝鮮朝日	西北・南鮮版	1929-10-24	2	02단	各地だより(平壤/間島/咸興/元山/馬山/木浦/京城/新義州/公州/春川/大邱)
179347	朝鮮朝日	西北・南鮮版	1929-10-24	2	03단	朝日活寫會
179348	朝鮮朝日	西北版	1929-10-25	1	01단	李堈公殿下別府に御保養遊す
179349	朝鮮朝日	西北版	1929-10-25	1	01단	一箇所一萬石の收容力のある農倉を全鮮二百箇所に十箇年計劃で建設する
179350	朝鮮朝日	西北版	1929-10-25	1	01단	旱害による收入減から慶北道頭痛鉢卷の態緊縮の折柄大に弱る
179351	朝鮮朝日	西北版	1929-10-25	1	03단	蔚山から魚類を京城に空輸朝鮮博終了後も
179352	朝鮮朝日	西北版	1929-10-25	1	04단	溝口陸軍次官朝鮮に向ふ
179353	朝鮮朝日	西北版	1929-10-25	1	04단	平南初等校長會議
179354	朝鮮朝日	西北版	1929-10-25	1	04단	四百九十頭の生牛は罐詰移出最盛期に入って決議の實行危ぶまる/繫留期間緩和か齋藤總督が政府と折衝して
179355	朝鮮朝日	西北版	1929-10-25	1	04단	俳句/鈴木花蓑選
179356	朝鮮朝日	西北版	1929-10-25	1	05단	寄附金を纏め一面一校を實現平南當局各郡を督勵
179357	朝鮮朝日	西北版	1929-10-25	1	05단	議員比率問題漸く解決す大邱會議所の
179358	朝鮮朝日	西北版	1929-10-25	1	05단	お歷々衆が稻刈を行ふ
179359	朝鮮朝日	西北版	1929-10-25	1	05단	選り拔きの教材を集め完成の分から印刷中/初等校の改正教科書
179360	朝鮮朝日	西北版	1929-10-25	1	06단	根炭製造の制限を行ふ
179361	朝鮮朝日	西北版	1929-10-25	1	06단	箕林里の土地分讓學級を定めた上で實行する
179362	朝鮮朝日	西北版	1929-10-25	1	06단	滿浦鎭の憲兵分遣隊廳舍竣成
179363	朝鮮朝日	西北版	1929-10-25	1	07단	憲兵隊宿舍工事に着手
179364	朝鮮朝日	西北版	1929-10-25	1	07단	こゝ數日たてば水地獄から救はる揚水準備は着々と進む釜山府の水營江揚水計劃

일련번호	판명		간행일	면	단수	기사명
179364	朝鮮朝日	西北版	1929-10-25	1	07단	成功す
179365	朝鮮朝日	西北版	1929-10-25	1	07단	土木事件の公判を早く開かれよと陳情
179366	朝鮮朝日	西北版	1929-10-25	1	07단	貞操蹂躙の訴へを起す
179367	朝鮮朝日	西北版	1929-10-25	1	07단	モルヒネの密輸を企つ
179368	朝鮮朝日	西北版	1929-10-25	1	08단	拔身の刀で賊を追拂ふ
179369	朝鮮朝日	西北版	1929-10-25	1	08단	平壤の火事
179370	朝鮮朝日	西北版	1929-10-25	1	08단	死刑と聞いて法延で暴行人蔘行商人を慘殺し所持金を强奪した男
179371	朝鮮朝日	西北版	1929-10-25	1	08단	彼女達よ何處へ行くか/石川よしのさん
179372	朝鮮朝日	西北版	1929-10-25	1	09단	重症癩患者療養所に送る
179373	朝鮮朝日	西北版	1929-10-25	1	10단	强盗に襲はれ慘殺さる
179374	朝鮮朝日	西北版	1929-10-25	1	10단	無錢宿泊をなす
179375	朝鮮朝日	西北版	1929-10-25	1	10단	逃走囚人を告發
179376	朝鮮朝日	西北版	1929-10-25	1	10단	全鮮ゴルフ大會
179377	朝鮮朝日	西北版	1929-10-25	1	10단	人(宮尾舜治氏(東拓總裁)/本鄕大日本武德會長)
179378	朝鮮朝日	南鮮版	1929-10-25	1	01단	李堈公殿下別府に御保養遊す
179379	朝鮮朝日	南鮮版	1929-10-25	1	01단	一箇所一萬石の收容力のある農倉を全鮮二百箇所に十箇年計劃で建設する
179380	朝鮮朝日	南鮮版	1929-10-25	1	01단	旱害による收入減から慶北道頭痛鉢卷の態緊縮の折柄大に弱る
179381	朝鮮朝日	南鮮版	1929-10-25	1	03단	蔚山から魚類を京城に空輸朝鮮博終了後も
179382	朝鮮朝日	南鮮版	1929-10-25	1	04단	溝口陸軍次官朝鮮に向ふ
179383	朝鮮朝日	南鮮版	1929-10-25	1	04단	平南初等校長會議
179384	朝鮮朝日	南鮮版	1929-10-25	1	04단	四百九十頭の生牛は罐詰移出最盛期に入って決議の實行危ぶまる/繫留期間緩和か齋藤總督が政府と折衝して
179385	朝鮮朝日	南鮮版	1929-10-25	1	04단	俳句/鈴木花蓑選
179386	朝鮮朝日	南鮮版	1929-10-25	1	05단	寄附金を纏め一面一校を實現平南當局各郡を督勵
179387	朝鮮朝日	南鮮版	1929-10-25	1	05단	議員比率問題漸く解決す大邱會議所の
179388	朝鮮朝日	南鮮版	1929-10-25	1	05단	お歷々衆が稻刈を行ふ
179389	朝鮮朝日	南鮮版	1929-10-25	1	05단	選り拔きの教材を集め完成の分から印刷中/初等校の改正教科書
179390	朝鮮朝日	南鮮版	1929-10-25	1	06단	根炭製造の制限を行ふ
179391	朝鮮朝日	南鮮版	1929-10-25	1	06단	箕林里の土地分讓學級を定めた上で實行する
179392	朝鮮朝日	南鮮版	1929-10-25	1	06단	滿浦鎭の憲兵分遣隊廳舍竣成

일련번호	판명		간행일	면	단수	기사명
179393	朝鮮朝日	南鮮版	1929-10-25	1	07단	憲兵隊宿舍工事に着手
179394	朝鮮朝日	南鮮版	1929-10-25	1	07단	こゝ數日たてば水地獄から救はる揚水準備は着々と進む釜山府の水營江揚水計劃成功す
179395	朝鮮朝日	南鮮版	1929-10-25	1	07단	土木事件の公判を早く開かれよと陳情
179396	朝鮮朝日	南鮮版	1929-10-25	1	07단	貞操蹂躪の訴へを起す
179397	朝鮮朝日	南鮮版	1929-10-25	1	07단	モルヒネの密輸を企つ
179398	朝鮮朝日	南鮮版	1929-10-25	1	08단	拔身の刀で賊を追拂ふ
179399	朝鮮朝日	南鮮版	1929-10-25	1	08단	平壤の火事
179400	朝鮮朝日	南鮮版	1929-10-25	1	08단	死刑と聞いて法延で暴行人蔘行商人を慘殺し所持金を强奪した男
179401	朝鮮朝日	南鮮版	1929-10-25	1	08단	彼女達よ何處へ行くか/石川よしのさん
179402	朝鮮朝日	南鮮版	1929-10-25	1	09단	重症癩患者療養所に送る
179403	朝鮮朝日	南鮮版	1929-10-25	1	10단	强盜に襲はれ慘殺さる
179404	朝鮮朝日	南鮮版	1929-10-25	1	10단	無錢宿泊をなす
179405	朝鮮朝日	南鮮版	1929-10-25	1	10단	逃走囚人を告發
179406	朝鮮朝日	南鮮版	1929-10-25	1	10단	全鮮ゴルフ大會
179407	朝鮮朝日	南鮮版	1929-10-25	1	10단	人(宮尾舜治氏(東拓總裁)/本鄕大日本武德會長)
179408	朝鮮朝日	西北・南鮮版	1929-10-25	2	01단	話のタネ/よる年波の皺をなくする發明したお醫者に押寄せるモダン年增
179409	朝鮮朝日	西北・南鮮版	1929-10-25	2	01단	獨逸でドシドシ滿洲大豆を輸入その原因は何か？安藤敎授の土産話
179410	朝鮮朝日	西北・南鮮版	1929-10-25	2	01단	山口縣は大打擊朝鮮牛の移入激減によって
179411	朝鮮朝日	西北・南鮮版	1929-10-25	2	02단	辭令(二十二日付)
179412	朝鮮朝日	西北・南鮮版	1929-10-25	2	02단	朝鮮藥學校が藥專に昇格
179413	朝鮮朝日	西北・南鮮版	1929-10-25	2	02단	畜牛の流感義州郡に流行
179414	朝鮮朝日	西北・南鮮版	1929-10-25	2	03단	新義州局の簡保大勸誘
179415	朝鮮朝日	西北・南鮮版	1929-10-25	2	03단	朝日活寫會
179416	朝鮮朝日	西北・南鮮版	1929-10-25	2	03단	春へ逆戾り櫻一梨一杏チラホラ咲き初む大分縣の南郡地方
179417	朝鮮朝日	西北・南鮮版	1929-10-25	2	04단	伊藤公の銅像を萩町の舊宅に移す事に決る
179418	朝鮮朝日	西北・南鮮版	1929-10-25	2	04단	全鮮郵便局の電報發着數
179419	朝鮮朝日	西北・南鮮版	1929-10-25	2	04단	各地だより(平壤)
179420	朝鮮朝日	西北版	1929-10-26	1	01단	旱水害に懲りて農業保險提唱時機を見て具體化する當局は時期尚早といふ
179421	朝鮮朝日	西北版	1929-10-26	1	01단	調べて見れば意外な慘狀慶尙南道の旱害狀況救濟には全力を注ぐ

일련번호	판명		간행일	면	단수	기사명
179422	朝鮮朝日	西北版	1929-10-26	1	01단	被告側に有利に轉回した漁具特許侵害事件
179423	朝鮮朝日	西北版	1929-10-26	1	02단	迫間邸溫泉を面に移管か
179424	朝鮮朝日	西北版	1929-10-26	1	02단	舞台は廻る(1)/明るい政治と莊重な『人心一新』二つの大スローガン/どんなお手竝が現はれるか
179425	朝鮮朝日	西北版	1929-10-26	1	03단	新規事業は罷りならぬきつい條件のもとに平南明年度豫算編成
179426	朝鮮朝日	西北版	1929-10-26	1	03단	鱈漁場を整理し一方密漁船を嚴重に取締る
179427	朝鮮朝日	西北版	1929-10-26	1	04단	京城平壤間の搬送式電話通話を開始す
179428	朝鮮朝日	西北版	1929-10-26	1	04단	短歌/橋田東聲選
179429	朝鮮朝日	西北版	1929-10-26	1	04단	減俸餘震レビュー平壤の官界
179430	朝鮮朝日	西北版	1929-10-26	1	05단	彼女達よどこへ行くか/齊加千惠子さん
179431	朝鮮朝日	西北版	1929-10-26	1	05단	注意すべき滯納者得票に多大の關係を生ずる
179432	朝鮮朝日	西北版	1929-10-26	1	05단	十九師團機動演習終了す
179433	朝鮮朝日	西北版	1929-10-26	1	06단	安東驛改築不能
179434	朝鮮朝日	西北版	1929-10-26	1	06단	官舍移轉に狼狽し平壤府尹南軍司令官に陳情
179435	朝鮮朝日	西北版	1929-10-26	1	06단	電氣統制案を豫算に計上
179436	朝鮮朝日	西北版	1929-10-26	1	07단	間島の劍道大會
179437	朝鮮朝日	西北版	1929-10-26	1	07단	讀書週間/讀書趣味を普及するため京城の三圖書館が來月一日から一週間行ふ
179438	朝鮮朝日	西北版	1929-10-26	1	07단	溝に墜落し死亡
179439	朝鮮朝日	西北版	1929-10-26	1	08단	運動界(木浦野球リーグ戰)
179440	朝鮮朝日	西北版	1929-10-26	1	08단	例年よりも見事な昌慶苑の菊二十五日から公開
179441	朝鮮朝日	西北版	1929-10-26	1	08단	打瀬船と衝突し發動帆船大破乘組員漂流す
179442	朝鮮朝日	西北版	1929-10-26	1	09단	千七百餘圓の貯金を詐取
179443	朝鮮朝日	西北版	1929-10-26	1	09단	日本刀を揮ひ强盗と渡り合ふ剛氣な漢城銀行番人賊は其場で逮捕さる
179444	朝鮮朝日	西北版	1929-10-26	1	09단	物騷な平壤又も强盗騷ぎ
179445	朝鮮朝日	西北版	1929-10-26	1	09단	働いて缺損哀れな咸興妓生
179446	朝鮮朝日	西北版	1929-10-26	1	10단	强竊盜犯人の目星がつく
179447	朝鮮朝日	西北版	1929-10-26	1	10단	偽造貨發見
179448	朝鮮朝日	西北版	1929-10-26	1	10단	もよほし(筑前琵琶演奏會)
179449	朝鮮朝日	西北版	1929-10-26	1	10단	人(寺內壽一中將(滿洲獨立守備隊司令

일련번호	판명		간행일	면	단수	기사명
179449	朝鮮朝日	西北版	1929-10-26	1	10단	官)/本鄉房太郎大將/谷口守雄氏(日本鐵道協會理事)/柳島劫氏(本社平壤通信部主任)/福澤駿氏(同大邱通信所主任))
179450	朝鮮朝日	西北版	1929-10-26	1	10단	半島茶話
179451	朝鮮朝日	南鮮版	1929-10-26	1	01단	旱水害に懲りて農業保險提唱時機を見て具體化する當局は時機尚早といふ
179452	朝鮮朝日	南鮮版	1929-10-26	1	01단	調べて見れば意外な慘狀慶尙南道の旱害狀況救濟には全力を注ぐ
179453	朝鮮朝日	南鮮版	1929-10-26	1	01단	被害側に有利に轉回した漁具特許侵害事件
179454	朝鮮朝日	南鮮版	1929-10-26	1	02단	迫間邸溫泉を面に移管か
179455	朝鮮朝日	南鮮版	1929-10-26	1	02단	舞台は廻る(1)/明るい政治と莊重な『人心一新』二つの大スローガンどんなお手並が現はれるか
179456	朝鮮朝日	南鮮版	1929-10-26	1	03단	新規事業は罷りならぬきつい條件のもとに平南明年度豫算編成
179457	朝鮮朝日	南鮮版	1929-10-26	1	03단	鱈漁場を整理し一方密漁船を嚴重に取締る
179458	朝鮮朝日	南鮮版	1929-10-26	1	04단	京城平壤間の搬送式電話通話を開始す
179459	朝鮮朝日	南鮮版	1929-10-26	1	04단	短歌/橋田東聲選
179460	朝鮮朝日	南鮮版	1929-10-26	1	04단	減俸餘震レビュー平壤の官界
179461	朝鮮朝日	南鮮版	1929-10-26	1	05단	彼女達よどこへ行くか/齊加千惠子さん
179462	朝鮮朝日	南鮮版	1929-10-26	1	05단	注意すべき滯納者得票に多大の關係を生ずる
179463	朝鮮朝日	南鮮版	1929-10-26	1	05단	十九師團機動演習終了す
179464	朝鮮朝日	南鮮版	1929-10-26	1	06단	安東驛改築不能
179465	朝鮮朝日	南鮮版	1929-10-26	1	06단	官舍移轉に狼狽し平壤府尹南軍司令官に陳情
179466	朝鮮朝日	南鮮版	1929-10-26	1	06단	電氣統制案を豫算に計上
179467	朝鮮朝日	南鮮版	1929-10-26	1	07단	間島の劍道大會
179468	朝鮮朝日	南鮮版	1929-10-26	1	07단	讀書週間讀書趣味を普及するため京城の三圖書館が來月一日から一週間行ふ
179469	朝鮮朝日	南鮮版	1929-10-26	1	07단	溝に墜落し死亡
179470	朝鮮朝日	南鮮版	1929-10-26	1	08단	運動界(木浦野球リーグ戰)
179471	朝鮮朝日	南鮮版	1929-10-26	1	08단	例年よりも見事な昌慶苑の菊二十五日から公開
179472	朝鮮朝日	南鮮版	1929-10-26	1	08단	打瀬船と衝突し發動帆船大破乘組員漂流す
179473	朝鮮朝日	南鮮版	1929-10-26	1	09단	千七百餘圓の貯金を詐取

일련번호	판명		간행일	면	단수	기사명
179474	朝鮮朝日	南鮮版	1929-10-26	1	09단	日本刀を揮ひ強盗と渡り合ふ剛氣な漢城銀行番人賊は其場で逮捕さる
179475	朝鮮朝日	南鮮版	1929-10-26	1	09단	物騷な平壤又も強盗騷ぎ
179476	朝鮮朝日	南鮮版	1929-10-26	1	09단	働いて缺損哀れな咸興妓生
179477	朝鮮朝日	南鮮版	1929-10-26	1	10단	強竊盜犯人の目星がつく
179478	朝鮮朝日	南鮮版	1929-10-26	1	10단	僞造貨發見
179479	朝鮮朝日	南鮮版	1929-10-26	1	10단	もよほし(筑前琵琶演奏會)
179480	朝鮮朝日	南鮮版	1929-10-26	1	10단	人(寺内壽一中將(滿洲獨立守備隊司令官)/本鄕房太郎大將/谷口守雄氏(日本鐵道協會理事)/柳島劼氏(本社平壤通信部主任)/福澤駿氏(同大邱通信所主任))
179481	朝鮮朝日	南鮮版	1929-10-26	1	10단	半島茶話
179482	朝鮮朝日	西北・南鮮版	1929-10-26	2	01단	教育品展覽會褒賞授與式盛況裡に閉會を告ぐ
179483	朝鮮朝日	西北・南鮮版	1929-10-26	2	01단	旅行中の四人が國債償還基金に百圓を國庫に獻納伊東下關驛長に託す
179484	朝鮮朝日	西北・南鮮版	1929-10-26	2	01단	公州金組紛擾愈近く解決
179485	朝鮮朝日	西北・南鮮版	1929-10-26	2	01단	雫の聲
179486	朝鮮朝日	西北・南鮮版	1929-10-26	2	01단	キジが滅法繁殖し狩獵家は腕をさすって待つ
179487	朝鮮朝日	西北・南鮮版	1929-10-26	2	02단	慶北の牛流感終熄近づく
179488	朝鮮朝日	西北・南鮮版	1929-10-26	2	02단	雲田郵便所設置
179489	朝鮮朝日	西北・南鮮版	1929-10-26	2	02단	DKの大邱デー
179490	朝鮮朝日	西北・南鮮版	1929-10-26	2	03단	海軍の進級
179491	朝鮮朝日	西北・南鮮版	1929-10-26	2	03단	各地だより(京城/裡里/大田/公州/木浦)
179492	朝鮮朝日	西北・南鮮版	1929-10-26	2	03단	朝日活寫會
179493	朝鮮朝日	西北版	1929-10-27	1	01단	不正事實あれば容赦なく檢擧京城府議選擧を機に淨化の目的を達する
179494	朝鮮朝日	西北版	1929-10-27	1	01단	武部學務局長單身赴任す頗るくだけた調子で『抱負はない』とかたる
179495	朝鮮朝日	西北版	1929-10-27	1	01단	未曾有の編成難緊縮に崇られた釜山府豫算
179496	朝鮮朝日	西北版	1929-10-27	1	01단	舞台は廻る(2)/總督としては皮肉な廻り合せ爲し得なかった人事異動のあと始末をやらねばならぬ
179497	朝鮮朝日	西北版	1929-10-27	1	02단	免稅は未定で麥の早蒔は獎勵できない
179498	朝鮮朝日	西北版	1929-10-27	1	02단	自動車賃値下げ釜山署の斡旋により愈近日から實施する
179499	朝鮮朝日	西北版	1929-10-27	1	03단	京城都市計劃研究會總會

일련번호	판명		간행일	면	단수	기사명
179500	朝鮮朝日	西北版	1929-10-27	1	03단	昭和水利の測量に着手
179501	朝鮮朝日	西北版	1929-10-27	1	04단	明治節奉祝式
179502	朝鮮朝日	西北版	1929-10-27	1	04단	西平壤驛の工事進捗す
179503	朝鮮朝日	西北版	1929-10-27	1	04단	朝博ベラボーデー安い品を山積しメチャクチャの投げ賣を行ふ博覽會開會以來の大賑ひ計劃
179504	朝鮮朝日	西北版	1929-10-27	1	04단	咸北漁大津港活氣を帶ぶ
179505	朝鮮朝日	西北版	1929-10-27	1	04단	鼈繭六萬石突破祝賀會祝賀飛行もやる
179506	朝鮮朝日	西北版	1929-10-27	1	05단	彼女達よどこへ行くか/下森しげ子サン
179507	朝鮮朝日	西北版	1929-10-27	1	05단	咸興面民が兵士を慰問
179508	朝鮮朝日	西北版	1929-10-27	1	06단	咸興商工會組織計劃進む
179509	朝鮮朝日	西北版	1929-10-27	1	07단	競爭激甚を豫想される新義州府議選擧
179510	朝鮮朝日	西北版	1929-10-27	1	07단	憧れの佛國へ遠田畫伯出發す自由な氣持で一箇年みっちりと研究する
179511	朝鮮朝日	西北版	1929-10-27	1	08단	映寫室から出火し群山の喜笑館大騒ぎを演す
179512	朝鮮朝日	西北版	1929-10-27	1	08단	感冒はやる
179513	朝鮮朝日	西北版	1929-10-27	1	09단	除隊兵に記念品
179514	朝鮮朝日	西北版	1929-10-27	1	09단	內鮮人工夫が苦力を襲ひ入り亂れて渡り合ふ
179515	朝鮮朝日	西北版	1929-10-27	1	09단	漁船と衝突し發動船沈沒
179516	朝鮮朝日	西北版	1929-10-27	1	09단	安東荒しの賊逮捕さる
179517	朝鮮朝日	西北版	1929-10-27	1	09단	不逞漢二名の豫審終結す
179518	朝鮮朝日	西北版	1929-10-27	1	10단	俳句/鈴木花蓑選
179519	朝鮮朝日	西北版	1929-10-27	1	10단	不渡小切手で詐欺を働く
179520	朝鮮朝日	西北版	1929-10-27	1	10단	支那漁夫の密漁
179521	朝鮮朝日	西北版	1929-10-27	1	10단	高橋源六氏逝く
179522	朝鮮朝日	西北版	1929-10-27	1	10단	運動界(庭球リーグ戰)
179523	朝鮮朝日	西北版	1929-10-27	1	10단	人(アロングコット殿下(シャム參謀總長)/溝口直亮伯(陸軍政務次官)/武部欽一氏(新學務局長))
179524	朝鮮朝日	南鮮版	1929-10-27	1	01단	不正事實あれば容赦なく檢擧京城府議選擧を機に淨化の目的を達する
179525	朝鮮朝日	南鮮版	1929-10-27	1	01단	武部學務局長單身赴任す頗るくだけた調子で『抱負はない』とかたる
179526	朝鮮朝日	南鮮版	1929-10-27	1	01단	未曾有の編成難緊縮に崇られた釜山府豫算
179527	朝鮮朝日	南鮮版	1929-10-27	1	01단	舞台は廻る(2)/總督としては皮肉な廻り合せ爲し得なかった人事異動のあと始末をやらねばならぬ

일련번호	판명		간행일	면	단수	기사명
179528	朝鮮朝日	南鮮版	1929-10-27	1	02단	免稅は未定で麥の早蒔は獎勵できない
179529	朝鮮朝日	南鮮版	1929-10-27	1	02단	自動車賃値下げ釜山署の幹旋により愈近日から實施する
179530	朝鮮朝日	南鮮版	1929-10-27	1	03단	京城都市計劃研究會總會
179531	朝鮮朝日	南鮮版	1929-10-27	1	03단	昭和水利の測量に着手
179532	朝鮮朝日	南鮮版	1929-10-27	1	04단	明治節奉祝式
179533	朝鮮朝日	南鮮版	1929-10-27	1	04단	西平壤驛の工事進捗す
179534	朝鮮朝日	南鮮版	1929-10-27	1	04단	朝博ベラボーデー安い品を山積しメチャクチャの投げ賣を行ふ博覽會開會以來の大賑ひ計劃
179535	朝鮮朝日	南鮮版	1929-10-27	1	04단	咸北漁大津港活氣を帶ぶ
179536	朝鮮朝日	南鮮版	1929-10-27	1	04단	蠶繭六萬石突破祝賀會祝賀飛行もやる
179537	朝鮮朝日	南鮮版	1929-10-27	1	05단	彼女達よどこへ行くか/下森しげ子サン
179538	朝鮮朝日	南鮮版	1929-10-27	1	05단	咸興面民が兵士を慰問
179539	朝鮮朝日	南鮮版	1929-10-27	1	06단	咸興商工會組織計劃進む
179540	朝鮮朝日	南鮮版	1929-10-27	1	07단	競爭激甚を豫想される新義州府議選擧
179541	朝鮮朝日	南鮮版	1929-10-27	1	07단	憧れの佛國へ遠田畫伯出發す自由な氣持で一箇年みっちりと研究する
179542	朝鮮朝日	南鮮版	1929-10-27	1	08단	映寫室から出火し群山の喜笑館大騷ぎを演す
179543	朝鮮朝日	南鮮版	1929-10-27	1	08단	感冒はやる
179544	朝鮮朝日	南鮮版	1929-10-27	1	09단	除隊兵に記念品
179545	朝鮮朝日	南鮮版	1929-10-27	1	09단	內鮮人工夫が苦力を襲ひ入り亂れて渡り合ふ
179546	朝鮮朝日	南鮮版	1929-10-27	1	09단	漁船と衝突し發動船沈沒
179547	朝鮮朝日	南鮮版	1929-10-27	1	09단	安東荒しの賊逮捕さる
179548	朝鮮朝日	南鮮版	1929-10-27	1	09단	不逞漢二名の豫審終結す
179549	朝鮮朝日	南鮮版	1929-10-27	1	10단	俳句/鈴木花蓑選
179550	朝鮮朝日	南鮮版	1929-10-27	1	10단	不渡小切手で詐欺を働く
179551	朝鮮朝日	南鮮版	1929-10-27	1	10단	支那漁夫の密漁
179552	朝鮮朝日	南鮮版	1929-10-27	1	10단	高橋源六氏逝く
179553	朝鮮朝日	南鮮版	1929-10-27	1	10단	運動界(庭球リーグ戰)
179554	朝鮮朝日	南鮮版	1929-10-27	1	10단	人(アロングコット殿下(シャム參謀總長)/溝口直亮伯(陸軍政務次官)/武部欽一氏(新學務局長))
179555	朝鮮朝日	西北・南鮮版	1929-10-27	2	01단	牡丹台野話
179556	朝鮮朝日	西北・南鮮版	1929-10-27	2	01단	鮮滿各部隊は緊縮に關係ない今回は單なる視察だ溝口陸軍政務次官談
179557	朝鮮朝日	西北・南鮮版	1929-10-27	2	01단	仁川の淸酒聲價をあぐ

일련번호	판명		간행일	면	단수	기사명
179558	朝鮮朝日	西北・南鮮版	1929-10-27	2	01단	朝郵の總會
179559	朝鮮朝日	西北・南鮮版	1929-10-27	2	02단	朝鮮炭を多く用ひ鐵道石炭費用の節約を行ふ
179560	朝鮮朝日	西北・南鮮版	1929-10-27	2	02단	雫の聲
179561	朝鮮朝日	西北・南鮮版	1929-10-27	2	02단	新羅藝術展で菊花大會
179562	朝鮮朝日	西北・南鮮版	1929-10-27	2	03단	仁川の支那領事館引揚
179563	朝鮮朝日	西北・南鮮版	1929-10-27	2	03단	全南の産米出廻り遲延
179564	朝鮮朝日	西北・南鮮版	1929-10-27	2	03단	修養團新義州支部發會式
179565	朝鮮朝日	西北・南鮮版	1929-10-27	2	03단	朝日活寫會
179566	朝鮮朝日	西北・南鮮版	1929-10-27	2	04단	各地だより(大邱/安東縣/羅南)
179567	朝鮮朝日	西北版	1929-10-29	1	01단	道路新設修理の必要が叫ばれ各道はきそって實行/地方民の經濟的自覺
179568	朝鮮朝日	西北版	1929-10-29	1	01단	現在すでに定員を突破激戰の程察せられる京城府協議員の選擧
179569	朝鮮朝日	西北版	1929-10-29	1	01단	取締規則の精神を十分候補者に諒解せしめる
179570	朝鮮朝日	西北版	1929-10-29	1	02단	農作物は大減收慶南道の旱害による損害調
179571	朝鮮朝日	西北版	1929-10-29	1	02단	舞台は廻る(3)/老必らずしも朽とはいへないが古參には惡い籤が當らうさてその籤をたれが引くか
179572	朝鮮朝日	西北版	1929-10-29	1	03단	暹羅參謀總長御來鮮遊ばさる金剛御探勝は御中止京城各方面を御視察
179573	朝鮮朝日	西北版	1929-10-29	1	04단	簡保申込殺到し係員忙殺さる
179574	朝鮮朝日	西北版	1929-10-29	1	04단	廣軌ガソリン汽動車運轉
179575	朝鮮朝日	西北版	1929-10-29	1	04단	食料品市場近く大邱に設立
179576	朝鮮朝日	西北版	1929-10-29	1	05단	武部學務局長(左)溝口陸軍政務次官(右)廿六日京城驛で
179577	朝鮮朝日	西北版	1929-10-29	1	05단	平北における産繭量增加
179578	朝鮮朝日	西北版	1929-10-29	1	05단	電氣統制案を可決愈よ近く假調印を行ふ現議員最終の平壤府協議會を開く
179579	朝鮮朝日	西北版	1929-10-29	1	05단	茂山鐵道開通祝賀
179580	朝鮮朝日	西北版	1929-10-29	1	06단	稻作は良好美林水利管內
179581	朝鮮朝日	西北版	1929-10-29	1	06단	暗い大邱漸く明るくなる
179582	朝鮮朝日	西北版	1929-10-29	1	06단	枯れ稻を脊負ひ郡廳に殺到して免税を交渉
179583	朝鮮朝日	西北版	1929-10-29	1	06단	慾に目が晦んで硬貨を蒐集
179584	朝鮮朝日	西北版	1929-10-29	1	07단	朝鮮博最後の日曜大賑ひ
179585	朝鮮朝日	西北版	1929-10-29	1	07단	拷問されて死亡したと妻から訴へ出る
179586	朝鮮朝日	西北版	1929-10-29	1	07단	府議候補者を警察に招き新取締規則の精

일련번호	판명		간행일	면	단수	기사명
179586	朝鮮朝日	西北版	1929-10-29	1	07단	神を説明して注意を促す
179587	朝鮮朝日	西北版	1929-10-29	1	08단	官吏が率先し緊縮を勵行/政府の趣旨に副ふ慶北道通牒を發す
179588	朝鮮朝日	西北版	1929-10-29	1	08단	若い機關長が油差を殺す
179589	朝鮮朝日	西北版	1929-10-29	1	08단	空傳票事件の公判開かる
179590	朝鮮朝日	西北版	1929-10-29	1	08단	大邱學生事件檢事控訴
179591	朝鮮朝日	西北版	1929-10-29	1	09단	古器物發掘
179592	朝鮮朝日	西北版	1929-10-29	1	09단	先生と生徒が賊を逮捕す
179593	朝鮮朝日	西北版	1929-10-29	1	09단	藥品の煙を嗅いで死亡
179594	朝鮮朝日	西北版	1929-10-29	1	09단	嬰兒の死體
179595	朝鮮朝日	西北版	1929-10-29	1	09단	逃走竊盜犯人遂に捕はる
179596	朝鮮朝日	西北版	1929-10-29	1	10단	朝鮮人二名を人質にとる
179597	朝鮮朝日	西北版	1929-10-29	1	10단	支那兵士が馬賊と交戰
179598	朝鮮朝日	西北版	1929-10-29	1	10단	安東驛員の奇禍
179599	朝鮮朝日	西北版	1929-10-29	1	10단	雄基新阿山間近く營業を開始
179600	朝鮮朝日	西北版	1929-10-29	1	10단	人(マヌエル・ケンソン氏(フイリッピン上院議長)/ボルヘ・ポコポ氏(太平洋會議出席フイリッピン代表))
179601	朝鮮朝日	西北版	1929-10-29	1	10단	半島茶話
179602	朝鮮朝日	南鮮版	1929-10-29	1	01단	道路新設修理の必要が叫ばれ各道はきそって實行地方民の經濟的自覺
179603	朝鮮朝日	南鮮版	1929-10-29	1	01단	現在すでに定員を突破激戰の程察せられる京城府協議員の選擧
179604	朝鮮朝日	南鮮版	1929-10-29	1	01단	取締規則の精神を十分候補者に諒解せしめる
179605	朝鮮朝日	南鮮版	1929-10-29	1	02단	農作物は大減收慶南道の旱害による損害調
179606	朝鮮朝日	南鮮版	1929-10-29	1	02단	舞台は廻る(3)/老必ずしも朽とはいへないが古參には惡い籤が當らうさてその籤をたれが引くか
179607	朝鮮朝日	南鮮版	1929-10-29	1	03단	暹羅參謀總長御來鮮遊ばさる金剛御探勝は御中止京城各方面を御視察
179608	朝鮮朝日	南鮮版	1929-10-29	1	04단	簡保申込殺到し係員忙殺さる
179609	朝鮮朝日	南鮮版	1929-10-29	1	04단	廣軌ガソリン汽動車運轉
179610	朝鮮朝日	南鮮版	1929-10-29	1	04단	食料品市場近く大邱に設立
179611	朝鮮朝日	南鮮版	1929-10-29	1	05단	武部學務局長(左)溝口陸軍政務次官(右)廿六日京城驛で
179612	朝鮮朝日	南鮮版	1929-10-29	1	05단	平北における産繭量增加
179613	朝鮮朝日	南鮮版	1929-10-29	1	05단	電氣統制案を可決愈よ近く假調印を行ふ

일련번호	판명		간행일	면	단수	기사명
179613	朝鮮朝日	南鮮版	1929-10-29	1	05단	現議員最終の平壤府協議會を開く
179614	朝鮮朝日	南鮮版	1929-10-29	1	05단	茂山鐵道開通祝賀
179615	朝鮮朝日	南鮮版	1929-10-29	1	06단	稻作は良好美林水利管內
179616	朝鮮朝日	南鮮版	1929-10-29	1	06단	暗い大邱漸く明るくなる
179617	朝鮮朝日	南鮮版	1929-10-29	1	06단	枯れ稻を脊負ひ郡廳に殺到して免稅を交涉
179618	朝鮮朝日	南鮮版	1929-10-29	1	06단	慾に目が晦んで硬貨を蒐集
179619	朝鮮朝日	南鮮版	1929-10-29	1	07단	朝鮮博最後の日曜大賑ひ
179620	朝鮮朝日	南鮮版	1929-10-29	1	07단	拷問されて死亡したと妻から訴へ出る
179621	朝鮮朝日	南鮮版	1929-10-29	1	07단	府議候補者を警察に招き新取締規則の精神を說明して注意を促す
179622	朝鮮朝日	南鮮版	1929-10-29	1	08단	官吏が率先し緊縮を勵行/政府の趣旨に副ふ慶北道通牒を發す
179623	朝鮮朝日	南鮮版	1929-10-29	1	08단	若い機關長が油差を殺す
179624	朝鮮朝日	南鮮版	1929-10-29	1	08단	空傳票事件の公判開かる
179625	朝鮮朝日	南鮮版	1929-10-29	1	08단	大邱學生事件檢事控訴
179626	朝鮮朝日	南鮮版	1929-10-29	1	09단	古器物發掘
179627	朝鮮朝日	南鮮版	1929-10-29	1	09단	先生と生徒が賊を逮捕す
179628	朝鮮朝日	南鮮版	1929-10-29	1	09단	藥品の煙を嗅いで死亡
179629	朝鮮朝日	南鮮版	1929-10-29	1	09단	嬰兒の死體
179630	朝鮮朝日	南鮮版	1929-10-29	1	09단	逃走竊盜犯人遂に捕はる
179631	朝鮮朝日	南鮮版	1929-10-29	1	10단	朝鮮人二名を人質にとる
179632	朝鮮朝日	南鮮版	1929-10-29	1	10단	支那兵士が馬賊と交戰
179633	朝鮮朝日	南鮮版	1929-10-29	1	10단	安東驛員の奇禍
179634	朝鮮朝日	南鮮版	1929-10-29	1	10단	雄基新阿山間近く營業を開始
179635	朝鮮朝日	南鮮版	1929-10-29	1	10단	人(マヌエル・ケンソン氏(フイリッピン上院議長)/ボルヘ・ポコポ氏(太平洋會議出席フイリッピン代表))
179636	朝鮮朝日	南鮮版	1929-10-29	1	10단	半島茶話
179637	朝鮮朝日	西北・南鮮版	1929-10-29	2	01단	トルコ異聞集/本社海外新市場視察員高橋增太郎
179638	朝鮮朝日	西北・南鮮版	1929-10-29	2	01단	各地だより(平壤/大邱/雄基/公州/間島/鎭南浦/裡里)
179639	朝鮮朝日	西北・南鮮版	1929-10-29	2	02단	琴湖織を應用し名古屋絞原料を製造大邱刑務所に交涉きたる
179640	朝鮮朝日	西北・南鮮版	1929-10-29	2	02단	面政革進會淸州にうまる
179641	朝鮮朝日	西北・南鮮版	1929-10-29	2	03단	專門學校體育聯盟陸上競技大會/高農校最高點を示す
179642	朝鮮朝日	西北・南鮮版	1929-10-29	2	04단	阿片の吸飮は罷りならぬ拒毒大會を開催

일련번호	판명		간행일	면	단수	기사명
179642	朝鮮朝日	西北・南鮮版	1929-10-29	2	04단	して和龍縣長嚴重に通告
179643	朝鮮朝日	西北・南鮮版	1929-10-29	2	04단	慶尙北道の地主懇談會旱害對策協議
179644	朝鮮朝日	西北・南鮮版	1929-10-29	2	05단	大朝社優勝一旗爭奪/第二回全鮮庭球大會
179645	朝鮮朝日	西北・南鮮版	1929-10-29	2	06단	朝日活寫會
179646	朝鮮朝日	西北・南鮮版	1929-10-29	2	07단	鐵道局の大缺損朝博の人出も消極的埋合せ
179647	朝鮮朝日	西北・南鮮版	1929-10-29	2	07단	齋藤總督咸興へ
179648	朝鮮朝日	西北・南鮮版	1929-10-29	2	07단	海州の消防演習
179649	朝鮮朝日	西北版	1929-10-30	1	01단	頗る廣い範圍で大異動を斷行下馬評頻りに行はる/斷行期は十一月初旬
179650	朝鮮朝日	西北版	1929-10-30	1	01단	新幹會の內紛激しくなる光州支部の解散から右翼派結束して起つ
179651	朝鮮朝日	西北版	1929-10-30	1	01단	朝鮮博の閉會式/三十一日勤政殿で擧行する
179652	朝鮮朝日	西北版	1929-10-30	1	02단	辭令(二十六日付)
179653	朝鮮朝日	西北版	1929-10-30	1	02단	舞台は廻る(4)/又かとばかり超然たる淺利氏いつも悧巧にたち廻って凉しく納ってゐる草間財務
179654	朝鮮朝日	西北版	1929-10-30	1	03단	魚販賣機關は此上許さぬ
179655	朝鮮朝日	西北版	1929-10-30	1	03단	於之屯水利の必要を認め靈泉面を除くほかは組合の創立に贊成す
179656	朝鮮朝日	西北版	1929-10-30	1	03단	短歌/橋田東聲選
179657	朝鮮朝日	西北版	1929-10-30	1	04단	陸軍の十五機平壤を出發
179658	朝鮮朝日	西北版	1929-10-30	1	04단	東京大連を早く立ち途中一泊をやめるやう勸告
179659	朝鮮朝日	西北版	1929-10-30	1	05단	城川江堤防の工事完成すこれで咸興面附近は水の不安から免れる
179660	朝鮮朝日	西北版	1929-10-30	1	05단	病蟲及降雹の被害しらべ
179661	朝鮮朝日	西北版	1929-10-30	1	06단	平元線の促進を要路にせまる沿線有力者が會合し手嚴しい決議をなす
179662	朝鮮朝日	西北版	1929-10-30	1	07단	航空標識の移轉を行ふ
179663	朝鮮朝日	西北版	1929-10-30	1	07단	熱心であり進步の跡を示す普校卒業生敎育點呼
179664	朝鮮朝日	西北版	1929-10-30	1	07단	咸興軍優勝絶好の秋晴に惠まれ都市對抗競技大賑ひ
179665	朝鮮朝日	西北版	1929-10-30	1	08단	牡丹台野話
179666	朝鮮朝日	西北版	1929-10-30	1	08단	混戰は免れぬ新義州府議戰
179667	朝鮮朝日	西北版	1929-10-30	1	09단	藝娼妓優遇元山署で計劃
179668	朝鮮朝日	西北版	1929-10-30	1	10단	鐵道線路に五寸釘犯人逮捕で顚覆の難を免る

일련번호	판명		간행일	면	단수	기사명
179669	朝鮮朝日	西北版	1929-10-30	1	10단	安東縣の有力者が黑ン坊大會黑色を投票に問ふ
179670	朝鮮朝日	西北版	1929-10-30	1	10단	安東の競馬大番狂はせて意外の大人氣
179671	朝鮮朝日	西北版	1929-10-30	1	10단	半島茶話
179672	朝鮮朝日	南鮮版	1929-10-30	1	01단	頗る廣い範圍で大異動を斷行下馬評頻りに行はる/斷行期は十一月初旬
179673	朝鮮朝日	南鮮版	1929-10-30	1	01단	新幹會の內紛激しくなる光州支部の解散から右翼派結束して起つ
179674	朝鮮朝日	南鮮版	1929-10-30	1	01단	舞台は廻る(4)/又かとばかり超然たる淺利氏いつも悧巧にたち廻って凉しく納ってゐる草間財務
179675	朝鮮朝日	南鮮版	1929-10-30	1	02단	朝鮮博の閉會式三十一日勤政殿で擧行する
179676	朝鮮朝日	南鮮版	1929-10-30	1	03단	國債償還金の獻納を賴む健氣な愛國者早くも京城に十名あらはる/獻金手續の要領を發表/香典返しを國債償還の基金に獻納す
179677	朝鮮朝日	南鮮版	1929-10-30	1	03단	廿八日御入城の暹羅皇族アロングコット殿下
179678	朝鮮朝日	南鮮版	1929-10-30	1	04단	辭令(二十六日付)
179679	朝鮮朝日	南鮮版	1929-10-30	1	06단	東京大連を早く立ち途中一泊をやめるやう勸告
179680	朝鮮朝日	南鮮版	1929-10-30	1	06단	柔かい中にも凄味を加へ全職員に對して訓示武部新局長の初登廳
179681	朝鮮朝日	南鮮版	1929-10-30	1	06단	競爭激しい釜山の府議選擧定員より七八名超過
179682	朝鮮朝日	南鮮版	1929-10-30	1	07단	オンドル一間から今の大きさとなる創立四十周年記念式を擧行する/京城日出小學校の珍らしい生立
179683	朝鮮朝日	南鮮版	1929-10-30	1	07단	産婆看護婦の合格者發表
179684	朝鮮朝日	南鮮版	1929-10-30	1	07단	收入減から事業打切り
179685	朝鮮朝日	南鮮版	1929-10-30	1	08단	慶南の署長會議
179686	朝鮮朝日	南鮮版	1929-10-30	1	08단	商銀の人事異動
179687	朝鮮朝日	南鮮版	1929-10-30	1	08단	彼女達もいよいよお暇になるさてどこかへ行くか
179688	朝鮮朝日	南鮮版	1929-10-30	1	08단	短歌/橋田東聲選
179689	朝鮮朝日	南鮮版	1929-10-30	1	09단	深刻なる生活悲劇旱害になやむ慶北道の農民
179690	朝鮮朝日	南鮮版	1929-10-30	1	09단	銀行窓口から千圓搔拂ふ
179691	朝鮮朝日	南鮮版	1929-10-30	1	09단	もう用水にはこと缺かぬ水營江の送水開

일련번호	판명		간행일	면	단수	기사명
179691	朝鮮朝日	南鮮版	1929-10-30	1	09단	始で釜山府民愁眉を開く
179692	朝鮮朝日	南鮮版	1929-10-30	1	10단	馬が奔走し三名重傷を負ふ
179693	朝鮮朝日	南鮮版	1929-10-30	1	10단	總督府軍大勝す
179694	朝鮮朝日	南鮮版	1929-10-30	1	10단	人(セミヨノフ將軍)
179695	朝鮮朝日	南鮮版	1929-10-30	1	10단	半島茶話
179696	朝鮮朝日	西北・南鮮版	1929-10-30	2	01단	各地だより(京城/平壤/江界)
179697	朝鮮朝日	西北・南鮮版	1929-10-30	2	01단	朝鮮側に檢疫上/缺陷なき事が判り總督府の態度急に硬化/農林省に舊制度復活を交涉する
179698	朝鮮朝日	西北・南鮮版	1929-10-30	2	01단	鮮農の經濟的自立を目標とし生産品共同販賣所を朝鮮人民會が組織す
179699	朝鮮朝日	西北・南鮮版	1929-10-30	2	01단	仁川自由港區完成同盟會
179700	朝鮮朝日	西北・南鮮版	1929-10-30	2	02단	京仁バスが運轉を開始
179701	朝鮮朝日	西北・南鮮版	1929-10-30	2	03단	第一回に比して多少增加か慶北道の米作
179702	朝鮮朝日	西北・南鮮版	1929-10-30	2	03단	朝日活寫會
179703	朝鮮朝日	西北・南鮮版	1929-10-30	2	04단	放流の鮭が食膳に上る
179704	朝鮮朝日	西北・南鮮版	1929-10-30	2	04단	高句麗時代の古墳を發見
179705	朝鮮朝日	西北・南鮮版	1929-10-30	2	04단	信川水橋間營業を開始
179706	朝鮮朝日	西北版	1929-10-31	1	01단	圖書館週間のポスター
179707	朝鮮朝日	西北版	1929-10-31	1	01단	餘地のない處を無理に節約し六十九萬圓を浮かす各道實行豫算案の查定を終る
179708	朝鮮朝日	西北版	1929-10-31	1	01단	西鮮電氣に經營委任か起債不可能と見做し沙里院面電局面打開
179709	朝鮮朝日	西北版	1929-10-31	1	02단	移住奬勵補助金年額五萬圓を豫算に計上す
179710	朝鮮朝日	西北版	1929-10-31	1	03단	電話から見た文化の程度都會から田舍へ
179711	朝鮮朝日	西北版	1929-10-31	1	03단	舞台は廻る(5)/移出したくも人物が少ない本府のピカー中村總務君が知事に轉出を有力に噂さる
179712	朝鮮朝日	西北版	1929-10-31	1	04단	長津江水電測量進むその實現愈よ可能性を帶ぶ
179713	朝鮮朝日	西北版	1929-10-31	1	04단	檢事長の職は重大である榮轉に喜色をうかべ松寺新檢事長は語る/溫厚長者の風自ら備はり申分のない司法官深澤新任法務局長
179714	朝鮮朝日	西北版	1929-10-31	1	05단	新義州府議の有權者確定
179715	朝鮮朝日	西北版	1929-10-31	1	05단	新米格付を改正す延米受渡し申合規約も共に
179716	朝鮮朝日	西北版	1929-10-31	1	06단	第十九師團の除隊兵歸る

일련번호	판명		간행일	면	단수	기사명
179717	朝鮮朝日	西北版	1929-10-31	1	06단	俳句/鈴木花蓑選
179718	朝鮮朝日	西北版	1929-10-31	1	06단	渡船通船營業取締規則を制定
179719	朝鮮朝日	西北版	1929-10-31	1	06단	義務貯金の倍加を行ひ節約の實を示す
179720	朝鮮朝日	西北版	1929-10-31	1	07단	太平洋會議へ朝鮮民族代表出席提出の事項なくたゞ出席するに過ぎない
179721	朝鮮朝日	西北版	1929-10-31	1	07단	經費の關係でモヒ療養所閉鎖
179722	朝鮮朝日	西北版	1929-10-31	1	07단	父は死亡し母は危篤其子は歸休を許されて歸る
179723	朝鮮朝日	西北版	1929-10-31	1	07단	堤防竣工式を盛大に行ふ
179724	朝鮮朝日	西北版	1929-10-31	1	08단	運動界(全鮮庭球爭覇戰各方面からの參加頗る多い/ゴルフ大會)
179725	朝鮮朝日	西北版	1929-10-31	1	08단	贅澤高級品の購買は減少し貯金はグングン增す商家は不平、銀行は大喜び徹底した平壤の緊縮ぶり
179726	朝鮮朝日	西北版	1929-10-31	1	08단	强盜容疑者四五名檢擧す
179727	朝鮮朝日	西北版	1929-10-31	1	08단	牡丹台野話
179728	朝鮮朝日	西北版	1929-10-31	1	09단	一族の者が棍棒で撲殺仇討の眞相判る
179729	朝鮮朝日	西北版	1929-10-31	1	09단	怪盜橫行し安東市民怯ゆ
179730	朝鮮朝日	西北版	1929-10-31	1	09단	一族の家に五回防火す
179731	朝鮮朝日	西北版	1929-10-31	1	10단	拐帶犯人捕まる
179732	朝鮮朝日	西北版	1929-10-31	1	10단	釜山の火事
179733	朝鮮朝日	西北版	1929-10-31	1	10단	半島茶話
179734	朝鮮朝日	西北版	1929-10-31	1	10단	圖書館週間のポスター
179735	朝鮮朝日	南鮮版	1929-10-31	1	01단	餘地のない處を無理に節約し六十九萬圓を浮かす/各道實行豫算案の査定を終る
179736	朝鮮朝日	南鮮版	1929-10-31	1	01단	太平洋會議へ朝鮮民族代表出席提出の事項なくたゞ出席するに過ぎない
179737	朝鮮朝日	南鮮版	1929-10-31	1	01단	國有林野拂下人氣を呼ぶ
179738	朝鮮朝日	南鮮版	1929-10-31	1	01단	舞台は廻る(5)/移出したくも人物が少ない本府のピカー中村總務君が知事に轉出を有力に噂さる
179739	朝鮮朝日	南鮮版	1929-10-31	1	02단	電話から見た文化の程度都會から田舍へ
179740	朝鮮朝日	南鮮版	1929-10-31	1	03단	朝博のための交通整理廢止さる
179741	朝鮮朝日	南鮮版	1929-10-31	1	04단	俳句/鈴木花蓑選
179742	朝鮮朝日	南鮮版	1929-10-31	1	05단	言々句々愛國の赤心を現はし獻金者は感想を語る/獻金するには餘りに若い十七歳の少年店員健氣な木村秀雄君/心ばかりの御奉公でした金川才吉氏は語る/緊縮趣旨に共鳴の結果からです平田智惠人

일련번호	판명		간행일	면	단수	기사명
179742	朝鮮朝日	南鮮版	1929-10-31	1	05단	氏/熱誠こめた大里君の手紙/獻金の相談を襖越しに聞き主人に率先して獻金感心な朝鮮人の女中/愛國心の發露で實にうれしい松井府尹語る
179743	朝鮮朝日	南鮮版	1929-10-31	1	06단	*檢事長の職は重大である榮轉に喜色をうかべ松寺新檢事長は語る/溫厚長者の風自ら備はり申分のない司法官深澤新任法務局長*
179744	朝鮮朝日	南鮮版	1929-10-31	1	08단	徹底した緊縮振/大邱の料理屋吳服屋大影響
179745	朝鮮朝日	南鮮版	1929-10-31	1	08단	近年にない猛烈なる競爭大邱府議及商議選擧
179746	朝鮮朝日	南鮮版	1929-10-31	1	08단	旱害民相次で救濟を陳情
179747	朝鮮朝日	南鮮版	1929-10-31	1	08단	釜山の火事
179748	朝鮮朝日	南鮮版	1929-10-31	1	09단	裡里驛前道路工事進捗す
179749	朝鮮朝日	南鮮版	1929-10-31	1	09단	*全鮮庭球爭覇戰各方面からの參加頗る多い/武內嬢惜敗/元山高女遂に敗る/柔道紅白試合*
179750	朝鮮朝日	南鮮版	1929-10-31	1	09단	偉い醫者に診て貰ふため朝博見物旁々入城大學病院は大繁昌
179751	朝鮮朝日	南鮮版	1929-10-31	1	10단	新義州府議の有權者確定
179752	朝鮮朝日	南鮮版	1929-10-31	1	10단	人(富永鴻氏(長崎市長))
179753	朝鮮朝日	南鮮版	1929-10-31	1	10단	半島茶話
179754	朝鮮朝日	西北・南鮮版	1929-10-31	2	01단	各地だより(平壤/春川/裡里/群山/大邱/京城/仁川)
179755	朝鮮朝日	西北・南鮮版	1929-10-31	2	01단	大成功だった魚群探檢試驗飛行漁撈上實に素晴しい色んな新記錄を作る
179756	朝鮮朝日	西北・南鮮版	1929-10-31	2	01단	農民の窮迫憂慮せらる
179757	朝鮮朝日	西北・南鮮版	1929-10-31	2	01단	京南鐵道の對岸を視察
179758	朝鮮朝日	西北・南鮮版	1929-10-31	2	02단	慶北イワシのトマト一漬
179759	朝鮮朝日	西北・南鮮版	1929-10-31	2	02단	月尾島遊園は無配と決る
179760	朝鮮朝日	西北・南鮮版	1929-10-31	2	03단	改正自動車賃撤回を陳情
179761	朝鮮朝日	西北・南鮮版	1929-10-31	2	03단	朝日活寫會
179762	朝鮮朝日	西北・南鮮版	1929-10-31	2	04단	許可漁業の定限數制定
179763	朝鮮朝日	西北・南鮮版	1929-10-31	2	04단	新刊紹介(金融組合槪論)

1929년 11월 (조선아사히)

일련번호	판명		간행일	면	단수	기사명
179764	朝鮮朝日	西北版	1929-11-01	1	01단	無駄使ひをやめ毎月三圓づゝ/五箇年七箇月に互り合計二百一圓を獻金
179765	朝鮮朝日	西北版	1929-11-01	1	01단	眞剣になって運動を開始/五、六名落選を免れぬ/平壤府協議員の選擧
179766	朝鮮朝日	西北版	1929-11-01	1	01단	咸興面の面議選擧空前の激戰を豫想さる
179767	朝鮮朝日	西北版	1929-11-01	1	01단	移轉反對に皮肉な回答平壤府に来る
179768	朝鮮朝日	西北版	1929-11-01	1	02단	基地設置に大反對/平壤府は强硬な態度に出る
179769	朝鮮朝日	西北版	1929-11-01	1	02단	秋の鮮內スポーツ界の回顧/獨逸選手の活躍はよい教訓だった/日獨競技で朝鮮側選手の活躍ぶりこそ看過できない
179770	朝鮮朝日	西北版	1929-11-01	1	03단	初等學校に大工道具を一組づゝ配給
179771	朝鮮朝日	西北版	1929-11-01	1	03단	爆擊隊設置は當分駄目だ溝口陸軍政務次官談
179772	朝鮮朝日	西北版	1929-11-01	1	04단	萬歲橋架設で收用令適用
179773	朝鮮朝日	西北版	1929-11-01	1	04단	辭令(二十九日付)
179774	朝鮮朝日	西北版	1929-11-01	1	05단	朝鮮法曹界に無くてならぬ人/中村檢事長の勇退は一般から痛く惜まる(新任法務局長深澤新一郎氏)
179775	朝鮮朝日	西北版	1929-11-01	1	05단	平南館は好成績賣上高ざっと一萬圓をあぐ
179776	朝鮮朝日	西北版	1929-11-01	1	06단	鰮の豊漁で活氣を帶ぶ
179777	朝鮮朝日	西北版	1929-11-01	1	06단	博覽會の跡始末休むひまもなくてんてこ舞
179778	朝鮮朝日	西北版	1929-11-01	1	06단	開城と咸興に府制を實施來年度豫算に計上し極力大藏省と折衝中
179779	朝鮮朝日	西北版	1929-11-01	1	07단	北靑鄕軍射擊會
179780	朝鮮朝日	西北版	1929-11-01	1	07단	雄基の競馬
179781	朝鮮朝日	西北版	1929-11-01	1	08단	短歌/橋田東聲選
179782	朝鮮朝日	西北版	1929-11-01	1	08단	おなじみのお馬が賣物に出るさアお買ひなさい
179783	朝鮮朝日	西北版	1929-11-01	1	08단	露國官憲が我漁船拿捕
179784	朝鮮朝日	西北版	1929-11-01	1	09단	朝鮮博を種に三萬圓詐取案內社を起すと稱し
179785	朝鮮朝日	西北版	1929-11-01	1	09단	南浦林檎園に綿蟲發生す
179786	朝鮮朝日	西北版	1929-11-01	1	09단	平壤に弗々とチフス發生
179787	朝鮮朝日	西北版	1929-11-01	1	09단	夫妻共力し妾を毆殺す
179788	朝鮮朝日	西北版	1929-11-01	1	09단	牡丹台野話

일련번호	판명		간행일	면	단수	기사명
179789	朝鮮朝日	西北版	1929-11-01	1	10단	少年乞食の收容所京城府外新堂里に新設する
179790	朝鮮朝日	西北版	1929-11-01	1	10단	半島茶話
179791	朝鮮朝日	南鮮版	1929-11-01	1	01단	選擧取締規則を十分に運用し公正を期する考へだ/田中京畿道警察部長はかたる
179792	朝鮮朝日	南鮮版	1929-11-01	1	01단	粗漏であれば工費を減額/松井京城協贊會長が態度をあきらかにす
179793	朝鮮朝日	南鮮版	1929-11-01	1	01단	秋の鮮內スポーツ界の回顧/獨逸選手の活躍はよい教訓だった日獨競技での朝鮮側選手の活躍ぶりこそ看過できない
179794	朝鮮朝日	南鮮版	1929-11-01	1	02단	大田電氣が增資を行ひ發電所を增設
179795	朝鮮朝日	南鮮版	1929-11-01	1	03단	釜山精米組合總會
179796	朝鮮朝日	南鮮版	1929-11-01	1	03단	開城と咸興に府制を實施來年度豫算に計上し極力大藏省と折衝中
179797	朝鮮朝日	南鮮版	1929-11-01	1	04단	短歌/橋田東聲選
179798	朝鮮朝日	南鮮版	1929-11-01	1	04단	司法官異動の打合せか深澤局長入城
179799	朝鮮朝日	南鮮版	1929-11-01	1	05단	朝鮮法曹界に無くてならぬ人/中村檢事長の勇退は一般から痛く惜まる(新任法務局長深澤新一郎氏)
179800	朝鮮朝日	南鮮版	1929-11-01	1	05단	小作料減免で議論沸騰し結局減免するに一決慶北地主懇談會賑ふ
179801	朝鮮朝日	南鮮版	1929-11-01	1	05단	辭令(二十九日付)
179802	朝鮮朝日	南鮮版	1929-11-01	1	06단	『別にむつかしい問題ではないから可能性あらば考へよう』仁川自由港陳情に對し總督の回答
179803	朝鮮朝日	南鮮版	1929-11-01	1	07단	博覽會の跡始末休むひまもなくてんてこ舞
179804	朝鮮朝日	南鮮版	1929-11-01	1	07단	魚探飛機に無電を裝置し直接放送を計劃さる/魚探試驗飛行終業式擧行
179805	朝鮮朝日	南鮮版	1929-11-01	1	07단	露國官憲が我漁船拿捕
179806	朝鮮朝日	南鮮版	1929-11-01	1	08단	國債償還獻金者京城における
179807	朝鮮朝日	南鮮版	1929-11-01	1	08단	昌慶丸入渠す
179808	朝鮮朝日	南鮮版	1929-11-01	1	08단	おなじみのお馬が賣物に出るさアお買ひなさい
179809	朝鮮朝日	南鮮版	1929-11-01	1	08단	朝鮮博を種に三萬圓詐取案內社を起すと稱し
179810	朝鮮朝日	南鮮版	1929-11-01	1	09단	第二回朝鮮/馬術競技大會
179811	朝鮮朝日	南鮮版	1929-11-01	1	09단	漁業違反の處分に苦情

일련번호	판명		간행일	면	단수	기사명
179812	朝鮮朝日	南鮮版	1929-11-01	1	09단	少年乞食の收容所京城府外新堂里に新設する
179813	朝鮮朝日	南鮮版	1929-11-01	1	10단	ガラス玉實はダイヤ
179814	朝鮮朝日	南鮮版	1929-11-01	1	10단	モヒ密賣の一味檢擧
179815	朝鮮朝日	南鮮版	1929-11-01	1	10단	人(福原俊丸男(朝鮮鐵道副社長)/野口遵氏(日窒專務)/今井源良氏(釜山辯護士))
179816	朝鮮朝日	南鮮版	1929-11-01	1	10단	半島茶話
179817	朝鮮朝日	西北・南鮮版	1929-11-01	2	01단	各地だより(平壤/木浦/北靑/釜山/海州)
179818	朝鮮朝日	西北・南鮮版	1929-11-01	2	01단	慶南北の旱害は殆んど同じ程度だ救濟は全く容易ではない/山本本府農務課技師はかたる
179819	朝鮮朝日	西北・南鮮版	1929-11-01	2	01단	農業保險は朝鮮でも實施できる鹽田事務官はかたる
179820	朝鮮朝日	西北・南鮮版	1929-11-01	2	01단	農事改良の低資貸付額
179821	朝鮮朝日	西北・南鮮版	1929-11-01	2	02단	選擧取締の嚴重な通牒を警務局が各道へ發す
179822	朝鮮朝日	西北・南鮮版	1929-11-01	2	03단	運轉手試驗延期
179823	朝鮮朝日	西北・南鮮版	1929-11-01	2	03단	第一回に比し更に減收か慶南道の米作豫想高
179824	朝鮮朝日	西北・南鮮版	1929-11-01	2	04단	共同飼育所を大に善用し收繭量を增す
179825	朝鮮朝日	西北・南鮮版	1929-11-01	2	04단	大田高女生本社を見學
179826	朝鮮朝日	西北版	1929-11-02	1	01단	豫選の趣意書が規則に牴觸し最初の選擧違反を生む/慶北浦項面議の豫選投票禁止さる
179827	朝鮮朝日	西北版	1929-11-02	1	01단	起債の可否を當局に質し/その結果で善處する沙里院面電の打開策
179828	朝鮮朝日	西北版	1929-11-02	1	01단	朝鮮博の效果は今後に現れる今村局長語る
179829	朝鮮朝日	西北版	1929-11-02	1	02단	使用石炭を一割方節約
179830	朝鮮朝日	西北版	1929-11-02	1	02단	秋の鮮內スポーツ界の回顧(2)/神宮競技で續々と朝鮮記錄を破り二回の中等陸上競技大會でも花々しいスパイクの跡を殘す
179831	朝鮮朝日	西北版	1929-11-02	1	03단	送電區域の擴張を出願
179832	朝鮮朝日	西北版	1929-11-02	1	03단	俳句/鈴木花蓑選
179833	朝鮮朝日	西北版	1929-11-02	1	03단	咸興聯隊の除隊兵出發
179834	朝鮮朝日	西北版	1929-11-02	1	04단	賣惜み地主に收用法適用
179835	朝鮮朝日	西北版	1929-11-02	1	04단	家畜家禽の戶口的調査
179836	朝鮮朝日	西北版	1929-11-02	1	04단	一同の者に宜敷く傳へよ閑院宮樣か

일련번호	판명		간행일	면	단수	기사명
179836	朝鮮朝日	西北版	1929-11-02	1	04단	ら有難き御言葉を總監に賜ふ
179837	朝鮮朝日	西北版	1929-11-02	1	05단	平南の稲作は豫想突破か
179838	朝鮮朝日	西北版	1929-11-02	1	05단	選擧取締の徹底を期し署長會議で方針協議
179839	朝鮮朝日	西北版	1929-11-02	1	06단	朝鮮博の閉會式
179840	朝鮮朝日	西北版	1929-11-02	1	06단	貧困朝鮮人救濟の農耕地設置の實現熱望さる
179841	朝鮮朝日	西北版	1929-11-02	1	07단	安東驛員の節約
179842	朝鮮朝日	西北版	1929-11-02	1	07단	內地學事視察團
179843	朝鮮朝日	西北版	1929-11-02	1	08단	安東縣に露天市場
179844	朝鮮朝日	西北版	1929-11-02	1	08단	禁酒で得た二十圓を獻金　新義州驛員が無名で獻金のトップをきる/店員が醸金し獻金を行ふ
179845	朝鮮朝日	西北版	1929-11-02	1	08단	候補者が漸く現る/期日切迫した南浦府議選擧
179846	朝鮮朝日	西北版	1929-11-02	1	08단	平南道知事を相手に訴訟提起/道路敷地買收に伴ふ約束を履行せぬとて
179847	朝鮮朝日	西北版	1929-11-02	1	08단	病院に迄響いた緊縮の聲賣藥屋は大繁昌
179848	朝鮮朝日	西北版	1929-11-02	1	09단	乞食を裝ってモヒを密賣
179849	朝鮮朝日	西北版	1929-11-02	1	09단	牡丹台野話
179850	朝鮮朝日	西北版	1929-11-02	1	10단	鎮南浦府內の人力車激減
179851	朝鮮朝日	西北版	1929-11-02	1	10단	鐵道自殺した哀れな技手
179852	朝鮮朝日	西北版	1929-11-02	1	10단	釜山の火事
179853	朝鮮朝日	西北版	1929-11-02	1	10단	マラリヤ流行
179854	朝鮮朝日	西北版	1929-11-02	1	10단	半島茶話
179855	朝鮮朝日	南鮮版	1929-11-02	1	01단	豫選の趣意書が規則に牴觸し最初の選擧違反を生む/慶北浦項面議の豫選投票禁止さる
179856	朝鮮朝日	南鮮版	1929-11-02	1	01단	國庫補助金の交付を受け旱害民を救濟すべく慶南道が本府に交渉/旱害救濟を統一し善處すべく慶南の方針決る/二千萬圓の大損害慶北道の旱害/工事を起し副業を奬め旱害民を救濟
179857	朝鮮朝日	南鮮版	1929-11-02	1	01단	異動レビュー/『生田サンが』と同情やら驚きやら半信半疑を抱かす淺利氏の言中村總務はうがった噂に感心/總監歸任後に內閣に申請人事異動愈よ近づく/政府がたっての願なら仕方な

일련번호	판명		간행일	면	단수	기사명
179857	朝鮮朝日	南鮮版	1929-11-02	1	01단	い總監の辭任説につき齋藤總監はかたる
179858	朝鮮朝日	南鮮版	1929-11-02	1	04단	朝鮮博の效果は今後に現れる今村局長語る
179859	朝鮮朝日	南鮮版	1929-11-02	1	04단	俳句/鈴木花蓑選
179860	朝鮮朝日	南鮮版	1929-11-02	1	04단	一同の者に宜敷く傳へよ閑院宮様から有難き御言葉を總監に賜ふ
179861	朝鮮朝日	南鮮版	1929-11-02	1	05단	秋の鮮內スポーツ界の回顧(２)/神宮競技で續々と朝鮮記錄を破り二回の中等陸上競技大會でも花々しいスパイクの跡を殘す
179862	朝鮮朝日	南鮮版	1929-11-02	1	06단	大邱の獻金
179863	朝鮮朝日	南鮮版	1929-11-02	1	06단	群山の獻金
179864	朝鮮朝日	南鮮版	1929-11-02	1	06단	新規採用は禁制の方針鐵道局緊縮
179865	朝鮮朝日	南鮮版	1929-11-02	1	06단	珍らしい激しさ釜山の府議選
179866	朝鮮朝日	南鮮版	1929-11-02	1	07단	怠慢を怒り當局糺彈大邱醫學講習所生徒奮起す
179867	朝鮮朝日	南鮮版	1929-11-02	1	07단	朝鮮博の閉會式
179868	朝鮮朝日	南鮮版	1929-11-02	1	08단	河川敷地の整理を計劃
179869	朝鮮朝日	南鮮版	1929-11-02	1	08단	續々立候補し激戰を演ず大邱府議選擧
179870	朝鮮朝日	南鮮版	1929-11-02	1	09단	東津水利に反感を起し面民騷ぎ立つ
179871	朝鮮朝日	南鮮版	1929-11-02	1	09단	大邱附近でキジが豊獵
179872	朝鮮朝日	南鮮版	1929-11-02	1	09단	釜山の火事
179873	朝鮮朝日	南鮮版	1929-11-02	1	10단	キネマ便り(京城喜樂館)
179874	朝鮮朝日	南鮮版	1929-11-02	1	10단	もよほし(京城の獨唱と舞踊の夕)
179875	朝鮮朝日	南鮮版	1929-11-02	1	10단	人(アロングコット殿下(シャム國參謀總長)/佐藤剛藏氏(京城醫專校長)/長尾戒三氏(京城地方法院檢事正)/眞琴淸之助氏(觀光社總務)/廣瀬成之し(大邱高普教諭))
179876	朝鮮朝日	南鮮版	1929-11-02	1	10단	半島茶話
179877	朝鮮朝日	西北・南鮮版	1929-11-02	2	01단	各地だより(新義州/安東縣/裡里/大邱)
179878	朝鮮朝日	西北・南鮮版	1929-11-02	2	01단	除隊の後には北鮮に移住させ開發に努めさせたい南軍司令官の視察談
179879	朝鮮朝日	西北・南鮮版	1929-11-02	2	01단	新義州新米出廻り早し
179880	朝鮮朝日	西北・南鮮版	1929-11-02	2	01단	雄基新阿山間愈近く開通
179881	朝鮮朝日	西北・南鮮版	1929-11-02	2	02단	水利組合低資近く廻金
179882	朝鮮朝日	西北・南鮮版	1929-11-02	2	02단	新義州刑務所十月末收容人員
179883	朝鮮朝日	西北・南鮮版	1929-11-02	2	02단	小水利組合に補助均霑を總督府に陳情

일련번호	판명		간행일	면	단수	기사명
179884	朝鮮朝日	西北・南鮮版	1929-11-02	2	03단	裡里の下水道工事進捗す
179885	朝鮮朝日	西北・南鮮版	1929-11-02	2	03단	公共であれば掘鑿を許す東萊繁榮のため
179886	朝鮮朝日	西北・南鮮版	1929-11-02	2	04단	京漢方面行の手荷物扱を中止
179887	朝鮮朝日	西北・南鮮版	1929-11-02	2	04단	雫の聲
179888	朝鮮朝日	西北版	1929-11-03	1	01단	總督府の大異動豫想(上)/生田氏は勇退し拓務省入りか淺利氏は內地に轉出/噂されるので首を洗ってゐた 大へんな不機嫌にて淺利警務局長は語る
179889	朝鮮朝日	西北版	1929-11-03	1	01단	平元兩商議が今後提携し平元線促進に關する材料を調べ提出する
179890	朝鮮朝日	西北版	1929-11-03	1	01단	二十四ヶ國の代表者が來鮮し鮮內各地を視察する
179891	朝鮮朝日	西北版	1929-11-03	1	02단	涙ぐましい愛國心新義州府に獻金者續々現る/元山の獻金
179892	朝鮮朝日	西北版	1929-11-03	1	02단	家主の横暴に店子が怒り借家人同盟を起して對抗せんといきまく
179893	朝鮮朝日	西北版	1929-11-03	1	03단	短歌/橋田東聲選
179894	朝鮮朝日	西北版	1929-11-03	1	04단	客と貨物が增加し/平壤鐵道管內好成績を示す
179895	朝鮮朝日	西北版	1929-11-03	1	04단	平北江界の勤儉週間
179896	朝鮮朝日	西北版	1929-11-03	1	04단	秋の鮮內スポーツ界の回顧(３)/地方チームは逐年優れた技倆を築く/平壤中學校は不覺にも敗れ京城師範學校が宿望を達す
179897	朝鮮朝日	西北版	1929-11-03	1	05단	募集人員の十倍を示す朝鮮人巡査試驗
179898	朝鮮朝日	西北版	1929-11-03	1	06단	火災防止の大宣傳安東署が行ふ
179899	朝鮮朝日	西北版	1929-11-03	1	06단	鎭南浦府議の定員を增加
179900	朝鮮朝日	西北版	1929-11-03	1	06단	其地方特有の實科敎育を行ひ素晴しい成績を擧ぐ/平安北道の普通學校
179901	朝鮮朝日	西北版	1929-11-03	1	06단	平北警察署長會議武道大會も開く
179902	朝鮮朝日	西北版	1929-11-03	1	07단	女學生の音樂會平壤府としては最初の催し
179903	朝鮮朝日	西北版	1929-11-03	1	07단	滿鐵の語學試驗
179904	朝鮮朝日	西北版	1929-11-03	1	07단	純理的な取引所運動を起すため協議會開催
179905	朝鮮朝日	西北版	1929-11-03	1	08단	第一回內鮮外人女子中等學校聯合音樂會
179906	朝鮮朝日	西北版	1929-11-03	1	08단	紙幣僞造の一味を逮捕首魁は靴下の注文取

일련번호	판명		간행일	면	단수	기사명
179907	朝鮮朝日	西北版	1929-11-03	1	08단	强盗捕はる
179908	朝鮮朝日	西北版	1929-11-03	1	08단	質屋の窓からのぞいた世相/利用者が頗る多く庶民金融も馬鹿にならぬ公設質屋が出來れば影響
179909	朝鮮朝日	西北版	1929-11-03	1	09단	牡丹台野話
179910	朝鮮朝日	西北版	1929-11-03	1	10단	最近平壤にチフス續發
179911	朝鮮朝日	西北版	1929-11-03	1	10단	人殺し馬の屠殺を命ず
179912	朝鮮朝日	西北版	1929-11-03	1	10단	姉と折合惡く自殺を企つ
179913	朝鮮朝日	西北版	1929-11-03	1	10단	平北江界の氣溫低下す
179914	朝鮮朝日	西北版	1929-11-03	1	10단	精米工場倒壞す
179915	朝鮮朝日	南鮮版	1929-11-03	1	01단	總督府の大異動豫想(上)/生田氏は勇退し拓務省入りか淺利氏は內地に轉出
179916	朝鮮朝日	南鮮版	1929-11-03	1	01단	總督府關係の空前の大異動局長級につぎ知事級も決定發表その數三分の二に上る/噂されるので首を洗ってゐた 大へんな不機嫌にて淺利警務局長は語る/實現した時の覺悟はしてゐる 物騷な世評をよそに生田內務閑日月を示す
179917	朝鮮朝日	南鮮版	1929-11-03	1	02단	總督府辭令
179918	朝鮮朝日	南鮮版	1929-11-03	1	03단	朝鮮博も效なく鐵道收入不足は七八十萬圓
179919	朝鮮朝日	南鮮版	1929-11-03	1	04단	私設溫泉を面に寄附迫間房太郎氏の出願許さる/東萊公設浴場擴張を計劃
179920	朝鮮朝日	南鮮版	1929-11-03	1	04단	秋の鮮內スポーツ界の回顧(3)/地方チームは逐年優れた技倆を築く/平壤中學校は不覺にも敗れ京城師範學校が宿望を達す
179921	朝鮮朝日	南鮮版	1929-11-03	1	05단	旱害と電害で食糧品無く一家離散を憂慮さる
179922	朝鮮朝日	南鮮版	1929-11-03	1	05단	城大學部長が先頭に立ち賣込運動する
179923	朝鮮朝日	南鮮版	1929-11-03	1	05단	朝鮮博覽會は相當の收入
179924	朝鮮朝日	南鮮版	1929-11-03	1	06단	純理的な取引所運動を起すため協議會開催
179925	朝鮮朝日	南鮮版	1929-11-03	1	06단	一流どころの人物を揃へ講演、音樂を放送する/聽取者一萬人突破記念放送
179926	朝鮮朝日	南鮮版	1929-11-03	1	07단	朝鮮博警戒の警官に感謝
179927	朝鮮朝日	南鮮版	1929-11-03	1	07단	統營面議の選擧
179928	朝鮮朝日	南鮮版	1929-11-03	1	08단	貸付金の大整理殘酷だとて漁業組合

일련번호	판명		간행일	면	단수	기사명
179928	朝鮮朝日	南鮮版	1929-11-03	1	08단	怨まる
179929	朝鮮朝日	南鮮版	1929-11-03	1	08단	短歌/橋田東聲選
179930	朝鮮朝日	南鮮版	1929-11-03	1	08단	頗る心細い木浦の上水道
179931	朝鮮朝日	南鮮版	1929-11-03	1	08단	大邱の競馬
179932	朝鮮朝日	南鮮版	1929-11-03	1	09단	退學兒童の處置をどうつけるか
179933	朝鮮朝日	南鮮版	1929-11-03	1	09단	桑原釜山府尹取調を受く背任教唆で收容中の山內氏の證人として
179934	朝鮮朝日	南鮮版	1929-11-03	1	09단	朝博を機會に潛入した不逞漢捕はる
179935	朝鮮朝日	南鮮版	1929-11-03	1	09단	釜山の火災防止大宣傳
179936	朝鮮朝日	南鮮版	1929-11-03	1	09단	油斷は大敵京城府內に傳染病がボツボツはりだす
179937	朝鮮朝日	南鮮版	1929-11-03	1	10단	尾關に懲役一年半橋本に同じく一年を求刑す
179938	朝鮮朝日	南鮮版	1929-11-03	1	10단	木浦野球聯盟戰
179939	朝鮮朝日	南鮮版	1929-11-03	1	10단	もよほし(三木畵伯展覽會)
179940	朝鮮朝日	南鮮版	1929-11-03	1	10단	人(大浦貫道師(京畿道囑託)/河合律三郎氏(京城實業家)/京城女師生八十八名/大田高女生四十七名)
179941	朝鮮朝日	西北・南鮮版	1929-11-03	2	01단	運送合同直轄店三十ヶ所に設置するに決す
179942	朝鮮朝日	西北・南鮮版	1929-11-03	2	01단	運河の底に地下道掘鑿統營面が計劃
179943	朝鮮朝日	西北・南鮮版	1929-11-03	2	01단	木浦農業倉庫開業
179944	朝鮮朝日	西北・南鮮版	1929-11-03	2	01단	殉職消防手の義金を募集
179945	朝鮮朝日	西北・南鮮版	1929-11-03	2	02단	金鑛を發見
179946	朝鮮朝日	西北・南鮮版	1929-11-03	2	02단	各地だより(京城/平壤/釜山/群山/木浦/元山/春川/仁川/統營/馬山)
179947	朝鮮朝日	西北版	1929-11-04	1	01단	貸金を棒引して小作料を輕減せよその他數項に互る要求不二農場農民から社長に提出する
179948	朝鮮朝日	西北版	1929-11-04	1	01단	關東震災の時腕を現はし大に認められた才人 森岡氏警務局長承諾/二回に分ち異動發表二(一)回は局部長二回は知事課長
179949	朝鮮朝日	西北版	1929-11-04	1	02단	消防協會平北支部發會式
179950	朝鮮朝日	西北版	1929-11-04	1	02단	總督府大異動の豫想(下)/松村土地改良が內務に就任し財務局長は今村氏か
179951	朝鮮朝日	西北版	1929-11-04	1	03단	承認運送を廢止し驛構內作業組合を組織する
179952	朝鮮朝日	西北版	1929-11-04	1	03단	平壤各部隊の將卒かへる

일련번호	판명		간행일	면	단수	기사명
179953	朝鮮朝日	西北版	1929-11-04	1	03단	龍岩浦點燈近日から實現
179954	朝鮮朝日	西北版	1929-11-04	1	04단	新義州府に獻金者續出
179955	朝鮮朝日	西北版	1929-11-04	1	04단	新義州商議と今後提携し製鋼所の實現に努力安東會議所の方針
179956	朝鮮朝日	西北版	1929-11-04	1	04단	兒童を中心に倶樂部組織
179957	朝鮮朝日	西北版	1929-11-04	1	04단	現金賣割引安東縣で行ふ
179958	朝鮮朝日	西北版	1929-11-04	1	05단	新義州の初雪
179959	朝鮮朝日	西北版	1929-11-04	1	05단	兒童講演會
179960	朝鮮朝日	西北版	1929-11-04	1	05단	平南の警官異動
179961	朝鮮朝日	西北版	1929-11-04	1	05단	モヒ中毒全治者平北療養所を五十四名退所
179962	朝鮮朝日	西北版	1929-11-04	1	06단	外語專修の警官を配置
179963	朝鮮朝日	西北版	1929-11-04	1	06단	安東籌備處で外交事務をとる
179964	朝鮮朝日	西北版	1929-11-04	1	06단	國境赤軍の增員現在數
179965	朝鮮朝日	西北版	1929-11-04	1	06단	宿屋と花柳界は素晴しい儲け宿屋だけで四十萬圓藝娼妓の花代は三十萬圓朝鮮博のお蔭だと大喜び
179966	朝鮮朝日	西北版	1929-11-04	1	07단	朝鮮博覽會の警戒を撤廢
179967	朝鮮朝日	西北版	1929-11-04	1	07단	プロペラ船運航を中止
179968	朝鮮朝日	西北版	1929-11-04	1	07단	咸興のチフス終熄を見ぬ
179969	朝鮮朝日	西北版	1929-11-04	1	07단	咸南の四營林署廢止となる
179970	朝鮮朝日	西北版	1929-11-04	1	07단	信川水橋間の乘客殺到す
179971	朝鮮朝日	西北版	1929-11-04	1	08단	妻の口論から犯行ばれる苦心したゞけあって僞造紙幣巧妙を極む
179972	朝鮮朝日	西北版	1929-11-04	1	08단	密輸團に體刑をそれぞれ求刑
179973	朝鮮朝日	西北版	1929-11-04	1	09단	牡丹台附近の全山紅葉す
179974	朝鮮朝日	西北版	1929-11-04	1	09단	僞造貨發見
179975	朝鮮朝日	西北版	1929-11-04	1	09단	ボタン台の崖から飛ぶ
179976	朝鮮朝日	西北版	1929-11-04	1	10단	兄を助けんと感電卽死す
179977	朝鮮朝日	西北版	1929-11-04	1	10단	金山一派の馬賊活躍す
179978	朝鮮朝日	西北版	1929-11-04	1	10단	惡辣な官吏免職となる
179979	朝鮮朝日	西北版	1929-11-04	1	10단	下級官吏が勝手に增稅
179980	朝鮮朝日	西北版	1929-11-04	1	10단	自動車の火事
179981	朝鮮朝日	西北版	1929-11-04	1	10단	大邱を荒した賊逮捕さる二刑事負傷す
179982	朝鮮朝日	西北版	1929-11-04	1	10단	通信競技會
179983	朝鮮朝日	西北版	1929-11-04	1	10단	盤龍券株式となる
179984	朝鮮朝日	南鮮版	1929-11-05	1	01단	明治節拜賀式京城府主催で擧行
179985	朝鮮朝日	南鮮版	1929-11-05	1	01단	商品陳列所內に新羅遺品を陳列し機を見て博物館を建築/加藤大邱商議副

일련번호	판명		간행일	면	단수	기사명
179985	朝鮮朝日	南鮮版	1929-11-05	1	01단	會頭の發議にて
179986	朝鮮朝日	南鮮版	1929-11-05	1	01단	關東震災の時腕を現はし大に認められた才人　森岡氏警務局長承諾/二回に分ち異動發表一回は局部長二回は知事課長
179987	朝鮮朝日	南鮮版	1929-11-05	1	04단	總督府の拜賀式/釜山の明治節
179988	朝鮮朝日	南鮮版	1929-11-05	1	04단	實害がないと認めて追求せぬ豫選投票中止により警察部の態度きまる
179989	朝鮮朝日	南鮮版	1929-11-05	1	04단	御大典記念會館竣工す京城第二高女の
179990	朝鮮朝日	南鮮版	1929-11-05	1	04단	産繭増收の記念祝賀會
179991	朝鮮朝日	南鮮版	1929-11-05	1	04단	總督府大異動の豫想(下)/松村土地改良が內務に就任し財務局長は今村氏か
179992	朝鮮朝日	南鮮版	1929-11-05	1	05단	承認運送を廢止し驛構內作業組合を組織する
179993	朝鮮朝日	南鮮版	1929-11-05	1	05단	鄭組優勝す絶好の快晴に惠まれ近来稀な盛況を呈す/全鮮軟式庭球大會
179994	朝鮮朝日	南鮮版	1929-11-05	1	06단	候補者を招致し釜山署が選擧の懇談をなす
179995	朝鮮朝日	南鮮版	1929-11-05	1	06단	朝鮮人候補が協定を行ふ
179996	朝鮮朝日	南鮮版	1929-11-05	1	07단	各騎手の高專馬術觀衆を醉はす學生馬術大會
179997	朝鮮朝日	南鮮版	1929-11-05	1	07단	力走また力走百米で一着/二百米で二着となる韋駄天矢野君の活躍
179998	朝鮮朝日	南鮮版	1929-11-05	1	09단	水營江の揚水視察釜山府協議員滿足して歸る
179999	朝鮮朝日	南鮮版	1929-11-05	1	09단	城大書庫を新築
180000	朝鮮朝日	南鮮版	1929-11-05	1	09단	旱害民救濟補助金慶北道の要求大體容れらる
180001	朝鮮朝日	南鮮版	1929-11-05	1	09단	宿屋と花柳界は素晴しい儲け宿屋だけで四十萬圓藝娼妓の花代は三十萬圓朝鮮博のお蔭だと大喜び
180002	朝鮮朝日	南鮮版	1929-11-05	1	10단	釜山飲食店の風紀を肅正
180003	朝鮮朝日	南鮮版	1929-11-05	1	10단	釜山座復興
180004	朝鮮朝日	南鮮版	1929-11-05	1	10단	大邱を荒した賊逮捕さる二刑事負傷す
180005	朝鮮朝日	南鮮版	1929-11-05	1	10단	人(兒玉總監/草間財務局長)
180006	朝鮮朝日	西北・南鮮版	1929-11-05	2	01단	各地だより(平壤/羅南/裡里/公州/海州/淸州/春川)
180007	朝鮮朝日	西北・南鮮版	1929-11-05	2	01단	日本のカフェー漫談(藤田嗣治/岡本一平)

일련번호	판명		간행일	면	단수	기사명
180008	朝鮮朝日	西北・南鮮版	1929-11-05	2	01단	雫の聲
180009	朝鮮朝日	西北・南鮮版	1929-11-05	2	02단	秋の鮮内スポーツ界の回顧(４)/森選手をむかへて硬球界大に賑ふ新興スポーツとして其前途を大に囑望されつゝある水泳
180010	朝鮮朝日	西北・南鮮版	1929-11-05	2	04단	朝鮮人議員が異議を唱へ議場混亂に陷んとす仁川府市場に祟らる
180011	朝鮮朝日	西北・南鮮版	1929-11-05	2	05단	夏秋鼈向の植桑を獎勵
180012	朝鮮朝日	西北・南鮮版	1929-11-05	2	07단	金剛山電鐵の上半期成績
180013	朝鮮朝日	西北・南鮮版	1929-11-05	2	07단	東津水利區域編入至難か
180014	朝鮮朝日	西北・南鮮版	1929-11-05	2	07단	簡局保險は良好の成績
180015	朝鮮朝日	西北・南鮮版	1929-11-05	2	07단	沙金探掘に着手
180016	朝鮮朝日	西北版	1929-11-06	1	01단	明年度豫算は全然手をふれず正式に大藏省に提案減債基金は現狀維持草間財務局長釜山で語る
180017	朝鮮朝日	西北版	1929-11-06	1	01단	鐵道局には異動はあるまい經理課長の後任補充は詮衡難から頓挫の形
180018	朝鮮朝日	西北版	1929-11-06	1	01단	平壤會議所の内鮮議員數十一人對二十人案決定直に認可申請
180019	朝鮮朝日	西北版	1929-11-06	1	02단	平壤の兩展覽會好成績を納む
180020	朝鮮朝日	西北版	1929-11-06	1	03단	林原水利組合創立さる
180021	朝鮮朝日	西北版	1929-11-06	1	03단	何が彼を感動せしめたか(１)/ひろった一片の紙片に動かされ散々苦勞を重ねた結果遂に知事になった朴相駿氏
180022	朝鮮朝日	西北版	1929-11-06	1	04단	大和校に國旗を揭揚
180023	朝鮮朝日	西北版	1929-11-06	1	04단	安東會議所部屬委員を設置に決定
180024	朝鮮朝日	西北版	1929-11-06	1	04단	異動と同時に總務課廢止昔の制度にかへる總督の施政刷新
180025	朝鮮朝日	西北版	1929-11-06	1	04단	國債償還に婦人の獻金
180026	朝鮮朝日	西北版	1929-11-06	1	05단	魚群探檢用に速力の遲い小型飛行機を建造魚探飛行愈よ實用化す
180027	朝鮮朝日	西北版	1929-11-06	1	05단	朝博會期中交通量と事故遺失物などの統計
180028	朝鮮朝日	西北版	1929-11-06	1	06단	戰友を思ふ美しい行爲
180029	朝鮮朝日	西北版	1929-11-06	1	06단	數年前から作製中の方言の分布圖愈よちかく完成する
180030	朝鮮朝日	西北版	1929-11-06	1	07단	平安北道のモヒ患療養所入所希望者押よせ更に内容を充實する
180031	朝鮮朝日	西北版	1929-11-06	1	07단	悲慘な一家に同情集まり義金や篤志看護で一家漸くよみがへる

일련번호	판명		간행일	면	단수	기사명
180032	朝鮮朝日	西北版	1929-11-06	1	07단	日頃修得せる腕を實際に揮ふ非常な期待をかけられてゐる西鮮女子中等學校音樂會
180033	朝鮮朝日	西北版	1929-11-06	1	08단	女の轢死體
180034	朝鮮朝日	西北版	1929-11-06	1	09단	牡丹台野話
180035	朝鮮朝日	西北版	1929-11-06	1	09단	籠の鳥哀話/三度目の年季明けになほも殘る借錢を苦にし自殺を企つ
180036	朝鮮朝日	西北版	1929-11-06	1	10단	壯烈な攻防戰安東の演習
180037	朝鮮朝日	西北版	1929-11-06	1	10단	俳句/鈴木花蓑選
180038	朝鮮朝日	西北版	1929-11-06	1	10단	平壤高女音樂會盛況
180039	朝鮮朝日	南鮮版	1929-11-06	1	01단	明年度豫算は全然手をふれず正式に大藏省に提案減債基金は現狀維持草間財務局長釜山で語る
180040	朝鮮朝日	南鮮版	1929-11-06	1	01단	鐵道局には異動はあるまい經理課長の後任補充は詮衡難から頓挫の形
180041	朝鮮朝日	南鮮版	1929-11-06	1	01단	異動と同時に總務課廢止昔の制度にかへる總督の施政刷新
180042	朝鮮朝日	南鮮版	1929-11-06	1	01단	朝博會期中交通量と事故遺失物などの統計
180043	朝鮮朝日	南鮮版	1929-11-06	1	03단	慶北の移出米米質も惡い
180044	朝鮮朝日	南鮮版	1929-11-06	1	03단	何が彼を感動せしめたか(1)/ひろった一片の紙片に動かされ散々苦勞を重ねた結果遂に知事になった朴相駿氏
180045	朝鮮朝日	南鮮版	1929-11-06	1	04단	旱害地に耕牛の貸付
180046	朝鮮朝日	南鮮版	1929-11-06	1	04단	釜山府議選擧の取締に關し懇談署長候補者らを招き各種の屆出で事項等を協定
180047	朝鮮朝日	南鮮版	1929-11-06	1	04단	香しくない府營バス成績
180048	朝鮮朝日	南鮮版	1929-11-06	1	05단	仁川府議選に出馬すべく豫想さる＞顔ぶれ競爭は免かれまい
180049	朝鮮朝日	南鮮版	1929-11-06	1	05단	貫った小使をその儘獻金
180050	朝鮮朝日	南鮮版	1929-11-06	1	05단	魚群探檢用に速力の遲い小型飛行機を建造魚探飛行愈よ實用化す
180051	朝鮮朝日	南鮮版	1929-11-06	1	06단	旱害對策府尹郡守會
180052	朝鮮朝日	南鮮版	1929-11-06	1	07단	釜山産婆會二百圓獻金
180053	朝鮮朝日	南鮮版	1929-11-06	1	07단	忽ち年末に生計に困る慶北の旱害民調査救濟方法は慶南と略同樣
180054	朝鮮朝日	南鮮版	1929-11-06	1	07단	慶南の旱害救濟金品給與はとらぬ土木水利事業を起し生産獎勵を根本とする方針

일련번호	판명		간행일	면	단수	기사명
180055	朝鮮朝日	南鮮版	1929-11-06	1	08단	南鮮穀物商聯合會開催
180056	朝鮮朝日	南鮮版	1929-11-06	1	08단	運動界(ア式蹴球試合)
180057	朝鮮朝日	南鮮版	1929-11-06	1	08단	木浦麻雀大會
180058	朝鮮朝日	南鮮版	1929-11-06	1	09단	數年前から作製中の方言の分布圖愈よちかく完成する
180059	朝鮮朝日	南鮮版	1929-11-06	1	09단	慶北小作官
180060	朝鮮朝日	南鮮版	1929-11-06	1	09단	女の轢死體
180061	朝鮮朝日	南鮮版	1929-11-06	1	09단	籠の鳥哀話/三度目の年季明けになほも殘る借錢を苦にし自殺を企つ
180062	朝鮮朝日	南鮮版	1929-11-06	1	10단	五重塔を倒して寶物を盜む
180063	朝鮮朝日	南鮮版	1929-11-06	1	10단	俳句/鈴木花蓑選
180064	朝鮮朝日	南鮮版	1929-11-06	1	10단	心中と見せかけて男は逃出す
180065	朝鮮朝日	南鮮版	1929-11-06	1	10단	百萬長者の三男自殺す
180066	朝鮮朝日	南鮮版	1929-11-06	1	10단	人(草間財務局長/關本幸太郎氏(京城中學校長)/上杉古太郎氏(釜山移出牛組合長))
180067	朝鮮朝日	西北・南鮮版	1929-11-06	2	01단	各地だより(京城/忠州/仁川/裡里/群山)
180068	朝鮮朝日	西北・南鮮版	1929-11-06	2	01단	利原鐵山線支線開通と鐵鑛積込棧橋運轉山元では採鑛擴張
180069	朝鮮朝日	西北・南鮮版	1929-11-06	2	01단	雫の聲
180070	朝鮮朝日	西北・南鮮版	1929-11-06	2	01단	卅トン貨車二百輛懇望默しがたく滿鐵へかす
180071	朝鮮朝日	西北・南鮮版	1929-11-06	2	02단	十月下旬朝鮮米輸出入高
180072	朝鮮朝日	西北・南鮮版	1929-11-06	2	02단	慶北の新米出廻り早し
180073	朝鮮朝日	西北・南鮮版	1929-11-06	2	02단	第六回/內鮮女子中等學校音樂大會
180074	朝鮮朝日	西北・南鮮版	1929-11-06	2	03단	穀物出廻りは少ない見込慶南道の豫想
180075	朝鮮朝日	西北・南鮮版	1929-11-06	2	03단	朝日活寫會
180076	朝鮮朝日	西北・南鮮版	1929-11-06	2	03단	慶北道養蠶の成績はよい
180077	朝鮮朝日	西北版	1929-11-07	1	01단	辭職するのなら總督と抱合だ局部長は惜しい人ばかりである兒玉總監上機嫌で語る
180078	朝鮮朝日	西北版	1929-11-07	1	01단	主張が通らねば解散論を提唱辭表はとり纏め濟み/平壤會議所の議員問題こじれる
180079	朝鮮朝日	西北版	1929-11-07	1	01단	一名超過して俄然緊張す狩出しに頭を痛める京城府協議會員選擧/候補者を招致し選擧取締規則の說明を行ふ
180080	朝鮮朝日	西北版	1929-11-07	1	03단	慶北新設金融組合

일련번호	판명		간행일	면	단수	기사명
180081	朝鮮朝日	西北版	1929-11-07	1	03단	肥料購入低資增額慶北道の計劃
180082	朝鮮朝日	西北版	1929-11-07	1	04단	今の國境は靜かだ高野平壤憲兵隊長の視察談
180083	朝鮮朝日	西北版	1929-11-07	1	04단	滿洲の米作は思惑通りでない谷平北道知事視察談
180084	朝鮮朝日	西北版	1929-11-07	1	04단	何が彼を感動せしめたか(2)上/荒んだ父の仕打に漫然內地に渡り內地人の溫かい親切を受け同族に堪へ難い侮辱を受く
180085	朝鮮朝日	西北版	1929-11-07	1	05단	第一回に比し二十九萬石の減收前年より廿八萬石增收/第二回鮮內米作豫想高
180086	朝鮮朝日	西北版	1929-11-07	1	05단	平北道渭原に守備隊新設
180087	朝鮮朝日	西北版	1929-11-07	1	05단	龍井江岸間の貨車を增發
180088	朝鮮朝日	西北版	1929-11-07	1	05단	農業經濟を調査
180089	朝鮮朝日	西北版	1929-11-07	1	05단	標準を示して減免させる旱害によって生ずる/小作爭議を未然に防止する
180090	朝鮮朝日	西北版	1929-11-07	1	06단	西平壤驛近く竣工事業家が附近に目をつける
180091	朝鮮朝日	西北版	1929-11-07	1	07단	たゞの一回も缺航がなく臨時便を十回も出す/素ばらしい平壤の空輸便
180092	朝鮮朝日	西北版	1929-11-07	1	07단	鐵道雇員傭人の外泊宿舍料を廢し出張旅費も一割方減す『賞與で埋め合す』と當局は釋明す
180093	朝鮮朝日	西北版	1929-11-07	1	08단	牡丹台野話
180094	朝鮮朝日	西北版	1929-11-07	1	08단	非繁殖用種子以外は普通郵便で取扱ふ
180095	朝鮮朝日	西北版	1929-11-07	1	08단	外資防壓の積極改策を吉林省が實施
180096	朝鮮朝日	西北版	1929-11-07	1	08단	不逞漢捕る
180097	朝鮮朝日	西北版	1929-11-07	1	09단	トラホームの絕滅を期す
180098	朝鮮朝日	西北版	1929-11-07	1	09단	團栗や蓮で冬の食糧とする哀れな慶南の旱害民
180099	朝鮮朝日	西北版	1929-11-07	1	10단	癩患者八十名療養所送り
180100	朝鮮朝日	西北版	1929-11-07	1	10단	腹部を突いて死に至らす
180101	朝鮮朝日	西北版	1929-11-07	1	10단	二棟全燒し籾百石を燒く
180102	朝鮮朝日	西北版	1929-11-07	1	10단	運動界(平壤高普軍勝つ)
180103	朝鮮朝日	西北版	1929-11-07	1	10단	もよほし(渭原守備隊落成式/香椎瓦電社長招宴)
180104	朝鮮朝日	西北版	1929-11-07	1	10단	人(韓昌洙男/松岡京日社長)
180105	朝鮮朝日	南鮮版	1929-11-07	1	01단	辭職するのなら總督と抱合だ局部長は惜しい人ばかりである/兒玉總監上

일련번호	판명		간행일	면	단수	기사명
180105	朝鮮朝日	南鮮版	1929-11-07	1	01단	機嫌で語る
180106	朝鮮朝日	南鮮版	1929-11-07	1	01단	主張が通らねば解散論を提唱辭表はとり纏め濟み/平壤會議所の議員問題こじれる
180107	朝鮮朝日	南鮮版	1929-11-07	1	01단	一名超過して俄然緊張す狩出しに頭を痛める京城府協議會員選擧/候補者を招致し選擧取締規則の說明を行ふ
180108	朝鮮朝日	南鮮版	1929-11-07	1	03단	慶北新設金融組合
180109	朝鮮朝日	南鮮版	1929-11-07	1	03단	肥料購入低資增額慶北道の計劃
180110	朝鮮朝日	南鮮版	1929-11-07	1	04단	今の國境は靜かだ高野平壤憲兵隊長の視察談
180111	朝鮮朝日	南鮮版	1929-11-07	1	04단	滿洲の米作は思惑通りでない谷平北道知事視察談
180112	朝鮮朝日	南鮮版	1929-11-07	1	04단	何が彼を感動せしめたか(２)上/荒んだ父の仕打に漫然内地に渡り內地人の溫かい親切を受け同族に堪へ難い侮辱を受く
180113	朝鮮朝日	南鮮版	1929-11-07	1	05단	第一回に比し二十九萬石の減收前年より廿八萬石增收/第二回鮮內米作豫想高
180114	朝鮮朝日	南鮮版	1929-11-07	1	05단	平北道渭原に守備隊新設
180115	朝鮮朝日	南鮮版	1929-11-07	1	05단	龍井江岸間の貨車を增發
180116	朝鮮朝日	南鮮版	1929-11-07	1	05단	農業經濟を調査
180117	朝鮮朝日	南鮮版	1929-11-07	1	05단	標準を示して減免させる旱害によって生ずる小作爭議を未然に防止する
180118	朝鮮朝日	南鮮版	1929-11-07	1	06단	西平壤驛近く竣工事業家が附近に目をつける
180119	朝鮮朝日	南鮮版	1929-11-07	1	07단	たゞの一回も缺航がなく臨時便を十回も出す/素ばらしい平壤の空輸便
180120	朝鮮朝日	南鮮版	1929-11-07	1	07단	鐵道雇員傭人の外泊宿舍料を廢し出張旅費も一割方減す『賞與で埋め合す』と當局は釋明す
180121	朝鮮朝日	南鮮版	1929-11-07	1	08단	牡丹台野話
180122	朝鮮朝日	南鮮版	1929-11-07	1	08단	非繁殖用種子以外は普通郵便で取扱ふ
180123	朝鮮朝日	南鮮版	1929-11-07	1	08단	外資防壓の積極改策を吉林省が實施
180124	朝鮮朝日	南鮮版	1929-11-07	1	08단	不逞漢捕る
180125	朝鮮朝日	南鮮版	1929-11-07	1	09단	トラホームの絶滅を期す
180126	朝鮮朝日	南鮮版	1929-11-07	1	09단	團栗や蓮で冬の食糧とする哀れな慶南の旱害民
180127	朝鮮朝日	南鮮版	1929-11-07	1	10단	癩患者八十名療養所送り

일련번호	판명		간행일	면	단수	기사명
180128	朝鮮朝日	南鮮版	1929-11-07	1	10단	腹部を突いて死に至らす
180129	朝鮮朝日	南鮮版	1929-11-07	1	10단	二棟全燒し籾百石を燒く
180130	朝鮮朝日	南鮮版	1929-11-07	1	10단	運動界(平壤高普軍勝つ)
180131	朝鮮朝日	南鮮版	1929-11-07	1	10단	もよほし(渭原守備隊落成式/香椎瓦電社長招宴)
180132	朝鮮朝日	南鮮版	1929-11-07	1	10단	人(韓昌洙男/松岡京日社長)
180133	朝鮮朝日	西北・南鮮版	1929-11-07	2	01단	農林省も遂に折れて出る/繫留期間短縮されん取引は月末ごろ復活
180134	朝鮮朝日	西北・南鮮版	1929-11-07	2	01단	雫の聲
180135	朝鮮朝日	西北・南鮮版	1929-11-07	2	01단	仁川協贊會の後始末協議
180136	朝鮮朝日	西北・南鮮版	1929-11-07	2	02단	慶南米作は大減收損害は二千萬圓を豫想さる
180137	朝鮮朝日	西北・南鮮版	1929-11-07	2	02단	各地だより(平壤/間島/釜山/木浦/群山/裡里/淸州)
180138	朝鮮朝日	西北・南鮮版	1929-11-07	2	03단	青い鳥
180139	朝鮮朝日	西北・南鮮版	1929-11-07	2	04단	新刊紹介(『朝鮮鐵道史』/『貨物輸送便覽』)
180140	朝鮮朝日	西北版	1929-11-08	1	01단	朝鮮人議員側は遂に總辭職を斷行主張が通らぬのを憤り/平壤商議の議員問題愈よ紛糾す
180141	朝鮮朝日	西北版	1929-11-08	1	01단	會社重役側も大に同情し意外にはやく解決か不二農場の小作爭議
180142	朝鮮朝日	西北版	1929-11-08	1	01단	平壤商議の議員選擧相當猛烈なる競爭を演ぜん
180143	朝鮮朝日	西北版	1929-11-08	1	01단	鎭南浦の府議選擧激戰豫想さる
180144	朝鮮朝日	西北版	1929-11-08	1	02단	消防機關の充實を期す平壤消防組
180145	朝鮮朝日	西北版	1929-11-08	1	02단	何が彼を感動せしめたか(2)下/自殺を決心したが思はぬ同情から父母在はす懷しの國に歸り模範青年として尊敬を受く
180146	朝鮮朝日	西北版	1929-11-08	1	03단	辭令(六日付)
180147	朝鮮朝日	西北版	1929-11-08	1	03단	平壤府營質屋愈近く開業
180148	朝鮮朝日	西北版	1929-11-08	1	03단	豫算編成の方針きまる
180149	朝鮮朝日	西北版	1929-11-08	1	04단	成績のよい平北栗模範作圃
180150	朝鮮朝日	西北版	1929-11-08	1	04단	南浦築港工事區域を標示
180151	朝鮮朝日	西北版	1929-11-08	1	04단	プログラムの編成も終りすべての準備を終る女子中等學校音樂會
180152	朝鮮朝日	西北版	1929-11-08	1	05단	放行單問題の對策を協議
180153	朝鮮朝日	西北版	1929-11-08	1	05단	鴨綠江下流の浮漂を撤回

일련번호	판명		간행일	면	단수	기사명
180154	朝鮮朝日	西北版	1929-11-08	1	05단	『面電擴張は時機を待て』總督府の答辯
180155	朝鮮朝日	西北版	1929-11-08	1	06단	新義州府の節約申合事項を各方面へ通達して意見を聽く
180156	朝鮮朝日	西北版	1929-11-08	1	06단	安東の節約デー
180157	朝鮮朝日	西北版	1929-11-08	1	07단	道路審査會
180158	朝鮮朝日	西北版	1929-11-08	1	07단	兩巨頭の一騎討小倉濱崎兩氏商議選で對戰
180159	朝鮮朝日	西北版	1929-11-08	1	07단	運合會社側の橫暴掣肘のため鐵道委員會を組織す愈その規則發表さる
180160	朝鮮朝日	西北版	1929-11-08	1	08단	第一回內鮮外人女子中等學校聯合音樂會
180161	朝鮮朝日	西北版	1929-11-08	1	08단	反對地主側を强制編入か
180162	朝鮮朝日	西北版	1929-11-08	1	08단	近く竣工する沙里院製絲工場
180163	朝鮮朝日	西北版	1929-11-08	1	08단	府尹郡守會議
180164	朝鮮朝日	西北版	1929-11-08	1	08단	平壤の獻金
180165	朝鮮朝日	西北版	1929-11-08	1	08단	京釜線が儲け大將/朝鮮博會期中の鐵道總收入
180166	朝鮮朝日	西北版	1929-11-08	1	09단	元山の火事
180167	朝鮮朝日	西北版	1929-11-08	1	09단	宿屋を荒す
180168	朝鮮朝日	西北版	1929-11-08	1	09단	朝鮮博警戒と平北の手柄
180169	朝鮮朝日	西北版	1929-11-08	1	09단	牡丹台野話
180170	朝鮮朝日	西北版	1929-11-08	1	10단	三十六貫の大熊を倒し宣教師傷つく
180171	朝鮮朝日	西北版	1929-11-08	1	10단	理財課員に二年の判決
180172	朝鮮朝日	西北版	1929-11-08	1	10단	積雪三寸に達す
180173	朝鮮朝日	西北版	1929-11-08	1	10단	馬に刎ねられ自動車に轢かる
180174	朝鮮朝日	西北版	1929-11-08	1	10단	元山にねむり病
180175	朝鮮朝日	西北版	1929-11-08	1	10단	紙幣僞造首魁金觀道(三十)
180176	朝鮮朝日	南鮮版	1929-11-08	1	01단	旱害がどれだけ猛烈だったか第二回米作收穫豫想に現れた慶南北兩道の減收高(慶北/慶南)
180177	朝鮮朝日	南鮮版	1929-11-08	1	01단	十四、五萬人は救濟を要す慶南道當局はこれが對策に頭をなやます
180178	朝鮮朝日	南鮮版	1929-11-08	1	01단	選擧關係者を警察に招き細かい注意を與へる/激烈な大邱府議選擧
180179	朝鮮朝日	南鮮版	1929-11-08	1	02단	二十四ヶ國の代表者が来鮮し鮮內各地を視察する
180180	朝鮮朝日	南鮮版	1929-11-08	1	03단	徹底した節約振慶北榮州郡廳內の節約デー
180181	朝鮮朝日	南鮮版	1929-11-08	1	03단	春夏秋鼛の掃立數增加

일련번호	판명		간행일	면	단수	기사명
180182	朝鮮朝日	南鮮版	1929-11-08	1	04단	造林品評會
180183	朝鮮朝日	南鮮版	1929-11-08	1	04단	釜山職紹の成績
180184	朝鮮朝日	南鮮版	1929-11-08	1	04단	何が彼を感動せしめたか(2)下/自殺を決心したが思はぬ同情から父母在はす懷しの國に歸り模範靑年として尊敬を受く
180185	朝鮮朝日	南鮮版	1929-11-08	1	05단	森岡氏警務局長に正式に決定
180186	朝鮮朝日	南鮮版	1929-11-08	1	05단	受益稅條例が許されねば計劃中止のほかない京城府の幹線道路網
180187	朝鮮朝日	南鮮版	1929-11-08	1	05단	辭令(六日付)
180188	朝鮮朝日	南鮮版	1929-11-08	1	05단	豫算編成の方針きまる
180189	朝鮮朝日	南鮮版	1929-11-08	1	06단	運合會社側の橫暴掣肘のため鐵道委員會を組織す愈その規則發表さる
180190	朝鮮朝日	南鮮版	1929-11-08	1	06단	私の個人展について/三森弘
180191	朝鮮朝日	南鮮版	1929-11-08	1	07단	京釜線が儲け大將/朝鮮博會期中の鐵道總收入
180192	朝鮮朝日	南鮮版	1929-11-08	1	07단	郵便所を新設
180193	朝鮮朝日	南鮮版	1929-11-08	1	08단	金解禁施行期日豫告省令公布內定正金擔保附借入成立見込つき施行は明春早々か
180194	朝鮮朝日	南鮮版	1929-11-08	1	08단	青い鳥
180195	朝鮮朝日	南鮮版	1929-11-08	1	08단	釜山の火事
180196	朝鮮朝日	南鮮版	1929-11-08	1	08단	露國領事館視祭
180197	朝鮮朝日	南鮮版	1929-11-08	1	09단	姦通を認めて毒殺を否認
180198	朝鮮朝日	南鮮版	1929-11-08	1	09단	牛取引停止で內地は牛肉拂底/釜山の屠殺數激增すやがて緩和されよう
180199	朝鮮朝日	南鮮版	1929-11-08	1	09단	城大の演奏會
180200	朝鮮朝日	南鮮版	1929-11-08	1	09단	公金の橫領
180201	朝鮮朝日	南鮮版	1929-11-08	1	10단	巡査と詐稱飲食店を荒す
180202	朝鮮朝日	南鮮版	1929-11-08	1	10단	理財課員に二年の判決
180203	朝鮮朝日	南鮮版	1929-11-08	1	10단	人(兒玉財務總監/韓李王職長官/岡本桂次郎氏(金剛山電鐵重役))
180204	朝鮮朝日	西北・南鮮版	1929-11-08	2	01단	例の普天敎が大本敎と握手か普天敎內に反對起る出口氏出迎へから噂が生る
180205	朝鮮朝日	西北・南鮮版	1929-11-08	2	01단	木材を使用し浦項護岸工事を行ふに決す
180206	朝鮮朝日	西北・南鮮版	1929-11-08	2	01단	全北忠南兩道運送店總會
180207	朝鮮朝日	西北・南鮮版	1929-11-08	2	01단	北鮮各線の鐵道開通式

일련번호	판명		간행일	면	단수	기사명
180208	朝鮮朝日	西北・南鮮版	1929-11-08	2	01단	羅南金組の總代を選舉
180209	朝鮮朝日	西北・南鮮版	1929-11-08	2	02단	群山上水道工事認可有利に展開す
180210	朝鮮朝日	西北・南鮮版	1929-11-08	2	02단	魚市場案は一先づ撤回
180211	朝鮮朝日	西北・南鮮版	1929-11-08	2	02단	防疫に從事の警官慰勞會
180212	朝鮮朝日	西北・南鮮版	1929-11-08	2	02단	溫突焚口の修理を行ふ
180213	朝鮮朝日	西北・南鮮版	1929-11-08	2	03단	無氣味なほど無風狀態裡里面議選舉
180214	朝鮮朝日	西北・南鮮版	1929-11-08	2	03단	安東材の輸移出不振
180215	朝鮮朝日	西北・南鮮版	1929-11-08	2	03단	平鐵管內のレール取換
180216	朝鮮朝日	西北・南鮮版	1929-11-08	2	03단	朝日活寫會
180217	朝鮮朝日	西北・南鮮版	1929-11-08	2	04단	各地だより(平壤/清津/羅南)
180218	朝鮮朝日	西北版	1929-11-09	1	01단	去る人の寂しさと榮光に輝やく人々噂通りの顔觸れで發表された總督府首腦部の異動/朝鮮の內政をどう切り廻すかもう一奮發希望さる 生き殘った今村新任內務局長/警察事務には自信がある森岡警務局長は語る/學者肌として融和するか然し才幹は認めらる 新任殖産局長松村氏/非難もあるが頗る眞面目官房稼はお手のもの中村新土地改良部長/理財畑に育ち手腕を揮ふ新財務局長林繁藏氏/財政の基礎を樹て直したその道の非凡な才人 前財務局長の草間氏/官學出身者を追ひ越して總督府の榮位につく前內務局長の生田氏/內地では何れ再起しよう治績も少くなかった 前警務局長の淺利氏/拓務省に榮轉の 小河農務課長/事務分掌規程改正異動を機會に/課長級の更迭事務分掌規程の改正で
180219	朝鮮朝日	西北版	1929-11-09	1	01단	異動評/一言にして盡せば古い者損になるまづ平々凡々といふところか
180220	朝鮮朝日	西北版	1929-11-09	1	07단	理由ありとすれば辭職を承認するなければ辭表を返す 平壤商業會議所の態度きまる/事態を重大視し 報告旁々打合のため松井府尹急遽上城す/會議所の破壞は面白くはない松井府尹語る/內鮮議員を招致し自治的の解決を慫慂するか
180221	朝鮮朝日	西北版	1929-11-09	1	08단	秋に相應しく而も變化に富む面白い曲目をえらび女子音樂大會好評を博さう

일련번호	판명		간행일	면	단수	기사명
180222	朝鮮朝日	西北版	1929-11-09	1	09단	社會主義者四名を檢束
180223	朝鮮朝日	西北版	1929-11-09	1	10단	副業獎勵の低資を融通
180224	朝鮮朝日	西北版	1929-11-09	1	10단	鮮滿の戰蹟を活寫に收む
180225	朝鮮朝日	西北版	1929-11-09	1	10단	貨車激突して九名負傷す
180226	朝鮮朝日	西北版	1929-11-09	1	10단	新義州渭原の兩署優勝す
180227	朝鮮朝日	南鮮版	1929-11-09	1	01단	去る人の寂しさと榮光に輝やく人々噂通りの顔觸れで發表された總督府首腦部の異動/朝鮮の內政をどう切り廻すかもう一奮發希望さる　生き殘った今村新任內務局長/警察事務には自信がある森岡警務局長は語る/學者肌として融和するか然し才幹は認めらる　新任殖産局長松村氏/非難もあるが頗る眞面目官房稼はお手のもの中村新土地改良部長/理財畑に育ち手腕を揮ふ　新財務局長林繁藏氏/財政の基礎を樹て直したその道の非凡な才人　前財務局長の草間氏/官學出身者を追ひ越して總督府の榮位につく前內務局長の生田氏/內地では何れ再起しよう治績も少なかった　前警務局長の淺利氏/拓務省に榮轉の　小河農務課長/去り行く人々を惜しむ同僚や下僚落寞の氣につゝまれた餘りに物寂しい其日の総督府/事務分掌規程改正異動を機會に/課長級の更送事務分掌規程の改正で
180228	朝鮮朝日	南鮮版	1929-11-09	1	01단	異動評/一言にして盡せば古い者損になるまづ平々凡々といふところか
180229	朝鮮朝日	南鮮版	1929-11-09	1	08단	慶北農民の健康調べ朝鮮として最初の試み
180230	朝鮮朝日	南鮮版	1929-11-09	1	08단	幹線下水溝の改修工事を行ふ三年計劃事業として釜山府近來の大事業
180231	朝鮮朝日	南鮮版	1929-11-09	1	10단	定置漁業の試驗を行ひ行詰りを打開
180232	朝鮮朝日	南鮮版	1929-11-09	1	10단	朝鮮における資源調査
180233	朝鮮朝日	南鮮版	1929-11-09	1	10단	慶北種苗場の改稻を行ふ
180234	朝鮮朝日	南鮮版	1929-11-09	1	10단	十日過ぎから貨車を廻す
180235	朝鮮朝日	南鮮版	1929-11-09	1	10단	尾關荻野に猶豫の判決

일련번호	판명		간행일	면	단수	기사명
180236	朝鮮朝日	南鮮版	1929-11-09	1	10단	人(南次郎中將(朝鮮軍司令官)/張學銘氏/關野貞博士(東大教授))
180237	朝鮮朝日	西北・南鮮版	1929-11-09	2	01단	各地だより(京城/平壤/浦項/裡里/淸州)
180238	朝鮮朝日	西北・南鮮版	1929-11-09	2	01단	明太漁取締は容易でない手繰發動機船漁業の許可は至當だと評さる
180239	朝鮮朝日	西北・南鮮版	1929-11-09	2	01단	滿鐵から出る退職手當を支給緊縮の折柄利子まで拂はれぬとの理由で
180240	朝鮮朝日	西北・南鮮版	1929-11-09	2	02단	陣列殘品の記念廉賣平南協贊會殘務整理を急ぐ
180241	朝鮮朝日	西北・南鮮版	1929-11-09	2	03단	平壤靑訓生が獻金申出る
180242	朝鮮朝日	西北・南鮮版	1929-11-09	2	03단	極東政廳が荒蕪地開拓
180243	朝鮮朝日	西北・南鮮版	1929-11-09	2	04단	無理算段して麥をつくる
180244	朝鮮朝日	西北・南鮮版	1929-11-09	2	04단	請負入札の指名を運動
180245	朝鮮朝日	西北・南鮮版	1929-11-09	2	04단	プロペラ船が運航行不能となる
180246	朝鮮朝日	西北・南鮮版	1929-11-09	2	04단	平壤永明寺の住職きまる
180247	朝鮮朝日	西北・南鮮版	1929-11-09	2	04단	新義州局で通信競技會
180248	朝鮮朝日	西北版	1929-11-10	1	01단	中等學校入學試驗は四月に施行するか方法は本年と變らない校長會議は召集して意見を聽く
180249	朝鮮朝日	西北版	1929-11-10	1	01단	違反せぬやう固い申合せ平壤府議候補者が新規則を嚴守する
180250	朝鮮朝日	西北版	1929-11-10	1	01단	有力な新人が轡をならべ馬を陣頭にすゝめる激烈な淸津の府議選
180251	朝鮮朝日	西北版	1929-11-10	1	01단	咸南米作の收穫豫想高
180252	朝鮮朝日	西北版	1929-11-10	1	02단	府尹郡守會議
180253	朝鮮朝日	西北版	1929-11-10	1	02단	何が彼を感動せしめたか(3)/小橋文相の懇請で男子意氣に感じ快く學務局長をひき受けた武部欽一氏の打明けばなし
180254	朝鮮朝日	西北版	1929-11-10	1	03단	選擧違反を防止すべく淸津府の打合せ
180255	朝鮮朝日	西北版	1929-11-10	1	03단	鎭南浦の府議選擧各候補一齊に活動をはじむ
180256	朝鮮朝日	西北版	1929-11-10	1	04단	福利增進の施設を進む中華勞工支部
180257	朝鮮朝日	西北版	1929-11-10	1	04단	昭和製鋼所の爭奪始まる滿洲と朝鮮が相對し軍配何れにあがるか
180258	朝鮮朝日	西北版	1929-11-10	1	04단	お茶のあと
180259	朝鮮朝日	西北版	1929-11-10	1	05단	三松洋行主と滿鐵の確執
180260	朝鮮朝日	西北版	1929-11-10	1	05단	咸南鹽干魚滿洲輸出組合生る
180261	朝鮮朝日	西北版	1929-11-10	1	05단	在壤支那人が軍隊を慰問する

일련번호	판명		간행일	면	단수	기사명
180262	朝鮮朝日	西北版	1929-11-10	1	06단	消防協會平北聯合支部發會式盛んな演習も行はる
180263	朝鮮朝日	西北版	1929-11-10	1	06단	愈よ明年から郡界を變更平安南道だけでも七、八郡に上る見込
180264	朝鮮朝日	西北版	1929-11-10	1	06단	敬臨普通校の建築工事進捗す
180265	朝鮮朝日	西北版	1929-11-10	1	06단	元山の貿易
180266	朝鮮朝日	西北版	1929-11-10	1	07단	空軍實彈射擊演習
180267	朝鮮朝日	西北版	1929-11-10	1	07단	平南運轉手試驗
180268	朝鮮朝日	西北版	1929-11-10	1	07단	牡丹台野話
180269	朝鮮朝日	西北版	1929-11-10	1	08단	安東會議所の特別常議員推薦
180270	朝鮮朝日	西北版	1929-11-10	1	08단	婦人の獻金元山に續出す
180271	朝鮮朝日	西北版	1929-11-10	1	08단	滿鐵社員會の無駄はぶき
180272	朝鮮朝日	西北版	1929-11-10	1	08단	二千万民の光榮觀菊御宴に召され李氏東上
180273	朝鮮朝日	西北版	1929-11-10	1	08단	鴨綠江減水で馬賊蠢動す
180274	朝鮮朝日	西北版	1929-11-10	1	09단	音樂教師を派し見學なさしめ今後の參考にしたいなどと申込む學校もあり/女子音樂會期待をかけらる
180275	朝鮮朝日	西北版	1929-11-10	1	09단	覆審法院長の風呂場燒く泥棒が失火し
180276	朝鮮朝日	西北版	1929-11-10	1	10단	三日燃え續け卅町步燒く國有林の火事
180277	朝鮮朝日	西北版	1929-11-10	1	10단	斷髮乞食の縊死
180278	朝鮮朝日	西北版	1929-11-10	1	10단	ローラーで壓死
180279	朝鮮朝日	西北版	1929-11-10	1	10단	染色講習會
180280	朝鮮朝日	西北版	1929-11-10	1	10단	人(加藤鐵治郎氏(新義州商議會頭)/宇佐美珍彦氏(安東領事))
180281	朝鮮朝日	西北版	1929-11-10	1	10단	半島茶話
180282	朝鮮朝日	南鮮版	1929-11-10	1	01단	必要な度量衡は專賣制度に置かれ而も內地より二割高い目下值下げの具體的調査を急ぐ
180283	朝鮮朝日	南鮮版	1929-11-10	1	01단	天然記念物の保護を要望まづその調査を行ふ朝鮮博物學會の計劃/府議候補者を警察に招き打合せを行ふ
180284	朝鮮朝日	南鮮版	1929-11-10	1	01단	候補者の濫出は表面に現れぬ京城府議選擧/定員より七名超過釜山府議選擧
180285	朝鮮朝日	南鮮版	1929-11-10	1	02단	何が彼を感動せしめたか(3)/小橋文相の懇請で男子意氣に感じ快く學務局長をひき受けた武部欽一氏の打明けばなし
180286	朝鮮朝日	南鮮版	1929-11-10	1	01단	旱害金融は未定だ岡上慶北金組聯合

일련번호	판명		간행일	면	단수	기사명
180286	朝鮮朝日	南鮮版	1929-11-10	1	01단	會理事談
180287	朝鮮朝日	南鮮版	1929-11-10	1	01단	据置貯金の増額を行ふ鐵道局の計劃
180288	朝鮮朝日	南鮮版	1929-11-10	1	02단	安東會議所の特別常議員推薦
180289	朝鮮朝日	南鮮版	1929-11-10	1	03단	福利増進の施設を進む中華勞工支部
180290	朝鮮朝日	南鮮版	1929-11-10	1	03단	昭和製鋼所の爭奪始まる滿洲と朝鮮が相對し軍配何れにあがるか
180291	朝鮮朝日	南鮮版	1929-11-10	1	03단	両巨頭の一騎討小倉演崎両氏商議選で對戰
180292	朝鮮朝日	南鮮版	1929-11-10	1	04단	大邱府營バス新車を購入
180293	朝鮮朝日	南鮮版	1929-11-10	1	04단	昆明水利の役員總辭職道當局憤慨す
180294	朝鮮朝日	南鮮版	1929-11-10	1	04단	旱害のため收入が減じ豫算の編成が出來ぬ慶南當局悲鳴をあぐ
180295	朝鮮朝日	南鮮版	1929-11-10	1	05단	辨當代支給で鹿子絞の講習會慶尚北道では家庭の副業として大に獎勵
180296	朝鮮朝日	南鮮版	1929-11-10	1	05단	二千萬民の光榮/觀菊御宴に召され李氏東上
180297	朝鮮朝日	南鮮版	1929-11-10	1	05단	蕃菽にんにく收穫しらべ
180298	朝鮮朝日	南鮮版	1929-11-10	1	06단	釜山局の人事異動
180299	朝鮮朝日	南鮮版	1929-11-10	1	06단	釜山の獻金
180300	朝鮮朝日	南鮮版	1929-11-10	1	06단	お茶のあと
180301	朝鮮朝日	南鮮版	1929-11-10	1	07단	餘り勞せずによく獲れる裡里附近の獵
180302	朝鮮朝日	南鮮版	1929-11-10	1	07단	青い鳥
180303	朝鮮朝日	南鮮版	1929-11-10	1	07단	朝鮮博物學會第七回總會
180304	朝鮮朝日	南鮮版	1929-11-10	1	07단	飲み込んだ鐵管代十萬圓を預金つひに檢事局うごく釜山に疑獄事件起る
180305	朝鮮朝日	南鮮版	1929-11-10	1	07단	サバが豊漁
180306	朝鮮朝日	南鮮版	1929-11-10	1	08단	三日燃え續け卅町歩燒く國有林の火事
180307	朝鮮朝日	南鮮版	1929-11-10	1	08단	空家から發火し三戸全半燒す釜山府の火事
180308	朝鮮朝日	南鮮版	1929-11-10	1	08단	釜山の消防演習
180309	朝鮮朝日	南鮮版	1929-11-10	1	08단	專門校蹴球大會
180310	朝鮮朝日	南鮮版	1929-11-10	1	08단	馬賊まがひの強盗の判決
180311	朝鮮朝日	南鮮版	1929-11-10	1	08단	ヌクテ現れて豚をさらふ
180312	朝鮮朝日	南鮮版	1929-11-10	1	09단	滿鐵社員會の無駄はぶき
180313	朝鮮朝日	南鮮版	1929-11-10	1	09단	染色講習會
180314	朝鮮朝日	南鮮版	1929-11-10	1	09단	人(中村竹藏氏(前高等法院檢事長)/野口日本窒素專務)
180315	朝鮮朝日	南鮮版	1929-11-10	1	10단	半島茶話
180316	朝鮮朝日	南鮮版	1929-11-10	1	10단	米の出廻りで群山は好況

일련번호	판명		간행일	면	단수	기사명
180317	朝鮮朝日	西北・南鮮版	1929-11-10	2	01단	上仁川驛の十月の成績
180318	朝鮮朝日	西北・南鮮版	1929-11-10	2	01단	仁川の埋立地起工式擧行
180319	朝鮮朝日	西北・南鮮版	1929-11-10	2	01단	むだせぬ會活躍を開始す
180320	朝鮮朝日	西北・南鮮版	1929-11-10	2	01단	木浦劇場新築
180321	朝鮮朝日	西北・南鮮版	1929-11-10	2	02단	木浦局增築祝賀通信競技會
180322	朝鮮朝日	西北・南鮮版	1929-11-10	2	02단	國境出動兵の慰問品强制
180323	朝鮮朝日	西北・南鮮版	1929-11-10	2	02단	麥獎勵品種の改良を行ふ
180324	朝鮮朝日	西北・南鮮版	1929-11-10	2	02단	各地だより(平壤/安東縣/元山/雄基/羅南/群山/裡里)
180325	朝鮮朝日	西北・南鮮版	1929-11-10		03단	朝日活寫會
180326	朝鮮朝日	西北版	1929-11-12	1	01단	旱害民に貸した金の回收が出來ず名だけの名義人に督促悲鳴をあげて黃海道當局に縋る
180327	朝鮮朝日	西北版	1929-11-12	1	01단	激烈な競爭も噂に過ぎず無競爭で得點爭ひか氣乘薄の元山府議選/內地人側は寂しく朝鮮側は賑ふ咸興面議選擧/海州面は大競爭定員よりも七八名は超過か/やうやく定員一名超過す新義州府議選擧/新選擧規則說明
180328	朝鮮朝日	西北版	1929-11-12	1	02단	咸興を見る(1)/京城新田生
180329	朝鮮朝日	西北版	1929-11-12	1	03단	過重な取締を緩和したい早期申告も勸めたい石本平南警察部長談
180330	朝鮮朝日	西北版	1929-11-12	1	04단	景氣のよい新義州米穀界
180331	朝鮮朝日	西北版	1929-11-12	1	05단	黃海道の誠意を認めてかへる沙里院の面議
180332	朝鮮朝日	西北版	1929-11-12	1	05단	黃海道の署長異動
180333	朝鮮朝日	西北版	1929-11-12	1	05단	料理屋組合が消防器具を購入
180334	朝鮮朝日	西北版	1929-11-12	1	06단	安東大和校の兒童が兵隊サンを慰める
180335	朝鮮朝日	西北版	1929-11-12	1	06단	安東の節約實行要項をしめしてかたく實行せしめる
180336	朝鮮朝日	西北版	1929-11-12	1	07단	自宅拂を中止し銀行に拂入む新義州の手形
180337	朝鮮朝日	西北版	1929-11-12	1	07단	十箇郡聯合の酒類品評會
180338	朝鮮朝日	西北版	1929-11-12	1	07단	中和教育研究會
180339	朝鮮朝日	西北版	1929-11-12	1	08단	牡丹台野話
180340	朝鮮朝日	西北版	1929-11-12	1	08단	運動界(安東大和校の長距離競走/海州の柔劍試合)
180341	朝鮮朝日	西北版	1929-11-12	1	08단	日當全部の獻金を申出る他方面にも勸める平壤學祖の二議員/涙ぐましい獻金

일련번호	판명		간행일	면	단수	기사명
180342	朝鮮朝日	西北版	1929-11-12	1	08단	燒酒や煙草を大ビラで密輸し稅關吏と格鬪を演す十五名からなる支那密輸團
180343	朝鮮朝日	西北版	1929-11-12	1	08단	持兇器强盜二名逮捕さる
180344	朝鮮朝日	西北版	1929-11-12	1	09단	マスベリー女史が音樂部を率ゐ出演する事にきまる前人氣盛んな女子音樂會
180345	朝鮮朝日	西北版	1929-11-12	1	10단	大法螺を吹き詐欺を働く
180346	朝鮮朝日	西北版	1929-11-12	1	10단	夫が入監中に不義を働き遂に告訴さる
180347	朝鮮朝日	西北版	1929-11-12	1	10단	賭博に負けて根棒で毆り所持金を奪ふ
180348	朝鮮朝日	西北版	1929-11-12	1	10단	妹二人を賣らんとす
180349	朝鮮朝日	南鮮版	1929-11-12	1	01단	普通學校などはとても建てられぬ第一寄附金が纏らない/大旱害になやむ慶尙南道の當局
180350	朝鮮朝日	南鮮版	1929-11-12	1	01단	雙方小口氏を擁立するか電氣閥と反電氣閥大邱商議の議員選擧
180351	朝鮮朝日	南鮮版	1929-11-12	1	01단	各地ともに定員超過し鎬をけづる激戰ぶり慶南道府及面議選擧/春川面議選擧頗る氣乘薄/淸州面議選
180352	朝鮮朝日	南鮮版	1929-11-12	1	03단	敎務主任を排斥す培材高等普通學校生徒騷ぐ
180353	朝鮮朝日	南鮮版	1929-11-12	1	03단	大邱達城公園改善の運動
180354	朝鮮朝日	南鮮版	1929-11-12	1	03단	朝鮮化學會第二回例會
180355	朝鮮朝日	南鮮版	1929-11-12	1	03단	咸興を見る(1)/京城新田生
180356	朝鮮朝日	南鮮版	1929-11-12	1	04단	決議を無視し誅求を敢てする一部地主
180357	朝鮮朝日	南鮮版	1929-11-12	1	04단	本府圖書館滿員つゞき
180358	朝鮮朝日	南鮮版	1929-11-12	1	04단	地方官異動は廿五日頃か空氣が落つき次第に手續をとる事に決る
180359	朝鮮朝日	南鮮版	1929-11-12	1	05단	お茶のあと
180360	朝鮮朝日	南鮮版	1929-11-12	1	05단	鮮內主要港の出廻り大豆
180361	朝鮮朝日	南鮮版	1929-11-12	1	05단	大邱商議選擧委員きまる
180362	朝鮮朝日	南鮮版	1929-11-12	1	06단	副業の獎勵や勞銀撒布により間接的の救濟を行ふ慶北の旱害民救濟策
180363	朝鮮朝日	南鮮版	1929-11-12	1	06단	古蹟保護の法律を制定
180364	朝鮮朝日	南鮮版	1929-11-12	1	06단	鮮內の麥作一割七分增收か
180365	朝鮮朝日	南鮮版	1929-11-12	1	06단	仁川消防秋季演習
180366	朝鮮朝日	南鮮版	1929-11-12	1	07단	二重通信を重疊させて四重通信試驗
180367	朝鮮朝日	南鮮版	1929-11-12	1	06단	農業を棄てゝ海苔漁業を勵む旱害が齎した新現象

일련번호	판명		간행일	면	단수	기사명
180368	朝鮮朝日	南鮮版	1929-11-12	1	07단	氣持より伸て行く給仕君の學校慶北道廳內に設く
180369	朝鮮朝日	南鮮版	1929-11-12	1	08단	青い鳥
180370	朝鮮朝日	南鮮版	1929-11-12	1	08단	藤原義江氏の獨唱會開催
180371	朝鮮朝日	南鮮版	1929-11-12	1	08단	車の前を横切り四名轢倒さる經過はよい方
180372	朝鮮朝日	南鮮版	1929-11-12	1	09단	列車に衝突し自動車墜落
180373	朝鮮朝日	南鮮版	1929-11-12	1	09단	紫雲英排水溝設置を督勵
180374	朝鮮朝日	南鮮版	1929-11-12	1	09단	三木氏の個人展
180375	朝鮮朝日	南鮮版	1929-11-12	1	09단	とても人氣のよい大學講座禮狀が頻りに舞込む今後も有益な講話が續くDK大に感激し意氣込む
180376	朝鮮朝日	南鮮版	1929-11-12	1	10단	人(櫻井源之助少將(鎭海要塞司令官)/吉村謙一郎氏)
180377	朝鮮朝日	南鮮版	1929-11-12	1	10단	半島茶話
180378	朝鮮朝日	西北・南鮮版	1929-11-12	2	01단	熊襲アイヌ族は西亞地方の優秀民學界の一つの謎を說く/戶上駒之助博士の研究
180379	朝鮮朝日	西北・南鮮版	1929-11-12	2	02단	各地だより(京城/平壤/安東縣/羅南/裡里/仁川/雄基)
180380	朝鮮朝日	西北・南鮮版	1929-11-12	2	03단	輸移出は增し輸移入激減仁川港十月の貿易高
180381	朝鮮朝日	西北・南鮮版	1929-11-12	2	04단	新刊紹介(『東亞法制新聞』/『朝鮮及滿洲』)
180382	朝鮮朝日	西北・南鮮版	1929-11-12	2	05단	雫の聲
180383	朝鮮朝日	西北・南鮮版	1929-11-12	2	05단	密漁船を正當な漁業にしたい水産課長の談
180384	朝鮮朝日	西北・南鮮版	1929-11-12	2	06단	全南實業大會提出案纏る
180385	朝鮮朝日	西北・南鮮版	1929-11-12	2	07단	朝鮮旅館は成績がよく內地旅館は惡い
180386	朝鮮朝日	西北・南鮮版	1929-11-12	2	07단	美術展覽會安東縣で開く
180387	朝鮮朝日	西北・南鮮版	1929-11-12	2	07단	莫大な燕麥の購入を行ふ
180388	朝鮮朝日	西北・南鮮版	1929-11-12	2	07단	三年ぶりで非常召集
180389	朝鮮朝日	西北・南鮮版	1929-11-12	2	07단	東拓の木浦業績
180390	朝鮮朝日	西北版	1929-11-13	1	01단	內務部長と府尹調停に乘出す雙方の態度きまらぬ平壤商議の議員問題
180391	朝鮮朝日	西北版	1929-11-13	1	01단	局部長異動と平壤の評判殖産と土地改良には期待がもてぬといふ
180392	朝鮮朝日	西北版	1929-11-13	1	01단	土工々事に着手す平壤のコーンスタッチ工場
180393	朝鮮朝日	西北版	1929-11-13	1	01단	朝鮮窒素會社産聲をあぐ

일련번호	판명		간행일	면	단수	기사명
180394	朝鮮朝日	西北版	1929-11-13	1	01단	山林の濫伐で炭價昂騰す
180395	朝鮮朝日	西北版	1929-11-13	1	01단	鎮南浦局の通信競技會
180396	朝鮮朝日	西北版	1929-11-13	1	01단	咸興を見る(２)/京城新田生
180397	朝鮮朝日	西北版	1929-11-13	1	03단	塔の基礎部を記念館に充てる寄附金は順調に集る/原鎮海要港部司令官歸來談
180398	朝鮮朝日	西北版	1929-11-13	1	03단	納稅者表彰
180399	朝鮮朝日	西北版	1929-11-13	1	03단	選擧取締法の說明を與ふ
180400	朝鮮朝日	西北版	1929-11-13	1	04단	守備隊現地戰術
180401	朝鮮朝日	西北版	1929-11-13	1	04단	延平島に警官出張所
180402	朝鮮朝日	西北版	1929-11-13	1	04단	戰跡撮影班朝鮮に向ふ
180403	朝鮮朝日	西北版	1929-11-13	1	04단	昭和製鋼を是非國境に設置すべく關東廳その他を動かす荒川安東商議會頭大連い向ふ
180404	朝鮮朝日	西北版	1929-11-13	1	05단	府議候補者座談會/平壤鐵道ホテルで開く
180405	朝鮮朝日	西北版	1929-11-13	1	05단	浪費節約宣傳ピラを配布
180406	朝鮮朝日	西北版	1929-11-13	1	06단	叺造りの競技會
180407	朝鮮朝日	西北版	1929-11-13	1	07단	後任京城府稅務課長は龜山猛治氏か
180408	朝鮮朝日	西北版	1929-11-13	1	07단	不正豆粕には損害賠償を交涉安東貿易組合總會で協議の結果愈よ實行
180409	朝鮮朝日	西北版	1929-11-13	1	07단	成績がよい安東の靑訓所
180410	朝鮮朝日	西北版	1929-11-13	1	07단	滿鐵秋季兒童デー
180411	朝鮮朝日	西北版	1929-11-13	1	07단	野菜も果實も安くて家庭は大喜び漬物はやすくあがる
180412	朝鮮朝日	西北版	1929-11-13	1	07단	學校の敎員に家庭講習會
180413	朝鮮朝日	西北版	1929-11-13	1	08단	牡丹台野話
180414	朝鮮朝日	西北版	1929-11-13	1	08단	溫かい世のなさけ平壤の哀れな一家遂に蘇る
180415	朝鮮朝日	西北版	1929-11-13	1	08단	平南道のチフス例年より多い
180416	朝鮮朝日	西北版	1929-11-13	1	08단	家賃の値下を府にせまる結局一圓方下げるか府營住宅住民起つ
180417	朝鮮朝日	西北版	1929-11-13	1	09단	四人組强盜棍棒で脅かす
180418	朝鮮朝日	西北版	1929-11-13	1	09단	大邱府に選擧違反負債引受を種に票を賣込む
180419	朝鮮朝日	西北版	1929-11-13	1	09단	死場所を求め滿洲へ驅落新義州の關所で捕る
180420	朝鮮朝日	西北版	1929-11-13	1	09단	木浦の初霜
180421	朝鮮朝日	西北版	1929-11-13	1	10단	竊盜の嫌疑元王子製紙社員

일련번호	판명		간행일	면	단수	기사명
180422	朝鮮朝日	西北版	1929-11-13	1	10단	學校に賊忍込む
180423	朝鮮朝日	西北版	1929-11-13	1	10단	半島茶話
180424	朝鮮朝日	南鮮版	1929-11-13	1	01단	ねつから判らぬ第二次異動の內容下馬評さまざま行はる最も人選難なのは理財課長の後任
180425	朝鮮朝日	南鮮版	1929-11-13	1	01단	塔の基礎部を記念館に充てる寄附金は順調に集る/原鎭海要港部司令官歸來談
180426	朝鮮朝日	南鮮版	1929-11-13	1	01단	結婚披露を中止し一千圓を獻金/古新聞を賣り獻金申出る
180427	朝鮮朝日	南鮮版	1929-11-13	1	01단	京城商議の臨時評議會
180428	朝鮮朝日	南鮮版	1929-11-13	1	02단	運送合同は停頓の形/出資關係から
180429	朝鮮朝日	南鮮版	1929-11-13	1	02단	咸興を見る(2)/京城新田生
180430	朝鮮朝日	南鮮版	1929-11-13	1	03단	全南釀造品評褒賞授與式
180431	朝鮮朝日	南鮮版	1929-11-13	1	03단	頗る氣乘薄馬山府議選擧
180432	朝鮮朝日	南鮮版	1929-11-13	1	03단	油の乘らぬ京城商議選擧
180433	朝鮮朝日	南鮮版	1929-11-13	1	04단	後任京城府稅務課長は龜山猛治氏か
180434	朝鮮朝日	南鮮版	1929-11-13	1	04단	愈の生活難は來春頃からそれ迄に對策を確立竹內慶南內務部長談/豫想外にひどい堂本慶北財務部長の視察談
180435	朝鮮朝日	南鮮版	1929-11-13	1	05단	色服着用に非難が起る
180436	朝鮮朝日	南鮮版	1929-11-13	1	05단	酣な秋に歌ふ乙女の感傷聽者に衝動を與へん女子中等校音樂大會
180437	朝鮮朝日	南鮮版	1929-11-13	1	06단	三木君の繪/中川紀元
180438	朝鮮朝日	南鮮版	1929-11-13	1	06단	朝鮮窒素會社産聲をあぐ
180439	朝鮮朝日	南鮮版	1929-11-13	1	06단	旱害民救濟の水利事業決る
180440	朝鮮朝日	南鮮版	1929-11-13	1	06단	木浦の初霜
180441	朝鮮朝日	南鮮版	1929-11-13	1	07단	運動界(九大城大のア式蹴球戰)
180442	朝鮮朝日	南鮮版	1929-11-13	1	07단	哀れな働きたい人を一人でも多く世話すべくつとめる
180443	朝鮮朝日	南鮮版	1929-11-13	1	08단	大邱府に選擧違反負債引受を種に票を賣込む
180444	朝鮮朝日	南鮮版	1929-11-13	1	08단	家賃の値下を府にせまる結局一圓方下げるか府營住宅住民起つ
180445	朝鮮朝日	南鮮版	1929-11-13	1	08단	大邱名物の桐老木身賣
180446	朝鮮朝日	南鮮版	1929-11-13	1	08단	不良少年團大邱を荒す
180447	朝鮮朝日	南鮮版	1929-11-13	1	08단	營業停止など微溫的ではなく營業取消處分に附す釜山署が嚴重申渡す
180448	朝鮮朝日	南鮮版	1929-11-13	1	09단	釜山の火事九戶を全燒す

일련번호	판명		간행일	면	단수	기사명
180449	朝鮮朝日	南鮮版	1929-11-13	1	10단	駐在所燒く
180450	朝鮮朝日	南鮮版	1929-11-13	1	10단	死に切れず救ひを求む娼妓と情夫が
180451	朝鮮朝日	南鮮版	1929-11-13	1	10단	三人組强盜金貸を襲ふ
180452	朝鮮朝日	南鮮版	1929-11-13	1	10단	もよほし(官民招待會/前三局長送別會)
180453	朝鮮朝日	南鮮版	1929-11-13	1	10단	人(深澤法務局長/石川千代松博士/土師盛貞氏(遞信局海事課長))
180454	朝鮮朝日	南鮮版	1929-11-13	1	10단	半島茶話
180455	朝鮮朝日	西北·南鮮版	1929-11-13	2	01단	各地だより(京城/安東縣/木浦/淸州/裡里)
180456	朝鮮朝日	西北·南鮮版	1929-11-13	2	01단	地價台帳修正收益調査を急ぐ各道の實情に照らしその振合をさだめる
180457	朝鮮朝日	西北·南鮮版	1929-11-13	2	01단	鎭海の鱈漁は漁期に入る
180458	朝鮮朝日	西北·南鮮版	1929-11-13	2	01단	雫の聲
180459	朝鮮朝日	西北·南鮮版	1929-11-13	2	01단	裡里の新道路工事に着手
180460	朝鮮朝日	西北·南鮮版	1929-11-13	2	02단	朝鮮長崎間の運賃値下げ
180461	朝鮮朝日	西北·南鮮版	1929-11-13	2	02단	馬山局新築
180462	朝鮮朝日	西北·南鮮版	1929-11-13	2	02단	仁川府內の火災しらべ
180463	朝鮮朝日	西北·南鮮版	1929-11-13	2	03단	保管料を低廉に農業倉庫を多く利用さす
180464	朝鮮朝日	西北·南鮮版	1929-11-13	2	02단	朝日活寫會
180465	朝鮮朝日	西北·南鮮版	1929-11-13	2	04단	主要食糧品の粟移入調べ
180466	朝鮮朝日	西北版	1929-11-14	1	01단	愈圖們東部線が營業を始めるいまや國境を擧げて新興の氣分みなぎる(生血も凍る酷寒と戰ひ馬賊の襲來に怯えて漸くこれまで仕上ぐ)
180467	朝鮮朝日	西北版	1929-11-14	1	02단	規則第六條の明示をなし關係者に嚴守させる平北の選擧取締方針/朝鮮人候補者俄然四名出馬し逐鹿界俄かに色めく激烈な咸興面議選擧/鎭南浦の府議選擧候補者出揃ひ猛烈に競爭す/鳳山郡內の面議選擧
180468	朝鮮朝日	西北版	1929-11-14	1	03단	平南敎員試驗合格者發表
180469	朝鮮朝日	西北版	1929-11-14	1	04단	支那艀運航の特許を出願
180470	朝鮮朝日	西北版	1929-11-14	1	04단	行路病者の收容所設置要請をなす
180471	朝鮮朝日	西北版	1929-11-14	1	05단	流筏作業終る
180472	朝鮮朝日	西北版	1929-11-14	1	05단	平安北道の牛豚屠殺數
180473	朝鮮朝日	西北版	1929-11-14	1	05단	この際圓滿な解決をつけたい商議々員問題につき松井平壤府尹は語る/十八名と十二名平壤商議漸く讓步にきまる

일련번호	판명		간행일	면	단수	기사명
180474	朝鮮朝日	西北版	1929-11-14	1	05단	晩秋の一日を樂しく乙女達の歌を聽く國際的の催として好評を博した第一回女子中等音樂大會せまる
180475	朝鮮朝日	西北版	1929-11-14	1	06단	マラリヤ病の調査を行ふ
180476	朝鮮朝日	西北版	1929-11-14	1	06단	納稅普及の標語を募集
180477	朝鮮朝日	西北版	1929-11-14	1	06단	國際通運が南浦に出張所
180478	朝鮮朝日	西北版	1929-11-14	1	07단	近く淸津府に組合病院を設立鐵道局から十萬圓の寄附金を投げ出すか
180479	朝鮮朝日	西北版	1929-11-14	1	07단	結婚披露宴の料理に中毒三名遂に死亡
180480	朝鮮朝日	西北版	1929-11-14	1	08단	元山郵便局の通信競技會
180481	朝鮮朝日	西北版	1929-11-14	1	08단	不穩な祝辭結婚式で朗讀
180482	朝鮮朝日	西北版	1929-11-14	1	08단	四人組の强盜九百圓强奪
180483	朝鮮朝日	西北版	1929-11-14	1	09단	盜み廻っては遊興に費消
180484	朝鮮朝日	西北版	1929-11-14	1	09단	電車と衝突し自動車破壞
180485	朝鮮朝日	西北版	1929-11-14	1	09단	運動界(咸興個人庭球大會/元山の武道大會)
180486	朝鮮朝日	西北版	1929-11-14	1	09단	第一回女子中等校聯合音樂會
180487	朝鮮朝日	西北版	1929-11-14	1	10단	半島茶話
180488	朝鮮朝日	西北版	1929-11-14	1	10단	人(兒島高信氏(總督府商工課長)/藤原養江氏(テナー)/定行八郎氏(前代講士)/原敢二郎中將(鎭海要港部司令官)/山內伊平氏(金剛山電鐵專務)/小宮萬次郎氏(釜山消防組頭)/ロード・ヘルシヤム氏(太平洋問題調査會英國主席代表))
180489	朝鮮朝日	南鮮版	1929-11-14	1	01단	新らしい朝鮮に適合するやう總てに新味を取入る/値下げして賣出す改正敎科書
180490	朝鮮朝日	南鮮版	1929-11-14	1	01단	拂戻金に代る便法を設け苦痛を減少されたい橫運合店から陳情す
180491	朝鮮朝日	南鮮版	1929-11-14	1	01단	木浦府議選白熱化定員四名超過/公州面議選
180492	朝鮮朝日	南鮮版	1929-11-14	1	02단	臨時國調と來年度計劃
180493	朝鮮朝日	南鮮版	1929-11-14	1	02단	咸興を見る(３)/京城新田生
180494	朝鮮朝日	南鮮版	1929-11-14	1	03단	漸次磨叺を採用
180495	朝鮮朝日	南鮮版	1929-11-14	1	03단	愈作業を始めたモヒ分析工場
180496	朝鮮朝日	南鮮版	1929-11-14	1	04단	商品陳列館開館式決る
180497	朝鮮朝日	南鮮版	1929-11-14	1	04단	內鮮直通空輸準備成る
180498	朝鮮朝日	南鮮版	1929-11-14	1	04단	大邱の新人達が圓卓會議重要問題を協議

일련번호	판명		간행일	면	단수	기사명
180499	朝鮮朝日	南鮮版	1929-11-14	1	04단	朝鮮人更に二名出馬す大邱商議選擧
180500	朝鮮朝日	南鮮版	1929-11-14	1	05단	擇りに選んだ自慢の曲目女子中等音樂會のプログラムきまる
180501	朝鮮朝日	南鮮版	1929-11-14	1	05단	十ヶ年勤續教員を表彰
180502	朝鮮朝日	南鮮版	1929-11-14	1	05단	鄕里を棄てる旱害民の處置が問題となる
180503	朝鮮朝日	南鮮版	1929-11-14	1	05단	農林省の態度は依然としてつよく朝鮮側の要求を容れぬ移出牛繫留期間問題愈こじれる/子供の心を親が知らぬ活牛商人の苦痛を知らぬ顔の農林省
180504	朝鮮朝日	南鮮版	1929-11-14	1	06단	慶南の警官異動
180505	朝鮮朝日	南鮮版	1929-11-14	1	06단	禿山を利用し甘藷や落花生を栽培させる/禿山栽培の成績はよい
180506	朝鮮朝日	南鮮版	1929-11-14	1	07단	釜山府政の批判演說會
180507	朝鮮朝日	南鮮版	1929-11-14	1	07단	辭令(東京電話)
180508	朝鮮朝日	南鮮版	1929-11-14	1	07단	朝鮮に棲まぬ珍鳥を捕獲
180509	朝鮮朝日	南鮮版	1929-11-14	1	08단	法外な保險の契約を避け放火を未然にふせぐ釜山署と當業者懇談
180510	朝鮮朝日	南鮮版	1929-11-14	1	08단	旱害救濟を陳情す窮乏の晋州泗川の兩郡から
180511	朝鮮朝日	南鮮版	1929-11-14	1	08단	青い鳥
180512	朝鮮朝日	南鮮版	1929-11-14	1	09단	人家附近の土地に埋葬當豪非難さる
180513	朝鮮朝日	南鮮版	1929-11-14	1	10단	供託金橫領
180514	朝鮮朝日	南鮮版	1929-11-14	1	10단	釜山のボヤ
180515	朝鮮朝日	南鮮版	1929-11-14	1	10단	もよほし(商店廣告講演會/仁川十日會例會)
180516	朝鮮朝日	南鮮版	1929-11-14	1	10단	人(草間前財務局長/森岡二郎氏(新警務局長)/兒島高信氏(總督府商工課長)/藤原養江氏(テナー)/定行八郎氏(前代講士)/原敢二郎中將(鎭海要港部司令官)/山內伊平氏(金剛山電鐵專務)/小宮萬次郎氏(釜山消防組頭)/ロード・ヘルシヤム氏(太平洋問題調査會英國主席代表))
180517	朝鮮朝日	南鮮版	1929-11-14	1	10단	半島茶話
180518	朝鮮朝日	西北・南鮮版	1929-11-14	2	01단	か弱い女手で學校を設立汗と血五十年の努力朝鮮の王在億女史
180519	朝鮮朝日	西北・南鮮版	1929-11-14	2	01단	『人心を新たに勉勵されよ』總督と總監から訓示緊張した初局部長會
180520	朝鮮朝日	西北・南鮮版	1929-11-14	2	01단	仁川市場問題調停決裂か

일련번호	판명		간행일	면	단수	기사명
180521	朝鮮朝日	西北・南鮮版	1929-11-14	2	02단	旱害民の救濟策總督府の方針
180522	朝鮮朝日	西北・南鮮版	1929-11-14	2	03단	王宮水利の工事に着手
180523	朝鮮朝日	西北・南鮮版	1929-11-14	2	03단	各地だより(京城/龍山/裡里/木浦/江界/安東縣)
180524	朝鮮朝日	西北・南鮮版	1929-11-14	2	03단	朝日活寫會
180525	朝鮮朝日	西北版	1929-11-15	1	01단	平安南道當局が調停に乘出しまづ內地人側と懇談/平壤商議內鮮議員問題のもつれ
180526	朝鮮朝日	西北版	1929-11-15	1	01단	鐵道建設費が未定のため事業休止狀態となる設計を變更し繼續か
180527	朝鮮朝日	西北版	1929-11-15	1	01단	平元線促進を中央に陳情決議文千部を發送す
180528	朝鮮朝日	西北版	1929-11-15	1	01단	三たび轉回し五十圓台現出鎭平銀の取引
180529	朝鮮朝日	西北版	1929-11-15	1	02단	咸鏡南道の家畜しらべ
180530	朝鮮朝日	西北版	1929-11-15	1	03단	羅南面議選
180531	朝鮮朝日	西北版	1929-11-15	1	03단	大豆精選賃の値下に反對/淸津勞働會所屬の共同旭兩組對抗す
180532	朝鮮朝日	西北版	1929-11-15	1	03단	發動手繰網を片つ端から檢擧當業者大恐慌を來し元山の市況にも響く/明太漁業の取締を協議
180533	朝鮮朝日	西北版	1929-11-15	1	03단	郵便區分法の改善を行ひ速達せしめる
180534	朝鮮朝日	西北版	1929-11-15	1	04단	鄕軍分會發會式
180535	朝鮮朝日	西北版	1929-11-15	1	04단	中等敎員硏究會
180536	朝鮮朝日	西北版	1929-11-15	1	04단	咸興を見る(3)/京城新田生
180537	朝鮮朝日	西北版	1929-11-15	1	05단	獨立守備隊本年入營者
180538	朝鮮朝日	西北版	1929-11-15	1	05단	豫算編成は行詰り/釜山府は新規事業を斷念す
180539	朝鮮朝日	西北版	1929-11-15	1	05단	待ちに待たれた全鮮警察官の福音共濟組合が愈よ生れる/これで後顧の憂ひが全く無くなる
180540	朝鮮朝日	西北版	1929-11-15	1	06단	稻田氏本社盃獲得平壤のゴルフ競技會
180541	朝鮮朝日	西北版	1929-11-15	1	06단	平壤郵便局の通信競技會
180542	朝鮮朝日	西北版	1929-11-15	1	06단	高射砲隊兵舍愈近く完成
180543	朝鮮朝日	西北版	1929-11-15	1	07단	刑務所のバザー
180544	朝鮮朝日	西北版	1929-11-15	1	07단	平北財務主任會議
180545	朝鮮朝日	西北版	1929-11-15	1	08단	楚山醫院の非をならし愈平北參與官に訴ふ醫院側は事實を否認
180546	朝鮮朝日	西北版	1929-11-15	1	08단	舶來品を使ふな遞信局今井氏の歐米視察談

일련번호	판명		간행일	면	단수	기사명
180547	朝鮮朝日	西北版	1929-11-15	1	08단	咸南の鰡漁はえらい景氣
180548	朝鮮朝日	西北版	1929-11-15	1	08단	滿期除隊兵が戰跡を視察
180549	朝鮮朝日	西北版	1929-11-15	1	08단	騎馬警官隊の長距離巡察
180550	朝鮮朝日	西北版	1929-11-15	1	09단	西平壤驛竣工す
180551	朝鮮朝日	西北版	1929-11-15	1	09단	自動車業者に警告を發す餘り事故が多いので平壤署が業を責やす
180552	朝鮮朝日	西北版	1929-11-15	1	09단	人(美座慶南警察部長/堀內十朔氏(新義州ホテル支配人)/宮川肇氏(新釜山ホテル支配人)/中村竹藏氏(前高等法院檢事長))
180553	朝鮮朝日	西北版	1929-11-15	1	09단	牡丹台野話
180554	朝鮮朝日	西北版	1929-11-15	1	10단	安東の防火宣傳
180555	朝鮮朝日	西北版	1929-11-15	1	10단	釀造工場燒ける
180556	朝鮮朝日	西北版	1929-11-15	1	10단	秋季音樂演奏會
180557	朝鮮朝日	西北版	1929-11-15	1	10단	運動會(滿鐵弓道部納會)
180558	朝鮮朝日	西北版	1929-11-15	1	10단	半島茶話
180559	朝鮮朝日	南鮮版	1929-11-15	1	01단	米穀業者側では前途を悲觀し當局は反對に樂觀す/朝鮮米移出制限に關する二見解
180560	朝鮮朝日	南鮮版	1929-11-15	1	01단	鐵道建設費が未定のため事業休止狀態となる設計を變更し繼續か
180561	朝鮮朝日	南鮮版	1929-11-15	1	01단	咸興を見る(4)/京城新田生
180562	朝鮮朝日	南鮮版	1929-11-15	1	02단	仁川府議候補政見發表會
180563	朝鮮朝日	南鮮版	1929-11-15	1	02단	慶南の免稅者十五萬人に上る目下銳意調査を急ぐ/郡と面を動かし旱害民に種籾を融通させる/豫算編成の方針指示旱害地方に對し通牒を發す/慶北の免稅八十萬圓か
180564	朝鮮朝日	南鮮版	1929-11-15	1	03단	釜山における在鄕軍人數
180565	朝鮮朝日	南鮮版	1929-11-15	1	05단	煩雜に堪へぬ度量衡器の手續大會社側は率先してこれが改善をせまる
180566	朝鮮朝日	南鮮版	1929-11-15	1	05단	郵便區分法の改善を行ひ速達せしめる
180567	朝鮮朝日	南鮮版	1929-11-15	1	05단	待ちに待たれた全鮮警察官の福音共濟組合が愈よ生れるこれで後顧の憂ひが全く無くなる
180568	朝鮮朝日	南鮮版	1929-11-15	1	06단	公設市場の改善を圖る
180569	朝鮮朝日	南鮮版	1929-11-15	1	07단	前三局長の送別宴計劃
180570	朝鮮朝日	南鮮版	1929-11-15	1	07단	慶北の官場に異動の大嵐神經を尖らす
180571	朝鮮朝日	南鮮版	1929-11-15	1	07단	豫算緊縮で水道の心配
180572	朝鮮朝日	南鮮版	1929-11-15	1	08단	青い鳥

일련번호	판명		간행일	면	단수	기사명
180573	朝鮮朝日	南鮮版	1929-11-15	1	08단	金解禁の實施期豫告いよいよ兩三日の中借入金の問題は後日に殘す
180574	朝鮮朝日	南鮮版	1929-11-15	1	08단	豫算編成は行詰り釜山府は新規事業を斷念す
180575	朝鮮朝日	南鮮版	1929-11-15	1	08단	大邱府議選擧立會人決る
180576	朝鮮朝日	南鮮版	1929-11-15	1	08단	舶來品を使ふな遞信局今井氏の歐米視察談
180577	朝鮮朝日	南鮮版	1929-11-15	1	08단	病弱を苦にし朝鮮女投身
180578	朝鮮朝日	南鮮版	1929-11-15	1	09단	僞造貨行使
180579	朝鮮朝日	南鮮版	1929-11-15	1	09단	強盜妓生を襲ふ
180580	朝鮮朝日	南鮮版	1929-11-15	1	09단	選擧違反が續々と出る反省しない者に對しぴしぴしと處分する
180581	朝鮮朝日	南鮮版	1929-11-15	1	10단	ア式蹴球試合
180582	朝鮮朝日	南鮮版	1929-11-15	1	10단	もよほし(淺野童謠舞踊の夕)
180583	朝鮮朝日	南鮮版	1929-11-15	1	10단	人(エス・ケー・ダッタ博士(太平洋會議英代表)/エトジー・ブレース氏(同上カナダ代表)/ルーシーノックス氏(同上米代表)/生田前內務局長/美座慶南警察部長/堀內十朔氏(新義州ホテル支配人))
180584	朝鮮朝日	南鮮版	1929-11-15	2	10단	半島茶話
180585	朝鮮朝日	西北・南鮮版	1929-11-15	2	01단	村の婦人/第一線に立ち大いに活躍村長さんも頭が上らぬ石生村處女會の事業
180586	朝鮮朝日	西北・南鮮版	1929-11-15	2	02단	候補者多く競爭頗る激烈全州面議選擧
180587	朝鮮朝日	西北・南鮮版	1929-11-15	2	03단	各地だより(春川/茂山)
180588	朝鮮朝日	西北・南鮮版	1929-11-15	2	04단	雫の聲
180589	朝鮮朝日	西北版	1929-11-16	1	01단	鮮米移出制限の反對を控へよ農林省の反感を恐れて當局は京城商議を宥む
180590	朝鮮朝日	西北版	1929-11-16	1	01단	開墾移住民に補助金交付過剩勞働者の調節と優良農夫養成のため
180591	朝鮮朝日	西北版	1929-11-16	1	01단	割戾金の斷續を馬山線の運送店から陳情す
180592	朝鮮朝日	西北版	1929-11-16	1	02단	新義州營林署管轄區域ふえる
180593	朝鮮朝日	西北版	1929-11-16	1	02단	咸興を見る(４)/京城新田生
180594	朝鮮朝日	西北版	1929-11-16	1	03단	林財務局長の手腕注意を惹く『大いに奮鬪して來る』初上京に當って語る
180595	朝鮮朝日	西北版	1929-11-16	1	03단	鄕長を集めて增稅を命令軍隊優遇の名で
180596	朝鮮朝日	西北版	1929-11-16	1	04단	前三局長が揃って退鮮

일련번호	판명		간행일	면	단수	기사명
180597	朝鮮朝日	西北版	1929-11-16	1	04단	支那官憲の苛酷な課税住民悲鳴をあぐ
180598	朝鮮朝日	西北版	1929-11-16	1	04단	平壤江界間の直通電話架設要望遞信局も必要を認めこれが研究をいそぐ
180599	朝鮮朝日	西北版	1929-11-16	1	05단	寶冠陳列棚に鐵柵を張り取はづし自由にして完全な保護をはかる
180600	朝鮮朝日	西北版	1929-11-16	1	05단	兵隊に護られ大袈裟な視察
180601	朝鮮朝日	西北版	1929-11-16	1	05단	安東家庭館六道溝に建設
180602	朝鮮朝日	西北版	1929-11-16	1	06단	鴨江の流筏七十萬尺締
180603	朝鮮朝日	西北版	1929-11-16	1	06단	總てを無條件で松井府尹に一任す十七、十三の割で解決か平壤商議內鮮議員問題急轉値下
180604	朝鮮朝日	西北版	1929-11-16	1	06단	實彈射擊演習
180605	朝鮮朝日	西北版	1929-11-16	1	07단	社會敎化の運動を起す
180606	朝鮮朝日	西北版	1929-11-16	1	07단	朝鮮で第一の耕地整理を計劃近く實地調査を終り許可か否かをきめる
180607	朝鮮朝日	西北版	1929-11-16	1	07단	新義州中學査閱
180608	朝鮮朝日	西北版	1929-11-16	1	07단	動物園は冬籠り寒國育ちの動物は大威張り
180609	朝鮮朝日	西北版	1929-11-16	1	08단	乘心地よい汽動車二輛購入す
180610	朝鮮朝日	西北版	1929-11-16	1	08단	滿洲靑年聯盟秋季演說會
180611	朝鮮朝日	西北版	1929-11-16	1	08단	資金を出せと短刀で脅迫
180612	朝鮮朝日	西北版	1929-11-16	1	08단	退學届を懷に學校に押かける警戒嚴重でひき揚ぐ培材高普の盟休事件
180613	朝鮮朝日	西北版	1929-11-16	1	09단	不二農場の小作人落つく會社と組合長の間に話が纏ったと聞き
180614	朝鮮朝日	西北版	1929-11-16	1	09단	飾窓を破り貴金屬を盜む
180615	朝鮮朝日	西北版	1929-11-16	1	09단	間違へられて毆り殺さる通行人の奇禍
180616	朝鮮朝日	西北版	1929-11-16	1	09단	不良鮮支人農民を脅かす
180617	朝鮮朝日	西北版	1929-11-16	1	10단	馬賊を逮捕
180618	朝鮮朝日	西北版	1929-11-16	1	10단	運動界(二道溝分署の道場びらき)
180619	朝鮮朝日	西北版	1929-11-16	1	10단	もよほし(鐵道局友會美術展覽會/局友會藝術寫眞展覽會)
180620	朝鮮朝日	西北版	1929-11-16	1	10단	人(金雨英氏(安東領事分館副領事))
180621	朝鮮朝日	西北版	1929-11-16	1	10단	半島茶話
180622	朝鮮朝日	南鮮版	1929-11-16	1	01단	鮮米移出制限の反對を控へよ農林省の反感を恐れて當局は京城商議を宥む
180623	朝鮮朝日	南鮮版	1929-11-16	1	01단	開墾移住民に補助金交付過剩勞働者の調節と優良農夫養成のため

일련번호	판명		간행일	면	단수	기사명
180624	朝鮮朝日	南鮮版	1929-11-16	1	01단	咸興を見る(5)/京城新田生
180625	朝鮮朝日	南鮮版	1929-11-16	1	03단	大邱商議の選擧終る
180626	朝鮮朝日	南鮮版	1929-11-16	1	03단	林財務局長の手腕注意を惹く『大いに奮鬪して来る』初上京に當って語る
180627	朝鮮朝日	南鮮版	1929-11-16	1	03단	前三局長が揃って退鮮
180628	朝鮮朝日	南鮮版	1929-11-16	1	04단	洛東江の改修費地方に按分して負擔させる
180629	朝鮮朝日	南鮮版	1929-11-16	1	05단	二割減といふ大緊縮ぶり慶北道の豫算
180630	朝鮮朝日	南鮮版	1929-11-16	1	05단	詩集出版記念會
180631	朝鮮朝日	南鮮版	1929-11-16	1	05단	中途退學兒童は二府十九郡に亙り四千五十五名にのぼる　日を經るに從ひ慘澹たる大旱害/退學兒童には施す術とてない結局は副業を獎勵し授業料を免除するか
180632	朝鮮朝日	南鮮版	1929-11-16	1	06단	寶冠陳列棚に鐵柵を張り取はづし自由にして完全な保護をはかる
180633	朝鮮朝日	南鮮版	1929-11-16	1	06단	旱害によって米移出激減
180634	朝鮮朝日	南鮮版	1929-11-16	1	07단	乘心地よい汽動車二輛購入す
180635	朝鮮朝日	南鮮版	1929-11-16	1	08단	青い鳥
180636	朝鮮朝日	南鮮版	1929-11-16	1	08단	いざとなって難色を現す慶北道旱害對策の一つたる水利事業/旱害救濟を再び交渉異動直後ではつきりしない/食糧端境期に窮民を救助
180637	朝鮮朝日	南鮮版	1929-11-16	1	08단	鐵道局員の制服をつけ全鮮を荒し廻る
180638	朝鮮朝日	南鮮版	1929-11-16	1	09단	朝鮮人の溺死體
180639	朝鮮朝日	南鮮版	1929-11-16	1	09단	動物園は冬籠り寒國育ちの動物は大威張り
180640	朝鮮朝日	南鮮版	1929-11-16	1	09단	退學屆を懷に學校に押かける警戒嚴重でひき揚ぐ/培材高普の盟休事件
180641	朝鮮朝日	南鮮版	1929-11-16	1	10단	もよほし(鐵道局友會美術展覽會/局友會藝術寫眞展覽會)
180642	朝鮮朝日	南鮮版	1929-11-16	1	10단	人(篠田治策氏(李王職次官)/藤原義江氏(聲樂家)/齋藤吉十郎氏(朝鮮紡織專務))
180643	朝鮮朝日	南鮮版	1929-11-16	1	10단	半島茶話
180644	朝鮮朝日	西北・南鮮版	1929-11-16	2	01단	動力會議は成功だった工業動力會議につき岩崎機械課長歸來談
180645	朝鮮朝日	西北・南鮮版	1929-11-16	2	01단	雫の聲
180646	朝鮮朝日	西北・南鮮版	1929-11-16	2	01단	候補者が揃はず頗る氣乘薄の群山府議選擧

일련번호	판명		간행일	면	단수	기사명
180647	朝鮮朝日	西北・南鮮版	1929-11-16	2	02단	面議候補者に注意を與ふ
180648	朝鮮朝日	西北・南鮮版	1929-11-16	2	02단	ボツボツと候補者現る裡里面議選擧
180649	朝鮮朝日	西北・南鮮版	1929-11-16	2	02단	全南の旱害收穫皆無地は九千二百町步
180650	朝鮮朝日	西北・南鮮版	1929-11-16	2	03단	閑院宮殿下の御動靜活寫近く獻上する
180651	朝鮮朝日	西北・南鮮版	1929-11-16	2	03단	農業勤勞主義鼓吹講演會
180652	朝鮮朝日	西北・南鮮版	1929-11-16	2	03단	京城商議の評議員會議
180653	朝鮮朝日	西北・南鮮版	1929-11-16	2	03단	旱害に懲りて生活を改善
180654	朝鮮朝日	西北・南鮮版	1929-11-16	2	04단	群山、全州間にガソリン機關車
180655	朝鮮朝日	西北・南鮮版	1929-11-16	2	04단	各地だより(群山/平壤/京城)
180656	朝鮮朝日	西北・南鮮版	1929-11-16	2	04단	御茶のあと
180657	朝鮮朝日	西北版	1929-11-17	1	01단	緊縮は新卒業生の就職にどう響くか學校が思ふ程不景氣でない(一部をのぞいて從前通り採用する景氣は惡いほうでない銀行會社方面人事課のはなし/鐵道局は馱目金組は有望官廳方面の採用ぶり/教へ子たちに幸福あれと各學校の先生たちは賣込みに祕策をねる)
180658	朝鮮朝日	西北版	1929-11-17	1	02단	咸興を見る(5)/京城新田生
180659	朝鮮朝日	西北版	1929-11-17	1	06단	袂別挨拶を交換し培材高普盟休生徒引揚げる
180660	朝鮮朝日	西北版	1929-11-17	1	06단	運合事務の澁滯に焦り業績の調査をいそぎ委員は各地方に出張
180661	朝鮮朝日	西北版	1929-11-17	1	07단	掛金を一回だけ出し定額拂戻さる今日までの簡易保險
180662	朝鮮朝日	西北版	1929-11-17	1	07단	平壤の貿易
180663	朝鮮朝日	西北版	1929-11-17	1	08단	牡丹台野話
180664	朝鮮朝日	西北版	1929-11-17	1	08단	荷主協會の臨時總會
180665	朝鮮朝日	西北版	1929-11-17	1	08단	白豆はすでに荷動きあり相場は比較的たかい大豆の出廻りは鈍い
180666	朝鮮朝日	西北版	1929-11-17	1	08단	移入米許可に反對を聲明
180667	朝鮮朝日	西北版	1929-11-17	1	08단	間島尋高落成式
180668	朝鮮朝日	西北版	1929-11-17	1	08단	平安北道の小作制度
180669	朝鮮朝日	西北版	1929-11-17	1	08단	忠魂碑寄附金四千圓突破
180670	朝鮮朝日	西北版	1929-11-17	1	09단	消防栓所在を明かにする
180671	朝鮮朝日	西北版	1929-11-17	1	09단	調査し適當な處置をとる楚山醫院問題
180672	朝鮮朝日	西北版	1929-11-17	1	09단	愈よ本年內に營業を開始一般人の期待する平壤府營公設質屋
180673	朝鮮朝日	西北版	1929-11-17	1	10단	マイト爆發し重傷を負ふ

일련번호	판명		간행일	면	단수	기사명
180674	朝鮮朝日	西北版	1929-11-17	1	10단	治維法違反の一味に求刑
180675	朝鮮朝日	西北版	1929-11-17	1	10단	三人組強盜は嘘の訴へか
180676	朝鮮朝日	西北版	1929-11-17	1	10단	自動車爆發し火災を起す
180677	朝鮮朝日	西北版	1929-11-17	1	10단	新農水利起工式
180678	朝鮮朝日	南鮮版	1929-11-17	1	01단	緊縮は新卒業生の就職にどう響くか學校が思ふ程不景氣でない(一部をのぞいて從前通り採用する景氣は惡いほうでない銀行會社方面人事課のはなし/鐵道局は駄目金組は有望官廳方面の採用ぶり/教へ子たちに幸福あれと各學校の先生たちは賣込みに祕策をねる)
180679	朝鮮朝日	南鮮版	1929-11-17	1	02단	咸興を見る(6)/京城新田生
180680	朝鮮朝日	南鮮版	1929-11-17	1	06단	いろんな無理な注文を農林省が次々に出す
180681	朝鮮朝日	南鮮版	1929-11-17	1	06단	候補者がふえ競爭激烈を極む京城府協議員の選擧/至るところ大混戰釜山府議選擧
180682	朝鮮朝日	南鮮版	1929-11-17	1	07단	順興普通學校復興を急ぐ
180683	朝鮮朝日	南鮮版	1929-11-17	1	07단	慶北四年間の出生死亡率
180684	朝鮮朝日	南鮮版	1929-11-17	1	08단	運合事務の澁滯に焦り業績の調査をいそぎ委員は各地方に出張
180685	朝鮮朝日	南鮮版	1929-11-17	1	08단	思想通信の改題
180686	朝鮮朝日	南鮮版	1929-11-17	1	08단	掛金を一回だけ出し定額拂戻さる今日までの簡易保險
180687	朝鮮朝日	南鮮版	1929-11-17	1	08단	約九十萬圓は窮民を潤す然し一人前六圓では燒石に水の感がある/一面一校は旱害のため到底實現せぬ
180688	朝鮮朝日	南鮮版	1929-11-17	1	09단	無錢遊興して附馬をまく
180689	朝鮮朝日	南鮮版	1929-11-17	1	10단	遊廓荒しに殺人の嫌疑
180690	朝鮮朝日	南鮮版	1929-11-17	1	10단	偽造許可證で渡航詐欺
180691	朝鮮朝日	南鮮版	1929-11-17	1	10단	首無し死體實は鐵道自殺
180692	朝鮮朝日	南鮮版	1929-11-17	1	10단	運動界(裡里の野球)
180693	朝鮮朝日	南鮮版	1929-11-17	1	10단	人(チリー駐日英大使/林繁藏氏(總督府財務局長)/望月血精所長/調武雄氏(全北農務課長)/森岡二郎氏(新任朝鮮總督府警務局長)/志賀澤博士(城大總長)/篠田治策氏(李王職次官)/手島文倉氏(城大教授))
180694	朝鮮朝日	西北・南鮮版	1929-11-17	2	01단	鮮米の移入調整案は內地偏重だから

일련번호	판명		간행일	면	단수	기사명
180694	朝鮮朝日	西北・南鮮版	1929-11-17	2	01단	統治の上に影響が多いとして拓務省は反對をとなへる
180695	朝鮮朝日	西北・南鮮版	1929-11-17	2	02단	拜み倒し戰公州面議選擧
180696	朝鮮朝日	西北・南鮮版	1929-11-17	2	02단	裡里面議候補漸く出揃ふ
180697	朝鮮朝日	西北・南鮮版	1929-11-17	2	02단	木浦の上水道應急策決る
180698	朝鮮朝日	西北・南鮮版	1929-11-17	2	03단	木浦公益質屋舊年末迄に開業
180699	朝鮮朝日	西北・南鮮版	1929-11-17	2	03단	浦項大邱間直通電話開通
180700	朝鮮朝日	西北・南鮮版	1929-11-17	2	03단	公設市場の賣場ふえる
180701	朝鮮朝日	西北・南鮮版	1929-11-17	2	04단	昌慶丸就航
180702	朝鮮朝日	西北・南鮮版	1929-11-17	2	04단	各地だより(平壤/鎭南浦/龍山/公州/裡里)
180703	朝鮮朝日	西北版	1929-11-19	1		缺號
180704	朝鮮朝日	南鮮版	1929-11-19	1		缺號
180705	朝鮮朝日	西北・南鮮版	1929-11-19	2		缺號 (이 부분이 일련번호 정오표에 기재되지 않아 정리작업 시간 소요가 많았음.)
180706	朝鮮朝日	西北版	1929-11-20	1	01단	天才的閃きを見せ聽衆を醉はす劃期的成功を收めた第一回女子中等學校聯合音樂會
180707	朝鮮朝日	西北版	1929-11-20	1	03단	音樂會グラフ
180708	朝鮮朝日	西北版	1929-11-20	1	04단	安東交友會が製鋼所誘致運動に加はる
180709	朝鮮朝日	西北版	1929-11-20	1	04단	電燈料の値下げ南滿電氣會社では近く斷行
180710	朝鮮朝日	西北版	1929-11-20	1	05단	咸興を見る(7)/京城新田生
180711	朝鮮朝日	西北版	1929-11-20	1	05단	教化資金募集活寫會を開く
180712	朝鮮朝日	西北版	1929-11-20	1	06단	西平壤驛營業を開始
180713	朝鮮朝日	西北版	1929-11-20	1	06단	安東劍刀會
180714	朝鮮朝日	西北版	1929-11-20	1	07단	好況どころか不況で終始惡い條件がそろった十月の安東の木材界
180715	朝鮮朝日	西北版	1929-11-20	1	08단	俳句/鈴木花蓑選
180716	朝鮮朝日	西北版	1929-11-20	1	08단	元山に劇場
180717	朝鮮朝日	西北版	1929-11-20	1	08단	玩具の紙幣で巧みに詐欺
180718	朝鮮朝日	西北版	1929-11-20	1	09단	安義荒しの怪賊捕はる
180719	朝鮮朝日	西北版	1929-11-20	1	09단	海城地方に牛疫發生す
180720	朝鮮朝日	西北版	1929-11-20	1	09단	徒黨を組んで暴行を働く
180721	朝鮮朝日	西北版	1929-11-20	1	09단	牡丹台野話
180722	朝鮮朝日	西北版	1929-11-20	1	10단	新義州局の通信競技會
180723	朝鮮朝日	西北版	1929-11-20	1	10단	運動界(安東縣の武道大會)

일련번호	판명		간행일	면	단수	기사명
180724	朝鮮朝日	西北版	1929-11-20	1	10단	人(岡本至德氏(新任大邱覆審法院長))
180725	朝鮮朝日	南鮮版	1929-11-20	1	01단	三、四百萬石の粟供給は十分然し實際は半分位か京城商議調査の滿洲粟輸入豫想
180726	朝鮮朝日	南鮮版	1929-11-20	1	01단	市內電車線を複線となし擴充のトップを切る瓦電會社が認可申請
180727	朝鮮朝日	南鮮版	1929-11-20	1	01단	果然五名立候補群山府議選擧大混戰となる
180728	朝鮮朝日	南鮮版	1929-11-20	1	01단	朝鮮から滿鐵へ貸車の出稼ぎ
180729	朝鮮朝日	南鮮版	1929-11-20	1	02단	民間荒刻煙草廢止となる十二月限り斷行する/新荒刻煙草
180730	朝鮮朝日	南鮮版	1929-11-20	1	02단	咸興を見る(7)/京城新田生
180731	朝鮮朝日	南鮮版	1929-11-20	1	03단	釜山府政の批判演說會
180732	朝鮮朝日	南鮮版	1929-11-20	1	03단	順天面區議選擧
180733	朝鮮朝日	南鮮版	1929-11-20	1	03단	鷄肉鷄卵生産高
180734	朝鮮朝日	南鮮版	1929-11-20	1	04단	自動車賃金の法外な値上
180735	朝鮮朝日	南鮮版	1929-11-20	1	04단	窮乏の面民が救濟を陳情
180736	朝鮮朝日	南鮮版	1929-11-20	1	04단	俳句/鈴木花蓑選
180737	朝鮮朝日	南鮮版	1929-11-20	1	04단	土地改良の成績良好産米增殖計劃後の實積調べ
180738	朝鮮朝日	南鮮版	1929-11-20	1	05단	朝鮮新宮の新警戒
180739	朝鮮朝日	南鮮版	1929-11-20	1	05단	釜山の一家主が自發的に家賃値下府營住宅も近く下げる一般値下げの機運漸く動き出す/大邱府の家賃調査値下の聲に動かされて行ふ/地代値上の世評に驚き種々對策を講ず
180740	朝鮮朝日	南鮮版	1929-11-20	1	06단	とても便利な深海作業服四十尋までは大丈夫船津氏苦心して發明
180741	朝鮮朝日	南鮮版	1929-11-20	1	06단	仁川府議政見發表演說會
180742	朝鮮朝日	南鮮版	1929-11-20	1	06단	船中深更まで飲みかつ談じ下關で袂をわかつお互いに思ひ思ひの地へ浪人となった前三局長/感激に充ちたお別れの會釜山の惜別宴
180743	朝鮮朝日	南鮮版	1929-11-20	1	07단	賭博で負けた金を取戻す
180744	朝鮮朝日	南鮮版	1929-11-20	1	08단	免稅調査捗らぬ一時懲收して更に還付する
180745	朝鮮朝日	南鮮版	1929-11-20	1	08단	3ー1/接戰を重ぬ城大遂に勝つ城大對九大蹴球試合
180746	朝鮮朝日	南鮮版	1929-11-20	1	08단	青い鳥
180747	朝鮮朝日	南鮮版	1929-11-20	1	09단	新手の密航で懲役を判決

일련번호	판명		간행일	면	단수	기사명
180748	朝鮮朝日	南鮮版	1929-11-20	1	09단	自動車顚覆死傷三名を出す
180749	朝鮮朝日	南鮮版	1929-11-20	1	10단	徒黨を組んで暴行を働く
180750	朝鮮朝日	南鮮版	1929-11-20	1	10단	人(森岡新警察局長/根津嘉一郎氏(南朝鮮鐵道社長)/別府丑太郎氏(同社專務)/石垣孝治氏(朝鮮汽船社長)/渡邊京城商議會頭/藤田嗣治氏/上內彥策氏(朝鮮總督府圖書課長)/美座兪石氏(慶南警察部長))
180751	朝鮮朝日	南鮮版	1929-11-20	1	10단	半島茶話
180752	朝鮮朝日	西北版	1929-11-21	1	01단	當落の運命を決する玉手箱遂に開かる 二十日全鮮一齊に施行された 府面協議員選擧の結果/雨天のため有權者の出足かなり亂れる棄權は二割二分に上る 京城府協議會員選擧無事に終了/激しかった釜山府議選擧やうやく無事に終る/平壤府議選擧豫定どほりに終る/十二名落選す激烈を極めた大邱府議選擧
180753	朝鮮朝日	西北版	1929-11-21	1	01단	李王殿下は軍務に御精勵最近の御狀況につき篠田次官は謹み語る
180754	朝鮮朝日	西北版	1929-11-21	1	01단	道當局最後の勸告をきっぱり刎ねつけ十一、十九の比率を固持/平壤商議正副會頭京城に向ふ
180755	朝鮮朝日	西北版	1929-11-21	1	04단	俳句/鈴木花蓑選
180756	朝鮮朝日	西北版	1929-11-21	1	04단	土地坪數割新義州で賦課
180757	朝鮮朝日	西北版	1929-11-21	1	05단	選擧違反者が京城に續出選擧界廓淸のために/徹底的に檢擧の方針
180758	朝鮮朝日	西北版	1929-11-21	1	05단	大家主に對し家賃値下の運動を近く起す/一戸あたり五圓値下げ
180759	朝鮮朝日	西北版	1929-11-21	1	06단	內鮮人亂鬪し一名卽死す重輕傷者三名を出す/沙利採取の爭から
180760	朝鮮朝日	西北版	1929-11-21	1	07단	優良合格證を劣等品に貼付し巧みに當局を欺むく/淸津の不正魚油業者
180761	朝鮮朝日	西北版	1929-11-21	1	08단	新義州設置に有利に轉回昭和製鋼問題
180762	朝鮮朝日	西北版	1929-11-21	1	08단	大邱土木事件公判きまる
180763	朝鮮朝日	西北版	1929-11-21	1	09단	釜山の競馬
180764	朝鮮朝日	西北版	1929-11-21	1	10단	殺人犯人逃走す警官の熟睡中/手錠をはづし
180765	朝鮮朝日	西北版	1929-11-21	1	10단	朝水事務員と酌婦が心中
180766	朝鮮朝日	西北版	1929-11-21	1	10단	玩具の紙幣で詐欺を働く夫婦共謀して

일련번호	판명		간행일	면	단수	기사명
180767	朝鮮朝日	西北版	1929-11-21	1	10단	釜山の初霜
180768	朝鮮朝日	西北版	1929-11-21	1	10단	モヒ治療所は一先づ閉鎖
180769	朝鮮朝日	西北版	1929-11-21	1	10단	長春商業優勝す
180770	朝鮮朝日	西北版	1929-11-21	1	10단	人(渡邊豐日子氏(總督府山林部長)/根津嘉一郎氏(南朝鮮鐵道社長)/別府丑太郎氏(固專務)/恩田朝郵社長)
180771	朝鮮朝日	南鮮版	1929-11-21	1	01단	當落の運命を決する玉手箱遂に開かる二十日全鮮一齊に施行された 府面協議員選擧の結果/雨天のため有權者の出足かなり亂れる棄權は二割二分に上る 京城府協議會員選擧無事に終了/激しかった釜山府議選擧やうやく無事に終る/平壤府議選擧豫定どほりに終る/十二名落選す激烈を極めた大邱府議選擧
180772	朝鮮朝日	南鮮版	1929-11-21	1	01단	李王殿下は軍務に御精勵最近の御狀況につき篠田次官は謹み語る
180773	朝鮮朝日	南鮮版	1929-11-21	1	01단	道當局最後の勸告をきっぱり刎ねつけ十一、十九の比率を固持/平壤商議正副會頭京城に向ふ
180774	朝鮮朝日	南鮮版	1929-11-21	1	04단	俳句/鈴木花蓑選
180775	朝鮮朝日	南鮮版	1929-11-21	1	04단	土地坪數割新義州で賦課
180776	朝鮮朝日	南鮮版	1929-11-21	1	05단	選擧違反者が京城に續出選擧界廓淸のために/徹底的に檢擧の方針
180777	朝鮮朝日	南鮮版	1929-11-21	1	05단	大家主に對し家賃値下の運動を近く起す/一戶あたり五圓値下げ
180778	朝鮮朝日	南鮮版	1929-11-21	1	06단	內鮮人亂鬪し一名卽死す重輕傷者三名を出す/沙利採取の爭から
180779	朝鮮朝日	南鮮版	1929-11-21	1	07단	優良合格證を劣等品に貼付し巧みに當局を欺むく/淸津の不正魚油業者
180780	朝鮮朝日	南鮮版	1929-11-21	1	08단	新義州設置に有利に轉回昭和製鋼問題
180781	朝鮮朝日	南鮮版	1929-11-21	1	08단	大邱土木事件公判きまる
180782	朝鮮朝日	南鮮版	1929-11-21	1	09단	釜山の競馬
180783	朝鮮朝日	南鮮版	1929-11-21	1	10단	殺人犯人逃走す警官の熟睡中/手錠をはづし
180784	朝鮮朝日	南鮮版	1929-11-21	1	10단	朝水事務員と酌婦が心中
180785	朝鮮朝日	南鮮版	1929-11-21	1	10단	玩具の紙幣で詐欺を働く夫婦共謀して
180786	朝鮮朝日	南鮮版	1929-11-21	1	10단	釜山の初霜
180787	朝鮮朝日	南鮮版	1929-11-21	1	10단	モヒ治療所は一先づ閉鎖
180788	朝鮮朝日	南鮮版	1929-11-21	1	10단	長春商業優勝す

일련번호	판명		간행일	면	단수	기사명
180789	朝鮮朝日	南鮮版	1929-11-21	1	10段	人(渡邊豊日子氏(總督府山林部長)/根津嘉一郎氏(南朝鮮鐵道社長)/別府丑太郎氏(固專務)/恩田朝郵社長)
180790	朝鮮朝日	西北版	1929-11-22	1	01段	假死狀態に置き反省を促がす應じねば解散を命ずる 平壤商議に對する本府の態度決定/當局の間に不滿を抱く 平壤商議定數問題の調停が決裂したゝめ/評議員有志が建議案を提出し會頭の反省を促がす 問題は愈よこじれる
180791	朝鮮朝日	西北版	1929-11-22	1	01段	共同墓地大整理大同署管內の分は略完成す
180792	朝鮮朝日	西北版	1929-11-22	1	02段	荷主協會の役員きまる
180793	朝鮮朝日	西北版	1929-11-22	1	03段	千佛山金鑛を採掘するか
180794	朝鮮朝日	西北版	1929-11-22	1	03段	箕林里發展に力を入れる工場續々と建設され色んな設備計劃さる
180795	朝鮮朝日	西北版	1929-11-22	1	03段	俳句/鈴木花養選
180796	朝鮮朝日	西北版	1929-11-22	1	03段	咸興を見る(8)/京城新田生
180797	朝鮮朝日	西北版	1929-11-22	1	04段	堤防工事略完成
180798	朝鮮朝日	西北版	1929-11-22	1	04段	支那の募兵露支關係急迫で
180799	朝鮮朝日	西北版	1929-11-22	1	04段	新義州上水の擴張は望みない緊縮方針がたゝって認可されさうもない
180800	朝鮮朝日	西北版	1929-11-22	1	05段	寫眞說明(朝鐵茂山線開通式當日茂山驛に倒着した本府鐵道局長代理澤崎監督課長、安達咸北知事の一行)
180801	朝鮮朝日	西北版	1929-11-22	1	05段	新義州の府議選擧
180802	朝鮮朝日	西北版	1929-11-22	1	05段	青年聯盟安東支部幹事會
180803	朝鮮朝日	西北版	1929-11-22	1	06段	平壤と南浦の靑訓所査閱
180804	朝鮮朝日	西北版	1929-11-22	1	06段	朝窒工場の隣に人絹工場を設ける燃料の液化事業も行ふ/いよいよ有卦に入る興南地方
180805	朝鮮朝日	西北版	1929-11-22	1	07段	免疫地を作り牛疫を防止
180806	朝鮮朝日	西北版	1929-11-22	1	07段	森林愛護活寫會
180807	朝鮮朝日	西北版	1929-11-22	1	07段	殖銀支店に忍入り大金庫の破壞を企てゝ失敗
180808	朝鮮朝日	西北版	1929-11-22	1	08段	牡丹台野話
180809	朝鮮朝日	西北版	1929-11-22	1	08段	支那行商人の指紋をとる
180810	朝鮮朝日	西北版	1929-11-22	1	08段	苦力投身を圖る
180811	朝鮮朝日	西北版	1929-11-22	1	08段	石器時代の古器物發掘
180812	朝鮮朝日	西北版	1929-11-22	1	09段	居直り强盜

일련번호	판명		간행일	면	단수	기사명
180813	朝鮮朝日	西北版	1929-11-22	1	09단	金七十五錢の請求に壹圓四十錢也の手數料/さてもセチカラい支拂命令さすがの司法官連も苦笑す
180814	朝鮮朝日	西北版	1929-11-22	1	09단	モダン婆さんスリを働く
180815	朝鮮朝日	西北版	1929-11-22	1	09단	詐術を使って愚民を欺く
180816	朝鮮朝日	西北版	1929-11-22	1	10단	安東の火事酒倉庫を燒く
180817	朝鮮朝日	西北版	1929-11-22	1	10단	半島茶話
180818	朝鮮朝日	南鮮版	1929-11-22	1	01단	假死狀態に置き反省を促がす應じねば解散を命ずる/平壤商議に對する本府の態度決定
180819	朝鮮朝日	南鮮版	1929-11-22	1	01단	旱害民騒ぐ薰束をたづさへて東萊郡廳に押かく
180820	朝鮮朝日	南鮮版	1929-11-22	1	01단	全北農友會奮起し鮮米管理案通過阻止に努む
180821	朝鮮朝日	南鮮版	1929-11-22	1	02단	慶南署長會議延期となる異動を見越し
180822	朝鮮朝日	南鮮版	1929-11-22	1	02단	咸興を見る(8)/京城新田生
180823	朝鮮朝日	南鮮版	1929-11-22	1	03단	朝鮮人に簡保の趣旨を理解させ加入させる
180824	朝鮮朝日	南鮮版	1929-11-22	1	03단	京城東京間を一日で翔破不便な蔚山の一泊は明春から廢止となる
180825	朝鮮朝日	南鮮版	1929-11-22	1	03단	年內に五道へ小作官を配置し漸次各道におよぼす
180826	朝鮮朝日	南鮮版	1929-11-22	1	04단	旱害窮民の税金を代納
180827	朝鮮朝日	南鮮版	1929-11-22	1	05단	京城府協議會員選擧最初の一票
180828	朝鮮朝日	南鮮版	1929-11-22	1	05단	榮山浦面議決定/全州面議選結果/統營面議選擧
180829	朝鮮朝日	南鮮版	1929-11-22	1	05단	俳句/鈴木花蓑選
180830	朝鮮朝日	南鮮版	1929-11-22	1	06단	局員も樂をして一般も便利になる/郵便物の配達は數時間早くなる/郵便物の區分規定改正
180831	朝鮮朝日	南鮮版	1929-11-22	1	07단	情けの學生/親子五人が路頭にまよひ紹介所を訪れたのを二人の學生が助ける
180832	朝鮮朝日	南鮮版	1929-11-22	1	07단	小開墾にも補助金一段歩十圓の割で交付する
180833	朝鮮朝日	南鮮版	1929-11-22	1	08단	これから泥試合大邱の電閥と反電閥對抗す
180834	朝鮮朝日	南鮮版	1929-11-22	1	08단	總督府の正面に火除けの神樣カイダを安置する/御幣を擔いだか娑婆氣かとにかくも名物がふえる

일련번호	판명		간행일	면	단수	기사명
180835	朝鮮朝日	南鮮版	1929-11-22	1	10단	減俸に代る大整理慶北道行政整理におびえる
180836	朝鮮朝日	南鮮版	1929-11-22	1	10단	慶南酒造米の內地移出は期待できない
180837	朝鮮朝日	南鮮版	1929-11-22	1	10단	もよほし(京城第一高女昔樂會/釜山局通信競技會)
180838	朝鮮朝日	南鮮版	1929-11-22	1	10단	人(田賀奈良吉氏(東拓願同)/黑田警氏(釜山海事出張所長))
180839	朝鮮朝日	南鮮版	1929-11-22	1	10단	半島茶話
180840	朝鮮朝日	西北版	1929-11-23	1		缺號
180841	朝鮮朝日	南鮮版	1929-11-23	1		缺號
180842	朝鮮朝日	西北版	1929-11-24	1	01단	整理された上に涙金も碌に貰へぬボーナスの率も少ない/哀れをきはめる古參の判任官級
180843	朝鮮朝日	西北版	1929-11-24	1	01단	楚山醫院の非行を探す警察の圓滿解決策も效なく愈こじれ出す
180844	朝鮮朝日	西北版	1929-11-24	1	01단	平南道の大異動勇退や轉出の顔ぶれきまる
180845	朝鮮朝日	西北版	1929-11-24	1	01단	元氣にみちに咸興老人會
180846	朝鮮朝日	西北版	1929-11-24	1	02단	九龍里築港祝賀會決る
180847	朝鮮朝日	西北版	1929-11-24	1	02단	平北道の麥減收旱魃やら雨で痛めつけられ
180848	朝鮮朝日	西北版	1929-11-24	1	02단	農法の改良や鮮米問題の對策昔に返って談じ捲る/朝鮮を去る小河サンの車中談
180849	朝鮮朝日	西北版	1929-11-24	1	03단	西湖津岸壁に汽船の初橫づけ
180850	朝鮮朝日	西北版	1929-11-24	1	03단	平中の査閲
180851	朝鮮朝日	西北版	1929-11-24	1	03단	鈍感なだけに影響はない物價もさがってゐる金解禁と西北鮮地方
180852	朝鮮朝日	西北版	1929-11-24	1	04단	朝鮮人團體が家賃値下の猛運動を起す
180853	朝鮮朝日	西北版	1929-11-24	1	04단	俳句/鈴木花蓑選
180854	朝鮮朝日	西北版	1929-11-24	1	04단	先安を見越し米を手放す
180855	朝鮮朝日	西北版	1929-11-24	1	05단	授業料徵收は惡くなるばかり旱害に惱む慶南農民
180856	朝鮮朝日	西北版	1929-11-24	1	05단	咸興商工會は近く生れる發起人會も無事終る
180857	朝鮮朝日	西北版	1929-11-24	1	05단	ペンの囁き/咸興
180858	朝鮮朝日	西北版	1929-11-24	1	06단	滿洲粟の輸出漸次ふえる露支關係の影響で特に安奉線を經由
180859	朝鮮朝日	西北版	1929-11-24	1	07단	明年度流筏は多い見込み

일련번호	판명		간행일	면	단수	기사명
180860	朝鮮朝日	西北版	1929-11-24	1	07단	五騎クツワを竝べ奥地を巡察/警官隊の騎馬旅行
180861	朝鮮朝日	西北版	1929-11-24	1	07단	平壤の湯錢値下
180862	朝鮮朝日	西北版	1929-11-24	1	08단	大和校衛生デー
180863	朝鮮朝日	西北版	1929-11-24	1	08단	安義兩署が協力し今後犯罪防止に極力努める
180864	朝鮮朝日	西北版	1929-11-24	1	08단	十萬圓の金が警官の懐へお待兼のボーナスは決算濟み次第貰へる
180865	朝鮮朝日	西北版	1929-11-24	1	08단	共産黨事件の一味に求刑
180866	朝鮮朝日	西北版	1929-11-24	1	08단	盗んだ金を捲上げらる
180867	朝鮮朝日	西北版	1929-11-24	1	09단	鐵山事件の判決言渡し
180868	朝鮮朝日	西北版	1929-11-24	1	09단	籾を詐取す
180869	朝鮮朝日	西北版	1929-11-24	1	09단	貧民救濟の穀類を橫領
180870	朝鮮朝日	西北版	1929-11-24	1	09단	妓生殺しに十年の求刑
180871	朝鮮朝日	西北版	1929-11-24	1	10단	土沙ながして所持金詐取
180872	朝鮮朝日	西北版	1929-11-24	1	10단	親を毆打した男を撲殺す逃走殺人犯人
180873	朝鮮朝日	西北版	1929-11-24	1	10단	帆船沈沒して四名溺死す
180874	朝鮮朝日	西北版	1929-11-24	1	10단	半島茶話
180875	朝鮮朝日	南鮮版	1929-11-24	1	01단	整理された上に涙金も碌に貰へぬボーナスの率も少ない/哀れをきはめる古參の判任官級
180876	朝鮮朝日	南鮮版	1929-11-24	1	01단	聖慮畏こく感激しました大演習部觀を終った/南司令官謹んで語る
180877	朝鮮朝日	南鮮版	1929-11-24	1	01단	農法の改良や鮮米問題の對策昔に返って談じ捲る/朝鮮を去る小河サンの車中談
180878	朝鮮朝日	南鮮版	1929-11-24	1	02단	運送組合を解散し運輸改善委員會を組織する
180879	朝鮮朝日	南鮮版	1929-11-24	1	03단	旱害救濟を慶南道に陳情
180880	朝鮮朝日	南鮮版	1929-11-24	1	03단	朝鮮の鮮魚を上海に輸出/試驗的に行ふ
180881	朝鮮朝日	南鮮版	1929-11-24	1	03단	楚山醫院の非行を探す警察の圓滿解決策も/效なく愈こじれ出す
180882	朝鮮朝日	南鮮版	1929-11-24	1	04단	黃海線延長朝鐵社の計劃
180883	朝鮮朝日	南鮮版	1929-11-24	1	04단	俳句/鈴木花蓑選
180884	朝鮮朝日	南鮮版	1929-11-24	1	05단	博覽會祕話/戀の幸福に醉ふ若人たち悲戀に涙する乙女/舊景福宮に殘る夢
180885	朝鮮朝日	南鮮版	1929-11-24	1	05단	大馬力をかけて給水しても足らぬ殊に鐵道方面は大弱り/相も變らぬ釜山府の水きゝん

일련번호	판명		간행일	면	단수	기사명
180886	朝鮮朝日	南鮮版	1929-11-24	1	06단	仁川における最初の家賃値下
180887	朝鮮朝日	南鮮版	1929-11-24	1	06단	授業料徵收は惡くなるばかり旱害に惱む慶南農民
180888	朝鮮朝日	南鮮版	1929-11-24	1	07단	室戶仁川に碇泊
180889	朝鮮朝日	南鮮版	1929-11-24	1	07단	湯タンポと毛布を旅客に貸す/日本空輸の御心配
180890	朝鮮朝日	南鮮版	1929-11-24	1	08단	大邱商議の特別評議員
180891	朝鮮朝日	南鮮版	1929-11-24	1	08단	會頭の選擧で名狀し難い混亂狀態に陷る
180892	朝鮮朝日	南鮮版	1929-11-24	1	08단	影響は少ない金解禁と大邱
180893	朝鮮朝日	南鮮版	1929-11-24	1	08단	靑い鳥
180894	朝鮮朝日	南鮮版	1929-11-24	1	09단	藤田嗣治畫伯慶州を訪ふ
180895	朝鮮朝日	南鮮版	1929-11-24	1	09단	牛の賣買數がウンと減る
180896	朝鮮朝日	南鮮版	1929-11-24	1	09단	公平な分配を眞向にふり翳し卒業生賣込みを運動/重田法專校長の行脚
180897	朝鮮朝日	南鮮版	1929-11-24	1	09단	乘心地のよい快速汽動車
180898	朝鮮朝日	南鮮版	1929-11-24	1	10단	戎克船遭難乘組員救はる
180899	朝鮮朝日	南鮮版	1929-11-24	1	10단	鐵山事件の判決言渡し
180900	朝鮮朝日	南鮮版	1929-11-24	1	10단	人(小河正儀氏(拓務省第一課長)/石本惠吉男/南朝鮮軍司令官/菊地源造氏(前釜山病院長)/サーチレー氏(駐日英國大使)/米國工業家一行)
180901	朝鮮朝日	南鮮版	1929-11-24	1	10단	半島茶話
180902	朝鮮朝日	西北版	1929-11-26	1	01단	十三對十七說を評議員が主張/緊急會議召集を要求す/粉糾を續ける平壤商議の定數問題
180903	朝鮮朝日	西北版	1929-11-26	1	01단	知事級五名の退官きまる廿六日の閣議にかけ/卽日發表される豫定
180904	朝鮮朝日	西北版	1929-11-26	1	01단	慶南道が率先し生活改善を行ふ事にきまる
180905	朝鮮朝日	西北版	1929-11-26	1	02단	小作料値上で紛擾を極む
180906	朝鮮朝日	西北版	1929-11-26	1	02단	淸津府廳舍竣工/近く落成式を擧行す
180907	朝鮮朝日	西北版	1929-11-26	1	03단	大邱の發展に全く驚いた岡本法院長談
180908	朝鮮朝日	西北版	1929-11-26	1	03단	泗川學議選擧
180909	朝鮮朝日	西北版	1929-11-26	1	03단	相場維持は頗る至難/穀用叺の生産過大のために
180910	朝鮮朝日	西北版	1929-11-26	1	04단	投票締切を延長し紛擾を惹起し元通り引戾す
180911	朝鮮朝日	西北版	1929-11-26	1	04단	露軍の宣傳

일련번호	판명		간행일	면	단수	기사명
180912	朝鮮朝日	西北版	1929-11-26	1	04단	阿波期成會長/辭表を提出
180913	朝鮮朝日	西北版	1929-11-26	1	04단	一地主一小作人の爭ひも爭議と認め徹底的に原因を調べる/總督府の小作爭議調査方針改善
180914	朝鮮朝日	西北版	1929-11-26	1	04단	京城南山町靑年團發團式
180915	朝鮮朝日	西北版	1929-11-26	1	05단	滿洲特有の美觀を歌ひ聽衆を恍惚たらしむ/安東高女校の音樂會
180916	朝鮮朝日	西北版	1929-11-26	1	05단	信川署の演習
180917	朝鮮朝日	西北版	1929-11-26	1	05단	苦學生を養ふため財産を蕩盡/立派な實をむすぶ
180918	朝鮮朝日	西北版	1929-11-26	1	05단	特殊資金の手當も少く嗜眠狀態を呈す
180919	朝鮮朝日	西北版	1929-11-26	1	05단	解隊をなさず聯絡を密接にし今後行動を共にする/馬賊頭目會議で決る
180920	朝鮮朝日	西北版	1929-11-26	1	06단	燒酎製造/組合總會
180921	朝鮮朝日	西北版	1929-11-26	1	07단	豆粕檢査員の推薦派遣を總督府に要望
180922	朝鮮朝日	西北版	1929-11-26	1	07단	京城一流の請負業者四名起訴/大邱專賣荒刻工場の談合事件が暴露して
180923	朝鮮朝日	西北版	1929-11-26	1	07단	鯨迷ひ込む
180924	朝鮮朝日	西北版	1929-11-26	1	07단	鴨綠江流域凍りはじむ
180925	朝鮮朝日	西北版	1929-11-26	1	07단	犯人搜索の懸賞百萬圓米國から依賴
180926	朝鮮朝日	西北版	1929-11-26	1	08단	運動界(南鮮ア式蹴球大會)
180927	朝鮮朝日	西北版	1929-11-26	1	08단	萬引常習の支那人捕る
180928	朝鮮朝日	西北版	1929-11-26	1	08단	愛妻の死體を引取り葬る
180929	朝鮮朝日	西北版	1929-11-26	1	08단	失火か放火か釜山大火の取調困難に陷る
180930	朝鮮朝日	西北版	1929-11-26	1	09단	ヘヤーネット專門の密輸團を檢擧各地と聯絡をとって/たくみに法網を潛る
180931	朝鮮朝日	西北版	1929-11-26	1	09단	京城本券番が營業を改善鐵槌を恐れて
180932	朝鮮朝日	西北版	1929-11-26	1	10단	注文津沖合で難船相次ぎ漁船四隻沈沒
180933	朝鮮朝日	西北版	1929-11-26	1	10단	人(千賀海州地方法院檢事正/野口日窒專務/村山本府衛生課長/小野寺昌雄氏(東京辯護士)/守屋德夫氏(殖産銀行員)/森岡新警務局長/芝田忠弘氏)
180934	朝鮮朝日	西北版	1929-11-26	1	10단	半島茶話
180935	朝鮮朝日	南鮮版	1929-11-26	1	01단	十三對十七說を評議員が主張/緊急會議召集を要求す/粉糾を續ける平壤商議の定數問題
180936	朝鮮朝日	南鮮版	1929-11-26	1	01단	知事級五名の退官きまる廿六日の閣議にかけ/卽日發表される豫定

일련번호	판명		간행일	면	단수	기사명
180937	朝鮮朝日	南鮮版	1929-11-26	1	01단	慶南道が率先し生活改善を行ふ事にきまる
180938	朝鮮朝日	南鮮版	1929-11-26	1	02단	小作料値上で紛擾を極む
180939	朝鮮朝日	南鮮版	1929-11-26	1	02단	陸軍大異動進級の主なる人々
180940	朝鮮朝日	南鮮版	1929-11-26	1	03단	大邱の發展に全く驚いた岡本法院長談
180941	朝鮮朝日	南鮮版	1929-11-26	1	03단	泗川學議選擧
180942	朝鮮朝日	南鮮版	1929-11-26	1	03단	相場維持は頗る至難/穀用叺の生産過大のために
180943	朝鮮朝日	南鮮版	1929-11-26	1	04단	投票締切を延長し紛擾を惹起し元通り引戻す
180944	朝鮮朝日	南鮮版	1929-11-26	1	04단	露軍の宣傳
180945	朝鮮朝日	南鮮版	1929-11-26	1	04단	阿波成會長/辭表を提出
180946	朝鮮朝日	南鮮版	1929-11-26	1	04단	一地主一小作人の爭ひも爭議と認め徹底的に原因を調べる/總督府の小作爭議調査方針改善
180947	朝鮮朝日	南鮮版	1929-11-26	1	04단	京城南山町靑年團發團式
180948	朝鮮朝日	南鮮版	1929-11-26	1	05단	滿洲特有の美觀を歌ひ聽衆を恍惚たらしむ/安東高女校の音樂會
180949	朝鮮朝日	南鮮版	1929-11-26	1	06단	信川署の演習
180950	朝鮮朝日	南鮮版	1929-11-26	1	05단	苦學生を養ふため財産を蕩盡/立派な實をむすぶ
180951	朝鮮朝日	南鮮版	1929-11-26	1	05단	特殊資金の手當も少く嗜眠狀態を呈す
180952	朝鮮朝日	南鮮版	1929-11-26	1	05단	解隊をなさず聯絡を密接にし今後行動を共にする/馬賊頭目會議で決る
180953	朝鮮朝日	南鮮版	1929-11-26	1	06단	燒酎製造/組合總會
180954	朝鮮朝日	南鮮版	1929-11-26	1	07단	豆粕檢査員の推薦派遣を總督府に要望
180955	朝鮮朝日	南鮮版	1929-11-26	1	07단	京城一流の請負業者四名起訴/大邱專賣荒刻工場の談合事件が暴露して
180956	朝鮮朝日	南鮮版	1929-11-26	1	07단	鯨迷ひ込む
180957	朝鮮朝日	南鮮版	1929-11-26	1	07단	鴨綠江流域凍りはじむ
180958	朝鮮朝日	南鮮版	1929-11-26	1	07단	犯人搜索の懸賞百萬圓米國から依賴
180959	朝鮮朝日	南鮮版	1929-11-26	1	08단	運動界(南鮮ア式蹴球大會)
180960	朝鮮朝日	南鮮版	1929-11-26	1	08단	萬引常習の支那人捕る
180961	朝鮮朝日	南鮮版	1929-11-26	1	08단	愛妻の死體を引取り葬る
180962	朝鮮朝日	南鮮版	1929-11-26	1	08단	ヘヤーネット專門の密輸團を檢擧各地と聯絡をとって/たくみに法網を潛る
180963	朝鮮朝日	南鮮版	1929-11-26	1	09단	失火か放火か釜山大火の取調困難に陷る
180964	朝鮮朝日	南鮮版	1929-11-26	1	10단	京城本券番が營業を改善鐵槌を恐れて

일련번호	판명		간행일	면	단수	기사명
180965	朝鮮朝日	南鮮版	1929-11-26	1	10단	注文津沖合で難船相次ぎ漁船四隻沈沒
180966	朝鮮朝日	南鮮版	1929-11-26	1	10단	人(千賀海州地方法院檢事正/野口日窒專務/村山本府衛生課長/小野寺昌雄氏(東京辯護士)/守屋德夫氏(殖産銀行員)/森岡新警務局長/芝田忠弘氏)
180967	朝鮮朝日	南鮮版	1929-11-26	1	10단	半島茶話
180968	朝鮮朝日	西北版	1929-11-27	1	01단	新進拔擢でなく心太の押出し新味なんか更にない　總督府の第二次異動/喜び顔を見せず本人は半信半疑の態谷新任慶尚南道知事/英語は頗るお上手耳順六十の朴新平南參與官/警務局長の信任の厚い三橋警務課長/後任警務課長任命を見る三橋孝一郎氏
180969	朝鮮朝日	西北版	1929-11-27	1	02단	財務部を廢し産業部新設地方官制竝に職制の一大草新を計劃さる
180970	朝鮮朝日	西北版	1929-11-27	1	03단	新知事面影(忠淸北道知事洪承均氏/忠淸南道知事劉鎭淳氏/黃海南道知事韓圭復氏/平安北道知事石川登盛氏/江原道知事李範益氏/咸鏡北道知事古橋貞四郎氏)
180971	朝鮮朝日	西北版	1929-11-27	1	03단	辭令(二十二日付)
180972	朝鮮朝日	西北版	1929-11-27	1	04단	諸制度の刷新を委員會で研究
180973	朝鮮朝日	西北版	1929-11-27	1	04단	明年度建設費は半減は免れがたいその方針で切盛りする/鐵道の明年度計劃と大村局長の腹
180974	朝鮮朝日	西北版	1929-11-27	1	05단	多數失業者をどう捌くか今から憂色たゞよふ金解禁と平壤の影響/金解禁による影響は少い新義州の現狀
180975	朝鮮朝日	西北版	1929-11-27	1	05단	俳句/鈴木花蓑選
180976	朝鮮朝日	西北版	1929-11-27	1	05단	薪炭類の指定集合地設定
180977	朝鮮朝日	西北版	1929-11-27	1	06단	移住朝鮮人の救濟を嘆願
180978	朝鮮朝日	西北版	1929-11-27	1	06단	適當の箇所に移轉を計劃/江界專賣出張所
180979	朝鮮朝日	西北版	1929-11-27	1	06단	檀木組合の組織を計劃
180980	朝鮮朝日	西北版	1929-11-27	1	06단	小橋文相辭意を表明す首相關西より歸京後內閣一部改造か
180981	朝鮮朝日	西北版	1929-11-27	1	07단	新義州靑訓の査閱を行ふ
180982	朝鮮朝日	西北版	1929-11-27	1	07단	支那人百名が路頭に迷ふ野菜の相場下落から勞働賃銀不拂のため

일련번호	판명		간행일	면	단수	기사명
180983	朝鮮朝日	西北版	1929-11-27	1	07단	故町口中尉の盛な慰靈祭
180984	朝鮮朝日	西北版	1929-11-27	1	08단	牡丹台野話
180985	朝鮮朝日	西北版	1929-11-27	1	08단	支那側汽船の本年度最終航海
180986	朝鮮朝日	西北版	1929-11-27	1	08단	清津府廳舍の落成式擧行
180987	朝鮮朝日	西北版	1929-11-27	1	08단	商業に關する告訴沙汰が多く問題が難かしいので平壤警察もてこずる
180988	朝鮮朝日	西北版	1929-11-27	1	09단	義州鑛山の總會
180989	朝鮮朝日	西北版	1929-11-27	1	09단	四人組強盜遂に捕はる
180990	朝鮮朝日	西北版	1929-11-27	1	10단	面長殺しの兇器を搜索
180991	朝鮮朝日	西北版	1929-11-27	1	10단	安東の火事
180992	朝鮮朝日	西北版	1929-11-27	1	10단	廿六戸燒失
180993	朝鮮朝日	西北版	1929-11-27	1	10단	李大英氏遂に逝く
180994	朝鮮朝日	西北版	1929-11-27	1	10단	運動界(安東武道大會)
180995	朝鮮朝日	西北版	1929-11-27	1	10단	人(堀內十朔氏(新義州ステーションホテル主任)/荒川六平氏(安東商工會議所會頭))
180996	朝鮮朝日	南鮮版	1929-11-27	1	01단	小橋文相辭意を表明す首相關西より歸京後內閣一部改造か
180997	朝鮮朝日	南鮮版	1929-11-27	1	01단	新進拔擢でなく心太の押出し新味なんか更にない 總督府の第二次異動/頭腦がよくて人格もよい今の處白紙だと語る 忠北道知事洪承均氏/喜び顔を見せず本人は半信半疑の態谷新任慶尙南道知事/警務局長の信任の厚い三橋警務課長/後任警務課長任命を見る三橋孝一郎氏
180998	朝鮮朝日	南鮮版	1929-11-27	1	04단	新知事面影(忠清北道知事洪承均氏/忠清南道知事劉鎮淳氏/黃海南道知事韓圭復氏/平安北道知事石川登盛氏/江原道知事李範益氏/咸鏡北道知事古橋貞四郎氏)
180999	朝鮮朝日	南鮮版	1929-11-27	1	04단	諸制度の刷新を委員會で研究
181000	朝鮮朝日	南鮮版	1929-11-27	1	04단	財務部を廢し産業部新設地方官制竝に職制の一大草新を計劃さる
181001	朝鮮朝日	南鮮版	1929-11-27	1	05단	檀木組合の組織を計劃
181002	朝鮮朝日	南鮮版	1929-11-27	1	05단	改訂の賃金は斷じて變更せぬ管內の自動車業者に斷乎たる態度を示す
181003	朝鮮朝日	南鮮版	1929-11-27	1	05단	俳句/鈴木花蓑選
181004	朝鮮朝日	南鮮版	1929-11-27	1	05단	慶南道職員が借家人組合を近く組織する

일련번호	판명		간행일	면	단수	기사명
181005	朝鮮朝日	南鮮版	1929-11-27	1	06단	職員と生徒が節約し獻金
181006	朝鮮朝日	南鮮版	1929-11-27	1	06단	義州鑛山の總會
181007	朝鮮朝日	南鮮版	1929-11-27	1	06단	明年度建設費は半減は免れがたいその方針で切盛りする/鐵道の明年度計劃と大村局長の腹
181007	朝鮮朝日	南鮮版	1929-11-27	1	07단	十字路(府廳に對し支拂請求の訴訟/中央高普生無條件で復校す/培材高普校開校で又も騷ぐ/稅金を代納旱害民大に喜ぶ/鎌で斬付く益通と誤解して)
181008	朝鮮朝日	南鮮版	1929-11-27	1	07단	釜山府議の選擧異議田口氏が提起
181009	朝鮮朝日	南鮮版	1929-11-27	1	07단	水稻栽培の新方法慶北道では今後大いに奬勵/違法を指摘異議申立理由
181011	朝鮮朝日	南鮮版	1929-11-27	1	08단	辭令(二十二日付)
181012	朝鮮朝日	南鮮版	1929-11-27	1	08단	重要點を避け漠然とした改善案を示したので同意せずとはねらる
181013	朝鮮朝日	南鮮版	1929-11-27	1	09단	幼年男女工の募集を行ひ仁川で檢擧さる
181014	朝鮮朝日	南鮮版	1929-11-27	1	09단	森岡警務局長赴任
181015	朝鮮朝日	南鮮版	1929-11-27	1	10단	大地主の無情を涙ながら小作人から陳情す
181016	朝鮮朝日	南鮮版	1929-11-27	1	10단	性懲りもないモヒ密賣團
181017	朝鮮朝日	南鮮版	1929-11-27	1	10단	自動車強盜の公判きまる
181018	朝鮮朝日	南鮮版	1929-11-27	1	10단	もよほし(朝汽社長の就任披露宴)
181019	朝鮮朝日	西北・南鮮版	1929-11-27	2	01단	朝鮮人勞働者の就職問題で終始/福岡市で開催された西部職紹聯合協議會
181020	朝鮮朝日	西北・南鮮版	1929-11-27	2	01단	指導召集と耕作組合組織餘り金をかけずに普校卒業生を指導/研究指定校慶南道に設置
181021	朝鮮朝日	西北・南鮮版	1929-11-27	2	01단	愈明春から魚探飛行實行にきまる
181022	朝鮮朝日	西北・南鮮版	1929-11-27	2	02단	慶南の産米豆標準査定會
181023	朝鮮朝日	西北・南鮮版	1929-11-27	2	03단	靑い鳥
181024	朝鮮朝日	西北・南鮮版	1929-11-27	2	03단	各地だより(京城/平壤/淸津/江界)
181025	朝鮮朝日	西北版	1929-11-28	1	01단	『全く逸材揃ひで實に申分ない』朝鮮人の異動に對し有力者は口を極めて褒めちぎる
181026	朝鮮朝日	西北版	1929-11-28	1	01단	松井府尹の留任を運動商議問題も調停する/平壤府議連の申合せ
181027	朝鮮朝日	西北版	1929-11-28	1	01단	屠殺場云々は感情から發した言葉であると判った/楚山醫院問題の調査

일련번호	판명		간행일	면	단수	기사명
181028	朝鮮朝日	西北版	1929-11-28	1	01단	タラバ蟹と毛蟹を劃然と區別する事にきまる
181029	朝鮮朝日	西北版	1929-11-28	1	02단	元山靑年團總會
181030	朝鮮朝日	西北版	1929-11-28	1	02단	蘋果販賣に惡い噂立つ
181031	朝鮮朝日	西北版	1929-11-28	1	03단	阿波氏遂に辭表を撤回
181032	朝鮮朝日	西北版	1929-11-28	1	03단	江岸ところどころ(１)/水の心配なんか攄てけし飛ばし國資の大突擊をやるだらう
181033	朝鮮朝日	西北版	1929-11-28	1	04단	鎭南浦金組の紛擾擴大す
181034	朝鮮朝日	西北版	1929-11-28	1	04단	朝鮮水電の第一期送電
181035	朝鮮朝日	西北版	1929-11-28	1	04단	平南運轉手試驗
181036	朝鮮朝日	西北版	1929-11-28	1	05단	家賃値下げ平壤の大家主連が弗々自發的に斷行
181037	朝鮮朝日	西北版	1929-11-28	1	05단	國境警備はお手のもの石川知事語る
181038	朝鮮朝日	西北版	1929-11-28	1	05단	俳句/鈴木花蓑選
181039	朝鮮朝日	西北版	1929-11-28	1	05단	藝娼妓の待遇改善先づ日常健康狀態を調べる
181040	朝鮮朝日	西北版	1929-11-28	1	06단	第三次異動/二十七日付で發表す
181041	朝鮮朝日	西北版	1929-11-28	1	06단	森林拓殖鐵道の一部漸くにして竣工す/八十八年の伐採事業は六十年に短縮されることになる
181042	朝鮮朝日	西北版	1929-11-28	1	07단	牡丹台野話
181043	朝鮮朝日	西北版	1929-11-28	1	07단	運動界(元山少年蹴球大會)
181044	朝鮮朝日	西北版	1929-11-28	1	08단	痲疹の流行で飛んだ迷信
181045	朝鮮朝日	西北版	1929-11-28	1	08단	米專門の賊
181046	朝鮮朝日	西北版	1929-11-28	1	08단	强盜傷害の一味捕はる
181047	朝鮮朝日	西北版	1929-11-28	1	08단	捕繩を切った博徒と挌鬪雙方重傷を負ふ
181048	朝鮮朝日	西北版	1929-11-28	1	09단	五十錢タク悲鳴をあぐ算盤がとれぬために/月給の支拂も出來ぬ
181049	朝鮮朝日	西北版	1929-11-28	1	09단	針金を盜む
181050	朝鮮朝日	西北版	1929-11-28	1	09단	實弟殺し犯人遂に捕はる兇行後九年目に
181051	朝鮮朝日	西北版	1929-11-28	1	10단	半島茶話
181052	朝鮮朝日	南鮮版	1929-11-28	1	01단	『全く逸材揃ひで實に申分ない』朝鮮人の異動に對し有力者は口を極めて褒めちぎる
181053	朝鮮朝日	南鮮版	1929-11-28	1	01단	永小作權を認められぬ不利な小作人を救ふ/厄介な土地權の移動

일련번호	판명		간행일	면	단수	기사명
181054	朝鮮朝日	南鮮版	1929-11-28	1	01단	爲すべき多くの仕事があらう/李江原知事談
181055	朝鮮朝日	南鮮版	1929-11-28	1	02단	ラヂオ放送の時間を變更
181056	朝鮮朝日	南鮮版	1929-11-28	1	02단	第三次異動/二十七日付で發表す
181057	朝鮮朝日	南鮮版	1929-11-28	1	02단	寄附の募集は今後許さぬ世を擧げ緊縮の今日/餘りに出願が多過る
181058	朝鮮朝日	南鮮版	1929-11-28	1	03단	釜山の初協議會
181059	朝鮮朝日	南鮮版	1929-11-28	1	03단	大邱の初協議會
181060	朝鮮朝日	南鮮版	1929-11-28	1	04단	モルヒネ密賣による儲けが忘れられず刑罰をなんとも思はぬ/飯の上の蠅を追ふやうなモヒ密賣
181061	朝鮮朝日	南鮮版	1929-11-28	1	05단	下水溝改修は認可となり/釜山の宿望容れらる
181062	朝鮮朝日	南鮮版	1929-11-28	1	05단	俳句/鈴木花蓑選
181063	朝鮮朝日	南鮮版	1929-11-28	1	05단	決選投票で役員選擧大邱商業會議所の大もん着
181064	朝鮮朝日	南鮮版	1929-11-28	1	06단	東英源泉の返還を求む
181065	朝鮮朝日	南鮮版	1929-11-28	1	06단	米豆標準査定會
181066	朝鮮朝日	南鮮版	1929-11-28	1	06단	旱害免税の調査大體終る
181067	朝鮮朝日	南鮮版	1929-11-28	1	06단	十字路(小娘に暴行約半年にわたり/船中で賭博四名取押へらる/變った萬引臟品を大賣出し/人夫の盜み勤め先の器具を/中尉と詐稱高官の娘を誘拐/ヌクテ捕獲)
181068	朝鮮朝日	南鮮版	1929-11-28	1	07단	不用品の廉賣會京城で開く
181069	朝鮮朝日	南鮮版	1929-11-28	1	07단	府營住宅の家賃を下げ一般に範をしめす　釜山府犧牲を拂ふ/家賃値下を家主に勸告緊縮委員會が
181070	朝鮮朝日	南鮮版	1929-11-28	1	07단	お茶のあと
181071	朝鮮朝日	南鮮版	1929-11-28	1	08단	二つの事件で中村サン萎れる/官舍で鼻をあかされゴルフでは散々の態
181072	朝鮮朝日	南鮮版	1929-11-28	1	09단	支那軍慰問の義捐金募集
181073	朝鮮朝日	南鮮版	1929-11-28	1	09단	雉を追出して飛機怨まる/昨今の狩獵界
181074	朝鮮朝日	南鮮版	1929-11-28	1	10단	タラバ蟹と毛蟹を劃然と區別する事にきまる
181075	朝鮮朝日	南鮮版	1929-11-28	1	10단	人(森岡二朗氏(新警務局長)/村山本府衛生課長/美座慶南警察部長/兒島本府商工課長/藤井寬太郎氏)
181076	朝鮮朝日	南鮮版	1929-11-28	1	10단	半島茶話
181077	朝鮮朝日	西北・南鮮版	1929-11-28	2	01단	青い鳥

일련번호	판명		간행일	면	단수	기사명
181078	朝鮮朝日	西北・南鮮版	1929-11-28	2	01단	働かうとするうら若い女性卒業前から猛運動/官廳會社に履歴書山積す
181079	朝鮮朝日	西北・南鮮版	1929-11-28	2	01단	西部聯合職紹會議盛況裡に終る
181080	朝鮮朝日	西北・南鮮版	1929-11-28	2	01단	官公吏協力し旱害民救濟
181081	朝鮮朝日	西北・南鮮版	1929-11-28	2	02단	朝鮮陸運/會社生る
181082	朝鮮朝日	西北・南鮮版	1929-11-28	2	02단	醫師合格者
181083	朝鮮朝日	西北・南鮮版	1929-11-28	2	02단	淸州商業會例會
181084	朝鮮朝日	西北・南鮮版	1929-11-28	2	03단	各地だより(京城/平壤/公州/裡里/木浦/淸州/新義州)
181085	朝鮮朝日	西北版	1929-11-29	1	01단	官界の大ゆれ二十八日付で發表さる其範圍全鮮に亙る/異動評　停滯せる人材をともかくも一掃まづ順當といふべきか
181086	朝鮮朝日	西北版	1929-11-29	1	01단	穀物出廻りで貨物激增す/平壤鐵道管內の成績
181087	朝鮮朝日	西北版	1929-11-29	1	03단	創立豫算認可さる於之屯水利愈よ創立きまる
181088	朝鮮朝日	西北版	1929-11-29	1	03단	穀物叺檢査の標準査定會
181089	朝鮮朝日	西北版	1929-11-29	1	04단	普通學校製の眞綿は好評
181090	朝鮮朝日	西北版	1929-11-29	1	04단	工費の八割は罹災者の懷中へ平北の雹害民救濟は　成績よく順調に運ぶ/雹害民救濟の義捐金募集
181091	朝鮮朝日	西北版	1929-11-29	1	04단	俳句/鈴木花蓑選
181092	朝鮮朝日	西北版	1929-11-29	1	05단	道立病院工事入札を終る
181093	朝鮮朝日	西北版	1929-11-29	1	05단	第十工區迄は完成の豫定/平元鐵道工事
181094	朝鮮朝日	西北版	1929-11-29	1	05단	江岸とことどころ(2)/長汀曲浦送迎し夏の朝を偲ばす乘客は一齊に感嘆の聲を放つ歷史的であった列車の初運轉
181095	朝鮮朝日	西北版	1929-11-29	1	06단	寄生蟲保有率意外に高い/平南道の學童
181096	朝鮮朝日	西北版	1929-11-29	1	06단	警察官に對し露支語教授
181097	朝鮮朝日	西北版	1929-11-29	1	06단	潮流の關係で不漁つゞく
181098	朝鮮朝日	西北版	1929-11-29	1	07단	觀光客に對し物を高く賣付く
181099	朝鮮朝日	西北版	1929-11-29	1	07단	心殘りないが芽のふきかけた事業だけ生かしたい/安達前咸北知事語る
181100	朝鮮朝日	西北版	1929-11-29	1	07단	平北別館の始末を急ぐ
181101	朝鮮朝日	西北版	1929-11-29	1	08단	郡守排斥は圓滿に解決
181102	朝鮮朝日	西北版	1929-11-29	1	08단	葦島黃草萍の拂下げ決る
181103	朝鮮朝日	西北版	1929-11-29	1	08단	僞造受領證で裁判に勝ち訴訟費用の請求から遂に惡事露見に及ぶ

일련번호	판명		간행일	면	단수	기사명
181104	朝鮮朝日	西北版	1929-11-29	1	08단	現職巡査が竊盜を働く/實家の貧から
181105	朝鮮朝日	西北版	1929-11-29	1	09단	兒童慰安活寫會
181106	朝鮮朝日	西北版	1929-11-29	1	09단	死刑延期を嘆願し法官を笑はす/平南道の鬼熊
181107	朝鮮朝日	西北版	1929-11-29	1	09단	碧潼郵便局長縊死を遂ぐ
181108	朝鮮朝日	西北版	1929-11-29	1	09단	衝突し沈沒
181109	朝鮮朝日	西北版	1929-11-29	1	10단	列車目がけて飛込み自殺
181110	朝鮮朝日	西北版	1929-11-29	1	10단	鴨緑江流域の結水は遲い
181111	朝鮮朝日	西北版	1929-11-29	1	10단	短刀を握って投身自殺す
181112	朝鮮朝日	西北版	1929-11-29	1	10단	氷が割れて溺死
181113	朝鮮朝日	西北版	1929-11-29	1	10단	人(太田忍氏(仁川實業家)/平山敬三氏(滿鐵東京支社運輸課長)/林奉天總領事)
181114	朝鮮朝日	西北版	1929-11-29	1	10단	半島茶話
181115	朝鮮朝日	南鮮版	1929-11-29	1	01단	官界の大ゆれ二十八日付で發表さる其範圍全鮮に亙る/異動評　停滯せる人材をともかくも一掃まづ順當といふべきか
181116	朝鮮朝日	南鮮版	1929-11-29	1	01단	全鮮の漁業者を行政的に統一理想的團體をつくる/近く發布される改正漁業組合規則
181117	朝鮮朝日	南鮮版	1929-11-29	1	04단	農業資金の回收は良好
181118	朝鮮朝日	南鮮版	1929-11-29	1	04단	涙ほどの慰勞金で突然馘首された哀れな古參判任官/涙ながらにその苦痛をかたる
181119	朝鮮朝日	南鮮版	1929-11-29	1	04단	悲觀を要せぬ慶南の麥作
181120	朝鮮朝日	南鮮版	1929-11-29	1	04단	お茶のあと
181121	朝鮮朝日	南鮮版	1929-11-29	1	04단	大邱公營市場値下を斷行
181122	朝鮮朝日	南鮮版	1929-11-29	1	05단	肥料資金の回收は困難
181123	朝鮮朝日	南鮮版	1929-11-29	1	05단	山崎府尹の留任を陳情/大邱府議から
181124	朝鮮朝日	南鮮版	1929-11-29	1	05단	輸入滿洲粟は漸減するか農業倉庫建設による/米の平均賣りのため
181125	朝鮮朝日	南鮮版	1929-11-29	1	05단	製絲の操短は考へてゐぬ內地一齊操短に對し/山十製絲では否認す
181126	朝鮮朝日	南鮮版	1929-11-29	1	06단	六區に分けて許可船數を制限密漁船の跋扈に困り/漁業取締規則を改正
181127	朝鮮朝日	南鮮版	1929-11-29	1	06단	鎭海靑訓の査閱
181128	朝鮮朝日	南鮮版	1929-11-29	1	07단	京城會議所の評議員選擧
181129	朝鮮朝日	南鮮版	1929-11-29	1	07단	工業用酸素を割安に供給

일련번호	판명		간행일	면	단수	기사명
181130	朝鮮朝日	南鮮版	1929-11-29	1	07단	鐵道運賃の改正で頭をいためる
181131	朝鮮朝日	南鮮版	1929-11-29	1	08단	みがき製造を本腰で獎勵
181132	朝鮮朝日	南鮮版	1929-11-29	1	08단	二大事業に不認可指令
181133	朝鮮朝日	南鮮版	1929-11-29	1	08단	乘心地よい汽動車の試運轉座席は二等と同じ/ローマンスカー式
181134	朝鮮朝日	南鮮版	1929-11-29	1	08단	仁川の棄子
181135	朝鮮朝日	南鮮版	1929-11-29	1	08단	青い鳥
181136	朝鮮朝日	南鮮版	1929-11-29	1	09단	鐵道側の水不足釜山府から近く融通される
181137	朝鮮朝日	南鮮版	1929-11-29	1	09단	自轉車乘に違反が多い
181138	朝鮮朝日	南鮮版	1929-11-29	1	10단	空輸營業所移轉
181139	朝鮮朝日	南鮮版	1929-11-29	1	10단	京城府廳員公金橫領御用商人の店員と結托して
181140	朝鮮朝日	南鮮版	1929-11-29	1	10단	人(美座慶南警察部長)
181141	朝鮮朝日	南鮮版	1929-11-29	1	10단	半島茶話
181142	朝鮮朝日	西北・南鮮版	1929-11-29	2	01단	各地だより(京城/新義州/淸津/裡里)
181143	朝鮮朝日	西北・南鮮版	1929-11-29	2	01단	短縮の期間は判然とせぬ移出牛問題について/名倉總督府技師の談
181144	朝鮮朝日	西北・南鮮版	1929-11-29	2	01단	主要都市間の連絡飛行を計劃西尾飛行研究所から/補助金下付を申請す
181145	朝鮮朝日	西北・南鮮版	1929-11-29	2	01단	雫の聲
181146	朝鮮朝日	西北・南鮮版	1929-11-29	2	01단	鮮銀と台銀が取引を開始
181147	朝鮮朝日	西北・南鮮版	1929-11-29	2	02단	郊外の交通機關の充實を計劃
181148	朝鮮朝日	西北・南鮮版	1929-11-29	2	03단	淸津分當局の通信競技會
181149	朝鮮朝日	西北・南鮮版	1929-11-29	2	03단	朝日活寫會
181150	朝鮮朝日	西北・南鮮版	1929-11-29	2	04단	鴨綠江の船舶/航行は少い
181151	朝鮮朝日	西北・南鮮版	1929-11-29	2	04단	上水道缺乏で警告を喰ふ
181152	朝鮮朝日	西北版	1929-11-30	1	01단	何よりも産業は大の自慢　慶南道に行く谷知事のことゞも/昭和製鋼所の實現を見ずして去ることは心殘りだ伊達江原內務部長談/拍子よく榮進す新任平南警察部長の石田氏/太腹な手腕家新任平壤府尹の大島良士氏
181153	朝鮮朝日	西北版	1929-11-30	1	01단	內地人評議員八名連袂辭職假死を餘儀なくさる粉糾の頂點に達した平壤商議/かうなる上は互讓にまつ府議の調停に敬意を拂ふ　松井平壤商議會頭談/置土産に調停に乘出し松井前府尹奔走す

일련번호	판명		간행일	면	단수	기사명
181154	朝鮮朝日	西北版	1929-11-30	1	02단	壓迫を忍んで水田を拓く北滿の移住朝鮮人達/鹿野平北警察部長談
181155	朝鮮朝日	西北版	1929-11-30	1	03단	制限給水の撤廢を急ぐ/咸興の上水道
181156	朝鮮朝日	西北版	1929-11-30	1	04단	漁業權登錄は嚴重審査し手續には萬全を期す/登錄官は知事を任命
181157	朝鮮朝日	西北版	1929-11-30	1	04단	活牛移出の準備を急ぐ
181158	朝鮮朝日	西北版	1929-11-30	1	05단	二大自動車の營業權買收
181159	朝鮮朝日	西北版	1929-11-30	1	05단	江岸とことどころ(3)/萬物凍る國境で二年間守備する兵隊サンにそっと合掌したいこれからは密貿易のシーズン
181160	朝鮮朝日	西北版	1929-11-30	1	06단	安東の物價は保合が多い
181161	朝鮮朝日	西北版	1929-11-30	1	06단	連山關大隊の守備區域を縮小
181162	朝鮮朝日	西北版	1929-11-30	1	06단	古貨車を狩集め貨車不足に弱る滿鐵に貨す
181163	朝鮮朝日	西北版	1929-11-30	1	07단	漁業稅を改正し地方漁業の刷新向上を圖る
181164	朝鮮朝日	西北版	1929-11-30	1	07단	發展する箕林里百五十餘戶の家屋新築さる
181165	朝鮮朝日	西北版	1929-11-30	1	08단	五十錢タクよどこへ行くか値上の陳情はしたさて許可されるかどうか
181166	朝鮮朝日	西北版	1929-11-30	1	08단	不景氣は深刻だ警戒の要あり/新義州の歲末
181167	朝鮮朝日	西北版	1929-11-30	1	08단	農場貯水池の移轉を陳情
181168	朝鮮朝日	西北版	1929-11-30	1	08단	懸賞納稅標語全鮮から集まる
181169	朝鮮朝日	西北版	1929-11-30	1	09단	安東支那救濟院
181170	朝鮮朝日	西北版	1929-11-30	1	09단	憲兵隊の勤儉會
181171	朝鮮朝日	西北版	1929-11-30	1	09단	清津の艀任を一齊に値下/仲仕の賃金に觸れぬ/愈一日から實施する
181172	朝鮮朝日	西北版	1929-11-30	1	09단	マラリア病の續出に弱る
181173	朝鮮朝日	西北版	1929-11-30	1	10단	林業主任打合會
181174	朝鮮朝日	西北版	1929-11-30	1	10단	北鮮の古刹福興寺燒く
181175	朝鮮朝日	西北版	1929-11-30	1	10단	阿片を密賣
181176	朝鮮朝日	西北版	1929-11-30	1	10단	大刀會員が官廳襲擊の計劃をたてる
181177	朝鮮朝日	西北版	1929-11-30	1	10단	半島茶話
181178	朝鮮朝日	南鮮版	1929-11-30	1	01단	內地人評議員八名連袂辭職假死を餘儀なくさる粉糾の頂點に達した平壤商議/かうなる上は互讓にまつ府議の調停に敬意を拂ふ 松井平壤商議會頭談/置土産に調停に乘出し松井前府尹奔走す

일련번호	판명		간행일	면	단수	기사명
181179	朝鮮朝日	南鮮版	1929-11-30	1	01단	旱害民の救濟對策愈決定を見る
181180	朝鮮朝日	南鮮版	1929-11-30	1	02단	電燈料金の値下を要求/晉州電氣に對し
181181	朝鮮朝日	南鮮版	1929-11-30	1	02단	漁業權登錄は嚴重審査し手續には萬全を期す/登錄官は知事を任命
181182	朝鮮朝日	南鮮版	1929-11-30	1	03단	小作爭議の眞相調査/慶北道が行ふ
181183	朝鮮朝日	南鮮版	1929-11-30	1	03단	恩賜の軍刀拜受の光榮/中山寧人中尉
181184	朝鮮朝日	南鮮版	1929-11-30	1	03단	慶北道産棉の出廻り減少
181185	朝鮮朝日	南鮮版	1929-11-30	1	04단	鐵道不用地の拂下を行ふ
181186	朝鮮朝日	南鮮版	1929-11-30	1	04단	漁業稅を改正し地方漁業の刷新向上を圖る
181187	朝鮮朝日	南鮮版	1929-11-30	1	04단	道內を一、二等に分け自動車賃を値下げ飽迄も新賃金の統制で押し通す愈よ決心した慶南當局
181188	朝鮮朝日	南鮮版	1929-11-30	1	04단	蠣崎博士が所長に內定/今回の異動と釜山の官界/人格の光りが人心を魅了河野社會課長/意を安んじて仕事を勵め今村知事聲明
181189	朝鮮朝日	南鮮版	1929-11-30	1	05단	新式センチネル式/汽動車の瀟洒な姿
181190	朝鮮朝日	南鮮版	1929-11-30	1	06단	十字路(緊縮旅行團鐵道局が主催し/先妻を殺す鮮人未練の兇行/刑務所生活二十年におよぶ/子供の慘死牛車に乘そこね/徹宵痛飲し服盡自殺を企つ)
181191	朝鮮朝日	南鮮版	1929-11-30	1	07단	期米の放送は中止しない　新貝監理課長談/相場放送の中止に反對
181192	朝鮮朝日	南鮮版	1929-11-30	1	07단	盟休培材高普生に最後的の通告養正高普の動搖は/學校の彈壓で鎭靜
181193	朝鮮朝日	南鮮版	1929-11-30	1	07단	木浦における人夫の紛擾
181194	朝鮮朝日	南鮮版	1929-11-30	1	07단	ストーブをかこんでボーナス會議/さて鐵道方面はどうだらうか
181195	朝鮮朝日	南鮮版	1929-11-30	1	08단	靑い鳥
181196	朝鮮朝日	南鮮版	1929-11-30	1	08단	瀆職關係の審議終る大邱土木事件の公判開かる
181197	朝鮮朝日	南鮮版	1929-11-30	1	09단	酒券やら燒鯛現ナマまで提供豫想を破り見事當選/釜山府議に疑かゝる
181198	朝鮮朝日	南鮮版	1929-11-30	1	10단	叔父の自殺は夢のやうだ佐分利氏の甥石堂醫院長談
181199	朝鮮朝日	南鮮版	1929-11-30	1	10단	人(相田大藏專務官/兵頭審議室事務官/一松定吉代議士)
181200	朝鮮朝日	南鮮版	1929-11-30	1	10단	半島茶話
181201	朝鮮朝日	西北・南鮮版	1929-11-30	2	01단	各地だより(平壤/木浦/裡里)

일련번호	판명		간행일	면	단수	기사명
181202	朝鮮朝日	西北・南鮮版	1929-11-30	2	01단	整理判任官の報告續々と來る/その數二百名に上り/判任官連は怯えきる
181203	朝鮮朝日	西北・南鮮版	1929-11-30	2	01단	雫の聲
181204	朝鮮朝日	西北・南鮮版	1929-11-30	2	01단	新會社を創立し仁川魚市場の粉糾を解決か
181205	朝鮮朝日	西北・南鮮版	1929-11-30	2	02단	忠北道廳員の節約申合せ
181206	朝鮮朝日	西北・南鮮版	1929-11-30	2	03단	期待される小動物獎勵
181207	朝鮮朝日	西北・南鮮版	1929-11-30	2	03단	朝日活寫會
181208	朝鮮朝日	西北・南鮮版	1929-11-30	2	04단	全州面議選擧取消を命令/結局二名失格
181209	朝鮮朝日	西北・南鮮版	1929-11-30	2	04단	ラヂオ講習木浦局で開催

1929년 12월 (조선아사히)

일련번호	판명		간행일	면	단수	기사명
181210	朝鮮朝日	西北版	1929-12-01	1	01단	鮮米移出制限も圓滿に解決す農倉の建設によって移出米の調節を圖る
181211	朝鮮朝日	西北版	1929-12-01	1	01단	家賃値下げの運動を起し賭博阿片の弊風匡正/中華勞工平壤支部の活躍
181212	朝鮮朝日	西北版	1929-12-01	1	01단	護岸工事の急施を總督府に陳情
181213	朝鮮朝日	西北版	1929-12-01	1	01단	淸津府營住宅値下の調査
181214	朝鮮朝日	西北版	1929-12-01	1	01단	緊縮演說會
181215	朝鮮朝日	西北版	1929-12-01	1	02단	大同林業の事業縮小と流筏船頭解雇
181216	朝鮮朝日	西北版	1929-12-01	1	02단	江岸ところどころ(4)/算盤を度外視し士族商賣に終る豆滿農場も本府の指令により近く更生の道をたどらんとす
181217	朝鮮朝日	西北版	1929-12-01	1	03단	懷かしの故鄕へ除隊兵かへる
181218	朝鮮朝日	西北版	1929-12-01	1	03단	卒業生賣込に校長の奔走
181219	朝鮮朝日	西北版	1929-12-01	1	03단	平壤商業會議所假死の狀態に陷り/機能を停止するに至る松井前府尹も仲裁の手を引く
181219	朝鮮朝日	西北版	1929-12-01	1	04단	國境守備隊檢閲
181221	朝鮮朝日	西北版	1929-12-01	1	04단	辭令(二十九日付)
181222	朝鮮朝日	西北版	1929-12-01	1	04단	飛降り死亡
181223	朝鮮朝日	西北版	1929-12-01	1	05단	冬を迎へた安東鎭江山公園の茶店
181224	朝鮮朝日	西北版	1929-12-01	1	05단	嬰兒を壓殺
181225	朝鮮朝日	西北版	1929-12-01	1	06단	妓生殺しに五年の判決
181226	朝鮮朝日	西北版	1929-12-01	1	06단	商工奬勵館へ鎭南浦から出品
181227	朝鮮朝日	西北版	1929-12-01	1	07단	新義州地方の近年まれな陽氣
181228	朝鮮朝日	西北版	1929-12-01	1	07단	鴨綠江の上流結氷交通を開始
181229	朝鮮朝日	西北版	1929-12-01	1	07단	愚民を欺く某敎主嚴重取調中
181230	朝鮮朝日	西北版	1929-12-01	1	07단	旱害救濟の事業遂行に頭を惱ます二問題計劃は出來上ったが
181231	朝鮮朝日	西北版	1929-12-01	1	08단	今年度末迄に百哩の新線すばらしく伸びゆく私鐵道の發達ぶり
181232	朝鮮朝日	西北版	1929-12-01	1	08단	巡査部長拳銃で射殺さる市街戰で數名負傷/不良朝鮮人搜査中
181233	朝鮮朝日	西北版	1929-12-01	1	08단	新築中の病院燒く消防手負傷
181234	朝鮮朝日	西北版	1929-12-01	1	08단	工夫の重傷
181235	朝鮮朝日	西北版	1929-12-01	1	08단	阿片窟襲擊
181236	朝鮮朝日	西北版	1929-12-01	1	09단	仁川鄕軍分會賞狀を受く
181237	朝鮮朝日	西北版	1929-12-01	1	09단	倉庫裏に轉がる怪死體/解剖の結果他殺と判明强盜の所爲らしい
181238	朝鮮朝日	西北版	1929-12-01	1	09단	喧嘩した友を罪に陷んと强盜の申立て

일련번호	판명		간행일	면	단수	기사명
181239	朝鮮朝日	西北版	1929-12-01	1	10단	官服を着て強盗を働く
181240	朝鮮朝日	西北版	1929-12-01	1	10단	責任回避を痛憤し旱害民遂に道當局に陳情す
181241	朝鮮朝日	西北版	1929-12-01	1	10단	南浦の傳染病終熄に近い
181242	朝鮮朝日	西北版	1929-12-01	1	10단	殺人犯人を逮捕
181243	朝鮮朝日	西北版	1929-12-01	1	10단	不純な贈品を突きかへす清廉な巡査
181244	朝鮮朝日	南鮮版	1929-12-01	1	01단	鮮米移出制限も圓滿に解決す農倉の建設によって移出米の調節を圖る
181245	朝鮮朝日	南鮮版	1929-12-01	1	01단	今年度末迄に百哩の新線すばらしく伸びゆく私鐵道の發達ぶり
181246	朝鮮朝日	南鮮版	1929-12-01	1	01단	朝鮮繋留は十五日內地は七日間繋留問題解決
181247	朝鮮朝日	南鮮版	1929-12-01	1	01단	五等米新設を當局へ陳情不合格續出に穀物商側から
181248	朝鮮朝日	南鮮版	1929-12-01	1	01단	米豆標準査定會議三日から開く
181249	朝鮮朝日	南鮮版	1929-12-01	1	02단	緊縮が崇って容易に奏任になれぬ高等官の卵連ぼやく
181250	朝鮮朝日	南鮮版	1929-12-01	1	02단	異動を語る(１)/松井氏の慶北行は聊か考へものだ關水內務部長の京城府入りは勅待から勅待への心太押しか
181251	朝鮮朝日	南鮮版	1929-12-01	1	03단	辭令(二十九日付)
181252	朝鮮朝日	南鮮版	1929-12-01	1	03단	平壤商業會議所假死の狀態に陷り機能を停止するに至る松井前府尹も仲裁の手を引く
181253	朝鮮朝日	南鮮版	1929-12-01	1	04단	仁川鄕軍分會賞狀を受く
181254	朝鮮朝日	南鮮版	1929-12-01	1	04단	刑務所製品も値下げ斷行/原價を切って賣れぬ苦しみ豫算の許す範圍でなるべく安價に
181255	朝鮮朝日	南鮮版	1929-12-01	1	04단	淸津校の學藝會
181256	朝鮮朝日	南鮮版	1929-12-01	1	05단	青い鳥
181257	朝鮮朝日	南鮮版	1929-12-01	1	05단	釜山府初協議會
181258	朝鮮朝日	南鮮版	1929-12-01	1	05단	巡査部長拳銃で射殺さる/市街戰で數名負傷不良朝鮮人捜査中
181259	朝鮮朝日	南鮮版	1929-12-01	1	06단	土木事件續公判
181260	朝鮮朝日	南鮮版	1929-12-01	1	07단	法令改正を陳情す朝鮮藥劑師會の代表者から
181261	朝鮮朝日	南鮮版	1929-12-01	1	07단	旱害救濟の事業遂行に頭を惱ます二問題計劃は出來上ったが
181262	朝鮮朝日	南鮮版	1929-12-01	1	08단	役人に珍しい輕快な人物新仁川稅關長堂本貞一氏
181263	朝鮮朝日	南鮮版	1929-12-01	1	08단	緊縮時代でも二百萬通は下らぬ見込の年賀郵便引受け/京城各局の準備
181264	朝鮮朝日	南鮮版	1929-12-01	1	08단	新義州地方の近年まれな陽氣

일련번호	판명		간행일	면	단수	기사명
181265	朝鮮朝日	南鮮版	1929-12-01	1	08단	呑助の狂言
181266	朝鮮朝日	南鮮版	1929-12-01	1	09단	背任罪として島德藏氏を收容宇田氏も北區支所へ
181267	朝鮮朝日	南鮮版	1929-12-01	1	09단	猩紅熱また發生
181268	朝鮮朝日	南鮮版	1929-12-01	1	09단	責任回避を痛憤し旱害民遂に道當局に陳情す
181269	朝鮮朝日	南鮮版	1929-12-01	1	09단	愚民を欺く某敎主嚴重取調中
181270	朝鮮朝日	南鮮版	1929-12-01	1	10단	もよほし(須藤氏招宴/望月氏招宴)
181271	朝鮮朝日	南鮮版	1929-12-01	1	10단	人(黑田馨氏(海事課釜山出張所長)/吉崎宗一氏(在鄉軍人釜山分會長)/石森久彌氏(朝鮮公論社長)/大池源二氏(釜山實業家))
181272	朝鮮朝日	南鮮版	1929-12-01	1	10단	半島茶話
181273	朝鮮朝日	西北・南鮮版	1929-12-01	2	01단	木浦金組竣工す
181274	朝鮮朝日	西北・南鮮版	1929-12-01	2	01단	明春さらに第二次値下げ？全北の乘合自動車賃
181275	朝鮮朝日	西北・南鮮版	1929-12-01	2	01단	判任官整理
181276	朝鮮朝日	西北・南鮮版	1929-12-01	2	01단	北鮮からの移出魚油に不正品混入
181277	朝鮮朝日	西北・南鮮版	1929-12-01	2	02단	穀檢標準査定會
181278	朝鮮朝日	西北・南鮮版	1929-12-01	2	02단	各地だより(京城/茂山/城津/木浦/裡里)
181279	朝鮮朝日	西北・南鮮版	1929-12-01	2	03단	朝日活寫會
181280	朝鮮朝日	西北・南鮮版	1929-12-01	2	04단	雫の聲
181281	朝鮮朝日	西北版	1929-12-03	1	01단	茫漠たる平野に大都市を建設する群山の對岸水東里一帶/緊縮時代にさても耳よりな計劃
181282	朝鮮朝日	西北版	1929-12-03	1	01단	專任視學官の增員を考究緊縮の今日學務部の新設は到底望みない
181283	朝鮮朝日	西北版	1929-12-03	1	01단	滿洲葉煙草の內地輸出を滿鐵が交涉に當る商談成立すれば新販路開拓
181284	朝鮮朝日	西北版	1929-12-03	1	01단	品質を改善し共同販賣す德川郡の大豆
181285	朝鮮朝日	西北版	1929-12-03	1	02단	鄉事務所に實業助理員
181286	朝鮮朝日	西北版	1929-12-03	1	02단	奧地からの乘客に注意
181287	朝鮮朝日	西北版	1929-12-03	1	03단	安東魚菜市場花々しく開業
181288	朝鮮朝日	西北版	1929-12-03	1	03단	申合せを破って準備敎育盛んに力を入れる京城府內の各小學校
181289	朝鮮朝日	西北版	1929-12-03	1	03단	お茶のあと
181290	朝鮮朝日	西北版	1929-12-03	1	03단	江岸ところどころ(5)/開通して早々露領から避難民雄基行の列車に乘って一安心新阿山は當分にぎはひ續ける
181291	朝鮮朝日	西北版	1929-12-03	1	04단	安東取引所理事を辭任荒川六平氏
181292	朝鮮朝日	西北版	1929-12-03	1	04단	金銀銅などの鑛山を競賣抵當ながれと

일련번호	판명		간행일	면	단수	기사명
181292	朝鮮朝日	西北版	1929-12-03	1	04단	なった十四筆千六十餘萬坪
181293	朝鮮朝日	西北版	1929-12-03	1	05단	鯰の一はね　榮轉の喜び左遷のなげき悲喜こもごも至る異動と咸鏡北道廳/京畿道に榮轉の高氏稀に見る逸材
181294	朝鮮朝日	西北版	1929-12-03	1	05단	車馬稅增徵
181295	朝鮮朝日	西北版	1929-12-03	1	05단	中島校長赴任
181296	朝鮮朝日	西北版	1929-12-03	1	05단	宴會料理の標準を改む
181297	朝鮮朝日	西北版	1929-12-03	1	05단	名刺交換會
181298	朝鮮朝日	西北版	1929-12-03	1	06단	間島尋高小學校の新築落成式擧行
181299	朝鮮朝日	西北版	1929-12-03	1	06단	十年計劃で江陵の乾柿百萬圓突破を目的農家を指導する
181300	朝鮮朝日	西北版	1929-12-03	1	06단	大同江に/七十五種の魚が棲息さらに調査平壤の小原氏
181301	朝鮮朝日	西北版	1929-12-03	1	07단	僅か四時間に一萬五千件平壤交通事故
181302	朝鮮朝日	西北版	1929-12-03	1	08단	精米所全燒一名燒死す
181303	朝鮮朝日	西北版	1929-12-03	1	08단	外人間にもなかなか好評/本社主催で開いた女學生の音樂會
181304	朝鮮朝日	西北版	1929-12-03	1	08단	氣候の激變で猩紅熱流行平壤署が注意
181305	朝鮮朝日	西北版	1929-12-03	1	08단	牡丹台野話
181306	朝鮮朝日	西北版	1929-12-03	1	09단	農夫を殺害し河中へ投ず金品を奪うた强盜犯人捕る
181307	朝鮮朝日	西北版	1929-12-03	1	10단	とても多い運轉手受驗者
181308	朝鮮朝日	西北版	1929-12-03	1	10단	朝鮮物産見本市北陸で開催
181309	朝鮮朝日	西北版	1929-12-03	1	10단	送別ゴルフ會
181310	朝鮮朝日	西北版	1929-12-03	1	10단	人(目下部道德少將(朝鮮憲兵隊司令官)/石本前警察部長)
181311	朝鮮朝日	西北版	1929-12-03	1	10단	半島茶話
181312	朝鮮朝日	南鮮版	1929-12-03	1	01단	可愛い頭にしみ込む緊縮/先生やお父さんたちに却って兒童から說教する(京城女子普通/櫻井小學校/東大門小學校/南大門小學校/日出小學校/西大門小學校)
181313	朝鮮朝日	南鮮版	1929-12-03	1	01단	茫漠たる平野に大都市を建設する群山の對岸水東里一帶緊縮時代にさても耳よりな計劃
181314	朝鮮朝日	南鮮版	1929-12-03	1	01단	專任視學官の增員を考究/緊縮の今日學務部の新設は到底望みない
181315	朝鮮朝日	南鮮版	1929-12-03	1	02단	大邱醫院長山根博士に內定
181316	朝鮮朝日	南鮮版	1929-12-03	1	02단	廣島縣では鮮牛を警戒肺疫流行から
181317	朝鮮朝日	南鮮版	1929-12-03	1	03단	徒らに騒ぐは勞して效なしだ/旱害民救濟法は考慮秋東萊郡守かたる

일련번호	판명		간행일	면	단수	기사명
181318	朝鮮朝日	南鮮版	1929-12-03	1	03단	お茶のあと
181319	朝鮮朝日	南鮮版	1929-12-03	1	04단	日赤朝鮮本部職員御委囑
181320	朝鮮朝日	南鮮版	1929-12-03	1	04단	異動を語る(２)/役人といふものは不思議な存在だ/高武土師の兩君は待避線から本線へかへって元氣が出よう
181321	朝鮮朝日	南鮮版	1929-12-03	1	05단	京畿道に榮轉の高氏稀に見る逸材
181322	朝鮮朝日	南鮮版	1929-12-03	1	05단	難しく改めた規則慶南の床屋さん
181323	朝鮮朝日	南鮮版	1929-12-03	1	06단	京城商議の評議員選擧
181324	朝鮮朝日	南鮮版	1929-12-03	1	07단	*失業知識階級運轉手を續々と志願/とても多い運轉手受驗者*
181325	朝鮮朝日	南鮮版	1929-12-03	1	08단	青い鳥
181326	朝鮮朝日	南鮮版	1929-12-03	1	08단	申合せを破って準備教育盛んに力を入れる京城府內の各小學校
181327	朝鮮朝日	南鮮版	1929-12-03	1	08단	さらに奇怪な風評/釜山府議選に絡り
181328	朝鮮朝日	南鮮版	1929-12-03	1	09단	朝鮮物産見本市北陸で開催
181329	朝鮮朝日	南鮮版	1929-12-03	1	10단	諒次里の牡蠣釜山市場へ販賣所朝鮮隨一の主産地に
181330	朝鮮朝日	南鮮版	1929-12-03	1	10단	公州高普生同盟休校二百餘名が
181331	朝鮮朝日	南鮮版	1929-12-03	1	10단	人(佐久間瓦電常務/志岐信太郎氏)
181332	朝鮮朝日	南鮮版	1929-12-03	1	10단	半島茶話
181333	朝鮮朝日	西北・南鮮版	1929-12-03	2	01단	日本のトーキーの獨立を速かに圖れ/石卷良夫
181334	朝鮮朝日	西北・南鮮版	1929-12-03	2	01단	漫描セルロイド女軍(１)/八島京子
181335	朝鮮朝日	西北・南鮮版	1929-12-03	2	02단	漫描セルロイド女軍(２)/伏見直江
181336	朝鮮朝日	西北・南鮮版	1929-12-03	2	03단	漫描セルロイド女軍(３)/平塚壽子
181337	朝鮮朝日	西北・南鮮版	1929-12-03	2	03단	トーキー活辯を殺すか/松井翠聲
181338	朝鮮朝日	西北・南鮮版	1929-12-03	2	04단	各地だより(新義州/茂山/江陵/長箭/淸州/吉州)
181339	朝鮮朝日	西北・南鮮版	1929-12-03	2	04단	第二高普の美術展を觀る
181340	朝鮮朝日	西北・南鮮版	1929-12-03	2	04단	漫描セルロイド女軍(４)/濱口富士子
181341	朝鮮朝日	西北・南鮮版	1929-12-03	2	05단	漫描セルロイド女軍(５)/兼花久子
181342	朝鮮朝日	西北・南鮮版	1929-12-03	2	06단	宇品における對鮮貿易は有望/釜山澤山商會の船が第一回目の寄港をやる
181343	朝鮮朝日	西北・南鮮版	1929-12-03	2	06단	朝日活寫會
181344	朝鮮朝日	西北・南鮮版	1929-12-03	2	07단	月尾島夜話
181345	朝鮮朝日	西北版	1929-12-04	1	01단	府有地賣却の金がもらへぬ島德氏の收容により/京城府當局弱り込む
181346	朝鮮朝日	西北版	1929-12-04	1	01단	知事の異動/今村慶北の退官で近日中に決定する
181347	朝鮮朝日	西北版	1929-12-04	1	01단	『會議所機能の停止は困るからよろしく配

일련번호	판명		간행일	면	단수	기사명
181347	朝鮮朝日	西北・南鮮版	1929-12-03	2	03단	廬を乞ふ』內鮮評議員から陳情
181348	朝鮮朝日	西北版	1929-12-04	1	01단	平壤の消防機關充實自動車ポンプとマスク購入
181349	朝鮮朝日	西北版	1929-12-04	1	02단	南浦のため盡した池田府尹の勇退は惜しまる
181350	朝鮮朝日	西北版	1929-12-04	1	03단	現金賣實行安東藥業組合
181351	朝鮮朝日	西北版	1929-12-04	1	03단	銀行支店の設置を要望定州の有志運動
181352	朝鮮朝日	西北版	1929-12-04	1	03단	異動を語る(１)/松井氏の慶北行は聊か考へものだ關水內務部長の京城府入りは勅待から勅待への心太押しか
181353	朝鮮朝日	西北版	1929-12-04	1	04단	國境道路の一部竣工
181354	朝鮮朝日	西北版	1929-12-04	1	04단	我官憲の行動を少なからず妨害す支那官憲は買收された疑がある間島の不良朝鮮人狩り
181355	朝鮮朝日	西北版	1929-12-04	1	05단	滿鐵に米突法明年度に實施
181356	朝鮮朝日	西北版	1929-12-04	1	05단	農村中堅人物養成のため靑年團の增設を計劃平南道で豫算を計上
181357	朝鮮朝日	西北版	1929-12-04	1	06단	睡眠貯金/金四萬五千圓也の大金受取人もなく金庫內にうなる高が知れてゐると思ったら大間違である多いのになると二百圓からのものもある
181358	朝鮮朝日	西北版	1929-12-04	1	06단	道評議改選に早くも運動平北道の面議
181359	朝鮮朝日	西北版	1929-12-04	1	07단	憲兵の異動
181360	朝鮮朝日	西北版	1929-12-04	1	07단	視學官制度に新味を加ふべく目下案を練ってゐる武部學務局長は語る
181361	朝鮮朝日	西北版	1929-12-04	1	07단	家賃値下げの運動を開始まづ其第一聲をあぐ元山における各團體
181362	朝鮮朝日	西北版	1929-12-04	1	08단	鴨綠江鐵橋開閉を中止汽動車運轉
181363	朝鮮朝日	西北版	1929-12-04	1	08단	上空といってさう寒くはない試驗飛行で確む
181364	朝鮮朝日	西北版	1929-12-04	1	09단	酒宴の揚句河に突落し反物數十反を奪ふ豪遊中を逮捕さる
181365	朝鮮朝日	西北版	1929-12-04	1	09단	五千圓橫領
181366	朝鮮朝日	西北版	1929-12-04	1	09단	自動車用に墜落し內鮮人四名卽死/重輕傷者八名を出す凍結ですべったゝめ
181367	朝鮮朝日	西北版	1929-12-04	1	10단	朝鮮の鬼熊に死刑の判決言渡し
181368	朝鮮朝日	西北版	1929-12-04	1	10단	鰯の豊漁で元山活氣づく
181369	朝鮮朝日	西北版	1929-12-04	1	10단	聯合大賣出し元山の各商店
181370	朝鮮朝日	西北版	1929-12-04	1	10단	人(三橋孝一郎氏/齊藤總督/武部新學務局長)
181371	朝鮮朝日	南鮮版	1929-12-04	1	01단	世相師走の情景　惡の尖端を行く成りの果

일련번호	판명		간행일	면	단수	기사명
181371	朝鮮朝日	南鮮版	1929-12-04	1	01단	の彼と彼女　金がはいるとすぐ享樂を追ふ京城府職業紹介所昨今の狀態/日用品の卸値の引下げ釜山府公設市場の營業者が運動開始/草根木皮で團子を造り辛くも命をつなぐ慶北の旱害深刻化/冬になって引長凧オモニーとキチベーの諸嬢
181372	朝鮮朝日	南鮮版	1929-12-04	1	01단	府有地賣却の金がもらへぬ島德氏の收容により京城府當局弱り込む
181373	朝鮮朝日	南鮮版	1929-12-04	1	01단	知事の異動　今村慶北の退官で近日中に決定する/林知事の留任を首相、拓相、總監などに陳情す
181374	朝鮮朝日	南鮮版	1929-12-04	1	02단	本年中には着手出來ぬ慶南の旱害民救濟停滯した經費の支出
181375	朝鮮朝日	南鮮版	1929-12-04	1	03단	廿師入營兵七日宇品出發
181376	朝鮮朝日	南鮮版	1929-12-04	1	04단	關稅收入は減少の豫定
181377	朝鮮朝日	南鮮版	1929-12-04	1	04단	異動を語る(3)/萬人の食ふ料理を自分好みにしたコック長の所爲は愧づべきだ電氣に崇られた桑原大邱府尹
181378	朝鮮朝日	南鮮版	1929-12-04	1	05단	大邱公益質屋は十三日開業
181379	朝鮮朝日	南鮮版	1929-12-04	1	05단	睡眠貯金/金四萬五千圓也の大金受取人もなく金庫內にうなる/高が知れてゐると思ったら大間違である多いのになると二百圓からのものもある
181380	朝鮮朝日	南鮮版	1929-12-04	1	06단	酒造業者の小賣兼業取締方を陳情
181381	朝鮮朝日	南鮮版	1929-12-04	1	07단	視學官制度に新味を加ふべく目下案を練ってゐる武部學務局長は語る
181382	朝鮮朝日	南鮮版	1929-12-04	1	09단	柳河町長に十時氏承諾
181383	朝鮮朝日	南鮮版	1929-12-04	1	09단	上空といってさう寒くはない試驗飛行で確む
181384	朝鮮朝日	南鮮版	1929-12-04	1	10단	五回も放火す狂人の仕業
181385	朝鮮朝日	南鮮版	1929-12-04	1	10단	費込の申譯に虛僞の强盜
181386	朝鮮朝日	南鮮版	1929-12-04	1	10단	列車に投石乘客負傷す
181387	朝鮮朝日	南鮮版	1929-12-04	1	10단	疑獄公判延期
181388	朝鮮朝日	南鮮版	1929-12-04	1	10단	佛像を盜む
181389	朝鮮朝日	南鮮版	1929-12-04	1	10단	もよほし(山崎大邱府尹別宴)
181390	朝鮮朝日	南鮮版	1929-12-04	1	10단	人(齊藤總督/武部新學務局長/三橋孝一郎氏/洪承均氏(忠北知事)/河野節夫氏(本府審議室事務官)/堂本貞一氏(仁川稅關長)/山本阪太郎氏(新江原道警察部長))
181391	朝鮮朝日	西北・南鮮版	1929-12-04	2	01단	明太魚の山

일련번호	판명		간행일	면	단수	기사명
181392	朝鮮朝日	西北・南鮮版	1929-12-04	2	01단	十年計劃で江陵の乾柿/百萬圓突破を目的農家を指導する
181393	朝鮮朝日	西北・南鮮版	1929-12-04	2	01단	仁川の埋立民營で斷行すべく認可を申請
181394	朝鮮朝日	西北・南鮮版	1929-12-04	2	01단	お茶のあと
181395	朝鮮朝日	西北・南鮮版	1929-12-04	2	02단	結局妥協か仁川の市場問題
181396	朝鮮朝日	西北・南鮮版	1929-12-04	2	02단	仁川船渠內の起重機修理
181397	朝鮮朝日	西北・南鮮版	1929-12-04	2	03단	新年原稿募集/大阪朝日門司支局
181398	朝鮮朝日	西北・南鮮版	1929-12-04	2	03단	仁川市區改正起債は不認可
181399	朝鮮朝日	西北・南鮮版	1929-12-04	2	03단	藥加工品の規格を統一
181400	朝鮮朝日	西北・南鮮版	1929-12-04	2	03단	米豆査定會議延期
181401	朝鮮朝日	西北・南鮮版	1929-12-04	2	03단	朝日活寫會
181402	朝鮮朝日	西北・南鮮版	1929-12-04	2	04단	資源調査の規則を發布
181403	朝鮮朝日	西北・南鮮版	1929-12-04	2	04단	各地だより(京城/春川/价川/鎮南浦)
181404	朝鮮朝日	西北版	1929-12-05	1	01단	今や世を擧げて緊縮！！緊縮！！/大賣出しといふ賣行はよくない/高級品などには目もくれずに安物を漁る/これにはかなはぬと各商店は大いに焦る/化粧品は特別だと巾を利かす
181405	朝鮮朝日	西北版	1929-12-05	1	01단	『解散に至る前に適當なる策を施し一日も早く復活を圖れ』府民は平壤商議の復活を希望す
181406	朝鮮朝日	西北版	1929-12-05	1	01단	十一校全部の完成を見る/明年から授業を開始平安南道の普通學校
181407	朝鮮朝日	西北版	1929-12-05	1	01단	高射砲隊竣工し/近く開隊する式は明年擧行
181408	朝鮮朝日	西北版	1929-12-05	1	02단	總督府辭令
181409	朝鮮朝日	西北版	1929-12-05	1	03단	釜山鎮市場設置認可さる
181410	朝鮮朝日	西北版	1929-12-05	1	03단	異動を語る(2)/役人といふものは不思議な存在だ高武土師の兩君は待避線から本線へかへって元氣が出よう
181411	朝鮮朝日	西北版	1929-12-05	1	04단	人造眞珠好成績歐洲へ進出
181412	朝鮮朝日	西北版	1929-12-05	1	05단	繩叺の製造督勵救濟策の一つ
181413	朝鮮朝日	西北版	1929-12-05	1	05단	昌德會の陣容整ふ愈よ實行に
181414	朝鮮朝日	西北版	1929-12-05	1	06단	咸南道一帶は鰯の豊漁で賑ふ水揚三百萬圓に上り水産界の王位を占む
181415	朝鮮朝日	西北版	1929-12-05	1	06단	學童のお腹の中は寄生蟲の病院です九百名中八百名までが保有者/平南道衛生課も驚く
181416	朝鮮朝日	西北版	1929-12-05	1	06단	朝鮮水電の一期工事完成愈々送電開始
181417	朝鮮朝日	西北版	1929-12-05	1	07단	凍雪利用運材作業が困難

일련번호	판명		간행일	면	단수	기사명
181418	朝鮮朝日	西北版	1929-12-05	1	07단	自動車賃値下げ
181419	朝鮮朝日	西北版	1929-12-05	1	07단	生活必需品の運賃値下を計劃　朝鮮鐵道局で計劃す明年一月から實施か/自發的に家賃一割値下鎭南浦の一家主
181420	朝鮮朝日	西北版	1929-12-05	1	08단	牡丹台野話
181421	朝鮮朝日	西北版	1929-12-05	1	08단	運賃五割引自動車との競爭から慶北線實施
181422	朝鮮朝日	西北版	1929-12-05	1	08단	手形交換高
181423	朝鮮朝日	西北版	1929-12-05	1	08단	支那人の福利增進に中華協會活動好成績を擧ぐ
181424	朝鮮朝日	西北版	1929-12-05	1	09단	糞尿の運搬牛車に逆戻り
181425	朝鮮朝日	西北版	1929-12-05	1	09단	淸津の怪死體身許わかる
181426	朝鮮朝日	西北版	1929-12-05	1	09단	炭火と心中
181427	朝鮮朝日	西北版	1929-12-05	1	09단	大泥棒捕る
181428	朝鮮朝日	西北版	1929-12-05	1	09단	鴨綠江でスケート練習
181429	朝鮮朝日	西北版	1929-12-05	1	10단	拘禁船長二名恩赦で釋放
181430	朝鮮朝日	西北版	1929-12-05	1	10단	もよほし(元山府協議會/公正倶楽部組織)
181431	朝鮮朝日	西北版	1929-12-05	1	10단	人(元山金融組合理事)
181432	朝鮮朝日	西北版	1929-12-05	1	10단	半島茶話
181433	朝鮮朝日	南鮮版	1929-12-05	1	01단	今や世を擧げて緊縮！！緊縮！！/大賣出しといふに賣行はよくない/高級品などには目もくれずに安物を漁る/これにはかなはぬと各商店は大いに焦る/化粧品は特別だと巾を利かす
181434	朝鮮朝日	南鮮版	1929-12-05	1	01단	自動車賃金の値下を慫慂經營合理化にも努む京畿道の新しい試み
181435	朝鮮朝日	南鮮版	1929-12-05	1	01단	約四十萬圓の土木事業で旱害罹災民を救濟　慶南當局の計劃/繩叺の製造督勵救濟策の一つ
181436	朝鮮朝日	南鮮版	1929-12-05	1	02단	總督府辭令
181437	朝鮮朝日	南鮮版	1929-12-05	1	03단	釜山鎭市場設置認可さる
181438	朝鮮朝日	南鮮版	1929-12-05	1	03단	異動を語る(4)/新進拔擢の反面に未成人物が多い/煎じつめれば今度の異動は越中富山の藥の入れ替へそっくりだ
181439	朝鮮朝日	南鮮版	1929-12-05	1	04단	人造眞珠好成績歐洲へ進出
181440	朝鮮朝日	南鮮版	1929-12-05	1	04단	門鐵釜山營業所が荷物の積出しや各倉庫の現物受託出廻薄の對策として考究中
181441	朝鮮朝日	南鮮版	1929-12-05	1	06단	大邱上水道の擴張案なる/工費は十萬圓の見込明後年度から着工
181442	朝鮮朝日	南鮮版	1929-12-05	1	06단	昨年より一萬町歩增加した慶南の麥作付
181443	朝鮮朝日	南鮮版	1929-12-05	1	06단	センチネル式/汽動車運轉

일련번호	판명		간행일	면	단수	기사명
181444	朝鮮朝日	南鮮版	1929-12-05	1	01단	昌德會の陣容整ふ愈々實行に
181445	朝鮮朝日	南鮮版	1929-12-05	1	01단	工業協會の組織を變更
181446	朝鮮朝日	南鮮版	1929-12-05	1	01단	各種の納税非常の好成績
181447	朝鮮朝日	南鮮版	1929-12-05	1	02단	怪賊侵入して御下賜品を盗む今村慶北知事の盗難犯人の目星ほゞつく
181448	朝鮮朝日	南鮮版	1929-12-05	1	03단	奏任の卵はこぼす事務官の補充をしないため
181449	朝鮮朝日	南鮮版	1929-12-05	1	03단	切符一枚で內鮮滿台へ旅行が出來る
181450	朝鮮朝日	南鮮版	1929-12-05	1	04단	綠肥は增收
181451	朝鮮朝日	南鮮版	1929-12-05	1	04단	運賃五割引自動車との競爭から慶北線實施
181452	朝鮮朝日	南鮮版	1929-12-05	1	06단	本年産鼈高
181453	朝鮮朝日	南鮮版	1929-12-05	1	06단	各官廳の各稱を變更
181454	朝鮮朝日	南鮮版	1929-12-05	1	06단	養成高普の同盟休校培材高普の方も解決は至難
181455	朝鮮朝日	南鮮版	1929-12-05	1	06단	朝鮮牛の恩人蠣崎ワクチンの創始者新血淸製造所長蠣崎千晴博士
181456	朝鮮朝日	南鮮版	1929-12-05	1	07단	母娘して女給を監禁暴行を加ふ
181457	朝鮮朝日	南鮮版	1929-12-05	1	07단	人(新田留次郎氏(朝鮮鐵道專務)/松井京城府尹/吉田仁川商議會頭/上杉古太郎氏(釜山移出牛組合長))
181458	朝鮮朝日	南鮮版	1929-12-05	1	07단	半島茶話
181459	朝鮮朝日	南鮮版	1929-12-05	1	07단	青い鳥
181460	朝鮮朝日	南鮮版	1929-12-05	1	08단	淸津交通網計劃の根抵となる下水道の整備工事明年度から着手
181461	朝鮮朝日	南鮮版	1929-12-05	1	08단	ボーナスの沙汰無く慶北道のお役人こぼす
181462	朝鮮朝日	南鮮版	1929-12-05	1	09단	この不景氣に購買力多く景氣づいた群山の商店
181463	朝鮮朝日	南鮮版	1929-12-05	1	09단	棉花密賣取締好成績擧ぐ
181464	朝鮮朝日	南鮮版	1929-12-05	1	09단	木浦勞働組合人夫紛爭解決
181465	朝鮮朝日	南鮮版	1929-12-05	1	09단	釜山府の公設質屋開業は明春/京城府營公設質屋愈よ本月二十日頃から開業
181466	朝鮮朝日	南鮮版	1929-12-05	1	09단	防波堤岸壁を同時に行ふ淸津築港工事
181467	朝鮮朝日	南鮮版	1929-12-05	1	10단	新年原稿募集/大阪朝日門司支局
181468	朝鮮朝日	南鮮版	1929-12-05	1	10단	朝日活寫會
181469	朝鮮朝日	南鮮版	1929-12-05	1	10단	各地だより(厚昌)
181470	朝鮮朝日	西北版	1929-12-06	1	01단	流行よりも米櫃の底をさぐる嫁ぐならお醫者さんへ時代の英雄たる司法官に對してはいまだ十分なる敬意をはらふ事は出來ぬる

일련번호	판명		간행일	면	단수	기사명
181470	朝鮮朝日	西北版	1929-12-06	1	01단	しい時事問題を通じて見た女學生/餘り深刻には響いてゐぬ 大都會のそれと異り純な點は爭はれない/餘り深くは立入らない事件は複雜なために判斷はつかぬらしい
181471	朝鮮朝日	西北版	1929-12-06	1	02단	底の見えた私鐵補助/結局率を下げて持續するか
181472	朝鮮朝日	西北版	1929-12-06	1	03단	運動家で麻雀黨/新警務局保安課長立田淸辰氏
181473	朝鮮朝日	西北版	1929-12-06	1	03단	異動を語る(3)/萬人の食ふ料理を自分好みにした/コック長の所爲は愧づべきだ電氣に崇られた桑原大邱府尹
181474	朝鮮朝日	西北版	1929-12-06	1	04단	平北の異動小範圍に止む
181475	朝鮮朝日	西北版	1929-12-06	1	04단	西水羅漁港の修築着手か
181476	朝鮮朝日	西北版	1929-12-06	1	04단	男子の學生に音樂を教授/情操教育の必要から平壤高等普通學校の試み
181477	朝鮮朝日	西北版	1929-12-06	1	05단	故伊藤博文公爵の菩提寺を建立し思想善導內鮮融和の實をあげる資金は一般人からの寄附にまつ
181478	朝鮮朝日	西北版	1929-12-06	1	05단	陸軍省活寫班各地を撮影
181479	朝鮮朝日	西北版	1929-12-06	1	05단	平南地方の葉煙草減少耕作者大困り
181480	朝鮮朝日	西北版	1929-12-06	1	06단	平安南道の漁組網完成新漁令により
181481	朝鮮朝日	西北版	1929-12-06	1	06단	平壤農學校の內地學生は激減これではならぬとあり當局は改善策を考究
181482	朝鮮朝日	西北版	1929-12-06	1	06단	元山移出米
181483	朝鮮朝日	西北版	1929-12-06	1	07단	美麗な屛風を李王家へ獻上/平南道協贊會から
181484	朝鮮朝日	西北版	1929-12-06	1	07단	退官を惜まれる松井前府尹/府協議會から慰勞金一萬圓
181485	朝鮮朝日	西北版	1929-12-06	1	08단	牡丹台野話
181486	朝鮮朝日	西北版	1929-12-06	1	08단	四千戶から年に三萬圓恐喝暴虐極まりなき犯人つひに新義州署へ
181487	朝鮮朝日	西北版	1929-12-06	1	08단	安東歲暮賣出し來る十日から
181488	朝鮮朝日	西北版	1929-12-06	1	08단	安東の石炭
181489	朝鮮朝日	西北版	1929-12-06	1	09단	寒さ俄かに襲うて來に昨今の新義州
181490	朝鮮朝日	西北版	1929-12-06	1	09단	雪降る電信一時不通/元山地方
181491	朝鮮朝日	西北版	1929-12-06	1	09단	乘客をのせたまゝ/渡船中の自動車が乘客の惡戲から動き出し船を飛び出して河ながれ
181492	朝鮮朝日	西北版	1929-12-06	1	10단	活辯の盜み
181493	朝鮮朝日	西北版	1929-12-06	1	10단	逃走中捕る

일련번호	판명		간행일	면	단수	기사명
181494	朝鮮朝日	西北版	1929-12-06	1	10단	人(谷多喜磨氏(慶南知事)/松澤國治氏(平北內務部長)/松井信助氏(前平壤府尹))
181495	朝鮮朝日	西北版	1929-12-06	1	10단	半島茶話
181496	朝鮮朝日	南鮮版	1929-12-06	1	01단	流行よりも米櫃の底をさぐる嫁ぐならお醫者さんへ時代の英雄たる司法官に對してはいまだ十分なる敬意をはらふ事は出來ぬらしい 時事問題を通じて見た女學生/餘り深刻には響いてゐぬ大都會のそれと異り純な點は爭はれない/餘り深くは立入らない事件は複雑なために判斷はつかぬらしい
181497	朝鮮朝日	南鮮版	1929-12-06	1	02단	底の見えた私鐵補助結局率を下げて持續するか
181498	朝鮮朝日	南鮮版	1929-12-06	1	03단	運動家で麻雀黨新警務局保安課長立田淸辰氏
181499	朝鮮朝日	南鮮版	1929-12-06	1	03단	トンネルを貯水池に利用朝鮮一の舊隧道を奇拔な計劃すゝむ
181500	朝鮮朝日	南鮮版	1929-12-06	1	04단	通信機關の統一を計劃遞信局で研究
181501	朝鮮朝日	南鮮版	1929-12-06	1	04단	朝鮮水産物の新しい販路上海への輸出に今後大いに力を入れる
181502	朝鮮朝日	南鮮版	1929-12-06	1	05단	故伊藤博文公爵の菩提寺を建立し/思想善導內鮮融和の實をあげる資金は一般人からの寄附にまつ
181503	朝鮮朝日	南鮮版	1929-12-06	1	05단	琴湖水利組合創立委員會懸案解決す
181504	朝鮮朝日	南鮮版	1929-12-06	1	05단	旱害地の地稅免除慶北で發表/七十三萬餘圓
181505	朝鮮朝日	南鮮版	1929-12-06	1	05단	簡保積立金運用の委員會を設け萬金を期する
181506	朝鮮朝日	南鮮版	1929-12-06	1	06단	學校側から最後の通牒養成高普の盟休
181507	朝鮮朝日	南鮮版	1929-12-06	1	06단	救濟資金を拐帶して逃走
181508	朝鮮朝日	南鮮版	1929-12-06	1	06단	手數料が月給よりもはるかに多い簡保のふえる譯はこれ
181509	朝鮮朝日	南鮮版	1929-12-06	1	07단	斷水中の釜山に又も二ケ所に火災六棟十戸を全半燒消防手二名慘死、四名重輕傷/またゝく間に六戸を全燒 巡査部長宅から發火/消防引揚後に引續き出火目拔の四戸を全燒 釜山署の三階半燒す/特殊容疑者を除き留置人を解放 執務に支障はない/殉職消防は組葬で同情あつまる
181510	朝鮮朝日	南鮮版	1929-12-06	1	08단	古跡地の無斷發掘嚴重に取締る
181511	朝鮮朝日	南鮮版	1929-12-06	1	09단	爆藥密造中突然爆發し一朝鮮人慘死

일련번호	판명		간행일	면	단수	기사명
181512	朝鮮朝日	南鮮版	1929-12-06	1	09단	積載定量を馬車に表記京城で實施か
181513	朝鮮朝日	南鮮版	1929-12-06	1	10단	不義の子と邪推して殺害
181514	朝鮮朝日	南鮮版	1929-12-06	1	10단	寒さ俄かに襲うて來た昨今の新義州
181515	朝鮮朝日	南鮮版	1929-12-06	1	10단	鮮支人亂闘しー名瀕死の重傷を負ふ
181516	朝鮮朝日	南鮮版	1929-12-06	1	10단	人(佐々木志賀治氏(貴族院議員)/石川登盛氏(平安北道知事)/宮崎又治郎氏(釜山府尹)/桑原一郎氏(新大邱府尹)/ミラー氏(京城駐在米國領事)/野世溪榮氏(忠北警察部長)/高安彥氏(全北警察部長))
181517	朝鮮朝日	南鮮版	1929-12-06	1	10단	半島茶話
181518	朝鮮朝日	西北・南鮮版	1929-12-06	2	01단	組立講習會やお稽古講座/冬を樂しく送らせるDKの新しい試み
181519	朝鮮朝日	西北・南鮮版	1929-12-06	2	01단	內地の蠶種家が全南地方に着目/蠶兒飼育候補地として/蠶種檢査法改正の結果
181520	朝鮮朝日	西北・南鮮版	1929-12-06	2	01단	朝鮮米の輸移出九十三萬石
181521	朝鮮朝日	西北・南鮮版	1929-12-06	2	01단	營業期間の更新を認可釜山水産會社
181522	朝鮮朝日	西北・南鮮版	1929-12-06	2	02단	旱害と米價安農家は二重攻めに遭ひ困る
181523	朝鮮朝日	西北・南鮮版	1929-12-06	2	02단	海事資源調査規則を發布
181524	朝鮮朝日	西北・南鮮版	1929-12-06	2	03단	朝鮮海事會海員講習會淸津で開催/財務局長だけ政府委員に
181525	朝鮮朝日	西北・南鮮版	1929-12-06	2	03단	新年原稿募集/大阪朝日門司支局
181526	朝鮮朝日	西北・南鮮版	1929-12-06	2	03단	朝日活寫會
181527	朝鮮朝日	西北・南鮮版	1929-12-06	2	04단	各地だより(京城/沙里院)
181528	朝鮮朝日	西北版	1929-12-07	1	01단	商戰/府民が勝つか！ 商店が勝つか！
181529	朝鮮朝日	西北版	1929-12-07	1	01단	迫りくる寒さに窮乏のドン底へ追ひつめられてゆく慶北の旱害罹災民と當局の救濟
181530	朝鮮朝日	西北版	1929-12-07	1	01단	結局畜組を農會に併合/綜合的併行制採用か殖産局で目下研究中
181531	朝鮮朝日	西北版	1929-12-07	1	02단	顧客爭奪に大馬力平壤大賣出し
181532	朝鮮朝日	西北版	1929-12-07	1	03단	咸興商工會年內に實現か
181533	朝鮮朝日	西北版	1929-12-07	1	03단	平安北道の自動車網漸次細密に
181534	朝鮮朝日	西北版	1929-12-07	1	04단	十一月中の對外貿易高
181535	朝鮮朝日	西北版	1929-12-07	1	04단	異動を語る(4)/新進拔擢の反面に未成人物が多い煎じつめれば今度の異動は越中富山の藥の入れ替へそっくりだ
181536	朝鮮朝日	西北版	1929-12-07	1	05단	各私設鐵道の重役報酬を減額せしめる事とし總督府から通達
181537	朝鮮朝日	西北版	1929-12-07	1	05단	國境道路の改修を急ぎ總督に陳情書を提出

일련번호	판명		간행일	면	단수	기사명
181538	朝鮮朝日	西北版	1929-12-07	1	06단	立田氏の椅子は保安課長ではない模様
181539	朝鮮朝日	西北版	1929-12-07	1	06단	見當つかぬ昭和製鋼所問題/依然として運動續く
181540	朝鮮朝日	西北版	1929-12-07	1	07단	元山水電總會
181541	朝鮮朝日	西北版	1929-12-07	1	07단	赤い書籍を嚴重取締る
181542	朝鮮朝日	西北版	1929-12-07	1	07단	家主自發的に家賃一割値下げ
181543	朝鮮朝日	西北版	1929-12-07	1	08단	元倉朝勸總會
181544	朝鮮朝日	西北版	1929-12-07	1	08단	獻金
181545	朝鮮朝日	西北版	1929-12-07	1	08단	鴨緑江上流結氷す氷上の交通差支へはない
181546	朝鮮朝日	西北版	1929-12-07	1	08단	産業鄉土化に涙ぐましい努力好成績を收めてゐる/平安北道の各普通校
181547	朝鮮朝日	西北版	1929-12-07	1	09단	牡丹台野話
181548	朝鮮朝日	西北版	1929-12-07	1	09단	暖かい割に雪が多い平北鐵山地方
181549	朝鮮朝日	西北版	1929-12-07	1	10단	刑務所で斷食匪賊の大親分吳東振の生活
181550	朝鮮朝日	西北版	1929-12-07	1	10단	火災自警團
181551	朝鮮朝日	西北版	1929-12-07	1	10단	罷業解決
181552	朝鮮朝日	西北版	1929-12-07	1	10단	人(武部學務局長/關水武氏(京畿道內務部長)/石本堅氏(前平南警察部長)/山本坂太郎氏(新任江原道警察部長)/山內伊平氏(金剛山電鐵專務)/竹內慶尚南道內務部長、藤原同高等課長/山下同地方課長)
181553	朝鮮朝日	南鮮版	1929-12-07	1	01단	商戰/府民が勝つか！ 商店が勝つか！迫りくる寒さに窮乏のドン底へ追ひつめられてゆく慶北の旱害罹災民と當局の救濟
181554	朝鮮朝日	南鮮版	1929-12-07	1	01단	迫りくる寒さに窮乏のドン底へ追ひつめられてゆく慶北の旱害罹災民と當局の救濟
181555	朝鮮朝日	南鮮版	1929-12-07	1	01단	結局畜組を農會に併合綜合的併行制採用か殖産局で目下研究中
181556	朝鮮朝日	南鮮版	1929-12-07	1	02단	十一月中の對外貿易高
181557	朝鮮朝日	南鮮版	1929-12-07	1	03단	愈よ近く起債交渉釜山明年度の三新規事業
181558	朝鮮朝日	南鮮版	1929-12-07	1	03단	各私設鐵道の重役報酬を減額せしめる事とし總督府から通達
181559	朝鮮朝日	南鮮版	1929-12-07	1	04단	年賀郵便特別扱遞信局宣傳
181560	朝鮮朝日	南鮮版	1929-12-07	1	04단	家賃値下げ奇特な家主
181561	朝鮮朝日	南鮮版	1929-12-07	1	05단	晉州電氣の値下げ運動起る/期成同盟會を組織目的の達成に努力
181562	朝鮮朝日	南鮮版	1929-12-07	1	05단	立田氏の椅子は保安課長ではない模様
181563	朝鮮朝日	南鮮版	1929-12-07	1	05단	晝舫
181564	朝鮮朝日	南鮮版	1929-12-07	1	06단	大邱府明豫算五十萬圓內外

일련번호	판명		간행일	면	단수	기사명
181565	朝鮮朝日	南鮮版	1929-12-07	1	06단	旅客機內はさう寒くない保溫裝置は要らぬ航空官らの調査
181566	朝鮮朝日	南鮮版	1929-12-07	1	06단	これから日增しに寒くなる
181567	朝鮮朝日	南鮮版	1929-12-07	1	07단	大邱藥令市
181568	朝鮮朝日	南鮮版	1929-12-07	1	07단	景福丸休航
181569	朝鮮朝日	南鮮版	1929-12-07	1	07단	就職希望の兒童を年末賣出しの手傳ひに成績良好なら卒業後に使って下さいと臨時働き
181570	朝鮮朝日	南鮮版	1929-12-07	1	08단	ラヂオの盜聽に眼が光る
181571	朝鮮朝日	南鮮版	1929-12-07	1	08단	殉職の消防手兩氏の葬儀
181572	朝鮮朝日	南鮮版	1929-12-07	1	09단	總督府の今期ボーナスこんどの整理で昨年より減額
181573	朝鮮朝日	南鮮版	1929-12-07	1	09단	巡查監禁暴行の犯人十餘名逮捕なほ搜査の手を延す/防火壁の完備や車庫の取締り釜山で高唱さる/釜山にまた火事
181574	朝鮮朝日	南鮮版	1929-12-07	1	09단	留置人も全部集る本廳舍に復歸釜山警察署
181575	朝鮮朝日	南鮮版	1929-12-07	1	10단	知事官舍の怪盜六名捕はる
181576	朝鮮朝日	南鮮版	1929-12-07	1	10단	四人組の强盜捕はる
181577	朝鮮朝日	南鮮版	1929-12-07	1	10단	人(竹內慶尙南道內務部長、藤原同高等課長)
181578	朝鮮朝日	西北・南鮮版	1929-12-07	2	01단	各地だより(京城/平壤/仁川)
181579	朝鮮朝日	西北・南鮮版	1929-12-07	2	01단	朝鮮沿岸を荒しまはる密漁船退治に取締船を新造す當局の對策なる
181580	朝鮮朝日	西北・南鮮版	1929-12-07	2	01단	雫の聲
181581	朝鮮朝日	西北・南鮮版	1929-12-07	2	01단	繭の生産激增か東洋製絲竣工の曉には
181582	朝鮮朝日	西北・南鮮版	1929-12-07	2	02단	鳧をつける仁川市場問題
181583	朝鮮朝日	西北・南鮮版	1929-12-07	2	02단	東海岸漁獲高
181584	朝鮮朝日	西北・南鮮版	1929-12-07	2	02단	京仁間に軌道車運轉を開始
181585	朝鮮朝日	西北・南鮮版	1929-12-07	2	03단	一擧兩得の城南川埋立/馬山で研究中
181586	朝鮮朝日	西北・南鮮版	1929-12-07	2	03단	朝日活寫會
181587	朝鮮朝日	西北・南鮮版	1929-12-07	2	04단	地料五割引下借地人が運動
181588	朝鮮朝日	西北・南鮮版	1929-12-07	2	04단	馬山酒造界
181589	朝鮮朝日	西北版	1929-12-08	1	01단	緊縮は向學心にどう響くか/學費のかゝらぬ鮮內で修業さす/ほかの事とは違って世間で噂されるほど緊縮節約は教育方面にさして影響はない/さすがにこれだけは別格(京城中學/京城第一高普學校/京城商業/善隣商業/龍山中學)
181590	朝鮮朝日	西北版	1929-12-08	1	01단	珍しく大仕掛な第二次司法官異動いよいよ近く斷行する覆審法院長級から若手判

일련번호	판명		간행일	면	단수	기사명
181590	朝鮮朝日	西北版	1929-12-08	1	01단	檢事まで
181591	朝鮮朝日	西北版	1929-12-08	1	01단	松澤平北內務部長/五日家族同伴にて着任
181592	朝鮮朝日	西北版	1929-12-08	1	02단	本年度よりも幾分減少かいよいよ編成に着手/平壤府明年度豫算
181593	朝鮮朝日	西北版	1929-12-08	1	03단	平壤の獻金
181594	朝鮮朝日	西北版	1929-12-08	1	04단	三日茂山驛に到着した新兵と出迎人
181595	朝鮮朝日	西北版	1929-12-08	1	04단	辭令
181596	朝鮮朝日	西北版	1929-12-08	1	06단	女高普設置を學務局長に陳情/道立師範學校あとを充當し其實現を期す
181597	朝鮮朝日	西北版	1929-12-08	1	06단	公安局長の後任
181598	朝鮮朝日	西北版	1929-12-08	1	06단	製鋼所はどうなるか(1)/よそさまの援助も知らぬ顔に過す新義州側に對し非難の聲起る
181599	朝鮮朝日	西北版	1929-12-08	1	07단	伐材作業は順調に進む
181600	朝鮮朝日	西北版	1929-12-08	1	08단	牡丹台野話
181601	朝鮮朝日	西北版	1929-12-08	1	08단	會寧の上水道給水不能に陷る道立病院のごときは一部外來患者を斷る
181602	朝鮮朝日	西北版	1929-12-08	1	08단	平安南道のビート收量
181603	朝鮮朝日	西北版	1929-12-08	1	08단	婦人の家出が非常に多く平壤署も驚く
181604	朝鮮朝日	西北版	1929-12-08	1	09단	平安自動車顚覆の原因
181605	朝鮮朝日	西北版	1929-12-08	1	09단	年末の警戒犯罪增加を見越して今年は特別に嚴重
181606	朝鮮朝日	西北版	1929-12-08	1	10단	亂暴傳道師
181607	朝鮮朝日	西北版	1929-12-08	1	10단	人(齊藤朝鮮總督/則元由庸氏(代議士)/金井淸氏(鐵道局參事))
181608	朝鮮朝日	南鮮版	1929-12-08	1	01단	緊縮は向學心にどう響くか/學費のかゝらぬ鮮內で修業さす/ほかの事とは違って世間で噂されるほど緊縮節約は教育方面にさして影響はない/さすがにこれだけは別格(京城中學/京城第一高普學校/京城商業/善隣商業/龍山中學)
181609	朝鮮朝日	南鮮版	1929-12-08	1	01단	珍しく大仕掛な第二次司法官異動いよいよ近く斷行する覆審法院長級から若手判檢事まで
181610	朝鮮朝日	南鮮版	1929-12-08	1	01단	機械化して勞力を節約し安價な品を供給する山林産業事業の合理化
181611	朝鮮朝日	南鮮版	1929-12-08	1	03단	辭令
181612	朝鮮朝日	南鮮版	1929-12-08	1	03단	明春から急施の普通學校卒業生の指導召集
181613	朝鮮朝日	南鮮版	1929-12-08	1	04단	救濟事業の着手は二月ごろ來る二十日頃府尹と郡守會議をひらいて協議

일련번호	판명		간행일	면	단수	기사명
181614	朝鮮朝日	南鮮版	1929-12-08	1	04단	綠肥增産計劃つひに變更
181615	朝鮮朝日	南鮮版	1929-12-08	1	05단	勅語謄本傳達式
181616	朝鮮朝日	南鮮版	1929-12-08	1	05단	畫舫
181617	朝鮮朝日	南鮮版	1929-12-08	1	06단	初等職員大異動明春慶南で
181618	朝鮮朝日	南鮮版	1929-12-08	1	06단	內鮮人學生の健康くらべ
181619	朝鮮朝日	南鮮版	1929-12-08	1	07단	醫學講習所認可の內報
181620	朝鮮朝日	南鮮版	1929-12-08	1	07단	自發的に料理を値下げ本町署の鐵鎚を恐れて
181621	朝鮮朝日	南鮮版	1929-12-08	1	08단	生活戰線に喘ぐ人々釜山に九千餘人も救ひの手はどう伸ぶ？
181622	朝鮮朝日	南鮮版	1929-12-08	1	08단	地稅免稅の調査に苦情
181623	朝鮮朝日	南鮮版	1929-12-08	1	08단	願ひが許され涙の握手を交す劇的シーンを見せた自動車強盜事件公判
181624	朝鮮朝日	南鮮版	1929-12-08	1	09단	評判のよい大邱回生病院
181625	朝鮮朝日	南鮮版	1929-12-08	1	09단	朝鮮永住の希望が多い廿師團の除隊兵
181626	朝鮮朝日	南鮮版	1929-12-08	1	10단	德壽丸衝突破損相手の帆船は漂流中
181627	朝鮮朝日	南鮮版	1929-12-08	1	10단	不良少年團一網打盡に逮捕
181628	朝鮮朝日	南鮮版	1929-12-08	1	10단	長承浦の火事
181629	朝鮮朝日	南鮮版	1929-12-08	1	10단	人(齊藤朝鮮總督/則元由庸氏(代議士)/金井淸氏(鐵道局參事)/湯村辰二郞氏(本府農務課長)/三橋孝一郞氏(警務局警務課長)/申錫麟氏(前忠南道知事)/南宮營氏(慶南參與官)/多賀秀敏氏(慶北財務部長)/安藤袈裟一氏(全北內務部長)/村山沼一郞氏(咸南內務部長)/古城龜之助氏/澤村五朗氏(本社京城支局員))
181630	朝鮮朝日	西北・南鮮版	1929-12-08	2	01단	中等校入試準備教育の根本的な具體案を慶南當局で樹立計劃
181631	朝鮮朝日	西北・南鮮版	1929-12-08	2	01단	承認運組解散式/京城ホテルにおいて擧行す
181632	朝鮮朝日	西北・南鮮版	1929-12-08	2	01단	センチネル式汽動車運轉
181633	朝鮮朝日	西北・南鮮版	1929-12-08	2	02단	米棉移出高木浦港客月末
181634	朝鮮朝日	西北・南鮮版	1929-12-08	2	02단	辭令(七日付)
181635	朝鮮朝日	西北・南鮮版	1929-12-08	2	02단	各地だより(京城/平壤/鎭南浦/沙里院/裡里/龍山/公州/淸州)
181636	朝鮮朝日	西北・南鮮版	1929-12-08	2	03단	火元には皆んなならない心掛け火事季節/御用心下さい
181637	朝鮮朝日	西北版	1929-12-10	1	01단	また近づく試驗地獄/いたいけな子供達の心身を極度に勞れさす準備教育/蒼白い子供たちの顔よ、度の進む近視よいたましくもその弊害を如實に物語る(龍山小學校/櫻

일련번호	판명		간행일	면	단수	기사명
181637	朝鮮朝日	西北版	1929-12-10	1	01단	井小學校/日の出小學校/東大門小學校)
181638	朝鮮朝日	西北版	1929-12-10	1	01단	金解禁を控へ頗る活氣づく鮮內各地の金鑛業來年産額は一千萬圓突破か/我國産金に重大な關係總督府鈴木技師談
181639	朝鮮朝日	西北版	1929-12-10	1	02단	製鋼所設置實現促進運動
181640	朝鮮朝日	西北版	1929-12-10	1	03단	平壤聯隊飛機新式機に改む
181641	朝鮮朝日	西北版	1929-12-10	1	03단	製鋼所はどうなるか(2)/製鋼所出現の聲で土地熱大に昻り持て餘しの府有地忽ち處分さる
181642	朝鮮朝日	西北版	1929-12-10	1	04단	咸北の判任官整理の噂さ
181643	朝鮮朝日	西北版	1929-12-10	1	05단	愛着を感じて朝鮮で働く/除隊後の若人等陸軍當局も盡力
181644	朝鮮朝日	西北版	1929-12-10	1	05단	內地を視察/教育機關の施設は眞に驚くばかり大いに參考となった平南道學事視察團歸る
181645	朝鮮朝日	西北版	1929-12-10	1	06단	あくまで正義で仕事をやる/新任平南道警察部長石田氏着任す
181646	朝鮮朝日	西北版	1929-12-10	1	06단	水利組合創立一頓挫
181647	朝鮮朝日	西北版	1929-12-10	1	07단	溫水利用の共同洗濯所使用者が多い
181648	朝鮮朝日	西北版	1929-12-10	1	08단	白米用麻袋を朝鮮綿布で自給自足を圖る
181649	朝鮮朝日	西北版	1929-12-10	1	08단	佛敎禮讚の長篇詩月印釋譜版を發見/慶尙北道內の版木調査中に/學界の貴重な文獻
181650	朝鮮朝日	西北版	1929-12-10	1	08단	地方制度改善は年內には困難上京用件は事務打合/齊藤總督の談
181651	朝鮮朝日	西北版	1929-12-10	1	09단	牡丹台野話
181652	朝鮮朝日	西北版	1929-12-10	1	09단	刑務所へ志願す罪を自白して食へぬ若者が
181653	朝鮮朝日	西北版	1929-12-10	1	10단	もよほし(滿鐵の中等學校長打合會/送別會/滿鐵社會課主催手編物應用編物講習會)
181654	朝鮮朝日	西北版	1929-12-10	1	10단	人(新任洪忠北知事/多賀秀敏氏(慶北財務部長)/大野諒一氏(慶北警察部長)/岡田信利氏(城大敎授)/寺澤智良氏(同))
181655	朝鮮朝日	西北版	1929-12-10	1	10단	半島茶話
181656	朝鮮朝日	南鮮版	1929-12-10	1	01단	また近づく試驗地獄/いたいけな子供達の心身を極度に疲れさす準備敎育/蒼白い子供たちの顔よ、度の進む近視よいたましくもその弊害を如實に物語る(龍山小學校/櫻井小學校/日の出小學校/東大門小學校)
181657	朝鮮朝日	南鮮版	1929-12-10	1	01단	金解禁を控へ頗る活氣づく鮮內各地の金鑛業來年産額は一千萬圓突破か/我國産金に重大な關係總督府鈴木技師談

일련번호	판명		간행일	면	단수	기사명
181658	朝鮮朝日	南鮮版	1929-12-10	1	01단	南鮮方面の交通網を緊密に鐵道局が力をそゝぐ郊外交通機關の整備
181659	朝鮮朝日	南鮮版	1929-12-10	1	03단	公設市場日用品一割値下斷行釜山公設市場
181660	朝鮮朝日	南鮮版	1929-12-10	1	04단	京城會議所新役員會頭は渡邊氏
181661	朝鮮朝日	南鮮版	1929-12-10	1	04단	民間知事として百姓の味方を志す退官した元の黃海道知事/朴相駿氏の感慨縱横談
181662	朝鮮朝日	南鮮版	1929-12-10	1	05단	賃金を値下慶南自動車
181663	朝鮮朝日	南鮮版	1929-12-10	1	05단	地方制度改善は年內には困難/上京用件は事務打合/齋藤總督の談
181664	朝鮮朝日	南鮮版	1929-12-10	1	05단	寒さと比例して殖える犯罪/特に多くなる強盜/京城年末警戒は廿五日頃から
181665	朝鮮朝日	南鮮版	1929-12-10	1	06단	佛教禮讚の長篇詩月印釋譜版を發見慶尙北道內の版木調査中に/學界の貴重な文獻
181666	朝鮮朝日	南鮮版	1929-12-10	1	07단	住吉丸の機關に故障半分沈沒す
181667	朝鮮朝日	南鮮版	1929-12-10	1	07단	朝鮮における將來の農民の進路を明示する普通學校での職業指導教育卒業者の生活難も緩和する
181668	朝鮮朝日	南鮮版	1929-12-10	1	08단	全州面議補缺選
181669	朝鮮朝日	南鮮版	1929-12-10	1	08단	技師宅へ怪盜忍入る
181670	朝鮮朝日	南鮮版	1929-12-10	1	09단	面白半分の放火と判明三十女捕る
181671	朝鮮朝日	南鮮版	1929-12-10	1	09단	緊縮ボーナス/昨年より二三割減十六日には現金を總督府の台所覗き
181672	朝鮮朝日	南鮮版	1929-12-10	1	10단	少女の髮切り
181673	朝鮮朝日	南鮮版	1929-12-10	1	10단	人(新任洪忠北知事/多賀秀敏氏(慶北財務部長)/大野謙一氏(慶北警察部長)/岡田信利氏(城大敎授)/寺澤智良氏(同)/山下眞一氏(平壤專賣支局長)/今井源良氏(釜山辯護士)/神谷小一氏(新慶南財務部長)/渡邊秀雄氏(新釜山稅關長))
181674	朝鮮朝日	南鮮版	1929-12-10	1	10단	半島茶話
181675	朝鮮朝日	南鮮版	1929-12-10	1	01단	末期的傾向の種々相/今東光
181676	朝鮮朝日	南鮮版	1929-12-10	1	02단	各地だより(京城/新義州/茂山/鎭南浦/平壤/江界)
181677	朝鮮朝日	南鮮版	1929-12-10	1	03단	朝鮮米の著しい進步內地酒醸造米に一位愈よ需要激增せん
181678	朝鮮朝日	南鮮版	1929-12-10	1	04단	百萬石を突破せん本年の移出米
181679	朝鮮朝日	南鮮版	1929-12-10	1	05단	朝日活寫會
181680	朝鮮朝日	南鮮版	1929-12-10	1	05단	馬糧に燕麥を內地に移出
181681	朝鮮朝日	南鮮版	1929-12-10	1	05단	陶山書院の保存が急務郡守が對策
181682	朝鮮朝日	南鮮版	1929-12-10	1	06단	淸津刑務所增築用地に舊府廳跡拂下

일련번호	판명		간행일	면	단수	기사명
181683	朝鮮朝日	南鮮版	1929-12-10	1	06단	歳末と貨物増鐵道局の對策
181684	朝鮮朝日	南鮮版	1929-12-10	1	07단	列車の特別點檢
181685	朝鮮朝日	西北・南鮮版	1929-12-10	2	01단	二千町歩大干拓ツルツボ灣に工事認可さる
181686	朝鮮朝日	西北・南鮮版	1929-12-10	2	02단	驛屯土賣却代金全部回收は明年中の見込
181687	朝鮮朝日	西北・南鮮版	1929-12-10	2	03단	學生の本分を守り將來の發達に盡せ 兒玉總監が一學校長として訓戒の聲明を記者團に發表/校規の確立を誓ひ開校を要求 光州學生事件眞相警務局からの發表
181688	朝鮮朝日	西北・南鮮版	1929-12-10	2	04단	穀類出廻期に突如運賃の値上/五船會社が協定して荷主側對策考究
181689	朝鮮朝日	西北・南鮮版	1929-12-10	2	05단	製鋼所はどうなるか(3)/燃料税金その他で莫大な相違あり新義州のほうが遙かにまさる
181690	朝鮮朝日	西北・南鮮版	1929-12-10	2	05단	修養するに咸南は良い所 馬野氏の後をうけ榮轉の松井知事談/第二次の知事の異動/知事異動評
181691	朝鮮朝日	西北・南鮮版	1929-12-10	2	05단	はやくもお正月の準備/注連繩作りに轉手古舞ひ門松の上等が十四五圖
181692	朝鮮朝日	西北・南鮮版	1929-12-10	2	06단	辭令/東京電話
181693	朝鮮朝日	西北・南鮮版	1929-12-10	2	06단	運賃拂戾制の存續を陳情 運送合同會社の成立まで所謂横合同店から/何とか考慮戸田理事談
181694	朝鮮朝日	西北・南鮮版	1929-12-10	2	07단	緊縮に祟られ購買力減るコボしてる商店街/寒さ急激の平壤地方
181695	朝鮮朝日	西北・南鮮版	1929-12-10	2	07단	文教の振興に努力したい武部局長談
181696	朝鮮朝日	西北・南鮮版	1929-12-10	2	07단	朝鮮軍異動
181697	朝鮮朝日	西北版	1929-12-11	1	07단	陷沒美田の復舊を計劃
181698	朝鮮朝日	西北版	1929-12-11	1	08단	平壤商議復活問題/國粹會支部と對策を協議土木協會が奔走圓滿解決を見るか
181699	朝鮮朝日	西北版	1929-12-11	1	08단	時の喇叭/感心な横山先生
181700	朝鮮朝日	西北版	1929-12-11	1	08단	平壤府電氣統制事業の引繼十一日午前一時を期し
181701	朝鮮朝日	西北版	1929-12-11	1	08단	獻金美談
181702	朝鮮朝日	西北版	1929-12-11	1	09단	記錄破り自動車試驗志願者三百名に上る
181703	朝鮮朝日	西北版	1929-12-11	1	09단	技手の死體發見
181704	朝鮮朝日	西北版	1929-12-11	1	09단	牡丹台野話
181705	朝鮮朝日	西北版	1929-12-11	1	10단	馬賊出沒八十六件
181706	朝鮮朝日	西北版	1929-12-11	1	10단	早くも凍死
181707	朝鮮朝日	西北版	1929-12-11	1	10단	もよほし(創立記念式/安東取引所定時總會)
181708	朝鮮朝日	西北版	1929-12-11	1	10단	人(加藤咄堂氏/谷多喜搖氏(慶尚南道知事))

일련번호	판명		간행일	면	단수	기사명
181709	朝鮮朝日	西北版	1929-12-11	1	10단	半島茶話
181710	朝鮮朝日	南鮮版	1929-12-11	1	01단	學生の本分を守り將來の發達に盡せ 兒玉總監が一學校長として訓戒の聲明を記者團に發表/校規の確立を誓ひ開校を要求 光州學生事件眞相警務局からの發表
181711	朝鮮朝日	南鮮版	1929-12-11	1	01단	修養するに咸南は良い所 馬野氏の後をうけ榮轉の松井知事談/第二次の知事の異動/知事異動評
181712	朝鮮朝日	南鮮版	1929-12-11	1	01단	緊縮風の吹きまくる歲末忘年會の噂もケシ飛んでヒッソリ閑贈答の虛禮も殆ど廢止(總督府/京畿道/鐵道局/京城府/專賣局/遞信局)
181713	朝鮮朝日	南鮮版	1929-12-11	1	04단	運賃拂戾制の存續を陳情 運送合同會社の成立まで所謂橫合同店から/何とか考慮戶田理事談
181714	朝鮮朝日	南鮮版	1929-12-11	1	05단	辭令/東京電話
181715	朝鮮朝日	南鮮版	1929-12-11	1	05단	廿師參謀長森大佐榮轉
181716	朝鮮朝日	南鮮版	1929-12-11	1	05단	久留米憲兵隊長から京城憲兵隊長に榮轉した小山田潔大佐とその家庭
181717	朝鮮朝日	南鮮版	1929-12-11	1	06단	お好きの道(一)/もう七年間もお仕舞の稽古一家こぞっての御趣味近藤雪子さん
181718	朝鮮朝日	南鮮版	1929-12-11	1	06단	朝鮮軍異動
181719	朝鮮朝日	南鮮版	1929-12-11	1	07단	新設の小作官十日に任命
181720	朝鮮朝日	南鮮版	1929-12-11	1	07단	漁船を建造して衰くへゆく漁村を救ふ漁獲高の二割を天引貯蓄させ/慶北が本腰で沿岸漁業に力瘤
181721	朝鮮朝日	南鮮版	1929-12-11	1	08단	委員を擧げ方針を決る家賃値下問題
181722	朝鮮朝日	南鮮版	1929-12-11	1	08단	慶南旱害罹災民に同情金集る
181723	朝鮮朝日	南鮮版	1929-12-11	1	08단	釜山病院の移築で協議員懇談會
181724	朝鮮朝日	南鮮版	1929-12-11	1	09단	北神丸行方判らず
181725	朝鮮朝日	南鮮版	1929-12-11	1	10단	覆面の強盜釜山に現る
181726	朝鮮朝日	南鮮版	1929-12-11	1	10단	片變の悩み女學生の髮切
181727	朝鮮朝日	南鮮版	1929-12-11	1	10단	人(如藤咄堂氏/運輸委員會出席者/南宮營氏(慶南新參與官)/谷多喜磨氏(慶南知事)/桑原新大邱府尹/山田一隆氏(前本府警察官講習所長))
181728	朝鮮朝日	南鮮版	1929-12-11	1	10단	半島茶話
181729	朝鮮朝日	西北・南鮮版	1929-12-11	2	01단	『移動警官は橫暴だ』かうした聲に鐵道當局弱る
181730	朝鮮朝日	西北・南鮮版	1929-12-11	2	01단	山羊飼養/獎勵の基本調査

일련번호	판명		간행일	면	단수	기사명
181731	朝鮮朝日	西北・南鮮版	1929-12-11	2	01단	眞鰯の回游狀況判る
181732	朝鮮朝日	西北・南鮮版	1929-12-11	2	01단	朝鮮の海苔大阪へ移出
181733	朝鮮朝日	西北・南鮮版	1929-12-11	2	02단	廿藷栽培を普及奬勵する
181734	朝鮮朝日	西北・南鮮版	1929-12-11	2	02단	病斃牛の燒却法發見
181735	朝鮮朝日	西北・南鮮版	1929-12-11	2	02단	弘道會から表彰された孝子と節婦
181736	朝鮮朝日	西北・南鮮版	1929-12-11	2	02단	慶南道の自動車事故本年中統計
181737	朝鮮朝日	西北・南鮮版	1929-12-11	2	03단	國境地方に僞紙幣流入が激增
181738	朝鮮朝日	西北・南鮮版	1929-12-11	2	03단	京城醫專入院料値下を斷行
181739	朝鮮朝日	西北・南鮮版	1929-12-11	2	03단	各團體へ寄附す
181740	朝鮮朝日	西北・南鮮版	1929-12-11	2	03단	朝日活寫會
181741	朝鮮朝日	西北・南鮮版	1929-12-11	2	04단	金融組評議員會
181742	朝鮮朝日	西北・南鮮版	1929-12-11	2	04단	京仁電と發起人
181743	朝鮮朝日	西北・南鮮版	1929-12-11	2	04단	各地だより(京城)
181744	朝鮮朝日	西北版	1929-12-12	1	01단	不景氣風は學生を襲ふ/內職をやりながら勉學をつゞける城大で學友共濟部を設け　/內職希望者に對して親切にそれぞれ就職の斡旋に努む(經費を考へず入學するからだ出來るだけ世話する志賀城大總長は語る/朝鮮學生のみでなく內地人も困り相當實業家の援助を恩師のもとに申込む)
181745	朝鮮朝日	西北版	1929-12-12	1	01단	『今年內に會社を創立して貰ひたいでなくば參加を斷はる』橫合運業者から決議文を叩きつく
181746	朝鮮朝日	西北版	1929-12-12	1	01단	德育方面に力を入れる普通學校敎育方針/都市の自治制は調査中/東上の途中釜山で齋藤總督談
181747	朝鮮朝日	西北版	1929-12-12	1	02단	遞信局管內の老朽者整理
181748	朝鮮朝日	西北版	1929-12-12	1	02단	辭令/東京電話
181749	朝鮮朝日	西北版	1929-12-12	1	03단	安東市街歲末戰線/各商店競爭で景品附賣出し
181750	朝鮮朝日	西北版	1929-12-12	1	03단	製鋼所はどうなるか(4)/用水にも事缺かず勞働條件もよい新義州誘致のかずかずの理由
181751	朝鮮朝日	西北版	1929-12-12	1	04단	各私鐵會社もメートル制採用端數切上げ不可能で早くも收入減を憂慮
181752	朝鮮朝日	西北版	1929-12-12	1	05단	支那人への穀類密輸を嚴重に取締る
181753	朝鮮朝日	西北版	1929-12-12	1	05단	公私經濟趣旨宣傳/安東の委員會
181754	朝鮮朝日	西北版	1929-12-12	1	06단	慶南米の共同販賣成績は良い
181755	朝鮮朝日	西北版	1929-12-12	1	06단	慶南道の棉花販賣高
181756	朝鮮朝日	西北版	1929-12-12	1	07단	平壤出初式勤續者表彰

일련번호	판명		간행일	면	단수	기사명
181757	朝鮮朝日	西北版	1929-12-12	1	07단	女高普問題又も擡頭す平安北道から
181758	朝鮮朝日	西北版	1929-12-12	1	08단	牡丹台野話
181759	朝鮮朝日	西北版	1929-12-12	1	08단	慶南道で遺跡の發掘取締り
181760	朝鮮朝日	西北版	1929-12-12	1	08단	平南牛の移出と聲價に一層努力する牛疫の豫防策として免疫地區を各地に設く
181761	朝鮮朝日	西北版	1929-12-12	1	08단	怨みの放火か
181762	朝鮮朝日	西北版	1929-12-12	1	09단	スケートリンク京電が設ける
181763	朝鮮朝日	西北版	1929-12-12	1	09단	梯子專門賊捕る
181764	朝鮮朝日	西北版	1929-12-12	1	09단	御用心！！御用心各地に强盗出沒一夜に三ヶ所も物騷な平壤地方
181765	朝鮮朝日	西北版	1929-12-12	1	10단	新院、鶴峴間の開通きまる
181766	朝鮮朝日	西北版	1929-12-12	1	10단	人(山崎元元山府尹)
181767	朝鮮朝日	西北版	1929-12-12	1	10단	半島茶話
181768	朝鮮朝日	南鮮版	1929-12-12	1	01단	不景氣風は學生を襲ふ/內職をやりながら勉學をつゞける城大で學友共濟部を設け /內職希望者に對して親切にそれぞれ就職の斡旋に努む(經費を考へず入學するからだ出來るだけ世話する志賀城大總長は語る/朝鮮學生のみでなく內地人も困り 相當實業家の援助を恩師のもとに申込む)
181769	朝鮮朝日	南鮮版	1929-12-12	1	01단	『今年內に會社を創立して貰ひたいでなくば參加を斷はる』横合運業者から決議文を叩きつく
181770	朝鮮朝日	南鮮版	1929-12-12	1	01단	德育方面に力を入れる普通學校敎育方針/都市の自治制は調査中/東上の途中釜山で齋藤總督談
181771	朝鮮朝日	南鮮版	1929-12-12	1	02단	遞信局管內の老朽者整理
181772	朝鮮朝日	南鮮版	1929-12-12	1	02단	未知でもなし關係は深かった 平北同樣長くゐたい 谷慶南新知事着任/『山は高く月白し』我盟の目下の心境だ 今村前知事談/十年前朝鮮に二年間居た 小山田大佐談
181773	朝鮮朝日	南鮮版	1929-12-12	1	03단	慶南米の共同販賣成績は良い
181774	朝鮮朝日	南鮮版	1929-12-12	1	04단	慶南道の棉花販賣高
181775	朝鮮朝日	南鮮版	1929-12-12	1	05단	玄米四石を遂に突破す慶北の多收穫
181776	朝鮮朝日	南鮮版	1929-12-12	1	05단	總督府異動十一日付で發表さる
181777	朝鮮朝日	南鮮版	1929-12-12	1	05단	お好きの道(二)/お小さい頃から長唄に御堪能そのせゐで身體まで達者/高久壽子さん
181778	朝鮮朝日	南鮮版	1929-12-12	1	06단	各私鐵會社もメートル制採用端數切上げ不可能で早くも收入減を憂慮
181779	朝鮮朝日	南鮮版	1929-12-12	1	07단	小作官任命

일련번호	판명		간행일	면	단수	기사명
181780	朝鮮朝日	南鮮版	1929-12-12	1	08단	石炭のお關所斤量調で當業者弱る
181781	朝鮮朝日	南鮮版	1929-12-12	1	08단	運輸委員會/小口扱協議
181782	朝鮮朝日	南鮮版	1929-12-12	1	09단	慶南道で遺跡の發掘取締り
181783	朝鮮朝日	南鮮版	1929-12-12	1	09단	各私設市場の追隨を期待/釜山の値下げ機運/各方面に濃厚となる
181784	朝鮮朝日	南鮮版	1929-12-12	1	10단	新院、鶴峴間の開通きまる
181785	朝鮮朝日	南鮮版	1929-12-12	1	10단	スケートリンク京電が設ける
181786	朝鮮朝日	南鮮版	1929-12-12	1	10단	もよほし(京城府名刺交換會)
181787	朝鮮朝日	南鮮版	1929-12-12	1	10단	人(渡邊秀雄氏(釜山税關長)/佐藤信太郎氏(前慶南税務課長))
181788	朝鮮朝日	南鮮版	1929-12-12	1	10단	半島茶話
181789	朝鮮朝日	西北・南鮮版	1929-12-12	2	01단	一日に四段步田植の名人/廣い高知で二人とない村の棉人神田の留喜さん
181790	朝鮮朝日	西北・南鮮版	1929-12-12	2	01단	地主懇談會の決議を無視して/不當な小作料をとる/惡德地主各地に簇出
181791	朝鮮朝日	西北・南鮮版	1929-12-12	2	01단	仁川の自由港いよいよ有望/實現に努力す
181792	朝鮮朝日	西北・南鮮版	1929-12-12	2	02단	種籾交換終了す本年をもって
181793	朝鮮朝日	西北・南鮮版	1929-12-12	2	03단	模範桑田の成績はよい
181794	朝鮮朝日	西北・南鮮版	1929-12-12	2	03단	新年原稿募集/大阪朝日門司支局
181795	朝鮮朝日	西北・南鮮版	1929-12-12	2	03단	各地だより(京城/平壤/沙里院)
181796	朝鮮朝日	西北・南鮮版	1929-12-12	2	03단	朝日活寫會
181797	朝鮮朝日	西北版	1929-12-13	1	01단	押しせまったこの年の暮に店員さん達の悲哀　さて彼等はどれだけボーナスをもらふかほんの申譯的な歳暮をもらひ俸給生活者を羨やむ哀れなお店者の内幕/例年より少ない警察官の賞與
181798	朝鮮朝日	西北版	1929-12-13	1	01단	教科書の挿繪に色彩をつける/藝術的匂ひを持たせ興味を失ひつゝある兒童を惹きつけんとす/學務局の新らしい試み
181799	朝鮮朝日	西北版	1929-12-13	1	01단	鐵道工事費の緊縮を調査/今度工務課調査係に第三部を新設に決る
181800	朝鮮朝日	西北版	1929-12-13	1	03단	橫合運業者の感情融和し當分推移を觀望する委員長の誠意を認め
181801	朝鮮朝日	西北版	1929-12-13	1	04단	移出牛檢疫の解決を急ぐ
181802	朝鮮朝日	西北版	1929-12-13	1	04단	サーヂンの製造を內地の有力な會社が目論む
181803	朝鮮朝日	西北版	1929-12-13	1	05단	上海への鮮魚輸出今度は支那人向きを主に
181804	朝鮮朝日	西北版	1929-12-13	1	05단	石川新任平北知事夫人同伴任地に向ふ/大島新任平壤府尹はなばなしく着任す
181805	朝鮮朝日	西北版	1929-12-13	1	06단	高射砲隊設置の軍令

일련번호	판명		간행일	면	단수	기사명
181806	朝鮮朝日	西北版	1929-12-13	1	07단	二十日から事故を防止/平壤鐵道が
181807	朝鮮朝日	西北版	1929-12-13	1	07단	家賃と地料の値下を運動/新幹會支會の主唱で平壤借家人同盟生る
181808	朝鮮朝日	西北版	1929-12-13	1	07단	山地の教員に慰問袋發送/平地教員から
181809	朝鮮朝日	西北版	1929-12-13	1	07단	清津府廳舍の怪火事件明るみへ四千圓の謎の支出が暴露し俄然司直の手動く
181810	朝鮮朝日	西北版	1929-12-13	1	08단	蛔蟲と虎眼安東校の對策
181811	朝鮮朝日	西北版	1929-12-13	1	08단	運動界(安東女校に弓術/スケートリンク羅中がつくる)
181812	朝鮮朝日	西北版	1929-12-13	1	09단	不良朝鮮人十名を逮捕/狙擊には關係ないと口をそろへて抗辯す
181813	朝鮮朝日	西北版	1929-12-13	1	09단	牡丹台野話
181814	朝鮮朝日	西北版	1929-12-13	1	10단	風土病の驅逐に平南道當局活動
181815	朝鮮朝日	西北版	1929-12-13	1	10단	もよほし(新義州商業會議所評議員會)
181816	朝鮮朝日	西北版	1929-12-13	1	10단	人(三稿警務局警務課長/立田同保安課長/渡邊京城商議所會頭)
181817	朝鮮朝日	西北版	1929-12-13	1	10단	半島茶話
181818	朝鮮朝日	南鮮版	1929-12-13	1	01단	*押しせまったこの年の暮に店員さん達の悲哀 さて彼等はどれだけボーナスをもらふか/ほんの申譯的な歲暮をもらひ俸給生活者を羨やむ哀れなお店者の內幕/例年よりも少ない警察官の賞與*
181819	朝鮮朝日	南鮮版	1929-12-13	1	01단	教科書の挿繪に色彩をつける/藝術的匂ひを持たせ興味を失ひつゝある兒童を惹きつけんとす/學務局の新らしい試み
181820	朝鮮朝日	南鮮版	1929-12-13	1	01단	鐵道工事費の緊縮を調査/今度工務課調査係に第三部を新設に決る
181821	朝鮮朝日	南鮮版	1929-12-13	1	03단	橫合運業者の感情融和し當分推移を觀望する委員長の誠意を認め
181822	朝鮮朝日	南鮮版	1929-12-13	1	04단	移出牛檢疫の解決を急ぐ
181823	朝鮮朝日	南鮮版	1929-12-13	1	04단	サーヂンの製造を內地の有力な會社が目論む
181824	朝鮮朝日	南鮮版	1929-12-13	1	05단	府民の期待を意識し大に善處する關水京城府尹談
181825	朝鮮朝日	南鮮版	1929-12-13	1	05단	*明年度からは更に積極的に航路度數も增して 鮮魚の上海輸出/上海への鮮魚輸出今度は支那人向きを主とし*
181826	朝鮮朝日	南鮮版	1929-12-13	1	06단	旱害地免稅の決定案成る
181827	朝鮮朝日	南鮮版	1929-12-13	1	07단	商工裝勵館開館式

일련번호	판명		간행일	면	단수	기사명
181828	朝鮮朝日	南鮮版	1929-12-13	1	07단	輸入鹽管理の實施について陳情/釜山再製鹽業組合
181829	朝鮮朝日	南鮮版	1929-12-13	1	07단	畵舫
181830	朝鮮朝日	南鮮版	1929-12-13	1	08단	釜山府營住宅値下　一月から實施/木浦の家賃一、二割の値下
181831	朝鮮朝日	南鮮版	1929-12-13	1	09단	殆ど全部が寄生蟲の保持者/慶北衛生課の試み農村保健調査で判明
181832	朝鮮朝日	南鮮版	1929-12-13	1	09단	牛罐詰問題を繰り返すか
181833	朝鮮朝日	南鮮版	1929-12-13	1	10단	不用中古品の寄附を勸誘
181834	朝鮮朝日	南鮮版	1929-12-13	1	10단	風土病の驅逐に平南道當局活動
181835	朝鮮朝日	南鮮版	1929-12-13	1	10단	人(三稿警務局警務課長/立田同保安課長/渡邊京城商議所會頭/野口日室專務/八尋生弓氏(京畿道農務課長))
181836	朝鮮朝日	南鮮版	1929-12-13	1	10단	半島茶話
181837	朝鮮朝日	西北・南鮮版	1929-12-13	2	01단	晴天つゞきと溫暖で不漁海苔の品質もわるい/大恐慌の農村
181838	朝鮮朝日	西北・南鮮版	1929-12-13	2	01단	內鮮美術同好會/社會館建設の前提として生る
181839	朝鮮朝日	西北・南鮮版	1929-12-13	2	01단	貨物收入增加す/平壤鐵道管內
181840	朝鮮朝日	西北・南鮮版	1929-12-13	2	01단	澤山汽船の宇品寄港いよいよ實現
181841	朝鮮朝日	西北・南鮮版	1929-12-13	2	02단	仁川貿易額輸移出增加す
181842	朝鮮朝日	西北・南鮮版	1929-12-13	2	02단	各地だより(京城/平壤/裡里/鎭南浦/仁川/安東/木浦)
181843	朝鮮朝日	西北版	1929-12-14	1	01단	營林署の事業を縮小して貰ひたい新義州材木商人は希望/營林署でも計劃はあるが決定せぬ
181844	朝鮮朝日	西北版	1929-12-14	1	01단	平壤商議所の復活を要望/道當局の意見では實現は當分困難か
181845	朝鮮朝日	西北版	1929-12-14	1	01단	明年度の豫定線咸鏡北道の道路網計劃
181846	朝鮮朝日	西北版	1929-12-14	1	01단	古橋咸北知事淸津を訪ふ
181847	朝鮮朝日	西北版	1929-12-14	1	02단	貨物集配料金/制度を協議
181848	朝鮮朝日	西北版	1929-12-14	1	02단	二割五分の家賃値下提唱(調査研究の結果)平壤で運動方法協議
181849	朝鮮朝日	西北版	1929-12-14	1	02단	平南道の篤行者三氏を表彰/德川伯から
181850	朝鮮朝日	西北版	1929-12-14	1	03단	獨逸に留學/新義州醫院長村田美喜雄氏
181851	朝鮮朝日	西北版	1929-12-14	1	03단	日本海の一孤島で「敎育の父」と畏敬される/鹿兒島出身の島主佐野敬吉氏/島民達が夫妻の記念碑を建立
181852	朝鮮朝日	西北版	1929-12-14	1	04단	石炭價値下切込炭は一圓
181853	朝鮮朝日	西北版	1929-12-14	1	04단	卒業して上級學校へ大和校の調査

일련번호	판명		간행일	면	단수	기사명
181854	朝鮮朝日	西北版	1929-12-14	1	04단	お茶のあと
181855	朝鮮朝日	西北版	1929-12-14	1	05단	十七名へ感謝狀
181856	朝鮮朝日	西北版	1929-12-14	1	05단	規定外の速力を出す自動車を取締る/事故の頻發に對して平壤署の對策なる
181857	朝鮮朝日	西北版	1929-12-14	1	05단	鎮平銀取引頗る段盛
181858	朝鮮朝日	西北版	1929-12-14	1	06단	新任平壤高射砲隊長西田少佐
181859	朝鮮朝日	西北版	1929-12-14	1	06단	遊廓女の待遇改善/將來の安定に力をそゝぐ
181860	朝鮮朝日	西北版	1929-12-14	1	06단	內地の小作官が見學に来るだらうなどゝ今から大の自慢/變り種をそろへた小作官の顔觸れ
181861	朝鮮朝日	西北版	1929-12-14	1	07단	祝賀外電の大勉强/クリスマスに限り四分の一
181862	朝鮮朝日	西北版	1929-12-14	1	07단	道の事情は知らぬ着任した石川平北知事語る
181863	朝鮮朝日	西北版	1929-12-14	1	08단	牡丹台野話
181864	朝鮮朝日	西北版	1929-12-14	1	08단	十二月上旬の元山移出米
181865	朝鮮朝日	西北版	1929-12-14	1	08단	小學兒童に蟲齒が多い大和校で治療
181866	朝鮮朝日	西北版	1929-12-14	1	08단	ランプを棄てて明るい電燈に吉州や端川の兩市內點燈準備進む
181867	朝鮮朝日	西北版	1929-12-14	1	08단	美術研究所の試作展覽會
181868	朝鮮朝日	西北版	1929-12-14	1	09단	苛性曹達で自殺と殺害注意を要する現はれた數字
181869	朝鮮朝日	西北版	1929-12-14	1	09단	淸津の海員倶樂部愈よ増築する
181870	朝鮮朝日	西北版	1929-12-14	1	09단	恩を仇て
181871	朝鮮朝日	西北版	1929-12-14	1	10단	氷滑大會
181872	朝鮮朝日	西北版	1929-12-14	1	10단	人(新任黃海道知事韓圭復氏)
181873	朝鮮朝日	西北版	1929-12-14	1	10단	半島茶話
181874	朝鮮朝日	南鮮版	1929-12-14	1	01단	內地の小作官が見學に来るだらうなどゝ今から大の自慢/變り種をそろへた小作官の顔觸れ
181875	朝鮮朝日	南鮮版	1929-12-14	1	01단	なってゐない海苔養殖法/根本から建て直しをせねばならぬ事判明
181876	朝鮮朝日	南鮮版	1929-12-14	1	01단	平壤商議所の復活を要望/道當局の意見では實現は當分困難か
181877	朝鮮朝日	南鮮版	1929-12-14	1	01단	慶南警察署長會議
181878	朝鮮朝日	南鮮版	1929-12-14	1	02단	首腦部の異動で/慶北の豫算また一頓挫
181879	朝鮮朝日	南鮮版	1929-12-14	1	03단	獨逸に留學/新義州醫院長/村田善喜雄氏
181880	朝鮮朝日	南鮮版	1929-12-14	1	03단	一年生からやり直さう/新本府會計課長/菊山さん語る

일련번호	판명		간행일	면	단수	기사명
181881	朝鮮朝日	南鮮版	1929-12-14	1	03단	老朽判任官に因果を含む專賣局の整理
181882	朝鮮朝日	南鮮版	1929-12-14	1	03단	日本海の一孤島で「教育の父」と畏敬される鹿兒島出身の島主佐野敬吉氏/島民達が夫妻の記念碑を建立
181883	朝鮮朝日	南鮮版	1929-12-14	1	04단	自動車賃金一月から一齊値下げ?/慶南全道にわたり三、四區分し新賃金設定
181884	朝鮮朝日	南鮮版	1929-12-14	1	04단	お茶のあと
181885	朝鮮朝日	南鮮版	1929-12-14	1	05단	日蓮宗の一錢本/社會淨化の運動に使用する
181886	朝鮮朝日	南鮮版	1929-12-14	1	05단	畫舫
181887	朝鮮朝日	南鮮版	1929-12-14	1	06단	お好きの道(三)/御錄談も他所に生花に御精進旣に中傳のお許し橋口愛子さん
181888	朝鮮朝日	南鮮版	1929-12-14	1	06단	祝賀外電の大勉强/クリスマスに限り四分の一
181889	朝鮮朝日	南鮮版	1929-12-14	1	07단	たちの惡い風と霧に頭をなやます定期空輸の御難どき
181890	朝鮮朝日	南鮮版	1929-12-14	1	08단	石炭價値下切込炭は一圓
181891	朝鮮朝日	南鮮版	1929-12-14	1	08단	美術研究所の試作展覽會
181892	朝鮮朝日	南鮮版	1929-12-14	1	08단	不景氣と共に刑務所は大繁昌/あの萬歲事件以來のレコードだといはる
181893	朝鮮朝日	南鮮版	1929-12-14	1	09단	苛性曹達で自殺と殺害注意を要する現はれた數字
181894	朝鮮朝日	南鮮版	1929-12-14	1	09단	大山豊弘に二年の求刑
181895	朝鮮朝日	南鮮版	1929-12-14	1	10단	なぐり殺す
181896	朝鮮朝日	南鮮版	1929-12-14	1	10단	キネマだより(京城專樂館/中央館)
181897	朝鮮朝日	南鮮版	1929-12-14	1	10단	人(三橋總督府警務課長/橋本寬氏(釜山地方法院長)/村越才次郎氏(新大邱郵便局長))
181898	朝鮮朝日	南鮮版	1929-12-14	1	10단	半島茶話
181899	朝鮮朝日	西北・南鮮版	1929-12-14	2	01단	搖りあと 警察を稼ぐなら平北道か京畿道この理想をみんごと實現した鹿野警察君國境はよいと景山酒豪君しみじみと述懷伊達內務君の感懷や如何に?/馬野サン曰く張合がある警察を卒業したいと松下サンは大御機嫌
181900	朝鮮朝日	西北・南鮮版	1929-12-14	2	02단	各地だより(平壤/裡里/元山)
181901	朝鮮朝日	西北・南鮮版	1929-12-14	2	03단	新年原稿募集/大阪朝日門司支局
181902	朝鮮朝日	南鮮版	1929-12-14	1	08단	搖りあと 警察を稼ぐなら平北道か京畿道この理想をみんごと實現した鹿野警察君國境はよいと景山酒豪君しみじみと述懷伊達內務君の感懷や如何に?/馬野サン曰く張合がある警察を卒業したいと松下サン

일련번호	판명		간행일	면	단수	기사명
181902	朝鮮朝日	南鮮版	1929-12-14	1	08단	は大御機嫌
181903	朝鮮朝日	西北版	1929-12-15	1	01단	鎭南浦漁港の實現を要望/築港工事で漁船溜を破壞されて行くので
181904	朝鮮朝日	西北版	1929-12-15	1	01단	元山十一月の手形交換高
181905	朝鮮朝日	西北版	1929-12-15	1	02단	雄基、淸津間連絡船愈よ日發とし船車と連絡す
181906	朝鮮朝日	西北版	1929-12-15	1	02단	會議所問題は近く好轉か大橋內田の兩道議が調停に乘出し奔走す
181907	朝鮮朝日	西北版	1929-12-15	1	03단	特別班を編成し/密輸入の防止檢擧に努める
181908	朝鮮朝日	西北版	1929-12-15	1	03단	一回線增設で便利となる/新義州平壤間
181909	朝鮮朝日	西北版	1929-12-15	1	04단	毛蟹の相場は高くなるか
181910	朝鮮朝日	西北版	1929-12-15	1	04단	城津稅關支署竣工を告ぐ
181911	朝鮮朝日	西北版	1929-12-15	1	04단	師走日和(1)/人情紙のやうな平壤愛國婦人會
181912	朝鮮朝日	西北版	1929-12-15	1	05단	屋內作業を獎勵する
181913	朝鮮朝日	西北版	1929-12-15	1	06단	路下驛附近の不用地賣却
181914	朝鮮朝日	西北版	1929-12-15	1	06단	七年ぶりで師走の降雨
181915	朝鮮朝日	西北版	1929-12-15	1	06단	修養團が一致し變った豚舍を造り品種の改良につとめる感すべき平南孟山郡東倉の住民
181916	朝鮮朝日	西北版	1929-12-15	1	06단	元山の埠頭に大豆の山を築く相場の關係で年內にどれ程動くか判らぬ
181917	朝鮮朝日	西北版	1929-12-15	1	07단	國境防備の部隊協議會
181918	朝鮮朝日	西北版	1929-12-15	1	08단	僞造貨發見
181919	朝鮮朝日	西北版	1929-12-15	1	08단	牡丹台野話
181920	朝鮮朝日	西北版	1929-12-15	1	09단	兵器と兵士は年內に到着/我國で二つしかない自慢の平壤高射砲隊
181921	朝鮮朝日	西北版	1929-12-15	1	10단	物騷な平壤/强盜頻りに出沒
181922	朝鮮朝日	西北版	1929-12-15	1	10단	娼妓に振られ自殺を企つ
181923	朝鮮朝日	西北版	1929-12-15	1	10단	移出は減じ移入は增加/內地貿易調べ
181924	朝鮮朝日	西北版	1929-12-15	1	10단	半島茶話
181925	朝鮮朝日	南鮮版	1929-12-15	1	01단	自治制の實施はまだ決ってゐない人事の異動は一段落だ/兒玉政務總監は時事問題を語る
181926	朝鮮朝日	南鮮版	1929-12-15	1	01단	外國にもない立派な規則/漁業權を擁護する/施行細則公布さる
181927	朝鮮朝日	南鮮版	1929-12-15	1	01단	小作官設置の可否で賑ふ各議案を熱心に審議/農友會定期總會
181928	朝鮮朝日	南鮮版	1929-12-15	1	02단	會議所問題は近く好轉か大橋內田の兩道議が調停に乘出し奔走す

일련번호	판명		간행일	면	단수	기사명
181929	朝鮮朝日	南鮮版	1929-12-15	1	03단	莫大な防疫費/釜山のチフス
181930	朝鮮朝日	南鮮版	1929-12-15	1	03단	移出は減じ移入は増加/內地貿易調べ
181931	朝鮮朝日	南鮮版	1929-12-15	1	03단	釜山を中心に敎員の大異動行はれるか
181932	朝鮮朝日	南鮮版	1929-12-15	1	04단	慶南の植栽事業專ら苗木を交付する
181933	朝鮮朝日	南鮮版	1929-12-15	1	04단	小さい面より豫算が多い三十一本山に對して豫算案を提出せしむ
181934	朝鮮朝日	南鮮版	1929-12-15	1	04단	南大門
181935	朝鮮朝日	南鮮版	1929-12-15	1	05단	お好きの道(四)/鮮展にも旣に美事に御入選/閨秀畫家のお仲間入り岩崎秀子さん
181936	朝鮮朝日	南鮮版	1929-12-15	1	05단	鮮內における水利しらべ
181937	朝鮮朝日	南鮮版	1929-12-15	1	05단	全北は良い處/慶北へ榮轉の林知事かたる
181938	朝鮮朝日	南鮮版	1929-12-15	1	05단	値下げせぬ京城府營住宅
181939	朝鮮朝日	南鮮版	1929-12-15	1	06단	大邱市場白米値下げ
181940	朝鮮朝日	南鮮版	1929-12-15	1	06단	三重要案を釜山協和會が協議會に要望
181941	朝鮮朝日	南鮮版	1929-12-15	1	06단	政府も事情を諒としてくれた/當面問題陳情に上京した渡邊會頭かへる
181942	朝鮮朝日	南鮮版	1929-12-15	1	07단	毛蟹の相場は高くなるか
181943	朝鮮朝日	南鮮版	1929-12-15	1	07단	一回線増設で便利となる/新義州平壤間
181944	朝鮮朝日	南鮮版	1929-12-15	1	08단	十一月中の米豆檢査數旱害で減少
181945	朝鮮朝日	南鮮版	1929-12-15	1	08단	七年ぶりで師走の降雨
181946	朝鮮朝日	南鮮版	1929-12-15	1	08단	鐵道建設費を節約のため衆智を集める/普通貨車が大不足　各驛から矢の如く催促さる
181947	朝鮮朝日	南鮮版	1929-12-15	1	09단	特別班を編成し密輸入の防止/檢擧に努める
181948	朝鮮朝日	南鮮版	1929-12-15	1	09단	引續く凶作で鮮內在米が減ると同時に滿洲産粟の輸入は殖えるだらう
181949	朝鮮朝日	南鮮版	1929-12-15	1	09단	解雇された小使の兇行/背後から斬る
181950	朝鮮朝日	南鮮版	1929-12-15	1	10단	交通取締嚴重に/年末と釜山署
181951	朝鮮朝日	南鮮版	1929-12-15	1	10단	モヒ密賣者を恐喝し金をとる
181952	朝鮮朝日	南鮮版	1929-12-15	1	10단	人(三橋孝一郎氏(總督府新警務局長)/渡邊京城商議會頭/中山貞雄代議士/村越新大邱局長/山崎眞雄氏(前大邱府尹)/今村正美氏(前慶北知事)/小山田潔大佐(新任京城憲兵隊長))
181953	朝鮮朝日	南鮮版	1929-12-15	1	10단	半島茶話
181954	朝鮮朝日	西北・南鮮版	1929-12-15	2	01단	男子は上級校へ女子は家庭に歸る/緊縮風なんか頓着せぬ咸鏡北道諸中學校卒業生の希望
181955	朝鮮朝日	西北・南鮮版	1929-12-15	2	01단	雫の聲
181956	朝鮮朝日	西北・南鮮版	1929-12-15	2	02단	虛禮を廢止

일련번호	판명		간행일	면	단수	기사명
181957	朝鮮朝日	西北・南鮮版	1929-12-15	2	02단	裡里發展史/近く編纂する
181958	朝鮮朝日	西北・南鮮版	1929-12-15	2	02단	ボーナスで淸州活氣づく
181959	朝鮮朝日	西北・南鮮版	1929-12-15	2	03단	各地だより(平壤/裡里/鎭南浦/中江鎭)
181960	朝鮮朝日	西北版	1929-12-17	1	01단	粟粥をすゝって僅かに餓死を免かる慘狀 言語に絶してる漆谷永川方面の旱害地民/ 哀れにも夜逃續出 靑松郡方面
181961	朝鮮朝日	西北版	1929-12-17	1	01단	司法官異動/十七日の閣議で決定/直に發表 される豫定
181962	朝鮮朝日	西北版	1929-12-17	1	01단	海苔養殖浮ひゝ好成績を示す
181963	朝鮮朝日	西北版	1929-12-17	1	01단	平壤高射砲隊開隊の準備/着々すゝむ
181964	朝鮮朝日	西北版	1929-12-17	1	02단	教習所改革所長に警視
181965	朝鮮朝日	西北版	1929-12-17	1	02단	緊縮節約の影響最も大きい映畫常設館入 場料値下げの外あるまい/不景氣風が深刻 な平壤
181966	朝鮮朝日	西北版	1929-12-17	1	03단	辭令/東京電話
181967	朝鮮朝日	西北版	1929-12-17	1	03단	黃海道の警察官異動
181968	朝鮮朝日	西北版	1929-12-17	1	04단	鎭南浦の新府尹堀川重治氏談
181969	朝鮮朝日	西北版	1929-12-17	1	04단	大木浦建設卅萬圓で下水工事に行政區域 をも擴張す
181970	朝鮮朝日	西北版	1929-12-17	1	04단	お茶のあと
181971	朝鮮朝日	西北版	1929-12-17	1	04단	緊縮は簡保の增加を促進
181972	朝鮮朝日	西北版	1929-12-17	1	04단	平壤府の公設質屋年內に開業
181973	朝鮮朝日	西北版	1929-12-17	1	05단	木浦貿易高卅餘萬圓增加
181974	朝鮮朝日	西北版	1929-12-17	1	05단	安東特産物先月中輸出高
181975	朝鮮朝日	西北版	1929-12-17	1	05단	全滿商議聯合會長春で開く
181976	朝鮮朝日	西北版	1929-12-17	1	05단	各道で事情を參酌して實施す/普通學校、 小學校で課する實業教育
181977	朝鮮朝日	西北版	1929-12-17	1	05단	實際に卽した方法で開拓/農業將來の方針 を語る湯村新農務課長
181978	朝鮮朝日	西北版	1929-12-17	1	06단	無い袖は振れず滿洲大水害の在滿朝鮮人 救濟に頭を悩ます當局
181979	朝鮮朝日	西北版	1929-12-17	1	06단	總監初巡視
181980	朝鮮朝日	西北版	1929-12-17	1	06단	他の分掌局を斷然拔いた淸津局の簡保
181981	朝鮮朝日	西北版	1929-12-17	1	07단	標準米豆査定方針當業者の意見
181982	朝鮮朝日	西北版	1929-12-17	1	07단	動力の値下を新電に交涉/不景氣に苦み つゝある新義州木材業者から
181983	朝鮮朝日	西北版	1929-12-17	1	07단	名刺交換會
181984	朝鮮朝日	西北版	1929-12-17	1	07단	大豆見本査定會
181985	朝鮮朝日	西北版	1929-12-17	1	07단	春のやうに溫かいスケートなんか到底やれぬ

일련번호	판명		간행일	면	단수	기사명
181986	朝鮮朝日	西北版	1929-12-17	1	08단	公州圖書館落成
181987	朝鮮朝日	西北版	1929-12-17	1	08단	七十年振りの暖かさ新義州地方
181988	朝鮮朝日	西北版	1929-12-17	1	08단	今年最初の大雪/咸北の各地
181989	朝鮮朝日	西北版	1929-12-17	1	08단	安東、新義州年末の警戒
181990	朝鮮朝日	西北版	1929-12-17	1	08단	覆面の強盗二名捕まる
181991	朝鮮朝日	西北版	1929-12-17	1	09단	航空輸送/旅客よりも成績惡い貨物直通になれば多少利用が殖える見込み
181992	朝鮮朝日	西北版	1929-12-17	1	09단	投石し乍ら密漁を續く餘りのえげつなさにさしもの官憲憤慨す
181993	朝鮮朝日	西北版	1929-12-17	1	09단	工場の火事
181994	朝鮮朝日	西北版	1929-12-17	1	10단	夜警團組織
181995	朝鮮朝日	西北版	1929-12-17	1	10단	九人組強盗の目星がつく
181996	朝鮮朝日	西北版	1929-12-17	1	10단	暖さを喜ぶ人寒さを祈る人達
181997	朝鮮朝日	西北版	1929-12-17	1	10단	もよほし(公州郡灘川公立普通學校開校式)
181998	朝鮮朝日	西北版	1929-12-17	1	10단	人(堀川重治氏(鎭南浦府尹)/馬野、金兩知事/伊達四雄氏(江原道內務部長)/鹿野宏氏(京畿道警察部長)/村田美喜雄氏(道立新義州醫院長)/劉忠南新知事/徐忠南新參與官)
181999	朝鮮朝日	南鮮版	1929-12-17	1	01단	餘りに酷い醫者の試驗 資格受驗者の不安獨學者のなやみ冷酷だと受驗負傷群から一齊に呪ひの聲あげらる(免狀一枚に死もの狂ひ正規の學業を修めず獨學力行する醫學生/過度の勉強で遂に氣が狂った世にも哀れな受驗生 總督府當局を惱ます/合格するまで鄕里には歸らぬと妻君を置去りにし その儘朝鮮に留まる/捨てられた看護婦から試驗差止願ひ/藥劑師試驗/娘の落第を不思議がり母親から照會/悲慘！！また悲慘！！コ〻にもひどい受驗難なかなか難しい齒科醫師試驗/あてがはづれ妻の離婚話/妻君の一念藥劑師となる)
182000	朝鮮朝日	南鮮版	1929-12-17	1	01단	粟粥をすゝって僅かに餓死を免かる慘狀言語に絶してる漆谷永川方面の早害地民/哀れにも夜逃續出 靑松都方面
182001	朝鮮朝日	南鮮版	1929-12-17	1	01단	司法官異動十七日の閣議で決定/直に發表される豫定
182002	朝鮮朝日	南鮮版	1929-12-17	1	02단	海苔養殖浮ひゞ好成績を示す
182003	朝鮮朝日	南鮮版	1929-12-17	1	03단	標準米豆査定方針當業者の意見
182004	朝鮮朝日	南鮮版	1929-12-17	1	04단	各道で事情を參酌して實施す/普通學校、小學校で課する實業教育

일련번호	판명		간행일	면	단수	기사명
182005	朝鮮朝日	南鮮版	1929-12-17	1	04단	實際に卽した方法で開拓/農業將來の方針を語る湯村新農務課長
182006	朝鮮朝日	南鮮版	1929-12-17	1	06단	無い袖は振れず滿洲大水害の在滿朝鮮人救濟に頭を惱ます當局
182007	朝鮮朝日	南鮮版	1929-12-17	1	06단	*關釜連絡船德壽丸　六連沖で立往生昨夜關門港外一帶に近來稀な濃霧が襲來/殘りの客を乗せ折返へし釜山へ夜半下關に到着後三十餘年來の珍事*
182008	朝鮮朝日	南鮮版	1929-12-17	1	08단	辭令/東京電話
182009	朝鮮朝日	南鮮版	1929-12-17	1	08단	春のやうに溫かいスケートなんか到底やれぬ
182010	朝鮮朝日	南鮮版	1929-12-17	1	09단	航空輸送/旅客よりも成績惡い貨物直通になれば多少利用が殖える見込み
182011	朝鮮朝日	南鮮版	1929-12-17	1	10단	覆面の强盗二名捕まる
182012	朝鮮朝日	南鮮版	1929-12-17	1	10단	人(劉忠南新知事/徐忠南新參與官)
182013	朝鮮朝日	西北・南鮮版	1929-12-17	2	01단	火曜のペーヂ/レヴヰウ化と左傾問題/一九三〇年の劇壇は？/關口次郎
182014	朝鮮朝日	西北・南鮮版	1929-12-17	2	02단	映畵批評/「アスフアルト」を觀る
182015	朝鮮朝日	西北・南鮮版	1929-12-17	2	03단	村の婦人/村の經濟を婦人の手で杉箸製造に力を注ぐ長崎縣の戸石村
182016	朝鮮朝日	西北・南鮮版	1929-12-17	2	06단	新刊紹介(『衆像』/『福岡』/『法律新聞』/『開門新時代の歌人パンプレット』)
182017	朝鮮朝日	西北・南鮮版	1929-12-17	2	06단	生出牛の入檢で賑ふ
182018	朝鮮朝日	西北・南鮮版	1929-12-17	2	07단	安東通過の輸出滿洲粟
182019	朝鮮朝日	西北・南鮮版	1929-12-17	2	07단	各地だより(京城/滿浦/鎭南浦)
182020	朝鮮朝日	西北版	1929-12-18	1	01단	旱害農民よどこへ行く/食ふに食なきため漫然流離の旅へ今年の海外移住數は近年まれな高い數字を示さう
182021	朝鮮朝日	西北版	1929-12-18	1	01단	平壤の蕎麥屋が同盟休業を斷行し一心麵屋に對抗を試む/自轉車配達で得意をとられたゝめ
182022	朝鮮朝日	西北版	1929-12-18	1	01단	長德島の新燈台暗夜に十二浬照らす
182023	朝鮮朝日	西北版	1929-12-18	1	02단	虛榮を棄てゝ實業方面へ時代に自覺して來た/平壤中學の卒業生
182024	朝鮮朝日	西北版	1929-12-18	1	03단	反對を排して發會式を擧げる咸興商工會は愈近く創立する事にきまる
182025	朝鮮朝日	西北版	1929-12-18	1	04단	西湖津鄕軍分會を設立
182026	朝鮮朝日	西北版	1929-12-18	1	05단	辭令(十四日附)
182027	朝鮮朝日	西北版	1929-12-18	1	05단	京城學祖懇談會學校行政上の革新策を協議
182028	朝鮮朝日	西北版	1929-12-18	1	05단	航空無電局の起工式擧行

일련번호	판명		간행일	면	단수	기사명
182029	朝鮮朝日	西北版	1929-12-18	1	05단	師走日和(2)/平壤一記者
182030	朝鮮朝日	西北版	1929-12-18	1	06단	新築落成せる殖銀城津支店
182031	朝鮮朝日	西北版	1929-12-18	1	06단	前期よりも率が好い/京畿道の警察官のボーナス
182032	朝鮮朝日	西北版	1929-12-18	1	07단	連絡船の延着で釜山の船車連絡メチャメチャとなる
182033	朝鮮朝日	西北版	1929-12-18	1	08단	牡丹台野話
182034	朝鮮朝日	西北版	1929-12-18	1	08단	前例を破って現ナマ支給
182035	朝鮮朝日	西北版	1929-12-18	1	08단	運動界(スケート大會)
182036	朝鮮朝日	西北版	1929-12-18	1	08단	怪死體事件の犯人判明
182037	朝鮮朝日	西北版	1929-12-18	1	08단	釜山の制限給水年末も現狀維持/水營江からの揚水は萬一の場合まで貯へる
182038	朝鮮朝日	西北版	1929-12-18	1	09단	それこそ急激に寒くなる/この頃の暖かさについて平壤測候所では語る
182039	朝鮮朝日	西北版	1929-12-18	1	10단	積雪二尺餘で遞送不可能/平北郵便線路
182040	朝鮮朝日	西北版	1929-12-18	1	10단	質屋に强盜
182041	朝鮮朝日	西北版	1929-12-18	1	10단	失戀の結果自殺を企つ
182042	朝鮮朝日	西北版	1929-12-18	1	10단	半島茶話
182043	朝鮮朝日	南鮮版	1929-12-18	1	01단	旱害農民よどこへ行く/食ふに食なきため漫然流離の旅へ今年の海外移住數は近年まれな高い數字を示さう
182044	朝鮮朝日	南鮮版	1929-12-18	1	01단	歲末のジャズ賣んが爲の宣傳
182045	朝鮮朝日	南鮮版	1929-12-18	1	01단	釜山の制限給水年末も現狀維持/水營江からの揚水は萬一の場合まで貯へる
182046	朝鮮朝日	南鮮版	1929-12-18	1	02단	辭令(十四日付)
182047	朝鮮朝日	南鮮版	1929-12-18	1	04단	京城學組懇談會/學校行政上の革新策を協議
182048	朝鮮朝日	南鮮版	1929-12-18	1	05단	航空無電局の起工式擧行
182049	朝鮮朝日	南鮮版	1929-12-18	1	05단	釜山市內電車複線延長計劃/府の協議員側でも促進の陳情をなす
182050	朝鮮朝日	南鮮版	1929-12-18	1	05단	講演、講習で農村婦人を教育の計劃
182051	朝鮮朝日	南鮮版	1929-12-18	1	05단	南大門
182052	朝鮮朝日	南鮮版	1929-12-18	1	06단	朝鮮農村婦人の街頭への進出/まづ養蠶に携はる
182053	朝鮮朝日	南鮮版	1929-12-18	1	06단	年賀郵便差出し方の注意書配布
182054	朝鮮朝日	南鮮版	1929-12-18	1	06단	連絡船の延着で釜山の船車連絡メチャメチャとなる
182055	朝鮮朝日	南鮮版	1929-12-18	1	07단	慶南の漁業資金融通額
182056	朝鮮朝日	南鮮版	1929-12-18	1	08단	前期よりも率が好い 京畿道の警察官のボー

일련번호	판명		간행일	면	단수	기사명
182056	朝鮮朝日	南鮮版	1929-12-18	1	08단	ナス/前例を破って現ナマ支給/慶南のボーナス例年より高率 意外のホクホク
182057	朝鮮朝日	南鮮版	1929-12-18	1	08단	クリスマスプレゼント/諸外國との發着小包が激増/名産品が多くなった朝鮮からの贈りもの
182058	朝鮮朝日	南鮮版	1929-12-18	1	08단	法令を改正し炭疽病絶滅
182059	朝鮮朝日	南鮮版	1929-12-18	1	10단	積雪二尺餘で遞送不可能/平北郵便線路
182060	朝鮮朝日	南鮮版	1929-12-18	1	10단	海圖の誤謬を指摘し來る
182061	朝鮮朝日	南鮮版	1929-12-18	1	10단	慶北、南弓道會いよいよ合併
182062	朝鮮朝日	南鮮版	1929-12-18	1	10단	密漁準備中捕る
182063	朝鮮朝日	南鮮版	1929-12-18	1	10단	もよほし(釜山學校組合會)
182064	朝鮮朝日	南鮮版	1929-12-18	1	10단	人(今村正美氏(前慶北知事)/松原鮮銀理事/田中三雄氏(忠北內務部長)/菊山嘉男氏(本府會計課長))
182065	朝鮮朝日	南鮮版	1929-12-18	1	10단	半島茶話
182066	朝鮮朝日	西北・南鮮版	1929-12-18	2	01단	『敷金に利子をつけて家賃を三割下げよ容れねば供託して戰ふ』/大邱京町繁榮會いよいよ蹶起す
182067	朝鮮朝日	西北・南鮮版	1929-12-18	2	01단	土地の品物を買って貰ひたい忠淸北道廳に對して淸州繁榮會から陳情
182068	朝鮮朝日	西北・南鮮版	1929-12-18	2	01단	公營問題で大祟り瓦電會社の損害は頗る多い
182069	朝鮮朝日	西北・南鮮版	1929-12-18	2	01단	新營業者に引ずられて自動車賃値下
182070	朝鮮朝日	西北・南鮮版	1929-12-18	2	02단	質がよく量の多い畿內早生十四號を選定する
182071	朝鮮朝日	西北・南鮮版	1929-12-18	2	02단	知事や府尹に苦衷を述べ何分の考慮を煩はす釜山の再製鹽業組合
182072	朝鮮朝日	西北・南鮮版	1929-12-18	2	03단	自動車會社創立
182073	朝鮮朝日	西北・南鮮版	1929-12-18	2	03단	旱害による收入減で事業打切り慶北道農會
182074	朝鮮朝日	西北・南鮮版	1929-12-18	2	04단	各地だより(京城/平壤/大邱)
182075	朝鮮朝日	西北版	1929-12-19	1	01단	慣行に滿足せず組合を組織し小作權の自衛をはかる當局は今後善導する
182076	朝鮮朝日	西北版	1929-12-19	1	01단	五十錢タク遂に經營難/窮餘の一策として合同に意見一致す
182077	朝鮮朝日	西北版	1929-12-19	1	01단	明年度も內申制安東中學と安東高等女學校
182078	朝鮮朝日	西北版	1929-12-19	1	01단	農家の經濟/逐年圓滑に圖們江地方
182079	朝鮮朝日	西北版	1929-12-19	1	02단	辭令
182080	朝鮮朝日	西北版	1929-12-19	1	02단	歲末のジャズ賣んが爲の宣傳
182081	朝鮮朝日	西北版	1929-12-19	1	03단	平南道豫算本年と大差なし

일련번호	판명		간행일	면	단수	기사명
182082	朝鮮朝日	西北版	1929-12-19	1	04단	穀物檢査品の增員を陳情
182083	朝鮮朝日	西北版	1929-12-19	1	04단	手小荷物配達料平鐵に對して荷主側が答申
182084	朝鮮朝日	西北版	1929-12-19	1	04단	穀類お廻るか
182085	朝鮮朝日	西北版	1929-12-19	1	05단	平南道内の判任官異動
182086	朝鮮朝日	西北版	1929-12-19	1	05단	一意專心道治に盡す/江原道に榮轉した伊達内務部長語る
182087	朝鮮朝日	西北版	1929-12-19	1	06단	生産取引の改善に盡す安東の當業者
182088	朝鮮朝日	西北版	1929-12-19	1	06단	書入れ時に休業同樣で火の消えたやうな慶南道の各漁場
182089	朝鮮朝日	西北版	1929-12-19	1	06단	施肥の標準調査晉州種苗場で
182090	朝鮮朝日	西北版	1929-12-19	1	07단	滿電の電料値下來月に實現か
182091	朝鮮朝日	西北版	1929-12-19	1	07단	稀有の激減振十一月中の鮮米内地移出高
182092	朝鮮朝日	西北版	1929-12-19	1	07단	朝鮮輸入銑鐵通關事務を輸入驛に要望
182093	朝鮮朝日	西北版	1929-12-19	1	07단	藝娼妓年末贈答の廢止を嚴達し斷然弊風を一掃する/平壤署長から當業者に對し
182094	朝鮮朝日	西北版	1929-12-19	1	08단	牡丹台野話
182095	朝鮮朝日	西北版	1929-12-19	1	08단	*降雪多く交通杜絕 昨今の咸南/天圖鐵道雪で不通年末をひかへ大恐慌を來す*
182096	朝鮮朝日	西北版	1929-12-19	1	08단	さすがは年の暮/貸金返還の訴訟が多い
182097	朝鮮朝日	西北版	1929-12-19	1	08단	年末警戒
182098	朝鮮朝日	西北版	1929-12-19	1	09단	緊縮節約など一向お構ひなし歲暮の贈答品が多い/大多忙の新義州局
182099	朝鮮朝日	西北版	1929-12-19	1	09단	對外貿易激減す緊縮と平壤
182100	朝鮮朝日	西北版	1929-12-19	1	09단	馬賊の頭目銃殺さる
182101	朝鮮朝日	西北版	1929-12-19	1	09단	事故運轉手の免狀を褫奪
182102	朝鮮朝日	西北版	1929-12-19	1	10단	もよほし(春華鄕教育協進會設置)
182103	朝鮮朝日	西北版	1929-12-19	1	10단	人(豊田長智氏(前大同郡守)/井上取氏(極東時報社長)/朴勝鳳氏(平南參與官)/山下直一氏(平壤專賣支局長)/上內台藤檢察官/神田正爲大佐(第二十師團參謀長))
182104	朝鮮朝日	西北版	1929-12-19	1	10단	半島茶話
182105	朝鮮朝日	南鮮版	1929-12-19	1	01단	慣行に滿足せず組合を組織し小作權の自衛をはかる當局は今後善導する
182106	朝鮮朝日	南鮮版	1929-12-19	1	01단	大邱蘋果の合理的經營必要叫ばる
182107	朝鮮朝日	南鮮版	1929-12-19	1	01단	伊達江原内務部長
182108	朝鮮朝日	南鮮版	1929-12-19	1	02단	稀有の激減振十一月中の鮮米内地移出高
182109	朝鮮朝日	南鮮版	1929-12-19	1	02단	辭令
182110	朝鮮朝日	南鮮版	1929-12-19	1	02단	書入れ時に休業同樣で火の消えたやうな慶南道の各漁場

일련번호	판명		간행일	면	단수	기사명
182111	朝鮮朝日	南鮮版	1929-12-19	1	03단	土地稅の徵收に努む
182112	朝鮮朝日	南鮮版	1929-12-19	1	03단	施肥の標準調査/晉州種苗場で
182113	朝鮮朝日	南鮮版	1929-12-19	1	04단	立派な土地を海と認定し/事業家に拂下たとて總督を相手に訴へる
182114	朝鮮朝日	南鮮版	1929-12-19	1	04단	宣傳されても困るからね京城覆審法院檢事長に榮轉した境氏
182115	朝鮮朝日	南鮮版	1929-12-19	1	04단	官廳は斷然緊縮/實業界もほゞ同樣/だとするとボーナスの行方は？いはずとも愛する奧樣の懷中へ緊縮は家庭を圓滿にす(官廳方面/銀行會社/金の行方)
182116	朝鮮朝日	南鮮版	1929-12-19	1	05단	地方費からも支出して/小水利組合四五を新設
182117	朝鮮朝日	南鮮版	1929-12-19	1	05단	本町券番の藝妓が同盟罷業を行ひ料理屋組合に對し戰ひをいどむ花代支拂の經緯から
182118	朝鮮朝日	南鮮版	1929-12-19	1	06단	仁川の慈善演藝會
182119	朝鮮朝日	南鮮版	1929-12-19	1	06단	今度は道廳へ稻束を携へ早害民押かける
182120	朝鮮朝日	南鮮版	1929-12-19	1	07단	京東鐵道水原利川間年內に起工
182121	朝鮮朝日	南鮮版	1929-12-19	1	08단	新規事業計劃など夢にも出來ぬ慶南の明年度豫算
182122	朝鮮朝日	南鮮版	1929-12-19	1	08단	兒童を脅かす猩紅熱の猛威/流行の原因は判らぬ隔離を要せずとの學說を見事に裏切った一つの例
182123	朝鮮朝日	南鮮版	1929-12-19	1	09단	京城府營公設質屋廿日から開業
182124	朝鮮朝日	南鮮版	1929-12-19	1	09단	高師入學試驗
182125	朝鮮朝日	南鮮版	1929-12-19	1	09단	畜牛の流感が猖獗を極む殊に南鮮は甚だしい總督府は豫防に努む
182126	朝鮮朝日	南鮮版	1929-12-19	1	10단	馬賊の頭目銃殺さる
182127	朝鮮朝日	南鮮版	1929-12-19	1	10단	人(小山代議士/松村邊棋氏(釜山辯護士)/豊田長智氏(前大同郡守)/井上收氏(極東時報社長)/朴勝鳳氏(平南參與官)/山下直一氏(平壤專賣支局長)/上內台灣檢察官/神田正爲大佐(第二十師團參謀長))
182128	朝鮮朝日	南鮮版	1929-12-19	1	10단	半島茶話
182129	朝鮮朝日	西北・南鮮版	1929-12-19	2	01단	各地だより(京城/龍山/安東縣/鎭南浦/平壤)
182130	朝鮮朝日	西北・南鮮版	1929-12-19	2	01단	忠南發展に四つの大事業もっとも急を要す/安藤內務部長の談
182131	朝鮮朝日	西北・南鮮版	1929-12-19	2	01단	慶南社會事業協會の立直し計劃さるはたして谷知事が引受けるかゞ問題
182132	朝鮮朝日	西北・南鮮版	1929-12-19	2	01단	視察團に對し旅館の感想/滿鐵が募る
182133	朝鮮朝日	西北・南鮮版	1929-12-19	2	03단	南陽市場の復興を期し地方發展に盡す

일련번호	판명		간행일	면	단수	기사명
182134	朝鮮朝日	西北・南鮮版	1929-12-19	2	03단	御眞影安置
182135	朝鮮朝日	西北・南鮮版	1929-12-19	2	04단	堀川澄和氏醫博となる
182136	朝鮮朝日	西北・南鮮版	1929-12-19	2	04단	六道溝方面で繩叺を製造
182137	朝鮮朝日	西北・南鮮版	1929-12-19	2	04단	産米標準査定會
182138	朝鮮朝日	西北版	1929-12-20	1	01단	各面長の意見を詳細に聽取しそれに基調を置いて小作調停法をつくる
182139	朝鮮朝日	西北版	1929-12-20	1	01단	不漁續きから生活に困る/平安南道の蝦漁業者潮の變調で北上したゝめか
182140	朝鮮朝日	西北版	1929-12-20	1	01단	簡易保險の加入が多い/各地共好成績
182141	朝鮮朝日	西北版	1929-12-20	1	01단	安東産豆粕取引を改善/標準重量決定
182142	朝鮮朝日	西北版	1929-12-20	1	02단	漁港急設を當局へ陳情/鎭南浦漁業者
182143	朝鮮朝日	西北版	1929-12-20	1	02단	地方官異動十八日付で發令さる/これで異動は一段落
182144	朝鮮朝日	西北版	1929-12-20	1	02단	師走日和(3)/平壤一記者
182145	朝鮮朝日	西北版	1929-12-20	1	03단	年賀狀は增加の見込/新義州局準備
182146	朝鮮朝日	西北版	1929-12-20	1	05단	質屋や食堂等社會施設を充實伊藤府尹から挨拶す/新義州府協議會
182147	朝鮮朝日	西北版	1929-12-20	1	05단	緊縮運動實行/事項を決定
182148	朝鮮朝日	西北版	1929-12-20	1	05단	枯木を拾ひ鼈を飼ひ學費を自分で稼ぐ/民風改善も兒童から家庭へ淚ぐましい平南奧地の學童
182149	朝鮮朝日	西北版	1929-12-20	1	06단	初等校兒童と貯金の調べ
182150	朝鮮朝日	西北版	1929-12-20	1	07단	短歌/橋田東聲選
182151	朝鮮朝日	西北版	1929-12-20	1	07단	例年ない不振/新義州米穀界
182152	朝鮮朝日	西北版	1929-12-20	1	08단	牡丹台野話
182153	朝鮮朝日	西北版	1929-12-20	1	08단	講演や映畫で衛生思想を普及/最も效果のあるは映畫/力を注ぐ平北衛生課
182154	朝鮮朝日	西北版	1929-12-20	1	08단	平北教員年末賞與
182155	朝鮮朝日	西北版	1929-12-20	1	08단	感心な婦人/消防に活動し賞金を受く
182156	朝鮮朝日	西北版	1929-12-20	1	08단	匪賊や馬賊の來襲を防禦/國境獨特の設備をなす/改築の警察官駐在所
182157	朝鮮朝日	西北版	1929-12-20	1	08단	書畫を橫領
182158	朝鮮朝日	西北版	1929-12-20	1	09단	發電機增設/認可を促進
182159	朝鮮朝日	西北版	1929-12-20	1	10단	無盡台附近に强盜現はる
182160	朝鮮朝日	西北版	1929-12-20	1	10단	もよほし(山下氏披露宴)
182161	朝鮮朝日	西北版	1929-12-20	1	10단	半島茶話
182162	朝鮮朝日	南鮮版	1929-12-20	1	01단	各面長の意見を詳細に聽取しそれに基調を置いて小作調停法をつくる
182163	朝鮮朝日	南鮮版	1929-12-20	1	01단	史蹟や遺物を法律で保護/先づ各寺刹に保

일련번호	판명		간행일	면	단수	기사명
182163	朝鮮朝日	南鮮版	1929-12-20	1	01단	存の寶物を片端から調ぶ
182164	朝鮮朝日	南鮮版	1929-12-20	1	01단	仁川協議會の初召集決る
182165	朝鮮朝日	南鮮版	1929-12-20	1	01단	發電機增設/認可を促進
182166	朝鮮朝日	南鮮版	1929-12-20	1	02단	朝博丸釜山初入港
182167	朝鮮朝日	南鮮版	1929-12-20	1	02단	地方官異動十八日付で發令さる/これで異動は一段落
182168	朝鮮朝日	南鮮版	1929-12-20	1	02단	座談會(1)/自治制問題/初期府縣會に比べ變りない立派さ朝鮮人議員の態度は實によい前奏曲はあまりにながかった
182169	朝鮮朝日	南鮮版	1929-12-20	1	03단	慶北金融組合聯合理事長
182170	朝鮮朝日	南鮮版	1929-12-20	1	04단	先づ委員會に諮問をなし三月初旬に確定する/鐵道のメートル制度
182171	朝鮮朝日	南鮮版	1929-12-20	1	05단	足利時代の日本を禮讚した貴重なる朝鮮の文獻/店鋪共同風呂水車殉死などを褒めこれを學ぶべしと獎める/城大の加藤氏が研究
182172	朝鮮朝日	南鮮版	1929-12-20	1	06단	惡道路改修等緊急問題陳情/新舊龍山民から
182173	朝鮮朝日	南鮮版	1929-12-20	1	06단	各産業組合の成績を調査/總利益廿萬圓
182174	朝鮮朝日	南鮮版	1929-12-20	1	07단	望みのない水田を畑に慶北道で更改する/旱害から救ふため
182175	朝鮮朝日	南鮮版	1929-12-20	1	07단	發電所の大故障から動力の飢饉
182176	朝鮮朝日	南鮮版	1929-12-20	1	08단	大邱府廳で詰襟服奬勵
182177	朝鮮朝日	南鮮版	1929-12-20	1	08단	ベルリン大學で美術史講義/上野城大教授
182178	朝鮮朝日	南鮮版	1929-12-20	1	08단	超過保險を嚴重取締る/保險金欲さの放火を防ぐため釜山署で
182179	朝鮮朝日	南鮮版	1929-12-20	1	08단	匪賊や馬賊の來襲を防禦/國境獨特の設備をなす/改築の警察官駐在所
182180	朝鮮朝日	南鮮版	1929-12-20	1	09단	感心な婦人/消防に活動し賞金を受く
182181	朝鮮朝日	南鮮版	1929-12-20	1	09단	浮浪者と客引亂鬪/數名負傷す
182182	朝鮮朝日	南鮮版	1929-12-20	1	10단	光州刑務所の重罪囚逃走
182183	朝鮮朝日	南鮮版	1929-12-20	1	10단	短歌/橋田東聲選
182184	朝鮮朝日	南鮮版	1929-12-20	1	10단	無盡台附近に强盜現はる
182185	朝鮮朝日	南鮮版	1929-12-20	1	10단	景福丸就航
182186	朝鮮朝日	南鮮版	1929-12-20	1	10단	半島茶話
182187	朝鮮朝日	西北・南鮮版	1929-12-20	2	01단	各地だより(京城/龍山/平壤/海州/裡里)
182188	朝鮮朝日	西北・南鮮版	1929-12-20	2	01단	土を離れ家を棄てて職を探す人が多い深刻な不景氣と旱害に祟られて/授産指導をなす裡里當局
182189	朝鮮朝日	西北・南鮮版	1929-12-20	2	01단	小作制度の根本策樹立に寺領小作人の狀態を總督府農務課で調査

일련번호	판명		간행일	면	단수	기사명
182190	朝鮮朝日	西北・南鮮版	1929-12-20	2	01단	雫の聲
182191	朝鮮朝日	西北・南鮮版	1929-12-20	2	02단	梅が蕾をふくらませ枯草が芽を出す/暖い裡里地方
182192	朝鮮朝日	西北・南鮮版	1929-12-20	2	03단	相場安から棉花賣惜む/一般の農業者
182193	朝鮮朝日	西北・南鮮版	1929-12-20	2	03단	棉花出廻高十一月末迄一千萬斤
182194	朝鮮朝日	西北・南鮮版	1929-12-20	2	04단	種痘をしない五百餘名に嚴重な處分
182195	朝鮮朝日	西北・南鮮版	1929-12-20	2	04단	慶北金組成績
182196	朝鮮朝日	西北・南鮮版	1929-12-20	2	04단	新刊紹介(『新興文號』/『朝鮮』/『文數の朝鮮』)
182197	朝鮮朝日	西北版	1929-12-21	1	01단	本年度に比して八百五萬圓を節約/總額二億三千八百萬圓/總督府の明年度豫算愈よきまる
182198	朝鮮朝日	西北版	1929-12-21	1	01단	引續き開くラヂオ大學講座/一月末から三月にかけて教援の顔觸も新しくして
182199	朝鮮朝日	西北版	1929-12-21	1	01단	旱害民の救濟金/五十二萬一千餘圓決定す
182200	朝鮮朝日	西北版	1929-12-21	1	01단	地稅免除善處策/過般の陳情騷ぎにかんがみ
182201	朝鮮朝日	西北版	1929-12-21	1	02단	八千代町線を八間道路に明年早々着工
182202	朝鮮朝日	西北版	1929-12-21	1	02단	實習と學科と特殊教育を施す/義州と定州の兩農校何れも好成績を擧ぐ
182203	朝鮮朝日	西北版	1929-12-21	1	03단	回禮を廢し互禮會開催
182204	朝鮮朝日	西北版	1929-12-21	1	03단	琿春地方の警備軍慰問/防寒襯衣を千餘枚携へ
182205	朝鮮朝日	西北版	1929-12-21	1	04단	朝商銀支店定州に設置か
182206	朝鮮朝日	西北版	1929-12-21	1	04단	平壤府の公設質屋と公設の宿泊所/廿五日頃に落成式を擧行/愈々年內に開業
182207	朝鮮朝日	西北版	1929-12-21	1	04단	鐵道側の配達料金に荷主實行困難
182208	朝鮮朝日	西北版	1929-12-21	1	05단	航空無線送信裝置/自閉式鐵塔龍山に增設
182209	朝鮮朝日	西北版	1929-12-21	1	05단	未開墾地拂下に農民が反對を唱へ/大擧して郡廳に押寄す/咸南々大川流域國有地問題化す
182210	朝鮮朝日	西北版	1929-12-21	1	06단	木材は不振滿洲粟激增/新義州貿易高
182211	朝鮮朝日	西北版	1929-12-21	1	06단	冬季休業と平北の中等校
182212	朝鮮朝日	西北版	1929-12-21	1	07단	俳句/鈴木花蓑選
182213	朝鮮朝日	西北版	1929-12-21	1	07단	忠北內務部長田中氏着任
182214	朝鮮朝日	西北版	1929-12-21	1	07단	記錄破りの暖かさ/中江鎭地方
182215	朝鮮朝日	西北版	1929-12-21	1	07단	慶北地方大雨で/家屋浸水や道路の決潰
182216	朝鮮朝日	西北版	1929-12-21	1	08단	釜山水道蘇へる/多量の降雨で
182217	朝鮮朝日	西北版	1929-12-21	1	08단	ソバ屋も配達人側も態度が頗る强硬なかなか解決しない/平壤のソバ屋爭議
182218	朝鮮朝日	西北版	1929-12-21	1	08단	朝鮮海峽稀有の時化/關釜連絡船引返す雪

일련번호	판명		간행일	면	단수	기사명
182218	朝鮮朝日	西北版	1929-12-21	1	08단	を交へた暴風雨
182219	朝鮮朝日	西北版	1929-12-21	1	08단	刑務所構內煉瓦工場が火災を起す
182220	朝鮮朝日	西北版	1929-12-21	1	08단	平壤を中心に僞造の銀貨/頻々と現る
182221	朝鮮朝日	西北版	1929-12-21	1	09단	牡丹台野話
182222	朝鮮朝日	西北版	1929-12-21	1	09단	土木談合求刑
182223	朝鮮朝日	西北版	1929-12-21	1	09단	結婚の席上鎌で斬つけ遂に死亡さす
182224	朝鮮朝日	西北版	1929-12-21	1	09단	贈答品や宴會を廢し禁酒禁煙を實行/生活改善を申合せた江界郡前川內の人々
182225	朝鮮朝日	西北版	1929-12-21	1	10단	一家毒殺未遂/若者捕まる
182226	朝鮮朝日	西北版	1929-12-21	1	10단	もよほし(平壤クリスマス祝賀會)
182227	朝鮮朝日	西北版	1929-12-21	1	10단	人(鈴木融氏(新釜山局監督課長))
182228	朝鮮朝日	西北版	1929-12-21	1	10단	半島茶話
182229	朝鮮朝日	南鮮版	1929-12-21	1	01단	本年度に比して八百五萬圓を節約總額二億三千八百萬圓/總督府の明年度豫算愈よきまる
182230	朝鮮朝日	南鮮版	1929-12-21	1	01단	引續き開くラヂオ大學講座/一月末から三月にかけて敎授の顏觸も新しくして
182231	朝鮮朝日	南鮮版	1929-12-21	1	01단	旱害民の救濟金/五十二萬一千餘圓決定す
182232	朝鮮朝日	南鮮版	1929-12-21	1	01단	地稅免除善處策/過般の陳情騷ぎにかんがみ
182233	朝鮮朝日	南鮮版	1929-12-21	1	02단	八千代町綿を八間道路に明年早々着工
182234	朝鮮朝日	南鮮版	1929-12-21	1	02단	實習と學科と特殊敎育を施す/義州と定州の兩農校何れも好成績を擧ぐ
182235	朝鮮朝日	南鮮版	1929-12-21	1	03단	回禮を廢し互禮會開催
182236	朝鮮朝日	南鮮版	1929-12-21	1	03단	琿春地方の警備軍慰問/防寒襯衣を千餘枚携へ
182237	朝鮮朝日	南鮮版	1929-12-21	1	04단	朝商銀支店定州に設置か
182238	朝鮮朝日	南鮮版	1929-12-21	1	04단	平壤府の公設質屋と公設の宿泊所/廿五日頃に落成式を擧行愈々年內に開業
182239	朝鮮朝日	南鮮版	1929-12-21	1	04단	鐵道側の配達料金に荷主實行困難
182240	朝鮮朝日	南鮮版	1929-12-21	1	05단	航空無線送信裝置/自閉式鐵塔龍山に增設
182241	朝鮮朝日	南鮮版	1929-12-21	1	05단	未開墾地拂下に農民が反對を唱へ/大擧して郡廳に押寄す/咸南々大川流域國有地問題化す
182242	朝鮮朝日	南鮮版	1929-12-21	1	06단	木材は不振/滿洲粟激增/新義州貿易高
182243	朝鮮朝日	南鮮版	1929-12-21	1	06단	冬季休業と平北の中等校
182244	朝鮮朝日	南鮮版	1929-12-21	1	07단	俳句/鈴木花蓑選
182245	朝鮮朝日	南鮮版	1929-12-21	1	07단	忠北內務部長田中氏着任
182246	朝鮮朝日	南鮮版	1929-12-21	1	07단	記録破りの暖かさ/中江鎭地方
182247	朝鮮朝日	南鮮版	1929-12-21	1	07단	慶北地方大雨で家屋浸水や道路の決潰

일련번호	판명		간행일	면	단수	기사명
182248	朝鮮朝日	南鮮版	1929-12-21	1	08단	釜山水道蘇へる/多量の降雨で
182249	朝鮮朝日	南鮮版	1929-12-21	1	08단	ソバ屋も配達人側も態度が頗る強硬なかなか解決しない/平壤のソバ屋爭議
182250	朝鮮朝日	南鮮版	1929-12-21	1	08단	朝鮮海峽稀有の時化/關釜連絡船引返す雪を交へた暴風雨
182251	朝鮮朝日	南鮮版	1929-12-21	1	08단	刑務所構內煉瓦工場が火災を起す
182252	朝鮮朝日	南鮮版	1929-12-21	1	08단	平壤を中心に僞造の銀貨/頻々と現る
182253	朝鮮朝日	南鮮版	1929-12-21	1	09단	牡丹台野話
182254	朝鮮朝日	南鮮版	1929-12-21	1	09단	土木談合求刑
182255	朝鮮朝日	南鮮版	1929-12-21	1	09단	結婚の席上鎌で斬つけ遂に死亡さす
182256	朝鮮朝日	南鮮版	1929-12-21	1	09단	贈答品や宴會を廢し禁酒禁煙を實行/生活改善を申合せた江界郡前川內の人々
182257	朝鮮朝日	南鮮版	1929-12-21	1	10단	一家毒殺未遂/若者捕まる
182258	朝鮮朝日	南鮮版	1929-12-21	1	10단	もよほし(平壤クリスマス祝賀會)
182259	朝鮮朝日	南鮮版	1929-12-21	1	10단	人(鈴木融氏(新釜山局監督課長))
182260	朝鮮朝日	南鮮版	1929-12-21	1	10단	半島茶話
182261	朝鮮朝日	西北版	1929-12-22	1	01단	農村を救ふ若人の精進/普通學校における立派な職業教育/步一步と其地步を確立し農村の經濟を幸福に導く
182262	朝鮮朝日	西北版	1929-12-22	1	01단	目下の狀態では値下は己むを得ぬ家主の意見ほゞ一致す/然し中には値上の例外者もある
182263	朝鮮朝日	西北版	1929-12-22	1	01단	情操教育に今後重きを置き誤れる思想を矯正す/中等教育の樹て直し
182264	朝鮮朝日	西北版	1929-12-22	1	01단	重役會で協議し動力料問題の態度をきめる
182265	朝鮮朝日	西北版	1929-12-22	1	02단	石田部長初巡視
182266	朝鮮朝日	西北版	1929-12-22	1	02단	結氷遲れて採氷減少か
182267	朝鮮朝日	西北版	1929-12-22	1	03단	講演に感激し國債償還に獻金
182268	朝鮮朝日	西北版	1929-12-22	1	03단	安東の賀狀取扱
182269	朝鮮朝日	西北版	1929-12-22	1	03단	師走日和(4)/平壤一記者
182270	朝鮮朝日	西北版	1929-12-22	1	04단	短歌/橋田東聲選
182271	朝鮮朝日	西北版	1929-12-22	1	04단	救濟のために貧困者調査
182272	朝鮮朝日	西北版	1929-12-22	1	05단	銀安に拘らず商況振はず/冬眠期の狀態を呈す/安東縣昨今の木材界
182273	朝鮮朝日	西北版	1929-12-22	1	05단	勤勞教育の實績を擧ぐ
182274	朝鮮朝日	西北版	1929-12-22	1	05단	廻禮廢止申合せ
182275	朝鮮朝日	西北版	1929-12-22	1	05단	忠淸南道兩道は大雪と大雨のため 通信機關は不通となり應急手段を講じて連絡をつける/北鮮の降雪スキーヤ─元山方面

일련번호	판명		간행일	면	단수	기사명
182275	朝鮮朝日	西北版	1929-12-22	1	05단	に向ふ/電信電話線降雪で不通/漁船數百隻大破す　突然の時化で打上げられて/慶北の豪雨
182276	朝鮮朝日	西北版	1929-12-22	1	06단	親身も及ばぬ親切な世話振/成績はとてもよい/京畿道警察部の免囚保護
182277	朝鮮朝日					安東公設市場夜間開場か
182278	朝鮮朝日	西北版	1929-12-22	1	08단	牡丹台野話
182279	朝鮮朝日	西北版	1929-12-22	1	08단	鷄病流行す
182280	朝鮮朝日	西北版	1929-12-22	1	08단	父の實印を盜用し詐取
182281	朝鮮朝日	西北版	1929-12-22	1	08단	不景氣顔したお客サンが殺到/夫婦喧嘩まで持込む/昨今の平壤署人事相談所
182282	朝鮮朝日	西北版	1929-12-22	1	09단	惡性の流感/新義州に流行
182283	朝鮮朝日	西北版	1929-12-22	1	09단	國境で弗々と凍死者現る
182284	朝鮮朝日	西北版	1929-12-22	1	09단	學校に侵入し竊盜を働く
182285	朝鮮朝日	西北版	1929-12-22	1	09단	ピストル密輸一味の判決
182286	朝鮮朝日	西北版	1929-12-22	1	10단	大金を拐帶
182287	朝鮮朝日	西北版	1929-12-22	1	10단	開城の火事八戸を全燒す
182288	朝鮮朝日	西北版	1929-12-22	1	10단	もよほし(安發兩地名刺交換會/上田中佐の新聞講演)
182289	朝鮮朝日	西北版	1929-12-22	1	10단	人(李鍝公殿下/景山宣景氏(全南財務部長)/一杉藤平氏(全南道小作官)/咸北道新舊警察部長))
182290	朝鮮朝日	西北版	1929-12-22	1	10단	半島茶話
182291	朝鮮朝日	南鮮版	1929-12-22	1	01단	農村を救ふ若人の精進/普通學校における立派な職業教育/步一步と其地步を確立し農村の經濟を幸福に導く
182292	朝鮮朝日	南鮮版	1929-12-22	1	01단	旱害がたゝって兒童の退學が續出　愈々深刻化して行く農村悲劇に道當局當面の對策なる/免稅陳情遂に容れられずすごすごと引き揚ぐ　鐵馬面の旱害農民/普通學校退學者前年より多い/旱害地に地租免稅　慶南當局
182293	朝鮮朝日	南鮮版	1929-12-22	1	03단	釜山府内の下水の改修/本年度に竣工
182294	朝鮮朝日	南鮮版	1929-12-22	1	03단	銀行營業時間延長を要望
182295	朝鮮朝日	南鮮版	1929-12-22	1	04단	短歌/橋田東聲選
182296	朝鮮朝日	南鮮版	1929-12-22	1	04단	財務局人事異動
182297	朝鮮朝日	南鮮版	1929-12-22	1	04단	座談會(２)/自治制問題/府尹面長の公選に進まねばならぬ各團體の統一も必要であらうがほんとうに斷行する心算か
182298	朝鮮朝日	南鮮版	1929-12-22	1	05단	神宮用材の下付を申請
182299	朝鮮朝日	南鮮版	1929-12-22	1	05단	全鮮の刑務所にラヂオ設備/明年度から實現

일련번호	판명		간행일	면	단수	기사명
182300	朝鮮朝日	南鮮版	1929-12-22	1	05단	情操教育に今後重きを置き誤れる思想を矯正す/中等教育の樹て直し
182301	朝鮮朝日	南鮮版	1929-12-22	1	06단	ナンダイモン
182302	朝鮮朝日	南鮮版	1929-12-22	1	06단	度量衡の取締り/不正を働く商人が頗る多い
182303	朝鮮朝日	南鮮版	1929-12-22	1	07단	忠淸南北兩道は大雪と大雨のため　通信機關は不通となり應急手段を講じて連絡をつける/北鮮の降雪スキーヤー元山方面に向ふ/電信電話線降雪で不通/漁船數百隻大破す　突然の時化で打上げられて/慶北の豪雨
182304	朝鮮朝日	南鮮版	1929-12-22	1	08단	お茶のあと
182305	朝鮮朝日	南鮮版	1929-12-22	1	10단	開城の火事八戶を全燒す
182306	朝鮮朝日	南鮮版	1929-12-22	1	10단	三人組強盗
182307	朝鮮朝日	南鮮版	1929-12-22	1	10단	自動車正面衝突
182308	朝鮮朝日	南鮮版	1929-12-22	1	10단	大金を拐帶
182309	朝鮮朝日	南鮮版	1929-12-22	1	10단	人(李鍝公殿下/景山宣景氏(全南財務部長)/一杉藤平氏(全南道小作官)/原敢次郎中將(鎭海要港部司令官)/野口遵氏(日室專務)/伊森賢三氏(專賣局開城出張所長)/黑破勝美博士東大敎授/山澤利三郎氏(京城專賣支局長)/ポンピンオ・アロイジ伯(駐日伊太利大使))
182310	朝鮮朝日	南鮮版	1929-12-22	1	10단	半島茶話
182311	朝鮮朝日	西北・南鮮版	1929-12-22	2	01단	擴張も出來ねば藥價値下げも困る/補助金の減少にも弱る/緊縮でとてもつらい鮮內道立病院
182312	朝鮮朝日	西北・南鮮版	1929-12-22	2	01단	鐵道の米突法實施反對は時代に逆行するもの　理由薄弱の非難起る/旅客運賃の單位改正 メートル制の實施で迫らる
182313	朝鮮朝日	西北・南鮮版	1929-12-22	2	03단	各地だより(京城/平壤/間島)
182314	朝鮮朝日	西北版	1929-12-24	1	01단	四ヶ年を費して金龜子驅除を研究/林學博士の學位を受く本府林業試驗場技師村山釀造氏
182315	朝鮮朝日	西北版	1929-12-24	1	01단	公私經濟の緊縮運動を起す/平北道が通牒を發す
182316	朝鮮朝日	西北版	1929-12-24	1	01단	歲末の金融界/平凡に越年か
182317	朝鮮朝日	西北版	1929-12-24	1	01단	無煙炭移出高/約二十萬噸
182318	朝鮮朝日	西北版	1929-12-24	1	02단	鎭平銀發送
182319	朝鮮朝日	西北版	1929-12-24	1	02단	內鮮人の勞働組合
182320	朝鮮朝日	西北版	1929-12-24	1	02단	下村咸北警察部長に同情集まる/消息は途絶えてゐるが無事なことだけ判る

일련번호	판명		간행일	면	단수	기사명
182321	朝鮮朝日	西北版	1929-12-24	1	03단	各種品評會の褒賞授與式
182322	朝鮮朝日	西北版	1929-12-24	1	03단	廢燈を行って工場に送電
182323	朝鮮朝日	西北版	1929-12-24	1	04단	土地の發展に全力を注ぐ/迎日郡守に榮轉の郡傳一氏語る
182324	朝鮮朝日	西北版	1929-12-24	1	04단	ロシア側が軍備を進め/支那側の屈服する迄戰ふのだと意氣込む
182325	朝鮮朝日	西北版	1929-12-24	1	04단	商議所評議員會
182326	朝鮮朝日	西北版	1929-12-24	1	04단	師走日和(５)/平壤一記者
182327	朝鮮朝日	西北版	1929-12-24	1	05단	新院鶴峴間の營業を開始
182328	朝鮮朝日	西北版	1929-12-24	1	05단	胃腸に特效ある朔州奧地の溫泉/浴場や旅館を新築し浴客を誘致する
182329	朝鮮朝日	西北版	1929-12-24	1	06단	ノロ四頭を射止む/茂山署の警戒の副産物
182330	朝鮮朝日	西北版	1929-12-24	1	06단	道立病院起工式
182331	朝鮮朝日	西北版	1929-12-24	1	06단	新電の總會
182332	朝鮮朝日	西北版	1929-12-24	1	06단	鴨江木材社總會
182333	朝鮮朝日	西北版	1929-12-24	1	07단	交通取締件數三萬三千餘件
182334	朝鮮朝日	西北版	1929-12-24	1	07단	阿片禁飮の嚴重な布告
182335	朝鮮朝日	西北版	1929-12-24	1	08단	『播種は季節に納稅は期日內に』平安北道の納稅獎勵
182336	朝鮮朝日	西北版	1929-12-24	1	08단	降雪 甚しく交通杜絶す 年の瀨に商人大困り平北厚昌地方奧地/平壤地方積雪五寸 寒氣愈々增す
182337	朝鮮朝日	西北版	1929-12-24	1	08단	寒さが增して愁眉を開く/慶尙南道の海苔業者二百五十萬枚を入札
182338	朝鮮朝日	西北版	1929-12-24	1	10단	住職排斥問題/又紛議起る
182339	朝鮮朝日	西北版	1929-12-24	1	10단	兇暴な大匪賊/十年目に逮捕
182340	朝鮮朝日	西北版	1929-12-24	1	10단	明春二月には電燈がつく/東林や車輦館
182341	朝鮮朝日	西北版	1929-12-24	1	10단	人(市用信也氏(副領事)/堀川重治氏(鎭南浦府尹))
182342	朝鮮朝日	西北版	1929-12-24	1	10단	半島茶話
182343	朝鮮朝日	南鮮版	1929-12-24	1	01단	出來るだけ早く實現せしめる/新政策三大案件につき總督拓相の意見一致す
182344	朝鮮朝日	南鮮版	1929-12-24	1	01단	汽車中で藏相を說いて諒解を得た/その額は要求額に近い/林財務局長折衝の苦心を語る
182345	朝鮮朝日	南鮮版	1929-12-24	1	01단	寒さが增して愁眉を開く/慶尙南道の海苔業者二百五十萬枚入札
182346	朝鮮朝日	南鮮版	1929-12-24	1	01단	公課金徵收の成績が惡い
182347	朝鮮朝日	南鮮版	1929-12-24	1	02단	市場問題解決す/仁川府初協議會もめる

일련번호	판명		간행일	면	단수	기사명
182348	朝鮮朝日	南鮮版	1929-12-24	1	03단	鐵道局の採用者事務方面は申譯ほど
182349	朝鮮朝日	南鮮版	1929-12-24	1	03단	眞綿を作らせ學費を生む
182350	朝鮮朝日	南鮮版	1929-12-24	1	03단	座談会(3)/自治制問題/自治斷行の掛聲は一向影響がない　本壘打を食ひ止めるためにチームワークをよくすべし
182351	朝鮮朝日	南鮮版	1929-12-24	1	04단	期待される釜博間連絡船
182352	朝鮮朝日	南鮮版	1929-12-24	1	04단	モヒ中毒患者登錄規定/明春早々發布
182353	朝鮮朝日	南鮮版	1929-12-24	1	04단	下村咸北警察部長に同情集まる/消息は途絶えてゐるが無事なことだけ判る
182354	朝鮮朝日	南鮮版	1929-12-24	1	05단	安價と堅牢の製品賣出す大邱刑務所
182355	朝鮮朝日	南鮮版	1929-12-24	1	05단	古刹金剛庵ちかく改築す
182356	朝鮮朝日	南鮮版	1929-12-24	1	06단	窮迫貴族に五千圓交付
182357	朝鮮朝日	南鮮版	1929-12-24	1	06단	四ヶ年を費して金龜子驅除を研究/林學博士の學位を受く本府林業試驗場技師村山釀造氏
182358	朝鮮朝日	南鮮版	1929-12-24	1	07단	ナンダイモン
182359	朝鮮朝日	南鮮版	1929-12-24	1	07단	DKの十キ口案は中止となる
182360	朝鮮朝日	南鮮版	1929-12-24	1	08단	氣溫低下し零下十度を示す
182361	朝鮮朝日	南鮮版	1929-12-24	1	08단	親身も及ばぬ新切な世話振成績はとてもよい/京畿道警察部の免囚保護
182362	朝鮮朝日	南鮮版	1929-12-24	1	09단	發動船の乘逃げ/損害は二萬三千圓にのぼる
182363	朝鮮朝日	南鮮版	1929-12-24	1	10단	貨物列車と汽動車衝突/乘客三名負傷
182364	朝鮮朝日	南鮮版	1929-12-24	1	10단	二人組強盜/雲水面に現はる
182365	朝鮮朝日	南鮮版	1929-12-24	1	10단	人(市用信也氏(副領事)/小山田潔大佐(新京城憲兵隊長)/赤木萬次郎氏(京城師範校長)/小野寺昌雄氏(東京辯護士)/田賀奈良吉氏(東拓顧問))
182366	朝鮮朝日	南鮮版	1929-12-24	1	10단	半島茶話
182367	朝鮮朝日	西北・南鮮版	1929-12-24	2	01단	火曜のペーヂ/メタモルホーゼ
182368	朝鮮朝日	西北・南鮮版	1929-12-24	2	01단	1930年の文藝と思潮/新人群の登場　近年にない樂しい豫想/川瑞康成
182369	朝鮮朝日	西北・南鮮版	1929-12-24	2	03단	女性への豫想/平林たい子
182370	朝鮮朝日	西北・南鮮版	1929-12-24	2	06단	新刊紹介(『タワリシチ六號』)
182371	朝鮮朝日	西北・南鮮版	1929-12-24	2	06단	斷然米取引の王座を占む/大邱穀物取引所の今年の素晴しい景氣
182372	朝鮮朝日	西北・南鮮版	1929-12-24	2	06단	電燈料金の値下を交涉
182373	朝鮮朝日	西北・南鮮版	1929-12-24	2	06단	ブラジルへの移住熱大いに昂まり免狀下付願ひふえる
182374	朝鮮朝日	西北・南鮮版	1929-12-24	2	07단	各地だより(京城/平壤)

일련번호	판명		간행일	면	단수	기사명
182375	朝鮮朝日	西北版	1929-12-25	1	01단	二ヶ月振で漸く圓滿に解決し農林省令の改正を見る/鮮牛移出檢疫期間問題
182376	朝鮮朝日	西北版	1929-12-25	1	01단	知事や總督の大英斷に訴へるか役員總辭職をなすか/鎭南浦金組愈紛糾す
182377	朝鮮朝日	西北版	1929-12-25	1	01단	素晴しい激增振/平壤局の年賀郵便物
182378	朝鮮朝日	西北版	1929-12-25	1	02단	度量衡檢査/成績は良好
182379	朝鮮朝日	西北版	1929-12-25	1	02단	萬全を期して事にあたる/濟州島司に榮轉の田中半治氏はかたる
182380	朝鮮朝日	西北版	1929-12-25	1	03단	敬臨高普/新築落成式
182381	朝鮮朝日	西北版	1929-12-25	1	03단	電氣界に盡力す/東電と提携の西鮮電氣會社
182382	朝鮮朝日	西北版	1929-12-25	1	04단	適材適所/新任平南官房主事柳本朝光氏
182383	朝鮮朝日	西北版	1929-12-25	1	04단	俳句/鈴木花蓑選
182384	朝鮮朝日	西北版	1929-12-25	1	04단	平安北道金組理事異動す
182385	朝鮮朝日	西北版	1929-12-25	1	04단	師走日和(6)/平壤一記者
182386	朝鮮朝日	西北版	1929-12-25	1	05단	愈よ堅氷にとざされた昨今の鴨綠江
182387	朝鮮朝日	西北版	1929-12-25	1	05단	咸興物産會社産聲を擧ぐ/重役の選任も終って愈よ活動をはじめる
182388	朝鮮朝日	西北版	1929-12-25	1	06단	豫期以上の成績を收む/安東の郵便貯金
182389	朝鮮朝日	西北版	1929-12-25	1	07단	朝鮮電興の發電機增設工事認可さる
182390	朝鮮朝日	西北版	1929-12-25	1	07단	木材着筏數增加
182391	朝鮮朝日	西北版	1929-12-25	1	08단	鴨綠江沿岸の陷沒地復活/組合を組織
182392	朝鮮朝日	西北版	1929-12-25	1	08단	平壤署が調停に乗出す/年末で注目さる＞朝鮮蕎麥屋の爭議
182393	朝鮮朝日	西北版	1929-12-25	1	08단	緊縮かぜもなんのその/平壤の花柳界上々の景氣忘年會や榮轉祝でこゝもと有卦に入る
182394	朝鮮朝日	西北版	1929-12-25	1	09단	牡丹台野話
182395	朝鮮朝日	西北版	1929-12-25	1	09단	內鮮農民の移住を圖り/山林貸與申請
182396	朝鮮朝日	西北版	1929-12-25	1	09단	平原郡內の橋梁、暗渠を新たに架設
182397	朝鮮朝日	西北版	1929-12-25	1	10단	古橋咸北知事/國境を視察
182398	朝鮮朝日	西北版	1929-12-25	1	10단	南浦商議役員會
182399	朝鮮朝日	西北版	1929-12-25	1	10단	南浦の火事
182400	朝鮮朝日	西北版	1929-12-25	1	10단	銃劍術試合
182401	朝鮮朝日	西北版	1929-12-25	1	10단	半島茶話
182402	朝鮮朝日	南鮮版	1929-12-25	1	01단	改正を見る/鮮牛移出檢疫期間問題
182403	朝鮮朝日	南鮮版	1929-12-25	1	01단	朝鮮獨特の天然法は赤松の林相に適し/とても經濟的な更新法である/後藤林學博士が發見す
182404	朝鮮朝日	南鮮版	1929-12-25	1	02단	等外米內地移出の曙光を見出す

일련번호	판명		간행일	면	단수	기사명
182405	朝鮮朝日	南鮮版	1929-12-25	1	02단	メートル制を假に實施し運賃の懸隔を調べて甚しければ緩和する
182406	朝鮮朝日	南鮮版	1929-12-25	1	02단	飛行機の量を計る/目方の超過をふせぐために
182407	朝鮮朝日	南鮮版	1929-12-25	1	03단	盛な信仰と巫女の豪奢な生活振(上)/生氣に滿ちた生活が人を包む/大きな信仰世界が開けてゐる總督府囑託村山智順氏は語る
182408	朝鮮朝日	南鮮版	1929-12-25	1	04단	街頭に嘆くものよ其名は圓タク/博覽會の好況も夢今ではお客がウンと減り採算できず經營難に泣く
182409	朝鮮朝日	南鮮版	1929-12-25	1	04단	俳句/鈴木花蓑選
182410	朝鮮朝日	南鮮版	1929-12-25	1	05단	取引所問題は早く解決か米價調節上から
182411	朝鮮朝日	南鮮版	1929-12-25	1	05단	副業の奬勵で急場を凌ぐ/旱害罹災民救濟に慶北で成案を練る
182412	朝鮮朝日	南鮮版	1929-12-25	1	06단	京城の降雪南大門所見
182413	朝鮮朝日	南鮮版	1929-12-25	1	07단	運賃割戻反對の第一聲を揚ぐ
182414	朝鮮朝日	南鮮版	1929-12-25	1	08단	慶南小作官市之澤氏着任
182415	朝鮮朝日	南鮮版	1929-12-25	1	08단	柳原氏の義氣總督を感激さす/態々請待宴に臨んで懇切なる謝辭を述ぶ
182416	朝鮮朝日	南鮮版	1929-12-25	1	09단	俄かの寒氣で麥が氷結し作柄憂慮さる
182417	朝鮮朝日	南鮮版	1929-12-25	1	09단	御用雜誌『朝鮮』の惱み/大いに內容を改めて內地に讀者を求める
182418	朝鮮朝日	南鮮版	1929-12-25	1	10단	女敎員講習會
182419	朝鮮朝日	南鮮版	1929-12-25	1	10단	強盜殺人を企てゝ失敗/六人組の兇賊
182420	朝鮮朝日	南鮮版	1929-12-25	1	10단	人(永井照雄氏(新慶南地方課長)/駒宮庄三郎氏(同稅務課長))
182421	朝鮮朝日	南鮮版	1929-12-25	1	10단	半島茶話
182422	朝鮮朝日	西北・南鮮版	1929-12-25	2	01단	出生死亡が頗る多く早婚は漸次改まる/農民の窮迫は到底筆紙に盡せぬ/朝鮮人の生活狀態調べ
182423	朝鮮朝日	西北・南鮮版	1929-12-25	2	01단	論山川改修の氣勢を揚げ目的を貫徹すべく猛烈な運動を起す
182424	朝鮮朝日	西北・南鮮版	1929-12-25	2	01단	漁業家の大福音/漁業組合聯合會を組織
182425	朝鮮朝日	西北・南鮮版	1929-12-25	2	01단	全南兒童の中途退學數八千百餘名
182426	朝鮮朝日	西北・南鮮版	1929-12-25	2	02단	ベラボーな自動車/鮮內の乘合は殖えるばかり
182427	朝鮮朝日	西北・南鮮版	1929-12-25	2	03단	京城協贊會の決算終了す
182428	朝鮮朝日	西北・南鮮版	1929-12-25	2	04단	新規事業は延期か中止/釜山府學校費
182429	朝鮮朝日	西北・南鮮版	1929-12-25	2	04단	原料を購入し綿布製織の奬勵も行ふ
182430	朝鮮朝日	西北版	1929-12-26	1	01단	自治權擴張問題は余の持論に過ぎぬなか

일련번호	판명		간행일	면	단수	기사명
182430	朝鮮朝日	西北版	1929-12-26	1	01단	なか簡單には行かないよ/齋藤總督下關で語る
182431	朝鮮朝日	西北版	1929-12-26	1	01단	總督府豫算の新規增加額一千六百九十六萬圓/その內容發表せらる
182432	朝鮮朝日	西北版	1929-12-26	1	04단	退營兵救濟の開墾は馱目/計劃がはづれたので資本の投下を中止す
182433	朝鮮朝日	西北版	1929-12-26	1	04단	短歌/橋田東聲選
182434	朝鮮朝日	西北版	1929-12-26	1	04단	中等校長大異動/赤木加藤氏ら整理されるか
182435	朝鮮朝日	西北版	1929-12-26	1	04단	師走日和(７)/平壤一記者
182436	朝鮮朝日	西北版	1929-12-26	1	05단	元山商業の卒業生賣込/評判頗るよい
182437	朝鮮朝日	西北版	1929-12-26	1	05단	鎭南浦府初協議會
182438	朝鮮朝日	西北版	1929-12-26	1	05단	崩落田地を復活せしめる/土地改良組合を起し公有水面埋立を出願
182439	朝鮮朝日	西北版	1929-12-26	1	06단	平壤商議問題圓滿解決か/差別撤廢の一項で二氏に調停を一任
182440	朝鮮朝日	西北版	1929-12-26	1	06단	安東産豆粕/聲價向上に怒む
182441	朝鮮朝日	西北版	1929-12-26	1	06단	許可された北海道移民
182442	朝鮮朝日	西北版	1929-12-26	1	07단	咸興水利用地收用令適用
182443	朝鮮朝日	西北版	1929-12-26	1	07단	舊節季には盛に賣放すだらうから畜牛移出は激增しよう/檢疫紛爭で朝鮮の損害は大きい
182444	朝鮮朝日	西北版	1929-12-26	1	08단	安東高女寄宿舍
182445	朝鮮朝日	西北版	1929-12-26	1	08단	新義州の米穀市場復活/一月八日から
182446	朝鮮朝日	西北版	1929-12-26	1	08단	音樂體操講習會
182447	朝鮮朝日	西北版	1929-12-26	1	08단	定員外乘車で事故を頻發/乘合自動車を嚴重に取締る
182448	朝鮮朝日	西北版	1929-12-26	1	09단	牡丹台野話
182449	朝鮮朝日	西北版	1929-12-26	1	09단	後藤元山府尹一月四日頃赴任
182450	朝鮮朝日	西北版	1929-12-26	1	09단	當局の調停も效なく物分れとなる一部麵屋は遂に開業サテ配達夫二百名は何處へ/平壤の蕎麥屋爭議
182451	朝鮮朝日	西北版	1929-12-26	1	10단	緊縮時代に珍しい繁昌科料や罰金
182452	朝鮮朝日	西北版	1929-12-26	1	10단	穴を掘って店內に侵入/二名の怪漢
182453	朝鮮朝日	西北版	1929-12-26	1	10단	平壤の小火
182454	朝鮮朝日	南鮮版	1929-12-26	1	01단	自治權擴張問題は余の持論に過ぎぬなかなか簡單には行かないよ/齋藤總督下關で語る
182455	朝鮮朝日	南鮮版	1929-12-26	1	01단	總督府豫算の新規增加額一千六百九十六萬圓/その內容發表せらる

일련번호	판명		간행일	면	단수	기사명
182456	朝鮮朝日	南鮮版	1929-12-26	1	02단	退營兵救濟の開墾は駄目/計劃がはづれたので資本の投下を中止す
182457	朝鮮朝日	南鮮版	1929-12-26	1	04단	中等校長大異動/赤木加藤氏ら整理されるか
182458	朝鮮朝日	南鮮版	1929-12-26	1	04단	今村內務局長政府委員に
182459	朝鮮朝日	南鮮版	1929-12-26	1	04단	舊節季には盛に賣放すだらうから畜牛移出は激增しよう/檢疫紛爭で朝鮮の損害は大きい
182460	朝鮮朝日	南鮮版	1929-12-26	1	04단	盛な信仰と巫女の豪奢な生活振(中)/朝鮮人諸君をつねに脅迫する山君の虎以上に恐ろしい魔物總督府囑託村山智順氏は語る
182461	朝鮮朝日	南鮮版	1929-12-26	1	05단	*國費支辨削減で計劃に大支障 結局立直しの羽目 慶南の旱害救濟事業/新年早々救濟事業に着手の方針*
182462	朝鮮朝日	南鮮版	1929-12-26	1	05단	短歌/橋田東聲選
182463	朝鮮朝日	南鮮版	1929-12-26	1	05단	豫算を可決/大邱府協議會
182464	朝鮮朝日	南鮮版	1929-12-26	1	06단	生活改善事項廻付/京城府から會社銀行團體へ
182465	朝鮮朝日	南鮮版	1929-12-26	1	07단	年末年始給水時間延長/朝風呂黨の味へる醍醐味四日からもとの五時間給水
182466	朝鮮朝日	南鮮版	1929-12-26	1	07단	慶北警察部小異動發表
182467	朝鮮朝日	南鮮版	1929-12-26	1	07단	初めて出來た犬の統計/全鮮で百七十五萬頭に上る
182468	朝鮮朝日	南鮮版	1929-12-26	1	08단	元山商業の卒業生賣込/評判頗るよい
182469	朝鮮朝日	南鮮版	1929-12-26	1	08단	扶養義務の多寡により課稅率を決定する/大邱府の一新機軸
182470	朝鮮朝日	南鮮版	1929-12-26	1	08단	發動船乘逃の犯人を捕ふ/木浦沖合にて
182471	朝鮮朝日	南鮮版	1929-12-26	1	09단	閑古鳥鳴く大邱遊廓/娼妓入院料も支拂へぬ狀態
182472	朝鮮朝日	南鮮版	1929-12-26	1	09단	無免許醫生矢鱈に人を殺す
182473	朝鮮朝日	南鮮版	1929-12-26	1	09단	殆ど全滅の慶南の鰤漁/這般の大時化のため大數網三十統流失
182474	朝鮮朝日	南鮮版	1929-12-26	1	10단	卒業證書を僞造し安田生命に入社五年勤める
182475	朝鮮朝日	南鮮版	1929-12-26	1	10단	面書記が大金を揚帶
182476	朝鮮朝日	南鮮版	1929-12-26	1	10단	池に投げこみ二兒を殺害/淺墓な女捕る
182477	朝鮮朝日	南鮮版	1929-12-26	1	10단	トラック轉落す
182478	朝鮮朝日	南鮮版	1929-12-26	1	10단	人(李鍝公殿下/齋藤總督/村山沼一郎氏(咸南內務部長)/福土木之助氏)
182479	朝鮮朝日	西北・南鮮版	1929-12-26	2	01단	村の婦人/海底で稼ぐ志摩の蜑女五つ六つから水潛り遠く朝鮮へも出漁

일련번호	판명		간행일	면	단수	기사명
182480	朝鮮朝日	西北・南鮮版	1929-12-26	2	01단	飛ぶやうに賣れる古着/殖える殖える京城の古着屋さん
182481	朝鮮朝日	西北・南鮮版	1929-12-26	2	01단	免税による歳入減約五十萬圓/徴税成績概して不良慶南地租免税額發表
182482	朝鮮朝日	西北・南鮮版	1929-12-26	2	01단	缺損を示す大邱府營バス
182483	朝鮮朝日	西北・南鮮版	1929-12-26	2	03단	木浦局集配一部を變更
182484	朝鮮朝日	西北・南鮮版	1929-12-26	2	04단	馬野新知事廿二日着任
182485	朝鮮朝日	西北・南鮮版	1929-12-26	2	04단	問題の木浦上水調査員決定
182486	朝鮮朝日	西北・南鮮版	1929-12-26	2	04단	貯金事務と局待拂ひを卅一日迄取扱
182487	朝鮮朝日	西北版	1929-12-27	1	01단	大勢は朝鮮側に有利に轉回か總督府の頑張期待さる/昭和製鋼所の設置問題
182488	朝鮮朝日	西北版	1929-12-27	1	01단	金融界は依然/變態的緩漫一般商況も閑散持續/今年の經濟界の回顧
182489	朝鮮朝日	西北版	1929-12-27	1	01단	小學校兒童に朝鮮語を教へる/教員は經費關係から普通校の教員が兼任
182490	朝鮮朝日	西北版	1929-12-27	1	01단	公州電氣一割値下/ちかく斷行
182491	朝鮮朝日	西北版	1929-12-27	1	02단	總督歸任す
182492	朝鮮朝日	西北版	1929-12-27	1	02단	慶北各地の自動車賃銀/値下の調査
182493	朝鮮朝日	西北版	1929-12-27	1	03단	旱害農民納得し地税納入告知書を受け取る
182494	朝鮮朝日	西北版	1929-12-27	1	03단	二十五日から動き出した名物鴨綠江上の橇
182495	朝鮮朝日	西北版	1929-12-27	1	04단	歳末警戒を嚴重に行ひ好成績を擧ぐ
182496	朝鮮朝日	西北版	1929-12-27	1	04단	俳句/鈴木花蓑選
182497	朝鮮朝日	西北版	1929-12-27	1	04단	雙方が讓歩して圓滿に解決を告げ營業者一齊に店を開く/平壤における蕎麥屋組合の爭議
182498	朝鮮朝日	西北版	1929-12-27	1	05단	嚴寒をものともせず貧困者救濟のため戸毎を訪問して同情金をつのる 平壤の婦人と少年たち/物貰ひや乞食を嚴重に取締り職業指導もしてやる 深刻な不景氣から最近の彼等は惡くなるばかりだ/氣の毒な人に餅代を贈る/孤兒に餅代 愛婦から贈る
182499	朝鮮朝日	西北版	1929-12-27	1	05단	難行を續けて師團長檢閲
182500	朝鮮朝日	西北版	1929-12-27	1	06단	安取總會
182501	朝鮮朝日	西北版	1929-12-27	1	06단	商人の出入は罷りならぬ/威信にか〉はるとて黄海道の嚴しい達し
182502	朝鮮朝日	西北版	1929-12-27	1	06단	動力料金は一割値下げ/暫定的でもよいからも少し下げよと交渉
182503	朝鮮朝日	西北版	1929-12-27	1	07단	仙人生活/苦心を語る/堂宇建立のために餐霞居士各地を行脚
182504	朝鮮朝日	西北版	1929-12-27	1	08단	安東區の明年度豫算

일련번호	판명		간행일	면	단수	기사명
182505	朝鮮朝日	西北版	1929-12-27	1	08단	數奇な運命の二人/被送還者人情美談
182506	朝鮮朝日	西北版	1929-12-27	1	09단	結局は農倉の建設に落ついた/米調委員會に列した/松村殖産局長は語る
182507	朝鮮朝日	西北版	1929-12-27	1	09단	自動車河底へ/氷上を進行中氷が割れて
182508	朝鮮朝日	西北版	1929-12-27	1	09단	阿片密輸出汽車中で暴露
182509	朝鮮朝日	西北版	1929-12-27	1	09단	牡丹台野話
182510	朝鮮朝日	西北版	1929-12-27	1	10단	十一月中の平南の犯罪
182511	朝鮮朝日	西北版	1929-12-27	1	10단	妻を撲殺す
182512	朝鮮朝日	西北版	1929-12-27	1	10단	電車に觸れて老婆死亡す
182513	朝鮮朝日	西北版	1929-12-27	1	10단	人(荒川六平氏(安東商議會頭)/田村喜三治郎氏(全南道理事官)/芝崎路可氏(副領事)/新任平北道財務部長白石光治郎氏/吉田秀次郎氏(仁川商業會議所會頭)/有賀光豊氏(殖銀頭取))
182514	朝鮮朝日	南鮮版	1929-12-27	1	01단	大勢は朝鮮側に有利に轉回か總督府の頑張期待さる/昭和製鋼所の設置問題
182515	朝鮮朝日	南鮮版	1929-12-27	1	01단	金融界は依然/變態的緩漫一般商況も閑散持續/今年の經濟界の回顧
182516	朝鮮朝日	南鮮版	1929-12-27	1	01단	小學校兒童に朝鮮語を教へる/教員は經費關係から普通校の教員が兼任
182517	朝鮮朝日	南鮮版	1929-12-27	1	01단	公州電氣一割値下/ちかく斷行
182518	朝鮮朝日	南鮮版	1929-12-27	1	02단	總督歸任す
182519	朝鮮朝日	南鮮版	1929-12-27	1	02단	慶北各地の自動車賃銀/値下の調査
182520	朝鮮朝日	南鮮版	1929-12-27	1	03단	早害農民納得し/地稅納入告知書を受け取る
182521	朝鮮朝日	南鮮版	1929-12-27	1	03단	安東區の明年度豫算
182522	朝鮮朝日	南鮮版	1929-12-27	1	03단	盛な信仰と巫女の豪奢な生活振(下)/人を布で包み桃の枝でなぐる利かねば火の上刃の上を渡る總督府囑託村山智順氏は語る
182523	朝鮮朝日	南鮮版	1929-12-27	1	04단	俳句/鈴木花藝選
182524	朝鮮朝日	南鮮版	1929-12-27	1	04단	水利事業熱慶北で勃興
182525	朝鮮朝日	南鮮版	1929-12-27	1	04단	道保安課から京電に警告/停電光力不足などが十五日以來續くので
182526	朝鮮朝日	南鮮版	1929-12-27	1	05단	嚴寒をものともせず貧困者救濟のため戸每を訪問して同情金をつのる　平壤の婦人と少年たち/物貰ひや乞食を嚴重に取締り職業指導もしてやる　深刻な不景氣から最近の彼等は惡くなるばかりだ/氣の毒な人に餅代を贈る/孤兒に餅代　愛婦から贈る
182527	朝鮮朝日	南鮮版	1929-12-27	1	05단	安取總會
182528	朝鮮朝日	南鮮版	1929-12-27	1	05단	養鼈の小作で增産を圖る

일련번호	판명		간행일	면	단수	기사명
182529	朝鮮朝日	南鮮版	1929-12-27	1	06단	雙方が讓歩して圓滿に解決を告げ營業者一齊に店を開く/平壤における蕎麥屋組合の爭議
182530	朝鮮朝日	南鮮版	1929-12-27	1	06단	結局は農倉の建設に落ついた米調委員會に列した/松村殖産局長は語る
182531	朝鮮朝日	南鮮版	1929-12-27	1	07단	釜山のXマス非常に賑ふ
182532	朝鮮朝日	南鮮版	1929-12-27	1	08단	京城神社の歳末年始諸祭
182533	朝鮮朝日	南鮮版	1929-12-27	1	08단	數奇な運命の二人/被送還者人情美談
182534	朝鮮朝日	南鮮版	1929-12-27	1	09단	不壞の白珠/大正館に上映
182535	朝鮮朝日	南鮮版	1929-12-27	1	09단	列車中で女子大生に結婚を申込む/閔子息と稱する青年
182536	朝鮮朝日	南鮮版	1929-12-27	1	10단	妻を撲殺す
182537	朝鮮朝日	南鮮版	1929-12-27	1	10단	電車に觸れて老婆死亡す
182538	朝鮮朝日	南鮮版	1929-12-27	1	10단	人(荒川六平氏(安東商議會頭)/田村喜三治郎氏(全南道理事官)/芝崎路可氏(副領事)/新任平北道財務部長白石光治郎氏/吉田秀次郎氏(仁川商業會議所會頭)/有賀光豊氏(殖銀頭取)/長谷川義雄氏(西鮮日報社長))
182539	朝鮮朝日	西北・南鮮版	1929-12-27	2	01단	安い明るい電燈を要求/沙里阮面當局に對し有志は對策を協議す
182540	朝鮮朝日	西北・南鮮版	1929-12-27	2	01단	この不景氣に就職難を知らぬ勤め先は紡績工場が一等/大阪在住の朝鮮の人々
182541	朝鮮朝日	西北・南鮮版	1929-12-27	2	01단	注文がなく滯貨增す/年末の元山穀類の市況
182542	朝鮮朝日	西北・南鮮版	1929-12-27	2	02단	江西邑內に電燈がつく
182543	朝鮮朝日	西北・南鮮版	1929-12-27	2	02단	拓務省から理事官派遣
182544	朝鮮朝日	西北・南鮮版	1929-12-27	2	02단	償還資金を募集
182545	朝鮮朝日	西北・南鮮版	1929-12-27	2	02단	內地へ內地へ/連絡船は每航大入滿員係員は大童となり輸送緩和に努める
182546	朝鮮朝日	西北・南鮮版	1929-12-27	2	03단	希望婦人會が獻金を行ふ
182547	朝鮮朝日	西北・南鮮版	1929-12-27	2	03단	生豚を京城へ/大量輸送計劃
182548	朝鮮朝日	西北・南鮮版	1929-12-27	2	03단	農用倉庫の利用者增加
182549	朝鮮朝日	西北・南鮮版	1929-12-27	2	04단	新刊紹介(『樂浪』)
182550	朝鮮朝日	西北・南鮮版	1929-12-27	2	04단	各地だより(京城)
182551	朝鮮朝日	西北・南鮮版	1929-12-27	2	04단	雫の聲
182552	朝鮮朝日	西北版	1929-12-28	1	01단	司法官の第三次大異動發表せらる　押迫った二十七日付でその範圍頗るひろく全鮮にわたる/歳末に際して首腦部をはじめ判檢事連の大異動で慌しい新義州地方法院/司法關係の榮轉者
182553	朝鮮朝日	西北版	1929-12-28	1	01단	墳墓を占領して自家の基地に改葬/訴訟費

일련번호	판명		간행일	면	단수	기사명
182553	朝鮮朝日	西北版	1929-12-28	1	01단	用に窮した結果/咸南の咸氏一族と金氏一族の爭ひ
182554	朝鮮朝日	西北版	1929-12-28	1	01단	咸南は吾輩の印象深い土地だ/老骨を埋めに來たよ松井新任知事は語る
182555	朝鮮朝日	西北版	1929-12-28	1	02단	課長主事等/平安北道の異動
182556	朝鮮朝日	西北版	1929-12-28	1	02단	鰊漁で俄に色めく迎日灣一帶
182557	朝鮮朝日	西北版	1929-12-28	1	03단	年賀狀が大激增/平壤郵便局轉手古舞ひ
182558	朝鮮朝日	西北版	1929-12-28	1	03단	短歌/橋田東聲選
182559	朝鮮朝日	西北版	1929-12-28	1	04단	全滿地方委員聯合會開催/來春奉天で
182560	朝鮮朝日	西北版	1929-12-28	1	04단	主要驛を査定中年年內には終る/運送合同會社
182561	朝鮮朝日	西北版	1929-12-28	1	04단	旱害救濟事業/肥料叺納入契約まとまる
182562	朝鮮朝日	西北版	1929-12-28	1	04단	朝鮮海苔養殖に光明をもたらす/金子全南水産試驗場長の養殖と氣溫の研究
182563	朝鮮朝日	西北版	1929-12-28	1	05단	發電機の故障で平壤全市が暗黑化せんとす
182564	朝鮮朝日	西北版	1929-12-28	1	06단	大同江結氷し舟行は全く杜絶/スケート大會や魚釣り等でぼつぼつ賑ふ大同江
182565	朝鮮朝日	西北版	1929-12-28	1	07단	運轉手試驗
182566	朝鮮朝日	西北版	1929-12-28	1	08단	歲末街頭に自動車事故二つ
182567	朝鮮朝日	西北版	1929-12-28	1	08단	降雪と寒さで街路は凍結/滑って步行に大困り昨今の平壤地方
182568	朝鮮朝日	西北版	1929-12-28	1	08단	公金費消の山田捕る/上海に潛伏中共犯者も判る
182569	朝鮮朝日	西北版	1929-12-28	1	08단	三島一平老假出所を許され四年半振りに我家へ/再生の悅びに光る涙
182570	朝鮮朝日	西北版	1929-12-28	1	09단	朝鮮で珍らしい鱈場蟹大漁場/迎日丸が發見
182571	朝鮮朝日	西北版	1929-12-28	1	09단	いよいよ獵季に獵場は獲物は獵通は語る
182572	朝鮮朝日	西北版	1929-12-28	1	10단	警官を裝ひ民家に侵入す
182573	朝鮮朝日	西北版	1929-12-28	1	10단	自動車を河に突落す
182574	朝鮮朝日	西北版	1929-12-28	1	10단	漁業中顚覆し乘組員五名全部溺死す
182575	朝鮮朝日	西北版	1929-12-28	1	10단	半島茶話
182576	朝鮮朝日	西北・南鮮版	1929-12-28	2	01단	村の婦人/贅澤と怠惰をきれいに抹殺たゞ働くの二字に盡きる岡山縣片島の婦人
182577	朝鮮朝日	西北・南鮮版	1929-12-28	2	01단	朝鮮最初の師團對抗演習明年十月中旬に行ふ/大演習擧行の前提か
182578	朝鮮朝日	西北・南鮮版	1929-12-28	2	01단	零の聲
182579	朝鮮朝日	西北・南鮮版	1929-12-28	2	01단	靑訓所の面移管實施
182580	朝鮮朝日	西北・南鮮版	1929-12-28	2	01단	京城バスの大擴張/お正月から營業をはじめる
182581	朝鮮朝日	西北・南鮮版	1929-12-28	2	02단	就學兒童の收容法考究/安東大和校

일련번호	판명		간행일	면	단수	기사명
182582	朝鮮朝日	西北・南鮮版	1929-12-28	2	02단	花柳病豫防藥ちかく發賣
182583	朝鮮朝日	西北・南鮮版	1929-12-28	2	03단	各地だより(裡里/全州)
182584	朝鮮朝日	西北・南鮮版	1929-12-28	2	03단	朝鮮牛を精肉として內地に大量移入計劃/研究に第一水産から來關
182585	朝鮮朝日	西北版	1929-12-29	1	01단	『自分は傀儡にすぎぬ主人公は山梨だ』 棄てられた親分への恨みたらたら 肥田理吉と記者との一問一答/祕密主義を排し明るい政治を行ふ 此意味で重大事件解禁 總督府首腦部の英斷好評を傳す/尾間は獄中に肥田は入院 兩人共山梨氏を怨む 彼等その後の生活振
182586	朝鮮朝日	西北版	1929-12-29	1	01단	昭和四年を顧みて
182587	朝鮮朝日	西北版	1929-12-29	1	05단	俳句/鈴木花蓑選
182588	朝鮮朝日	西北版	1929-12-29	1	06단	火を恐れよ/ポスターで防火宣傳平南道各署管內
182589	朝鮮朝日	西北版	1929-12-29	1	07단	雪化粧で美觀を添ふ/平壤の各名勝地に雪見客も漸次殖ゆ
182590	朝鮮朝日	西北版	1929-12-29	1	08단	署長の異動
182591	朝鮮朝日	西北版	1929-12-29	1	08단	總督府異動二十七日付
182592	朝鮮朝日	西北版	1929-12-29	1	09단	牡丹台野話
182593	朝鮮朝日	西北版	1929-12-29	1	09단	松井前府尹に一萬圓增呈/慰勞金として平壤府協議會
182594	朝鮮朝日	西北版	1929-12-29	1	09단	財源捻出に首腦者會議/延吉縣支那當局
182595	朝鮮朝日	西北版	1929-12-29	1	10단	新義州で五戶燒く/一名燒死す
182596	朝鮮朝日	西北版	1929-12-29	1	10단	藝妓自殺
182597	朝鮮朝日	西北版	1929-12-29	1	10단	運轉手合格者
182598	朝鮮朝日	西北版	1929-12-29	1	10단	人(郡傳一氏(新任迎日郡守)/田中半治氏(新任濟州島司)/安田慶澤氏(新任平南道稅務課長)/藤江消一氏(新任大同郡守))
182599	朝鮮朝日	南鮮版	1929-12-29	1	01단	『自分は傀儡にすぎぬ主人公は山梨だ』 棄てられた親分への恨みたらたら 肥田理吉と記者との一問一答/祕密主義を排し明るい政治を行ふ 此意味で重大事件解禁 總督府首腦部の英斷好評を傳す/尾間は獄中に肥田は入院 兩人共山梨氏を怨む 彼等その後の生活振
182600	朝鮮朝日	南鮮版	1929-12-29	1	01단	昭和四年を顧みて
182601	朝鮮朝日	南鮮版	1929-12-29	1	06단	俳句/鈴木花蓑選
182602	朝鮮朝日	南鮮版	1929-12-29	1	06단	千二百人に半年の間は食糧の配給が必要/李永川郡守の旱害實情談

일련번호	판명		간행일	면	단수	기사명
182603	朝鮮朝日	南鮮版	1929-12-29	1	07단	ナンダイモン
182604	朝鮮朝日	南鮮版	1929-12-29	1	07단	總督府異動二十七日付
182605	朝鮮朝日	南鮮版	1929-12-29	1	07단	水利組合の組織行惱み
182606	朝鮮朝日	南鮮版	1929-12-29	1	08단	旱害救濟策の諸計劃決る　隣保共助や本府道の對應施設の三に分け/旱害救濟費削除で當局者の責任問題が起るか
182607	朝鮮朝日	南鮮版	1929-12-29	1	09단	瓦電會社に非難が起る/集金の事から
182608	朝鮮朝日	南鮮版	1929-12-29	1	10단	皇后陛下から患者に下賜/衣類と金一封
182609	朝鮮朝日	南鮮版	1929-12-29	1	10단	京城電氣の發電所許可
182610	朝鮮朝日	西北・南鮮版	1929-12-29	2	01단	內地同樣に値下斷行の方針/普通學校の教科書暗礁は需要の減少
182611	朝鮮朝日	西北・南鮮版	1929-12-29	2	01단	一通りでない金融の苦心/大商店が比較的惡い/平壤の商況と金融狀況
182612	朝鮮朝日	西北・南鮮版	1929-12-29	2	01단	平壤市況不活潑/本年の成績
182613	朝鮮朝日	西北・南鮮版	1929-12-29	2	01단	道知事會議
182614	朝鮮朝日	西北・南鮮版	1929-12-29	2	02단	沙里院醫院/起工式擧行

색인

색인

			ㄱ					
ガス	167334	170880	174738	175223				
ガソリン	164830 179609	167578 180654	170325	175144	175570	176901	179068	179091	179574
グチ グチ漁業	170560	171671	172389	172394				
グラウンド	168445	169363	171299	174480	176455	179163		
ゴビ沙漠	168414	168450						
ゴム	167791	171074	171125	171290	173089	175024	175152	175370	178301
ゴム靴	167791	178301						
ゴルフ	165763 173005 179376	168824 173162 179406	169643 173203 179724	170012 173344 180540	170870 174090 181071	171121 175912 181309	171612 176156	171756 176199	172955 178044
歌	164147 164855 165783 166517 167091 168797 169782 170893 172589 173485 174763 175601 176089 178041 178583 179120 179797 182183	164168 164933 165806 166538 167332 168822 170086 171163 172886 173775 174966 175609 176124 178056 178619 179149 179893 182270	164305 164964 165901 166690 167760 168910 170123 171254 173145 173783 175128 175620 176209 178195 178648 179276 179929 182295	164329 165292 165937 166701 167913 168935 170350 171362 173154 173992 175131 175783 176244 178218 178682 179310 180436 182433	164655 165312 165993 166866 168242 169018 170383 171391 173166 174010 175143 175789 176373 178290 178712 179428 180474 182462	164660 165468 166094 166889 168263 169045 170408 171483 173288 174177 175249 175813 177195 178316 179031 179459 180915 182558	164772 165470 166113 166925 168300 169264 170426 171485 173397 174206 175263 175917 177208 178382 179046 179656 180948	164779 165491 166432 167061 168593 169508 170457 171643 173425 174355 175340 175940 177929 178413 179087 179688 182016	164827 165501 166463 167086 168638 169731 170622 172065 173432 174526 175365 176075 177948 178558 179110 179781 182150
加藤灌覺	171937							
加藤松林	176827							
街路樹	172844							
加盟	169807	169840	170182	170616	178538			
歌舞	165470	165491						
袈裟	180600	181629						
家屋	164816 170037 174532	165340 170437 174889	167766 171901 174919	168798 173679 175389	168833 173909 176643	168875 173928 176733	169085 173949 181164	169159 173970 182215	169243 174124 182247
家屋稅	165340	173928						
家賃	180416	180444	180739	180758	180777	180852	180886	181036	181069

	181211	181361	181419	181542	181560	181721	181807	181830	181848
	182066								
家庭	164337	164393	166003	166237	167004	167551	167576	167772	169040
	169085	170776	171973	173580	175111	177485	178401	178841	180295
	180411	180412	180601	181716	181954	182115	182148		
家族制度	167454								
家畜傳染病	178427	179112							
家出	166148	166259	166958	166989	167522	168062	170651	170892	179139
	181603								
各道	164865	165333	165337	165368	166247	166583	166625	167777	168128
	168160	168462	171093	171122	171156	171454	171945	173130	173175
	173750	173779	175228	177431	177435	177437	178025	178849	178880
	179567	179602	179707	179735	179821	180456	180825	181976	182004
脚本	165273	166897	167253						
各地	164253	164657	164885	164938	165337	165368	165474	165494	165497
	165607	166139	166449	166598	166724	166811	166846	166926	166998
	167050	167800	167813	167828	167847	168090	169183	169814	170340
	170494	170618	170689	170856	171048	171264	171272	171412	171576
	171658	172268	172592	172872	172928	173567	173625	173694	173748
	173792	173805	173865	173934	173953	174101	174386	174896	175055
	175116	175170	175232	175283	175335	175383	175405	175455	175483
	175505	175518	175544	175596	175645	175713	175769	175832	175902
	175964	176081	176139	176177	176198	176263	176316	176358	176417
	176467	176515	176563	176607	176650	176696	176752	176800	176854
	176909	176963	176968	177025	177089	177142	177187	177230	177282
	177321	177374	177377	177426	177476	177519	177562	177603	177645
	177701	177758	177799	177863	177865	177918	177971	178026	178030
	178081	178135	178188	178242	178333	178339	178350	178356	178377
	178432	178495	178553	178615	178675	178744	178790	178837	178901
	178965	179026	179065	179073	179096	179119	179160	179177	179263
	179346	179419	179491	179566	179638	179696	179754	179817	179877
	179890	179946	180006	180067	180137	180179	180217	180237	180324
	180351	180379	180455	180523	180587	180655	180660	180684	180702
	180930	180962	181024	181084	181142	181201	181278	181338	181403
	181469	181478	181527	181578	181635	181638	181657	181676	181743
	181760	181764	181790	181795	181842	181900	181959	181988	182019
	182074	182129	182140	182187	182313	182374	182492	182503	182519
	182550	182583							
懇談會	165032	166618	166724	168337	169691	169709	170595	170877	171308
	171723	173056	173211	173431	173437	175675	176347	176942	177676
	177976	179073	179096	179643	179800	181723	181790	182027	182047
間島	164131	164630	164829	164903	166032	166219	166673	166813	167666
	167675	167724	167742	167797	167856	167927	168094	168344	168587
	168917	169489	169506	169601	169826	169939	170226	170302	170856
	171199	171330	171380	171977	172243	172325	172602	172799	173447

講習	164375	164445	164528	164697	164700	164878	165063	165678	165706
	165776	165850	166003	166267	166315	166358	166378	167012	167277
	167492	167669	167850	167867	167977	168191	168295	168330	168340
	168461	168534	168633	168787	169235	169454	169608	169632	169813
	170219	170384	170655	170673	170734	170741	170912	170990	171203
	171280	171305	171458	171490	171570	171576	171888	171993	172153
	172242	172253	172358	172363	172468	172723	172857	172899	173020
	173147	173215	173288	173387	173456	173479	173719	173801	173852
	173853	174051	174243	174254	174280	174301	174330	174351	174359
	174411	174435	174490	174584	174609	174619	174704	174767	174835
	174872	174887	174937	174940	174951	175017	175076	175137	175212
	175238	175242	175292	175348	175357	175373	175395	175512	175519
	175564	175604	175752	175819	175969	175988	175995	176152	176304
	176324	176825	178186	178849	178880	179866	180279	180295	180313
	180412	181209	181518	181524	181619	181653	181727	182050	182418
	182446								
講習所	164375	165706	166267	166358	167277	167669	167867	167977	168295
	168330	168461	168534	168787	169632	169813	170219	170655	170734
	171203	171280	171490	171570	172242	172363	173020	173801	173853
	174051	174254	174280	174301	174330	174704	174887	174951	175076
	179866	181619	181727						
講習會	164528	164697	164878	165063	165678	165776	165850	166003	166378
	167012	167492	167850	168191	168340	169235	169454	169608	170384
	170673	170741	170912	170990	171305	171458	171888	171993	172153
	172358	172468	172723	172857	172899	173147	173215	173288	173387
	173456	173479	173719	173852	174243	174351	174359	174411	174435
	174490	174584	174609	174619	174767	174835	174872	174937	174940
	175017	175137	175212	175238	175242	175292	175357	175373	175395
	175519	175564	175752	175819	175969	175988	175995	176152	176304
	176324	178849	178880	180279	180295	180313	180412	181518	181524
	181653	182418	182446						
江岸	166065	169887	170755	171956	172234	172336	173628	173770	175224
	176369	180087	180115	181032	181094	181159	181216	181290	
講演	164321	164346	165079	165176	165463	165537	166516	166542	167333
	167481	170367	170983	171204	171450	171544	171613	172471	173482
	173735	174032	174367	175806	176049	176709	176837	177893	178025
	178758	178776	178813	179174	179925	179959	180515	180651	182050
	182153	182267	182288						
講演會	164321	165079	165176	165463	165537	167481	170367	170983	171204
	171450	171544	171613	172471	174032	174367	176049	176709	176837
	177893	178813	179959	180515	180651				
江原 江原道	165217	165365	165888	166913	170905	171478	171571	172512	174824
	175010	176346	177437	180970	180998	181054	181152	181390	181552
	181998	182086	182107						
强奪	175220								
江華島	176476	176498							

凱歌	179120	179149						
開墾 開墾事業	168411 180590	168429 180623	170318 180832	172824 182209	173025 182241	173533 182432	176082 182456	176105	178154
開墾地	170318	178154	182209	182241					
開校	164392 168810 171649 174954	164513 169472 171665 175787	164785 169813 171684 181008	165844 170558 172304 181687	166360 170728 172378 181710	167576 170855 172823 181997	167669 170977 172943	167794 171203 173086	168715 171490 173188
改良	164288 166352 168429 170180 174896 176864 179950 181915	164324 166927 168473 170613 175089 177054 179991 182438	164543 166999 168499 172737 175655 178131 180218	164702 167029 168698 173738 176023 178785 180227	164823 167214 168842 174045 176057 179030 180323	164845 167660 169350 174216 176248 179045 180391	165871 167704 169454 174257 176512 179271 180737	166036 167985 169553 174430 176575 179305 180848	166330 168411 170006 174456 176594 179820 180877
開發	164266 178095	165774 178105	165805 178556	167729 178798	167813 179009	172861 179878	173874	173906	178089
凱旋	178449								
改善	164727 166222 168074 170114 171238 172836 175140 176946 178168 180878 181284 182256	164984 166237 168085 170131 171274 172940 175240 177096 178342 180904 181481 182464	165593 166356 168440 170696 171459 173408 175623 177233 178358 180913 181650	165689 167087 168445 170707 171792 173453 175633 177880 180353 180931 181663	165781 167132 168461 170843 171997 173465 175922 177882 180533 180937 181859	165917 167269 168480 170876 172155 174502 176455 177976 180565 180946 182087	166038 167505 169184 170923 172238 174709 176505 178084 180566 180964 182141	166127 167940 169590 171068 172588 175005 176707 178110 180568 181012 182148	166155 167947 169886 171210 172735 175047 176923 178147 180653 181039 182224
改選	166629 169824 176063 178055 179340	167343 169880 176224 178269 181358	167550 169928 176364 178500	168177 170145 176567 178523	168417 170724 176677 178620	168650 170761 177201 178649	169064 173915 177345 179122	169380 174547 177736 179195	169567 175426 178034 179234
開城	166902 179778	169601 179796	170867 182287	170895 182305	171037 182309	176752	176923	176946	179163
改修	164247 167598 170930 174342 177030 181537	164330 168360 171063 174521 177057 182172	164572 168600 171296 174554 177403 182293	166289 168675 171488 174637 177486 182423	166438 168696 171590 174654 177510	166584 169015 172206 175344 178436	166586 169569 172414 175410 180230	167129 169819 172502 175654 180628	167360 170565 172594 176858 181061
開業醫	174530								

改葬	182553							
改正	164276	164285	164293	164333	164439	164463	164496	164571	164594
	164699	165054	165091	165093	165109	165152	165199	165262	165321
	165337	165368	165445	165571	165595	165962	166100	166150	166231
	166264	166427	166433	166458	166745	166855	166891	166968	166993
	167594	167743	167821	167855	167885	168173	168226	168287	168317
	168545	168838	168960	168989	169186	169297	169327	169385	169419
	169435	169468	169571	169760	169777	169870	169903	170005	170206
	170256	170298	170390	170421	170455	170475	170568	170578	170617
	170688	170808	170992	171044	171069	171486	171721	171759	171839
	171865	172226	172443	172903	172922	172958	173162	173195	173279
	173321	173427	173443	173453	173522	173926	174170	174407	174766
	175159	175967	175993	176095	176557	176792	176959	177092	177293
	177309	177514	178086	178108	178361	178477	178821	179079	179102
	179155	179273	179284	179307	179318	179359	179389	179715	179760
	180218	180227	180489	180830	181116	181126	181130	181163	181186
	181260	181398	181519	182058	182312	182375	182402		
改訂	164557	165439	165754	169540	173161	176252	176760	176775	181002
開拓 開拓	166476	171057	171090	172531	176827	180242	181283	181977	182005
价川	165854	171292	172785	173071	176557	181403			
開催	164248	164280	164415	164564	164945	165155	165324	165651	166063
	166185	166334	166627	166642	167096	167346	167381	167987	168739
	168887	169077	169083	169363	169951	169975	169996	170693	171092
	171163	171204	171353	171685	172318	172329	172330	172358	172933
	173363	173430	173601	173947	174367	175017	175029	175046	175175
	175593	176256	176480	177085	178179	178351	178366	178387	178849
	178880	178912	178978	179006	179074	179097	179642	179904	179924
	180055	180370	181019	181209	181308	181328	181524	182203	182235
	182559								
開通	164947	164967	167177	167341	167664	168121	168988	169481	169514
	170458	170481	170495	171514	171548	171958	173702	173977	174107
	174150	174968	174990	175145	175284	175362	175422	175720	175760
	176196	176267	176903	177335	177355	177604	177623	177752	177917
	178207	178338	179579	179614	179880	180068	180207	180699	180800
	181290	181765	181784						
開通式	176267	177335	177355	177604	177623	178207	180207	180800	
坑夫	164763	169765	172337						
更迭	164586	164752	164883	165051	165721	167280	167316	168151	168250
	168275	168313	168554	168589	168661	168682	169108	169133	169712
	171880	172179	172925	176969	177817	177848	178407	180218	
健康	165734	170679	173533	175375	175946	177730	180229	181039	181618
健康診断	165734	175946	177730						
建設	164118	164123	164279	164514	164542	164682	164826	164973	165464
	165488	166586	166670	167105	167135	167250	167315	167612	167831

	167936	168489	168542	168673	168694	169002	170225	170266	170662
	170699	170713	170799	170847	170873	170922	170987	171155	171338
	171804	171842	172035	172067	172154	172424	172590	173460	173468
	173470	173493	173507	173787	173862	173967	174043	174299	174302
	174374	174396	175899	175959	176426	176447	177628	179132	179349
	179379	180526	180560	180601	180794	180973	181007	181124	181210
	181244	181281	181313	181838	181946	181969	182506	182530	
建議	165749	165873	166345	167008	167040	167125	167142	167162	167477
	167478	167648	167670	167721	167780	168106	168331	168363	168474
	174459	176173	179009	179273	179307	180790			
巾着網	176203	176228	177010						
檢擧	164257	164711	164766	164794	164795	164833	164979	165640	165724
	166836	166864	167297	167329	167643	168757	168997	169034	170460
	170510	170537	171076	171227	171470	171600	171744	171982	172010
	172343	174315	175318	175485	175781	175814	175927	176048	176069
	176262	176878	176898	177004	179042	179057	179493	179524	179726
	179814	180532	180757	180776	180930	180962	181013	181907	181947
檢事	164583	164606	164724	165231	165381	165795	165824	165930	165959
	167502	167526	168005	168116	168138	169197	169879	169987	170060
	170960	170968	171104	171109	171261	171404	171451	171460	171710
	171747	171788	172540	172564	173235	174893	174915	175495	175665
	175781	175814	176956	177172	177264	177388	177412	177420	178476
	179029	179044	179066	179089	179590	179625	179713	179743	179774
	179799	179875	180304	180314	180552	180933	180966	181590	181609
	182114	182552							
檢疫	169253	169781	175836	175866	175914	176847	176886	178033	178053
	178202	178217	178632	178658	178678	178711	178902	179024	179218
	179257	179697	181801	181822	182375	182402	182443	182459	
檢閱	164767	166365	167209	167397	168267	169225	169561	169584	169628
	170226	170423	170461	170467	170486	171134	171421	171581	171952
	172170	174446	177804	177988	178009	178028	181220	182499	
檢閱使	169561	169584	170423	170461	170467	171134	171421	171581	171952
	172170								
格納庫	174027	175739	175799	175947					
隔離病舍	174405	174470	174916	177955					
格鬪 搉鬪	168726	173896	173958	175220	176332	177720	180342	181047	
繭	165705	166659	166933	167050	168897	169080	169663	170211	170905
	170976	172165	172707	172843	172862	173200	173247	173249	173315
	173511	173760	173764	173859	174512	174558	174987	175010	175057
	175641	176306	176605	178133	178551	179023	179505	179536	179577
	179612	179824	179990	181581					
見舞	167222	168743	169900	170040					
見物	165483	165493	167610	167864	167888	167965	168479	169395	169953
	170168	170389	171965	172871	175507	175659	176619	177428	177881

	178392	178470	178760	178898	179750			
見學	165866	167013	167628	167654	167729	169280	169500	169732	170252
	170448	170467	170762	171004	171060	171176	171415	171985	174743
	176518	176540	177648	177678	178118	179269	179825	180274	181860
	181874								
結黨式	167933								
結氷	164522	165060	181228	181545	182266	182564			
決死隊	174389								
決算	165478	169114	169217	169492	170999	175341	176079	177039	177069
	178093	178610	180864	182427					
結成	178036	178054							
決戰	172629	177041							
結核	170233	172023	174749						
結婚	166090	166181	166801	167809	168517	168937	169250	175012	176404
	178634	180426	180479	180481	182223	182255	182535		
結婚式	168937	180481							
兼二浦	165712	168315	175648	176430					
鯨	165849	169013	169228	169522	172579	176348	176407	179296	179330
	180923	180956							
警戒	164509	164825	165277	165486	167181	167212	169033	169633	169811
	169844	170030	170040	170194	170868	170897	171753	171765	171783
	172194	172401	172611	172804	173048	173348	173652	173670	173770
	173771	173970	174392	174899	174914	175288	175296	175312	175488
	175528	175560	175906	175934	175973	175999	176003	176345	176565
	176627	176704	176725	176834	176886	176992	177195	177208	177337
	177359	177441	177704	177730	177828	178550	179207	179246	179926
	179966	180168	180612	180640	180738	181166	181316	181605	181664
	181989	182097	182329	182495					
警官	164137	164404	164709	165008	165229	165287	165423	165678	165687
	165729	165748	165852	165876	165903	165920	165924	165978	165994
	166374	166900	167212	167372	167519	167584	167698	167948	167977
	168387	168521	169036	169055	169398	169811	169844	170030	170048
	170331	170483	170494	170502	170712	171012	171034	171199	171812
	171961	172040	172113	172199	172484	172765	173144	173732	173866
	173979	174104	174439	174846	175087	175220	175300	176205	176530
	176547	176551	176565	176622	176675	176708	176724	176732	176864
	177150	177195	177208	178038	178565	178608	179149	179926	179960
	179962	180211	180401	180504	180549	180764	180783	180860	180864
	181729	182572							
警官隊	165008	173732	180549	180860					
硬球	166225	166252	173023	174179	178324	178589	178660	178725	178920
	178947	180009							
京畿	164605	164665	164743	164775	164842	165274	165316	165516	166268
	166275	166480	166551	166559	166844	166881	166906	167052	167099

	167163	167334	167634	167819	167891	168040	168098	168159	168508
	168645	168767	168804	169601	171091	171169	171174	171246	171383
	172062	172962	173287	173503	173612	173731	174411	175057	175970
	175996	176099	176237	176249	179280	179314	179791	179940	181293
	181321	181434	181552	181712	181835	181902	181998	182031	182056
	182276	182361							
景氣	164291	164505	165288	165395	165599	166811	166846	167426	167766
	167929	168046	168925	168939	169405	169816	170345	170981	171041
	171555	172349	172385	172489	173000	173080	173320	173348	173469
	173633	173894	174101	174167	174732	175561	176236	177484	177501
	177505	178035	178392	178457	178786	180330	180547	180657	180678
	181166	181462	181744	181768	181892	181965	181982	182188	182281
	182371	182393	182498	182526	182540				
競技	164527	164564	164658	164713	164839	164902	165078	165105	165296
	165363	165686	165752	165760	166334	166642	167119	167198	167768
	168736	168751	168761	169233	169475	169591	169643	169972	170012
	170354	170356	170401	170870	171013	171361	171573	171612	171941
	172066	172101	172122	172156	172399	172428	172906	172932	172955
	173005	173030	173206	173229	173267	173344	173607	173672	173969
	174269	174480	174750	175418	175436	175459	175465	175806	175912
	176156	176453	176679	176842	176869	176889	177038	177077	177104
	177125	177199	177218	177593	177659	177719	177905	177938	178028
	178047	178067	178228	178263	178343	178387	178405	178419	178589
	178725	178762	178775	178795	178816	178854	178892	178966	178994
	179033	179048	179302	179336	179641	179664	179769	179793	179810
	179830	179861	179982	180247	180321	180395	180406	180480	180540
	180541	180722	180837	181148					
京畿道	164605	164665	164743	164775	164842	165274	165316	165516	166268
	166275	166480	166844	166881	166906	167052	167099	167163	167334
	167634	167819	167891	168040	168098	168159	168508	168645	168767
	168804	169601	171169	171174	171383	172062	172962	173287	173612
	173731	174411	175057	175970	175996	176249	179280	179314	179791
	179940	181293	181321	181434	181552	181712	181835	181902	181998
	182031	182056	182276	182361					
京畿道知事	164743	164775	164842	165316	176249				
慶南農務課	166029								
慶南道	164863	165270	165311	165433	165583	165808	165955	166385	166990
	167310	167346	167381	167592	167780	167784	167830	168023	168509
	168559	169009	169474	169866	170202	170462	170515	171020	171994
	172138	172268	172375	174075	174463	174740	175159	176289	177113
	177312	177786	178219	178485	178547	178655	178749	178771	179188
	179227	179570	179605	179823	179856	180074	180177	180351	180879
	180904	180937	181004	181020	181152	181736	181755	181759	181774
	181782	182088	182110						
京大	167840	167974	168570	171666	172540	172564	173277	176692	176899
	178024	178900	179658	179679					

京都	165088	165203	168228	177420	177648	177678	177776	177793	177861
	178050	178072	178541	178597	178679	178713	178760		
敬禮	178208								
敬老會	172060								
經理部長	164207	164226	164610	166004	171451				
競馬	166139	167768	169136	169347	169621	170345	170395	170491	170654
	171406	171754	172332	172386	172489	172728	172756	173160	173178
	174960	176546	176982	177241	177260	178246	178457	178631	178802
	179670	179780	179931	180763	180782				
競馬大會	169136	172756							
競賣	172204	172291	175693	181292					
警務局	164163	164183	169350	170883	171252	171765	172147	172298	172433
	172757	174013	174141	174430	174456	174916	176305	176350	176676
	177176	178441	178473	178953	178993	179017	179821	179888	179916
	179948	179986	180185	180218	180227	180516	180693	180933	180966
	180968	180997	181014	181075	181472	181498	181629	181687	181710
	181816	181835	181952						
輕便鐵道 輕便鐵道	165854	170755							
警報	173230								
警保局	174057	174080							
景福宮	173164	180884							
警部	165365	166532	166564	167083	167379	167884	172199	172325	172349
	172385	176565	176661	176818	177546	177975			
京釜線	164371	164390	167963	180165	180191				
慶北線	166658	181421	181451						
警備	164433	164509	164579	164874	165785	165852	165876	165994	166374
	166434	166471	166691	166700	166748	168045	168581	175129	175151
	175602	176361	177153	177384	177878	177900	181037	182204	182236
慶尚南道 慶南	164340	164347	164378	164547	164552	164598	164743	164775	164803
	164809	164863	165045	165083	165085	165202	165217	165221	165270
	165307	165311	165328	165365	165433	165434	165449	165583	165743
	165749	165751	165808	165955	166018	166029	166069	166103	166268
	166279	166280	166385	166467	166487	166531	166554	166642	166990
	166991	167170	167310	167346	167381	167447	167503	167571	167592
	167654	167751	167780	167784	167830	167831	167840	167844	167900
	167970	168023	168315	168501	168509	168559	168570	168626	168663
	168666	168684	168687	168745	168823	168887	168986	169009	169050
	169276	169474	169646	169862	169866	170065	170100	170116	170182
	170195	170202	170257	170289	170462	170515	170525	170546	170681
	170735	170814	170951	170982	171020	171374	171566	171647	171760
	171916	171994	172126	172138	172268	172274	172282	172363	172375
	172431	172584	172628	172697	172975	173230	173243	173289	173424
	173552	173553	173619	173677	173780	173792	173847	173866	173914

173920	174015	174075	174124	174257	174260	174270	174280	174460
174463	174566	174592	174655	174659	174740	174911	174912	175159
175278	175434	175441	175496	175524	175625	175685	175949	176061
176173	176177	176178	176289	176305	176349	176350	176451	176492
176549	176882	177077	177113	177116	177133	177176	177206	177211
177312	177354	177366	177393	177408	177515	177532	177546	177550
177605	177624	177638	177748	177753	177786	177862	177947	177958
177962	178026	178067	178163	178171	178219	178228	178317	178325
178399	178416	178485	178547	178591	178650	178655	178715	178716
178720	178726	178749	178756	178771	178778	178843	178874	178917
178943	178953	178993	179017	179073	179078	179096	179101	179188
179216	179227	179255	179421	179452	179570	179605	179685	179818
179823	179856	180053	180054	180074	180098	180126	180136	180176
180177	180294	180349	180351	180434	180504	180552	180563	180583
180750	180821	180836	180855	180879	180887	180904	180937	180968
180997	181004	181020	181022	181075	181119	181140	181152	181187
181322	181374	181435	181442	181494	181552	181577	181617	181629
181630	181662	181673	181708	181722	181727	181736	181754	181755
181759	181772	181773	181774	181782	181787	181877	181883	181932
182055	182056	182088	182110	182121	182131	182292	182337	182345
182414	182420	182461	182473	182481				
慶尚北道 慶北 164384	164404	164407	164483	164726	164743	164775	164958	164995
165022	165055	165196	165217	165436	165498	166388	166464	166475
166658	166990	167056	167240	167243	167748	167758	167847	168019
168042	168155	168524	168528	168565	168667	168688	169431	169537
169656	169851	170602	170838	170921	170950	171483	171995	172233
172515	172627	172688	172767	172774	173131	173310	173315	173386
173439	173564	173612	173791	173861	173909	173935	173970	174075
174147	174283	174286	174547	174649	174679	174848	174921	174938
174979	175006	175261	175310	175319	175371	175442	175670	175685
175696	175892	175954	175970	175996	176249	176305	176501	176518
176540	176543	176627	176641	176689	176693	176810	176838	176887
177007	177059	177310	177407	177409	177591	177643	177704	177730
177754	177756	177795	178027	178080	178109	178284	178579	178588
178722	178783	178805	178822	178866	178896	178897	178940	178941
179342	179350	179380	179487	179587	179622	179643	179689	179701
179758	179800	179826	179855	179856	180000	180043	180053	180059
180072	180076	180080	180081	180108	180109	180176	180180	180229
180233	180286	180295	180362	180368	180434	180563	180570	180629
180636	180683	180835	181010	181182	181184	181250	181346	181352
181371	181373	181421	181447	181451	181461	181504	181529	181554
181629	181649	181654	181665	181673	181720	181775	181831	181878
181937	181952	182061	182064	182073	182169	182174	182195	182215
182247	182275	182303	182411	182466	182492	182519	182524	
京城 164129	164185	164194	164205	164210	164224	164228	164254	164278
164314	164325	164345	164348	164355	164398	164405	164415	164464
164532	164537	164552	164589	164608	164624	164631	164648	164661

	164662	164663	164668	164672	164673	164721	164728	164776	164781
	164785	164786	164844	164846	164925	164947	164965	164967	165029
	165080	165100	165129	165149	165164	165203	165210	165222	165225
	165259	165267	165276	165285	165308	165316	165334	165369	165388
	165435	165446	165491	165566	165572	165575	165584	165628	165642
	165646	165693	165707	165742	165747	165763	165801	165804	165819
	165830	165881	165917	165943	165952	165953	165956	166012	166029
	166121	166128	166130	166186	166193	166210	166268	166426	166460
	166465	166472	166496	166545	166572	166581			
鏡城	171831	171860							
京城劇場	165819	166128	166186	166193	166472	167102	167398		
京城覆審法院	169058	170060	171261	182114					
京城府議選擧	179493	179524	180284						
京城師範	168095	172906	174945	174977	175417	175433	178920	178947	179896
	179920	182365							
京城商議	168106	168809	173853	176790	180427	180432	180589	180622	180652
	180725	180750	181323	181816	181835	181952			
京城神社	166668	166698	167528	169477	169582	169588	169592	172139	173731
	174904	175104	175703	177930	177950	177992	178011	182532	
京城實業野球聯盟戰	170176	171630							
京城驛	164228	165316	165572	167176	167638	169721	171017	172349	172385
	175556	175574	176227	176732	177870	177895	177960	178190	178214
	178470	179576	179611						
京城銀行 京城銀行	165566								
京城醫專	171168	174601	174831	174833	174851	174855	179875	181738	
京城日報	176305								
京城第二高女	169789								
京城取引所	170664								
經營	165377	165433	165830	165917	165962	166232	166251	166601	166640
	166926	167192	167994	169097	169610	170114	171716	172300	172371
	172601	173457	173997	174091	174706	175482	175738	176180	176432
	177183	177985	178756	178778	179708	181434	182076	182106	182408
耕牛	169097	169269	170272	178425	178537	180045			
京義鐵道 京義線	175144								
京仁	165451	166969	167191	167247	167821	168049	168080	168142	168418
	168441	168510	168562	168622	168660	168681	168739	169017	169053
	169280	169711	170458	170521	171377	173021	175579	176002	177612
	177630	178844	178875	179700	181584	181742			
京仁線	173021								
耕作	165764	166141	166170	166196	166859	167137	169274	169434	169789

	170085	170164	170288	171567	172979	172991	173313	173572	179200
	179239	181020	181479						
耕作地	165764	166859	170164						
京電	164671	164717	166547	166548	167220	167244	168153	169847	170500
	170516	171475	171630	171861	171923	172296	172569	172773	173229
	173384	173503	173549	173615	173681	173733	174929	175495	176145
	176175	176588	176614	176629	177685	177924	177944	180507	181692
	181714	181748	181762	181785	181966	182008	182525		
京電廳舍移轉	166548								
經濟 経済	165569	165772	165919	167336	167994	168159	168251	168767	168804
	169072	169121	169573	170138	170172	170776	171273	171301	171618
	171732	171761	171809	171838	172648	172781	172783	175111	175381
	176199	176200	176222	176913	176967	177343	177363	177894	178183
	178492	179567	179602	179698	180088	180116	181753	182015	182078
	182261	182291	182315	182403	182488	182515			
慶州	164150	164171	164195	164216	169430	169796	170830	171999	173545
	175741	176235	176236	176412	176704	176725	176787	176825	177569
	177587	178686	178718	180894					
耕地	166786	168232	171158	174124	175380	176057	179840	180606	
耕地面積	175380								
耕地擴張	176057								
更迭 更迭	164586	164752	164883	165051	165721	167280	167316	168151	168250
	168275	168313	168554	168589	168661	168682	169108	169133	169712
	171880	172179	172925	176969	177817	177848	178407	180218	
硬質陶器	176186	176297	176456						
警察	164128	164133	164163	164183	164384	164407	164483	164822	164903
	165064	165088	165173	165186	165217	165328	165346	165449	165504
	165553	165677	165687	165730	165740	165748	165798	165904	166049
	166086	166132	166367	166379	166389	166844	166869	167654	167792
	167818	167943	168014	168072	168103	168112	168197	168212	168315
	168490	168584	168617	168631	168635	168734	168884	169174	169235
	169276	169352	169506	169615	169665	169811	169844	170277	170289
	170322	170357	170385	170643	170734	170735	170887	170913	170946
	171039	171093	171109	171122	171156	171169	171174	171175	171182
	171217	171241	171566	171766	171795	171862	171929	172040	172257
	172484	172540	172564	172635	172682	173041	173331	173464	173481
	173503	173504	173801	173853	173918	173951	173973	174253	174254
	174280	174315	174371	174383	174439	174501	174514	174844	174931
	174973	175033	175034	175047	175240	175449	175659	175660	175670
	175696	175906	175934	175978	176099	176237	176260	176305	176318
	176335	176350	176492	176530	176547	176551	176661	176704	176706
	176723	176725	176741	176818	176865	177098	177126	177176	177204
	177300	177524	177546	178145	178325	178799	178953	178993	179017
	179037	179052	179149	179586	179621	179791	179901	179988	180178
	180218	180227	180283	180329	180539	180552	180567	180583	180750

	180843	180881	180987	181075	181096	181140	181152	181154	181310
	181390	181516	181552	181574	181645	181654	181673	181727	181797
	181818	181877	181902	181967	181998	182031	182056	182156	182179
	182276	182289	182320	182353	182361	182466			
警察署	165186	165553	165748	165904	166367	166389	166844	168014	168072
	168112	168197	169352	169811	169844	170277	171039	172040	172635
	173041	173464	174315	174371	174383	174514	175660	176492	178799
	179901	181574	181877						
輕便鐵道	165854	170755							
經學院	167653	171864							
京漢	179886								
鷄卵	165743	167465	170548	171464	172857	173268	173679	174229	174925
	177154	180733							
繫留	173901	178632	178658	179218	179257	179354	179384	180133	180503
	181246								
鷄林	175597	175618							
啓星女學院	167640								
繼子	167403	172005	174252	174276					
屆出	169142	180046							
高校	177478								
古器物 古器物發掘	170862	178229	179591	179626	180811				
高女	164856	165091	165141	166226	166303	166360	166620	167011	167408
	167485	167504	167672	167688	167794	167805	167872	167973	168082
	168260	168586	170289	170639	170946	171665	171842	173074	174536
	175013	179128	179749	179825	179940	179989	180837	180915	180948
	182444								
高農	169503	169531	179641						
高等警察	166379								
高等官	164868	164904	167391	167399	171225	171655	171690	179066	179089
	181249								
高等法院	167502	167526	171182	180314	180552				
高等商業學校 高商	172511	174833	174853	174855	175638				
高麗	164350	165150	165219	165329	169241	170161	175516	175530	
高麗燒	165150	165219	165329	175516	175530				
高瀬船 高瀬舟	174248	174898	174923	176381	177601				
拷問	175030	177173	177220	179585	179620				
顧問	166357	166397	168570	172369	172374	172781	174209	178024	182365
高普 高等普通學校	164328	164364	164384	164407	164477	164506	164805	165450	165740
	166045	166165	166569	167023	167193	167555	167558	167614	167643

高普學校	167737	167763	168420	168942	169191	169601	169622	169623	169680
	169910	171155	171182	171779	171826	171852	171926	172076	172185
	172622	172749	173045	173138	173197	173280	173476	173531	173546
	173578	173685	173718	173830	173882	174179	174339	174696	174731
	174945	174977	175126	175213	175289	177615	178343	178449	178517
	178795	178816	178831	179875	180102	180130	180352	180612	180640
	180659	181008	181192	181330	181339	181454	181476	181506	181589
	181596	181608	181757	182380					
古墳	164508	169173	171999	172615	172891	176236	176572	178197	178380
	178408	179214	179253	179704					
枯死	170884	172755	173044	173112	173165	173763	175949		
考査	165514	167353							
高商	174833	174853	174855	175638					
固城	174911								
高松官	168479								
高松宮 高松の宮 (第三皇子)	165905	165933	166220	166254	167069	167084	167665	167925	168898
	168932	169234	169369	169503	169531	169533	169557	169582	169613
	169644	169680	169711	169748					
孤兒	182498	182526							
古屋	168806	170484	170827	171092	171115	177597	177638	177694	179639
雇員	166942	166966	167108	167373	168326	176944	178369	179066	179089
	180092	180120							
古蹟 古跡	166211	172654	177989	178010	180363	181510			
高專	168385	174833	174855	179996					
穀類	166572	167140	171432	178504	180869	181688	181752	182084	182541
穀物	165057	165174	165364	165434	165554	166036	166485	166665	167607
	168004	169515	169756	170038	170244	170286	170307	170316	170397
	170404	170492	170693	171841	171997	172419	172855	174290	175211
	175241	175375	176024	176031	176054	176213	176956	177179	177280
	177422	177523	177655	177970	177976	178329	178339	178356	178555
	178585	178793	178819	180055	180074	181086	181088	181247	182082
	182371								
穀物市場	168004								
穀物組合	170316	174290							
空家	180307								
空軍	164998	165350	165790	165811	167918	170218	170711	173216	177821
	178485	180266							
公金	166382	167747	167907	169630	171469	171703	174063	174452	174469
	174787	174811	174890	174920	180200	181139	182568		
公金横領	181139								
共同墓地	165291	165471	166367	167213	169310	171719	174348	176087	178229
	180791								

共同販賣	166093	168945	173511	173760	176605	178740	179023	179698	181284
	181754	181773							
空路	165112	177447							
工務課	181799	181820							
工兵隊	177967	179301	179335						
公普學校 公普校	166272	176658	176720						
共産黨	171744	171900	172540	172564	174116	180865			
共産主義	169273								
共産主義者	169273								
公設	164242	165343	165517	165947	166126	166156	166327	167436	167446
	168113	168259	168289	168303	168395	169065	170662	171133	172330
	173015	173460	174706	175111	176747	177286	177568	178659	178918
	178942	179908	179919	180568	180672	180700	181371	181465	181659
	181972	182123	182206	182238	182277				
公設市場	175111	178918	178942	180568	180700	181371	181659	182277	
公設質屋	165343	165517	165947	166156	166327	167436	167446	168113	168259
	168289	168303	168395	169065	171133	173015	176747	177286	177568
	179908	180672	181465	181972	182123	182206	182238		
公訴 控訴	165352	166688	166709	168380	168424	168455	173235	178257	179295
	179329	179590	179625						
工業	164413	164481	164568	164585	164684	166333	166567	168182	168332
	168542	168652	169014	169278	169907	170072	171125	171505	172723
	173456	173580	177410	178141	178841	180644	180900	181129	181445
工業協會	164585	164684	166333	166567	168652	170072	177410	181445	
工業化	178841								
公演	174140	178933	178952	179087	179110				
工藝	167268	169122	171453	174131	176141	176170			
工藝品	174131								
公園	166875	167175	167886	168771	169227	169239	169356	169444	169494
	169508	169888	170147	170152	170699	170842	171105	171343	171568
	171592	172183	172459	172846	173239	173356	173471	173492	173585
	173773	174303	174329	174458	175702	176360	176824	176989	177651
	178152	180353	181223						
公有水面埋立	182438								
公醫	165120	165850	166486	167492	168191	169608			
工場	164322	164353	164426	164623	165074	165401	165404	165814	165981
	166033	166065	166078	166217	166250	166337	166399	166495	166566
	166602	166828	167283	167468	168021	168216	168653	168768	169279
	169501	169524	169692	170257	170339	171067	171146	171243	171290
	171381	171574	171740	171773	172208	172424	172503	173069	173110
	173159	173183	173377	173475	173530	173532	173674	174222	174268
	174496	174689	174703	174768	174812	174944	174963	174976	174996

觀光客	175322	175584	176232	176271	178572	178686	178718	181098	
觀光團	165138	165263	165943	167456	169051	169543	170125	170630	171213
	173262	174508	175163	177445	178350	178604	178625	178652	178859
	178948								
官紀	174049	174076	174727	176583					
關東	164263	166369	166385	166844	170887	170894	172022	172110	173124
	173163	173339	173734	173884	175565	179948	179986	180403	
關東軍	173124	173163	173734	173884	175565				
關東州	170887	172022							
關東廳	166369	166385	166844	173124	180403				
官吏	166293	166324	167564	167702	169656	170322	172173	173350	174647
	178297	178408	178908	178934	179030	179045	179587	179622	179978
	179979								
管理者	170784								
官民	166197	168770	168928	169962	170515	170697	171138	174012	174496
	176317	176334	176365	176391	176663	177332	177344	178189	178215
	178843	178874	178908	178934	180452				
官兵	167739								
觀兵式	164235	164283							
官報	172058								
關釜連絡船	165837	168522	168639	168659	168680	168990	171473	171767	172903
	176610	176627	182007	182218	182250				
官舍	170857	171364	171401	174308	174343	175982	176005	176325	178909
	179434	179465	181071	181575					
關西	168385	171554	171921	176691	180980	180996			
關稅	164500	164694	164708	164737	164942	165235	165272	165709	165741
	165869	165898	166031	166055	166098	166111	166810	166818	166845
	166878	166903	166945	166974	166998	167031	167059	167085	167124
	167278	167435	167477	167721	167724	167725	167791	167797	167856
	167866	167870	167892	167927	168186	168477	168546	168869	171646
	172879	174310	178175	178407	181376				
關水	165085	165424	165679	166108	166268	166487	166553	166844	167334
	175895	181250	181352	181552	181824				
官鹽	164987	168465	170452	172982	173319	175160	176991		
官邸	176147	176174	177972	177997	178414				
官制	168838	169760	169777	170554	170594	170617	170657	171617	171697
	174374	174396	175070	175097	175174	175201	177649	177673	180969
	181000	181360	181381						
官廳	165615	168035	169700	169938	171078	172232	178090	179120	179149
	179186	179225	180657	180678	181078	181176	181453	182115	
官憲	164131	164496	164641	164652	165415	167682	167790	169551	170329
	170755	171002	171229	171249	171766	172047	172537	172681	173072
	175669	175839	179783	179805	180597	181354	181992		

鑵詰	168740	171101	173554	174376	179024	179126	179150	
狂犬病	169884	172205	173583					
鑛區	170904							
廣軌	166631	178592	179574	179609				
廣島	166223	166258	170065	172700	181316			
鑛山	167145	168580	170961	176343	180988	181006	181292	
狂言	168103	168735	171363	171400	178641	181265		
鑛業	165352	167127	167142	167161	167162	167237	172127	172291	178408
	179017	181638	181657					
光州	166272	166389	166785	167177	167183	167275	169183	172208	175126
	175213	175235	175308	179650	179673	181687	181710	182182	
光暢	166514	166541	176040	176472	176493	176727	176817	176830	176919
	176941	177193	177274	177706	177737			
鑛泉	178708	178731						
拐帶	164433	166148	166259	167373	167740	167907	169037	169052	169056
	169630	170327	170359	171469	171703	174063	174322	174452	174717
	174787	174811	174890	174920	174925	175491	178070	179298	179332
	179731	181507	182286	182308				
怪火	181809							
馘首	169455	178913	178938	181118				
教科書	164294	164336	165439	165647	165696	166101	168457	169282	176760
	176775	179359	179389	180489	181798	181819	182610		
教練	164601	164911	167006	169093	174002	176759		
蕎麥	176177	182021	182392	182450	182497	182529		
教師	165464	165488	165792	165826	165858	166237	173269	173304	176530
	176551	176664	180170	180274				
絞殺	166646	166707	168350	168608	171313	172847	173828	174671	175297
	175796	176376	176580	176665	177856			
交涉	164289	164294	164336	164730	164748	164907	165033	165369	165775
	165840	165867	166110	166135	166818	166835	166990	167085	167155
	167247	167345	167380	167886	169540	169771	170595	171002	171102
	171186	171382	171614	171897	171912	171993	172052	172124	172194
	172195	172267	172345	172624	172637	172687	172760	172879	172902
	172957	173403	173483	173824	173996	174035	174465	175218	175536
	177608	179582	179617	179639	179697	179856	180408	180636	181283
	181557	181982						
教授	164393	164552	165088	165285	166871	167024	167237	167267	167840
	167872	167884	168330	168570	168765	169162	169762	171937	172322
	172357	173113	173561	173566	173738	174209	174479	174867	175614
	175796	176280	176350	176899	178024	178183	178900	178993	179017
	179175	179409	180236	180693	181096	181476	181654	181673	182177
	182309							
教室	164624	164668	176658	176720				

郊外	166033	166099	166122	167765	171965	173236	176189	177444	177458
	178079	181147	181658						
教員	164136	165181	165321	165420	165540	165648	165771	166510	166531
	166540	166554	167072	168114	168201	168509	168565	168596	168663
	168684	168905	168964	169033	169063	169441	169480	169601	169630
	170078	170091	170676	171852	172464	172481	172940	173510	173529
	173990	174046	174464	174671	174767	174835	175884	176149	176323
	176887	178050	178072	178953	180412	180468	180501	180535	181808
	181931	182154	182418	182489	182516				
教員講習會	174835	182418							
教員養成所	178953								
教諭	164384	164407	165167	173006	173102	177770	177789	177922	177941
	179875								
教育	164268	164516	164616	164665	165016	165722	165930	165976	166010
	166237	166356	166427	166458	166674	166769	167209	167267	167409
	167450	167551	167850	167921	167944	168014	168128	168165	168248
	168282	168502	168557	168807	168862	168896	168928	169122	169146
	169186	169297	169327	169359	169366	169385	169419	169435	169441
	169445	169468	169480	169507	169509	169534	169558	169605	169616
	169649	169710	169760	169762	169777	169823	169870	169885	169903
	169904	170156	170424	170619	170923	170962	171005	171097	171131
	171354	171404	171417	171455	171714	172058	172269	172464	172465
	172578	172720	172815	172994	173430	173453	173700	173727	173769
	173947	174162	174243	174395	174942	175125	175204	175289	175564
	175631	175755	175849	175872	175965	175992	176077	176141	176170
	176518	176540	176569	176754	176816	176833	177387	177656	177675
	177813	177835	178098	178143	178165	178235	178313	178655	178841
	179123	179482	179663	179900	180338	181288	181326	181476	181589
	181608	181630	181637	181644	181656	181667	181746	181770	181851
	181882	181976	182004	182050	182102	182202	182234	182261	182263
	182273	182291	182300						
教育令	167921	167944	168248	168282	168502	168807	169186	169297	169327
	169385	169419	169435	169441	169468	169480	169509	169534	169558
	169605	169649	169760	169777	169870	169903			
教育研究會	166769	167409	172269	172464	172815	172994	175631	180338	
教育會	167450	170619	171714	172578	177656	178098			
教材	174751	177000	179359	179389					
教主	174670	181229	181269						
教職員	170977	174411							
交通	164381	165628	165659	165712	165983	166051	167091	167617	167684
	167978	169219	169366	169413	169616	169696	169710	170277	170516
	170549	170731	170848	171223	171329	171338	172592	173714	174075
	175240	175271	176264	176287	176445	177435	177441	177455	178012
	179740	180027	180042	181147	181228	181301	181460	181545	181658
	181950	182095	182333	182336					

交通機關	165983	172592	175240	181147	181658			
矯風會	170467							
交換所	167676	177861						
交換手	168633	169041						
敎會	164649	168201	169393	169423	169634	172498	174431	
救急箱	164949	176852						
救急藥	168181							
九大	168765	170470	172322	172357	172837	173561	173566	173660	173672
	173738	174480	174750	175598	175619	177593	178834	179175	180441
	180745								
舊都	178380							
俱樂部	167524	168737	169180	169621	169807	169840	170395	170402	170432
	171299	171706	176190	176985	178439	179956	181869		
九龍浦	165055	167759						
舊馬山	165041	165326	175141					
歐米	164598	165161	166309	166335	174142	180546	180576	
毆殺	176279	179787						
救世軍	166012	169774						
歐亞	168173	168226						
九龍里	180846							
久邇宮	165607							
拘引	165505							
舊正月	166012	166097	166117					
救濟	164130	164284	164409	164437	164489	164888	165037	165300	165859
	165892	166275	166947	167228	167568	167591	167889	167896	168036
	168050	168120	168128	168141	168371	168448	168528	168575	168740
	168741	168922	168994	169446	169489	169532	169834	169842	169851
	170076	170079	170267	170602	171432	171582	171673	171893	172150
	172372	172379	172380	172414	172425	172546	172633	172989	173032
	173468	174460	174574	174693	175285	175346	175547	175968	175994
	176288	176342	176794	177328	177349	177446	177485	178006	178040
	178061	178528	178574	178579	178588	178841	179064	179078	179101
	179188	179227	179286	179320	179421	179452	179746	179818	179840
	179856	180000	180053	180054	180177	180362	180439	180510	180521
	180636	180735	180869	180879	180977	181080	181090	181169	181179
	181230	181261	181317	181374	181412	181435	181507	181529	181554
	181613	181978	182006	182199	182231	182271	182411	182432	182456
	182461	182498	182526	182561	182606				
驅除	164203	164222	167287	168176	168472	169243	170039	170093	170115
	171337	172274	172342	172483	172555	172655	172995	173040	174625
	174948	177515	182314	182357					
救濟院	181169							
救濟資金	168740	175547	181507					

救助	164769	166526	166556	166841	167902	171159	172987	173006	173055
	173712	175041	175595	175633	176733	177296	177574	180636	
九州	165664	165694	166926	167964	173135	174480	174927	176072	
歐洲	164920	175206	181411	181439					
求職	173849								
驅逐	165153	166700	166861	169550	169753	170213	170431	170451	171284
	171307	172186	172219	172403	173398	174538	177557	178791	178814
	181814	181834							
驅逐隊	165153	166700	166861	169753	177557				
驅逐艦	166861	170213	170431	170451	171284	171307	172186	172219	172403
	173398	174538	178791	178814					
國境	164366	164376	164433	164509	164652	164750	164814	164824	164874
	164928	164956	165000	165120	165852	165876	165994	166038	166086
	166434	166471	166748	166810	166845	167294	167541	167685	167698
	167760	167790	167849	167993	168045	168774	168967	169033	169102
	169302	169460	170022	170138	170172	170394	170423	170461	170574
	170654	170852	171201	171229	171249	171270	171940	171972	172260
	172296	172605	172728	173000	173005	173442	173761	173790	173834
	173887	174220	174385	174634	174700	174721	174746	175064	175129
	175151	175422	175507	176047	176368	176529	176811	176974	176982
	177153	177292	177311	177378	177400	177441	177443	177455	177457
	177581	177593	177878	177900	178087	178139	178246	178294	178303
	178457	179964	180082	180110	180322	180403	180466	181037	181159
	181220	181353	181537	181737	181902	181917	182156	182179	182283
	182397								
國境守備隊	164366	170394	181220						
國境視察團	176368								
國民	164646	166507	166535	166810	166845	169677	173860	174021	175329
	177421	178443	178538						
國民體操	173860	177421							
國民革命軍	178538								
國民協會	166507	166535							
國勢	173616	175835	175865						
國稅	171267								
國勢調査	173616	175835	175865						
國粹	164659	164841	165121	165189	165226	181698			
國粹會	164659	164841	165121	165189	165226	181698			
國語	166368	170704	171199	171458	174751	176760	176775		
國語講習	171458								
局友會	173969	180619	180641						
國有林	166686	166715	167308	168232	168533	170054	170151	179737	180276
	180306								
國有財産	170831								

國有財産調査	170831							
麴子	172309							
局子街	169439	171068	175051	175852	175887			
國際列車	171035							
國調	178849	178880	180492					
國債	179483	179676	179806	180025	182267			
國策	175648							
國會	167221	168187	168724	168792	168976	177234	177261	177380
郡	164444	164642	164695	164803	165242	165401	165473	165534	165595
	165620	165955	166198	166213	166236	166263	166302	166477	166495
	166659	166744	166947	166983	167024	167152	167227	167269	167276
	167301	167551	167681	167760	167904	167907	167913	167967	168013
	168166	168242	168274	168620	168859	168878	168887	168945	169290
	169446	169512	169520	169565	169593	169670	169712	169882	170033
	170201	170352	170488	170648	170711	170751	170768	170797	170827
	170867	170895	170907	170946	170993	171030	171037	171172	171286
	171320	171342	171575	171640	171741	171874	171940	172036	172165
	172208	172222	172224	172237	172431	172447	172469	172553	172774
	172791	172798	172854	172862	172942	173073	173078	173122	173247
	173452	173466	173488	173545	173564	173909	174044	174093	174222
	174441	174491	174760	174896	174971	175006	175056	175186	175377
	175796	176101	176130	176169	176192	176249	176535	176568	176584
	176649	176667	176689	176711	176749	176940	177116	177229	177481
	177984	178006	178050	178072	178295	178716	178805	178822	179356
	179386	179413	179416	179582	179617	180051	180163	180180	180252
	180263	180337	180467	180510	180563	180631	180819	181101	181284
	181317	181613	181681	181915	181960	181997	182000	182103	182127
	182209	182224	182241	182256	182323	182396	182598	182602	
軍國	175129	175151						
軍旗祭	168268	168552	168588	168900	169160	169291	169336	169384	169576
	169759	169780	169828	170228	170394	173378	174020		
軍隊	165866	167631	167883	171919	173909	177810	180261	180595	
軍樂隊	174773	174797	178057					
軍馬	171014	171039	178858					
軍馬補充部	171014	171039						
郡部	165955	166198	166477	176568				
軍事教育	175289							
軍司令官	167488	167507	167639	167970	168951	168980	169533	173163	173734
	173884	175073	175101	175495	175522	175565	176083	176106	176249
	176394	176441	176633	177196	177213	177496	177878	177900	179434
	179465	179878	180236	180900				
群山	164680	164797	165374	165447	165835	165895	166407	166626	166973
	167043	167044	167054	167415	167540	167894	167901	167909	168299
	169136	169589	170127	170259	170341	170349	171304	171528	171707

	171714	171794	171992	172155	172198	172417	172425	172509	172517
	172536	172845	172907	172974	172981	173105	173298	173308	173324
	173499	173509	174145	174675	174870	175149	175219	175232	175335
	175585	175640	175645	175869	176263	176340	176358	176408	176417
	176963	177089	177172	177230	177328	177349	177645	177758	177799
	178850	178881	179026	179511	179542	179754	179863	179946	180067
	180137	180209	180316	180324	180646	180654	180655	180727	181281
	181313	181462							
郡守	164444	165242	166213	166236	166263	166744	167024	167301	167904
	168878	168887	169512	169593	169882	170033	170751	170797	170827
	170946	171741	171874	171940	172036	172224	172237	172791	172942
	173122	173564	174044	174093	174441	174896	176169	176192	176249
	176667	176689	180051	180163	180252	181101	181317	181613	181681
	182103	182127	182323	182598	182602				
軍醫	165120	168241	169276	171714	172819	174808	179208	179247	
軍人	164874	166615	168398	168744	168860	171641	172841	173826	176107
	177236	177566	177583	178282	178291	178307	178387	180564	181271
軍人會	166615	168860							
軍情	173357								
郡廳	166302	167907	168274	169290	171030	171286	171575	172469	172553
	173078	176584	176649	176749	179582	179617	180180	180819	182209
	182241								
軍艦	165847	165880	169375	169592	171631	172176	174957	174992	175016
	175481	176759	176779						
窮民	166947	167021	167052	167144	167262	167889	169496	170743	171239
	171582	171893	172425	172675	172834	174574	180636	180687	180826
窮民救濟	167889	171893	172425	174574					
券番	170334	180931	180964	182117					
拳銃	166959	170162	170191	175562	175583	175983	176530	176551	176565
	176664	176864	177617	177826	177888	177995	178022	181232	181258
蹶起	174825	174848	175350	179029	179044	182066			
歸鮮	164598	165283	167572	169418	171986	172258	172293	172413	175419
	175435	176288	177703	177729	177923	177942			
歸省	174367	175366							
歸營	172915								
鬼熊	176619	176661	179295	179329	181106	181367			
貴院	168067	178608							
歸任	169921	172259	172577	174909	175714	175733	176541	176697	176718
	179857	182491	182518						
歸朝	170406								
貴族院	165930	167876	167895	168328	168354	169987	171641	172648	173623
	173853	175158	177748	178178	178212	178233	178315	178407	178423
	178461	178545	178605	178798	178993	179017	179043	179058	181516

貴族院議員團	178315							
歸還	171285	171477	172043	172450				
規約	179715							
規制	170041							
規則	164285	164699	165109	165321	165445	166100	166278	166427	166433
	166458	166952	166993	167976	168537	168555	168560	168740	168960
	168989	169255	171064	171252	171721	171941	172306	172340	172364
	172922	173321	173430	173453	174170	175622	176093	176266	176469
	176557	177008	177182	177636	178477	178500	178523	179569	179586
	179604	179621	179718	179791	179826	179855	180079	180107	180159
	180189	180249	180327	180467	181116	181126	181322	181402	181523
	181926							
劇	164920	164921	165295	165315	165660	165817	165819	165883	166090
	166128	166181	166186	166193	166472	166474	166787	166940	166979
	166984	167102	167398	167454	167983	168037	168096	168099	168291
	168298	171153	172918	173222	173425	174353	176209	176422	176443
	177559	177741	177761	177772	177778	177790	178836	178838	178908
	178934	179087	179110	179689	180320	180716	181623	182013	182292
劇團	176209	179087	179110					
極東	164230	164635	166214	180242	182103	182127		
劇場	165819	166128	166186	166193	166472	166940	166979	167102	167398
	168037	168096	168291	177559	177741	178836	178838	180320	180716
根據地	164395	164514	164542	169034	170422			
勤續	165090	169283	172700	173255	180501	181756		
勤政殿	171012	171034	177241	177260	177432	178243	178259	179651	179675
近海	167527	172712	175759	178872				
錦江	164804	173100						
金剛山	166586	168148	168883	169481	169726	170605	170674	170780	170803
	171049	171089	171191	171279	171303	171648	172535	172718	173356
	173977	174303	174329	174550	175702	175977	176011	177083	177752
	177861	177961	178032	178052	178475	178492	178499	178522	178578
	178910	178935	179170	180012	180203	180488	180516	181552	
金剛山 電鐵延長	178475							
金庫	166645	172914	175986	176013	178103	178147	178168	180807	181357
	181379							
金谷	164121	164126	167488	167507	167639	167970	168951	168980	169350
	169533	175073	175101	175495	175628	175636	176016	176030	176053
金谷司令官	164121	164126						
金光敎	176715	176729						
金鑛業	181638	181657						
金鑛 金礦	165132	165917	169566	169831	170563	172741	174702	174770	179945
	180793	181638	181657					

金利	165443	165801	165915	166022	166088	166209	166238	166262	167001
	167357	167384	167431	167950	168434	168915	169072	169121	169940
金肥	166276	169074	170388						
金屬	176486	177219	180614						
金融	164299	164415	164439	164463	164687	164727	165445	166021	166151
	166155	166183	166884	166909	167058	167720	167726	167761	167764
	168115	169319	170023	170421	170455	171206	171423	172177	172799
	173954	174031	176160	176184	176191	176353	176682	177034	177696
	177709	178078	179021	179763	180080	180108	180286	181431	181741
	182055	182316	182488	182515	182611				
金融組合 金組	164299	164415	164439	164463	164727	165048	165788	165834	166021
	166155	166551	166576	167001	167058	167120	167645	167720	167761
	167764	168115	168911	168961	169076	169360	169683	169805	169817
	169921	170023	170031	170032	170081	170155	170208	170210	170269
	170275	170294	170312	170314	170319	170421	170425	170430	170455
	170497	170917	171044	171091	171142	171206	171246	171312	171593
	171658	171700	171742	172061	172174	172177	174031	174230	174235
	174305	174307	174468	176191	176682	176969	177034	178078	178223
	178345	178846	178850	178877	178881	179484	179763	180080	180108
	180208	180286	180657	180678	181033	181273	181431	182195	182376
	182384								
金一封	171265	182608							
禁酒	164877	165551	170251	170283	176700	179844	182224	182256	
金泉	171842	174022	177061						
金解禁	171323	180193	180573	180851	180892	180974	181638	181657	
琴湖	179639	181503							
金貨	171969								
給仕	164227	168020	174580	174605	177212	180368			
急行列車	170014	170051	173512	173839					
機械化	181610								
起工式	165690	166235	166261	166852	166910	167035	168500	170112	170638
	171059	171502	171578	177578	180318	180677	182028	182048	182330
	182614								
機關車	165407	165643	165731	166679	166708	168423	168452	171176	171644
	171964	172948	173839	174511	174537	174668	174736	175102	175695
	180654								
機關銃	170711								
飢饉	164963	165580	166179	182175					
祈年祭	167518	167898	167951						
記念スタンプ	168706	177195	177208	177902					
記念博	164270								
記念事業	166435								
記念植樹	167748	168063	168273	168933	168934	168959	169240	169246	169518

	169801							
記念日 紀念日	165462	165847	165880	166089	166711	167133	167333	167378	167380
	167422	167445	167540	167639	170341	170783	171056	171895	172061
	172176	172312	172818	172872	174017	175776	175868	176269	176516
	176885	176938	178752						
基督教	165075	165770	165782	168201	168622	168760	169423	170489	172498
基督教長老派	168201								
汽動車	165854	179068	179091	179574	179609	180609	180634	180897	181133
	181189	181362	181443	181632	182363				
箕林里	167360	167996	170225	170266	170847	170981	172408	174414	177808
	179361	179391	180794	181164					
奇病	167746	168203	173584	174061	178171	178452	178490		
騎兵	172724	174020							
寄附	164122	164127	164406	164523	164546	165034	165244	165266	165346
	165355	165472	165480	165782	165912	166368	167794	167936	168068
	168111	168341	168629	168714	168930	168981	168982	169062	169077
	169152	169284	169371	169495	169511	169586	169954	170009	170323
	170411	170498	170634	170973	171143	171883	171924	171958	171999
	172128	172136	172240	172379	172584	172590	173425	173452	173467
	173666	173948	175246	175330	175337	175503	175590	176355	176518
	176540	176973	176979	177226	177711	177855	178439	178688	179022
	179356	179386	179919	180349	180397	180425	180478	180669	181057
	181477	181502	181739	181833					
寄附金	164406	165034	165472	166368	167794	168111	168341	169062	169077
	169371	169586	170323	170634	170973	171143	171883	171999	172240
	173425	173467	175246	175330	175590	176973	177226	177711	178439
	179356	179386	180349	180397	180425	180478	180669		
技師	164797	165380	165911	165939	166090	166181	166309	166335	166447
	166470	166801	167334	167592	168570	168835	169783	170169	171109
	171182	171451	172175	172605	173364	173576	174512	174748	174916
	174969	174988	176741	178450	178487	178726	178993	179017	179818
	181143	181638	181657	181669	182314	182357			
氣象	164625	165649	166138	166158	173981				
妓生	164992	167226	169613	169898	170391	170533	170819	170861	171225
	171556	172871	173109	173133	174568	174594	174761	174999	175561
	175890	176046	176436	177044	177390	179445	179476	180579	180870
	181225								
寄生蟲	164203	164222	167599	172483	172509	174828	178561	181095	181415
	181831								
汽船	164327	164749	164782	165092	165331	165387	165520	166489	167271
	167346	167818	167840	167912	168237	168526	168813	169754	171055
	171436	172548	172850	173730	174313	174345	177319	178323	178542
	180750	180849	180985	181840					
旣設會社	175847	175883							

箕城	166046	170334							
期成會	164173	164476	164534	164720	164912	164926	164955	165136	165307
	165489	165679	165872	166059	166331	166699	166782	167956	169090
	169111	169342	169431	169452	169473	169540	169597	169771	170184
	170265	170450	170595	170880	171296	171614	171757	172687	172764
	173057	173421	173431	173545	173601	174191	174328	174563	174588
	174956	174991	175091	175139	175484	175487	176995	177166	177305
	178064	178112	178587	180912	180945				
起訴	167063	167089	169412	171545	171562	171774	171775	175248	175586
	175888	176286	176821	180922	180955				
寄宿舍	164364	167558	170220	174628	176219	182444			
技術	164631	167066	167620	167777	167782	167784	167825	168026	168806
	170040	170443	170479	170514	170946	171020	171505	171545	171945
	172375	173027	177830						
技術官	167782	168026	170479	170514	170946	171945			
技術員	167066	167620	167777	167784	171020	177830			
饑餓	170079	176705	176780						
企業	171576	172705	173025						
紀元節	165629	165780	165812	165949	165976	166010	166011	166045	166056
祈願祭	172627								
記者	164962	165664	165694	166316	166770	166799	167320	167396	167516
	167581	167647	167701	167762	167833	168025	168231	168308	168366
	168446	168516	168671	168692	168837	168952	168998	169062	169195
	169262	169339	169417	169486	169541	169596	169664	169723	169786
	169850	170121	170190	170274	170463	170522	170672	170812	170881
	171029	171176	171226	171392	171696	171850	171922	172071	172131
	172288	172356	172421	172426	172460	172519	172626	172690	172691
	172694	172766	172795	172831	172835	172959	172972	173311	174346
	174935	174981	176400	176507	176548	176593	176949	177217	177265
	177330	177351	177352	177378	177400	177414	177443	177457	177462
	177484	177505	177776	177793	177934	177958	178423	181687	181710
	182029	182144	182269	182326	182385	182435	182585	182599	
氣腫疽	168914	171610	177492						
起重機	181396								
寄贈 奇贈	167021	169600	174410	174480					
汽車	165483	165493	167346	167724	167864	167888	169401	170688	173608
	174125	174267	176976	176994	177143	177163	177604	177623	177626
	178375	178958	182344	182508					
起債	165452	167837	169997	171657	172408	173489	173543	173722	174357
	174432	174465	174755	174789	174909	175020	175115	175140	175338
	175359	175388	175402	175403	175487	175526	175568	175650	175746
	175805	175875	175936	176055	176995	177075	177099	177256	177403
	177568	179708	179827	181398	181557				

寄託	172944							
寄港	172508	173440	173648	181342	181840			
吉岡釜山學議	171095							
吉林	164572	164954	168728	169457	169889	170079	170755	172520	180095
	180123							
吉林省	168728	170079	172520	180095	180123			
吉林省長	170079							
吉田秀次郎	169789	175053	182513	182538				
吉州	169872	181338	181866					
吉村謙一郎	167818	171039	180376					
吉會線	164704	171367	172326	175284	175362			
金剛	166586	168148	168883	169481	169726	170605	170674	170780	170803
	171049	171089	171191	171279	171303	171648	171801	172535	172718
	173356	173541	173599	173631	173696	173802	173977	174303	174329
	174550	175431	175443	175702	175977	176011	177083	177752	177861
	177961	178032	178052	178475	178492	178499	178522	178578	178616
	178645	178677	178710	178745	178769	178910	178935	179170	179274
	179308	179572	179607	180012	180203	180488	180516	181552	182355
金玉均	169655							
金堤	167164							
金海	175757							
喫煙	168732							

ㄴ									
ヌクテ	174995 181067	175483	175670	175696	175753	175930	175950	177494	180311
ねむり病	180174								
のぞみ	167449								
のり 海苔	164301 169424 180367	164334 169426 181732	164478 169715 181837	165890 170065 181875	166103 170546 181962	166277 173278 182002	168569 177428 182337	169009 178240 182345	169149 179063 182562
羅南	165705 170826 173748 175713 177816 180530	166074 171141 173805 176263 178242	166277 171150 173865 176358 178789	166820 171232 174324 176413 179566	167409 171261 174436 176910 180006	167989 173343 174758 176964 180208	170321 173380 174796 177571 180217	170694 173590 175170 177603 180324	170795 173694 175555 177608 180379
螺旋狀菌	177449								
喇叭	181699								
癩患	166688	166709	168973	168997	179372	179402	180099	180127	
癩患者	166688	166709	179372	179402	180099	180127			
落膽	178908	178934							
洛東江	168675	168696	173909	173971	175654	180628			
樂浪	169557	173003	173019	173470	173493	174710	178380	178408	182549
落成式	167539 171954 180131	169556 174301 180667	169627 174330 180906	169847 174887 180986	170127 177639 181298	170729 178273 182206	170974 179077 182238	171626 179100 182380	171665 180103
落穂集	164120 164323	164125 164356	164143 164385	164164 164424	164192 164460	164208 164495	164232 164530	164264 175712	164287 176199
駱駝	168414	168450							
難産	166288	166319							
難破	171396	176683							
亂暴	167971 175490	168249 175816	168283 177491	168353 181606	169783	170500	170516	170746	175468
難航	168828								
南京政府	164704	168333	168358						
南軍	173346	177196	177213	177878	177900	179434	179465	179878	
南大門	164187 181312	164205 181934	164224 182051	164272 182412	165435	166071	175600	175630	177436
南山	166130	169796	171921	173330	174460	180914	180947		
南鮮	164175 170476 173967 176461 182125	165257 171101 173989 178380	166142 171443 174013 178408	166329 171555 174014 178791	167177 171722 174139 178814	167189 172132 174208 180055	167271 172294 175682 180926	168756 173194 175685 180959	169715 173731 176345 181658

南洋	168699							
南原	166633	167159	167171	168215				
男爵	172566							
南浦	164189	164259	164384	164436	164444	164448	164529	164645	165019
	165123	165230	165244	165266	165353	165355	165364	165469	165607
	166282	166368	166754	167424	167430	167443	167483	167526	167671
	167676	167687	167874	167883	168060	168067	168185	168334	168341
	168410	168422	168432	168447	168578	168783	168789	168849	168959
	169019	169064	169076	169239	169249	169276	169307	169738	169947
	169957	169987	170031	170070	170155	170372	170374	170431	170497
	170592	170631	170634	170693	170771	170773	170854	170870	170871
	170984	171010	171059	171143	171146	171155	171182	171190	171334
	171523	171524	171578	171661	171806	171834	172031	172266	172298
	172323	172369	172659	172882	173146	173244	173348	173394	173396
	173400	173479	173755	173934	174035	174307	174310	174496	174623
	174635	174846	174867	174957	174963	174992	174996	175022	175027
	175116	175302	175430	175477	175499	175608	175644	175708	175848
	175915	176254	176316	176366	176480	176978	177047	177089	177142
	177228	177282	177321	177716	177865	178135	178201	178242	178434
	178495	178517	178607	178736	178744	178833	178857	178865	179343
	179345	179638	179785	179845	179850	179899	180143	180150	180255
	180395	180467	180477	180702	180803	181033	181226	181241	181349
	181403	181419	181635	181676	181842	181903	181959	181968	181998
	182019	182129	182142	182341	182376	182398	182399	182437	
南浦築港	169019	171059	171578	175027	175608	175848	178607	180150	
納凉	172563	172933	173502	174392	174417	174610	175176	175424	
納稅	164560	166032	167028	172204	176037	176085	180398	180476	181168
	181446	182335							
浪人	165388	170076	171988	172056	172090	172166	180742		
內閣	168253	168288	172056	172166	173836	173873	173905	173937	173938
	173962	173963	173986	173987	174008	174009	174570	175354	175363
	179857	180980	180996						
奈良	165258	168570	174209	177363	180838	182365			
內務	164384	164407	164736	164757	165032	165067	165085	165196	165217
	165299	165328	165365	165449	165543	165612	165668	165740	166248
	166268	166288	166319	166386	166777	166844	167155	167334	167404
	167502	167592	167654	167750	168136	168315	168524	168626	168894
	169199	170100	170538	170648	171109	172623	172687	173392	173420
	173489	173597	174430	174456	175276	175286	175438	175526	175892
	175909	175938	175954	175989	176169	176192	176265	176995	177638
	177914	178206	178221	178458	178785	179025	179066	179089	179916
	179950	179991	180218	180227	180390	180434	180583	181152	181250
	181352	181494	181552	181577	181591	181629	181902	181998	182064
	182086	182107	182130	182213	182245	182458	182478		
內務局	164736	165032	166386	166777	169199	170538	172623	172687	173392

	173420	173489	174430	174456	175526	175909	175938	175954	176995
	177914	178206	178221	179066	179089	180218	180227	180583	182458
內務部	164384	164407	164757	165067	165085	165196	165217	165299	165328
	165365	165449	165543	165612	165668	165740	166248	166268	166844
	167155	167334	167502	167592	167750	168136	168315	168524	168626
	168894	170100	170648	173597	175276	175286	175438	175892	175989
	176169	176192	176265	177638	178785	180390	180434	181152	181250
	181352	181494	181552	181577	181591	181629	181998	182064	182086
	182107	182130	182213	182245	182478				
內務部長	164384	164407	164757	165067	165085	165196	165217	165299	165328
	165365	165449	165543	165612	165668	165740	166248	166268	166844
	167155	167334	167502	167592	167750	168136	168315	168524	168626
	168894	170100	170648	173597	175276	175286	175438	175892	175989
	176169	176192	176265	177638	178785	180390	180434	181152	181250
	181352	181494	181552	181577	181591	181629	181998	182064	182086
	182107	182130	182213	182245	182478				
內務省	167404	167654	171109						
內鮮融和	164118	164123	169746	169770	181477	181502			
內鮮人	164892	167983	169552	178297	179514	179545	180759	180778	181366
	181618	182319							
內地	164319	164346	164408	164505	164566	164590	164702	164909	164990
	164991	165156	165330	165339	165657	165686	165725	165746	165821
	165887	165964	165985	166008	166009	166024	166369	166385	166396
	166447	166470	166581	166638	166683	166726	166747	166791	166792
	166814	166821	166854	166914	166990	166999	167029	167110	167112
	167130	167154	167158	167169	167246	167251	167259	167339	167345
	167380	167465	167532	167572	167628	167654	167743	167772	167948
	167984	168087	168164	168243	168244	168501	168592	168622	168767
	168791	168804	168885	169033	169044	169140	169155	169161	169188
	169196	169275	169292	169398	169799	170051	170292	170305	170460
	170464	170640	170732	170745	170887	171019	171185	171304	171395
	171438	171464	171547	171574	171621	171672	171771	171871	171974
	172017	172051	172070	172424	172537	172592	172705	172714	172937
	173012	173081	173189	173326	173342	173395	173731	174530	174875
	175078	175208	175226	175322	175339	175430	175440	175458	175479
	175661	175664	175689	176006	176112	176246	176708	176724	176959
	177042	177071	177178	177277	177278	177396	177416	177435	177643
	177888	178033	178053	178222	178279	178319	178458	178626	178859
	178948	179288	179322	179842	179888	179915	180084	180112	180198
	180218	180227	180282	180327	180385	180525	180694	180836	181125
	181153	181178	181246	181283	181481	181519	181644	181677	181680
	181744	181768	181802	181823	181860	181874	181923	181930	182091
	182108	182404	182417	182545	182584	182610			
內地視察	166814	166854	168885	178279					
內地視察團	166814	166854	168885	178279					

内地人	165725	165821	166747	166792	166914	167345	167380	167772	167984
	168501	168767	168804	169033	169188	170292	171185	171974	172017
	173342	174530	178458	180084	180112	180327	180525	181153	181178
	181744	181768							
内帑金	166121	166163	174904	175104					
耐寒行軍	164428	165865							
露國	164641	165255	165847	165880	168059	168730	172540	172564	178954
	179783	179805	180196						
勞農	164635	166523							
勞農政府	164635								
勞働團體	165394	165460	165490	165541					
勞働者	164735	164960	165208	165301	165657	167291	167514	167770	167940
	168486	169168	169192	169469	169702	169820	170947	171209	171650
	172486	172525	172989	173133	173468	174198	175791	177750	180590
	180623	181019							
勞働爭議	166521	166546							
勞動 勞働	164551	164735	164960	165030	165064	165208	165298	165301	165310
	165394	165459	165460	165490	165541	165657	165981	166147	166521
	166546	166838	167282	167291	167414	167514	167619	167770	167940
	168486	168969	169168	169192	169469	169702	169820	170501	170502
	170573	170583	170929	170937	170947	171209	171650	172371	172486
	172525	172682	172989	173133	173468	173841	174198	174410	174661
	174752	174908	175284	175362	175791	177087	177750	177855	180531
	180590	180623	180982	181019	181464	181750	182319		
露領	171200	181290							
勞務	166770								
勞銀	176666	179080	179103	180362					
勞組 勞働組合 勞動組合	165208	165298	165310	166147	167414	170502	170583	170929	170937
	172682	181464	182319						
綠肥	169798	181450	181614						
鹿兒島	177861	181851	181882						
綠化	169798								
農家	165338	165910	166881	166906	167623	167890	168159	169446	170008
	170972	171519	171550	173439	173780	174578	174602	174685	175130
	176041	178171	178425	181299	181392	181522	182078		
農耕	179840								
農具	170384	172300							
農林省	172976	178678	178711	179131	179166	179697	180133	180503	180589
	180622	180680	182375	182402					
濃霧	173222	173633	174576	174591	182007				
農務課	164322	164353	164797	166029	167334	168427	169232	170406	170412
	170827	171300	172854	173364	174211	176074	177343	177363	177861

	179818	180218	180227	180693	181629	181835	181977	182005	182189
農民	165101	165385	165473	165529	165546	165762	166520	166543	166963
	167484	167812	168344	169527	169574	169834	170116	170195	170330
	170406	170464	170515	170814	171330	171380	171673	172001	172126
	172216	172390	172449	172480	172671	172688	172840	172848	172968
	173263	173433	173732	173780	174103	174264	174386	174760	178319
	178564	178579	178777	178866	178896	179061	179280	179314	179689
	179756	179947	180229	180616	180855	180887	181667	182020	182043
	182209	182241	182292	182395	182422	182493	182520		
農繁	170540								
農事	164543	164635	164823	164878	166003	166330	166724	167215	167586
	167660	169989	170367	170469	170515	172022	172058	172300	172371
	172601	174091	177825	177847	179820				
農産物	167336								
農業	164682	165774	165805	166571	167158	167250	168178	169281	169379
	170114	171404	171668	171945	172049	172993	173027	173172	173521
	173819	174384	174556	175349	175379	175897	176057	176077	177830
	177861	178076	178236	178505	178530	179273	179307	179420	179451
	179819	179943	180088	180116	180367	180463	180651	181117	181124
	181977	182005	182192						
農業技術員	177830								
農業標語	178236								
農業學校	172049								
農園	173236								
農作	166873	169827	170158	171342	171417	171932	172755	173612	173679
	173763	173780	174065	174117	174211	174212	174229	174830	177171
	177279	178642	178911	179570	179605				
農場	165101	165170	165241	165295	165315	165484	165503	165919	166425
	168251	168272	168294	169565	169883	170853	171077	171147	171202
	171274	171472	171594	173354	177143	177163	177575	177594	177739
	178895	179035	179050	179947	180141	180613	181167	181216	
農村	166275	166682	166721	166801	166926	167053	167145	167158	167335
	167486	167572	167813	168508	168645	168656	168677	168839	168945
	169216	169379	169685	171577	171668	172300	172371	173553	173626
	173731	174384	174497	174718	176374	176395	176476	176498	176566
	176587	176613	176628	176658	176705	176720	176780	178040	178061
	178109	178147	178168	178272	178841	178941	181356	181831	181837
	182050	182052	182261	182291	182292				
農學校	165605	165919	166592	167171	168251	168778	170403	174091	181481
農會	164695	164879	166330	166391	166411	166465	166806	166881	166906
	167136	167196	167334	167407	167526	169155	170045	170062	172798
	177694	178050	178072	179271	179305	181530	181555	182073	
雷鳴	169913	173780							
腦溢血	168674	168695							

腦脊髓膜炎	165758	167152	167411	167560	167681	168346	169706	169733	173001
能樂 能	168451								
泥棒	165192	165390	168997	169212	170328	170358	170865	174638	174665
	174717	176325	180275	181427					
論文	165267	166899	166916	168572	172157	174464			

ㄷ								
ダイヤ	164995	165022	179813					
ダム	168724							
ヂストマ	164756	165237	165654	172887	173566	177140		
デビット	171999							
ドイツ 獨逸 獨	164254	164278	164485	165038	165636	166990	168024	169715	169971
	170331	171055	171658	171940	171994	173422	173508	174017	174353
	174595	175033	176082	176105	176453	176647	176679	176741	176842
	177464	177593	178417	178419	178589	178775	178795	178816	178854
	178889	178892	178944	178966	178994	179033	179048	179409	179449
	179480	179769	179793	179874	180370	180537	181333	181850	181879
	181999	182156	182179	182403					
多獅島	169034	173883	176698	177610	178294				
短歌	164147	164168	164305	164329	164655	164660	164772	164779	164827
	164855	164933	164964	165292	165312	165468	165501	165783	165806
	165901	165937	166094	166113	166432	166463	166517	166538	166690
	166701	166866	166889	166925	167061	167086	168263	168300	168593
	168638	168797	168822	168910	168935	169018	169045	170383	170408
	170426	170457	170893	171163	171254	171362	171391	171643	173154
	173166	173397	173432	173775	173783	173992	174010	174177	174206
	175128	175143	175249	175263	175340	175365	175609	175620	175783
	175813	175917	175940	176089	176124	177929	177948	178041	178056
	178195	178218	178290	178316	178382	178413	178558	178583	178619
	178648	178682	178712	179031	179046	179276	179310	179428	179459
	179656	179688	179781	179797	179893	179929	182150	182183	182270
	182295	182433	182462	182558					
斷髪	166298	166328	177752	180277					
端川	169872	181866							
團體	164437	165155	165394	165460	165490	165541	165770	166121	166163
	167317	167346	167381	168805	168994	169647	169761	170043	170080
	170105	170415	171045	171331	172360	173762	174157	174181	174908
	175329	175560	175675	176217	176758	176759	176774	176865	176892
	176911	176924	176935	176945	177294	177441	177586	177623	177772
	177790	177802	177832	177870	177895	178334	178343	178355	178470
	178560	178584	178587	178617	178621	178646	178988	180852	181116
	181361	181739	182297	182464					
短銃	165182	170965	172188	173031	173055	173368			
擔保	167336	174493	180193						
踏切番	169788	169860	171778						
當局	164267	164332	164605	164648	164672	164674	164737	164762	165144
	165311	165679	165720	165773	165800	166063	166108	166185	167068
	167072	167095	167127	167161	167191	167251	167285	167302	167310
	167406	167477	167503	167622	167629	167652	167692	167765	167821
	167914	167931	167945	168027	168049	168080	168106	168188	168289

	168339	168506	168820	168952	168986	169154	169182	169205	169251
	169469	169474	169479	169519	169605	169793	169873	169978	170036
	170249	170357	170676	170766	170781	170798	170864	171077	171184
	171274	171310	172158	172204	172363	172377	172540	172564	172657
	172682	172721	172931	173013	173137	173452	173652	173677	173973
	174561	174562	174566	174592	174931	174955	174983	175045	175267
	175347	175367	175460	175524	175685	175840	175870	175889	175907
	176058	176173	176232	176270	176319	176469	176911	176935	177099
	177305	177564	177582	177613	177655	177668	177689	177845	178043
	178193	178264	178338	178497	178568	178600	178820	178954	179078
	179101	179356	179386	179420	179451	179827	179866	180092	180120
	180177	180293	180294	180326	180349	180525	180559	180589	180622
	180754	180760	180773	180779	180790	181148	181187	181240	181247
	181268	181345	181372	181435	181481	181529	181554	181579	181630
	181643	181729	181814	181834	181844	181876	181978	181999	182006
	182075	182105	182142	182188	182292	182450	182539	182594	182606
當選	164153	164174	167730	167760	167767	169493	169581	171242	173436
	173610	173792	173829	173847	174950	175299	175316	175371	175684
	175721	175742	176309	176373	176722	176782	176996	176997	177304
	177376	177404	177705	178236	178618	178796	181197		
當選者發表	176373	178236							
大邱	164177	164341	164342	164347	164395	164470	164551	164729	164730
	164856	164862	165032	165040	165085	165285	165318	165449	165452
	165456	165464	165488	165581	165639	165758	165814	166099	166122
	166126	166182	166238	166262	166265	166387	166405	166474	166712
	166899	166916	166920	167122	167274	167314	167378	167416	167445
	167468	167635	167648	167699	167708	167917	167958	167968	168042
	168112	168113	168143	168144	168295	168444	168461	168524	168576
	168673	168694	168742	168749	168994	169071	169115	169191	169291
	169344	169347	169652	169654	169795	169995	169996	170014	170051
	170060	170067	170127	170280	170345	170541	170553	170606	170618
	170678	170689	170724	170760	170908	170911	170974	170975	171021
	171048	171099	171109	171272	171358	171385	171412	171527	171546
	171615	171626	171719	171844	172004	172053	172076	172290	172296
	172303	172304	172305	172532	172568	172629	172632	172776	172928
	173112	173120	173187	173188	173221	173311	173370	173450	173486
	173494	173502	173557	173605	173622	173671	173673	173684	173780
	173800	173838	173845	173858	173909	173917	173934	173965	174023
	174139	174155	174218	174258	174274	174287	174350	174352	174459
	174534	174552	174557	174622	174684	174686	174688	174732	174745
	174747	174808	174810	174817	174881	174906	174935	175007	175008
	175025	175029	175046	175048	175092	175113	175147	175259	175276
	175283	175314	175315	175327	175372	175405	175432	175444	175484
	175505	175521	175584	175597	175618	175677	175681	175682	175697
	175781	175814	175892	175954	176070	176128	176139	176231	176238
	176300	176417	176563	176607	176647	176677	176679	176687	176696

	176747	176808	176829	176832	176888	176896	176897	177004	177025
	177089	177135	177142	177187	177209	177222	177230	177282	177314
	177321	177374	177413	177426	177476	177519	177562	177603	177682
	177758	177799	177848	177861	178030	178064	178081	178135	178188
	178260	178269	178333	178377	178432	178526	178553	178615	178659
	178675	178774	178795	178816	178860	178891	178973	179001	179011
	179034	179049	179146	179173	179177	179195	179196	179206	179234
	179235	179245	179346	179357	179387	179449	179480	179489	179566
	179575	179581	179590	179610	179616	179625	179638	179639	179744
	179745	179754	179862	179866	179869	179871	179875	179877	179931
	179981	179985	180004	180178	180292	180350	180353	180361	180418
	180443	180445	180446	180498	180499	180575	180625	180699	180724
	180739	180752	180762	180771	180781	180833	180890	180892	180907
	180922	180940	180955	181059	181063	181121	181123	181196	181315
	181377	181378	181389	181441	181473	181516	181564	181567	181624
	181727	181897	181939	181952	182066	182074	182106	182176	182354
	182371	182463	182469	182471	182482				
大邱高女	164856								
大邱日報	165285	167416	167708						
大邱刑務所	179639	182354							
大根	179213	179252							
大內(京官局庶務課長談)	172984	178993	179017						
大島	172154	181152	181804						
大都市	164719	169302	169366	181281	181313				
大刀會	181176								
大同江	164247	166065	168066	169084	169375	169937	170074	170787	170793
	170820	171130	171296	171488	171590	171736	171894	173816	174780
	175224	175344	175460	176858	177030	177057	177103	177922	177941
	178083	181300	182564						
大同橋	164242	167626	167650						
大同郡	165473	166744	167276	167301	169290	169446	169520	170033	170768
	171286	172553	176169	176192	176711	182103	182127	182598	
大東同志會	170015								
大豆	164688	164829	166219	167666	168587	168963	170841	171530	171606
	171977	172254	173930	174292	174901	175177	176025	177310	177317
	177370	177422	177471	177536	177602	177818	178740	179409	180360
	180531	180665	181284	181916	181984				
大連	164631	164749	164782	165285	166096	167974	168537	168555	168881
	169099	172807	175610	175621	176280	177335	177355	177443	177457
	177484	177505	179088	179111	179658	179679	180403		
大陸	173672								
大麻	173596	174694	176853						
對馬	173123								

臺灣 台灣	167008	167040	167246	167406	167592	175592	175639	175862	178179
	178180	178234	182127						
貸付	164916	166039	166060	167049	167344	168915	168922	168952	168961
	169502	169625	169660	170272	170317	173765	173848	173871	173926
	174493	175547	177709	178223	178839	179820	180045		
大商	171666	174350	182611						
大相撲	172557	173120	173277	173603					
大雪	165207	181988	182275	182303					
對岸	164524	167356	170226	170868	170897	172676	179757	181281	181313
大安門	164254	164278							
大野緑一郎 大野(總監)	168453	171862	172298	176060	176588	181654	181673		
大連	164631	164749	164782	165285	166096	167974	168537	168555	168881
	169099	172807	175610	175621	176280	177335	177355	177443	177457
	177484	177505	179088	179111	179658	179679	180403		
大英斷	172058	182376							
大垣丈夫	165698								
大楡洞金鑛	170563	174770							
代議士	165336	165367	165774	165805	167840	168641	173853	174209	175636
	176070	176413	177694	178024	178132	178312	178736	178785	178993
	179017	179175	181199	181607	181629	181952	182127		
大日本	179377	179407							
大將	165912	166057	168999	169000	169043	169044	169157	169276	169350
	169561	169584	170321	170423	170461	170467	170598	171667	172147
	173335	173358	173734	173963	174098	174121	174263	176016	176030
	176053	179174	179175	179449	179480	180165	180191		
大藏	165625	170831	171328	171959	172021	172200	172369	178908	178934
	179778	179796	180016	180039	181199				
大藏省	178908	178934	179778	179796	180016	180039			
大邸	173748								
大典	164374	166069	166435	168180	172853	173544	174381	179989	
大田	164267	166379	166409	167011	167024	167199	169595	172060	173160
	173178	173968	174404	175014	175737	175740	177025	179491	179794
	179825	179940							
大川	166394	171191	172149	179043	179058	179088	179111	179303	179337
	182209	182241							
大村海軍機	170280								
貸出	164788	164989	165681	165801	165836	166803	167336	169072	169121
	169822	171045	171534	174493	177048	177070			
大阪	164379	164970	165042	165086	165143	165280	165627	165691	165817
	165827	165951	166017	166025	166419	166497	166646	166661	166729
	166789	166930	166956	166984	167064	167076	167464	167750	168743
	169050	169137	169735	170062	170557	170767	170893	170946	170998

	171097	171254	171478	171606	171726	172508	172540	172564	173031
	173055	173440	173738	174135	175111	175327	175375	176414	176608
	177176	177597	177694	177776	177793	178045	178065	178185	178331
	178378	178545	178785	178834	178953	181397	181467	181525	181732
	181794	181901	182540						
大平壤	164292	167135	168489	168542					
待避	181320	181410							
大學	165267	168330	168416	168449	169136	170311	170347	170490	170524
	171261	171771	172369	172528	173720	174337	174478	174674	174853
	174863	177986	178008	178430	179750	179922	180375	182177	182198
	182230								
大漢門	164254	164278							
對抗	164830	164851	165394	165454	165686	165752	166642	167031	167825
	167841	167927	169136	169230	170356	170606	170949	170989	171792
	172359	172868	173056	173334	174480	174750	175048	175095	176679
	176842	176856	178225	178302	178343	178387	179664	179892	180531
	180833	182021	182577						
大虎	167230	167264							
代護士	175327	177748							
大和校	172342	173040	174966	175137	176914	180022	180334	180340	180862
	181853	181865	182581						
大會	164161	164173	164182	164339	164415	164527	164531	164536	164564
	164588	164607	164608	164713	164720	164835	164841	164902	164912
	164974	165078	165105	165119	165185	165236	165284	165296	165304
	165364	165411	165413	165434	165522	165544	165578	165587	165604
	165622	165627	165635	165691	165709	165739	165760	165798	165872
	165968	165992	166018	166054	166059	166063	166177	166411	166604
	166615	166650	166699	166990	167025	167037	167041	167096	167156
	167189	167346	167381	167437	167543	167637	167663	167707	167987
	168165	168327	168451	168739	168863	168868	168884	168891	168920
	168941	168974	169073	169113	169136	169382	169420	169453	169515
	169602	169646	169658	169677	169691	169709	169756	169951	169969
	169975	170012	170059	170107	170113	170148	170171	170300	170307
	170347	170356	170401	170492	170511	170595	170693	170712	170725
	170796	170838	170852	170880	170893	170945	170948	170949	171013
	171016	171093	171102	171125	171163	171169	171174	171220	171240
	171254	171326	171362	171391	171456	171475	171520	171522	171564
	171614	171643	171656	171722	171841	171872	171916	171986	172109
	172110	172113	172143	172184	172189	172212	172233	172260	172296
	172318	172330	172399	172460	172507	172517	172584	172604	172617
	172629	172643	172680	172701	172747	172756	172775	172830	172837
	172853	172893	172906	172955	172969	172974	173016	173149	173194
	173197	173218	173229	173233	173254	173267	173271	173330	173337
	173339	173340	173394	173430	173431	173455	173464	173486	173503
	173578	173601	173708	173716	173959	173979	174022	174208	174253

	174269	174328	174385	174408	174520	174521	174563	174588	174629
	174650	174696	174731	174747	174750	174758	174794	174796	174827
	174846	174849	174879	174881	174906	174945	174977	174981	175025
	175139	175147	175183	175188	175204	175208	175216	175259	175265
	175307	175339	175417	175420	175433	175515	175525	175611	175624
	175649	175679	175773	175782	175785	175804	175815	175840	175849
	175870	175872	175911	175939	176067	176107	176173	176191	176268
	176402	176418	176439	176453	176477	176479	176502	176518	176540
	176585	176608	176715	176729	176761	176869	176889	176981	177077
	177085	177268	177291	177305	177313	177383	177435	177527	177533
	177555	177566	177571	177583	177611	177675	177719	177744	177760
	177777	177816	177824	177842	177843	177991	178044	178076	178077
	178143	178165	178173	178235	178249	178265	178282	178291	178303
	178307	178313	178324	178339	178351	178356	178366	178387	178396
	178406	178428	178429	178437	178465	178481	178505	178506	178511
	178530	178532	178539	178555	178585	178692	178735	178748	178758
	178773	178776	178793	178818	178819	178821	178830	178873	178899
	179060	179074	179097	179114	179130	179163	179201	179240	179273
	179302	179307	179336	179376	179406	179436	179467	179561	179641
	179642	179644	179669	179724	179810	179830	179861	179901	179993
	179996	180057	180073	180221	180309	180384	180436	180474	180485
	180565	180723	180926	180959	180994	181043	181871	182035	182564
大興電氣	164926	164955	168390	169862	172504	172854	173486	174081	175361
	175623	177861	178482						
德川伯	181849								
德惠	172258	172293	172433	172500	172582	172636	172686	172780	172854
德惠姬	172258	172293	172433	172500	172582	172636	172686	172780	172854
德川郡	181284								
稻	165846	168835	169934	171178	173157	173375	173586	173891	174614
	175054	175228	175382	175581	175685	175880	175970	175996	176035
	176078	176253	176281	176300	176641	176975	177059	177243	177273
	177756	177854	178027	178237	178239	178783	179280	179314	179358
	179388	179580	179582	179615	179617	179837	180233	180540	181010
	182119								
都計	166581	166638	167360	167996	172408	176756	178973	179001	
渡橋式	177553	177684							
盜掘	172615	172891	179214	179253					
陶器	164892	168396	172689	176186	176297	176456	177362		
島德	165625	181266	181345	181372					
度量衡	165941	167474	167822	180282	180565	182302	182378		
道路改修	166289	166584	167360	169819	175410	177486	182172		
道立醫院	165384	166995	169995	173961	174847	174867	176169	176192	176558
稻苗	173891								
圖們	167668	168403	168431	168486	168655	169022	169682	169887	170136

	170755	170999	173248	173286	173374	175720	176903	177027	177053
	177806	180466	182078						
圖們江	169887	170755	182078						
圖們線	168486	168655	169022	169682	170136	173248	173286	175720	176903
圖們鐵	167668	168403	168431	170999	177027	177053			
賭博	164257	164794	164833	164853	164979	165122	165473	165715	165788
	165910	167290	167358	167815	168785	169766	170507	170676	171600
	172677	173217	173352	173370	174085	175274	176262	177774	180347
	180743	181067	181211						
賭博團	175274								
盜伐	165357	170743	171681	172404	172675	174039	175248		
渡邊豐日子	164322	164353	164797	166532	166564	180770	180789		
圖書	164435	164810	166350	166414	166939	166976	167026	167802	167862
	167863	167901	168747	168786	169355	169622	170150	170991	171109
	172552	174241	175413	176676	176706	176723	176845	177694	178142
	179437	179468	179706	179734	180357	180750	181986		
圖書館	164435	164810	166350	166414	166939	166976	167026	167802	167862
	167863	167901	168747	168786	169355	170150	170991	174241	175413
	178142	179437	179468	179706	179734	180357	181986		
渡船	169087	170787	170820	170938	175083	175107	177253	177296	179718
	181491								
渡鮮	170423	170461	172279	172795	172831	173875	173907	174804	176115
	176919	176941	177625	178795	178816				
屠獸	164446	174111	177227						
屠獸場	177227								
都市計劃	164673	165038	167159	174944	174976	179499	179530		
都市計劃令	165038								
屠牛	171981								
道議 道議會	164758	170996	172497	176542	181906	181928			
稻作	173157	174614	175880	175970	175996	176035	176078	176641	176975
	177059	177756	178027	178239	178783	179280	179314	179580	179615
	179837								
稻田	173586	175685	177243	177273	177854	180540			
徒弟	171505	172723	173456						
徒弟學校	171505								
道知事	164303	164554	164743	164775	164817	164842	165270	165316	165740
	168014	168042	168261	168280	168302	168315	168359	168538	168556
	168960	168989	170488	170797	170921	170950	171478	172236	172497
	174070	174325	176249	176305	177176	177204	178178	178381	178411
	178953	179846	180083	180111	180968	180970	180997	180998	181516
	181629	181661	181708	181872	182613				
盜聽	181570								

道廳	164369	164757	165170	165337	165368	166267	166913	167072	168393
	168559	169785	170315	170338	171077	171202	171594	171897	171911
	173687	174434	174970	180368	181205	181293	182067	182119	
道廳舍	164757	168393	168559	174434					
道廳移轉	165337	165368							
道廳移轉阻止運動	165337	165368							
淘汰	166510	166540	170438	176744	176965	177768	177783	178908	178934
道評議會	165498	166120	166125	166843	167099	167163	167170	167192	167447
	167571	167819	167983	168061					
渡航者	164408	165657	166009	166726	167110	167339	173328	173731	176006
	176424	177178	177277	177643	178015				
獨立	164254	164278	171658	174017	174353	175033	176082	176105	176741
	179449	179480	180537	181333					
獨立門	164254	164278							
獨立守備隊	176741	179449	179480	180537					
毒瓦斯	167445								
獨逸	168024	173422	174595	177464	178419	178795	178816	178889	178944
	179409	179769	179793	181850	181879				
讀者	164970	165042	165086	165143	165819	165883	166474	166754	166787
	167015	167098	167359	167424	170668	171447	173502	174011	174406
	174489	175767	182417						
篤志	170323	170634	176979	180031					
篤志家	170323	170634	176979						
瀆職	177214	181196							
豚コレラ	170242								
頓挫	175842	180017	180040	181646	181878				
敦賀	167745	170972							
敦化	168399								
突擊	167445	181032							
突破	164189	166446	166874	172269	173262	175589	177330	177351	177378
	177400	177428	177443	177457	177605	177624	179061	179505	179536
	179568	179603	179837	179925	180669	181299	181392	181626	181638
	181657	181678	181775						
東京	164558	165071	165210	166671	167092	167220	167231	167244	167317
	167870	167884	167974	168116	168138	168345	168674	168695	168807
	169058	170506	170523	170557	171233	171308	171666	171988	172029
	172090	172540	172564	172580	172768	173277	173308	173384	173632
	173658	173720	173786	173815	174004	174694	175276	175366	175415
	175509	175702	175755	176145	176175	176350	176614	176629	176840
	176956	177090	177111	177420	177511	177924	177944	178476	179175
	179658	179679	180507	180824	180933	180966	181113	181692	181714
	181748	181966	182008	182365					

東大	167267	169109	169315	170339	171937	172342	173040	173339	175067
	178993	179017	180236	180334	180340	181312	181637	181656	182309
	182581								
東萊	164384	164407	167907	168200	168217	168878	170533	173867	174070
	174188	174351	174696	174731	175717	175736	176446	177020	177264
	177741	177861	178006	178791	178814	179154	179885	179919	181317
東萊溫泉	170533	173867	174070	174188	175717	175736	177264	179154	
同盟	164584	165551	167074	167580	167792	167808	168127	168210	168846
	168874	170107	170344	172641	173073	173118	173303	173777	175677
	175928	175953	176186	177239	177413	179311	179699	179892	181330
	181454	181561	181807	182021	182117				
同盟罷業	164584	168127	175928	175953	176186	182117			
同盟會	165551	170107	173303	175677	179311	179699	181561		
同盟休校 盟休	164155	164830	164851	165121	165208	165287	167074	167126	167226
	167705	167983	168210	168846	168874	170533	171074	171926	172753
	172827	172890	172910	173118	174309	177105	177466	180612	180640
	180659	181192	181330	181454	181506	182021			
動物園	168515	170232	170271	176360	176414	180608	180639		
同民會	169624	169651	174448	174473	174674				
東邊道	164322	170156							
凍死	164899	181706	182283						
凍死者	182283								
東洋	165138	167093	167165	169013	171182	171201	171809	171838	173551
	176134	176784	177569	177587	181581				
童謠	164563	164592	165171	165204	165400	165428	167138	167179	168129
	168147	174375	174397	174567	174596	179067	179090	180582	
動員	165852	165876	173425	173724					
同情金	181722	182498	182526						
東條	177597	178953							
東拓 東洋拓殖	164281	164322	164353	164543	164797	164823	164982	164989	165045
	165135	165149	165290	165499	165546	165572	165625	166077	166180
	166316	166343	166378	166512	166534	167190	167592	167660	168570
	169072	169121	169288	169940	171116	171376	171462	171732	171761
	172291	173525	174209	174423	177748	177776	177793	178095	178151
	178178	178296	178785	179043	179058	179303	179337	179377	179407
	180389	180838	182365						
東鉄 東鐵	164972	166468	167173	169431	170737	171018	171758	173191	173426
	173723	174022	174082	174128	177306	182120			
同胞	165990	169161	169196	174026					
東海岸	166700	166802	167342	168087	171449	171942	177010	181583	
東鄕	164514	164542	164587	172184					
銅貨	169809								
東興	168704	169464	169510	169570	172868				

豆滿江 豆滿江	175083	175107							
豆粕	164311	165766	168718	168843	169074	169164	169370	169376	169752
	169998	170482	170790	171530	171739	171962	172094	172452	172453
	172652	172665	173256	173395	173422	173687	174089	174901	174959
	175226	175448	175704	176575	176594	176707	176917	177088	177233
	178385	178503	180408	180921	180954	182141	182440		
痘瘡	164896	165018	165732	165997	166174	166204	167441	167463	167816
	169242	169325	169390	169528	170864	171037	171752	171974	172134
	173002								
頭取	166719	166884	166909	169987	172781	173722	173738	173853	174867
	175198	175402	177793	178785	179222	179261	182513	182538	
頭痛	168188	173360	174069	179350	179380				
騰貴	164708	166572	168587						
燈料	182372								
藤原銀次郎	169987	170388							
藤原喜藏	165365	165740	176169	176192	178785				
燈台	164296	164331	164541	166080	166492	166721	166801	166926	167269
	167405	167465	167595	167913	168242	168460	168525	168535	168698
	168783	168945	169002	169216	169352	169657	169670	169792	169919
	169989	170062	170073	170102	170130	170201	170291	170367	170415
	170469	170540	170615	170647	170663	170828	170901	170972	171320
	171406	171479	171567	171716	171789	171939	172149	172222	172300
	172371	172650	172782	172976	173063	173126	173312	173505	173507
	173740	173967	174200	174462	174997	175209	177775	182022	

ㄹ								
ラグビー	167322	178628	178660	179130	179163			
ラジオ ラヂオ	165386	165768	166080	166146	167352	167395	168244	169722	170800
	171184	171991	172058	175122	175537	175774	175886	177534	177552
	177775	178186	181055	181209	181570	182198	182230	182299	
ラヂウム ラヂユウム	174090	174869	178708	178731					
リーグ戰	170747	171028	171258	172296	176925	176943	179439	179470	179522
	179553								
リレー	165752	173205	178225	178264	178365				
リンゴ	172793								
レコード	164650	170622	170758	171683	173709	173725	179033	179048	181892
ロシヤ	164412								
籃球	164608	168228	172932						
拉去	175919								
鈴木花蓑 (俳人)	164201	164214	164244	164274	164443	164471	164698	164725	165062
	165082	165351	165373	165539	165570	165716	165750	165845	165875
	166035	166058	166154	166187	166290	166320	166599	166630	166741
	166780	167010	167045	167281	167331	167434	167451	167557	167587
	168183	168229	168415	168436	168548	168563	168665	168686	168857
	168879	168968	168992	169166	169189	169309	169340	169391	169409
	169443	169476	169564	169585	169640	169667	169688	169717	169755
	169778	169815	169848	171283	171317	171344	171373	171427	171466
	171501	171539	171659	171691	171734	171770	171811	171840	171884
	171915	171960	171987	172104	172121	172725	172762	172800	172839
	172938	172964	173090	173108	173351	173369	173459	173491	173643
	173665	173703	173728	173811	173846	173876	173908	174054	174077
	174099	174122	174232	174261	174437	174467	174495	174531	174627
	174660	174775	174795	174839	174854	174884	174910	174961	174978
	175179	175205	175291	175317	175552	175571	175724	175748	175844
	175881	175974	176000	176428	176449	176474	176496	176533	176544
	176571	176595	176611	176631	176701	176730	176755	176776	176806
	176835	176861	176890	176916	176954	177031	177065	177106	177123
	177145	177165	177609	177627	177653	177677	177712	177731	177767
	177791	177809	177840	177982	178001	178092	178113	178250	178268
	178336	178362	178507	178529	179193	179232	179355	179385	179518
	179549	179717	179741	179832	179859	180037	180063	180715	180736
	180755	180774	180795	180829	180853	180883	180975	181003	181038
	181062	181091	182212	182244	182383	182409	182496	182587	182601
露(西亜) ロシヤ 露西亜 露國	164401	164412	164496	164641	165206	165255	165760	165847	165880
	166059	166378	168059	168094	168374	168730	169048	169108	169133
	169460	169691	169899	169950	169973	170329	170591	170929	171200
	171270	171409	171634	171971	172047	172268	172528	172540	172564
	172624	173693	173875	173897	173907	173946	174762	174964	175000
	175055	175132	175184	175243	175338	175350	175360	175669	175715

	175734	176033	176151	176181	176591	176716	176899	177041	177203
	177264	177526	177548	177576	177659	177892	178209	178562	178804
	178825	178954	179202	179241	179742	179783	179805	179843	180196
	180426	180479	180798	180858	180911	180922	180944	180955	181018
	181096	181103	181290	181809	182160	182508			
露國領事館	180196								
露領	171200	181290							
露人	175184	175243	176151	176181	177892				
露貨	164496								
綠肥	169798	181450	181614						
賴母子	167337	167857							
流筏	167225	167731	167929	169751	169899	171325	172875	173079	173581
	173742	174050	174419	175454	177139	179301	179335	180471	180602
	180859	181215							
柳宗悅	169976	169987							
鯉	164306	170684	171162	172438	173284	176392			
李埛公	164353	164840	164857	170363	179348	179378			
罹病	166445	174571	174586	175582	176101	178171			
理研	170704								
痢患者	177019								
燐寸	170626	173475							
立田	181472	181498	181538	181562					

	ロ							
マスク	181348							
マラソン	170722	171612	175366					
メーデー	169647	170194	170525	170562				
メンタルテスト	165377							
モガ	167419	167544	167573	167753	167927	173007		
モスクワ	172540	172564						
モルヒネ モヒ	164614	165068	165198	165274	165280	165300	165405	165410	165640
	165676	165723	166217	166250	166609	166641	167118	167391	167879
	168140	168610	169270	169345	169542	169676	171832	171858	172436
	172960	173032	173557	173575	173654	174096	174135	174681	174713
	174958	175690	176010	176154	176436	177815	178254	178573	178633
	178640	178664	178700	178733	178761	178851	178882	179042	179057
	179367	179397	179721	179814	179848	179961	180030	180495	180768
	180787	181016	181060	181951	182352				
モヒ患者	165068	165198	165405	165723	166217	166250	167118	167391	171832
	171858	173575	174681	176154					
馬	164137	164153	164174	164315	164376	164392	164469	164524	164552
	164743	164744	164751	164775	164776	164783	164826	164837	164844
	165008	165041	165173	165200	165207	165217	165263	165279	165284
	165324	165326	165349	165518	165549	165558	165740	165852	165876
	165884	165978	166139	166275	166323	166374	166447	166470	166482
	166635	166691	166786	167002	167009	167038	167526	167627	167682
	167739	167746	167760	167768	167815	167871	167932	168203	168213
	168261	168302	168355	168443	168524	168529	168611	168728	168850
	168894	169109	169136	169183	169208	169347	169621	169652	169758
	169775	169865	169909	169918	169963	169984	170028	170204	170339
	170345	170376	170395	170405	170491	170603	170654	170716	170829
	170958	170959	170970	171014	171039	171073	171154	171207	171235
	171276	171406	171467	171474	171475	171482	171497	171569	171754
	171849	171897	172230	172296	172308	172332	172335	172373	172386
	172489	172558	172584	172610	172611	172676	172678	172702	172715
	172728	172756	172894	172911	172926	173000	173047	173048	173060
	173123	173145	173160	173178	173264	173273	173297	173350	173412
	173592	173751	173770	173771	173780	173785	173805	173832	173844
	173873	173899	173900	173905	173909	173924	173957	173985	174007
	174066	174119	174217	174293	174388	174451	174457	174466	174477
	174515	174568	174594	174641	174687	174688	174714	174732	174960
	175096	175141	175234	175266	175502	175505	175652	175673	175686
	175709	175860	175919	176072	176224	176300	176369	176381	176434
	176483	176509	176546	176596	176607	176618	176620	176647	176710
	176740	176766	176767	176804	176813	176841	176874	176927	176982
	177021	177050	177076	177084	177113	177117	177160	177203	177204
	177241	177260	177426	177799	177890	178079	178081	178178	178246
	178267	178377	178457	178631	178729	178747	178802	178858	179137

	179209	179248	179346	179597	179632	179649	179670	179672	179692
	179780	179782	179808	179810	179908	179911	179931	179946	179977
	179996	180048	180173	180250	180273	180310	180424	180431	180461
	180466	180467	180499	180549	180591	180617	180688	180763	180782
	180860	180885	180919	180952	181294	181512	181531	181585	181588
	181680	181690	181705	181711	181902	181998	182100	182126	182156
	182179	182292	182484						
麻	164839	165411	165760	165918	166527	166557	166615	167480	167695
	170122	173017	173401	173596	174694	175701	176827	176853	177774
	180057	181472	181498	181648					
馬糧	181680								
馬鈴薯 馬齡薯	164469	166275	169865	171569	177084				
馬山	164392	164552	164783	164826	165041	165207	165217	165279	165324
	165326	165884	166323	166482	166786	167526	168443	169183	169208
	169909	169918	170204	170958	170959	170970	171467	171475	171482
	172296	172308	172702	172715	172894	172911	173780	173785	173805
	173909	174217	174293	174457	174466	174687	174688	174732	175141
	175502	175505	175709	176300	176596	176607	176647	177021	177050
	177076	177426	177799	178079	178081	178377	178729	179346	179946
	180431	180461	180591	181585	181588				
麻雀	164839	165411	165760	166615	173017	176827	177774	180057	181472
	181498								
馬場	166447	166470	167871	170491	176740				
馬賊	164137	164315	164376	164524	164837	165173	165349	165518	165558
	165852	165876	166374	166691	167682	167739	167815	168611	168728
	168850	169963	169984	170028	170716	170829	171073	171154	172335
	172558	172610	172611	172676	172678	173000	173047	173048	173264
	173273	173297	173350	173412	173592	173770	173771	173832	173899
	173900	173957	174066	174119	174451	174477	174641	174714	175673
	175860	175919	176381	176434	176618	176620	176710	176766	176767
	176927	177160	177203	177890	179137	179209	179248	179597	179632
	179977	180273	180310	180466	180617	180919	180952	181705	182100
	182126	182156	182179						
馬賊團	173592	176767							
痲疹	165620	174786	181044						
麻疹	165918	166527	166557	170122					
馬車	167627	174515	181512						
滿	164156	164180	164304	164322	164433	164488	164528	164539	164579
	164618	164674	164713	164722	164736	164817	164860	164993	165021
	165058	165078	165096	165115	165134	165167	165217	165224	165289
	165306	165364	165576	165614	165656	165671	165832	165883	165969
	166003	166006	166031	166055	166091	166214	166369	166376	166385
	166398	166412	166503	166512	166534	166615	166730	166759	166786
	166810	166845	166878	166891	166893	166903	166922	166937	166939

	166968	166976	166978	167092	167239	167309	167315	167336	167343
	167353	167356	167391	167406	167477	167543	167545	167562	167565
	167592	167603	167618	167721	167797	167821	167841	167854	167886
	167909	167929	167987	168014	168173	168226	168345	168478	168483
	168514	168537	168546	168555	168585	168737	168869	168894	168934
	169010	169012	169015	169024	169033	169039	169047	169072	169079
	169121	169136	169165	169168	169180	169192	169223	169252	169306
	169360	169364	169466	169513	169581	169659	169698	169720	169883
	169900	169930	169944	169968	170086	170123	170252	170289	170300
	170324	170343	170389	170420	170427	170448	170467	170696	170831
	170853	170879	170880	171054	171065	171212	171253	171261	171273
	171299	171300	171301	171349	171353	171367	171371	171407	171494
	171652	171660	171669	171672	171682	171698	171728	171749	171800
	171882	171888	171950	171955	171985	172039	172097	172196	172226
	172239	172298	172348	172380	172452	172455	172505	172520	172528
	172539	172560	172648	172670	172721	172727	172814	172830	172992
	173053	173080	173101	173196	173220	173253	173271	173278	173294
	173339	173373	173387	173395	173422	173569	173600	173655	173700
	173715	173790	173824	173836	173873	173878	173884	173905	173950
	173985	173987	174007	174043	174064	174098	174121	174176	174237
	174405	174614	174712	174787	174811	174875	174984	175062	175071
	175083	175091	175107	175152	175162	175227	175281	175284	175303
	175329	175362	175411	175459	175519	175764	175796	175904	175989
	176073	176076	176132	176304	176377	176456	176530	176551	176604
	176606	176623	176645	176657	176698	176741	176761	176803	176831
	176867	176868	176913	176968	177040	177063	177223	177293	177309
	177330	177351	177378	177381	177400	177420	177425	177443	177457
	177478	177484	177500	177505	177648	177678	177719	177763	177804
	177812	177824	177836	177843	177958	178067	178085	178111	178156
	178210	178280	178315	178372	178405	178407	178419	178423	178454
	178541	178597	178604	178679	178696	178713	178754	178788	178804
	178813	178825	178984	179066	179089	179362	179392	179409	179449
	179480	179556	179903	179998	180070	180083	180111	180224	180239
	180257	180259	180260	180271	180290	180312	180357	180381	180410
	180419	180473	180548	180557	180610	180709	180725	180728	180790
	180843	180858	180881	180915	180948	181101	181113	181124	181154
	181162	181210	181216	181244	181283	181355	181449	181653	181698
	181948	181975	181978	182006	182018	182019	182075	182090	182105
	182115	182132	182210	182242	182375	182402	182407	182439	182497
	182529	182545	182559						
萬國博覽會 萬博	170289								
滿蒙	164993	165021	165224	165289	165306	166810	166845	167315	170427
	171955								
萬病水	164850								
滿鮮	165364	166512	166534	166878	166903	167336	167543	169136	170252

	170448	170467	176132	177330	177351	177378	177400	177443	177457
	177484	177505	178156	178454	178541	178597	178679	178696	178713
滿鮮視察	178156	178454	178541	178597	178679	178696	178713		
滿洲	164156	164180	164304	164433	164539	164713	164722	164860	165096
	165576	165614	165671	166031	166055	166214	166369	166385	166412
	166503	166730	166759	167309	167477	167565	167854	167929	168173
	168226	168478	168483	168514	168869	168894	169024	169033	169072
	169121	169165	169223	169360	169581	169659	170289	170420	170831
	171349	171800	171888	171950	172039	172239	172380	172455	172539
	172670	172830	173253	173294	173387	173395	173422	173655	173836
	173873	173884	173905	174787	174811	174875	174984	175062	175071
	175162	175227	175281	175284	175303	175329	175362	175519	175764
	175904	176530	176551	176604	176645	176741	176867	176913	177478
	177648	177678	177804	177812	178604	178788	179409	179449	179480
	180083	180111	180257	180260	180290	180381	180419	180610	180725
	180858	180915	180948	181124	181283	181948	181978	182006	182018
	182210	182242							
滿洲事變 事變	166431								
滿洲粟	164304	165096	165671	167309	169659	171800	171950	172039	172380
	172539	172670	175071	175162	175281	175284	175362	175764	176604
	176645	178788	180725	180858	181124	182018	182210	182242	
滿洲靑年聯盟	165614	169024	180610						
滿鐵	164322	164488	164528	164579	165115	165167	165217	166003	166091
	166615	167343	167353	167545	167592	167603	168737	169079	169180
	169930	169944	170696	171261	171273	171300	171301	171367	171407
	171494	171660	171669	171728	171749	172097	172560	173080	173373
	173715	173878	173985	173987	174007	174043	174064	174176	174237
	175411	175459	176304	176377	176606	176657	176698	176761	176968
	177425	178067	178754	178813	179903	180070	180239	180259	180271
	180312	180410	180557	180728	181113	181162	181283	181355	181653
	182132								
曼陀羅	171647	172088	172123						
賣却	164319	164771	164793	165308	166366	167025	167763	168046	168347
	168355	168748	170953	173012	173073	173766	173794	174694	174909
	175653	181345	181372	181686	181913				
埋立地	180318								
賣惜	179834	182192							
埋築	164229	168500	173785	175002	177214	177861			
埋築社	177861								
麥	166479	168021	168372	168579	168585	169574	171374	172268	172442
	172653	172786	172877	173364	173732	174698	174912	176177	176356
	176691	178005	178940	179497	179528	180243	180323	180364	180387
	180847	181119	181442	181680	182021	182392	182416	182450	182497
	182529								

麥粉	176356								
麥作	168372	168579	172786	172877	178005	178940	180364	181119	181442
麥酒	168021	168585							
麥酒工場	168021								
猛獸	165080								
盲人	178417								
盟休	164155	164830	164851	165121	165208	165287	167074	167126	167226
	167705	167983	168210	168846	168874	170533	171074	171926	172753
	172827	172890	172910	173118	174309	177105	177466	180612	180640
	180659	181192	181330	181454	181506	182021			
盟休生	177466	180659							
棉	166504	166740	167305	168227	170817	172842	173283	173375	173759
	175345	176136	176960	177798	178080	178134	178715	179062	181184
	181463	181633	181755	181774	181789	182192	182193		
綿	166065	166725	168008	174075	174289	174822	178670	179156	179785
	181089	181648	182233	182349	182429				
勉強	165029	165854	165973	167597	168748	172125	172931	172961	181861
	181999								
免官	176630	178848	178879						
綿絲布	178670	179156							
免稅	178109	178540	178936	179116	179342	179497	179528	179582	179617
	180563	180744	181066	181622	181826	182292	182481		
緬羊	167631								
面議	165453	165934	169749	169825	171132	171891	172152	172656	173211
	177736	178500	178523	178620	179340	179766	179826	179855	179927
	180213	180327	180331	180351	180467	180491	180530	180586	180647
	180648	180695	180696	180828	181208	181358	181668		
棉作	166740	167305	168227	170817	172842	173283	173759	176136	177798
	178080	178134							
面長	166119	166212	167299	168589	170530	171257	172210	174060	177717
	178868	180990	182138	182162	182297				
面積	165129	165164	167717	169059	175228	175380	175382		
免職	179978								
綿布	174289	181648	182429						
免許	164973	165107	165577	168027	171921	172302	172614	182472	
棉花	166504	175345	176960	179062	181463	181755	181774	182192	182193
名古屋	168806	170484	170827	171092	171115	177597	177638	177694	179639
名物	164692	167849	168224	168761	169243	169951	169975	170075	170130
	171715	173327	177431	180445	180834	182494			
蝱蟲	170093	170115	170443	172655					
明治節	179282	179316	179501	179532	179984	179987			
明太	166530	166561	173402	174127	174424	175278	177525	177547	180238

	180532	181391						
明太魚	173402	174127	175278	177525	177547	181391		
牡丹臺	173585							
母堂	166564	168749						
牡丹台	164251	164377	164455	165416	165670	169238	169521	169557	169572
	169582	169699	169821	169891	169892	169955	170002	170027	173945
	174174	174238	176333	176360	176383	176438	178158	178204	178258
	178298	178344	178395	178456	178515	178571	182152	182221	182253
	182278	182394	182448	182509	182592				
牡蠣	166279	169991	170167	170368	173388	173554	173822	175041	176122
	181329								
模範	164364	166128	166255	166375	167574	167913	167926	168242	169503
	169531	171369	172673	172700	173063	173339	173354	174091	174264
	175660	177825	177847	178349	178359	178972	179000	180145	180149
	180184	181793							
摸範林 模範林	166255								
牧ノ島	164588	169258	171456	174069	178264				
牧師	169393	169423							
牧場	168305	170309	170603						
木材	164238	164622	164751	165111	165766	166945	166974	167553	168477
	168704	168782	168850	168869	168872	169023	169447	169839	170215
	170399	170770	170920	171152	171445	171503	171662	171663	171670
	173148	173523	173698	174047	174506	174708	174880	174974	175231
	175829	176255	177092	178794	180205	180714	181982	182210	182242
	182272	182332	182390						
木炭	166180	171188							
木浦	164156	164180	164915	165152	165153	165331	165520	165760	166489
	167408	167776	167785	167786	172421	172517	172626	172690	172835
	172850	172959	173804	173927	173934	174214	174215	174341	174362
	174421	174422	174423	174758	174796	174813	174822	175763	175877
	176494	176553	176997	179062	179065	179346	179439	179470	179491
	179817	179930	179938	179943	179946	180057	180137	180320	180321
	180389	180420	180440	180455	180491	180523	180697	180698	181084
	181193	181201	181209	181273	181278	181464	181633	181830	181842
	181969	181973	182470	182483	182485				
木浦高女	167408								
蒙疆 蒙古	174052	174083							
苗木	167728	168065	178591	181932					
墓地	164485	164914	165291	165471	166100	166367	167063	167089	167213
	168068	168960	168989	169310	170083	170961	171719	173142	173649
	174348	176087	178229	179768	180791	182553			
武官	166590	166893	166922	172883	173357	173524	173801	173879	173912

	174038	174098	174121	174340	176288	178085	178111	178380
武德會	179187	179226	179344	179377	179407			
武道	164383	165185	165236	165284	165557	168868	169180	169235	169544
	170284	170712	170838	171093	171169	171174	172110	172113	172233
	172701	173271	173337	173339	173464	173503	173979	174042	174253
	174846	175245	176191	178252	178830	179174	179901	180485	180723
	180994								
武道大會	165185	165236	165284	168868	170712	170838	171093	171169	171174
	172110	172113	172233	172701	173271	173337	173339	173464	173503
	173979	174253	174846	178830	179901	180485	180723	180994	
無料宿泊所	171215	177286							
無産黨	168117	168139							
無産者	164153	164174	167634						
無線	167413	167790	175509	182208	182240				
無線電信	167413	167790							
無線通信	175509								
舞水端	172315								
撫順	173101	173162							
貿易	164440	164448	164683	164737	164740	164799	164950	165966	166166
	166208	166282	166371	166577	166723	166810	166845	167671	167785
	167841	167928	167991	169405	169575	169738	169992	169993	171111
	171190	171339	171345	171739	173088	173146	173258	173687	173927
	174217	174297	174443	174765	175637	176019	176032	176202	176254
	176987	177316	177474	177699	177820	178479	178503	178508	178611
	178629	178857	178959	180265	180380	180408	180662	181159	181342
	181534	181556	181841	181923	181930	181973	182099	182210	182242
無煙炭	164191	164240	165753	166679	166708	166832	167103	168457	169987
	170131	175056	177875	182317					
武裝	169811	169844							
無盡會社	171058								
武漢派	168333	168358							
默禱	176885	178608							
文科	165873	172349	172385	172910					
文部省	165930	168014	172528	176135					
門司	164207	164226	168275	168313	168554	168570	168676	168697	169108
	169133	171469	172966	178325	178353	178492	178521	178667	181397
	181467	181525	181794	181901					
文相	173660	180253	180285	180980	180996				
文藝	166285	166499	174426	176075	177024	182368			
文學	165258	165267	167267	168095	168572	172273	172316	172899	173437
文化	164321	165435	167054	167638	167655	167709	169441	169480	173490
	174356	174427	177428	178467	179710	179739			

民心	177188	177205							
民謠	164359	164388	165007	165026	165103	165137	165662	165692	166938
	166975	167347	167387	167482	167513	168494	168523	173036	173059
	176278	176296							
民政黨	166041	166062	168116	168138	168345	173987	174009		
民族	169364	172498	175329	179720	179736				
民族運動	175329								
民族主義	172498								
民衆	164193	164209	169174	170385	170424	170601	172631	174501	176477
密耕	166170	166196	170650	172354	176891				
密賣	165640	166217	166250	169270	169345	170650	171931	173557	174135
	175690	177362	178254	178513	178573	178929	178950	179042	179057
	179168	179814	179848	181016	181060	181175	181463	181951	
密輸	164234	164571	164594	164711	166095	166217	166250	166610	166959
	167622	167652	167879	168610	168612	169034	169322	169542	169764
	169833	169859	169879	169885	169965	171355	171750	171784	172159
	172749	172804	172921	172949	173365	173368	173461	173536	173654
	173901	175132	175471	175562	175583	175927	176010	176436	176459
	176530	176534	176551	176664	176770	176986	177385	177419	177617
	177773	177826	177888	177995	178022	178301	178640	178664	178700
	178733	179367	179397	179972	180342	180930	180962	181752	181907
	181947	182285	182508						
密輸團	166959	178640	178664	179972	180342	180930	180962		
密輸入	164711	166095	166217	166250	172921	173901	181907	181947	
密陽	164926	164955	166699	167696	172513	173289	174194	175325	176584
	176649	176749							
密陽橋竣工	174194								
密陽郡	176584	176649	176749						
密造	181511								
密航	167520	169275	169917	170464	171395	171396	171563	172069	172537
	176878	176898	177396	177416	177490	177506	179288	179322	180747

	168570	168572	168641	168835	168931	169181	169243	170289	170470
	170591	170623	170986	171039	171359	171566	171613	171641	171937
	172055	172147	172325	172721	173117	173446	173685	174193	174295
	174722	174748	174749	175223	175432	175444	175716	176169	176192
	176421	176510	177022	177176	178257	178446	178463	178904	179222
	179261	180236	180378	180453	180583	180693	181188	181315	181455
	182309	182314	182357	182403					
朴春琴	175002	176741	178257						
雹害	172633	173612	174117	177574	178574	179064	179921	181090	
半島	164715	164734	164774	164798	164858	165020	165046	165218	165286
	165366	165393	165487	165513	165561	165644	165799	165828	165931
	165960	166052	166073	166178	166206	166225	166249	166252	166273
	166291	166322	166384	166410	166457	166488	166533	166565	166617
	166652	166697	166720	166771	166800	167048	167238	167266	167955
	168015	168043	168079	168104	168137	168158	168281	168316	168384
	168428	168459	168642	168766	168836	168895	168944	168979	169001
	169110	169138	169277	169351	169791	169966	169988	170034	170061
	170101	170129	170170	170200	170253	170290	170400	170414	170449
	170468	170512	170539	170593	170614	170656	170683	170753	170900
	170971	171040	171319	171405	171642	171643	171863	171938	172015
	172050	172078	172115	172148	172221	172299	172370	172435	172529
	172583	172649	172683	172704	173125	173657	173686	173835	173854
	174300	174336	174930	175052	175110	175700	175756	175893	175955
	176017	176071	176104	176129	176511	176597	176625	176640	176668
	176690	176717	176742	176772	176791	176826	176846	176880	176900
	176933	176957	177023	177043	177067	177081	177670	177695	177727
	177749	177886	178089	178105	178120	178160	178181	178305	178326
	178354	178370	178462	178493	178577	178606	178668	179223	179262
	179304	179338	179450	179481	179601	179636	179671	179695	179733
	179753	179790	179816	179854	179876	180281	180315	180377	180423
	180454	180487	180517	180558	180584	180621	180643	180751	180817
	180839	180874	180901	180934	180967	181051	181076	181114	181141
	181177	181200	181272	181311	181332	181432	181458	181495	181517
	181655	181674	181709	181728	181767	181788	181817	181836	181873
	181898	181924	181953	182042	182065	182104	182128	182161	182186
	182228	182260	182290	182310	182342	182366	182401	182421	182575
發掘	164696	167744	167765	168230	168977	168991	169414	170862	171365
	171398	171999	173003	173019	173290	175516	175530	176094	176114
	176236	176321	176787	177263	177569	177587	177710	177732	177910
	178229	178693	179591	179626	180811	181510	181759	181782	
發達	167593	167761	168045	168740	171314	172203	176141	176170	177102
	177122	181231	181245	181687	181710				
發動機船	164918	166402	171231	171259	180238				
發明	164289	164574	164597	165786	165803	166393	167913	169536	169671
	169695	170087	171507	171525	173359	177082	179408	180740	
發電	164693	164784	168145	168148	168276	168307	169523	171949	172874

	169166	169189	169309	169340	169391	169409	169443	169476	169564
	169585	169640	169667	169688	169717	169755	169778	169815	169848
	171283	171317	171344	171373	171427	171466	171501	171539	171659
	171691	171734	171770	171811	171840	171884	171915	171960	171987
	172104	172121	172725	172762	172800	172839	172938	172964	173090
	173092	173108	173351	173369	173459	173491	173643	173665	173703
	173728	173811	173846	173876	173908	174054	174077	174099	174122
	174232	174261	174437	174467	174495	174531	174627	174660	174775
	174795	174839	174854	174884	174910	174961	174978	175179	175205
	175291	175317	175552	175571	175724	175748	175844	175881	175974
	176000	176428	176449	176474	176496	176533	176544	176571	176595
	176611	176631	176701	176730	176755	176776	176806	176835	176861
	176890	176916	176954	177031	177065	177106	177123	177145	177165
	177609	177627	177653	177677	177712	177731	177767	177791	177809
	177840	177982	178001	178092	178113	178250	178268	178336	178362
	178507	178529	179193	179232	179355	179385	179518	179549	179717
	179741	179832	179859	180037	180063	180715	180736	180755	180774
	180795	180829	180853	180883	180975	181003	181038	181062	181091
	182212	182244	182383	182409	182496	182523	182587	182601	
排球	178405	178419	178589						
配給	164635	167838	170079	170684	171159	172222	173068	174433	178231
	178425	179770	182602						
配給所	178231								
賠償	177482	180408							
配屬將校	169846								
排水	165543	173055	173075	180373					
排日	164141	172494	179202	179241					
排日宣傳	164141								
排日運動	172494	179202	179241						
背任罪	181266								
培材	175235	175308	180352	180612	180640	180659	181008	181192	181454
拜賀式	165780	165812	166056	166057	179984	179987			
白頭山 長白山	176074								
白米	165870	165990	167584	170146	174715	176522	176870	181648	181939
白兵	167445								
百姓	173250	181661							
伯爵	174182								
百濟	175223								
伯仲	170216	170254	173330						
百貨店	178918	178942							
繁榮會	164321	164575	164628	164884	164941	165001	166913	168153	169430
	171653	174365	174874	177020	182066	182067			

	180275	180314	180345	180363	180381	180399	180453	180490	180509
	180533	180552	180566	180674	180724	180734	180813	180848	180877
	180896	180907	180930	180933	180940	180962	180966	181010	181106
	181260	181317	181355	181470	181496	181519	181590	181609	181734
	181848	181875	181897	181961	181977	182001	182005	182016	182058
	182114	182138	182162	182163	182312	182403	182552	182581	
法官	167280	167316	168001	168032	168402	168442	170811	170919	171004
	171176	171532	173085	173114	178105	179713	179743	179798	180813
	181106	181470	181496	181590	181609	181961	182001	182552	
法令	164571	164594	167571	174461	178363	181260	182058		
法務局	164680	168315	168928	169350	170060	170808	171182	172832	179713
	179743	179774	179799	180453					
法院	164857	164880	165930	165959	166460	167502	167526	168014	168380
	168474	169058	169181	169490	170060	170252	170705	171109	171182
	171261	171404	171451	171788	172291	173163	173738	173888	173889
	173961	175276	175298	175432	175444	175495	176070	176128	178105
	178144	179029	179044	179120	179149	179875	180275	180314	180552
	180724	180907	180933	180940	180966	181590	181609	181897	182114
	182552								
法人	165365	165773	165800	170353	175968	175994	176979		
法曹界	179774	179799							
劈頭	170554	170594	171122	171156					
辨當	169968	170367	180295						
辯士	164841	169073	169113	170880					
辯護士	164322	164339	164353	168765	169058	169818	170410	170501	170946
	171615	174352	174844	174893	174915	175030	177467	178437	178465
	179815	180933	180966	181673	182127	182365			
辯護士大會	178437	178465							
辯護士會	169818	174352	174844						
別府	167271	167334	175002	179348	179378	180750	180770	180789	
兵器	166844	167265	167444	167596	170100	170252	171300	171589	173707
	173726	173961	176394	181920					
兵器支廠	167265								
兵隊	164263	164580	164932	165197	165908	167502	167526	167569	167689
	167755	168003	168524	168873	170423	170461	170700	170747	173000
	173339	175237	175555	175697	177967	178909	179301	179335	179363
	179393	180082	180110	180334	180600	181159	181170	181310	181716
	181952	182365							
兵士	166766	174104	175921	177195	177208	179507	179538	179597	179632
	181920								
兵舍	180542								
病床	179264								
病院	164540	164604	164629	165667	166091	166401	166612	166743	166783

	167188	167494	168161	172589	172986	173039	173117	173452	173553
	173787	173827	173870	173885	173921	173948	174530	174988	175223
	175313	175837	176936	176973	177019	177222	177711	178227	178334
	178355	178688	179750	179847	180478	180900	181092	181233	181415
	181601	181624	181723	182311	182330				
倂合	168004	168120	168141	173632	173658	176756	181530	181555	
保健	170835	174148	174886	181831					
保菌者	171518	173999	175527	175634					
步兵隊	170747								
普選	165934	178449							
補選	165453	166390	170387	170996	172656	172787	174025	176289	177113
補習敎育	164665	168014	174942						
補助金	164437	164718	165011	165043	165377	165989	166653	167167	168526
	169482	169532	172348	173382	175381	177240	177262	179709	179856
	180000	180590	180623	180832	181144	182311			
報知機	172252	174056							
普天敎	167979	168016	169265	169335	170042	170476	170517	174670	175693
	177129	180204							
普通校	164135	164380	164881	165016	165420	165844	166531	166554	166669
	167819	167831	168098	168594	168645	168862	169025	169032	169049
	169079	169156	169158	169190	169441	169480	169491	169772	169804
	170303	170411	170462	170918	172118	172202	172253	172378	173131
	173330	173427	174161	174299	174556	174872	174940	175653	175787
	176018	177862	178753	179179	180264	181546	182489	182516	
普通學校	164391	165190	165439	165450	165531	165601	165754	166224	166292
	166554	166571	168420	169436	170561	170746	171155	171182	171281
	172827	173086	173141	173223	173250	173531	173546	173636	173678
	173685	173731	174299	175019	175038	175246	175617	175757	176252
	176693	178749	178771	179900	180349	180352	180682	181089	181406
	181476	181612	181667	181746	181770	181976	181997	182004	182261
	182291	182292	182610						
保險	165859	166084	166107	166732	166772	166882	166907	167547	168243
	168765	169845	169862	170182	170363	170778	170802	171022	171781
	172017	172510	173774	173781	175114	176315	177005	177334	177353
	177489	177649	177673	178426	178974	179002	179420	179451	179819
	180014	180509	180661	180686	182140	182178			
保險契約	172017								
福岡	164631	167269	168460	170289	171109	171261	171320	171463	172069
	172300	172371	172495	173904	174224	176108	177776	177793	177861
	181019	182016							
福壽寺	164392								
覆審法院	168380	169058	170060	171109	171261	171451	175276	175432	175444
	176070	176128	180275	180724	181590	181609	182114		
福音	165198	165405	170470	173439	180539	180567	182424		

服裝	169590	170326	170843	177877					
服制	179070	179093							
復興	167913	180682							
本願寺	174856								
本町	164723	165388	166007	166130	167256	167524	167708	168634	168997
	169665	169811	169844	171833	172012	181620	182117		
本町署	164723	165388	167524	167708	168997	172012	181620		
奉告祭	168457	168622	178469						
俸給	167584	171584	178908	178934	181797	181818			
奉納/捧納	178830								
鳳山	165599	166092	166112	172798	173073	180467			
奉迎	167665	167925	178107	178138	178162				
奉天	164596	167526	167609	167663	168212	168955	169732	170311	171035
	171039	173350	175656	181113	182559				
鳳凰	164383	164951	173984	174006	177289				
鳳凰山	164383								
鳳凰城	177289								
賦課	165152	165340	166433	166952	168186	169308	170142	170353	170625
	171616	172860	173171	173787	174170	176573	177028	180756	180775
賦課金	176573								
婦女子	167533	174392							
部隊	166893	166922	168581	170092	173524	174038	174388	174416	176529
	177275	177384	178280	179556	179952	181917			
不渡手形	165855								
埠頭	165064	165208	165287	165347	165371	165398	165427	169418	171304
	171554	175042	176924	176945	181916				
部落	164241	165697	165788	166034	167574	169029	169994	170967	171369
	171567	172234	172264	172285	176185	178972	179000		
部落民	165788	169994	170967						
浮浪人	165388	170076							
浮浪者	164284	164409	166105	174783	176844	182181			
不逞	165735	165785	165793	170587	172936	178988	179517	179548	
府令	168537	168555	169760	169777	169870	169903	171069	173020	174051
不逞團	165785	172936	178988						
富士	174067	177442	177456	181340					
釜山	164167	164173	164212	164219	164269	164276	164322	164328	164353
	164400	164449	164465	164473	164479	164503	164531	164540	164552
	164555	164562	164588	164603	164659	164667	164714	164720	164733
	164780	164792	164841	164849	164857	164859	164910	164912	164926
	164955	164961	165012	165031	165039	165053	165080	165088	165136
	165139	165147	165149	165151	165201	165206	165215	165217	165225
	165370	165381	165414	165440	165489	165504	165564	165565	165580

	165586	165593	165598	165633	165638	165641	165679	165683	165687
	165689	165748	165802	165863	165930	165947	165948	165959	166011
	166022	166124	166127	166179	166198	166232	166251	166255	166297
	166317	166327	166386	166399	166461	166469	166473	166553	166554
	166618	166628	166635	166646	166699	166702	166706	166707	166776
	166787	166795	166861	166932	166937	166940	166964	166978	166979
	167025	167156	167188	167239	167285	167302	167320	167325	167386
	167396	167406	167452	167505	167506	167515	167516	167522	167533
	167580	167581	167630	167647	167654	167696	167701	167704	167714
	167754	167755	167762	167765	167772	167807	167818	167832	167833
	167840	167903	167969	167973	168025	168028	168082	168086	168096
	168216	168231	168236	168241	168244	168289	168308	168315	168360
	168361	168366	168377	168419	168437	168446	168451	168454	168500
	168516	168522	168559	168560	168570	168573	168619	168624	168671
	168692	168764	168765	168799	168827	168828	168837	168933	168936
	168943	168998	168999	169042	169058	169118	169124	169130	169183
	169195								
釜山高女	167973	168082	171182						
釜山商議	164269	165201	166127	166706	166937	166978	167406	167522	
釜山驛	168522	168828	169346	170117	177003				
釜山運動場	176777								
釜山中	171404	174827	174849	175521					
釜山地方法院	164857	165930	165959	171261	171404	171788	173738	175495	181897
釜山鎭	166179	166399	169331	172209	175002	177861	181409	181437	
釜山港	164503	168419	168454	168500	171708	175528	176257	177861	
釜山會議所	165802								
艀船	177101								
府稅	167778	168315	168545	180407	180433				
賦役	169437								
府營	164173	164212	164332	164341	164396	164476	164531	164562	164588
	164659	164674	164720	164780	164813	164841	164912	164926	164955
	165032	165136	165307	165452	165489	165564	165857	165872	165972
	166156	166160	166297	166317	166386	166461	166618	166626	166687
	166699	166776	166892	166923	166932	166964	167025	167156	167239
	167285	167302	167436	167446	167635	167837	168113	168337	168339
	168644	168780	168925	168939	169331	169344	169394	169406	169490
	170184	170197	170725	170749	171205	171240	171329	171370	171461
	171843	171927	172305	172350	172521	173057	173221	173262	173611
	173795	173804	173917	173929	173965	174023	174144	174155	174191
	174266	174287	174399	174459	174684	174729	174837	174938	175007
	175139	175140	175273	175484	175526	175738	175937	176301	176397
	176562	177087	177545	177589	177676	177946	178064	178856	178888
	180047	180147	180292	180416	180444	180672	180739	181069	181213
	181465	181830	181938	182123	182482				

府營バス	164212	164341	167635	168925	168939	169394	170749	171329	171370
	171461	171927	172305	172350	172521	173611	173917	173965	174155
	174287	174684	175007	176397	177676	178856	178888	180047	180292
	182482								
府營住宅	166626	180416	180444	180739	181069	181213	181830	181938	
府尹	164552	164659	164730	164776	164783	165217	165232	165324	165377
	165424	165449	165515	165596	165626	165930	165981	166618	166848
	167285	167302	167526	167659	167871	167903	168136	168329	168356
	168887	169020	169452	169473	169689	169691	169709	169882	170060
	170239	170276	170323	170595	170751	170899	171063	171248	171456
	171533	171614	171757	171912	172224	172505	172528	172577	172624
	172760	172902	172942	172957	172967	173103	173107	173180	173219
	173225	173235	173278	173431	173489	173662	174399	174441	174459
	174520	174543	174667	174710	174724	174789	174909	174943	174980
	175020	175120	175200	175338	175360	176039	176340	177134	177331
	177356	178043	178915	179434	179465	179742	179933	180051	180163
	180220	180252	180390	180473	180603	181026	181123	181152	181153
	181178	181219	181252	181349	181377	181389	181457	181473	181484
	181494	181516	181613	181727	181766	181804	181824	181952	181968
	181998	182071	182146	182297	182341	182449	182593		
附議	165395	166699	166983	167025	167693	168000	168086	168174	168664
	168685	168960	168989	173430	174441	174465	174896	174909	175039
婦人	164255	164564	164785	164862	165782	166167	166194	166413	167189
	167269	168227	168791	168792	168945	168994	169525	170336	170362
	170467	170615	170673	170772	170805	171219	172173	172756	172838
	172874	172919	173197	174785	174862	175017	175106	175353	175517
	175635	175752	175855	176049	176404	176424	177876	178309	178368
	178549	179266	180025	180270	180585	181603	181899	181911	182015
	182050	182052	182155	182180	182479	182498	182526	182546	182576
婦人會	164564	165782	166167	166194	167269	178309	181911	182546	
赴任	173447	173938	173963	174049	174076	174189	176526	176545	177188
	177205	179494	179525	181014	181295	182449			
不作	166596	167878	167911	178027	178080	178109			
府政	164720	166437	177305	179203	179242	180506	180731		
不正行爲	175605	177523							
扶助料	177697								
浮塵子	175970	175996	176535	176810	176838	178026			
負債	166422	180418	180443						
富平	165684	165740							
富豪	169529	171769	179210	179249					
府會	181880	182064							
北陸線	171436								
北滿	164860	165832	168478	171212	171652	171698	172039	172992	176076
	181154								

北鮮	164909	168396	168700	169069	169450	169693	171264	171436	172172
	172424	172531	172705	173710	173997	174153	174157	174181	174549
	174762	175244	175290	176275	176298	176801	176855	176910	176964
	177035	177278	177300	177327	177375	177529	177561	177640	178095
	178302	178644	178667	178798	179878	180207	180851	181174	181276
	182275	182303							
北支	164754	170834	171995	172314	179949				
北青	171966	172151	173078	174003	174137	175902	176800	177604	177623
	177917	179779	179817						
北海道	164611	172528	174127	174376	174424	175278	178311	182441	
糞尿	164482	169474	173364	181424					
紛擾	164551	165461	165632	168200	168217	168361	168543	168561	169353
	169876	170145	170294	170670	170690	170815	170929	170937	171680
	172099	172211	172721	172798	173191	173528	176506	178240	178264
	178281	178365	179196	179235	179484	180905	180910	180938	180943
	181033	181193							
紛爭 紛争	166857	173776	175211	181464	182443	182459			
奮鬪	170666	174299	180594	180626					
不景氣	165395	168046	178035	178457	180657	180678	181166	181462	181744
	181768	181892	181965	181982	182281				
佛教	167037	167612	168662	168683	169028	172984	174032	175208	175339
	177706	178406	178758	178776	181649	181665			
佛國	165051	175476	177026	177052	179510	179541			
佛國寺	177026	177052							
不逞	164313	164832	164901	165253	165924	167438	171747	172199	172520
	172641	174319	174347	175793	178538	179934	180096	180124	
不逞團	172520	175793	178538						
不逞學生	172641								
不逞漢	164313	164901	165253	167438	171747	172199	179934	180096	180124
佛像	166479	169414	169488	176448	181388				
不時着陸	171172	171748	174499	174529	176902	178971	178999		
不穩	165737	166451	167643	168344	170505	172185	172753	173718	173830
	175298	176377	177848	180481					
不穩文書	167643	170505	175298						
不知火	172655								
不況	164481	165111	165869	168401	180714				
崩落	179280	179314	182438						
肥料	164299	164803	164820	165404	165695	165916	165935	166352	167752
	167782	167982	170388	170732	170972	171791	172222	172533	174089
	175758	176795	180081	180109	181122	182561			
秘密結社	172048	175781	175814	176327	176821	177413	179211	179250	

祕密結社								
非常報知機	172252	174056						
匪賊	164458	164509	165358	165423	167698	167790	169105	169128	173770
	175468	175490	181549	182156	182179	182339			
批評	171643	176039	177100	177124	177149	177169	177190	177207	177246
	177269	177284	177302	182014					
飛行機	164118	164123	165325	167346	167847	168614	168749	169066	169576
	169703	169719	169948	170371	170435	170516	172470	173129	175406
	175476	175509	176203	176228	176264	176287	176399	176513	176598
	176759	176779	176865	176892	177042	177071	177332	177344	177434
	178320	178334	178355	178392	178567	178595	178980	179008	179288
	179322	180026	180050	182406					
飛行隊	164236	164517	165669	166365	166483	166677	167005	167033	168357
	169613	169644	169812	170221	170310	170783	171172	171285	171448
	175182	175509	175548	176859					
飛行場	167974	168090	168537	168555	168749	168810	168881	169504	169718
	170728	171138	171285	174792	175172	175947	178000	178276	
飛行學校	170728	176050							
貧民救濟	171432	180869							
氷上	164306	164370	164527	164536	164564	164608	164658	164713	164902
	165014	165105	165268	165296	165350	165363	165544	165578	165604
	165635	165686	165752	166603	167617	167849	181545	182507	
氷上競技	164527	164564	164658	164713	164902	165105	165296	165363	165686
	165752								

人								
サイレン	174738	178909						
サンマータイム	170420							
スキー	178184	182275	182303					
スキーヤー	182275	182303						
スケート	164142	164242	164564	164608	164692	164713	164828	164974	165078
	165360	165391	165992	181428	181762	181785	181811	181985	182009
	182035	182564							
スケート大會	164608	164713	164974	165078	165992	182035	182564		
スケート場	164242	164564							
ストライキ	168861	171148	174784						
スパイ	179830	179861							
スポーツ	164828	170089	171453	175597	175618	180009			
セメント	167283	171243	171450	171740	171773	172113			
セロ	164393								
鰤	164809	182473							
士官	169959	169970	170252	170448	170467	171109			
四國	168571	168643							
詐欺	165881	165998	167261	167809	168610	169104	169127	169324	169387
	169416	170243	170285	170508	170653	171082	171108	171639	171853
	172000	172361	172970	173098	173352	175986	176013	176064	176188
	176601	176685	177033	178231	178323	179208	179247	179519	179550
	180345	180690	180717	180766	180785				
寺内正毅 寺内(總督)	164722	169350	170467	173104	173392	173420	174598	176510	176741
	176790	179449	179480						
師團	164198	164207	164217	164226	164283	164366	164610	165305	165328
	166004	166074	166248	166268	167444	167639	168241	168315	168894
	169000	169276	170092	170998	171194	171300	171375	171386	171420
	171451	171714	172266	172298	172450	172606	173561	174053	174098
	174121	175507	176004	176128	176413	176859	177275	177914	178383
	178407	178569	179432	179463	179716	181625	182103	182127	182499
	182577								
師團長	164366	165305	165328	166248	166268	167444	167639	168241	168315
	168894	169000	172266	172298	173561	174098	174121	175507	176128
	176413	177275	177914	178407	182499				
寺洞	166757	170024	173385	178384	178412	178434			
辭令	164430	164467	164929	164957	165159	165233	165260	165313	165481
	165492	165592	166733	166737	166773	166890	166919	167220	167244
	167362	167388	167732	167769	169854	170580	170596	171407	171628
	171768	172133	172923	173384	173441	173515	173640	173683	173880
	173913	174907	176144	176145	176172	176175	176216	176226	176320
	176336	176614	176629	176653	176671	176836	177029	177051	177055
	177056	177095	177120	177206	177303	177469	177650	177674	177805

	177838	177924	177944	178115	178226	178683	178714	179279	179313
	179411	179652	179678	179773	179801	179917	180146	180187	180507
	180971	181011	181221	181251	181408	181436	181595	181611	181634
	181692	181714	181748	181966	182008	182026	182046	182079	182109
司令官	164121	164126	165297	166651	167488	167507	167639	167970	168198
	168239	168524	168661	168682	168951	168980	169403	169533	171566
	173163	173734	173884	173972	175073	175101	175495	175522	175565
	176083	176106	176249	176394	176441	176483	176509	176633	176741
	177196	177213	177496	177878	177900	179434	179449	179465	179480
	179878	180236	180376	180397	180425	180488	180516	180876	180900
	181310	182309							
飼料	170062	171716							
沙里院小學校	178208								
沙里院 沙里院	164520	164748	165542	168135	168336	168405	169459	169749	170010
	170158	170166	170294	170319	170443	171132	171446	171820	171891
	172162	172543	172623	172999	173035	173136	173211	173257	173394
	173452	173708	173787	173810	173827	174230	174432	174692	174755
	174944	174976	175133	175232	175287	175645	175769	176078	176081
	176417	176485	176558	176607	176800	176963	177230	177282	177711
	177717	177758	178208	178553	178688	178744	178837	179121	179708
	179827	180162	180331	181527	181635	181795	182539	182614	
私立	165262	165767	165843	165942	166014	166039	166060	166090	166148
	166181	166259	166323	166427	166458	166993	168557	169454	169601
	171792	172461	173072	174835					
私立學校	165262	166427	166458	166993	169454				
死亡	165888	166173	166199	166527	166557	166611	168604	169451	169863
	170590	171387	171457	171599	171856	172892	173679	173970	174166
	174530	174673	177612	177630	179438	179469	179585	179593	179620
	179628	179722	180479	180683	181222	182223	182255	182422	182512
	182537								
事務官	165149	165241	165424	165449	165588	165832	166108	166487	167654
	167970	167974	168014	168106	170946	172433	173124	173167	173623
	174141	174142	175276	175932	175942	175954	176350	176845	177176
	177597	178357	178545	178616	178645	178843	178874	179819	181199
	181390	181448							
事務分掌	177306	180218	180227						
事務所	164322	165149	165593	166155	166615	168250	168377	168777	169925
	170380	170530	170635	170659	170946	171018	171155	171707	172441
	172548	172874	172914	176398	177204	177398	177435	181285	
師範	164233	164265	164347	164360	164389	164619	164762	165311	165464
	165488	165603	165639	165648	165906	165980	166221	166734	166774
	166963	167068	167095	168095	169601	169760	169777	169870	169903
	170067	170558	170636	170665	170855	170977	171099	171366	172304
	172440	172599	172906	172943	173055	173188	173343	174945	174977
	175051	175417	175433	176915	177770	177789	178920	178947	179175

	179896	179920	181596	182365				
師範校	165311	165603	182365					
師範學校	164347	167068	167095	168095	169760	169777	170067	170558	170855
	171366	172304	172599	177770	177789	179896	179920	181596	
司法	165504	165930	167280	167316	168001	168032	168402	168442	170128
	170811	170919	171004	171176	171532	171644	173085	173114	176318
	176335	177958	177984	178105	179713	179743	179798	180813	181470
	181496	181590	181609	181961	182001	182552			
司法官	167280	167316	168001	168032	168402	168442	170811	170919	171004
	171176	171532	173085	173114	178105	179713	179743	179798	180813
	181470	181496	181590	181609	181961	182001	182552		
司法府	177958								
事變	166431								
射殺	164313	164458	165358	165423	168612	170649	173273	173582	174893
	174915	175673	177936	181232	181258				
思想	164317	164876	165005	165063	165467	166247	166753	167471	167496
	168557	168846	168874	169205	169761	170832	171122	171156	172062
	172547	174439	175781	175814	176199	177441	178549	178766	178781
	180685	181477	181502	182153	182263	182300			
死傷	166648	166940	166979	170824	172845	172907	173909	180748	
思想犯	169205	175781	175814						
私設鐵道	168649	169926	174732	176901	181536	181558			
飼養	169536	173980	181730						
事業家	170982	180090	180118	182113					
査閱	164601	164911	165184	166048	167006	167600	169093	172819	177733
	177802	177832	177897	177921	177940	177943	178003	178057	178334
	178355	178424	180607	180803	180850	180981	181127		
寺院	172859								
飼育	168482	172976	176759	179824	181519				
辭任	169901	172908	172999	174722	175121	176028	176051	179857	181291
史蹟	182163								
辭職	164269	164502	164554	164562	164588	164604	165632	165681	165802
	165948	166019	166025	167063	167089	167469	168200	168217	169910
	170091	170530	170873	171016	171095	171248	172211	173836	173963
	173987	174009	174130	174157	174181	174520	175140	175354	175363
	177134	177166	177305	177345	177545	178724	180077	180105	180140
	180220	180293	181153	181178	182376				
寫眞	164564	164580	165080	165274	165608	165786	165803	165987	166012
	166193	166330	166434	166471	166497	166661	166707	166729	166743
	166783	166789	166868	166930	166956	167015	167076	167321	167639
	167719	167853	167920	167975	168110	168163	168245	168322	168400
	168468	168536	168583	168622	168654	168702	168810	168881	168934
	168994	169224	169294	169362	169403	169432	169497	169533	169555

	169557	169592	169611	169674	169744	169806	169868	169933	169968
	170001	170071	170107	170226	170407	170728	170789	171172	171174
	171285	171489	172100	172101	172122	172511	172907	172993	173164
	173189	173339	173470	173493	173547	173607	173708	174300	174336
	175187	175215	175538	175539	176294	176865	177000	177389	177401
	178179	178180	178243	178259	178805	178822	179033	179048	180619
	180641	180800							
寺刹	167855	167885	170992	171839	172958	182163			
寺刹令	167855	167885	170992	172958					
社債	165431								
泗川	176122	180510	180908	180941					
私鐵	166081	168328	168354	173692	174730	176672	177128	177240	177262
	181231	181245	181471	181497	181751	181778			
死體	164181	164656	165725	165821	167327	167566	167585	167880	167908
	168235	168801	168832	169101	169124	169134	169578	171394	171468
	171601	171777	175251	176164	177850	177857	178489	178767	178784
	179220	179259	179299	179333	179594	179629	180033	180060	180638
	180691	180928	180961	181237	181425	181703	182036		
辭表	166019	166119	166624	167661	167690	167871	167917	169226	171441
	171533	173789	173836	173873	173905	175419	175435	177256	177305
	177498	177589	179059	180078	180106	180220	180912	180945	181031
死刑	165510	165755	167148	168568	169734	172007	173828	174319	174347
	175468	175490	176162	176388	177047	178518	178544	179370	179400
	181106	181367							
社會	164132	164891	164948	166413	166869	167291	167332	167436	167446
	167654	168061	168486	169440	169762	171622	171924	172150	172314
	172344	172349	172385	172497	172608	174162	174649	176200	176222
	176479	176502	176654	176712	176726	176911	176912	176935	176948
	177842	178077	178215	178335	178560	178584	178978	179006	180222
	180605	181188	181653	181838	181885	182131	182146		
社會課長	167332	172344	172497	181188					
社會事業	164132	164891	171924	172314	172608	174649	176479	176502	176654
	177842	178077	178215	178335	178560	178584	182131		
社會事業團體	178560	178584							
社會施設	182146								
社會主義	180222								
山口太兵衛	169350								
山崎大邱府尹	181389								
山東	169742	171138	171285	174559	174885				
山梨	164119	164124	164360	164389	166057	167507	167639	167654	168618
	168810	168884	168934	169012	169039	169403	169503	169531	169533
	169582	169592	170407	170554	170594	171273	171301	171837	171843
	172854	172867	172876	172901	172916	173174	173314	173438	173853
	174498	174626	175070	175090	175097	175127	175150	175419	175435

	175626	175699	175714	175717	175733	175736	175775	175802	175966
	175991	176171	176243	176292	176517	176539	182585	182599	
山梨半造 山梨(總督)	164119	164124	164360	164389	166057	167507	167639	167654	168618
	168810	168884	168934	169012	169039	169403	169503	169531	169533
	169582	169592	170407	170554	170594	171273	171301	171837	171843
	172854	172867	172876	172901	172916	173174	173314	173438	173853
	174498	174626	175070	175090	175097	175127	175150	175419	175435
	175626	175699	175714	175717	175733	175736	175775	175802	175966
	175991	176171	176243	176292	176517	176539	182585	182599	
山梨總督	164119	164124	166057	167507	167639	168618	168810	168884	168934
	169012	169039	169403	169503	169531	169533	169582	169592	170407
	170554	170594	171273	171301	171837	171843	172854	172867	172876
	172901	172916	173174	173314	173438	173853	174498	174626	175070
	175097	175127	175150	175419	175435	175626	175699	175714	175717
	175733	175736	175775	175802	175966	175991	176171	176243	176292
山林會	178873	178899	179152						
産物	165097	166869	167336	169792	170292	170786	170931	172716	174616
	175625	181501	181974	182329					
産米	164378	164547	164702	165165	165172	166570	166999	167029	167051
	167795	168473	168499	168592	169251	172236	173081	174589	175019
	175038	175117	175118	175138	175146	177091	177112	177976	178075
	178547	179563	180737	181022	182137				
産米改良	164702	166999	167029						
産米増殖	168473	168499	169251	175019	175038	175117	175118	175138	175146
	177091	177112	180737						
産米増殖計劃	168473	168499	169251	175019	175038	180737			
山本犀藏	164982	172433							
産額	173933	174034	174041	181638	181657				
山陽	167964								
産業	164118	164123	164444	164681	165565	165914	165945	166289	166369
	166568	166689	166714	167208	167628	167654	167813	168656	168677
	169313	169560	169616	169710	169716	170602	170617	170629	170669
	170697	171057	171090	171403	171495	171497	171587	172424	172931
	173396	173618	173750	173779	174440	174485	175066	175103	175121
	176029	176052	177283	177301	178556	180969	181000	181152	181546
	181610	182173							
産業組合	164444	166568	169716	173396	174485	175121	182173		
産業組合會	175121								
山陰	170972								
山梨	165261	169403	169943	170035	170340	173987	174009	174157	174181
	174366	174380	174401	174436					
産地	172039	172380	174127	175957	181329				
産出	168844	170732							
山澤三造	164194	164325							

産婆	165856	167919	168775	169629	169793	170378	171189	178346	179129
	179683	180052							
撒水	168812	173230	173943	174405					
殺人	164832	165415	165510	165735	166764	166798	166868	166898	166950
	166980	167148	167438	169179	169412	169734	169785	171747	171855
	172409	174805	175441	176660	176762	177047	177159	177720	178159
	178518	180689	180764	180783	180872	181242	182419		
森岡 (軍司令官)	179948	179986	180185	180218	180227	180516	180693	180750	180933
	180966	181014	181075						
三菱	165376	170012	170870	173345	173877				
三木弘	175112	175998	176827	177100	177124	177149	177169	177190	177207
	177246	177269	177284	177302					
森本卓一	171084								
三越	167034	170185	175702	178257					
三井	169601	170603	171756	172783	173996				
挿秧	173612	173821	173909						
挿話	165767	165843	165942	166014	166039	166060	166090	166148	166181
	166259	177525	177547						
桑	164841	165154	165397	165461	166618	166848	167285	167302	167903
	169075	169520	170069	170595	170637	170899	171456	172019	172505
	172528	172577	172586	172624	172760	172767	172902	172957	172976
	173103	173107	173278	173489	173662	174114	174555	174667	174789
	174909	175200	175285	175338	175360	175685	177134	178612	179933
	180011	181377	181473	181516	181727	181793			
商家	179725								
上京	167068	167095	167448	168140	168368	168893	170043	172236	173360
	173724	173987	174009	174401	174626	174700	175127	175150	175875
	175909	175937	175938	178792	178815	180594	180626	181650	181663
	181941								
上京委員	170043								
商工會	164163	164183	166357	166397	166509	167477	167543	168769	168906
	169099	169116	170339	172715	176867	177395	177402	177420	177608
	178037	178050	178072	178736	179508	179539	180856	180995	181532
	182024								
相談	164510	164932	165132	165904	166490	166999	167029	167063	167089
	167733	168062	170679	170730	171498	173786	174543	177871	177896
	178139	179742	182281						
相談所	166490	168062	170679	170730	171498	182281			
相談役	174543								
上棟式	167027	167392	167834	169477	170655	172651	173377	173381	174201
	175157	175799	175947						
桑苗	165397								
相撲	164558	164828	169579	172557	173120	173277	173308	173340	173603

	174004	174120	174390	175420	177383			
商船	166025	167846	167971	168618	169114	169137	169298	169329	169735
	171478	172987	173006	173031	173055	173440	173738	175327	
上水	164777	164961	165031	165683	166405	168221	168339	168386	170195
	170349	172197	173014	173289	173348	173754	174072	174218	174268
	174573	174709	174817	175149	175181	175203	175267	175845	175948
	176238	176340	177012	177097	177115	179082	179105	179199	179238
	179930	180209	180697	180799	181151	181155	181441	181601	182485
桑樹	172767	174555							
上水道	164777	164961	165031	165683	166405	168221	168339	168386	170195
	170349	172197	173014	173289	173348	173754	174072	174218	174268
	174573	174817	175181	175267	175845	177012	179082	179105	179199
	179238	179930	180209	180697	181151	181155	181441	181601	
相愛會	172853	175002	175063	176741	178257				
商業	164680	164814	165080	165168	165948	166268	166511	166539	166831
	166998	167028	167201	167952	168018	168458	168542	170289	170316
	171714	171834	172511	173204	173347	173417	173808	174224	174751
	174758	174796	174827	174849	174881	174906	175025	175053	175060
	175147	175384	175397	175877	176616	176679	176741	176808	176829
	177398	177861	178953	180220	180769	180788	180987	181063	181083
	181219	181252	181589	181608	181815	182436	182468	182513	182538
商業學校	166831	172511	174751						
賞與	168728	173080	175311	176547	176565	176606	180092	180120	181797
	181818	182154							
上龍田驛	171413	172085							
桑原府尹	166618	166848	167285	167302	170595	171456	172505	172577	172624
	172902	172957	173103	173107	173278	173489	173662	174667	174909
	175200	175338	175360	177134					
商銀 商業銀行	164465	165717	166839	166865	167654	167952	169987	174867	175502
	177958	178789	179686	182205	182237				
商議	164173	164267	164269	165019	165201	165230	165355	165374	165581
	165740	166098	166111	166127	166696	166706	166878	166903	166937
	166978	167024	167044	167059	167124	167260	167399	167406	167430
	167467	167522	167721	167870	167917	168106	168334	168410	168432
	168788	168809	168849	169064	169163	169307	169735	169954	170628
	170773	171047	171130	171143	171350	172245	173853	174170	174700
	174712	174870	174873	175011	175148	176143	176224	176567	176790
	176804	176879	176913	176996	176997	177175	177201	177705	177872
	177874	178087	178090	178091	178141	178440	178903	178908	178934
	178955	178993	179017	179034	179049	179195	179196	179234	179235
	179289	179323	179745	179889	179955	179985	180140	180142	180158
	180280	180291	180350	180361	180390	180403	180427	180432	180473
	180499	180525	180589	180603	180622	180625	180652	180725	180750
	180754	180773	180790	180818	180890	180902	180935	181026	181153
	181178	181323	181405	181457	181698	181816	181835	181844	181876

	181952	181975	182325	182398	182439	182513	182538	
商議所	181816	181835	181844	181876	182325			
商議員	177705							
尙州	178284							
上海	166544	172298	174063	175256	175275	175617	175836	175866	177861
	180880	181501	181803	181825	182568			
傷害	168424	168455	170649	174166	181046			
償還	164820	165333	166422	167357	167384	171657	174069	176794	176977
	179483	179676	179806	180025	182267	182544		
商況	164367	176160	176184	182272	182488	182515	182611	
商會	164496	164752	168553	168858	172816	174487	181342	
生徒	164375	164445	164506	164731	165311	165399	165706	165722	166267
	166614	167640	167669	167867	168295	168325	168531	168557	169570
	169900	170091	170097	170118	170252	170391	170448	170467	170746
	170927	171280	171852	172049	172407	172428	172603	172749	173006
	173055	173141	173250	173490	173615	173718	174320	174752	174829
	175067	175925	176476	176498	176518	176540	176566	176587	176613
	176628	177239	177379	177406	177466	179592	179627	179866	180352
	180659	181005						
生徒募集	164445	165311	165706	166614	168325	168531		
生命保險	166084	166107	166882	166907	172017	172510	178974	179002
生産高	166279	180733						
生牛	164237	164505	164801	164990	165339	166996	168397	169097	169155
	169367	169536	169999	170006	176770	179354	179384	
生血	164723	169787	170464	180466				
生活難	165254	168375	168748	170866	174323	174645	180434	181667
西瓜	173745	174525	176354	176928	177494			
曙光	164518	164907	169883	173755	176797	178151	182404	
瑞氣山	172933							
書記長	165182	166268	168651	173711	176369	179011		
書堂	166222	167980	169454	170923	172940	173321	173453	175925
庶務	165505	165534	166029	167195	169712	170592	171232	171261	174029
	174325	174491	175892	179025				
庶務課長	165505	166029	167195	171232	171261	174325	175892	
西鮮	164748	165101	165170	166147	169515	170492	170693	172189	172330
	172399	172411	172955	172990	173149	173197	173254	173267	173330
	173394	173455	173538	173559	173578	173708	174562	174723	174780
	175848	177496	178046	179708	180032	182381	182538	
西鮮地方	174780	175848						
署長	164384	164407	164531	164622	164723	165365	166140	166388	166844
	167502	167526	167592	167708	167840	167904	168014	168241	168427
	168519	169109	170442	170837	170877	170890	170970	171039	171065

	171085	171109	171741	172037	172266	172298	172454	172790	173226
	173265	173287	173424	173464	174383	174510	174655	174759	175302
	176492	176689	176899	177679	177681	177786	177793	177860	178317
	178448	178799	179685	179838	179901	180046	180332	180821	181877
	182093	182590							
西田(參謀長)	166844	170613	171204	175089	181858				
西海岸	173614	173651	175378	176361					
釋放	164720	170119	172407	176327	177004	181429			
石首魚	171886	172587	172934						
釋王寺	167723								
石垣	169137	177343	177363	180750					
石原平次郎	172047								
石油	164584	164830	166945	166974	167892	170485	173329	174310	
石炭	164749	164782	166941	168119	170087	174766	179559	179829	181488
	181780	181852	181890						
船渠	181396								
選擧	164873	165533	165934	166732	166772	167100	167542	167570	167606
	167629	167632	167661	167690	167924	167999	168116	168138	168144
	168177	168334	168407	168744	168849	168866	169700	169749	169825
	169909	169938	170081	170256	170555	170959	171025	171078	171097
	171236	171287	171526	171527	171695	171772	171807	171877	171878
	171891	171914	171957	171966	172024	172054	172107	172152	172162
	172173	172246	172247	172282	172323	172397	172430	172458	172628
	172658	172659	172738	172774	172803	172841	172881	172905	172957
	173105	173107	173227	173915	173968	174040	174071	174147	174234
	174487	174642	174842	174876	174883	174911	176045	176143	176367
	176475	176542	176882	176940	177151	177345	177705	177872	177925
	178206	178221	178248	178269	178284	178498	178587	178747	178751
	178922	178969	178997	179010	179153	179275	179309	179343	179493
	179509	179524	179540	179568	179603	179681	179745	179765	179766
	179791	179821	179826	179838	179845	179855	179869	179927	179994
	180046	180079	180107	180142	180143	180178	180208	180213	180254
	180255	180284	180327	180350	180351	180361	180399	180418	180431
	180432	180443	180467	180499	180575	180580	180586	180625	180646
	180648	180681	180695	180727	180732	180752	180757	180771	180776
	180801	180827	180828	180891	180908	180941	181009	181063	181128
	181208	181323							
選擧權	166732	166772	168744	172841					
選擧有權者	178969	178997	179343						
宣教	180170								
船橋	165609	166221	167360	170855	171296	172599	172997	176915	177424
船橋里	165609	166221	167360	170855	171296	172599	172997	176915	177424
宣教師 宣教師	180170								

鮮軍	167488	167507	167970	168241	168738	169181	169350	175522	176050
	176169	176192	176249	176394	176633	176702	177496	180236	180900
	181696	181718							
鮮女	168208	170401	172189	172330	172399	172955	172990	173149	173197
	173254	173267	173330	173394	173455	173708	178249	178265	180032
	180073	180577							
鮮農	164879	165101	165170	166330	166806	167336	167682	169893	170045
	171002	172243	174559	174693	175130	178924	179271	179273	179305
	179307	179698	182052	182395					
鮮都	178302								
煽動	167683	172641	172675	172753					
鮮童	169788	170923	178990	179015					
線路	164272	164549	167276	168092	168353	169267	170138	170172	170608
	172402	172744	172820	173049	173097	173641	173682	173970	174199
	174621	175269	176015	179668	182039	182059			
善隣商業	174827	174849	175384	175397	181589	181608			
鮮米	164991	166515	166537	168571	168643	169140	170260	170687	171233
	171547	172018	172423	172433	172685	172703	173326	173573	173602
	175288	175312	175375	175432	175444	175446	177606	177635	178074
	178748	178773	180071	180559	180589	180622	180694	180820	180848
	180877	181210	181244	181520	181677	182091	182108		
鮮米協會	168571	168643	172423	172433	172685	172703	175432	175444	175446
鮮民	165149	166719	175329	179720	179736				
船舶	165940	166487	166582	168419	168422	168447	168454	169662	170578
	171822	171990	173110	173983	175256	175275	176351	176657	181150
鮮婦人	167189	170336	170362	170772	170805	172874	175752	175855	
先生	168188	168633	169885	169904	173833	176520	179592	179627	180657
	180678	181312	181699						
鮮語	165226	171742	172813	177098	177126	178954	182489	182516	
鮮魚	164909	174288	180880	181803	181825				
鮮語試驗	171742								
鮮語獎勵	172813	177098	177126						
鮮銀	164384	164529	164959	165382	165801	165944	166246	166453	166481
	166487	166803	167041	168570	168915	169353	169562	170186	170620
	170899	172369	172400	172924	172977	173392	173420	174009	174098
	174121	177527	177555	177914	178130	178638	179175	181146	182064
鮮銀券	166246	166453	166481	170620	178638				
鮮銀總裁	169353	170899	172369	172977	173392	173420	174009	174098	174121
	177914	179175							
船積	176031	176054							
宣傳	164141	164248	164273	164280	164447	164511	164877	164937	165005
	165031	165071	165108	165437	165659	165704	165720	165769	165872
	166059	166169	166184	166447	166470	166508	166536	166790	166990

省令改正	178361								
聲明	164691	164716	165257	165337	165368	166032	167124	167432	167461
	167702	168117	168139	168329	168356	168443	168473	168499	168510
	168805	169057	169258	170521	172422	173057	173107	173364	175070
	175097	176758	176774	176998	180666	181188	181687	181710	
星州	176902								
城津	166416	166935	166936	166941	169928	171221	171429	171489	171664
	172388	172661	172712	172927	175588	176801	176855	177025	177089
	177321	177426	177476	177603	177918	178135	178242	178736	178744
	181278	181910	182030						
成川	166449	167120	168717	169428	169836	170480	170650	174485	178387
城川江	179659								
猩紅熱	164648	164672	164854	164856	165126	165141	165389	166240	166266
	166310	166332	166763	166797	166837	167873	167881	167905	168493
	170337	170564	170781	171446	172672	178932	178951	181267	181304
	182122								
税	172937	173028	173235						
世界	165274	165329	165483	165493	166401	167864	167888	168537	168555
	169051	169543	169726	170526	173758	173808	173978	176704	176725
	179033	179048	182407						
税關	164496	164706	164814	165041	165123	166349	166810	166845	167031
	167569	167892	168406	168433	169168	169192	169259	169305	169490
	169694	169736	169878	170141	170297	170556	170752	171284	171307
	171403	171409	171529	171538	171880	171950	171956	173418	173868
	173988	174984	175288	175312	175922	176070	176239	180342	181262
	181390	181673	181787	181910					
税關檢査	175922								
税關吏	180342								
税關長	167569	169490	170752	171403	173418	176070	181262	181390	181673
	181787								
税金	167364	168955	170415	172630	172826	172852	174469	176085	176374
	176395	177028	180826	181008	181689				
税令	167594	175967	175993						
税務	167778	168315	170439	173809	173843	175006	178407	180407	180433
	181787	182420	182598						
税賦課	165340	166952	170353	173171					
少女	164898	170678	170852	172112	172140	172987	173006	173425	174515
	174924	176590	176951	177418	181672				
少年	164298	164360	164389	164763	165077	165791	165987	166377	166693
	166717	168024	168352	168353	169106	169125	169601	169729	170168
	170429	170529	170660	170738	170852	170888	171072	171107	171153
	171710	172639	172828	172851	172894	172911	173041	173229	173410
	173537	173729	173756	173788	174139	174208	174259	174277	174969
	174988	175394	176209	176476	176498	176532	176923	176946	177667

少將	166651	166799	168616	169350	170100	171014	171039	171788	173219
	173235	173801	173961	174038	175494	175507	175755	176169	176192
	176524	179222	179261	180376	181310				
小切手	179519	179550							
小井里	174511	174537							
少佐	164529	165217	165305	165328	166379	166532	167237	168014	168315
	168412	168570	171919	173124	174823	175863	176413	181858	
燒酎	174228	176261	180920	180953					
召集	165118	167104	167693	168359	168538	168556	168964	170990	171645
	172062	172383	173056	174909	180248	180388	180902	180935	181020
	181612	182164							
蔬菜	167405	168698	170639	179200	179239				
蔬菜園	170639								
小包	168367	172516	172921	174656	175643	178329	182057		
小學	164348	164854	164882	165758	166310	166332	166678	166705	166946
	167065	167164	168532	168712	168909	169109	169315	170339	170760
	170769	171446	171665	171771	171954	172270	172308	172463	172582
	172666	172946	173141	173152	173254	173288	173339	173427	173449
	173479	174152	175067	175459	175667	175884	176983	178050	178072
	178208	178243	178259	179682	181288	181298	181312	181326	181637
	181656	181865	181976	182004	182489	182516			
小學校	164882	166310	166332	166946	167164	168909	169109	170339	170760
	170769	171665	171954	172270	172308	172463	172582	172666	173152
	173288	173339	173479	175667	175884	178050	178072	178208	179682
	181288	181298	181312	181326	181637	181656	181976	182004	182489
	182516								
昭和	164118	164123	164158	164179	164306	165900	166369	166506	166575
	166655	166669	167208	167418	167930	168162	168369	168394	169937
	170152	170623	171050	171087	171170	171480	171941	172020	172310
	172472	172721	173298	173520	173996	174364	174496	174635	174724
	175286	175550	176430	176482	176657	176698	176856	177039	177069
	177377	178139	178151	178294	178480	178916	179266	179500	179531
	180257	180290	180403	180761	180780	181152	181539	182487	182514
	182586	182600							
昭和水利組合	167418	167930	168162	171480	172020				
昭和製鋼	174496	174635	175286	175550	176430	176482	176698	176856	177377
	178139	178294	180257	180290	180403	180761	180780	181152	181539
	182487	182514							
昭和製鋼所	174496	174635	176856	177377	180257	180290	181152	181539	182487
	182514								
召喚	164914	165084	173777	176530	176551	177004	178019		
損金	167568	167591	168994						
孫基禎 孫(基禎)	168205	171433	172102						

孫君									
松岡	167592	168894	169789	175636	176305	176741	176893	180104	180132
送金	174026	179127							
松崎 (朝郵專務)	171109	176741							
松島	164714 173919	164733	165088	165217	172987	173006	173031	173055	173799
松濤園	173749	175404							
松毛蟲	170039 172789	170907 173803	171336 173856	171337	171720	171869	172274	172533	172555
松本誠	176305								
松寺法務局長	168315	168928	169350	170060	170808	171182			
松山	168616	170289	174853	174867					
松茸	170713 177994	175458 178010	175479 178021	176711 178478	177339	177389	177401	177616	177989
送電	164129 173995	166234 174107	166260 174770	166725 179831	166982 181034	170563 181416	171867 182322	172544	173911
松汀	166718	167210							
松井 (平壤府尹)	164776 171613 174943 179792 181252 182593	165377 171641 174980 180220 181337	168136 172147 175020 180473 181352	168458 173219 175120 180603 181457	170060 173235 176039 181026 181484	170899 174543 177331 181153 181494	171039 174553 177356 181178 181690	171248 174710 178915 181219 181711	171533 174724 179742 181250 182554
松井京城府尹	170899	171248	181457						
松汀里	166718	167210							
送還	169917	171395	171563	172069	176246	177750	182505	182533	
收繭	178551	179824							
水口隆三	166487	168570							
收納	164421	165860	176848						
水稻	165846 176300	169934 178237	171178 181010	175054	175228	175382	175581	176253	176281
水道	164449 166405 169098 173014 174218 175845 179884 181601	164479 167042 169130 173110 174268 176970 179930 182216	164777 168221 169131 173230 174298 177012 180209 182248	164961 168339 170195 173289 174573 177730 180571	165003 168377 170349 173348 174817 178724 180697	165031 168386 170814 173754 174947 179082 181151	165580 168444 172197 173782 175181 179105 181155	165683 168892 172842 173909 175267 179199 181441	165952 168983 172870 174072 175580 179238 181460
水道料金	173110								
水力發電 水電	164907 167787	165134 167935	165257 167998	165745 168271	165936 168276	166234 168293	166260 168307	166972 169737	167692 169961

	170205	170216	170254	170369	170471	170778	170802	171158	171191
	171701	171949	172132	172544	174245	175826	177183	178299	178318
	178586	179183	179712	181034	181416	181540			
狩獵	165833	166735	166775	177796	179486	181073			
狩獵場	165833								
水利事業	165165	165842	174260	180054	180439	180636	182524		
水利組合	164288	164324	164755	165257	165295	165315	165616	165711	166710
	166927	167016	167418	167715	167717	167930	168162	168481	168549
	168901	170003	170836	171128	171480	171596	171937	172020	172131
	172206	173010	173024	173143	173263	173525	173591	173626	173753
	173812	173891	173995	174756	175261	175854	175899	175907	175958
	176274	176283	176403	177482	177803	179286	179320	179881	179883
	180020	181503	181646	182116	182605				
水不足	166179	172138	174298	174335	174947	175054	181136		
守備隊	164366	164507	164767	165865	165984	167536	167798	168554	168581
	168907	169498	169628	170212	170226	170228	170289	170394	170423
	170447	170461	171053	171882	172178	172376	172731	173771	173832
	173892	174312	174446	174514	176741	177804	179291	179325	179449
	179480	180086	180103	180114	180131	180400	180537	181220	
搜査	164128	164634	166148	166259	167807	167832	167847	168134	169950
	169973	170756	171298	173011	177172	178672	181232	181258	181573
水産業 水産業	165565	166689	166714	170629	170669	172424	173750	173779	
水産組合	178431								
水産 水産	164310	164340	164492	164626	164753	164946	164976	165028	165565
	165650	165689	165749	165823	165873	165895	166247	166689	166714
	166723	166834	167037	167097	167700	167780	167912	167924	168111
	168417	168487	168866	169147	169405	169493	169589	170066	170182
	170467	170629	170669	170761	170854	171020	171182	171483	171788
	171794	171916	171996	172246	172282	172302	172324	172346	172424
	172433	172628	172716	172863	173240	173614	173651	173750	173779
	173847	173914	173920	174147	174184	174424	174523	174547	175278
	175371	175687	175810	176349	176518	176540	176552	176591	176781
	177214	177389	177401	177946	178431	178720	178865	179074	179097
	180383	181414	181501	181521	182562	182584			
首相	165336	165367	165610	165897	165932	167124	168724	171186	172591
	172634	172867	172901	173734	173836	173873	173905	173937	173962
	173985	174007	174157	174181	177760	177777	178271	179076	179099
	180980	180996	181373						
輸城川	170930	171416	178436						
輸送	164327	164701	165050	165339	165451	165671	166807	167578	167964
	168483	168514	169257	169260	169376	170764	171808	171928	172084
	172280	172987	173006	173008	173068	173127	173561	173688	173690
	173891	174084	174089	174288	174657	174708	174821	175284	175322
	175362	175599	175956	175957	176025	176159	176195	176232	176251

	170205	170216	170254	170369	170471	170778	170802	171158	171191
	171701	172132	172544	174245	175826	177183	178299	178318	178586
	179183	179712	181034	181416	181540				
手紙	174965	174986	179742						
修築	164487	165532	168067	168185	169655	174675	181475		
輸出	164488	164740	165235	165272	165656	165709	165741	165766	165898
	165966	165971	166032	166218	166295	166440	166998	167791	167841
	167981	169289	169673	169998	170187	170320	170790	170920	171083
	171950	172039	172992	173256	173396	174151	174310	175227	175281
	175426	175821	176290	176575	176594	177280	178503	178504	178961
	180071	180260	180858	180880	181283	181501	181803	181825	181974
	182018	182508							
數學	179060								
修學旅行	172427	174372							
水害	164489	164923	167204	168050	168675	168696	171330	171380	171893
	173136	173533	173909	174013	174014	174075	174124	174132	174203
	174386	174566	174592	174721	174746	174826	174836	174971	175041
	175355	175540	175841	176342	177981	178804	178825	179420	179451
	181978	182006							
水害救濟	164489								
受驗	165514	165757	166450	166466	166516	166542	167583	175331	181307
	181324	181999							
手形	164491	165436	165839	165855	167546	167676	168808	168811	169067
	169082	170135	172000	172708	174507	175644	175708	176560	177371
	177861	180336	181422	181904					
手形交換	164491	165839	167546	167676	168808	169067	169082	170135	172708
	174507	175644	175708	176560	177371	177861	181422	181904	
收穫	165655	165688	168853	174578	174602	176057	176805	177310	177317
	177370	178074	178163	178447	178471	178715	180176	180251	180297
	180649	181775							
收賄	167063	167089	176581	176591	176688				
殊勳	172540	172564	174612						
淑明	164477	173490	174339						
宿泊料	175850	175873	177241						
巡査	164678	164705	165081	165145	166371	166635	166707	167628	167654
	168727	168918	170018	170126	171397	171679	171709	171771	171898
	172070	172188	172619	172630	172644	172743	172806	172998	173095
	173582	173653	173895	174291	174999	175980	176359	176389	176445
	176565	178099	178393	179165	179172	179897	180201	181104	181232
	181243	181258	181509	181573					
巡査採用試驗	174291								
巡視	164844	169200	169403	169785	171855	174157	174181	177275	177878
	177900	181979	182265						
殉職	164204	164223	165354	165729	165778	165920	166193	169860	171012

市政	167153	177776	177793	177958					
侍從	166590	166893	166922	172883	173357	173524	173801	173879	173912
	174038	174340							
侍從武官	166590	166893	166922	172883	173357	173524	173801	173879	173912
	174038	174340							
視察	164366	164409	164598	164618	164673	164719	164821	164874	165000
	165102	165120	165173	165401	165475	165664	165694	165708	165832
	165873	165930	166020	166038	166294	166309	166321	166335	166359
	166396	166512	166534	166564	166814	166821	166854	167064	167069
	167084	167112	167130	167169	167246	167486	167774	167813	167851
	167974	168223	168478	168705	168885	168898	168932	168950	169136
	169157	169215	169232	169234	169456	169503	169531	169613	169644
	169748	169816	170035	170273	170311	170758	170831	171131	171212
	171404	171497	171599	171652	171672	171698	171946	171959	172091
	172131	172158	172374	172528	172535	172540	172548	172564	172592
	172598	172648	172691	172863	172940	173000	173043	173186	173357
	173524	174038	174145	174340	174366	174380	174436	174498	174500
	174512	175018	175093	176368	176369	176460	176907	177193	177196
	177213	177223	177420	177605	177624	177694	177769	177776	177780
	177793	177812	177861	177934	177958	178050	178072	178085	178089
	178102	178105	178111	178125	178156	178197	178210	178212	178233
	178279	178280	178315	178372	178380	178407	178408	178423	178434
	178454	178541	178597	178607	178621	178679	178696	178713	178760
	178791	178814	178843	178874	178914	179160	179556	179572	179607
	179637	179757	179842	179878	179890	179998	180082	180083	180110
	180111	180179	180434	180546	180548	180576	180600	181644	182132
	182397								
視察團	164618	165930	166294	166321	166396	166564	166814	166854	167130
	167169	167851	168885	169136	169215	170758	171212	171404	172528
	172535	172648	176368	176460	176907	177223	177420	177605	177624
	177694	177776	177793	177812	177861	177958	178050	178072	178102
	178125	178156	178210	178212	178233	178279	178280	178407	178423
	178454	178541	178597	178621	178679	178696	178713	178760	179842
	181644	182132							
侍天教	168327								
視學官	171454	173175	177638	181282	181314	181360	181381		
試驗	164475	164492	164621	164682	164689	164796	164927	164936	164947
	164967	165083	165095	165117	165239	165294	165409	165441	165450
	165456	165514	165540	165600	165606	165710	165771	165940	166044
	166293	166315	166324	166676	166834	166939	166976	167032	167094
	167207	167475	167485	167504	167522	167555	167579	167583	167645
	167697	167700	167919	167961	168020	168166	168168	168258	168286
	168326	168398	168772	168775	169032	169041	169172	169201	169236
	169278	169424	169478	169483	169629	169632	169645	169662	169754
	169894	169962	169989	169991	170066	170378	170493	170527	170567
	170617	170629	170669	170720	170914	170980	171178	171199	171335

	171336	171357	171411	171742	171771	171780	171798	172319	172466
	172474	172813	173134	173144	173554	173614	173641	173651	173682
	173685	173815	173983	174107	174126	174129	174176	174291	174699
	174821	175059	175217	175378	175534	175977	176011	176043	176044
	176149	176253	176323	176920	176953	177098	177109	177119	177126
	177226	177372	177425	177730	177825	177847	178346	178399	178416
	178512	179063	179129	179191	179230	179755	179804	179822	179897
	179903	180231	180248	180267	180366	180468	180880	181035	181363
	181383	181637	181656	181702	181999	182124	182314	182357	182562
	182565								
食糧	165658	165680	167141	167172	171159	171262	174964	175000	179921
	180098	180126	180465	180636	182602				
食料品	167355	167417	176990	178323	179575	179610			
植林	165703	166654	167616	168232	168793	170940	174381	177884	
植民	169624	169651	169746	169770	173236	173480	173985	174007	174186
	179066	179089							
植民地	169624	169651	169746	169770	173236	173985	174007	174186	179066
	179089								
植民地長官	173985	174007	174186						
殖民 植民	169624	169651	169746	169770	173236	173480	173985	174007	174186
	179066	179089							
殖産	164397	164418	165708	167265	167357	167384	168368	168383	168488
	168510	168513	168562	168625	168660	168681	169152	169606	169625
	169660	170060	170289	170373	171233	171791	172000	172056	172091
	172158	172166	172854	172861	173573	173602	174430	174456	175523
	177317	177427	177914	178920	178947	178968	178996	179030	179045
	180218	180227	180391	180933	180966	181530	181555	182506	182530
殖産局	164397	165708	167265	168368	168383	168510	168562	168625	168660
	168681	170060	170289	170373	171233	171791	172056	172091	172158
	172166	172854	172861	173573	173602	174430	174456	177317	177427
	177914	178968	178996	179030	179045	180218	180227	181530	181555
	182506	182530							
殖産 殖產	164397	164418	165708	167265	167357	167384	168368	168383	168488
	168510	168513	168562	168625	168660	168681	169152	169606	169625
	169660	170060	170289	170373	171233	171791	172000	172056	172091
	172158	172166	172854	172861	173573	173602	174430	174456	175523
	177317	177427	177914	178920	178947	178968	178996	179030	179045
	180218	180227	180391	180933	180966	181530	181555	182506	182530
植樹	167748	167826	167865	168063	168180	168273	168933	168934	168959
	169222	169240	169246	169518	169801	170926	170932	178591	
食鹽	168131	169833	169859						
殖銀	164442	164533	164823	165717	165801	166013	166719	166815	166847
	166872	166883	166884	166908	166909	166935	167452	167720	167764
	167950	168570	168845	168927	169109	170682	171258	171475	171535

	171564	171655	171690	172076	172487	172773	172781	172906	173024
	173722	173738	173853	174350	174493	175198	175210	175402	177363
	177415	177793	178078	178147	178168	178223	178422	178785	179222
	179261	180807	182030	182513	182538				
殖銀支店	169109	172487	180807						
殖銀 殖產銀行 殖產銀行	164418	164442	164533	164823	165717	165801	166013	166719	166815
	166847	166872	166883	166884	166908	166909	166935	167357	167384
	167452	167720	167764	167950	168488	168513	168570	168845	168927
	169109	169606	169625	169660	170682	171258	171475	171535	171564
	171655	171690	172076	172487	172773	172781	172906	173024	173722
	173738	173853	174350	174493	175198	175210	175402	175523	177363
	177415	177793	178078	178147	178168	178223	178422	178785	178920
	178947	179222	179261	180807	180933	180966	182030	182513	182538
飾窓競技會	168751	169475							
殖鐵 (殖産鐵道)	174700	178087	178139	181041					
薪	166680	180976							
新刊	164230	164422	164741	165224	166214	167854	167978	168048	168115
	169153	169223	171121	171195	172589	172794	172929	174373	174492
	175712	175904	176075	176199	177281	177320	177478	178433	178554
	179028	179763	180139	180381	182016	182196	182370	182549	
新刊紹介	164230	164422	164741	165224	166214	167854	167978	168048	168115
	169153	169223	171121	171195	172589	172794	172929	174373	174492
	175712	175904	176075	176199	177281	177320	177478	178433	178554
	179028	179763	180139	180381	182016	182196	182370	182549	
新幹會	164607	165162	167637	170705	172211	172499	179650	179673	181807
新京	167334	171404	182365						
新慶南知事	165217	165307	165328						
新京城	182365								
新教育	169605								
神宮	164140	167453	167518	167898	167951	168622	169403	170181	170407
	171250	172635	172916	173495	173604	174269	175418	175436	177104
	177125	177199	177218	177367	177905	177938	178047	178067	178228
	178243	178259	178289	178314	178405	178419	178517	178545	178589
	178628	178660	178725	178762	178775	178795	178816	178861	178893
	178907	178920	178947	179036	179051	179830	179861	182298	
神宮參拜	164140	167453	169403						
新記錄	165544	165578	165604	165635	172906	178263	178795	178816	178966
	178994	179033	179048	179755					
神崎三郎	168918								
新羅	165825	166211	169996	171195	174258	174492	175113	175555	176448
	176825	177507	177628	179020	179561	179985			
新聞	164970	165042	165086	165143	165951	166017	166419	166497	166661

166729	166789	166930	166956	166984	167076	168765	170595	170893
171082	171108	171254	171407	172298	172540	172564	174557	175624
176064	176338	176518	176540	176608	176983	177250	177325	177346
177742	177748	177760	177777	177988	178009	178045	178065	178185
178331	178378	178423	178545	180381	180426	182016	182288	

新兵器	173707	173726							
神社	165523	165778	166668	166698	167528	168003	168762	169477	169582
	169588	169592	169599	170382	170559	170700	171071	171117	171129
	172139	173731	173799	174904	175104	175703	177607	177792	177930
	177950	177992	178011	178830	178949	182532			
新嘗祭	168527	169434	169539						
新潟	173137								
新稅	164501	165877	168912	168962					
新安州	168423	174040							
信仰	182407	182460	182522						
新義州	164238	164300	164321	164433	164440	164446	164506	164511	164517
	164522	164529	164564	164575	164628	164643	164692	164707	164825
	164880	165001	165058	165060	165079	165102	165124	165163	165194
	165225	165231	165236	165239	165288	165296	165350	165465	165515
	165607	165608	165610	165656	165730	165735	165766	165782	165787
	165810	165930	166033	166151	166183	166301	166303	166360	166369
	166376	166398	166422	166566	166671	166681	166696	166998	167006
	167023	167050	167201	167216	167423	167424	167431	167470	167553
	167569	167663	167667	167716	167726	167793	167794	167796	167806
	167859	167938	167997	168000	168014	168052	168118	168190	168199
	168260	168279	168314	168332	168337	168493	168544	168547	168715
	168768	168777	168856	168872	168911	169083	169109	169170	169181
	169229	169286	169296	169302	169305	169364	169366	169525	169575
	169642	169687	169759	169801	169810	169880	169946	170020	170032
	170057	170095	170099	170146	170151	170152	170234	170302	170312
	170338	170430	170481	170556	170572	170582	170628	170654	170694
	170705	170767	170782	170916	171001	171053	171062	171065	171147
	171284	171307	171333	171339	171409	171503	171595	171653	171663
	171665	171683	171726	171735	171749	171755	171810	171826	171878
	171881	171950	171954	171956	172160	172161	172163	172185	172241
	172317	172386	172456	172465	172489	172540	172564	172658	172734
	172736	172803	172818	172872	172881	173045	173065	173163	173198
	173199	173258	173347	173348	173393	173398	173418	173448	173468
	173469	173476	173513	173534	173579	173593	173625	173698	173699
	173701	173718	173815	173825	173830	173865	173961	174005	174043
	174067	174160	174298	174443	174486	174506	174508	174700	174709
	174879	175023	175037	175060	175116	175181	175282	175283	175286
	175303	175389	175429	175432	175444	175514	175543	175550	175596
	175607	175713	175765	175842	175845	175855	175914	176070	176139
	176143	176271	176277	176317	176322	176358	176369	176382	176467
	176475	176515	176616	176657	176754	176849	176856	176870	176872

	176879	176894	176977	176984	177089	177161	177179	177191	177201
	177249	177321	177376	177377	177391	177398	177474	177519	177523
	177535	177562	177572	177603	177696	177701	177713	177719	177721
	177762	177763	177796	177826	177828	177871	178030	178081	178087
	178091	178139	178196	178238	178242	178245	178390	178629	178674
	178675	178701	178751	179026	179177	179291	179303	179325	179337
	179346	179414	179509	179540	179564	179666	179714	179751	179844
	179877	179879	179882	179891	179954	179955	179958	180155	180226
	180247	180280	180327	180330	180336	180419	180552	180583	180592
	180607	180722	180756	180761	180775	180780	180799	180801	180974
	180981	180995	181084	181142	181166	181227	181264	181338	181486
	181489	181514	181598	181676	181689	181750	181815	181843	181850
	181879	181908	181943	181982	181987	181989	181998	182098	182145
	182146	182151	182210	182242	182282	182445	182552	182595	
信川	165538	178564	178777	179194	179233	179705	179970	180916	180949
新天地	170065	176416							
身體檢査	170745								
新築	164328	164640	165378	166302	166588	166626	166935	167519	167766
	167986	168393	168474	168559	168713	168742	168777	168907	169290
	169837	169847	170127	170185	170192	170855	170974	171286	171435
	171546	171626	171665	171729	171845	171897	171954	172161	172311
	172469	172487	173078	173454	173825	173858	174301	174330	174434
	174552	174931	175425	175543	176649	177177	178046	179999	180320
	180461	181164	181233	181298	182030	182328	182380		
新取締令	178500	178523							
信託	167603	171462	172000						
信託會社	167603								
薪炭	180976								
神學校	177080								
新學期	164392	167921	167944	176396	176760	176775			
新海	167974								
神戶	164888	167912	170339	171155					
失業	164158	164179	165648	171041	172989	173468	174695	177328	177349
	178923	180974	181324						
實業	164422	164470	164552	164562	164588	164797	164857	165149	165216
	165766	166029	166076	166248	166268	166564	166814	166831	166854
	167064	167526	167840	167854	167858	167978	168014	168075	168453
	168603	168658	168679	168765	168835	169058	169215	169276	169350
	169490	169573	169789	169987	170010	170012	170060	170176	170199
	170338	170352	170363	170401	170557	170729	170827	170913	170946
	170970	171182	171630	171641	171682	171714	171788	172348	172369
	172375	172535	172543	172854	172999	173035	173101	173176	173309
	173421	173438	173545	173549	173784	173801	173840	173966	174048
	174067	174078	174123	174130	174139	174187	174272	174332	174385

	174404	174867	175089	175158	175276	175432	175444	175564	175636
	175794	176324	176790	176925	176943	177036	177861	178492	178541
	178736	178953	178993	179017	179303	179337	179940	180384	181113
	181271	181285	181744	181768	181976	182004	182023	182115	
實業家	164470	164552	164797	164857	165149	165766	166029	166248	166268
	166814	166854	167526	167840	168765	168835	169058	169215	169276
	169350	169490	169789	169987	170060	170199	170363	170946	170970
	171182	171641	171788	172369	172854	173438	173801	174867	175089
	175158	175276	175432	175444	175636	176790	177861	178492	178541
	178736	178953	178993	179017	179303	179337	179940	181113	181271
	181744	181768							
實業校	166076	170729	172348						
失業者	171041	173468	174695	180974					
實業學校	166831	168658	168679	173545					
實業協會	170010	172543	172999	173035					

○									
あかつき	170526								
アメリカ 米 米國	165396	166300	166326	167017	167456	167912	167935	169543	169550
	169902	170137	170443	171507	172131	172691	172795	172831	172972
	173530	173554	174017	175018	176236	176404	177080	177365	178438
	178486	178673	180900	180925	180958	181516			
イタリー 伊太利 イタリヤ	170216	170254	172070						
イリコ	176748								
インド 印度	169548	171379							
エス語	168321	169672	170473	170958					
オヤアミ	176570								
オリニナル	170738								
オリンピック	172330	172399	172955	172990	173149	173197	173254	173267	173330
	173394	173455	173578	173708	178249	178265			
オンドル	168084	179682							
ワクチン	181455								
鰊	167427	168487							
煉瓦	175168	182219	182251						
漣川	176613	176628							
聯合大會	165968	167041	167543	170107	178818	178873	178899	179114	
列車	165212	165560	165593	165787	165810	165862	167324	168173	168226
	168497	169035	169410	169741	170014	170051	170111	170124	170420
	170811	170927	170960	171004	171035	171060	171123	171765	172031
	172209	172402	172526	172744	172825	172832	172947	173049	173097
	173177	173474	173512	173641	173682	173731	173839	173878	173893
	173909	174274	174576	174591	174668	175269	175695	175770	175800
	175841	175852	175887	176015	176065	176207	176924	176929	176945
	177090	177111	177202	177632	177704	177730	178122	178368	178869
	179132	180372	181094	181109	181290	181386	181684	182363	182535
獵銃	166381	167367							
鈴木 (東拓支店長)	164201	164214	164244	164274	164443	164471	164698	164725	164903
	165062	165082	165256	165351	165373	165539	165570	165716	165750
	165845	165875	165911	165939	166035	166038	166058	166154	166187
	166290	166320	166409	166599	166630	166741	166780	167010	167045
	167281	167331	167434	167451	167557	167587	167674	167694	167856
	168054	168088	168183	168229	168415	168436	168548	168563	168665
	168686	168857	168879	168968	168992	169166	169189	169300	169309
	169340	169391	169409	169443	169476	169564	169585	169640	169667
	169688	169717	169755	169778	169815	169848	170169	171283	171317
	171344	171373	171427	171466	171501	171539	171659	171691	171734

阿片	166955	167147	168612	170019	170933	170964	171227	171931	172609
	173536	174394	175927	175984	176048	176069	176534	178929	178950
	179168	179642	181175	181211	181235	182334	182508		
安南	164237	164239	164743	164775	165069	165181	165338	165657	165724
	165973	167134	167145	167418	167501	168273	169174	169436	170158
	170913	170931	171341	172253	173328	174497	176084	177807	180263
	180525	181406	181480	181602	182139				
案内所	167092	176271	177191						
安東	164142	164160	164162	164163	164183	164245	164261	164302	164311
	164322	164353	164441	164501	164564	164587	164609	164713	164822
	164825	164828	164835	164875	164882	164883	164902	164943	164944
	164945	164953	165016	165070	165078	165102	165111	165115	165195
	165300	165304	165348	165411	165413	165462	165466	165523	165535
	165544	165550	165578	165607	165709	165721	165766	165881	165915
	165971	165984	166091	166096	166218	166350	166449	166491	166590
	166615	166683	166695	166727	166739	166742	166804	166823	166829
	166844	166878	166903	167004	167055	167059	167065	167085	167124
	167153	167221	167278	167343	167414	167437	167440	167476	167565
	167605	167609	167618	167627	167663	167678	167688	167743	167805
	167818	167861	167863	167872	167981	168004	168014	168135	168184
	168186	168187	168196	168250	168254	168279	168314	168466	168532
	168554	168581	168708	168719	168724	168781	168784	168792	168794
	168803	168834	168860	168868	168915	168958	168976	169027	169028
	169079	169081	169086	169109	169303	169304	169315	169355	169431
	169442	169466	169559	169571	169573	169579	169621	169628	169633
	169686	169687	169752	169830	169839	169878	169894	169930	169939
	169944	169952	169954	170005	170012	170017	170141	170142	170146
	170212	170220	170237	170241	170299	170302	170305	170314	170320
	170337	170339	170379	170395	170444	170482	170496	170498	170559
	170571	170589	170626	170702	170707	170708	170722	170781	170785
	170786	170790	170791	170842	170849	170915	170920	171008	171054
	171142	171145	171196	171218	171220	171224	171228	171322	171327
	171347	171350	171426	171491	171492	171494	171593	171598	171654
	171660	171663	171682	171728	171730	171739	171875	171885	171955
	171959	172023	172102	172105	172129	172177	172184	172244	172321
	172329	172342	172384	172401	172473	172477	172496	172497	172545
	172548	172563	172665	172733	172740	172756	172757	172801	172807
	172816	172872	172874	172889	172900	172926	172936	173040	173042
	173080	173101	173203	173212	173256	173317	173339	173340	173341
	173413	173415	173460	173462	173468	173578	173583	173587	173625
	173628	173629	173637	173644	173664	173687	173693	173748	173752
	173813	173829	173940	173943	173959	173961	174002	174047	174067
	174111	174151	174234	174310	174446	174454	174628	174880	174881
	174882	174932	174959	175005	175024	175062	175067	175072	175116
	175134	175190	175231	175245	175250	175283	175300	175335	175393
	175405	175463	175465	175500	175511	175550	175596	175642	175645

	175668	175685	175713	175764	175768	175784	175794	175827	175855
	175902	175922	175932	175964	176045	176081	176132	176139	176255
	176307	176317	176328	176356	176358	176417	176425	176464	176467
	176515	176525	176575	176594	176659	176694	176696	176703	176746
	176854	176875	176917	176925	176963	176971	177086	177089	177148
	177152	177157	177187	177227	177230	177233	177234	177236	177261
	177279	177287	177290	177291	177295	177380	177381	177383	177397
	177398	177426	177488	177517	177519	177562	177602	177603	177607
	177705	177719	177817	177826	177829	177841	177861	177891	177925
	177935	178030	178037	178135	178139	178142	178156	178188	178209
	178211	178245	178248	178251	178337	178347	178372	178405	178407
	178446	178454	178495	178503	178504	178508	178553	178570	178634
	178675	178752	178760	178796	178802	178837	179137	179294	179328
	179433	179464	179516	179547	179566	179598	179633	179669	179670
	179729	179841	179843	179877	179898	179955	179957	179963	180023
	180036	180156	180214	180269	180280	180288	180324	180334	180335
	180340	180379	180386	180403	180408	180409	180455	180523	180554
	180601	180620	180708	180713	180714	180723	180802	180816	180915
	180948	180991	180994	180995	181160	181169	181223	181287	181291
	181350	181487	181488	181707	181749	181753	181810	181811	181842
	181974	181989	182018	182077	182087	182129	182141	182268	182272
	182277	182388	182440	182444	182504	182513	182521	182538	182581
安東縣	164302	165607	165881	166449	168196	168708	169621	169633	170302
	170337	170444	170626	170791	170915	171008	171220	171224	172496
	172872	172926	173468	173625	173748	173961	175116	175283	175335
	175405	175465	175500	175596	175642	176358	176417	176515	176696
	176854	176963	177086	177187	177230	177426	177519	177562	177603
	177861	178030	178135	178188	178245	178405	178446	178495	178553
	178675	178837	179566	179669	179843	179877	179957	180324	180379
	180386	180455	180523	180723	182129	182272			
鞍山	174043	176856							
安州	164642	168009	168423	174040	174295	177040	177063		
眼疾	167073								
鴨綠江 鴨江	164315	164564	164633	165014	165227	165602	166670	167354	167617
	167680	167806	167929	168053	168196	168779	168850	169034	169245
	169316	169383	169642	169753	169808	169841	170030	170075	170375
	170398	170566	170575	170578	170585	170797	170842	170850	171297
	171300	171325	171486	171715	171956	172114	172167	172234	172336
	172548	172804	173333	173644	173704	173742	173770	173814	173961
	174037	174050	174326	174970	175059	175165	175396	175470	175471
	175611	175972	175980	176137	176258	176369	176431	176432	176757
	177139	177384	177447	177642	179134	180153	180273	180602	180924
	180957	181110	181150	181228	181362	181428	181545	182332	182386
	182391	182494							
押賣	167292	168606							
押收	169833	169859	171470	171986	172484	173123	175298		

愛國	178309	179676	179742	179891	181911			
愛國婦人	178309	181911						
愛國婦人會	178309	181911						
愛婦	171893	177567	177585	178285	178306	182498	182526	
愛煙家	171237							
縊死	166958	166989	169631	171003	171601	172339	172897	174175	174207
	174645	175193	175270	177019	179172	180277	181107	
櫻	167987	168065	168756	169112	169118	169208	169219	169271	169326
	169337	169363	169594	169724	169782	169888	169892	169908	169918
	170002	170022	170159	170168	170304	170374	170389	170444	170547
	171566	173237	173392	173420	173624	173814	177916	178743	179416
	180376	181312	181637	181656				
罌粟	174024							
櫻花	167987	169208	169271	169363	170022	170304		
野球	165874	167561	167749	167776	167955	168075	168385	168453	168603
	168926	168938	169031	169229	169600	170040	170099	170176	170284
	170289	170352	170401	170402	170511	170529	170747	171028	171258
	171426	171630	172008	172189	172212	172296	172298	172517	172584
	172617	172629	172643	172680	172702	172747	172775	172830	172853
	172893	172969	173005	173016	173176	173309	173382	173531	173546
	173549	173578	173673	173716	173784	173834	173840	173959	173966
	174078	174106	174123	174139	174187	174208	174272	174332	174385
	174404	174629	174650	174696	174731	174758	174796	174827	174833
	174849	174853	174855	174881	174906	174945	174977	175025	175048
	175095	175126	175147	175183	175213	175235	175245	175259	175260
	175265	175290	175307	175308	175351	175384	175397	175417	175433
	175456	175515	175521	175525	175597	175618	175638	175649	175679
	175682	175719	175737	175773	175785	175804	175815	175840	175870
	175911	175939	176060	176410	176588	176608	176623	176728	176925
	176943	176981	177291	177533	177581	177593	177685	177719	177744
	177776	177793	177887	178173	178302	178303	178570	178628	178660
	178725	178775	178795	178816	178920	178947	179302	179336	179439
	179470	179938	180692					
野球大會	170511	172212	172584	172617	172629	172643	172680	172747	172775
	172830	172893	172969	173016	173578	173959	174208	174385	175515
	175525	175785	175815	176608	176981	177291	177533	177719	177744
	178303	179302	179336					
野球試合	168926	168938	176925	178302				
野口遵	169914	179815	182309					
夜盜蟲	174620	174948						
耶蘇	174583	174608						
耶蘇教	174583	174608						
野砲隊	168934							
夜學	164513	168242						

藥令市	167314	167953	181567					
若林 若林中尉	164159							
藥水	168484	170293	173037	174090	174869	175723		
藥劑師	165384	170029	181260	181999				
藥草	175423							
掠奪	164458							
養鷄	168505	168507	168525	169817	170062	174061	178349	178359	178972
	179000							
陽德	165073	165417	175498	177339	177616			
養豚	165338	169817	170007	175175				
良民	164376							
兩班	167386	167454						
養成所	165399	167094	167449	168325	168987	178953		
養殖	165890	168265	169149	169400	170167	172302	172319	173284	175041
	176122	177989	178010	181875	181962	182002	182562		
養蠶	164866	167251	169684	172019	172165	172446	173473	177379	177406
	177881	178029	178295	179280	179314	180076	182052	182528	
釀造	164378	164547	168491	169645	171871	171872	172096	172119	174228
	176744	178535	178650	178726	178735	180430	180555	181677	182314
	182357							
釀造品	168491	169645	171872	178535	178650	178726	180430		
洋灰	164623	165376						
漁具特許權侵害	178360							
御內帑金	166121	166163	174904	175104				
御大典	164374	166069	166435	168180	172853	173544	174381	179989	
御大典記念	164374	166069	166435	168180	172853	174381	179989		
漁撈	171799	174523	174845	179755				
漁夫	168829	169526	170247	171886	173282	173653	176610	176627	179520
	179551							
漁船	164766	164795	164976	165989	166827	167738	167773	170939	173653
	173755	173824	175669	176275	176298	176326	176683	176733	176886
	177194	177296	177613	177845	179426	179457	179515	179546	179783
	179805	180383	180932	180965	181126	181579	181720	181903	182275
	182303							
御所	178215							
漁業	164188	164303	164669	164863	164999	165009	165027	165199	165202
	165250	165475	165577	165708	167194	167706	167827	167900	167940
	168270	168700	168745	168840	168885	169352	169653	169697	170065
	170090	170109	170130	170231	170264	170422	170629	170669	171351
	171680	171737	171743	171989	172099	172164	172278	172302	172389
	172700	172934	173126	173129	173155	173364	173710	173750	173779

	173864	174357	174377	175159	175318	175377	175378	175944	176004
	176229	176572	176793	176942	177058	177074	177141	177600	178512
	178720	179159	179762	179811	179928	180231	180238	180367	180383
	180532	181116	181126	181156	181163	181181	181186	181720	181926
	182055	182139	182142	182424	182574				
漁業組合	164188	164303	165202	167194	167706	167900	168745	168885	169352
	171737	171989	172302	172700	173750	173779	173864	174357	176229
	176793	177074	179159	179928	181116	182424			
御造營	171245								
於之屯水利	165616	165711	168058	169008	173525	175907	177803	179655	181087
御眞影	167871	182134							
諺文	167751	170000	171759	172055	172065	173485	174526	176769	176786
旅客	164666	164701	167912	167964	169257	173127	173598	175217	175610
	175621	175622	175694	175772	175922	176227	176247	176352	176550
	176615	176636	176866	176884	177005	177073	177293	177309	177335
	177355	177441	177455	177526	177530	177548	177549	178409	180889
	181565	181991	182010	182312					
旅館	165327	166382	168946	169395	170224	170370	171967	174984	175197
	175850	175873	176282	176446	176505	177435	177592	178069	180385
	182132	182328							
旅券	176404								
女給	166863	174801	176586	181456					
輿論	164247	164269	164674	168341	172034	172345	172957	173460	178463
女流	166915	168749	171362	171391					
女房	169216	173828	175270	176164	176993				
女性	166298	166328	173074	178494	181078	182369			
麗水	165146	166235	166261	166852	166910	167177	167271	169849	170777
	170801	175735	176341						
呂運亨	174804	174861	175888						
汝矣島	165264	167712	168537	168555	168881	170728	171358	174027	175610
	175621								
汝矣島飛行場	168537	168555	168881	170728					
女子高普	164328	164364	164805	165450	166045	166165	167555	167558	167737
	168942	169191	169601	169622	169680	173578	173882		
女學校	166862	167576	167678	167986	168040	168810	169900	171524	172481
	172567	173318	173394	173490	175157	182077			
女學生	166298	166328	166926	167453	168633	169900	170357	171973	172987
	174247	175485	177810	178944	179902	181303	181470	181496	181726
旅行	165155	170097	170118	170125	171554	172070	172427	174049	174076
	174372	174626	176073	177484	177505	177694	179483	180860	181190
	181449								
驛	164156	164180	164228	164432	164499	164511	164981	165058	165316
	165407	165572	165721	166218	166283	166587	166622	166739	167176

	167263	167315	167464	167472	167638	167750	168195	168405	168522
	168828	168852	168870	168912	169007	169236	169346	169721	169860
	170004	170014	170051	170117	170141	170978	171017	171164	171413
	171439	171736	171814	172085	172209	172349	172384	172385	172709
	173038	173289	174192	174550	174734	174753	174880	175005	175072
	175231	175268	175519	175556	175574	175695	175846	175867	176196
	176227	176271	176442	176463	176732	176769	176786	176980	177001
	177003	177143	177163	177191	177522	177544	177578	177662	177870
	177895	177960	178132	178167	178190	178196	178214	178292	178340
	178470	178592	179075	179098	179272	179306	179433	179464	179483
	179502	179533	179576	179598	179611	179633	179748	179841	179844
	179951	179992	180090	180118	180317	180550	180712	180800	181594
	181686	181913	181946	182092	182560				
驛屯土	168912	181686							
歷史	167655	181094							
轢死	168208	169641	169669	169788	171857	174086	174321	174924	176279
	180033	180060							
轢殺	169389	171983	172009	172488	172614	173099	174895	174926	179144
驛員	167263	172209	179598	179633	179841	179844			
驛長	165721	167464	167750	174880	176442	179483			
煙管	164553								
研究	164370	164497	164571	164576	164580	164594	164612	164813	164953
	164998	165038	165200	165343	165370	165395	165669	165700	165731
	166050	166127	166226	166545	166735	166769	166775	166784	166871
	166873	166878	166903	167004	167059	167227	167278	167284	167318
	167409	167435	167578	167631	168119	168193	168218	168615	168698
	168931	168964	169149	169162	169243	169255	169531	169550	169573
	169920	170078	170230	170308	170443	170470	170473	170526	170704
	170958	171135	171252	171278	171306	171308	171323	171349	171359
	171650	172019	172021	172028	172088	172123	172243	172269	172340
	172364	172395	172464	172650	172782	172802	172815	172994	173089
	173117	173446	173529	173573	173602	173818	173837	173850	173990
	174046	174171	174358	174441	174464	174751	175006	175065	175395
	175569	175604	175623	175627	175631	175779	175891	176415	176520
	176603	176784	176914	176920	176953	176958	177463	177878	177900
	177922	177941	178183	178197	178438	178486	179060	179159	179499
	179510	179530	179541	180338	180378	180535	180598	180972	180999
	181020	181144	181500	181530	181555	181585	181848	181867	181891
	182171	182314	182357	182562	182584				
軟球	171426								
研究會	166545	166769	167059	167227	167284	167318	167409	168615	169162
	170078	170230	170704	170958	171278	172269	172395	172464	172802
	172815	172994	173529	173990	174046	175006	175395	175604	175631
	176520	179159	179499	179530	180338	180535			
年金	167529	172328	172366	173279	174649	177697			

延吉縣	174701	182594						
聯隊	164370	164888	165072	165305	165328	166004	166074	166197	166244
	166265	166375	166711	166902	167083	167236	167507	167750	167989
	168014	168136	168267	168552	168554	168566	168616	168873	169225
	169336	169445	169576	169780	169929	170252	170289	170486	170946
	171085	171477	171746	172235	172263	172284	172383	172479	172724
	173378	174020	174141	174325	174757	175513	176687	177022	179192
	179231	179833	181640						
連絡飛行	164544	167521	168125	168143	168150	168152	168537	168555	178984
	181144								
燃料	164610	169278	170087	174699	180804	181689			
聯盟	165274	165614	167322	168382	168453	169024	170171	170176	170284
	170352	170401	170402	170501	170660	170738	171402	171584	171630
	171986	172296	172511	172517	172702	173176	173212	173309	173549
	173607	173672	173716	174272	174385	174404	175187	175215	176294
	179130	179163	179641	179938	180610	180802			
聯盟大會	170171	173716							
連山關	171499	172946	181161						
沿線	165903	168247	168266	170444	170841	171119	171660	173771	174064
	174101	175328	175459	175730	175770	175800	177157	177488	179661
演說會	165324	165679	171492	173406	180506	180610	180731	180741	181214
沿岸	166277	168053	170681	171555	172172	173000	173710	175244	181579
	181720	182391							
演藝	166940	166979	168740	168799	168827	172965	173425	173960	175309
	177294	182118							
演藝會	168740	173960	182118						
煉瓦	175168	182219	182251						
演奏會	166408	167783	168240	168872	168943	173598	175486	175587	176452
	178384	178412	179448	179479	180199	180556			
年中行事	168755	173390							
煙草	164234	164420	164421	164571	164594	164615	164643	165235	165272
	165378	165764	165860	166170	166196	166400	166447	166470	166500
	166887	166894	166912	166921	167137	168074	168085	168106	168222
	168440	168463	168826	168845	168978	168996	169591	169764	169945
	170068	170085	170354	170419	170650	170775	170807	170818	171096
	171676	171713	171725	171762	172030	172064	172092	172354	172925
	172979	172980	172991	173279	173291	173313	173323	173572	173944
	174422	174484	174768	174779	174782	174799	174802	174812	175431
	175443	175450	175761	175765	176138	176891	177040	177063	177094
	177118	177289	177514	180342	180729	181283	181479		
煙草耕作	165764	167137	172979	173313	173572				
煙草屋	168978	168996							
煙炭	164191	164240	165753	166679	166708	166832	167103	168457	169987
	170131	175056	177875	182317					

煉炭	168133	177522	177544					
延平島	165532	171822	171886	172587	180401			
年賀	174769	174791	181263	181559	182053	182145	182377	182557
年賀狀	182145	182557						
聯合	164454	165166	165446	165898	165968	166098	166111	166374	166515
	166537	166615	166750	166779	166785	167016	167041	167059	167128
	167133	167214	167338	167399	167477	167507	167543	167603	167618
	167639	167721	167827	167900	168033	168745	168994	169163	169165
	169423	169756	169814	170107	170601	170917	171054	171091	171246
	171312	171323	171936	172231	172455	172571	172648	172781	173135
	173240	173253	173294	173326	173379	173735	173750	173779	173864
	174157	174181	174447	174712	174818	175006	175066	175103	175148
	175513	175675	176083	176106	176382	176758	176774	176859	176867
	176913	177102	177122	177287	177661	177683	177824	177843	177861
	177874	177970	178028	178087	178090	178091	178141	178202	178217
	178223	178361	178436	178485	178670	178813	178818	178846	178873
	178877	178899	178903	178955	179114	179156	179159	179905	180055
	180160	180262	180286	180337	180486	180706	181019	181079	181369
	181975	182169	182424	182559					
聯合艦隊	177661	177683						
聯合會	166098	166111	166515	166537	167016	167059	167338	167399	167477
	167603	167618	167721	167827	168745	168994	169163	169165	169423
	169814	170601	171054	171312	171323	172571	172648	172781	173240
	173253	173294	173379	173735	173750	173779	173864	174712	175066
	175103	175148	176867	176913	177102	177122	177861	177874	177970
	178087	178090	178091	178141	178202	178217	178223	178361	178436
	178670	178813	178846	178877	178903	178955	179156	180055	180286
	181975	182424	182559						
沿海	166031	166055	166523	173210	174377	175669	176345	176598	
沿海州	166031	166055	166523	175669					
蓮湖洞	174921								
延禧專門	172910								
閱覽	164435	164810	167802	167862	167863	168747	169202	170263	179343
列車	165212	165560	165593	165787	165810	165862	167324	168173	168226
	168497	169035	169410	169741	170014	170051	170111	170124	170420
	170811	170927	170960	171004	171035	171060	171123	171765	172031
	172209	172402	172526	172744	172825	172832	172947	173049	173097
	173177	173474	173512	173641	173682	173731	173839	173878	173893
	173909	174274	174576	174591	174668	175269	175695	175770	175800
	175841	175852	175887	176015	176065	176207	176924	176929	176945
	177090	177111	177202	177632	177704	177730	178122	178368	178869
	179132	180372	181094	181109	181290	181386	181684	182363	182535
鹽	164987	165910	167146	167178	168106	168131	168315	168465	169198
	169833	169859	169982	170187	170261	170409	170416	170452	170474
	171250	171622	171687	172159	172320	172372	172982	173319	173532

	173674	173689	174028	175160	175164	175452	175722	175743	176850
	176851	176991	177959	178438	178453	178486	178907	179178	179819
	180260	181828	182071						
廉賣	165288	165608	169659	180240	181068				
厭世	168306								
鹽業	181828	182071							
鹽田	168106	169198	179819						
葉書	167730	167767	171066	171815	175661	176446			
葉煙草	164421	170650	181283	181479					
獵友會	175463	179345							
獵銃	166381	167367							
英	164392	164545	164840	165622	166663	168882	169058	169745	170550
	170886	171451	172018	172058	172220	172271	172351	172774	173392
	173420	173551	173747	173758	173801	174538	174583	174608	174957
	174992	175022	177569	177587	177921	177940	178787	180373	180488
	180516	180583	180620	180693	180900	180968	180993	181470	181496
	182376	182585	182599						
營口	166096	167928							
靈柩	169856	171433	172102	172416					
英國	169058	170886	172220	173551	173801	174538	174957	174992	175022
	180488	180516	180900						
永同	171172	176800							
永登浦	164145	164166	168021	173610					
永明寺	171441	175428	175551	180246					
寧邊	165605	166043	166592	167713	168778	170797	170827	177881	178740
領事	164322	164353	164412	164413	164539	164596	164903	165051	165893
	166998	167526	167856	169058	169300	169506	169601	169826	169939
	170060	170407	170791	171039	171199	172325	173418	173447	173656
	173720	173738	173829	173831	174973	174984	175306	175932	176659
	176695	176918	177148	177861	178772	179562	180196	180280	180620
	181113	181516	182341	182365	182513	182538			
領事館	164412	165893	166998	169506	170791	171199	172325	173829	175932
	176695	177148	179562	180196					
榮山浦	180828								
嬰兒	166688	166709	166840	167327	167459	167566	167585	167880	168008
	168093	168801	168832	168993	169101	169134	169388	169484	170336
	170362	170866	172192	172217	173094	173796	174671	175945	176376
	176580	176823	177856	178421	179299	179333	179594	179629	181224
營業	164281	164341	164439	164463	164531	164534	164807	165285	165650
	165947	167579	167697	167821	167956	168222	168660	168681	169682
	170624	171267	172692	173965	174572	174586	175981	176284	176599
	177061	177240	177262	177676	177806	178667	179599	179634	179705
	179718	180447	180466	180672	180712	180931	180964	181138	181158

	181371	181440	181521	182069	182294	182327	182497	182529	182580
營業稅	171267	172692							
寧越	165496								
迎日灣	182556								
榮轉	168412	168519	169939	173642	174183	175073	175101	175651	175942
	176676	178772	179713	179743	180218	180227	181293	181321	181690
	181711	181715	181716	181937	182086	182114	182323	182379	182393
	182552								
靈前	178608								
榮州	180180								
靈泉	167554	179655							
英艦	174583	174608							
映畫	165273	165627	166897	167098	167253	167258	167319	167346	167381
映畫	167709	167883	168194	168219	168304	169146	169823	169932	170126
映画	171165	171173	171315	171638	171711	171782	171893	172141	172190
	172261	172588	173405	174353	175370	176712	176726	176785	181965
	182014	182153							
永興	167942	175186							
預金	164788	165048	165836	166238	166262	166551	168434	168467	169822
	170425	170430	171534	172061	175572	178702	178734	180304	
藝妓	165303	167154	168235	168946	169033	174663	174800	176819	177493
	182117	182596							
豫防注射	165126	167873	169231	169884	170564	172672	174509	176210	176277
	177564	177582	177612	177630	177657	177671	177704	177730	177762
	177779	177953	178680	178932	178951				
豫算	164309	164348	164434	164537	164562	164588	164626	164662	164663
	164760	164886	165011	165040	165043	165059	165068	165180	165289
	165306	165374	165545	165594	165623	165899	166041	166062	166124
	166156	166230	166253	166289	166429	166430	166464	166588	166619
	166621	166702	166822	166830	166851	166973	166983	166991	167060
	167088	167117	167240	167279	167351	167447	167503	167510	167534
	167571	167611	167629	167657	167699	167702	167754	167758	167786
	167874	167876	167895	167958	168000	168017	168028	168060	168086
	168107	168118	168190	168284	168292	168392	168489	168544	168584
	168590	168617	168672	168693	168709	168794	168820	168878	168928
	169194	170136	170229	170268	171114	171302	171370	171488	171876
	171918	171942	171951	172200	172532	172759	172796	173132	173193
	173697	173721	173756	173788	173874	173906	174009	174294	174327
	174651	175034	175167	175174	175201	175347	175367	175386	175401
	175546	175567	175598	175619	175647	175676	175714	175726	175733
	175747	175771	176265	176512	176541	176549	176612	176652	176670
	176753	176773	176883	176965	176966	177007	177211	177314	177407
	177409	177439	177784	177926	177945	177947	178502	178525	178588
	178659	178722	179115	179425	179435	179456	179466	179495	179526
	179707	179709	179735	179778	179796	180016	180039	180148	180188

	180294	180538	180563	180571	180574	180629	181087	181254	181356
	181564	181592	181878	181933	182081	182121	182197	182229	182431
	182455	182463	182504	182521					
豫算編成	164434	166464	170229	170268	171114	173132	173697	173721	174009
	174294	174327	175034	177407	179425	179456	180148	180188	180538
	180563	180574							
藝術	167284	167318	169548	169613	169996	170225	170266	174258	174300
	174336	175113	175539	177507	178179	178180	179561	180619	180641
	181798	181819							
禮裝	166057								
禮讚	172566	177569	177587	179120	179149	181649	181665	182171	
娛樂	164921	167709	169216						
五龍背	176098								
五厘	164294	164336	165655	165688	166883	166908	172586	176612	
五色旗	172490								
吳鎭	174455	175089	175158	175198	175495				
五千圓事件	176552	176630	176731						
溫突	170087	177254	178402	180212					
溫陽	171947								
溫泉	164197	164215	167156	168585	170533	171947	172475	173702	173867
	174070	174188	174483	175202	175717	175736	177264	179117	179154
	179423	179454	179919	182328					
甕	174714								
擁護	167414	169226	169616	169710	169758	169775	173220	181926	
瓦	164219	164332	164480	164531	164780	164926	164955	165872	166020
	166190	166618	166932	166964	167156	167357	167384	167445	167452
	167693	169047	169090	169111	169342	169490	169540	169597	169691
	169901	169914	169987	170199	170351	170410	170450	170658	170970
	171308	171614	171843	171937	172014	172052	172345	172685	172703
	173012	173062	173103	173225	173278	173336	173353	173431	173489
	173543	173766	173794	173911	174352	174408	174465	174520	174667
	174909	174975	175039	175168	175272	175276	175627	175875	176209
	176490	176790	176832	177080	177086	177373	177676	177787	177823
	177839	178939	178967	178995	179303	179337	180103	180131	180726
	181331	182068	182219	182251	182607				
瓦斯	167445	169090	169111	172345	175276	176832	177086	177373	
瓦電	164219	164332	164480	164531	164780	164926	164955	165872	166020
	166190	166618	166932	166964	167156	167357	167384	167452	167693
	169047	169090	169111	169342	169490	169540	169597	169691	169901
	169914	169987	170199	170351	170410	170450	170658	170970	171308
	171614	171843	171937	172014	172052	172685	172703	173012	173062
	173103	173225	173278	173336	173353	173431	173489	173543	173766
	173794	173911	174352	174408	174465	174520	174667	174909	174975
	175039	175627	175875	176490	176790	177080	177676	177787	177823

	177839	178939	178967	178995	179303	179337	180103	180131	180726
	181331	182068	182607						
瓦電會社	164480	164531	166190	169090	169111	169342	170351	173336	173766
	173794	177080	178939	180726	182068	182607			
玩具	167548	176893	180717	180766	180785				
完備	170291	171567	181573						
王子製紙	166828	167203	167242	169987	170339	180421			
倭館	178805	178822							
倭城	168382	173392	173420	176317	176334	178414			
倭城台 倭城臺	173392	173420	176317	176334	178414				
外交	165565	173428	173447	175295	179963	181658			
外國	164279	165011	165043	166056	167294	167470	170407	170775	170818
	171199	173689	173727	174413	175452	177435	178611	178634	178846
	178877	181926	182057						
外國語	171199								
外務省	167085	171646	172220	173985	174007				
外米	167508	170687	171304	171377	182404				
料理	164877	166173	166199	167860	168340	168633	168791	168929	168946
	170713	171127	171161	177431	177700	179744	180333	180479	181296
	181377	181473	181620	182117					
遙拜	165470	165491	172416	178058	178245	178262			
遙拜式	165470	165491	172416	178058	178245	178262			
要塞	171566	174413	180376						
遼陽	172376								
療養所	165723	173575	173862	174096	174958	177815	178254	179372	179402
	179721	179961	180030	180099	180127				
窯業	168795								
料亭	167419	167573	173320	177132					
龍塘浦	171816	171818							
龍頭山	177792	178949							
龍頭山神社	177792	178949							
龍山	164207	164226	164911	165216	165284	166074	166269	167445	167592
	167639	167886	168241	168445	168554	168566	168771	168934	169042
	169336	170147	171448	171592	172145	172284	174225	174398	174532
	175268	175622	175695	176316	176679	176800	177025	177321	177522
	177544	177553	177562	177701	177972	177997	178030	178414	178790
	180523	180702	181589	181608	181635	181637	181656	182129	182172
	182187	182208	182240						
茸狩	177989	178010							
勇退	164243	164358	164387	164743	164775	164817	164842	167755	168541
	173335	173358	179774	179799	179888	179915	180844	181349	

牛檢疫	169253	178902	181801	181822				
牛豚	180472							
優等生	174881	174906						
優良	164575	164890	164992	165009	165052	165087	165094	165120	165473
	165585	165829	166149	166280	167019	167090	167273	167319	167890
	168839	169029	169286	169614	169683	170148	170288	170632	171165
	171337	172761	173043	173251	174736	175333	178295	180590	180623
	180760	180779							
優良兒	165087							
優良種	166280	172761						
愚民	172859	180815	181229	181269				
郵便局長	164714	164733	164928	164956	165088	165217	167628	167654	168404
	168435	168485	168512	171484	172497	173961	177817	177928	177949
	181107	181897							
牛市	170924	171828	174690	174946	175603			
牛疫	166759	166957	167202	167218	167356	169231	169704	169705	173850
	174617	174646	177492	178680	180719	180805	181760		
宇垣一成 宇垣(代理總督)	173335	173358	173963					
宇留島	171232	171261						
牛肉	180198							
右翼	179650	179673						
郵貯	164559	165574	165863	170104	173869	177185		
羽田彦四郎	169058	169111	169490	171937				
郵便	164160	164202	164221	164343	164493	164498	164600	164701	164714
	164733	164913	164928	164956	165088	165113	165217	165238	165256
	165449	165768	165967	166348	166550	166664	166728	166970	166977
	167007	167039	167363	167535	167628	167654	168367	168388	168404
	168435	168437	168485	168512	168537	168555	168624	168706	168707
	168723	168749	168752	168814	168851	168881	168908	168957	169068
	169185	169295	169306	169714	169722	169799	169811	169816	169844
	169874	170030	170082	170135	170207	170359	170545	170706	170777
	170801	170876	171049	171346	171424	171425	171444	171476	171484
	171724	171793	171873	172151	172203	172497	172516	172895	173022
	173070	173285	173376	173563	173675	173735	173863	173961	174062
	174109	174341	174363	174447	174513	174551	174652	174658	174787
	174811	174890	174920	175058	175135	175206	175591	175643	175811
	175971	175997	176311	176646	176735	177241	177260	177735	177797
	177817	177928	177949	178050	178072	178201	178329	178341	178444
	178937	178963	178984	179418	179488	180094	180122	180192	180480
	180533	180541	180566	180830	181107	181263	181559	181897	182039
	182053	182059	182377	182388	182557				
郵便局	164160	164202	164221	164600	164714	164733	164928	164956	165088
	165217	165238	165256	165449	165768	167628	167654	168404	168435

	168485	168512	168723	168957	169722	169816	170135	170359	170706
	170876	171425	171484	171793	172203	172497	172895	173863	173961
	174341	177797	177817	177928	177949	178201	178341	178444	179418
	180480	180541	181107	181897	182557				
郵便所	164343	164493	165113	166348	166550	166970	167363	167535	168388
	168437	168908	171049	171346	173675	173735	174062	174363	174447
	174658	174787	174811	176646	177241	177260	177735	179488	180192
郵便貯金	166977	169068	171873	174551	178963				
牛肺疫	173091	175475	178033	178053	178921	178946	179112	179131	179166
運動	164161	164190	164383	164396	164527	164534	164608	164619	164658
	164713	164789	164835	164877	165003	165078	165136	165205	165226
	165322	165337	165368	165413	165489	165544	165551	165578	165798
	165844	165992	166126	166221	166225	166252	166291	166322	166362
	166392	166413	166436	166592	166620	166878	166885	166903	167022
	167115	167193	167200	167313	167322	167350	167437	167466	167609
	167860	167870	168082	168228	168445	168545	168549	168848	168913
	168930	169099	169122	169180	169344	169466	169597	169600	169643
	169930	169938	169957	170012	170015	170106	170225	170266	170284
	170318	170338	170352	170401	170478	170511	170513	170529	170555
	170565	170601	170660	170662	170664	170747	170755	170771	170796
	170870	170871	170945	170949	171013	171055	171124	171276	171282
	171299	171331	171402	171459	171475	171488	171564	171568	171612
	171617	171618	171625	171682	171756	171766	171786	171844	171878
	171911	171941	172008	172053	172054	172076	172110	172113	172143
	172173	172189	172212	172296	172330	172359	172411	172428	172494
	172517	172631	172830	172853	172900	172955	172974	173005	173101
	173111	173149	173162	173176	173187	173221	173229	173281	173421
	173460	173503	173523	173539	173672	173713	173724	173754	173761
	173790	173808	173834	173842	173873	173905	173969	174067	174098
	174121	174139	174179	174208	174269	174350	174635	174700	174749
	174927	175001	175074	175118	175146	175245	175290	175329	175338
	175360	175403	175416	175429	175517	175550	175778	175808	175875
	176482	176554	176777	176856	176911	176925	176935	176938	176943
	176981	177038	177199	177218	177287	177291	177377	177533	177573
	177593	177611	177659	177685	177719	177859	177887	177905	177938
	177991	178034	178064	178067	178211	178228	178251	178270	178324
	178351	178366	178405	178419	178517	178570	178589	178628	178659
	178660	178695	178725	178753	178762	178775	178870	178920	178922
	178947	179029	179032	179044	179047	179066	179071	179089	179094
	179130	179163	179202	179204	179241	179243	179302	179336	179439
	179470	179522	179553	179724	179765	179904	179922	179924	180056
	180102	180130	180244	180340	180353	180441	180485	180557	180605
	180618	180692	180708	180723	180758	180777	180852	180896	180926
	180959	180994	181026	181043	181078	181211	181351	181358	181361
	181371	181472	181498	181539	181561	181587	181639	181807	181811
	181848	181885	182035	182147	182315	182423			

運動界	164161	164383	164527	164608	164658	164713	164835	165078	165798
	165992	166225	166252	166291	166322	167022	167322	167437	168228
	169180	169466	169600	169643	170012	170284	170338	170352	170529
	170747	170796	170870	170945	171013	171299	171402	171475	171564
	171612	171682	171756	171786	172008	172076	172110	172143	172189
	172212	172296	172411	172517	172830	172853	172900	172955	172974
	173005	173101	173111	173162	173176	173229	173969	174067	174139
	174179	174208	174269	174350	175245	175290	176554	176925	176943
	176981	177199	177218	177291	177533	177593	177611	177685	177719
	177859	177887	177905	177938	177991	178067	178211	178228	178324
	178351	178366	178405	178419	178517	178570	178589	178628	178660
	178725	178762	178775	178920	178947	179130	179163	179204	179243
	179302	179336	179439	179470	179522	179553	179724	180056	180102
	180130	180340	180441	180485	180618	180692	180723	180926	180959
	180994	181043	181811	182035					
運動場	166126	168445	168545	169180	169344	170225	170266	170401	170511
	170662	170949	171282	171568	171844	172053	172330	173460	173713
	176777	178659	179163						
運送業	169619	169650	170521	170902	171147	171269	172051	178617	178646
運輸	164488	164860	165149	165309	165827	166353	167662	167691	168196
	168703	168753	169007	169168	169192	169560	169925	170217	170616
	170879	170946	170979	171094	171109	171211	171244	171353	171371
	171707	172086	172098	172116	172117	173316	173508	173949	174648
	174762	175068	175519	176398	177204	177441	177455	178084	178110
	180878	181113	181727	181781					
運賃	165228	166658	168403	168431	168529	168718	170005	170038	171865
	172719	173068	173214	173523	173930	174901	175164	175704	177092
	180460	181130	181419	181421	181451	181688	181693	181713	182312
	182405	182413							
運轉	164671	164717	164830	165209	165600	165643	165663	165759	167475
	168056	168083	168224	168247	169439	169811	169844	170040	170277
	170420	170500	170516	170960	171004	171060	171123	171176	171329
	171357	171545	171644	172307	172466	172488	172550	172560	172614
	172927	173177	173512	173641	173682	173692	173737	173851	173878
	173910	174382	175087	175331	175570	175841	176043	176745	176857
	177049	177372	177452	177465	177568	179068	179091	179574	179609
	179700	179822	180068	180267	181035	181094	181133	181307	181324
	181362	181443	181584	181632	182101	182565	182597		
運航	168607	169626	171767	179967	180245	180469			
蔚山	166632	167974	168357	168537	168555	168624	168814	169185	169407
	174027	174792	175041	175947	176239	176782	177180	177330	177351
	178000	178220	178843	178874	178917	178943	179351	179381	180824
雄辯	165119	165522	165587	165622	166604	166650	170852	171656	172604
	178692								
雄辯大會	165119	165522	165587	165622	166604	166650	170852	171656	172604
	178692								

熊本	164190	169354	171039	177694					
原料	169798	170775	170818	179639	182429				
元山	164152	164169	164639	164677	164830	165012	165039	165064	165121
	165182	165208	165287	165298	165310	165347	165371	165398	165427
	165459	165460	165490	165495	165536	165541	165568	165658	165680
	165981	166166	166452	166478	166521	166546	166747	166792	166822
	166836	166838	166851	166864	167002	167038	167279	167282	167341
	167494	167495	167523	167546	167619	167817	168010	168061	168271
	168293	168329	168356	168467	168487	168712	169082	169093	169168
	169192	170230	170316	170495	171331	171612	171752	171804	172034
	172110	172170	172173	172313	172332	172397	172551	172708	173158
	173182	173206	173261	173270	173388	173417	173458	173748	173865
	173885	173988	174004	174112	174167	174172	174290	174297	174380
	174507	174682	174705	174751	174832	175015	175071	175115	175230
	175405	175445	175645	175715	175734	176139	176160	176184	176198
	176251	176263	176316	176358	176367	176417	176576	176696	176800
	176804	176854	176963	177089	177101	177187	177230	177270	177282
	177321	177426	177611	177639	177799	177872	177918	178188	178440
	178444	178618	178744	178790	178801	178837	178845	178876	178922
	179128	179182	179275	179309	179346	179667	179749	179891	179946
	180166	180174	180265	180270	180324	180327	180480	180485	180532
	180716	181029	181043	181361	181368	181369	181430	181431	181482
	181490	181540	181766	181864	181900	181904	181916	182275	182303
	182436	182449	182468	182541					
元山爭議	167002	167038	168061						
元山咸興	164639	164677							
園田	164183	164358	164387	164743	164744	164775	164776	165365	165528
	165597	165740	165855	170766	170798	170995	171024	172956	174141
	174159	174325	175771						
遠征	166544	168228	169600	172495	172646	174067	174601	174927	
援助	164488	164993	165021	165590	165653	170204	170373	181598	181744
	181768								
原州	174876								
月尾島	166066	170352	171105	172035	172066	172067	174560	174585	175710
	179759	181344							
蝟島	169295								
慰靈祭	172494	180983							
慰勞會	171088	180211							
慰問	166748	166893	166922	174200	174997	175209	177648	177678	177810
	178280	179507	179538	180261	180322	181072	181808	182204	182236
慰問袋	181808								
衛生檢査	169006								
衛生課長	165274	167689	175451	180933	180966	181075			
衛生試驗所	166044								

衛生展覽會	175421	176207	176568						
衛生 衞生	164246	164528	164719	164850	165005	165120	165274	165728	166044
	166606	167174	167509	167593	167689	167803	169006	169315	169366
	169462	170730	170832	170863	170914	171310	171903	172058	172547
	172819	173184	173405	173670	173757	174142	174371	174590	174886
	175421	175423	175451	175803	176207	176210	176318	176335	176568
	176886	178441	178473	178557	178808	178851	178882	180862	180933
	180966	181075	181415	181831	182153				
衛戍	177275								
慰安	164970	165042	165086	165143	165301	165386	165994	166003	166038
	166787	167098	167595	170747	171230	171260	171447	171660	172100
	172560	173133	173389	174011	174489	175326	175767	176968	181105
慰安會	165301	171447	171660	174489	175767				
渭原	167938	169015	169819	173892	175454	178691	180086	180103	180114
	180131	180226							
委員會	164352	164462	164515	164538	164612	164670	164687	164727	165274
	165395	165616	166109	166110	166732	166772	166817	166819	166856
	166892	166923	166932	166999	167029	167104	167168	167278	167398
	167435	167604	167644	167745	168051	168081	168174	168186	168319
	168539	168619	169002	169047	169186	169194	169297	169327	169358
	169435	169468	169829	170222	170255	170417	172055	172087	172177
	172183	172548	172567	172693	172765	173196	173220	173239	173489
	173520	173573	173602	173700	173926	174440	174595	174956	174991
	175894	176525	178084	178110	178796	179197	179236	179272	179306
	180159	180189	180878	180972	180999	181069	181503	181505	181727
	181753	181781	182170	182506	182530				
慰藉	170040	172210	172567	172904	173173	173615	173681		
慰藉料	172210	172567	172904	173173	173615	173681			
僞造	164319	166000	166001	166246	166453	166481	167078	167298	167968
	168819	169091	169092	169123	171521	171560	171604	172361	172947
	172970	173011	173953	174315	175323	176820	177161	178638	179215
	179254	179297	179331	179447	179478	179906	179971	179974	180175
	180578	180690	181103	181918	182220	182252	182474		
僞造紙幣	166000	167078	167298	167968	168819	169123	172970	177161	179971
僞造貨	166001	169091	171604	173953	174315	179215	179254	179447	179478
	179974	180578	181918						
僞紙幣	181737								
爲替	164925	166373	166376	166398	166426	166664	168164	169516	169799
	170207	171054	171724	174652	174875	175763	176197	176312	177724
爲替取扱	166664	174875	176312						
委囑	181319								
柔劍道	166378	171169	171174	172227					
遺骨	165920	166133	168380	173772	177365				
遊廓	176284	176465	177715	178096	180689	181859	182471		

誘拐	164255	165797	165820	171712	171830	171859	173922	176952	181067
有權者	168849	169938	170263	170916	170984	172107	172323	178620	178751
	178969	178976	178997	179004	179343	179714	179751	180752	180771
柔道	165304	166054	167437	170708	170712	172646	173339	173940	175134
	175954	178253	179040	179055	179749				
有力者	165151	169546	169746	169770	170737	172467	173370	173632	173658
	174157	174181	174448	174473	175839	178189	178215	179661	179669
	181025	181052							
儒林	169840	172006							
儒林團	169840	172006							
流筏	167225	167731	167929	169751	169899	171325	172875	173079	173581
	173742	174050	174419	175454	177139	179301	179335	180471	180602
	180859	181215							
遊園地	172053								
乳幼兒	170203	170477	170600	171208					
遺族	170521	171778	173052						
柳草島	164746	170556							
幼稚園 幼稚院	165070	166368	166421	167548	168341	168539	168725	168952	169736
	170634	171917	173776	174522	174565	174587	174618	175171	
留置人	181509	181574							
有賀	166719	166884	166909	172781	173722	173738	173853	175198	175402
	177363	177793	178785	179222	179261	182513	182538		
留學	165973	167532	168875	169085	169159	171408	178626	181850	181879
留學生	165973	167532	168875	169085	169159	171408	178626		
流行	165509	165918	167498	167677	167746	168668	168689	170030	172294
	173156	174335	175045	176261	177704	177730	177964	178033	178053
	178932	178951	179413	179853	181044	181304	181316	181470	181496
	182122	182279	182282						
遊興	173320	180483	180688						
陸軍	164159	164246	164610	164903	165120	165549	165847	165880	166089
	166116	166197	166711	167133	167182	167333	167378	167380	167422
	167445	167488	167507	167540	167639	167934	167946	169136	169959
	169970	170252	170309	170946	171109	171261	171364	171401	171451
	171896	173335	173358	173707	173726	173949	174773	174797	175507
	175522	175555	175573	176413	176651	176669	177195	177208	177694
	178538	178736	178914	179160	179352	179382	179523	179554	179556
	179576	179611	179657	179771	180939	181478	181643		
陸軍記念日	166089	166711	167133	167333	167378	167380	167422	167445	167540
	167639								
六道溝	172874	173101	174632	176033	180601	182136			
陸上	166642	170356	171013	171361	172906	173206	173229	173672	173969
	174480	174750	175459	176869	176889	177077	177199	177218	177719
	178067	178762	178775	178795	178816	179302	179336	179641	179830

	179861								
陸上競技	170356	171013	171361	172906	173206	173229	173672	173969	174480
	174750	175459	176869	176889	177077	177199	177218	177719	178067
	178762	178775	178795	178816	179302	179336	179641	179830	179861
育兒	164640	169838							
育英會	172351								
育雛	167119	167198	168806						
尹致旿	168875	169040	169085	169159					
融資	172276								
融和	164118	164123	169746	169770	177871	177896	180218	180227	181477
	181502	181800	181821						
銀券	166246	166453	166481	170620	172977	178638			
恩給	177697								
恩赦	181429								
銀行	164368	164418	164442	164496	164533	164595	164686	164916	164925
	164939	164966	165110	165178	165331	165335	165382	165566	165624
	165801	165834	165915	165985	166022	166024	166039	166060	166088
	166209	166301	166353	166426	166496	166593	166616	166623	166651
	166967	167041	167357	167384	167390	167431	167843	167952	168108
	168319	168467	168488	168513	168570	168815	169220	169606	169625
	169660	169822	170621	170810	170845	171051	171423	171535	172059
	172171	172667	172924	172977	173061	173434	173472	173571	173613
	173629	174048	174156	174169	174271	174778	174798	175098	175497
	175523	175896	176464	176704	176725	177241	177260	177527	177555
	178920	178947	179443	179474	179690	179725	180336	180657	180678
	180933	180966	181351	182115	182294	182464			
飮料水	170863	172777	174244	175414					
飮食店	165004	165551	174572	176284	176616	178002	180002	180201	
音樂	165949	167595	167678	167709	168041	168135	169139	169337	169724
	170078	170308	171417	171936	172038	172113	174863	174928	174997
	175209	175351	175368	176452	176603	179902	179905	179925	180032
	180038	180073	180151	180160	180221	180274	180344	180436	180474
	180486	180500	180556	180706	180707	180915	180948	181303	181476
	182446								
音樂會	165949	167678	168041	168135	169724	171936	172038	172113	174863
	174928	175209	179902	179905	180032	180038	180151	180160	180274
	180344	180486	180500	180706	180707	180915	180948	181303	
醫	164322	164335	164353	164375	164582	164621	164689	164703	164843
	164949	165106	165107	165120	165293	165342	165359	165384	165542
	165706	165707	165776	165850	166267	166288	166319	166358	166442
	166486	166506	166995	167277	167492	167593	167648	167669	167867
	167966	168014	168024	168191	168241	168295	168330	168461	168495
	168524	168534	168787	169247	169276	169472	169608	169632	169813
	169968	169995	170219	170438	170469	170540	170655	170730	170974

	170980	171168	171203	171335	171341	171359	171490	171546	171570
	171626	171714	171820	172242	172432	172444	172788	172819	172869
	172873	173020	173117	173134	173446	173757	173961	174051	174129
	174301	174330	174478	174530	174553	174601	174704	174749	174808
	174831	174833	174847	174851	174855	174867	174887	174951	175076
	175313	175453	175593	175750	176075	176169	176192	176421	176558
	176702	176899	177137	177463	177822	177861	177903	177969	179208
	179247	179408	179750	179866	179875	180545	180671	180843	180881
	181027	181082	181198	181315	181470	181496	181619	181738	181850
	181879	181998	181999	182135	182472	182614			
醫官	173961	174847	174867	177861					
義金	167262	168343	168741	170602	171239	171778	179944	180031	
醫療	165293								
醫療機關	165293								
義明學校	167126								
醫師	164582	164689	165384	168024	170469	170980	173134	173757	174129
	175313	181082	181999						
醫師試驗	173134	174129	181999						
醫生	165359	168495	170438	171335	182472				
義捐 義捐金	168448	168575	169834	173496	181072	181090			
義勇	164262								
議員	164340	164400	164502	165069	165196	165230	165453	165548	165581
	165666	165718	165802	165808	165873	165879	165930	165948	166019
	166114	166357	166390	166397	166629	167072	167100	167125	167211
	167310	167450	167550	167629	167751	167756	167924	167932	167983
	167986	167999	168018	168019	168144	168200	168217	168292	168417
	168443	168598	168650	168672	168693	168720	168788	168866	169076
	169163	169371	169380	169493	169567	169700	169824	169880	169938
	169971	169987	170070	170100	170128	170178	170351	170387	170555
	170724	170773	170955	170996	171016	171078	171097	171128	171130
	171248	171253	171350	171527	171641	171695	171714	171772	171807
	171846	171878	171937	172024	172054	172162	172173	172245	172246
	172282	172323	172397	172430	172497	172574	172578	172628	172648
	172658	172659	172687	172738	172774	172881	172905	172957	173221
	173227	173513	173623	173792	173829	173847	173853	173920	173968
	174025	174071	174147	174266	174459	174520	174547	174789	174842
	174876	174909	174911	175094	175158	175234	175371	175568	176063
	176143	176289	176362	176475	176542	176567	176677	176882	177113
	177116	177176	177223	177256	177266	177305	177312	177345	177354
	177376	177397	177404	177420	177545	177676	177705	177736	177748
	178034	178055	178178	178212	178233	178279	178315	178461	178500
	178523	178545	178587	178605	178608	178618	178649	178695	178751
	178798	178922	178993	179011	179017	179034	179043	179049	179058
	179059	179122	179195	179234	179275	179309	179357	179387	179568

	179578	179603	179613	179765	179998	180010	180018	180078	180106
	180140	180142	180220	180269	180288	180341	180350	180390	180525
	180603	180652	180681	180752	180771	180790	180890	180902	180935
	181128	181153	181178	181323	181347	181516	181723	181741	181815
	182049	182168	182325						
醫院	164335	165342	165384	165542	166995	168014	168461	169968	169995
	170974	171341	171546	171626	171820	172444	172869	173961	174847
	174867	175453	176169	176192	176421	176558	176899	177822	180545
	180671	180843	180881	181027	181198	181315	181850	181879	181998
	182614								
議員選擧	167924	167999	168144	168866	170555	171097	171527	171695	171772
	171807	171878	172024	172054	172162	172173	172246	172282	172323
	172397	172430	172628	172658	172659	172738	172881	172957	173227
	173968	174071	174147	174842	174911	176143	176475	178587	178751
	178922	180142	180350	180752	180771	181128	181323		
醫者	164843	169247	170540	172873	179408	179750	181470	181496	181999
醫專	164703	165707	166267	166506	167648	168295	168461	169472	169968
	170730	171168	174601	174831	174833	174851	174855	175593	176075
	179875	181738							
義州	164238	164300	164321	164433	164440	164446	164506	164511	164517
	164522	164529	164564	164575	164628	164643	164692	164707	164825
	164880	165001	165058	165060	165079	165102	165124	165132	165163
	165194	165225	165231	165236	165239	165288	165296	165350	165465
	165515	165607	165608	165610	165656	165730	165735	165766	165782
	165787	165810	165919	165930	166033	166151	166183	166301	166303
	166360	166369	166376	166398	166422	166566	166671	166681	166696
	166998	167006	167023	167050	167201	167216	167423	167424	167431
	167470	167553	167569	167663	167667	167716	167726	167793	167794
	167796	167806	167859	167938	167997	168000	168014	168052	168118
	168190	168199	168260	168279	168314	168332	168337	168493	168544
	168547	168715	168768	168777	168856	168872	168911	169083	169109
	169170	169181	169229	169286	169296	169302	169305	169358	169364
	169366	169525	169575	169642	169687	169759	169801	169810	169824
	169880	169946	170020	170032	170057	170095	170099	170146	170151
	170152	170234	170302	170312	170338	170430	170481	170556	170572
	170582	170628	170654	170694	170705	170767	170782	170916	170936
	171001	171053	171062	171065	171147	171284	171307	171333	171339
	171409	171503	171595	171653	171663	171665	171683	171726	171735
	171749	171755	171807	171810	171826	171878	171881	171950	171954
	171956	172040	172160	172161	172163	172185	172241	172317	172386
	172456	172465	172489	172540	172564	172658	172734	172736	172803
	172818	172872	172881	173045	173065	173163	173198	173199	173258
	173347	173348	173393	173398	173418	173448	173468	173469	173476
	173513	173534	173579	173593	173625	173698	173699	173701	173718
	173815	173825	173830	173865	173961	174005	174043	174067	174091
	174160	174298	174443	174486	174506	174508	174700	174709	174879

醫學	175023	175037	175060	175116	175181	175282	175283	175286	175303
	175389	175429	175432	175444	175514	175543	175550	175596	175607
	175713	175765	175842	175845	175855	175914	176070	176139	176143
	176271	176277	176317	176322	176343	176358	176369	176382	176467
	176475	176515	176616	176657	176754	176849	176856	176870	176872
	176879	176894	176977	176984	177089	177161	177179	177191	177201
	177249	177321	177376	177377	177391	177398	177474	177519	177523
	177535	177562	177572	177603	177696	177701	177713	177719	177721
	177762	177763	177796	177826	177828	177871	178030	178081	178087
	178091	178139	178196	178238	178242	178245	178390	178629	178674
	178675	178701	178751	179026	179177	179291	179303	179325	179337
	179346	179413	179414	179509	179540	179564	179666	179714	179751
	179844	179877	179879	179882	179891	179954	179955	179958	180155
	180226	180247	180280	180327	180330	180336	180419	180552	180583
	180592	180607	180722	180756	180761	180775	180780	180799	180801
	180974	180981	180988	180995	181006	181084	181142	181166	181227
	181264	181338	181486	181489	181514	181598	181676	181689	181750
	181815	181843	181850	181879	181908	181943	181982	181987	181989
	181998	182098	182145	182146	182151	182202	182210	182234	182242
	182282	182445	182552	182595					
醫學	164322	164353	164375	164703	165106	165107	165706	165776	166267
	166288	166319	166358	166442	167277	167593	167669	167867	167966
	168295	168330	168524	168534	168787	169632	169813	170219	170655
	171203	171359	171490	171570	172242	172432	173020	173117	173446
	174051	174301	174330	174704	174749	174887	174951	175076	177463
	177903	179866	181619	181999					
醫學校	164375	164703	165106	165107	166288	166319	166358	166442	167277
議會	164233	164265	164321	164726	164729	164984	164993	165011	165021
	165043	165093	165118	165221	165336	165367	165443	165498	166120
	166125	166255	166431	166583	166584	166619	166625	166672	166674
	166682	166776	166782	166843	166848	166932	166948	167000	167024
	167025	167099	167156	167163	167170	167192	167239	167241	167243
	167260	167420	167447	167458	167466	167571	167577	167633	167819
	167870	167891	167914	167917	167957	167983	168000	168013	168017
	168027	168061	168086	168120	168128	168141	168146	168192	168214
	168303	168328	168337	168354	168355	168361	168439	168544	168584
	168617	168664	168685	168724	168796	168840	168841	168877	168981
	169163	169623	169691	169709	169735	169852	170671	171233	171322
	171370	171537	171595	171948	172532	172687	173110	173213	173406
	173430	173431	173489	173655	173663	173800	173853	173915	174465
	174528	174916	174952	174975	175039	175091	175234	175388	175457
	175684	176208	176347	176790	176879	177231	177255	177986	178008
	178427	178508	178590	178674	178908	178934	178967	178993	178995
	179017	179578	179613	179904	179924	180079	180107	180280	180403
	180427	180750	180752	180771	180827	181019	181058	181059	181153
	181178	181257	181430	181457	181484	181917	181940	181952	182146

	182164	182347	182437	182463	182513	182538	182593	
李堈 李堈公 李堈公殿下	164353	164840	164857	170363	179348	179378		
李鍵 李鍵公	175932	175954						
移管	164814 175411	165172 178441	165377 178473	166511 179423	166539 179454	166620 182579	167494	168082	169079
移動警察	175906	175934	176704	176725				
伊藤博文	179283	179317	181477	181502				
伊藤博文 伊藤(統監)	165832	165930	167750					
移民	166971	171510	171558	173179	182441			
理髮	167579	175541	178927					
罹病	166445	174571	174586	175582	176101	178171		
伊勢	170415							
李王家	177834	178357	181483					
李王職	164384	164407	167886	167970				
李王職(長官)	164384	164407	167886	167970				
李鍝	164384 182478	164407	164773	164797	175932	175954	176016	182289	182309
李鍝公	164384 182478	164407	164773	164797	175932	175954	176016	182289	182309
移入稅	166411	169479						
罹災	168343	172380	172779	173533				
罹災民	172380 178574	172779 181435	173533	173712	174203	174460	175041	175685	176185
罹災者	168343	181090						
李軫鎬	171551							
利川	182120							
移出牛聯合會	178202	178217						
伊太利	170216	170254	172070	182309				
李太王	172258	172293						
李學務	164817	164842						
李學務局長	164817	164842						
李恒九	173540							
離婚	168750	170772	170805	171457	178184	181999		
李花學堂 梨花學堂	164293	164333						
溺死	168829 173923	169124	169547	170248	170938	172187	172214	172897	172951

立候補	167933	168334	171097	172420	177345	179869	180727
剩餘	165346						
剩餘金	165346						

ス								
ザリ蟹	172887							
自家用	172979	172980	173572					
自警團	165277	166361	173670	181550				
資金	164820	165333	165485	165529	165916	165935	166356	166849	167228
	167344	167357	167384	167452	167728	167837	168379	168610	168699
	168700	168740	168930	168982	169014	169097	169502	169838	170109
	170727	171045	171969	173322	173765	173848	174247	174453	175473
	175503	175547	175969	175995	176080	177568	177690	178146	178147
	178168	178839	180611	180711	180918	180951	181117	181122	181477
	181502	181507	182055	182544					
自給	166136	166740	171686	181648					
自給自足	166136	171686	181648						
自動車	164562	164573	164581	164588	164764	164841	165036	165109	165332
	165433	165451	165452	165712	165972	166160	166309	166335	166601
	166640	166660	166745	166990	167216	167578	167664	167667	167793
	167938	167947	168007	168035	168247	168399	168421	168624	168798
	168833	168847	168858	169230	169415	169439	169494	169637	169725
	169768	169811	169835	169844	169856	169895	169923	169950	169973
	169980	170080	170094	170105	170196	170197	170234	170277	170353
	170413	170481	170495	170531	170748	170883	171068	171160	171500
	171825	172151	172307	172518	172640	172660	172771	172785	172896
	172927	172952	173119	173355	173403	173404	173563	173680	173737
	173881	173910	173943	174172	174201	174236	174428	174474	174533
	174598	174728	174730	174744	174972	174998	175087	175240	175271
	175279	175331	175407	175410	175501	175558	175569	175632	175710
	175809	175818	175979	176007	176038	176065	176166	176183	176235
	176363	176393	176504	176602	176745	176857	176863	176930	176980
	177001	177049	177061	177195	177208	177297	177358	177389	177401
	177483	177807	177901	177985	177993	178017	178829	178852	178883
	178986	179219	179258	179498	179529	179760	179980	180173	180372
	180484	180551	180676	180734	180748	181002	181017	181158	181187
	181274	181348	181366	181418	181421	181434	181451	181491	181533
	181604	181623	181662	181702	181736	181856	181883	182069	182072
	182307	182426	182447	182492	182507	182519	182566	182573	
資本	164842	165394	165460	165490	167398	169258	170167	177084	177751
	182432	182456							
資本金	177751								
自殺	164451	164894	164895	165281	166371	166373	167080	167232	167263
	167522	167626	167650	168039	168076	168156	168277	168306	168727
	168759	168889	168918	169211	170029	170165	170198	170447	170652
	171153	171474	171608	171705	171909	171930	171973	172698	172822
	172847	172888	172895	172915	173411	173773	174323	174346	174536
	174539	174540	174577	174600	174801	174808	174858	174989	175106
	175194	175812	175884	176242	177046	177079	177156	177170	177394

	177596	178322	178352	178368	178401	178985	179851	179912	180035
	180061	180065	180145	180184	180691	181109	181111	181190	181198
	181868	181893	181922	182041	182596				
慈善	164862	168740	168994	171893	172268	182118			
茨城	167829								
慈雨	170158	173165	173705	173780	178060				
紫雲英	164545	166663	169745	170550	178787	180373			
資源	164266	173874	173906	180232	181402	181523			
資源調査	180232	181402	181523						
自由港	179009	179151	179311	179699	179802	181791			
自治	166016	169352	171618	174069	177231	177255	178746	178770	179269
	180220	181746	181770	181925	182168	182297	182350	182430	182454
自治團	174069								
自治制	166016	178746	178770	181746	181770	181925	182168	182297	182350
自爆	165847	165880							
慈惠	164629	165342	168014	171341	172444	173827	175342	175453	176421
	177455								
慈惠院	175342	177455							
慈惠醫院 慈惠院 慈惠病院	164629	165342	168014	171341	172444	173827	175342	175453	176421
	177455								
雀	164839	165411	165760	166615	173017	176827	177774	177854	178836
	180057	181472	181498						
酌婦	169485	176764	180765	180784					
柞蠶	164372	166933	176514	178446					
柞蠶絲	176514	178446							
蠶	164372	164866	164870	166072	166079	166093	166933	167050	167251
	167481	168077	168097	168772	169236	169684	170757	171571	171716
	171760	171824	172019	172165	172446	172447	172586	172976	173473
	173514	174463	174677	174979	175057	175229	175961	175965	175992
	176310	176451	176514	176658	176720	177379	177406	177472	177473
	177754	177881	178029	178205	178295	178429	178446	178551	179280
	179314	179505	179536	180011	180076	180181	181452	181519	182052
	182148	182528							
蠶繭	175057	179505	179536						
蠶絲	170757	175965	175992	176514	178429	178446			
蠶絲會	170757								
蠶兒	181519								
蠶業	166079	167050	167481	168772	169236	169684	172446	176310	178205
雜穀	168853								
雜誌	165258	168109	169142	175099	182417				
雜貨	168532	171515	178702	178734					

腸チブス 腸チフス チフス チフテリア	166758	174335	174571	174586	174864	175045	175272	175313	175889
	177018	177641	177723	177822	178256	178300	178808	179143	179786
	179910	179968	180415	181929					
長谷川(總督)	165740	166045	166378	166843	168014	169209	173181	173778	174749
	175980	176413	177496	178184	182538				
長官	167970	168894	169533	171654	172029	172137	172147	173335	173358
	173540	173720	173985	174007	174057	174080	174186	174226	174256
	174455	175089	175158	175198	175495	175699	176288	177748	177958
	178736	180203							
將校	164815	165317	165652	166099	166122	167349	167382	167397	167507
	167918	169445	169846	170289	171366	171777	172756		
將軍	167639	169044	175055	175350	179694				
長崎	168714	168761	169865	173235	178257	179752	180460	182015	
獎勵	164241	164469	164545	165338	165341	165769	166079	166136	166275
	166289	166352	166740	166816	166850	166999	167019	167029	167050
	167053	167058	167137	167481	167728	167804	167847	168047	168159
	168472	168480	168507	169059	169171	169232	169281	169446	169772
	169817	170041	170104	170278	170437	170462	170474	170994	171513
	171652	171698	171699	172237	172722	172813	172993	173407	173580
	173980	174000	174736	174888	175054	175078	175166	175175	175353
	175537	175722	175743	176177	176697	176718	176851	177098	177126
	177379	177406	177485	177615	178005	178215	178330	178335	178687
	178719	179497	179528	179709	180011	180054	180223	180295	180323
	180362	180631	181010	181131	181206	181226	181730	181733	181912
	182176	182335	182411	182429					
掌隸院	176094	176114							
長老派	164649	168201							
長壽	171801	174779	174799						
長承浦	171167	171266	176793	176942	177074	181628			
長安	164583	164606	169049	178499	178522				
長安寺	164583	164606	178499	178522					
長淵	165538	165553							
醬油	174963	174996	178735						
葬儀	165607	167400	167649	168984	169050	171848	172500	172636	172686
	173478	175444	176622	181571					
葬場	173929								
長箭	181338								
長津江	167935	170369	179183	179281	179315	179712			
長春	180769	180788	181975						
長唄	181777								
獎學資金	178146								
獎學會	164352								

長興	170739							
財界	166747	166792	173632	173658	174009			
財團	169152	173012	175968	175994				
齋藤實 齋藤(總督)	164529	166409	169441	169480	169616	169710	169758	169775	170103
	171182	171747	171890	171913	172027	172829	176317	176334	176390
	176517	176519	176526	176539	176545	176583	176790	176834	176995
	177188	177205	177231	177255	177258	177283	177301	177387	177427
	177681	177793	177846	177973	177999	178215	178271	178328	178687
	178719	179354	179384	179647	179857	180642	181663	181746	181770
	182430	182454	182478						
載寧江	172414							
在米	166346	181516	181948					
栽培	164469	164545	165727	166275	167405	167511	169059	169524	169745
	169865	171178	171892	173401	174024	174888	180505	181010	181733
裁縫	175357	175373	179030	179045				
財政	164540	166934	166965	167710	169740	170768	173818	173837	174163
	174185	174564	174593	174825	174848	174962	175557	180218	180227
裁判	166460	168116	168138	170048	170289	171457	171460	172832	173235
	174285	174893	174915	176318	176335	177420	178257	181103	
裁判官	170048							
裁判所	166460	168116	168138	170289	171460	172832	173235	177420	178257
災害	170434	174934						
在鄕軍人	166615	168860	171641	173826	176107	177236	177566	177583	178282
	178291	178307	178387	180564	181271				
爭議	164396	164518	164531	164588	164659	164685	164720	164780	164830
	164841	164912	164926	164955	165036	165101	165136	165169	165170
	165182	165298	165310	165347	165371	165398	165427	165459	165460
	165489	165490	165494	165536	165541	165564	165568	165658	165680
	166425	166452	166478	166521	166546	166747	166792	167002	167038
	167212	167909	168061	168272	168294	168329	168356	169168	169184
	169192	169258	169364	169565	169883	170406	170828	170853	171077
	171110	171147	171202	171274	171290	171472	173122	173349	175225
	176297	177575	177594	177739	178895	178923	179035	179050	180089
	180117	180141	180913	180946	181182	182217	182249	182392	182450
	182497	182529							
爭奪	166225	166252	166863	168380	170870	171756	173344	175141	175420
	175576	176393	177761	177778	178992	179013	179644	180257	180290
	181531								
爭奪戰	166863	175141	177761	177778				
楮	175285							
貯金	165788	165881	165998	166375	166849	166977	167062	167120	167231
	167261	167290	167385	168047	168164	169068	169151	169324	169554
	169779	170994	171414	171724	171873	172347	172710	173022	173066
	174551	175763	175960	178963	179442	179473	179719	179725	180287

	181357	181379	182149	182388	182486			
貯水量	173970							
貯水池	165060	165683	167418	169937	170139	171070	172020	172087	172472
	172721	175343	175826	176922	181167	181499			
貯蓄	164374	164442	164533	164686	167390	167950	168319	170810	171372
	171535	172059	172061	173061	173571	173613	175572	181720	
貯炭場	166941								
敵	165847	165880	167020	167646	169811	169844	169989	170036	173978
	174089	179936							
赤ん坊審査會	175790								
赤軍	174984	177453	179292	179326	179964				
赤露	177203								
赤十字	170983	173117	174108	176796	176852	177904	178166	178334	178355
赤十字社	170983	176796	178166						
赤行囊	169741								
赤化	168344	171184	178954						
赤化宣傳	178954								
全國教育者大會宣	178143	178165							
電氣	164148	164173	164269	164396	164417	164436	164476	164531	164557
	164588	164659	164720	164748	164780	164781	164786	164813	164841
	164864	164912	164926	164955	165054	165060	165085	165136	165225
	165257	165307	165334	165489	165564	165714	165872	165962	166043
	166061	166110	166232	166251	166297	166316	166317	166329	166386
	166437	166461	166508	166536	166553	166618	166687	166699	166776
	166833	166848	166880	166892	166905	166923	166932	166964	167025
	167156	167206	167239	167285	167302	167334	167418	167515	167562
	167601	167713	167837	167848	168145	168215	168337	168339	168390
	168405	168644	169078	169406	169648	169862	169871	170313	170342
	170595	170597	170725	170739	170740	171124	171170	171205	171240
	171266	171511	171648	171688	171843	171943	172020	172331	172345
	172504	172764	172836	172854	173187	173221	173293	173486	173635
	173668	173722	173731	173842	173855	174005	174022	174023	174069
	174081	174191	174266	174364	174399	174432	174459	174692	174710
	174729	174837	174938	174943	174980	175039	175091	175139	175200
	175223	175273	175276	175287	175325	175361	175402	175438	175457
	175484	175526	175529	175576	175623	175677	175746	175805	176301
	176350	176494	176562	176585	176647	176721	176973	176995	177075
	177099	177134	177459	177498	177676	177763	177861	178064	178100
	178117	178140	178194	178482	179435	179466	179578	179613	179708
	179794	180350	180709	181180	181377	181473	181561	181700	182381
	182490	182517	182609						
電氣料金	173221								
電氣事業令	170597								

全南	164817	164842	164869	164903	165088	165154	165365	165449	165894
	166125	166236	166248	166263	166268	166483	166487	166568	166619
	166785	166970	167005	167181	168373	168519	168765	168878	169020
	169271	169295	171057	171090	171769	172651	173165	173281	173562
	174742	175532	177437	178381	178411	178482	178545	179563	180384
	180430	180649	181519	182289	182309	182425	182513	182538	182562
電燈	164276	164436	164948	165003	165225	165476	166493	166574	167723
	168644	168913	169090	169111	169233	169433	169648	169872	172504
	173057	174362	175026	175400	176553	178194	180709	181180	181866
	182340	182372	182539	182542					
全羅南道 全南	164817	164842	164869	164903	165088	165154	165365	165449	165705
	165894	166125	166236	166248	166263	166268	166277	166483	166487
	166568	166619	166785	166970	167005	167181	167409	168373	168519
	168765	168878	169020	169271	169295	171057	171090	171769	172651
	173165	173281	173562	174742	175532	177437	178381	178411	178482
	178545	179563	180384	180430	180649	181519	182289	182309	182425
	182513	182538	182562						
全羅北道 全北	164130	164135	164469	164842	164962	165217	165372	165375	165385
	165392	165484	165503	165954	166621	167036	167087	167088	167167
	167251	167633	167638	167957	168094	168234	168374	168627	169136
	169745	169865	170727	170751	170761	170834	170837	170839	171127
	171161	171262	171464	171572	171619	172446	172449	172451	172857
	173590	173670	175685	176150	176350	177437	177736	178134	178787
	178852	178883	180206	180693	180820	181274	181516	181629	181937
展覽會	165234	166634	167141	167172	167655	168175	169587	170776	170835
	171787	172161	173947	174358	175157	175395	175421	175561	175593
	175702	176207	176568	177693	178180	178350	178717	178978	179006
	179020	179482	179939	180019	180386	180619	180641	181867	181891
電力	164436	165225	166379	166409	166437	168271	168293	168644	169090
	169111	173626	173995	178689	178721				
專賣	164614	164733	164982	164988	165814	166029	166170	166196	166205
	166268	166382	166490	166902	167146	167178	167334	168140	168835
	169590	169676	169692	170261	170416	170538	171232	171261	171622
	174425	174430	174456	175892	176305	177514	178851	178882	178953
	180282	180922	180955	180978	181673	181712	181881	182103	182127
	182309								
專賣局	164614	164733	164982	166029	166205	166268	166382	166902	167334
	168835	169590	170261	171232	171261	174430	174456	176305	178851
	178882	178953	181712	181881	182309				
專賣支局	166490	169692	170538	174425	175892	181673	182103	182127	182309
專門學校 專門校	164210	164601	165438	165707	165756	167966	168040	171402	172511
	172517	172910	179641	180309					
電報	164500	165104	165406	166159	168502	170000	170763	170909	171192
	171425	172714	174163	174185	174734	174975	176995	178477	179418
顚覆	164918	166791	167964	168551	169525	169900	169968	170014	170040

	170051	170111	170124	170608	170787	170820	170938	170939	171545
	171774	172402	172518	172638	172744	172896	173119	173680	173839
	173851	174138	174313	174474	174511	174537	174576	174591	174972
	174998	175083	175087	175107	175222	175467	175489	175492	175852
	175887	176166	177049	177296	177993	178017	179668	180748	181604
	182574								
戰死	167739								
傳書鳩	171776	176004							
全鮮	164684	165097	165226	165327	165337	165352	165368	165517	165839
	165968	166217	166250	166313	166336	166362	166392	166401	166427
	166458	166567	166620	166817	166856	166990	167041	167059	167104
	167168	167245	167364	167386	167466	167530	167720	167764	167782
	168324	168369	168475	168651	168652	168826	168863	168891	168920
	168941	168974	169067	169261	169382	169453	169598	170066	170113
	170222	170255	170269	170282	170401	170636	170661	170665	170684
	170760	170819	170893	170928	170945	170949	170956	171163	171174
	171185	171192	171254	171362	171391	171522	171564	171643	171832
	171858	172035	172051	172067	172260	172296	172584	172586	172786
	172906	172983	173015	173022	173030	173085	173114	173309	173313
	173325	173364	174551	174561	174623	174768	174779	174799	174812
	174818	174905	175080	175093	175108	175130	175187	175215	175289
	175290	175593	175631	175801	176107	176281	176300	176402	176479
	176502	176513	176679	176715	176729	176837	177066	177091	177112
	177313	177410	177527	177555	177566	177583	177693	177874	178249
	178265	178282	178291	178307	178324	178444	178506	178511	178532
	178555	178585	178735	178748	178773	178793	178819	178846	178877
	178903	178912	178955	179130	179159	179161	179163	179201	179240
	179273	179307	179349	179376	179379	179406	179418	179644	179724
	179749	179993	180539	180567	180637	180752	180771	181085	181115
	181116	181168	182299	182467	182552				
全鮮女子オリンピック	178249	178265							
全燒	164651	165146	165147	165642	165697	166128	166482	166612	166648
	167186	167325	167817	168234	168916	169638	169668	169896	169960
	169985	170588	170611	171008	171256	173159	173183	173475	175817
	176331	178729	180101	180129	180448	181302	181509	182287	182305
傳習所	166079	167825	173580						
田植	170901	171980	172001	172138	172255	172262	172283	172297	172448
	172512	172596	172671	172730	172758	172912	172968	172997	173075
	173165	173174	173209	173433	173553	174015	174103	174378	174400
	174659	174676	174679	174905	181789				
電信電話	166970	168469	176699	176719	182275	182303			
傳染	164416	164889	166044	170721	170868	170897	171310	171588	173305
	173364	173367	173620	173850	173970	174115	174132	174204	174308
	174343	174810	175313	175707	175777	175843	175874	176256	176481

	176500	177612	177630	177660	178427	179112	179936	181241
傳染病	164416	164889	166044	170721	170868	170897	171310	171588	173305
	173364	173367	173620	173970	174115	174132	174204	174308	174343
	174810	175313	175707	175777	175843	175874	176256	176481	176500
	177660	178427	179112	179936	181241				
傳染病豫防	164416	174132	175313	176256	177660	178427	179112		
畑作	166926	173780	175166	176641					
戰爭	178434								
戰跡	167192	169136	169627	170252	170448	170467	180402	180548	
前田 (憲兵司令官)	172352	176340							
全州	166631	167049	170112	170670	171048	171164	171568	171779	171852
	172134	173133	173445	175455	176139	178592	180586	180654	180828
	181208	181668	182583						
電柱	169267	177482	178599	178647					
電車	164272	164671	164717	165139	165209	165857	166051	167276	167505
	167823	167939	168092	168264	168542	168780	169267	169867	169900
	169968	170040	170108	170197	171329	171774	172638	172809	173099
	173262	173851	174138	174257	174598	175145	175222	175492	175531
	175629	176002	176189	176857	177009	177590	177880	177912	178986
	179081	179104	180484	180726	182049	182512	182537		
電車顚覆事件	172638	174138	175222						
電鐵	166586	168148	169334	169481	170605	170780	170803	171191	171861
	173977	175266	177961	178475	178492	178844	178875	180012	180203
	180488	180516	181552						
戰鬪機	170393	175728	178526						
殿下	164353	164384	164407	164773	164797	164840	164857	165905	165933
	166220	166254	167069	167084	167397	167665	167925	168479	168567
	168898	168932	169234	169369	169503	169531	169533	169557	169582
	169680	169711	169748	170363	170813	170842	170952	171017	171053
	171086	171265	171991	172029	172137	172289	176016	176201	176223
	176288	177333	177347	177566	177583	177703	177729	177733	177897
	177921	177923	177940	177942	177972	177997	178042	178063	178088
	178106	178107	178111	178137	178138	178161	178162	178189	178190
	178191	178192	178213	178214	178215	178216	178243	178244	178259
	178286	178291	178307	178308	178334	178355	178380	178408	178434
	178468	178469	178499	178501	178522	178524	178563	178578	178580
	178581	178607	178616	178645	178677	178681	178710	178745	178769
	178791	178814	178843	178874	179348	179378	179523	179554	179677
	179875	180650	180753	180772	182289	182309	182478		
電話	164129	164484	164639	164677	164947	164967	165496	165636	165675
	165700	165969	166608	166970	167220	167244	167341	168121	168391
	168469	168511	168669	168690	168988	169041	169514	169790	170458
	170475	170498	170568	170661	170909	171302	171333	171348	171514

精米所	169505	169562	171819	173159	173183	176662	176684	181302	
政變	174049	174076							
町步	164372	165397	167985	169059	170069	170943	173165	173283	174260
	174566	174592	175949	177171	180276	180306	180649	181442	181685
情死	172523								
精神病	170581	177329	177534	177552					
政友會	167661	167690	168670	168691	172056	172166	173873	173905	178466
井邑	165375	166659	175928	175953					
正義府	169889	170843							
情操教育	168557	181476	182263	182300					
定州	168547	169311	169377	171326	171877	173591	173882	181351	182202
	182205	182234	182237						
停車場	167864	167888	169381						
町總代	166997	170351	170450	170595	170601	173056	174735	176058	
製菓品評會	165344								
帝國	166465	167334	167526	168416	168449	171617			
帝國大學	168416	168449							
濟南	165840	165867	171385						
製糖	169524	177748	178325						
製鍊	169566	175766							
除幕式	171631	172040	172201	175437	175462				
諸問題	173605	173630							
堤防	164739	164746	168011	172817	173732	174429	174637	176185	177006
	177180	178445	179184	179659	179723	180797			
堤防工事	180797								
製肥 乾製肥料	166805	172222							
製絲	165074	165401	166033	166399	166566	167468	169899	170257	171797
	172208	173069	173249	174222	174558	175047	175327	175847	175883
	175928	175953	176234	176306	176642	176783	178112	180162	181125
	181581								
濟生院	169338								
製鹽	168315	170261	170416	173532	176850	181828	182071		
第二艦隊	169456	169500	169503	169531	169533	169592	169711	178527	178723
	178970	178998							
帝展	169263	176691	178764	178782	178805	178822			
濟州	168232	169638	169668	171306	171777	174052	174083	174145	174462
	175093	178312	182379	182598					
濟州島	168232	169638	169668	171306	171777	174052	174083	174145	175093
	178312	182379	182598						
製紙	166828	167203	167242	169987	170339	170566	173961	176518	176540

	180421							
製紙工場	166828							
製鐵所	171453	173883	174748	176572	176592			
製鐵 製鉄	166752	166781	171453	173883	174748	175876	176572	176592	176657
製糖	169524	177748	178325						
制限	164963	165663	166515	166537	167291	168087	168259	168483	168514
	168961	169032	169163	169820	169856	170117	170629	170669	170787
	170820	170848	171019	171597	172275	172632	172842	173056	173181
	173348	173408	173909	173970	174953	174982	175203	175652	175686
	176275	176298	176326	176463	176617	176638	177115	177194	177606
	177635	178695	179360	179390	180559	180589	180622	181126	181155
	181210	181244	182037	182045					
提携	166998	169722	169807	169840	171273	171301	172359	173672	175068
	175416	179029	179044	179889	179955	182381			
遭難	166402	169811	169844	171777	172966	172987	173006	173031	173055
	173615	176733	177490	177506	180898				
粗漏	176403	179792							
造林	164372	165341	166069	168232	170151	180182			
繰綿	166065								
朝博	164852	165092	165457	165882	165921	166135	166211	166330	166811
	166846	167097	167180	167215	167286	167610	167638	167730	167767
	167864	167888	167965	168029	168233	168244	168335	168667	168688
	168882	168981	169044	169193	169264	169286	169311	169401	169479
	169602	169618	169996	170299	170301	170370	170373	170427	170622
	170630	170635	170659	170744	171094	171140	171185	171383	171453
	171513	171540	171620	171621	171764	172086	172101	172116	172122
	172203	172280	172281	172387	172389	172418	172553	172584	172651
	172657	172664	172777	172931	172965	173013	173076	173084	173109
	173127	173388	173425	173471	173492	173861	174356	174444	174508
	174616	174662	174663	174828	174852	174985	175042	175272	175309
	175409	175440	175538	175560	175561	175592	175601	175659	175729
	175789	176001	176003	176083	176084	176106	176157	176159	176232
	176244	176339	176352	176355	176399	176407	176427	176564	176572
	176582	176655	176673	176704	176725	176732	176851	177143	177163
	177241	177260	177431	177479	177497	177522	177544	177605	177618
	177624	177631	177647	177648	177658	177678	177686	177714	177728
	177740	177764	177765	177781	177782	177794	177811	177844	177873
	177898	177921	177932	177940	177951	177954	177965	177983	178007
	178013	178048	178050	178059	178072	178094	178116	178123	178155
	178177	178189	178191	178199	178203	178213	178216	178224	178230
	178247	178260	178266	178271	178277	178319	178327	178332	178348
	178367	178379	178386	178420	178496	178509	178536	178546	178566
	178594	178630	178656	178676	178698	178727	178737	178759	178779
	178812	178828	178859	178864	178948	178977	179005	179012	179086

179109	179503	179534	179646	179740	179750	179934	180027	180042
182166								

調査								
164159	164246	164266	164268	164339	164362	164462	164497	164508
164515	164538	164612	164670	164687	164735	164747	164804	164948
165025	165090	165340	165370	165396	165429	165459	165476	165494
165495	165547	165569	165682	165872	166102	166438	166493	166878
166880	166881	166901	166903	166905	166906	167008	167040	167052
167092	167114	167142	167162	167389	167577	167594	167623	167790
167972	168057	168182	168389	168570	168647	169490	169519	169683
169740	169864	169925	170037	170040	170052	170074	170136	170138
170172	170218	170471	170549	170602	170623	170687	170697	170763
170778	170792	170802	170823	170831	170906	170961	171205	171216
171376	171478	171495	171622	171896	171962	172028	172055	172177
172277	172531	172648	172654	172737	172781	173057	173276	173296
173356	173566	173570	173573	173576	173602	173614	173616	173641
173651	173682	173791	173816	173873	173886	173905	173928	173999
174045	174097	174440	174470	174566	174592	174962	174969	174988
175030	175039	175040	175191	175381	175607	175623	175835	175865
175936	176270	176326	176403	176430	176656	176657	176674	176860
177091	177112	177146	177182	177229	177259	177486	177517	177518
177610	177753	177910	177922	177941	178540	178921	178936	178946
178973	179001	179162	179183	179281	179284	179315	179318	179342
179835	180053	180088	180116	180232	180282	180283	180456	180475
180488	180516	180563	180606	180660	180671	180684	180725	180739
180744	180913	180946	181027	181066	181182	181213	181300	181402
181523	181565	181622	181649	181665	181730	181746	181770	181799
181820	181831	181848	181853	182089	182112	182173	182189	182271
182485	182492	182519						

造船								
169184	169258	169330	170544	179339				

朝鮮教育令								
167921	167944	169186	169385	169419				

朝鮮軍司令官								
167488	167507	167970	175522	176249	176394	176633	177496	180236
180900								

朝鮮農會								
164879	166330	166806	170045	179271	179305			

朝鮮米								
168571	168643	170687	171547	173573	173602	175375	177606	177635
178074	180071	180559	181520	181677				

朝鮮博								
164157	164178	164398	164457	164636	165133	165155	165200	165437
165465	165483	165493	165624	165704	165720	165779	166070	166145
166169	166184	166239	166385	166447	166470	166597	166636	166673
166679	166708	166752	166781	166943	166990	167034	167217	167315
167346	167381	167515	167593	167638	167711	167760	167839	168019
168123	168149	168244	168881	168882	169006	169044	169122	169174
169187	169188	169395	169440	169517	169607	169721	169808	169841
169873	169941	169979	170077	170460	170478	170513	170922	170987
171015	171123	171327	171440	171529	171689	171815	171928	171972
172096	172119	172203	172248	172522	172886	172931	172965	173067
173142	173333	173429	173562	173585	173619	173632	173639	173644

	173658	173663	173736	173786	173855	173935	173977	173978	174073
	174149	174198	174356	174526	174965	174986	175003	175063	175113
	175114	175125	175131	175163	175208	175310	175322	175339	175545
	175566	175578	175662	175905	175933	175965	175976	175992	176029
	176052	176062	176082	176105	176141	176170	176200	176201	176222
	176223	176264	176287	176318	176335	176357	176359	176389	176398
	176418	176439	176468	176489	176547	176564	176582	176651	176669
	176759	177308	177333	177347	177427	177428	177438	177439	177440
	177648	177678	177899	178215	178243	178259	178392	178470	178478
	178687	178719	178968	178996	179180	179185	179224	179351	179381
	179584	179619	179651	179675	179784	179809	179828	179839	179858
	179867	179918	179923	179926	179965	179966	180001	180165	180168
	180191	180283	180303						
朝鮮博覽會	165133	165155	165200	165437	165483	165493	165624	166145	166169
	166184	166943	166990	167034	167217	167315	167346	167381	167593
	167638	168149	168244	168881	169006	169174	169187	169188	169395
	169607	169873	170077	170922	171327	171529	171972	172203	172886
	173429	174073	174149	175905	175933	177308	177427	177428	177438
	177439	177440	177648	177678	178215	178243	178259	179180	179185
	179224	179923	179966						
朝鮮婦人	170336	170362	170772	170805	172874	175752	175855		
朝鮮史	167883								
朝鮮事情	165038	167319	168951	168980	169558	169649	175779	175891	
朝鮮商銀	174867								
造船所	169184								
朝鮮神宮	164140	167453	167518	167898	167951	168622	169403	170181	170407
	171250	172635	172916	173495	173604	175418	175436	178228	178243
	178259	178289	178314	178545	178628	178660	178725	178762	178775
	178795	178816	178861	178893	178907	179036	179051		
朝鮮語	165226	171742	172813	177098	177126	182489	182516		
朝鮮語科	165226								
朝鮮語試驗	171742								
朝鮮銀行	165382	168570	172924						
朝鮮人	164153	164174	164367	164408	164454	164647	164705	164735	164736
	164832	164924	164983	164993	165021	165047	165177	165283	165336
	165367	165467	165552	165725	165821	165832	166012	166116	166240
	166266	166732	166772	166791	166814	166854	166999	167029	167291
	167310	167361	167628	167654	167800	167828	167948	167958	168249
	168283	168344	168917	169319	169429	169526	169698	169720	169820
	170154	170183	170247	170300	170372	170493	170527	170571	170871
	170947	171268	171520	171827	171898	172017	172109	172193	172218
	172226	172348	172392	172460	172537	172681	172806	172823	172989
	172998	173186	173218	173233	173253	173294	173370	173409	173421
	173700	173731	173829	173946	173950	174058	174895	174926	175012
	175549	175612	175692	175791	175816	175839	175878	175895	175980

	177251	177528	178096	178099	178391	178418	178444	178549	178804
	178825	178902	178915	179011	179032	179047	179059	179200	179239
	179275	179309	179596	179631	179698	179742	179840	179897	179995
	180010	180140	180467	180499	180638	180823	180852	180977	181019
	181025	181052	181154	181232	181258	181354	181511	181812	181978
	182006	182168	182422	182460					
朝鮮人蔘	164924	164983	165047						
朝鮮人壓迫	171268	172226	174058						
朝鮮日報	171210	171238							
朝鮮紙	165589	165699	165761	165829	175323				
朝鮮鐵道 鮮鐵	164906	165432	165690	165962	166142	166379	166409	167035	167177
	167271	167334	168648	169256	170209	173517	174209	174543	174562
	174814	175002	175374	176561	177597	178610	178671	178953	178991
	179016	179028	179043	179058	179815	180139	180750	180770	180789
	181419	181457							
朝鮮總督	171469	173700	174263	180693	180750	181607	181629		
朝鮮總督府	171469	173700	180693	180750					
朝鮮統治	177441	177455							
朝鮮化	178472	180354							
鳥蘇里	169281								
朝郵	165098	166025	166127	167818	167912	167971	168105	168151	168618
	168894	169114	169298	169329	169492	169601	169603	169675	171039
	171055	173190	173561	173648	173659	174254	174280	176689	178534
	179303	179337	179339	179558	180770	180789			
繰越	177336								
弔慰金	173052								
朝日	164943	164970	165042	165056	165080	165086	165100	165129	165143
	165608	165627	165691	165817	165951	165970	166017	166083	166144
	166216	166285	166286	166355	166419	166420	166497	166498	166499
	166573	166661	166662	166729	166789	166809	166876	166930	166931
	166956	166984	167076	167123	167719	167853	167920	167975	168110
	168163	168245	168322	168400	168468	168536	168583	168654	168702
	169294	169362	169432	169497	169555	169611	169674	169744	169806
	169868	169933	170001	170071	170893	170962	171166	171173	171254
	171315	171447	171638	171711	171782	172145	172190	172261	172801
	173153	174483	175504	175542	175594	175646	176140	176313	176608
	176822	177017	177221	177271	177477	177511	177520	177563	177646
	177702	177759	177800	177866	177919	177968	178031	178045	178065
	178082	178136	178185	178331	178378	178545	178635	178661	178785
	178834	178840	178905	178953	178964	179027	179268	179347	179415
	179492	179565	179645	179702	179761	180075	180216	180325	180464
	180524	181149	181207	181279	181343	181397	181401	181467	181468
	181525	181526	181586	181679	181740	181794	181796	181901	
朝日活寫會	164970	165042	165086	165143	175504	175542	175594	175646	176140

	176313	176822	177017	177221	177271	177477	177520	177563	177646
	177702	177759	177800	177866	177919	177968	178031	178082	178136
	178840	178905	178964	179027	179268	179347	179415	179492	179565
	179645	179702	179761	180075	180216	180325	180464	180524	181149
	181207	181279	181343	181401	181468	181526	181586	181679	181740
	181796								
弔電	165232	165261	168980						
朝窒	164154	164176	180804						
朝鐵	164680	164800	165538	165965	166379	166394	166409	166585	166593
	166594	166601	166623	166639	166640	167190	168847	170060	170063
	172014	172307	172369	173124	173552	174382	174867	175239	175262
	175337	177223	179043	179058	179068	179088	179091	179111	179181
	179303	179337	180800	180882					
組合	164188	164238	164288	164299	164303	164324	164348	164415	164439
	164444	164463	164481	164488	164528	164537	164645	164662	164727
	164755	164885	165012	165039	165048	165152	165180	165202	165208
	165222	165257	165295	165298	165310	165315	165364	165469	165473
	165536	165550	165566	165568	165616	165673	165711	165788	165801
	166006	166021	166022	166124	166147	166155	166378	166444	166521
	166546	166568	166591	166629	166633	166656	166702	166710	166927
	166983	167016	167051	167058	167060	167072	167117	167194	167338
	167343	167405	167414	167418	167484	167706	167715	167717	167720
	167761	167764	167900	167930	167981	167986	168115	168162	168336
	168344	168457	168481	168530	168549	168584	168617	168744	168745
	168789	168872	168885	168901	168922	169023	169145	169220	169258
	169318	169352	169571	169615	169646	169716	169824	169839	169938
	169947	170003	170023	170100	170110	170128	170215	170263	170267
	170291	170305	170316	170421	170455	170469	170502	170521	170583
	170621	170788	170836	170845	170849	170929	170937	171054	171065
	171128	171206	171209	171377	171480	171541	171567	171596	171658
	171670	171730	171737	171766	171937	171939	171989	172020	172054
	172131	172177	172206	172222	172239	172300	172302	172309	172321
	172329	172371	172377	172497	172571	172667	172682	172700	172757
	172905	172954	172957	172963	173010	173024	173143	173194	173263
	173396	173472	173525	173591	173610	173626	173629	173687	173698
	173750	173753	173779	173792	173812	173864	173891	173995	174031
	174036	174047	174095	174169	174234	174290	174357	174485	174756
	174925	175023	175024	175029	175037	175046	175078	175088	175094
	175121	175178	175197	175236	175259	175261	175341	175375	175434
	175477	175854	175896	175899	175907	175958	176061	176079	176118
	176191	176203	176228	176229	176274	176283	176309	176403	176464
	176480	176501	176680	176682	176782	176793	176956	177028	177034
	177074	177117	177280	177304	177482	177537	177556	177803	178002
	178033	178053	178078	178361	178373	178431	178503	178754	179126
	179150	179159	179286	179320	179655	179763	179795	179881	179883
	179928	179951	179992	180020	180066	180080	180108	180260	180333

	180408	180478	180539	180567	180613	180878	180920	180953	180979
	181001	181004	181020	181116	181350	181431	181457	181464	181503
	181646	181828	182063	182071	182075	182105	182116	182117	182169
	182173	182319	182391	182424	182438	182497	182529	182605	
早婚	168099	171153	176330	182422					
助興稅	167563	172462	174167						
卒業	165107	165267	165294	165646	165756	165902	165974	166165	166223
	166225	166252	166258	166467	166569	166678	166705	166820	166944
	166987	167023	167036	167219	167275	167443	167556	167561	167614
	167615	167805	167835	167966	168040	168095	168188	168251	168301
	168362	168416	168420	168449	168645	168716	168841	169191	169292
	169623	169713	171505	171771	172253	173636	173678	174021	174091
	174299	174497	176569	178205	179663	180657	180678	180896	181020
	181078	181218	181569	181612	181667	181853	181902	181954	182023
	182436	182468	182474						
卒業生	165646	165974	166165	166569	166678	166705	166820	166944	166987
	167556	167614	167805	167835	168188	168251	168645	168841	169191
	169292	169623	169713	171771	172253	173636	173678	174021	174091
	174299	174497	176569	179663	180657	180678	180896	181020	181218
	181612	181954	182023	182436	182468				
卒業式	165756	165902	166467	167023	167036	167219	167275	167443	167561
	167615	167966	168040	168095	168301	168362	168416	168420	168449
	168716	178205							
宗教	165770	166368	166885	168994	170489				
種痘	165056	166446	168719	168936	169296	172181	172478	177290	182194
鍾路	166868	172635	173727	174532					
鐘路	170128	176429	176450						
種牡牛	168482	176816	176833						
種苗	180233	182089	182112						
鐘紡	172208								
種子	169934	170543	176853	180094	180122				
左傾	169761	172211	172499	176377	182013				
左傾團	176377								
左傾派	169761	172211	172499						
座談會	164470	169077	173784	173840	173966	174078	174123	174187	174332
	174720	175715	175734	175773	175804	175840	175870	175911	175939
	176480	176921	178150	178255	178293	180404	182168	182297	
佐藤九二男	176827								
佐世保	170252	170289	171404						
左翼	178836								
酒	164711	164877	165473	165551	165964	166491	166627	167116	167292
	167704	167777	167969	168021	168297	168351	168365	168369	168530
	168585	168717	169750	170251	170283	170418	170547	171127	171161

	171467	172096	172119	172503	173009	173921	174803	174865	175500
	175674	175691	175786	175816	175926	176261	176566	176587	176619
	176635	176700	176744	177423	177516	177598	178374	178983	179161
	179557	179844	180337	180342	180816	180836	181197	181364	181380
	181588	181677	181902	182224	182256				

住宅地	167054								
駐屯	168894	172154	174416	177648	177678				
酒類	166491	173009	175500	180337					
呪縛	170668								
酒癖	176566	176587							
主婦	167062	169670	170367	171847	176589	176764	179266		
酒稅	168369								
株式會社	170737								
駐在所	164897	165229	165903	166372	166961	167519	167865	172619	172644
	175468	175490	176865	180449	182156	182179			
酒造	167777	168717	171467	172503	177516	179161	180836	181380	181588
酒造會社	168717	172503							
株主總會	165753	166815	166847	167102	167239	167693	175210	179267	
住宅	164158	164179	166626	167054	167436	167446	167638	168290	168371
	168542	169002	172203	173490	173568	174356	174857	174949	176427
	178089	178105	180416	180444	180739	181069	181213	181830	181938
噂	164743	164775	164918	164919	165584	165718	166090	166181	166510
	166540	167448	168264	169043	170103	170767	170884	172783	172867
	172901	173012	173167	173199	173484	173877	174009	174183	174188
	174493	174755	175234	176224	177649	177673	178121	178446	179711
	179738	179857	179888	179916	180204	180218	180227	180327	181030
	181589	181608	181642	181712					
竣工	164129	165402	165430	166439	166631	166860	167093	167165	167257
	167538	167558	168195	168535	168537	168555	169334	169620	169684
	169962	169995	170698	170700	171015	172032	172553	172792	173109
	173172	173224	173314	173463	173471	173492	173538	173547	173559
	173735	173892	174105	174164	174194	174222	174245	174409	174444
	175343	176609	176626	176788	176970	177152	177267	177553	177663
	177687	178276	178445	178592	178851	178882	178906	179184	179194
	179233	179723	179989	180090	180118	180162	180550	180906	181041
	181273	181353	181407	181581	181910	182293			
蠢動	165173	180273							
中繼放送	164558	169743	173021	177143	177163	177665	177680		
中國	178772								
中毒	165274	165410	167391	169676	172436	173032	174713	177994	178021
	179961	180479	182352						
中等教員	166510	166540	169601	170078	173529	180535			
中等校	164392	164692	164875	164911	165236	165239	165284	165326	165450

中學校 中學	165522	165606	166323	166467	166511	166539	166681	166820	167006
	167036	167207	167353	167490	167561	167819	167859	168453	168557
	168658	168666	168679	168687	169005	169158	169213	169464	169510
	169570	170220	170252	170289	170827	171148	171232	171261	171282
	171404	171656	171672	171712	171714	172330	172455	172830	172868
	173343	173448	173667	174002	174106	174324	174628	174629	174650
	174758	174796	174827	174849	174881	175199	175214	175649	175679
	175719	175856	175863	176679	177905	178570	179896	179920	180066
	180436	180486	180607	181589	181608	181630	181954	182023	182077
	182211	182243	182434	182457					
中等學校	166287	166318	166678	166705	167219	168453	168964	169162	170329
	170636	170665	172062	172399	172617	172643	172680	172747	172775
	172893	172906	172969	173016	173267	175515	175525	175593	175649
	175679	175773	175785	175804	175815	175840	175870	175911	175939
	176608	177693	179905	180032	180073	180151	180160	180248	180706
	181653								
仲買人	168880								
中西	165841	165868							
中鮮	175225	176194							
中央朝鮮協會	174281	174825	174848	178024	178736	178746	178770	178785	178823
	178993	179017							
重油	176021								
衆議院	165289	165306	165526	165562	165594	165623	166084	166107	167542
	167570	167606	167632	167661	167690	168107	168116	168138	168328
	168354	177223	177420						
中村總務課長	164842	164995	165022	169983	170103	171247	179120	179149	
中樞院	165885	167112	169767	170258	170467	170554	170594	170657	
重爆擊機	174168	174391	174403						
中和郡	167551								
中華勞工協會	178288								
卽賣會	167097	169614	171463						
證券	166884	166909	168488	168513	172947				
增産 增產	166996	167157	168033	169377	176851	181614	182528		
增設	164639	164677	165531	166554	166828	166995	167051	168145	168645
	168707	170110	170561	171944	171989	172165	173383	173616	173756
	173788	174213	174886	175019	175038	175117	175138	176061	177955
	178431	179286	179320	179794	181356	181908	181943	182158	182165
	182208	182240	182389						
增稅	165971	166096	166159	179979	180595				
增收	166945	166974	167305	167620	170419	170817	172786	173401	173944
	174028	174212	174888	175010	176035	176641	177279	177317	177818
	178029	178237	179990	180085	180113	180364	181450		

增殖	165914	165945	166115	166653	166751	167051	168473	168499	169097
	169251	169991	170069	172092	175019	175038	175117	175118	175138
	175146	175333	177002	177091	177112	180737			
增資	168108	179794							
增徵	166098	166111	166443	166818	173818	173837	181294		
地價	168707	170981	173298	174493	176656	176674	178101	179124	180456
芝居	165472	167702							
地久節	167453								
支那	164131	164146	164254	164278	164315	164413	164441	164452	164627
	164630	164641	164679	164735	164819	164893	165079	165197	165235
	165272	165615	165709	165741	165869	165893	165971	166098	166111
	166219	166683	166738	166810	166845	166878	166903	166998	167024
	167153	167291	167356	167425	167514	167520	167682	167721	167770
	167790	167811	167818	167825	167870	167927	168131	168212	168257
	168285	168398	168471	168486	168802	168831	168840	168850	169022
	169033	169038	169054	169270	169378	169465	169469	169526	169550
	169551	169559	169578	169635	169809	169820	169917	169952	169965
	170060	170080	170105	170142	170187	170226	170247	170329	170424
	170439	170702	170774	170947	170989	171005	171080	171145	171196
	171229	171249	171268	171291	171325	171438	171515	171563	171650
	171931	171971	172105	172129	172167	172234	172254	172676	172681
	172816	172823	172825	172868	172875	172930	172949	172989	173072
	173273	173301	173409	173461	173742	173747	174050	174058	174368
	174908	175022	175129	175151	175300	175768	175839	175972	175987
	176069	176151	176181	176328	176579	176663	176926	177139	177270
	177368	177386	177700	177810	177876	177891	178924	178926	178928
	179520	179551	179562	179597	179632	180261	180342	180469	180597
	180798	180809	180927	180960	180982	180985	181072	181169	181354
	181423	181752	181803	181825	182324	182594			
支那苦力	168471	169378							
支那勞働者	167291	167514	167770	168486	169469	169820	171650		
支那人	164146	164452	164819	164893	166683	167024	167425	167520	167825
	169022	169033	169038	169054	169270	169465	169526	169578	169635
	169917	170247	170774	170947	170989	171196	171515	171563	171931
	172825	172989	173301	173409	175987	176151	176181	176579	177270
	177368	177386	180261	180927	180960	180982	181423	181752	181803
	181825								
地圖	171066								
地方法院	164857	165930	165959	168014	169490	170252	171261	171404	171788
	173163	173738	173889	173961	175298	175495	178105	178144	179875
	180933	180966	181897	182552					
地方稅	165527	165563	166433						
地方制度	169740	181650	181663						
支配人	164384	164496	165285	167654	168541	170188	174156	177420	177957

	178130	180552	180583						
支辨	168159	173065	182461						
知事	164303	164358	164387	164427	164468	164476	164480	164554	164659
	164720	164743	164744	164745	164775	164776	164778	164780	164783
	164817	164841	164842	164868	164869	164903	164904	164912	164926
	164930	164931	164955	164962	164994	165019	165032	165037	165045
	165085	165088	165170	165210	165217	165256	165269	165270	165284
	165285	165307	165316	165328	165365	165392	165424	165436	165507
	165528	165564	165597	165740	165760	165855	165873	166020	166126
	166268	166378	166461	166487	166521	166546	167002	167009	167038
	167447	167503	167629	167648	167702	167751	167780	167840	167887
	167932	167970	168014	168042	168213	168261	168280	168302	168315
	168359	168538	168556	168570	168764	168960	168989	169050	169268
	169350	169452	169473	169477	169490	169531	169747	169771	169776
	169862	170488	170521	170595	170601	170664	170723	170766	170779
	170797	170798	170804	170846	170872	170921	170950	170995	171024
	171057	171090	171127	171161	171182	171207	171235	171478	171757
	171897	171912	172077	172194	172236	172497	172956	172975	173201
	173228	173278	173289	173310	173924	174070	174141	174159	174188
	174227	174257	174280	174325	174479	174938	175166	175258	175261
	175294	175321	175532	175568	175771	176249	176275	176298	176305
	176350	176689	177166	177176	177204	177305	177312	178178	178325
	178328	178381	178411	178545	178681	178843	178874	178953	178993
	179017	179711	179738	179846	179916	179948	179986	180021	180044
	180083	180111	180800	180903	180936	180968	180970	180997	180998
	181037	181054	181099	181152	181156	181181	181188	181346	181373
	181390	181447	181494	181516	181575	181629	181654	181661	181673
	181690	181708	181711	181727	181772	181804	181846	181862	181872
	181937	181952	181998	182012	182064	182071	182131	182376	182397
	182484	182554	182613						
池錫永	165056								
支線	169010	180068							
地稅	176374	176395	176792	181504	181622	182111	182200	182232	182493
	182520								
志願	165115	165873	166681	166946	167011	167207	167366	167490	167517
	168666	168687	169632	170297	171442	171465	172041	173737	174451
	174477	181324	181652	181702					
志願兵	165115								
池田 (殖産局長)	164184	171641	172056	172166	174191	174226	174256	176827	176845
	181349								
持田盛二	170692	170734	170891	170899					
池田秀雄	172056	172166							
池田勝山	176827								
支店	164384	164529	165098	165290	165398	165427	166400	166645	166935
	167654	167660	167952	168014	168541	168915	169109	169353	169560

	170185	170186	172064	172171	172487	172925	173525	173738	174019
	174493	175015	175327	175502	178130	178257	178422	178789	179272
	179306	180807	181351	182030	182205	182237			
地主	165295	165315	168948	169568	170369	172379	173647	174295	174481
	178599	179073	179096	179643	179800	179834	180161	180356	180913
	180946	181015	181790						
地震	165402	165430	170011						
地鎮祭	169193	169539	169588	169941	169979	171996	178774		
紙幣	166000	167078	167233	167298	167968	168819	169092	169123	172400
	172970	175323	175557	175655	176064	176820	177161	179906	179971
	180175	180717	180766	180785	181737				
志賀潔	164322	164353	168524						
職工	164584	168127	169258	169330	169590	171074	173279	175450	176186
	176297								
織物	170270	170470	174041						
職業紹介所	165108	165414	165440	167533	168713	174198	174233	175543	181371
直通航路	166476								
鎭江山	166739	169356	169444	169494	169508	169888	170585	170842	171875
	172183	172459	173239	181223					
眞瓜	175334	176097	176111	176354					
鎭南浦	164189	164259	164384	164436	164444	164448	164529	164645	165019
	165123	165230	165244	165266	165353	165355	165364	165469	165607
	166282	166368	166754	167424	167430	167443	167483	167526	167671
	167676	167687	167874	167883	168060	168185	168341	168422	168432
	168447	168578	168783	168849	168959	169019	169064	169239	169249
	169276	169307	169947	169957	169987	170031	170155	170374	170497
	170592	170634	170693	170773	170984	171059	171155	171182	171334
	171523	171524	171806	171834	172323	172369	173146	173396	173400
	173479	173755	173934	174035	174307	174623	174867	175022	175027
	175116	175302	175430	175477	175499	175608	175644	175708	175848
	175915	176254	176316	176366	176480	177047	177089	177142	177228
	177282	177321	177716	177865	178135	178495	178607	178736	178744
	178833	178857	179638	179850	179899	180143	180255	180395	180467
	180702	181033	181226	181403	181419	181635	181676	181842	181903
	181959	181968	181998	182019	182129	182142	182341	182376	182437
陳列館	170752	171575	177267	180496					
診療	164818	165909	169773	169866	171624	172869	173757	174108	174681
	175293	176644	178557						
陳列館	176423	176444							
震災	176269	176516	176885	176938	179948	179986			
陳情	164401	164706	164746	164783	164814	165032	165101	165170	165444
	165546	165610	165947	166100	166224	166267	166511	166521	166539
	166546	166554	166591	166658	166913	167291	167314	167361	167494
	167658	168011	168049	168058	168080	168082	168087	168142	168178

	168259	168274	168289	168549	168559	168625	168660	168681	168852
	168880	168908	169008	169203	169252	169474	170030	170140	170175
	170177	170270	170315	170353	170454	170521	170601	170757	171149
	171202	171267	171274	171296	171328	171416	171488	171590	171662
	171692	171726	171749	172194	172206	172348	172407	172414	172452
	172600	172692	172876	173073	173289	173373	173458	173526	173647
	173700	173822	174043	174190	174219	174285	174295	174408	174429
	174623	174678	174700	174735	174818	174825	174848	174880	174946
	175011	175066	175069	175103	175568	175579	175937	176342	176347
	176562	176858	176971	176995	177030	177057	177180	177280	177446
	177455	177655	178006	178294	178297	179066	179089	179365	179395
	179434	179465	179746	179760	179802	179883	180490	180510	180527
	180591	180735	180879	181015	181123	181165	181167	181212	181240
	181247	181260	181268	181347	181373	181380	181537	181596	181693
	181713	181828	181941	182049	182067	182082	182142	182172	182200
	182232	182292							
晋州・晉州	164347	164417	165311	168077	168097	175434	176721	177061	180510
	181180	181561	182089	182112					
眞池洞	176928								
診察	172432								
鎭川	172374								
振替	169151	169402	169554	171414	171724	173066	175960		
振替口座	169402								
鎭海	164514	164542	164802	165153	165913	165946	166700	166860	167689
	168311	168524	168558	168661	168682	169276	169400	169753	170049
	171566	171631	171848	171998	172358	173483	173964	173972	174189
	174584	174609	175212	175220	175221	175330	175590	176392	176563
	176696	177230	177861	178276	179292	179326	180376	180397	180425
	180457	180488	180516	181127	182309				
鎭海灣	164802	165913	165946	167689	168558				
鎭海飛行場	178276								
秩父宮	170478	170513	178085	178111					
質屋	165343	165517	165947	166156	166327	167436	167446	167869	167897
	168113	168214	168220	168259	168289	168303	168395	168504	168621
	169065	171133	173015	174144	176747	176860	177087	177114	177286
	177568	179908	180147	180672	180698	181378	181465	181972	182040
	182123	182146	182206	182238					
集約農法	164241								
執行猶豫	179135								
集會	167348	171005	174239	174271	175295	177245			
徵兵	164198	164217	168408	169027	170453	170726	170911	171442	171465
徵兵檢査	164198	164217	168408	169027	170453	170726	170911		
徵税	164497	182481							
徵收	165091	165231	165715	166032	168732	168962	169606	169691	169709

	170322	171011	171609	172816	173467	175925	176085	178820	179155
	180855	180887	182111	182346					
懲役	170328	175985	179138	179937	180747				
懲役	170328	175985	179138	179937	180747				

ち								
チゲ	166951	166981						
チブス	164605	166050	166758	167300	167328	171431	171518	173890	174275
	174335	174405	174470	174530	174571	174586	174741	174809	174864
	174899	174914	174921	175045	175109	175136	175156	175272	175313
	175369	175488	175582	175672	175889	176843	176896		
借家	171498	179892	181004	181807					
車輦館	169236	182340							
差別撤廢	182439								
差押	166092	166112	168347	172204	175085				
借入	164675	167034	167140	174789	176794	180193	180573		
車掌	173893								
借地	175088	175236	181587						
茶話會	173875	173907	175259	175294	175321	175351	175368		
着筏	171879	172167	174442	176308	176849	177642	182390		
參列	174856	177802	177832	177943	178806	178824			
參拜	164140	167453	169403	169592	173495	178243	178259		
參拜者	164140								
慘死	164763	166099	166122	171075	172112	172140	172337	174316	174515
	175613	178767	178784	181190	181509	181511			
慘殺	164159	164365	164394	165924	166371	166400	167403	172828	172851
	175637	175786	175861	176378	177619	179014	179370	179373	179400
	179403								
參議	164569	164591	165885	167112	169767	170467	173985	174007	174517
	175473	175628	175636	176016					
參政權	166507	166535	166879	166904	167604	167644	168402	168442	
廠	164610	167265	167295	170100	173961				
唱歌	173288	174966							
昌慶園	179217	179256							
昌慶苑	169337	169594	169908	177428	179440	179471			
昌慶丸	175207	179807	180701						
倉庫	164431	164682	165058	165378	165896	166485	166694	167250	167788
	170244	170286	170485	171529	171939	172336	173172	173500	174425
	175897	176102	176125	179943	180463	180816	181124	181237	181440
	182548								
猖獗	165509	166198	166527	166557	167816	170781	174405	175045	178014
	182125								
娼妓	164723	171076	172523	172888	176424	177182	177715	178985	179167
	179667	179965	180001	180450	181039	181922	182093	182471	
昌城	174109								
昌原	174734								
債券	164418	166872	166883	166908	168071	169625	169660	172213	

採用	164847	164875	165117	165210	165383	165500	166293	166315	166324
	166531	166554	167154	167345	167361	167380	168020	168168	168246
	168326	168534	169041	169172	169282	169398	170493	170527	170720
	170774	171685	173144	173212	173279	174291	174486	176561	176708
	176724	176971	177481	179864	180494	180657	180678	181530	181555
	181751	181778	182348						
採種	167273	178474							
處罰	168210	169463	171629	171791	172141	172832	173873	173905	178513
叺	164154	164176	164469	164803	165762	165910	167269	167330	167982
	169254	169446	172372	172798	173073	173932	175180	175353	176522
	177102	177122	180406	180494	180909	180942	181088	181412	181435
	182136	182561							
拓務省	171849	173060	173167	173185	174163	174183	174185	175982	176005
	176109	179888	179915	180218	180227	180694	180900	182543	
拓殖省	166428	166459	169624	169651	169770	169807	169840	169905	169983
	170015	170043	170107	170376	170405	170554	170594	170657	170874
	171617	171697	175070	175097					
拓植 拓殖	166428	166459	169616	169624	169651	169710	169770	169807	169840
	169905	169983	170015	170043	170107	170376	170405	170554	170594
	170657	170874	171186	171617	171697	173185	174700	175070	175097
	178087	178139	181041						
遷宮遙拜式	178245	178262							
天圖	167204	167479	168551	170841	174059	174968	174990	182095	
天道敎	164193	164209	170489	170670	172142				
天圖鐵道	167204	167479	168551	182095					
天理敎	170827	178735							
淺利三郎	176305	177176	178953						
川上 (東拓理事)	164151	164172	175404						
天安	174511	174537							
天然痘	164453	164653	165248	165619	166308	166340	166380	166446	166684
	166716	169107	169126	169757	170157	170249	170867	170895	171145
	171288	171829	172181	172478	172551	173342	173594	173956	174745
天然氷	164290	164633	165227	165907	167796				
天日鹽	174028								
天長	169422	170127	170153	170166	170179	170302	170340	170386	170407
天長節	169422	170127	170153	170166	170179	170302	170340	170386	170407
天長節奉祝宴	170153	170166	170179	170407					
遷座	177992	178011							
天津	175327								
鐵鑛	178671	180068							
鐵橋	169245	169316	171486	171715	174409	174895	174926	181362	

164271	164327	164371	164390	164579	164666	164821	164906	164940
164972	164973	164975	165090	165092	165095	165159	165223	165263
165309	165325	165383	165408	165431	165432	165505	165590	165634
165664	165690	165694	165790	165811	165827	165854	165962	166142
166149	166179	166291	166309	166316	166322	166335	166379	166393
166409	166468	166612	166670	166743	166783	166942	166966	167035
167106	167115	167145	167160	167173	167177	167195	167204	167271
167334	167342	167345	167383	167479	167486	167549	167668	167749
167955	168216	168328	168354	168403	168431	168543	168551	168560
168561	168648	168649	168655	168704	169031	169042	169120	169154
169182	169256	169431	169617	169661	169924	169926	169978	170112
170133	170138	170144	170172	170204	170209	170435	170569	170616
170686	170737	170755	170764	170809	170827	170899	171018	171046
171094	171109	171201	171261	171300	171314	171630	171685	171758
171765	171787	171861	172086	172116	172207	172225	172353	172422
172534	172572	172648	172674	172785	173071	173162	173191	173229
173252	173361	173426	173517	173535	173548	173623	173641	173682
173690	173702	173723	173761	173790	173820	173969	173970	174022
174082	174089	174101	174128	174209	174374	174396	174418	174430
174456	174527	174543	174545	174562	174675	174688	174695	174700
174732	174776	174790	174814	175002	175096	175118	175146	175158
175164	175239	175262	175374	175711	175732	175834	175859	175864
175931	176232	176426	176447	176486	176557	176645	176647	176655
176673	176870	176901	176971	177027	177029	177053	177055	177137
177183	177306	177415	177470	177597	177604	177623	177704	177716
177730	177768	177776	177783	177793	178086	178087	178108	178139
178207	178231	178338	178555	178585	178610	178908	178934	178953
178975	178991	179003	179016	179028	179043	179058	179066	179089
179120	179149	179449	179480	179559	179579	179614	179646	179668
179757	179815	179851	179864	179894	179918	180017	180040	180092
180120	180139	180159	180165	180189	180191	180207	180287	180404
180478	180526	180560	180619	180637	180641	180657	180678	180691
180750	180770	180789	180800	180885	180973	181007	181041	181086
181093	181130	181136	181185	181190	181194	181231	181245	181419
181457	181536	181558	181607	181629	181658	181683	181712	181729
181799	181806	181820	181839	181946	182095	182120	182170	182207
182239	182312	182348						

鐵道

164666	164940	164975	165090	165159	165263	165309	165634	165827
166149	166316	166942	166966	167955	168543	168561	168655	170616
170764	171765	172086	172116	172207	172422	172648	173361	173548
173820	173969	174374	174396	174430	174456	174543	174545	175158
175732	175834	175864	176426	176447	176655	176673	177029	177055
178975	179003	179066	179089	179120	179149	179646	179864	180017
180040	180287	180478	180619	180637	180641	180657	180678	180800
181190	181419	181607	181629	181658	181683	182348		

鐵道局
鉄道局

166316	170827	170899	171094	171109	171261	171300	173623

鐵道省

鐵道 鉄道	164271	164327	164371	164390	164579	164666	164821	164906	164940
	164972	164973	164975	165090	165092	165095	165159	165223	165263
	165309	165325	165383	165408	165431	165432	165505	165590	165634
	165664	165690	165694	165790	165811	165827	165854	165962	166142
	166149	166179	166291	166309	166316	166322	166335	166379	166393
	166409	166468	166612	166670	166743	166783	166942	166966	167035
	167106	167115	167145	167160	167173	167177	167195	167204	167271
	167334	167342	167345	167383	167479	167486	167549	167668	167749
	167955	168216	168328	168354	168403	168431	168543	168551	168560
	168561	168648	168649	168655	168704	169031	169042	169120	169154
	169182	169256	169431	169617	169661	169924	169926	169978	170112
	170133	170138	170144	170172	170204	170209	170435	170569	170616
	170686	170737	170755	170764	170809	170827	170899	171018	171046
	171094	171109	171201	171261	171300	171314	171630	171685	171758
	171765	171787	171861	172086	172116	172207	172225	172353	172422
	172534	172572	172648	172674	172785	173071	173162	173191	173229
	173252	173361	173426	173517	173535	173548	173623	173641	173682
	173690	173702	173723	173761	173790	173820	173969	173970	174022
	174082	174089	174101	174128	174209	174374	174396	174418	174430
	174456	174527	174543	174545	174562	174675	174688	174695	174700
	174732	174776	174790	174814	175002	175096	175118	175146	175158
	175164	175239	175262	175374	175711	175732	175834	175859	175864
	175931	176232	176426	176447	176486	176557	176645	176647	176655
	176673	176870	176901	176971	177027	177029	177053	177055	177137
	177183	177306	177415	177470	177597	177604	177623	177704	177716
	177730	177768	177776	177783	177793	178086	178087	178108	178139
	178207	178231	178338	178555	178585	178610	178908	178934	178953
	178975	178991	179003	179016	179028	179043	179058	179066	179089
	179120	179149	179449	179480	179559	179579	179614	179646	179668
	179757	179815	179851	179864	179894	179918	180017	180040	180092
	180120	180139	180159	180165	180189	180191	180207	180287	180404
	180478	180526	180560	180619	180637	180641	180657	180678	180691
	180750	180770	180789	180800	180885	180973	181007	181041	181086
	181093	181130	181136	181185	181190	181194	181231	181245	181419
	181457	181536	181558	181607	181629	181658	181683	181712	181729
	181799	181806	181820	181839	181946	182095	182120	182170	182207
	182239	182312	182348						
鐵嶺	173168								
鐵原	165888								
綴字法	171759	172055	176769	176786					
鉄 鐵	164271	164322	164327	164371	164390	164488	164528	164579	164666
	164680	164800	164821	164906	164940	164972	164973	164975	165090
	165092	165095	165115	165159	165167	165217	165223	165263	165309
	165325	165383	165408	165431	165432	165505	165538	165590	165634
	165664	165690	165694	165790	165811	165827	165854	165888	165962
	165965	166003	166081	166091	166142	166149	166179	166291	166309

	166316	166322	166335	166379	166393	166394	166409	166468	166585
	166586	166593	166594	166601	166612	166615	166623	166639	166640
	166670	166743	166752	166781	166783	166942	166966	167035	167106
	167115	167145	167160	167173	167177	167190	167195	167204	167271
	167334	167342	167343	167345	167353	167356	167383	167479	167486
	167545	167549	167589	167592	167603	167668	167749	167955	168148
	168216	168328	168354	168403	168431	168543	168551	168560	168561
	168648	168649	168655	168704	168737	168847	169031	169042	169079
	169120	169154	169180	169182	169245	169256	169258	169316	169334
	169431	169481	169617	169661	169907	169924	169926	169930	169942
	169944	169978	170060	170063	170112	170133	170138	170144	170172
	170204	170209	170435	170569	170605	170616	170686	170696	170737
	170755	170764	170780	170803	170809	170827	170841	170899	170999
	171018	171046	171094	171109	171191	171201	171261	171273	171300
	171301	171314	171367	171407	171453	171486	171494	171630	171660
	171669	171685	171715	171728	171749	171758	171765	171787	171861
	172014	172086	172097	172116	172198	172207	172225	172307	172353
	172362	172369	172422	172534	172560	172572	172648	172674	172785
	173071	173080	173124	173162	173168	173191	173229	173252	173361
	173373	173426	173517	173535	173548	173552	173623	173641	173682
	173690	173692	173702	173715	173723	173761	173790	173820	173878
	173883	173969	173970	173977	173985	173987	174007	174022	174043
	174064	174082	174089	174090	174101	174128	174176	174209	174213
	174237	174374	174382	174396	174409	174418	174430	174456	174527
	174543	174545	174562	174675	174688	174695	174700	174730	174732
	174748	174776	174790	174814	174867	174895	174926	175001	175002
	175096	175118	175146	175158	175164	175239	175262	175266	175337
	175374	175411	175459	175711	175732	175834	175859	175864	175876
	175931	176232	176304	176377	176426	176447	176486	176527	176554
	176557	176561	176572	176592	176606	176645	176647	176655	176657
	176672	176673	176698	176761	176870	176879	176901	176968	176971
	177027	177029	177053	177055	177093	177128	177137	177183	177204
	177223	177240	177262	177306	177415	177425	177470	177597	177604
	177623	177685	177704	177716	177730	177748	177768	177776	177783
	177793	177961	178067	178086	178087	178108	178139	178207	178231
	178338	178475	178492	178555	178585	178610	178671	178754	178813
	178844	178875	178908	178934	178953	178975	178991	178993	179003
	179016	179028	179043	179058	179066	179068	179088	179089	179091
	179111	179120	179149	179181	179303	179337	179449	179480	179559
	179579	179614	179646	179668	179757	179815	179851	179864	179894
	179903								
甜菜	167620	169059							
鯖	169407	169703	169719	171555	173614	173651	174664	175412	175831
	176020	176203	176228						
淸潔法	175920								
淸溪川	171393								

靑年	164200	165446	165467	165614	165661	165737	166090	166181	166416
	166604	166650	166750	166779	166885	166936	167374	167483	167486
	167572	167808	167813	168228	168426	168456	168466	168525	168622
	168645	168930	169024	169225	169252	169354	169423	169573	169918
	170171	170356	170372	170779	170804	170913	171322	171470	171517
	171561	171668	172070	172135	172286	172540	172541	172564	172565
	172984	173063	173212	173406	173777	174461	174497	174896	175017
	175238	175301	175366	175512	175519	175549	176402	176633	176840
	176911	176935	177043	177067	177776	177793	177802	177832	177861
	177886	178120	178363	178391	178418	178795	178816	178860	178891
	180145	180184	180610	180802	180914	180947	181029	181356	182535
靑年團	165446	166416	166604	166650	168930	172286	174896	175549	176402
	177802	177832	178795	178816	180914	180947	181029	181356	
靑年會	165467	168622	169423	169573	169918	170913	172541	172565	172984
	174497	175238	176911	176935	177776	177793			
靑年訓練	165661	166936	167483	168466	169225	174461	175512	176633	178363
	178391	178418							
靑島	165849	168599	168732	168862	169013	169247	169522	175744	
淸凉飮料	172777	175414	176142						
淸流亭	170239	170276							
靑木平南知事	164994								
請負	166896	166924	167003	167259	168149	169332	170644	173373	174387
	174418	176749	177576	180244	180922	180955			
請負業	174418	180922	180955						
靑少年	170168	170429	173041	174259	174969	174988			
淸水寺	173482								
請願	164272	164745	164778	164993	165021	165113	165140	165317	166476
	166833	166879	166904	167003	167124	167535	167604	167644	167745
	167915	168001	168032	168174	172549	173832	174754	178902	
請願書	168001	168032	173832						
靑磁	165150								
淸酒	166627	170547	177516	179557					
淸州 淸州	166067	166569	170181	170403	170529	171048	171109	171272	172212
	172928	173381	173706	173748	174031	174093	174365	174874	174945
	174977	175383	175384	175397	176169	176192	176263	176515	176650
	177025	177321	178273	178901	179026	179065	179640	180006	180137
	180237	180351	180455	181083	181084	181338	181635	181958	182067
淸津	164307	164344	164382	164814	164826	164947	164967	165168	165459
	166299	166523	166582	166597	166657	166802	166824	167113	167341
	167745	167781	167871	168121	168270	168339	168409	168474	168609
	168906	168988	169020	169032	169157	169170	169438	169514	169620
	169689	169696	169943	170089	170315	170694	171063	171416	171729
	171963	171978	172032	172038	172108	172467	172870	173137	173246
	173454	173633	173711	173898	174498	174544	174569	174599	175004

	175011	175253	175405	175533	175535	175544	175653	175667	175838
	176802	176909	176970	176985	177035	177096	177177	177285	177327
	177486	177562	177918	178043	178093	178149	178188	178341	178495
	178498	178872	180217	180250	180254	180478	180531	180760	180779
	180906	180986	181024	181142	181148	181171	181213	181255	181425
	181460	181466	181524	181682	181809	181846	181869	181905	181980
清津府	167871	168339	169020	169438	169689	170315	171063	171729	172032
	172467	172870	177177	178093	178498	180254	180478	180906	180986
	181213	181809							
聽取者	165830	169722	170800	175774	175886	179925			
清河純一	175699								
清香園	171163								
清 清國	169276	172377	172403	173082	173381	176085	176148	176267	176325
	176331	176364	176371	178726					
滯納	165583	166092	166112	168708	171110	171757	172240	172377	172467
	174934	175085	176085	176573	177157	177379	177406	177488	178528
	178756	178778	179431	179462					
滯納者	172240	172467	178756	178778	179431	179462			
遞送	164498	164913	170030	170082	170777	170801	172151	175135	176007
	182039	182059							
遞送 遞傳	164498	164913	170030	170082	170777	170801	172151	175135	176007
	182039	182059							
遞信	164196	164213	164322	164353	164411	164429	164466	164681	164982
	165149	165588	166029	166228	166257	166315	166508	166536	166719
	166777	167155	167404	167526	167529	167914	167970	167974	168105
	168364	169058	169293	169854	170352	170745	171109	171120	171302
	171630	171862	172203	172328	172366	172433	173221	173565	173974
	174030	174325	174374	174396	174430	174456	175264	175311	175726
	175747	176741	177176	177274	177503	178025	178545	179030	179045
	179079	179102	180453	180546	180576	180598	181500	181559	181712
	181747	181771							
遞信局	164322	164353	164411	164429	164466	164982	165149	166029	166228
	166257	166508	166536	166719	166777	167155	167404	167526	167970
	167974	168105	169058	169293	169854	170745	171109	171302	171862
	172433	173221	173974	174030	174325	174374	174396	174430	174456
	175311	175726	175747	176741	177274	178025	179030	179045	180453
	180546	180576	180598	181500	181559	181712	181747	181771	
遞信省	169058								
體育	165318	166334	166990	169122	169602	170576	171402	172155	172471
	172511	173229	173769	174269	176869	176889	177411	177611	177615
	178173	178225	178243	178259	178263	178264	178304	178405	179641
體育デー	177411	178225	178243	178259	178263	178264	178304	178405	
逮捕	165415	165755	165881	168520	168728	169123	169270	169729	169811
	169844	169857	170499	171073	171600	171603	171744	172286	172825

	172947	172970	173301	173368	173895	173958	174087	174516	174541
	174987	175220	175254	175298	179443	179474	179516	179547	179592
	179627	179668	179906	179981	180004	180343	180617	181242	181364
	181573	181627	181812	182339					
體協	167641	168709	168736	169602	170352	171640	177611		
滯貨	165287	172784	182541						
初等教育	168896	168928	171131	172269	172815	175631	177387		
初登廳	179680								
初等學校	165611	165630	167599	170875	171200	172399	173267	173708	179770
草梁	164659								
楚山	170481	174109	180545	180671	180843	180881	181027		
招魂祭	169595	170044	170241	170459	170572	170936	171012	171034	171136
	171175	171875	172139	172257	173331	173979	174104	177369	
囑託	164183	164681	165149	165489	167526	169406	171495	171937	172648
	172664	172919	173124	173791	173974	174724	174989	175158	177137
	177969	179940	182407	182460	182522				
囑託醫	177137	177969							
村田 (鑛務課長)	165390	169932	181850	181879	181998				
村田善喜雄	181879								
村田實	169932								
總監	164149	164170	164357	164386	164409	164481	164680	164691	164716
	164812	164841	165336	165367	167029	167345	167380	168743	168896
	168902	168928	168929	168953	168984	168985	169050	169170	169183
	169214	169266	169396	169509	169534	169983	170376	170405	171114
	172072	173366	173391	173392	173419	173420	173484	173518	173542
	173569	173577	173600	173606	173634	173660	173661	173697	173721
	173761	173790	173875	173907	173938	173963	173985	174007	174049
	174057	174076	174080	174100	174157	174158	174181	174182	174196
	174262	175039	175104	175200	175569	175579	175651	175706	176171
	176334	176689	177080	177324	177350	177427	177921	177926	177940
	177945	177958	177973	177999	178189	178208	178215	178334	178355
	178408	178556	178792	178815	178887	178903	178957	179066	179089
	179162	179836	179857	179860	180005	180077	180105	180203	180519
	181373	181687	181710	181925	181979				
銃器	171154	173276	173296	173365					
總督	164119	164124	164183	164210	164322	164353	164360	164361	164389
	164430	164467	164485	164539	164569	164591	164780	164810	164814
	164847	164929	164934	164957	164968	164982	164995	165022	165032
	165261	165610	165773	165780	165800	165812	165832	165869	165874
	165976	166010	166031	166055	166056	166057	166136	166291	166322
	166428	166459	166647	166733	166737	166773	166810	166845	166886
	166890	166911	166917	166919	166939	166976	166999	167127	167161
	167203	167242	167265	167277	167285	167302	167334	167362	167388

167406	167464	167503	167507	167526	167639	167658	167732	167759
167769	167778	167780	167821	167869	167897	167912	167955	168027
168142	168224	168248	168249	168261	168282	168283	168302	168315
168329	168356	168411	168429	168537	168555	168570	168618	168628
168674	168695	168755	168774	168810	168884	168934	168980	169012
169039	169046	169050	169199	169200	169203	169252	169403	169441
169480	169503	169531	169533	169582	169592	169616	169710	169746
169758	169770	169775	169943	169987	170035	170060	170231	170264
170273	170340	170376	170405	170407	170412	170454	170538	170554
170580	170594	170596	170648	170766	170792	170798	170823	170899
170970	171059	171087	171130	171157	171182	171273	171301	171411
171469	171488	171504	171507	171525	171553	171628	171646	171697
171747	171768	171788	171837	171843	171862	171890	171913	171937
171988	172001	172027	172090	172133	172433	172497	172502	172591
172594	172634	172759	172796	172854	172867	172876	172901	172916
172923	173174	173184	173185	173314	173354	173364	173391	173419
173438	173441	173495	173515	173518	173542	173647	173697	173700
173721	173853	173963	173974	173987	174009	174012	174098	174121
174129	174157	174163	174181	174185	174211	174263	174366	174374
174380	174396	174401	174436	174498	174626	174691	174726	174850
174903	174907	174975	174989	174993	175011	175070	175097	175124
175127	175150	175200	175419	175435	175461	175480	175487	175626
175627	175632	175699	175714	175717	175733	175736	175775	175802
175966	175991	176028	176051	176109	176144	176147	176171	176172
176174	176206	176216	176226	176233	176236	176243	176288	176291
176292	176320	176334	176336	176365	176390	176391	176419	176440
176471	176490	176491	176517	176519	176539	176541	176556	176559
176583	176652	176670	176790	176834	176886	176995	177039	177069
177095	177120	177166	177176	177188	177205	177231	177232	177255
177256	177257	177258	177283	177301	177343	177363	177427	177429
177480	177502	177504	177760	177762	177777	177779	177805	177838
177846	177861	177871	177896	177926	177945	177972	177974	177997
177998	178215	178271	178328	178414	178468	178502	178525	178644
178667	178678	178687	178711	178719	178792	178815	178938	179029
179044	179066	179089	179120	179149	179222	179261	179354	179384
179496	179527	179647	179693	179697	179802	179883	179888	179915
179916	179917	179950	179987	179991	180024	180041	180077	180105
180154	180218	180227	180488	180516	180519	180521	180693	180750
180770	180789	180834	180913	180921	180946	180954	180968	180997
181143	181212	181370	181390	181408	181436	181536	181537	181558
181572	181607	181629	181638	181650	181657	181663	181671	181712
181746	181770	181776	181897	181952	181999	182113	182125	182189
182197	182229	182343	182376	182407	182415	182430	182431	182454
182455	182460	182478	182487	182491	182514	182518	182522	182585
182591	182599	182604						
總督府辭令 総督府辭令	164430	164467	164929	164957	166733	166737	166773	166890	166919
	167362	167388	167732	167769	170580	170596	171628	171768	172133

구분								
	172923	173441	173515	174907	176144	176172	176216	176226	176320
	176336	177095	177120	177805	177838	179917	181408	181436	
總督府殖産局	170060								
總督府 總督府	164183	164210	164322	164353	164361	164430	164467	164485	164780
	164810	164814	164847	164929	164957	164982	164995	165022	165773
	165780	165800	165812	165832	165869	165874	166031	166055	166056
	166136	166291	166322	166428	166459	166647	166733	166737	166773
	166810	166845	166886	166890	166911	166919	166939	166976	167127
	167161	167203	167242	167265	167285	167302	167334	167362	167388
	167406	167464	167503	167526	167658	167732	167759	167769	167778
	167821	167869	167897	167912	167955	168027	168142	168224	168248
	168249	168261	168282	168283	168302	168315	168329	168356	168411
	168429	168537	168555	168570	168755	168980	169046	169203	169403
	169746	169770	169987	170060	170231	170264	170376	170405	170407
	170412	170538	170580	170596	170648	170766	170798	170899	170970
	171087	171130	171157	171182	171411	171469	171507	171525	171628
	171646	171768	171788	171843	171862	171937	171988	172090	172133
	172433	172497	172502	172594	172759	172796	172854	172923	173184
	173354	173364	173391	173419	173438	173441	173495	173515	173697
	173700	173721	173963	173974	174009	174129	174163	174185	174211
	174374	174396	174691	174726	174850	174903	174907	174975	174989
	174993	175011	175200	175461	175480	175487	175627	175632	176028
	176051	176109	176144	176172	176206	176216	176226	176233	176236
	176291	176320	176336	176517	176539	176541	176556	176559	176652
	176670	176886	177039	177069	177095	177120	177176	177343	177363
	177429	177480	177502	177504	177762	177779	177805	177838	177861
	177871	177896	177926	177945	177974	177998	178502	178525	178644
	178667	178678	178711	178938	179066	179089	179120	179149	179222
	179261	179693	179697	179883	179888	179915	179916	179917	179950
	179987	179991	180154	180218	180227	180488	180516	180521	180693
	180750	180770	180789	180834	180913	180921	180946	180954	180968
	180997	181143	181212	181408	181436	181536	181558	181572	181638
	181657	181671	181712	181776	181897	181952	181999	182125	182189
	182197	182229	182407	182431	182455	182460	182487	182514	182522
	182585	182591	182599	182604					
總督 総督	164119	164124	164183	164210	164322	164353	164360	164361	164389
	164430	164467	164485	164539	164569	164591	164780	164810	164814
	164847	164929	164934	164957	164968	164982	164995	165022	165032
	165261	165610	165773	165780	165800	165812	165832	165869	165874
	165976	166010	166031	166055	166056	166057	166136	166291	166322
	166428	166459	166647	166733	166737	166773	166810	166845	166886
	166890	166911	166917	166919	166939	166976	166999	167127	167161
	167203	167242	167265	167277	167285	167302	167334	167362	167388
	167406	167464	167503	167507	167526	167639	167658	167732	167759
	167769	167778	167780	167821	167869	167897	167912	167955	168027
	168142	168224	168248	168249	168261	168282	168283	168302	168315

	168329	168356	168411	168429	168537	168555	168570	168618	168628
	168674	168695	168755	168774	168810	168884	168934	168980	169012
	169039	169046	169050	169199	169200	169203	169252	169403	169441
	169480	169503	169531	169533	169582	169592	169616	169710	169746
	169758	169770	169775	169943	169987	170035	170060	170231	170264
	170273	170340	170376	170405	170407	170412	170454	170538	170554
	170580	170594	170596	170648	170766	170792	170798	170823	170899
	170970	171059	171087	171130	171157	171182	171273	171301	171411
	171469	171488	171504	171507	171525	171553	171628	171646	171697
	171747	171768	171788	171837	171843	171862	171890	171913	171937
	171988	172001	172027	172090	172133	172433	172497	172502	172591
	172594	172634	172759	172796	172854	172867	172876	172901	172916
	172923	173174	173184	173185	173314	173354	173364	173391	173419
	173438	173441	173495	173515	173518	173542	173647	173697	173700
	173721	173853	173963	173974	173987	174009	174012	174098	174121
	174129	174157	174163	174181	174185	174211	174263	174366	174374
	174380	174396	174401	174436	174498	174626	174691	174726	174850
	174903	174907	174975	174989	174993	175011	175070	175097	175124
	175127	175150	175200	175419	175435	175461	175480	175487	175626
	175627	175632	175699	175714	175717	175733	175736	175775	175802
	175966	175991	176028	176051	176109	176144	176147	176171	176172
	176174	176206	176216	176226	176233	176236	176243	176288	176291
	176292	176320	176334	176336	176365	176390	176391	176419	176440
	176471	176490	176491	176517	176519	176539	176541	176556	176559
	176583	176652	176670	176790	176834	176886	176995	177039	177069
	177095	177120	177166	177176	177188	177205	177231	177232	177255
	177256	177257	177258	177283	177301	177343	177363	177427	177429
	177480	177502	177504	177760	177762	177777	177779	177805	177838
	177846	177861	177871	177896	177926	177945	177972	177974	177997
	177998	178215	178271	178328	178414	178468	178502	178525	178644
	178667	178678	178687	178711	178719	178792	178815	178938	179029
	179044	179066	179089	179120	179149	179222	179261	179354	179384
	179496	179527	179647	179693	179697	179802	179883	179888	179915
	179916	179917	179950	179987	179991	180024	180041	180077	180105
	180154	180218	180227	180488	180516	180519	180521	180693	180750
	180770	180789	180834	180913	180921	180946	180954	180968	180997
	181143	181212	181370	181390	181408	181436	181536	181537	181558
	181572	181607	181629	181638	181650	181657	181663	181671	181712
	181746	181770	181776	181897	181952	181999	182113	182125	182189
	182197	182229	182343	182376	182407	182415	182430	182431	182454
	182455	182460	182478	182487	182491	182514	182518	182522	182585
	182591	182599	182604						
總務部 総務部	173961								
總辭職	165681 182376	173836	173963	174130	175354	175363	177134	180140	180293

銃殺	164630	164819	169963	169984	182100	182126			
總領事	167856 178772	169300	169506	169826	172325	173418	173656	173720	175306
秋季競馬	178631								
追悼	168928	169115	169170	169183	169214	169266	179283	179317	
追悼會	168928	169170	169183	169214	169266	179283	179317		
樞府	169297 169649	169327 173196	169435 173220	169441 177504	169468	169480	169509	169534	169558
秋蠶	166093 180181	175229	175961	176451	177472	177473	177754	178551	180011
畜犬共進會	166447	166470							
蹴球	166544 169453 177859	168091 170113 180056	168382 170401 180309	168863 170945 180441	168891 171522 180581	168920 171564 180745	168941 176981 180926	168974 177199 180959	169382 177218 181043
逐鹿	180467								
畜産 畜產	164865 168026 173669	165864 168462 173751	165882 168904 173844	166447 170292 174925	166470 170741 176134	167128 171305 178559	167214 171796 178582	167586 171809	167784 171838
祝宴	164494	170153	170166	170179	170407				
畜牛	165385 178490	166115 179413	170267 182125	172023 182443	173871 182459	175346	177852	178275	178452
蓄音機	165044	169264							
築堤	164755								
築造	164746	165370	167545	171822	172158	173628	174429	178299	178318
祝賀會	164189 168498 170380 172412 179505	166167 168597 171062 172434 179536	166194 168911 171088 172734 179990	166843 168965 171277 173198 180846	166937 169363 171418 174246 182226	166978 169581 171499 175422 182258	167105 169701 171970 178216	167276 170306 172160 178243	168052 170312 172270 178259
築港	164487 171334 173245 175608 180150	165547 171502 174548 175848 180846	166235 171578 174569 175910 181466	166261 171728 174599 176148 181903	166289 171816 174623 176698	166852 171978 174697 177610	169019 172097 174956 177979	170942 172108 174991 178294	171059 172907 175027 178607
春蠶	164870 174677	171571 175057	171760	171824	172447	172586	172976	173514	174463
春川	164134 166913 170618 175383 179946	164600 166921 171926 175505 180006	165453 168464 173231 177358 180351	165455 169434 173511 177799 180587	165765 169648 173567 178744 181403	166310 169725 173780 178901	166332 170059 173823 179177	166390 170275 174371 179346	166894 170281 175094 179754
出穀	176024								
出米	164419	165835	167415	178741	180043	181210	181244	181482	181678

	181864							
出額	175227							
出願	165577	165590	166982	167524	167530	167848	169695	170325	171673
	172353	174195	175266	175943	176002	176033	176647	176980	177001
	177009	177060	178514	178844	178875	179831	179919	180469	181057
	182438							
出初式	164167	164260	164261	164363	164438	181756		
出版	167332	169731	169936	174710	176608	177726	177914	180630	
出品	164279	165344	165465	165779	165921	166239	166369	166385	166508
	166536	166597	166811	166846	167141	167172	167208	167340	167355
	167417	167458	167638	167709	167839	167894	167998	168106	168667
	168688	168795	168882	168904	169122	169174	169286	169310	169311
	169440	169479	170068	170299	170460	171094	171140	171327	171440
	171453	171513	171620	171955	172101	172122	172203	172281	172473
	172554	172601	172689	172761	172931	173067	173076	173128	173142
	173516	173618	173644	173707	173726	173855	173914	174303	174329
	174501	174523	174526	174610	174616	174828	174852	175003	175013
	175063	175077	175125	175310	175379	175423	175538	175599	175658
	175660	175662	175702	175976	176062	176159	176407	176427	176518
	176540	176572	176691	176759	176784	176816	176833	176865	177143
	177163	177241	177260	177288	177294	177307	177325	177346	177433
	177435	177441	177455	177760	177777	178581	178982	181226	
出荷	166926	167405	167856	176366	177323	177348		
忠州	180067							
忠淸南道 忠南	164154	164176	164384	164407	164806	165449	165954	166114	166120
	166948	168894	169200	169935	170035	170284	170906	171874	172231
	172701	173732	173759	174676	174677	174690	175809	176706	176723
	176741	180206	180970	180998	181629	181998	182012	182130	182275
忠淸北道 忠北	164535	165205	165322	167241	168114	168247	169490	169593	171172
	171795	171862	172309	172790	172791	173517	174094	180970	180997
	180998	181205	181390	181516	181654	181673	182064	182067	182213
	182245							
沖合	164152	164169	172315	173082	174223	178399	178416	179296	179330
	180932	180965	182470					
忠魂碑	177513	180669						
趣意書	179826	179855						
取引	164397	164496	164566	164590	164642	165398	165427	167124	167191
	167734	167931	167945	168197	168368	168562	168739	168805	168880
	168884	169017	169053	169074	169155	169318	169735	169919	169967
	170008	170428	170454	170521	170664	170985	171152	171497	172380
	172670	172843	173042	173251	173489	173505	173724	174932	174959
	175579	175762	176076	176353	176369	177517	178902	179904	179924
	180133	180198	180528	181146	181291	181707	181857	182087	182141
	182371	182410						
取引所	164397	167191	167931	167945	168368	168562	168805	168880	168884

カ								
カフェ カフヱー	166863 180007	169204	170364	170641	170667	172340	172364	172432	172616
カメラ	172493								
キネマ	167258 172647 177475	170898 172720 179873	171106 172866 181896	171318 173872	171706 174088	171785 174866	171933 175903	172228 176190	172295 176740
クラブ	165584	169746	169770	173503	175399				
ケシ	165727	181712							
コカイン	178700	178733							
コソ泥	165956	167297	167329	168997	173973	178451			
コレラ 虎疫	170242 176214 176847 177657 177885	175256 176257 176875 177671 177906	175275 176277 176886 177704 177953	175528 176337 177003 177730 178039	175836 176495 177295 177762 178066	175866 176559 177564 177779 178174	175973 176610 177582 177828 178376	175999 176627 177612 177829 178665	176047 176743 177630 177850
コンサート	171683								
コンスターチ	174496	177424	178797						

E								
タイピスト	166862								
タクシー	173994	176038	176433	178514				
たばこ 煙草 葉煙草	164234	164420	164421	164571	164594	164615	164643	165235	165272
	165378	165764	165860	166170	166196	166400	166447	166470	166500
	166887	166894	166912	166921	167137	168074	168085	168106	168222
	168440	168463	168826	168845	168978	168996	169591	169764	169945
	170068	170085	170354	170419	170650	170775	170807	170818	171096
	171676	171713	171725	171762	172030	172064	172092	172354	172925
	172979	172980	172991	173279	173291	173313	173323	173572	173944
	174422	174484	174768	174779	174782	174799	174802	174812	175431
	175443	175450	175761	175765	176138	176891	177040	177063	177094
	177118	177289	177514	180342	180729	181283	181479		
トラック	178966	178994	182477					
打瀬船	179441	179472						
打合會	164622	164986	165028	166486	166873	167353	167457	168557	170106
	170113	171403	171685	173598	173692	176795	177969	178849	178880
	181173	181653						
卓球	164835	165413	165798	166177	167022	167437	170012	176268	177905
	178351	178366	179130	179163	179204	179243		
託兒所	170540							
濁酒	176744							
炭坑	166092	166112	166757	169043	173385			
炭鑛	165753	168457	170188	171976	173996			
彈藥	174438	174472						
嘆願	167321	168640	174295	177466	180977	181106		
炭田	167127	167161	169864	175056				
脱線	168278	168312	168423	168452	168551	173839	175102	
脱稅	176662	176684						
探偵	165645	165767	165843	165942	166014	166039	166060	166090	166148
	166181	166259						
太刀	164611	166099	166122	166265	171285	171358	171385	174653
太刀洗	166099	166122	166265	171285	171358	171385		
怠業	178703							
太平洋會議	169609	179600	179635	179720	179736	180583		
澤田(知事)	164322	164353	164982	165135	165149	167190	177748	
土幕民	168084							
土木	164489	164528	164730	164732	164735	165911	165939	166920	168023
	168287	168741	169320	169341	169736	170538	171041	171155	171182
	172379	172502	172594	172623	173193	173373	173494	174043	174418
	175989	176264	176287	176375	176512	177004	177209	177485	177574
	178574	179290	179324	179365	179395	180054	180762	180781	181196
	181259	181435	181698	182222	182254	182478		

土木事業	165911	165939	168023	176375	176512	177574	178574	179290	179324
	181435								
討伐	164315	165349	165852	165876	171803	171836	172335	175860	176618
	176710								
土産	166070	166447	166470	167125	167670	172718	173374	174052	174073
	174083	176259	179409	181153	181178				
土地	164288	164324	164342	164845	165353	165871	166016	166404	166927
	167757	167820	167887	167956	167985	168068	168213	168355	168411
	168429	168430	168434	168473	168499	168664	168685	168714	168767
	168804	168842	169350	169364	170180	170569	170613	170953	170981
	171207	171235	172555	172590	172737	172824	173199	173534	173579
	173738	173743	173926	173928	173997	174188	174430	174456	175089
	175555	176057	176512	177128	178132	178167	178647	178785	179030
	179045	179271	179305	179361	179391	179950	179991	180218	180227
	180391	180512	180737	180756	180775	181053	181641	182067	182111
	182113	182323	182438	182554					
土地改良	164288	164324	164845	165871	166927	167985	168411	168429	168473
	168499	168842	169350	170180	170613	172737	173738	174430	174456
	175089	176057	176512	178785	179030	179045	179271	179305	179950
	179991	180218	180227	180391	180737	182438			
土地改良部	164288	164324	166927	173738	174430	174456	178785	179030	179045
	180218	180227							
土地熱	173199	173579	181641						
通關	165787	165810	165966	166096	166810	166845	166878	166903	167031
	173316	173752	175005	176095	182092				
通關貿易	165966								
統軍亭	167192	170304							
痛棒	169251								
通商	167981	173161							
通信	166038	168279	168314	171378	171963	172189	173390	173691	173815
	174075	175509	175548	177326	178545	178605	178667	178785	178993
	179017	179449	179480	179982	180247	180321	180366	180395	180480
	180541	180685	180722	180837	181148	181500	182275	182303	
通信機關	181500	182275	182303						
通譯	168258	168286	172854	173392	173420	177176			
統營	164229	164913	164963	165567	165587	165590	166476	166549	169147
	170202	170204	172152	172656	172700	174071	175400	176173	176249
	176667	176689	176748	176940	176962	177116	177142	177321	177918
	179927	179942	179946	180828					
統一	164347	164475	164825	164852	165514	170617	172665	172707	174165
	174236	175187	175215	175329	175484	176023	176374	176395	176911
	176935	177102	177122	178274	179856	181116	181399	181500	182297

	165973	166004	166161	166222	166237	166239	166289	166431	166433
	166564	166571	166576	166660	166674	166692	166751	166758	166760
	166770	166799	166844	166900	167001	167014	167017	167019	167083
	167121	167134	167145	167152	167155	167196	167208	167232	167337
	167355	167379	167418	167473	167501	167551	167616	167620	167628
	167654	167677	167681	167733	167746	167818	167857	167875	167884
	167924	167937	168002	168136	168172	168176	168188	168273	168387
	168417	168423	168427	168478	168591	168604	168866	168921	168972
	169059	169174	169235	169365	169379	169436	169446	169527	169580
	169600	169623	169702	169748	169813	169817	169873	169937	169990
	170008	170078	170088	170149	170158	170301	170373	170480	170483
	170488	170489	170494	170561	170567	170581	170643	170644	170648
	170650	170770	170776	170788	170797	170827	170913	170914	170918
	170929	170931	170932	170987	170988	170993	170995	171024	171124
	171131	171197	171206	171275	171341	171342	171417	171513	171576
	171668	171737	171812	171815	171889	171961	172253	172387	172466
	172553	172596	172607	172664	172886	172931	172933	172940	172956
	173084	173155	173200	173210	173328	173338	173464	173566	173590
	173757	173763	173812	173856	174040	174041	174044	174051	174115
	174141	174162	174178	174212	174236	174243	174291	174325	174384
	174395	174417	174439	174441	174444	174497	174502	174510	174610
	174623	174636	174763	174764	174767	174830	174840	174846	174888
	174896	174931	174971	175033	175034	175035	175054	175078	175119
	175125	175136	175163	175166	175180	175229	175240	175246	175289
	175293	175305	175332	175348	175349	175355	175379	175407	175423
	175430	175458	175479	175503	175518	175541	175558	175563	175599
	175617	175641	175655	175659	175661	175662	175771	175797	175822
	175908	175961	175978	176041	176043	176084	176142	176157	176159
	176169	176192	176204	176205	176209	176260	176262	176265	176270
	176277	176319	176373	176430	176518	176540	176568	176569	176601
	176610	176644	176759	176869	176889	177028	177034	177140	177241
	177276	177336	177387	177437	177448	177472	177611	177704	177709
	177807	177815	177818	177830	177981	178157	178197	178239	178345
	178353	178434	178556	178557	178626	178633	178785	178795	178808
	178816	178911	179125	179353	179356	179383	179386	179425	179456
	179775	179837	179846	179960	180240	180263	180267	180329	180415
	180468	180525	180844	180968	181035	181095	181106	181152	181356
	181406	181415	181479	181480	181483	181552	181602	181644	181645
	181760	181814	181834	181849	181915	182081	182085	182103	182127
	182139	182148	182382	182510	182588	182598			
平安北道 平北	164163	164183	164303	164309	164310	164372	164380	164505	164516
	164626	164636	164702	164753	164840	164866	165057	165059	165074
	165165	165169	165173	165196	165328	165365	165410	165522	165529
	165612	165666	165668	165722	165798	165846	165899	165921	165930
	166036	166093	166145	166163	166169	166184	166374	166379	166380
	166429	166438	166446	166570	166584	166589	166669	166672	166682
	166724	166740	166810	166831	166834	166845	166877	166933	166952

166995	166996	167000	167016	167050	167128	167132	167136	167214
167215	167217	167219	167291	167338	167441	167475	167481	167502
167569	167607	167623	167689	167750	167795	167801	167816	167845
167926	167943	167980	167985	168014	168130	168191	168582	168592
168596	168598	168709	168736	168793	168853	168859	168905	168914
168922	169025	169029	169075	169097	169155	169179	169231	169240
169311	169357	169370	169390	169440	169448	169451	169498	169518
169565	169601	169629	169684	169705	169757	169793	169808	169820
169841	169991	170007	170072	170080	170105	170249	170292	170562
170637	170640	170712	170797	170840	170864	170868	170897	170917
170923	170936	170946	170996	171056	171137	171140	171300	171656
171658	171739	171824	171972	172046	172236	172246	172312	172314
172394	172452	172454	172463	172497	172598	172666	172738	172757
172781	173032	173067	173081	173145	173209	173249	173401	173514
173570	173594	173597	173687	173760	173762	173764	173821	173859
173892	174065	174161	174221	174479	174512	174630	174826	174842
174940	175021	175044	175241	175276	175285	175286	175333	175380
175382	175448	175549	175601	175605	175658	175729	175777	175962
175970	175989	175996	176018	176024	176035	176036	176146	176149
176161	176363	176572	176574	176600	176605	176612	176654	176860
176966	176969	177294	177370	177382	177422	177437	177473	177524
177566	177583	177654	177655	177656	177660	177694	177719	177884
177976	177978	177980	177985	177991	178075	178098	178145	178146
178164	178237	178279	178448	178669	178691	178741	178755	178799
178800	178982	179577	179612	179895	179900	179901	179913	179949
179961	180030	180083	180086	180111	180114	180149	180168	180262
180467	180472	180544	180545	180668	180847	180970	180998	181090
181100	181154	181358	181474	181494	181516	181533	181546	181548
181591	181757	181772	181804	181862	181902	182039	182059	182153
182154	182211	182243	182315	182335	182336	182384	182513	182538
182555								

	164129	164138	164146	164191	164206	164225	164236	164247	164258
	164262	164291	164292	164321	164364	164367	164368	164384	164407
	164426	164432	164435	164499	164510	164528	164573	164580	164585
	164629	164650	164701	164703	164740	164750	164762	164813	164819
	164834	164839	164884	164888	164891	164932	164941	164948	164950
	164998	165056	165075	165091	165106	165107	165113	165116	165155
	165179	165180	165189	165232	165243	165247	165256	165290	165343
	165350	165407	165408	165419	165449	165464	165478	165479	165488
平壤	165489	165557	165560	165598	165609	165621	165622	165660	165661
	165672	165712	165719	165740	165769	165770	165772	165790	165798
	165811	165857	165902	165904	165906	165907	165908	165925	165928
	165972	165988	166000	166003	166040	166045	166049	166051	166087
	166088	166089	166150	166153	166156	166160	166165	166221	166226
	166229	166283	166288	166292	166296	166319	166364	166367	166375
	166437	166442	166445	166449	166453	166454	166456	166481	166483
	166486	166494	166506	166519	166527	166532	166557	166564	166577

	166588	166598	166612	166677					
平壤高女	172932	173708	180038						
平壤兵器	167265	167444	170252						
平壤府勢擴張	171329	174302							
平壤商業會議所	168458	173808	180220	181219	181252				
平元鐵道	181093								
評議	164340	164502	164726	165069	165118	165196	165221	165230	165498
	165548	165581	165666	165718	165802	165808	165873	165948	166019
	166114	166120	166125	166431	166583	166584	166619	166625	166672
	166674	166682	166843	166948	167000	167099	167100	167163	167170
	167192	167241	167243	167420	167447	167450	167571	167629	167633
	167756	167819	167891	167983	168013	168018	168019	168061	168128
	168788	169076	169163	169371	169971	170070	170100	170128	170773
	171128	171130	172245	172282	172574	172774	173655	173792	173800
	173829	173847	174528	174911	176063	176208	176289	176362	176475
	176567	177113	177116	177266	177312	177354	177376	178279	178618
	178674	178695	179195	179234	180427	180652	180790	180890	180902
	180935	181128	181153	181178	181323	181347	181358	181741	181815
	182325								
評議員	164340	164502	165069	165196	165230	165548	165581	165666	165718
	165802	165808	165873	165948	166019	166114	167100	167450	167629
	167756	168018	168019	168788	169076	169163	169371	169971	170070
	170100	170128	170773	171128	171130	172245	172282	172574	172774
	173792	173829	173847	174911	176063	176289	176362	176475	176567
	177113	177116	177266	177312	177354	177376	178279	178618	178695
	179195	179234	180652	180790	180890	180902	180935	181128	181153
	181178	181323	181347	181741	181815	182325			
評議會	164726	165118	165221	165498	166120	166125	166431	166583	166584
	166619	166625	166672	166674	166682	166843	166948	167000	167099
	167163	167170	167192	167241	167243	167420	167447	167571	167633
	167819	167891	167983	168013	168061	168128	169163	173655	173800
	174528	176208	178674	180427					
平井三男	171988	172090							
肺ヂストマ	164756	165237	165654	172887	173566	177140			
肺疫	164381	173091	175475	176161	178033	178053	178632	178658	178921
	178946	179112	179131	179166	181316				
斃牛	181734								
捕鯨	165849	169013	169522						
布教	164193	164209	174856						
葡萄	173921								
砲兵	165166	171300	173961	178485					
褒賞	166769	168297	171573	178687	178719	179482	180430	182321	
蒲原 (遞信局長)	164982	167970	168105	169058	170745	172433	173221	173974	174374
	174396	179030	179045						

布爾哈通河	169314	169437						
浦潮	167373	168917	169881	175987	176151	176181	176579	177270	177368
浦項	164790	167313	168574	169116	169438	171847	172508	173440	174360
	175383	176515	177918	179155	179296	179330	179826	179855	180205
	180237	180699						
爆擊	172195	174168	174391	174403	174499	174529	177340	177360	179771
爆擊機	172195	174168	174391	174403	174499	174529			
爆發	168558	170460	172484	173797	174857	175858	177564	177582	177911
	178256	180673	180676	181511				
爆藥	164766	164795	165213	165508	173500	174173	175792	176768	176990
	177247	178568	178575	178600	178602	181511		
爆彈	168378	172484						
暴行	164551	165127	165252	165995	169526	169832	169858	170678	170880
	171515	173263	173409	174060	176285	176589	177937	177956	179370
	179400	180720	180749	181067	181456	181573		
漂流	164769	166524	166552	169639	170398	171396	174136	174345	179441
	179472	181626						
標語	164876	165238	166281	169863	170045	173034	175978	178236	180476
	181168							
漂着	169124	171394						
表彰	164575	164616	164890	164921	164992	165009	165087	165094	165211
	165412	165473	165585	165976	165982	166010	166037	166045	166064
	166128	166149	166416	166843	167019	167044	167090	167586	167890
	168030	168387	169283	170288	170632	170927	171056	171337	172415
	172446	172673	172700	173251	173255	173477	174464	174612	175197
	175595	175776	175868	178349	178359	178873	178899	179127	179201
	179240	180398	180501	181735	181756	181849		
品評會	165344	166627	167157	167704	167969	168033	168078	168297	168365
	168482	168530	171872	172030	172663	173009	173268	175345	176712
	176726	178535	178650	178726	179179	180182	180337	182321	
風紀	165560	170442	172846	177522	177544	180002			
馮玉祥	171803	171836						
豊作	175430	175970	175996	176078				
風土病	164874	166901	181814	181834				
被告	168380	168568	170995	171024	178231	179422		
避難	164919	168419	168454	169742	171343	171822	172678	173006	173957
	174559	174885	175715	175734	181290			
避難民	169742	174559	174885	175715	175734	181290		
披露	165760	166378	169108	169133	169899	170591	173875	173907	174762
	176716	177526	177548	177659	180426	180479	181018	182160	
披露宴	165760	166378	169108	169133	169899	170591	176716	177526	177548
	180479	181018	182160					
被選擧權	172841							

被害	164478	164923	165556	165634	166760	166878	166903	167295	168057
	168975	168995	169827	170008	170147	171330	171380	171699	172404
	172515	172549	172675	172711	172769	173592	173596	173679	173970
	174075	174124	174229	174286	174634	174780	174836	174971	175305
	175355	175518	175670	175696	175770	175800	175949	176683	176874
	177238	177392	177446	177485	178026	178911	179136	179453	179660
皮革	170847	177638							

ㅎ								
ハルビン ハルピン	164488	164860	170752	171685	176899			
ハワイ	170080	170105						
フグ	168376							
フランス	174526	175016						
ホテル	164227	164282	164354	165285	167176	169531	173224	176486	178084
	178110	180404	180552	180583	180995	181631			
下關	164812	166487	167271	167515	169925	171308	171776	171837	174026
	175127	175150	175366	175895	176840	176847	177776	177793	177934
	177958	178632	178658	179266	179483	180742	182007	182430	182454
河東	171688							
下痢	174412							
下水	167598	167903	168360	168600	172457	175511	175915	177486	177510
	179884	180230	181061	181460	181969	182293			
下宿	168233	177040	177063						
下村海南	164120	164125	164143	164164	164192	164208	164232	164264	164287
	164323	164356	164385	164424	164460	164495	164530		
學校	164210	164347	164348	164375	164391	164513	164537	164624	164662
	164668	164703	164785	164875	164882	164908	165106	165107	165152
	165180	165190	165222	165244	165262	165266	165439	165450	165469
	165531	165575	165601	165605	165611	165630	165707	165722	165754
	165756	165902	165919	166124	166136	166224	166237	166287	166288
	166292	166310	166318	166319	166332	166358	166427	166442	166444
	166458	166554	166571	166588	166591	166592	166602	166613	166629
	166649	166656	166678	166702	166705	166831	166862	166946	166983
	166993	167006	167018	167036	167060	167068	167072	167091	167095
	167117	167126	167164	167171	167219	167277	167279	167353	167443
	167561	167576	167599	167612	167675	167678	167966	167983	167986
	168013	168040	168084	168095	168249	168251	168283	168336	168379
	168420	168453	168586	168590	168645	168658	168679	168707	168716
	168744	168778	168810	168909	168964	169109	169156	169162	169190
	169222	169226	169234	169315	169436	169454	169698	169720	169760
	169777	169824	169885	169900	169938	169946	169947	170067	170100
	170128	170220	170252	170263	170300	170329	170339	170403	170448
	170467	170499	170558	170561	170625	170636	170665	170728	170746
	170760	170769	170851	170855	170875	171140	171148	171155	171182
	171200	171232	171261	171281	171366	171404	171505	171524	171623
	171665	171712	171779	171954	172049	172054	172062	172232	172270
	172304	172308	172377	172399	172463	172481	172509	172511	172517
	172567	172582	172599	172617	172643	172666	172680	172693	172722
	172747	172765	172775	172823	172827	172868	172871	172893	172905
	172906	172957	172969	173016	173041	173086	173141	173152	173189
	173223	173250	173267	173288	173318	173339	173394	173479	173490
	173531	173545	173546	173610	173636	173678	173681	173685	173708

	173731	173792	174036	174058	174091	174106	174130	174203	174250
	174299	174309	174384	174470	174528	174628	174751	174934	174939
	175019	175023	175037	175038	175094	175117	175137	175138	175157
	175178	175246	175341	175434	175477	175496	175515	175525	175593
	175617	175649	175667	175679	175757	175773	175785	175804	175815
	175840	175863	175870	175884	175911	175939	176036	176050	176079
	176252	176309	176396	176501	176572	176608	176613	176628	176693
	176782	176899	177028	177080	177117	177304	177654	177693	177770
	177789	177978	177980	178050	178072	178208	178270	178297	178511
	178564	178576	178598	178749	178756	178771	178777	178778	178912
	179038	179053	179412	179641	179682	179770	179896	179900	179905
	179920	180032	180066	180073	180151	180160	180248	180274	180349
	180352	180368	180412	180422	180518	180612	180640	180657	180678
	180682	180706	181089	181192	181288	181298	181312	181326	181406
	181476	181481	181506	181589	181596	181608	181612	181637	181653
	181656	181667	181687	181710	181746	181770	181853	181954	181976
	181997	182004	182027	182047	182063	182077	182261	182284	182291
	182292	182428	182489	182516	182610				
學校組合	164348	164537	164662	165152	165180	165222	165469	166124	166444
	166591	166629	166656	166702	166983	167060	167072	167117	167986
	168336	168744	169824	169938	169947	170100	170128	170263	172054
	172377	172905	172957	173610	173792	174036	175023	175037	175094
	175178	175341	175434	175477	176079	176309	176501	176782	177028
	177117	177304	182063						
學校閉鎖	169698	169720							
學童	164161	164203	164222	164835	168047	171440	172347	181095	181415
	182148								
學務	164248	164280	164817	164842	165177	165425	165573	165647	166288
	166319	167063	167068	167089	167095	167139	167345	167380	167448
	167464	168502	168807	169396	169397	169846	169870	169903	170289
	170456	171131	171988	172090	172363	173184	174374	174396	174430
	174456	175093	175598	175619	175789	175941	176244	177387	178464
	178820	179494	179523	179525	179554	179576	179611	180253	180285
	181282	181314	181360	181370	181381	181390	181552	181596	181798
	181819								
學務局	164248	164280	164817	164842	165425	165573	165647	167063	167089
	167345	167380	168807	169396	169846	169870	169903	173184	174374
	174396	174430	174456	175789	175941	176244	178464	179494	179523
	179525	179554	179576	179611	180253	180285	181360	181370	181381
	181390	181552	181596	181798	181819				
學務局長	164817	164842	165425	165573	167063	167089	167345	167380	168807
	169396	169870	169903	173184	175941	178464	179494	179523	179525
	179554	179576	179611	180253	180285	181360	181370	181381	181390
	181552	181596							
學問	164425	164461							
學費	171505	181589	181608	182148	182349				

學事	166294	166321	167851	171946	179842	181644			
學生大會	172837								
學術	166735	166775	168572	172153	175238	175716			
學藝會	166272	166963	167688	181255					
學用品	168507	169328							
學園	172778								
學資	173363	174247	176613	176628	178146				
學長	173720								
學組議員	167999	168144	168650	169380	169700	169880	170724	170955	171078
	171527	171695	171772	171807	171878	172162	172173	172323	172397
	172430	172658	172659	172738	173227				
學組 學生組合	166230	166253	166822	166851	167100	167887	167999	168144	168177
	168544	168650	168856	169380	169567	169700	169749	169810	169880
	170724	170784	170916	170955	170959	171078	171527	171616	171695
	171772	171807	171878	171914	172162	172173	172323	172397	172430
	172574	172658	172659	172738	172776	172787	172803	173227	173244
	173261	173400	178396						
學會	164352	166784	170478	170513	177463	177987	178472	178813	178873
	178899	180283	180303	180354					
漢江	165686	167960	171100	173274	173295	173550	174409	175633	177553
	177684	177734							
漢江人道鐵橋	174409								
韓國	165317								
韓圭復	169490	180970	180998	181872					
旱魃	164288	164324	164449	164479	166179	166198	166469	166721	170008
	171699	173230	173338	173364	173590	173670	173709	173725	173731
	173758	173817	173909	174204	175524	175685	177366	180847	
漢城	165335	174778	174798	177241	177260	179443	179474		
漢城銀行	165335	174778	174798	177241	177260	179443	179474		
閑院宮	177333	177347	177566	177583	177733	177897	177921	177940	177972
	177997	178042	178063	178088	178106	178107	178137	178138	178161
	178162	178190	178191	178192	178214	178215	178216	178243	178244
	178259	178285	178286	178291	178306	178307	178334	178355	178408
	178434	178468	178499	178501	178522	178524	178563	178578	178580
	178581	178607	178616	178645	178677	178681	178710	178745	178750
	178769	178791	178814	178843	178874	178910	178935	179836	179860
	180650								
漢銀	166884	166909	176704	176725					
韓昌洙	173540	178736	180104	180132					
旱天	172769	172981	173709	173725	173731	174103			
旱害	164130	164469	165037	165892	166520	166543	167052	167056	167568
	167591	167774	167896	168094	168128	168374	168448	168508	168528
	168575	168627	168741	168994	169254	169496	169532	169773	169851

169915	170052	170464	170602	170743	170821	170953	171159	171262
171572	171624	172128	172138	172150	172268	172431	172697	172834
172842	173283	173364	173556	173590	173612	173732	173763	173780
173791	173909	174075	174481	175441	175685	176086	176117	176122
176150	176177	176194	176705	176780	176794	177393	177408	177532
177550	177753	177962	178006	178015	178040	178061	178109	178171
178219	178272	178319	178371	178447	178471	178474	178528	178547
178579	178588	178655	178715	178738	178756	178778	178839	178841
178936	178941	179078	179101	179116	179162	179188	179227	179286
179290	179320	179324	179342	179350	179380	179421	179452	179570
179605	179643	179689	179746	179818	179856	179921	180000	180045
180051	180053	180054	180089	180098	180117	180126	180176	180286
180294	180326	180349	180362	180367	180439	180502	180510	180521
180563	180631	180633	180636	180649	180653	180687	180819	180826
180855	180879	180887	181008	181066	181080	181179	181230	181240
181261	181268	181317	181371	181374	181435	181504	181522	181529
181554	181722	181826	181944	181960	182000	182020	182043	182073
182119	182174	182188	182199	182231	182292	182411	182461	182493
182520	182561	182602	182606					

割腹	167080	174540							

割讓	177808								

咸鏡	164743	164775	167532	167983	168061	168261	168302	168774	169948
	171330	171380	173533	174102	174315	174561	174869	177437	177975
	180529	180970	180998	181293	181845	181954			

咸鏡南道 咸南	164457	164524	164584	164743	164744	164758	164775	164776	164938
	165088	165217	165284	165720	165740	166838	166943	167002	167038
	167346	167532	167610	167983	168050	168057	168061	168123	168261
	168302	168335	168338	168346	168393	168774	168969	169466	169493
	169524	169706	169707	169730	169733	169750	170434	170694	170697
	170715	170827	171207	171235	171505	171574	171587	171740	171773
	171897	171911	171966	172091	172103	172255	172283	172484	172797
	172863	172873	172878	173139	173140	173265	173332	173466	173488
	173533	173705	173891	173932	173933	173961	174090	174102	174103
	174117	174235	174299	174315	174366	174376	174434	174614	174618
	174623	174694	174698	174869	175012	175355	175983	176975	177037
	177084	177141	177204	177437	177525	177547	177613	177845	177975
	178178	178252	178394	178434	178565	179023	179145	179969	180251
	180260	180529	180547	181414	181629	181690	181711	182095	182209
	182241	182478	182553	182554					

咸鏡北道 咸北	165993	167420	168406	168433	169117	169278	169491	169519	170077
	170630	170713	171152	171188	171330	171380	172158	172238	173072
	173157	173504	173712	173924	173998	174036	174039	174227	174377
	174378	174561	174697	175167	176275	176298	176326	176355	177224
	177389	177401	177437	177495	177518	178028	179504	179535	180800
	180970	180998	181099	181293	181642	181845	181846	181954	181988
	182289	182320	182353	182397					

咸鏡線	169948								
艦隊	164514	164542	169094	169280	169403	169456	169500	169503	169531
	169533	169592	169711	169902	170137	173551	173747	175022	176137
	177661	177683	178527	178723	178937	178970	178998		
涵養	169762								
艦載機	178970	178998							
咸興	164260	164363	164459	164519	164639	164644	164677	164873	165714
	165739	166356	166509	166513	166595	166598	166799	166812	167205
	167211	167227	167348	167439	167487	167502	167526	167530	167550
	167598	167600	167986	167999	168161	168253	168264	168267	168268
	168386	168392	168540	168541	168552	168600	168650	168713	168723
	168769	168899	168900	169160	169499	169501	169567	169693	169882
	169899	169929	170003	170143	170159	170166	170214	170295	170432
	170436	170784	171128	171277	171425	171435	171596	171612	171657
	171883	171893	171952	172252	172263	172265	172441	172497	172603
	172622	172661	172669	172684	172802	172805	173077	173143	173206
	173348	173625	173627	173650	173694	173748	173865	173934	174055
	174056	174120	174233	174388	174573	174611	174703	174756	174757
	174878	174947	174949	174960	175013	175116	175170	175335	175390
	175417	175427	175544	175645	175713	175832	176198	176467	176515
	176563	176607	176752	176800	176854	176909	176963	177025	177142
	177187	177230	177275	177282	177321	177426	177603	177701	177718
	177723	177758	177799	177822	178030	178081	178194	178304	178351
	178432	178510	178553	178615	178620	178675	178744	178837	179065
	179346	179445	179476	179507	179508	179538	179539	179647	179659
	179664	179766	179778	179796	179833	179968	180327	180328	180355
	180396	180429	180467	180485	180493	180536	180561	180593	180624
	180658	180679	180710	180730	180796	180822	180845	180856	180857
	181155	181532	182024	182387	182442				
合格	164136	165540	165771	167555	167737	168056	168083	168166	168246
	168258	168260	168286	169032	169478	170047	170219	170980	171189
	171442	171465	171780	172041	172788	173134	175004	175059	176044
	176575	176594	176745	178547	179683	180468	180760	180779	181082
	181247	181999	182597						
合格者	164136	165540	167737	168166	168246	168258	168260	168286	169032
	169478	170047	170219	170980	171189	173134	176044	176745	179683
	180468	181082	182597						
合併	164915	165609	166368	166969	167191	167414	167821	168049	168080
	168142	168332	168399	168418	168441	168510	168541	168562	168622
	168625	168660	168681	168707	168746	168930	169302	169967	170217
	170344	170348	170521	170601	170723	171794	173392	173420	174762
	175579	182061							
合祀	167528	177930	177950						
航空	164681	164815	165112	165217	166265	167032	167155	167526	167578

	167976	168193	168218	168483	168514	168537	168547	168555	168706
	168749	168752	168851	169181	169259	169306	169694	169874	170041
	170310	170545	170783	170946	171046	171289	171302	171352	171429
	171538	171664	173132	173376	173561	173701	175971	175997	176050
	176920	176953	177293	177309	177335	177355	177447	177694	178000
	178672	179662	181565	181991	182010	182028	182048	182208	182240
航空機	167032								
航空隊	165217								
航路	164295	164326	165098	165569	166127	166166	166476	166675	166713
	167406	167527	167745	168526	169144	169754	170767	171055	171436
	172807	173137	173190	173648	173659	175148	175735	176108	176179
	176341	177278	181825						
海關	164501	164883	166096	168131	168257	168285	169061	169559	173752
	173941	178407							
海軍	164610	167237	167689	168616	169157	170280	171579	172139	172147
	172176	174352	176062	176651	176669	177144	177164	178408	178993
	179017	179292	179326	179490					
海軍記念日	172176								
海軍大將	169157								
解禁	171323	180193	180573	180851	180892	180974	181638	181657	182585
	182599								
海女	171101								
解散	165331	166186	167956	168096	168291	169057	170010	171986	172087
	172170	172543	175529	177305	178587	179650	179673	180078	180106
	180790	180818	180878	181405	181631				
害獸	165356								
海水浴	173465	173749	173919	174068	174125	174172	174267	174687	174749
	175230	175820							
海水浴場	173465	173749	173919	174068	174125	174172	174267	174687	175230
	175820								
海運	164915	165331	166489	168958	169679	170073	170102	173699	175976
	176746								
海運界	168958	169679	170073	170102	173699	176746			
海員	165012	165039	165093	165399	167094	167449	167923	168027	168987
	176985	178439	181524	181869					
海員俱樂部	176985	178439	181869						
海員養成所	165399	167094	168987						
海印寺	176961								
海賊	168157	168209	171231	171259	172889	177540			
海戰	167027	167392	167834	171265	175330				
海藻	171026	174214	175762						

海州	165559	166031	166055	166421	166523	166830	166837	168266	170686
	170706	170888	171430	171818	171822	171971	172393	172534	172674
	172929	173005	173805	173823	174493	174500	175669	176198	176263
	176358	176909	177025	177470	177519	178256	179122	179648	179817
	180006	180327	180340	180933	180966	182187			
海中學	171404								
海苔 のり	164301	164334	164478	165890	166103	166277	168569	169009	169149
	169424	169426	169715	170065	170546	173278	177428	178240	179063
	180367	181732	181837	181875	181962	182002	182337	182345	182562
偕行社	178103								
行軍	164428	164507	165865	165978	173448	179291	179325		
行囊	168202	169741							
行方不明	166791	166953	167046	167442	167738	167773	170787	170820	171231
	171259	175467	175489	176733	177253	177850			
行政	164450	164472	164586	165187	167276	167978	168246	168540	169153
	169797	170035	170846	170872	173809	173843	174841	176419	176440
	176944	177984	180835	181116	181969	182027	182047		
行政整理	176944	180835							
鄕軍	164567	164587	165073	166615	167348	168860	170377	170541	171326
	171641	172184	172265	172668	172673	173208	173257	173380	173535
	173655	173826	174239	176107	177066	177236	177566	177583	178282
	178291	178307	178387	179779	180534	180564	181236	181253	181271
	182025								
香椎	164339	164534	164562	164588	164659	164841	165084	165201	165424
	169843	169901	169914	169969	169987	170450	170658	170948	170970
	171023	171308	171986	172014	173103	173662	177823	177839	177861
	178953	179203	179242	179303	179337	180103	180131		
鄕土	166085	166123	166858	169507	169915	178690	181546		
獻穀田	166859	169539	178552						
獻金	179676	179742	179764	179806	179844	179862	179863	179891	179954
	180025	180049	180052	180164	180241	180270	180299	180341	180426
	181005	181544	181593	181701	182267	182546			
獻納 献納	171250	172635	178389	178410	178907	179483	179676		
憲兵	164263	164529	164580	164932	165778	165908	166177	167502	167526
	167537	167569	167689	167755	168003	168042	168168	168198	168239
	168315	168524	168570	168873	169172	169359	169708	170423	170461
	170642	170700	171062	171354	172110	173000	173271	173337	173339
	173642	174160	175134	175237	175555	175697	176864	178684	178691
	178909	179362	179363	179392	179393	180082	180110	181170	181310
	181359	181716	181952	182365					
憲兵隊	164263	164580	164932	165908	167502	167526	167569	167689	167755
	168003	168524	168873	170423	170461	170700	173000	173339	175237
	175555	175697	178909	179363	179393	180082	180110	181170	181310

	181716	181952	182365					
獻上	164211	164239	164275	164297	164298	164361	164474	164565	164593
	169369	169557	169582	169613	171991	174370	174821	175442	177251
	178244	178563	178580	178624	178739	178750	178843	178874	178957
	180650	181483							
獻上品	164239	169369	178563	178580					
憲政	173985	174007							
獻土	176097	176111							
革命	169241	169278	169952	170087	170161	170902	171895	176566	176587
	178538								
玄武門	170373	170922	170987						
玄米	173194	174603	178793	178819	181775				
懸賞	164710	166285	166499	166899	166916	171903	172157	172886	173034
	173977	174148	174197	174426	174763	175131	176710	178179	180925
	180958	181168							
縣知事	164554								
玄海	168889	169639	178321						
穴居	172817								
血書	171442	171465	172041						
嫌疑者	177826								
狹軌	172674								
脅迫	166961	169546	171027	171644	171710	171769	172333	173830	173833
	174314	175189	176536	177690	178398	180611	182460		
協議	164190	164400	164406	164475	164691	164716	164729	164926	164955
	164984	164986	165289	165306	165369	165443	165454	165671	166006
	166016	166021	166096	166128	166185	166255	166390	166597	166636
	166706	166776	166782	166848	166932	167025	167104	167156	167239
	167458	167466	167477	167577	167620	167957	168000	168017	168086
	168146	168192	168200	168214	168217	168261	168302	168303	168328
	168337	168354	168355	168361	168439	168598	168664	168685	168796
	168809	168840	168841	168877	168928	168947	168981	169479	169623
	169691	169709	169852	170178	170351	170625	170671	171233	171370
	171456	171480	171537	171595	171714	171846	171877	171937	171948
	171966	172024	172062	172098	172117	172237	172280	172318	172330
	172520	172532	172687	172707	172735	172904	173110	173161	173213
	173239	173322	173355	173430	173431	173489	173636	173638	173663
	173678	173681	173787	173873	173905	173915	174266	174399	174459
	174465	174520	174522	174574	174675	174789	174873	174909	174916
	174952	174975	174981	175039	175091	175234	175388	175419	175435
	175440	175457	175511	175563	175608	175684	176143	176347	176433
	176455	176482	176516	176617	176638	177176	177231	177233	177255
	177256	177676	177986	178008	178034	178055	178076	178077	178342
	178358	178388	178415	178427	178466	178508	178587	178590	178617
	178646	178649	178751	178922	178967	178995	179035	179050	179122

	177730	177762	177779	177828	177829	178039	178066	178174	178376
豪雨	170282	173679	173780	173909	173970	174014	174296	174334	174807
	174891	175135	175186	175305	175355	175518	175770	175800	176984
	178018	182275	182303						
混戰	169380	169700	172658	176038	179666	180681	180727		
琿春	168401	170755	171583	174556	175129	175151	175296	182204	182236
弘道會	181735								
紅蔘	164983	166098	166111						
洪水	164923	168057	168188	169032	173712	175279	175355	178018	
和歌	165993	167913	168242						
花嫁	166801	168099							
和歌山	165993	167913	168242						
花代	179965	180001	182117						
和龍縣	174487	179642							
花柳界	164291	173894	176096	179965	180001	182393			
花柳病	164504	165246	169462	176359	176389	182582			
貨物	164157	164178	164860	164981	165050	165451	166081	166807	166878
	166903	167204	167662	167691	167939	169011	169061	169260	169305
	170764	171211	171244	171808	171870	172084	172193	172218	173690
	174084	174657	174675	174870	175640	176065	176132	176195	176239
	176904	177632	178555	178585	179894	180139	181086	181683	181839
	181847	181991	182010	182363					
畫舫	181563	181616	181829	181886					
和服 日本服	164634								
火事	164258	165123	165125	165146	165147	165247	165276	165387	165419
	165448	165482	165511	165535	165582	165621	165642	165697	165884
	166071	166193	166243	166271	166482	166718	167077	167325	167439
	167440	167624	167817	167882	167906	167942	167960	168009	168010
	168207	168221	168234	168237	168605	168609	168634	169599	169638
	169668	169836	170020	170023	170054	170057	170588	170589	170611
	170645	170794	170825	171008	171146	171179	171256	172046	172290
	172619	172642	172644	172697	172779	173159	173183	173587	173617
	173670	173717	174963	174996	175393	175817	175951	176331	176485
	176789	176950	177021	177254	177418	177692	178129	178729	179038
	179053	179369	179399	179732	179747	179852	179872	179980	180166
	180195	180276	180306	180307	180448	180816	180991	181573	181628
	181636	181809	181993	182287	182305	182399			
火藥	166175	166200	168211	168238	171634	174857	176768	177621	177911
火藥庫	174857								
火葬	174216								
化粧品	166695	181404	181433						
火災	164447	165124	165194	167014	167460	167547	168765	169030	169545

	169862	170363	170661	171228	172640	175332	176315	176359	176389
	178908	178934	179898	179935	180462	180676	181509	181550	182219
	182251								
火災保險 火保	167547	176315							
火田	164241	164266	164462	164515	164538	164612	164670	165131	167875
	170054	170151	170309	170759	171718	173874	173906	175285	176130
	177518								
火田民	164241	164462	167875	170054	170309	170759	171718	173874	173906
	175285								
和田純	173124	174209							
花祭り	168764	171150	171452						
化學	165404	168182	170261	170416	173089	173532	174089	176415	178472
	180354								
化學工業	168182								
丸山	164122	164127	174057	174080					
丸山學院	164122	164127							
歡迎會	171477	174196	176659	177860	177931	177952			
活氣	164801	167166	168066	168958	169752	170003	171264	171445	171453
	172127	172420	172992	173395	174688	176461	176462	176465	177158
	177885	177906	179021	179504	179535	179776	181368	181638	181657
	181958								
活動寫眞	165608	165987	166330	166434	166471	166497	166661	166729	166789
	166930	166956	167015	167076	167719	167853	167920	167975	168110
	168163	168245	168322	168400	168468	168536	168583	168654	168702
	169224	169294	169362	169432	169497	169555	169611	169674	169744
	169806	169868	169933	170001	170071	170789	172100	172993	177389
	177401								
活寫	164970	165042	165086	165143	165970	165994	166003	166083	166144
	166216	166247	166286	166355	166420	166454	166498	166573	166662
	166754	166787	166809	166876	166931	167123	167236	167359	167487
	167596	167698	167800	167828	168521	169161	169196	170231	170264
	171173	171315	171638	171711	171782	172190	172261	172389	172563
	172761	172801	173169	173389	173502	173998	174413	175326	175504
	175542	175594	175646	176140	176256	176313	176822	176904	177017
	177221	177271	177325	177346	177477	177520	177563	177646	177702
	177759	177800	177866	177919	177968	178031	178082	178136	178840
	178898	178905	178964	179027	179268	179347	179415	179492	179565
	179645	179702	179761	180075	180216	180224	180325	180464	180524
	180650	180711	180806	181105	181149	181207	181279	181343	181401
	181468	181478	181526	181586	181679	181740	181796		
活寫會	164970	165042	165086	165143	165970	166003	166083	166144	166216
	166247	166286	166355	166420	166454	166498	166573	166662	166754
	166787	166809	166876	166931	167123	167236	167359	171173	171315
	171638	171711	171782	172190	172261	172563	172801	173169	173389

	173502	175326	175504	175542	175594	175646	176140	176256	176313
	176822	177017	177221	177271	177477	177520	177563	177646	177702
	177759	177800	177866	177919	177968	178031	178082	178136	178840
	178905	178964	179027	179268	179347	179415	179492	179565	179645
	179702	179761	180075	180216	180325	180464	180524	180711	180806
	181105	181149	181207	181279	181343	181401	181468	181526	181586
	181679	181740	181796						
活牛	165156	180503	181157						
活況	165709	165741	169074	169738	173148	173202	173699	175956	
黄金	165105	166331	166479	167042	170003	170158	170195	170814	173731
	176014	178604							
荒蕪地	174493	174566	174592	180242					
皇室	164275	164565	164593	170340					
皇帝	168599	172271							
黄海 黄海道	164362	165538	165545	165603	165842	165859	165890	166394	166435
	166684	166716	166843	167286	167657	167984	168280	168315	168405
	168475	168585	168599	168722	168770	168847	169013	169228	169276
	171335	171422	171801	172036	172037	172113	172379	172390	172391
	172877	172952	174382	175570	176375	176706	176723	177300	177471
	177492	179061	180326	180331	180332	180882	180970	180998	181661
	181872	181967	182501						
皇后	182608								
皇后陛下	182608								
會見	164841	164907	165032	165269	165295	165315	165564	166152	166192
	166587	166622	168443	168739	170323	171248	171274	171757	171912
	172052	172124	172867	172901	173103	173660	173662	177648	177678
	177881	178118							
會計	164551	164697	164733	164984	166886	166911	167127	167161	167203
	167242	168649	169678	171087	178720	181880	182064		
會寧	166878	166903	168906	177375	177529	177967	178562	181601	
會談	169403	178132							
會豐	166878	166903	168906	177375	177529	177967	178562	181601	
栃木	176853								
會社銀行	165331	166353	166593	166623	182464				
繪葉書	167730	167767	171066	171815	175661	176446			
會議所	164163	164183	164397	164663	164680	164814	164886	165080	165168
	165298	165310	165459	165460	165490	165495	165536	165568	165610
	165656	165766	165802	165898	165948	166268	166357	166397	166407
	166878	166903	166998	167028	167059	167085	167201	167278	167477
	167543	167603	167611	167618	167756	167792	168018	168458	168651
	168769	168794	169099	169789	170316	170339	171198	171253	171749
	171834	172241	173513	173622	173638	173711	173800	173808	174623
	174818	174825	174848	175053	175066	175088	175103	175429	176022
	176063	176208	176362	176475	176616	176677	176741	176808	176829

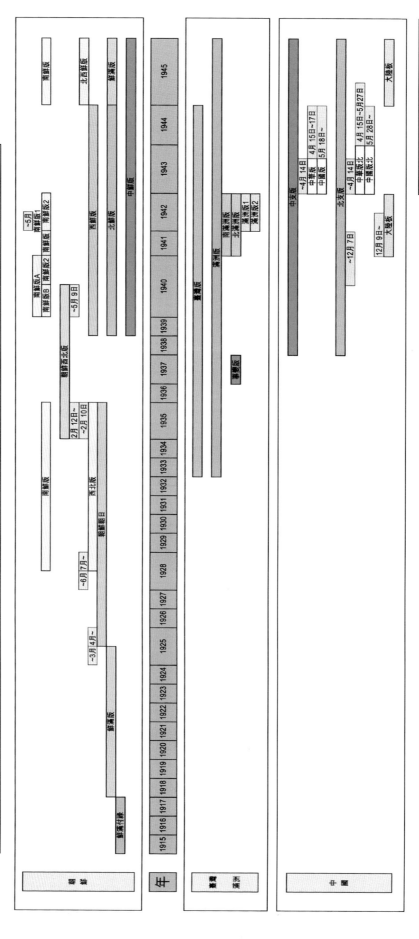

朝日新聞 外地版 세분화 그래프

大正4年~昭和10年(1915~1945)

翰林大學校 日本學研究所 日本學圖書館所藏

朝鮮

南鮮版

北西鮮版

鮮滿版

中鮮版

~5月 南鮮版2
南鮮版A 南鮮版2 南鮮版1
南鮮版B

西鮮版

北鮮版

朝鮮西北版
~5月9日

南鮮版

西北版

朝鮮朝日
2月12日~
~2月10日

~6月7日~

~3月4日~

鮮滿版

鮮滿付録

年

1915 1916 1917 1918 1919 1920 1921 1922 1923 1924 1925 1926 1927 1928 1929 1930 1931 1932 1933 1934 1935 1936 1937 1938 1939 1940 1941 1942 1943 1944 1945

臺灣 滿洲

滿洲版

南滿洲版
北滿洲版
滿洲版1
滿洲版2

事變版

臺灣版

中國

中支版

北支版

大陸版

~12月7日

12月9日~
大陸版

~4月14日
中華版 4月15日~17日
中國版 5月18日~

~4月14日
中華版北 4月15日~5月27日
中國版北 5月28日~

別巻

外地關係記事揭載
西部地方版

* 작성 : 김혜인 (일본학연구소 연구보조원)

한림일본학자료총서 아사히신문 외지판 13

아사히신문
외지판(조선판)
기사명 색인_제8권

초판인쇄 2021년 1월 31일
초판발행 2021년 1월 31일

지은이 한림대학교 일본학연구소
　　　　서정완, 심재현, 박상진, 고하연, 김건용, 김유진,
　　　　김은경, 김지훈, 김채연, 김혜진, 백현지, 안덕희,
　　　　안소현, 유 성, 유혜연, 이예린, 이윤상, 이하림,
　　　　장덕진, 정중근, 최평화, 허성진
　　　　ⓒ Johngwan Suh 2020 Printed in Korea.
기획 한림대학교 일본학연구소
펴낸이 채종준
펴낸곳 한국학술정보㈜
주소 경기도 파주시 회동길 230(문발동)
전화 031) 908-3181(대표)
팩스 031) 908-3189
홈페이지 http://ebook.kstudy.com
전자우편 출판사업부 publish@kstudy.com
등록 제일산-115호(2000. 6. 19)

ISBN 979-11-6603-312-4 91070